풍요로운 삶에 이르는 핵심열쇠

킴 마이클즈 지음 / 우은수 옮김, 光率 감수

도서출판 은하문명

국립중앙도서관 출판예정도서목록(CIP)

풍요로운 삶에 이르는 핵심 열쇠 / 저자: 킴 마이클즈 ; 옮
긴이: 우은수. -- 서울 : 은하문명, 2018
        p. ;   cm

원표제: Master keys to the abundant life
원저자명: Kim Michaels
영어 원작을 한국어로 번역
ISBN 978-89-94287-18-8 03230 : ₩25000

기독교 신앙 생활[基督敎信仰生活]

234.8-KDC6
248.4-DDC23   CIP2018019899

- 목차 -

머리말

여러분은 예수가 언급했던 다음과 같은 말을 듣거나 읽은 적이 있으십니까? "소수의 무리여! 무서워 말라. 너희 아버지께서 그 나라를 너희에게 주시기를 기뻐하시느니라(누가복음 12:32)." 혹시 이 말에 대해 생각해 본 다음 자신의 삶을 살펴보고 "만약 하느님의 왕국을 내게 주는 것이 아버지의 기쁨이라면, 나는 어떻게 하느님의 풍요를 얻지 못하게 되었는가?"라고 의아하게 여겨본 적이 있나요? 또한 여러분은 그 말씀과 더불어 세상을 바라보며 "모든 사람들에게 자신의 왕국을 주는 것이 신의 즐거움이라면, 어떻게 그 많은 사람들이 비참한 빈곤상태에 처해 있게 되었으며 인생에서 많은 것을 향상시킬 기회가 없는 것일까? 소수의 엘리트들은 거의 납득하지 못할 정도로 너무나 부유한 반면에 어째서 대부분의 사람들은 가난하게 된 것인가?"라고 생각해 보셨나요? 또 왜 하느님께서 당신이 원하고 있고 또 그분이 당신에게 바라시는 그 풍요로움이 없이 살도록 당신에게 허용하신 이유에 대해 생각해 보았습니까? 그렇다면 이제는 그런 상황을 바꾸고 풍요로운 삶을 경험하기 위해 자신이 할 수 있는 일이 무엇인가를 생각해 본 적이 있나요?

나는 여러분이 삶의 어떤 시점에 이런 의문들을 숙고한 적이 있다고 확신합니다. 하지만 여러분은 그 해답을 찾았습니까? 그리고 만약 답을 찾지 못했다면, 기존의 원인들을 넘어선 해답을 찾아 볼 의향이 있나요? 그리고 여러분의 마음이 현재 머물고 있는 정신적인 틀 너머로 그 답을 찾아 볼 의향이 있습니까? 그렇다면 나는 여러분이 다음과 같은 질문을 생각해 봄으로써 시작하는 것이 좋다고 권고하려 합니다. "여러분이 가난하고 번영하지 못하게 허용하는 것은 하느님인가? 아니면 다른 누군가인가? 인간이 하느님의 완전한 풍요로움을 누리지 못하도록 막고 있는 것은 그분인가? 아니면 그 풍요를 거절하고 있는 것은 인간 자신인가? 지구상의 많은 사람들이 가난해질 수 있게 하고 있는 것은 하느님인가? 아니면 인류 전체가 하느님의 풍요를 거절했고, 그에 따라 지구상의 결핍과 불평등 상태가 창조되었는가?"

나는 이것이 매우 노골적인 질문들이라는 것을 알고 있으며, 어쩌면 그것이 탐탁치 않게 보일 수도 있습니다. 그럼에도 나는 사람들에게 가장 큰 사랑으로 질문을 던지고 있다고 확신합니다. 그리고 나는 여러분이 이러한 질문에 관해 가장 큰 사랑으로 깊이 생각해 보라고 요청합니다. 왜냐하면 만약 여러분이 열린 마음으로 이 질문들을 심사숙고한다면, 본래 당연히 여러분의 것인 신의 풍요를 필연적으로 상속받을 수 있는 해답을 발견하게 될 것이기 때문입니다. 그리고 그렇게 하는 가운데, 여러분은 반드시 이 지구 행성에서의 결핍과 불평등을 해결하는 단계로 이끌게 될 운동에 기여하게 될 것입니다. 이로써 천국의 수문(水門)이 열려질 수 있고 모든 사람들이 하느님의 풍성한 삶을 누릴 수가

5

있습니다. 나의 질문들은 빈곤과 결핍 및 한계에 갇혀 있는 내 자녀들을 홀로 남겨두지 않겠다는 커다란 사랑으로 제시된 것입니다. 나는 차라리 단도직입적인 질문으로 그들의 마음을 흔들어 놓으려 합니다. 그리고 그렇게 함으로써 정신이 번쩍 들어 그들이 현실에 대해 깨어나는 희망을 가져볼 수 있을 것입니다. 삶에는 사람들이 인생에 관해 현재 알고 있는 것보다 이해할 더 많은 것들이 있습니다.

만약 여러분이 원하는 것을 박탈당했다고 생각한다면, 결핍된 상태가 감옥이라고 생각할 수 있습니다. 그러나 모든 교도소에는 문이 있습니다. 그리고 그 문을 찾아 여는 법을 배우면 감옥에서 탈출할 수 있는 기회가 주어집니다. 그럼에도 여러분이 문이 있다고 믿지 않거나 그 문을 여는 방법을 모른다면, 현재 갇혀있는 감방에서 어떻게 벗어날 수 있을까요? 자, 나의 사랑하는 이들이여, 만약 어떻게 해야 하는지를 모른다면, 여러분은 탈출할 기회가 없습니다. 그러므로 당신들의 현재의 결핍된 상태를 극복하는 열쇠는 하느님의 풍요를 물려받기 위해서 무엇이 필요한지에 관해 더 나은 이해를 얻는 것입니다.

그것에 따라 여러분은 예수가 인간에게 왕국을 주는 것이 아버지의 기쁜 일이라고 말했을 때, 그가 거짓 약속을 하지 않았다는 것을 증명할 수 있습니다. 그는 진실한 약속을 하고 있었습니다. 왜냐하면 예수는 인간의 감옥에서 벗어날 문이 있다는 것을 깨닫고 있었기 때문입니다. 그는 그 문을 발견했고, 문을 열 수 있는 열쇠를 발견했습니다. 그리고 가장 중요한 것은, 그는 그 문을 통과해 걸어 나오는 데 필요한 것을 행했으며, 결과적으로 인간의 상태에서 자유로워졌다는 것입니다. 사실, 그의 전체 생애는 인간의 한계들로부터 벗어나는 것이 가능하다는 사실을 입증하는 데 바쳐져 있었습니다. 그리고 예수는 자신의 삶을 다른 모든 사람들이 어떻게 그들이 스스로 인간의 의식상태라는 감옥, 즉 분리, 한계 및 결핍의 의식 – 정신적 감옥 – 에서 탈출할 수 있는지를 보여준 본보기로 봐줄 것을 희망했습니다.

***

나는 여러분이 감옥 문을 발견하는 데 도움을 주기 위해 왔습니다. 나는 감옥 문을 여는 여러 개의 열쇠들을 여러분에게 줄 것인데, 거기에는 하나 이상의 자물쇠들이 있기 때문입니다. 그리고 나는 여러분이 감옥에서 탈출하여 햇빛 아래에 자유롭게 서서 자신의 진정한 생명을 만끽할 때까지, 여러분의 손을 잡아 그 문을 통과하도록 이끌어 주고자 왔습니다. 그렇지만 그런 약속을 하는 나는 과연 누구일까요?

여러분의 현재상황이 일종의 감옥이고 그 감옥에서 탈출하고 싶다는 사실을 감안할 때, 누가 여러분의 안내자로 일하고 싶어 할까요? 여러분이 오늘날의 세상을 바라보면, 당신들의 안내자가 되고자하는 수많은 사람들이 있다는 것을 알게 될 것입니다. 그리고 그들은 여러분이 그들의 서비스나 책, 강의(講義)만 구매한다면, 반드시 여러분을 인간 감옥으로부터 인도할 것이라고 약속합니다.

그러나 문제는 그들이 여전히 육체로 있고, 따라서 그들은 여전히 시간과 공간 속에 있다는 것입니다. 그들은 인간감옥에서 벗어나는 방법에 대해 어느 정도 이해하고 있을지 모르지만, 아직 그 이해를 최대한으로 적용하지는 못했습니다. 만약 여러분이 그 지식을 제대로 적용하여 인간감옥을 탈출한 사람에 의해 인도받고 싶다면, 나는 나의 봉사와 사랑어린 안내를 제공하기 위해 여기에 있습니다.

그렇다면, 나는 누구입니까? 사랑하는 이들이여, 예수에 의해 주어진 핵심적인 메시지는 여러분이 인간의 감옥에서 탈출하여 죽음 그 자체도 극복할 수 있다는 것이었습니다. 또한 예수의 중심적인 메시지는 죽음이 끝이 아니며, 더 높은 세계에서 새로운 삶 – 의식의 새로운 상태 – 을 발견할 수 있다는 것입니다. 예수는 여러분이 인간 감옥을 영구히 피할 수 있고 더 높은 세계로 상승할 수 있다는 것을 보여주었습니다. 비록 어떤 기독교인들은 예수만이 그렇게 했다고 믿도록 가르침 받았지만, 나는 여러분에게 예수만이 인간감옥을 탈출하여 더 높은 세계로 영구히 승천한 자가 아니라고 말해야합니다. 결국, 만약 예수만이 이 길을 따라갈 수 있는 유일한 존재였다면, 그가 지상에 왔다는 게 과연 무슨 의미가 있을까요? 어떤 종류의 신이 여러분이 따라갈 수도 없는 길을 보여주기 위해 그의 유일한 아들을 이 세상에 보내시겠습니까? 한 사람이 감옥에서 탈출할 수는 있지만 여러분은 그럴 수 없다는 것을 보여주기 위해 설마 (하느님이) 인간을 혼내주고 모욕까지 주시기야 하겠습니까?

그러므로 여러분은 단지 두 가지 선택권만이 있습니다. 즉 하느님이 사랑의 신이 아니거나, 또는 예수의 생애와 가르침 뒤에는 숨겨진 메시지가 있든가라고 추론할 수밖에 없습니다. 그리고 그 메시지는 모든 사람들이 이런 그의 길을 따를 잠재력이 있고 인간감옥에서 벗어나서 상위세계로 올라갈 수 있다는 것입니다. 여러분은 하느님이 인간이 충분히 따를 수 있는 신의 왕국으로 들어가는 길을 보여주기 위해 예수를 보내셨든가, 아니면 예수가 여러분에게 아버지의 왕국을 주는 것이 그분의 기쁜 일이라고 말했을 때 그가 거짓말을 하고 있었다고 판단할 수 있습니다. 여러분은 이 두 가지 길을 모두 선택할 수는 없다는 것을 이해하시겠습니까? 여러분은 오직 예수만이 풍요로운 삶을 물려받을 수 있고 동시에 예수가 진정한 구원자이며 하느님이 자비로운 신이라고 논리적으로 추론할 수는 없습니다. 이제 여러분은 인간의 감옥이 불합리하고 모순된 수많은 믿음들로 이루어져 있다는 것을 알 수 있습니다. 그리고 이어지는 장(章)들에서 그런 믿음들을 노출시키려는 것이 내 의도입니다. 그렇게 하도록 허락해 준다면, 나는 여러분을 삶에 대한 더 깊은 이해로 인도할 것이며, 그에 따라 여러분 자신을 자유롭게 해줄 진리를 알게 될 것입니다. 그리하여 여러분은 감옥문을 스스로 걸어 나와 아버지의 풍요로운 삶의 왕국으로 들어갈 수 있습니다.

만약 여러분이 예수가 하늘나라로 승천한 유일한 존재가 아니라는 가능성을 받아들일 수 있다면, 여러분은 나 역시도 예수에 의해 시범 보여졌던 그 길을 따라서 더 높은 세계로 승천했다는 것을 받아들일 수 있을 것입니다.[1] 나도 한 때는 여러분이 현재 입고 있는 것과 같은 인간의 육체로 있었습니다. 나는 예수의 어머니, 마리아로 알려져 있었지요. 그리고 나는 마리아로서의 그 생애 이후에 참으로 영적세계로의 나의 영구적인 승천을 성취했습니다. 그렇기에 오늘날 나는 승천한 존재입니다. 그리고 나는 한 교사로서, 안내자로서 봉사하기 위해 지구에 남아 있기로 선택했습니다. 즉 아직 인간감옥에서 벗어나지 못한 여러분과 여러분의 영적인 형제자매들을 위한 인도자로서 말입니다.

승천을 이룬 이후에 나는 가만히 멈춰있지 않았습니다. 예수가 "아버지 집에는 거할 곳이 많다(요한복음 14:2)."고 말한 것처럼, 하늘에도 여러 등급들이 있기에 나는 더 높은 곳으로 상승했습니다. 천상계에서도 도달할 수 있는 여러 수준들이 있으며, 승천한 이래로 나는 더 큰 깨달음과 내면화, 그리고 하느님의 어머니 측면의 의식(意識) 및 본성과의 일체상태를 성취했습니다. 따라서 나는 오늘날 지구 행성을 담당하는 신성한 하느님 어머니의 대행자입니다. 여러분은 이것을 한 도시의 시장, 주(州)의 주지사 또는 한 국가의 지도자와 같이 여러분이 지구상에서 가지고 있는 어떤 직책과 매우 흡사한 영적인 직책이라고 생각할 수 있습니다.

나는 신성한 어머니의 대행자로서 가장 깊은 사랑, 하느님 어머니의 가장 진심어린 무조건적인 사랑으로 손을 내밀어 왔습니다. 신성한 어머니는 하느님의 모든 자녀들이 정당한 유산을 받는 것을 보는 거 외에는 다른 어떤 욕망도 갖고 있지 않으시며, 그 유산은 진정으로 풍요로운 삶인 것입니다. 그러므로 나는 풍요로운 삶의 왕국을 인간에게 주는 것이 하느님 아버지의 기쁨이라는 사실이 절대적인 진리임을 여러분에게 말하기 위해 왔습니다. 여러분은 천국에 올라갈 때까지 그 풍성한 삶을 기다릴 필요가 없습니다. 예수가 물을 포도주로 바꾸고 빵과 물고기를 증식함으로써 진정으로 시현했듯이, 당신들은 바로 이곳 지상에서 풍요로운 삶을 상속받을 수 있고 체험할 수 있습니다.

＊＊

이 책은 내 가슴으로부터 온 선물이며, 내 가슴 속의 완전히 순수한 동기와 사랑만을 여러분에게 제공합니다. 이것은 여러분이 하느님 어머니가 해야 할 말 또는 하지 말아야 할 말에 대한 어떤 선입관이나 편견 없이 자유롭게 받아

---

[1] 기독교인들이나 일반인들이 '승천(昇天)'이라는 말을 들었을 때, 성서상에 나타난 예수님의 물리적인 승천을 떠올리기가 쉽다. 그러나 여기서의 승천이란 반드시 그런 의미가 아니라 지상으로부터 상위차원 또는 고차원 세계로의 영적상승을 뜻한다. 승천을 보다 현대적인 용어로 표현한다면 "차원상승"이다. 하늘은 하나의 층으로만 이루어진 것이 아니라 여러 층으로 구성돼 있으므로 다차원(多次元) 구조라고 할 수 있다. 그러므로 우리가 영적각성을 통해 지구라는 3차원 물질세계에서 공부를 마치고 졸업하면, 상급학교로 진학해 올라가듯이 상위차원계 또는 고차원의 영적세계로 계속 상승할 수 있는 것이다. 그리고 이렇게 상승한 존재들을 일러 소위 "승천한 대사(Ascended Master)"나 "상승한 마스터"로 호칭하는 것이다. (감수자 주)

들일 것이라는 희망으로 여러분에게 무료로 주어진 나의 선물입니다. 참으로, 이 책은 하느님 왕국으로 들어가는 열쇠, 감옥문을 여는 열쇠를 여러분에게 주는 것이 목표이며, 여러분이 모든 인간의 한계들을 뛰어 넘도록 돕기 위한 것입니다.

나의 사랑하는 이들이여, 알다시피 만약 여러분의 마음이 내가 말할 수 있는 것과 없는 것에 대한 제한과 조건들을 설정한다면, 그때 내가 어떻게 여러분을 인간의 한계들로 이루어진 감옥에서 벗어나도록 인도할 수 있겠습니까? 여러분이 어떤 선입견에 사로잡혀 내 말을 거절하거나 이 책을 거부한다면, 당신들은 현재의 정신적 감옥에 그대로 남아있을 것이며, 풍요로운 삶에 이르는 문의 특정 자물쇠를 기꺼이 열려하지 않을 것입니다. 나는 여러분을 사랑하고 아버지 하느님이 여러분에게 자유의지를 주셨다는 것을 존중하기 때문에, 만약 당신들이 그냥 있기를 바란다면, 그 원하는 바에 따라 선입견과 현 상태를 지속하도록 놔둘 것입니다.

그럼에도 나는 여러분에 관련된 한 가지만 요청하려 합니다. 부디 여러분 자신에게 정직해지기 바랍니다. 나는 여러분이 만약 내 말을 거부하기 위해 인간적인 선입견을 이용한다면, 그것은 스스로 한계와 고통, 그리고 결핍을 계속 경험하기를 원하기 때문에 그렇게 하고 있다는 것을 깨달았으면 합니다. 또한 여러분은 감옥문을 열고 그 문을 통해 걸어 나오기 위해 알거나 행할 필요가 있는 것을 진정으로 알고 싶어 하지 않기 때문에 그렇게 하고 있습니다. 그렇기에 나는 적어도 여러분 자신에게만큼은 정직해야한다고 요구하고 있는 것입니다. 부디 이 책이 어느 정도 잘못되었거나 악마라는 태도로 이것을 거부하지는 마십시오. 최소한 자신에게 정직해지고 여러분이 이 책을 거부할 경우, 이 책에 의해 도전 받고 있는 어떤 믿음을 유지하기로 선택했기 때문에 그렇게 한다는 것을 인정하십시오. 물론 여러분은 그러한 믿음을 유지할 수 있는 완벽한 권리가 있으며, 감옥문을 열 수 있는 힘을 여러분에게 부여할 보다 커다란 이해를 받아들이기 보다는 제한된 세계관을 유지하는 것을 선택할 권리가 있습니다. 나는 다만 이것이 여러분이 하고 있는 선택이며 오직 여러분 자신만이 스스로 한계들에 집착하는 길을 억지로 선택할 수 있다는 것을 인정하라고 요구하는 바입니다.

여러분에게 왕국을 주는 것은 아버지의 즐거움이자 기쁨입니다. 그런데 만약 여러분이 지금 그분의 왕국을 소유하고 누리고 있지 않다면, 거기에는 오직 하나의 설명만이 있을 수 있습니다. 즉 여러분이 삶에 대한 제한된 전망에 집착할 수밖에 없는 어떤 인간적인 믿음이나 의견에 사로잡혀 있다는 것입니다. 그리고 하느님이 지금 여러분에게 주고 계시고 또한 자아의식이 있는 존재로서 여러분이 실재해 왔던 내내 주셨던 그 왕국을 스스로 받아들이는 것을 방해하는 요소는 바로 삶에 관해 제한된 이런 견해입니다.

이 세상에서 영적으로나 물질적으로나 풍요로운 형태로 왕국을 여러분에게 주는 것이 아버지 하느님의 기쁨이며, 또한 하느님 어머니의 기쁨입니다. 따라서 나는 하느님 아버지의 풍요와 어머니 하느님의 양육을 여러분이 자유롭게 받아들이게 해줄 진리를 여러분에게 전해주려고 왔습니다. 이 책은 여러분에게 그 진리를 제공할 것입니다. 그럼에도 여러분이 자신의 현재 한계들로부터 자유로울 때까지, 그것을 받아들여 자기의 의식(意識)이 변형되고 삶에 대한 시각이 바뀌도록 허용하는 것은 여러분에게 달려 있습니다.

다시 말하지만, 만약 여러분이 현재 한계와 결핍이라는 감옥에 갇혀 있는 느낌이 든다면, 여러분을 계속 그 감옥에 가두고 있는 것은 스스로 받아들이게 되었고 또 신의 진리 및 실체와도 맞지 않는 믿음과 견해라는 것을 부디 깨닫기 바랍니다. 그러므로 늘 그 감옥에서 탈출하기 위해서는 오직 한 가지 방법으로만 그렇게 할 수가 있습니다. 그리고 그것은 여러분이 진실되고 틀림없거나 의문의 여지가 없다고 생각하는 고정관념과 신념을 기꺼이 초월해서 세상을 바라보는 것입니다. 오직 진리만이 여러분을 자유롭게 해줄 것입니다. 그리고 혹시라도 여러분이 그 진리를 이미 알고 있다면, 지금 자유로울 것입니다. 따라서 유일한 논리적 결론은 그 진리는 여러분의 현 정신적 틀 안에서는 발견할 수 없다는 것입니다. 즉, 이는 진리를 찾아야한다면 자발적으로 그 틀을 벗어나지 않으면 안 된다는 것을 의미합니다. 그렇지만 현재 여러분을 계속 감옥에다 가두고 있는 그 믿음에 의문을 제기하지 않으려는 경우, 그 감옥에서 탈출할 가능성은 없습니다. 그러나 그 이유는 탈출이 불가능하기 때문이 아니라, 여러분이 현재의 믿음에 의문을 제기하지 않고 그 너머를 보지 않겠다고 선택하고 있기 때문입니다. 여러분은 현재의 정신적 감옥에 머물기를 선택하고 있고 그 정신적 틀 밖에 뭔가가 있다는 것을 인정하지 않고 있습니다.

***

내가 이 책에서 하게 될 일은 인간의 한계, 결핍 및 고통의 감옥에서 벗어나게 되는 문을 열기 위해 필요한 모든 열쇠를 독자들에게 제공하는 것입니다. 나는 내 자신이 감옥에서 직접 벗어날 때 사용했던 바로 그 열쇠들을 여러분에게 줄 것입니다. 그리고 나는 예수에 의해 주어졌던 그 예증(例證)과 가르침의 참된 의미를 여러분에게 전해줌으로써 그 열쇠들을 제공할 것입니다. 그는 또한 여러분을 인간감옥에서 빼내 줄 그 열쇠들을 사용하는 방법을 보여 준 바 있습니다.

그렇지만, "사람을 물가로 인도할 수는 있지만 억지로 물을 마시게 만들 수는 없다."라는 말이 있듯이, 여기서도 마찬가지입니다. 따라서 이 책에서 내가 할 수 있는 전부는 감옥문을 여는 열쇠를 여러분에게 제공하는 것입니다. 그리고 그 열쇠들이 여러분을 인간적인 한계에서 이끌어 내어 아버지의 왕국으로 인도할 것입니다. 그러나 그 열쇠를 이용하여 잠겨 있는 자물쇠를 실제로 여느냐의 여부는 여러분이 내 선물을 받아들일 것이냐에 달려 있습니다. 나는 단지 열쇠만을 줄 수 있습니다. 즉 나는 그것을 받으라고 여러분에게 강요할 수는 없습니다. 나는 그것을 자물쇠에 넣어 돌리라고 강요할 수도 없습니다. 또는 나는 문을 열도록 강요할 수 없고, 그곳을 통해 걸어 나오라고 강요할 수도 없는 것입니다.

참으로, 나는 여러분이 아버지의 왕국으로 돌아가도록 강요하고 싶지는 않습니다. 그럼에도 나는 여러분의 영혼에 대한 무한한 사랑을 간직하고 있습니다. 그리고 나는 여러분이 감옥문을 통해 걸어 나와 하느님이 그분의 형상과 닮은 모습으로 창조한 순수한 영적존재로서 자유롭게 서게 될 때, 당신들 앞에 서서 인사를 건네기를 간절히 바라고 있습니다. 그리고 나는 여러분의 눈을 깊이 들여다보고 그 눈 속에서 여러분이 다시 한 번 - 본래의 고향(하느님 왕국)에서의- 자유라는 것을 알게 되는 기쁨을 보고 싶은 큰 열망을 갖고 있습니다. 또한 나는 내 팔을 여러분 주위에 두르고 단단히 안고 싶은 강한 소망이 있습니다. 그럼으로써 나는 여러분의 심장이 뛰는 것을 느낄 수 있고 여러분은 나의 심장박동을 느낄 수 있습니다. 그리하여 나는 여러분이 이제 우리의 가슴이 같은 박동으로 뛴다는 것을 깨달을 때 느끼는 여러분의 기쁨을 함께 나누기를 갈망합니다. 왜냐하면 우리가 영(Sprit)으로서 하나가 되었기 때문이지요. 따라서, 여러분의 가슴은 더 이상 인간의 투쟁, 고통과 결핍과 같은 비정상적인 박동으로 뛰지 않습니다.

나는 여러분에게 이 책을 내 가슴에서 나온 선물로 주려합니다. 혹시라도 당신이 의문을 품고 싶어 하지 않는 믿음에 대한 어떤 도전적인 개념 때문에 이것을 거부하거나 포기한다면, 나는 당신의 선택을 존중할 것입니다. 그렇다고 해서 여러분을 향한 나의 사랑이 줄어들지는 않을 것이지만, 나는 약간의 슬픔을 느낄 것입니다. 왜냐하면 여러분이 인간적인 한계들에 갇혀있는 한, 내 사랑을 쉽게 받아들일 수 없을 것이라는 점을 나는 알고 있기 때문입니다. 여러분은 신성한 어머니의 사랑을 받아들일 수 없을 것이며, 신성한 아버지의 왕국을 받아들일 수 없을 것입니다.

***

나는 이 책이 매우 긴 내용의 책이라는 것과 내가 같은 요점에 대해 하나 이상의 관점에서 반복해서 설명한다는 사실에는 변명의 여지가 없습니다. 인간의 삶 속에서 하느님의 풍요를 실현할 수 있는 방법에 대한 궁극적인 책을 여러분에게 제공하는 것이 나의 목표입니다. 이것은 일반적인 내용이나 보통 형태의 책 또는 보통 길이의 책에서는 제대로 할 수가 없습니다. 나는 핵심적인 단계들이 생략되어 설익고 불완전한 이야기의 책을 여러분에게 주고 싶지는 않습니다. 이렇게 되면 여러분의 잠재력을 깨워 충분한 능력이 발휘되지 못하거나 중단되게 됩니다.

나는 또한 이 책이 모든 것을 분류하기 좋아하는 인간의 지성을 위해, 분석적인 마음을 위해 집필된 것이 아니라는 점을 분명히 하고자 합니다. 지성은 모든 새로운 개념을 이미 알고 있는 것과 비교하고 그것을 이름표가 붙은 작은 상자 안에다 넣는 것을 좋아합니다. 또 모든 것을 기존의 세계관, 즉 기존의 신념체계에다 맞추는 것을 좋아합니다. 풍요로운 삶을 구현하는 것은 인간의 지성을 통해 성취할 수는 없으며, 더 높은 형태의 추론이 필요합니다. 그러므로 이 책은 여러분 마음의 상위 능력들을 활성화시키기 위해 특별히 고안된 방법으로 집필되었습니다. 그 능력들은 여러분의 머리가 아닌 가슴 속에 중심을 둔 기능들입니다. 고로 만약 여러분이 지성으로 이 책을 읽는다면, 그것은 별로 가치가 없습니다. 이 책을 통해 충분한 이익을 얻으려면, 여러분의 가슴과 직관적인 능력을 활성화시켜야합니다. 왜냐하면 여러분이 자신의 지성에 의해 만들어진 정신적 틀을 넘어서서 생각할 수 있는 것은 바로 이런 능력을 통해서이기 때문입니다.

나는 이러한 능력들을 보다 쉽게 활성화할 수 있도록, 아주 간단하게 보일 수도 있는 도구를 제공할 것입니다. 그럼에도 그것은 이 책을 읽는 이점을 크게 증대시킬 수 있습니다. 내가 여러분에게 제공하는 것은 여러분의 마음의 보다 높은 기능들을 활성화하도록 고안된 새로운 형태의 확언(確言)들입니다. 그리하여 여러분은 이 책에서 제공하는 단어들 배후에 놓인 더 깊은 의미를 이해할 수 있습니다. 여러분도 알다시피, 풍요로운 삶으로 인도하는 과정의 모든 면이 말로 표현될 수는 없으며, 비선형적인 마음에 의해서만 이해할 수가 있습니다. 따라서 만약 여러분이 이 책으로부터 모든 혜택을 충분히 얻기를 원한다면, 책을 읽기 전에 아래의 로사리오를 몇 분 정도 큰 소리로 읽으십시오. 독서를 시작할 때마다 이 간단한 의식을 수행한다면, 이 책을 읽는 과정에서 훨씬 더 심오한 효과를 얻게 될 것입니다.

내면의 인도를 위한 성모 마리아의 로사리오

조건 없는 사랑이신 성부와 성자, 성령, 그리고 기적의 어머니의 이름으로, 아멘.

(인도를 받기 위한 특정한 주제에 관련된 개인적인 기원 문구는 이곳에 첨가한다.)

내면의 길에 대한 헌사

사랑하는 성모 마리아님이시여, 나는 진실로 풍요로운 삶을 원합니다. 나는 지금 한계를 충분히 겪었으며 인간적인 고투를 기꺼이 넘어서려 합니다. 나는 자진해서 내 삶을 바꾸고 기꺼이 내 자신을 변화시키고자 합니다.

사랑하는 성모 마리아님이시여, 모든 선한 것과 완전한 것들이 풍요롭게 나타나는 하느님의 왕국에 이르는 참된 길을 내게 보여주십시오. 예수님이 말씀하신 내 안에 있는 그 왕국을 찾는 방법을 보여주소서.

　사랑하는 성모 마리아님이시여, 나는 내 자신 밖에서 하느님의 왕국을 찾는 것을 기꺼이 멈추려 합니다. 그리고 나는 당신에게 풍요로운 삶으로 가는 내면적인 길을 보여 달라고 간구합니다. 사랑하는 신성한 어머니시여, 나의 신성한 아버지의 왕국으로 가는 길을 찾는 법을 보여주십시오. 내가 그분의 왕국을 나의 삶과 지구상의 명백한 현실로서 받아들일 수 있도록 도와주소서.

1.사랑하는 성모 마리아님이시여, 나는 내 정체성의 핵심이 선하고 내심은 선한 사람이라는 영원한 진리를 알고 있습니다. 그렇기에, 만약 내가 더 잘 안다면, 나는 더 잘할 것입니다. 사랑하는 성모 마리아님이시여, 나는 기꺼이 더 잘 알고자 합니다. 나에게 길을 보여주소서.

경애하는 인도의 어머니시여
경애하는 마리아님이시여, 나는 내가 성장하기 위해
필요한 모든 것을 알 것입니다.
내가 모든 두려움을 떨쳐버릴 때,
나는 당신의 존재가 언제나 가까이 있음을 느낍니다.

신성한 마리아님이시여, 나는 내가 알게 될 지식의 열쇠에
눈이 멀어 있었습니다.
나는 당신의 손을 잡고 내면으로 들어가며,
그리스도 승리를 성취할 것입니다.

2.사랑하는 성모 마리아님이시여, 나는 내가 했던 모든 실수, 내 인생의 어떤 잘못된 상황의 궁극적인 원인은 무지라는 것을 깨닫습니다. 그러므로 풍요로운 삶을 실현하는 핵심열쇠는 삶에 대한 나의 이해를 넓히는 것입니다. 사랑하는 성모 마리아님이시여, 내가 습득하는 모든 것으로, 나는 더 나은 이해를 얻을 것입니다. 나에게 그 길을 보여주소서.

경애하는 마리아님이시여, 나는 내가 성장하기 위해
필요한 모든 것을 알 것입니다.
내가 모든 두려움을 떨쳐버릴 때,
나는 당신의 존재가 언제나 가까이 있음을 느낍니다.

신성한 마리아님이시여, 나는 내가 알게 될 지식의 열쇠에
눈이 멀어 있었습니다.

나는 당신의 손을 잡고 내면으로 들어가며,
그리스도 승리를 성취할 것입니다.

3.사랑하는 성모 마리아님이시여, 나는 나의 삶을 향상시키기 위해서는 더 높은 이해를 얻어야 한다는 것을 깨닫습니다. 나는 만약 현재의 내 믿음들이 내가 알 필요가 있는 모든 것을 말해 줄 수 있었다면, 나는 이미 풍요로운 삶을 누렸을 그 방정식을 압니다. 사랑하는 성모 마리아님이시여, 나는 현재의 내 지식과 믿음을 넘어선 이해에 대해 내 마음과 가슴을 기꺼이 열 것입니다. 나에게 그 길을 보여주소서.

경애하는 마리아님이시여, 나는 내가 성장하기 위해
필요한 모든 것을 알 것입니다.
내가 모든 두려움을 떨쳐버릴 때,
나는 당신의 존재가 언제나 가까이 있음을 느낍니다.

신성한 마리아님이시여, 나는 내가 알게 될 지식의 열쇠에
눈이 멀어 있었습니다.
나는 당신의 손을 잡고 내면으로 들어가며,
그리스도 승리를 성취할 것입니다.

4.사랑하는 성모 마리아님이시여, 나는 모든 인간 진보의 원인이 더 높은 이해임을 깨닫습니다. 만약 내 인생이 향상되려면, 나는 현재의 내 신념의 틀 밖에서 생각할 필요가 있습니다. 사랑하는 성모 마리아님이시여, 나는 내가 알아야 필요가 있는 것을 기꺼이 알고자 합니다. 나에게 그 길을 보여주소서.

경애하는 마리아님이시여, 나는 내가 성장하기 위해
필요한 모든 것을 알 것입니다.
내가 모든 두려움을 떨쳐버릴 때,
나는 당신의 존재가 언제나 가까이 있음을 느낍니다.

신성한 마리아님이시여, 나는 내가 알게 될 지식의 열쇠에
눈이 멀어 있었습니다.
나는 당신의 손을 잡고 내면으로 들어가며,
그리스도 승리를 성취할 것입니다.

5.사랑하는 성모 마리아님이시여, 나는 종교와 과학의 진정한 목적은 우리를 인간의 모든 한계들로부터 자유롭게 하는 것이라고 생각합니다. 만약 내가 맹

목적으로 외부의 신념체계를 따른다면, 나는 나의 현 한계들에서 나를 자유롭게 해줄 더 높은 이해력에 내 마음과 가슴을 닫게 됩니다. 사랑하는 성모 마리아님이시여, 나는 풍요로운 삶을 방해하고 있는 모든 믿음을 기꺼이 버리겠습니다. 나에게 그 길을 보여주소서.

경애하는 마리아님이시여, 나는 내가 성장하기 위해
필요한 모든 것을 알 것입니다.
내가 모든 두려움을 떨쳐버릴 때,
나는 당신의 존재가 언제나 가까이 있음을 느낍니다.

신성한 마리아님시여, 나는 내가 알게 될 지식의 열쇠에
눈이 멀어 있었습니다.
나는 당신의 손을 잡고 내면으로 들어가며,
그리스도 승리를 성취할 것입니다.

6. 사랑하는 성모 마리아님이시여, 나는 만약 내가 과거와 똑같은 행위를 계속하면서 다른 결과를 기대한다면, 나는 정신이상의 한 형태에 빠져있다는 것을 깨닫습니다. 나의 외부상황이 바뀌어야 한다면, 나는 내 자신을 먼저 변화시킴으로써 시작해야 합니다. 사랑하는 성모 마리아님이시여, 나는 내 자신이 어떻게 변해야하는지 기꺼이 알고자 합니다. 나에게 그 길을 보여주소서.

경애하는 마리아님이시여, 나는 내가 성장하기 위해
필요한 모든 것을 알 것입니다.
내가 모든 두려움을 떨쳐버릴 때,
나는 당신의 존재가 언제나 가까이 있음을 느낍니다.

신성한 마리아님시여, 나는 내가 알게 될 지식의 열쇠에
눈이 멀어 있었습니다.
나는 당신의 손을 잡고 내면으로 들어가며,
그리스도 승리를 성취할 것입니다.

7. 사랑하는 성모 마리아님이시여, 나는 만약 내가 자신을 통제할 수 없는 환경의 희생자로 여기면, 내 삶을 향상시킬 수 있는 힘을 포기하고 있는 것임을 깨닫습니다. 나는 내 삶을 바꾸기 위해 수동적으로 하느님이나 운명, 또는 행운을 기다릴 수가 없습니다. 사랑하는 성모 마리아님이시여, 나는 기꺼이 적극적인 접근방식을 취하며, 내가 풍요로운 삶을 실현하기 위해 무엇을 할 수 있는지를 알고 싶습니다. 나에게 그 길을 보여주소서.

경애하는 마리아님이시여, 나는 내가 성장하기 위해
필요한 모든 것을 알 것입니다.
내가 모든 두려움을 떨쳐버릴 때,
나는 당신의 존재가 언제나 가까이 있음을 느낍니다.

신성한 마리아님이시여, 나는 내가 알게 될 지식의 열쇠에
눈이 멀어 있었습니다.
나는 당신의 손을 잡고 내면으로 들어가며,
그리스도 승리를 성취할 것입니다.

8.사랑하는 성모 마리아님이시여, 나는 예수님이 우리가 다른 이들에게 바라는
것을 그들에게 행하라고 말씀하셨을 때, 그분은 우주가 일종의 거울이라는 것
을 진정으로 말하고 있었음을 깨닫습니다. 내가 밖으로 내보내는 것은 무엇이
든 우주의 거울에 의해 내게 다시 반사됩니다. 되돌아오는 것을 바꾸는 유일한
방법은 내가 외부로 내보내는 것을 바꾸는 것입니다. 사랑하는 성모 마리아님
이시여, 나는 기꺼이 내 눈 속의 들보를 들여다보고 우주가 풍요로운 삶을 다
시 반사할 수 있도록 내 자신을 바꿀 의향이 있습니다. 나에게 그 길을 보여주
소서.

경애하는 마리아님이시여, 나는 내가 성장하기 위해
필요한 모든 것을 알 것입니다.
내가 모든 두려움을 떨쳐버릴 때,
나는 당신의 존재가 언제나 가까이 있음을 느낍니다.

신성한 마리아님이시여, 나는 내가 알게 될 지식의 열쇠에
눈이 멀어 있었습니다.
나는 당신의 손을 잡고 내면으로 들어가며,
그리스도 승리를 성취할 것입니다.

9.사랑하는 성모 마리아님이시여, 나는 하느님 아버지가 그분의 왕국을 내게
내주는 것이 기쁜 일임을 알고 있습니다. 내가 풍요로운 삶을 살 수 없는 이유
는 나의 잠재의식 속에 하느님이 내게 아낌없이 주시는 것을 거절하게 만드는
어떤 믿음이 있기 때문입니다. 사랑하는 성모 마리아님이시여, 나는 하느님의
마음속에 담겨진 흠결 없는 구상이 나타나지 못하게 막는 모든 믿음들을 기꺼
이 바꾸고자 합니다.

경애하는 마리아님이시여, 나는 내가 성장하기 위해

필요한 모든 것을 알 것입니다.
내가 모든 두려움을 떨쳐버릴 때,
나는 당신의 존재가 언제나 가까이 있음을 느낍니다.

신성한 마리아님이시여, 나는 내가 알게 될 지식의 열쇠에
눈이 멀어 있었습니다.
나는 당신의 손을 잡고 내면으로 들어가며,
그리스도 승리를 성취할 것입니다.

지구는 주님의 것이며, 그렇기에 지구에 충만해 계십시다. (3회) 아멘.

조건 없는 사랑이신 성부와 성자, 성령, 그리고 기적의 어머니의 이름으로, 아멘.

로사리오 봉인하기

　사랑하는 성모 마리아님이시여, 당신의 무조건적인 사랑으로 내 가슴과 마음, 감정을 봉인해주시고 당신의 무한한 양육의 에너지로 나를 채워주소서. 나는 당신의 사랑을 받아들입니다. 그리고 나는 나와 함께 하시는 당신의 현존을 지금 그리고 영원히 느낄 수 있습니다. 아멘.

나에게 왕국을 주는 것이 하느님 아버지의 큰 기쁨이라면, 왜 나는 그것을 갖고 있지 못한가?

현실 확인으로 시작해볼까요. "여러분에게 왕국을 주는 것은 아버지의 큰 기쁨이다."라는 말을 함께 살펴봅시다. 비록 여러분이 이 구절을 전에 수없이 들었을지도 모르지만, 과연 시간과 주의를 기울여 이 말이 진정으로 의미하는 바를 생각해 보았습니까? 이 문장을 살펴보면, 실제로 거기에는 하나의 의미만 있음을 알 수 있습니다. 인간에게 왕국을 주는 것이 아버지의 기쁜 일이며, 이것은 하느님이 정말로 여러분이 그분의 왕국을 갖기를 원하신다는 것을 분명히 의미합니다. 하느님은 참으로 여러분이 풍요로운 삶을 살기를 바라십니다. 그리고 그것을 여러분에게 주는 것은 그분의 커다란 기쁨인 것입니다.

그러므로 만약 여러분이 자기의 삶을 살펴보고 풍요를 누리지 못하고 있다는 것을 안다면, 자신이 무엇인가 잘못돼 있다고 추론해야만 합니다. 즉 무엇인가가 하느님께서 여러분이 갖기를 원하시는 풍요로운 삶을 누리지 못하게 방해하고 있는 것입니다. 그리고 이제 우리는 무엇이 여러분이 풍요로운 삶을 살 수 없게 방해할 수 있는지를 함께 이성적으로 논하고 숙고해볼 수 있습니다. 만약 여러분이 풍요로움을 누려야 한다는 것이 진정으로 하느님의 바람이고 뜻이라면, 무엇이 과연 잘못되었을 수 있을까요? 무엇이 과연 하느님께서 여러분이 갖기를 원하시는 것을 얻지 못하게 가로막을 수 있는 걸까요? 행성 지구에서 하느님의 뜻이 구현되지 못하게 방해하고 있는 것이 무엇일까요?

지구라는 행성을 잠시 살펴봅시다. 이 행성에는 자연의 커다란 아름다움이 있습니다. 지구상의 과학자들은 이곳이 얼마나 뒤얽혀있고 복잡한지, 그럼에도 이 세상이 얼마나 경이롭게 설계되었는지를 끊임없이 발견하고 있습니다. 지구에는 매우 짜임새가 있고 복합적인 시스템이 존재하기 때문에 가장 유물론적인 대부분의 과학자들조차도 자연에서 발견하는 그 복잡성, 아름다움 및 대칭에 대해 이따금씩 놀라움과 경외감을 느끼지 않을 수 없습니다. 그리고 여러분이 영적인 것에 이끌리는 사람이라면, 내가 이 복잡함이 매우 유능하고 거대한 상상력과 추론능력을 가진 존재에 의해 고안된 것이 틀림없다고 말할 때, 내 말에 동의할 것입니다. 그렇기에 여러분이 자연에서 보는 것은 신이 정말로 아름답고 놀라운 창조물, 즉 대단히 풍요로운 창조물을 설계하셨다는 것입니다.

그러나 여러분이 인간의 세계를 바라볼 때, 다른 광경을 보게 됩니다. 비록 인체는 신의 모든 창조물 중에서 가장 복잡하지만, 인간은 타인을 파괴하지 않고 자연을 파괴하지 않고 또는 자신을 파괴하지 않고 자기 몸을 사용하는 방법을 알아내는 데 어려움이 있는 것처럼 보입니다. 그리고 당신들은 종종 자연 속에서 풍요로움과 균형을 보지만, 인간의 일에 있어서는 동일한 풍요나 균형을 보지 못합니다. 예수의 말에 대해 생각해보십시오. 그가 여러분이 새들보다 더 큰 가치가 있다고 말했을 때(마태복음 10:31)[2], 그는 만약 신이 새들의 옷을 입히고 새끼를 먹일 능력이 있으시다면, 반드시 여러분에게 필요한 모든 것을 주실 수 있음을 의미하고 있었습니다. 그러나 지구상에는 새들을 부러운 눈으로 바라보는 사람들이 많습니다. 왜냐하면 새들은 자기들이 가고 싶은 어디든 날아다니고 언제든 먹이를 구하기만 하면 얻을 수 있는 것처럼 보이기 때문이지요. 이와는 대조적이게도, 수많은 사람들이 여러 가지 상황에 얽매여 있고 움직일 수조차도 없습니다. 그들은 삶 내내 단지 자기 자신 및 자녀들과 먹고 사는 데만도 힘겹게 허덕여야 합니다. 그런 까닭에 수많은 인간들이 새들의 근심 없는 삶을 동경하고 오히려 자기들의 삶이 하나의 긴 투쟁이라고 느끼고 있습니다.

그럼에도 여러분이 자연 속에다 신이 만들어놓으신 그 아름다움과 풍요를 바라본다면, 그분이 새들의 삶에서 보게 되는 똑같은 풍요와 태평을 인간이 누리게끔 지구를 설계하실 수 없었을 거라는 것이 과연 논리적으로 보입니까? 왜 하느님은 여러분이 수많은 생물들의 삶에서 보는 그 동일한 자유와 걱정 없는 삶을 인간에게 제공하는 지구를 설계하실 수 없었을까요? 정말로 거기에 어떤 이유가 있는 것일까요? 예수가 언급했듯이, 그런 동물들은 여러분보다 훨씬 덜 지성적이고 가치도 아주 낮은데도 말입니다.

여러분이 이것을 논리적인 방식으로 추론하기 시작하면, 오직 제한된 선택권만이 있습니다. 인간들이 풍요로운 삶을 누리지 못한다는 현실을 여러분이 부정할 수는 없습니다. 그리고 여러분에게 왕국을 주는 것이 신의 큰 기쁨이라는 기본개념을 고려할 때, 여러분은 그분께서 인간이 풍성한 삶을 살기를 원하심에도 불구하고 말단 부분에서 무엇인가 잘못되었다고 말해야 합니다.

하나의 선택사항은 신이 인간보다 지성이 낮은 새들과 다른 생물들에게는 근심 없고 풍요로운 삶을 뒷받침할 수 있는 멋지고 복잡한 행성을 창조할 수 있었다고 추론하는 것입니다. 그러나 인간의 경우는, 신이 어떻게든 똑같은 풍요와 자유로 그들의 삶을 부양해줄 수 있는 행성을 설계할 수 없었다는 것입니다. 따라서 여러분은 하느님의 설계능력이 분명히 어떤 식으로든 결함이 있었고, 인간의 사례에서는 그분이 실수를 했다고 생각할 수 있습니다. 실제로 이런 식으로 추정하는 많은 사람들이 있습니다. 그들 중 일부는 종교인들입니다.

---

2) "두려워하지 말라. 너희는 많은 참새보다 귀하니라."

그리고 그들은 자기들이 신을 모독했을 경우 지옥에 가지 않을까를 두려워하게 되었고, 재빨리 그런 생각을 옆으로 제쳐놓습니다. 다른 사람들은 그런 생각을 기꺼이 인정하고자하며, 어떤 이들은 아예 모든 종교를 거부하거나 신의 개념을 거부하는 구실로 그것들을 이용하기까지 합니다.

여러분이 이런 식으로 생각하는 경향이 있다면, 나는 오직 한 가지만 요청하려 합니다. 여러분이 사는 곳이 맑은 밤이 되면, 부디 바깥으로 나가 밤하늘을 올려다보십시오. 은하수를 살펴보고 거기에 얼마나 많은 별들이 있는지 찬찬히 관찰해보세요. 과학자들이 수십억 개의 별이 존재한다고 추산한 과학서적을 굳이 살펴볼 필요는 없습니다. 여러분은 다만 자신의 눈으로 보고 스스로 셀 수 있는 것보다 훨씬 더 많은 별이 있다는 것을 알아야합니다. 그런 다음 자기 자신에게 물어보십시오. "만약 신이 이처럼 엄청나게 광대하고 복잡한 우주를 창조할 수 있었다면, 우리가 지구라고 부르는 이 작은 행성에서 가장 높은 생명체를 위해 풍요롭고 근심 없는 삶을 누리도록 할 수 없었다는 게 과연 논리적인 것일까?"

나의 사랑하는 이들이여, 여러분이 이것을 깊이 묵상해본다면, 나는 이 행성에 있는 모든 인간들이 새들이 즐기는 똑같은 자유를 가지고 풍요롭고 걱정 없는 삶을 누릴 수 있게끔 신이 지구를 완벽하게 설계할 수 있다는 절대적 진리를 깨닫게 될 것이라고 생각합니다. 그러므로 대부분의 사람들이 이런 삶을 살지 못한다는 사실은 하느님의 한계로 인해 생겨날 수가 없는 것입니다. 이것은 단 하나의 논리적인 결론만을 남깁니다. 즉 지구상에서 볼 수 있는 결핍과 빈곤은 결국 당신네 인간의 한계에 의해 야기된 것이 틀림없다는 것입니다. 하느님의 소망이 이곳에서 실현되지 않게 방해하는 어떤 일이 반드시 지구상에서 있었을 것입니다. 즉 이 행성에 대한 하느님의 원래 계획을 변경시킨 무엇인가가 발생한 것입니다. 그리하여 지구상에서 가장 높고 복잡한 생명체인 인간은 훨씬 더 지성이 낮은 수많은 생물들이 즐기는 것보다 덜 풍요로운 삶을 종종 겪습니다.

***

만약 여러분이 이 문제에서 한 걸음 물러난다면, 어린 시절부터 주입받은 하느님의 형상에 대해 의문을 갖는 그 원인을 찾을 수도 있습니다. 다음 질문을 생각해 보십시오.

- 만약에 하느님이 많은 종교들에 의해 묘사되었듯이 진실로 전능하고 흠이 없는 신이시고 인간들이 풍성한 삶을 누리는 것이 진정으로 그분이 바라는 소망이라면, 어떻게 그 소망이 지구상에서 실현되지 않는 것이 가능할 수 있을까?
- 과연 무엇이 가장 위대하고 강력한 하느님의 소망이 구체화되어 나타나는 것을 막고 있는 것일까?"
- 인간에게 자신의 왕국을 주는 것이 진정으로 하느님의 큰 기쁨이라면, 어떻

게 인간들이 도저히 그 왕국을 갖지 못할 수가 있는가?

여러분은 이제 또 다른 논리적인 결론에 도달했습니다. 하느님의 부분에 무엇인가 잘못되었거나, 아니면 인간의 부분에 무엇인가 잘못되었거나인 것입니다. 즉 이것은 하느님이 결함이 있거나 또는 지구상의 많은 사람들이 지닌 결함에 의해 하느님의 이미지가 훼손되었음을 의미합니다. 다시 한 번 말하면, 만약 하느님이 그러한 복잡하고 광대한 우주를 창조하실 수 있다면, 그분이 무지하다는 것이 과연 있을 수 있을까요? 논리적인 결론은 이 지구상의 특정 종교에 의해 묘사된 하느님의 모습에 반드시 잘못된 것이 있다는 것입니다. 이로 인해 우리는 이 토론의 결실을 맺을 수 있게 되었는데, 이제부터 여러분이 그동안 받아들이게 되었던 신의 형상에 결여돼 있는 요소를 고려할 수 있기 때문입니다.

우리는 하느님이 매우 광대하고 복잡한 우주를 설계하실 수 있음을 알았습니다. 그리하여 우리는 그런 믿을 수 없는 우주를 창조할 수 있는 신이 모든 인간이 풍요롭고 근심 없는 삶을 누릴 수 있는 작은 행성을 충분히 창조할 능력이 있다고 판단했습니다. 하지만 하느님이 그럴 능력이 있고 의지가 있음에도 불구하고, 지구상의 현재 현실은 그분의 소망과 능력을 반영하지 않고 있습니다. 그러므로 하느님이 마음 속에 갖고 있는 지구에 대한 설계와 이 행성에서 현재 모습을 나타내지 않은 현실 사이에는 뭔가가 있어야합니다. 내가 말했듯이, 전능하신 하느님의 소망이 나타나지 않도록 막을 수 있는 것은 과연 무엇일까요? 하느님이 자신의 뜻을 성취하는 것을 방해할 수 있는 것은 아무것도 없다는 것이 논리적으로 이치에 맞습니다. 그러므로 가능한 유일한 결론은 하느님이 전능하신 분이 아니거나, 또는 그분이 자신의 전능한 힘을 지구상에서 최소한 일시적으로 제쳐놓기로 선택하셨다는 것입니다.

이것은 성서가 분명히 말한 것처럼(창세기 1:26), 하느님이 인간에게 지상에 대한 지배권을 주셨다는 가능성을 열어줍니다. 그렇다면 하느님이 인간들에게 지구 지배권을 행사하라고 말씀하셨다는 것은 무엇을 의미할까요? 여러분이 동물종에서 볼 수 있듯이, 이것은 신이 인간에게 이 지구상에서 단순하게 살지 않고 자연환경에 적응할 수 있는 능력을 부여했다고 생각하는 것이 합리적이지 않겠습니까? 또한 신은 인간에게 단순히 환경에 적응하는 것이 아니라 그 환경을 지배하여 필요에 맞게 환경을 적극적으로 그리고 의식적으로 바꾸는 능력을 주셨습니다. 즉, 인간은 자기들이 어떻게 살 것인지를 선택할 수 있는 능력이 있습니다. 그들은 단순히 적응하거나 아니면 사멸되어야 하는 환경의 노예가 아닙니다.

여러분이 자연을 살펴보면, 모든 동물의 종들이 어떤 유형의 환경에 적응한다는 것을 알 수 있습니다. 비록 그들이 자연 속에서 큰 적응력이 있긴 하지만, 동물 종들이 다른 형태의 환경에 적응할 수 있는 정도에는 한계가 있습니다. 그 이유는 동물이 그 환경을 의도적으로 바꾸거나 그 환경으로부터 자신을 격리하기 위한 자각과 창의력이 없기 때문입니다. 그러나 인간에게는 그러한 능력이 있기 때문에, 여러분은 인간처럼 수많은 다른 종류의 환경에서 살 수 있는 동물종은 없다는 것을 알 것입니다. 이것만으로도 여러분은 하느님이 동물의 왕국에서 발견할 수 있는 것을 훨씬 뛰어 넘는 능력을 인간에게 주었다는 것을 깨달아야 합니다. 그러므로 인간은 단순히 정교한 동물 이상입니다. 인간은 단순히 매우 진화된 동물이 아닙니다. 왜냐하면 인간은 현대적인 표현을 사용한다면, 어떤 동물 종보다도 높이 '양자도약(돌연한 비약)'을 할 수 있기 때문입니다.

논리적인 결론은 하느님은 자신의 형상과 닮은 모습으로 인간을 창조하셨다는 것입니다(창세기 1:26). 이것은 인간이 자신의 환경에 단순히 적응하는 대신에 자신의 환경을 바꿀 수 있는 매우 정교한 의식과 자기인식을 가지고 있다는 것을 의미합니다. 그들은 자신의 환경을 변화시킬 수 있는 상상력이 있고, 그러한 변화는 그들의 환경이 현재 제공하는 것보다 더 많은 풍요를 인간이 가질 수 있게 합니다. 인간은 또한 자유롭게 선택할 수 있는 능력을 갖고 있으며, 특정 환경에 단순히 적응하는 대신에 능동적으로 자기들의 환경을 변화시킬 것입니다. 인간과 동물을 구분하는 것은 자기인식, 상상력 및 자유의지입니다.

* * *

긍정적인 측면에서 볼 때, 이런 창조적 능력은 인간이 지구상에서 하느님의 확장체(대행자)로서 활동할 잠재력을 부여합니다. 이것은 〈창세기〉에서 말한 창조의 이야기에 대한 새로운 관점을 우리에게 줄 수 있습니다. 그것은 하느님이 지구와 동물의 왕국과 인간을 창조하시는 데 6일 동안을 어떻게 보냈는지를 설명합니다. 그리고 일곱째 날에는 하느님이 쉬셨습니다. 아마도 "쉬는 것"이란 신이 행성 지구에서 창조 작업을 임시로 중단하셨다는 것을 의미하지 않을까요? 그분은 지구상에 있는 자신의 확장체로서 지구에서 그분의 손과 발로 행동할 운명의 존재들을 창조했기 때문에, 그럼으로써 그들이 지구의 창조 작업을 마무리할 수 있었기 때문에 이렇게 멈추셨습니다. 하느님이 인간을 자신의 형상과 닮은 모습으로 창조하셨기에 이것이 가능하지 않겠습니까? 왜냐하면 그분은 인간들이 수동적으로 이곳에서 살기보다는 하느님의 창조 작업에 적극적으로 참여하여 지구창조 작업을 끝내기를 원했기 때문입니다. 또한 그럼으로써 인간은 이 지구상에다 하느님의 지상천국을 온전한 모습으로 이룩하는 데 자기들이 적극적인 역할을 맡아 도움을 드렸다고 느낄 수 있지 않을까요?

사랑하는 이들이여, 나는 이러한 생각들이 여러분이 주일학교에서 들었던 것 이상으로 멀리 나가고 있음을 알고 있습니다. 그리고 그것은 지구상의 과학자들이 참작해서 고찰하고자 하는 것을 훨씬 뛰어 넘습니다. 그러나 이 개념은 여러분 자신의 삶과 이 행성에 있는 수십억의 사람들의 삶에서 볼 수 있는 현실을 설명할 수 있습니다. 즉 여러분은 풍요로운 삶을 살고 있지 못합니다. 깊이 생각해 본다면, 여러분은 깊숙한 내면 어딘가에서 자신이 풍요로운 삶을 누려야하고, 인생이 달라져야하고, 지금보다 더 나은 삶이 되어야한다는 것을 스스로 알고 있음을 깨달을 것입니다. 그리고 여러분은 동전의 뒷면(정반대의 측면)을 봄으로써 이것을 이해할 수 있습니다. 왜냐하면 신이 사람들에게 상상력과 자유의지를 주셨다는 사실은 어두운 면, 즉 부정적인 잠재력을 가지고 있기 때문입니다. 사람들은 자신의 상상력을 사용하여 하느님이 그들에게 원하시는 것보다 작은 것을 상상하는 것이 가능합니다. 그리고 그들은 자유의지를 사용하여 하느님의 원래 설계보다 덜 풍요로운 어떤 것을 이 지구행성에다 구현하기 위해 선택할 수 있습니다. 내가 설명하려고 노력했듯이, 하느님은 원래 동물이 즐기는 근심 없는 삶을 인간이 누릴 수 있도록 이 행성을 설계하셨습니다. 그분은 인간이 이런 토대 위에다 건설하기를 원하셨고, 그리하여 그들은 자연이 제공하도록 설계된 것보다 훨씬 더 풍성하게 창조할 수 있었습니다.

그러나 인간은 또한 반대 방향으로 가서 하느님에 의해 세워진 기초를 허물어버릴 수도 있습니다. 이로써 인간사회는 빈곤과 불평등을 초래하는 부자연스러운 상태로 접어들게 됩니다. 만약 여러분이 자신의 마음 속 깊은 곳에서 이런 개념들을 숙고한다면, 그것이 참으로 이 행성에 왜 그렇게 많은 불평등과 고통, 결핍, 빈곤이 존재하는지를 설명할 수 있다는 사실을 알게 될 것입니다. 그리고 이 개념들은 또한 여러분의 가슴 속 깊은 곳에서 왜 여러분이 이런 현실이 자연스럽지 않고 옳지 않은지, 그리고 왜 이것이 신이 의도한 것이 아니고 본래 예정된 삶의 방식이 아님을 알고 있는지를 설명할 수 있습니다.

결론적으로, 우리는 이제 풍요로운 삶을 인간에게 주는 것이 진정으로 아버지의 큰 기쁨이라는 것을 알았습니다. 이것이 지구상에서 자연스러운 상태이며, 모든 인간은 원래 온갖 행복과 완벽한 선물을 풍부하게 갖고 있습니다. 즉 예수가 "이같이 한즉, 하늘에 계신 너희 아버지의 아들이 되리니, 이는 하느님이 그 해를 악인과 선인에게 비추게 하시며, 비를 의로운 자와 불의한 자에게 내리우심이니라(마태복음 5:45)."라고 언급했듯이 말입니다.

***

최종 결론은 인간이 지구의 자연스러운 상태를 방해하고 하느님의 풍요의 흐름을 막아 그 흐름이 모든 인간에게 도달하지 못하도록 어떤 일을 했다는 것입니다. 일단 여러분이 이런 결론에 도달하여 - 외적인 마음뿐만 아니라 자신의 존재의 내면에서 - 그것을 받아들이기 시작하면, 삶에 대한 완전히 다른 관점과 풍요로운 삶의 가능성을 얻게 됩니다. 이제 당신들은 고통과 결핍을 어떻게든 피할 수 없는 행성에 살고 있다고 생각하는 대신에, 풍요가 자연스러운 상태라는 사실을 알게 되었습니다. 이것이 바로 하느님이 원하시는 것이며, 그분은 풍부하게 모든 것을 공급할 수 있는 충분한 능력을 갖춘 행성을 설계하셨습니다. 그렇습니다. 사랑하는 이들이여, 나는 여러분이 지구상의 삶이 풍요롭지 못한 것은 자연자원의 부족 때문이라는 생각에 길들여져 왔다는 것을 압니다. 하지만 이것은 사실이 아닙니다. 하느님은 지구가 모든 인간에게 필요한 모든 것을 풍요롭게 제공할 수 있게끔 이 행성을 설계하셨습니다. 사실 어머니 지구는 현재 그녀의 자궁 안에서 살고 있는 인구수보다 더 많은 사람들에게 풍성한 삶을 제공할 수 있습니다. 지구상의 문제는 인간이 자신의 마음, 상상력과 자유의지의 힘을 이용하여 하느님의 자연스러운 풍요의 흐름을 제한하고 방해하고 다른 곳으로 흐르도록 만든다는 것입니다.

여러분이 이런 결론에 도달하면, 풍요로운 삶에 대해 새로운 생각을 가질 수 있습니다. 개인적으로 여러분은 이제부터 하느님의 풍요로운 흐름을 방해하는 것을 어떻게 차단할 수 있는지를 생각해 볼 수 있습니다. 그렇게 함으로써 여러분이 이곳 지구상에 아직 있는 동안 아버지의 왕국을 진정으로 상속받아 풍성한 삶을 경험할 수가 있습니다.

나의 사랑하는 이들이여, 여러분은 새로운 인도를 통해 풍요로운 삶에 대해 두 가지 접근방식을 취할 수 있습니다. 하나는 수동적 접근법이고 다른 하나는 능동적 접근법입니다. 수동적인 접근법을 취할 때, 여러분은 하느님께서 여러분이 풍요를 얻기를 원하신다는 것을 받아들일 수는 있습니다. 하지만 여러분이 현재 그것을 갖고 있지 않기 때문에, 여러분의 유일한 선택은 어떤 미지의 수수께끼적인 알 수 없는 이유로 인해 그분이 바로 지금 그 풍요로운 삶을 당신에게 주고 싶어 하지 않으신다고 추측할 수밖에 없습니다. 그리고 거기에는 논리적인 설명이 없기 때문에 여러분은 그 이유를 이해할 수 없고 설명할 수도 없습니다. 여러분의 유일한 선택은 단지 기다리면서 미래의 어떤 시기에 신이 마음을 바꾸어 당신에게 풍요로운 삶을 주시길 바라는 것입니다. 이로 인해 여러분은 마냥 기다리는 처지에 놓이게 되고, 이것은 여러분을 통제할 수없는 상황과 힘의 무기력한 희생자로 만듭니다.

반면에, 능동적인 접근법을 취하면, 내가 방금 설명한 것처럼, 여러분이 풍요를 누리는 것이 당연하다고 생각하게 됩니다. 따라서 여러분이 그런 풍요로운 삶을 현재 갖고 있지 않다면, 무엇인가가 그것을 막고 있는 것입니다. 그리고 만약 여러분이 풍요의 흐름을 방해하고 있는 그것을 발견할 수 있다면, 그 장애물을 제거할 수 있을 것이고, 그때 하느님의 풍요가 당신의 삶으로 자연스럽게 흘러들어오기 시작할 것입니다. 사랑하는 이들이여, 여러분이 이 가능성을 받아들일 수만 있다면, 진실로 다음 장(章)에서 내가 당신들에게 전해줄 아버지 왕국의 다음 열쇠를 받을 준비가 돼 있는 것입니다.

열쇠 - 2

나는 누구이고, 왜 여기에 있으며, 하늘에 있는 그 존재는 누구인가?

우리는 이제 하느님은 인간들이 풍요로운 삶을 유지할 수 있는 행성을 충분히 설계할 능력이 있다는 것을 알았습니다. 그러나 우리는 또한 이 풍요의 상태가 현재 지구에서 실제로 나타나고 있지 않다는 것을 알았습니다. 따라서 우리는 이 관찰 가능한 사실에 대한 유일한 논리적인 설명은 인류사회에서 신의 뜻이 구현되는 것을 방해하는 장애들이 발생하고 있다는 결론에 이르게 됩니다. 신의 뜻은 자신의 모든 자녀들이 풍요로운 삶을 누려야한다는 것입니다. 우리의 논리적인 다음 단계는 지구상의 풍요로운 삶을 가로막을 수 있는 요소를 고려하는 상태로 옮겨가는 것입니다. 이를 이해하기 위해서는 여러분이 무한한 우주 속에서 한 점의 먼지 같은 지구행성으로 보내지기 전에 자신이 누구이고, 무엇을 하도록 계획되었는지에 대해 더 폭넓은 지식을 알 필요가 있습니다. 여러분은 누구이며, 왜 여기 지구에 있는 것일까요?

이 질문들에 답하기 위해 나는 서구사회를 지배하는 두 종교, 즉 전통적인 기독교와 유물론적인 과학에 의해 가르쳐진 것 너머로 나아갈 것입니다. 이 신념체계들은 둘 다 그것들이 하느님의 현존과 우주의 기원에 관한 궁극적인 진리를 가지고 있다고 주장합니다. 그러나 나는 여러분이 이 주장들 중 하나를 믿고 싶다면, 풍요로운 삶의 열쇠를 가르쳐줄 수 없다고 말해야만 합니다. 왜냐하면 그 핵심 열쇠들은 이 두 신념체계의 범위 안에서는 찾을 수 없기 때문입니다. 이것이 왜 그런지 궁금해 할 수 있습니다. 그 답은 만약 기존의 기독교나 유물론 과학이 풍요로운 삶의 열쇠를 사람들에게 제공할 수 있었다면, 이미 오래 전에 지구상에 풍요로운 삶이 나타나야했다는 것입니다. 그러므로 오직 이 두 믿음체계에 의해 만들어진 정신적인 틀 너머를 기꺼이 보려고 하는 사람들만이 아버지 왕국의 풍요를 상속받을 진정한 열쇠를 발견할 것입니다.

다음 열쇠를 여러분에게 주기 위해, 우리는 지구상의 현재 상황에서 잠시 뒤로 물러날 필요가 있습니다. 실제로, 우리는 시선을 전체 물질우주 외부로 돌려야 합니다. 예수는 그의 아버지의 집에는 많은 거처들이 있다고 말했습니다. 그리고 내가 앞서 언급했듯이 하느님의 우주 속에는 다른 차원, 다른 수준들이 있습니다. 이것이 바로 종교인들이 전통적으로 천국이나 영적세계라고 불러온 곳입니다. 천상계에는 꽤 많은 수의 레벨들이 있으며, 모든 것이 에너지라는 현재의 과학지식을 감안할 때, 이 층들이 서로 별개로 자리잡고 있다는 것을 이해하기는 쉽습니다. 여러분의 과학자들은 물질우주가 인간의 감각이 느끼는 것처럼, 물질과 에너지라는 두 가지 요소로 이루어져 있지 않다는 것을 알고 있습니다. 물질우주는 참으로 물질로 만들어진 것이 아닌데, 즉 물질은 단지 에너지의 한 형태이므로 에너지로 만들어집니다. 이 사실의 중요성은 전체 물질우주가 영적세계, 천상계와 동일한 질료로 창조돼 있다는 것입니다.

이것이 바로 과학자들이 에너지라고 부르는 것이지만, 성서는 빛이라고 부릅니다. 〈창세기〉는 우주창조가 어떻게 시작되었는지를 여러분에게 알려줍니다. 그것은 절대자인 신에 의해 "빛이 있으라(창세기 1:3)."라는 말씀이 발해졌을 때 시작되었습니다. 하느님은 선능자이시기 때문에, 빛이 생겨났습니다.

왜 하느님은 빛을 창조함으로써 창조과정을 시작하셨을까요? 빛이나 에너지는 그 자체로는 형태가 없지만 어떤 형태든 취할 수 있는 잠재성을 가진 재료입니다. 과학조차 이것에 동의합니다. 현재의 과학이론, 특히 아인슈타인(Einstein)의 유명한 방정식인 $E=mc^2$는[3] 물질은 단지 가시적인 형태로 나타난 에너지라고 말합니다. 에너지는 진동의 한 형태로 보이며, 과학은 낮은 주파수에서 높은 주파수에 이르기까지 다양한 유형의 에너지들을 탐지했습니다. 물질적인 형태를 취하는 보다 거친 형태의 에너지가 X선(고체 물질에 침투 할 수 있음) 또는 심지어 (인간의) 사념과 같은 미세한 에너지보다 훨씬 더 낮은 주파수 범위에서 진동한다는 것을 추론하는 것은 어렵지 않습니다. 이런 과학적 관측결과의 결론은 우주는 비가시적인 보다 미세하고 근본적인 에너지로부터 창조되었고, 물리적인 에너지와 물질의 형태가 출현할 때까지 그 진동이 낮추어졌다는 것입니다. 과학자들은 현재 어떻게 이런 일이 발생하는지 설명할 수는 없지만, 그것에 관한 과학적 설명을 찾기까지는 오래 걸리지 않을 것입니다. 여기에서 내가 말하는 요점은 천상계와 지구 사이에 다른 점은 진동의 차이라는 사실입니다. 그러므로 이제 여러분은 지구와 우주 전체가 수많은 다른 형태 및 무한히 다양한 특성을 취할 수 있는 하나의 기본 재료로 만들어져 있다는 것을 알 수 있습니다.

이 에너지 또는 빛은 매우 다양한 수준의 진동을 지닐 수 있으므로 진동이 느린 상태에서 빠른 상태까지, 또 밀도가 짙은 상태에서 보다 엷고 순수한 상태에 이르기까지 그 진동 범위를 설정할 수 있습니다. 낮은 진동에서 더 높은 진동으로 나아감에 따라 결국 눈에 보이지 않는 분할선의 지점에 도달하게 됩니다. 그리고 일단 그 선을 넘으면, 물질적 세계를 벗어나 영적인 영역으로 진입합니다. 여러분이 하위수준의 영적세계에서 점점 더 높은 진동으로 계속 나

---

3)에너지(E)는 질량(m)에다 빛의 속도의 제곱(c^2)을 곱한 결과라는 의미이다. (역주)

가게 되면, 결국 영적세계의 상위 차원에 이르게 됩니다. 그리고 만약 우주의 형태의 세계 전체에서 가장 높은 진동의 수준으로 계속 나아간다면 하느님의 순수한 빛에 도달하게 됩니다. 그 너머의 세계는 창조주 그 자체입니다. 이 창조주는 여러분이 그 일부로서 참여하고 있는 창조적인 과정을 시작한 의식 있는 존재입니다.

그러나 그 창조주는 인간이 절대자 하느님이라고 부르는 것의 유일한 면이나 궁극적인 면은 아닙니다. 만약 여러분이 참으로 그 형태의 세계로부터 거리를 두고 생각한다면, 그 세계는 빛을 형태로 주조함으로써, 즉 무형의 빛이 형태라는 틀에 넣어져 만들어짐으로써 창조된 세계라는 것을 이해할 것이고, 비로소 이제 하느님의 진정한 실체를 고찰할 수가 있습니다. 이 세상에는 궁극적인 의미에서 하느님을 알 수는 없다고 말하는 종교들이 존재합니다.

궁극의 절대자를 "공(空)"으로 묘사하는 종교도 있는데, 왜냐하면 신은 이 세상의 언어나 이미지로 묘사될 수 있는 어떤 형태나 어떤 특성도 갖고 있지 않기 때문입니다. 여러분은 십계명(十誡命) 중에 첫 번째인 "내 앞에서 다른 신을 섬기지 말라(출애굽기 20:3)"는 구절을 알 것입니다. 그 참된 의미는 여러분이 절대로 어떤 특정의 형상이나 새겨진 이미지를 가지고 이것이 하느님을 완전하게 묘사한 것이라고 주장해서는 안 된다는 것입니다. 궁극적인 의미에서, 하느님은 하느님에 의해 창조된 형태의 세계를 넘어서 있으며, 자신의 창조물을 초월해 계십니다. 예수가 "종이 상전보다 크지 못하고, 보냄을 받은 자가 보낸 자보다 크지 못하느니라(요한복음 13:16)."고 말했듯이, 여러분이 이 세계의 유한한 언어와 이미지를 사용하여 궁극의 신에게 그것을 투사하고 자신이 하느님에 대해 정확하고도 완전한 설명을 했다고 주장할 수는 없습니다. 이것은 우리가 나중에 알게 되겠지만, 우상숭배입니다. 그리고 그것이 지구에서 풍요로운 삶이 실현되지 않게 방해하는 주요 문제들 중의 하나입니다. 그러나 여전히 마음을 확장하여 하느님의 존재를 숙고하는 것은 중요합니다.

우리가 앞서의 논의를 토대로 말할 수 있는 것은 하느님의 두 가지 측면이 있음이 틀림없다는 것입니다. 하느님은 궁극적인 의미에서 존재하는 모든 것이시며, "만물이 그로 말미암아 지은 바 되었으니, 지은 것이 하나도 그가 없이는 된 것이 없느니라(요한복음 1:3)."라는 구절은 어떤 것도 창조되기 전에는 오직 하느님만이 존재했음을 의미합니다. 이 절대자는 완전하고 자급자족하는 존재여야 합니다. 원래 하느님은 우주를 창조할 필요가 없습니다. 만약 하느님이 전체라면, 왜 하느님의 존재를 알 수 있는 의식적인 존재들이 있는 우주를 창조할 필요가 있을까요? 궁극적인 의미로 하느님은 인간에 의해 인식되거나 숭배 받을 필요가 없습니다. 왜냐하면 신은 전체이고 완전하며, 충분히 자급자족하기 때문입니다. 그럼에도 인간이 존재한다는 사실과 형태를 가진 세계에서 산다는 사실만으로 - 그리고 어떤 형태도 없는 그 전체와는 다른 까닭에 - 우리는 자급자족하고 형태 없는 궁극의 하느님의 모습만이 신의 유일한 면이 될 수 없음을 안 수 있습니다. 내가 창조주라고 부르는 것에는 또 나른 면이 있음이 틀림없습니다. 이것은 창조하고자하는 하느님의 한 측면이며, 형태 없는 공(空) 이상의 것을 원하는 욕구입니다. 그리고 이것이 여러분이 살고 있는 우주를 창조한 하느님의 측면입니다.

***

이 절대자인 신은 어떻게 우주를 창조했을까요? 창조주는 그분 자신의 존재 자체로 모든 것을 창조하셨습니다. 왜냐하면 창조를 행하는 창조주 외에는 아무것도 없었기 때문입니다. 창조주는 형태 없는 하느님이 불변한다는 점에서 그 무형의 하느님과는 다르며, 창조주는 끊임없이 성장하고 확장하며 계속해서 자신을 초월하고 있습니다. 사실 모세가 신에게 그분의 이름을 물었을 때, 대답은 히브리어로 "YOD HE VAW HE."였으며, 이것은 일반적으로 "나는 스스로 있는 자이다(I AM THAT I AM)(출 3:14)."라고 영어로 번역됩니다. 사실, 일부 성서학자들이 알다시피, 보다 정확한 번역은 "나는 (미래에) 있게 될 나일 것이다(I WILL BE WHO I WILL BE."입니다. 이 번역은 하느님이 자신의 계명이 진실임을 알려줍니다. 그분은 실제로 모세에게 이름을 알려주지 않았습니다. 왜냐하면 사람들이 그 이름을 이용하여 새겨진 하느님의 이미지, 고정적인 이미지를 만들기를 원치 않으셨기 때문입니다. 대신에, 하느님은 자신이 영원히 변화하고 있다는 사실을 알려 주셨고, 따라서 하느님은 언제든지 미래의 어느 순간에 존재하게 될 그 분이 될 것입니다. 그러므로 하느님을 알기 위해서는 특정한 이미지에 집착해서는 안 되며, 하느님의 자기초월을 따라 함께 흘러가야합니다. 여러분이 살고 있는 이 세상을 포함하여 – 한정돼 있지 않은 – 하느님의 존재를 이루고 있는 모든 것인 '생명의 강(River of Life)'으로 들어가야 합니다.

하느님이라는 순수한 존재 안에는, 다시 말해 형태가 없는 그 절대자 안에는 변화가 없습니다. 어떻게 무형의 상태 속에 변화가 있을 수 있을까요? 완전무결한 그 자체 내에 어떻게 진보가 있을 수 있을까요? 그러나 하느님의 창조주 측면 속에는 끊임없는 움직임이 있는데, 왜냐하면 신의 이러한 측면은 창조하고 더 나은 것이 되기 위한 목적으로 존재하기 때문입니다. 창조주는 무엇입니까? 창조주는 3가지 능력을 가진 자아의식적인 존재입니다. 첫 번째 능력은 자기인식, 즉 자신이 존재한다는 것을 알 수 있는 능력입니다. 두 번째 능력은 상상력, 즉 우주에서 아직 나타나지 않은 형태를 상상할 수 있는 능력입니다. 만약 창조주 안에 상상력이 없다면, 어떻게 신이 새로운 어떤 것을 창조하실 수 있겠습니까? 창조주가 지닌 세 번째 능력은 선택할 수 있는 능력입니다. 창조주가 여러분이 살고 있는 우주를 창조했을 때, 그분은 선택을 해야 했습니다. 여러분은 자신이 살고 있는 세상을 바라보고, 승인하기 위해 수많은 것들을 받아들입니다. 하늘색은 왜 다른 색이 아닌가요? 왜 지구는 둥글고 다른 모양이 아닐까요? 지구의 과학자들은 우주가 얼마나 복잡하고 섬세하게 설계되었는지에 관한 예들을 계속 발견하고 있습니다. 만약 원자의 핵을 함께 묶는 인력(引力)의 강도가 약간 달랐다면, 원자는 서로 당겨 붙들 수 없고 물질은 존재하지 않을 것입니다. 또 중력(重力)의 힘이 약간만 달라도 행성들과 태양은 자체의 궤도에 머물 수 없습니다. 왜 이 모든 것들이 그것이 지금 있는 그 방식인 것일까요? 그 이유는 창조주가 이 우주를 설계하실 때, 어떤 선택을 하셨기 때문입니다.

여러분의 창조주가 했던 선택들 중 하나는 전체 우주를 홀로 창조하기를 원하지 않으셨다는 것입니다. 여러분의 창조주는 그분 자신의 확장체로서 자아의식을 지닌 존재들을 창조하기로 결정하셨습니다. 그리고 이런 존재들에게 창조력과 자기인식 능력, 상상력, 그리고 자유의지를 부여하셨습니다. 그래서 성서에서는 신이 인간을 자신과 닮은 모습으로 창조했다고 말합니다. 하느님은 수많은 자아의식적인 존재들을 창조하셨고, 이런 존재들은 창조주의 확장체로 봉사하기로 계획돼 있었습니다. 다시 말해 그들은 창조주에 의해 생겨난 창조계로 여행하여 그 바탕 위에다 무엇인가를 세울 수 있는 공동창조자로 일하기로 계획돼 있는 것입니다. 우리는 창조주는 바깥에서 창조하시고 그 공동창조자들은 안에서 창조한다고 말할 수 있습니다.

여러분은 창조주가 왜 이것을 하셨는지 그 이유를 추론할 수 있으며, 많은 좋은 이유들이 있습니다. 그러나 기본적인 사실은 여러분의 존재 자체가 창조주가 이 선택을 하셨다는 사실을 증명한다는 것입니다. 신은 여러분을 자아의식적인 존재로 창조하기로 선택하셨습니다. 여러분은 자신이 존재한다는 것을 알 수 있고, 게다가 상상력이 있어서 자기가 누구이며, 어디서 왔는지, 그리고 여기에 있는 이유에 대해 의문을 가질 수가 있습니다. 이런 의문들은 여러분이 단순히 우연의 게임이나 무분별한 진화과정의 산물이 아니라는 것을 증명합니다. 또한 이런 질문을 할 수 있다는 사실은 바로 여러분이 이 자아의식을 지닌 존재의 자녀임을 증명하는 것입니다. 그러므로 여러분은 자신의 감각에 의해 감지될 수 없는 것을 상상할 수 있는 능력을 갖고 있습니다. 또한 마음속에서 어떤 개념을 공식화하거나 설계한 다음, 육체를 사용하여 그 정신적 아이디어를 완벽하게 구현하는 집을 짓는 능력도 있습니다. 여러분은 자신의 집을 어떻게 디자인할 것인가를 선택할 수 있습니다. 이런 능력들 중 그 어느 것도 일부 과학자들이 인간이 진화해 나왔다고 주장하는 동물계에서 발견되지 않습니다. 그렇기에 여러분은 수많은 새들보다 더 커다란 가치를 지니고 있는 것이며, 때문에 신은 그분 자신의 진정한 소망인 풍요로운 삶을 인간에게 완벽하게 줄 수 있는 우주를 설계하셨던 것입니다.

그럼에도 여러분은 창조주가 인간에게 상상력과 자유의지를 주셨다는 것을 이해해야만 합니다. 신은 여러분을 그분과 함께하는 공동창조자로 설계하신 까닭에, 풍요로운 삶은 단순하게 외부의 원천으로부터 인간에게 주어지지 않을 것입니다. 즉 여러분은 자신의 상상력과 자유의지를 이용하여 자기의 영향권 안에다 그 풍요로운 삶을 구현해야합니다. 여러분은 자신의 마음과 물질적 영역을 의미하는 "지구"를 지배하기로 결심해야합니다.

신은 인간에게 풍성한 삶을 줄 수 있는 우주를 창조하셨지만 그 풍요로운 삶을 자동으로 여러분에게 주는 우주를 창조하지는 않으셨습니다. 그 이유는 신이 인간을 마음이 없는 로봇이 아니라, 자신이 누구이고, 어디에서 왔는지, 그리고 어디로 갈 잠재력이 있는지를 아는 능력을 가진 자아의식적인 존재로 창조하셨기 때문입니다. 나는 여러분이 어디로 갈 잠재력이 있는지는 나중에 정확히 설명할 것입니다. 하지만 지금은 여러분이 풍요로운 삶을 구현하기로 선택하거나, 아니면 한계, 결핍 및 고통의 삶을 구체화할 잠재성이 있다고 말하는 것으로 충분합니다. 여러분은 선택할 수 있는 능력과 상상할 수 있는 능력을 갖고 있으며, 이 두 능력을 통해 자신의 경험을 창조하고 있습니다. 여러분은 지구상의 많은 사람들이 "현실"이라고 잘못 부르는 것을 창조하고 있습니다만 그것은 참으로 신기루에 지나지 않으며, 자신의 진정한 창조적 잠재력을 망각한 인간의 마음에 의해 삶이라는 스크린에 투영된 것입니다.

아버지의 왕국을 상속받을 수 있기 전에 여러분이 이해해야만하는 진실은 인간이 정말로 창조주의 형상(속성)과 닮은 모습으로 창조되었다는 것입니다. 이것은 창조주가 육체를 가지고 있고 인간처럼 보인다는 것을 의미하지는 않습니다. 그리고 창조주가 영화배우 찰톤 헤스톤(Charlton Heston)처럼 말을 한다는 것을 뜻하지 않습니다. 그것은 여러분이 아직 나타나지 않은 것을 상상할 수 있는 능력과 자신의 정신적 이미지들 중 하나가 물리적으로 구현되도록 결정할 수 있는 능력을 갖고 창조되었다는 것을 의미합니다. 그리고 이런 능력들은 인간과 우주를 창조하기 위해 창조주에 의해 사용된 능력과 바로 똑같은 능력인 것입니다.

***

우리는 이제 인간이 뭐가 잘못되었는지, 행성 지구가 어떻게 빗나가게 된 것인지, 그리고 모두가 풍요로운 삶을 누리길 바라는 신의 소망이 실현되는 것을 가로막는 것이 무엇인지에 대한 잠재적인 답을 알았습니다. 답은 매우 간단하며, 모든 인간들이 이 사실을 이해하게 되는 것이 나의 가장 큰 소망입니다. 그 답은 대부분의 인간들이 자신의 최상의 잠재력에 따라 상상력과 자유의지를 사용하지 않았고 창조력을 이용하지 않았기 때문에 지구상에 풍요로운 삶이 나타나지 않는다는 것입니다. 즉 풍요로운 삶을 구현하고 그 풍요를 끊임없이 늘리기 위해 창조적인 힘을 사용하는 대신에, 인간들은 제한된 풍요와 결핍된 세상을 구상하는 데 자신의 상상력을 사용했던 것입니다. 그들은 이것을 행성 지구에서 유일하게 가능한 현실로 받아들이기로 선택했고, 그것을 받아들이면서 그것이 환영임에도 불구하고 일시적인 현실로 바꾸어 놓았습니다. 이제 여러분은 신이 여러분에게 상상력과 자유의지라는 선물을 주셨고 그분은 자신의 그 선물을 제한하지 않으시기에 그분이 자신의 자녀들을 물질세계에다 보내기 전에 생각한 풍요로운 삶보다 훨씬 못한 일시적인 현실을 그들이 창조할 수 있게 허용하셨다는 것을 압니다. 그리고 어떤 의미에서 바로 이것은 신의 높은 뜻에 부합됩니다. 왜냐하면 신의 더 높은 뜻은 여러분이 형태의 세계로 여행하며 여러분 자신과 전체를 위해 가장 좋은 방식으로 창조적 능력을 사용하는 방법에 관한 경험을 얻는 것이기 때문입니다.

만약 배우는 과정의 일부로서 그것이 필요하다면, 여러분은 부족하고 제한된 상태에서 당분간 고통을 받아야하며, 신은 이런 일이 일어나도록 허용하십니다. 그러나 하느님은 여러분이 제한된 상태에 있기를 원하시지 않는다는 것을 이해해야합니다. 게다가 가장 중요한 것은, 그분은 여러분이 무기한 동안 고통 받는 상태에 머물러 있기를 원하시지 않는다는 것입니다. 그리고 마침내 여러분이 그런 고난과 결핍을 더 이상 지구상 삶의 불가피한 결과로 받아들이지 않겠다고 결심하는 지점에 이르는 것은 언제나 신이 바라시는 바입니다. 또한 인류의 일부가, 그리고 결국은 모든 인간들이 고난의 삶을 겪을 필요가 없다는 것과 인간감옥에는 대안이 있다는 사실에 대해 깨닫는 것은 항상 신의 희망입니다. 그리고 그 대안은 지구상의 현 상황을 창조한 의식 상태를 초월하는 것입니다.

이런 제한된 의식 상태를 넘어서는 것이 바로 모든 참된 종교와 모든 영적 가르침의 핵심이자 모든 것입니다. 여러분은 왜 예수가 지구로 보내졌다고 생각하십니까? 그것은 여러분이 이런 인간적인 조건들에 의해 얽매여 제한받으며 살 필요가 없다는 것을 보여주기 위한 것이었습니다. 여러분은 그것들을 초월할 수 있고, 인간의식이라는 물을 더 높은 의식 상태의 포도주로 변형시킬 수 있습니다. 또한 빵 덩어리와 물고기를 늘릴 수 있고 마음의 힘을 통해 물질적인 풍요로움을 증진시킬 수 있습니다. 게다가 여러분은 육체적인 죽음을 피할 수도 있고, 더 높은 세계에서 보다 높은 의식상태를 지닌 고등한 생명체로 부활할 수가 있습니다.

무엇이 잘못되었고, 무엇이 하느님의 풍요가 지구에서 실현되는 것을 막고 있는가에 대한 간단한 답은 인간이 그들의 창조적인 능력을 잘못 사용했다는 것입니다. 그들은 하느님의 풍요로운 삶에 대한 명확한 비전을 잃어버렸습니다. 대신에, 대부분의 사람들은 하느님의 풍요가 제한되어 있고 모든 사람에게 충분하지 않다는 사실에 기반을 둔 그릇된 이미지에다 상상력을 집중시켰습니다. 따라서 오직 소수의 사람들만이 풍요를 누릴 수 있으며 인구의 대다수는 빈곤 속에서 살아야합니다. 인류는 자신의 자유의지를 사용하여 이런 잘못된 모습을 받아들이고 그것을 불가피한 것으로 받아들이도록 조작되었습니다. 이것이 그 잘못된 이미지가 임시적인 현실이 된 이유이며, 그것은 많은 사람들에게는 영구적인 현실처럼 보입니다.

***

풍요로운 삶을 경험하기 위해 필요한 열쇠는 이 그릇된 이미지, 이 가짜 현실을 개인적으로 받아들일 필요가 없다는 깨달음입니다. 여러분은 그 거짓 이미지에서 자신이 분리되도록 선택할 수 있으며, 여러분 자신을 의식으로 분리할 수 있습니다. 현재의 의식 상태를 초월함으로써, 여러분은 자신의 상상력과 의지를 향상시키고 자유롭게 할 수 있습니다. 그럼으로써 마침내 제한된 삶보다는 오히려 풍요로운 삶을 받아들일 수 있습니다. 여러분이 아버지의 왕국을 물려받는 핵심열쇠는 여러분의 자유의지를 자신의 상상력을 정화하는 데다 사용해야한다는 사실을 깨닫는 것입니다. 그리하여 여러분은 한계와 고난의 삶을 창조하는 대신에 풍요로운 삶을 창조할 수 있습니다. 내가 언급했듯이, 여러분에게 왕국을 주는 것은 하느님 아버지의 큰 기쁨입니다. 그렇지만 그분의 계획은 인간에게 창조력을 부여해서 여러분이 그 왕국을 자신 안에서 열매 맺을 수 있게 하는 것입니다. 참된 풍요로움을 원한다면, "하느님의 나라는 너희 안에 있느니라(누가복음 17:21)."라는 예수의 말을 깊이 생각하고 흡수해야합니다. 그러므로 여러분이 왕국을 주려는 하느님을 외부에서 찾을 수는 없습니다.

자신이 지구상에서의 삶의 경험을 재창조할 수 있는 능력을 갖고 있음을 깨달을 때, 여러분은 삶의 모든 면을 재건할 수 있는 능력을 얻게 되며, 아버지의 왕국으로 돌아가는 길에서 필수적인 단계를 밟게 됩니다. 그리고 나는 여러분이 자기 주변에서 보는 것이 피할 수 없는 현실이고 그 가상의 현실로부터 스스로 벗어날 능력이 없다고 믿도록 프로그램돼 있다는 것을 잘 알고 있습니다. 그러나 예수는 오직 한 가지 목적을 위해, 즉 이 환상이 거짓이며 여러분 안에 하느님의 왕국이 있음을 보여주기 위해 왔었습니다. 그리고 그 이유는 하느님이 여러분을 그분의 형상과 닮은 모습으로 설계하셨기 때문입니다. 즉 하느님은 여러분에게 상상력과 자유의지를 주셨습니다. 현재 여러분이 한계와 결핍과 고통을 겪고 있는 유일한 원인은 당신과 이 지구상의 많은 사람들이 자신의 상상력과 자유의지를 그 한계와 고난을 공동으로 창조하는 데다 사용했기 때문입니다. 그런데 여러분이 그 상상력과 자유의지를 신의 창조원리와 일치하는 방식으로 사용하기 시작하면, 여러분의 인생 경험을 새로이 재창조할 수 있습니다. 그리고 충분한 수의 사람들이 이것을 할 때, 여러분은 이 행성에서 집단적 경험을 재창조할 수 있습니다. 다시 말해 인류는 이 지구행성에 대한 신의 진정한 소망을 그대로 반영하는 현실을 말 그대로 공동창조할 수 있는 것입니다. 그리고 그 소망은 지구가 수십억의 모든 사람들이 풍요로운 삶을 누리도록 뒷받침하는 것입니다.

나의 사랑하는 이들이여, 여기서 내가 이해시키고자하는 핵심적인 요점을 아시겠습니까? 여러분은 이 지구상에서의 삶의 경험과 교육을 통해 지구의 현 한계가 현실이고 불가피한 것이라고 생각하게끔 여러분이 프로그램돼 있다는 것을 이해할 수 있나요? 어쩌면 하느님의 어떤 기적이 그것을 바꿀 수는 있겠지만 그러한 기적은 분명히 나타나지 않을 것입니다. 인간들은 자기의 삶의 경험을 재창조하기 위한 창조적인 힘이 자신 안에 없다고 생각하도록 프로그램돼 있으며, 그렇기에 여러분은 스스로의 통제를 벗어난 바깥 환경의 노예들입니다. 이것들이 환상이라는 것을 알고 계십니까? 이것은 거짓말입니다. 이런 환영들, 이런 거짓들은 하느님의 진실과는 아무런 관련이 없음을 아시나요? 진실은 창조주가 여러분에게 고유한 창조능력을 주셨다는 것입니다. 신은 여러분을 그분의 형상과 닮은 모습으로 창조하셨으며, 그렇기에 여러분은 주위에다 풍요로운 삶을 공동창조할 수 있는 힘이 자신 안에 있습니다. 따라서 집단적으로, 또는 소수의 인간들일지라도 지상에다 풍요로운 삶을 재창조할 수 있습니다. 이것이 예수가 가져왔던 진리입니다. 또한 이것이 부처님이 가져온 진리입니다. 이것이 모든 진실한 영적 지도자들과 선지자들, 하느님의 대행자들이 가져온 진리입니다. 그리고 이 진실을 깨달을 때, 여러분은 체계적이고 논리적인 길을 걷기 시작할 수 있습니다. 이 길은 여러분을 하느님의 마음속에 품고 있는 풍요로운 비전, 흠결 없는 생각과 일치시켜 여러분의 삶을 재창조하는 지점으로 단계적으로 인도합니다.

그러므로 이 책의 나머지 부분에서는 신에 관한 모든 거짓된 이미지, 여러분 자신의 모든 잘못된 이미지, 그리고 여러분이 사는 세상의 모든 거짓 이미지들에서 벗어나기 위해 필요한 이해와 실질적인 단계를 제공하는 데 집중하게 될 것입니다. 나는 여러분이 (신에 의해) 설계된 본래의 사람이 되도록 도울 것입니다. 나는 여러분이 원하는 풍요로운 삶을 가져다주게 될 방식으로 여러분의 상상력과 자유의지를 스스로 행사하도록 여러분을 도울 것이며, 그것이 동시에 이 지구상의 다른 모든 생명체들에게도 풍성한 삶을 가져다 줄 것입니다.

***

여러분에게 왕국을 물려주는 것은 진정으로 아버지의 큰 기쁨입니다. 그럼에도 창조주는 여러분이 여러분 자신의 창조력을 통해 그 왕국을 가져오기를 바라고 계시며, 인간이 신과 더불어 공동창조자가 될 수 있는 천부적인 능력을 통해 그 왕국을 구현하기를 원하십니다. 이것이 하느님의 소망입니다. 이것이 바로 하느님이 "번성하고 지배하라(창세기 1:28)"는 명령으로 인간들을 지구에 보내신 이유입니다. 그분은 여러분이 자신의 창조적인 능력을 배가시키고 스스로의 마음을 사용하여 물질세계 자체를 지배케 하려는 생각을 갖고 계셨습니다. 그러므로 여러분은 이 물질세계에다 하느님의 풍요를 가져올 수 있습니다. 여러분이 이 지배권, 즉 물질 위에 있는 마음의 지배력을 얻음으로써, 이 물질세계는 하느님의 완전성을 그대로 구현할 수 있고 따라서 진정으로 하느님의 왕국이 될 수 있습니다.

사랑하는 이들이여, 내가 하고 있는 말을 이해하시나요? 하느님은 영원히 풍요로운 생명력을 가진 행성을 창조하실 능력이 있습니다. 그러나 그분은 인간이 그런 행성에서 살면서 뭔가를 배울 수는 없기 때문에 이것을 하기를 원하지 않으셨습니다. 그럴 경우, 여러분은 자아의식이 있는 공동 창조자가 아니라 그저 적응력 있는 존재, 즉 동물로 축소되었을 것입니다. 그러므로 하느님은 풍요로운 삶을 나타낼 잠재력을 가진 행성을 창조하셨지만, 아직 그 풍요로운 삶을 완전히 물리적으로 구체화시키지는 않으셨습니다. 그분은 자신의 아들과 딸들을 이 세상으로 보내셨고, 그들은 이 행성에 대한 통치권을 행사하고 하느님의 풍요를 물리적으로 실현하기 위해 필요한 모든 것을 갖추고 있었습니다. 즉 그들은 창조적인 능력을 가지고 있었고, 상상력과 자유의지가 있었습니다. 그것에 의해 그들은 하느님이 마련해 놓으신 기초 위에다 (무엇인가를) 세울 수 있었고, 그럼으로써 신의 자녀들에게 주어진 자신의 선천적인 능력을 통해 지구상에다 신의 왕국을 건설할 수 있었습니다.

이것이 하느님의 원래 계획입니다. 이것이 하느님의 원래 소망입니다. 이것이 하느님의 원래 설계입니다. 하느님의 이런 계획을 변경시킬 수 있는 것은 없으며, 행성 지구가 그분의 완전성을 구현할 잠재력을 바꿔놓은 것은 아무 것도 없습니다. 일시적으로 하느님의 아들과 딸들은 그들의 창조능력으로 풍요보다는 오히려 고난과 결핍을 창조하는 데 사용하기로 선택한 것입니다. 그러나 그것은 단지 그들이 무지의 상태에 빠졌기 때문에 일어났으며, 그렇기에 그들은 자신의 완전한 창조능력을 인정하지 않습니다. 그들은 자유의지의 중요성과 그 힘을 이해하지 못하고, 상상력의 방대한 잠재력을 이해하지 못합니다. 또한 그들은 불완전한 이미지들에 의해 제한받을 필요가 없이 마음의 힘으로 물리적 현실을 재창조할 수 있다는 것을 깨닫지 못합니다.

다시 한 번, 나는 내가 여기서 말하고 있는 것을 여러분이 진정으로 이해했는지 묻습니다. 여러분은 이 행성에서 자신이 경험하는 물리적 현실, 즉 결핍된 상태가 신에 의해 창조된 것이 아니라는 사실을 진정으로 이해할 수 있습니까? 그것은 인류의 집단의식에 의해 창조되었습니다. 이것은 마음의 힘을 통해서, 즉 사람들이 결핍된 상태를 상상하고 자신의 의지력을 사용하여 그것을 영원하고도 불가피한 것으로 받아들임으로써 이루어졌습니다. 사랑하는 이들이여, 부디 이 개념을 예수가 언급했던 다음과 같은 가장 중요한 구절 중 하나와 비교해 보십시오. "하인이 두 주인을 섬길 수 없나니, 혹 그를 미워하고 그를 사랑하거나, 혹 그를 중히 여기고 그를 가벼이 여길 것임이니라. 너희가 하느님과 재물을 겸하여 섬길 수 없느니라(누가복음 16:13)." 여러분은 이 구절의 보다 영적인 해석은 "재물(mammon)"이 인간의 의식상태, 즉 결핍과 한계를 불가피한 것으로 받아들이는 상태를 상징한다는 점을 이해할 수 있습니까?

이런 의식상태로 인해 사람들은 하느님의 무한한 공급으로부터 직접 풍요를 가져오는 대신에 이 세상의 것들 - 부(富) - 을 끌어 모으는 데 그들의 전체 삶을 보내게 되었습니다. 여러분은 예수가 말하고 있는 것은 여러분이 섬길 주인, 즉 집단의식에 의해 만들어진 그릇된 결핍의 이미지, 또는 신의 풍요로운 삶의 현실 중에 어느 주인을 섬길지를 선택해야한다는 점을 말하고 있음을 알 수 있나요? 예수가 동시에 이 두 주인에게 봉사할 수 없다는 것을 말하고 있었음을, 그리고 그것은 바로 여러분이 이 두 가지 양립할 수 없는 의식상태에 동시에 있을 수 없음을 의미한다는 것을 이해할 수 있습니까?

여러분은 하느님의 풍요로운 현실에 충실하게 머물러 있으면서 동시에 인간이 만든 결핍과 고난의 이미지를 받아들일 수 없습니다. 인간은 자기의 마음을 하나의 "현실"이나 다른 하나에다 집중시켜야만하며, 그러면 자신이 초점을 맞추는 이미지가 어떤 것이든, 그것을 끌어들여 물리적으로 경험하게 될 것입니다.

그 이유는 물질의 질료 자체가 여러분이 자신의 마음속에 담고 있는 그 형태를 그대로 구현할 것이기 때문입니다. 물리적인 현실 속에서 여러분의 창조력은 마음이 집중적으로 생각하는 것을 가져올 것입니다. 그러므로 하느님의 풍요를 원한다면, 여러분은 신의 진리를 진정한 주인을 섬겨야만 하고, 인간의 환상이라는 그릇된 주인 섬기기를 멈춰야합니다. 인간은 온갖 잘못된 이미지와 믿음에 얽매인 자신의 상상력을 자유롭게 해방시키는 작업을 해야 하며, 여러분의 자유의지를 사용하여 자신을 신이 이 우주를 규정하는 데 이용한 창조원리와 부합되도록 재조정하는 선택을 해야 합니다.

이러한 의식의 변화를 통해서만이 여러분은 현재 자신을 한계와 고통의 틀 속에다 가두고 있는 감독자로부터 자유로워질 수 있습니다. 그 틀은 참으로 오직 여러분의 마음과 집단의식 속에만 존재하고 있습니다. 사랑하는 이들이여, 대부분의 사람들이 현재 그들의 현실로 받아들이는 의식의 상태는 예수가 "죽음"이라고 부르는 상태이며, 이는 영적인 죽음을 의미합니다. 여러분이 인간 감옥에서 벗어나고 싶다면, 더 높은 의식상태, 즉 생명의 의식을 선택해야합니다. 그러므로 다음과 같은 구약의 구절을 깊이 한 번 생각해보십시오. "나는 오늘 하늘과 땅을 증인으로 세우고, 생명과 사망, 복과 저주를 너희 앞에 내놓았다. 그러므로 너희와 너희의 자손이 살려거든 생명을 선택하라(신명기 30:19)." 이제 여러분은 이것이 바로 신이 인간에게 상상력을 주셨다는 것을 의미한다는 사실을 이해하시겠습니까? 상상력은 여러분이 참된 이미지든 또는 거짓 이미지든 어느 하나를 받아들이게 해줍니다. 그리고 신은 여러분에게 어느 이미지를 받아들일 것인가를 선택할 수 있는 자유의지로 주셨기에, 자신의 선택에 따라 그 이미지가 이 세상에 나타나게 될 것입니다. 이제 여러분은 자신이 - 바로 이 순간에 - 죽음의 의식이라는 족쇄에서 벗어나 생명의 의식으로 들어갈 수 있는 잠재력을 갖고 있는 것을 이해하나요? 그런 의식이 인간이 아버지의 왕국에 이르는 유일한 길입니다. 이런 의식의 상태는 보편적인 그리스도의 마음이며, 예수가 "나는 길이요, 진리요, 생명이니, 나로 말미암지 않고는 아버지께로 올 자가 없느니라(요한복음 14:6)."라고 말했을 때, 바로 그것을 묘사한 것입니다.

여러분은 자신의 진정한 창조능력을 재발견하고 자신에게 채워진 죽음과 한계의 족쇄에서 벗어날 수 있도록 돕게 될 여정에서 나를 따를 준비가 돼있습니까? 또한 여러분은 일어서서 창조주가 여러분을 그분의 이미지와 닮은 형상으로 설계하셨을 때 그 설계된 대로 신의 진정한 아들 또는 딸이 될 준비가 돼 있나요? 준비돼 있다면, 내가 풍요로운 삶에 이르는 더 많은 열쇠들을 여러분에게 전해주려 하니 내 손을 잡기 바랍니다.

열쇠 - 3

만약 당신이 있는 곳에 신이 연존하심을 부정한다면, 어떻게 그분의 풍요를 받을 수 있겠는가?

나는 내가 앞서의 열쇠들에서 말한 것이 여러분이 주일학교에서 배운 것을 훨씬 넘어서는 내용이라는 것을 잘 알고 있습니다. 그것은 이 지구상의 어떤 전통 종교들에서 여러분이 가르침 받아 왔던 것을 훨씬 초월해 있습니다. 또한 나는 이 책에 열려 있는 사람들은 이미 가슴 속에서 삶에는 학교나 주일학교에서 들었던 것보다 더 많은 것들이 있다는 것을 깨닫기 시작했음을 압니다. 그들은 삶의 의문에 대한 답을 찾기 위해 기존의 정신적인 틀 너머를 기꺼이 보려고 합니다. 그럼에도 불구하고, 우리는 이 세상의 많은 종교들이 절대자 하느님의 이미지를 여러분 바깥에 있는 존재로, 또는 저 멀리 하늘 높은 곳에 계신 존재로 묘사하거나 조장해 왔다는 단순한 사실을 지적해야합니다. 불행하게도, 특히 서구의 일부 종교는 하느님을 분노하고 심판하는 존재로 묘사하기도 합니다.

특정 종교의 권위자들은 신에 관한 유일한 진정한 가르침이라고 그들이 믿는 것을 따르지 않는 사람들을 심판할 권리가 자기들에게 있다고 생각할만한 위치에 올라서 있습니다. 이 사람들 중 많은 자들이 재빨리 판결을 내리고 있으며, 성서에 관한 자신들의 해석을 따르지 않거나 승인되지 않은 사상을 말하는 사람은 신성모독이라 하고 적그리스도의 대표자라고 주장합니다. 그들은 인류의 진정한 영적 스승들, 즉 인류를 모든 그릇된 이미지의 속박으로부터 자유롭게 하는 데 헌신한 바로 그런 존재들에 대해서도 이렇게 말할 것입니다. 그러나 만약 여러분이 신성모독이라는 말을 깊이 생각해본다면, 어떤 유형의 신성모독의 핵심에는 하느님에 대한 부정이 놓여 있다는 것을 알게 될 것입니다. 그리고 여러분이 많은 종교들에 의해 조장된 신의 모습을 정직하게 한 번 바라본다면, 이런 이미지들은 참으로 하느님에 대한 아주 교묘한 거부에 기반을 두고 있음을 알 수 있습니다. 외적인 신의 이미지를 조장하고, 이것이 신에 관련해 알아야 할 전부라거나 이것이 유일하고도 진정한 신의 이미지라는 주장은 사실상 신을 부인하는 철학을 장려하고 있는 것입니다. 그리고 많은 기독교 교회들이 실제로 외적인 하느님의 이미지, 하늘에 계신 분노하는 신의 이미지를 지지한다는 것은 가장 불행한 일입니다.

기독교인들이 성경을 열린 마음과 가슴으로 좀 더 신중하게 읽는다면, 그들은 예수 그 자신이 외적인 존재로시가 아닌 하느님에 관해 가르쳤음을 알 수 있습니다. 예수는 개인적으로 알 수 있는 하느님에 대해 말했으며, 그는 하느님을 "아버지"라고 불렀습니다. 그는 또한 구약의 인용문인 "너희는 신들(Gods)이다(요한복음 10:34)"라는 구절에 대해서 언급했고, 사람들에게 하느님의 나라는 인간 안에 있기 때문에 그들 자신 밖에서 신의 왕국을 찾아서는 안 된다고 했습니다(누가복음 17:21). 여기에다 요한복음에서 하느님이 없이는 아무 것도 만들어지지 않았다는 것을 분명하게 언급하고 있다는 사실(요한 1:3)을 덧붙인다면, 하늘에 있다는 외적인 신의 이미지 뒤에는 하느님에 대한 더 깊은 이해가 여러분을 기다리고 있음을 알게 될 것입니다. 그리고 오직 외부의 하느님이라는 우상을 기꺼이 버리려고 하는 사람들만이 참된 신을 알 수 있습니다. 왜냐하면 하느님은 인간의 외적인 감각이나 지성을 통해서는 인식될 수 없기 때문입니다. 하느님은 오직 여러분의 직관(直觀)이라는 – 순수한 – 내면의 감각을 통해서만 알 수 있으며, 이것이 어떤 영적이고 신비로운 경험에 이르는 열쇠입니다. 그러한 경험을 통해, 여러분은 하느님의 실재를 알 수 있습니다. 그리고 예수가 분명히 약속했듯이, 바로 여러분 자신 안에서 하느님이 현존하신다는 것을 알 수 있습니다. 따라서 예수가 설교했던 진리 – 기존의 전통적 교리에 의해 감추어졌던 진리 – 는 여러분이 하느님의 자손이며, 하느님의 아들이거나 딸이라는 것입니다. 여러분은 하느님이 개체화된 것입니다. 여러분은 하느님의 형상과 닮은 모습으로 창조되었습니다. 그리고 여러분의 진정한 정체성을 찾는 열쇠는 내면으로 들어가서 자신의 고등한 자아(Higher Self), 영적 자아(Spiritual Self), 또는 종종 영적인 스승들이 종종 "신적자아(神我:I AM Presence)"라고 부르는 것과 다시 연결되는 것입니다. 나는 이 이름을 좋아합니다. 왜냐하면 진정으로 여러분이 "나는 …이다(I AM)"라는 것을 알 수 있게 자기인식을 부여하는 것은 이 신아이기 때문입니다.

여러분은 자신이 누구이고, 왜 여기 지구에 있는지를 온전히 받아들이기 전에 외적인 신에 관한 이미지를 기꺼이 버릴 필요가 있습니다. 실제로 하늘과 땅의 전능한 창조주이신 하느님이 계시며, 진정으로 하느님은 자아의식적인 존재이십니다. 그러나 이 하느님이 어떤 높은 세계에 거주하고 있는, 특정한 형태를 지닌 존재라는 이미지는 사실상 창조주의 실체를 제한하는 우상적 이미지입니다. 여러분의 창조주는 그런 더 높은 영역에 거주하는 특정 존재로만 국한될 수 없으며 그 이유는 간단합니다. 요한복음의 "그분이 없이는 아무 것도 만들어지지 않았다"는 말은 창조주께서 모든 것을 그분 자신의 본질과 존재로 창조하셨다는 것을 의미합니다. 그러므로 창조주는 자신이 창조한 모든 것 안에 계십니다. 여러분이 공동창조자로서의 정당한 역할을 완수하기 위해서는 자신이 있는 곳에 하느님이 없다고 부정하는 분리의식을 극복해야합니다. 그리고 바로 그런 분리의식이야 말로 참으로 적그리스도(anti-christ)의 의식이자, 모든 신성모독의 근원인 것입니다 .

*＊＊

나의 사랑하는 이들이여, 만약 여러분이 이것에 대해 약간의 시간과 주의를 기울인다면, 하늘 어딘가에는 존재하지만 지구에서는 발견되지 않는 신을 섬기도록 천 년 동안 인간들이 조작당해 왔다는 것을 알게 될 것입니다. 그리하여 그들은 하느님에 대한 이원성적인 견해를 가지고 자랐습니다. 그러한 신관(神觀)은 여러분은 여기에 있고 신은 어딘가 다른 곳에 있다고 말합니다. 여러분은 어떤 뚫을 수없는 장벽에 의해 하느님과 분리되어 있으며, 구원 받아 하느님의 왕국으로 돌아갈 수 있는 유일한 길은 외적인 종교의 지시에 따르는 것뿐입니다. 그러면 그 외적인 종교가 여러분을 구원하여 천국으로 데려다 주게 된다는 것이지요.

사랑하는 이들이여, 여러분이 예수의 사명에 관한 보다 깊은 측면을 진정으로 숙고하게 된다면, 그의 주요 목표는 외적인 신의 이미지를 부숴버리는 것이었음을 알게 될 것입니다. 그는 사람들이 우상숭배를 멈추고 자신들이 하느님과 분리돼 있다는 착각을 극복할 수 있도록 돕기 위해 왔었습니다. 또한 이것은 인간이 다시 신과 연결되어 구원받기 위해서는 외부의 무언가가 또는 누군가가 필요하다는 환상을 극복하도록 돕기 위한 것이었습니다. 여러분은 예수가 하느님의 왕국이 여러분 안에 있다고 말했을 때 그것이 실제로 의미하는 바가 무엇이라고 생각합니까? 그것은 여러분이 하느님의 나라에 도달하기 위해서 외부의 교회가 필요하지 않다는 것을 뜻합니다. 여러분은 오직 자기들의 모든 지시에 따라야만 구원받을 수 있다고 주장하는 엘리트 성직자들이 필요하지 않습니다. 이들은 예수가 행한 모든 것에 반대했던 바로 그 제사장들이며, 내 아들과 여러분의 영적인 형제들을 살해했던 그 성직자들이자, 거짓 설교자들입니다.

여러분이 뒤로 물러서서 역사를 잠시 살펴본다면, 모든 시대에는 자기들이 하느님에 대한 절대 진리를 알고 있다고 확신하는 소규모 엘리트 인간들이 있었음을 알 것입니다. 그러나 그들이 절대적인 진리라고 생각하는 것은 사실 자신의 창조물과 분리돼 있는 외적인 신에 대한 환상입니다. 이것이 참으로 이 지구상에서 여러분이 볼 수 있는 핵심적인 문제입니다. 그리고 바로 여기서 고난과 고통과 한계가 생겨나기 시작합니다. 인간에게 알려진 모든 한계는 인간이 신의 창조계를 분리된 영역들로 나누어 물질세계인 이 영역에서는 신이 발견되지 않는다는 사고방식에서 시작됩니다.

나의 사랑하는 이들이여, 바로 이런 믿음이 참으로 모든 악의 뿌리입니다. 왜냐하면 그런 믿음 때문에 하느님과 공동창조자가 되도록 설계된 자아의식적인 존재가 그들의 진정한 정체성을 제쳐두고 이 세상에서 자기들이 원하는 무엇이든 할 수 있고 또 도피할 수도 있다고 생각하기 시작할 수 있기 때문입니다. 그것은 분리의식이며, 하느님의 창조물 전체로부터의 분리이고, 그에 따라 다른 사람들과도 분리돼 있는 의식입니다. 그런 의식이 다른 인간에 대한 인간의 잔학한 행위를 유발합니다. 인간들이 신으로부터 부여받은 그들의 창조능력을 사용히여 전적으로 환상에 기초한 세계관을 창조하게 된 것은 바로 이런 의식에 의해서입니다. 인류는 신이 주신 상상력과 자유의지를 집단적으로 이용하여 물질세계가 매우 밀도가 짙으므로 이곳에는 신이 없다는 환상을 창조해내게 되었습니다. 이런 착각이 어떤 사람들로 하여금 신의 율법이 이 세계에는 영향을 미치지 못하고 있으며 자기들이 그분의 율법에서 벗어나 자신들만의 율법을 만들었다고 믿게 합니다. 그들은 스스로 율법 자체가 되었습니다. 이제 그들은 자기가 원하는 대로 율법을 규정할 수 있는 그들 자신만의 현실세계를 창조했다고 생각합니다. 그러므로 이들은 자기들이 뿌린 것을 거둬들이지 않고도, 즉 행위로 인한 결과에 대해 책임지지 않고도 원하는 그 무엇이든 할 수 있다고 여깁니다.

이런 모든 사고방식은 인간의 시야에서 볼 때 하느님의 실체를 가려버립니다. 그리고 그 진실은 하느님은 조롱받지 않으시며(갈라디아서 6:7), 그분의 율법 또는 법칙은 인간의 믿음에 의해 영향을 받지 않는다는 사실입니다. 가톨릭 교회가 지구가 우주의 중심이고 하늘의 모든 별들이 지구 주위를 공전한다는 믿음을 조장한 것은 오래 전 일이 아닙니다. 그러나 여러분이 오늘날 알다시피, 그것은 사실이 아니며, 모든 인간들이 그것이 사실이라고 믿었던 때에도 그것은 사실이 아니었습니다. 모든 사람들이 지구가 평평하다고 믿었을 때 지구는 평평하지 않았습니다. 그 이유는 만약 어떤 믿음이 하느님의 실체와 맞지 않을 경우, 그 신앙은 잘못된 것이기 때문입니다. 그럼에도 어떤 신념이 그 신념을 사실로 숭배하는 사람들이나 고정적인 이미지를 숭배하는 사람들의 마음 속에서 일시적으로 신의 실체를 가릴 수 있습니다.

진실은 하느님이 물질세계를 창조하시고 상상력과 자유의지를 가진 자아의식적인 존재를 그분 자신의 확장체로 창조하셨을 때, 그분은 인간에게 무한한 상상력과 자유의지를 주게 되면 인간들이 그 능력을 그들 자신과 신의 창조물의 다른 부분에게 파괴적인 방식으로 사용할 수 있음을 잘 알고 계셨다는 것입니다. 사랑하는 이들이여, 많은 사람들이 현재 자신에게만 너무 집중돼있는 의식 상태에 빠져있다 보니 말 그대로 다른 생명들에 대해서는 고려할 수가 없습니다. 그들은 자신의 행동이 다른 사람들에게 어떻게 영향을 미칠지 전혀 생각하지 않습니다. 여러분이 오늘날의 신문표제만 흝어보더라도 극단적인 이기주의 사례들을 발견하는 것은 어렵지 않을 것입니다. 이런 자들은 다른 사람들은 중요하지 않은 것처럼 행동하며, 자신이 권력이나 돈을 가지고 있다고 해서 무엇이든 함부로 할 수 있는 것처럼 느껴지는 인간들입니다. 그러나 하느님이 인간을 창조하셨을 때, 그분은 여러분만을 창조하지는 않았으며, 전체 우주를 오직 여러분의 즐거움을 위해서만 창조하지 않으셨습니다. 하느님은 수많은 자아의식적인 존재들을 창조하셨으며, 그들은 모두 하느님 자신의 존재와 본질로 창조되었습니다. 따라서 그들은 모두 우리가 천상에서 '하느님의 몸(Body of

God)' 이라고 부르는 것의 일부입니다.

하느님의 몸은 여러분이 어렵지 않게 명심할 수 있는 개념입니다. 왜냐하면 여러분은 자신의 작은 발가락이 신체에서 비교적 사소한 부분이지만 그 작은 발가락을 다칠 경우 그것이 몸 전체에 영향을 미칠 것임을 잘 알고 있기 때문입니다. 작은 발가락의 날카로운 통증은 당신의 존재 전체에 매우 불편한 느낌을 줄 수 있으며, 그렇기에 당신이 다른 사람을 다치게 하면, 그 행위가 필연적으로 당신의 인생 경험에 영향을 미칠 것입니다. 하느님이 이 우주를 창조하셨을 때, 그분은 오로지 당신만을 위해서 그것을 설계하지 않으셨습니다. 그분은 우주를 자신의 모든 아들과 딸들이 그들의 창조력을 사용해봄으로써 배울 수 있는 동등한 기회를 가질 수 있도록 설계했습니다. 그렇게 하는 가운데 하느님은 우주설계의 가장 중요한 부분에다 안전장치를 설치해야 한다는 것을 알고 계셨습니다. 그래서 일부 자녀들이 자기들이 하느님 몸의 한 부분인 것을 잊어버리고 마치 오직 그들만이 중요한 존재들인 양 행동하기 시작할 때, 이들이 함부로 자신의 형제자매들이나 전체 우주를 파괴할 수 없도록 하셨습니다.

여러분이 지구상의 상황을 살펴보면, 어떤 사회가 사람들의 행동에 책임지는 법을 갖고 있지 않을 경우, 그 사회는 불법과 무정부 상태로 악화된다는 것을 알 것입니다. 이런 무법사회의 인간들은 대부분이 공격적이고 무자비하며, 다른 사람들을 고려하지 않고 정직하게 사랑하며 사는 사람들을 지배하여 부당한 이득을 얻습니다. 여러분은 신이 과연 사랑이 결여된 부정직하고 이기적인 존재들에게 이익을 주기 위해 우주 전체를 설계했다고 믿는지, 아니면 이기적인 인간들이 우주와 그들의 형제자매를 파괴하고 지배할 수 없도록 안전장치가 내장된 우주를 설계했는지의 여부를 스스로 진지하게 반문해야 합니다.

***

이제 여러분이 살고 있는 우주의 근본적인 설계 속에다 신이 짜 넣으신 안전장치 중 하나를 설명하겠습니다. 우주의 창조주는 일종의 팽창하는 힘이고, 확장되고 있는 존재입니다. 이것은 우리가 하느님의 아버지 측면라고 부를 수 있는 것입니다. 그것이 없이는 하느님이라는 전체로부터 아무 것도 만들어지지 않았을 것이기 때문에, 다시 말해 형태가 없고 자급자족하는 절대자로부터 어떤 형태도 생겨날 수 없었을 것이기 때문에 그것은 더 나은 것이 되고자 하고 스스로를 초월하려는 하나의 추진력입니다. 여러분의 창조주인 하느님은 끊임없이 확장되는 자기초월의 주기(週期) 속에서 그 자체와 다른 모든 것을 소멸시키는 타오르고 있는 불입니다. 그럼에도 만약 여러분이 이것에 관해 깊이 생각해 본다면, 단지 팽창하는 힘만으로는 잠깐 동안이라도 지속가능한 형태를 창조할 수 없다는 것을 알게 될 것입니다. 우주가 만약 오직 팽창하는 힘만 가지고 있다면, 아무 것도 지속될 수 없으며, 모든 것이 어떤 형태도 없이 대폭발하게 될 것입니다. 지구상의 과학자들은 현재 '빅뱅(Big Bang) 이론'에 찬성하고 있는데, 빅뱅 이론은 거대한 폭발로 우주 전체가 시작되었다고 말합니다.

그리고 실제로 오직 아버지의 팽창하는 힘만 존재한다면, 우주는 하나의 연속적인 **폭발상태가** 될 것이고, 그 팽창하는 힘에 의해 어떤 형태도 순간적으로 폭발해 날아갈 것이므로 유지될 수가 없습니다. 그렇기에 지속 가능한 형태를 창조하기 위해서, 하느님은 아버지의 팽창하는 힘을 균형 잡을 힘을 창조해야 했습니다. 그 힘은 어머니의 수축하는 힘입니다. 그리고 하느님이 "빛이 있으라."라고 말씀하셨을 때 나타나게 된 것이 바로 이 힘이었습니다.

빛은 형태로 주조될 수 있는 재료입니다. 그리고 빛이 일단 특정한 모양으로 형성되면, 얼마 동안 그 형태가 유지됩니다. 따라서 빛은 수축작용을 하는 어머니 힘의 표현이며, 여러분이 살고 있는 전체 우주는 이 두 기본적인 힘들 간의 조화롭고 균형 잡힌 상호작용을 통해 창조된 것입니다. 아버지의 팽창하는 힘은 어머니의 수축하는 힘을 보충하고, 아버지의 팽창하는 힘은 빛이라는 어머니의 질료에 작용하며, 그것을 기초상태에서 특정한 형태로 움직이게 합니다. 그리고 오직 아버지의 확장하는 힘이 어머니 빛에 작용할 때만이 아버지에 의해 직접 창조된 그 형태는 무한정 지속될 수 있습니다. 그러나 하느님이 자기 자신의 확장체로서 자아의식을 지닌 존재들을 창조하셨을 때, 그분은 이러한 존재들이 창조적인 힘을 사용함에 있어서 경험이 없다는 것을 잘 알고 계셨습니다. 그러므로 그들이 자기들의 상상력으로 자기 자신이나 전체를 위해 유익하지 못한 형태를 상상하는 방식으로 그것을 사용할 수 있었습니다. 그분은 또한 어떤 사람들은 자신이 하고 있는 행위를 깨닫지 못한 채 잘못된 형태를 창조할 수 있는 반면에, 다른 이들은 우주에 대한 신의 계획에 대해 의도적으로 반항하는 식으로 그들의 자유의지를 오용할 수도 있음을 알고 있었습니다. 그래서 하느님은 그분의 아들과 딸들이 자신이 누구이고 세상이 어떻게 작동하는지에 대한 이해를 넓힐 수 있는 학습기간을 거치는 것이 필요하다고 생각하셨습니다. 이것을 배운 후에야, 그들은 자기들의 창조능력으로 전체와 자신을 파괴하는 대신에 그것을 전체를 확대 발전시키는 데다 사용할 수 있었습니다.

다시 한 번 말하지만, 하느님은 우주 전체가 단지 한 개인이 아닌 하느님의 몸 전체를 섬기기를 원하십니다. 그래서 하느님은 한 개인이 자신의 창조력을 우주나 그 일부를 파괴할 정도까지 오용할 수 없게 함으로써 자신의 다른 자녀들의 성장기반을 파괴하지 못하게끔 확실히 보장해야 했습니다. 이렇기 만들기 위해서 하느님은 어머니 빛 속에다 지성을 구축하셨습니다. 어머니 빛의 자연적인 성향은 언제나 아무 형태가 표현되지 않은 기초 상태에 놓여 있습니다. 달리 말하면, 어머니 빛은 그 자체에 의해서는 창조할 수가 없습니다. 그것은 팽창하는 아버지 힘의 유도에 의해 어머니 빛에 작용하는 자아의식적인 존재들의 힘을 필요로 합니다. 그런 다음 어머니 빛은 자아의식적인 존재, 즉 공동창조자의 마음 속에 있는 형태를 그대로 취하여 구체화시킵니다. 그러므로 어머니 빛은 언제나 명백한 형태가 없는 그 원래의 기초 상태로 돌아가는 경향이 있습니다. 이것이 개별적인 공동창조자가 자신의 창조력을 오용하여 하느님의 창조계 전체를 파괴할 수 없도록 하는 안전장치입니다.

***

내가 이번에 설명할 것은 인간의 지성이 발견할 수 없는 미묘한 원리입니다. 그러나 여러분이 자신의 가슴으로 생각하고 직관을 사용한다면, 내가 이제부터 설명하게 되는 것을 이해하게 될 것입니다. 나는 어머니 빛은 그 안에 빛이 존재하는 기초상태를 유지케 하는 내재된 힘을 갖고 있지만 구별할 수 있는 형태가 없다고 말했습니다. 즉 그것은 분화되지 않았고 특성이 없는 상태입니다. 그 어머니 빛이 형태를 취하게끔 하는 데는 무엇이 필요할까요? 그것은 신의 창조능력을 가진 의식적인 마음, 즉 상상력과 자유의지입니다. 그 의식적인 마음은 비록 그것이 아직 명백하지 않더라도 어떤 형태를 상상할 수 있어야합니다. 그리고 그 마음은 어머니 빛 위에다 그 형태를 부여하여 그 빛을 원래의 기초상태로부터 움직이게 하려는 의지력을 가져야만합니다. 그에 따라 어머니 빛은 기초상태와 구분될 수 있는 표현된 형태를 낳게 됩니다.

처음에는 창조주 하느님만이 이런 창조력을 가지고 있었습니다. 하느님은 자신의 창조적인 힘을 사용하여 형태의 세계인 우주를 구상하셨으며, 그것은 그분의 아들과 딸들을 위한 성장의 기반이 될 것이었습니다. 그러나 형상이 있는 것을 창조하기 위해서는 하느님은 어떤 선택을 해야만 했습니다. 하느님은 수많은 다른 종류의 우주를 상상할 수 있지만, 어떤 특정한 우주를 구체화하게 될 때 그 우주를 어떻게 디자인할 것인지를 선택해야 합니다. 내가 말했듯이, 여러분의 과학자들은 이 우주를 결합하여 유지시키는 힘의 정교한 특성에 대해 새로운 면을 지속적으로 발견하고 있습니다. 이것은 이 우주를 설계할 때 신이 어떤 선택을 하셨다는 것을 여러분에게 보여줍니다. 그리고 만약 그 힘이 약간이라도 방해를 받았다면, 우주 전체가 한 순간에 붕괴될 수 있었습니다.

나의 사랑하는 이들이여, 나는 여러분이 창조주는 인간에 대한 무조건적인 사랑으로 이 우주를 창조했으며 여러분의 성장을 위한 최상의 무대가 될 세계를 창조하려는 순수한 열망을 갖고 계셨다는 것을 이해할 수 있기를 바랍니다. 나는 지구상의 삶이 매우 힘들고도 고통스럽고 많은 사람들이 신에 대한 분노를 감추거나 인식한 채로 자라났다는 것을 압니다. 그들은 하느님을 외부에 있는 신, 저 하늘에 있는 분노의 신으로 알고서 자라났습니다. 그들은 그런 하느님이 불공정하게 자기의 뜻을 그들에게 강요하여 고난을 당하게 했다고 믿고 있습니다. 그렇다 보니 어떤 사람들은 너무나 고통을 받은 나머지 자신이 존재한다는 사실 자체에 대해 하느님에게 화를 내는 단계에 이르게 됩니다.

하지만 나는 여러분이 지구상에서 본 그 어떤 잘못된 것도 하느님에 의해 창조된 것이 아니며 그런 것들은 이 우주에 대한 하느님의 원래 설계의 일부가 아니라고 말해야만합니다. 하느님은 원래 자신의 자녀들 모두가 끊임없이 풍요로운 삶을 누릴 수 있는 우주를 마음으로 그리셨으며, 그 풍요는 그들 자신의 창조력을 통해 증대시킬 수 있는 풍요였습니다. 하느님은 지구상의 현 상황을 단 한순간도 마음으로 상상한 적이 없으십니다. 여러분이 이 행성 전역에서 볼 수 있는 고난과 고통은 단연코 하느님의 구상을 넘어선 것입니다. 그분은 성서가 언급했듯이 그분의 눈은 죄악을 보지 못하기 때문에(하박국 1:13) 그러한 상황이 자신의 세계 속에 존재할 거라고는 결코 상상하지 않으셨습니다. 그럼에도 그분은 또한 공동창조자들에게 상상력과 자유의지를 줌으로써 그들이 하느님 자신의 구상에 어긋나는 조건을 만들 수 있음을 알고 계셨습니다.

나는 여러분이 하느님께서 이 우주를 설계하실 때 오직 가장 좋고 가장 사랑이 깃든 의도만을 갖고 계셨다는 사실을 가슴 속 깊이 생각해보길 요청합니다. 그분은 당신들에게 고통을 주기 위해 우주를 설계하지 않았으며, 인간들을 비참한 죄인처럼 느끼도록 하기 위해 그것을 고안하지 않으셨습니다. 또한 그분은 여러분이 스스로를 어떤 외적인 교회의 지시나 외부의 신을 따르지 않는 한 지옥에 가게 될 유한한 존재라고 생각하게 만들고자 우주를 설계하지 않으셨습니다. 하느님은 여러분의 창조능력을 확장시키는 데 도움이 되는 최상의 무대로 우주를 설계하셨으며, 그리하여 여러분은 자신을 초월하여 자기가 누구이고 자신의 행위가 어떻게 전체에 영향을 미치는지를 완전히 자각한 자유로운 신이 될 수 있었습니다. 여러분은 자신이 전체와 분리되어 있지 않고 그 전체의 일부라는 것을 압니다. 또한 여러분은 곧 그 전체이지만 그것의 한 특정한 표현입니다.

사랑하는 이들이여, 내가 여기서 이해시키고 싶은 중요한 점은 하느님이 이 정밀한 우주를 설계하셨을 때, 어떤 선택을 하셨다는 것입니다. 그리고 그 선택은 우주를 하나로 묶어 유지시키는 기본적인 힘을 규정했습니다. 그럼에도 그 선택의 배후에는 모종의 창조적인 원리들이 있으며, 이런 원리들 가운데 가장 근본적인 원리는 여러분의 창조주에 의해서조차 결정된 것이 아니었습니다. 그것은 창조물 자체에 내재된 원리인데, 왜냐하면 어떤 창조물, 어떤 구체화된 형태는 더 나아지고자 하는 하느님의 추진력에서 생겨났기 때문입니다. 그러므로 모든 피조물의 보편적인 원리는 창조작용이 결코 멈추지 않는다는 것, 그것이 계속 진행되는 과정이라는 것입니다. 그리고 창조의 기본법칙, 생명의 기본법칙은 여러분이 정지해 있을 수 없다는 것입니다. 즉 어떤 형태도 늘 지금 그대로 영구불변할 수 없으며 그 어떤 자아의식적인 존재도 끊임없이 자신을 초월해가야 한다는 것입니다. 그리하여 그 자신의 창조적 힘, 자신의 참된 정체성, 신의 창조물 전체와의 일체성에 대한 스스로의 자각을 확장함으로써 더 나은 존재로 진화해야만 합니다.

이것은 모든 창조물의 배후에 있는 원동력이며, 이것이 없이는 그 어떤 창조물도 만들어지지 않았습니다. 그것이 여러분에게 의미하는 바는 비록 여러분이 무한한 상상력과 자유의지를 부여받았을지라도 그 창조력을 이용해 자신에 대한 어떤 정체성을 창조하여 그 정체감을 영원히 그대로 유지할 수 없다는 것입니다. 달리 말하면, 하느님은 인간에게 자유의지를 주셨기에 그 어떤 정체감을 창조할 권리를 여러분에게 주신 것입니다. 그리하여 예컨대 여러분은 자신이 고난투성이의 행성에서 살고 있는 비참한 죄인이며 또 다른 불행한 죄인들에 의해 만들어진 외적인 교회의 지시를 믿고 따르지 않으면 지옥에 갈 것이라는 정체성을 창조할 수 있는 것입니다. 그러나 (신의) 생명력 바로 그 자체는 여러분이 그런 제한된 정체감에 영원히 머물러서는 안 되며 그것을 넘어설 것을 요구합니다. 그리고 만약 여러분이 그 제한된 정체성을 고수하려고한다면, 어머니 하느님의 수축하는 힘이 안전장치로 작용하여 그것이 바벨탑을 무너뜨렸듯이 (창세기 11:4), 여러분의 제한적이고 불균형한 창조물을 붕괴시킬 것입니다. 이것이 필히 일어날 것인데, 왜냐하면 여러분이 제한된 정체의식을 만들면, 수축하는 힘이 즉시 그 정체성을 깨뜨리기 시작할 것이고 여러분의 그 정체성에서 비롯된 물질적 형태도 부숴버리기 시작할 것이기 때문입니다. 얼마 후, 어머니의 수축하는 힘이 필연적으로 승리할 것이고, 여러분의 정체성은 도전받게 될 것입니다. 그러면 여러분은 "오늘 너희가 섬길 자를 택하여라(여호수아기 24:15)."라는 성서의 선택에 직면하게 될 것입니다. 그리고 문제는 "성장을 의미하는 삶을 섬길 것인가, 아니면 정지상태 – 그것은 궁극적으로 자멸(영혼소멸)로 이어진다 – 를 의미하는 죽음을 섬길 것인가?"입니다. 그러므로 여러분의 기본적인 선택은 자기초월 또는 자기소멸입니다. 그래서 모세가 "생명을 택하라(신명기 30:19)."라고 말했던 것입니다. 성장을 택하고 여러분의 제한된 정체성을 확장하십시오.

***

나의 사랑하는 이들이여, 나는 이런 가르침이 추상적으로 보일 수도 있다는 것을 알고 있습니다. 그래서 여러분의 일상적인 경험 속의 어떤 것에다 그것들을 비교함으로써 좀 더 실질적으로 만들어 보도록 하겠습니다. 여러분은 자동차를 설계한 엔지니어들이 자연의 특정법칙이나 어떤 설계원리를 사용함으로써 그렇게 했음을 잘 알고 있습니다. 여러분이 원하는 대로 작동하는 자동차를 설계하기 위해서는 특정 법칙을 준수해야합니다. 결과적으로 기능적인 수준에서 차를 유지하기 위해서는 특정 보수 관리(정비) 절차를 따라야만 한다는 것입니다. 엔진은 실린더의 폭발에 의해 발생하는 압력을 견딜 수 있는 금속부품으로 만들어져 있기 때문에 자동차가 주행할 수 있습니다. 그런 금속 부분은 기름막으로 보호되지 않는 한 마모될 것입니다. 그러나 오일은 결국 닳아 없어지고 더러워지므로 규칙적인 간격으로 오일을 교환할 필요가 있습니다. 만약 새 차를 구입하고 계속 오일을 바꿔주지 않으면, 언젠가 엔진작동이 멈추게 됩니다. 자동차를 설계한 사람은 단지 자연의 법칙에 따라 설계했기 때문에, 여러분이 이것을 비난할 수는 없습니다. 그 불가피한 결과는 엔진의 기능을 유지하기 위해서는 오일을 교체해야한다는 것입니다. 그래서 여러분은 불편하다는 별다른 생각 없이 일상적으로 자신의 차에 있는 오일을 갈아줍니다.

마찬가지로, 나는 여러분이 창조주가 사용하시는 기본 설계원리가 여러분의 창조적인 자유와 창조력을 제한하지 않는다는 것을 이해할 수 있기를 바랍니다. 인간의 자동차는 최대한의 자유로운 움직임을 제공하도록 설계되었으며 여러분이 원하는 어디든 갈 수 있습니다. 간단한 유지보수 원칙을 따르는 한, 자동차는 오랫동안 그런 자유를 계속 사람에게 제공할 것입니다. 그러나 여러분이 의도적으로 또는 무의식적으로 이러한 원칙을 무시하면, 차가 작동을 멈추고 자동차가 주는 자유의 자유를 잃게 됩니다. 마찬가지로 여러분이 살고 있는 우주는 어떤 원리에 따라 움직입니다. 그러한 원리를 따르는 한, 즉 하느님이 우주를 설계하는 데 사용한 매개변수 내에서 여러분의 창조력을 사용하는 한, 인간은 더 많은 풍요를 계속해서 창조할 수 있습니다. 그러나 만약 여러분이 창조주가 우주를 설계하는 데 사용한 바로 그 원리를 어기게 되면, 점차 문제를 만들게 되고 결과적으로 자신의 창조력을 제한하는 결과가 초래될 것입니다.

이것은 실제로 여러분이 지구상에서 볼 수 있는 수많은 형태의 고통과 한계들에 대해 설명해 줍니다. 이런 고난은 하늘에서 화가 난 하느님의 복수가 아닙니다. 그것은 이 지구상의 대부분의 인간들이 창조력을 오용한 데 따른 자연스러운 결과입니다. 그들은 자신의 상상력을 이용하여 잘못된 이미지를 형성했으며, 이런 왜곡된 마음 속의 생각은 지구가 모든 사람들에게 물질적으로 충분하지 않은 제한된 세계라고 말합니다. 그들은 유일하게 가능한 진리로서 그런 정신적 이미지를 받아들이기 위해 자신들의 의지를 사용했습니다. 그렇기 때문에 그들은 자신의 한계, 고통, 고난을 참으로 피할 수 없고 자기들이 그것을 극복하기 위해 할 수 있는 것이 아무 것도 없다고 받아들입니다.

이것을 거론하는 나의 요지는 여러분이 진실로 풍요로운 삶을 살기 위해서는 그 풍요를 얻기 위해 올바른 접근방식을 취해야한다는 점을 설명하기 위해서입니다. 여러분이 수동적인 접근법을 취하면서 자신이 통제할 수 없는 힘의 피해자, 무력한 희생자라고 말할 수는 없습니다. 다시 말해, 풍요를 주는 것은 하늘에 계신 신에 달려있다거나 자신의 풍요가 이 세상의 다른 사람들에 의해 좌우된다는 접근방식을 취해서는 안 된다는 것입니다. 여러분이 풍요를 누리고자 한다면, 신이 여러분에게 주신 창조적인 힘을 사용하여 그것을 구현할 필요가 있다는 접근방식을 취해야 있습니다. 그 힘의 핵심은 여러분의 상상력과 자유의지입니다. 그러므로 인간은 신이 우주를 창조하는 데 사용한 기본원리들을 가지고 기꺼이 자기자신 및 자기의 이해와 선택을 재조정할 의향이 있어야합니다. 그리고 그 원리를 알게 되면, 여러분은 하느님 법칙의 매개변수 안에서 자신의 상상력을 사용할 수 있습니다. 그렇게 함으로써 지속가능한 방식으로 자신의 삶에 풍요를 가져오고 사실상 그것을 무한정 가속화할 수 있습니다.

내가 여러 번 말했듯이, 여러분에게 왕국을 주는 것은 아버지의 기쁨이며, 또 그분은 자신의 자녀들이 모두가 풍요로운 삶을 누릴 수 있도록 이 우주를 설계하셨습니다. 이것은 우주가 일정량의 풍요로움에 한정돼 있지 않고 인간들의 풍요가 지속적으로 확대될 수 있음을 의미합니다. 모든 사람이 자신의 풍요를 확대하면, 그만큼 전체의 풍요도 또한 확대됩니다. 그러므로 모든 사람이 지속적으로 자신의 풍요로움을 확대할 때, 개인과 전체 사이에는 아무런 모순이나 갈등이 없습니다.

***

자, 나의 사랑하는 이들이여, 하느님의 근본적인 우주설계는 존재의 매우 주목할 만한 상태를 만듭니다. 하느님에 의해 창조된 모든 존재들은 여러분의 창조주인 그 절대적 존재로부터 창조되었습니다. 그들은 모두 하느님의 확장체들이자, 하느님이 개체화된 존재들이고, 하느님의 아들과 딸들입니다. 그러므로 여러분이 지구상에서 보는 사람들은 동일한 신의 확장체들이며, 때문에 모든 것은 하느님이라는 전체의 일부이고 하느님 몸의 일부인 것입니다. 따라서 이 우주에 대한 하느님의 원래설계와 구상을 통해, 모든 그분의 아들과 딸들은 하느님이 이 우주를 설계하는 데 사용한 창조원리를 그들 자신 안에서 알게 될 것입니다. 실제로 이것은 하느님이 여러분의 안쪽 부분에다 그분의 율법을 넣어두셨다는 성서 구절에 설명되어 있습니다(예레미야 31:33).[4] 하느님은 그 창조원리를 바로 여러분이라는 존재의 구조에다, 즉 여러분의 영적자아의 본질에다 맞추어 놓으셨습니다. 그리고 여러분이 그 신적현존(신아)과 접촉하는 한, 본능적으로 또는 직관적으로 자신의 상상력과 자유의지를 신의 창조원리와 일치하는 방식으로 표현하는 방법을 알게 됩니다. 여러분이 한 개체로서 하느님의 원리에 따라 자신의 창조성을 표현하게 되면, 여러분의 행동은 당신 자신에게만 유익한 것이 아니라 다른 모든 다른 생명들에게도 유익하게 될 것입니다. 그렇기에 이렇게 될 경우, 여러분은 자신의 풍요로움을 확대하는 가운데, 동시에 전체의 풍요를 증대시키고 있는 것입니다.

사랑하는 이들이여, 여러분은 여기서 중요한 점을 이해할 수 있나요? 당신들은 이 세상에서 혼자 살고 있지 않으며, 지구상의 유일한 인간이 아닙니다. 오늘날 지구상에서 볼 수 있는 것은 개인 사이의, 그리고 사람들로 이루어진 집단 간의 격렬한 갈등입니다. 하지만 내가 여기서 여러분에게 말하고 싶은 것은 이런 모습은 신의 원래의 구상과 설계가 아니라는 것입니다. 절대자의 비전 속에서는 개인과 집단 간에 분리가 없는 까닭에 개인과 집단 사이에 갈등이 없습니다. 그러나 이 순수한 상태, 이 은총의 상태, 이 낙원의 상태는 개개인이 신이 규정한 창조원리의 틀 안에서 그들의 창조력을 사용할 때만 유지될 수 있습니다. 지구상에 있는 임계수치의 사람들이 신의 법칙과 조화를 이루어 창조력을 발휘하는 한은 더 많은 풍요를 이 세상으로 가져오게 될 것이며, 따라서 인류의 풍요로움이 계속 증대될 것입니다. 이렇게 될 때, 개인과 전체 사이에는

---

4) "나는 나의 율법들을 그들의 가슴 속에 넣어주며 그들의 마음판에 새겨 기록하여 나는 그들의 하느님이 되고, 그들은 나의 백성이 될 것이다."

갈등이 있을 수 없습니다. 왜냐하면 모든 사람들이 끊임없이 더 많은 풍요를 받고 있고 아무런 부족함이 없기 때문입니다. 오직 소수만이 부자라는 의식이 없게 되면, 다른 사람들에게서 빼앗을 필요가 없습니다. 여러분이 직접 신으로부터 무료로 더 많이 받을 수 있다면, 왜 다른 사람들로부터 빼앗겠습니까?

실험삼아, 여러분이 수많은 동화에서 언급된 마술 램프의 소유자라고 생각해 보십시오. 자신이 바라는 무엇인가를 실현하기 위해 여러분 자신의 바깥에서는 아무것도 필요 없다고 생각하십시오. 단지 램프를 문지르기만 하면 요정이 호리병에서 출현하고, 당신이 그에게 소원을 말하면 그는 즉시 당신을 위해 그것을 실현시킬 것입니다. 만약 여러분이 그 마법의 등잔을 갖고 있다면, 머리를 굴려 다른 사람들에게서 무언가를 빼앗고자 힘이나 잔꾀 또는 다른 수단을 쓸 필요가 있을까요? 그 거인 요정이 여러분이 원하는 그 무엇이든 줄 것이라는 것을 알고 있다면, 왜 위험을 감수하거나 다른 사람들로부터 그것을 빼앗는 문제를 일으키겠습니까? 또한 왜 소유하고 있는 것을 보존하고 축적하려고 애를 쓰겠습니까? 물론 여러분은 결코 이렇게 하지 않을 것이며, 자신이 바라는 것을 얻기 위해 마술 램프를 사용하기만 하면 됩니다. 자, 이제는 이웃 사람들 모두가 그들의 마술 램프를 가지고 있다고 상상해보십시오. 지역사회에 갈등이 있을까요? 어떤 사람들이 다른 사람들을 착취할 필요가 있겠습니까? 누군가가 다른 사람들 것을 훔칠 필요가 있을까요? 물론 없을 것입니다! 누구나 램프를 문질러 자기가 원하는 것을 나타나게 할 수 있으니까요.

사랑하는 이들이여, 내가 앞으로 계속 이어질 장(章)에서 펼칠 기본 메시지는 여러분이 실제로 마법의 램프를 갖고 있다는 것입니다. 그러나 호리병 속에 있는 요정은 어떤 외적인 존재가 아닙니다. 병 속에 있는 요정은 여러분 자신의 영적자아, 여러분의 신아입니다. 아버지이신 여러분의 창조주께서 여러분에게 왕국을 주려는 그분의 소망을 구체화하게 되는 것은 이 더 높은 자아를 통해서입니다. 여러분의 신아는 하느님의 율법을 위한 창고이며, 신이 여러분의 안쪽에다 그분의 율법을 넣어두신 곳입니다. 여러분 −의식적인 당신(자아)을 의미한다 − 이 마음에서 욕망을 일으켜 자신의 상상력 및 자유의지의 선택을 여러분의 신아와 일치시키게 되면. − 이 신아는 어떤 외적인 존재가 아니라 실제의 여러분이다 − 하느님의 풍요가 그 신아를 통해 여러분의 삶에서 나타나게 될 것입니다. 여러분은 그것을 다른 사람들이나 자연으로부터 가져올 필요가 없으며, 하느님의 풍요를 얻기 위해 힘을 쓸 필요가 없습니다. 그것은 힘들이지 않고도 자연스럽게 내면에서 생겨날 것입니다.

나는 여기서 여러분이 다른 사람들과 상호 관계할 필요가 없을 거라고 말하고 있는 것은 아닙니다. 왜냐하면 사람들이 풍요를 만들어 내기 위해 함께 노력하는 것은 진정으로 하느님이 바라시는 바이기 때문입니다. 사람들이 함께 일할 때, 그들의 창조적인 힘은 서로 증대되며, 따라서 그들은 각자가 홀로 성취할 수 있는 것보다 함께 협력해 조화롭게 일함으로써 더 많은 것을 성취할 수 있습니다. 나는 각 개인이 고립된 상태에서 다른 사람들과 상호작용하지 않고 자신의 풍요를 창조하는 사회상을 마음으로 그리고 있지 않습니다. 나는 모든 사람들이 하느님께서 사용하시는 창조원리와 일치하는 사회의 모습을 그립니다. 그러므로 그들은 지구상에서 보았던 것보다 훨씬 더 풍요로운 삶을 실현하는 데다 창조력을 함께 모을 수 있으며, 그런 삶은 대부분의 사람들이 현재의 의식 상태에서 상상할 수 있는 것보다 훨씬 더 풍요롭습니다.

이러한 풍요는 지구상에서 나타날 수 있는 진정한 잠재력입니다. 이 행성에 대한 하느님의 기본설계에는 제한이 없습니다. 유일한 한계는 하느님의 공동창조자, 즉 지구 지배권을 부여받은 자아의식적 존재들의 마음속에 존재하는 한계들뿐입니다. 하느님은 인간에게 그들이 적합하다고 보는 어떤 방식으로든 이 지구를 공동창조할 권리를 주셨습니다. 그리고 분명히 하느님은 여러분에게 한계와 고통, 착취, 갈등 및 전쟁으로 얼룩진 현재의 상태를 창조할 권리도 주셨습니다. 만약 이것이 참으로 사람들이 원하는 경험이라면, 그분은 적어도 한동안은 그들이 그 경험을 창조하게 하실 것입니다. 그러나 내가 여러분에게 설명하려고 노력한 것처럼, 우주의 기본설계는 인간이 어떤 제한된 상태를 무한정 유지할 수 없도록 규정하고 있습니다. 그런 제한된 상태를 창조하는 과정에서, 여러분은 어머니 하느님의 수축하는 힘이 점차 자신들이 창조한 한계를 무너뜨리도록 활성화시키고 있습니다. 사실상 이것은 안전장치이며, 그럼으로써 - 무한한 잠재력을 가진 무제한의 영적 존재인 - 여러분은 제한된 상태에 영원히 갇혀있을 수가 없게 됩니다.

＊＊＊

우리는 이제 이 특정 열쇠의 결론에 이르렀습니다. 이것은 인간이 하느님의 창조원리와 부합하는 것을 창조할 때, 비로소 여러분의 창조는 지속가능하다는 것입니다. 하느님의 율법 또는 법칙과 일치하는 것은 그것을 붕괴시키는 모순적인 힘이 그 자체 속에 내재돼 있지 않습니다. 그러나 여러분이 하느님의 법칙에서 벗어나 무엇인가를 창조할 때, 내재적인 모순을 갖게 될 것이며, 갈등을 일으키는 반대 힘을 갖게 될 것입니다. 많은 사람들이 하느님의 법에 어긋나게 그들의 창조력을 오용하면, 사회에서 분쟁이 일어나는 것을 보게 될 것입니다. 갑자기 많은 인간집단들이 파벌이 되어 서로를 적대하는 모습을 보게 됩니다. 그리고 그렇다 보니 정말로 두 집단의 사람들이 같은 신의 이름으로 서로를 죽일 수 있는 슬픈 상태를 지구상에서 목격할 수 있는 것입니다.

여러분의 과학자들은 이 원리를 〈열역학의 제2법칙〉으로 발견했습니다. 이 법칙은 닫힌 체제 내에서는 엔트로피(Entropy)가 증가할 것이라고 말합니다. 엔트로피는 무질서를 의미하며, 과학자들은 자연 그 자체가 가능한 한 모든 구조, 모든 체계화된 형태를 가장 낮은 에너지 상태로 되돌려 놓을 내장된 힘을 갖고 있는 것을 발견했습니다. 이것은 모든 구조가 무(無)의 상태로, 즉 순수한 원자 입자들로 붕괴되는 것을 의미합니다. 나의 사랑하는 이들이여, 이것은 어머니 빛(Ma-ter Light)으로 이루어진 기본원리를 과학적으로 발견한 것입니다. 다시 말하면 앞에서 언급했듯이, 어머니 빛은 어떤 형태라도 그 기초상태로 되돌려 놓고자 하는 내적인 힘이 있습니다. 그러나 지구상의 과학자들은 물질적 측면에만 너무 집중돼 있다 보니, 이 법칙을 완전히 이해하지 못하고 있습니다. 어머니 빛이 모든 형태를 원래의 기본 상태로 되돌리고자 하는 것은 정말로 사실이지만, 어머니의 수축하는 힘은 홀로 작용하지 않습니다. 아버지의 팽창하는 힘이 영적인 의미에서 집안의 가장과 같은 적절한 위치에 자리 잡고 있으면, 그때 그 창조물은 어머니의 수축하는 힘에 의해 붕괴되지 않을 것입니다. 그러므로 어떤 특정한 형태가 무기한으로 존재할 수 있는데, 그것은 영원한 것과는 다릅니다.

나의 사랑하는 이들이여, 여기서 그 차이를 아시겠습니까? 여러분이 하느님의 법칙과 맞지 않는 어떤 것을 창조한다면, 창조된 그 형태는 어머니의 수축하는 힘에 의해 서서히 분해될 것입니다. 그러나 여러분이 창조하는 것이 하느님의 창조원리와 완전히 조화를 이루면, 그것은 붕괴되지 않을 것입니다. 그것은 지속가능할 것이며 무기한으로 존재하게 될 것입니다. 나는 그것이 영원히 존재할 것이라고 말하지는 않는데, 왜냐하면 아버지의 확장하는 힘은 모든 형체가 스스로를 초월하고 더 나아져야한다고 요구하기 때문입니다. 그러나 무(無)의 상태로 붕괴될 불균형한 형태를 창조하는 것과 더 확장되고 나아지게 될 균형 잡힌 형태를 창조하는 것 사이에는 커다란 차이가 있습니다.

불완전한 형태를 창조할 때, 여러분은 힘든 전투를 하고 있으며, 이것이 결국 결핍과 투쟁과 고난의 느낌을 유발하게 된다는 것을 이해하시나요? 여러분은 항상 뒤처져 있고, 자신이 전혀 충분하지 않다고 느끼고 있습니다. 게다가 이 세상의 모든 세력이 당신이 가진 것을 빼앗아가기 위해 외부에 있다고 느낍니다. 이와 대조적으로, 여러분이 신과 조화를 이루게 되면, 자신이 가지고 있는 것을 잃어버리지 않을 것이며, 더 많은 풍요를 쌓을 수 있는 토대로서 그것을 이용할 것입니다.

이것은 예수가 달란트(재능)에 관한 비유에서 설명했던 원리입니다(마태복음 25:14).[5] 하느님이 행성 지구를 설계하셨을 때 그 기초를 세웠다고 말할 수

---

5) "어떤 사람이 타국에 갈 때 그 종들을 불러 자기 소유를 맡김과 같으니, 각각 그 재능대로 하나에게는 금 다섯 달란트를, 하나에게는 두 달란트를, 하나에게는 한 달란트를 주고 떠났더니, 다섯 달란트 받은 자는 바로 가서 그것으로 장사하여 또 다섯 달란트를 남기고, 두 달란트를 받은 자도 그같이 하여 또 두 달란트를 남겼으되, 한 달란트 받은 자는 가서 땅을 파고 그 주인의 돈을 감추어 두었더니, 오랜 후에 그 종들의 주인이 돌아와 저희와 회계할 때, 다섯 달란트 받았던 자는 다섯 달란트를 더 가지고 와서 가로되, 주여! 내게 다섯 달란트를 주셨는데 보소서 내가 또 다섯 달란트를 남겼나이다. 그 주인이 이르되, 잘 하였도다. 착하고 충성된 종아, 네가 작은 일에 충성하였으매 내가 많은 것으로 네게 맡기리니 네 주인의 즐거움에 참예할지어다 하고, 두 달란트 받았던 자도 와서 가로되, 주여! 내게 두 달란트를 주셨는데 보소서 내가 또 두 달란트를 남겼나이다. 그 주인이 이르되, 잘 하였도다. 착하고 충성된 종아, 네가 작은 일에 충성하였으매 내가 많은 것으로 네게 맡기리니 네 주인의 즐거움에 참예할지어다 하고 한 달란트 받았던 자도 와서 가로

있습니다. 그 기초 위에다 성(城)을 쌓아올리는 것은 인간에게 달려 있으며, 달란트를 증식시키는 것은 종에게 달린 것입니다. 하느님이 인간들에게 주신 달란트는 그들의 창조력, 상상력, 그리고 자유의지입니다. 만약 여러분이 하느님의 창조원리에 어기고 그 달란트를 땅에 묻어 버린다면, (어머니의) 수축하는 힘이 결국 원래 세워진 그 기초조차도 무너뜨릴 것입니다. 그러므로 지구 행성은 더 이상 생명을 유지하지 못하는 불모지가 될 수 있습니다. 실제로, 오염이나 핵전쟁을 통해 인류가 이 행성의 모든 생명을 파괴하고 황폐한 불모의 행성으로 만들 수 있는 가능성이 있습니다. 그러나 인간이 자신의 재능을 배가하면 하느님이 세운 기초를 본래대로 유지할 것이며, 그 위에다 신이 창조하신 것보다 더 풍성하게 열매 맺을 수 있습니다. 이것이 하느님의 진정한 소망입니다.

하느님은 여러분이 자신의 달란트를 땅에 파묻기를 원하지 않으십니다. 그분은 여러분이 자신의 삶을 확대하기 위해 그 재능을 사용하기를 원하시며, 그럼으로써 이 지구상의 다른 모든 사람들의 삶을 증대시키고, 궁극적으로 여러분의 창조주를 확장시키기를 바라십시다. 결국, 여러분의 창조주는 여러분을 그분 자신의 일부로 자기 안에다 포함시키셨습니다. 그러므로 여러분이 그 부분을 확대할 때, 여러분은 곧 전체를 확대하고 창조주를 확대시킵니다. 여러분이 더 나은 존재가 되면, 하느님은 여러분을 통해 더 진화되며, 이것이 모든 창조의 배후에 있는 추진력입니다. 사랑하는 이들이여, 나는 여러분이 신의 창조원리와 일치하는 것과 그 원리와 맞지 않는 것의 차이를 이해했으면 합니다. 절대자의 법칙은 그 어떤 것도 원래 그대로 머물러 있을 수 없다고 말합니다. 모든 것은 다음과 같은 두 가지 방식 중 하나를 따라야만 합니다.

• 그것은 **가속되어야한다.** 즉 이는 그것이 확장하는 힘을 통해 스스로를 초월한다는 것을 의미한다.

• 그것은 **감속되어야한다,** 즉 이는 그것이 수축하는 힘을 통해 스스로를 파괴한다는 것을 의미한다.

나는 여러분이 자신을 영원한 성장의 원리에 맞춰 재조정할 필요가 있음을

되, 주여! 당신은 굳은 사람이라 심지 않은데서 거두고 헤치지 않은데서 모으는 줄을 내가 알았으므로 두려워하여 나가서 당신의 달란트를 땅에 감추어 두었었나이다. 보소서, 당신의 것을 받으셨나이다.

그 주인이 대답하여 가로되, 악하고 게으른 종아, 나는 심지 않은 데서 거두고 헤치지 않은 데서 모으는 줄로 네가 알았느냐? 그러면 네가 마땅히 내 돈을 취리하는 자들에게나 두었다가 나로 돌아 와서 내 본전과 변리를 받게 할 것이니라 하고, 그에게서 그 한 달란트를 빼앗아 열 달란트 가진 자에게 주어라. 무릇 있는 자는 받아 풍족하게 되고 없는 자는 그 있는 것까지 빼앗기리라. 이 무익한 종을 바깥 어두운 데로 내어 쫓으라. 거기서 슬피 울며 이를 갊이 있으리라 하니라."

(마태복음 25:14~30)

알았으면 합니다. 그리하면 신의 법칙 또는 우주법칙의 안전한 틀 속에서 여러분의 창조력을 발휘할 수 있습니다. 또한 나는 여러분이 지속가능하고 계속 성장할 수 있는 무엇인가를 창조하는 이점(利點)을 이해했으면 하며, 이것은 여러분에게 더 많은 풍요를 가져다주고 이 지구상의 다른 모든 사람들에게도 풍요를 안겨줄 수 있습니다. 만약 여러분이 이것의 중요성을 알고 기꺼이 신과 조화를 이루고자 한다면, 그때 나는 나의 다음 열쇠로 이 과정을 시작하는 방법을 보여줄 것입니다. 이 여정은 창조주의 가슴으로 돌아가는 것이며, 여러분의 근원과 하나인 상태로 복귀하는 것입니다.

이 지구 행성에다 실제로 혼란을 만들어낸 것은 누구인가?

이제 우리는 신이 인류가 지구라고 부르는 이 작은 행성에서도 무한한 양의 풍요를 낳을 수 있는 우주를 설계하셨다는 것을 알게 되었습니다. 하지만 우리는 또한 지구를 창조하셨을 때 그분은 단지 그 토대를 만들어놓으셨다는 것을 알았습니다. 그리고 신은 스스로 창조능력을 키우라는 명령과 더불어 여러분과 다른 많은 공동창조자들을 이 세상에다 보내셨습니다. 여러분은 지구를 지배하기 위해 이곳에 왔습니다. 그러므로 인간은 신이 만든 기초 위에다 건설하고 자신이 상상하고 받아들일 수 있는 만큼 이 세상에다 풍요를 가져올 수 있습니다. 이제 우리는 인간이 창조주가 우주를 설계하는 데 사용한 기본원리에 맞춰 창조능력을 사용하면, 지속가능한 풍요를 창조하게 되리라는 것을 알았습니다. 그리고 그들은 생명의 다른 부분에서 풍요를 취하는 것이 아니라 지구의 전체적인 풍요의 총량을 증대시키는 방식으로 이것을 할 것입니다. 그렇기에 그 과정에서 하느님의 몸 전체가 지구에서 확대됩니다. 우리는 하느님의 우주는 모든 사람에게 충분한 풍요를 공급하기 위해 설계되었기 때문에 사람들이 창조능력을 올바로 사용하기만 하면, 개인과 전체 간에 마찰이 없다는 것을 알았습니다.

우리가 현재 직면하고 있는 핵심문제는 어떻게 여러분 – 지구상의 인간 – 이 절대자가 우주 전체를 설계하는 데 사용한 원리와 조화를 이루어 자신의 창조능력을 사용하는 법을 배울 수 있는가 입니다. 우리가 마주한 어려움은 지구가 현재 원래의 설계를 전혀 구현하고 있지 않다는 것입니다. 인류는 신이 만드신 기초 위에서 성을 건축하는 대신에 수천 년에 걸쳐 그들의 달란트를 땅에다 묻어버렸습니다. 그러므로 어머니의 수축하는 힘이 서서히 신이 세워놓은 기초조차도 무너뜨리기 시작했습니다. 사랑하는 이들이여, 나는 현대사회에서 자라난 사람들은 이것을 받아들이기가 어려울 수도 있음을 알고 있습니다. 어떤 사람들은 지구가 겨우 수천 년 밖에 되지 않았고, 모든 것이 신에 의해 창조되었으며, 신은 오직 완전한 것만을 창조할 수 있기에 모든 것이 완벽해야한다는 성서적인 견해를 믿게끔 양육되었습니다. 다른 사람들은 진화는 오직 단순한 생명체로부터 좀 더 복잡한 생명체로의 한 방향으로만 진행될 수 있다고 하는 과학적 진화론을 배우며 자랐습니다. 그렇지만 나는 자유의지의 법칙으로 인해 인간문명이 높은 지점에 도달한 다음 점차 더 낮은 상태로 악화되는 것이 사실상 가능하다고 말해야만 합니다.

나는 또한 지구상의 수많은 삶의 측면들이 인류의 의식상태에 의해 영향을 받아왔다고 말할 수밖에 없습니다. 이것은 단지 인간사회뿐만 아니라 어머니 대자연 자체도 마찬가지입니다. 여러분은 무한한 상상력과 자유의지를 갖고 계신 사랑의 신이 인간의 몸을 파괴하는 바이러스, 박테리아, 기생충, 독을 지닌 곤충 또는 유독한 화학물질들을 만들기로 결정하셨다는 것을 정말로 믿습니까? 그리고 실제로 신이 지구상에서 발견된 수많은 질병들을 창조하셨다고 믿으시나요? 글쎄요, 사랑하는 이들이여, 만약 신이 그것들을 창조하지 않았다면, 누구 그것을 창조했을까요? 답은 인류입니다. 인류는 지구상에서 현재 볼 수 있는 모든 잘못된 조건들, 심지어는 자연의 불균형 역시도 집단적으로 창조해냈습니다.

이것은 여러분이 모든 것은 신의 에너지, 곧 어머니 빛으로부터 창조되었다는 사실을 받아들일 때, 이해하기 어렵지 않습니다. 그리고 어머니 빛은 오직 창조능력, 즉 상상력과 자유의지를 지닌 자아의식적인 존재의 마음에 의해서만 움직여져 형태를 취합니다. 이 사실을 받아들이게 되면, 여러분은 지구상에 있는 모든 것은 의식적인 마음의 산물이라는 것을 깨닫습니다. 지구에 관한 원래 설계는 엘로힘(Elohim)이라고 불리는 하느님의 대행자들로 구성된 집단에 의해 만들어졌습니다. 이 존재들은 아름다운 행성을 창조했고, 자연 속에 존재하는 아름다움은 단지 엘로힘이 창조한 원래의 아름다움을 희미하게 반영하고 있는 것에 지나지 않습니다. 그들이 만든 행성은 본질적으로 완벽한 균형을 유지했으므로 질병이 존재하지 않았으며, 지진이나 폭풍도 발생하지 않았습니다. 그러나 그 원래의 창조 이후, 계속 이어진 후손들과 거듭된 문명들이 이 행성에 영향을 미치고 원래의 설계보다 더 낮은 상태로 추락시켜 왔습니다. 이것은 전적으로 인간들의 마음의 힘을 통해 이루어졌으며, 즉 그들이 신에 의해 사용된 창조원리와 어긋난 잘못된 이미지들을 어머니 빛에다 투영함으로써 일어났습니다.

인류에게 일어난 일은 사람들이 더 이상 신의 법칙에 대한 직관적이거나 의식적인 자각이 없는 의식상태로 떨어졌거나 타락한 것입니다. 이런 우주법칙은 신이 그들의 내면에다 넣어두신 것이었습니다. 그리고 이것이 바로 성서에서 아담과 이브가 에덴동산에서 쫓겨나는 타락에 관한 설명으로 묘사된 것입니다. 선과 악의 지식에 관련된 열매(善惡果)는 상대적인 선과 악에 대한 지식의 열매였습니다. 왜냐하면 인간이 신의 실체, 신의 법칙과의 접촉을 잃게 되면, 여러분은 더 이상 무엇이 절대적으로 진실이고 거짓인가에 대한 지침이 없다는 의미에서 스스로가 자신에게 일종의 법이 돼버리기 때문이지요.

***

신의 법칙과 조화를 이룬 모든 것은 지속 가능하며 전체에 유익한 것이고, 선(善)이라고 부를 수 있습니다. 반대로 그러한 법칙에서 벗어난 어떤 것은 자기 파괴적이며 전체에 해를 끼치기 때문에, 거짓 또는 악(惡)이라고 부를 수 있습니다. 인간이 이 절대적인 지침을 잃어버렸을 때, 그들은 자기들의 선과 악에 관한 개념을 스스로 규정합니다. 그리고 이런 개념들은 하느님의 법칙이라는 절대적인 지침에 근거해 있지 않습니다. 그것들은 인간이 믿고 싶은 것과 어떤 개인들이 진실이라고 원하는 것에 토대를 두고 있으며, 그럼으로써 그들은 전체에 대한 고려 없이 자기중심적인 욕구를 충족시킬 수가 있습니다. 그리고 그들은 자신의 목적에 맞게 선과 악을 정의했기 때문에, 자신의 이기적 욕구를 충족시키는 것이 완전히 정당하다고 느낍니다.

사랑하는 이들이여, 절대적인 지침이 없을 때, 인간들은 그들의 목적과 이기적인 목적에 맞게 선과 악을 정의하리라는 것을 이해하시겠습니까? 여러분이 인류 역사를 공부한다면, 다양한 문명들이 선과 악에 관해 다른 정의를 가지고 있었음을 알게 될 것입니다. 그리고 대부분의 경우, 통치하는 소수파가 만든 법에 위배되는 행위는 자동적으로 악으로 분류되었습니다. 또 오직 지배적인 엘리트의 지시와 일치하는 것만이 선 또는 수용 가능한 것으로 분류되었습니다. 그러나 많은 경우에, 지배하는 소수파는 하느님의 진실 및 창조원리와 완전히 일치하지 않았습니다. 따라서 그들이 선이라고 부른 것은 절대적인 의미에서는 선이 아니었습니다. 그것은 단지 그들의 자기중심적인 규정에 따른 선이었기에 오직 상대적인 선일뿐이었습니다. 왜냐하면 그 규정은 신의 창조원리를 무시했을 뿐만 아니라 오직 전체에 유익한 것만이 진정으로 개인에게 유익하다는 현실을 무시한 정의이기 때문입니다.

나의 사랑하는 이들이여, 여러분이 – 자신의 가슴으로 – 이 개념이 어디서 시작되었는지를 깊이 생각해보는 것은 중요합니다. 에덴동산에 대한 이야기는 아담과 이브가 신의 율법에 위배되는 어떤 일을 행했다는 것을 자각하게 되었음을 설명합니다. 그러나 그들은 신에게 돌아가서 자기들의 행동을 고백하고 용서를 구하는 대신에 신으로부터 숨기로 결정했습니다(창세기 2:8). 사랑하는 이들이여, 하느님은 여러분에게 자유의지를 주셨습니다. 그래서 만약 원한다면 여러분은 하느님에게 숨길 권리가 있습니다. 하느님은 자신의 율법을 존중하고, 그에 따라 여러분의 자유의지에 의한 선택을 존중하시는 까닭에, 그분은 여러분이 그런 분리의식을 극복하도록 도와줄 수가 없습니다. 만약 여러분이 하느님에게 등을 돌린다면, 그렇게 하도록 허락하실 것이며, 하느님은 당신들에게 어떤 식으로든 강요하지 않으실 것입니다.

그런데 일단 인간이 하느님에게 등을 돌리면, 여러분은 자신의 의식 속에서 하느님으로부터 계속 점점 더 멀어질 수 있습니다. 그렇지만 하느님은 여러분에게 강요하지 않을 것이며, 당신들과 맞서지도 않으실 것입니다. 하느님은 여러분이 원하는 만큼 멀리 가게하실 것입니다. 그래서 인류는 동굴거주시대에 나타났던 믿을 수 없을 정도의 낮은 의식 상태로 내려갈 수 있었으며, 이때는 인간이 동물수준을 간신히 면한 상태에 있었습니다.

그러나 진실은 동굴거주인이 인간종의 시작이 아니었다는 것입니다. 고도의 지적 단계에 도달했던 이전의 수많은 선사(先史) 문명들이 있었습니다. 이 문명들 중 일부는 오늘날의 서구문명보다 기술적으로나 문화적으로 훨씬 더 진보했었습니다. 하지만 자신들의 창조력의 오용을 통해, 그들은 점차 더욱더 낮은 의식상태와 저급한 외적 존재 상태로 추락했습니다. 그리고 만약 여러분이 어떤 신화들에 관해, 또는 과학자들이 전설이라고 부르는 과거의 문명들에 대해 공부해왔다면, 내가 말하는 것을 알게 될 것입니다. 비록 이 살아남은 이야기의 어떤 세부적 내용들은 시간의 흐름에 의해 흐릿해졌지만, 지구상에 과거 선사 문명들이 존재했고 동굴거주인이 인류의 시작이 아니라 인류가 추락했던 낮은 지점들 중의 하나라는 것은 진실입니다.

이런 이야기를 거론하는 나의 목적은 만약 여러분이 자신의 삶을 개인적으로 바꾸고 싶다면, - 즉 신이 인간에게 무료로 주시는 풍요로운 삶을 살기 위해서는 - 수동적인 접근법을 취해서는 안 되며, 신이 여러분을 위해 그것을 대신 해줄 거라고 기대할 수 없다는 것을 다시 강조하기 위해서입니다. 여러분은 풍요로운 삶을 자신에게 내려달라고 신에게 기도하는 방식의 접근법을 취할 수도 없습니다. 이미 내가 설명하려고 노력했듯이, 신은 여러분이 자신의 창조력을 사용하여 풍요로운 삶을 구현할 수 있는 우주를 세우셨습니다. 그러므로 신은 여러분을 위해 풍요로운 삶을 창조해주지는 않으실 것입니다. 신은 여러분 스스로 풍요로운 삶을 공동창조하기를 원하십니다. 또한 신은 여러분이 자신의 내면의 힘 - 당신 안에 있는 하느님의 힘 - 을 통해, 그리고 절대자의 창조원리에다 여러분 자신을 맞춤으로써 그렇게 이루어진다는 것을 알기 바라십니다.

결론적으로 여러분이 현재 풍요로운 삶을 살지 못하는 이유는 우리가 무지의 상태라고 부르는 의식상태로 추락해 있기 때문입니다. 그런 상태에서는 여러분이 신에 의해 사용된 창조원리를 망각하게 됩니다. 그러므로 현재의 결핍감에서 벗어나 풍요로운 삶을 살 수 있는 유일한 방법은 여러분의 의식상태를 바꾸는 것입니다.

***

나의 사랑하는 이들이여, 나는 오늘 서구사회에서 볼 수 있는 "속성으로 부자 되기"에 대해 잠시나마 숙고해 보았으면 합니다. 얼마나 많은 세상의 (재테크) 권위자들이 자신의 단순한 시스템을 따르거나 그들의 책을 읽음으로써 여러분이 궁극적인 풍요와 부를 창조하고 상식을 뛰어 넘는 많은 돈을 벌 수 있다고 약속하는지를 생각해 보십시오. 나는 여러분이 삶에 더 많은 풍요를 가져올 필요성을 알고 있었다면, 이러한 계획 중 일부를 시도했거나 고려했을 거라고 확신합니다. 그리고 만약 여러분이 그것들을 시도했다면, 그것이 별로 효과가 없다는 것을 경험했을 것입니다.

나는 이제 왜 "속성으로 부자 되기"가 장기적으로 작동할 수 없는지를 설명하겠습니다. 그 간단한 진실은 여러분의 현 결핍상태와 고난은 자신의 의식 속에서 일어나고 있는 것이 - 물질적 문제로 - 투영되어 표출된 것이라는 사실입니다. 그러므로 만약 여러분이 바깥의 현실 - 어머니 빛에 의해 형성된 현실 - 을 바꾸고 싶다면, 자신의 내면의 현실, 의식이라는 현실, 즉 당신이 어머니 빛에다 투사하는 정신적인 이미지를 먼저 바꿔야합니다. 그리고 오직 여러분의 의식상태를 근본적으로 깊게 변화시키는 과정을 거칠 때만이 실제로 자신의 외부 상황이 영구적으로 개선되는 것을 볼 것입니다.

　내가 말하고 있는 것을 이해하시겠습니까? 이것은 하느님이 인간에게 주는 참된 풍요의 삶을 여러분이 구현하고자 한다면, 이해할 필요가 있는 심오한 원리입니다. 여러분이 풍요로운 삶을 물질적으로 누리지 못하는 이유는 그 의식이 낮은 상태로 내려갔기 때문이며, 그런 상태에서는 신의 창조원리를 사용하지 않고, 사용할 수도 없습니다. 그런데 "속성으로 부자 되기"는 진정으로 의식을 바꾸지 않고도 원하는 부를 가져다주게 될 일종의 지름길을 발견했다고 여러분에게 약속합니다. 그것들 중의 일부는 여러분의 의식을 바꾸는 것에 대해서 이야기하지만, 그것은 매우 피상적인 수준입니다. 그들은 몇 가지 간단한 단계를 따르거나 몇 가지 단순한 확언을 함으로써 부(富)가 즉각적으로 당신의 방식에 따라 흐르기 시작할 것이라고 주장합니다.

　사랑하는 이들이여, 만약 여러분이 이미 그런 공허한 약속들을 따라 시도해보지 않았다면, 또 그것이 필요하다고 느낀다면, 나는 그 경험을 하지 못하도록 막지는 않을 것입니다. 나는 사랑의 어머니이자, 하느님 어머니의 대행자입니다. 여러분이 돈으로 살 수 없고 지름길을 통해 가져올 수없는 진정한 풍요를 누리는 모습을 보는 것이 나의 소망입니다. 그러나 나는 또한 하느님 아버지와 그분의 자유의지의 법칙을 사랑합니다. 그리고 자유의지의 법칙은 기본적으로 여러분이 신으로부터 자신을 분리시킬 경우, 신이 여러분을 인도해 줄 수 없으므로 자신의 행동의 결과가 여러분의 스승이 될 것이라고 말합니다. 여러분은 자신의 경험을 통해서 배웁니다. 그리고 자유의지의 법칙은 인간이 어떤 유형의 경험에 대한 필요성을 느낄 경우, 신은 여러분이 자기 자신을 위해 그 경험을 창조하도록 허용하실 거라고 합니다. 그러므로 만약 여러분이 여전히 빈곤, 한계, 고통, 결핍과 고난을 경험할 필요가 있다면, 내가 신의 법칙을 거역하고 여러분에게 그분의 풍요를 받아들이라고 강요해서야 되겠습니까? 그리고 여러분이 풍요를 원하지만 진실로 신의 진정한 풍요를 구현하기 위해 필요한 일을 기꺼이 행하지 않으려한다면, 나는 사람들이 지름길을 제공하는 거짓 권위자의 뒤를 따라 달아나는 것을 막을 수가 없습니다. 또한 여러분이 그런 거짓 가르침을 따르는 경험이 필요하다면, 나중에 철저히 실망하여 마침내 그 지름길의 꿈을 포기하고 "더 좋은 방법이 있어야 해!"라고 말할 때까지, 나는 그 경험을 하고 있는 당신들을 방해하지 않습니다.

그러나 여러분이 더 이상 이런 헛된 꿈이나 지름길을 원하지 않는다고 결정한 단계에 있거나 고통, 결핍 및 고난을 경험하고 싶지 않다면, 나는 뭔가를 제공할 것입니다. 내가 제공하는 것은 여러분의 의식(意識) 전체를 바꿀 수 있는 실제적인 길입니다. 그리하여 여러분은 자신의 의식을 하느님에 의해 사용된 창조원리와 일치하도록 변화시킬 수 있습니다. 그렇게 함으로써 여러분의 개별적인 영혼이 천상과 지상 양쪽에 거하고 계신 하느님의 몸 전체와 조화를 이루게 될 것입니다. 그에 따라서, 전체 물질우주를 이루고 있는 어머니 빛 그 자체가 여러분의 진정한 욕구를 채워주는 것을 기뻐할 것입니다. 그때 여러분은 풍요가 어떤 종류의 마법이나 외적인 어떤 힘을 통해서가 아니라, 여러분의 영혼이 탄생했을 때 신이 부여하신 창조력을 적절히 사용 – 균형 잡히고 조화롭게 사용 – 함으로써 생겨난다는 것을 알게 될 것입니다.

***

내가 여러분에게 제공하는 길은 실제의 풍요로 가는 참된 길이며, 어떤 종류의 지름길이 아닙니다. 또한 인간에게는 옳은 길처럼 보이지만 결국 죽음에 이르는 길(잠언 14:12)이 아닙니다. 여러분이 이제 알다시피, 참된 길을 따라가기 위한 열쇠는 그 길의 목표가 지구에서 어떤 일시적인 부를 가져 오는 것이 아님을 깨닫는 것입니다. 진정한 길의 목표는 영구적인 변화, 즉 의식의 영구적인 변화입니다. 이로써 여러분은 자신의 생명흐름(영혼)이 창조되었을 때 신의 마음속에 담고 있던 원래의 설계대로 여러분의 의식을 재구성하게 됩니다. 이것은 하느님의 형상과 닮은 모습으로 설계된 신의 진정한 아들 또는 딸의 설계로서 그들의 창조력을 전체와의 완벽한 조화 속에서 사용하는 것입니다. 따라서 여러분은 자신의 영혼뿐만이 아니라 지구상의 모든 생명, 더 나아가 전 우주의 모든 생명의 삶의 경험을 확대하게 됩니다.

이것은 예수가 "인자의 살을 먹지 아니하고 인자의 피를 마시지 아니하면, 너희 속에 생명이 없느니라(요한복음 6:53)."라고 말했을 때, 그가 언급하고 있던 의식의 상태입니다. 여러분은 그 말의 보다 깊은 의미를 이해하시겠습니까? 여러분이 하느님의 법칙과 조화를 이루어 자신의 창조력을 사용하면, 생명의 목적과 삶의 인도원리에 완벽하게 부합됩니다. 사실, 인간은 신이 창조하신 모든 것을 에워싼 채 끊임없이 흐르고 있고 늘 성장하는 생명의 강에 빠져 있습니다. 여러분은 그 생명의 강과 더불어 계속 움직이고 있습니다. 여러분은 끊임없이 자신을 초월하여, 자기의 재능을 배가시키고, 더 나은 존재가 되어가면서 그에 따라 삶에 더 많은 풍요를 가져옵니다. 그리고 이것이 생명에 관한 진정한 정의(定義)입니다.

생명의 영적인 정의는 여러분의 육체가 호흡하느냐 또는 호흡하지 않느냐가 아닙니다. 그것은 단지 생명에 관한 이 세상의 인간적인 정의에 불과합니다. 생명의 진정한 영적 정의는 여러분이 스스로를 초월하여 더 나은 존재가 되는 것입니다. 그리고 풍요로운 삶을 더욱더 경험하는 가운데, 여러분이 신의 끊임없이 움직이는 풍요의 흐름인 '생명의 강'의 일부가 되는 것입니다. 여러분이 그 강에서 벗어나 바깥쪽에 있게 되면, 자신의 상위 존재인 근원으로부터 자신을 분리시키기 때문에 – 창조주의 법칙을 망각하면서 – 영적인 관점에서 볼 때 죽음의 의식이라는 의식상태로 추락하게 됩니다. 그러므로 여러분은 영적인 의미로 죽은 것이며, 이것이 예수가 말했던 것의 보다 깊은 의미입니다.

일단 낮은 의식 상태로 하락했을 때, 어떻게 여러분이 다시 일어나서 신의 창조원리에 맞게 자신을 재조정할 수 있을까요? 인간이 자신의 진정한 유산인 하느님의 아들딸로서의 자신의 진정한 정체성을 되찾고, 당신 존재의 더 높은 부분인 신아(神我) – 이 신아는 영혼의 안쪽부분이며 하느님은 그곳에다 자신의 율법을 넣어두셨다 – 와 다시 연결될 수 있는 길은 무엇일까요? 여러분을 죽음으로부터 다시 영원한 생명으로 올라설 수 있게 해주는 중개자는 하느님의 독생자입니다. 그리고 대부분의 기독교 교회들이 예수의 매우 심오한 수많은 말들의 진정한 영적의미를 오해하고 있다는 사실을 인정해야함은 슬픈 일입니다. 그들은 이원성 의식과 분리의식에 빠져 있었고 그런 의식상태를 기꺼이 극복하려하지 않았기 때문에, 그들은 예수가 외부 사람으로서의 예수 그 자신에 관해 이야기하고 있다고 추측했습니다. 즉 그들은 예수 그리스도가 길이요, 진리요, 생명이며, 그렇기에 그가 구원의 유일한 열쇠라고 생각했습니다(요한복음 14:6). 그러나 예수는 자기라고 하는 한 특정 존재에 관해 이야기한 것이 아니고, 아버지가 낳은 진정한 독생자에 대해 말하고 있었습니다. 그것은 어떤 특정의 개인이 아니라 보편적인 의식상태, 다시 말해 보편적인 그리스도 의식(Christ consciousness)입니다. 이것은 요한복음이 말씀(Word)이라고 부르는 의식상태입니다. 태초에 말씀이 있었고, 말씀은 하느님이셨으며, 그분이 없이는 아무 것도 만들어지지 않았습니다.

***

사랑하는 이들이여, 이제 우리는 그리스도 의식, 독생자, 말씀의 참된 내적인 의미를 여러분에게 설명할 수 있는 지점에 도달했습니다. 나는 창조의 첫 번째 행위로서, 여러분의 창조주가 빛을 창조하셨다고 말했습니다. 빛은 형태가 없는 질료 또는 재료이지만 그 어떤 형태도 취할 잠재성을 갖고 있습니다. 빛은 그 자체의 내적인 힘에 의해서가 아니라 그것이 외부의 힘, 즉 창조력을 지닌 자아의식적인 존재에 의해 작용될 때에만 형태를 취할 것입니다.

처음에는 창조주 하느님이 매터 빛(Ma-ter Light)에 작용하는 유일한 힘이었습니다. 당연히 창조주가 창조한 모든 것은 그분이 지속가능성을 보장하도록 고안한 창조의 기본원리와 완벽하게 조화를 이루었습니다. 따라서 창조주가 자신의 원리, 즉 자신의 법칙에 어긋나는 어떤 것을 창조할 수 있는 가능성을 우려할 필요가 없었습니다. 그러나 창조주가 우주에 대한 기본설계를 하셨을 때, 그분은 자신의 확장체들이긴 하지만 아직 완전한 창조력을 갖고 있지 못한 수많은 자아의식적인 존재들을 창조하기로 결정하셨습니다. 이렇게 했던 그 배후의 생각은 창조주 자신의 확장체들을 창조함으로써 그분이 더 크게 되고 더 나은 존재가 된다는 것입니다. 여러분이 자기 자신을 초월하고 자신의 자각과 창조력을 넓힐 때 하느님의 창조물 전체를 확대하고 영화롭게 합니다.

그 원래의 계획은 자아의식을 가진 이런 존재들이 제한된 창조력으로 시작하는 것이었습니다. 그렇지만 그들이 신의 법칙과 조화를 이루어 공동창조함으로써 자신의 재능을 배가시켰을 때, 신은 그들에게 보상해 주실 것입니다. 그러므로 예수는 "잘 하였도다. 착하고 충성된 종아, 네가 작은 일에 충성하였으매 내가 많은 것으로 네게 맡기리니, 네 주인의 즐거움에 참여할지어다(마태복음 25:21)."라고 말했던 것입니다. 그 내적인 의미는 인간이 하느님의 법칙과 조화롭게 공동 창조함으로써 자신의 재능을 증대시키려는 의지를 보여 주면, 그분은 여러분에게 더 커다란 창조력을 주실 것임을 의미합니다. 그리하여 여러분은 예수가 "너희는 신들이다(요한복음 10:34)"라고 말했을 때 암시한 완전한 깨달음에 이를 때까지 실제로 자각과 창조력을 높여갈 수 있습니다. 여러분은 제한된 창조력과 하느님의 창조계 전체에 대한 제한된 인식을 지닌 채로 창조되었습니다. 왜냐하면 여러분은 형태의 세계로 여행하여 단지 지구와 같은 하나의 작은 행성에서 창조력을 사용하도록 예정돼 있었기 때문입니다. 그런 다음 인간은 물질세계로부터 영원히 상승하여 영적세계에서 불멸의 존재가 될 때까지 점차 창조력과 깨달음을 높여갈 것입니다. 그곳에서 여러분은 더욱더 성장할 수 있으며, 참으로 이러한 성장은 무한정 계속될 수 있습니다.

이제 여러분은 신이 상상력과 자유의지를 가진 자아의식적인 존재들을 창조하셨을 때, 그런 존재들이 건망증이나 고의적인 불복종을 통해 그분의 창조원리를 거역하는 것이 가능하게 되었다는 사실을 압니다. 결국, 만약 그들이 하느님의 법칙을 어길 수 없었다면, 그들은 진정으로 자유의지를 가졌다고 할 수 없었을 것입니다. 하지만 이제는 누군가가 그분의 법칙과 맞지 않는 무엇인가를 창조할 수 있었기 때문에 그 특정 생명체의 파멸뿐만 아니라 그 영혼의 창조력에 의존하는 다른 존재들의 파멸을 가져올 수도 있었습니다. 이것을 피하기 위해 하느님은 바로 그 우주의 설계 안에다 또 다른 안전장치를 만드셨습니다. 그리고 그 안전장치는 성서에서 '말씀'이나 '아버지의 독생자'라고 부르는 것이지만, 나는 '보편적인 그리스도 의식'이라고 부르는 것을 선호합니다.

이 안전장치는 다음과 같은 방식으로 작동합니다. 여러분의 영혼은 하느님과 공동창조자가 되도록 설계되었습니다. 인간은 창조주만한 창조력을 갖고 있지는 않으며, 여러분은 제한된 창조력을 가지고 있습니다. 그것은 본질적으로 속성은 동일하지만 양적으로는 창조주의 창조력에 비할 수가 없습니다. 여러분의 창조주는 모든 것을 이루고 있는 전체이시며, 그렇기에 그분 자신 안에서 창조한다는 의미에서 거기에는 차이가 있습니다. 반면에, 여러분은 개체이며, 그러므로 인간은 적어도 아직 전체가 아닙니다. 따라서 여러분은 이미 신에 의해 창조된 창조계 내부에서 창조를 합니다. 신에 의해 고안된 안전장치는 공동창조자가 오직 그리스도 의식이라는 매개체를 통해서만 지속가능한 어떤 것을 창조할 수 있다고 명하고 있습니다.

그리스도 의식은 절대로 손상될 수 없는 하느님의 법칙에 대한 인식이자 자각입니다. 그리스도 의식은 항상 아버지와 하나이고, 아버지의 법칙과 하나입니다. 예수는 그리스도 의식을 성취하고 나서 "나와 아버지는 하나이다(요한복음 10:30)."라고 외쳤습니다. 그리고 여러분도 개별적인 한 영혼으로서 전체와 하느님의 법칙에 관한 그런 자각을 얻게 되면, 개체인 자신이 진짜 행위자나 창조자가 아니라는 것을 깨닫습니다. 그래서 예수는 "내 자신은 아무 것도 스스로 할 수 없노라(요한복음 5:30)." "내 안에 거하시는 아버지께서 그의 일을 행하시는 것이니라(요한복음 14:10)."고 말했던 것입니다. 예수는 그것이 자신의 외부에 있는 어떤 사람이나 육체적인 존재가 아니라는 것을 알고 있었습니다. 그것은 외적인 마음, 사람들이 예수 그리스도로 보았던 인물이 아니었고, 그것은 참된 행위자, 진정한 창조자였습니다. 그것은 예수라는 존재의 보다 높은 부분이었으며, 하느님이 개체화된 신적자아로서 그것이 진정으로 창조를 하고 있었습니다. 그러나 그 신아는 오직 형상을 낳기 위해 하느님의 에너지와 법칙을 이용했기 때문에 참된 창조를 할 수 있었습니다.

그리스도 의식은 항상 그것이 그 자체로 법이 아니라는 것을 알고 있으며, 그것은 하느님과 공동창조자이고, 그것이 일부를 이루고 있는 더 거대한 것이 존재합니다. 하느님은 이 우주의 모든 것의 성장을 인도하는 일련의 원리들을 고안하셨습니다. 그리고 그리스도 의식은 여러분이 그런 원리와 조화되어 창조를 하면, 그 창조는 지속가능하며 전체를 확대할 것임을 압니다. 그러나 여러분이 그 원리들을 망각하게 되면, 어머니의 수축하는 힘이 여러분의 창조물을 자체적으로 파괴되게 만들 것이고 이것은 전체의 다른 부분들을 잠재적으로 파괴할 것입니다.

자, 나의 사랑하는 이들이여, 만약 여러분이 그리스도 의식에 머물러 있다면, 절대로 여러분 자신을 신과 그분의 법칙으로부터 분리시키는 저급한 의식상태에 빠질 수가 없습니다. 그런 낮은 의식상태에서 여러분은 신이 여러분의 내부에다 넣어두신 율법들을 망각하게 되며, 그렇기에 여러분 자신이 스스로 일종의 율법이 됩니다. 하지만 그리스도 의식을 지닌 상태에서는 여러분이 상대적인 선과 악에 관한 지식을 결코 믿을 수 없습니다. 그에 따라 여러분 자신의 원리를 규정할 수 없으며 그것이 전체에 어떻게 영향을 미치는지에 상관없이 자신의 이기적인 욕망을 충족할 수 있다고 생각할 수 없습니다. 이 안전장치(그리스도 의식)는 여러분이 자신이 누구이고, 어디서 왔으며, 여러분의 창조주가 정한 법칙을 영구히 망각하지 않도록 해줍니다.

이 그리스도 의식의 상태는 신이 창조하신 모든 영혼의 자연적인 상태입니다. 그러나 신은 여러분에게 상상력과 자유의지를 주셨으므로, 여러분이 이 자연스러운 의식상태를 잊어버리고 더 이상 자신의 진정한 기원을 알지 못하는 분리상태인 이원성 의식으로 떨어질 수 있습니다. 이런 의식상태에서 여러분은 자신이 분노한 신에 의해 고통과 고난의 삶을 살도록 정죄를 받았으며 자기의 내면적인 힘으로는 그것에 대해 할 수 있는 것은 아무 것도 없는 유한한 인간이라고 믿게 될 수도 있습니다.

***

여기에 하느님이 자아의식을 지닌 존재들을 창조하기로 결정했을 때 만드신 중요한 특성이 있습니다. 내가 앞서 말했듯이, 빛은 지구상의 과학자들이 에너지라고 부르는 것입니다. 에너지는 진동이며, 물질세계의 낮은 진동에서 시작하여 영적세계의 보다 높은 진동을 거쳐 신 그 자체의 순수한 빛으로 이루어진 가장 높은 진동에 이르기까지 계속 나열해 올라갈 수 있습니다. 그 순수한 빛은 어떤 형태도 가능하지 않은 그런 높은 진동을 가지고 있습니다. 순수한 영적인 빛 속에는 구별 가능한 어떤 형태가 없습니다. 그럼 어떻게 형태가 생겨났을까요? 그것은 자아의식이 있는 마음이 그 순수한 빛에다 어떤 이미지, 모형(틀)을 부여할 때 그 빛이 그 기초상태보다 더 낮은 진동을 취함으로써 발생합니다. 그러나 그러한 일이 일어나기 위해서는 자아의식을 가진 존재가 형태를 구상한 다음 마음의 힘을 통해 그 형태를 순수한 매터 빛에다 부여해야합니다. 그리고 여기에는 필수 안전장치가 있습니다. 오직 그리스도 의식을 통해서만, 오직 그리스도 의식이라는 매개체를 통해서만 공동 창조자가 순수한 매터 빛에다 어떤 이미지를 부여할 수 있습니다. 그리고 오직 창조주의 법칙과 조화를 이루고 있는 이미지만이 순수한 매터 빛에 영향을 미칠 것입니다.

이것은 오직 그리스도 의식을 가진 존재들만이 균형 잡히고 유지가 가능한 어떤 것을 창조할 수 있게 보장하는 작용을 합니다. 이전에 설명했듯이, 어머니 빛에는 항상 원래의 기초상태로 되돌아가려는 또 다른 안전장치가 내장되어 있습니다. 그러나 어떤 형태가 창조주에 의해 규정된 법칙과 조화를 이루어 창조될 때, 그 형태는 '생명의 강'의 일부가 될 것이며, 이는 그것이 끊임없는 자기초월 과정의 일부가 될 것임을 의미합니다. 바꿔 말하면, 성장은 창조의 기본법칙이기 때문에 모든 형태는 자기초월을 통해서만 지속이 가능합니다. 신의 법칙과 조화되지 못하고, 스스로를 초월하지 않으며, 수축과 팽창의 힘 사이에서 적절한 균형을 이루지 못하는 어떤 형태는 점차 어머니 빛에 내장된 수축하는 힘에 의해 붕괴될 것입니다. 이 힘은 모든 불균형한 창조물을 원래의 기초상태로 되돌려줍니다. 우리는 우상적인 이미지를 기반으로 만들어진 모든 형태, 즉 고착되어 스스로 초월하지 않는 모습의 형태들은 수축하는 힘에 의해 필연적으로 붕괴될 것이라고 말할 수 있습니다. 형태가 창조될 수 있게 하는 것은 수축의 힘이지만, 만약 여러분이 어떤 형상에 집착하게 되면, - 고정된 이미지를 숭배하기 시작하고 자기를 초월하기를 거부한다면 - 생명의 강의 흐름 밖으로 벗어나 수축하는 힘의 작용을 받는 대상이 됩니다. 여러분이 이런 불균형한 상태를 유지할 수 있는 것은 단지 당분간인데, 왜냐하면 그 형태가 - 팽창하는 힘에 평형을 이루지 못하고 - 수축하는 힘에 노출되면, 필연적으로 분해될 것이기 때문입니다. 그렇기에 어머니의 힘을 왜곡하거나 오용하는 행위는 필히 자기소멸로 이어질 것입니다.

여러분이 이제 알 수 있는 것은 영적세계의 가장 높은 차원들에는 완전한 그리스도 의식을 지닌 존재들만이 있다는 것입니다. 그리고 그들은 지구상의 어떤 사람도 상상할 수없는 그런 아름다운 천체들을 창조했습니다. 어떤 사람들은 영적이고 신비로운 환영을 보거나 임사체험(臨死體驗)을 하는 은총을 받았는데, 그들은 완전하고도 아름다운 그런 영적영역이나 그런 세계들 중 일부를 보았던 것입니다. 그리고 그런 환영을 경험한 사람이라면, 분명히 지구상의 일반적인 수준보다 훨씬 더 높은 의식상태를 가진 사람만이 그런 찬란한 세계를 보거나 상상할 수 있었을 것입니다. 내가 여기서 말하고 있는 것은 천국 또는 영적인 세계는 여러분이 오직 그리스도 의식으로 있을 때만이 머물러있을 수 있다는 것입니다. 그러므로 천상에서는 그리스도 의식을 지닌 존재들만 보게 됩니다. 그렇다고 해서 이것이 천상에 있는 존재가 창조적인 자유를 갖고 있지 않다는 것을 의미하지 않습니다. 왜냐하면 하느님의 법칙이라는 조건 하에서는 참으로 자신의 창조력을 행사할 수 있는 무한한 가능성을 갖고 있기 때문입니다.

사실, 천상계에 있는 존재는 이 세계의 창조주가 규정한 창조원리를 거역할 선택권을 여전히 갖고 있습니다. 그러나 만약 천상에 있는 어떤 존재가 그렇게 한다면, 그 존재는 더 이상 거기에 남아있을 수 없고 더 낮은 세계로 내려와야 합니다. 그리고 바로 이런 이유로 해서 물질세계가 생겨나게 된 것입니다. 하느님과 그분의 대행자들이 천상세계에서 많은 수의 층들을 창조한 후에, 새로운 차원이 하나 나타났습니다. 이 수준은 영적인 세계에서 볼 수 있는 에너지보다 더 낮은 에너지로 이루어져 있었습니다. 그러므로 그곳은 신에 의해 규정된 창조원리를 거스르는 존재들에 의해 거주될 수 있었습니다. 이런 존재들은 이제 한계를 충분히 경험하고 나서 마침내 신에게 돌아와 "오, 창조주시여, 저는 고향으로 오고 싶습니다."라고 말할 때까지, 그들의 창조력을 훈련하고 자신의 행위에 대한 결과를 경험할 수 있는 장소를 얻게 된 것입니다.

물질세계는 실제로 균형 잡히고 조화로운 천지만물을 구상하기 위해 그리스도 의식을 사용했던 하느님의 대행자들에 의해 창조되었으며, 그때 그들은 그 구상을 어머니 빛에다 투사하여 부과했던 것입니다. 그로 인해 그것이 영적인 세계에서 볼 수 있는 어떤 진동보다도 더 낮은 진동을 지니게 되었습니다. 그러나 비록 물질세계는 완전한 그리스도 의식을 가진 존재들에 의해 창조되었지만, 진동이 낮은 이곳은 온전한 그리스도 의식을 지니지 못한 존재들이 머물 수 있도록 설계되었다고 말할 수 있습니다. 이것이 바로 이 우주를 창조하는 데 사용된 빛이 신의 창조원리와 맞지 않는 형태로도 쉽게 형성될 수 있는 이유입니다. 그리고 그 형태들은 영적세계에서처럼 즉시 스스로 파괴되지 않습니다. 그것들은 임시적으로 존재할 수 있으며, 얼마 후에 분해될 것입니다.

사랑하는 이들이여, 내가 여기서 여러분에게 설명하는 것은 많은 이들에게 추상적으로 보일 수 있는 매우 미묘한 개념입니다. 그럼에도 이것을 이해하기 위해 여러분의 마음을 여는 것은 가치가 있습니다. 영적인 세계에서는 어머니 빛에 내재된 지성이 어떤 불완전하거나 불균형한 형태가 일정기간 동안 존재하는 것을 불가능하게 만듭니다. 즉 신의 법칙과 조화를 이루지 못하는 것은 어머니의 수축하려는 힘 때문에 즉시 파괴될 것입니다. 그러나 물질적인 세계에서 어머니의 수축하는 힘은 불완전한 형태들이 즉각적으로 자체 파괴가 되지 않도록 조정돼 있습니다. 그것들은 실제로 얼마 동안 존재할 수 있습니다. 그러나 여러분의 과학자들이 〈열역학의 제2법칙〉에서 발견하고 언급한 것처럼, 모든 불완전한 형태들은 결국 붕괴될 것입니다. 따라서 이 물질세계는 무지로 또는 의도적으로 낮은 의식상태로 추락한 공동창조자들 내지는 자아의식적인 존재들로 하여금 자기들의 행동의 결과를 경험함으로써 배울 수 있게 해줍니다. 이런 존재들은 필연적으로 신의 법칙과 맞지 않는 것들을 창조할 것이며, 그리고 그렇게 할 때 그들은 영적세계에서 볼 수 있는 풍요로운 삶을 창조하지 못할 것입니다. 그들은 결핍과 한계의 상태를 창조할 것입니다. 이 존재들이 스스로 만들어놓은 한계와 고통과 고난을 겪음에 따라 결국 그들은 그 경험에 지칠 것이며, 그래서 결국 그들이 자발적으로 신의 법칙에 맞게 돌아서는 것이 신의 소망입니다.

우리는 이제 그 두 세계 간의 차이를 이해합니다. 만약 영적세계에 있는 존재가 하느님의 법칙을 거역하기로 결정하면, 그가 창조하는 어떤 것도 즉각적으로 자멸합니다. 그리고 만약 그 존재가 어딘가 갈 곳이 아무 데도 없다면, 즉시 그는 자체적으로 소멸될 것입니다. 하지만 그런 경험을 통해 그 존재가 무엇을 배울 수 있겠습니까? 존재가 소멸된다면, 아무런 배움도 가능하지 않을 것입니다. 그러므로 신은 영적세계에 있는 존재가 즉시 자멸하지 않고도 신의 창조원리를 거스를 수 있는 세계를 세우셨습니다. 그런 존재가 계속 존재할 수 있고 인식을 계속할 수는 있지만, 영적영역에 머물러있을 수는 없습니다. 그 존재는 물질세계로 내려가게 됩니다. 그리고 이 세계에서 그는 자신의 행위에 대한 결과를 겪을 것이고, 스스로 뿌린 것을 거둘 것입니다. 그렇게 하는 가운데, 여러분은 신의 법칙을 따를 때만이 자신의 삶과 다른 이들의 삶을 모두 증진시킨다는 것을 배울 수 있습니다. 그리고 여러분이 그 법을 어기게 되면, 자신의 삶과 다른 모든 사람들의 삶을 제한하게 됩니다. 따라서 자유의지의 법칙은 그 존재가 신의 법칙을 어기고 그에 따라 고통, 한계 및 결핍을 경험할 수 있는 잠재성을 가지고 있다는 데서 사실로 증명됩니다. 물론 그런 불행은 그가 그런 경험을 충분히 겪은 나머지 신의 법칙에 순응하는 상태로 되돌아갈 결심을 하고 신의 원래 계획인 풍요로운 삶을 재창조할 때까지입니다.

여기에서 중요한 차이점은 물질세계에서조차 지속가능하고 자신의 삶과 지구상의 다른 모든 사람들의 삶을 향상시키는 어떤 것을 창조하기 위해서는 그리스도 의식으로 창조해야만 한다는 것입니다. 그리고 인간이 그리스도 의식을 통해 창조하지 않을 때, 여러분이 창조하는 것 자체가 여러분 자신의 창조력을 제한할 것이고, 한계, 결핍, 고통 및 고난을 경험하게 될 것입니다. 고통과 한계는 여러분이 낮은 의식 상태로 창조하는 것이 자체적으로 초월되지 않기 때문에 초래됩니다. 그것은 고착된 이미지, 성장하지 않는 이미지를 기반으로 하므로 지속 가능하지 않습니다. 그것은 영원한 생명을 얻지 못할 것입니다. 따라서 어머니의 수축하려는 힘은 여러분이 창조한 형태를 무너뜨리기 시작할 것입니다. 비록 이것이 어느 정도는 시간이 걸리겠지만, 그럼에도 불구하고 그것은 여러분이 저급한 의식상태에서는 되돌릴 수 없는 불가피한 과정입니다. 오직 여러분이 그리스도 의식으로 상승함으로써만이 그것을 되돌릴 수가 있습니다.

내가 여기서 여러분에게 설명하고 있는 진실은 영적세계에서는 공간과 시간의 개념이 이곳 지상에서와는 다른 의미가 있다는 것입니다. 여러분이 천상계에 있게 되면, 여러분은 그리스도 의식 속에 있으며, 그리스도 의식 상태에서는 여러분이 자기 자신을 모든 것과 하나로 봅니다. 여러분이 모든 것과 하나가 되었을 때, 어떤 의미에서 여러분은 하느님의 의식 속에 있습니다. 그리고 만약 여러분이 개체적인 한 영혼으로서 자신의 인식을 확장하여 신의 의식 속의 어디에나 존재할 잠재력이 있다면, 분명히 공간의 개념은 다른 의미를 갖습니다. 지구상에서 여러분은 공간을 제한적으로 경험합니다. 여러분의 자기인식의 느낌은 지구라는 행성에 사는 자신의 육체에 집중돼 있으며, 지구는 무한한 바다 속의 물 한 방울과 같은 행성에 불과합니다. 여러분이 그 육체와 동일시해서 그 몸을 자기라고 생각하는 한은 여러분의 정체성의 느낌은 공간 속에 제한돼 있습니다. 그것은 단지 "여기"에만 존재하며, 여러분의 정체감은 이 지구 행성 위의 이 몸에만 초점이 맞춰져 있는 까닭에, 여러분이 동시에 모든 곳에 있을 수는 없습니다. 그러나 그것이 실제적인 것이고 피할 수없는 한계라기보다는 사실상 여러분 마음속의 한계일 뿐입니다. 참으로 여러분의 육체가 물질 우주 속의 어디에나 있을 수는 없지만, 여러분의 마음은 그 육체에 의해 제한돼 있지 않습니다.

마찬가지로 여러분이 영적세계에 있게 되면, 여러분은 끊임없이 움직이는 생명의 강, 즉 하느님의 피조물 전체의 한 부분입니다. 그리고 여러분이 그 생명의 강을 따라 함께 움직일 때, 시간은 지구에서와 같은 의미를 가지지 않습니다. 다시 한 번 말하지만, 지상에서의 시간은 여러분을 이 현재의 순간에다 집중시키는 일종의 제한이며, 여러분의 조밀한 육체가 존속할 수 있는 기간에는 한계가 있기 때문에 시간에 의해 여러분이 얼마나 오랫동안 살 수 있는지가 정해집니다. 그러나 예수가 인류에게 보여 주려고 시도했듯이, 죽음조차도 하나의 환상이며 그리스도 의식을 통해 정복될 수 있습니다.

시간과 공간의 좌표가 궁극적으로는 진짜가 아니라고 말할 수도 있습니다. 그것들은 물질세계가 자아의식을 지닌 존재들로 하여금 신의 법칙과 맞지 않는 것을 창조하게 허용한다는 사실로 인한 산물입니다. 그리고 여러분이 스스로 하느님 및 그분의 법칙과 하나로 부합하는 상태에서 멀리 벗어나면 벗어날수록, 더욱더 여러분은 공간속의 특정 장소에 대한 자신의 인식을 제한하게 됩니다. 또한 여러분이 타락 이전에 영혼들이 가졌던 자각에서 더 멀어지고 생명의 강의 흐름에서 더 멀리 이탈할수록, 여러분은 더욱더 자신을 시간 속의 특정한 순간에다 제한하게 되며, 여러분의 정체감을 믿을 수 없을 만큼 짧은 수명을 가진 육체에다 집중시키게 됩니다. 육체의 수명은 너무나 짧습니다. 그렇기에 일반상식으로 보더라도 겨우 70~80년을 살고 나서 자아의식적인 존재로서 존속하기를 멈춰야한다는 것이 신의 계획일 수는 없습니다.

***

나의 사랑하는 이들이여, 나는 일부러 다소 매우 어렵고도 추상적인 개념으로 시작하고 있는데, 왜냐하면 오직 기초를 세움으로써만이 우리가 여러분과 풍요로운 삶 사이에 존재하는 이원성 의식에서 실제로 벗어날 수 있기 때문입니다. 그리고 그 의식에서 벗어나기 위해서는, 여러분이 이 지구상에서 전통적인 기독교나 유물론적 과학을 통해서도 볼 수 없었던 보다 넓은 시각을 가질 필요가 있습니다. 내가 제공하는 길을 여러분이 따라갈 수 있게 해주는 적절한 기초를 세우기 위해서 우선 나는 이 넓은 시각을 말해야합니다. 나는 여러분을 숲 밖으로 데려가야 하며, 그럼으로써 여러분이 나무들 너머의 숲 그 자체를 볼 수가 있습니다. 그리하여 여러분은 자신의 영혼, 의식, 정체성이 온갖 한계들과 고통 및 고난으로 얼룩진 이 물질세계에 국한돼 있지 않음을 이해할 수 있습니다. 여러분은 대안을 갖고 있습니다. 여러분에게는 현재의 제한된 의식상태, 제한된 정체감을 넘어설 기회가 있습니다. 여러분은 더 높이 올라서서 여러분이라는 존재의 진정한 설계와 부합하는 새로운 정체감을 형성할 수가 있습니다.

사랑하는 이들이여, 여러분은 내 열정을 느낄 수 있습니까? 내가 여기서 여러분에게 전하려고 하는 것은 인류가 자신의 기원에 대해 극히 제한된 이해, 즉 자기들이 누구인지에 관한 진실이 전혀 포함되지 않은 지식을 갖고 있다는 것입니다. 과학도 대다수의 종교들도 현재 여러분이 누구인지, 어디에서 왔는지, 왜 여기에 있는지에 대한 진정한 이해를 제공하지 않습니다. 그리고 만약 여러분이 자신이 누구인지 모를 경우, 어떻게 이 지구에 온 여러분의 목적을 이해할 수 있겠습니까? 그리고 여러분이 그 목적을 이해하지 못한다면, 어떻게 여러분이 자신을 이 물질세계로 오게 만든 자기의 원래 소망과 일치하는 상태로 스스로 되돌릴 수 있을까요?

사랑하는 이들이여, 나는 자유의지의 법칙에 대해 여러분에게 말했습니다. 그리고 나는 몇몇 종교들에 의해 묘사된 분노하고 처벌하는 신의 이미지와는 반대로, 신은 분노하지 않으시며 결코 누군가를 벌하는 존재도 아니라는 것을 말해야합니다. 창조주는 그분의 자녀들 각자에 대해 무조건적인 사랑을 갖고 계십니다. 그 조건 없는 사랑은 이 형상의 세계와 여러분을 창조할 때 그분이 마음속에 담고 계셨던 원래의 창조원리와 계획을 어길 가능성을 인간에게 부여하는 자유의지의 법칙 속에 매우 분명히 드러나 있습니다. 오직 조건 없는 사랑의 신만이 인간이 그분의 율법을 어기는 행위를 허용하셔서 여러분이 그분의 풍성한 삶을 거부하고 창조주가 여러분을 위해 구상했던 것보다 훨씬 못한 고통과 고난의 상태를 창조할 수 있게 했을 것입니다. 만약 하느님이 분노하는 폭군이었다면, 여러분이 이렇게 하게 못하게 방해했을 것입니다. 또한 하느님이 정말로 벌하는 신이라면, 아마도 여러분이 그분의 율법에서 벗어나는 그 순간에 여러분을 전멸시켜버림으로써 처벌했을 것입니다. 그러므로 나의 사랑하는 이들이여, 여러분의 하느님은 사랑의 신이십니다. 그리고 하느님의 가슴에 품고 계신 여러분에 대한 그 원래의 사랑은 여러분이 일시적으로 그분께 등을 돌리고 그분의 풍요로운 삶을 거절하여 대신에 한계와 고난을 선택했다는 사실로 인해, 조금도 줄어들지 않았습니다. 하느님은 여러분의 영혼이 처음 창조되었을 때 그분이 여러분을 사랑했던 것과 똑같은 방식으로 당신들을 사랑하십니다. 하느님의 사랑은 조건이 없습니다. 그리고 그 사랑은 지구상에서 여러분이 저질렀을 수도 있었던 잘못과는 무관하며, 여러분은 결코, 언제나 그 사랑을 잃을 수 없습니다.

그러나 여러분은 자유의지가 있기 때문에 하느님의 사랑을 거절할 수 있습니다. 또한 인간은 무한한 상상력을 가지고 있는 까닭에 하느님을 분노하고 벌을 주는 신으로 묘사하는 그릇된 이미지를 만들 수 있습니다. 그리고 그 이미지를 하느님에 관한 절대적인 진리로 받아들일 수 있습니다. 아울러 여러분은 자신이 하느님의 사랑을 받을 가치가 없고 그분의 사랑과 풍요와는 동떨어진 현재의 한계와 고통의 상태에 영원히 남아 있도록 저주를 받았다고 생각할 수도 있습니다. 하지만 나의 사랑하는 이들이여, 여러분이 스스로 더 이상 이런 제한된 정체성을 고집하지 않고 더 이상 신의 풍요를 거절하지 않으리라고 선택하는 것은 스스로의 권리이며, 신은 여러분을 그분의 왕국으로 다시 데려갈 준비가 되어 있습니다. 여러분은 단지 그런 풍요로움을 자신의 삶에다 실현하기 위해 그분의 창조원리를 따르기만 하면 됩니다.

자, 나의 사랑하는 이들이여, 하느님은 여러분에게 자유의지를 주셨습니다. 즉 인간이 원할 경우 그분의 법칙을 어길 권리를 주셨습니다. 하느님은 심지어 여러분이 자신의 법칙을 어기고 의식과 개성을 유지할 수 있는 전체 우주를 설계하셨습니다. 이런 우주 속에서 여러분은 자신의 행위로 인한 결과를 경험할 수 있고, 스스로 자신을 위해 창조한 제한된 현실을 경험할 수도 있습니다. 그러나 비록 이것을 허용하신다할지라도 그분은 항상 여러분이 언젠가는 신의 풍요로부터 달아나지 않기로 결정할 것이라는 희망을 품고 계십니다. 여러분은 자신을 제한하는 것을 멈출 것입니다. 또한 여러분은 하느님과 공동창조자이자 진정한 신이 될 수 있는 자신의 신성한 잠재력과 창조적 잠재력을 부정하는 행위를 멈추게 될 것입니다. 하느님은 여러분이 다시 집으로 돌아와 하느님과 더불어 지각 있는 공동창조자가 되기를 바라십니다. 그럼으로써 여러분은 자신이 누구이고, 어디에서 왔는지를 알게 됩니다. 그리고 여러분은 자신이 단지 자기중심적인 욕망의 성취를 목표로 창조력을 훈련하려는 것이 아니라 하느님의 창조계 전체를 확대하기 위한 것임을 깨닫습니다. 그리하여 참으로 지구상에 있는 대부분의 사람들의 이해를 넘어서 있는 매우 장대한 '생명의 강'의 일부가 되는 것입니다.

사랑하는 이들이여, 나는 아버지/어머니 하느님의 대행자로 여기에 있습니다. 과거에 나는 행성 지구로 내려와 밀도가 짙은 육체를 입었습니다. 그 후 나는 모든 인간의 한계들, 심지어는 "죽음"이라고 하는 마지막 적마저도 초월하는 것이 가능하다는 사실을 입증하기 위해 영적세계로 다시 상승하기로 결심했습니다. 그리고 나는 내 자신을 하느님 어머니의 의식과 통합하기로 선택했기 때문에, 그녀의 자녀들이 최상의 상태인 모습을 보는 것 외에는 다른 바람이 없는 사랑의 어머니로서 여러분에게 왔습니다. 그래서 나는 여러분에게 아버지의 왕국으로 다시 돌아갈 수 있게 해주는 진실하고 영원한 길을 진심으로 제공하기 위해 왔습니다. 예수가 말했듯이, 그 아버지의 왕국은 여러분 안에 있는데, 왜냐하면 그것은 여러분 자신의 의식(마음)이기 때문입니다. 즉 여러분이 하느님 왕국의 풍요로운 삶을 경험하느냐, 아니면 하느님의 왕국과 자신의 참된 정체성 및 창조력을 망각함으로써 조성된 빈곤한 삶을 사느냐를 결정하는 것은 참으로 여러분의 의식에 달려 있는 것입니다.

진실로, 하느님은 여러분이 그런 능력을 생성해낼 수 없다는 의미에서 여러분에게 무한한 창조력을 주셨습니다. 그렇기에 비록 여러분이 하느님의 법칙에 대해 망각했을지라도, 여러분은 여전히 공동창조하고 있습니다. 그래서 대부분의 국가의 법에서는 "법에 대해 몰랐다고 해서 처벌을 면할 수는 없다"라고 말합니다. 설사 인간이 하느님의 창조원리를 알지 못하더라도 여러분은 여전히 자신의 마음의 힘을 통해 창조하고 있습니다. 게다가 여러분이 자신의 상상력을 불완전하고도 불균형한 이미지를 구상하는 데다 사용하면, 여러분은 그런 이미지들을 어머니 빛에다 투영하여 부여하고 있는 것입니다. 이때 어머니 빛은 이러한 이미지를 그대로 구현할 것이므로, 여러분은 지구상의 물질세계에서 한계, 고통 및 고난을 경험하게 됩니다.

나의 사랑하는 이들이여, 나는 여러분에게 지구상의 삶의 실체에 대한 전체적인 그림을 주었습니다. 확실히, 거기에는 채워질 수 있는 많은 세부 내용들이 있습니다. 그럼에도 만약 여러분이 내가 여러분에게 이미 준 것과 앞으로 주게 될 열쇠들을 깊이 묵상한다면, 여러분은 인간의 모든 한계를 뛰어넘는 것이 가능하다는 것을 알게 될 것입니다. 여러분이 신의 영원히 흐르는 풍요로움인 생명의 강가에 설 때까지 인간의 한계들이라는 사막에서 걸어 나가는 것은 가능합니다. 또한 분리와 이원성에 기초한 제한된 의식 상태를 완전히 내던지거나 포기할 수 있습니다. 그럼으로써, 여러분이 다시 한 번 스스로 생명의 강물에 뛰어들어 하느님의 창조계 전체와 하나가 될 수 있습니다.

사랑하는 이들이여, 이것이 그렇다고 해서 여러분이 자신의 개성을 잃게 된다는 의미는 아닙니다. 반대로, 그것은 여러분이 지구상에 머무르는 동안 형성한 가짜 개성 대신에 자신의 진정한 개성을 회복한다는 것을 의미합니다. 일단 이런 진정한 개성을 되찾으면, 여러분은 자신이 유한하고 죽을 수밖에 없는 인간이거나 선천적인 죄인이 아니라, 실제로는 하느님의 아들딸이며, 바로 여기 지구에다 하느님의 왕국을 공동창조할 잠재력 있음을 알게 될 것입니다. 그리하여 여러분은 이 행성이 상승하여 영적세계에서 볼 수 있는 것과 똑같은 완벽함과 균형, 조화가 구현될 때까지 자신의 생명을 증진시킬 뿐만 아니라 다른 모든 사람들의 생명을 확장할 것입니다. 나의 사랑하는 이들이여, 그리고 이것이 신의 왕국(천국)을 지상으로 가져와 이룩하는 참된 의미입니다.

만약 여러분이 내 말에 마음이 열려있다면, 여러분은 하느님의 왕국을 이 지구행성에다 이룩하려는 특별한 목적을 위해 이 지구로 내려왔을 확률이 매우 높습니다. 여러분은 영적세계에서 하느님의 뜻에 거역했기 때문에 여기에 온 것은 아니며, 신의 왕국을 지구에다 실현하기를 원했기 때문에 이곳에 왔습니다. 여러분은 하느님의 율법을 어기고 길을 잃은 형제자매들에게 하나의 본보기로서의 역할을 하는 구출임무로 왔습니다. 그리고 여러분은 어머니 빛 그 자체가 이런 타락한 존재들에 의해 투사된 잘못된 이미지들로부터 자유로워지는 것을 보고 싶어 하는 사랑으로 여기에 왔습니다. 그럼으로써 그것이 자유로워져서 여러분이 알고 있는 완전하고도 아름다운 모습을 구현할 수 있습니다.

사랑하는 이들이여, 여러분이 사랑으로 여기에 왔다면, 내가 말하는 진리를 알 것입니다. 그리고 만약 다른 이유로 여기에 왔지만 신의 법칙을 거스르는 것에 지쳤고 여러분 자신을 하느님의 내면의 사랑에다 다시 연결시켰다면, 여러분 역시도 내가 말하는 진리를 알 것입니다. 또한 여러분이 심장센터에 집중해서 꿈틀거리는 진동을 느끼거나 여러분에게 밀려들어와 이 책에서 내가 말하는 말들을 보여주는 빛의 파장들을 느낀다면, 이것을 알 것입니다. 여러분 자신의 바깥에 있는 그 말들은 여러분 가슴 속의 어떤 것과 완벽하게 공명해서 진동합니다.

나는 나중에 그것이 무엇인지 설명할 것이지만, 지금 당장은 여러분이 육체적인 심장 높이에 해당하는 가슴의 중심에다 주의를 집중할 것을 요청합니다. 그리고 내가 여러분에게 전해준 말들이 여러분 안에서 뭔가를 움직이는지를 느껴보십시오. 그리고 혹시라도 그 움직임이 실제로 느껴진다면, 여러분은 태초에 계획돼 있던 의식적인 공동창조자가 되는 길로 온전히 복귀하고 있음을 알 것입니다. 그리하여 내가 여러분에게 제공하는 길의 진리를 이해할 것입니다. 이

읽고 우리가 이어지는 다음 열쇠들로 옮겨갈 때, 그 길이 펼쳐지는 것을 보기 시작할 것입니다. 그리고 이것이 새로운 희망, 새로운 방향, 새로운 복적을 여러분에게 제시할 것이고 생명의 강의 일부로서의 모든 생명과 여러분 자신 및 창조주에 대한 사랑을 느끼게 해줄 것입니다.

삶에 목적이 있다면, 왜 나는 듣지 못했을까?

　사랑하는 이들이여, 이제 우리는 이 일련의 강론에서 전환점에 도달했습니다. 나는 여러분에게 비전적이고 어느 정도 단절된 것처럼 보일 수 있는 많은 개념들을 전해 주었습니다. 그러나 실제로 모든 개념과 그 개념들에 대한 세세한 말씨조차도 여러분 내면의 기억을 촉발시키기 위해 고안되었으며, 그것이 내면의 기억을 불러 일으켜 여러분이 누구이고 왜 여기 지구에 있는가에 관해 점차 다시 기억하고 받아들일 수 있게 할 것입니다. 이번 열쇠에서 나는 창조의 바로 그 목적과 여러분의 존재 목적, 여러분이 이 행성으로 온 그 특별한 목적을 설명할 것입니다. 이것이 여러분에게 하느님의 풍요를 실현하는 높은 길과 세속적인 풍요를 얻고자 하는 낮은 길 중에서 선택할 권한을 줄 것입니다. 이것은 힘으로 풍요를 얻거나 또는 하느님이 여러분에게 그것을 자유롭게 무료로 주실 수 있게 하는 것 사이의 차이입니다.

　나는 하느님이 두 가지 측면을 갖고 있다는 것을 여러분에게 설명했습니다. 하나는 창조주의 측면이고, 다른 하나는 아무 것도 분화되지 않은 순수한 하느님의 존재 그 자체입니다. 만약 여러분이 자신의 가슴으로 들어가서 내 말을 숙고한다면, 그 순수한 하느님의 존재가 완벽한 전체라는 것을 깨달을 것입니다. 하느님의 순수한 존재는 완전하며 자급자족합니다. 그러므로 순수한 하느님의 존재 안에는 그 전체와 구별되는 어떤 형태의 여지가 없습니다. 따라서 순수한 하느님의 존재 내에서는 전체와 분리된 어떤 것이나 별개의 형태를 창조하는 것이 불가능합니다. 어떤 형태가 만들어지기에 앞서, 반드시 하느님의 그 전체성보다 작은 공간이 있어야합니다. 그럼으로써 그 "텅 빈" 공간에서 전체와는 별개의 형태가 창조될 수 있습니다. 이것을 태양과 비교해보십시오. 그 빛은 너무 강렬해서 그곳에는 오직 순수한 백색광만이 존재할 수 있습니다. 즉 태양으로부터 어느 정도 떨어져야만 다른 색들의 빛과 음영을 위한 여지가 있게 됩니다.

　사랑하는 이들이여, 나는 이제 여러분에게 창조에 관한 모습을 보여줄 것입니다. 그러나 나는 내가 여러분에게 주는 그 이미지는 직선적인 방식으로 생각하는 경향이 있는 여러분의 현재 의식상태에 맞춰진 것임을 확실히 이해했으면 합니다. 내가 여러분에게 주는 것은 선형적인 이미지입니다. 하지만 하느님의 실체는 선형적이지 않다는 것을 명심하기 바랍니다. 그러므로 내가 주는 이미지를 받아들여 신과 신의 창조에 관한 완벽한 묘사라고 생각함으로써 그것을 고착된 이미지로 바꿔놓지 않도록 조심하십시오. 나는 여러분의 마음을 특정한 신관(神觀)에 사로잡히게 하기 위해 이런 이미지를 주는 것이 아닙니다. 나는 이 세상의 대부분의 사람들이 갖고 있는 하느님에 관한 제한된 신관에서 여러분의 마음을 자유롭게 해주기 위해 이런 이미지를 여러분에게 줍니다. 나는 마침내 여러분이 신에 관한 선형적인 이미지를 갖고 싶은 온갖 욕구를 넘어섬으로써 하느님의 의식과 존재를 모두 망라하는 그 원형적인 모습을 직접 경험할 수 있다는 희망으로 이 이미지를 여러분에게 드립니다.

신의 전체성 속에는 별개의 형태가 없습니다. 또한 시간과 공간의 개념도 그 전체성 속에서는 의미가 없습니다. 형태의 세계를 창조하는 과정을 시작하기 위해 신의 전체성, 또는 하느님의 순수한 본성은 스스로 물러나서 어떤 영적 가르침이 "공(空)"이라고 부르는 것을 창조합니다. 하느님의 순수한 본성이 스스로 물러나면, 그것은 그 전체의 일부를 단일 지점으로 끌어당깁니다. 이것은 여러분의 과학자들이 특이점(singularity)이라고 부르는 것입니다. 그리고 여러분은 모든 물질이 특이점에 집중되었을 때 우주의 창조가 시작되었다고 현재 주장하고 있음을 알 수 있습니다.

공간과 뚜렷한 형태가 없는 하느님의 전체성을 상상해보십시오. 그 전체는 이제 스스로를 하나의 점으로 끌어들이고, 그 단일 지점을 중심으로 전체보다 작은 공(空)을 창조합니다. 이 진공을 달걀 모양의 거대한 빈 공간으로 간주할 수 있습니다. 사실, 어떤 사람들은 하느님의 창조를 "우주 알(cosmic egg)"로 보았던 신비한 환상을 가지고 있습니다. 그렇다고 나는 여러분이 창조를 무(無)에 의해 둘러싸인 알로 보지 않았으면 합니다. 단지 계란 모양의 진공이 생겨나면서 창조가 시작되었고, 그래서 그 공이 전체에 의해 둘러싸여 있다는 것을 이해하기 바랍니다. 그 공은 그 자체가 텅 빈 공간이며, 이는 그것이 어떤 종류의 형태도 없고 그 안에는 하느님의 전체적 속성도 없다는 의미입니다. 따라서 그 안에는 아무 것도 없다고 말할 수 있습니다. 말하자면 그것은 어둠이라고 말할 수도 있고, 아무런 내용물도 없다는 것입니다.

이 원래의 공(空) 중심에는 하느님의 전체성의 일부가 고도로 집중되어있는 하나의 점이 있으며, 그 점으로부터 그 진공이 창조된 것이었습니다. 이런 전체의 집중은 이제 개체적인 창조주로서의 신의 두 번째 측면을 가지게 됩니다. 말하자면, 이것은 그 전체가 깨어나서 "나는 존재한다(I AM)." 그리고 "나는 창조주이다(I AM a Creator)."라는 것을 깨닫는 것이라고 할 수 있습니다. 따라서 이 특이점에서 창조주가 형성되었고, 그것은 스스로 더 커짐으로써 다시 한 번 하느님이라는 전체가 될 때까지 그 진공을 채우고자 하는 추진력을 갖게 됩니다. 그래서 여러분은 우리가 여기서 언급하고 있는 것이 바로 어떤 이들이 하느님의 들숨과 날숨이라고 부르는 우주의 춤(cosmic dance)임을 알 수 있습니다. 신이라는 전체는 그 자신의 일부를 특이점에다 집중시켜 공을 창조하면서 숨을 들이킵니다. 그때 개별적인 창조주가 탄생합니다. 그리고 그 창조주는 우주적인 날숨이 다시 진공을 채울 때까지 숨을 내쉽니다. 그러나 공을 채우는 이 우주적인 춤(율동)에 참여하는 과정에서, 창조주는 자기인식(자각) 면에서 성장하게 됩니다. 그리고 이러한 자기인식의 성장은 창조의 전체 목적입니다. 그러나 자기인식의 성장은 창조주인 원래의 존재에게만 적용되지는 않으며, 나는 그 이유를 곧 설명할 것입니다.

＊＊＊

우리는 이제 공의 한가운데에 하나의 점으로, 즉 특이점으로 존재하는 개체적인 창조주에 주의를 집중합니다. 그 공은 전체보다 작으며, 그렇기에 창조주에 의해 창조된 형태들로 채워질 수 있습니다. 창조의 그 첫 번째 행위로서 창조주는 어떤 형태로든 주조될 수 있는 질료를 창조할 필요가 있습니다. 따라서 하느님은 "빛이 있으라."라고 말했습니다. 그리하여 거기에 빛이 생겨났습니다. 창세기가 기록한대로 (창세기 1:4), 하느님은 빛을 어둠으로부터 분리하셨으며, 이것은 아직 그 안에 아무런 형태도 빛도 없는 상태에서 공의 일부를 채우고 있던 어둠으로부터 형태를 취할 수 있는 빛을 분리하셨다는 의미입니다. 창조주의 모든 목적은 빛이 그 전체 공허를 채워서 어둠이 소멸될 때까지 빛을 확장시키는 것이며, 그 어둠은 악한 것이 아니라 단지 빛의 부재입니다.

공을 빛으로 채우는 이런 창조 행위는 즉시 일어나지 않으며, 비록 전능하신 능력을 가지고 있음에도 불구하고 창조주는 즉각적으로 그 공을 채우기 위해 자신의 힘을 사용하지 않으십니다. 그 이유는 창조주는 그 자신의 이익만을 위해서 그 공을 채우는 것은 아니기 때문입니다. 신은 점진적인 방식으로 그 진공을 채우고 있으며, 그것은 창조주에 의해 그분 자신의 자아의식적인 확장체들로 창조된 존재들에게 공동창조자로서 봉사하면서 그 공을 채우는 것을 도울 기회를 만들어주기 위해서입니다. 그렇게 하는 가운데 그들은 또한 자아의 각성이 증진되며, 자신이 누구이고, 어디서 왔는지, 그리고 어디에 갈 수 있는지를 알게 됩니다. 다시 말하지만, 이것이 창조의 진정한 목적입니다. 즉 실로 하느님의 순수한 본성이 더 진화할 수 있도록 자기인식 면에서 성장하는 것입니다. 왜냐하면 하느님은 개체적인 창조주들과 그들의 공동창조자들의 자각을 통해서 더 나은 상태로 되기 때문이지요.

여러분의 창조주가 여러분과 여러분이 현재 머물고 있는 물질우주를 이끌어낸 창조 작업을 시작했을 때, 그분은 공에서 갈라져 나온 천구(天球)를 창조함으로써 시작하셨습니다. 그 천구에는 하느님의 빛이 어느 정도 있었습니다. 이 빛이 천구를 공에서 분리했고 형태를 창조하는 하나의 기초가 되었습니다.

여러분의 창조주는 실제로 그 빛의 천구 안에다 어떤 형태를 창조했지만, 절대자 하느님은 그 영역을 빛으로 완전히 채우지 않으셨습니다. 대신에 여러분의 창조주는 자아의식이 있는 존재들을 자신의 확장체로 창조했으며, 번성하고 지배하라는 명령과 함께 첫 번째 천구(우주)로 보냈습니다.

여러분의 창조능력을 키우고, 여러분의 빛을 증대시키며, 여러분의 자기인식을 높이고, 여러분이 머물고 있는 천구를 지배하십시오. 그리고 그 영역이 진정한 빛의 왕국, 하느님의 왕국이 될 때까지 그곳을 빛으로 채우십시오. 천구가 하느님의 왕국이라는 것은 무엇을 의미할까요? 그것은 모든 것이 빛을 방사하고 있고 여러분이 모든 현현(顯現)들 배후에서 순수한 어머니 빛을 볼 수 있음을 의미합니다. 여러분은 창조주 하느님을 모든 현상 뒤에 있는 첫 번째 원인으로 보며, 따라서 인간은 결코 하느님에 대한 인식을 잃을 수가 없습니다.

첫 번째 천구가 임계농도에 달하는 빛으로 가득 차게 되었을 때, 하느님의 추진력은 다른 천구를 창조하도록 요구하게 되었습니다. 이 두 번째 천구는 그 공의 좀 더 큰 부분을 품었지만, 첫 번째 것처럼 아직 그것은 빛으로 완전히 채워지지 않았습니다. 다시 자아의식적인 존재들이 번성하고 지배하라는 명령과 함께 첫 번째 천구로부터 두 번째 천구로 보내졌습니다. 이 두 번째 천구로 보내진 존재들 중 일부는 참으로 창조주의 확장체들로 직접 창조되었지만, 그 대부분은 공동창조자로 봉사하고 첫 번째 천구를 빛으로 채웠던 자아의식적인 존재들의 확장체로 창조되었습니다. 그러므로 이들은 창조주의 확장체들이었던 첫 번째 천구에 있는 존재들의 확장체들이었습니다.

나의 사랑하는 이들이여, 창조의 이 기본적인 과정은 많은 천구, 많은 주기(週期)들을 통해 계속되었습니다. 여러분이 살고 있는 세계인 물질우주는 이 창조과정의 가장 마지막 연장선에 해당됩니다. 참으로 하느님이 그 공의 좀 더 많은 부분을 차지하는 새로운 천구를 창조하시는 것은 그 전체 과정의 연장선상에 있는 것이며, 그로 인해 일정 양의 빛이 채워짐으로써 그것이 어둠과 분리됩니다. 이 사실의 중요성은 다시 말해 여러분이 살고 있는 이 물질우주가 – 여러분의 감각이나 과학이 여러분에게 말하듯이, 게다가 많은 종교들이 여러분에게 말하는 것처럼 – 하느님과 그분의 창조물의 나머지 부분과 분리돼 있지 않다는 것입니다. 물질우주는 어떤 뚫을 수 없는 장벽에 의해 신으로부터 또는 영적세계로부터 분리되어 있지 않습니다. 대신 이 세계는 영적세계가 확장된 것이며, 또한 그것은 신 자체가 확장된 것입니다.

비록 내가 여러분에게 선형적인 이미지를 주었지만, 하느님의 실체는 그렇게 선형적이지 않다는 것을 이해해야합니다. 여러분이 학교에서 배운 물리학의 가르침을 다시 생각해 본다면, 지금 앉아있는 방 안의 공기 속을 관통하고 있는 많은 전파들이 있다는 것을 알 수 있습니다. 이런 파장들은 주파수가 다르기 때문에 서로를 상쇄하지 않고 같은 공간 속에 공존할 수 있습니다. 그리고 이것은 하느님에 의해 창조된 천구들에서도 그러합니다. 즉 그것들 또한 같은 우주 공간, 같은 공(空) 속에서 공존하며, 단순히 서로 다른 주파수를 가지고 있습니다. 바로 이 순간에, 나는 먼 천국 위에 앉아서 여러분을 향해 이야기를 하고 있는 어떤 존재가 아닙니다. 나는 정말로 여러분과 함께 여기에 있습니다. 내가 한 사람의 특별한 메신저를 통해 이런 말들을 받아쓰게 하고 있을 때, 나는 메신저 의식과 몸에다 나의 존재를 융합하고 있습니다. 나는 물질세계를 초월했고, 시간과 공간을 초월했으므로 나는 특정한 공간이나 시간에 국한돼 있지 않습니다. 이것의 중요성은 만약 여러분이 자발적인 마음만 있다면, 이런 말을 읽을 때 여러분의 주의가 확실히 내 가슴으로 이어지는 다리를 창조할 수 있다는 것입니다. 그리고 만약 여러분이 기꺼이 나로 하여금 여러분의 존재 속으로 들어갈 수 있게 한다면, 나는 정말로 그 다리를 건너 나의 존재와 여러분의 존재를 융합할 수 있습니다. 그에 따라 나는 여러분을 손으로 이끌어 내 말의 뒤에 놓여 있는 더 깊은 진실을 보여줄 수 있습니다. 그 진실은 말로는 표현할 수가 없습니다.

마찬가지로, 나는 여러분이 자신의 창조주와 분리돼있지 않다는 것을 알기바랍니다. 여러분이 이곳에 앉아서 이 책을 읽고 있을 때, 여러분의 창조주는 여러분과 함께 바로 여기에 있습니다. 여러분의 창조주는 자신의 창조물 안에 동시에 편재하시므로 여러분은 결코 창조주와 실제로 분리될 수 없습니다. 오직 여러분의 마음이 분리감을 창조하기 때문에 여러분은 단지 자신의 마음으로만 창조주와 분리될 수 있습니다. 그러나 이 분리감은 환상일 뿐이며, 여러분 의식의 어떤 부분에 의해 삶이라는 스크린에 투영된 신기루입니다. 그 부분이 무엇인가에 대해서는 내가 나중에 설명할 것입니다.

***

이제 나는 창조에 관한 나의 개념으로 돌아가도록 하겠습니다. 내가 여러분에게 말하고 있는 요점은 여러분은 자신의 창조주, 또는 여러분보다 앞서 천국으로 승천한 형제들과 분리돼 있지 않다는 것입니다. 그리고 이것이 여러분으로 하여금 신이 처음으로 자아의식을 지닌 존재들을 창조했을 때 그 존재들이 신의 의식과 속성으로 창조되었다는 사실을 깨닫게 해준다는 것입니다. 그리고 우리가 알파와 오메가(계시록 1:8), 또는 시작과 끝이라고 부를 수 있는 그 최초의 존재들은 다른 존재를 창조했습니다. 그리고 이렇게 창조된 존재들이 수많은 창조의 층들과 조화로운 천구들로 보내졌던 또 다른 존재들을 창조했습니다.

그러나 중요한 점은 창조된 각 존재가 자신의 부모격인 더 큰 존재로부터 창조되었고, 그 부모 또한 그들의 부모에 해당하는 더 큰 존재로부터 창조되었다는 것입니다. 그리고 만약 이것을 그 처음으로 다시 거슬러서 추적해 올라간다면, 모든 자아의식적인 존재들이 창조주 그분 자체와 그 속성으로 창조되었다는 것을 알 수 있습니다. 그리고 내가 여기서 여러분에게 보여주고 있는 것은 여러분이 어딘가에서 갑자기 나타난 어떤 단절된 존재가 아니라는 것입니다. 여러분은 실제로 영적세계에 바로 지금 존재하는 더 커다란 존재의 한 확장체이자 개체화인 것입니다. 그리고 이런 더 거대한 존재는 영적 존재들로 이루어진 계층구조(체계)의 일부이며, 이 구조는 우리가 "존재의 연쇄(Chain of

Being)"라고 부를 수 있는 것을 형성하는데, 그것은 결국 다시 창조주 자신에게 이르게 됩니다.

그러므로 여러분은 참으로 이 "존재의 연쇄"의 한 부분이고, 창조주의 한 확장체이며, 창조주의 한 개체화입니다. 그리고 여러분을 통해서 하느님이 자신의 창조물인 이런 특정한 천구 속으로 들어가실 수가 있습니다. 또한 그럼으로써 하느님은 창조물 그 자체 안에서 자신의 창조 작업을 완성하실 수 있으며, 동시에 이 특정한 천구를 그 내부에서 경험하실 수가 있습니다. 나의 사랑하는 이들이여, 여러분은 이 개념의 중요성을 느낄 수 있습니까? 나는 여러분이 그것을 완전히 받아들여 이해하는 데는 시간이 걸릴 수도 있다는 것을 압니다. 하지만 나를 여러분의 가슴 속으로 초대한다면, 나는 여러분이 자신의 진정한 기원과 정체성을 쉽게 받아들일 수 있게 만들 것입니다. 참으로 여러분이 이런 정체성을 받아들이게 되면, 삶에 대한 여러분의 시각은 극적으로 바뀔 것입니다. 여러분은 인생이 무의미하지 않다는 것을 깨닫게 될 것입니다. 인생은 공허하지 않습니다. 삶은 실제로 더 큰 목적을 가지고 있으며, 지구상에다 바로 하느님의 왕국을 창조하는 것을 목표로 하는 웅대한 계획의 일부입니다. 그리하여 이 행성을 여러분의 가장 깊은 꿈, 가장 깊은 갈망을 실현하게 될 아름다운 세계로 바꾸는 것입니다. 여러분은 그 갈망을 잊어버렸을지 모르지만, 나의 사랑하는 이들이여, 나는 여러분이 지구상의 한계와 고통과 고난을 바라본다면 여러분 내면에서 무엇인가가 다음과 같이 울부짖으며 말한다는 사실을 망각하지 않았다고 생각합니다. "이것은 옳지 않아! 이것은 원래 예정돼 있던 방식이 아니야." 그리고 이것은 여러분의 내면 깊은 곳에는 더 나은 삶이 있다는 기억, 또한 존재하는 이유, 여러분이 여기 지구에 머물고 있는 이유에 대한 기억이 있다는 것을 보여줍니다.

참으로, 이것은 중요합니다. 왜냐하면 여러분은 이제 인생이 가치가 있다는 것, 삶은 더 큰 목적을 갖고 있다는 것을 알기 때문입니다. 또한 여러분은 삶이 풍요를 창조하기 위한 보다 큰 목적이 있다는 것을 압니다. 여러분은 단순히 자신의 육체를 중심으로 한 인간적이거나 육적인 욕망과 그 신체를 기반으로 한 정체감을 일시적으로 충족하기 위해 여기에 있는 것이 아닙니다. 여러분은 육체보다 더 나은 존재이며, 이런 낮은 정체감 그 이상의 존재입니다. 실제로, 여러분은 더 큰 정체감, 당신이라는 존재의 더 커다란 부분을 가지고 있으며, 바로 그 더 큰 정체성, 그 신성한 개성의 충만함을 표현하기 위해 여기에 있습니다. 여러분은 신의 빛, 신의 완전함, 신의 조화, 신의 속성을 이 세상으로 가져올 수 있는 신과의 공동창조자로서 봉사하기 위해 이곳에 있습니다. 또한 여러분은 세상의 빛이 되고(마태복음 5:14) 이 세상을 빛의 왕국으로 바꾸기 위해, 여기 지구에 머물고 있습니다. 그 빛은 현재 지상을 뒤덮은 채 결코 신의 계획이나 뜻이 될 수 없는 온갖 고통과 결핍, 고난을 만들어내고 있는 어둠을 소멸시키는 빛입니다.

사랑하는 이들이여, 여러분이 지금 지구상에 있는 이유를 좀 더 구체적으로 생각해 봅시다. 나는 하느님이 새로운 우주(천구)를 창조하실 때 그분께서 그것을 일정량의 빛으로 채우신다고 설명해 왔습니다. 그리고 하느님, 더 정확히 말해 신의 대행자들은 일정한 양의 형태를 만들어 냅니다. 내가 설명했듯이, 행성 지구는 이 행성을 풍요와 균형의 특정 상태에서 생명을 뒷받침할 수 있는 무대로 창조한 7명의 신의 대행자들(엘로힘들)에 의해 실제로 창조되었습니다. 그러나 지구가 그 상태 그대로 남아있어야 한다는 것은 결코 하느님의 계획이 아니었습니다. 모든 창조의 배후에 있는 원동력은 더 나아지고자 하는 추진력이고, 하느님은 번성하고 지배하라는 명령과 함께 수많은 자아의식적인 존재들을 이 세상으로 보내셨습니다. 그렇지만 번성하고 지배하라는 것은 무엇을 의미할까요? 궁극적으로 이것은 여러분의 자각을 확대해서 신과 공동창조자로서 봉사할 수 있는 자신의 능력을 알게 되는 것을 의미합니다.

또한 이것은 여러분의 의식, 여러분의 마음이 물질세계의 더 낮은 진동 속으로 신의 빛인 높은 주파수의 영적인 빛을 더 많이 가져오는 열린 문으로 봉사할 능력을 갖고 있음을 알게 된다는 것을 뜻합니다. 그 빛이 이 세상에 들어오는 만큼 어둠이 소멸되며, 그에 따라 이 세상은 더 밝아지고 영적세계에서 볼 수 있는 모든 완전함을 나타내기 시작합니다. 공동창조자들이 그들의 창조능력을 배가함에 따라, 그들은 자신의 마음을 통해 신의 빛을 더 낮게 유도하게 되며, 그럼으로써 완벽하고 균형 잡힌 조화로운 이미지를 빛에다 투사하는 데다 마음을 사용합니다. 어머니 빛에다 정신적인 이미지를 부과하는 것이 바로 이런 과정이며, 그 과정에서 형태가 창조됩니다. 따라서 공동창조자로서의 여러분은 다음과 같은 두 가지 목적을 가지고 있습니다.

여러분의 첫 번째 목적은 고차원의 세계에 영구적으로 존재하는 여러분의 신아(神我)와의 연결을 확장하는 것입니다. 여러분이 그 연결고리를 확장함에 따라, 점점 더 많은 빛이 여러분의 의식을 통해 흘러들 수 있습니다. 그리하여 여러분은 이 세상으로 더 많은 빛을 가져오며, 형태를 창조할 수 있는 빛의 총량을 증가시킵니다. 이것이 하느님의 풍요를 구현하기 위한 지구의 잠재력을 높이게 됩니다. 바꿔 말하면, 지구상의 풍요의 양을 증가시키는 진정한 열쇠는 이 세상에서 사용할 수 있는 빛의 양을 늘리는 것입니다. 그리고 여러분이 자신의 신아로부터 내려오는 하느님의 빛을 끌어들일 때, 여러분은 이 세계에 초점에 맞춰져 있는 여러분의 자기인식을 통해 그 빛을 유도하여 그것을 더 많은 신의 풍요를 나타내는 형태를 창조하기 위해 사용할 수 있습니다. 그리하여 그 풍요로움은 인체의 거친 육체적 감각으로도 감지될 수 있는 물리적인 현실로 나타나게 됩니다.

나의 사랑하는 이들이여, 내가 방금 한 말의 중요성을 이해하시나요? 내가 여러분에게 막 언급한 것이 풍요에 이르는 핵심열쇠입니다. 그것은 참으로 건축업자들에 의해 버려진 주요 초석(마태복음 21:42)[6]인 것이며, 대부분의 인간들에 의해 간과되어 왔습니다. 그리고 그것이 실제로 사람들의 세상적인 풍요를 증대시키는 도움을 줄 수 있다고 주장하는 대부분의 성공전문가들이 간과하고 있는 것입니다. 왜 내가 여러분에게 방금 말한 것이 그렇게 중요한 것일까요? 부디 나로 하여금 이것을 설명할 수 있는 어느 정도의 시간을 허용해주기 바랍니다. 왜냐하면 이것이 풍요로운 삶을 얻기 위한 여러분의 노력을 이루세하거나 무너뜨리게 될 단 하나의 핵심요점이기 때문입니다. 만약 여러분이 내가 전달하려고하는 요점을 이해하지 못한다면, 절대로 진정한 영적풍요를 얻을 수 없습니다. 여러분이 물질적 풍요를 달성할 수도, 못할 수도 있지만, 그 물질적 풍요는 여러분 내면의 갈망을 결코 충족시키지 못할 것입니다.

풍요에 대한 가장 중요한 요점은 이 물질세계의 모든 것, 행성 지구에 있는 모든 것이 하느님의 빛으로 창조된다는 것입니다. 그것은 물질우주를 구성하는 주파수대 안에서 진동할 때까지 진동이 낮추어진 영적인 빛으로부터 만들어집니다. 진동이 낮추어진 후에 그것은 이 우주에서 형태를 창조하는 데 이용될 수 있습니다. 내가 말하는 요점을 이해하십니까? 물질세계는 일정한 주파수 범주 내에서 진동하는 에너지들로 만들어집니다. 여러분은 하느님과 공동창조자이며, 여러분의 자기인식에 대한 느낌은 이 주파수 범주에 초점이 맞추어져 있습니다. 공동창조를 할 때, 여러분은 자신의 마음을 사용하여 어머니 빛에다 이미지를 부여합니다. 그러나 여러분이 이것을 할 수 있기에 앞서, 이 세계로 진동이 낮추어진 빛의 부분이 있어야합니다. 그럼으로써 그것은 이제 물질 주파수대 내에서 진동합니다. 내가 말하고 있는 것은 여러분의 마음은 하느님의 빛을 가지고 일하게 될 때, 두 가지 능력이 있다는 것입니다. 여러분의 마음은 영적인 빛의 진동을 물질 주파수대로 낮출 수 있습니다. 그리고 일단 그 빛이 진동면에서 낮춰지면, 여러분의 마음은 그 위에다 어떤 형태를 창조하는 이미지를 부여할 수 있습니다. 비록 이 두 가지 능력은 함께 작용하도록 설계돼 있었지만, 여러분이 자신의 마음으로 그것을 분리시키는 것이 가능합니다. 예를 들어, 많은 사람들이 영적인 빛을 이 세계로 가져오는 능력을 망각했지만, 여전히 이 주파수대에서 이용할 수 있는 빛에다 정신적 이미지를 투사하기 위해 그들의 마음을 사용합니다.

내 요점은 어떤 형태가 창조될 수 있기 전에, 자아의식을 가진 존재가 영적세계에 도달하여 자신의 영적자아와 연결되어야 하고, 영적인 빛을 물질세계의 주파수대 속으로 가져오는 열린 문으로서의 역할을 해야한다는 것입니다. 나의 사랑하는 이들이여, 내가 여기서 말하고 있는 것을 이해하시나요? 행성 지구가 창조되었을 때, 엘로힘(Elohim)들에 의해 일정량의 빛이 물질 주파수대로 유입

---

6) "예수께서 가라사대, 너희가 성경에 건축자들의 버린 돌이 모퉁이의 머릿돌이 되었나니, 이것은 주로 말미암아 된 것이요, 우리 눈에 기이하도다함을 읽어 본 일이 없느냐."

되었습니다. 그러나 공동창조자들이 이 행성에 육화하기 시작한 후에는, 영적인 존재들에 의해 빛이 더 이상은 지구로 들어오지 않았습니다. 이제 물질의 주파수대에다 추가적인 빛을 가져오는 것은 지구의 주민들에게 달려 있었습니다. 그러므로 지구상에서 생성될 수 있는 풍요의 총량은 바로 이 행성의 에너지장에서 사용할 수 있는 빛의 총량에 의존해 있습니다. 그런데 대부분의 인간들은 빛을 이 세상으로 가져오는 능력을 잊어버렸고, 그들은 이용 가능한 빛으로 불균형한 형태를 창조했습니다. 따라서 어머니의 수축하는 힘이 빛의 양을 사실상 지구가 창조되었을 때 이용할 수 있었던 수준 이하로 줄였습니다. 그렇다보니, 오늘날 지구에는 엘로힘이 이 행성을 창조했을 때보다 풍요가 훨씬 적습니다.

***

부디 여러분 자신의 가슴 속으로 들어가려는 노력을 해주기 바랍니다. 그리고 언어로는 표현될 수 없지만 전해주는 말에 의해 촉발될 수 있는 이해를 내가 여러분에게 전할 수 있도록 허용해 주면 좋겠습니다. 자라나는 동안, 여러분의 마음은 이 세상에는 단지 일정양의 풍요만 있다고 믿도록 프로그램되어 있습니다. 여러분은 결핍과 한계들이 만연한 한정된 세계에 살고 있다고 믿도록 프로그램돼 있습니다. 예를 들면, 지구상에는 오직 한정된 양의 천연자원만 존재한다고 들었으며, 그렇기에 인류가 이 모든 자원을 소비하고 나면 아무것도 남지 않을 가능성이 있다는 것입니다. 수많은 세력들이 실제로 이것이 불가피한 시나리오라고 믿게 만들고자 했습니다. 따라서 여러분은 자신의 삶과 인류 전체로서도 일정한 한계를 받아들일 수밖에 없었습니다.

그러나 이 개념은 절대로 사실이 아니며 완전히 잘못된 것입니다. 그 이유를 설명하도록 하겠습니다. 확신하건대, 여러분은 이 행성에는 단지 이용가능한 일정량의 석유만 있다는 말을 들었을 것입니다. 그러므로 인류가 모든 기름을 쓰고 나면, 남은 것은 전혀 없게 되고 차를 운전하거나 비행기가 날수 없게 될 것입니다. 일부 세력은 인류가 이 지구상의 자원을 모두 소비하여 전체 행성이 더 이상 생명을 뒷받침할 수 없는 불모의 사막으로 전락하는 최후의 심판에 관한 이미지를 만들려고 시도했습니다. 나의 사랑하는 이들이여, 이런 종말론적 시나리오는 실제로 가능할 수도 있지만, 일부 사람들이 묘사하는 것처럼 확실한 것이 아닙니다.

여러분은 새로운 석유 매장량이 계속 발견되고 있음을 잘 알고 있습니다. 또한 이 지구 행성에 석유가 없었던 때가 있었다는 것을 압니다. 석유는 유기물이 죽어서 지구의 운동을 통해 매장되었다가 그것이 압력에 노출되어 변함으로써 생겨났습니다. 마찬가지로 보통의 석탄이 지구의 지각(地殼) 속에서 엄청난 압력에 노출될 때 다이아몬드가 생성된다는 것을 알 수 있습니다. 이 행성에는 매우 많은 양의 석탄이 존재하기 때문에 엄청난 양의 다이아몬드가 만들어질 수 있는 잠재력이 있습니다.

나는 어떤 이들은 더 많은 석유를 만드는 데 수억 수천만 년이 걸릴 것이고, 따라서 현재의 석유공급이 자연적인 과정을 통해 대체될 수 있기 전에 인류가 석유를 고갈시킬 거라고 말하리라는 것을 압니다. 그리고 확실히 이것은 사실입니다. 그러나 나는 기름은 수천 년 동안 주변에 있었고 늘 인류에게 알려져 있었다는 것을 상기시킵니다. 그렇지만 500년 전에 석유는 중요하지 않은 천연자원으로 여겨졌습니다. 그 이유는 인류가 석유 사용법에 대한 지식을 갖고 있지 않았기 때문입니다. 당시 사람들은 연소엔진이나 화석연료를 이용해 물품을 생산하거나 사람들이 여행할 수 있게 해주는 다른 기계장치를 발명하지 않은 상태였습니다. 그래서 나의 사랑하는 이들이여, 이러한 관점에서 볼 때, 이 행성에는 한정된 양의 천연자원이 있고, 따라서 유한한 양의 풍요만이 있다는 것은 단순히 사실이 아닙니다. 불과 수 세기 전만 해도 석유는 대부분 가치가 없는 물질이었으며, 그것은 단지 인류가 지식과 인식, 이해를 증진시켰기 때문에, 또한 쓸모없는 물질에서 유용한 자원으로 바꾸는 기술을 개발할 수 있었기 때문에 귀중하게 되었습니다.

사랑하는 이들이여, 이런 지식과 이해는 어디에서 왔을까요? 여러분은 진정으로 그것이 어딘지도 모르는 곳에 생겨났다고 믿습니까? 아니면 어떤 인간들은 물질세계 너머에 이르러 영적인 자아와 소통하고 그 연결을 통해 새로운 발명품과 신기술을 탄생시킨 아이디어와 이해를 가져올 수 있었다는 생각에 마음이 열려 있나요? 여러분은 이런 개념의 중요성을 알고 있습니까? 물론 이 지구에는 한정된 양의 자원만 있습니다. 확실히, 인류가 석유를 다 써버릴 수 있고 기름을 연소시키는 기술을 사용할 능력을 잃을 수도 있습니다. 그러나 석유가 자원이 되기 전에, 인류는 목재와 석탄과 같은 다른 천연자원을 이용하여 증기로 바꾸는 보다 원시적인 기술을 갖고 있었습니다. 여러분은 이미 원자를 분리하고 우라늄을 자원으로 전환시키는 석유보다 더 강력한 기술이 있다는 것을 잘 알고 있습니다.

나는 원자력이 문제가 없는 기술이라고 생각하지는 않습니다. 하지만 여기서 내 요점은 이 지구상에서 현재는 쓸모없는 것으로 여겨지지만, 올바른 지식과 이해를 통해 화석연료를 기반으로 한 기술보다 훨씬 더 강력한 새로운 종류의 기술적 토대가 될 수 있는 물질이 전적으로 가능하다는 것입니다.

내가 말하는 요점은 인류가 현재 지구상에서 보게 되는 풍요의 양을 확장할 수 있다는 가능성을 보여주려는 것입니다. 창조의 재능을 키우고, 신의 법칙에 대한 이해를 넓히고, 신이 이 우주를 설계하기 위해 사용하신 법칙들에 따름으로써 인간은 현재의 인식수준을 초월할 수 있습니다. 그리고 오늘날 쓸모없어 보이는 것으로부터 풍요를 창출해낼 수 있는 진정한 공동창조자가 될 수 있습니다. 사랑하는 이들이여, 쓸데가 없던 모래가 어떻게 실리콘(silicon)으로 바뀌어 삶의 여러 측면에서 엄청난 풍요를 창조한 컴퓨터 산업의 기초가 된 것인지를 생각해보십시오. 사람들은 이미 우주에서 가장 풍부한 물질인 수소를 주행

기술을 실행하는 연료로 사용하는 방법을 연구하고 있습니다.[7] 그래서 나는 여러분이 이러한 생각들을 고려하여 – 이 행성이 불모의 사막이 되는 – 종말론적인 예언자들에 의해 조장된 시나리오는 인류가 창의성을 확대하기 위한 모든 노력을 멈출 경우에만 가능하다는 것을 깨달았으면 합니다. 다시 말해, 만약 사람들이 자신의 재능과 창조력을 배가시키지 않는다면, 그때 인간사회는 결국 자연법칙에 대한 인간의 현 이해에 따라 이용할 수 있는 자원을 다 써버리게 될 것입니다. 그리고 나서, 실제로 이 행성은 어느 날 더 이상 생명을 부양할 수 없는 사막으로 변할 것입니다. 그러나 이것은 오직 사람들이 창조적 능력을 차단하고 그들의 현재 의식수준을 나타내는 상징으로서의 자기 달란트를 증식하는 대신에 땅에 묻기로 결정할 때만 일어납니다.

***

나의 사랑하는 이들이여, 이 점을 염두에 두어 한 걸음 더 나아가십시오. 우리 주변에서 보는 모든 것, 심지어는 영적세계와 관련이 없는 물질적인 것조차 영적인 빛으로 만들어져 있다는 것을 인식합시다. 지구상의 과학자들도 고체물질이 진동하는 에너지로 이루어져있음을 인정했습니다. 그리고 내가 여러분에게 설명했듯이, 그런 (물질적인) 진동 에너지는 단지 하느님의 빛, 영적인 빛이 진동면에서 낮추어진 것이라는 사실입니다. 따라서 지구상에서 현재 볼 수 있는 자원과 풍요의 양은 어떤 임의적인 척도에 의해 결정되지 않으며, 지구가 창조될 때 결정된 양에 고정돼 있지도 않습니다. 지구에서의 자원과 풍요의 양은 행성 지구에 거주하는 자아의식적인 존재들이 물질 주파수대로 끌어들인 영적인 빛의 양에 정비례합니다. 내가 말하는 요점은 물질이 어딘지도 모르는 곳에서 나타나는 것이 아니라는 것입니다. 그것은 어머니 빛이 물질적 상태의 주파수 범위에 도달할 때까지 그 진동이 낮춰짐으로써 나타나게 된 산물입니다. 그렇기에 여러분이 믿게끔 그동안 배워온 것과는 달리, 물질의 고정된 양은 없습니다. 신의 공동창조자들은 말 그대로 더 많은 빛을 물질 주파수대로 가져올 수 있으며, 이 행성의 천연자원의 양을 증대시킬 수 있습니다.

여러분은 내가 여기서 말하고 있는 것에 내포된 엄청난 의미를 이해하십니까? 풍요라는 것은 그 양이 고정돼 있지 않습니다. 이 행성에서 현재 이용할 수 있는 천연자원을 보다 효율적으로 사용함으로써 인간이 더욱 풍요를 누릴 수 있는 가능성은 얼마든지 있습니다. 그렇지만 그것은 실제로 인간이 더 많은 영적인 빛을 물질세계로 가져와서 그에 따라 지구상의 자원과 풍요의 양을 증가시킬 수 있을 때 가능합니다. 여러분은 이것이 풍요로운 삶을 누릴 수 있는

---

7)수소 연료차는 탱크 속의 수소와 공기 중의 산소를 반응시켜서 이때 발생하는 전기를 이용하여 모터를 돌려 달리는 차세대 친환경 자동차이다. 이산화탄소 등 공해물질이 전혀 나오지 않으며 오히려 공기정화기능이 있다. 우리나라 현대자동차가 2013년 세계 최초로 '투싼ix' 수소차 양산에 성공했고, 그후 일본, 독일, 미국 등도 개발에 성공했다. 성모마리아가 이런 계시 메시지를 이 책의 저자에게 줄 때는 관련 기술이 개발되기 훨씬 전이었다.(감수자 주)

가능성에 대해 완전히 새로운 시각을 열어준다는 것을 이해하나요? 나는 여러분이 자신 안에, 바로 자신의 의식 안에 영적세계에 도달하여 여러분의 신아와 연결될 능력이 있고 영적인 빛을 물질세계로 가져올 능력이 있다고 말했습니다. 이것을 하게 될 때, 여러분은 자신의 삶에 나타나는 풍요의 양을 증가시킬 것이고, 삶의 어떤 다른 부분에서 풍요를 얻고자 애쓰지 않고도 이것을 이룰 것입니다.

부디 잠시 뒤로 물러나서 내가 말하는 것을 진심으로 생각해보십시오. 내가 여기서 말하려는 것은 여러분의 삶에서 더 큰 풍요를 얻는 데 있어서 다음과 같은 3가지 접근방식을 취할 수 있다는 것입니다.

● 가장 수준이 낮고 원시적인 접근방식은 이 세상에서 사용할 수 있는 풍요의 양이 고정되어 있다고 추측하는 것입니다. 그리고 모든 인간이 부유한 것은 아니기 때문에, 이 세상에서 얻을 수 있는 풍요의 양은 모든 사람에게 충분하지 않다는 것이 명백한 것처럼 보입니다. 결과적으로, 만약 부자가 되려면 누군가 다른 사람들에게서 풍요를 빼앗아야만 부자가 되며, 결과적으로 그들은 가난해집니다. 과거를 살펴본다면, 대부분의 알려진 역사에서 소수의 엘리트는 고정된 양의 풍요에 관한 이런 견해에 동의했다는 것을 알 수 있습니다. 그들은 부(富)를 독점하고 자원을 통제하면서 권력 엘리트로 자리 잡기 위해 적극적인 수단을 사용해왔습니다. 권력 엘리트들은 빈약한 천연자원의 지구행성을 착취하기 위해 기본적으로 주민의 대다수를 일꾼 노예로 삼고 그렇게 모아들인 자원을 축적함으로써 그렇게 해왔습니다.

사랑하는 이들이여, 이것은 풍요에 이르기 위한 믿을 수 없을 만큼 원시적인 접근법입니다. 그것은 풍요가 한정돼 있고 그 공급이 불충분하기 때문에 다른 이들과 싸울 필요성이 있다는 것에 전적으로 근거해 있으며, 오직 무력을 토대로 한 접근법입니다. 또한 그것은 결핍의 철학에 기반한 접근방식입니다. 그 철학은 힘에 의해 풍요를 가져오고, 그렇기에 소수의 사람들에게 부를 집중시키기 위해 필연적으로 다른 인간들의 풍요를 빼앗게 만듭니다. 이 접근법은 계속적인 힘의 사용을 요구하는데, 왜냐하면 그 엘리트가 자신이 소유하고자 하는 것을 빼앗으려는 다른 이들에 대해서뿐만 아니라 자연의 힘에 대해서도 그것을 계속 방어하지 않고는 부를 유지할 수 없기 때문입니다. 그러므로 여러분은 풍요에 대한 이 접근법은 힘든 싸움이고 절대로 끝나지 않는 투쟁이라는 것을 알 수 있습니다.

● 풍요에 대한 훨씬 더 높은 접근법은 자연법칙에 대한 이해를 향상시킴에 따라 더 많은 풍요를 창조하는 것이 가능하다고 판단하는 것입니다. 새로운 발명 및 신기술을 개발하는 단계로 나감으로써 무가치한 물질을 귀중한 자원으로 바꾸거나, 실제적인 지식을 소중한 기술로 전환함으로써 실제로 부를 창출할 수

있습니다. 이것은 풍요에 대한 훨씬 더 높은 접근법이지만, 여전히 현재 지구 상에 존재하는 인간들에게는 활용 가능한 에너지가 일정량만 존재한다는 사실 을 다루지 않습니다. 그러므로 그것 역시 어떤 한계의 요소를 가지고 있으며, 여러분은 현재의 사회에서 이것을 보고 있습니다.

많은 사람들은 화석연료를 사용하여 인류의 기술을 가동할 수 있는 날들이 얼마 안 남았다는 것을 알고 있습니다. 또한 그들은 이미 석유를 둘러싼 전쟁 이 있었고 석유나 다른 자원을 지배하려는 더욱 치열한 전쟁이 일어날 가능성 이 있음을 압니다. 그러나 많은 사람들이 신기술을 개발해야 할 필요성을 느낀 다는 사실에도 불구하고 현재 새로운 기술은 당장 이용 가능한 상태가 아닙니 다. 그리고 이미 사용이 가능한 수단을 이용하여 더 많은 풍요를 만들어내고자 하는 접근법조차도 어떤 한계가 있음을 보여줍니다. 그러므로 그것이 갖는 한 계를 넘어서 더 많은 풍요를 가져오는 진정한 열쇠는 물질적인 주파수대 속으 로 더 많은 영적 에너지를 가져오는 것입니다. 여러분의 과학자들이 말했듯이, 모든 것이 에너지이므로, 지구상에서 이용할 수 있는 풍요의 총량은 이 행성의 에너지계에서 이용할 수 있는 에너지 총량에 직접적으로 비례합니다. 따라서 풍요로움을 진정으로 확장하는 유일한 방법은 지구에서 사용할 수 있는 에너지 의 양을 확대하는 것입니다.

● 물론 이로 인해 결국 우리는 풍요에 대한 가장 정교한 접근법인 세 번째 방 법에 이르게 됩니다. 그것은 물질 주파수대로 더 많은 에너지를 가져오기 위해 높은 세계에 도달하는 영적접근법과 더 큰 이해를 추구하는 두 번째 접근법을 결합하는 것입니다. 이 책의 목적은 풍요에 대한 이런 접근법을 이용하는 방법 을 가르쳐주기 위한 것입니다.

＊＊＊

나의 사랑하는 이들이여, 이런 인식의 중요성을 알고 있습니까? 내가 여기서 말하고 하는 것은 풍요에 대한 인간적이고 유한하며 힘에 기초한 접근방식과 영적이고 영구적이며 사랑에 기초한 접근방식 간의 분할선 지점으로 여러분을 데려갑니다. 여러분은 선택권이 있습니다. 그리고 그 선택은 진정한 풍요의 의 식과 결핍의 의식 사이에서 하는 것입니다. 말하자면, 그것은 죽음의 의식과 삶의 의식 사이의 선택이라고 말할 수도 있습니다.

나는 물질우주가 하느님의 빛으로 창조되었다고 여러분에게 말했습니다. 그 것은 공(空)의 일부가 별개의 천구(우주)로 바뀌고 그것이 일정한 양의 빛, 특 정 주파수대 내에서 진동하는 빛으로 채워짐으로써 창조되었습니다. 그러나 그 초기의 빛은 어둠을 대체하기에 충분하지 않았고, 따라서 그 물질세계에 남아 있는 어둠이 여러분이 지구상에서 목격하는 결핍과 고난의 원인입니다. 여러분 도 알다시피, 어둠은 그 자체로 아무런 실체가 없기 때문에 여러분은 방에서 어둠을 제거할 수 없습니다. 그렇기에 예컨대 여러분이 어둠을 상자에 넣어 창밖으로 던질 수는 없는 것입니다. 여러분은 그것을 실체를 지닌 어떤 것, 즉 빛을 가진 어떤 것과 대체시킴으로써만이 어둠을 제거할 수 있습니다. 따라서 어둠을 없애는 방법은 빛을 밝히는 것입니다. 그리고 지구에서 결핍과 고난을 없애는 방법은 더 많은 영적인 빛을 이 세상으로 가져오는 것입니다. 이것은 항상 진행되고 있는 신의 창조과정의 일부이며, 늘 흐르고 있는 '생명의 강'의 일부입니다. 그에 따라 하느님은 자신의 창조계를 확장하고 자아의식적인 존재들을 그곳으로 보냅니다. 그럼으로써 그들은 더 많은 빛을 그 세계로 가져올 수 있고, 그리하여 그 세계와 그곳의 거주자들이 자기초월을 통해 더 나은 존재로 진화될 수 있습니다.

따라서 신의 진정한 설계에 의하면, 풍요는 더 높은 세계의 영적인 빛을 여러분이 살고 있는 세계로 가져오는 결과로서 생성됩니다. 내가 말했듯이, 여러분은 하느님의 형상과 닮은 모습으로 설계돼 있기 때문에 이것을 할 수 있는 능력이 있습니다. 여러분은 상상력과 자유의지로 설계되었습니다. 그러므로 여러분의 마음은 하느님의 빛이 이 세상으로 흘러 들어오는 열린 문이 될 수 있습니다. 여러분의 의식을 통해 흐르는 영적인 빛의 양을 늘림으로써 필연적으로 여러분은 물질세계에서 이용 가능한 풍요의 양을 증가시킬 것입니다. 그러나 이전에 설명했듯이, 하느님의 안전장치는 여러분이 그리스도 의식의 어떤 기준에 도달할 때만이 더 높은 세계로부터 빛을 가져올 수 있습니다.

그러므로 이것이 여러분이 해야 할 선택입니다. 여러분은 첫 번째 접근방식을 취하여 현재 지구에서 사용할 수 있는 고정된 공급량으로부터 그것을 가져옴으로써 풍요를 축적하려고 할 수 있습니다. 이것은 삶의 다른 부분들에서 풍요를 가져옴에 따라 결과적으로 그것들을 세상의 어디인가나 누구로부터 박탈하는 것을 불가피하게 만듭니다. 그렇기에 그것은 여러분이 축적한 풍요를 (타인으로부터) 지키는 것이 필요하며, 이 과정은 자신의 남은 인생 동안 계속될 것입니다.

만약 여러분이 내가 하는 말에 관해 어떤 의심을 갖고 있다면, 이 지구에서 가장 부유한 사람들의 삶을 살펴보십시오. 그들은 힘을 통해 그것을 가져옴으로써 부를 얻었고, 많은 사람들이 그것을 지키며 삶의 나머지 부분을 보냅니다. 그들은 결코 충분하지 않은 것으로 생각되고, 결코 행복하게 보이지 않습니다. 그들은 실질적으로는 풍요로운 삶을 살지 못하며 단지 물질적인 풍요만을 가지고 있습니다. 그들은 그 물질적 풍요를 진정한 영적인 풍요, 참된 행복과 진정한 마음의 평화로 변형시킬 수가 없습니다.

만약 이것이 여러분이 원하는 것이라면, 그렇게 할 수 있는 능력이 있습니다. 나는 이미 여러분에게 인간의 마음은 하느님의 빛에다 심상을 부여할 수 있는 능력이 있다고 말했습니다. 내가 여기서 말하고 있는 것은 풍요로움을 축적하는 진정한 방법은 단순히 물리적인 힘으로 그것을 취하는 것이 아니라는 것입니다. 현실은 여러분의 마음이 항상 공동창조하고 있습니다. 다시 말하면, 인간의 마음은 항상 어머니 빛에다 정신적 이미지를 투사하고 있습니다. 그러나 문제는 그 매터 빛, 즉 여러분이 자신의 정신적인 이미지에다 포착해서 사용하는 빛이 어디에서 비롯되느냐입니다. 하느님의 원래 설계에서, 여러분은 자신의 신아와의 연결을 유지하도록 돼 있으며, 그럼으로써 영적인 에너지, 영적인 빛을 이 세상으로 가져올 수 있습니다. 그런 다음 그 빛에다 이미지를 부여하여 여러분의 풍요로움이 되는 물리적인 형태를 창조하게 됩니다. 이것은 말 그대로 여러분의 사적으로 부리는 호리병 속의 요정(妖精)을 갖는 것과 같으며, 그 요정은 다른 것으로부터 아무것도 취하지 않고도 여러분의 모든 소원을 이루어줄 수 있습니다.

그런데 여러분이 자신의 영적자아(신아)와의 의식적인 연결을 잃게 되면, 더 이상 영적인 빛을 이 세상으로 가져 오기 위한 열린 문이 없게 됩니다. 여러분은 은총으로부터 추락하게 됩니다. 그러므로 새로운 빛을 끌어 내림으로써 형태를 창조할 수가 없습니다. 그렇다고 해서 이것이 더 이상 어머니 빛에다 이미지를 투사할 수 있는 여러분의 마음의 능력을 사용할 수 없다는 의미는 아닙니다. 하지만 그것은 여러분이 이미 물질 주파수대로 들어온 빛을 취함으로써 이것을 해야 한다는 것을 의미합니다.

여기에 중요한 차이점이 있다는 것을 이해하시나요? 여러분이 신아와의 원래 관계를 유지하면, 평생 동안 자신의 삶에다 구현할 수 있는 풍요의 양에 제한이 없습니다. 내가 전에 설명했듯이, 하느님은 무제한적입니다. 하느님은 공동창조자가 사용할 수 있는 빛의 양을 제한하지 않으며, 무한한 빛을 가지고 있습니다. 유일한 제한은 공동창조자들이 그들의 창조능력을 어떻게 키우는가에 달려있습니다. 여러분의 마음은 의식적인 인식과 신아 사이에 도관(導管)을 형성한다고 말할 수 있습니다. 그 도관의 크기에 따라 그곳을 통과할 수 있는 빛의 양이 결정됩니다. 원래, 여러분은 일정한 크기의 영적 도관을 지닌 채로 이 세상으로 보내졌습니다. 여러분은 자기의 재능을 증식함으로써 그 도관의 크기를 확대시키도록 예정돼 있었으며, 그에 따라 신이 여러분에게 창조력을 높일 수 있는 더 많은 영적 에너지를 주시기로 했었습니다. 하지만 대신에 대부분의 사람들은 점차 자신의 진정한 기원을 잊어버렸고, 따라서 그들은 자신의 영적자아에 대한 의식적인 연결을 상실해버렸습니다. 그리고 이로 인해 단지 그들의 목숨과 육신을 보존할 만큼의 에너지만 흘러들어올 정도로 도관의 크기를 축소되었습니다. 그들은 실제로 그들 자신 안에서 풍요를 구현할만한 충분한 빛이 없습니다. 그러므로 이미 그들에게 남은 유일한 선택은 이미 물질 주파수대로 유입된 빛을 이용하여 그 빛에다 그들의 마음의 힘을 통해 이미지를 부여하는 것입니다. 그러나 지구상에는 한정된 양의 에너지만 존재하며, 즉 이것은 여러분이 더 풍요롭게 되기 위해서는 다른 사람들로부터 에너지를 취해야한다는 것을 의미합니다.

사랑하는 이들이여, 이것은 인간 존재에 대한 완전히 새로운 관점을 열어줍니다. 그리고 내가 이것을 설명하도록 여러분이 허용해준다면, 여러분은 지구상의 삶에 대해 새로운 이해를 얻게 될 것이고, 인간의 권력투쟁이라고 부를 수 있는 것 배후에 도사린 원동력이 무엇인지를 알게 될 것입니다. 그러므로 내가 여러분에게 다음 열쇠를 줄 수 있도록 허용하십시오. 그 열쇠가 물질적인 소유물 때문에 싸우고 있는 것으로 보이는 사람들이 진정으로 어떤 인간들인지를 보여줄 것입니다.

끊임없는 인간 투쟁에서 벗어날 길이 있는가?

사랑하는 이들이여, 나는 여러분에게 한 걸음 물러서서 지구에서의 인간 상호작용의 역사를 살펴보라고 요청합니다. 알려진 역사를 통해 인간들이 그동안 어떻게 서로를 대우했는지 생각해보십시오. 그리고 나는 여러분에게 인간 상호작용을 특징짓는 한 단어를 찾아보라고 요청하고자 합니다. 나는 여러분이 매우 서술적인 여러 단어를 생각해 낼 수 있다고 확신하지만, 인간이 어떻게 상호 작용했는가를 묘사하는 단어는 그 어떤 것보다도 "투쟁"이라는 단어라는 것에 동의하리라고 생각합니다.

인간 상호작용은 개인들과 집단 간, 심지어 인류와 어머니 대자연 사이의 투쟁으로 특징 지어져 있습니다. 인간은 그들 자신을 다른 사람들과 대항하는 존재로 생각하거나, 심지어 자기들이 그 위에 살고 있고 생존을 위해 의존하고 있는 지구행성에도 맞서는 존재로 보는 경향이 있었습니다. 인간은 땅을 지배하고 물질적인 소유물을 지배하고 다른 인간을 지배하기 위한 투쟁을 겪었습니다. 나는 이제 여러분에게 바로 이 투쟁이 무엇인지, 즉 알려진 역사 내내 엄청난 고통을 초래했던 지속적인 인간 권력투쟁의 근원이 무엇인지를 숙고해보라고 요청합니다. 그리고 현재 과학자들에게는 알려지지 않은 역사에서 더 많은 것을 고려해 보라고 요청하고자 합니다.

이것에 대해 깊이 생각한다면, 여러분은 인간투쟁의 배후 원인 중 하나가 모든 사람에게 충분하지 않다는 믿음이라는 것을 알게 될 것입니다. 이런 믿음에 따르면, 토지가 충분하지 않고, 자원이 충분하지 않고, 식량이 충분하지 않고, 힘이 충분하지 않습니다. 따라서 만약 내가 뭔가를 더 원한다면 그때 나는 누군가 다른 사람으로부터 탈취해야한다는 느낌이 생겨납니다. 나는 그것을 힘에 의해 강제로 빼앗아야합니다. 사랑하는 이들이여, 나는 앞서 모든 인간이 마법의 등잔을 가지고 있다면, 원하는 모든 것을 그 램프의 요정에 의해 손에 넣을 수 있고 지구상에는 갈등이 없을 거라고 말했습니다. 만약 모든 사람들이 다른 누군가로부터 빼앗지 않고 자신의 소원을 성취할 수 있다면, 인간의 권력투쟁은 끝날 것입니다. 떠오르는 태양 앞에 아침이슬이 사라지듯이, 투쟁이라는 관념조차도 사라질 것입니다.

오, 나의 사랑하는 이들이여, 여러분은 이 개념의 엄청난 중요성을 이해합니까? 인간의 권력투쟁으로 인해 야기되었던 고통이 얼마나 많은지 생각해보십시오. 만약 최소한 임계수치의 인간들만이라도 투쟁의식을 극복하고, 싸움의 원인이 되는 결핍감을 극복하게 도움을 받을 수 있다면, 그리고 그에 따라 힘에 의해 다른 사람들이나 대자연으로부터 빼앗지 않고도 그들이 풍요로운 삶을 살 수 있다고 받아들인다면, 그것이 이 행성에 가져올 엄청난 영향을 생각해보세요.

사랑하는 이들이여, 나는 앞서 신은 어머니 빛 자체에다 안전장치를 구축해놓으셨다고 설명했습니다. 이 안전장치는 모든 형태를 원래의 무형 상태로 되돌리려고 하는 그 수축하는 힘입니다. 나는 이제 사람들이 힘에 의해 무엇인가를 빼앗고자 할 때 일어나는 일을 정확히 설명할 것입니다. 이것은 거의 모든 종교들에서 인급해온 원리입니다. 성시에서 여러분은 "사람은 무엇을 심든지, 심은 대로 거둘 것이다(갈라디아서 6:7)"라는 개념을 발견합니다. 예수의 가르침은 여러분이 "무엇이든지 자신이 남에게 대접받고자 하는 대로 남에게 대접하라(마태복음 7:12)"는 것입니다. 모든 종교들에서 비슷한 개념을 발견할 수 있을 것입니다. 그리고 그 이유는 이 개념이 물질적 우주가 어떻게 작동하는지에 대한 가장 중요한 원리를 설명하기 때문입니다. 이것을 아주 간결한 방식으로 설명한다면, 하느님은 거울처럼 작용하는 우주를 창조했다고 말할 수 있습니다. 그러므로 여러분이 시공 연속체(space-time continuum)로 내보내는 것은 무엇이든 우주거울에 의해 여러분 자신에게 되돌아 올 것입니다.

우주는 매터 빛(Ma-ter Light)으로 만들어졌으며, 내가 말했듯이, 이 어머니 빛은 어떤 형태든 취할 수 있는 잠재력을 가지고 있지만, 그것이 자체적으로 형태를 취할 수는 없습니다. 그래서 매터 빛은 그것이 자아의식적인 마음을 가진 존재에 의해 작용될 때 형태를 취합니다. 그리고 어머니 빛은 자아의식적인 존재의 마음속에 있는 정신적인 이미지 그대로 어떤 형태를 취할 것입니다. 그런 까닭에 여러분이 자신의 마음속에 지니고 있는 것이 무엇이든 그것이 매터 빛에다 투사하는 이미지를 결정합니다. 따라서 마음 속 그 심상이 어떤 형태를 매터 빛이 물질 주파수대(세계)에다 구체적으로 형성할 것인지를 좌우하게 됩니다. 만약 여러분이 삶이 투쟁이라는 정신적 이미지를 계속 갖고 있으면, 그때 우주는 삶에 대한 그 믿음을 반영하는 상황을 여러분에게 다시 반사할 것입니다. 그러므로 (인간세상에다) 투쟁을 창조하는 것은 바로 그런 투쟁의식이라고 말할 수 있습니다.

자유의지의 법칙이 홀로 존재하지 않는다는 것을 깨달을 때 이 점을 더 잘 이해할 수 있습니다. 신은 여러분이 원하는 것은 무엇이든 할 수 있는 우주를 창조하지는 않았습니다. 자유의지의 법칙은 여러분의 과학자들이 작용과 반작용의 법칙이라고 부르는 것을 지닌 일종의 양극성(兩極性)으로 존재합니다. 이 법칙은 여러분이 비록 어떤 이미지를 매터 빛에다 투사할 권한이 있다고 하더라도, 스스로 그 어머니 빛의 일부에다 투사하여 형성해놓은 형태를 경험해야만 한다고 요구합니다. 그러므로 여러분이 어떤 것을 창조하면, 필연적으로 자신의 그 창조물을 물리적인 상황의 형태로 경험하게 될 것입니다. 이것이 그저 단순한 것은 아니지만, 여러분이 창조력을 더 낮게 사용하는 방법을 배우는 한 가지 길이기도 합니다. 자신이 원하는 무엇이든 할 수 있고 결코 스스로의 행위의 결과를 거둬들이지 않는 우주를 한 번 상상해보십시오. 과연 어떻게 여러분이 이것으로부터 배울 수 있을까요? 자녀들을 그들의 선택의 결과로부터 보호하고자하는 부모와 함께 자라난 어떤 어린이를 생각해보십시오. 그런 아이들은 금방 버릇이 없어지고 어떤 것에서도 빠져나갈 수 있다고 생각합니다. 그러므로 그들은 부모들이 자기들의 행동을 제한해주었으면 하는 욕구가 있다 보니 점점 더 많이 행동합니다. 이런 욕구는 인생에서 교훈을 얻고자하는 인간의 본능적 욕구에서 생겨납니다. 왜냐하면 결과가 없으면 배움도 없다는 것을 (무의식중에) 알기 때문입니다.

진실로, 여러분은 또한 인생에서 교훈을 배우고자하는 강한 열망을 가지고 있습니다. 그러므로 비록 여러분의 외적인 마음은 자신이 뿌린 것을 거둬들이게 되는 신의 법칙에 반항할 수도 있지만, 여러분 내면의 존재는 원인-결과의 법칙이 여러분이 창조한 것을 스스로 경험하도록 요구한다는 사실에 감사합니다. 여러분의 내면의 존재는 이것이 삶의 경험을 가능한 한 최상으로 조성하는 방식을 통해 자신의 창조력 사용법을 신속히 배우는 방법이라는 것을 알고 있습니다. 그리고 이것이 바로 내가 진정으로 이런 개념들을 제기하는 요지입니다. 나는 여러분의 상황이 지금 얼마나 힘든지와 상관없이, 그 상황 뒤에는 숨어있는 교훈이 있음을 알게 함으로써 여러분을 돕고 싶습니다. 그 교훈은 여러분이 과거에 정신적인 이미지를 형성하여 그것을 어머니 빛에다 투사함으로써 자신의 상황을 창조했다는 것입니다. 이것은 여러분이 스스로 통제할 수 없는 상황에 영원히 갇혀 있지 않다는 것을 의미합니다. 여러분은 언제든지 마음속의 정신적인 이미지를 바꾸는 선택을 해서 어머니 빛에다 더 좋은 이미지를 투사할 수 있습니다. 내가 나중에 가르쳐 줄 것이지만, 여러분이 물질우주 차원에서 신의 에너지가 어떻게 흘러서 순환하는지를 배우게 되면, 눈에 보이는 외부 상황이 여러분 자신의 마음속에 간직하고 있는 새로운 이미지를 반영하기 시작하는 것은 단지 시간문제라는 것을 알게 될 것입니다 .

내 가르침의 핵심은 만약 여러분이 현재 바람직하지 않은 상황에 갇혀 있다고 느낀다면, 그것은 정말로 갇혀 있는 것이 아니라는 것입니다. 함정에 빠져 있는 느낌, 갈등의 감각은 단지 인간 마음속에만 존재합니다. 그리고 우주가 어떻게 작동하는지와 자신의 창조력에 대해서 더 많이 이해하게 되면, 여러분은 신이 여러분에게 그 어떤 상황, 어떤 한계도 절대적으로 바꿀 수 있는 힘을 주셨음을 알게 될 것입니다. 그럼으로써 그 한계를 넘어서 이 세상에다 풍요로운 삶을 구현해낼 수 있습니다. 내가 말하고 있는 것은 비록 여러분이 스스로 통제할 수없는 상황에 빠져있다고 생각할지도 모르지만, 결코 실제로 덫에 걸려 있지 않다는 것입니다. 외적인 상황이 어떠하든 관계없이, 여러분은 항상 바깥 상황에 대처하는 방식에 우선하여 내면의 상황을 지배할 수 있는 선택권이 있으므로 항상 자신의 상황을 개선하기 위해 할 수 있는 어떤 것이 있습니다. 그리고 여러분이 자신의 외부상황이 과거에서부터 지속된 자신의 내면상황을 반영하고 있는 것에 지나지 않는다는 사실을 인식할 때, 여러분은 자기 마음속의 정신적 이미지를 변화시킴으로써 우주거울에 의해 자신에게 반사되는 것을 필연적으로 바꾸게 되리라는 것을 알게 될 것입니다.

***

이제 이러한 고려 사항들을 한 단계 더 발전시켜 보겠습니다. 나는 여러분에게 수천 년 동안 계속되어 온 인류의 투쟁에 대해 다시 한 번 깊이 생각해 보라고 요청합니다. 내가 말했듯이, 물질적인 소유, 권력 또는 지배를 위한 투쟁은 참으로 물질세계에서는 모든 것이 충분할 만큼 풍부하지 않다는 의식에서 발생했습니다. 그러나 앞서 내가 여러분에게 설명해 준 것은 이 세상에서 볼 수 있는 물질의 풍요는 양이 고정돼 있지 않다는 것입니다. 물질적인 풍요는 빙산(氷山)의 일각과 같습니다. 그리고 나는 여러분이 수면 위로 드러난 빙산은 전체 덩어리의 단 10%에 불과하다는 것을 확실히 알 거라고 생각합니다. 빙산의 대부분은 인간의 눈에 보이지 않으며, 이와 마찬가지로, 여러분의 육체적 감각으로 감지할 수 있는 물질은 그 거대한 전체의 작은 부분일 뿐입니다. 내가 설명한 것처럼, 모든 물질은 사실상 진동하는 에너지로 만들어지며, 따라서 물질적 풍요는 이 세상의 총체적 풍요의 가시적인 부분에 불과합니다. 실제로, 물질 주파수대에서의 풍요의 총량은 여러분이 자신의 감각으로 감지할 수 있는 물질에 국한돼 있지 않습니다. 인간에게 가능한 풍요의 총량은 지구 행성의 에너지계로 유입된 에너지의 양에 달려 있습니다.

앞에서 말했듯이, 물질이 에너지로 이루어져 있다는 것을 알고, 그 물질 에너지가 특정형태로 포획된 비가시적인 영적 에너지로부터 창조되었다는 것을 깨달으면, 이것은 쉽게 이해할 수 있습니다. 물질은 특정 주파수대 내에서 진동할 때까지 그 진동이 낮추어진 에너지라고 말할 수 있습니다. 내가 여기서 여러분에게 설명하려고 하는 것은 물질이 여러분의 육체에 의해 조종될 수 있는 질료라는 것입니다. 그러나 물질은 단지 여러분의 육체적 감각에 의해 감지될 수는 없지만 여러분의 마음에 의해 형태가 부여될 수 있는 보다 미세한 에너지의 표현이자 확장체입니다.

나는 이제 여러분에게 인간의 권력투쟁을 새롭게 다시 살펴보라고 요청합니다. 인간들이 오로지 물질적인 부와 물질적 소유물을 위해서만 경쟁하는 것은 아니라는 점을 깊이 생각해 보기 바랍니다. 인간들 사이의 갈등이나 투쟁의 대부분은 물질에 있지 않습니다. 그것은 비물질적인 어떤 것, 즉 육체적인 감각으로는 감지할 수 없거나 인체에 의해 이해될 수는 없지만 그럼에도 불구하고 인간에게는 가치가 있는 어떤 것입니다. 인간이 싸우고 있는 그 어떤 것, 그 비물질적인 요소는 무엇일까요? 그것이 어쩌면 감각에 의해서는 감지될 수는 없으나 여전히 지구 에너지계의 일부인 미세한 에너지일 수 있지 있을까요? 이런 에너지들은 인간이 영양을 공급받고 풍족하고 온전하고 안전하다고 느끼기 위해 매우 필요합니다. 여러분은 사람이 빵만으로 살지 않는다는 말을 들었습니다. 그리고 인간들이 물질적이지 않은 것과 물질적인 소유물로는 충족될 수 없는 많은 욕구들을 갖고 있다는 것이 그 증거가 아닐까요?

많은 경우, 인간의 권력투쟁은 사람들이 어떤 느낌을 얻는 것을 목표로 하고 있습니다. 수많은 사람들이 돈을 모으고자 노력합니다. 그러나 여러분이 이 세상과 아주 부유한 사람들을 살펴보면, 그 대다수가 여생 동안 도저히 쓸 수도 없을 엄청난 양의 돈을 축적하고 있다는 것을 알 것입니다. 어떤 인간은 물질적인 소유물이 필요해질 때 그것을 갖고 싶은 유한한 욕구가 있습니다. 거기에는 단지 사고 싶고, 하고 싶고, 먹고 싶은 많은 것들이 있습니다. 그리고 어떤 사람이 자신의 자연적인 나머지 수명 동안 물질적인 욕구를 모두 충족시킬 만큼의 충분한 돈을 모을 시점이 올 것입니다. 그럼에도 이미 갖고 있는 돈을 여생 동안 마음껏 쓰면서 즐기기 위해 (더 많은) 돈에 대한 추구를 멈출 수 없는 많은 사람들을 보게 됩니다. 그들은 설사 돈을 모으고 지키려는 노력 자체가 자신의 삶을 즐기지 못하게 만들더라도, 계속 돈을 더 많이 축적할 수밖에 없습니다. 사랑하는 이들이여, 이 사람들은 무엇을 찾고 있고, 무엇을 달성하기 위해 고투하고 있습니까? 그들은 다름 아닌 느낌(기분)을 얻기 위해 분투하고 있습니다. 그리고 그 기분은 그들이 돈이나 돈으로 얻을 수 있는 즐거움보다 그들에게 더 중요합니다. 그들은 안도감이나 권력의 느낌, 지배력 또는 우월감을 느끼기 위해 분투하고 있다고 말할 수 있습니다.

그러나 나는 매우 오랫동안 인간 심리상태에 관한 예리한 연구자였다고 여러분에게 단언할 수 있습니다. 승천한 존재로서 나는 인간을 혼란시키고 정신의 잠재의식 수준에서 일어나는 일들을 이해하기 어렵게 만드는 모든 표피적 현상을 꿰뚫어보는 능력이 있습니다. 승천한 존재의 눈은 인간들을 속이는 모든 연막(煙幕)을 관통해 볼 수 있습니다. 따라서 나는 안도에 대한 외적욕구 뒤에는 근원적인 욕구가 있음을 압니다. 그 욕구는 우리가 전체성 또는 온전함에 대한 욕구라고 부를 수 있는 것입니다.

이것은 여러분이라는 존재의 바로 그 설계 속에 내재된 욕구이며, 그것은 하느님이 고안한 또 다른 안전장치입니다. 그 목적은 자유의지로 인해 공동창조자들이 분리의식 속에서 길을 잃지 않도록 하는 것입니다. 신은 여러분이 이전에 한 선택의 결과를 받고, 그 결과로 해서 자신의 현재 선택을 결정하게 되는 끊임없는 인과응보(因果應報)의 소용돌이에 빠지는 것을 원치 않으십니다. 이것은 벗어날 수 없는 더 많은 결과를 만들게 됩니다. 신이 여러분의 영혼을 설계하셨을 때, 어머니 빛이 항상 그 기초상태의 균형을 추구하도록 설계된 것처럼, 영혼은 항상 전체를 추구하도록 설계돼 있습니다.

사랑하는 이들이여, 나는 신이 지구상에 부족함이나 고통을 창조하지 않으셨다고 말했습니다. 그것은 사람들이 자신의 영적자아인 신아와의 직접적인 연결을 잃은 후에 인류의 집단의식을 통해 창조되었습니다. 그 연결이 끊어지면, 영혼은 불완전한 느낌, 결여되고 혼자가 된 느낌, 심지어는 버려진 느낌조차도 경험하게 됩니다. 이것이 영혼에게 이전의 전체성, 과거의 온전함을 재건하려는 욕망을 줍니다. 분명히 말하지만, 여러분이 인간의 다채로운 욕망들을 살펴볼 때 그 외적인 모습을 꿰뚫어 보지 않는 한, 인간심리의 진짜 원동력을 결코 이해할 수 없을 것입니다.

인간은 실제로는 일정량의 물질적인 소유물보다 더 많은 것을 축적하고자하는 욕망이 없습니다. 인간은 어느 정도 이상의 육체적 쾌락을 경험하고자하는 욕구가 없습니다. 내가 말하고 있는 것은 영혼은 물질적인 우주에서의 삶을 경험해보려는 어떤 욕구가 있다는 것입니다. 그러나 그런 욕구는 한정된 양의 경험이나 일정한 양의 소유물에 의해 충족될 수 있습니다. 더 많은 소유물, 더 많은 즐거움, 더 많은 힘, 또는 인간이 바라는 기타 다른 것들에 대한 탐욕스러운 충동을 만들어내는 것은 실제로는 영혼의 온전함에 대한 근원적인 욕구입니다. 그러나 공동창조자들은 이 욕망의 진정한 성격과 그것의 참된 목표를 알지 못하기 때문에, 자기들이 보는 것들, 경험하는 것들을 통해 그 욕구를 채우고자 합니다. 그렇기에 영혼들은 그들의 영적 기원을 망각하고 지구로 온 목적을 잊어버렸으므로 자기들의 진정한 욕구를 이해하지 못합니다.

공동창조자들은 자신이 신의 자녀로서의 이전의 신성과 전체성을 상실한 저급한 의식상태로 추락했음을 알지 못하기 때문에, 그들은 자신의 진정한 욕망이 본래의 그 온전함을 회복하는 것임을 이해하지 못합니다. 그리고 그들은 자신의 영적자아를 보지 못하기 때문에 자기가 느끼는 충동이 전체성이나 완전함에 대한 충동이며 자신의 영적자아와의 관계를 다시 구축함으로써만이 충족될 수 있다는 것을 이해하지 못합니다. 그러므로 예수가 약속한 것처럼, 그들은 다른 모든 것들이 그들에게 더해지게 되는 하느님의 나라와 그분의 의(義)를 먼저 구하는(마태복음 6:33)[8] 대신에, 이 세상에서 볼 수 있는 것들을 통해 자신들의 욕망을 채우고자합니다. 즉 그들은 내면의 전체성(온전함)보다는 외적인 안전을 추구합니다.

많은 사람들이 물질적인 자산을 축적함으로써 내면의 온전함을 재건하고자하며, 그것에 의해 물질적인 안도감을 형성하려고 노력합니다. 어떤 사람들은 타인을 지배하는 권력을 얻음으로써 안전을 추구하며, 그들은 그것이 자신에게 완전하게 느끼게 해줄 것이라고 생각합니다. 그러나 어떤 외적인 소유물이나 경험에 대한 충동의 이면에는 에너지를 축적하려는 본능적 욕구가 있습니다. 영혼이 신아와의 올바른 연결상태에 있을 때, 여러분은 신아로부터 영적인 에

---

8) "너희는 먼저 그의 나라와 그의 의를 구하라. 그리하면 이 모든 것을 너희에게 더하시리라."

너지가 존재의 모든 수준들을 통해 계속 흐른다는 것을 느낍니다. 영혼에게 전체적인 존재감, 생명의 강과 하나라는 존재감을 주는 것은 이런 영적 에너지의 흐름입니다. 영혼은 자신이 혼자가 아니고 전적으로 '신(God)'이라는 전체의 일부라고 느낍니다. 그러므로 비록 공동창조자가 의식적으로 무슨 일이 일어나고 있는지 깨닫지는 못하더라도, 에너지를 얻기 위한 내면의 욕구가 있습니다. 그들은 자신의 전체성을 재건하는 열쇠는 에너지라는 것을 알고 있습니다. 그럼에도 자신의 참된 기원과 정체성을 이해하지 못하기에, 그들은 다시 이 세상에서 에너지를 취하여 그것으로 자신의 전체성 또는 온전함을 회복하는 데 이용해야한다고 생각합니다.

사랑하는 이들이여, 나는 이 세상에서 발견된 에너지는 영적세계의 에너지보다 낮은 주파수라는 것을 여러분에게 말했습니다. 그렇기에 설사 아무리 많은 물질 에너지를 여러분이 축적하더라도, 여러분의 영혼은 완전하다고 느끼지 못할 것입니다. 물질적인 소유물이나 물질적인 에너지를 축적함으로써 내면의 전체성을 회복시키려는 시도는 블랙홀을 채우는 것만큼이나 불가능합니다. 그것은 절대로 이루어질 수 없으며, 따라서 영혼은 자신의 이해가 높아져 그 불가능한 시도를 멈출 때까지 실현하기 어려운 추구에 빠져 있는 것입니다.

여러분의 전체의식을 재건할 수 있는 유일한 방법은 자신의 신아와의 직접적이고 의식적인 연결을 재건하는 것입니다. 그것에 의해, 여러분은 신아로부터 자신의 하위 존재의 모든 수준들을 통해 흐르는 높은 주파수의 영적에너지 흐름을 느낄 것입니다. 그러면 자신이 생명의 강의 흐름 속에 있다는 것을 알게 될 것입니다. 그리고 오직 이 흐름 속에 있는 것만으로 여러분 자신 안에서 자기가 전체적이고도 완전하다고 느껴질 것입니다. 또한 여러분은 자기의 몸속에 생명의 강이 흐르고 있기 때문에 자신의 밖에서 아무 것도 필요 없다는 것을 알게 될 것입니다.

***

나의 사랑하는 이들이여, 앞서 언급한 마법의 램프에 관한 이미지로 돌아가겠습니다. 만약 여러분이 마법 램프를 갖고 있을 경우, 해야 할 일은 그저 그것을 문지르기만 하면 거기서 요정이 튀어나와 여러분의 모든 소원을 이루어줄 것입니다. 여러분은 지구상의 삶이 투쟁이라고 느끼십니까? 혹시 한정된 양의 물질을 가지고 다른 사람들과 경쟁하는 것이 지겹습니까? 그런데 만약 여러분 자신 안에 있는 무진장한 공급원에 접근할 수 있다면, 다른 사람들한테 에너지를 빼앗는 성가신 행위를 할까요? 램프를 문질러 자신에게 필요한 에너지뿐만이 아니라 물질적인 형태의 에너지까지도 공급하여 원하는 것을 실현하도록 요정에게 명령을 내리지 않으시렵니까?

내가 이제까지 설명했던 모든 것은 여러분이 마법 램프를 실제로 가지고 있다는 것을 보여주기 위한 목적이 있음을 이해하시나요? 이마에 땀을 흘려가며 생계를 꾸려가거나, 다른 사람들이나 자연으로부터 강제로 빼앗는 대신에, 여러분은 내면으로 들어가 자신의 신아와의 연결을 다시 재건하는 대안을 갖고 있습니다. 예수가 여러분 안에 있다고 말했던 하느님의 나라를 먼저 찾음으로써, 여러분은 이 세상의 제한된 풍요보다 무한한 하느님에 풍요에 접근할 수 있게 될 것입니다. 여러분의 신아는 여러분의 창조주의 한 확장체입니다. 그리고 그 신아는 영적세계에서 자유롭게 사용이 가능한 창조주의 무한한 에너지에 접근할 수 있습니다. 여러분의 신아는 물질세계에서 인간의 온갖 참된 소원을 성취하는 데 필요한 모든 영적인 에너지를 공급해줄 것입니다. 또한 여러분의 신아는 여러분의 마음이 물질적인 형태로 포획할 수 있는 영적 에너지도 여러분에게 줄 것입니다.

그럼에도 여러분이 이 에너지를 받으려면 수송로인 도관을 다시 복구하고 확장시켜야합니다. 그럼으로써 여러분의 외적인 존재, 여러분의 의식적인 마음이 열린 문이 되어, 여러분의 태양인 신아, 즉 하느님의 빛을 이 세상에다 비출 수 있습니다. 그리고 현재 여러분에게 결핍감, 공허감, 혼자라는 느낌, 어쩌면 무가치하다는 느낌조차도 주고 있는 그 어둠을 없앨 수 있습니다. 나의 사랑하는 이들이여, 만약 여러분이 이 가르침을 완전히 흡수하고 받아들일 수 있다면, 자신의 삶을 완전히 전환해서 자기가 추구하는 궁극적인 성취에 이르는 길로 스스로 나아갈 가능성이 있습니다. 그리고 그 궁극적인 성취란 예수가 "나와 내 아버지는 하나이다(요한복음 10:30)."라고 말했을 때 표현했던 깨달음에서 오는 것입니다.

***

사랑하는 이들이여, 여러분은 이미 사람들이 추구하는 것이 물질적인 것이 아니라 내면적인 느낌이라는 것을 깨달았을 수도 있습니다. 그리고 그 느낌을 행복, 성취감 또는 어쩌면 마음의 평화와 같은 느낌으로 보았을 수도 있습니다. 그렇지만 나는 여러분이 진정으로 추구하는 것은 전체성이며, 그 온전함의 상태는 그 어떤 순간에도 여러분에게 가능하다는 것을 말하고자 합니다. 그러나 그 전체성을 발견하고 확립하기 위해서는 여러분의 주의를 두는 방향을 바꾸어야합니다. 나는 여러분이 필요한 것이 있거나 욕구가 있을 경우, 그 욕망을 충족하기 위해서는 자신의 밖에서 무엇인가를 찾아야한다고 생각하도록 조장하는 사회에서 성장한 것을 잘 알고 있습니다. 여러분은 욕구를 채우기 위해 어떤 제품이나 서비스를 찾도록 사람들을 세뇌시키는 소비자 문화에서 자랐습니다. 이 소비자 문화의 본질은 누군가가 당신들에게 뭔가를 팔길 원한다는 것입니다. 그러나 그 뒤에는 여러분의 욕구를 통해 대중들을 통제하려는 더 깊은 욕망이 있습니다. 이 문화의 본질은 이 세상이 부족한 세상이라는 것과 여러분이 전체가 되는 상태를 실현하기에는 자신 속에 그럴만한 것이 없다는 믿음을 실제로 촉진시키는 것입니다. 따라서 여러분은 다른 누군가와 무엇인가를 교환할 필요가 있습니다. 그리고 그런 필요성을 통해 다른 사람이나 기관이 여러분에게 영향을 미칠 수 있으며, 아마도 여러분을 통제할 수도 있습니다.

사랑하는 이들이여, 이 세상의 지배자와 기존 종교에 구축돼 있던 그의 추종자들이 예수를 죽이기로 결정했던 것은 바로 예수가 하느님의 왕국이 여러분 안에 있다고 말했을 때였습니다. 그들은 자기들이 여러분이 아는 것을 바라지 않는 한 가지 비밀을 예수가 계속해서 전파하기를 원치 않았습니다. 그 비밀은 여러분의 소망을 성취하는 참된 열쇠이자 신의 풍요로운 삶을 경험하는 진정한 열쇠는 여러분 자신의 바깥에서 그 풍요를 찾는 행위를 멈추는 것이라는 영원한 진실입니다.

풍요를 발견하고 온전함을 찾으려면, 여러분 자신 속으로 들어가야 합니다. 여러분은 자신 안에 있는 하느님의 왕국에 들어가서 풍요로운 삶에 이르는 진정한 열쇠를 발견해야하며, 그것은 바로 여러분의 신아이고 그 존재의 태양을 통해 방출되고 있는 영적인 빛입니다.

여러분이 이 진리를 깨달을 때, 영적으로 자아가 충만해지므로 더 이상 자신 바깥의 어떤 원천으로부터 그 어떤 것도 필요로 하지 않습니다. 여러분은 다른 어떤 사람이나 기관, 조직 또는 비즈니스로부터 어떤 것도 더 이상 필요하지 않습니다. 여러분은 참으로 영적인 길에서 독립적이 됩니다. 나는 여러분이 이에 따라 다른 인간과 상호작용할 필요가 없거나 상호작용하기를 원하지 않는다고 말하는 것이 아닙니다. 다만 나는 타인들과의 상호작용이 완전히 새로운 목표와 목적을 취할 것이라고 말하고 있습니다. 결핍감을 바탕으로 다른 사람들과 상호작용하는 대신에, 이제 여러분은 내면의 충만감을 기반으로 사람들과 상호작용할 것입니다. 또한 타인들에게서 무엇인가를 강제로 얻으려는 대신에, 다른 이들에게 주는 것을 추구할 것입니다. 그렇다고 해서 이것이 다른 사람에게서 어떤 것도 절대로 받지 못한다는 의미는 아닙니다. 왜냐하면 여러분은 종종 하느님이 다른 사람들을 통해 여러분의 필요한 것들을 채워주시도록 허용할 것이기 때문입니다. 그럼에도 그렇게 하는 과정에서, 박탈감을 느끼는 결핍의 상태가 되거나 타인들이 여러분에게 뭔가를 지불할 의무가 있다고 느끼는 상태에 빠지지 않습니다. 여러분은 다른 사람들이 협조하지 않을 거라고 두려워하지 않을 것이고, 또한 그것이 없이는 전체가 될 수 없다고 여러분이 생각하는 것을 줄 타인들을 얻기 위해 힘을 쓰지도 않을 것입니다.

대신에 여러분은 인간에게 왕국을 주는 것이 아버지의 큰 기쁨이라는 것과 여러분이 자유롭게 - 두려움 또는 두려움에 기초한 기대나 집착이 없다는 의미이다 - 그것을 기꺼이 받으면, 그분은 그것을 여러분에게 거저 주시리라는 원리를 이해합니다. 그런 다음 여러분은 거저 받은 것을 거저 나눌 수 있습니다(마태복음 10:8).[9] 한 집단의 사람들이 이런 의식상태에 있을 때, 그들은 서로에게 줄 것이고, 그렇게 하는 가운데 그들 중 누구도 홀로 얻을 수 있는 것 이상으로

---

9) "병든 자를 고치며 죽은 자를 살리며 문둥이를 깨끗하게 하며 귀신을 쫓아내되, 너희가 거저 받았으니 거저 주어라."

자기들의 달란트를 배가시키게 될 것입니다. 그리고 이것은 훨씬 더 많은 하느님의 풍요를 그들의 사회로 가져올 것이며, 이로써 삶은 모두에게 점점 더 풍요로워지는 상향나선을 타게 됩니다.

오, 나의 사랑하는 이들이여, 이것이 인간사회가 갖고 있는 진정한 잠재력입니다. 즉 인간들이 함께 모여 그들의 개인적인 재능을 증대시키고 힘을 합침으로써 그 전체는 그 부분의 합보다 더 커지게 됩니다. 그리고 사람들이 이기심이 없이 주고받을 때 그들은 하느님과의 올바른 관계를 회복합니다. 따라서, 하느님은 진정으로 그들의 달란트를 증식시킬 것이고, 진실로 그들로 하여금 많은 것들을 지배케 하시고, 이 세상에 더 많은 풍요를 가져다주실 것입니다. 그리하여 사회는 모든 사회 구성원들에게 평화와 번영, 풍요의 황금기를 가져오는 상향 나선으로 진입할 수가 있습니다. 참으로 이것은 과거의 문명에서 실현된 바 있었습니다. 그리고 일부 문명들은 최종적으로 사람들이 낮은 의식상태로 떨어지기 시작하기 전까지는 비교적 매우 오랜 기간 동안 그런 황금기를 유지할 수 있었습니다.

*　*　*

사랑하는 이들이여, 이제 여러분이 해야 할 선택을 설명하도록 하겠습니다. 그 선택은 여러분이 자신의 여생을 위한 목표를 세우는 것에 관련된 선택입니다. 나는 인간이 지구상에서 이용할 수 있는 모든 물질은 더 미세한 에너지로부터 창조되었다는 것을 여러분에게 말했습니다. 물질은 단지 물질 주파수대 안에서 이용 가능한 전체 에너지 총량 가운데 '빙산의 일각'에 불과합니다. 그 에너지의 대부분은 열이나 전기와 같은 물리적 에너지처럼 사용할 수가 없습니다. 그것은 우리가 '심령적 에너지'라고 부르는 것처럼 이용할 수 있는데, 이는 정신적이고 감정적 에너지를 의미합니다. 이 세상에서 이용할 수 있는 물질의 총량은 단지 물리적인 물질뿐만이 아니라 물질 주파수대 내에서 이용 가능한 에너지의 총량에 달려 있으며, 이는 일부 과학자들이 시공연속체(space-time continuum)라고 부르는 것입니다.

나는 물질조차도 특정한 주형(鑄型)에 포획된 에너지라고 여러분에게 말했습니다. 그것은 자아의식을 지닌 마음이 어머니 빛에다 이미지를 부여했기 때문에 일정한 형태로 포획된 매터 빛의 한 표현입니다. 그러나 그 빛의 진동이 낮추어져서 물질이 되기 전에, 그것은 내가 심령에너지라고 불렀던 주파수대로 먼저 낮추어졌습니다. 그리고 그 전에, 어머니 빛은 영적세계의 더 높은 주파수에서 진동했습니다. 내가 여기서 여러분에게 설명하는 것은 물질세계에서 인간이 이용할 수 있는 풍요가 지구의 전체 에너지계에서 사용할 수 있는 총 에너지양에 정비례한다는 것입니다. 이것은 영적세계의 주파수만큼은 높지는 않지만 물리적인 물질보다는 더 높은 주파수들을 포함합니다. 이 에너지는 물리적인 물질, 즉 전기나 햇빛과 같은 물질적인 에너지로 나타날 수도 있고, 또는 감각에 의해서는 감지될 수 없지만 감정적이고 정신적인 에너지 형태로 느껴질 수 있는 심령에너지로 나타날 수도 있습니다.

사랑하는 이들이여, 여러분의 과학자들은 모든 것이 에너지라고 말했습니다. 그것은 에너지가 아닌 것은 아무 것도 존재하지 않는다는 것을 의미합니다. 여러분은 자신이 감정을 갖고 있고 생각도 있다는 것을 잘 알고 있습니다. 그리고 여러분의 그 감정과 생각은 모두 과학의 정의에 따라 에너지의 형태여야 합니다. 따라서 비록 여러분이 육체적으로 심령에너지를 감지할 수는 없지만, 자신의 감정과 사고(思考) 속에서 그것을 현실로 경험하기 때문에 그런 에너지가 존재한다는 것을 여러분은 알고 있습니다. 그러므로 풍요로움을 얻기 위해서는 여러분의 육체를 사용하는 것만으로는 충분하지 않다는 것을 내면의 마음에서 알 수 있어야합니다. 여러분은 또한 자신의 마음을 이용하여 심령에너지를 모으고, 그 에너지를 여러분이 바라는 물질적인 형태로 바꾸는 법을 배울 필요가 있습니다.

이제 우리는 여러분이 직면한 선택을 내가 설명할 수 있는 중요한 단계에 이르게 되었습니다. 여러분에게 가능한 두 가지 선택권은 다음과 같습니다.

● 자신의 삶에서 더 커다란 풍요를 실현하기 위해, 여러분은 이 지구상에서 대부분의 사람들이 선택한 접근법을 취할 수 있습니다. 이미 물질 주파수대에서 사용 가능한 일정한 에너지 총량에서 더 많은 양의 물질과 심령 에너지를 축적하고자 할 수 있습니다. 달리 말하면, 한정된 양의 에너지와 물질로부터 풍요를 가져옴으로써 축적하려고 할 수 있습니다. 이 접근법을 취하게 되면, 결과적으로 여러분은 힘을 통해서 에너지와 물질적인 소유물을 축적해야합니다. 많은 경우에 타인들이나 어머니 자연으로부터 그것을 가져옴으로써 그렇게 해야 하며, 그 둘 다 싸우지 않고는 그것을 여러분에게 주지 않을 수도 있습니다. 이로 인해 여러분과 다른 사람들이나 자연 사이에 투쟁이 일어날 것입니다. 이마에 땀흘려가며 생계를 유지해야 할 것이며, 부를 축적하기 위해 힘을 사용해야만합니다. 그리고 여러분은 그것을 여러분으로부터 빼앗아가려는 세력에 맞서서 지키기 위해 계속해서 힘을 사용해야 할 것입니다.

참으로, 만약 모든 사람들이 똑같은 유한한 양으로부터 서로 재산을 쌓고자 한다면, 그리고 모두가 동일한 파이(pie)에서 더 큰 조각을 먹으려고 한다면, 거기에는 풍요를 누리고 유지하기 위한 끊임없는 투쟁이 있게 될 것입니다. 마찬가지로, 나는 어머니 빛에 내장된 안전장치가 모든 에너지를 그 원래의 기초 상태로 되돌리려는 작용을 할 것이라고 말했으며, 이것은 또한 여러분이 힘을 통해 강제로 취한 것을 제거하려는 힘을 만들어낼 것입니다. 그러므로 힘을 통해 얻고자 하면, 여러분은 똑같은 접근법을 취하는 다른 모든 사람들 및 어머니 자연과 대립하게 되고 갈등 속에 있게 됩니다.

이 접근방식의 한계를 분명히 알 수 있을 것입니다. 나는 설사 여러분이 커다란 물질적 부를 축적할지라도, 이것은 영원한 풍요의 상태가 되지 못할 것이므로 참된 풍요가 아님을 가슴으로 이해할 수 있다고 확신합니다. 이런 접근법을 취하게 되면, 여러분은 진정으로 풍요로운 삶을 누리지 못할 것입니다.

● 여러분이 취할 수 있는 두 번째 접근법은 풍요를 누릴 수 있는 유일한 방법은 힘과 투쟁을 통해서라고 믿게 만드는 결핍감으로부터 마음을 완전히 정화하는 것입니다. 여러분은 예수와 다른 영적인 스승들이 보여주었던 본보기를 따르는 길을 선택할 수 있습니다. 즉 여러분 안에 있는 하느님의 나라에 들어가서 여러분의 신아, 여러분의 영적인 아버지와 하나가 되는 영원한 상태에 도달하는 것입니다. 그리하여 하느님의 빛이 여러분의 존재, 여러분의 세계로 흘러드는 것을 허용함으로써 여러분의 삶 속에서 하느님의 풍요가 나타나게 하는 것입니다.

**

만약 여러분이 두 번째 접근법을 취하면, 유한한 양에서 부를 축적하기 위해 경쟁하지 않습니다. 여러분은 유한한 파이에서 더 큰 조각을 얻기 위해 남과 다투지 않습니다. 대신에, 신의 무한한 풍요와 연결되어 있고, 그 파이를 확대함으로써 신이 여러분에게 그분의 왕국을 기쁘게 줄 수 있도록 허용하고 있습니다. 영적세계에는 아무런 한계가 없으므로 여러분의 신아가 여러분이라는 존재를 통해 흐르게 할 수 있는 영적 에너지의 양에는 제한이 없습니다. 유일한 한계는 여러분이 자신의 외적인 마음을 통해 얼마나 많은 영적 에너지를 받을 수 있는가에 있습니다.

이것이 진실로 '성배(聖杯)'의 전설을 탄생시킨 개념입니다. 성배는 잔 또는 컵이라고 하지만, 사실 성배는 영적인 빛의 형태로 하느님의 풍요를 담을 수 있는 용기(容器)의 상징입니다. 이 전설의 진정한 의미는 여러분의 마음, 여러분의 존재는 자신의 신아로부터 내려오는 영적인 빛을 담을 수 있는 성배가 되도록 예정돼 있다는 것입니다. 자, 나의 사랑하는 이들이여, 하느님은 그분의 진주가 돼지 앞에 던져지게 하지 않으실 것입니다(마태복음 7:6). 또한 자신의 풍요가 땅에 묻히거나(마태복음 25:18), 돌밭에 떨어지게 하지 않으실 것입니다(마태복음 13:5). 그러므로 하느님은 여러분이 작은 일에 충실할 수 있다는 것을 증명할 때까지(마태복음 25:21)[10], 여러분이 자신의 낮은 존재가 그 풍요를 현명하게 이용할 성배가 되었다는 것을 증명할 때까지 풍요를 주시지 않을 것입니다. 그렇게 함으로써만이 여러분은 하느님이 주신 것을 지키는 현명한 청지기가 될 것입니다.

실제로, 여러분은 두 가지 선택권을 갖고 있습니다. 우선 물질적인 주파수대에서 사용할 수 있는 한정된 양의 에너지에서 그것을 가져와서 풍요로운 삶을

---

10) "그 주인이 이르되, 잘 하였도다. 착하고 충성된 종아, 네가 작은 일에 충성하였으매 내가 많은 것으로 네게 맡기리니 네 주인의 즐거움에 참예할지어다."

실현하고자 할 수 있습니다. 또는 영적세계에서 이용할 수 있는 무한한 양의 에너지로부터 직접 풍요를 받고자 할 수 있습니다. 만약 첫 번째 것을 선택하면, 지구에서 사용할 수 있는 풍요의 양은 전혀 늘어나지 않습니다. 그러므로 여러분은 오직 물질이나 심령에너지를 다른 존재로부터 취함으로써만이 개인적인 풍요를 누릴 수 있습니다. 두 번째 것을 선택하면 여러분 자신이 풍요를 누릴 수 있을 뿐만 아니라 더 많은 풍요를 이 세상에 가져올 수 있으며, 이로 인해 모든 사람들이 이용할 수 있는 에너지의 양을 늘릴 수 있습니다. 이것은 여러분이 자신의 개인적인 풍요를 추구하면서 또한 전체의 풍요를 증가시키게 된다는 것을 의미합니다. 그리고 이것이 여러분의 달란트를 증식한다는 진정한 의미입니다. 즉 여러분이 이 세상에서 그 풍요의 총량을 증가시키는 것입니다.

여러분이 실제로 하고 있는 일은 물질세계에서 빛의 총량을 증가시키고 있는 것이고, 그에 따라 여러분은 이 세상을 하느님의 나라로 변화시키는 데 개인적인 기여를 하고 있습니다. 내가 여러분에게 일찍이 설명했듯이, 이것이 여러분의 진정한 존재 이유입니다. 여러분은 물질적인 주파수대 속으로 영적인 빛을 가져옴으로써 하느님과 공동창조자로 봉사하도록 설계돼 있습니다. 이것은 그 영적인 빛을 이용하여 신의 법칙과 완전성의 표현인 완벽하게 아름답고 균형 잡힌 형태를 창조함으로써 어둠을 대체하는 것입니다. 그것은 인간이 예정된 이런 역할을 이행할 때 이루어질 것입니다. 하느님은 여러분이 작은 일, 즉 유한한 양의 영적인 빛에 충실했기 때문에 여러분을 수많은 일을 맡는 지배자로 만드실 것입니다. 여러분이 예수에 대해 언급된 "이는 내 사랑하는 아들이요, 내가 기뻐하는 자라(마태복음 3:17)."라는 말씀을 듣게 되는 것은 바로 이런 역할을 완수할 때입니다.

***

사랑하는 이들이여, 나는 이제 잠시 멈추고 한 숨 돌리게 해줄 진실을 여러분에게 전해주려 합니다. 그러면 여러분이 두 가지 선택사항 사이에서 선택하는 것이 더 쉬워질 것입니다. 혹시 여러분이 이미 선택하지 않았다면 말이지요. 나는 여러분이 원하는 모든 돈을 쉽고 빠르게 모으는 방법을 가르쳐 줄 수 있다고 주장하는 세상의 많은 전문가들에 관해 언급했습니다. 나는 그들 중 어떤 이들에 대해 그릇된 사람들로 지적했으며, 이제 왜 그들이 거짓 교사들인지를 설명할 것입니다.

이미 설명했듯이, 의식(意識)과 잠재의식(潛在意識)을 의미하는 여러분의 마음은 어머니 빛에다 이미지를 부여할 수 있는 내장된 기능을 가지고 있어서 그 빛이 그런 이미지에 의해 규정된 형태를 그대로 취하게 만들 수 있습니다. 생각의 힘을 통해 여러분은 물질 주파수대로 낮추어진 빛에다 정신적인 이미지를 투사합니다. 이어서 자신의 감정의 힘을 통해 여러분은 그 에너지에다 움직임을 주고 방향을 유도하며, 이로 인해 그것이 물리적인 물질 주파수대로 낮추어짐으로써 여러분의 삶에서 명백한 현실이 됩니다.

예수의 생애를 살펴보면, 여러분은 그가 물질 자체에 대해 매우 고도로 통달한 사람이라는 것을 알 수 있을 것입니다. 예수는 병든 사람 몸의 분자와 원자 구조를 변화시켜서 질병에 걸린 세포를 즉시 치유하고 온전하게 회복시키는 능력이 있었습니다. 또한 예수는 물을 포도주로 변화시키고 빵과 물고기를 늘리는 능력이 있었습니다. 사랑하는 이들이여, 이것은 여러분의 마음속에 내재된 능력입니다. 물론 지구상에 있는 대부분의 사람들은 예수가 시범적으로 보여주었던 물질을 지배하는 통달의 경지에 이르지 못했습니다. 그럼에도 지구상의 모든 사람들은 이런 단계에 도달할 능력을 갖고 있습니다. 그래서 예수는 그를 믿는 사람들은 그가 했던 일들을 할 수 있을 것이라고 말했던 것입니다(요한복음 14:12).[11]

하지만 이런 통달의 단계에 도달하는 데는 두 가지 방법이 있습니다. 낮은 길이 있고 높은 길이 있습니다. 예수가 보여주었던 물질에 대한 지배력은 분명히 높은 길이었습니다. 왜냐하면 예수는 그 자신의 자아로는 아무 것도 할 수 없고 일을 하고 있는 분은 그의 안에 계신 아버지 하느님, 즉 신아라는 것을 알고 있었기 때문입니다. 여러분이 자신의 신아를 진정한 원천내지는 참된 행위자로 인식할 때, 하느님의 법칙과 그분의 창조적인 의도에다 여러분 자신을 일치시키게 됩니다. 이 우주에 대한 하느님의 계획은 모든 공동창조자들, 모든 자아의식을 지닌 존재들이 서로, 그리고 전체와 조화롭게 살 수 있는 무대를 창조하는 것입니다. 내가 앞서 말했듯이, 여러분이 자신의 창조력을 최대한 발휘할 때, 이 세상에 더 많은 풍요를 가져오고 있습니다. 따라서 여러분은 다른 누군가에게서 그것을 취하지 않고 전체를 확대하고 있는 것입니다.

하지만 나는 여러분이 마음속에 내재된 힘을 이용하여 이 세상의 풍요의 총량을 증가시키지 않으면서도 신의 에너지를 조종하고 여러분 자신을 위해 풍요를 축적할 수 있다고 말해야 합니다. 그때 여러분은 지구의 에너지계 안에서 이미 사용 가능한 공급량으로부터 더 많은 에너지와 물질적인 풍요를 자신에게 끌어오기 위해 마음의 힘을 사용하고 있는 것입니다. 그러나 그렇게 할 때, 여러분은 필연적으로 그것을 다른 생명의 부분에서 가져와야하며, 생명의 그런 부분과 그 에너지를 이루고 있는 전체 생명에게서 빼앗고 있는 것입니다.

사랑하는 이들이여, 나는 이 지구행성에 있는 상당수의 사람들이 힘을 통해 그것을 취득함으로써, 유한한 양의 풍요로부터 그것을 가져옴으로써 에너지와 물질적 부를 자신에게 끌어오는 방식이 너무나 만연해 있다고 말하고자 합니다. 그들은 자신의 행위가 다른 사람들이나 어머니 지구에 어떤 영향을 미치는지에 대해서는 전혀 고려하지 않고 그렇게 하고 있습니다. 이런 영혼들은 전체 또는 하느님의 창조적인 의도에 대한 모든 주요 사항을 완전히 내던져버렸습니

---

11)내가 진실로 진실로 너희에게 이르노니, 나를 믿는 자는 나의 하는 일을 저도 할 것이요, 또한 이보다 큰 것도 하리니, 이는 내가 아버지께로 감이니라.

다. 그들은 그들 자신을 하느님과 분리돼 있는 존재로 보며 그들 스스로를 하느님의 몸과 별개의 것으로 생각합니다. 또한 그들은 자신들의 행위가 생명의 다른 부분에 어떻게 영향을 미치느냐에 상관없이, 원하는 것은 무엇이든 할 권리가 있는 엘리트에 자기가 속한다고 믿습니다. 또한 그들은 자신들이 타인들을 노예화하거나 그 사람들을 엘리트의 부를 생산하기 위해 지구상에서 수고하는 하수인으로 만들 권리가 있다고 생각합니다. 여러분이 역사를 살펴보면, 이런 엘리트의 존재들을 알게 될 것입니다. 그리고 인간에게 알려진 모든 문화와 문명 속에서 이 소규모 엘리트가 어떻게 일반 주민을 통제 관리하면서 그 엘리트들에게 과도한 양의 물질적인 부와 권력, 쾌락, 특권 및 에너지를 제공하도록 만들었는지 알 수 있을 것입니다

여러분에게 이것을 말하는 나의 목적은 두 가지입니다. 만약 여러분이 하느님의 풍요로운 삶을 구현하고자 한다면, 이런 엘리트의 사고방식에서 벗어나야 합니다. 여러분은 그들과 떨어져서 분리되어야 하고 선택된 사람들이 되어야합니다. 나는 이것을 나중에 자세히 설명할 것입니다. 지금, 내 가르침의 가장 중요한 목적은 이 권력 엘리트 세력이 심령에너지와 물질적인 부를 자신에게 끌어들이는 어떤 능력을 손에 얻었다는 사실을 여러분에게 인식시키는 것입니다.

그들은 생명의 다른 부분에서 에너지를 빼앗기 위해 인간의 마음에 내재된 힘을 사용함으로써 이것을 이루었습니다. 말할 필요도 없이, 이것은 하느님의 법을 어기는 것이며, 인간의 창조력을 오용하는 것입니다. 인간이 자신의 창조적인 힘을 오용하는 것이 실제로 가능하다는 점을 이해하는 것은 중요합니다. 여러분은 이것을 반드시 이해할 필요가 있는데, 왜냐하면 그런 이해를 통해 자기들을 따르기만 하면 단기간에 부의 축적이 가능하다고 약속하는 자칭 성공전문가들의 약속에 빠져드는 것을 피할 수 있기 때문입니다.

나의 사랑하는 이들이여, 나는 앞서 "속성으로 부자 되기"의 대부분이 거의 효과가 없다고 말했고, 이것은 사실입니다. 그럼에도 나는 마음의 힘을 통해 심령에너지와 물질을 조종하는 방법을 발견하여 타인들에게 영향을 줌으로써 엄청난 부를 축적할 수 있는 사람들이 있음을 말해야합니다. 이 사람들의 대부분은 계속해서 재산을 쌓기 위해 이런 능력을 사용하지만, 일부 사람들은 전문가를 자처하며 자기들이 이룬 것과 똑같은 방식으로 부를 성취하는 방법을 여러분에게 가르칠 수 있다고 주장합니다. 사랑하는 이들이여, 여기에 미묘한 것이 있음을 알아차릴 수 있나요? 이 사람들은 자기들의 시스템이 효과가 있다는 증거로 그들 자신뿐만 아니라 세계에서 가장 부유하고 성공한 사람들을 지적하며 내세웁니다. 그리고 내가 여러분에게 말하지만, 비록 대부분의 사람들이 에너지를 조종하는 법을 배우는 데는 오랜 시간이 걸릴지라도, 그들의 시스템 중일부는 실제로 작동합니다. 따라서 이것은 속성으로 부를 얻는 계획이 아닙니다. 그러나 여러분의 마음에 내재된 힘을 사용함으로써 부를 쌓는 것이 정말로 가능합니다. 그렇기에 만약 여러분이 단지 어떤 사람이 축적한 부의 양만으로

성공을 평가한다면, 지구상에서 가장 부유한 사람들의 사례를 따라야한다는 생각에 쉽게 빠질 수 있습니다. 여러분은 이런 성공지도자들에 의해 행해진 약속을 쉽사리 믿을 것이며, 그들은 힘을 통해 풍요를 얻는 방법을 여러분에게 말해줄 것입니다.

내가 여기서 말하고 있는 것은 여러분이 힘을 통해 부를 축적하고 타인들로부터 그것을 취함으로써 풍요를 누리기 위해 마음의 힘을 이용하는 법을 배울 수 있다는 것입니다. 앞서 말했듯이, 나는 항상 자유의지의 법칙을 존중할 것입니다. 만약 여러분이 힘을 통해 풍요를 쟁취하는 것처럼 느끼고 그에 따라 더욱 더 많은 부를 축적하려 하고 또 그것을 지키려는 끊임없는 소용돌이 속에 빠져드는 경험이 정말로 필요하다면, 내가 그런 경험을 하지 못하게 막아서야 되겠습니까? 그러니 니는 이런 방식으로 부를 축적하는 그 결말을 내가 여러분에게 설명했다는 점을 확실히 하고 싶습니다. 나는 이미 자유의지의 법칙이 원인-결과의 법칙과는 대립관계에 있음을 말해 주었습니다. 여러분이 힘을 통해 부를 축적하고자 한다면, 그런 (행위의) 결과로서 자신에게 되돌아 올 원인(씨앗)을 만들 것이며, 결국 그로 인해 자신이 힘으로 소유하고자하는 것을 언젠가 빼앗기게 될 것입니다.

내가 전에 여러분에게 설명했듯이, 어머니 빛 자체는 그 빛을 원래의 초기상태로 되돌려 놓음으로써 모든 형태를 무(無)의 상태로 만드는 내장된 장치를 가지고 있습니다. 여러분의 마음의 힘을 사용하여 어머니 빛이 특정 형태를 유지하도록 할 수는 있지만, 그렇게 할 때 그 빛에 불균형이 생기게 되는데, 왜냐하면 여러분은 신이 사용하신 창조원리에 기초해 있지 않은 형태를 창조하기 때문입니다. 그리고 이러한 불균형을 일으킴으로써, 원인-결과의 법칙, 작용-반작용의 법칙이 여러분이 생성한 힘만큼 강력한 정반대의 힘을 자동적으로 만들어낼 것입니다. 여러분이 힘으로 부를 얻으려는 모든 행위에 대해 우주는 그 부를 없애려는 반작용을 일으킵니다. 그 목적은 지구가 균형상태로 되돌아가고 어머니 빛이 그 원래상태로 돌아가려는 것입니다. 힘을 사용함으로써, 여러분이 불균형한 형태를 한동안 유지할 수는 있지만, 그렇게 하는 것은 끊임없는 투쟁이 필요하며, 그런 투쟁이 다른 활동에서 주의력과 에너지를 빼앗아 갈 것입니다. 어떤 사람들은 이 투쟁으로 인해 자신의 부유함을 즐기지 못하게 되거나, 아니면 그것이 완전히 그들의 삶을 집어삼킬 것입니다. 명백히, 그것은 또한 그들이 영적으로 성장할 수 없게 방해합니다.

만약 여러분이 이 투쟁의 느낌을 경험하고 싶다면, 신은 당신들에게 이런 경험을 자신의 삶 속에다 창조할 권리를 주셨습니다. 그리고 여러분은 매우 오랜 기간 동안 그런 투쟁을 계속 경험할 수 있습니다. 그렇지만 나는 이 책이 여러분에게 영감을 불어넣어 여러분의 본심은 작용과 반작응의 쳇바퀴에 갇히는 것을 바라지 않음을 이해했으면 합니다. 또한 현재 진행 중인 인간의 권력투쟁에 삼켜지기를 참으로 원하지 않음을 깨달았으면 하는 것이 나의 소망입니다. 또한 희망컨대, 여러분 스스로 생명의 강으로 뛰어드는 것, 그리고 자신의 신아와의 연결을 재건하여 그 현존하는 태양빛이 여러분의 존재를 비추도록 허용하는 것에는 훨씬 더 커다란 기쁨이 있음을 알게 되기를 바랍니다. 이 우주에 대한 신의 원래 계획에 참여하여 신과 공동창조자가 됨으로써 여러분 안에 있는 그분의 힘이 영원한 풍요를 실현할 수 있게 하는 것에는 훨씬 더 큰 기쁨이 있습니다. 아울러 풍요를 강제로 생명의 다른 부분에서 취하는 대신에, 그것을 하늘로부터 직접 받는 데에 훨씬 더 커다란 기쁨이 있습니다. 즉 풍요로움을 수평적으로 얻으려하기보다는 수직적으로 추구하는 데 훨씬 더 큰 기쁨이 있는 것입니다.

나는 내가 여러분의 가슴속 깊이 들어가서 여러분에게 제시한 두 가지 선택권에 대해 깊이 생각해 보도록 영감을 주었으면 좋겠습니다. 여러분은 유한한 양의 풍요를 얻기 위한 투쟁으로 남은 삶을 보내고 싶습니까? 아니면 스스로 생명의 강의 일부가 되어 더 많은 풍요를 이 세상으로 가져올 수 있도록 자신의 인생 방향을 수정하고 싶습니까? 만약 첫 번째 것을 선택한다면, 내가 여러분을 위해 해줄 것은 더 이상 아무것도 없으며 이 책은 별로 가치도 없는 것을 가르치는 책이 될 것입니다. 그러나 두 번째 사항을 선택한다면, 나는 여러분에게 자신의 신아와의 연결을 재건하고 확장하는 방법을 알려줄 것입니다. 나는 생명의 강이 여러분을 통해 흐르게 하고 진정한 풍요를 실현케 할 수문을 여는 방법을 여러분에 보여줄 것이며, 그 풍요는 이 세상의 힘에 의해서는 빼앗길 수 없는 풍요입니다. 여러분이 하늘에서 오는 풍요로운 삶을 받아들이기로 선택했을 때, 비로소 나와 합류하게 되어 내가 다음 열쇠를 여러분에게 건네주게 될 것입니다.

만약 삶이 꿈에 불과하다면, 어떻게 깨어나는가?

사랑하는 이들이여, 나는 내가 이전의 열쇠에서 여러분에게 주었던 견해들을 통합하고자 하며, 그럼으로써 풍요로운 삶을 실현하기 위해 무엇이 필요할지에 관해 보다 일관된 그림을 제시할 수 있습니다. 나는 왕국을 여러분에게 주는 것이 아버지의 큰 기쁨이라는 성서 구절의 진정한 의미를 설명한 바 있으며, 다시 말해 그것은 인간이 신과 공동창조자가 되도록 설계돼 있다는 것입니다. 그러므로 여러분은 하늘로부터 끊임없이 풍요로운 삶을 받도록 계획돼 있습니다. 여러분은 자신의 신아를 통해 의식적인 마음속으로 흐르고 있는 끊임없는 영적 에너지의 흐름 형태로 풍요로운 삶을 받을 것입니다. 이러한 에너지의 흐름은 그때 여러분에 의해 이 세상에서 풍요로운 삶으로 나타나도록 유도될 수 있습니다. 그렇게 함으로써, 여러분은 신과 공동창조자로서 자신의 역할을 수행하고, 신이 여러분에게 주신 에너지와 창조능력을 증식하게 될 것입니다. 그리하여 우선 여러분 자신을 지배하고, 이어서 물질적인 세계를 지배함에 따라, 하늘나라를 지상으로 가져와 지상천국을 이룩하는 데 도움을 줄 수 있습니다.

여러분이 현재 풍요로운 삶을 누리지 못하는 이유는 자신의 원래 역할을 잊어버렸기 때문입니다. 하느님과 공동창조자로서의 자신의 참된 정체성을 잃어버렸다고 말할 수도 있습니다. 대신에, 여러분은 신으로부터 분리된 이 세상의 인간으로서의 거짓신분, 즉 가짜 정체성을 받아들이게 되었습니다. 심지어 여러분은 신이 존재하지 않고, 영적인 세계도 없으며, 신아도 없다고 믿게 되었습니다. 또한 여러분은 그저 자신의 정당한 소유물을 빼앗으려고 하는 사람들로 둘러싸인, 적대적인 세상에 홀로 있다고 믿고 있습니다.

내가 여기서 여러분에게 제시하는 것은 여러분이 오늘날 지구를 바라볼 때, 특히 인간갈등의 영역을 볼 때, 갈등에 관여돼 있는 대부분의 사람들이 이런 의식상태에 빠져있는 모습을 보게 된다는 것입니다. 우리는 이것을 자기중심적이거나 자기본위적인 이기적 의식상태라고 부를 수 있습니다. 이런 의식 속에 있는 사람들은 자신에게만 너무 집중하다보니 더 큰 상황을 고려해야한다는 인식이 없습니다. 그들은 자신의 행위가 다른 사람들에게 어떤 영향을 미치는지에 대한 인식이 없으며, 또는 자신들이 하느님 몸의 한 부분이고 그들이 행하는 모든 것이 전체에 영향을 미친다는 높은 자각이 없습니다. 그들은 또한 물질세계에서의 삶에 너무 집중한 나머지 영적인 세계가 있다는 것에 관심을 가질 여지가 없으며, 풍요를 이 세상에서 억지로 얻기보다는 하늘에서 직접 받을 수도 있다는 것을 모릅니다.

나의 사랑하는 이들이여, 나는 만약 여러분이 풍요로운 삶을 실현하고 많은 사람들이 빠져 있는 제한된 자원을 둘러싼 투쟁의식을 극복하려 한다면, 이런 자기중심적이고 물질적인 의식상태를 초월해야함을 이제는 알았으면 합니다. 여러분은 그런 이기적 상태를 넘어서서 하느님과 함께 공동창조자가 되기에 합당한 하느님의 아들이나 딸로서의 진정한 자신의 정체성을 되찾아야합니다. 그러므로 여러분은 바로 이곳 지구에서 풍요로운 삶을 공동창조할 수 있는 충분한 능력이 있습니다. 이런 더 높은 의식상태는 하느님과의 분리가 아니라 여러분의 근원과의 하나됨에 기초해 있는 의식입니다. 이것이 바로 예수가 "나와 나의 아버지는 하나이니라(요한복음 10:30)."라고 말했을 때 그가 묘사했던 하나됨의 상태입니다. 그는 참으로 "나와 나의 신아와는 하나이다."라는 것을 의미했기 때문에, 여러분은 예수가 보여준 그 의식은 본래의 자신이 아닌 거짓된 이미지가 아니라 진정한 실체에 근거한 정체성의 의식임을 알 것입니다. 비록 우리가 이 의식상태를 여러 가지 이름으로 부를 수 있지만, 나는 그것을 개별적인 신성(神性) 또는 그리스도 의식(Christ consciousness)이라고 부르고 싶습니다. 앞서 언급했듯이, 지구에 와서 이런 의식 상태를 시범보이는 것이 참으로 예수의 역할이었습니다.

***

사랑하는 이들이여, 우리가 그리스도 의식을 어떻게 구현하는가를 바로 논하기에 앞서, 나는 그리스도 의식이 실제로 의미하는 바를 좀 더 자세하게 설명하고자합니다. 내가 이전의 열쇠에서 여러분에게 설명한 것은 물질세계는 주파수가 낮추어져 특정 형태를 취한 영적세계의 더 미세한 에너지로 이루어져 있다는 것이었습니다. 또한 나는 지구상에서 인간이 이용할 수 있는 풍요의 진정한 척도는 진동이 낮추어져 이제는 물질 주파수대에서 진동하는 영적 에너지의 양이라고 말했습니다. 그 에너지의 일부는 물질 주파수대로 낮추어졌지만, 일부는 심령에너지로 존재합니다. 그 일부는 물질적 풍요로 나타나는 반면에, 일부는 인간의 마음의 힘을 통해서 물질적 풍요로 나타날 수 있는 잠재적 풍요라고 말할 수 있습니다.

모든 사람들이 풍요로운 삶을 공유할 수 있도록 지구에서 풍요를 늘리는 궁극적인 열쇠는 더 많은 영적 에너지를 물질적인 주파수대로 가져오는 것입니다. 또한 나는 오직 그리스도 의식을 성취한 사람만이 영적세계의 에너지를 물질세계로 가져올 수 있다고 여러분에게 말했습니다. 그리스도 의식을 가진 사람만이 이 세상으로 흘러들어오는 하느님의 빛을 위한 열린 문이 될 수 있습니다. 그런 까닭에 예수가 "나는 곧 길이요, 진리요, 생명이니라(요한복음 14:6)." "나는 문이니라(요한복음 10:9)." 그리고 "내가 세상에 있는 동안에는 나는 세상의 빛이다(요한복음 9:5)."라고 말할 수 있었던 것입니다. 그러나 그리스도 의식을 성취하는 사람은 누구나 똑같이 그렇게 말할 수 있습니다. 그리고 내가 여러분에게 보여주려고 노력한 것처럼, 모든 사람은 그리스도 의식을 성취할 잠재력을 가지고 있습니다.

이제 그리스도 의식을 얻지 못한 사람들에게 열려있는 풍요를 실현하기 위한 선택권을 논해 보겠습니다. 만약 사람들이 신이 존재하지 않는다는 유물론적 철학을 믿거나, 또는 예수를 본보기로서가 아니라 특별한 존재로 보는 우상숭배 형태로 믿는다면, 그들에게는 물질세계에서 사용 가능한 에너지의 총량을 늘릴 수 있는 선택권이 없습니다. 그러므로 그들은 단지 지구의 에너지계에서 이미 이용할 수 있는 한정된 물질과 심령에너지의 양을 취함으로써만이 풍요를 증가시킬 수 있습니다.

이를 염두에 두고 우리는 사람들이 그리스도 의식에 얼마나 가까이 있는지, 또 그 상태에서 추락하여 얼마나 낮은 수준에 있는지를 나타내는 척도를 설정할 수 있습니다. 우선 (석기시대의) 동굴 주거인과 그 원시인이 나타내는 의식 상태를 생각해 봅시다. 동굴 주거인에게서 여러분은 스스로를 육체와 완전히 동일시하고 그 육체의 저급한 본능만을 지니고 있는 존재를 보게 됩니다. 동굴 주거인은 인간보다는 오히려 지능을 가진 동물처럼 행동하기 때문에, 간신히 "사람"이라는 꼬리표를 붙일 수가 있습니다. 동굴 주거인은 자신의 환경을 바꿀 수 있다고 생각할 만큼의 높은 수준의 인식을 갖고 있지 않습니다. 그러므로 그는 동물로서 살면서 환경에 적응하여 어머니 대자연에서 필요한 것을 취함으로써 삶을 영위합니다. 이것은 힘을 통해 모든 것을 빼앗음으로써, 즉 동물을 죽이거나 먹을 수 있는 식량은 무엇이든 긁어모음으로써 이루어집니다. 그가 다른 동굴 거주자와 충돌할 때, 그의 유일한 대응은 폭력을 사용하여 그가 자신의 것이라고 믿는 것을 지키는 것입니다. 영토를 나누거나 대결을 피하기 위해 다른 종족이나 국가 간에 협상을 한다거나 법을 제정한다든지, 또는 합의를 하는 일은 없습니다. 다른 동굴 거주자가 도발하자마자, 그의 동물적 본능이 촉발되고 그는 동물들에게서 볼 수 있는 아주 전형적인 도피 또는 투쟁 방식으로 반응합니다. 만약 그가 도망칠 수 없다면, 돌아서서 싸울 것입니다. 그러므로 과학자들이 현재 인류종족 진화 고리의 초기로 보는 것이 그리스도의 의식의 기준에서 볼 때는 최저점을 나타낸다고 말할 수 있습니다. 내가 여러분에게 말했듯이, 사실 동굴 거주 단계가 인류의 시작은 아니었습니다. 그것은 실제로 인간들이 자신의 창조능력을 오용하는 바람에 초래했던 낮은 지점이었습니다. 그래서 우리는 동굴 주거인이 현대세계에 알려진 인간의 창조능력의 측면에서 볼 때, 가장 낮은 의식수준을 상징한다고 말할 수 있습니다.

인류의 진화과정을 살펴보면, 동굴 주거단계 이후 점진적인 상승추세가 나타나면서 창의력을 사용하여 환경을 변화시키고 에너지를 조종하는 방법에 대한 인식이 높아진 것을 알 수 있습니다. 인간들이 불을 사용하는 방법을 배우고 불을 도구로 보존하고 통제하는 것을 배웠을 때, 하나의 커다란 도약이 일어났습니다. 또 하나의 중요한 도약은 사람들이 자연동굴에 의지하기보다는 자기 집을 짓는 법을 배웠을 때였습니다. 이어서 사람들이 농업을 배웠을 때 또 다른 도약이 있었습니다. 그리하여 그들은 사냥을 통해 얻을 수 있는 것보다 더 많은 식량을 생산하기 위해 땅을 이용할 수 있었습니다. 지난 2,000년 동안 우리가 보아온 문명의 발전은 또한 우주가 어떻게 작용하는지에 대한 인식이 높아짐을 나타냅니다. 사람들은 수동적으로 환경에 적응하는 대신에 점차 환경을 바꿀 수 있게 되었습니다. 이것의 대부분은 물질과 자연의 법칙을 이용하는 방법에 관해 배우는 데 초점을 맞추어져 있었습니다. 따라서 그것은 물질의 주파수대에서 이미 이용 가능한 공급원으로부터 풍요를 얻어내는 데 집중돼 왔던 것입니다.

지난 세기 동안, 여러분은 물질이 에너지의 한 형태라는 과학적 이해를 포함하여 보다 미세한 에너지에 관한 인식이 높아진 것을 보았습니다. 여러분은 또한 영적인 삶의 측면에 대한 사람들의 이해가 향상된 것을 보았습니다. 자립적인 분야에서 입증되었듯이, 그로 인해 여러분의 마음이 자신의 삶의 모든 면에 중대한 영향을 끼친다는 사실을 더 잘 인식하게 되었습니다. 내 요점은 인류가 이제 사람들이 이제 더 이상 물질을 통해 풍요를 실현하는 데만 한정되지 않은 단계로 옮겨갔다는 것입니다. 비록 공식적인 이해가 아직 초기단계이긴 하지만, 사람들은 마음의 힘을 이용하여 풍요를 실현하기 시작했습니다. 물론 많은 사람들이 여전히 자연의 더 깊은 법칙을 발견하여 물질을 보다 잘 사용할 수 있도록 하기 위해 마음을 사용하는 데 초점을 맞추고 있습니다. 그러나 점점 더 많은 사람들이 물질에 지배하는 마음의 잠재력을 탐구하기 시작했으며, 그것에 따라 정신적 에너지의 진동을 낮추고 물리적 형태를 취하게 만듦으로써 그 에너지를 물질적인 것으로 전환시키고 있습니다.

내가 여기서 여러분에게 보여주고 싶은 것은 인간의식이 성장하게 되었을 때, 그 성장의 한 가지 측면은 세상이 어떻게 움직이는지에 관한 자각과 이해의 성장이라는 것입니다. 이런 자각이 높아지면 인간은 자신의 이익을 위해 자연의 법칙을 더 잘 활용하게 됩니다. 그런 다음 훨씬 더 적은 노력으로 필요한 것들을 충족할 수 있도록 환경을 적극적으로 바꾸는 것이 가능해집니다. 그럼에도 여러분이 오늘날의 인간사회에서 볼 수 있듯이, 이러한 지적인 인식의 향상에 함정이 없는 것은 아닙니다. 즉 그것이 반드시 풍요로운 삶이나 영원한 행복의 상태 및 마음의 평화로 인도하지는 않습니다. 실제로, 인간이 높아진 지능을 무분별하게 사용하게 되면, 인간종족의 장기적인 생존을 위협할 수 있는 문제를 야기할 수도 있습니다.

내 요점은 이런 인식의 향상이 그리스도 의식과 동일하지는 않다는 것입니다. 인식이나 자각의 향상이 그리스도 의식에 도달하는 과정의 일부이긴 합니다만, 그것이 완전한 그리스도 의식은 아닙니다. 사실, 신과 모든 생명과의 하나됨에 대한 인식향상은 없이, 자연의 법칙을 조종하는 방법에 대한 인식의 향상은 오히려 여러분을 그리스도 의식으로부터 밀어지게 할 수 있습니다. 바꿔 말하면, 물질세계에 대한 인식이 높아진다고 해서 자동적으로 그리스도 의식이 생기지는 않을 거라는 것이지요. 그것이 어떤 사람에게 그리스도 의식으로의 상승을 위한 기초를 제공할 수는 있지만, 이 상승이 일어날 것이라는 보장은 없습니다. 그 이유는 사람들의 창조력에 대한 인식향상이 가슴의 사랑이 높아짐으로써 균형을 이루지 못할 경우, 일종의 함정이 될 수 있기 때문입니다. 인식향상이 마음속에서 일어난다고 말할 수 있지만, 그 마음이 다른 생명들을 사랑하고 평화롭게 사는 능력을 인간들에게 주는 기능은 없습니다. 풍요의 진정한 열쇠는 사람들이 단순히 힘을 통해 사물을 얻는 것에 더 나아지는 것이 아니라, 힘을 넘어서서, 여러분에게 왕국을 주는 것이 아버지의 기쁜 일임을 아는 것입니다. 따라서, 여러분은 힘이 아닌 사랑을 통해서 필요한 모든 것을 얻을 수 있습니다.

이것은 우리를 그리스도 의식에 대한 다른 측면으로 인도합니다. 즉 그리스도 의식에 대한 진정한 열쇠는 결핍과 두려움에 기초한 삶에 대한 접근법에서 벗어나 풍요와 사랑에 기초한 접근법으로 신속히 전환하는 것입니다. 동굴 거주인은 세상에 대한 마음의 인식과 자기를 넘어선 사랑이라는 가슴의 능력 면에서 볼 때 진화론적으로 매우 낮은 점수를 나타냈다고 말할 수 있습니다. 그 이후 인류는 세상을 이해하는 마음의 능력과 사랑하는 가슴의 능력 모두를 어느 정도 향상시켰지만, 불행하게도 가슴은 마음만큼 빠르게 확장되지는 않았습니다. 그렇기에 여러분은 새로운 기술을 창조할 능력은 있지만 그 기술을 현명하게 사용할 능력이 없는 사람들을 보게 됩니다. 즉 지혜롭게 선택하는 능력이 기술적인 것 마냥 늘 가능하지는 않습니다.

***

나는 인간의 모든 갈등이 결핍의 의식에서 시작되었다고 말했습니다. 그러나 이런 마음 상태에서 가장 압도적인 느낌은 두려움입니다. 이것은 물질이 모든 사람에게 충분하지 않고 그래서 내가 어떤 것을 먼저 챙겨놓지 않으면, 다른 누군가가 그렇게 할 것이라는 두려움일 수 있습니다. 또는 내가 가지고 있는 것을 지키지 않으면, 누군가가 그것을 내게서 빼앗아 갈 것이라는 두려움입니다. 이런 마음의 틀 속에서, 여러분은 위협에 둘러싸인 세계에서 살고 있습니다. 이 끊임없는 손실의 두려움은 불가피하게 이기심으로 이어집니다. 그리고 그것이 자신의 행동으로 인한 장기적인 결과에 대해 생각한다든가, 타인들에 대해 생각하거나 전체에 대해 생각할 수 있는 능력을 차단합니다. 우리는 이제 그리스도 의식에는 다음과 같은 두 가지 주요 특성이 있음을 알 수 있습니다.

● 하나는 창조능력에 대한 여러분의 인식이 높아진다는 것입니다. 여기에는 물질세계를 유지시키는 자연법칙에 대한 인식과 그 자연법칙이 작동하는 틀을

제공하는 신의 더 큰 법칙에 관한 보다 커다란 인식이 포함됩니다.

● 다른 측면은 여러분이 신의 창조물 전체 또는 자신의 근원으로부터 분리돼 있는 개체가 아니라는 자각이 높아진다는 것입니다. 달리 말하자면, 어떤 인간도 일종의 (고립된) 섬이 아니라는 것이지요. 그리고 진정으로 행복해지기 위해서는, 여러분이 지구상에서 자기 자신을 하느님 및 그 하느님의 몸과 하나로 볼 때만이 그것이 완전히 성취될 수 있다는 것을 이해할 필요가 있습니다.

여러분이 자신을 고립된 개체로 보게 되면, 자동적으로 두려움, 분리, 결핍의 의식으로 떨어지게 됩니다. 만약 두려움을 극복함이 없이 단지 자연의 법칙에 내한 인식만 높아진다면, 여러분은 자신의 그 새로운 인식을 보다 풍요로우 삶으로 바꿔놓을 수 없을 거라고 말할 수 있습니다. 여러분은 여전히 두려움에 사로잡혀있을 것이고, 여러분의 인식은 단지 여러분에게 다른 것들로부터 풍요를 빼앗는 더 강력한 수단을 제공할 것입니다. 따라서 그런 인식향상은 이 세상의 풍요를 증가시키지 않으며, 오직 이 세상의 긴장과 폭력만을 증가시킬 뿐입니다.

여러분은 자신이 더 거대한 전체의 일부임을 깨닫고, 하느님이 개체화된 한 존재라는 것을 깨달음으로써만이 두려움을 초월할 수 있습니다. 여러분 스스로 자신이 신의 창조물의 일부임을 완전히 깨닫고 받아들일 때만이 여러분은 왕국을 주는 것이 신의 기쁨이며, 자신이 결핍 속에서 살거나 모든 것을 강제로 취할 필요가 없다는 사실을 믿을 것입니다. 여러분이 이런 정체감, 즉 자신이 모든 생명 및 창조주와의 하나라는 이런 일체감을 가졌을 때, 비로소 여러분은 신이 그분 자신의 한 확장체로서 여러분에 대해 갖고 계신 완전한 사랑, 무조건적인 사랑을 자동적으로 경험합니다. 그리고 이것이 바로 여러분이라는 존재 안에 있는 모든 두려움을 몰아낼 완전한 사랑입니다. 두려움을 극복하게 되면, 여러분의 삶에 대한 접근법은 사랑에 토대를 두게 될 것입니다. 그리하여 여러분은 (성서에 언급된) 예수의 명에 따라, 자신의 온 마음과 영혼, 목숨을 다하여 하느님을 사랑하고 여러분의 이웃을 자신처럼 사랑할 수가 있습니다(마태복음 22:37). 하지만 이런 사랑을 경험하는 열쇠는 무엇일까요? 예수의 이 말에는 이중의 의미가 담겨있지 않을까요? 우리는 "네 이웃을 네 몸처럼 사랑하라"라는 말을 여러분이 이웃을 단순히 여러분 자신을 사랑하는 방식과 똑같이 사랑해서는 안 된다는 의미로 해석할 수 없을까요? 우리는 거기에 훨씬 더 깊은 의미가 있을 수 있다고 고려해야 합니다. 다시 말해, 여러분은 자신의 이웃이 곧 여러분 자신이라는 것을 깨닫기 때문에 그 이웃을 여러분자신처럼 사랑한다는 것입니다. 여러분은 자기 자신과 여러분의 이웃이 모두 하느님 몸의 일부분이며 모든 이들이 같은 근원에서 생겨났다는 것을 깨닫습니다. 또한 "너희가 여기 내 형제 중에 지극히 작은 자 한 명에게 한 것이 곧 내게 한 것이니라 (마태복음 25:40)."라는 예수의 말을 깨닫게 됩니다.

여러분의 온 마음과 영혼으로 하느님을 완전히 사랑하기 위해서는, 여러분이 하느님의 일부이므로 하느님이 여러분과 별개가 아니며 여러분의 일부라는 것을 인식해야합니다. 여러분은 하느님이 개체화된 한 존재입니다. 그러므로 하느님이 여러분의 진아(眞我), 여러분의 진정한 정체성이라는 것을 스스로 깨닫기 때문에 여러분 자신을 사랑하듯이 하느님을 사랑합니다. 이것은 하느님과 하나가 된 상태를 유발하며, 이 상태에서는 더 이상 여러분이 외적인 자아, 즉 신과 분리된 정체감이 행위자라고 생각하지 않습니다. 대신에 여러분은 그것이 자신 안에 있는 높은 자아, 신아임을 깨닫습니다. 그 존재가 행위자이고, 최초의 원인이며, 모든 선하고 완벽한 선물의 원천입니다.

사랑하는 이들이여, 이런 고려 사항들이 얼마나 중요한지 알고 계십니까? 여러분은 이런 개념들이 참으로 인간이 이기성과 자기중심적 의식으로부터 벗어나 그리스도 의식으로 진화하게 해줄 수 있는 잃어버린 고리라는 것을 알고 있나요? 이것이 지능 있는 동물 수준에서 진정한 영적존재, 즉 하느님과의 진정한 공동창조자 수준으로 상승할 수 있는 누락된 고리라는 것을 알고 있습니까? 그리고 이것은 참으로 원숭이와 인간 사이의 전설적인 도약만큼이나 인간진화에 있어서의 커다란 도약입니다. 왜냐하면 과학이 발견하지 못한 그 잃어버린 고리는 의식(意識)에서의 도약이기 때문입니다.

＊＊＊

이제 인간이 그리스도 의식수준에서 한참 아래로 내려갈 수 있다는 개념으로 돌아가 봅시다. 매우 낮은 수준으로 떨어질 때, 여러분은 사실상 동물로서 기능하고 있으며, 주어진 환경에 적응하여 그 환경에서 이용 가능한 것은 무엇이든 힘을 통해 빼앗게 됩니다. 그러므로 여러분의 의식은 자기 자신과 자기의 생존 및 욕망에 완전히 집중되어 있습니다. 여러분의 의식은 완전히 물질적인 세계에 초점을 맞추고 있는데, 즉 이것은 여러분이 자연 속에서 자신의 욕망이 성취될 수 있는 수단으로서의 가시적 물질과 조건만을 본다는 것을 의미합니다. 여러분은 눈에 보이지 않는 어떤 것, 높은 세계의 어떤 것이 자신의 욕망을 충족시킬 수 있다고 상상할 능력이 없습니다. 그리고 자신이 원하는 것을 육체적인 힘보다 높은 힘을 통해 얻을 수 있다고 상상할 수가 없습니다.

인간의 의식과 자각이 성장함에 따라, 여러분은 자신의 감각으로 관찰할 수 있는 현상 뒤에는 일련의 기본원리 또는 자연의 법칙이 있음을 알게 됩니다. 이런 법칙들을 알기 시작할 때, 인간은 더 적은 노력으로 자신의 욕망을 충족시키기 위해 그 법칙들을 이용할 수 있습니다. 여러분은 자신의 필요한 것들을 힘을 사용하지 않고도, 다른 사람들로부터 빼앗거나 어머니 대자연으로부터 강제로 탈취하지 않고도 얻을 수 있는 단계에 도달할 수 있습니다. 어떤 문명들은 자연환경과 완벽하게 조화를 이루어 살 수 있다는 것을 입증했으며, 그들은 항상 재생 가능한 자원을 사용하기에 환경을 약탈하거나 자연의 부양능력을 파괴하지 않고도 수천 년 동안 문화를 유지하고 있습니다.

그러나 자연과의 조화는 마음이 아니라 오직 가슴에서만 생겨날 수 있는 전체(대자연 또는 우주)에 대한 인식을 필요로 합니다. 오늘날 서구사회에서 볼 수 있는 것은 자연법칙에 대해 더 잘 알게 된 데에는 어두운 면이 있다는 것입니다. 사람들이 자연법칙을 이용하여 일시적인 이익을 얻는 것이 전적으로 가능하지만, 장기적으로는 그들 자신과 미래 세대에게 파괴적인 결과를 초래한다는 것이 입증되었습니다. 여러분은 현대기술이 환경과 심지어 인간 유전자에 대해서도 오염을 일으키는 장기적인 결과를 가져왔음을 잘 알 것입니다. 인류가 성가신 곤충들을 없애기 위해 사용한 특정 화학물질이 분해되는 데 오랜 시간이 걸리다보니, 결국 먹이사슬을 통해 인체로 유입되어 결과적으로 많은 부정적인 결과가 초래된 것이 불과 수십 년 전이었습니다. 오늘날에도 여러분은 현대기술에 의해 생성된 오염이 지구기후에 장기적 영향을 미칠 수 있고 심지어 참화를 가져오는 엄청난 기후 조건을 만들 수도 있음을 우려하고 있습니다.

여기서 알 수 있는 것은 가슴이 발달하지 않은 상태에서 자연에 대한 이해를 기반으로 한 기술은 사람들에게 실제로 일시적인 이익을 줄 수는 있지만, 장기적으로 이 행성에서 얻을 수 있는 물질적 부의 양을 감소시킨다는 것입니다. 이런 종류의 기술은 힘을 바탕으로 한 기술이라고 말할 수 있습니다. 사람들은 자연의 법칙을 조종하는 법을 배웠으나, 부족하고 두려운 상태에서 그렇게 하고 있으며, 이로 인해 그들은 천국을 탈취하려는 시도를 하고 있습니다(마태복음 11:12).[12] 그리고 그들은 균형 잡히지 않은 방식으로 창조력을 사용하기 때문에, 어머니 빛이 오히려 그들이 힘을 통해 구축하려고하는 안전을 결국은 무력화시키는 반작용을 일으키게 됩니다.

이것은 사람들의 자연법칙에 관한 인식향상이 만약 자기 외부의 어떤 것을 사랑하는 가슴의 능력과 균형을 이루지 않을 경우, 인간은 힘을 사용하게 되는 두려움의 의식상태를 넘어서지 못할 것이라는 명백한 증거입니다. 대신에, 여러분은 힘을 사용하기 위해 무력을 증강시킬 것이고, 어머니 대자연은 인간들에게 더욱 강력한 반작용의 형태로 그들의 행위를 되돌려 줄 것입니다. 사랑하는 이들이여, 여러분의 균형 잡히지 않은 행위가 더 강력하면 할수록, 어머니 자연의 반응은 이른바 자연재앙의 형태로 더욱 더 강력해질 것입니다.[13] 그리고 이것이 바로 여러분이 인류의 기술 오용의 결과로 목격하고 있는 것입니다. 여러분은 이제 만약 그런 인식의 향상이 사랑의 증가 및 모든 생명과의 일체감과 결합되지 않을 경우, 인류는 실제로 그리스도 의식의 실제적인 실현에 더 가까이 다가가지 못한다는 것을 알 수 있습니다. 대신에 인류는 파괴적인 힘을 증

---

12) "세례요한의 때부터 지금까지 천국은 침노를 당하나니, 침노하는 자는 빼앗느니라."
13) 집단의식과 자연재해 사이의 관계에 대한 자세한 내용은 〈성모의 메시지-너희의 행성을 구하라〉를 참고바람.(저자 주)

가시킴에 따라, 어머니 빛 그 자체로부터, 어머니 대자연으로부터 생겨나는 반작용을 증가시키게 됩니다.

**

기술의 불균형한 사용이 물질세계에 파괴적인 재앙을 가져올 수 있는 것만큼, 나는 의식의 불균형한 성장이 훨씬 더 치명적인 결과를 유발한다고 말해야 합니다. 인간 의식의 진화 중 가장 낮은 단계에서 오직 물질세계만을 인식하고 있는 사람들이 있는데, 즉 이는 그들이 단지 물질만을 자신의 욕구를 충족시키는 원천으로 여긴다는 것을 의미합니다. 만약 그들이 자신의 감각으로 어떤 것을 감지할 수 없다면, 그것은 그들에게 가치가 없거나 존재하지도 않는 것으로 보입니다. 이 사람들은 오직 이미 물질로 드러난 에너지로부터 풍요를 얻을 수밖에 없으며, 그것은 물론 풍요로움을 누릴 수 있는 그들의 잠재력을 제한합니다. 그들은 이미 물질적으로 나타난 것만을 취해야하며, 따라서 자동적으로 같은 인식수준에 있는 다른 모든 사람들과 경쟁하게 됩니다.

여러분이 이런 낮은 수준의 의식에서 높이 올라설 때, 눈으로 접하는 것보다 더 많은 풍요가 있다는 것을 알게 됩니다. 많은 사람들이 눈에 보이지 않는 에너지의 어떤 중요성을 이미 인식하고 있습니다. 또한 많은 이들이 다른 사람들이 무가치한 것으로 보는 것에서 풍요를 창출하기 위해 높은 이해력을 사용하는 것의 유용성을 압니다. 그럼에도 대부분의 사람들은 심령적 에너지에 대해 명확하게 의식적으로 이해하지 못하며, 내가 이전 열쇠들에서 여러분에게 준 기본적인 이해조차도 하지 못합니다. 그러나 어떤 사람들은 마음의 힘을 통해 잠재의식적으로 심령적 에너지를 조종하는 법을 배웠습니다. 이 사람들 중 상당수는 물질이 에너지로 이루어져 있고 마음이 에너지를 조종할 능력이 있다는 사실에 대해 지적으로 이해하고 있습니다. 이런 사람들은 진정으로 가슴이 발달되지는 않았으나, 이 우주의 일부인 물질세계와 에너지에 관해 커다란 지적 인식을 가지고 있습니다. 그들은 물질세계가 단순히 물질적인 문제 이상이며 엄청난 양의 부를 축적하는 열쇠가 마음을 통해 심령적 에너지를 조종하는 법을 배우는데 있음을 압니다.

불행하게도, 마음의 능력에 대한 이런 인식의 향상은 전체에 관한 가슴의 인식이 높아지지 않고도 달성될 수 있습니다. 사람들은 신이나 동료 인간에 대한 그들의 사랑을 키우지 않고도 심령적 에너지를 조종하는 법을 배울 수 있습니다. 인간은 여전히 매우 자기중심적이고 이기적인 상태에서도 에너지를 조종하는 방법을 배울 수 있는 것입니다. 그러므로 다시 한 번, 그리스도 의식의 구현을 위해 필요한 두 가지 요소를 살펴보겠습니다.

● 여러분의 창조능력에 관해 향상된 인식 – 이것은 자연법칙에 대한 더 많은 지식으로 시작되며, 물질을 더 잘 활용함으로써 풍요로움을 누릴 수 있다. 다음 단계는 물질적인 풍요를 생성하는 것에 대한 토대로서 심령적 에너지를

이용하기 위해 마음을 사용하는 법을 배우는 것이다.

● 거대한 전체의 일부로서의 여러분자신과 그 전체를 자신처럼 사랑하는 것에 관해 향상된 인식 – 이때 자신의 창조력을 신의 법칙과 조화롭게 사용할 수 있으며, 여러분의 개인적 풍요를 증가시킴으로써 전체의 풍요량을 증가시키게 된다. 이런 경우 여러분은 풍요를 다른 존재들로부터 빼앗고 있는 것이 아니라 지구에서 얻을 수 있는 풍요의 총액에다 보태고 있다. 이것은 영적 에너지를 물질적인 주파수대로 가져오는 능력을 통해 정점에 이르게 되고, 이것이 풍요의 궁극적인 원천이다.

의식의 진화가 이 2가지 요소를 모두 포함할 때만 여러분이 이기성에서 벗어나 진화할 수 있고, 자신의 보디 큰 창조능력을 이기적인 방식으로 사용하는 함정에 빠지지 않을 수 있습니다. 내가 여기서 설명하는 것은 이 지구상에는 심령적 에너지를 조종하는 능력이 매우 높은 수준에 이른 특정 사람들이 있다는 것입니다. 그러므로 그들은 다른 사람들을 조종할 수 있는 능력을 갖고 있습니다. 내가 설명했듯이, 여러분의 생각과 느낌(감정)은 에너지의 형태입니다. 만약 어떤 사람이 정신적, 감정적 에너지를 조작하는 데 숙달돼있다면, 그런 사람은 실제로 여러분의 생각과 감정을 조종할 수 있습니다. 따라서, 그 사람은 여러분의 사고체와 감정체를 통해 여러분을 통제할 수 있습니다. 이런 능력을 가진 사람에 대한 분명한 사례를 원한다면, 아돌프 히틀러(Adolph Hitler)가 어떻게 독일 주민의 대부분을 자신의 권력과 통제계획에 따라 어리석은 로봇이 되게끔 조종할 수 있었는지를 생각해보십시오. 그러나 나는 이런 능력을 가진 수많은 사람들이 오늘날의 세상에 있으며, 그들 중 일부는 대중이 알아차리지 못하도록 배후에서 그것을 사용하는 법을 배웠다고 말하고자 합니다. 그들 중 어떤 이는 이러한 능력을 자신이 유명인으로 보이게 하는 식으로 사용합니다. 이들은 에너지를 물질 주파수대로 가져왔지만 아직 물질주파수 수준으로는 낮추어지지 않은 심령적 에너지를 이용하는 법을 배운 사람들입니다. 달리 말하면, 이 에너지는 여전히 물리적 형태를 취할 수 있는 잠재성으로 존재하나, 실제 형태는 아직 결정되지 않은 상태입니다. 이것은 어떤 사람이 이 에너지를 조종하는 방법을 배우게 되면, 그 사람이 그 에너지가 어떻게 형태로서 나타나는지에 대해 통달할 수 있음을 뜻합니다. 이로 인해 그런 사람들은 거대한 물질적 부를 축적할 수가 있는데, 이것은 그들이 부분적으로는 타인들로 하여금 그 부를 생산하는 실제작업을 하게끔 조종함으로써 이루어집니다. 즉 (꼭 두각시를 조종하듯이) 배후에서 줄을 잡아당기는 손은 그 사람들인 것이지요.

이런 사람들은 물질에 대해 정신적으로 통달하거나 물질을 지배하는 마음의 높은 수준에 이르렀지만, 그에 상응할 만큼 가슴이 성숙되지 않은 사람들입니다. 그러므로 그들은 자기 자신을 하느님과 하나로 보거나 동료 인간과 하나로 보지 않습니다. 그들은 그들 자신을 하느님과 분리되어있는 것으로 보며, 종종 하느님과 맞서는 존재로 여깁니다.

그들은 자기들이 (스스로의 행위로 인한) 결과를 겪지 않고도 원하는 것은 무엇이든 할 수 있다고 생각하며, 심지어 그들 중 일부는 자신들이 너무 강력하기 때문에 심지어 신의 법칙을 조작하여 그들이 뿌린 것을 스스로 거두지 않게 만들 수도 있다고 믿기까지 합니다. 더욱이 어떤 자들은 공개적으로 신의 법칙에 반항하고 있고 신이 없는 세계를 창조하려는 계획을 가지고 있습니다. 그들은 실제로 이 지구라는 세상이 신이 존재하지 않는 영역이고 지성 있는 창조주가 필요하지 않은 곳이라는 것을 증명하기 위해 이 행성의 다른 모든 사람들을 통제하고자 마음의 힘을 사용하려 시도하고 있는 중입니다. 이것은 내가 앞서 말했던 것을 분명히 보여줍니다. 즉 사람들은 하느님이 그들의 안쪽 부분에 넣어두신 율법을 아는 절대적 지침을 갖고 있지 않을 때, 그들은 그들 자신이 법이 된다고 생각합니다. 그들은 선과 악에 대한 그들 고유의 규칙을 세우기 위해 상대적이고 이원성적인 마음을 이용합니다. 그리고 무지와 오만함 속에서 그들은 자신의 상대적인 법이 신의 절대적인 법을 대신한다고 생각합니다.

내가 여기서 말하고 있는 것은 전체에 도움이 되는 방식으로 에너지를 사용할 수 있게 해주는 확장된 가슴을 갖지 않고도, 심령적 에너지를 조종하기 위해 마음의 힘을 사용하는 방법을 배우는 것이 가능하다는 것입니다. 바꿔 말하면, 이것이 지구상의 하느님 몸이나 어머니 자연에게 어떤 영향을 미치는가를 고려하지 않고도 여러분의 자기중심적인 필요와 욕망을 충족시키기 위해 에너지를 조종할 수 있다는 것입니다. 이들은 예수가 "눈이 나쁘면 온 몸이 어두울 것이니, 그러므로 네게 있는 빛이 어두우면 그 어두움이 얼마나 심하겠느뇨(마태복음 6:23),"라고 말했을 때, 그리고 "지금까지 천국은 침노를 당하나니, 침노하는 자는 빼앗느니라(마태복음 11:12)."라고 했을 때 지적한 종류의 인간들입니다. 그 의미는 만약 인간이 이기적인 목적을 위해 심령적 에너지를 사용하는 법을 배운다면, 그 에너지를 어둠으로 바꿔놓게 된다는 것입니다. 그리고 그 어둠의 양은 여러분이 자신의 두려움 때문에 힘으로 빼앗으려는 시도를 통해 오염시킨 빛의 양만큼이나 큽니다. 그것은 여러분이 하느님과의 분리의식을 기꺼이 초월하기만 한다면, 하늘에서 여러분에게 무료로 주게 될 것이었습니다.

***

사랑하는 이들이여, 여기서 중요한 점을 이해하시겠습니까? 내가 말하고 있는 것은 여러분의 창조력에 대한 인식이 높아지는 것이 그리스도 의식에 도달하는 한 부분이라는 것입니다. 그럼에도 그 인식이 마음에 국한되고 가슴의 성장에 의해 균형을 이루지 않는다면, 사람들이 그들의 창조력을 왜곡하고 이기적인 목적으로 사용하는 것이 가능합니다. 하지만 여러분이 창조력에 관해 높아진 인식이 가슴의 사랑에 의해 균형 잡히는 그리스도 의식에 도달하면, 그 창조능력을 오직 하느님의 법칙과 조화롭게 사용할 것입니다. 여러분은 자기중심적이고 이기적인 욕망을 충족시키려고 하지 않을 것인데, 왜냐하면 자신이 분리돼 있는 개체가 아니라는 것을 깨닫게 될 것이기 때문이지요. 여러분은 하느님의 일부이며, 따라서 하느님 몸의 일부입니다. 그러므로 여러분에게 가장 좋은 것이 또한 전체에게 가장 좋은 것입니다. 그리고 실제로 여러분이 자기중심적인 두려움의 의식을 극복할 때, 여러분의 진정한 개인적인 욕망과 지구상의 하느님 몸이라는 전체에 유익한 것이 충돌하지 않는다는 것을 깨닫게 될 것입니다. 여러분은 전체의 일부이며, 그렇기에 그 전체를 확장함으로써만이 진정한 성취가 가능해질 수 있습니다.

이 세상에서 풍요의 총량을 증가시켜 전체를 확대하는 방식으로 여러분의 개인적인 욕망을 성취하는 것이 실제로 가능합니다. 그러나 가슴의 사랑이 증가하시 않을 때 - 그 사랑은 전체와 하나라는 느낌을 준다 - 여러분은 마음속에 갇히게 될 수 있습니다. 그런 다음 전체를 고려하지 않고 자신의 정신력을 행사할 권리가 있다는 그릇된 생각을 믿기 시작합니다. 자, 나의 사랑하는 이들이여, 여러분이 온전한 그리스도 의식을 갖게 되면, 자신을 하느님의 한 확장체로 완전히 자각하게 됩니다. 그러므로 여러분의 개인적인 욕망과 다른 모든 사람들에게 유익한 것 사이에 완벽한 균형을 이룹니다. 또한 여러분은 신의 법칙과 조화를 이루는 방법으로 개인적인 소망을 성취하는 방법을 압니다. 그 법칙은 전체에게 최고의 이익을 보장하도록 고안된 법칙입니다. 이런 균형은 그리스도의 마음을 통해 이루어지는데, 그렇다면 전체를 고려하지 않고 여러분이 에너지를 조종하도록 허용하는 마음은 무엇일까요? 여러분으로 하여금 신의 힘을 사용하여 그분의 법칙과 맞지 않는 형태를 창조할 수 있게 하는 그 마음은 무엇입니까? 자, 나의 사랑하는 이들이여, 그것은 바로 적그리스도의 마음이 아닌가요? 그리고 바로 그 적그리스도의 의식이 어떤 사람으로 하여금 신의 법칙과 조화를 이루어 에너지를 사용할 가슴의 사랑이 없음에도 에너지를 조종할 수 있게 하는 사고방식이 아닙니까?

나의 사랑하는 이들이여, 여러분은 이것이 얼마나 중요한지 아시나요? 나는 앞에서 언급하기를, 성공분야의 일부 거짓 지도자들이 심령적 에너지를 조종하는 방법을 발견했고, 고로 그것을 이용하여 다른 사람들을 조종하거나 물질적인 문제를 조종함으로써 그들 자신에게 풍요를 끌어올 수 있다고 했습니다. 그러나 만약 그런 사람들이 가슴에 관해 향상된 인식을 갖고 있지 않다면, 그들은 사실상 적그리스도의 마음을 통해 풍요를 얻고 있는 것입니다. 그들은 하느님의 법칙과 전혀 조화되지 않는 방식으로 에너지를 조종하기 위해 마음의 힘을 사용하고 있습니다. 가장 중요한 것은 개인과 전체 사이의 조화를 만드는 사랑의 법칙입니다.

비록 나는 이것이 어떤 이들에게는 약간의 두려움을 유발할 수 있는 불쾌한 주제처럼 보일 것임을 알고 있지만, 이 주제를 고려하는 것은 중요합니다. 그러나 여러분이 적그리스도의 세력들이 어떻게 움직이는지를 알고 있다면 그것을 두려워할 필요가 없습니다. 단지 그것에 대해 모를 때만이 두려워질 것입니다. 왜냐하면 만약 어떤 세력이 어떻게 여러분을 조종하려고 하는지를 이해하지 못할 경우, 어떻게 그들을 방어할 수 있겠습니까? 하지만 여러분이 적그리스도의 사고방식을 꿰뚫어 본다면, 이런 사고방식에 빠져있는 자들에 의해 조종되거나 유혹당하는 것을 피할 수 있습니다. 그러므로 예수가 광야에서 머물러 있은 후 마귀에게 유혹을 받았을 때 그가 했던 것처럼, 여러분도 그 악의 세력을 질타할 수 있습니다(마태복음 4:1). 그리고 이 지구상의 삶의 거의 모든 면에 만연해 있는 적그리스도의 사고방식을 질책하는 것만으로도 여러분 스스로 이런 사고방식에서 벗어날 수 있습니다.

사랑하는 이들이여, 여러분이 만약 적그리스도의 사고방식에서 자유롭지 않다면, 어떻게 그리스도 의식에 도달하는 것을 바랄 수 있겠습니까? 알다시피, 이것은 간단히 이루어질 수가 없습니다. 예수가 말한 것처럼, 여러분이 두 명의 주인을 섬길 수는 없는 것입니다(마태복음 6:24). 여러분이 하느님을 섬기면서 탐욕의 신을 섬길 수는 없습니다. 여러분이 적그리스도의 마음을 통해 재물(탐욕의 신: 이기적인 의식을 뜻한다)을 받드는 동시에 - 전체에게 최선의 것을 추구하는 - 그리스도의 의식을 통해 하느님을 섬길 수는 없습니다.

그러므로 여러분은 오늘 누구를 섬길 것인지를 선택해야합니다(여호수아 24:15). 생명의 의식, 즉 그리스도의 의식을 섬길 것인지, 아니면 적그리스도의 의식인 죽음의 의식을 섬길지 여부를 선택하십시오. 그리고 나는 모세가 말했던 것과 마찬가지로(신명기 30:19)이렇게 말합니다. "생명을 선택하라. 영원한 생명을 향한 관문인 그리스도의 의식을 선택하라. 여러분의 근원과 하나가 되고 모든 생명과 하나가 되는 그 영원한 삶을 선택하라."

내가 여기서 말하고 있는 것은 여러분이 여생 동안 심령적 에너지에 대한 인식을 높이고 그 에너지를 조종하여 스스로 물질적 풍요를 창조하는 방법을 확실히 알 수 있다는 것입니다. 그러나 여러분이 적그리스도의 의식에 갇혀있는 한, 당신들은 이원성 의식 속에 빠져 있습니다. 그러므로 여러분의 모든 행위들이 하느님의 법칙과 조화를 이루지 못할 것입니다. 그리고 하느님의 법과 조화되지 않는 것은 불균형한 충격파를 만들어냅니다. 이것은 곧 어머니 빛 그 자체가 우주의 균형을 유지하기 위해 반대되는 충격파를 일으킬 거라는 것을 의미합니다.

여기서의 내 요점은 이 지구상에서 일시적으로 물질적인 풍요나 권력을 모으기 위해 적그리스도의 의식을 이용하는 것이 실제로 가능하다는 것입니다. 내가 이전에 여러분에게 설명했듯이, 물질세계는 어떤 유예 요소와 더불어 설계되었습니다. 즉 이것은 자아의식적인 존재가 자신의 창조력을 오용하여 신의 법칙과 맞지 않는 형태들을 창조하는 것이 가능하다는 것을 의미합니다. 물질세계에 내장된 유예 요인으로 인해 그런 불균형한 형태들은 즉시 자체적으로 파괴되지는 않습니다. 그것들은 얼마 동안 존재할 수 있습니다. 따라서 여러분은 적그리스도의 마음을 사용하여 이번 생의 남은 기간 동안 지속될 물질적 풍요를 창조할 수는 있습니다. 그러나 나는 성서가 언급하는 "뿌린 대로 거두리라(갈라디아서 6:7)."는 말은 정확한 것이라고 말할 수 있습니다. 또한 나는 육체가 죽은 후에도 생명이 있다(마태복음 16:28)는 성서의 말씀도 사실이라는 것을 여러분에게 말할 수 있습니다. 이것은 만약 여러분이 육체가 살아있는 동안 스스로 뿌린 것을 거둬들이지 않을 경우, 미래에 반드시 그것을 거둬들일 것임을 뜻합니다.

＊＊＊

나는 여러분이 전통적인 기독교 문화권에서 성장했다면, 지구상에서 단 한 번의 생(生)만을 산다고 믿도록 주입돼 있다는 것을 압니다. 그렇지만 나는 이것은 적그리스도의 의식에 빠져있는 사람들의 영향 때문에 기독교로 유입된 참으로 그릇된 생각이라고 말하지 않을 수 없습니다. 내가 설명하려고 노력했듯이, 적그리스도의 의식은 개인의 자아를 전체와 분리된 것으로 봅니다. 그러므로 적그리스도의 의식이 모든 이기심의 원천입니다. 사람이 적그리스도의 의식에 갇히게 될수록, 그 사람은 더욱 더 이기적이 되며, 그 결정적인 예(例)는 동굴 거주인의 의식이라고 할 수 있습니다. 여러분이 자기중심적일 때, 당장의 욕망 너머를 볼 수 없으므로 자기중심적인 행위가 도망칠 수 없는 결과를 가져온다는 생각을 받아들일 수가 없습니다. 극도로 자기중심적인 사람은 자신이 이번 생 동안 뿌린 것을 미래의 생에 반드시 거둬들일 것이라는 진리를 수용할 수 없습니다. 바로 이것이 나의 첫 번째 저서(성모의 메시지-너희의 행성을 구하라)에서 자세히 설명했듯이, 윤회환생에 관한 진리가 기존의 기독교에서 제거된 이유입니다.

전통적인 기독교에서도 영혼이 육체의 죽음에서 살아남는다는 것을 가르치기는 합니다. 그러나 기독교는 다른 아이들이 건강하게 태어나는 반면에 일부 어린이들이 끔찍한 질병을 갖고 태어나는 사실을 설명할 수 없습니다. 기존 교리에 따르면, 이 명백한 사실에 대해 논리적인 설명이 없습니다. 이것이 많은 기독교인들로 하여금 하느님이 아무런 이유도 없이 겉으로 보기에 무고한 아이들을 처벌하는 불공평한 신이 틀림없다고 생각하게 만들었습니다. 그러나 진실은 하느님은 아무도 처벌하지 않으신다는 것입니다. 내가 설명했듯이, 하느님은 거울처럼 작용하는 우주를 만들어놓으셨습니다. 그러므로 우주는 여러분이 내보내는 것이 무엇이든 그대로 반사해 되돌려줍니다. 여러분이 자신의 창조능력을 신의 법칙과 조화가 안 되는 방식으로 사용할 때, 불균형한 작용을 만들어내게 됩니다. 이때 우주라는 거울은 우주의 균형을 유지하기 위해서 정반대의 반작용을 일으킵니다. 그럼에도 이 작용은 즉각적으로 여러분의 행위를 상쇄하여 무효화시켜버리지는 않습니다. 내가 말했듯이, 우주에는 유예 요소가 있으며, 그 목적은 여러분에게 더 많은 배울 기회를 제공하기 위해서입니다.

만약 이런 지연이 없다면, 여러분의 행위 중 많은 부분이 즉각적으로 여러분을 죽일 수 있는 반환작용을 생성할 것입니다. 그러나 지연 때문에, 인간은 즉시 자신을 사멸시키거나 배울 기회를 놓치지 않고 실수할 수 있습니다. 대신에 여러분은 실수와 우주로부터 되돌아오는 흐름 사이에서 어느 정도의 시간을 갖고 있습니다. 그렇기에 여러분은 (그 동안) 의식이 성장할 수 있으며, 그렇게 함으로써 그 반작용이 되돌아왔을 때, 원래 행동을 유발한 의식을 초월하게 됩니다. 그리고 만약 여러분이 그런 의식상태를 넘어서면, 신은 우주로부터 돌아오는 반작용을 약간 비켜가게 하거나 줄일 수 있는 선택권을 갖고 계십니다. 그리하여 여러분은 과거생의 자신의 행위에 의해 방해받지 않고 현재의 삶에서 성장할 기회를 계속해나갈 수 있습니다.

이것은 여러분이 신의 유일한 소망은 인간이 자신의 의식상태, 정체감을 지속적으로 초월해감으로써 성장하는 것임을 깨달을 때 완벽히 이해가 됩니다. 하느님은 많은 종교에 의해 묘사된 것처럼 분노하고 벌을 주는 신이 아닙니다.

여기서 내 요점은 여러분이 이번 생에 경험하는 여건이나 상황들은 신의 처벌이 아니며, 우연한 게임의 결과도 아니라는 것입니다. 그것들은 이전의 생애들에서 여러분이 했던 선택을 통해서 스스로 일으켰던 원인(행위)의 결과입니다. 그러므로 여러분의 현재 상황은 하느님에 의해 만들어진 것이 아닙니다. 즉 그것은 당신 자신에 의해 창조된 것이기에, 당신은 과거에 스스로 뿌린 것들을 지금 거둬들이고 있는 것입니다. 왜 이것을 이해하는 것이 중요할까요? 만약 당신이 이번 생 동안 겪고 있는 것이 과거에 행했던 원인의 결과라는 것을 깨닫지 못한다면, 어떻게 자신이 스스로 통제할 수 없는 힘의 희생자라는 느낌을 극복할 수 있겠습니까? 내가 여러 번 설명했듯이, 여러분은 신과 공동창조자가 되기로 예정돼 있었습니다. 그러므로 여러분이 자신의 삶에서 풍요를 경험하고자한다면, 신이 여러분의 무릎에다 그 풍요를 떨어뜨려주기를 단순히 수동적으로 기다릴 수는 없습니다. 여러분은 적극적인 역할을 해야 하고 자신을 하느님의 법칙, 또는 여러분의 신아와 맞도록 재조정해야만 합니다. 그럼으로써 여러분은 자신의 신아로부터 이 세상으로 흘러들어와 풍요를 실현할 수 있는 빛을 위한 열린 문이 될 수 있습니다.

하지만 오늘날 세상의 대부분의 사람들은 그들이 기존 종교 속에서 자라났든, 또는 유물론적 과학 속에서 성장했든 스스로 통제할 수 없는 힘의 희생자라고 믿도록 프로그래밍 되어 있습니다. 즉 그들은 분노하고 심판하는 신의 희생자이거나 인간이 어찌할 수 없는 자연법칙의 희생자들인 것입니다. 여러분이 이런 의식상태에서 자기가 통제를 벗어난 힘에 의한 무기력한 희생자라고 믿는 한, 어떻게 공동창조자가 되고 스스로의 노력을 통해 자신의 삶에 풍요를 실현할 수 있을까요? 이때 여러분이 할 수 있는 모든 것은 수동적인 접근법을 취하는 것이고 그저 삶에서 어떤 기적이 일어나 풍요로운 삶이 나타나기를 바랄 뿐입니다.

사랑하는 이들이여, 이런 사고방식이 바로 많은 사람들이 '속성으로 부자 되는 법'을 약속하는 거짓 전문가들에게 취약해지는 이유입니다. 여러분이 풍요를 이루는 유일한 선택이 어떤 막연한 기적을 통해 그것을 가져다줄 지름길을 찾는 것이라고 생각할 때, 그런 길을 발견했다고 주장하는 자들의 공허한 약속에 쉽게 동요됩니다. 여러분은 풍요를 끌어들이기 위해 마음을 사용하는 방법을 가르쳐 줄 수 있다고 주장하는 사람들의 쉬운 먹이가 될 것입니다. 그러나 그들은 당신들에게 그 장기간의 영향에 관해서는 가르치지 않거나, 그들의 시스템이 적그리스도의 마음을 통해 작용한다는 사실을 말하지는 않을 것입니다.

***

이 책을 통한 나의 목표는 여러분에게 지속적인 풍요에 이르는 진실하고도 과학적인 길을 제시해주는 것입니다. 어떤 일시적인 풍요를 얻는 지름길을 보여주는 것은 내 목표가 아닙니다. 여러분이 그리스도의 의식에 머물러있는 한, 무한정 유지될 수 있는 풍요로운 삶의 진정한 길을 보여주는 것이 바로 나의 목표입니다. 그렇기에 그릇된 지도자들의 허위뿐만이 아니라 여러분이 자신의 정당한 역할을 수행하지 못하게 막는 적그리스도 사고방식의 오류를 드러내는 것이 필요합니다. 그리고 내가 여러 번 말했듯이, 여러분의 진정한 역할은 영적세계에 도달하여 보다 많은 영적인 에너지를 물질 주파수대로 가져올 수 있는 의식적인 공동창조자가 되는 것입니다. 이것이 지구상에서 가능한 풍요의 총량을 증가시킬 수 있는 유일한 방법이며, 그것은 절대로 적그리스도의 마음을 통해서는 이루어 질수 없습니다. 또한 이런 사고방식을 가진 사람들은 영적세계에 도달할 수가 없습니다. 여러분이 하느님과의 일체성을 부정하게 만드는 분리의식에 빠져있다면, 어떻게 자신의 신아와 연결되어 하느님의 빛을 위한 열린 문이 될 수 있겠습니까? 이것은 불가능하며, 따라서 적그리스도의 마음은 결코 물질적인 주파수대를 넘어설 수가 없습니다. 그것은 이 세상으로부터 풍요를 빼앗는 데 대해 영원히 유죄를 선고받은 상태이며, 강제로 그것을 탈취하고 있는 것입니다.

우리는 신이 우주의 설계도 안에다 또 다른 안전장치를 구축해 놓으셨다고 말할 수 있습니다. 인간의 궁극적인 창조력은 영적 에너지를 물질적인 주파수대로 가져오기 위한 것입니다. 그러나 이것은 결코 이기심에 빠져있는 마음에 의해서는 수행될 수 없으며, 그런 자들은 이기적 목적으로 그러한 에너지를 사용할 가능성이 있습니다. 그런 마음은 정신적 에너지를 조종할 수는 있지만 영적 에너지에는 접근할 수가 없습니다. 오직 이기성을 극복한 마음만이 신 또는 신의 몸과의 일체의식을 통해 신의 무한한 풍요에 접근할 수 있습니다.

이제 우리는 심령적 에너지에 대해 높은 숙달 단계에 이른 사람들조차도 여전히 영적세계에 도달하여 더 많은 신의 에너지를 끌어내리는 능력을 얻지 못했음을 알 수 있습니다. 그들은 단지 물질 에너지 너머에 있는 더 커다란 원천의 심령적 에너지를 끌어옴으로써 풍요를 축적할 수 있는 숙달단계에 이르렀습니다. 그러나 이 심령적 에너지(psychic energy)는 영적 에너지(spiritual energy)보다는 낮은 수준의 에너지입니다. 그러므로 그러한 사람들은 물질적 차원에서 일함으로써만이 기존의 것보다 더 많은 풍요를 나타낼 수 있습니다. 그럼에도 속아서 그런 사람들이 진정한 영적통달에 도달했거나 그리스도 의식을 갖추고 있다고 생각하지 마십시오. 그들의 성취가 외적 관점에서는 인상적으로 보일 수 있지만, 그것은 하느님 진리의 빛에 비하면 아무것도 아닙니다. 참으로 그래서 예수가 그의 이름을 사칭하며 오게 될 거짓 선지자들에 대해 경고한 것입니다(마태복음 7:15),[14] 그들 중 일부는 표적과 기사를 보여줄 수 있지만, 가면 뒤에서의 그들은 가슴의 사랑이 없기 때문에 늑대와 같습니다.

그런 사람들은 이 세상에서 풍요의 총량을 전혀 증가시키지 않았습니다. 그들은 단순히 이미 물질 주파수대 안에 있는 심령적 에너지를 조작하는 법을 배운 것입니다. 그들은 힘을 통해서만 이것을 할 수 있는데, 이것은 다른 사람들의 심령적 에너지를 빼앗거나, 그들이 그 에너지를 이용해 다른 사람들로 하여금 육체적 일을 하게 한 다음 그 수고의 결실이 권력 엘리트들에게 넘어가도록 조종한다는 것을 의미합니다. 이런 이유로 지구상의 진짜 권력투쟁은 심령적 에너지를 포함한 에너지 투쟁이라는 것입니다.

다시 한 번, 나는 여러분에게 풍요를 나타내는 데는 두 가지 방법이 있다는 것을 말해야만 합니다. 여러분은 실제로 거짓 전문가나 가짜 지도자를 따르고 적그리스도의 사고방식을 이용하여 자신에게 일시적인 물질적 풍요를 생성할 수 있습니다. 그렇게 함으로써 이번 생 동안 큰 부를 축적할 수도 있습니다. 사랑하는 이들이여, 나는 여기서 단지 진실을 말하고 있으며, 나는 여러분에게 완전히 정직합니다. 그릇된 전문가들의 일부도 마음의 힘을 통해 풍요를 실현할 수 있는 시스템을 발견했다고 말할 때 참으로 진실을 말하고 있습니다. 그래서 그들이 거짓된 약속을 하고 있는 것은 아니라는 면에서 거짓 지도자가 아니라고 말할 수도 있습니다. 그들은 당신들에게 부자가 될 수 있게 해주는 시스템을 가지고 있으며 그 주장은 사실이라고 말하고 있습니다. 그러나 그들은 만약 여러분이 이것을 따를 경우, 그로 인한 장기적인 영향에 대해서는 말하지 않고 있습니다. 그들은 여러분이 그들의 시스템을 따르면 스스로 적그리스도의 의식에 묶이게 된다는 것, 그리고 필연적으로 이번 생이나 다음 생 동안 자신이 뿌린 것을 거두게 되리라는 것은 말하지 않습니다.

나는 적그리스도 의식에 빠지지 않고도 풍요를 실현할 수 있는 대안이 있음을 여러분에게 말하기 위해 여기에 있습니다. 이것은 일시적인 물질적 풍요가 아니라 영원히 풍요로운 삶, 영원한 생명에 대한 진정한 열쇠입니다. 이것은 당신들을 죽음 또는 죽음의 의식에서 벗어나 그리스도 의식의 영원한 삶으로 이끌어주는 참된 열쇠입니다. 그리고 여러분이 하느님의 왕국인 하나됨의 그

---

14) "거짓 선지자들을 삼가라. 양의 옷을 입고 너희에게 나아오나 속에는 노략질하는 이리니라."

120

상태를 성취할 때, 다른 모든 것들이 참으로 당신들에게 더해질 것입니다(마태복음 6:33).

나의 사랑하는 이들이여, 나는 여러분이 이 책을 읽고 있다면, 자신이 적그리스도의 의식을 통해 심령적 에너지를 조종하는 법을 배우려는 욕심이 없다는 것을 이미 가슴으로 알고 있다고 생각합니다. 여러분은 자신이 아버지의 왕국으로 놀아가기를 원한다는 것을 너무나 잘 알고 있으며, 그렇기에 지름길을 찾고 있지 않습니다. 내가 여러분에게 손을 뻗쳐 내밀고 있는 나의 손은 커다란 사랑에서입니다. 그럼으로써 나는 적그리스도의 의식을 극복하고 그리스도의 의식을 구현할 커다란 깨달음으로 여러분을 이끌 수 있습니다. 다음 열쇠들에서 나는 여러분이 어떻게 바울의 "이 마음을 너희 안에 품어라. 그 또한 예수 그리스도이니(빌립보서 2:5)."라는 외침을 따를 수 있는지를 설명할 것입니다.

.

인간이 고립된 섬이 아니라면, 어떻게 바다에서 자신의 위치를 찾을 수 있을까?

사랑하는 이들이여, 그리스도 의식의 본질에 대해 이야기하겠습니다. 여러분의 창조주가 그분 자신을 개체화시킨 존재들을 창조하기로 결정했을 때, 어떤 어려운 상황이 발생했다고 말할 수 있습니다. 그 곤경은 어떻게 전체로부터 개체화된 존재와 전체 그 자체 간의 관계를 균형 잡아서 그 개체가 전체와 분리돼 있다고 느끼지 않게 하고 전체를 축소시키기보다는 확대하도록 작용하게 할 것이냐였습니다.

여러분의 창조주는 모든 것을 망라하는 의식상태를 가지고 있습니다. 형태의 세계에 있는 모든 것은 창조주의 의식 속에 담겨 있습니다. 왜냐하면 여러분 창조주가 자신의 본질, 즉 존재(생명)와 의식으로 모든 것을 창조했기 때문입니다. 마찬가지로, 자아의식적인 공동창조자들 - 창조주가 개체화된 존재들 - 에 의해 창조된 모든 것 역시 하느님의 생명으로부터 창조되었습니다. 그러므로 여러분의 창조주는 일찍이 창조된 모든 것 안에 계시며, 따라서 그분은 자신이 모든 것이고 모든 것 속에 존재하고 있다는 사실을 인식하고 계십니다. 사실, 창조주가 형태를 창조한다고 말하는 것은 완전히 정확하지는 않습니다. 창조주가 자신을 어떤 형태로 나타낸다고 말하는 것이 더 정확할 것입니다. 창조주는 자신의 완전함을 잃지 않은 채 어떤 형태를 취하여 자신을 유한한 것들로 장식하여 표현합니다. 일단 어떤 형태가 구체화되면, 그 형태는 다음과 같이 그것을 분리시킨 특성들을 가지고 있기 때문에 틀림없이 존재하게 됩니다.

• 어떤 형태도 없는 신의 전체성.
• 오직 어둠만이 있고 그렇기에 형태가 없는 공(空),
• 형태의 세계 안의 다른 형태들.

그러므로 주어진 형태의 바로 그 본질은 그것을 분리하고 분화시킨 개별적인 특성에 의해 규정됩니다. 만약 그 형태가 어떤 특징도 갖고 있지 않다면, 그것은 여전히 전체 내에 있을 것이고, 따라서 그것은 별개의 형태로 존재하지 않을 것입니다. 창조주가 자신을 자아의식적인 존재로 나타낼 때, 그것은 필연적으로 개체적인 특성을 가져야만합니다. 만약 그 존재가 아무런 개성이 없다면, 별개의 존재로 존재하지 않을 것이며, 그것은 여전히 신이라는 존재의 전체성으로부터 분화되지 않은 상태로 있을 것입니다. 그것이 생명이 없는 형태나 동물들처럼 자기인식이 없는 존재가 될 경우는 문제가 되지 않는데, 왜냐하면 전체로부터의 분화가 절대로 그 전체로부터 완전히 분리되는 상태에 이르지는 않기 때문이지요. 그러나 그것이 자아의식을 지닌 존재가 될 경우에는 잠재적인 문제, 즉 일종의 수수께끼 같은 상황이 생겨납니다.

  자아의식적인 존재는 오직 스스로 자기인식 능력이 있기 때문에 존재할 수 있습니다. 즉 그것은 자기 자신의 존재를 의식하고 있습니다. 그래서 여러분의 정체성을 이루는 핵심은 여러분이 개체적 특성을 지닌 독특한 존재로서 현존하고 그 특성들을 자신의 창조력을 통해 표현할 잠재력이 있다는 인식입니다. 이것은 여러분이 실행하도록 설계된 것과 정확히 똑같은데, 즉 여러분의 개성을 표현하고 자신이 지구상을 포함하여 어디에 있든 간에 하느님의 왕국을 공동창조하는 것입니다. 그러나 여러분은 또한 형태의 세계 속에 존재하는 만물의 일부이자 하느님 몸의 일부로서, 그리고 공동창조자 가족의 일부로서 자신의 개성을 표현하도록 설계돼 있습니다. 따라서 여러분은 마치 여러분이 진공 속에 있는 것처럼 자신의 창조력을 표현하도록 설계돼 있지 않습니다. 여러분은 어디까지나 자신이 그 일부로 있는 전체를 향상시키는 방식으로 개성을 표현하도록 설계되어 있습니다. 그리고 여러분은 결코 그 전체로부터 (영원히) 분리될 수 없습니다.

  내가 앞서 설명했듯이, 인간은 오직 상상력과 자유의지가 있기 때문에 하느님과 공동창조자로서의 기능을 할 수 있습니다. 그리고 여러분이 자신의 상상력과 자유의지를 표현하는 방식은 여러분의 일종의 자기인식에 관한 표현입니다. 여러분이 자기 자신을 보는 방식이 어떻게 스스로 상상력을 이용하여 아직 나타나지 않은 형태를 구상할 것인지를 결정합니다. 그것이 또한 여러분이 어떻게 자신의 자유의지를 사용하여 어떤 형태를 나타나게 할 것인지, 또는 어떤 형태를 나타나게 할 수 있고 없는지를 결정합니다. 그러므로 여러분의 자기인식에 관한 의식이 하느님의 실체와 일치하는 한, 다시 말해 여러분이 전체의 일부이고 지구상에서 하느님 몸의 일부라는 사실을 깨닫고 있는 한은 여러분의 개체적인 표현은 전체와 부합될 것입니다. 그럼에도 인간이 무한한 상상력을 가지고 있다는 사실은 여러분이 자기 자신을 신이라는 전체와는 별개의 존재로, 그리고 다른 자아의식적인 존재들과도 분리되어 있고 심지어 경쟁관계에 있다고 생각할 수도 있음을 의미합니다. 또한 인간이 무제한의 자유의지를 갖고 있다는 사실은 여러분이 그런 유한한 자기 이미지(自我像)를 실제처럼 받아들일 수 있음을 뜻합니다. 따라서 여러분이 창조될 때 갖고 있던 원래의 일체의식(一體意識)이 아니라 분리에 기반한 새로운 자기 이미지를 만들어낼 수 있습니다.

나의 사랑하는 이들이여, 이런 가능성은 여러분에게 자유의지와 상상력을 부여하는 데 따르는 불가피한 측면입니다. 그러나 여러분이 반드시 그러한 유한한 자기 이미지를 생성하기 위해 자신의 창조능력을 사용해야 하는 것은 아닙니다. 사실, 신은 ─ 여러분을 원래 창조된 상태보다 퇴보하게 만드는 그릇된 자기 이미지보다는 ─ 여러분이 올바른 자기 이미지를 유지하고 그 이미지를 토대로 원래보다 더 나아진 이미지를 쉽게 형성하도록 가능한 모든 것을 다 하셨습니다.

***

근본적인 문제는 어떻게 자아의식적인 존재가 마치 신으로부터 분리돼 있는 것처럼, 동떨어져 있는 것처럼 행동하는 것을 피할 수 있느냐입니다. 또는 그들이 자신들만이 우주에서 유일한 존재들인 것 마냥 행동하거나 물질만이 존재한다고 생각하는 문제들입니다. 나는 여러분이 이런 딜레마를 이해할 수 있다고 확신합니다. 신은 공동창조자로서의 역할을 하기로 예정된 엄청난 수의 자아의식적인 존재들을 창조하셨습니다. 이 자아의식이 있는 존재들 중 그 누구도 일종의 고립된 섬으로 창조되지 않았습니다. 어떤 존재도 하느님이나 다른 이들로부터 홀로 있거나 또는 별개로 존재하도록 창조된 바가 없습니다. 또한 아무도 다른 자아의식적인 존재들을 단지 하인처럼 거느리고 왕처럼 행동할 수 있는, 그런 총애 받는 아들로 창조되지 않았습니다. 참으로 성서에서 "하느님은 사람을 차별하지 않으시는 분(사도행전 10:34)"라고 말하듯이, 창조주는 무한한 사랑으로 모든 공동창조자들을 사랑하십니다. 그리고 사랑이 무한하고 무조건적일 때, 거기에 비교가 있을 수 없으며, 따라서 편애하는 아들이나 딸은 없습니다. 모든 사람은 창조주의 눈에 동등한 가치와 동등한 중요성을 가지고 있기 때문에 모든 이들이 똑같은 사랑으로 사랑을 받습니다. 모든 자아의식적인 존재들이 참으로 창조주의 본질로 창조되고 창조주가 자신을 개체화한 존재로서 나타내고 있는 것이라면, 어떻게 그럴 수 있겠습니까?

그럼에도 일단 창조주가 자아의식적인 존재들에게 상상력과 자유의지를 주게 되면, 그 공동창조자는 자신을 전체와 분리시킬 수 있고, 마치 자기가 다른 이들과는 별개이고 게다가 타인들보다 더 중요한 존재처럼 행동하는 것이 가능해집니다. 실제로, 자신을 전체와 분리시키는 행위를 하는 가운데 자아의식적인 존재들은 "선악과(善惡果)라는 지식의 열매(창세기 2:17)"를 따먹게 되며, 이것은 참으로 상대적인 선과 악을 의미합니다. 이런 이원성의 의식 속에서는 비교가 가능하고, 따라서 공동창조자는 자신이 타인들보다 더 낫다거나 더 가치가 있다는 자기 이미지를 형성할 수 있습니다. 그러므로 그 존재는 전체를 확대하기보다는 다른 사람들을 지배하고 전체를 통제하려는 욕망을 키울 수가 있습니다.

만약 어떤 공동창조자가 이런 이원성적인 자기 이미지를 사실로 받아들인다면, 그는 그것이 현실인 것처럼 행동하기 시작할 것입니다. 공동창조자는 점차 자신이 창조한 "현실"에 매우 집중한 나머지 자신의 진정한 정체성을 망각하게 될 수 있습니다. 따라서, 공동창조자 - 그는 신이 개체화된 한 존재로서 항상 그 자신에 관한 그런 인식을 유지하도록 설계돼 있었다 - 는 그 일체의 상태, 또는 그 은총의 상태를 잃을 수 있습니다. 그리고 그에 따라 하느님과 분리되고 하느님의 몸과 분리된 존재로서의 유한한 정체성으로 추락하게 됩니다.

나의 사랑하는 이들이여, 여러분은 이것이 하느님이 자기인식과 상상력, 자유의지를 가진 존재를 창조하신 바로 그 순간에 생겨난 하나의 가능성임을 이해하나요? 분명히 신은 자신의 아들과 딸들 중 어느 누구도 열등한 정체성에 빠지는 것을 보고 싶어 하지 않으십니다. 내가 여러 번 언급하듯이, 여러분에게 자신의 왕국을 물려주는 것은 아버지의 커다란 기쁨입니다. 하지만 여러분이 스스로 그것을 받을 능력이 있고 여러분 자신을 하느님의 자녀라고 생각할 때만 그 왕국을 물려받을 수 있습니다. 그렇기에 여러분이 자신을 전체와 분리된 것처럼 보는 낮은 정체감에 빠지게 되면, 그로 인해 여러분은 자기 자신이 신의 풍요를 받을 가치가 없거나 그 모든 것을 받을 자격이 없다고 생각하게 됩니다. 즉 이렇게 되면 결국은 하느님 왕국의 충만함을 받을 수가 없는 것입니다.

분명히, 이것은 하느님이 일어나기를 바라시는 상황이 아닙니다. 그렇다면 어떻게 이것을 피할 수 있겠습니까? 자, 현실에서는 결코 그것을 하나의 가능성으로 배제할 수가 없습니다. 여러분이 낮은 정체성의 상태에 갇히게 될 가능성을 제거하는 유일한 방법은 여러분의 상상력과 자유의지를 없애는 것입니다.

만약 여러분이 한정된 정체성을 상상할 수 있는 능력이 없고, 그것을 실제처럼 받아들일 의도가 없다면, 길을 잃지 않을 수 있습니다. 그러나 인간이 이런 창조적인 능력이 없다면, 하느님과 공동창조자로서의 역할을 할 수 없으며 더 나은 존재가 될 수 없습니다. 또한 공(空)을 빛으로 채우기 위해 하느님의 빛의 강도를 확장하는 일에도 봉사할 수가 없습니다. 그리고 물론, 더 나은 존재로 진화되어 그 공허함을 (빛으로) 채우는 것이 바로 여러분의 존재 목적입니다.

**

신이 직면하는 문제는 어떻게 인간이 창조의 재능을 훈련하는 것을 가능한 안전하게 만드느냐는 것인데, 이는 여러분이 자신의 기원 또는 근원을 망각하지 않고 그렇게 할 수 있는 것을 뜻합니다. 인간은 항상 자유의지를 가지고 있기 때문에 이 문제는 절대적인 해결책이 없다고 하지만, 한편으로 그것은 여러분이 자신의 진정한 정체성을 되찾을 잠재력을 결코 잃을 수 없다는 의미에서 절대적인 해결책을 갖고 있습니다. 신은 여러분이 천국으로부터 얼마나 의식으로 멀리 옮겨갔느냐와 관계없이, 언제나 그분의 왕국으로 돌아갈 수 있는 정교한 방법을 고안하셨습니다.

내가 이전에 언급했던 것처럼, 유일의 창조주는 두 가지 보완적인 힘을 생성함으로써 창조의 과정을 시작했습니다. 동양의 도교(道敎)에서는 이런 힘들을 음(陰)과 양(陽)이라고 불렀습니다. 그러나 나는 그것들을 아버지의 확장하는 힘과 어머니의 수축하는 힘이라고 부릅니다. 이 두 힘은 상반되는 것처럼 보일지 모르지만, 그것은 절대적인 진실이 아닙니다. 비록 그것들은 겉으로 보기에는 반대방향일지라도, 실제로는 서로 보완적인 힘입니다. 이 두 가지 힘은 서로를 상쇄하지 않고, 단지 서로 균형을 이룹니다. 지속가능한 형태가 만들어지는 것은 바로 이 힘들이 완벽하게 균형을 이룰 때입니다. 하지만 어떤 것이 지속 가능하다는 것은 무엇을 의미할까요?

그 핵심은 창조의 바로 그 목적을 이해하는 것, 즉 공(空)을 채우기 위해 하느님의 빛을 확장하고 하느님의 왕국을 확대시키는 것입니다. 그러므로 지속적인 성장, 지속적인 자기초월이 그 목표입니다. 아버지의 팽창하는 힘의 역할은 바깥쪽의 확장하는 방향으로 창조를 추진하는 것이며, 그럼으로써 그것은 결코 특정한 형태에 국한되지 않고 항상 더 나아지는 쪽으로 성장합니다.

내가 전에 말했듯이, 창조주의 특이점에서 어떤 것을 창조하기 위해서는 뻗어나가는 힘이 있어야만합니다. 그러나 만약 오직 이렇게 팽창해가는 힘만 있다면, 별개의 형태가 창조될 수 없고 단지 연속적인 폭발만이 있게 될 것입니다. 그래서 어머니의 수축하는 힘이 아버지의 확장하는 힘과 균형을 이루게 되며, 이렇게 균형이 이루어질 때, 유지될 수 있는 형태를 창조하는 것이 가능해집니다. 그래서 우리가 알 수 있는 것은 창조에 관련된 이 두 가지 기본적인 힘들이 형태가 창조되는 데 기초를 제공한다는 사실입니다. 그러나 성공적인 창조가 이루어지는 핵심적인 열쇠는 그 두 가지 기본적 힘들 간의 올바른 균형입니다. 만약 팽창력이 너무 강하면, 모든 형태가 날아갑니다. 반대로 수축력이 너무 강해지면 성장이 멈추고 마침내 모든 형태가 자체적으로 붕괴되어 매터 빛의 초기상태로 돌아갈 것입니다. 따라서 두 세력 간의 올바른 균형을 유지할 수 있는 무엇인가가 있어야하며, 늘 정지해 있지 않고도 지속가능한 창조를 보장할 수 있어야합니다. 달리 말하자면, 지속 능력은 조용히 정지해 있다는 의미가 아니며, 그것은 끊임없는 자기초월을 의미합니다. 왜 그럴까요? 생명의 바로 그 정의(定義)는 성장하고 있는 어떤 것이기 때문에, 그것은 계속해서 자신을 초월하는 과정에 있는 것입니다. 생명은 신을 표현하는 데 있어서 항상 더 나은 상태로 되어가고 있는 어떤 것이고, 그에 따라 공(空) 속에 있는 어둠을 빛으로 대체할 수가 있습니다.

팽창하는 힘도 수축하는 힘도 그 자체만으로는 형태를 창조할 수 없다고 말할 수 있습니다. 팽창하는 힘은 항상 팽창할 것이고, 수축하는 힘은 항상 수축할 것입니다. 그러면 모든 형태, 모든 구조가 말살될 것입니다. 어떤 형태가 창조되기 위해서는 그 형태가 먼저 일종의 잠재적 가능성으로서의 정신적인 이미지로 존재해야합니다. 또한 이 이미지는 그 형태가 역동적인 상태에서 유지될 수 있도록 두 가지 힘의 균형을 유지해야만 합니다. 그럼으로써 그 형태가 정적(靜的)인 상태가 아니라 추가적인 성장을 위한 기반이 되어야합니다. 나는 어머니의 수축하는 힘이 그 매터 빛 속에 내장되어 있다고 여러분에게 말했습니

126

다. 우리는 이것을 평온하고 파도가 없는 바다에 비유할 수 있습니다. 아버지의 팽창하는 힘은 이 바다 위로 불면서 파도를 일으키는 바람과 같습니다. 그리고 무한한 빛의 바다에서 일어나는 이런 파도들은 별개의 형태로 나타나는 것입니다. 그러나 어머니 빛은 어떤 형태든 취할 수 있는 잠재력이 있으며, 그런 형태들 중 일부는 바다에서 파도가 서로 상쇄될 수 있듯이, 서로 소멸될 수 있습니다. 그렇다면 어떤 특정 형태가 생겨나는가를 결정하는 것은 무엇일까요? 일정한 형태의 특성은 그 형태가 매터 빛에 노출되기 전에 일종의 잠재성으로 존재해야합니다. 바꿔 말하면, 아버지의 팽창하는 힘은 흘러들어갈 하나의 틀(모형)을 갖고 있어야 하며, 그럼으로써 그 힘이 무차별적으로 폭발하지 않고 매터 빛이 특정한 형태를 취하도록 자극할 수 있습니다.

그런데 팽창하는 힘이나 수축하는 힘도 그런 정신적인 이미지를 만들 수는 없으며, 또 그것을 이용하여 확장하는 힘을 어머니의 빛으로 향하게 유도할 수는 없습니다. 그러한 이미지는 오직 자아의식적인 마음, 즉 어떤 이미지를 구상할 수 있는 상상력과 그것을 매터 빛에다 투사할 의지를 지닌 존재의 마음속에서만 간직될 수 있습니다. 그러한 마음은 또한 자신의 존재와 창조의 기본적인 힘을 사용할 자기의 재능에 관해 깨닫게 만드는 자기인식 능력이 있어야 합니다. 분명히, 창조주는 그런 마음을 갖고 계시지만, 그분은 모든 것을 자신이 다 창조하기를 원하지 않으셨습니다. 따라서 창조주는 자신을 (분화하여) 공동창조자로서의 역할을 할 수 있는 개체적인 존재들로 나타내기로 결정했습니다. 이 존재들은 아직 드러나지 않은 형태의 이미지를 상상할 수 있는 정신적 능력을 갖고 있으며, 그 이미지를 매터 빛에다 투영할 수가 있습니다. 아버지의 확장하는 힘이 그 모형(이미지)으로 흘러 들어감에 따라 매터 빛은 상응하는 형태를 취하게 됩니다. 하지만 공동창조자들에게 이런 능력을 부여해주는 것은 무엇일까요? 그것은 그들이 하느님의 다른 측면인 창조주의 다른 확장체로부터 – 개체화되어 – 창조되었다는 사실에 있으며, 다시 말해 이는 성서에서 "말씀"이나 "아버지의 독생자" 그리고 "충만한 은총과 진리"라고 부르는 것입니다(요한복음 1:14).[15]

* * *

사랑하는 이들이여, 나는 많은 기독교인들이 예수 그리스도가 하느님의 유일한 독생자라거나 태초부터 하느님이었다라고 믿게 된 것을 압니다. 이것은 전적으로 사실이 아닌 개념입니다. 내가 여러분에게 설명했듯이, 이제까지 창조된 자아의식을 지닌 모든 존재는 하느님의 아들이거나 딸입니다. 일찍이 창조된 모든 것이 하느님이라는 존재와 의식에서 나온 것이므로, 어떤 관점에서 볼 때 그것들이 처음부터 하느님이었다고 말할 수는 있습니다. 그러나 개별화된 형태

---

15) "말씀이 육신이 되어 우리 가운데 거하시매, 우리가 그 영광을 보니 아버지의 독생자의 영광이요, 은혜와 진리가 충만하더라."

나 존재가 생겨나는 그 순간에 별개의 특성이 나타나며, 따라서 그것은 더 이상 하느님이라는 전체가 아닙니다. 이는 그것이 여러분에게 그러하듯이, 예수 그리스도에게도 똑같이 적용되는 진실입니다. 예수는 하느님이라는 전체로부터 생겨났습니다. 그리고 그는 하느님의 한 아들입니다. 그러나 여러분 역시도 그 전체로부터 나왔고 그렇기에 여러분도 하느님의 아들이나 딸인 것입니다. 예수는 "너희가 여기 내 형제 중에 지극히 작은 자 한 사람에게 한 것이 곧 내게 한 것이니라(마태복음 25:40)."라는 말에서 바로 자신이 모든 생명과 평등하다는 것을 확증했습니다.

나의 사랑하는 이들이여, 만일 여러분이 기존의 기독교에 의해 조장된 맹목적인 우상숭배 속에서 성장했다면, 나의 진술을 신성모독이라고 여길 수도 있습니다. 그러나 나는 예수가 결코 자신을 다른 사람들과 분리시켜 차별을 두지 않았으며, 하느님과 동등한 수준에다 놓지도 않았음을 여러분에게 보증할 수 있습니다. 왜 여러분은 그가 "어찌하여 선한 일을 내게 묻느냐? 선한 이는 오직 한 분이시니라. 그분은 하느님이시니라(마태복음 19:17)."라고 말한 것을 생각하지 않습니까? 그러므로 예수는 자신을 하느님의 독생자라고 주장하는 전통적인 교리가 최악의 신성모독이자 그의 사명 전체를 조롱하는 것으로 간주합니다. 이런 교리를 만듦으로써 예수는 다른 모든 사람들과 분리되었고, 그렇기에 하나의 본보기가 아닌 우상이 되고 말았습니다. 예수는 수많은 기독교인들이 예수가 그들의 신성한 유산을 되찾기 위한 진정한 잠재력을 보여주기 위해 왔다는 사실을 인정하기보다는 그저 황금 송아지(우상) 주위에서 춤추는 것을 혐오합니다. 그런 까닭에 여러분과 예수 사이의 진정한 차이점은 그는 자신의 기원을 하느님의 아들로 인정하고 받아들인 반면에, 여러분은 아직까지 그렇게 하지 않았다는 것입니다. 그러나 여러분이 예수가 보여준 본보기를 따르고 예수의 마음을 여러분 안에다 품음으로써, 여러분의 진정한 정체성을 되찾을 가능성이 있습니다.

예수가 품고 있었던 마음은 어떤 것이었을까요? 그것은 아버지의 진정한 독생자인 그리스도 마음(Christ mind)이었으며, 이는 곧 창조주를 의미합니다. 이 의식상태는 창조주 하느님에 의해 생성된 우주적인 마음이자 보편적인 자각상태이며, 하느님 자신과 모든 개체화된 확장체들인 그분의 공동창조자들 간에 중개자라는 특별한 기능을 수행하도록 되어 있습니다. 그리스도 마음의 목적은 공동창조자가 결코 자신의 진정한 정체성이나 하느님의 법칙에 대한 인식을 영구히 잃을 수 없도록 보장하는 것입니다. 그리스도 마음은 모든 형태가 신의 법칙에 따라 창조되도록 하고 이러한 법칙들과 맞지 않는 형태가 무기한으로 존재할 수 없도록 하는 역할을 합니다.

사랑하는 이들이여, 이런 안전장치를 이해하시겠습니까? 신이 여러분을 창조할 때, 그분은 여러분에게 독특한 개성을 주셨습니다. 이것은 여러분의 창조적인 잠재력이며, 그 창조력을 발휘할 때, 여러분은 자신이 창조한 모든 것에다 자기의 개성을 자연스럽게 표현할 것입니다. 여러분의 개성은 여러분에게 주어진 하느님의 선물이라고 말할 수 있습니다. 그리고 여러분이 자신의 빛을 비추면, 여러분의 개성은 이 세상에 대한 여러분의 선물로서 드러나게 됩니다. 나는 여러분의 천부적인 개성은 대부분의 사람들이 현재 스스로 받아들일 수 있는 것 이상으로 정말로 아름답고 웅장하다는 것을 보증할 수 있습니다. 예수가 "너희는 신이니라(요한복음 10:34)"고 말했듯이, 여러분은 인간적인 정체성과 인식수준을 훨씬 뛰어넘는 아름다움과 완전함으로 설계되었습니다. 인간은 현재 받아들일 수 있는 것보다 엄청나게 더 나은 존재가 되도록 창조되었고, 하느님이 주신 이 개성은 보편적인 그리스도의 마음속에 영구히 기록돼 있기 때문에 결코 잃어버릴 수 없습니다. 아버지의 독생자는 여러분의 진정한 개성을 지키는 자이며 그리스도 마음 또한 그 정체성을 회복하는 열쇠라고 말할 수 있습니다. 그리스도의 마음이 구원의 유일한 열쇠입니다. 왜냐하면 구원이란 여러분이 적그리스도의 마음에서 생겨난 제한된 정체성 또는 여러분의 근원으로부터의 분리로 인한 마음을 극복한다는 의미이기 때문입니다. 여러분이 영원한 생명을 얻으려면, 그리스도의 마음에서 나온 정체성, 즉 여러분의 근원과 하나가 된 마음을 회복해야합니다.

그리스도 마음은 또한 인간의 창조적인 노력을 지도하고 그들이 항상 하느님의 법칙과 일치되어 여러분과 하느님의 몸 사이가 조화되도록 보장해줍니다. 이것이 작동하는 방식은 자아의식적인 존재가 그리스도 의식을 거치지 않고는 하느님의 순수한 빛에 접근할 수 없다는 것입니다. 예수가 "나는 길이요, 진리요, 생명이니 나로 말미암지 않고는 누구든지 아버지께로 올 자가 없느니라(요한복음 14:6)."라고 말했듯이, 그리스도 의식은 하느님의 법을 압니다. 그러므로 그리스도 의식은 어떤 공동창조자가 마음으로 구상한 형태가 신의 법칙과 조화를 이루고 있는지(절대적인 선), 또는 그 법칙과 조화를 이루지 못하고 있는지(절대적인 악)를 판단하는 절대적인 기준을 갖고 있습니다.

어떤 형태를 창조하기 위해서는 공동창조자가 그 형태를 구상해야 하며, 그런 다음 신의 힘이 그것을 통해 흐르도록 허용함으로써 그 형태가 매터 빛에 부여됩니다. 형태를 창조하는 여러분의 힘은 창조적인 노력을 추진하는 빛의 강도와 에너지에 달려 있습니다. 궁극적인 창조력은 아버지의 확장되는 빛이며, 여러분이 이 빛으로 창조할 때 최대의 창조력을 발휘합니다. 예수가 "사람으로는 할 수 없으되 하느님으로는 그렇지 아니하니, 하느님으로서는 다 하실 수 있느니라(마가복음 10:27)."라고 말한 것처럼, 하느님과 함께 하면 모든 것이 가능합니다. 그럼에도 하느님의 힘에 접근하려면, 그리스도 의식을 가져야하며, 여러분이 마음으로 구상한 형태가 반드시 그분의 법칙과 조화를 이루어야합니다. 여러분이 인간으로서 육화될 때, 여러분의 낮은 마음은 자신의 신아로부터 흐르는 에너지 흐름을 위한 열린 문이 되어야합니다. 여러분의 창조적인 노력을 배후에서 추진시키는 힘이 되는 것은 바로 이 영적인 에너지입니다. 예수가

"나는 아무 것도 스스로 할 수 없노라(요한복음 5:30)." "아버지께서 내 안에 거하셔서 그분의 일을 하시는 것이니라(요한복음 14:10)."라고 말했듯이 말입니다.

여러분이 그리스도 마음16)에 기초해서 정신적 이미지를 구상하면, 그것은 항상 하느님의 법칙 및 그분의 창조적인 의도와 완벽하게 조화를 이룰 것입니다. 한 개인으로서, 여러분은 보편적인 그리스도 마음이 충만한 상태는 아니지만, 그 마음이 여러분에게 개체화된 것입니다. 예수가 "먹어라. 이것은 너희를 위하는 내 몸이니, 이것을 행하여 나를 기념하라(고린도전서 11:24)."라고 말한 것처럼, 이 개별화된 그리스도 마음을 통해 여러분은 하느님의 법칙과 완벽한 조화를 이룰 수 있으며, 그리하여 여러분의 창조는 최대한의 힘을 갖게 될 것입니다. 그래서 예수는 - 그리스도의 마음을 통해 - 자연법칙을 무효화시키고 사람들이 기적으로 목격했던 일을 실행할 수 있는 힘을 얻은 바가 있습니다. 실제로 예수는 사람들이 과학에 의해 현재 이해하고 있는 자연법칙을 소용없게 만드는 고차원의 법칙을 활용하고 있었습니다.

여러분이 아버지의 창조력에 접근하기 위해 아들의 마음을 사용하는 이 과정에 따라 어머니 빛에 투사된 형태를 구체화시킨다면, 여러분의 창조는 전체를 확대할 것입니다. 우주적인 그리스도 마음은 여러분의 선한 행위가 결코 없어

---

16)이 책에서 자주 언급되는 '그리스도' 또는 '그리스도 마음' 이란 용어에 관해 일반인들이 잘 모르고 오해할 수 있으므로 마스터들의 가르침을 토대로 설명하자면, 다음과 같다. 기존의 기독교는 예수라는 역사적인 인물과 그리스도를 동일시했고, 그가 이 지구에서 존재할 수 있고 이제까지 출현할 수 있는 그리스도의 유일한 화신이라고 주장했다. 하지만 이것은 잘못된 것이고 완전한 거짓말이다.

승천한 대사들의 말에 의하면, 그리스도는 "창조주와 피조물 사이의 일체성을 보장하기 위해 하느님에 의해 설계된 보편적인 의식상태"라고 한다. 이것은 우리가 창조주로부터 자유의지를 부여받았기 때문에 필요한데, 왜냐하면 그 자유의지로 인해 우리가 우리의 근원으로부터 분리되었다는 환상을 만들 수 있기 때문이다. 그리고 우리가 적그리스도의 의식에 빠지게 되면, 우리가 보고 해석하는 모든 것은 그 분리의 환영을 강화하는 것처럼 보이게 된다. 그러므로 그리스도 의식(Christ Consciousness)은 우리가 분리를 넘어서서 창조주와의 하나됨의 상태로 돌아갈 수 있는 유일한 길이다. 그리스도 마음 상태에서 인간은 모든 생명을 하나로 보며, 그렇기에 예를 들어 당신이 다른 사람을 해치면, 당신은 당신자신을 해치고 있는 것이다. 보편적인 그리스도 마음은 하느님과 하나인 마음이고, 그렇기에 어찌 보면 그리스도 마음이란 곧 하느님의 마음이라고 표현해도 무방할 것이다.

그런데 인간의 자유의지 때문에 보편적인 그리스도 의식은 지상에서 직접 작용할 수 없다고 한다. 지상에서 보편적 그리스도 의식은 신성의 길을 걸으며 하늘을 위한 열린 문이 되는 모범을 보이는 육화한 사람에 의해 개별화되어야 한다. 그리고 예수님은 바로 우리에게 그 길을 걸어서 신성(그리스도 의식)에 도달한 인간의 본보기를 보여 주려고 이곳에 오신 것이다. 그렇기에 우리 인간은 누구나 그리스도가 될 수 있는 잠재력을 갖고 있다. 다시 말해 그리스도 의식상태에 도달한 사람은 누구나 그리스도가 되는 것이다. 그리고 이것은 불교에서 영적으로 깨달으면 누구나 부처가 될 수 있다고 가르치는 것과 동일한 이치이다. (감수자 주)

130

지지 않도록 그것을 영원히 기록할 것입니다. 이것은 예수가 다음과 같이 여러분의 보물을 하늘에다 쌓아놓으라고 상기시켰던 것입니다. "오직 너희를 위하여 보물을 하늘에 쌓아 두라. 거기는 좀이나 녹도 해하지 못하며, 도적이 구멍을 뚫지도 못하고, 도적질도 못하느니라(마태복음 6:20)."

여러분은 자유의지를 가지고 있기 때문에, 신의 법칙과 조화되지 않는 형태를 상상하기로 선택할 수 있으며, 그 형태를 구현할 수 있을 것입니다. 그러나 그런 불완전한 형태를 나타내는 데는 하느님의 순수한 빛을 사용할 수 없습니다. 그러므로, 여러분의 유일한 선택사항은 이미 물질 주파수대로 옮겨진 낮은 주파수의 빛, 즉 심령적 에너지를 사용하는 것뿐입니다. 그럼에도 여러분은 이 빛을 사용해서 여전히 창조할 수 있으므로 마음의 힘을 이용하여 큰 부를 쌓을 수 있다고 말하는 그릇된 전문가들의 주장은 틀린 것이 아닙니다. 그러나 이 창조물은 결코 그리스도 마음을 통해 창조된 것만큼 강력하지 못합니다. 그리고 그것은 적그리스도의 마음을 이용함으로써 창조되었기 때문에 다음의 구절처럼 필연적으로 스스로 뿌린 것을 거두게 될 것입니다. "그들은 바람을 뿌렸기에 회오리바람을 거둘 것이다(호세아서 8:7)."

***

이 개념을 설명하는 또 다른 방법은 신은 창조력에 대한 인간의 실험이 상향 나선이 됨으로써 여러분이 자기인식 면에서 성장하여 자신이 모든 것과 하나라는 사실을 깨닫기 바라신다는 것입니다. 그렇기에 여러분이 신의 법칙과 조화를 이루는 모든 일은 그리스도 마음에 영원히 기록되어 있습니다. 이것은 여러분의 재능내지는 탄력이 되어, 자신의 창조력과 자각을 확장시키기 위한 견고한 토대 - 그리스도의 반석으로서 - 로서 이용할 수 있습니다.

그러나 이 보물은 결코 잃어버릴 수 없는 반면에, 여러분은 자신의 상상력과 자유의지를 사용하여 그것에 관한 모든 것과 자기의 진정한 정체성을 모두 망각할 정도로 그것으로부터 자신을 분리시킬 수 있습니다. 그렇게 되면 분명히 과거 행위로 이루어진 기초 위에다 (새로운 것을) 세울 수가 없으며, 말하자면 처음부터 다시 시작해야합니다. 그럼에도 과거의 선행이 영구히 상실될 수는 없기 때문에, 여러분의 보물은 항상 당신들을 기다리고 있습니다. 언제라도 여러분은 자신을 대아(신아)와 분리시키는 하향나선을 멈추기로 선택할 수 있습니다. 또한 자신의 진정한 정체성을 되찾는 능력을 주게 될 영적인 길을 시작할 수 있습니다. 그리고 그렇게 하면, 하늘의 보물에 다시 한 번 접근할 수 있게 되어 그것을 창조력과 자각능력을 한층 더 확대하는 기반으로 이용할 수 있습니다. 바꿔 말하자면, 여러분의 진정한 정체성, 즉 그리스도의 마음에 세워진 정체성은 결코 잃어버릴 수가 없습니다. 그러나 잘못된 정체성 - 적그리스도의 마음에 세워진 분리의 정체성 - 은 유한하며 그렇기에 잃어버릴 수밖에 있습니다. 그리고 사실상, 그것은 여러분의 진정한 정체성을 회복하기 위해서는 소멸되어야만 합니다.

사랑하는 이들이여, 이것이 얼마나 중요한지 이해하시겠습니까? 이 형태의 세계를 창조하셨을 때, 신은 이 세계의 구조가 붕괴되거나 무의 상태로 수축되지 않고 지속가능한 방식으로 성장할 수 있도록 어떤 지도 원리(guiding principle)를 규정해 놓으셨습니다. 다시 말해 아버지의 팽창하는 힘이 너무 강해져서 거대한 폭발로 우주를 붕괴시킬 수 없도록 이 원칙들을 고안해 놓으신 것입니다. 동시에 신은 어머니의 수축하는 힘이 공(空)을 채우기 위한 빛의 확장을 멈추게 하지 않도록 법칙들을 제정하셨는데, 그 수축하는 힘은 창조된 모든 형태를 원초적인 무(無)의 상태로 되돌리는 수축 사이클을 시작할 것입니다.

　그러나 신에 의해 규정된 창조원리의 틀 내에서는 형태를 창조할 수 있는 무한한 자유가 있습니다. 내가 여기서 말하는 것은 신과 공동창조자로서의 여러분의 창조력은 신의 법칙들에 의해 제한받지 않는다는 것입니다. 신의 법칙은 여러분의 창조적 자유를 제한하는 것이 아닙니다. 그것은 일종의 뼈대 또는 지도 원리로서의 역할을 하며, 그럼으로써 인간이 자신이나 다른 공동창조자들을 파괴하지 않으면서 창조적인 능력을 훈련할 수 있습니다. 달리 말하면, 신의 법칙은 여러분이 신의 빛을 확장하고 강화함으로써 전체를 확대하는 방식으로 창조력을 발휘할 수 있도록 보장하기 위해 세워졌습니다. 내가 창조적인 과정을 어떻게 설명했는지 다시 생각해보십시오. 하느님이 공(空) 속에다 새로운 천구(天球)를 만들 때, 그 우주는 신의 빛으로 완전히 채워지지 않은 상태였습니다. 자아의식을 지닌 공동창조자들이 그때 자신의 재능을 키우고 지배하기 위해 그 영역으로 보내졌고, 그것에 따라 그 천구가 빛으로 채워지고 있습니다. 그때 그 천구는 그 다음 천구로 확장되기 위한 일종의 토대로서의 역할을 할 수 있습니다. 그럼에도 핵심은 빛으로 천구를 채운다는 것이 곧 그것이 획일적인 빛으로 가득 차게 된다는 것을 의미하지 않는다는 점을 깨닫는 것입니다. 하나의 천구는 하느님의 법칙과 일치하는 형태로 채워지지만, 그 세계에 거주하는 공동창조자들의 창의성을 표현합니다. 다시 말해서, 여러분은 자신이 있는 곳에서 신의 왕국을 드러내는 형태들을 창조할 때 신이 주신 개성을 표현하기로 예정돼 있다는 것입니다. 그러므로 참으로 여러분은 무한한 창조의 재능을 발휘할 수 있으며 여러분의 노력은 낭비되지 않습니다. 그것들은 하나의 천구가 어떤 일정한 빛의 강도에 도달할 때 나타나는 영구적인 하느님 왕국의 일부가 될 것입니다.

　그렇게 되면, 어둠이 거의 남아 있지 않으므로 모든 것이 하느님의 순수한 빛으로부터 창조되었다는 근본적인 진실을 덮어 감출수가 없습니다. 그러므로 자아의식적인 존재들이 신으로부터의 분리의식에 빠질 수 있는 어떤 위험성이 더 이상 존재하지 않게 됩니다. 신의 빛을 방사하고 우주법칙의 조화를 표현하는 형태들에 의해 둘러싸여 있을 때 어떻게 그들이 그럴 수 있겠습니까? 물질 우주에는 - 적어도 지구상에는 - 아직 충분한 빛이 없기 때문에, 모든 것이 신의 빛으로 만들어져 있다는 것을 육체적인 감각으로 지각하는 것은 불가능합니다. 물질계에서는 모든 겉모습 뒤에 있는 첫 번째 원인, 근본적인 원인으로서의 신을 직접 볼 수가 없습니다. 그렇기에 자아의식적인 존재들이 분리의식 속에 갇히게 되고 자신이 신의 풍요와 분리돼 있다고 생각하는 것이 가능한 것입니다. 그러나 이 지구행성에서 빛의 강도가 높아지면, 영적인 빛이 모든 형태들을 통해, 즉 신의 법칙과 조화를 이루게 될 형태들을 통해 방사되는 것을 볼 수 있게 될 것입니다. 그리하여 하느님의 왕국이 지구상에 이룩될 것이며, 이 행성은 죽음의 의식으로부터 벗어나 자유의 빛을 발산하는 별이 될 수 있습니다.

이 세상에서 신의 빛을 확대하기 위한 열린 문이 되는 것이 바로 인간이라는 존재의 목적이자 계획입니다. 그리고 신의 빛이 확장될 때, 여러분은 자신의 창조적인 노력을 통해 모든 생명을 확대할 것입니다. 따라서 한 개인으로서의 여러분과 다른 개인들 사이에 갈등은 없습니다. 여러분의 창조적인 노력은 이 세계에서 빛을 확대하고, 그로 인해 이용 가능한 풍요의 양을 증대시키게 됩니다. 그러므로 여러분은 다른 공동창조자들과 더불어 이 세상의 모든 부분을 확대하는 역할을 하고 있습니다. 그렇게 하는 가운데, 여러분은 또한 그리스도의 몸과 피 – 의식 – 를 통해 통합된 하느님의 몸 전체인 자신의 참된 자아를 확장하고 있는 것입니다.

나는 이런 개념이 추상적으로 보일 수 있고 여러분의 외적인 마음으로는 파악하기가 어렵다는 것을 압니다. 그럼에도 나는 마음을 넓히는 것은 큰 가치가 있음을 다시 한 번 상기시킵니다. 나는 또한 여러분이 마음으로 이해할 수는 없으나, 항상 가슴으로는 이해할 수 있는 것을 일깨울 것입니다. 그리고 여러분이 마지막 열쇠(장)에서 깨달을 수도 있겠지만, 이 책으로 단지 지적이해만을 제공하는 것이 나의 목적은 아닙니다. 여러분이 그리스도 의식에 더 가까이 다가갈 수 있게 도와주는 것이 나의 목적이며, 그것은 내가 여러분의 지적인 이해와 사랑에 대한 여러분 가슴의 능력 양쪽 모두를 확장시키는 것을 목표로 한다는 사실을 의미합니다. 따라서 나는 마음으로는 이해하기 어려울 수 있지만 – 마음은 수평적이고 선형적인 방식으로 삶을 바라본다는 것이 특징이다 – 구형적이고 수직적이며 비선형적인 가슴의 방식으로는 파악할 수 있는 많은 개념을 여러분에게 제공합니다.

***

이제 여러분에게 그리스도 마음에 대해 좀 더 자세히 설명해 주도록 하겠습니다. 그리스도 마음은 참으로 하느님 마음의 연장이자, 그것이 확장된 것입니다. 그러나 그 목적은 창조주와 자아의식적인 공동창조자들 사이에서 연결고리 역할을 하는 것입니다. 그러므로 그리스도 마음은 특정의 초점내지는 구체적 목적이 있습니다. 다시 말하면, 개체인 자아의식적인 존재가 자기인식 면에서 성장하여 자신이 곧 전체라는 것을 깨달을 때까지, 개체가 전체와 연결된 전체의 일부로서의 자신의 정체성을 유지하고 확장할 수 있게 하는 것입니다. 이것은 개체가 자신의 개성을 상실한다는 것을 의미하지 않습니다. 그것은 그 개체가 자신이 곧 창조주 전체이고, 창조주가 자신(개체)의 개성으로 나타난 것이며 그 개성을 통해 초점을 맞춘 것임을 깨닫는 것을 의미합니다. 개체인 자아의식적인 존재는 더 이상 세상과 생명을 개인적 인식이라는 유한한 관점에서 보지 않는다고 말할 수 있습니다. 즉 그것은 개성을 통해 빛나고 있는 창조주 의식의 확장된 관점에서 생명을 봅니다.

이것에 대한 하나의 실례(實例)로서, 여러분이 창문이 없는 방에서 자랐다고 상상해보십시오. 방에는 태양빛이 비쳐 들어올 수 있는 구멍이 달린 문이 있습니다. 그러나 여러분은 결코 태양 전체를 볼 수는 없으며, 태양의 한 줄기 작은 광선만 볼 수가 있습니다. 만약 그런 방에서 자랐다면, 태양에 대한 여러분의 견해는 자신의 생각에 의해 결정될 것입니다. 여러분은 태양이 없거나 그저 그 개별적인 광선만이 존재한다고 믿을 수 있습니다. 그러나 일단 여러분이 문을 열고 밝은 햇빛을 향해 나서면, 태양과 그 실제의 힘에 대해 넓어진 인식을 얻게 될 것입니다. 이제 여러분은 태양이 방안에 비쳐 들어오던 작은 광선보다 훨씬 강력하다는 것을 알게 될 것입니다. 또한 그 광선이 실제로 태양으로부터 왔고 그 태양이 없이는 존재할 수 없다는 것을 깨달을 것입니다. 그럼에도 태양은 여전히 멀리 떨어져 있는 것으로 보입니다.

이제는 여러분이 태양의 중심으로 우주여행을 하고 거기에서 태양계를 관찰한다고 상상해보십시오. 여러분은 더 이상 태양에 대한 자신의 첫인상, 즉 문구멍을 통해 비추던 작은 광선에 얽매이지 않을 것입니다. 이제는 태양 전체를 경험할 것이지만, 그럼에도 그 개별적인 광선에 대한 인식을 잃지는 않을 것입니다. 그러므로 여러분은 그 한 가닥 광선이 진정으로 태양 그 자체의 연장이었다는 사실을 알게 될 것입니다. 그것은 사실상 그 작은 문구멍을 통해 태양이 비추고 있던 것이었고 그 개별적인 한 줄기 광선으로 태양자체를 나타내고 있던 것이었습니다. 따라서 그 광원(光源)과 개별적인 광선 간에는 실제적인 차이나 분리가 없습니다. 유일한 한계는 태양빛이 비춰지는 그 구멍의 크기뿐입니다. 하지만 여러분이 자신의 신적현존(신아)과의 연결을 확장한다면, 여러분의 존재를 통해 얼마나 많은 빛이 비춰질 수 있는지에 대한 한계는 없습니다.

신이 여러분을 개체로서 창조하셨을 때, 여러분은 그 태양에 대한 충분한 인식을 부여받지 못했으며, 여기서 태양은 전체인 하느님의 의식(God's consciousness)을 의미합니다. 여러분은 자신의 의식을 통해 비추는 개별 광선을 지닌 한 개체적 존재로 창조되었습니다. 여러분의 한정된 의식상태에서, 여러분이 자기 자신을 무한한 신이라는 전체와는 별개의 개체적 존재로 보는 것은 당연했습니다. 여러분은 아직 여러분 자신을 신의 완전성 및 그 전체의 한 확장체로 공감할 만큼의 자기인식이 없었습니다. 내가 앞서 하느님의 실체에 대한 정확한 이미지를 주지 않았다고 말했다시피, 직선적 용어로 이것을 묘사한다면, 여러분은 개체로 창조되었습니다. 하지만 자신이 신에 의해 창조되었다는 인식은 가지고 있었다고 말할 수 있습니다. 여러분은 자신을 멀리 떨어진 신과 연결된 개체로 보았습니다. 하지만 여러분의 하느님에 대한 관계는 그분이 여러분 자신의 바깥에 있는 것이 아니며, 여러분 자신 안에 신아의 형태로 자리 잡고 있습니다. 여러분은 자신을 신아라는 태양 주변을 돌고 있는 행성으로 보았고, 따라서 그 신아의 중력에 의해 안정된 궤도를 유지했다고 말할 수 있습니다. 여러분이 자신의 신아에 대한 분명한 인식을 가지고 있었음에도 불구하고, 그 신아가 창조주가 개체화된 한 확장체였음은 아직 알 수가 없었습니다. 그러므로 여러분은 하느님이란 개념을 자신의 직접적인 경험을 넘어선 멀리 있는 존재로 생각했습니다.

　인간은 자신의 개체적인 형태에 초점이 맞추어져 있는 제한된 인식을 지닌 채로 창조되었다고 말할 수 있습니다. 여러분은 자신이 신에 의해 창조되어 이 세상으로 보내졌다고 생각했습니다. 그러나 여러분은 창조주는 자신의 창조물과 분리돼 있지 않다는 것을 깨달을 때까지 여러분의 인식을 확장해가지 않으면 안 됩니다. 하느님은 만물 안에 거하고 계시며, 그리하여 여러분은 멀리 떨어진 하느님에 의해 창조되어 하느님이 부재(不在)하신 세상으로 보내진 것이 아닙니다. 절대자인 신은 바로 이곳에 여러분과 함께 계시며, 그렇기에 인간이 신에 의해 창조되었다는 개념은 너무 제한적이며 너무 단선적입니다. 사실, 여러분은 하느님이 그분 자신을 여러분이라는 개체적 존재로서 나타내고 계신 것입니다. 여러분은 개별적 존재로서 하느님 자체를 표현하고 있습니다. 그런 까닭에 예수가 하느님의 나라가 여러분 안에 있다고 말했던 것입니다(누가복음 17:21). 인간이 자신의 진정한 정체성에 대해 깨달아가는 과정은 여러 단계가 있습니다. 여러분은 먼저 자신의 신아라는 태양을 자기 생명의 근원으로 보는 것에서부터 시작합니다. 그때 그 신아를 통해 비추는 빛이 창조주의 빛이고 힘이라는 것을 깨닫습니다. 그러면 여러분은 창조주가 창조물 안의 어디에나 있다는 사실을 알게 되고, 따라서 그 하느님의 빛이 창조물의 어떤 지점으로부터도 비칠 수 있다는 것을 깨닫게 됩니다. 이것은 마침내 그 빛이 멀리 떨어진 원천에서 오는 것이 아니라 자신의 내면에서 생겨난다는 인식에 이르게 됩니다. 그때 여러분은 태양이 그 자체 안에서 빛을 발하는 것처럼, 여러분 자신의 내면에서 신의 빛을 방사하는 자급자족이 가능한 존재가 되는 것입니다.

　여러분이 개별적인 생명흐름(영혼)으로 창조된 후에, 물질우주의 보다 밀도가 짙은 에너지 세계로 내려갔습니다. 이런 하강이 있은 후에 여러분으로 하여금 신아에 관한 의식적인 인식을 갖게 하고 유지할 수 있도록 한 것은 아버지의 독생자인 그리스도 의식(Christ consciousness)입니다. 이 의식은 성서가 말씀(Word)이라고 부르는 것입니다. 또한 성서에서 말했듯이, 모든 것은 하느님의 아들로부터, 그리스도 의식으로부터 창조되었고, 그것이 그 말씀을 통해 규정되었습니다. 그러므로 자아의식적인 공동창조자에 의해 일찍이 창조된 모든 것이 그리스도 의식에서 생겨났으며, 이것은 그리스도 의식이 모든 창조된 형태 안에 있음을 의미합니다. 그가 없이는, 즉 아버지 하느님과 아들 하느님이 없이는, 만들어진 그 어떤 것도 만들어지지 않았습니다(요한복음 1:3).[17]

　이 사실의 중요성은 여러분이 그리스도 의식을 회복할 잠재력을 결코 잃을 수 없다는 것입니다. 인간들이 얼마나 그리스도 의식으로부터 멀리 추락해 있느냐와 관계없이, 언제나 하느님과 자신의 진정한 정체성에 대한 연결고리를 되찾을 가능성이 있습니다. 여러분은 그리스도의 의식에서 결코 분리될 수 없는데, 왜냐하면 그것은 모든 것 안에, 심지어는 신의 법칙과 조화되지 않은 불완전한 형태들 안에도 있기 때문입니다. 그래서 예수는 돌들조차도 그리스도를 지키기 위해 외칠 것이라고 말했던 것입니다(누가복음 19:40).[18] 그리스도 의식의 한 가지 기능은 공동창조자가 절대로 창조계에서 완전히 길을 잃어버릴 수 없게 하고, 귀향할 가능성이 없을 정도로 결코 신으로부터 너무 멀리 옮겨가지 않게 보장하는 것입니다. 여러분은 결코 그리스도 의식으로부터 떠날 수 없으며, 그렇기에 그 분리감은 늘 여러분의 마음속에만 존재할 것입니다. 어느 때나 인간은 그런 환영에서 벗어나 자신을 자유롭게 해줄 진리에 도달하는 길을 시작할 수 있습니다.

***

　여러분의 영혼에 대한 신의 원래 계획은 여러분이 한정한 자기인식을 갖고 개체적인 존재로 출발하는 것입니다. 여러분은 신과 연결돼 있지만 그럼에도 신이라는 전체와는 별개의 한 개체로서 여행을 시작합니다. 그런데 여러분은 신이라는 전체에 연결돼 있는 것과 그 반대로 뚫을 수 없는 장벽에 의해 모든 것으로부터 분리돼 있는 것 사이의 차이점을 이해하나요? 첫 번째 경우에는 그런 연결을 확장하여 결국 여러분이 모든 것과 하나가 되는 자아의 각성에 도달할 수 있습니다. 두 번째 경우에는 모든 것과 하나가 될 수 있는 선택의 자유가 없습니다.

　창조능력을 훈련함에 따라, 상상력과 자유의지를 사용함에 따라 여러분은 점차 자기인식 면에서 성장할 것입니다. 또한 우주가 어떻게 작동하고 신의 법칙이 어떻게 작용하는지에 대한 인식을 키우게 될 것입니다. 신이 그분의 율법을 여러분의 안쪽 부분에다 넣어두셨다는 것은 여러분의 의식적인 자아가 그리스도 마음을 통해 그런 법칙들을 알 수 있음을 의미합니다. 여러분의 영혼이 물질세계에서 여행을 시작했을 때, 여러분은 신의 법칙들에 대해 의식적으로 인식하지 못했습니다. 달리 표현하면, 여러분의 외적인 마음, 추론하는 마음은 신의 법칙을 이해하지 못했던 것입니다. 그럼 어떻게 여러분이 하느님의 법칙을 따를 수 있었을까요? 가슴의 직관적인 능력을 사용함으로써 그렇게 할 수 있었습니다. 그로 인해 여러분은 보편적이고 우주적인 그리스도 마음에다 채널을

---

17) "만물이 그로 말미암아 지은바 되었으니, 지은 것이 하나도 그가 없이는 된 것이 없느니라."
18) "너희에게 말하노니, 만일 이 사람들이 잠잠하면 돌들이 소리 지르리라."

맞출 수 있었고 그 법칙이 정확히 어떻게 작동하는지를 굳이 의식적으로 인식하지 않고도 그것을 따라갈 수 있었습니다. 그러나 여러분이 창조적인 재능을 훈련하는 만큼, 점차 신의 법칙에 대한 인식을 넓혀나갈 것입니다. 왜 그 법칙이 그런 식으로 작용하는지, 또 왜 법칙을 따르는 것이 자신의 이익에 가장 부합하는지, 그리고 어떻게 그 법칙이 여러분 개개인의 창조적 노력과 균형을 이루어 전체에게 이익을 가져오는지를 의식적으로 이해하게 될 것입니다.

여러분이 자기인식 또는 자아의 각성 측면에서 성장함에 따라, 서서히 여러분의 개인적인 자아의식 너머를 볼 수 있게 됩니다. 그리하여 신의 법칙에 대한 더 커다란 자각이 일어날 뿐만 아니라, 또한 다른 공동창조자들을 뜻하는 '하느님의 몸'에 관한 인식을 확장하기 시작합니다. 여러분은 자신의 개인적인 욕망 너머를 보기 시작하고, 공동창조자들이 그들의 개인적인 욕구를 충족시키기 위해 이 지구행성에 오지 않았음을 깨닫습니다. 지구의 성장을 위한 신성한 계획이 있으며, 그것은 개인적 이익과 집단적 공익 사이에 완벽한 조화를 이룹니다. 바꿔 말하면, 여러분 자신을 하느님의 몸을 위한 신성한 계획에 맞춰 재조정함으로써, 어떻게 자신의 개인적인 노력이 지구와 인류를 위한 그 거대한 계획에 맞춰져 증폭되는지를 알 수 있는 커다란 성취에 이를 것입니다. 이것은 어떤 개인적인 노력이 줄 수 있는 것보다 훨씬 더 큰 성취감을 당신들에게 줄 것입니다.

여러분이 다른 사람들을 더 잘 이해하고 존중하게 될 때, 이웃을 자기 자신처럼 사랑할 수 있는 능력이 확장됩니다. 그때 여러분의 관계는 두려움과 욕망보다는 사랑과 풍요로움을 기반으로 하게 될 것입니다. 여러분이 신의 법칙과 신의 창조에 대해 더 큰 감사를 느낄 때, 점차 온 마음과 영혼과 가슴을 다해 하느님을 사랑하기 시작합니다(누가복음 10:27). 계속해서 여러분이 하느님과 공동창조를 하고 자신의 자아인식을 확장해감에 따라, 점차 자신의 진정한 자아가 창조주가 개체화된 자신의 신아임을 깨닫기 시작합니다. 그런 다음 예수가 말한 것처럼, "나와 아버지는 하나이다(요한복음 10:30)"라는 것을 자각하기 시작합니다. 여러분은 아버지가 인간의 창조적 표현을 위한 무대로서 형태의 세계를 창조함으로써 지금까지 아버지께서 일을 하셨음을 깨닫게 된 것입니다(요한복음 5:17).[19] 그러므로 여러분은 자신의 재능을 키우고 자신의 자아의식을 지배함으로써, 노력해 나가야합니다. 그리고 여러분이 자신의 자아에 대한 지배권을 장악했을 때, 자기가 살고 있는 행성에서 지배권을 행사할 수 있고 그 행성을 신의 빛과 완전함으로 충만한 영역인 하느님의 왕국으로 바꿔놓을 수 있습니다. 그리하여 그 땅을 덮고 있는 어둠을 빛으로 대체할 수가 있습니다.

***

---

19) "예수께서 저희에게 이르시되, 내 아버지께서 이제까지 일하시니 나도 일한다. 하시매"

사랑하는 이들이여, 그리스도 의식의 본질은 단 하나의 단어로 요약될 수 있으며, 그것은 한마디로 "균형"입니다. 그리스도 의식은 아버지의 확장하는 힘과 어머니의 수축하는 힘의 균형을 잡습니다. 그것에 의해 지속가능한 형태가 창조되고, 하느님의 법칙과 완벽하게 조화를 이루는 형태가 됩니다. 그리스도 의식은 개인적인 공동창조자와 하느님의 몸 간의 관계를 균형 잡아서 개체와 전체가 완벽한 조화를 이루도록 합니다. 또한 그리스도 의식은 개별적인 공동창조자가 신의 법칙을 따르도록 함으로써, 그가 창조의 모든 부분을 확대하고 생명의 어떤 부분에도 부정적인 영향을 미치지 않는 방식으로 창조능력을 발휘할 수 있게 합니다. 그리스도 의식은 개별적인 공동창조자와 창조주 사이의 관계를 균형 잡아주며, 그럼으로써 그 공동창조자는 결코 창조된 형태의 세계 속에서 완전히 길을 잃을 수 없습니다.

　이것은 그리스도 의식에 의해, 그리고 그리스도 의식을 통해 규정된 어떤 형태는 완전한 형태라는 것을 깨닫게 해줍니다. 그것은 신의 법칙 및 신의 창조적인 의도와 완벽하게 조화를 이루고 있는 형태입니다. 이는 모든 공동창조자들이 서로 조화롭게 성장하여 모든 생명이 더 나은 존재가 되어야 한다는 것을 의미합니다. 그것은 그리스도 의식을 통해서이며, 여러분은 "하늘에 계신 너희 아버지 - 여러분의 신아 - 가 완전하심과 같이 너희도 온전하라(마태복음 5:48)."는 예수의 요청을 따를 수 있습니다.

　그러나 내가 말하는 완전성은 대부분의 사람들이 상상하는 그런 종류의 완벽함이 아닙니다. 많은 사람들은 만약 어떤 것이 완전하다면, 그것이 결코 변화할 수 없다는 이원성적인 생각, 또는 우상 숭배적인 개념을 믿습니다. 이 우주의 창조에 대한 전체 목적은 공(空) 속에다 천구를 창조하고 그것이 확대되어 공의 더 커다란 부분을 차지할 때까지 점차 그것을 신의 빛으로 채우는 것임을 부디 기억하기 바랍니다. 따라서 창조의 목적, 즉 생명의 목적은 끊임없는 성장, 계속적인 확장, 부단한 자기초월입니다. 하느님이 더 나아지고자하는 소망이 있었기 때문에 형태의 세계가 존재하게 되었다고 말할 수 있습니다. 더 나아지려는 소망은 모든 창조의 배후에 놓인 원동력이며, 모든 창조물 속에 내장되어 있습니다. 나의 사랑하는 이들이여, 천국은 천사들이 분홍색 구름 위에 앉아서 영원히 하프를 연주하는 정적인 장소라는 기존의 생각들은 활력이 넘치고 역동적인 신의 현실과는 전혀 관련이 없습니다. 하늘나라는 지상보다 훨씬 더 활기 있는 장소입니다. 왜냐하면 천국의 모든 존재들은 더 나은 신, 더 나은 전체가 되고자하는 그 목적을 위해, 하느님의 빛을 확장하는 일에 매달려 항상 노력하고 있기 때문입니다.

　더 나아지려는 추진력은 또한 그리스도 의식에 내재되어 있으며, 따라서 그리스도 마음은 개별적인 공동창조자들이 끊임없이 창조능력을 발휘하고 그들의 자기인식을 넓히도록 이끌어줍니다. 그리스도 의식은 여러분이 완전한 신의식(神意識)에 도달할 때까지, 그리고 자신이 그 전체의 개체화이며 신과 분리되어 있지 않다는 것을 알 때까지, 스스로 더 나아지고 자아인식을 확대하도록 이끌어 나갑니다. 여러분은 하느님이 여러분의 개인적인 자아의식을 통해 그분을 나타내고 있는 것입니다.

그러므로 내가 말하고 있는 완전성은 움직임이 없는 것이 아닙니다. 즉 그것은 고정적인 이미지가 아닙니다. 그것은 역동적이고 끊임없이 성장하고 있으며, 항상 하느님의 완전성을 더욱 나아지게 하고 있습니다. 사랑하는 이들이여, 이 진리가 왜 그렇게 중요한지 이해하시겠습니까? 나는 앞서 어머니의 수축하는 힘이 매터 빛 자체에 내장되어있다고 말한 바가 있습니다. 이 수축하는 힘은 언제나 매터 빛을 그 원래의 상태로 되돌려놓고자 하므로 그 안에는 그 어떤 형태도 없습니다. 그렇기에 수축하는 어머니의 힘은 어떤 형태든 끊임없이 붕괴시키기를 추구하고 있다고 말할 수 있습니다. 그러나 모든 형태가 붕괴되고 무(無)의 상태가 됨으로써 공동창조자의 노력이 무효화되는 것이 신의 의도는 아닙니다. 그럼에도 어떤 형태도 결코 늘 정지해 있거나 그 형태가 영구적이 될 수 없다는 것 또한 신의 의도입니다. 따라서 신은 모든 형태들이 계속해서 역동성을 유지하기를 원하시며, 이것은 그 어떤 형태도 더욱 성장하기 위한 일종의 토대라는 것은 의미합니다. 심지어 완벽한 형태조차도 초월되어야 하며 더 높은 형태를 나타내기 위한 기초로 사용되지 않으면 안 됩니다.

그리스도 의식은 공동창조자가 하느님의 창조적 의도와 완벽하게 조화를 이루는 형태를 설계할 수 있게 해줍니다. 그렇지만 열역학의 제2법칙에서 말하는 대로, 어머니의 수축하는 힘이 가만히 정지해 있는 모든 것, 밀폐된 체제인 어떤 것도 무너뜨릴 것이기 때문에 그 어떤 형태도 영원할 수는 없습니다. 그렇다면 여러분의 창조적인 노력이 붕괴되지 않도록 하는 열쇠는 무엇일까요? 그것은 그리스도 의식 속에 머무는 것이며, 그에 따라 여러분은 결코 멈춰서있거나 특정 형태를 유지하기를 원하지 않습니다. 여러분은 새롭고 더 나은 형태를 끊임없이 창조하고 있으며, 그리하여 창조주 하느님이신 생명의 강, 영원히 흐르는 창조력 속에 머물러 있습니다.

여러분이 생명의 흐름 속에 있을 때, 특정 형태에 대한 집착이 없습니다. 여러분은 그 형태가 영구불변하게 남아 있는 것을 보고 싶어 하지 않으며, 단지 그것을 자신의 창조성을 확장하는 발판으로만 사용하고 싶어 합니다. 여러분은 영원해질 어떤 것을 자신이 창조할 수 있다고 결코 기대하지 않습니다. 또한 여러분은 어떤 형태가 더 높은 형태로 대체될 때, 자신의 창조적인 노력이 낭비되었다고 절대로 생각하지도 않습니다. 대신에 여러분은 생명의 강 속에 머물러있는 한, 자신의 창조적인 노력이 결코 낭비되지 않는다는 것을 깨닫습니다. 이는 창조의 결과보다는 창조의 과정에 초점을 맞추고 있다고 말할 수 있습니다. 그리고 여러분이 삶은 결코 끝나지 않는 여정임을 깨닫기 때문에 목적지보다는 그 여행 자체에다 초점을 맞춥니다.

***

이것의 한 예로, 땅에 묻혀있는 한 알의 알곡을 생각해보십시오. 그 낱알이 땅속에서 없어지는 것처럼 보일수도 있지만, 시간이 지나면 그것은 싹이 트게 됩니다. 그 새싹은 아름답습니다. 그렇지만 어떤 농부가 새싹이 원래 그대로 남아 있기를 원할까요? 새싹이 식물로 자라면 그 실물 그대로의 형태가 없어지지만, 식물의 창조적인 노력은 사라지지 않습니다. 즉 그것은 단순히 새로운 단계, 새로운 형태로 변형됩니다. 식물의 초록색 잎은 아름답지만, 결국 종자가 달린 줄기로 변해 노란색으로 바뀝니다. 이때 녹색식물은 사라졌으나, 역시 식물의 창조적인 노력은 사라지지 않습니다. 밀이 수확될 때, 그 식물은 사라졌지만, 그 곡물 중 일부는 내년 수확을 위한 씨앗이 됩니다. 그리고 그 중 일부는 지구상에서 신의 창조를 확대하기 위해 공동창조자로 봉사하는 인간을 위한 식량으로 이용됩니다. 그러므로 한 알의 밀알이 발아하여 자라나려는 창조적인 노력의 목적은 새싹이나 푸른 식물 또는 성숙한 식물을 낳아 그 형태를 영원히 유지하는 것이 아닙니다. 그 창조적인 힘의 목적은 생명의 과정 자체를 추진해가는 것인데, 즉 하느님의 창조물 전체를 지속적으로 확대하고 증대시키는 과정입니다.

나의 사랑하는 이들이여, 내가 말하고 있는 것을 이해하나요? 공동창조자로서의 여러분은 자신이 창조한 어떤 형태에도 집착하도록 설계돼 있지 않습니다. 그것이 얼마나 아름답거나, 그것을 만드는데 얼마나 많은 노력을 기울였느냐와는 상관없이 말입니다. 여러분은 생명의 강의 일부가 되기로 예정돼 있으며, 그에 따라 하나의 형태를 창조적인 성취를 위한 발판으로 끊임없이 이용합니다. 이것이 바로 여러분이 하게끔 계획돼 있는 것이며, 오직 생명의 흐름 속에 있음으로써만이 여러분은 진정으로 성취하고 살아 있다는 느낌을 갖습니다. 특정 형태에 대한 집착과 그 형태를 보존하려는 시도는 죽음의 의식, 적그리스도의 의식입니다. 그리고 끊임없는 자아초월의 의식은 삶에 대한 일종의 경각심입니다. 그렇기에 적그리스도의 의식은 자아의식을 가진 존재로 하여금 한정된 자아의식에 집착케 하고 그것을 초월하는 것을 거부하게 만드는 의식입니다. 그럼으로써 그들은 생명의 흐름에서 스스로 벗어나게 됩니다. 그리고 어머니의 수축하는 힘이 즉시 그들이 유지하고자하고 소유하고자 하는 것들을 붕괴시키기 시작할 것입니다.

사랑하는 이들이여, 여러분은 "누구든지 제 목숨을 구원코자 하면 잃을 것이요, 누구든지 나를 위하여 제 목숨을 잃으면 찾으리라(마태복음 16:25)."라는 예수의 말 뒤에 있는 심오한 의미를 이제는 이해하시겠습니까? 여러분이 한정된 정체성을 고수하고 그것을 극복하기를 거부한다면, 어머니의 수축하는 힘이 필연적으로 여러분에게서 생명의식을 빼앗아갈 것입니다. 그러나 여러분이 그 단계를 초월하고 더 커다란 자아의식(대아의식)을 얻기 위해 기꺼이 고정된 생명의식 - 우상 - 을 버린다면, 여러분은 그리스도 의식 속에 있게 됩니다. 그리하여 그 그리스도의 의식을 통해서, 그러한 끊임없는 자기초월을 통해서, 여러분은 결코 끝나지 않는 생명의 흐름 속에 있게 될 것이며, 그렇기에 영원한 생명을 얻습니다.

유일하고도 진정한 형태의 영생(永生)은 정적인 상태가 아니라 끊임없는 자기초월의 역동적 상태입니다. 인간은 자기인식과 상상력, 자유의지가 있기 때문에, 여러분은 스스로 자기라고 생각하는 사람이 여러분이라고 말할 수 있습니다. 하느님은 여러분에게 여러분이 좋아하는 어떤 성체감을 창조할 권리를 주셨습니다. 심지어 여러분 자신이 죽을 수밖에 없는 죄인이라는 느낌까지도 말입니다. 그럼에도 불구하고 하느님은 인간에게 그런 정체성을 영원히 유지할 권리를 주지는 않았는데, 왜냐하면 그것은 신의 창조의 흐름에서 뒤처지게 될 것임을 의미하기 때문입니다. 그리고 왜 사랑이 많은 하느님께서 여러분이 풍요로운 삶을 살 수 없도록 방해하는 제한된 정체성에 고착돼 있기를 바라시겠습니까? 그러므로, 만약 여러분이 제한된 정체성을 유지하려고 한다면, 필연적으로 그것을 잃을 것입니다. 그러나 자발적으로 성장하려 한다면, 결코 여러분의 자아의식을 잃지 않을 것입니다. 여러분이 절대로 특정 정체성을 보존할 수는 없지만, 창조되어 고정된 어떤 형태에서 벗어나 현재 진행 중인 정체성을 유지할 수 있습니다. 이것이 이 세상의 그 어떤 것도 넘어선 여러분의 진정한 정체성입니다.

사랑하는 이들이여, 이전에 나는 창조주는 자신의 창조물을 초월해 있다고 말했습니다. 마찬가지로, 공동창조자는 자신의 창조물을 넘어서 있고, 형태의 세계도 초월해 있습니다. 여러분은 창조주의 한 확장체로 창조되었으며, 그렇기에 여러분이 이 세상에서 창조할 수도 있는 어떤 형태보다도 더 나은 존재입니다. 여러분은 스스로 신아와 단절되고 자신을 분리된 존재로 보게 된 이후에 여러분이 만들었을 수 있는 어떤 정체감 이상의 존재입니다. 내가 말하는 요점을 아시겠습니까? 하느님은 여러분을 그분 자신으로부터 분리되도록 허용하시지만, 여러분을 향한 하느님의 사랑이 무조건적이기 때문에, 그분은 여러분을 자신에게서 영원히 분리시키는 어떤 조건도 받아들이지 않습니다. 하느님은 인간이 영원히 분리상태에 빠져서 언제나 풍요롭고 충만한 삶보다 열악해질 상황을 허락하지 않으실 것입니다.

***

나의 사랑하는 이들이여, 나는 다시 한 번 여러분에게 단선적인 마음으로는 파악하기 어려울 수 있지만 가슴으로 이해될 수 있는 개념을 제공하려 합니다. 물질세계는 영화관에 비교될 수가 있습니다. 여러분이 아시다시피, 영화를 볼 수 있게 해주는 세 가지 기본요소가 있습니다. 하나는 영화가 투영되는 스크린(영사막)이고, 다른 하나는 영사기 안의 필름(Film)이며, 세 번째는 영사기의 백열전구에서 나오는 빛입니다. 영사기의 백열전구는 아버지의 확장하는 힘에 비유될 수 있으며, 그것은 어떤 형태의 창조 배후에 있는 추진력입니다. 이것은 여러분의 신아를 통해 흐르고 있는 영적인 빛입니다. 스크린은 영사기에 의해 그 위에 투사되는 모든 형태를 반영하는 매터 빛에 비유됩니다. 그리고 필름은 공동창조자의 의식(意識)에 비유될 수 있습니다.

이제는 여러분이 극장에 가서 영화를 보고 있는데 영화의 첫 번째 영상장면이 계속해서 거듭 반복된다고 상상해보십시오. 달리 말하자면, 설사 영사기 안에 필름이 있고 필름이 돌아가고 있더라도 그 필름 안에 찍혀 있는 모든 이미지는 동일합니다. 분명히 이것은 영화가 되지 않을 것이며, 금방 지루해질 활기 없는 장면만을 만들 것입니다. 그러므로 영화다운 영화를 만드는 것은 필름 안의 모든 하나하나의 이미지가 앞의 것과는 조금씩 달라야 한다는 것입니다. 이때 이것이 비록 여러분이 영화의 정지된 이미지들을 연속적으로 보고 있음에도 여러분에게 실제로 움직이는 장면을 보고 있다는 환영(幻影)을 주게 됩니다. 그 개개의 정지 영상들은 단지 연속적으로 빠르게 스크린에 투영되고 있는 것이며, 여러분의 눈이 그것이 연속되는 영화라고 생각하면서 속고 있는 것이지요.

물질세계에서의 삶은 영화와 매우 흡사하다고 말할 수 있습니다. 내가 전에 설명하려고 시도했듯이, 여러분이 지금 당면하고 있는 외부적인 상황은 자신이 과거에 했던 선택과 현재 하는 선택의 결과입니다. 바꿔서 말하면, 여러분의 외부 상황은 여러분이 마음속에 갖고 있으면서 삶이라는 스크린에다 투사하고 있는 정신적인 이미지의 결과입니다. 필름 영사기에서는 새로운 이미지가 1초에 여러 번씩 나타납니다. 마찬가지로, 여러분의 외부 상황은 자신의 마음이 매초마다 여러 번씩 매터 빛에다 심상을 투사하고 있다는 사실의 결과입니다. 어느 순간, 여러분은 매터 빛에다 투사한 이미지를 변경할 기회가 있습니다. 그렇지만 만약 스스로 (마음속에) 새겨진 그 이미지를 바꾸지 않는다면, 여러분은 그 똑같은 이미지를 계속해서 투영할 것이고, 그래서 자신의 삶이 결코 바뀌지 않는 것처럼 보일 것입니다. 이것이 왜 여러분이 똑같은 문제를 거듭 반복하고 있고 왜 자신의 삶이 끝없는 투쟁처럼 보일 수 있는지에 대한 이유입니다.

사랑하는 이들이여, 이 진리의 중요성을 이해하시겠습니까? 만약 여러분이 현재 고통과 고난을 일으키는 상황 속에 처해 있다면, 그 이유는 여러분이 잘못된 이미지를 삶의 화면에다 투사하고 있기 때문입니다. 여러분은 그리스도 의식에서 창조되지 않은 이미지들을 투사하고 있으며, 그렇기에 그것은 여러분에게 풍요로운 삶을 주기 위해 고안돼 있는 바로 그 신의 법칙과 맞지 않습니다. 만약 여러분의 상황이 똑같은 채로 유지된다면, 뛰어넘을 수 없는 한계에 봉착한 것처럼 보일 것이며, 그 이유는 당신들이 같은 이미지를 계속 반복해서 삶의 스크린에다 투사하고 있다는 것입니다. 그러므로 유일한 해결책, 즉 여러분이 상황을 개선할 수 있는 유일한 방법은 여러분 마음속의 이미지를 바꿔야 하는 것입니다. 여러분은 자신의 마음 — 여러분의 상상력, 자유의지, 그리고 정체감 — 을 우상(고정된 이미지)에 고착되도록 만들고 있고, 그럼으로써 두 번째 계병을 어기게(출애굽기 20:4) 하고 있는 영적 마비상태에서 벗어나야합니다. 마음속의 이미지를 움직이는 영상으로 바꾸어서 여러분의 인생이 점차 해피엔딩(행복한 결말) 쪽으로 나아가는 영화가 되도록 해야 합니다.

　사랑하는 이들이여, 내가 말하는 요점을 아시겠습니까? 과학자 앨버트 아인슈타인(Albert Einstein)은 정신이상에 대해 똑같은 짓을 계속 행하는 과정으로 정의했으나, 여러분은 다른 결과를 기대합니다. 이런 맥락에서 우리는 여러분이 똑같은 정신적 이미지를 계속 투사한다고 말할 수 있습니다. 하지만, 여러분은 언젠가는 스크린이 다른 모습을 보여줄 것이라고 어떻게든 기대하고 있습니다. 아인슈타인은 자연법칙의 본질을 이해하고 있었기 때문에 모든 시대에서 가장 위대한 과학자 중의 한 사람이었습니다. 그는 내가 앞서 말했던 것을 이해했는데, 즉 우주가 일종의 거울이라고 이해했습니다. 만약 여러분이 우주의 거울 속으로 같은 이미지를 계속 투사한다면, 우주는 필연적으로 똑같은 외적 상황을 반사하여 당신들에게 되돌려주게 될 것입니다. 그렇기에 자신의 외부 상황을 바꾸고 싶다면, 여러분은 먼저 자기 내면의 상황을 바꿈으로써 시작해야 합니다. 다시 말해 삶의 스크린에 투영된 것을 변경하고 싶다면, 여러분의 마음속에 있는 필름의 이미지를 변경해야 하는 것입니다. 그러므로 만약 자신의 삶을 향상시키기를 원한다면, 여러분은 자기 마음속의 이미지가 적그리스도의 의식이 아닌 그리스도의 의식을 통해 나타나도록 확실히 해야만 합니다.

＊＊＊

　나의 사랑하는 이들이여, 우리는 영화관에 관한 유추에서 한 가지 더 배울 수가 있습니다. 영화 영사기의 원동력은 아버지의 확장하는 힘입니다. 나는 앞서 이것을 여러분의 신아로부터 여러분 마음을 통해 흐르는 영적인 빛의 흐름에다 비유했습니다. 여러분의 마음은 그 빛에다 정신적인 이미지를 투사합니다. 그리고 여러분이 지구상에서 경험하는 외적상황으로서의 영화 스크린에 투사되는 것은 바로 이런 이미지입니다. 그러므로 여러분의 존재 뒤에 숨은 원동력은 하느님의 빛입니다. 만약 필름 영사기에서 백열전구를 끄면, 어떻게 될까요? 영화관이 어두워질 것입니다. 마찬가지로, 만약 여러분이 신아와의 연결을 잃게 되면, 여러분의 마음은 그 원래의 빛의 근원으로부터 차단될 것입니다. 그리고 만약 그 연결고리의 크기를 줄이면, 영사기의 빛을 희미하게 하는 것과 같습니다.

　이전에 설명했듯이, 이것이 즉시 자멸하게 되거나 여러분이 더 이상 형태를 창조할 수 없다는 것을 의미하지는 않습니다. 그러나 그것은 인간이 더 이상 자신의 신아로부터 나온 하느님의 순수한 빛을 사용함으로써 삶의 스크린에다 이미지를 투영할 수 없다는 것을 의미합니다. 그렇기에 이미 물질 주파수대로 옮겨진 심령적 에너지를 사용하여 삶의 스크린에다 이미지를 투사할 수밖에 없습니다. 이런 빛은 낮은 진동을 가지고 있기 때문에 여러분의 신아에서 나오는 순수한 빛과 같은 힘을 갖고 있지 않습니다. 결국 더 낮은 진동의 빛을 사용하여 이미지들을 삶의 스크린에 투사하기 위해 더 많은 에너지와 노력이 필요하게 됩니다. 이것은 여러분의 창조능력을 제한할 것이고, 그것이 여러분의 삶을 투쟁으로 바꿔놓을 것입니다.

여기서의 내 요점은 인간의 창조적 노력의 배후에 있는 원동력은 빛이 필름 영사기를 통해 흐르는 것처럼, 여러분의 마음을 통해 흐르는 에너지의 흐름이라는 것입니다. 어느 정도의 그리스도 의식을 지니고 있을 때, 여러분은 자신의 신아로부터 직접 높은 주파수의 빛을 받을 수 있습니다. 여러분의 창조력에 대한 유일한 한계는 자신의 외적인 자아의식과 신아를 연결하는 도관의 크기입니다. 여러분이 자신을 통해 흐르는 이 순수한 빛을 얻게 되면, 여러분의 창조는 힘들지가 않은데, 그 빛이 일을 하기 때문입니다. 당신들은 예수가 "나는 아무 것도 스스로 할 수 없노라(요한복음 5:30)."라고 했던 말 속의 진리를 깨닫게 됩니다.

그러나 여러분이 그리스도 의식수준 아래로 떨어지게 되면, 어떤 것을 창조할 수 있기에 앞서 이 세상으로부터 심령적 에너지를 모아야만 합니다. 만약 여러분이 그런 에너지를 모아 그것을 이용해 형태를 창조하는 과정을 이해하지 못한다면, 여러분의 창조능력이 더욱 감소됩니다. 그리고 이제 여러분은 오로지 물질적인 것들을 가지고 일함으로써만이 풍요를 쌓을 수 있습니다. 어느 경우이든, 여러분은 유한한 공급으로부터 에너지를 가져와야 하며, 이는 종종 그런 에너지를 위해 타인들과 경쟁하게 되리라는 것을 의미합니다. 따라서 여러분은 필요한 것을 힘을 통해 쟁취해야만 합니다. 그리고 이로 인해 불가피하게 여러분은 작용과 반작용, 힘과 저항이라는 쳇바퀴 속에 갇히게 됩니다.

이런 고투는 여러분이 자신의 신아와의 연결상태를 회복할 때까지 계속될 것이며, 이 연결이 그리스도 의식의 핵심입니다. 분리감을 극복하고 여러분의 근원과의 일체감을 회복하면, 인생은 더 이상 투쟁이 아닙니다. 하느님의 빛의 힘이 이제 여러분의 마음을 통해 방해받지 않고 흐를 수 있으며, 그리하여 아버지는 언제까지나 일할 수 있고 여러분도 일할 수가 있습니다(요한복음 5:17). 예수가 말했듯이 하느님과 함께하면 모든 것이 가능합니다(마태복음 19:26). 그러므로 모든 투쟁의식이 뒤로 밀려나게 됩니다. 그때 여러분은 예수와 더불어 이렇게 말할 수 있습니다. "이는 내 멍에는 쉽고, 내 짐은 가벼움이라(마태복음 11:30)."

그렇지만 여러분이 자신의 신아와 연결되어있을 때에도 정지해 있을 수는 없다는 것, 그리고 어떤 형태를 창조하여 그것이 무기한 존재하리라고 기대할 수는 없다는 것을 명심하기 바랍니다. 생명의 목적, 생명의 바로 그 정의는 끊임없는 자기초월입니다. 그러므로 여러분은 마음속의 정신적 이미지를 지속적으로 새롭게 하고 개선해야 합니다. 여러분이 그렇게 하여 몇 가지 일에 성실하다는 것을 입증할 때, 하느님은 당신들이 더 커다란 풍요와 더 아름답고 완벽한 형태를 창조할 수 있도록 더 많은 빛을 지배하는 통치자로 만드실 것입니

144

다. 그렇기에 여러분이 그리스도 의식수준에서 움직이게 되면, 자신이 고정된 상태에 있는 것이 아니라는 사실을 압니다. 여러분은 끊임없이 성장하고 끊임없이 자신을 초월합니다. 여러분은 하늘에 계신 아버지가 완전하신 것처럼 온전한데(마태복음 5:48), 왜냐하면 하느님이 끊임없이 여러분을 통해 더 나은 존재가 되어가고 있듯이, 여러분도 끊임없이 진화하고 있기 때문이지요.

***

하느님은 인간에게 무제한의 자유의지와 무한한 상상력을 주셨기에, 여러분은 자신의 상상력을 사용하여 신의 법칙과 일치하지 않는 형태를 상상할 수 있습니다. 또한 여러분의 영혼에 대한 원래의 계획을 반영하지 않는 자아의식을 형성할 수가 있습니다. 달리 말하면, 여러분이 자신을 하느님의 아들이나 딸로 보는 대신에, 신으로부터 분리된 존재, 어쩌면 신에 의해 버려졌거나 천국에서 강제적으로 쫓겨난 존재로조차도 볼 수 있습니다. 심지어 여러분은 자신이 신과 대립하고 있고 인간의 창조적인 자유를 제한한다고 생각되는 그분의 율법을 포함하여 신을 나타내는 모든 것을 싫어한다고 하는 이미지를 형성할 수도 있습니다.

여러분이 자신의 의지력을 이용하여 그런 제한적 자아인식을 현실로 – 어쩌면 가능한 유일한 현실로 – 받아들이게 되면, 점차 그리스도 의식에 기초한 정신적 이미지들을 나타낼 수 없는 의식상태에 스스로 빠질 수 있습니다. 그러므로 이렇게 되면 여러분의 마음속에 갖고 있는 모든 정신적 이미지는 적그리스도의 의식, 하느님과 전체로부터의 분리의식을 통해 규정됩니다. 이로 인해 여러분의 정신적인 모습이 더욱 더 자기중심적이 되고 점점 더 이기적으로 될 것입니다. 그런 다음 전체에 대한 인식을 상실하고 어떻게 자신의 행위가 다른 사람들에게 영향을 미치는지에 대한 관심을 잃게 됩니다. 이것은 점차 여러분의 진정한 창조적 잠재력, 신성한 잠재력을 훨씬 아래로 끌어내리는 하향나선이 될 수 있습니다.

***

나의 사랑하는 이들이여, 자아의식을 지닌 존재가 그리스도 의식수준 아래로 얼마나 멀리 내려갈 수 있는지에 대해서는 명확한 한계가 없습니다. 신은 여러분에게 무제한의 자유의지와 무한한 상상력을 주셨습니다. 유일한 제한은 여러분에게 영원히 적그리스도 의식을 가지고 실험하라고 주지는 않았다는 것입니다. 여러분이 선과 악에 관한 지식의 열매(선악과)를 따먹는 바로 그 순간, 여러분은 그리스도 의식의 영원한 삶을 잃게 됩니다. 따라서, 여러분은 이제 죽음을 면할 수 없는 낮은 법칙들의 지배를 받게 되는데, 그 법칙들 중에 〈열역학의 제2법칙〉은 단지 하나에 불과합니다. 그리스도 의식수준 아래로 떨어짐에 따라, 여러분은 더 이상 생명의 강의 영원한 흐름 속에 있지 않습니다. 여러분이 시간과 공간의 법칙에 종속되면, 이 법칙들은 여러분을 우주의 시간과 공간 속의 특정 위치에다 제한시킬 것입니다. 공간과 시간은 그 정의상 한정된 개념이고, 여러분이 공간 속의 어느 곳에나 있을 수 없기 때문에, 시간 속에서도 영원히 존재할 수기 없습니다. 적그리스도의 마음에 말려든 결과로 생긴 유한한 자아의식은 영원히 존재할 수 없습니다. 여러분이 누구를 섬길지를 선택해야 할 날이 반드시 오게 되며, 기꺼이 그리스도의 의식을 택하여 그리스도 의식의 영원한 삶으로 돌아갈 것인지, 아니면 계속해서 여러분의 정체성을 필연적으로 죽게 되는 적그리스도 의식에다 한정시킬 것인지를 선택해야 합니다. 이것이 바로 성서에서 말하는 진정한 심판의 날입니다(마태복음 10:15). 그리고 만약 여러분이 그리스도 의식을 향해 성장하는 것을 거절한다면, 또는 유한한 자아의식을 초월하는 것을 거부한다면, 적그리스도 의식을 가지고 실험할 여러분의 기회는 성서에서 두 번째 사망이라고 부르는 것으로 끝날 것입니다(계시록 2:11).

하지만, 내가 말했듯이, 여러분의 영혼에 대한 원래의 계획은 결코 잃어버릴 수 없습니다. 그 설계는 보편적인 그리스도 마음속에 영원히 간직되어 있습니다. 그러므로 여러분이 구원을 받는 - 유산을 되찾고, 원래상태를 회복하고, 은총으로 돌아가고, 천국으로 돌아가는 - 자신의 잠재력을 잃을 수는 없습니다. 여러분이 이 세상에서 무엇을 했든, 그리스도 의식수준 아래로 얼마나 멀리 내려가 있든, 여러분은 돌아서서 자신을 그리스도 의식으로 데려다 줄 위를 향한 여정을 시작할 잠재력이 있습니다. 그리스도 의식의 한 가지 기능은 이른바 오염되지 않는 순결의 개념을 유지하는 것입니다. 이것은 여러분의 생명흐름이 처음으로 하느님의 마음속에 품어졌을 때, 창조주의 마음속에 담고 있던 이미지입니다. 이것은 여러분의 개성을 규정하는 개념으로서, 창조주가 인간의 영혼을 처음 잉태했을 때 여러분에게 주었던 개인적인 선물입니다. 이러한 특성들은 그리스도 의식 속에 봉인되어 있습니다. 그리고 만약 여러분이 현재 갖고 있는 제한된 자아의식을 기꺼이 초월하고자 한다면, 여러분은 그 흠 없는 선물을 발견할 수 있습니다. 여러분은 다시 한 번 그 순결한 특성을 지닌 존재가 됨으로써 자신의 진정한 자아, 즉 정체성을 회복할 수 있습니다. 여러분은 스스로 자신이라고 생각하는 것이 바로 여러분입니다. 따라서 여러분이 그 흠결 없는 특성을 생각하고 받아들일 수 있다면, 여러분은 신이 창조하신 완벽한 존재가 될 것입니다.

내가 전에 설명했듯이, 행성 지구는 현재 나타나 있는 것보다 더 높은 완벽한 상태로 원래 창조되었습니다. 그리고 인간들은 이 행성을 원래의 완전함보다 훨씬 못한 상태로 끌어내렸습니다. 하지만 그 원래의 설계 모습은 여전히 그리스도 마음속에 완벽한 개념으로 존재합니다. 그러므로 임계수치의 인류 집단이 그들의 의식을 그리스도의 수준으로 올림으로써, 그들이 그 오염되지 않은 개념을 다시 물리적으로 구현시키기 위한 열린 문의 역할을 할 실제적 잠재력이 있습니다. 현 지구의 상황은 인류의 집단의식을 통해 삶이라는 스크린에 투영된 일종의 영화에 지나지 않습니다. 지구상의 대부분의 사람들은 현재 다른 어떤 영상도 불가능하고 현실적이지 않다는 착각과 환상을 믿고 있습니다. 하지만 만약 소수의 사람들만이라도 이런 착각을 거부하고 지구에 대한 그들의 비전을 그 흠 없는 개념으로 재조정한다면, 매터 빛이 적그리스도의 마음에 의해 심각히 영향 받은 현재의 개념이 아닌 그 완벽한 개념을 기쁘게 구현할 것입니다.

실제로, 만약 여러분이 이 책에서 내가 주는 가르침이 여러분의 가슴 속 깊은 곳에서 뭔가를 움직이고 있다고 느낀다면, 바로 여러분은 이번 생에서 그리스도화 되는 존재들의 일원이 되기를 원했기 때문에 지상에 태어난 영혼일 가능성이 있습니다. 그리스도로 변화된 이런 존재들은 지구를 현재의 한계상태에서 모든 이들이 풍요로운 삶을 공유하는 황금시대로 끌어올릴 수 있습니다. 나는 다음 장에서 이런 개념에 대해 좀 더 이야기하겠지만, 다음 단계로서, 우리는 어떻게 자아의식적인 존재들이 적그리스도 의식에 기초한 제한된 자아의식 상태로 떨어졌는지에 대해 좀 더 이해할 필요가 있습니다. 어떻게 여러분이 그리스도 의식의 은총을 잃었는지를 이해함으로써, 또한 그 은총의 상태를 다시 얻을 수 있는 열쇠를 발견할 것입니다.

.

열쇠 - 9

누가 진정한 나인가, 그리고 왜 나는 내가 누구인지를 망각해 버렸을까?

　나의 사랑하는 이들이여, 여러분은 어떻게 인간이 신과 공동창조자로 설계되어 신의 전체의식으로부터 생겨났는지, 또 참으로 한 개별적인 영혼으로서 어떻게 신을 표현하도록 계획되었는지 궁금해 할 수 있습니다. 그리고 어떻게 자신이 생겨나온 근원에 관한 모든 앎을 잃을 수 있는지 의아해 할지도 모릅니다. 이것은 진정으로 여러분이 깊은 사색을 통해 이로움을 얻을 수 있는 의문입니다.

　이 질문에 대한 답은 없는데, 그 이유는 각각의 공동창조자들이 독특한 개체로 설계되었기 때문입니다. 여러분이 근원과의 연결이 끊어진 정확한 원인은 다른 사람들의 이유와 다를 것입니다. 그 수수께끼를 이해하는 열쇠는 여러분이 한 개인이자 독특한 존재로서의 인식을 갖고 있으면서도 동시에 신이라는 존재의 전체성을 표현하고 있다는 사실을 어떻게 균형 잡을 것인가의 딜레마를 숙고하는 데 있습니다. 이것은 개성과 자유의지의 선물과 함께 제기되는 중심적인 과제입니다. 공동창조자들은 누구도 결코 이 과제를 피해갈 수 없었습니다. 많은 사람들이 아주 쉽게 이 과제를 대면하는 반면에, 다른 이들은 그 수수께끼를 푸는 데 오랜 시간이 걸립니다. 그리고 물론 현재 지구행성에 살고 있는 수십억 영혼들의 대부분을 포함하여 꽤 많은 공동창조자들이 여전히 이 수수께끼를 해결하지 못했습니다.

　그 수수께끼를 푸는 열쇠는 여러분이 개체적인 존재라는 것이 무엇을 의미하는지를 깨닫는 것입니다. 당신은 누구이고, 무엇이며, 당신 정체성의 핵심은 무엇입니까? 앞서 설명했듯이, 모든 창조물은 창조주의 특이점으로 시작되었습니다. 태초에는 창조주인 하느님만이 홀로 존재했고, 그 신은 완전하고 모든 것이 완비된 독립적인 존재였습니다. 창조주는 자기인식 능력이 있고, 자신의 정체성에 대한 뚜렷한 의식을 갖고 있습니다. 나는 여러분에게 창조주는 태초에 두 가지 기본적인 힘, 즉 아버지의 확장하는 힘과 어머니의 수축하는 힘을 창조함으로써 시작했다고 말했습니다. 하지만 이러한 힘들은 여러분이 지구에서 보는 중력(重力)이나 자력(磁力)처럼, 단순히 생명이 없는 힘이 아닙니다, 이 두 가지 기본적인 영적 힘들은 창조주로부터 생겨난 최초로 공동창조자들인 2명의 자아의식적인 존재들에 의해 인도됩니다. 이 두 존재가 성서에서 알파와 오메가(Alpha and Omega), 시작과 끝이라고 부르는 이들입니다. 그러나 이 두 존재들은 창조주와 분리돼 있지 않으며, 창조주의 확장체이자 현현체(顯現體)들입니다. 그런 까닭에 성서에는 "나는 알파와 오메가라. 이제도 있고 전에도 있었고, 장차 올 자요, 전능한 자이다(계시록 1:8)."라는 말씀이 기록되어 있습니다. 그리하여 이제 창조주가 스스로를 두 명의 자아의식적인 존재로, 공동창조자로 나타내는 단계에 이르렀습니다. 이 각각의 존재들은 자기인식 능력이 있고, 따라서 그것은 별개의 존재이자 독특한 개체로서의 자아의식을 가지고 있습니다. 그럼에도 알파와 오메가는 창조주에 의해 직접 창조되었기 때문에, 그들의 창조자와의 관계는 너무 견고하고 직접적이어서 이 단계에 있는 존재가 그 연결상태내지는 그 일체성에 대한 인식을 잃을 가능성은 없습니다.

나는 또한 여러분에게 알파와 오메가가 자손을 창조해냈다고 말한 바가 있습니다. 그리하여 알파와 오메가로부터 직접 생겨난 다수의 자아의식적인 존재들이 있습니다. 이어서 알파와 오메가의 직계 자손들은 그들 자신의 자녀를 창조했습니다. 그리고 수많은 창조의 영역을 통해 역시 이런 같은 일들이 이루어졌습니다. 다시 한 번 말하지만, 어떤 선형적인 이미지도 영적인 현실에 대해 완전히 정확한 묘사를 해줄 수는 없습니다. 하지만 여러분의 마음이 여전히 선형적인 용어로 생각하도록 프로그램 되어 있기 때문에, 나는 이것을 직선적으로 묘사함으로써 불가능한 것을 시도하고 있습니다. 그러므로 만약 우리가 이 선형적인 접근법을 따른다면, 우리는 형태의 세계 전체 안에 있는 모든 자아의식적인 존재들이 한분의 창조주로 거슬러 올라가는 동일한 가계도(家系圖)의 일부라고 말할 수 있습니다. 그분이 없이는 만들어진 그 어떤 것도 만들어지지 않았습니다. 우리가 한 가계도의 예를 살펴보면, 가계도에는 다른 세대를 표시하는 가지들이 많다는 것을 알 수 있습니다. 따라서 생명의 나무에서 창조주로부터 멀리 떨어져 있을수록 그 창조주와의 관계도 멀어진다고 말할 수 있습니다. 그렇기에 여러분이 창조주로부터 멀어져 있을수록 그 관계에 대한 인식을 더 쉽게 망각하게 됩니다. 그리고 결국 여러분의 기원을 잊어버리고 자신을 분리된 존재로, 또는 끝없는 바다에서 표류하는 일종의 배처럼 그 주변을 떠도는 존재로 보게 됩니다.

가계도의 모습은 생명의 나무인 하느님의 몸을 고려하게 될 때 몇 가지 심각한 한계를 갖고 있습니다. 가계도에서, 여러분은 특정한 위치에서 태어나고 결코 그 위치를 바꿀 수 없습니다. 하느님의 몸에서, 개개의 자아의식적인 존재는 그가 어디서 생겨났느냐와는 상관없이, 궁극적으로 완전한 하느님 의식(God consciousness)에 도달할 때까지 다양한 단계들을 통해 상승할 기회를 가지고 있습니다. 마찬가지로, 한 자아의식적인 존재는 그가 원래 시작한 수준 이하로 내려갈 수 있기 때문에 신의 의식으로부터 훨씬 더 멀리 떨어질 수도 있습니다.

생명의 나무에서 여러분이 더 높이 올라갈 것인지, 또는 더 낮게 내려갈 것인지를 결정짓는 것은 무엇일까요? 결정적인 요인은 여러분의 자아의식, 자기인식, 정체성의 느낌입니다. 여러분은 자신이 어떤 가족에서 태어났고, 여러분의 가족이 수세대를 거슬러 올라갈 수 있는 계보를 가지고 있다는 것을 매우 잘 알고 있습니다. 또한 여러분은 집안의 유전자와 양육방식이 오늘날 자신의 모습과 여러분이 자기 자신을 어떤 존재로 보느냐에 영향을 미쳤다는 것을 알고 있습니다. 많은 사람들이 깨닫지 못하고 있는 것은 여러분의 정체감은 고정돼 있지 않다는 것입니다. 그리고 비록 그것이 외부의 힘에 영향을 받을 수도 있지만, 여러분은 더 높은 시각에 따라 여러분 자신을 지배하고 자아의식을 바꿀 잠재력이 있습니다.

＊

여러분의 몸은 가족에서 물려받은 유전자로 인한 것이고, 여러분의 양육 및 성장과정은 여러분의 가족과 사회의 세계관 및 문화의 산물입니다. 그럼에도 여러분은 여전히 독특한 한 개인이고, 많은 사람들이 증명했듯이, 여러 가지 면에서 여러분의 가정배경을 뛰어넘을 수 있습니다. 여러분이 참으로 영적존재이기 때문에, 현재의 정체감을 넘어설 완전한 자유를 가지고 있고 심지어 여러분이 개체적 존재로 갖고 태어난 정체성을 초월할 수도 있습니다. 그 이유는 여러분 존재의 가장 핵심적인 것이 여러분의 자아의식, 정체감이기 때문입니다.

창조주가 여러분에게 자기인식, 상상력 그리고 자유의지를 주셨을 때, 그것은 고정적이고 불변하는 정체성을 지닌 존재로 여러분을 창조한 것이 아닙니다. 여러분은 말 그대로 여러분이 자기라고 생각하는 사람이며, 여러분이 여러분 자신으로 보는 존재입니다. 만약 여러분이 자신을 하느님의 아들로 본다면, 여러분은 하느님의 아들입니다. 또 만약 여러분 자신을 유한한 인간으로 본다면, 그때 여러분은 죽을 운명을 가진 인간입니다. 적어도 시간과 공간 세계 안에서는 말이지요. 하지만 진실은 여러분이 스스로 상상력과 자유의지를 사용함으로써 자신의 정체감을 바꿀 수 있고, 자기인식을 바꿀 수 있다는 것입니다. 여러분은 자신이 하느님의 아들이나 딸이라는 것을 잊거나 부인할 수 있고, 대신에 죽을 수밖에 없는 죄인으로서의 정체감을 상상하고 받아들일 수 있습니다. 마찬가지로, 여러분은 인간으로서의 한정된 정체성을 뒤로 하고 여러분이 갖고 태어난 진정한 정체성을 되찾을 수 있습니다. 그러면 여러분은 흠이 없는 완벽한 생각을 바탕으로 자신이 원래 창조된 것 이상의 존재가 될 수 있습니다. 그것이야말로 참으로 여러분에 대한 창조주의 희망입니다.

이러한 개념을 이해하는 것은 가슴으로 하는 약간의 생각이 필요할 수도 있습니다. 왜냐하면 분석적인 마음은 모순처럼 보이는 것을 풀 수가 없기 때문입니다. 내가 앞에서 설명한 대로, 보편적이고 우주적인 그리스도 마음은 여러분의 생명흐름 또는 영혼이 처음으로 탄생했을 때 여러분이 부여받은 개성에 대한 그 신성한 청사진, 그 완벽한 구상을 저장합니다. 그 청사진은 결코 잃어버릴 수 없고, 여러분이 여기 지구에서 무엇을 하던 간에, 여러분이 본래 생겨난 더 위대한 영적존재가 영적인 세계에 존재할 것입니다. 그 영적존재가 가장 중요한 여러분의 신아지만, 여러분의 신아는 어쩌면 여러 세대나 단계를 통해서 창조주에게로 거슬러 올라가는 가계도의 일부입니다. 그러나 한 개체적 존재로서의 여러분은 여러분의 신아보다, 여러분의 가계도보다 더 중요하며, 여러분의 창조주보다도 더 중요합니다. 내가 "더 중요하다"라고 말할 때, 그 의미는 마치 여러분이 하느님보다 더 낫다는 것처럼, 비교적인 방식으로 말하는 것이 아닙니다. 내가 뜻하는 것은 여러분이 창조주와 여러분의 영적가족의 자기인식을 넘어서는 별개의 독특한 자기인식을 가지고 있다는 것입니다.

여러분은 독특한 자아의식의 느낌을 가지고 있고, 그것은 두 가지 측면이 있는데, 즉 "인식"과 "자아"입니다. 여러분은 자기가 현존하고 있고, 존재와 생명을 가지고 있다는 것을 알고 있습니다. 그 앎은 여러분이 자신의 "자아(나)"로 보는 것에 초점이 맞춰져 있습니다. 여러분의 의식은 여러분의 존재를 위한 그릇이고 여러분의 자아관념은 여러분이라는 개체적 존재의 그릇에 담긴 내용이라고 말할 수도 있습니다. 의식은 여러분에게 존재감을 주고, 자아는 여러분의 존재에게 특별한 초점을 주며, 그 결과 여러분 자신을 형태의 세계 속에서 표현하는 방법을 주게 됩니다.

의식은 어떤 형태에도 의존하지 않는다는 점에서 자아와는 무관합니다. 그것은 개체적 특성에 초점을 맞추거나 그 특정한 개성을 통하지 않고도 순수한 의식으로 존재할 수 있고, 이러한 의식이야말로 하느님이라는 존재의 핵심입니다. 어떤 면에서 궁극적인 신은 순수의식(純粹意識)의 상태라고 말할 수 있습니다. 그리고 이러한 의식은 형태를 초월한 것이며, 이는 결코 잃어버리거나 나누어질 수 없다는 것을 의미합니다. 하지만 그 존재가 없이는 만들어진 어떤 것도 만들어지지 않았기 때문에, 신은 특정한 형태, 즉 개체적인 모습의 자신을 통해서 그 자체를 표현할 수 있습니다. 이 개체적인 자아의 내용은 순수인식을 모호하게 할 수도 있지만, 순수의식은 불변하고 영원합니다. 옛 인도 격언에 "인간은 오고 갈 수 있지만, 나는 영원하다."라는 말이 있습니다.

자아의식은 변하기 쉽습니다. 그리고 내가 말했듯이, 그것은 여러분이 자신을 어떻게 보는지, 어떻게 여러분 자신을 상상하는지에 달려 있습니다. 그리고 스스로 결정하는 것이 현실이고 여러분의 일부입니다. 이 모든 것은 여러분이 자기(自己)라고 하는 용기에 담아 두는 내용물에 좌우됩니다. 여러분의 자아의식은 분명히 형태의 세계에 의해 영향을 받을 수 있습니다. 그것이 바로 의식적인 여러분이 형태 속에서 길을 잃을 수 있고 자신의 근원인 순수의식에 관해 망각할 수 있는 이유입니다. 하지만 중요한 점은 여러분이 자신의 자아에 대한 관념을 바꾸고 그릇의 내용물을 바꿈으로써, 여러분의 자아의식을 바꿀 수 있다는 것입니다.

여러분의 의식은 한 장의 백지(白紙)이고, 창조주가 그 종이에다 여러분의 신성한 청사진(blueprint)에 관한 아름다운 그림을 그리는 것이라고 말할 수 있습니다. 여러분이 낮은 자아감을 받아들이기 시작하면서, 여러분은 그 종이에다 검은색 잉크로 낙서를 합니다. 만약 계속 그렇게 한다면, 여러분은 결국 신성한 청사진뿐만 아니라 그 뒤에 있는 흰 종이를 낙서로 덮어버리는 단계에 이르게 될 것입니다. 이때 여러분의 순수한 의식과 영적인 자아의 원형은 명확한 구조가 아닌 복잡하게 얽혀 있는 검은 선들로 뒤덮여 있습니다. 다행히도 그 검은색 선들은 영구적인 재질로 만들어지지 않습니다. 사실, 검은색 선들은 투명한 플라스틱판에 그려졌는데, 이것은 흰 종이와 원래 청사진이 여전히 손상되지 않고 그대로라는 것을 의미합니다.

***

이 개념을 더 잘 이해할 수 있게 돕기 위해, 어떤 명확한 형태가 창조될 수 있기에 앞서 그것이 자아의식적인 존재의 마음속에 정신적 이미지로 존재해야 한다는 개념으로 돌아가겠습니다. 내가 보편적인 그리스도 마음이라고 부른 자아의식적인 마음은 여러분의 개성, 즉 여러분이 창조되었을 때 지니게 된 개성을 묘사하는 정신적 이미지, 또는 청사진을 위한 영구적인 저장고입니다. 자아의식이 성장함에 따라, 여러분은 그 토대 위에다 자아관념을 형성하고 그것을 확장해서 원래 창조되었던 때의 자신보다 더 나은 존재가 되기로 돼 있었습니다. 인간이 하느님의 법칙과 조화롭게 공동창조할 때, 여러분의 확장된 자아의식은 그리스도 의식에 기록됩니다. 따라서 한 번 달성한 여러분의 성취는 상실될 수 없습니다. 그러나 어떤 형태가 구현될 수 있기 전에, 먼저 정신적인 심상이 어머니 빛에 투영되어야합니다. 따라서 여러분의 개인적 정체성에 대한 청사진인 정신적 이미지는 형태의 세계로 들어와 공동창조자로서 행위할 수 있는 자아의식적인 존재가 아닙니다. 청사진, 즉 흠결 없는 완전한 구상은 오직 여러분을 탄생시킨 더 거대한 영적존재의 마음속에 담겨있는 생각입니다. 그것은 잠재적인 것이며, 드러나 있는 상태는 아닙니다. 형태의 세계로 진입하는 것은 자신을 별개의 개체화된 존재로 인식하는 의식적인 여러분, 자기를 의식하고 있는 여러분입니다. 신은 먼저 인간 존재에 대한 청사진을 만들지만, 오직 그분이 거기에다 숨으로 생명을 불어넣을 때만 그 청사진이 살아있게 된다고 말할 수 있습니다. 다시 말해 하느님 자신의 생명내지는 생기(生氣) 일부를 순수의식으로 그 자아에다 불어넣어 움직이게 함으로써 말입니다.

물론 처음 창조되었을 때, 그 자아의식은 여러분의 신성한 청사진과 완벽하게 일치했습니다. 그러나 그것이 형태의 세계로 여행하여 상상력과 자유의지를 훈련함에 따라 그 원래의 청사진보다 더 나아질 수도 있고 더 못해질 수가 있습니다. 여기 핵심 열쇠가 있습니다. 여러분의 정체성에 대한 신성한 청사진은 보편적인 그리스도 마음속에 영구히 저장되어 있습니다. 의식적인 여러분, 여러분의 현 자아의식은, 언제든지, 여러분이 자기라고 생각하는 것, 그것이 그 자신을 존재로서 보는 것입니다. 이것은 여러분이 자신의 자아의식을 바꿀 때,

이전의 여러분, 이전의 자아관념은 죽고 더 이상 존재하지 않는다는 것을 의미합니다. 앞에서 설명한 것처럼, 밀알이 땅에서 싹틀 때 그 밀알은 더 이상 없습니다. 그것은 새싹으로 변형되었으며, 그 알은 존속하기 위해 사라집니다. 새싹이 식물로 자라면, 그 새싹은 더 이상 없습니다. 그것은 여전히 하나의 생각으로 존재하지만, 그것이 식물로 대체되었기 때문에 드러난 현실로 존재하지 않습니다.

이것이 추상적으로 들릴지도 모르나, 여러분이 이번 생에서의 자신의 경험을 숙고할 때 그것을 실제로 이해하는 것은 그리 어렵지 않습니다. 만약 어린 시절로 돌아간다고 가정한다면, 여러분은 자신이 5세였을 때, 오늘날 생각하는 것처럼 여러분 자신을 보거나 세상을 보지 않았음을 알게 될 것입니다. 여러분은 다른 관점을 가지고 있었고, 아마도 그것은 좀 더 제한된 관점이었을 것입니다. 지금 그 아이는 어디에 있습니까? 자, 최대의 실질적인 목적을 위해 그것은 더 이상 존재하지 않습니다. 아이의 몸은 과거 그 당시의 형태로 존재하지 않습니다. 하지만 그것은 여러분의 현재 몸으로 자라났으므로 계속 존재합니다. 마찬가지로, 5살짜리의 자아의식은 여러분이 오늘날의 자아의식으로 성장했기 때문에 같은 형태로 존재하지 않습니다. 이 비유에는 일정한 한계가 있다는 점을 주의해야 하는데, 왜냐하면 어린 시절에 여러분에게 일어난 일이 지금도 자신에게 영향을 미치는 심리적 상처를 만들었을 수도 있기 때문입니다. 그럼에도 불구하고 이 비유는 그 당시에 존재했던 자아의식이 현재의 더 커다란 자아의식에 의해 대체되었다는 점을 여전히 예증해줍니다.

이로 인해 우리는 이해할 필요가 있는 핵심적인 지점에 이르렀습니다. 그러므로 나는 여러분이 이것을 가슴으로 깊이 숙고하여 내가 여러분에게 전하는 말을 넘어선 직관적인 이해를 내면에서 추구하라고 권고합니다. 인간영혼이 처음 개별적 존재로서 형태의 세계로 모험을 떠났을 때, 여러분은 신의 청사진, 즉 신에게 부여받은 개성의 표현이었던 자아의식을 가지고 있었습니다. 얼마 동안, 여러분은 그 자아의식을 토대로 나아갔지만, 먼 과거의 어떤 시점에 반대 방향으로 가기 시작했습니다. 즉 그때부터 자신의 자아의식을 확장하는 대신 축소하기 시작했습니다. 그리고 자신의 신아와의 연결을 확대하는 대신에 그 관계를 점차 제한하기 시작했습니다. 그에 따라 자신의 자아의식을 한정했고 그 존재의 그릇에 담긴 내용에다 더 초점을 두게 되어 점차 그릇 자체를 잊어버리게 되었습니다. 여러분은 그리스도 마음속에 저장된 자신의 불멸의 자아의식보다는 오히려 이 세상에서의 경험에 기초해서 자신이 창조한 자아의식에 더 집중하게 되었습니다.

처음에는 이것이 점진적인 과정이었지만, 여러분이 소위 돌아올 수없는 지점을 통과했을 때가 결정적인 단계가 되었습니다. 비록 인간이 언제나 신성한 청사진으로 돌아갈 가능성은 있지만, 일단 그 지점을 넘어서면, 여러분은 자신이 창조한 제한된 자아관념에 갇히게 됩니다. 그리고 신아와의 의식적인 연결을 상실했기 때문에 여러분은 자신의 진정한 기원에 대해 잊어버렸습니다. 여러분의 자아의식은 더 이상 여러분이 신아의 확장체이고 자신이 그것과 영원히 연결되어 있다는 사실에 기초해 있지 않았습니다. 대신에, 여러분은 지금 자신의 신아와의 분리를 기반으로 새로운 자아의식을 형성했거나, 또는 이 세상에서 접한 관념에 의해 스스로 만든 신의 이미지를 통해 신아와 분리돼 있습니다.

나의 사랑하는 이들이여, 여러분이 일상생활에서 겪는 경험에 대해 생각해본다면, 이 과정을 이해할 것입니다. 여러분은 의심 없이 가스 렌지 위에다 물주전자를 올려놓고 그것을 점화시킵니다. 그 물에 무슨 일이 일어나는지를 관찰하면, 얼마 동안은 물이 서서히 가열되어 뚜렷한 변화는 눈에 띄지 않는다는 것을 알 수 있습니다. 그러나 물이 일정한 온도에 도달하면 거품이 형성되기 시작하고 잠시 후 잔잔했던 물이 끓는 물로 변합니다. 만약 여러분이 그 주전자를 계속 가열할 경우, 결국 모든 물은 결국 수증기로 돌아갈 것입니다. 여러분이 알다시피, 실제의 물 분자는 여전히 존재하지만 그것이 별개의 다른 형태를 취한 까닭에 더 이상 액체로 보이지 않습니다. 그것은 이제 보이지 않는 증기이며, 액체의 물과는 다른 성질을 가지고 있습니다. 그렇기에 물 분자는 여전히 존재하지만 여러분이 가스 렌지 위에 올려놓은 주전자의 물은 더 이상 존재하지 않습니다. 여기서의 내 요점은 여러분이 매우 점진적인 과정을 통해 낮은 정체감으로 하강하기 시작했다는 것입니다. 처음에 여러분은 자신이 신아에 더 가까워지는 것이 아니라 오히려 멀리 분리되고 있다는 것을 거의 알아채지 못했습니다. 하지만 신아와의 연결고리가 좁아진 중대한 단계로 이르렀을 때, 아주 갑자기 여러분은 그 연결에 대한 의식적인 인식을 상실해버렸습니다. 이것은 말 그대로 한 순간에 일어난 일이었습니다. 여러분은 고무줄을 얼마나 오랫동안 끊어뜨리지 않고 잡아당길 수 있는지를 고려해 볼 수 있으며, 그것을 언제든지 원래의 모양으로 되돌릴 수 있습니다. 그러나 어느 단계에서 고무줄은 끊어지며 다시 원래 모양으로 되돌릴 수가 없습니다. 이것은 크게 몰락했던 험프티 덤프티(Humpty-dumpty)[20]에 관한 오래된 아이들의 수수께끼에 설명되어 있습니다. 왕의 모든 말과 사람을 동원해서도 - 물질세계의 어떤 힘을 의미합니다 - 다시는 험프티를 조립할 수 없었습니다.

신아와의 의식적인 연결을 잃기 전에, 여러분은 여전히 자신을 자기보다 더 거대한 무엇인가와 연결되어있는 영적존재로 보고 있었고, 물질세계 너머의 어떤 것과 연결돼 있었습니다. 그러나 그 분리의 지점을 통과 한 후에, 여러분은 자기 자신을 지금 여러분이 외적인 신으로 인식하는 존재와 분리돼 있다고 보았고 다른 자아의식적인 존재들로부터도 분리된 별개의 개체로 보기 시작했습

---

20)험프티 덤프티는 루이스 캐럴의 소설 '거울 나라의 앨리스'에 등장하는 커다란 계란 모양의 인물이다. 영국 자장가에 나오는 원래 고집불통에 유식한 체를 잘하는 캐릭터로 소설에 등장하는 험프티 덤프티는 높은 담장 위에 위태로운 자세로 앉아 있다가 떨어져 깨져 버린다. 한 번 넘어지면 일어서지 못하는 사람을 뜻한다고 한다. (역주)

니다. 또한 여러분은 더 이상 자신을 영적존재로 보지 않고 물질세계의 한계 및 시간과 공간의 한계에 국한돼 있는 존재로 보았습니다. 이 변화는 아주 극적이었습니다. 실제로 영적존재로서의 자아의식, 즉 분리 이전의 여러분이었던 자아가 그 과정에서 죽은 것은 말 그대로 너무 극적이었습니다. 추락하는 그 위험한 지점을 지나기 전에 여러분이 가지고 있던 자아의식은 더 이상 없습니다. 그리고 그것은 더 이상 근원과의 연결에 기초해 있지 않고 분리를 기반으로 하는 새로운 자아감에 의해 대체되었습니다. 의식적인 여러분, 의식적인 자아는 계속 존재하고 있다고 말할 수 있습니다만, 그 자아의 용기에 담긴 내용은 여러분의 신성한 청사진과는 완전히 다릅니다.

***

이런 낮은 자아의식으로의 추락은 바로 성서가 아담과 이브의 타락에 관한 이야기로 묘사하고 있는 것입니다. 전통적인 기존 집단의 일반적인 믿음과는 대조적으로, 이 이야기는 결코 문자 그대로 받아들여서는 안 됩니다. 그것은 모든 인류의 조상이었던 두 사람을 묘사하고 있는 것이 아닙니다. 대신에, 그것은 현재 지구상의 모든 존재가 수많은 생 이전의 먼 과거에 겪은 낮은 자아의식과 저급한 의식상태로의 추락과정을 보여줍니다. 여러분이 이 사실을 받아들일 수 있다면, 아담과 이브의 이야기로부터 귀중한 교훈을 배울 수 있습니다. 하지만 만약 이 사실을 받아들일 수 없다면, 여러분은 여전히 이 이야기에 대한 기존의 해석에 사로잡혀 있을 것입니다. 그러나 만약 여러분이 기존의 전통적 해석에 집착해있었다면, 이 책을 읽지 않았을 것입니다. 오히려 아마도 여러분은 오래 전에 이 책에다 이단이나 신성모독이라고 딱지를 붙였을 것입니다.

사랑하는 이들이여, 아담과 이브의 이야기를 생각해 보십시오. 여러분은 거기에 남자와 여자가 있다는 것을 알아차릴 것입니다. 아담이 먼저 창조되었고, 이브는 아담의 갈비뼈로 만들어졌다는 이야기를 들었을 것입니다. 그런데 사실 이것은 신아가 당신이라는 전체 존재의 남성적 또는 영적인 측면이라는 것을 설명하기 위한 것이었습니다. 의식적 자아로서의 여러분, 즉 물질세계로 내려간 자아의식은 당신 전체 존재의 여성적인 극성입니다. 내가 설명했듯이, 여러분의 신아는 영적인 세계에 영원히 존재하며, 이 세상에서 일어나는 어떤 것에도 영향을 받지 않습니다. 그러므로 뱀에게 유혹당해 분리의식인 이원성 의식에 빠진 것은 여러분의 신아가 아니었습니다. 이원성 의식 또는 상대적인 선과 악의 의식에 참여하도록 유혹을 받은 것은 여러분의 여성적인 면, 즉 의식적인 자아였습니다. 앞서 설명했다시피, 이것은 여러분이 그리스도 의식의 절대적인 정의 (定義)를 받아들이기보다는 스스로 선과 악을 정의할 수 있다고 생각하는 의식입니다. 다시 말하면 절대적 정의에서 선은 하느님의 법과 조화를 이루고 있는 무엇인가를 의미하고, 악은 그 전체와 대립하거나 반대되는 어떤 것을 의미합니다.

아담과 이브의 이야기에서 여러분은 이브가 그녀의 바깥에 있는 무엇인가에 유혹 당했다는 것을 알 것입니다. 뱀은 타락의 과정에 관한 다양한 측면을 설명해 주는 여러 가지 타당한 해석을 갖고 있습니다. 하지만 우리가 현재 논하고 있는 목적을 위해 나는 가장 광범위하고 보편적인 해석을 활용하고 싶고, 뱀은 인간의 자유의지의 필연적인 동반자인 어떤 의식상태를 나타낸다고 말하고자 합니다. 내가 말했듯이, 하느님이 인간에게 자유의지를 주셨을 때, 인간이 그러한 신의 법을 따르는 대신에 그 법을 거스르는 능력을 얻는 것은 불가피한 일이었습니다. 이것은 여러분이 상상력과 자유의지를 가진 자아의식적인 존재라는 사실에서 비롯되는 유혹입니다. 여러분은 신의 법칙을 거스르는 것이 가능하다고 상상할 수 있고, 그렇게 하는 것을 결정할 수 있습니다. 이러한 유혹은 언제나 잠재적인 가능성으로 존재합니다. 하지만 여러분이 꼭 이런 유혹에 빠지고 관여할 필요는 없습니다. 자아의식적인 공동창조자가 이러한 유혹을 완전히 무시하고 계속해서 신의 법칙 틀 안에서 계속 공동창조하는 것은 충분히 가능합니다. 그럼에도 몇몇 공동창조자들은 그 유혹에 곁눈질하는 것을 선택했고 만약 자기들이 신의 법을 위반하기로 결정한다면, 또 위의 지시를 무시한다면 실제로 무슨 일이 일어날지 궁금해 하기 시작했습니다.

이러한 헤아림의 생각들은 마음에서, 즉 추론하고 분석하는 마음에서 비롯되었습니다. 그것들은 여러분이 새롭고 경험이 부족한 공동창조자로서 아직 신의 법칙에 대한 의식적인 이해를 충분히 하지 못했기 때문에 생겨났습니다. 그러므로 여러분은 이 법칙들이 여러분의 창조적인 자유를 제한하는 것이 아니라, 단지 여러분이 자신의 개성을 하느님의 몸과 조화를 이루어 표현할 수 있도록 보호한다는 것을 완전히 이해하지 못했습니다. 여러분의 자기인식이 충분히 확장되지 않았기 때문에 여러분은 자신이 하느님의 몸과 하나라는 것을 아직 이해하지 못했고, 그래서 여러분이 다른 사람에게 행하는 것이 곧 자기 자신에게 하는 것임을 몰랐습니다. 바꿔 말하면, 여러분은 신의 법을 따르는 것이 현명한 자기이익이 된다는 것을 완전히 이해하지 못한 것입니다.

이러한 편협한 이해 때문에, 만약 신의 법과 지시를 어길 경우 무슨 일이 일어날지 궁금해 하는 것이 가능했습니다. 그리하여 여러분은 신의 법이 여러분의 창조적인 자유를 제한하며 여러분이 어떤 것에 의해서도 제한받지 않고 창의성으로 실험하는 것이 허용되어야 한다고 느끼기 시작할 수 있었습니다. 사실, 여러분은 항상 자신의 창의성을 가지고 실험하도록 허용 받고 있습니다. 하지만, 우주가 일종의 거울로 작용하기 때문에, 여러분은 뿌린 대로 거두게 될 것입니다. 그러므로 신의 법칙은 여러분이 오직 자신의 생명과 하느님의 몸이라는 전체 생명을 확대하는 긍정적인 결과만을 거두도록 확고히 정해져 있습니다. 내가 말하는 요점은 하느님의 법은 여러분을 정말로 제한하지 않는다는 것이며, 따라서 제한이라는 느낌은 삶에 대한 한정된 이해에서 비롯된 것입니다.

내가 언급했듯이, 여러분은 세계가 어떻게 작동하는지에 관한 한정된 이해로 시작했습니다. 그러나 하느님은 여러분을 그런 제한된 이해 속에서 홀로 내버려두지 않으셨습니다. 에덴동산에 대한 이야기는 아담과 이브가 걸으며 하느님과 대화했다고 말합니다. 에덴동산의 이 "신"은 궁극의 의미에서 하느님이 아니었지만 여러분 영혼의 영적스승으로 봉사한 창조주의 대행자였습니다. 여러분의 자아의식이 아직 새롭고 경험이 없었기 때문에, 여러분은 여전히 하느님의 아이였고 아직은 충분한 자각을 지닌 공동창조자가 되지 못했다고 말할 수 있습니다. 여러분이 창조적인 능력을 발휘하고 자신의 상상력과 자유의지의 힘에 대해 보다 잘 알게 되었을 때, 또한 선악에 관한 지식의 열매에 대해 좀 더 알기 시작했습니다. 내가 말했듯이, 이 "(선악과) 나무"는 여러분이 신의 법칙을 일부러 거역하기로 선택하고 자기의 근원으로부터 여러분 자신을 분리할 수 있다는 사실을 상징합니다. 인간이 이 열매를 좀 더 잘 알게 되었을 때, 인간은 무엇이 일어날지를 알기 위해 그것을 따먹고 싶은 유혹에 빠졌습니다. 에덴동산의 영적 스승은 만약 여러분이 그 열매를 먹었을 경우 일어날 일을 잘 알고 있었습니다. 그럼에도 인간은 왜 신의 율법을 따르는 것이 최선의 이익에 부합되는지를 완전히 이해하지 못했기 때문에, 그 스승은 여러분에게 보다 제한된 지식을 가르쳐 주어야했습니다. 이것은 여러분이 화상(火傷)을 입지 않도록 어린 자녀에게 뜨거운 난로를 만지지 말라고 가르치는 방식과 비슷합니다. 그 아이는 화상을 입는다는 것이 무엇을 의미하는지 이해할만한 충분한 경험이 아직 없으며, 여러분은 책임 있는 부모로서 아이가 불에 데는 것을 바라지 않습니다. 그러므로 비록 아이가 그 이유를 이해하지 못하더라도, 난로를 만지지 않도록 아이에게 가르치려고 합니다.

그래서 에덴동산에 있는 스승은 자신의 인도하에 있는 자아의식적인 존재들에게 선악과를 먹으면 반드시 죽을 것이라고 말했습니다. 사랑하는 이들이여, 나는 많은 영적인 사람들이 이 이야기를 보고 정원의 하느님이 아담과 이브에게 거짓말을 했음이 틀림없다고 추측한다는 것을 잘 압니다. 결국 그들은 그 과일을 먹었지만 죽지 않고 동산에서 쫓겨났습니다. 그러나 이런 추측은 에덴동산의 스승이 왜 그들이 과일을 먹어서는 안 되는지를 설명하는 것을 불가능하게 만든 똑같은 제한된 이해 때문이라고 판단할 수 있습니다. 내가 방금 여러분에게 설명했듯이, 여러분의 자아의식이 결정적인 지점을 통과하여 신아와의 의식적인 연결을 잃어버리게 되면, 그 자아의식은 말 그대로 죽게 되어 더 이상 존재하지 않습니다. 이것은 그 스승이 알고 있던 것이었지만, 경험이 없는 공동창조자들은 그것이 무엇인지 파악할 수 없었습니다. 그들은 아직 그들이 스스로 자기라고 생각하는 것이 곧 자신임을 알만큼의 충분한 자각을 갖고 있지 않았습니다.

사랑하는 이들이여, 여러분은 만약 개구리를 가져다 끓는 물의 냄비에 넣으면, 개구리가 열을 감지하고 즉시 뛰어 내릴 것이라는 이야기를 들었는지도 모릅니다. 그러나 개구리를 찬물에 담아 물을 데우면, 물의 온도가 너무 천천히 변하기 때문에 개구리가 눈치 채지 못하다가 결국은 죽을 것입니다. 이것이 바로 자유의지와 상상력을 사용하여 이원성 의식내지는 선악에 대한 지식을 실험하는 파급효과에 관해 아직 충분히 이해하지 못한 자아의식적인 존재에게 일어날 수 있는 일입니다. 처음에, 여러분은 상상력과 자유의지의 결과를 즉시 느끼지 못한 채 그것을 오용하기 시작할 수 있습니다. 여러분은 점차 이원성 의식에 점점 더 감싸지게 될 것이지만, 그 변화는 매우 점진적이어서 그것을 느끼지는 못합니다. 그러나 결국은 돌아오지 못할 지점에 이를 것이고, 그것은 당신이 갑자기 다른 자아의식의 단계로 바뀔 때입니다. 수증기로 변하는 끓는 물처럼, 당신의 자아의식이 변화하여 이제는 당신이 자신을 신으로부터 분리돼 있는 것으로 보는 이원성 의식에 빠지게 됩니다. 그러므로 자신이 신아와 최소한 어느 정도 연결돼있다는 자아의 감각은 이제 죽었습니다. 그런 의식상태에서 새로운 자아가 탄생하지만, 이 자아는 분리와 이원성에 토대를 두고 있는 인간적 자아입니다. 이 자아는 이제 의식적인 당신이 자신을 규정짓는 방법이 됩니다. 당신은 당신 자신이 존재로 보는 자아이며, 그래서 만약 당신이 자신을 신으로부터 분리돼 있는 유한한 존재로 본다면, 그것이 바로 당신이라는 존재입니다. 적어도 지금 여기, 시간과 공간 속에서는 말이지요.

사랑하는 이들이여, 이러한 영적인 여러분의 죽음, 영적인 자아의식의 죽음은 지구행성의 중심적인 문제입니다. 실제로, 그것이 지구상의 유일한 문제라고 말할 수도 있습니다. 이 행성에서 볼 수 있는 수많은 온갖 문제들은 모두 상대적인 선과 악의 의식, 이원성 의식에서 생겨나며, 그런 의식이 자아의식적인 존재들에게 무엇이 옳고 그른가에 관한 그들 자신의 정의를 규정하게 만듭니다. 이 정의들은 하느님의 실체, 즉 하느님의 진리와 완전히 일치하지 않는데, 왜냐하면 그것들은 적그리스도의 의식에 전적으로 기초해있기 있기 때문입니다. 내가 전에 말했듯이, 적그리스도의 의식은 여러분의 근원으로부터의 분리의식이며, 반면에 그리스도의 의식은 여러분의 근원과의 하나됨(일체성)에 대한 의식입니다.

이 진리의 중요성을 이해하시겠습니까? 만약 이 지구상의 모든 인간들이 선악에 대해 그들 자신만의 정의를 가지고 있다면, 사람들은 필연적으로 충돌할 수밖에 없습니다. 예컨대 모든 인간들이 "나"에게 유익한 것을 선으로 규정한다면, 이 행성에 어떻게 평화와 조화가 존재할 수 있을까요? 또 모든 인간 존재가 진리에 대한 자신의 정의만이 오직 절대적인 것이라고 생각한다면, 이 행성에서 전쟁이 일어나는 것이 과연 조금이라도 이상한 일일까요? 그렇기에 평화로운 행성을 창조할 수 있는 유일한 방법은 적어도 임계수치의 사람들만이라도 그런 이원성 의식을 넘어서는 것입니다. 오직 사람들이 선과 악에 관한 동일한 정의, 즉 그리스도 마음의 절대적인 정의를 가질 때만이, 우리는 지구에서 갈등과 전쟁을 극복하는 것을 희망해볼 수 있습니다.

여러분이 자신을 신아의 한 확장체 또는 연장선이라고 생각할 때, 여러분은 그리스도 의식에 대한 어떤 척도를 가지고 있습니다. 하지만 자기 자신을 신아 또는 하느님과 분리돼 있는 것으로 볼 때, 여러분은 적그리스도의 의식 속에 빠져 있는 것입니다. 그러나 중간 단계가 있으며, 이 상태에서 여러분은 그리스도 의식의 요소와 적그리스도의 의식의 요소를 다 보유하고 있습니다. 그렇지만 여러분이 그리스도 의식의 모든 요소들을 상실하는 지점을 넘어섰을 때 여러분은 영적인 의미에서 말 그대로 죽은 것입니다. 그래서 예수가 말하기를, "내가 진실로 진실로 너희에게 이르노니, 인자의 살을 먹지 아니하고 인자의 피를 마시지 아니하면, 너희 속에 생명이 없느니라(요한복음 6:53)."라고 했던 것입니다. 그는 여러분이 그리스도 의식을 마시지 않는다면, 여러분에게는 생명이 없다는 것을 의미했습니다. 그러므로 만약 여러분이 자아의식의 영역 안에, 자아라는 그릇 안에, 그리스도 의식의 한 조각을 담고 있지 않다면, 여러분은 사실상 자신 안에 영적인 생명이 없는 것입니다.

***

나의 사랑하는 이들이여, 이로 인해 우리는 유일한 구원자, 신에게 다가갈 유일한 길인 그리스도가 없이는 여러분이 구원받을 수 없다는 새로운 이해의 지점에 이르렀습니다. 예수가 "나로 말미암지 않고는 아버지께로 올 자가 없느니라(요한복음 14:6)."라고 말했듯이 말이지요. 내가 설명하려고 시도한 것처럼, 그는 여기서 외적인 사람인 예수 자신을 의미했던 것이 아니라 하느님의 실체 – 생명 – 에 대한 여러분의 연결고리인 그리스도 의식을 뜻했던 것입니다. 예수는 하늘나라 – 그것이 그리스도 의식을 묘사하기 위한 다른 방법이었다 – 를 누룩에다 비유했습니다(마태복음 13:33).[21] 여러분이 반죽을 만들고 누룩을 첨가하면, 그것이 빵 덩어리를 부풀리게 되고, 그래서 빵을 구울 수 있습니다. 마찬가지로, 오직 여러분이 자신에게 망가져 있는 그리스도 의식의 한 조각을 첨가할 때만이(고린도 전서 11:24),[22] 여러분의 마음이 적그리스도의 마음인 이원성 수준을 넘어서 상승할 수 있을 것입니다. 그러므로 오직 그리스도 의식의 한 조각을 먹고 그것이 여러분 자신의 자아의식을 높이도록 허용함으로써만이, 또한 그것이 그리스도의 빛으로 적그리스도의 어둠을 물리칠 수 있게 함으로써만이 여러분이 이전 상태로 돌아가 다시 하느님의 자녀로서의 여러분 자신을 받아들일 수가 있습니다.

이것은 예수가 니고데모에게 천국에 들어가기 위해서는 다시 태어나야한다고 말했을 때도 그에 의해 설명된 바 있습니다(요한복음 3:1~8).[23] 여러분은 니

---

21) "또 비유로 말씀하시되, 천국은 마치 여자가 가루 서 말 속에 갖다 넣어 전부 부풀게 한 누룩과 같으니라."

22) "축사하시고 (빵을) 떼어 가라사대, 이것은 너희를 위하는 내 몸이니 이것을 행하여 나를 기념하라 하시고"

23) "바리새인 중에 니고데모라 하는 사람이 있으니 유대인의 관원이라. 그가 밤에 예수께 와서 가로되, 랍비여! 우리가 당신은 하느님께로서 오신 선생인줄 아나이다. 하느님이 함께 하시지 아니

고데모가 예수와 논쟁하며 어떻게 사람이 다시 태어날 수 있는지를 묻는 것을 기억할지도 모릅니다. 그가 과연 어머니의 자궁으로 다시 들어갈 수 있었겠습니까? 사랑하는 이들이여, 여러분은 니고데모가 예수의 말을 글자 그대로 받아들여서 보다 깊은 의미를 파악하지 못한 이원성 의식에 너무 깊이 빠져있었다는 것을 알고 계십니까? 내가 여러분에게 설명했듯이, 여러분이 이원성 의식으로 떨어지면, 여러분의 영적인 자아의식은 말 그대로 죽습니다. 다시 말해 영적인 존재로서의 여러분의 정체성이 더 이상 존재하지 않기 때문에 영적인 의미에서 죽은 것입니다. 대신에 신과 분리된 유한한 존재로서의 새로운 정체감으로 전환됩니다. 그렇다면 과연 어떻게 여러분이 자신을 하느님의 아들이나 딸이라고 생각하는 천국으로 다시 돌아갈 수 있을까요? 오직 한 가지 방법, 즉 여러분의 영적인 자아의식이 다시 태어나서 올바른 영적 정체성을 회복할 때만이 그렇게 할 수가 있습니다. 그리하여 여러분은 그리스도 마음속에 순결한 개념으로 보존돼 있는 자신의 진정한 정체성을 되찾는 과정을 시작할 수 있습니다. 그리고 여러분이 그 정체성을 완전히 회복하면, 이전 상태로 돌아갈 것이고, 여러분의 신성한 유산을 되찾을 것입니다. 다시 말해 여러분은 타지를 떠도는 오랜 방황 후에 비로소 아버지의 집으로 돌아온 탕자(蕩子)가 될 것입니다 (누가복음 15:11).

내가 이 장의 열쇠에서 여러분에게 말한 핵심사항은 여러분이 영적인 자아의식에서 이원성적인 자아의식으로, 즉 그리스도의 반석에 기초한 자아의식에서 적그리스도의 모래에 기초한 자아의식으로 바뀌면, 여러분의 이전 자아의식은 죽는다는 것입니다. 그러므로 여러분이 방향을 되돌려 자신의 영적인 자아의식으로 돌아가면, 바로 지금 가지고 있는 자아의식, 분리에 기초해 있는 자아의식 또한 반드시 사라져야합니다. 여러분은 현재 자신이 가지고 있는 자아의식을 하늘나라로 가져갈 수 없으며, 그 이유는 간단합니다. 인간적인 유한한 자아의식은 하느님과의 분리의식에서 생겨났습니다. 반면에 여러분의 영적인 자아의식은 하느님과의 일체의식에서 태어났습니다. 분리에서 생겨난 것은 결코 하나의 상태가 될 수 없으며, 그 유한한 자아는 절대로 하느님의 실체를 이해하거나 받아들일 수가 없습니다. 또한 이원성과 분리에 기초한 자아의식은 하느님으로부터 분리돼 있는 존재감을 결코 극복할 수 없습니다.

그런 분리의식을 극복할 수 있는 것은 자아라는 용기의 내용물을 새로운 자아의식으로 바꿔 채울 수 있는 의식적인 여러분입니다. 그렇기 때문에 여러분

하시면 당신의 행하시는 이 표적을 아무라도 할 수 없음이나이다. 예수께서 대답하여 가라사대, 진실로 진실로 네게 이르노니, 사람이 거듭나지 아니하면 하느님 나라를 볼 수 없느니라. 니고데모가 가로되, 사람이 늙으면 어떻게 태어날 수 있나이까? 두번째 모태에 들어갔다가 날 수 있나이까? 예수께서 대답하시되, 진실로 진실로 네게 이르노니, 사람이 물과 성령으로 나지 아니하면 하느님 나라에 들어갈 수 없느니라. 육으로 난 것은 육이요 성령으로 난 것은 영이니, 내가 네게 거듭나야 하겠다 하는 말을 기이히 여기지 말라. 바람이 임의로 불매 네가 그 소리를 들어도 어디서 오며 어디로 가는지 알지 못하나니, 성령으로 난 사람은 다 이러하니라."

은 불사조(不死鳥)가 불속에서 소멸된 후 그 잿더미 속에서 다시 하늘로 날아오르듯이, 그 자아의식이 죽게끔 허용해야 합니다. 여러분은 자신의 현 자아의식이 하느님의 속성과 다른 모든 것을 소멸시키는 신의 불길에 의해 태워지도록 해야 하며, 그리하여 이원성과 적그리스도의 마음에서 생겨난 모든 것을 불태워버려야 합니다. 그럼에도 여러분은 이것이 개별적 존재로서 존속하는 자신의 의식이 상실됨을 의미하지는 않는다는 신뢰를 가져야합니다. 대신에 새로운 자아의식이 탄생할 것입니다. 여러분의 영적인 자아의식은 다시 태어나 부활할 것이며, 과거 자아의식의 잿더미 속에서 솟아날 것입니다. 그리고 이 새로운 자아의식은 신이 구상한 신성한 청사진에 기초해 있을 것입니다.

사랑하는 이들이여, 이 한 가지 요점이 모든 거짓된 스승들과 모든 참된 스승들 사이의 근본적인 차이입니다. 거짓된 스승들은 여러분이 이원성적인 자아의식을 잃지 않고도 하느님의 풍요를 얻을 수 있다고 약속할 것입니다. 게다가 그들 중 일부는 구원과 영생도 얻을 수 있다고 약속할 것입니다. 바로 그들은 당신들에게 그 지름길, 또는 빠져나갈 구멍을 발견했다는 점을 약속할 것이며, 그것에 의해 여러분이 유한한 자아의식을 보존할 수 있고 어떻게든 하느님의 눈에 들 수 있게끔 만들 수 있다고 말할 것입니다. 오, 나의 사랑하는 이들이여, 이것은 완전히 거짓된 약속입니다. 그것은 구약에서 "사람에게는 옳은 것처럼 보이는 길(잠언 14:12)"이라고 부르는 것인데, 이는 자아의식적인 존재가 이원성에 빠져있음을 의미합니다. 그러나 그 끝은 죽음의 길입니다. 왜냐하면 그것이 여러분을 계속 그 영적인 죽음의 의식 속에 갇혀있게 하기 때문입니다. 여러분은 예수가 하늘나라를 혼인잔치에다 비유했다는 사실을 상기할 수 있습니다(마태복음 22: 1~14). 어떤 사람이 혼인예복 없이 잔치에 입장했다가 - 유한한 인간적 자아를 그리스도 자아로 바꾸지 않고 - 그는 손과 발이 묶여 바깥의 어둠 속으로 쫓겨났습니다. 이 말은 극적으로 들리겠지만, 그 비유는 여러분이 이원성 의식에 머물러있는 동안은 자신의 이원적인 믿음에 묶여 있고 적그리스도 마음의 어둠 속에 남아있을 수밖에 없다는 사실을 잘 보여줍니다.

사랑하는 이들이여, 이 개념은 매우 중요하므로 다음 장의 열쇠에서 보다 상세히 설명할 것입니다. 그리고 내가 구원에 관한 이 잘못된 이미지가 지닌 오류를 여러분에게 펼쳐감에 따라, 여러분은 지금 있는 곳에서 풍요로운 삶을 경험할 수 있는 핵심열쇠를 이해하게 될 것입니다. 그러므로 내가 여러분에게 자아의 거듭남을 통한 참된 구원에 관련된 이 심오한 지식을 설명하려고 기대하는 것은 크게 흥분되는 일이기도 합니다. 자아의 거듭남은 이원성적인 마음에는 실제로 잘못된 것처럼 보이는 길이지만, 그 끝은 영원한 생명을 가져다주는 길입니다.

왜 내가 참나를 찾기 위해서는 가아(假我)를 버려야 하는 것일까?

사랑하는 이들이여, 나는 내가 여러분의 현 자아의식이 죽어야 한다고 말할 때, 그것이 여러분에게 극적으로 들릴 수 있다는 것을 압니다. 하지만 내가 앞서 언급한 열쇠들을 토대로 해서 보면, 들리는 것만큼 아주 극적인 것은 아니라는 점을 알 수 있으리라고 믿습니다. 나는 자아의식을 지닌 모든 존재들은 자신들의 정체성과 자아의식을 잃어버리는 것에 대해 큰 두려움을 가지고 있다는 것을 이해합니다. 여러분이라는 바로 그 존재는 여러분을 독특하게 만드는 개별적인 특성을 갖고 있다는 사실에 기초해 있습니다. 여러분은 자신의 개성을 키우고 지배하기 위해 만들어졌습니다. 처음에는 자신을 지배하고 그 다음에는 여러분이 사는 세계를 지배하기 위해서이지요. 그러므로 여러분이 원하지 않을 마지막 것은 여러분의 개성을 잃고, 자아를 잃는 것입니다. 따라서, 언뜻 보면, 현재의 정체성을 잃어야 한다는 개념을 고려하는 것이 두려운 것처럼 보일 수도 있습니다. 하지만, 내가 설명했듯이, 여러분의 현 정체성 또는 정체감은 여러분의 진정한 개성이 아닙니다. 반대로, 오히려 그것은 신이 주신 개성의 그 훨씬 더 커다란 아름다움과 완벽함을 덮고 있는 제한된 자아상입니다.

나의 사랑하는 이들이여, 여러분의 몸이 아기에서 어른으로 성장하는 과정에서 여러분은 무엇인가를 잃었습니까? 분명히, 여러분은 아기의 몸을 잃었고, 이제는 성인의 몸을 갖게 되었지만, 그것이 정말 손실이었을까요? 아니면 순이익이었을까요? 만약 여러분이 나에게 1달러를 줄 경우 내가 100만 달러를 줄 것이라고 여러분에게 말한다면, 그 거래에서 여러분은 어떤 것을 잃게 될까요? 예, 여러분이 1달러는 잃게 되겠지만, 대신에 백만 달러를 얻게 될 것입니다. 그러므로 우리가 그 거래를 하기 전보다 여러분은 훨씬 더 잘 살게 될 것입니다, 그렇지 않나요? 내 말의 요지는 만약 그것이 더 좋은 것으로 대체된다면 여러분은 정말로 무언가를 잃지 않는다는 것입니다. 여러분의 진정한 개성 — 신이 처음에 주신 개성 — 은 오늘날 물질만능의 세상에서 받아들이도록 길러진 여러분의 개성보다 백만 배나 더 아름답고 완벽합니다. 따라서 참으로 여러분 자신과 더 위대한 자아, 즉 여러분이 일부를 이루고 있는 하느님의 몸 둘 다에게 이득 외에는 다른 손실이 없습니다.

162

나는 또한 여러분이 저급한 의식상태인 이원성 의식, 적그리스도 마음수준으로 떨어졌을 때, 점진적으로 그렇게 되었다고 말했습니다. 그러므로 여러분이 그리스도의 의식, 곧 여러분의 진정한 정체성으로 다시 올라갈 때에도, 이것 역시 점진적으로 일어날 것입니다. 바꿔 말하면, 여러분은 금방 현재의 자아의식이 사라지고 대신할 것이 아무것도 없는 상태에 이르게 되지 않을 것입니다. 반대로, 여러분은 점점 더 높은 자아의식과 더 높은 자긍심을 갖게 될 것이며, 따라서 그것을 손실로 느낄 필요가 없고 단지 이익으로만 느낄 필요가 있습니다. 그래서 나는 여러분이 마음속으로 이것에 대해 생각할 때, 정말로 두려워할 것이 없다는 사실을 알 수 있을 거라고 믿습니다. 나는 이것이 여러분의 두려움을 즉시 없애지는 못할 것이라는 점을 압니다. 하지만, 다음 열쇠들로 옮겨갈 때 내가 이 책에서 나중에 전해줄 도구를 응용한다면, 언젠가는 두려움을 극복할 것입니다. 왜냐하면 여러분이 진정한 여러분인 더 높은 존재(신아)에게 자신을 드러낼 것이기 때문이지요. 신아와의 연결고리를 재건하는 이 점진적인 길을 걷는 동안, 여러분은 어느 날 여러분의 하위 존재에게 직접적으로 빛을 비추는 신아라는 태양의 광선을 경험할 것입니다. 그 광선이 여러분의 존재를 채울 때, 여러분은 자신의 신아와 여러분의 창조자가 여러분에 대해 가지고 있는 완전한 사랑, 무조건적인 사랑을 경험할 것입니다. 그리고 그 완벽한 사랑이 여러분의 두려움을 모두 몰아낼 것입니다.

***

사랑하는 이들이여, 내가 왜 여러분의 현재 자아의식은 죽어야 한다고 말하고 있는 것일까요? 내가 왜 여러분에게 두렵게 보이고 여러분의 현 자아의식에게 매력적으로 보이지 않을 수도 있는 메시지를 주고 있는 걸까요? 왜 길을 좀 더 쉽고 덜 극적으로 보이게 하는, 더 부드럽고 호소력 있는 메시지를 여러분에 파는 대신에 왜 그렇게 노골적일까요? 왜 자신의 두려움에 기꺼이 맞서려고 하지 않는 사람들에게 겁을 주는 위험을 감수하는 것일까요? 내가 이렇게 하는 이유는 여러 가지가 있습니다. 하지만 가장 큰 이유 중 하나는 내가 여러분에게 풍요로운 삶, 더 나아가 영원한 삶에 이르는 진정한 길까지도 전해주고 싶기 때문입니다.

내가 전에 언급했듯이, 거짓된 스승은 여러분이 현 자아의식을 버리지 않고도, 유한한 자아의식이 죽지 않고도 신의 풍요를 실현할 수 있으며 심지어는 구원받을 수 있다고 약속할 것입니다. 이것은 여러분의 인간적 자아의식에게는 매력적인 메시지입니다. 그리고 이것이 바로 그런 유한한 자아의식에 갇혀 있는 사람들이 가짜 교사들이 제공하는 물건들을 구매하게 되는 이유입니다. 그러나 이것은 또한 인간에게는 옳은 것처럼 보이지만 영원히 지속될 진정한 풍요로운 삶으로 결코 이어질 수 없는 길입니다. 그래서 내가 여러분에게 인기가 없고 매력적이지 않은 사실을 전해주는 가장 중요한 동기는 바로 그것이 진리이기 때문입니다. 그리고 오직 진리만이 여러분을 자유롭게 해줄 것입니다.

또 다른 중요한 이유는 여러분이 자신의 현 자아의식이 죽어야 한다는 그 진리를 알고 받아들일 때 – 그럼으로써 더 높고, 보다 영적인 지아의식으로 다시 대어날 수 있다 – 여러분의 앞길이 훨씬 더 걷기가 쉬워지기 때문입니다. 나의 사랑하는 이들이여, 내가 승천한 이후 지난 2,000년 동안 수백만의 사람들이 나의 사랑하는 예수가 전해준 가르침을 적용하기 위해 열심히 노력해 왔습니다. 나는 진지한 가슴을 지닌 수많은 이들이 공식적인 기독교 교회에 의해 전해내려온 길을 걷는 데 헌신하는 것을 보아 왔습니다. 그러나 이러한 교회들은 예수가 주었던 매우 핵심적인 개념들 – 지식의 열쇠 – 을 제거했기 때문에, 대부분의 성실한 기독교인들은 유한한 자아를 죽게 하고 그에 따라 영적인 자아로 다시 태어나는 것에 관한 참된 이해를 얻지 못했습니다. 그러므로 이런 사람들 중 많은 이들이 유한한 자아를 완벽하게 하고자 하고 어떻게든 그것을 그리스도에 의해 우상이라고 설교 받았던 것에다 적용하려고 해왔습니다. 나의 사랑하는 이들이여, 이로 인해 많은 사람들이 그리스도의 진정한 추종자는 어떤 모습이어야 하고 어떻게 행동해야 한다는 이상적이고 정신적인 이미지 – 일종의 우상 – 를 만들기 위해 외적인 마음을 사용하게 되었습니다. 그들은 종종 아주 성실하고도 헌신적으로, 자신의 외부적인 의지를 이용하여 그 정신적인 이미지를 주조하기 위해 평생을 보냈습니다.

불행하고 안타깝게도 이것은 종종 힘든 싸움이었으며, 그 간단한 이유는 유한한 인간적 자아를 죽게 할 때까지 여러분은 불가피하게 내분이 일어난 집처럼 될 것이기 때문입니다(마가복음 3:25).[24] 깨어있는 자아로서의 여러분은 언제나 그리스도에게 한 걸음 더 가까이 다가가지만, 유한한 자아는 여러분을 뒤로 후퇴시킵니다. 따라서 여러분은 "내가 원하는 바 선은 행하지 아니하고, 도리어 원치 아니하는 바 악은 행하는 도다(로마서 7:19)."라고 바울이 말했을 때의 딜레마에 사로잡혀 있게 됩니다. 이로 인해 수많은 진실한 사람들이 부끄러워하거나 죄책감을 느끼게 되었는데, 이는 그들이 처음에 교회에서 받았던 이미지, 즉 적그리스도의 이원성에 토대를 두고 있는 정신적인 이미지에 따라 살 수 없었기 때문입니다. 그렇기에 그것은 거짓 이미지였으며, 이는 그 누구도 가슴의 완전함과는 무관한 인간의 완전함이라는 우상숭배적인 이미지에 따라 살 수 없었음을 의미합니다. 어떻게 예수가 마음이 순결한 사람만이 하느님을 보게 될 것이라고 말했던가를 기억해보십시오. 그 참된 의미는, 하느님은 여러분에게 적그리스도의 마음에서 생겨난 이상을 바탕으로 한, 외적이고 인간적인 완벽함을 보여줄 것을 요구하지 않으신다는 것입니다. 하느님은 오직 내면의 속성, 즉 여러분 가슴의 순결을 찾고 계십니다. 그렇다면 어떻게 마음의 순결을 얻을 수 있을까요? 여러분은 불순한 자아, 유한한 인간적 자아를 죽게 함으로써 그것이 여러분의 참된 자아 곧 신이 창조하신 완전한 자아로 대체될

---

24) "만일 집이 스스로 분쟁하면 그 집이 설 수 없고"

수 있습니다.

***

오, 나의 사랑하는 이들이여, 내가 그 수많은 진실하고 경건한 사람들이 견딘 고통을 생각할 때, 나의 마음은 진실로 슬픔과 더불어 깊은 동정심으로 흘러넘칩니다. 나는 많은 사람들이 마침내 그 부담감 속에서 벗어나 무엇인가가 잘못됐다는 사실을 깨달을 때까지 평생 동안, 또는 여러 생 동안 고난의 길을 걷는 것을 보았습니다. 그러나 그들은 종종 무엇이 잘못되었는지 이해할 수 없었습니다. 그리고 그들 중 많은 사람들이 결국 자신들이 그릇된 약속을 받았고 예수가 거짓 약속을 했음이 틀림없다고 느끼게 되었습니다. 왜냐하면 그들은 추측상 예수가 제시했다고 하는 길을 따랐음에도 불구하고 그런 의식상태, 그런 은총의 상태에 이를 수 없었기 때문입니다. 그리하여 그들은 결국 기존 기독교에 실망하고 예수에 대해 분노마저 느끼게 되었습니다. 사실, 나는 오늘날의 유물론적인 사회 속에 태어나서 기독교를 거부하고 있는 많은 사람들이 과거 전생(前生)에서는 전통적 기독교 교회들이 제시하는 길을 열심히 따랐다고 말할 수 있습니다. 그들은 이런 길에 대해 너무 실망한 탓에 이번 생 동안 결코 기독교의 위선을 받아들이지 않을 것입니다. 그러므로 그들은 그리스도 숭배자를 교회의 더러운 목욕물로 내쫓고, 예수와 그의 메시지 모두를 거절합니다. 이런 사람들 중 일부는 무신론자가 되어 과학적 유물론에 동참하고 있습니다. 그리고 다른 이들은 어떤 종교도 따르지 않고, 삶의 영적인 측면에 무관심하게 되었습니다. 또 많은 사람들이 뉴 에이지 운동(New Age movement)이라고 불리는 운동에 동참했고, 그리하여 다른 영적인 가르침이나 마스터를 따르기로 결정했습니다. 하지만 그들은 예수를 전염병처럼 피합니다.

사랑하는 이들이여, 이것은 정말로 내 가슴에 커다란 부담이자 괴로움입니다. 왜냐하면 나는 기독교 운동이 무엇이 될 수 있었는지에 대한 그 순수한 개념을 알고 있기 때문입니다. 나는 만약 최소한의 임계수치의 기독교인들이 예수의 내적 가르침을 진실하게 유지했다면 그것이 지구행성에 미칠 수도 있었을 엄청난 영향을 압니다. 나의 사랑하는 이들이여, 지난 2,000년 동안 만약 기독교 운동의 주된 메시지가 다름 아닌 예수가 따라야 할 일종의 본보기였고 모든 사람들이 그의 발자국을 따라 개인적인 신성에 도달한 잠재력이 있다는 것이었다면, 무슨 일이 일어날 수 있었는지 상상해 보세요. 예수의 짧은 사명이 이 지구행성에 끼친 영향을 생각해 보십시오. 그런 다음 만약 수천 명의 사람들이 (예수와) 같은 의식 상태에 도달했고 인류를 진보시키기 위해 새로운 사상과 가르침을 내놓았다면, 그것이 가져다주었을 영향을 고려해 보기 바랍니다.

나는 여러분의 현재 의식과 이해수준으로는 이것이 어떤 모습일지 상상하기 어려울 수도 있다는 것을 압니다. 하지만 지금의 지구가 여러분이 거의 인식하기 어려운 만큼 매우 달라졌을 것이라고 장담할 수 있습니다. 나는 앞서 여러분에게 인간의 투쟁 및 권력투쟁에 대해 생각해 보라고 요청한 바가 있습니다.

여러분은 오늘날 소수의 핵심 엘리트들이 권력과 부, 천연자원에 목을 매고 그 것을 증대하고자 조종하는 상황을 보고 있습니다. 사랑하는 이들이여, 만약 기독교의 진정한 약속이 이행되었다면, 이 권력 엘리트들은 오래 전에 지구에서 사라졌을 것이고, 여러분은 훨씬 더 풍요롭고 만인에게 평등한 사회를 보았을 것입니다. 여러분이 오늘날의 지구를 볼 때, 예수가 부자 나라들의 단 몇 퍼센트(%)의 인구가 지구상의 대다수의 부를 지배하는 엘리트주의 사회를 원했을 거라고 실제로 믿을 수 있습니까? 여러분은 예수가 몇몇 부유한 나라에서는 자원의 대부분을 소비하고, 가난한 나라의 수백만 명의 어린이들은 굶어 죽을 위험에 처해 있으며, 정말로 매년 수백만 명이 굶어 죽는 행성사회를 원했을 거라는 사실을 정말로 믿을 수 있나요? 과연 세상에서 소외되고 버림받은 사람들에게 손을 뻗어 그러한 상황들을 받아들이고 용서하는 영적인 교사들을 볼 수 있습니까? 오, 사랑하는 이들이여, 그러면 여러분은 내가 예수의 내면적 가르침을 혐오하고 비웃은 이 엘리트주의를 오히려 기독교가 옹호하여 이용해왔다는 바로 그 사실을 말할 때 내 열정을 느낄 수 있나요? 예수는 "너희가 나의 형제들 가운데서 가장 하찮은 사람에게 행한 일이 곧 너희가 나에게 한 일이다 (마태복음 25:40)."라고 말하지 않았던가요? 또한 그는 "사람들에게 무엇이든지 너희 자신이 남에게 대접받고 싶은 대로 타인에게 행하라."고 말하지 않았습니까?

사랑하는 이들이여, 예수의 원래 가르침이 상실된 비극은 참으로 역사상 지구에서 발생한 가장 큰 비극입니다. 이것은 바로 그 가르침에 의해 모든 사람들에게 풍요와 평등한 기회가 있는 사회를 창조할 가능성이 매우 컸기 때문에 비극인 것입니다. 그렇지만 그 약속은 지금까지 이행되지 않은 채로 남아 있습니다. 대신에, 전통적인 기독교는 왜곡된 버전의 예수의 가르침을 일반인들에 대한 자기들의 엘리트주의와 지배를 정당화하기 위해 이용했던 거짓 교사들의 도구가 되고 말았습니다. 나는 이 말이 가혹하게 들릴 수도 있다는 것을 압니다. 하지만, 예수 그리스도의 유일하고도 진정한 교회라고 주장하는 바로 그 교회가 수세기 동안 유럽의 지적이고 종교적인 삶을 어떻게 지배했는가에 관한 역사적 현실을 한 번 보십시오. 암흑시대 동안 어떻게 교회가 새로운 아이디어나 발명품이 생겨나는 것을 막음으로써 사람들이 소수 엘리트들의 노예였던 퇴보적인 상태로 전체사회를 유지시켰는가를 생각해 보세요. 또한 어떻게 그 동일한 교회가 일반인들의 짐을 덜어줄 과학, 교육, 기술의 발전을 멈추게 하려고 시도했는지를 숙고해보세요. 그리고 인구의 대부분이 굶주리고 비참한 가난 속에서 살고 있는 동안, 교회가 어떻게 그들 자신의 지도자들을 위해 정교하고 화려한 성당과 궁전을 지었는지를 생각해 보기 바랍니다. 당신들은 정말로 그러한 교회가 예수 그리스도와 그의 진정한 가르침을 대표했다고 말할 수 있습니까?

아니, 그럴 수 없습니다. 만약 여러분이 자신에게 정직하다면, 전통적 기독교의 소산과 그리스도의 진정한 내면의 가르침 사이에는 몇몇 기존 교리의 오류와 더불어 엄청난 차이가 있음을 깨달을 것입니다. 그리고 예수가 "그의 열매로 그들을 알게 되리라(마태복음 7:20)."라고 말함으로써 거짓 예언자들에 대해 경고하지 않았던가요? 그러므로 내가 말하고 싶은 것은 거짓 교사들은 오늘날 실제로 교회나 국가, 언론, 과학 분야 등의 그 어디에나 있다는 것입니다. 그들은 현상유지를 옹호하고 유한한 자신이 지구상에서 궁극적인 권위자이며 자기들이 주장하는 상대적인 진리보다 더 높은 권위는 없다고 말하기 위해 권력을 이용하는 자들입니다. 그들은 – 그 순간 – 그것이 마치 절대적인 진리처럼 주장하고 자신들의 권력과 특권을 정당화하는 수단으로 이용합니다.

사랑하는 이들이여, 여러분은 이 행성에는 이원성의 상태와 적그리스도의 상대적인 진리에서 생겨난 그릇된 신 또는 우상을 만들어 낸 엘리트가 있다는 것을 이해할 수 있나요? 여러분은 적그리스도의 이 상대적인 진리가 교회와 국가 양쪽에서 아무도 이의를 제기할 권리가 없는 절대적이고 확실한 진리로 세워져 있다는 것을 알고 있습니까? 또한 여러분은 사실상 이것은 있어서는 안 되는 신성한 장소에 서 있는 황폐한 흉물이라는 것을 아십니까? 그리고 이것이 바로 예수가 신전에서 탁자를 뒤집어엎은 진짜 이유입니다. 내가 말하지만, 만약 예수가 오늘날 지구상에 있다면, 사회 속의 교회와 국가, 교육제도, 건강관리제도 등의 온갖 다른 분야에서 적그리스도의 마음에 토대를 둔 상대적 진리를 선전하고 있는 자들의 탁자를 뒤집어엎을 것입니다.

내가 왜 이렇게 열정적으로 이런 이야기를 토해내는 것일까요? 왜냐하면 나는 만약 여러분이 자신의 불멸의 자아와 참된 영적 정체성을 진정으로 되찾고자 한다면, 이런 일이 이 세상 세력들의 저항과 반대 없이 일어날 거라고 기대할 수 없다는 사실에 대해 여러분을 흔들어 깨우고 싶기 때문입니다. 이 세력들은 지구상에 아주 오랫동안 존재해 왔고, 예수가 지상에 있으면서 사람들을 지배하는 그들의 권력에 도전했을 때 그를 죽인 바로 그 세력들입니다. 이 세력들은 만약 사람들이 하느님의 나라가 자기들 안에 있다고 믿기 시작하면, 그들이 더 이상 사람들을 지배할 수 없다는 것을 알고 있었습니다. 그래서 그들은 사람들을 권력 엘리트로부터 자유롭게 해 줄 그 진리를 사람들에게 전하고 있던 바로 그 설교자(예수)를 죽여야 했던 것입니다.

예수를 살해한 후에, 그들은 그의 추종자들을 모두 죽이려고 했고, 그런 다음 마침내 예수의 본보기마저 없애는 데 성공했습니다. 그러므로 거의 2천년 동안 아무도 그리스도의 뒤를 따를 엄두를 내지 못했으며, 누구도 그 권력자들 앞에서 감히 자신을 살아 있는 그리스도라고 선언하지 못했습니다. 대신에, 많은 성실한 영적인 사람들은 외적인 길을 따라 왔는데, 이 길은 이원성 의식에 빠져있는 사람들에게 마치 옳은 것처럼 보였습니다. 하지만 그 길은 결코 유한한 자아를 진아(眞我)로 대체하는 진정한 목표로 그들을 인도할 수 없었으며, 또한 그 길은 그들이 지구상에서 그들 자신의 신성을 회복하는 것을 절대로 도울 수 없었습니다.

***

사랑하는 이들이여, 여러분이 불멸의 정체성을 되찾으려면, 반드시 예수가 갔던 길을 따라 자신의 신성을 주장하고 요구해야 합니다. 그렇게 하는 가운데, 여러분은 적그리스도 세력으로 드러나 있는 여러분의 신성에 대한 방해자들을 뚫고 나가야만 할 것이며, 이 세력은 지구상의 모든 생명체에게 영향을 미쳤습니다. 맨 먼저, 여러분은 어린 시절부터, 심지어는 많은 과거 생에서부터 자신이 노출돼있던 프로그래밍을 돌파해야 할 것입니다. 이 프로그래밍은 오로지 여러분이 자신의 신성을 부정하게 만드는 것만을 목표로 한 것입니다.

다시 한 번 말하지만, 나는 여러분에게 두려움을 주기 위해 이런 말을 하는 것이 아닙니다. 다만 나는 여러분이 자신의 신성을 실현하는 데 필요한 것이 무엇인지를 실제적으로 이해시키기 위해서 이것을 이야기하고 있습니다. 그리고 내가 이것을 말하는 또 다른 이유는 여러분이 자신의 신성에 대한 방해가 있다는 것을 깨달았을 때, 여러분은 완전히 새로운 이해를 얻게 되고, 그럼으로써 그 방해를 극복할 수 있는 힘을 얻게 되기 때문입니다. 여러분이 모르는 것이 여러분을 해칠 수도 있는 것이며, 실제로 많은 성실한 영적인 추구자들이 자신의 성장을 방해하는 세력을 알지 못했기 때문에 그들의 발전이 늦춰지거나 중단되었습니다. 어떻게 여러분이 전혀 알지 못하거나 이해하지 못하는 어떤 것으로부터 자신을 보호할 수 있겠습니까?

사랑하는 이들이여, 지난 2,000년 동안 나는 더 나은 영적인 의식상태와 삶을 실현하기 위해 진정으로 노력하는 수백만 명의 사람들을 보아 왔습니다. 나는 그들을 기독교, 다른 종교들, 그리고 뉴 에이지 운동에서 보았으며, 심지어는 명백히 영적인 것이 아닌 운동에서도 목격할 수 있었습니다. 사랑하는 이들이여, 나는 이 사람들을 보며 그들의 가슴의 순수함과 사랑을 보게 됩니다. 하지만 또한 나는 그들의 성실과 지대한 노력에도 불구하고, 그들이 이루고 싶어하는 발전을 이루지 못하고 있다는 것도 압니다. 그들은 그리스도 의식을 구현하는 데 필요한 진전을 이루어내고 있지 못합니다. 실제로, 이들 중 많은 사람들이 앞으로 한 걸음 나아간 다음, 어느새 한 걸음 혹은 두 걸음 뒤로 후퇴해 버립니다.

오, 나의 사랑하는 이들이여, 만약 여러분이 자립해서 어떤 영적인 노력을 하는 분야에 한동안 있었다면, 자신의 삶에서 이것을 알아차리거나 타인들의 삶에서 관찰했을 수도 있습니다. 그러므로 많은 사람들이 갑자기 깨어나 더 나은 삶이 있고 또 삶에는 영적인 측면이 있다는 것을 깨닫습니다. 그들은 더 나은 삶이 있음과 더불어 현재의 한계를 넘어서서 영적으로나 물질적으로 더 풍요로운 삶을 실현할 수 있다고 말하는 어떤 가르침이나 책, 또는 어떤 교사를 발견합니다. 이런 사람들은 매우 열성적이 되는데, 왜냐하면 그들은 내면 깊은 곳에서 이것이 진실이고 자신이 더 높은 의식상태로 올라서는 것이 가능하다는 사실을 알기 때문입니다. 이런 내면의 기억은 신에 의해 그들의 존재 안에 내장돼 있으며, 그렇기에 결코 완전히 상실될 수는 없습니다. 따라서 여러분이 그 기억을 다시 점화시키는 어떤 외적인 교사나 가르침을 발견하면, 그것이 진실이라는 것을 알고 즉시 매우 열광적인 상태가 됩니다. 그런데 불행하게도 여러분이 외적인 가르침에 의해 알게 된 그런 높은 의식상태를 실제로 실현하려 하게 되면, 이것을 성취하기가 매우 어렵다는 것을 발견합니다. 수많은 사람들이 자기가 진전을 이뤄내고 있다는 느낌도 없이, 또 외적인 가르침에 의해 주어진 약속이 자신의 삶에서 성취되고 있다는 실제의 느낌도 없이 종종 수십 년 동안 성실한 노력을 했습니다. 그러나 어떤 사람들은 절망한 나머지 포기했고, 영적인 길이라는 개념이 일부 거짓 교사들에 의해 만들어진 공허한 것이라고 생각하면서 그것을 버렸습니다.

아, 사랑하는 이들이여, 이것이 바로 거짓된 교사들의 활동 배후에 있는 책략입니다. 여러분은 아마도 "실망은 악마의 공구세트 안에 있는 가장 날카로운 도구이다."라는 유명한 말을 들어보았을 것입니다. 그리고 악마는 여러분을 참된 진리의 길에서 멀어지게 만들 수 있는 수많은 다른 도구들을 갖고 있지만 이 말에는 어느 정도의 진실이 담겨 있습니다. 실망과 낙담은 모든 영적인 추구자들에게 매우 현실적인 문제입니다. 그리고 만약 여러분이 자신의 삶에서 이런 경험을 하거나 혹은 다른 사람들의 삶에서 이것을 보았다면, 영적인 길에서 진보를 이루는 것이 반드시 쉬운 일이 아니라는 것을 알 것입니다. 하지만 왜 그것이 쉽지 않을까요? 정확히 말하자면 여러분이 모르는 것이 있고 이해하지 못하는 것이 있기 때문에 그것이 어렵습니다. 그리고 여러분이 모르고 있는 것은 바로 여러분의 영적인 발전에는 방해요소가 있다는 것입니다. 너무나 많은 사람들이 자신의 영적인 앞길에 방해하는 힘이 있다는 사실에 대해 듣지 못했습니다. 전통적인 기독교는 악마나 적그리스도에 대해 이야기할 수도 있지만, 기독교는 개인적인 신성에 이르는 실행 가능한 길을 말하지 않는데, 어떻게 그들이 영적인 앞길에 방해가 있다는 것에 관해 진정으로 여러분에게 이해시켜줄 수 있겠습니까? 많은 뉴 에이지의 가르침 역시 영적인 길에 대해서 이야기하고 있지만 여러분의 진보를 저지하는 힘에 대해 이야기하는 것을 꺼려합니다. 그리고 물론 전반적인 과학체제는 과학을 통해 입증될 수 없는 어떤 것도 거부합니다. 그리고 그들은 여러분의 삶에 영향을 줄 수 있는 "악령(惡靈)"이 있다는 옛날의 생각을 비웃습니다.

하지만 만약 여러분이 방해가 있다는 것을 모르고 그 방해의 본질을 이해하지 못한다면, 그리고 그것이 여러분의 사고와 자아의식에게 어떻게 영향을 미치는가를 모른다면 어떻게 과연 진보를 이룰 수 있을까요? 사랑하는 이들이여, 이 문제를 알지 못하는 한, 여러분의 발전을 훨씬 더 어렵게 만들 것이라는 점을 이해하십니까? 그것은 마치 여러분이 산을 오르면서 자기 뒤에 모든 돌에 걸리는 큰 배의 닻을 끌고 있다는 사실을 깨닫지 못하고 있는 것과 같습니다.

***

    사랑하는 이들이여, 나는 많은 사람들이 내가 어둠의 세력이나 적그리스도 세력에 대해 이야기할 때 두려움으로 반응하리라는 것을 알고 있습니다. 하지만 전 미국 대통령 중 한 사람은 "우리는 두려움 그 자체 외에는 두려워할 게 아무 것도 없다."라고 말했습니다. 그리고 나는 왜 이 말이 사실인지를 설명하고자 합니다. 내가 앞의 열쇠들에서 설명한 것처럼, 여러분의 현재 의식상태, 즉 현재의 자아의식은 적그리스도의 마음에서 파생된 상대적인 진리에 기초해 있거나, 최소한 그것에 의해 영향을 받았습니다. 적그리스도의 마음에 의한 영향은 그것이 진실을 가리고 현실을 혼란시키는 정신적 이미지, 즉 일종의 우상을 창조한다는 것입니다. 반면에 그리스도의 의식은 사방에서 모든 것을 비추는 밝은 빛과 같기에, 거기에 어떤 그림자나 감추어진 것도 없다고 말할 수 있습니다. 모든 것은 그리스도의 마음 또는 하느님의 밝은 태양빛 속에서 드러나 보입니다. 그러므로 거기에는 변함이 없고 그림자나 굴곡도 없으며(야고보서 1:17), 거짓이나 속임수의 여지도 없습니다.

    하지만 일단 여러분이 이원성 의식에 발을 들여놓으면, 갑자기 거짓말과 속임수가 가능한 상황에 처하게 됩니다. 이원성의 본질은 실체를 감추고 진실을 숨기는 정신적 이미지를 만드는 것이 가능하다는 것입니다. 따라서 이제 여러분은 어떤 것을 그 뒤에다 숨기는 겉모습을 만들 수 있는 상황이 되었습니다. 이 이미지는 진실을 숨길 수도 있지만, 그것은 또한 거짓을 숨길 수도 있고, 불순한 의도를 숨길 수도 있습니다. 그리하여 이제는 자아의식을 지닌 한 존재가 고의적이고 악의적으로 다른 사람을 속일 수 있는 가능성을 갖게 됩니다. 달리 말하자면, 여러분이 아직 그리스도 의식의 진리 안에 있는 동안은 어떤 것도 숨겨지지 않으며, 모든 것이 보이는 그대로입니다. 그리스도 의식 안에서는 거짓말이나 속임수, 조작이 없으며, 겉으로는 안전한 것처럼 보이나 속으로는 숨겨진 위험이 있는 위장도 없습니다. 그러나 여러분이 이원성 의식으로 들어서게 되면 거짓말과 속임수가 가능해지는데, 이것이 바로 예수가 악마는 거짓의 아버지라고(요한복음 8:44)[25] 말했던 이유입니다. 악마의 개념에 대한 가장 보편적인 해석은, 그것이 상대적인 진리가 절대적인 진리를 대신하게 된 적그리스도의 의식이라는 것입니다.

    이러한 이원성의 상태는 겉으로는 상황이 평온해 보일 수 있는 가능성을 열어 주지만, 그 속에는 신성을 향한 여러분의 진보를 가로막을 수 있는 숨겨진 위험들이 있습니다. 만약 여러분이 이것에 대해 정직하게 생각한다면, 속임수가 자신의 주변 도처에 있다는 것을 알 것입니다. 사람들이 거짓말을 할 수 있고 그들이 여러분의 친구인척 할 수 있다는 것을 여러분은 잘 알고 있지만 사실

---

25) "너희는 너희 아비 마귀에게서 났으니 너희 아비의 욕심을 너희도 행하고자 하느니라. 저는 처음부터 살인한 자요, 진리가 그 속에 없으므로 진리에 서지 못하고 거짓을 말할 때마다 제 것으로 말하나니, 이는 저가 거짓말쟁이요, 거짓의 아비가 되었음이니라."

그들은 여러분의 적입니다. 그렇기에 바로 예수가 양의 옷을 입고 다가오지만 마음속은 굶주린 늑대와 같은 사람들에 대해(마태복음 7:15) 이야기했던 것입니다. 여러분은 기록된 역사를 통해 속임수가 지구상에서 피할 수 없는 삶의 한 부분이었다는 것을 매우 잘 알고 있습니다. 그럼에도 속임수는 오직 사람들이 그리스도의 절대적 진리를 보지 못하게 막는 이원성 의식에 사로잡혀 있는 동안만 피할 수 없습니다. 일단 임계수치의 사람들이 그리스도 의식에 도달하면, 속임수는 지구상에서 더 이상 불가능하게 될 것입니다.

하지만 권력과 특권을 얻기 위해 속임수를 이용하는 사람들은 그런 날이 오는 것을 보고 싶어 하지 않습니다. 그래서 그들은 이런 일이 일어나는 것을 방해하기 위해 자기들의 힘으로 할 수 있는 모든 것을 다 할 것입니다. 인류역사 내내, 사회의 더 큰 자유와 평등, 정의를 향한 진보에 반대해온 권력 엘리트가 있었다는 사실을 아는 것은 어렵지 않을 겁니다. 민주주의를 세우는 것에 반대하는 것을 생각해 보십시오. 영국 왕조가 어떻게 떠오르는 미국 식민지들과 모두를 위해 자유와 정의를 갖춘 새로운 형태의 정부를 세우려는 시도에 반대했는지 생각해 보세요.

나의 사랑하는 이들이여, 내가 여기서 말하고 싶은 것은 지구상에는 권력과 특권을 유지하기 위해 진보에 반대하는 세력이 존재하고 있다는 것입니다. 그러나 그 세력은 일반적으로 인식되고 있지 않습니다. 그들은 이 행성에 있는 대부분의 사람들의 눈에 드러나 보이지 않게 숨겨져 있습니다. 그리고 진정으로 여러분이 역사를 살펴본다면, 이 세력이 그림자 속에 남아 있거나 다른 무엇인체 함으로써 생존할 수 있다는 것을 알 것입니다. 일단 그 세력이 노출되고 그것이 무엇인지를 알게 되면, 지구상의 대부분의 사람들은 그것으로부터 그들 자신을 분리하는 것을 선택할 것이고, 따라서 그 세력에게 힘을 주기를 거부할 것입니다.

그러므로 내가 말하고자 하는 요점은 적그리스도의 세력은 언제나 숨겨진 채로 있으려하거나 자비로운 세력인 것처럼 겉모습을 취하려할 거라는 것입니다. 이것의 의미는 여러분의 신성을 향한 진보에 대해 반대하는 그 세력이 외관상 명백해 보이지 않는다는 것입니다. 즉 그것은 눈에 보이기 어려운 그림자 속에 가려져 있을 것입니다. 왜 이것이 그렇게 중요한 것일까요? 자, 사랑하는 이들이여, 내가 여기서 말한 것을 우리는 두려움 그 자체 외에는 두려워할 것이 없다는 말의 맥락에서 숙고해 보세요.

두려움의 본질은 무엇일까요? 그것은 여러분이 멀리 피하고 싶어 하는 어떤 것에 의해 위축되는 것입니다. 그러므로 두려움의 심리적 작용은 일단 인간이 어떤 것을 두려워하게 되면, 그것을 보고 싶어 하지 않는다는 것입니다. 여러분은 그것을 무시하거나 그것으로부터 도망치고 싶어 합니다. 사랑하는 이들이여, 이제 여러분은 어떻게 어떤 것을 보려하지 않는 여러분의 꺼려함이 전적으로 속임수에 기반을 두고 있는 적그리스도 세력에게 힘을 주고 있음을 이해하시겠습니까? 이는 그 세력에게 있어 정말로 여러분의 개인적인 진보를 가로막을 뿐만 아니라 사회의 발전도 억누르는 엄청난 이점입니다. 실제로 사람들의 두려움과 그들이 두려워하는 것을 바라보기 꺼려하는 마음은 진퇴양난의 딜레마가 되는데, 이는 피할 수 없어 보이는 어려운 상황입니다.

사랑하는 이들이여, 만약 여러분이 풍요로운 삶을 실현하고자 한다면, 그렇게 할 수 있는 진정한 방법은 오직 한가지뿐입니다. 그리고 그것은 적그리스도 마음의 거짓과 속임수에 기초해 있음을 의미하는 이원성에 바탕을 둔 제한된 자아의식을 뛰어넘는 것입니다. 여러분은 이것을 해야만 하며, 여러분이 계단에서 내려올 때와 같은 방법으로, 즉 의식적인 결정을 내림으로써 그 계단을 다시 올라가야 합니다. 그렇다면, 이제 여러분은 만약 적그리스도 세력의 존재에 대해 고려하는 것을 두려워한다면, 또 만약 이 세력에 의해 조장된 거짓말들을 직시하기를 두려워한다면, 자신을 그 거짓으로부터 자유롭게 할 기회를 얻지 못하리라는 것을 이해하시겠습니까? 여러분은 그 수많은 성실한 영적인 추구자들이 바로 자신의 두려움을 마주하지 않기 때문에 그들의 개인적인 진보를 가로막고 있다는 것을 알고 있나요? 그들은 생각을 돌이켜서 자신들의 진보를 방해하는 바로 그 세력을 바라보지 않을 것이며, 이 세력은 그들의 마음을 사로잡는 일련의 거짓말에 그들이 계속 빠져 있게 함으로써 그렇게 하고 있습니다.

사랑하는 이들이여, 적그리스도의 거짓말은 교묘한 것일 수도 있지만 일단 여러분이 그리스도의 진리를 어느 정도 알게 되면, 그 가면을 벗기는 것은 어렵지 않습니다. 하지만 여러분이 적그리스도의 거짓을 폭로하기 시작하기 전에, 그것들을 기꺼이 직시할 수 있어야 합니다. 만약 여러분이 자신을 뒤에서 질질 끌어당기고 있는 것을 보는 것도 겁낼 정도로 두려움에 사로잡혀 있다면, 어떻게 그것으로부터 스스로 벗어날 수 있겠습니까? 만약 산을 오를 때 자신이 뒤에 뭔가를 끌고 오는 것 같은 느낌이 들지만 뒤돌아보는 것이 두렵다면, 어떻게 그 무거운 짐에서 자유롭게 될 수 있을까요? 영적인 길에서 여러분의 발전을 방해하는 것은 자신의 뒤에서 끌고 있는 적그리스도의 거짓이라는 무거운 무게인데, 왜냐하면 그것이 여러분의 의식 속에, 자아의 용기 속에 남아있도록 스스로 허용하고 있기 때문입니다. 그리고 여러분이 그것을 단 한 번이라도 똑바로 보지 않음으로써, 즉 그것이 전혀 실체가 없는 환영임을 인식하지 못하기 때문에 그것이 여러분에게 두려움으로 남아 있을 수 있는 것입니다. 예수가 마귀에 대해 말했던 것처럼, 그들에게는 아무런 진리가 없습니다(요한복음 8:44). 그렇기에 그들은 여러분을 지배할 진정한 힘이 없습니다.

그렇습니다. 나의 사랑하는 이들이여, 만일 어떤 생각이 단지 환상에 불과하다면, 어떻게 그것이 여러분을 지배할 진짜 힘이 지닐 수 있을까요? 여러분이 그것을 환상으로 알아보는 순간, 그것은 여러분에게 영향을 미치는 모든 힘을 잃게 됩니다. 따라서, 그것은 오직 여러분으로 하여금 환상을 보는 것을 두려워하게 만듦으로써 만이 자신의 힘을 유지할 수 있습니다.

사랑하는 이들이여, 진정으로 두려움을 극복할 수 있는 단 하나의 방법이 있습니다. 그것은 여러분이 정말로 두려워해야 할 것은 두려움 그 자체라는 점을 인식하는 것입니다. 두려움으로 인한 심리적 영향은 마비이며, 즉 이는 여러분이 스스로 두려워하는 것을 보기를 꺼려한다는 뜻입니다. 그리고 만약 자신이 두려워하는 조건을 보고 싶어 하지 않는다면, 어떻게 그것이 적그리스도의 이원성에서 생겨났고 그렇기에 아무런 실체가 없다는 것을 인식할 수 있겠습니까? 어떻게 여러분이 이 실재하지 않는 상태가 여러분을 지배하는 어떤 힘을 가질 수 있다는 그 환상을 극복할 수 있을까요?

사랑하는 이들이여, 모든 아이들은 어둠에 대한 두려움을 가지고 있었습니다. 하지만, 결국 그들은 기꺼이 어둠과 마주하거나, 밤에 밖에 나가거나, 어두운 방에 들어가 자신에게 아무런 나쁜 일도 일어나지 않는 것을 봄으로써 그런 두려움을 극복했습니다. 중세시대에 사람들이 수많은 병들이 세균에 의해 야기된다는 것을 이해하지 못한 탓에 어떻게 그 병을 두려워했는지를 생각해 보세요. 일단 사람들이 식수에 위험한 세균이 있다는 사실을 알게 되면, 그들은 물을 정화하는 법을 배워서 콜레라와 다른 질병에 대한 두려움을 극복하고 많은 질병들을 없앨 수가 있습니다.

두려움은 여러분을 계속 제한하고, 속박하고, 가둬 두게 하는 힘입니다. 사실, 여러분을 인간 감옥 속에 지속적으로 갇혀 있게 만드는 주요 요인은 바로 두려움입니다. 그렇다면 무엇이 당신들을 이 감옥에서 자유롭게 해 줄 수 있을까요? 사랑하는 이들이여, 예수가 성서에서 말했던 대로, 여러분을 자유롭게 해 줄 것은 바로 진리입니다(요한복음 8:32).[26] 그 진리를 찾기 위해서는 단지 여러분이 자신의 두려움에 기꺼이 맞설 준비가 되어 있어야만 하며, 자신이 두려워하는 그 상황들을 자진해서 살펴봐야 합니다. 그리고 비로소 그러한 상황들을 이해했을 때, 여러분은 그것들을 두려워할 이유가 없다는 것을 알게 될 것입니다. 일단 여러분이 무지했던 동안 그렇게 무시무시하게 보였던 조건들을 이해하게 되면, 그 조건들을 극복하고 그것들을 내버려두는 방법을 알게 될 것입니다. 사랑하는 이들이여, 이것이 영적인 길의 본질입니다. 즉 여러분이 자신의 두려움과 마주하고, 두려워할 이유가 없다는 것을 알게 되는 것입니다. 그리고 특정한 상황을 두려워할 이유가 없다는 것을 깨달을 때, 여러분은 그 한계를 극복하고 풍요로운 삶에 더 가까이 다가갈 수 있습니다.

나의 사랑하는 이들이여, 이것이 극복에 관한 길의 핵심입니다. 그것이 참으로 여러분 자신의 심리상태를 극복하는데, 다시 말해 여러분이 앞으로 한 걸음 더 나가거나 어떤 한계를 넘는 것을 겁내게 하는 두려움을 극복하는데 있어서 가장 중요한 것입니다. 여러분은 두려움이 언제나 미지의 것에 대한 두려움이

---

26) "진리를 알지니, 진리가 너희를 자유케 하리라."

라는 것, 또 그것은 항상 무지에서 비롯된다는 것을 알고 있나요? 여러분은 방어나 탈출이 불가능한 상태가 있다고 생각하기 때문에 그 상태를 더 자세히 살펴보는 것조차 두려워합니다. 그러나 아무런 방어수단이 없다는 생각은 오직 여러분의 마음속에만 존재하며, 그것은 무지나 부정확한 정보에 근거하고 있습니다. 그러므로 일단 그 무지에서 벗어나게 되면, 어떻게 그 상태를 극복하고 던져버릴 수 있는지를 알게 될 것입니다. 따라서 진실로 그 길은 적그리스도 마음의 이원성에서 비롯되는 무지를 그리스도의 완전한 진리로 대체함으로써 극복하는 것이라고 말할 수 있습니다.

***

사랑하는 이들이여, 이제는 여러분이 신성으로 가는 길을 방해하는 적그리스도 세력이 있다는 개념으로 돌아가 봅시다. 이들이 바로 2,000년 전에 예수를 죽였던 세력입니다. 그는 사람들이 두려움을 극복하고 더 이상 장님 지도자들의 맹목적 추종자들이 되지 않음으로써 결국 이원성과 상대성의 도랑에 빠지지 않게 하기 위한 새 시대의 선구자로 신에 의해 보내졌습니다(마태복음 15: 4). 적그리스도 세력이 예수를 죽였기에, 여러분은 그 다음 세기 동안 그들이 모든 기독교인들을 죽이려고 했다는 것을 역사를 통해 알 것입니다. 하지만 이 세력은 자기들이 기독교 운동을 말살할 수 없다는 것을 깨달았을 때, 다른 무엇인가를 했습니다. 그들은 "만약 당신이 적을 이길 수 없다면, 적과 합류하라."라는 구호를 바탕으로 자기들의 전략을 바꿨습니다. 그래서 적그리스도 세력의 대표자들이었던 자들, 즉 예수가 자신의 이름을 사칭하며 올 것이라고 예언했던(마태복음 24:5)[27] 거짓 설교자들이 현재 기독교에 합류해 있습니다. 그들이 이용한 단 하나의 무기는 보편적인 무기, 즉 분할정복 전략이었습니다. 기독교에 들어감으로써, 그들은 그것을 자체적으로 분열된 집안처럼 변질시켰습니다. 그리고 얼마 후에 그 자중지란(自中之亂)은 가라앉았는데, 왜냐하면 기독교가 예수의 진정한 가르침을 우상적인 거짓 이미지로 바꾸어 놓았기 때문입니다. 다시 말해 예수를 하나의 본보기가 아닌 숭배하는 일종의 우상으로 바꿔버린 것입니다.

그러므로 내가 여기서 말하고 싶은 것은 여러분의 풍요로운 삶으로 향한 길에는 그런 발전을 방해할 외부 세력이 있다는 것입니다. 이 세력은 맨 먼저 인류가 풍요로운 삶과 그리스도 의식을 얻을 수 있는 가능성에 대해 계속 무지하게 만들고자 할 것입니다. 만약 그것이 효과가 없을 경우, 그들은 사람들이 지금의 자신을 극복하고 영적으로 다시 태어나기보다는 유한한 자아를 미화하려는 잘못된 길을 따라가게 할 것입니다. 또 만약 적그리스도의 세력이 여러분이 진정한 길을 찾지 못하게 막을 수 없다면, 가능한 어떤 방법으로든 여러분을 자체적인 혼란에 빠지도록 시도할 것이며, 그럼으로써 여러분은 자신의 능력이

---

27) "많은 사람이 내 이름으로 와서 이르되, 나는 그리스도라 하여 많은 사람을 미혹케 하리라."

나 가치에 대해 의심하게 됩니다. 그들은 신성으로 가는 모든 길을 의심하게 만들어서 여러분이 결국 길을 포기하게 하거나, 아니면 영원히 시간을 허비하게 만들고자 할 것입니다.

사랑하는 이들이여, 이런 적그리스도의 세력이 여러분의 삶에 영향을 미치고, 여러분의 의식에 영향을 줄 수 있게 하는 것이 무엇일까요? 뱀이 이브의 마음속에다 했던 것처럼, 여러분 마음속에다 의심의 씨앗을 심어놓기 위해 그들이 여러분 내면에 있는 것을 통해 무엇을 여러분에게 무기로 사용할 수 있을까요? 그들이 여러분을 내분이 일어난 집안처럼 바꾸어 놓기 위해 무엇을 이용할 수 있을까요? 자, 사랑하는 이들이여, 그것은 바로 여러분의 자아의 영역 안에는, 그 자아라는 용기 안에는 적그리스도의 교활한 거짓말에서 비롯된 어떤 믿음이 있다는 사실입니다. 이것은 예수가 "이 세상 군주가 오겠음이라. 그러나 저는 내게 관계할 것이 없으니(요한복음 14:30)"라고 말했을 때 설명했던 것입니다. 이 세상의 군주는 적그리스도의 마음을 지닌 자입니다. 그리고 그가 예수 안에서 아무것도 취할 것이 없었다는 사실 자체가 예수가 자신의 마음 – 의식과 무의식 – 을, 그리고 모든 적그리스도의 요소들과 모든 교활한 거짓말들을 정화했던 수준까지 올라섰음을 보여줍니다. 예수는 자기 존재 안에 거짓이 없었기 때문에, 이 세상의 군주는 예수가 스스로 내분에 휩싸이게끔 그의 안에서 아무 것도 건드릴 수가 없었습니다. 예수가 자신을 의심하고, 하느님을 의심하고, 그 길을 의심하게 만들 방법은 아무 것도 없었습니다. 왜냐하면 예수는 적그리스도 마음을 지닌 자의 거짓과 속임수를 즉각 떨쳐버릴 수 있는 그리스도의 진리에 도달함으로써, 자신의 신아에 대한 연결을 다시 재건했기 때문입니다.

나의 사랑하는 이들이여, 여기서 내가 말하는 요점이 뭔지 이해하시나요? 나는 여러분의 현재 의식상태 안에 어떤 적그리스도의 요소들이 있다는 것을 충분히 이해합니다. 그러나 이것은 오늘날의 세상에서 자라난 일종의 불가피한 결과이기 때문에 나는 결코 여러분을 책망할 수 없습니다. 여러분 안에 이런 적그리스도의 요소들이 있기에 여러분은 어떤 의심을 가지고 있고, 그러한 의심들이 여러분을 두렵게 만든다는 것을 충분히 이해합니다. 하지만 내가 여기서 말하고 있는 것은 여러분이 그리스도의 진리에 도달함으로써 그러한 거짓들을 극복할 수 있으므로 적그리스도의 거짓을 두려워할 이유가 없다는 것입니다.

내 말을 이해하시겠습니까? 여러분이 이원성 의식 속에 머물러 있는 한, 어떤 이원성적인 거짓말을 계속 믿는 한, 여러분의 의식은 모래 위에 세워진 집과 같으며, 이는 그것이 적그리스도의 상대적인 진리를 기반으로 만들어졌다는 것을 의미합니다. 나의 사랑하는 이들이여, 만약 여러분의 "진리"가 상대적인 것이라면, 적그리스도의 힘은 항상 여러분 안에 뭔가 흔들 요소를 가지고 있기에 여러분을 조종할 수 있고 두려움에 빠지도록 의심을 유발시킬 수 있습니다.

왜 그런지 아시나요? 왜냐하면 여러분이 이원성의 요소들이 자신의 의식내지는 그 자아라는 용기 속에 남아 있도록 허용하는 한, 결코 두려움에서 완전히 탈출할 수 없을 것이고, 적그리스도의 마음을 가진 자들이 항상 여러분이 자신이나 하느님을 의심하도록 조종할 방법이 있을 것이기 때문입니다. 그리고 두려움을 야기하는 것이 바로 이런 의심입니다.

만약 여러분이 하느님께서 여러분을 모든 악으로부터 보호해주시리라는 것을 믿지 않고 의심한다면, 불가피하게 악을 두려워할 것입니다. 하지만 여러분이 그리스도 마음의 진리를 가지고 있다면, 악을 두려워할 이유가 없다는 것을 알 것입니다. 왜냐하면 그것은 여러분의 의식 속에 이원성적인 요소가 있을 때만 여러분에게 영향을 미칠 수 있기 때문입니다. 그러므로 여러분이 그리스도의 진리를 여러분 안에 있게 하고 모든 어둠을 없애버리면, 이 세상의 군주(지배자)는 여러분 안에는 건드릴만한 요소가 아무 것도 없기에 여러분을 두려움, 의심, 혹은 다른 부정적인 감정을 통해 통제할 수가 없습니다.

사랑하는 이들이여, 이런 개념이 이 장(章)의 시작 부분에서 내가 말했던 것, 즉 여러분의 유한한 자아가 죽어야 한다는 것과 어떻게 연관되어 있는지 아십니까? 여러분의 유한한 자아의식은 이원성 의식에 바탕을 두고 있고 거기서 태어났는데, 이는 그 의식이 전적으로 뱀처럼 교활한 마음의 거짓들에 기초해 있다는 것을 의미합니다. 그러므로 '의식을 가진 자아' 라는 뜻을 지닌 여러분이 이원성에 토대를 두고 있는 요소들을 갖고 있는 한은 영적인 여정에서 최대한의 진보를 이룰 수 없습니다. 적그리스도의 세력인 거짓된 교사들은 이것을 매우 잘 알고 있으며, 그래서 그들은 여러분을 딜레마에 빠뜨리려 했습니다. 이런 마비상태에서 여러분은 자아의 용기 속에 적그리스도의 어떤 거짓말들을 가지고 있고, 동시에 여러분은 그것들을 바라보는 것에 대한 두려움이 있습니다. 이 음모가 얼마나 사악한지 이해하시겠습니까? 만약 여러분이 적그리스도의 거짓들을 바라보는 것을 두려워한다면, 여러분은 그들이 거짓말을 하고 있고, 그들이 허상이며, 그들이 여러분을 지배할 힘이 없다는 것을 알 기회가 없습니다. 그러므로 그러한 거짓말들은 비록 아무런 실체가 없다고 하더라도 여러분을 지배할 힘을 가지게 될 것입니다. 그들은 정말로 허상이지만, 여러분이 그들을 직시하여 그들이 환영에 불과하다는 것을 깨닫기 두려워하는 한, 그들은 여전히 여러분을 지배할 힘을 유지하고 있고 또한 한계, 결핍, 고통의 정신적 감옥에다 가두어둘 수 있습니다.

이제 여러분은 자신의 유한한 자아의식이 죽어야 한다는 개념의 중요성을 아시겠습니까? 여러분이 그 유한한 자아의식 또는 그 자아의 특정요소를 유지하려고하는 한, 결코 그 유한한 자아에서 생겨난 거짓말을 완전히 극복하지 못할 것이라는 점을 이해하나요? 그러므로 여러분은 결코 어떤 환영에서 자유롭지 못할 것입니다. 이 책의 서두에서, 나는 여러분에게 여러분이 감옥에 갇혀 있고 그 감옥에는 여러 개의 자물쇠가 달린 문이 있다는 비유의 말을 해주었습니다. 교도소 문에 달려있는 각각의 자물쇠는 적그리스도의 어떤 거짓말, 특정의 교활한 거짓말을 나타냅니다. 여러분이 어떤 자물쇠를 열 특정 열쇠를 찾기 위해서는 그 간교한 거짓말을 살펴봐야 합니다. 즉 왜 그것이 거짓이고 환영이며, 그리고 왜 그것이 여러분을 지배할 실제적인 아무런 힘도 가질 수 없는지를 깨달아야 합니다.

사랑하는 이들이여, 여러분은 아마도 황제의 새 옷에 관한 옛날 동화를 들어본 적이 있을 것입니다. 한 무리의 재단사들이 황제에게 와서 그 누구도 본 적이 없는 가장 고급의 새 옷을 만들어 주겠다고 약속했던 것을 기억할 것입니다. 이 사람들은 황제뿐만 아니라 그의 전체 궁전과 심지어 그 왕국의 주민들까지도 황제가 실제로 옷을 입고 있다고 믿도록 속이기 위해 그들을 조종했습니다. 그리고 그들의 속임수는 너무나도 완벽해서 아무도 그 속임수를 볼 수 없었고 또 기꺼이 진정으로 그것을 꿰뚫어 보려고 하지도 않았습니다. 즉 황제가 어린아이의 천진난만한 눈앞을 지나기 전까지는 말이지요. 마침내 그 어린아이가 목소리를 높여 "하지만 임금님은 아무것도 입지 않았어요!"라고 외쳤습니다. 그리고 그 순간 나머지 사람들은 깨어나서 자기들이 기꺼이 그 속임수를 면밀하게 살펴보지 않았기 때문에 알 수 없었다는 진리를 깨달았습니다.

나의 사랑하는 이들이여, 이것이 지구상의 상황과 유사하다는 것을 아시겠습니까? 지상에 육화해 있는 사람들 중에는 핵심적인 권력 엘리트들이 있으며, 그들 배후에는 적그리스도의 세력이 있습니다. 수천 년 동안 이 연합된 세력들이 지구 행성의 인구 대다수를 지배하고자 조종해 왔습니다. 그러나 그들의 권력과 통제는 일련의 거짓말에 기초해 있고, 따라서 이 행성의 대부분의 사람들이 이러한 거짓말을 믿는 한은 그들의 힘이 존재할 수 있고 지속될 수 있습니다. 그럼에도 이 적그리스도 세력은 그들의 힘을 유지하는 단 한 가지 방법 밖에는 없습니다. 바로 그것은 사람들을 계속 무지한 상태로 만들어 자기들 힘의 기반이 되어 있는 그 거짓말을 꿰뚫어볼 수 없게 하는 것입니다. 그리고 그들이 환영을 계속 유지하는 데 사용하는 주요 무기 중 하나는 바로 사람들이 그 환영을 들여다보기를 두려워하게 만드는 것입니다.

***

사랑하는 이들이여, 이 적그리스도 세력은 여러분이 그들의 거짓말 중에 하나라도 주시하기로 결정하는 그 순간, 그것을 꿰뚫어 볼 수 있는 가능성이 있다는 것을 잘 알고 있습니다. 그리고 그들은 만약 여러분이 이원성 의식의 상대적인 진리 너머에 도달하여 그리스도의 진리를 추구한다면, 필연적으로 그들의 거짓말을 간파하리라는 것을 알고 있습니다. 그때 여러분은 그것이 일종의 환상이며, 이원성 의식이라는 움직이는 모래 위에 지어진 집이라는 것을 알 것입니다. 나의 사랑하는 이들이여, 이 적그리스도 세력들은 또한 예수가 "구하라. 그러면 너희에게 주실 것이요, 찾아라. 그러면 얻을 것이요, 문을 두드려라. 그러면 너희에게 열릴 것이니(마태복음 7:7)"라고 말했을 때 그가 참된 약속을 했다는 것을 압니다. 그들은 여러분의 마음속에 지식의 열쇠가 있다는 것을 알고 있고, 여러분이 그 지식의 열쇠를 사용하기로 결정하여 삶의 특정 측면에 대한 더 높은 이해를 요청하면, 그런 지혜를 받게 되리라는 것도 압니다. 하지만 적그리스도 세력은 또한 여러분이 자신을 자유롭게 해 줄 진리를 요청하기 전에, 거짓을 바라보는 것에 대한 두려움을 극복해야만 한다는 것을 알고 있습니다. 여러분은 삶이 어떤 방식이어야 한다는 편견을 갖게 하고 특정한 정신적 이미지에 집착하게 만드는 두려움을 극복해야만 합니다. 다시 말해 여러분은 현재 자신이 생각하는 것이 절대적인 진리라는 그 상대적인 진리 너머를 기꺼이 볼 수 있어야 합니다. 그리고 자진해서 여러분의 마음을 보다 높은 그리스도의 진리에 대해 열 수 있어야 합니다. 하지만, 여러분에게 말하건대, 정말로, 만약 여러분이 어린아이처럼 되라 – 여러분이 자진해서 어린이의 순수하고 열린 마음으로 삶의 특정측면을 보고 상대적인 특정진리를 보라는 것– 는 예수의 외침을 기꺼이 따른다면. 그리스도 마음에 관한 더 높은 진리를 얻게 될 것입니다. 그리하여 그런 진리를 얻게 되면, 여러분은 거짓말을 꿰뚫어 볼 수 있게 되어 그것이 전적인 환상이라는 것을 알게 될 것이고, 따라서 그것은 여러분을 지배할 아무런 힘도 없게 됩니다.

이 지구행성에 있는 어둠의 세력은 여러분이 자신의 자유의지를 통해 그들에게 주는 힘을 제외하고는 여러분을 지배할 아무런 힘이 없습니다. 그리고 나는 사람들이 더 잘 알게 되면 더 잘하게 될 것이라는 말 속에는 진리가 담겨 있다고 장담할 수 있습니다. 여러분은 만약 여러분이 당면하고 있는 어떤 한계가 거짓에 근거한 것이라는 사실을 안다면, 그 한계로부터 스스로 자유롭게 될 수 있을 것이라는 점에 동의하지 않나요? 아마도 여러분은 어린 아이가 길을 걷고 있을 때 포장도로의 갈라진 틈을 밟는 것은 불운을 의미한다는 말을 들었을지도 모릅니다. 또는 어쩌면 어린 시절에 비슷한 미신을 가지고 있었을 것입니다. 그러한 믿음은 여러분이 길을 걷는 방식에 심각한 영향을 미칠 수 있었지만, 어느 시점에 여러분은 이것이 사실이 아닐 수 있다고 간단히 결정했습니다. 그리고 그 순간부터 그 환상은 더 이상 여러분에게 아무런 영향력도 미치지 못했고, 이제 여러분은 삶의 길을 자유롭게 걸을 수 있게 되었습니다. 여러 해 동안 여러분이 은행에 갚아야 할 많은 부채가 있다는 믿음으로 살고 있었다고 상상해 보세요. 여러분은 돈을 어떻게 갚아야 할지 걱정해 왔고, 이것은 여러분의 삶에 심각한 영향을 주었습니다. 하지만 여러분은 어느 날 아침 은행으로부터 자기들이 뭔가 실수를 해서 귀하의 빚이 전혀 없다는 내용의 서신을 받습니다. 그때 여러분은 빚을 걱정하는 감정을 계속 유지하시렵니까? 단지 환상에 불과했던 그 빚을 여전히 갚겠다고 고집하시겠습니까? 아니면 그냥 그것으로 멀리 벗어나서 일상적인 삶으로 돌아가시렵니까?

내가 여기서 말하고 있는 것은 여러분이 현재 인간적인 한계와 고난의 감옥 속에 갇혀 있다는 것입니다. 하지만 내가 앞서의 열쇠들을 통해 설명했던 것처럼, 그 감옥은 사실상 여러분의 마음과 인류의 집단의식 속에만 존재합니다. 감옥에는 문이 있고 문에는 여러 개의 자물쇠들이 달려 있지만, 각각의 자물쇠는 일종의 환상인 교활한 거짓말을 상징합니다. 그래서 삶의 진정한 비밀은 비록 자물쇠가 문을 잠그고 있는 것처럼 보일지라도 실제로는 자물쇠가 잠겨있지 않다는 것입니다. 인간 감옥의 문이 잠겨 있는 것처럼 보이는 것은 적그리스도 마음의 상대적인 "진리"나 교활한 거짓에서 비롯된 일련의 환영입니다. 그러므로 사실, 인간 감옥에 있는 문은 잠겨 있지 않습니다!

여러분은 자신이 감옥에 갇혀있다고 생각하지만, 문은 처음부터 내내 열려 있었습니다. 여러분은 단지 자물쇠를 자세히 살펴보고 그것이 문이 열리는 것을 방해할 수 없다는 사실을 발견할 용기를 내지 않았을 뿐입니다. 사람들은 오직 문이 잠겨 있다는 착각을 믿고 있다 보니 그저 갇혀 있는 것뿐입니다. 실제로 감옥 문은 잠겨 있지 않고, 여러분이 그 사실을 알게 되면, 즉시 문으로 걸어가서 문을 열고 걸어 나올 수 있으므로 인간의 한계는 사라지게 됩니다.

사랑하는 이들이여, 나는 여러분이 현재의 의식상태에서는 내가 방금 말한 것을 믿기가 매우 힘들 것이라는 것을 잘 압니다. 하지만 나는 그것이 절대적인 사실이라는 것을 여러분에게 말해야 합니다. 왜 이 진실을 받아들이는 것이 그렇게 어려운 것일까요? 그 이유는 바로 여러분이 아직도 자아라는 용기 안에 진실이라고 믿고 있는 환영들인 많은 상대적인 "진리들"을 갖고 있기 때문에 그렇습니다. 여러분의 자아는 여전히 적그리스도의 이원성적인 마음의 거짓에 토대를 두고 있으며, 여러분이 그런 거짓말들을 붙들고 있는 한, 실제로는 인간 감옥의 문이 잠겨 있지 않다는 사실을 받아들일 수 없습니다. 각각의 거짓말은 제한된 상태로 여러분을 구속하고 인간 감옥에서 탈출하는 것을 방해하는 자물쇠처럼 보입니다. 여러분이 그런 거짓말들을 믿고 그 환상을 직시하지 않는 한, 분명히 그 문이 잠겨 있지 않다는 사실을 받아들일 수가 없습니다.

그러므로 나는 여러분이 즉시 그 문이 잠겨 있지 않다는 것을 받아들이고 그 문을 통해 걸어 나갈 수 있을 거라고 기대하지 않습니다. 그래서 내가 여러분에게 점진적인 길을 알려주게 된 것이며, 그리하여 여러분은 체계적으로 여러분 자아의 용기에 담겨 있는 각각의 거짓말들을 보게 될 수가 있습니다. 거짓말을 꿰뚫어 보면, 여러분은 그것을 실재하지 않는 허상으로 사라지게 할 수 있고, 그렇기에 거짓말에서 벗어날 수 있습니다. 그렇게 여러분이 하나하나 거짓말을 없앨 때마다, 여러분의 개인적인 신성 실현에 한 걸음 더 가까이 다가가게 됩니다. 그리고 미래의 어느 시점에, 아마도 멀지 않은 미래에, 여러분은 갑자기 중요한 단계에 도달하게 될 것이고, 다시 돌아올 수 없는 지점에 이르게 될 것입니다.

여러분은 내가 말하기를, 여러분이 그리스도 의식수준 아래로 떨어지게 될 때 그 과정을 처음에는 매우 서서히 시작하지만, 결국은 자신의 신아와의 관계를 망각하여 돌아오지 않는 지점에 이르게 된다고 언급한 것을 기억하십니까?

자, 사랑하는 이들이여, 여러분이 그 계단을 다시 오르게 되면, 반대 방향에서 같은 지점에 도달하게 될 것입니다. 그 지점을 통과하면, 자신의 신아와의 연결을 다시 복구하게 될 것이고, 그리하여 여러분은 그 길이 자신의 삶에서 실현할 수 있는 실제적인 길이고 그리스도 의식에 관한 약속이 현실임을 정말로 알 것입니다.

***

　이것을 설명하기 위해 여러분에게 시각적인 이미지를 보여 드리겠습니다. 여러분은 그 안에 나선형 계단이 있고 둥근 돌탑이 있는 옛 성(城)들을 틀림없이 보았을 것입니다. 그 나선형 계단의 꼭대기에는 밝은 햇빛에 내리비치는 장소인 성의 지붕으로 이어지는 문이 있습니다. 여러분이 성의 꼭대기에서 나선형 계단을 내려감에 따라 태양빛이 여전히 그 문을 통해 비추면서 계단의 벽에 반사됩니다. 하지만 계속 계단을 내려가면, 그것이 둥글게 휘어집니다. 그리고 여러분이 문을 통해 더 이상 푸른 하늘을 볼 수 없는 지점에 이릅니다. 따라서 여러분은 그 햇빛이 어디에서 오는지는 볼 수 없지만, 여전히 벽에 반사된 빛을 볼 수는 있습니다.

　훨씬 더 아래로 내려갈수록 또 다른 중요한 지점에 도달하게 됩니다. 그리고 그곳을 넘어서게 되면 더 이상 벽에 반사되는 햇빛을 볼 수가 없습니다. 그 지점부터는 여러분이 더 이상 햇빛이 계단 꼭대기에 있는 문을 통해 밝게 비추고 있다는 직접적인 증거를 찾을 수 없습니다. 그리고 계단을 계속 내려가면, 점점 더 어둠 속으로 들어가게 됩니다. 성의 맨 아래에 있는 지하 묘지까지 도달할 때까지 말입니다. 이제 그 안에서 여러분은 완전한 어둠 속에 있게 됩니다. 이것이 여러분의 의식 속에서 일어났던 사건을 보여 주는 하나의 예입니다. 여러분은 계단의 맨 위에서 출발했으며, 거기서는 파란 하늘과 바로 내리비치는 햇빛을 볼 수 있었습니다. 물론 이것은 여러분의 신아와 여러분이라는 존재의 그 태양을 통해 비추고 있는 하느님의 빛을 상징합니다. 이제 여러분이 계단을 내려가고, 이원성 의식 속으로 내려감에 따라 점차 자신의 신아에 대한 직접적이고 의식적인 연결을 잃게 됩니다. 여러분은 자기 존재의 더 높은 부분이 있다는 일부 기억을 여전히 가지고는 있었습니다. 하지만 여러분이 훨씬 더 아래로 내려갈수록, 그 기억조차 상실하게 됩니다. 남아 있는 유일한 문제는 여러분이 계단 아래로 실제로 얼마나 멀리 내려갔느냐 입니다. 다행히도 여러분은 이 책을 읽고 있기 때문에, 나는 여러분이 아직 계단의 맨 밑바닥까지 내려가지는 않았다고 말할 수 있습니다. 또는 어쩌면 여러분이 전생(前生)에 그렇게 했을 수도 있지만, 여러분은 오래 전에 위로 오르기 시작했습니다. 만약 여러분이 위로 향한 길에 있지 않았다면, 이 책이나 내가 여러분에게 제시한 어떤 견해에도 마음이 열려있지 않았을 것입니다.

　그러므로 여러분은 내면의 앎을 통해, 자신이 이미 그리스도 의식의 풍요로운 삶에 이르는 영적인 길을 걷고 있다는 것을 스스로 인식할 필요가 있습니다. 여러분은 자신이 그 길에다 닻을 내렸고 이것이 진정한 승리라는 것을 스스로 느낄 수 있어야 합니다. 만약 여러분이 이것에 대해 한 번도 생각해 본적이 없다면, 자신이 하느님 아버지의 집으로 돌아가는 길에 있고 이미 상당한 진척을 이루었다는 바로 그 사실을 숙고하는 데 약간의 시간을 가져보세요.

여러분이 그 길에 확고히 정착했다는 느낌을 갖고 있다면, 내가 이 열쇠에서 여러분에게 말했던 것, 즉 왜 여러분의 유한한 자아의식을 죽게 해야 하는 것이 그렇게 중요한가를 생각해 보기 바랍니다. 여러분은 이러한 인간적인 자아의식이 여러분이 뒤에서 질질 끌고 있는 쓸모없는 무게, 즉 나선형 계단을 오르는 것을 불필요하게 어렵게 만드는 짐이라는 것을 알고 있나요? 그리고 만약 여러분이 기꺼이 돌아서서 그 무게를 바라본다면, 그 짐과 자신을 연결하여 동여매고 있는 줄을 자를 수 있다는 것을 아십니까? 그렇게 해서 무게가 줄어들 때 여러분이 계단을 오르는 것이 훨씬 쉬워지게 될 것입니다.

이제는 여러분이 나선형 계단에서 다음 단계로 오르기 전에 자신의 현 자아의식이 죽어야만 한다는 사실을 받아들이지 않을 경우, 자신의 삶을 훨씬 더 힘들게 만들 것임을 이해할 수 있겠습니까? 사실, 영적인 길은 수많은 기독교인들이 자기들이 구원 받기 위해서는 따라야 한다고 믿었던 대로 힘들고 고통스런 고난의 길이 될 수 있습니다. 만약 여러분이 역사를 주의 깊게 살펴본다면, 중세시대의 대부분의 기독교인들이 이것이 구원을 위한 유일한 길이고 예수가 보여준 바로 그 길이라고 믿었다는 것을 알 것입니다. 그들은 예수의 십자가에 못 박힘과 그의 십자가에서의 수난에 집중했고, 예수가 고난을 받은 것처럼 기독교를 따르기 위해서는 고통을 겪어야 한다고 생각했습니다.

사랑하는 이들이여, 나는 여러분에게 우주는 일종의 거울이라고 말했습니다. 만약 여러분이 그 거울에다 삶이 고난이라는 정신적 이미지를 그대로 투사한다면, 그때 어머니 빛이 여러분의 이미지를 그대로 나타내는 물리적 상황을 구현할 것입니다. 이것이 바로 그 중세 암흑시대에 인류에게 일어났던 일입니다. 그들은 고난에 너무 집중한 나머지 실제로 암흑시대 동안에 분명히 나타났던 외적인 고난을 창조했습니다. 나는 이것이 오늘날 세상의 어떤 사람들에게는 받아들이기가 힘들 거라는 것을 알고 있지만, 그럼에도 이것은 사실입니다.

사람들은 예수의 가르침에 대한 거짓 이미지, 즉 우상적 이미지를 받아들이게 되었기 때문에 고난에만 너무 초점을 맞추었습니다. 나의 사랑하는 이들이여, 예수가 비록 실제로 십자가에 못 박혀 수난을 겪은 것은 사실이지만, 그가 그 십자가에 매달려 있던 것은 단지 몇 시간뿐이라는 것을 생각해 보기 바랍니다. 그의 전체 생애는 33년간 지속되었고 그의 공적인 임무는 3년간 행해졌습니다. 십자가 위에서의 그 마지막 몇 시간을 여러분이 예수의 삶과 사명과 가르침에 관해 평가할 때 가장 중요한 이미지로 규정짓는 것이 이 과연 적절하고 옳은 것일까요?

사랑하는 이들이여, 수많은 사람들이 그 시대 동안 십자가형을 당했습니다.

예수가 십자가에 못 박혔다고 해서 그를 특별하게 만든 것은 정말로 아무것도 없었습니다. 예수가 특별한 이유는 십자가에 못 박힌 후에 부활해서 자신의 부활한 영적인 몸으로 나타났기 때문입니다. 예수를 특별하게 만든 것은 십자가형을 당하기 전에 그가 통달해서 물질을 지배하는 마음의 능력을 보여주었다는 것이며, 또한 그것이 풍요로운 삶에 이르는 진정한 열쇠입니다. 내가 말하는 요점을 이해하시겠습니까? 예수는 고난의 길을 보여 주기 위해 온 것이 아닙니다. 그는 풍요로운 삶과 그 풍요로움에 이르는 길을 보여 주기 위해 왔습니다. 여러분은 왜 그가 "내가 온 것은 생명을 얻게 하고, 그것을 더 풍성하게 얻게 하려는 것이니라(요한복음 10:10)."라고 말했다고 생각하나요?

예수는 병든 사람을 고쳐 주고, 죽은 사람을 살려내고, 물을 포도주로 바꾸고, 빵과 물고기를 늘리고, 물 위를 걷는 것과 많은 사람의 마음을 여는 가르침을 줌으로써 풍요로운 삶을 보여 주었습니다. 사랑하는 이들이여, 알다시피, 예수는 정말로 모든 사람들이 투쟁의식을 극복하고 그 대신에 풍요로운 삶을 실현할 수 있다는 것을 시범보이기 위해 왔습니다. 하지만 투쟁의식을 극복하기 위한 핵심은 무엇일까요? 그것은 삶이 일종의 투쟁이라는 정신적인 이미지에 바탕을 둔 자아의식을 극복하는 것이며, 신과 신의 풍요로부터 분리되는 데서 생겨난 그 자아를 넘어서는 것입니다. 그리고 오직 여러분이 그런 자아의식을 극복할 때만이 투쟁의 이미지를 우주거울 속에 투영하는 것을 멈출 것입니다. 그리고 그러한 이미지를 투영하는 것을 멈출 때만이 그 거울이 삶을 힘겨운 투쟁으로 만드는 물리적인 상황을 여러분에게 다시 반사하는 것을 멈추게 할 수 있습니다. 그리고 그 열쇠는 여러분 자신이 유한한 자아의 이미지 이상의 존재라는 것을 깨닫는 것입니다. 여러분의 진정한 실체는 의식적으로 깨어 있는 여러분이고, 여러분은 마치 색안경을 쓰고 있는 것처럼, 단지 인간적 자아의식만을 통해 보고 있습니다. 인간적 자아를 죽게 하는 것이 곧 여러분 개성의 죽음을 의미하는 것은 아닙니다. 왜냐하면 의식을 가진 여러분은 결코 죽을 수 없기 때문입니다. 유한한 자아를 죽게 하는 것은 여러분이 더 높은 자아의식을 받아들여 자유로워지고, 자신의 영적인 자아의식으로 다시 태어나게 되리라는 것을 의미합니다.

오, 나의 사랑하는 이들이여, 내가 이런 말들을 여러분에게 전할 때, 여러분과 함께 있는 나의 존재를 느낄 수 있나요? 어머니 가슴의 강렬한 사랑, 사랑하는 자식들이 어둠에 대한 두려움에서 자유롭게 되는 것 이상을 원하는 어머니의 사랑을 느낄 수 있나요? 내가 여러분을 따뜻하게 안아 주고 두려워할 것도 없고 모든 것이 잘 될 것이라고 말해 주고 싶어 하는 것을 이해할 수 있습니까? 얼마나 내가 여러분의 머리를 쓰다듬어주고, 눈물을 닦아주고, 눈을 바라보면서 "얘야! 모든 것이 잘 될 것이다. 과거에 관해서는 잊어버리자. 이제는 네가 상처받았던 어두운 지하실에서 벗어나 너의 온갖 두려움이 사라지게 될 따뜻한 햇빛 속으로 걸어 나가자."라고 간절히 말하고 싶은지를 느낄 수 있나요?

　실제로, 나는 여러분의 영적인 어머니이고 여러분을 자유롭게 해주기 위해 이곳에 있습니다. 그리고 여러분을 모든 한계로부터 벗어나게 하기 위해 나는 먼저 거짓을 바라보는 것을 두려워하게 만드는 공포로부터 여러분을 자유롭게 해주어야 합니다. 그 거짓이 여러분이 직면하고 있는 모든 한계의 핵심에 놓여 있습니다. 그러니 내 손을 잡고 햇빛 속으로 달려 나갑시다. 그리고 웃음으로 눈물과 인간적 자아의식의 두려움을 날려버립시다. 대신에 과거의 자아를 잊어버림으로써 새로운 날의 태양, 새로운 자아의식을 맞이하도록 합시다. 그리고 그러한 망각 속에서, 여러분은 과거의 자아가 사라졌다는 것을 알아채지도 못한 채 그것이 죽어가게 허용합니다. 여러분은 인생 놀이터에서 새로운 장난감을 가지고 노는 데 너무 몰두한 나머지 오래 되고 닳아빠진 장난감은 잊어버린 아이와도 같습니다. 그리하여 여러분은 새로운 자아에 집중함으로써 낡은 것에 관한 모든 사실을 잊어버리고 새로운 자아의식으로 다시 태어나게 됩니다. 여러분은 영원토록 그리스도 마음속에 저장되어 있지만 여러분의 영적인 어머니의 가슴 속에도 간직되어 있는 흠결 없고 순수한 생각으로 다시 태어납니다. 내가 참으로 예수가 자신의 사명을 완수할 때까지 그를 위해 그것을 간직하고 있었던 것처럼, 나는 여러분에 대한 완벽한 구상을 마음속에 간직하고 있습니다.

　나는 여러분을 사랑하며 내 사랑은 조건이 없습니다. 나는 여러분의 진정한 잠재력을 알고 있습니다. 그리고 나는 여러분이 지구상에서 그 잠재력을 충분히 실현하는데 방해가 되는 온갖 조건들을 뛰어넘도록 기꺼이 도우려 합니다. 내손을 잡으십시오. 그리고 나는 예수가 신성과 빛 속으로의 승천을 향한 길에서 내가 그와 함께 모든 걸음을 걸었듯이, 여러분과 함께 걸을 것입니다.

만약 나의 삶이 일종의 영화라면, 어떻게 해야 내가 그 대본을 다시 쓸 수 있을까?

나는 앞서 여러분이 신이라는 존재로부터 창조되었다는 사실에 관해 이야기했습니다. 나의 사랑하는 이들이여, 이제는 우리가 여러분이 진정으로 누구인지를 좀 더 면밀히 살펴보고, 여러분의 참나(대아)를 좀 더 자세히 들여다볼 시간입니다. 나는 여러분 정체성의 원천, 여러분 진아(眞我)의 기원은 순수의식이라고 말했습니다. 그 순수의식에서 개체적인 여러분이 형성되었고, 이것은 우리가 의식적인 여러분(Conscious You) 또는 의식적인 자아(Conscious self)라고 부를 수 있는 것입니다. 이 의식적인 자아가 여러분에게 자신이 존재하고 있고 개별적인 존재로 존재한다는 느낌을 주는 것입니다. 하지만 그 존재한다는 의식은 매우 순수하고 보편적인 인식상태이며, 그것은 사실상 아무런 개별적인 특성이 없습니다. 이러한 인식의 바로 그 핵심에는 여러분이 더 거대한 전체의 일부로 존재하지만 자신의 의식은 그 전체 안의 특정지점에 집중돼 있다는 느낌이 있습니다. 그러므로 모든 것을 망라하는 여러분의 창조주가 지닌 인식, 즉 창조계의 바깥에서 안을 들여다보는 그분의 인식을 갖는 대신에, 여러분은 국지적인 인식을 갖고 있다고 말할 수 있습니다. 여러분은 창조계의 안쪽에서, 다시 말해 그 전체 내부의 특정 관점에서 그것을 바라보고 있습니다.

우리는 이것을 내가 앞서 여러분에게 형태의 세계의 창조에 관해 말했던 것에 비교할 수 있습니다. 나는 하느님이라는 순수한 존재는 특정한 공간에서 스스로를 거두어들여서 공(空)을 만들어 낸다고 말했습니다. 그 존재는 자신을 하나의 특이점으로 수축시켰고, 그 특이점이 창조주가 됩니다. 창조주의 임무는 텅 빈 공을 채우는 것이며, 이 작업은 일정한 빛을 담음으로써 그 공으로부터 분리되어 구별되는 천구(天球)를 규정하는 것으로 시작됩니다. 이 천구는 대우주(大宇宙)가 됩니다. 이 천구 안에 창조주는 항상 존재하지만, 창조주는 이제 더 작은 천구로부터 스스로 물러나서, 자신을 하나의 점으로 수축시킵니다. 그 점이 의식을 지닌 여러분이 되고 그 천구는 여러분의 자아라는 용기, 여러분 자신의 천구가 됩니다. 여러분은 창조주의 의식에 속한 더 거대한 천구 안에 있는 하나의 (작은) 천구이며, 창조주라는 대우주 안에 있는 소우주(小宇宙)입니다. 여러분의 임무는 신이 여러분에게 주신 것을 증식하고, 여러분의 능력을 증대시키는 것입니다. 그럼으로써 여러분은 먼저 소우주인 자기 자신의 영역을 통치할 수 있고, 그런 다음 더 거대한 영역인 대우주 – 물질 우주를 의미한다 – 를 지배할 수 있습니다. 여러분이 자신의 자아라는 영역을 지배하고 그것을 신의 법칙과 조화를 이루어 빛으로 채울 때, 여러분은 그리스도화한 존재, 즉 불멸의 영적존재가 될 것입니다. 이로 인해 지구를 지배할 수 있는 능력을 갖출 것이고, 풍요로운 삶으로 이루어진 하느님 왕국을 지상에다 물리적으로 실현하게 될 것입니다. 여러분은 천상에 있는 모든 것을 이곳 지상에다 이룩할 것이고, 여러분도 '위에서와 같이 아래에서도' 똑같이 이루게 될 것입니다. 오직 이것만이 하늘나라를 지구로 가져오게 될 것입니다.

의식적인 여러분은 진정으로 여러분의 개인적 정체성의 핵심이지만, 그것은 순수한 의식상태입니다. 우리는 그것이 개체적인 의식을 가지고 있기는 하지만, 개인적인 특성은 없다고 말할 수 있습니다. 따라서 그것은 형태의 세계에서 자신을 직접적으로 표현할 수가 없습니다. 자신을 표현하기 위해서는, 그것이 자신을 표현할 수 있는 통로로서의 개성을 가지고 있어야 하고, 정체성이 있어야 합니다. 다시 한 번 영화 영사기에 관한 비유를 생각해 봅시다. 만약 영사기 안에 필름이 없다면, 화면에는 단지 직사각형의 백색광이 투사될 뿐입니다. 영사기는 그것을 통해 실제적인 영상을 투사할 수 있는 필름을 필요로 하며, (필름속 이미지와 같은) 이런 이미지가 어머니 빛을 자극하여 그것이 형태를 취하게 만들 수 있습니다. 영화 영사기가 어떤 필름을 통해 영상을 투사할 수 있는 것처럼, 의식적인 여러분은 어떤 정체성을 통해 자신을 표현할 수 있습니다. 의식적인 여러분은 스스로 선택하는 어떤 것과 자신을 동일시할 수 있고, 그것으로 자신을 확인할 수 있습니다. 달리 말하면, 정체성을 구축하는 것은 의식적인 여러분의 임무이고, 신은 여러분에게 상상력과 자유의지에 따라 선택할 수 있는 완전한 자유를 주었습니다. 신은 여러분에게 스스로의 정체성에 따라 여러분 자신의 정체성을 "명명(命名)"할 자유를 주셨고, 심지어는 지구상의 모든 것의 이름을 지을 자유도 주셨습니다.

의식적인 여러분은 백지상태에서 시작하지 않습니다. 그것은 자신의 정체성을 구축할 수 있는 토대를 가지고 있습니다. 즉 그것은 여러분의 신아에 닻이 내려져 있는 신성한 개성입니다. 그러나 여러분의 신적자아는 영적세계의 더 높은 진동 속에 영원히 상주하고 있기 때문에, 그 개성은 물질세계에 직접 표현될 수 없습니다. 그 개성이 표현될 수 있는 것은 오직 여러분이 영사기 안의 필름과도 같은 정체성을 형성하기 위해 그것을 사용할 때뿐입니다. 이 문제를 덜 혼란스럽게 하기 위해서, 여러분의 자아영역에 대해서 좀 더 자세히 설명하겠습니다. 우리는 여러분의 자아영역이 상위 부분과 하위 부분을 가지고 있다고 말할 수 있습니다. 상위 부분은 영적세계에 머물러 있으며, 여기에는 여러분의 신아가 포함됩니다. 하위 부분은 물질세계 주파수대 안에서 진동하고 있고, 여러분이 물질세계에서 자신을 표현하는 것은 이 하위 부분을 통해서입니다. 우리는 이것을 숫자 8에다 비유할 수 있습니다. 8자의 윗부분은 영적인 영역에 있고, 아래 부분은 물질적인 영역에 있습니다. 그리고 의식적인 여러분(자아)은 그 중심에 있습니다. 나중에 여러분의 자아 범위의 하위 부분에 대해서 좀 더 상세하게 알려드릴 것입니다. 하지만 지금 중요한 개념은 의식적인 여러분이 신아의 빛을 유도하여 자신이 형성하는 정체성을 통해 흐르게 한다는 것입니다. 이러한 정체성은 여러분이 의식적으로 자신의 자아영역의 하위 부분에다 허용하는 어떤 것에 기초해 있을 수 있습니다. 여러분은 자신의 신아에 정착해 있는 개성, 즉 그리스도의 반석 위에다 이런 정체성을 구축할 수도 있고, 아니면 이원성 의식이라는 불안정한 모래 위에다 세울 수도 있습니다.

그것이 바로 의식적인 여러분이 원래 창조된 모습보다 더 나아지거나 혹은 더 못하게 될 능력을 갖고 있는 이유입니다. 여러분은 신이 여러분에게 주신 개성을 더 확대시킬 수도 있고, 아니면 신이 여러분을 위해 구상한 것보다 더 못한 정체성을 형성할 수도 있습니다. 여러분은 무엇이든 선택할 자유가 있지만, 필연적으로 자신이 선택한 것을 경험하게 될 것입니다. 여러분은 스스로 구축한 정체성이라는 여과기(Filter)를 통해 세상을 보게 될 것이고, 그 정체성에 따라 자신을 표현할 것입니다. 따라서 여러분의 정체성은 우주거울에다 무엇을 투사할 것인지를 결정하게 될 것이며, 물론 그 투사 자체가 무엇이 여러분에게 다시 반사될 것인지를 결정하게 됩니다.

이제 우리는 인간 존재에 관한 세 가지 측면을 가지고 있습니다. 우선 여러분의 자아영역의 상위부분이 있고, 그것은 여러분의 신아로 채워져 있습니다. 이 영적인 자아는 여러분의 신성한 청사진을 포함하고 있는데, 그것이 여러분의 창조주에 의해 규정된 개성이며 보편적인 그리스도 마음에 영원히 기록되어 있습니다. 그 다음으로 여러분의 자아영역의 상위 부분과 하위 부분 사이의 연결 고리에 위치해 있는 의식적인 자아로서의 여러분이 있습니다. 그리고 여러분의 자아영역의 하위부분이 있는데, 그것은 여러분이 물질세계에서 자신을 표현하기 위해 사용하는 의식적인 부분입니다. 이 하위 부분 속에 여러분의 정체성에 대한 관념이 담겨 있으며, 그것이 바로 여러분이 삶이라는 영사막 또는 어머니 빛에다 자신의 정체성(영사기)을 통해 이미지를 투사하는 필름에 해당합니다. 공(空)의 경우와 마찬가지로, 생명흐름인 여러분의 영혼이 생겨났을 때, 여러분의 자아라는 용기의 하위부분이 다 차 있지는 않았습니다. 거기에는 빈 공간이 좀 있었는데, 그 공간을 채우는 것이 여러분의 과업입니다. 문제는 이제 여러분이 무엇을 그 자아의 용기 안에 들어가도록 허용하여 채울 것인가 입니다. 내가 말했듯이, 신은 여러분에게 자신의 정체성을 구축하는 방법을 선택할 수 있는 완전한 자유를 주었습니다.

이 자유는 여러분이 원래 창조된 것 이상이 되고, 신에 의해 마련된 토대 위에 더 쌓아올려서 단순한 로봇 이상이 될 수 있는 최고의 기회입니다. 여러분은 형태의 세계에서 자신의 자아의식을 표현함으로써 이것을 행합니다. 자신의 창조력을 발휘하고 그 결과를 봄으로써, 여러분은 자아의 용기에다 내용물에 추가하게 됩니다. 여러분이 신의 법칙과 조화를 이루어 이것을 실행할 때, 오직 지속 가능하고 불멸하는 요소들만을 그 자아의 용기에다 추가시킬 것입니다. 그러한 요소들은 실제로 자아영역의 상위 부분으로 전달될 수 있고 예수가 여러분의 보물을 하늘에다 쌓아두라고 말했듯이,[28] 그리스도의 마음에 저장될 수 있습니다.

그러나 여러분은 자유의지가 있기 때문에, 자신의 창조능력을 신의 법칙 및 창조적인 의도와 조화되지 않은 방식으로 사용할 수 있습니다. 그렇게 하면, 자신의 자아 용기에다 역시 무엇인가를 추가할 것이고, 그것은 그 영역의 하위 부분에 담겨지게 될 것입니다. 여러분이 추가하는 것은 영구적으로 존재할 수 없는 인간적인 요소입니다. 이로 인해 여러분이 유한한 인간적 자아, 즉 여러분의 생명이 처음 생겨났을 때 신이 여러분에게 주신 것보다 못한 개성을 창조하는 것이 가능해질 수 있습니다.

여기서의 내 요지는 여러분 정체성의 핵심, 내가 "의식적인 여러분"이라고 부르는 것은 자아의 용기 안에 담겨 있을 수도 있고 없을 수도 있는 내용물들과는 관계가 없다는 것입니다. 이와 더불어 의식적인 여러분은 자신의 불멸의 자아와 유한한 자아 둘 다와는 별개로 존재할 수 있으며, 이는 완전히 자급자족이 가능한 순수의식의 상태라는 것을 의미합니다. 하지만 여러분의 창조력을 형태의 세계에서 표현하게 될 때, 의식적인 여러분은 이것을 단독으로 할 수가 없습니다. 자기를 표현하기 위해서는, 의식적인 여러분이 자신의 빛이 자아 용기 안의 내용물을 통해 비춰지도록 해야 하는데, 왜냐하면 매터 빛에 투사되는 이미지들을 결정하는 것은 바로 이런 내용물들이기 때문입니다. 그래서 의식적인 여러분은 자신의 자아영역 안에 존재하는 자아의식을 통해 그 자신을 표현하는 순수의식 상태라고 말할 수 있습니다. 의식적인 여러분은 어떤 특정 순간에 어느 자아를 자기 자신으로 식별하는지에 따라, 불멸의 자아든, 유한한 자아든 어느 쪽을 통해서도 자신을 표현할 수 있습니다.

의식적인 여러분은 불멸의 자아나 유한한 자아, 그 어느 쪽으로부터도 독립적으로 존재할 수 있기 때문에, 그것은 고정된 개성도, 고정된 정체성도 없다고 말할 수 있습니다. 의식적인 여러분은 한 인간이라는 개체적인 존재로 초점이 맞춰진 신의 순수한 존재이지만, 그것은 그 어떤 것과도 자신을 동일시할 수 있는 잠재력을 가지고 있습니다. 그것은 여러분의 불멸의 자아와 함께하는 한 극성(極性)으로 창조되었지만, 그것은 신의 존재 전체, 여러분의 불멸의 자아, 유한한 자아 혹은 형태의 세계 안의 다른 그 어떤 것을 포함해서, 스스로 선택하는 그 어떤 것과도 자신을 동일시할 수 있습니다. 의식적인 여러분은 진

---

28) "오직 너희를 위하여 보물을 하늘에 쌓아 두라. 거기는 좀이나 동록이 해하지 못하며, 도적이 구멍을 뚫지도 못하고 도적질도 못하느니라."

정으로 당신의 자유의지의 주체이며, 선택을 할 수 있는 능력의 주체입니다. 그러므로 여러분은 자기 스스로 여러분 자신이라고 보는 존재, 또는 스스로 자신이라고 선택하는 존재가 곧 여러분이며, 그 선택은 언제라도 바꿀 수 있습니다.

의식적인 여러분은 어떤 자아의식을 통해서, 어떤 개인적인 정체성을 통해서 자신을 표현해야 합니다. 내가 영화 영사기에 비유해서 말했듯이, 그것을 통해 비출 수 있는 필름이 있어야만 뚜렷한 이미지가 화면에 투영될 수 있습니다. 필름상의 모습들은 자아의 용기 안에 존재하는 개인적인 특성, 신념 및 자기 이미지들입니다. 우리는 의식적인 여러분을 영사기에다 어떤 필름을 넣을지를 결정하는 작업자에다 비유할 수 있습니다. 앞서 설명한 것처럼, 여러분은 불멸의 자아로 창조되었고, 여러분 자신을 신의 법칙과 조화를 이루는 이미지를 통해 표현함으로써 그 불멸의 자아에다 추가할 수가 있습니다. 하지만 과거의 어떤 시점에 여러분은 이원성 의식으로 실험을 하기로 결정했으며, 그것은 선악의 지식이 담긴 과일을 따먹은 것입니다. 그렇게 함에 따라 자아의 용기에다 내용물을 추가로 담아 넣었고, 그 내용물은 적그리스도의 마음에서 파생된 상대적인 "진리"에 바탕을 두고 있던 것이었습니다.

처음에는, 그 이원성적인 요소들이 여러분의 창조적 표현이나 여러분이 누구인지에 대한 느낌에 거의 영향을 미치지 않았습니다. 그것들은 여러분의 불멸의 자아를 가리거나 어둡게 할 수 없었습니다. 하지만 여러분이 계속해서 이원성적인 의식을 실험해감에 따라, 점점 더 많은 인간적 내용물들을 자아의 용기에다 첨가했고, 그것은 점차 여러분의 불멸의 자아를 덮어 가리기 시작했습니다. 이로 인해 여러분은 내분이 일어난 집처럼 되었고, 점점 더 분열되면서, 의식적인 여러분은 이원성적인 자아의식에 더 초점을 맞추기 시작했습니다. 이것은 유한한 인간적 자아를 더 강화시켰으며 이원성적인 내용물에 추가하게 되었는데, 이는 결국 위험한 지점으로 떨어지는 하향나선이 되고야 말았습니다. 이는 바로 의식적인 여러분이 자기가 (일시적으로) 인간적 형태를 통해 자신을 표현하는 불멸의 영적존재가 아니라 정말로 유한한 인간일 뿐이라고 결정했을 때였습니다.

***

내가 이전에 열쇠들에서 여러분에게 말했던 것을 토대로, 나는 여러분이 이제는 의식적인 여러분의 자아는 언제나 그것이 자기라고 생각하는 것이 될 것이라는 사실을 알았으면 합니다. 그리고 언제든지 의식적인 여러분은 자신의 정체성에 대한 느낌이나 관념을 바꾸기로 결정할 수 있습니다. 의식적인 여러분은 신이라는 존재가 개체화된 것입니다. 그리고 여러분은 내가 신이 모세에게 "나는 (미래에) 있게 될 나일 것이다(I will be who I will be)."라고 이름을 알려주었다고 말한 것을 기억할 것입니다. 이것은 신이 언제나 늘 자신을 초월할 권리를 확보해두고 계시다는 것을 의미합니다. 마찬가지로, 여러분은 언제든지 자신의 정체성을 바꿀 권리가 있고, 자기초월을 하거나 아니면 자기소멸로 향할 권리가 있습니다.

여러분은 이원성적인 이미지와 믿음들을 바탕으로 매우 정교하고 복잡한 개성을 확립했을 수도 있습니다. 그리고 아마도 수많은 생들 동안 자신을 그 유한한 자아와 동일시했을지도 모릅니다. 따라서 여러분은 자신이 본래 영적인 존재이고 불멸의 자아를 가지고 있다는 것을 망각했을 수도 있습니다. 여러분은 심지어 여러분은 자신의 자아의식을 바꾸거나 인간적 자아를 넘어서는 것이 절대로 불가능하다고 믿을지도 모릅니다. 하지만 생명의 진정한 비밀은 언제라도 여러분은 - '의식적인 여러분'을 의미한다 - 여러분이 스스로 자신이라고 생각하는 존재라는 것입니다. 그리고 언제라도 여러분은 자신이 누구라는 여러분의 생각을 바꿀 수 있는 힘을 가지고 있습니다. 그러므로 바로 지금 여러분은 자신을 더 이상 유한한 인간으로 인정하지 않고, 단지 일시적으로 유한한 형태를 통해 스스로를 표현하고 있는 불멸의 영적존재라는 사실을 받아들이겠다는 의식적인 결정을 할 자유의지의 힘이 있습니다.

나의 사랑하는 이들이여, 여기서 우리가 구별해야할 미묘한 특성이 있습니다. 나는 여러분에게 영적인 길의 개념에 대해 언급했고 그것을 나선형 계단에다 비유했습니다. 나선형 계단은 수많은 개별적인 계단들이 있고, 각각의 계단은 이원성적인 의식에 근거한 어떤 결정을 나타냅니다. 한 계단 내려갈 때, 여러분은 어떤 이원성적인 거짓말을 받아들여 그것을 자신의 자아 용기의 일부 내용물로 만들고, 유한한 자아의 일부로 만들기로 결정했습니다. 이것은 여러분의 자아의식을 약간 변화시켰고, 결국 불멸의 자아로부터 멀어져서 좀 더 인간적인 자아로 옮겨갔습니다. 그러므로 여러분이 그 계단 위로 오르기 위해서는, 이원성적인 환상을 꿰뚫어보고 적그리스도의 거짓을 대체하는 그리스도의 진리를 받아들임으로써 그것을 버리기로 결정해야합니다. 그래야만 그 환상에서 자유로워질 것입니다.

내가 말했듯이, 지구상의 대부분의 사람들은 이원성 의식으로 이어지는 계단을 많이 내려갔습니다. 여러분을 현재의 위치에서 다시 여러분의 불멸의 자아로 한 번에 도약하게 해줄 지름길은 사실상 없습니다. 다시 말해 여러분의 이원성적인 선택을 그리스도 의식의 반석에 기초한 선택으로 바꾸는 과정을 피할 길은 없습니다. 왜냐하면 그렇게 하는 것을 회피하는 것은 여러분의 자유의지를 빼앗고 창조의 전체적 목적, 즉 여러분이 스스로 하는 선택을 통해 성장한다는 목적을 회피하는 것이기 때문입니다. 그러므로 만약 여러분이 그 나선형 계단 아래로 일정한 계단 수를 걸어 내려갔다면, 여러분은 오직 각각의 계단을 밟으며 그 환영을 그리스도의 진리로 대체함으로써만이 다시 올라갈 수 있습니다. 그리고 이것은 여러분만이 할 수 있는 의식적인 선택을 통해서만 해야만 합니다.

하지만, 여기 미묘한 특성이 있습니다. 여러분이 밟고 내려온 나선형 계단에서 각각의 단계는 스스로 자아의 용기에다 담아두었던 이원성적인 거짓말을 상징합니다. 그런 거짓말들은 그 용기 안에 있고, 여러분이 더 나은 선택을 함으로써 그것들을 해결할 때까지 계속 남아 있을 것입니다. 그럼에도 내가 앞서 설명한 대로, 의식적인 여러분은 자기의 용기에 담긴 내용물과는 별개의 지각하는 의식을 가지고 있습니다. 그러므로 바로 지금 여러분은 의식적인 주의를 이미 본래 갖고 있는 순수한 존재감, 순수한 자각, 순수한 자아의식에다 다시 연결하는 것을 선택할 수 있습니다. 달리 말하면, 여러분의 순수한 자아의식은 여러분이 인간적 자아를 창조하기로 선택하고 일시적으로 자신을 그것과 동일시했다는 사실에 의해서 바뀌지 않았습니다. 여러분의 순수한 자아의식은 여전히 원래 형태로 존재합니다. 그리고 여러분은 자신의 정체의식을 그 유한한 인간적 자아로부터 벗어나 불멸의 자아로 향하도록 전환할 수 있습니다. 이것이 바로 인간이 하늘나라에 들어가기 위해서는 영적으로 다시 태어나고 영으로 거듭나야 한다는(요한복음 3:5)[29] 예수의 가르침의 진정한 의미입니다

여기서 내 말의 요점이 무엇인지 아시겠습니까? 나는 여러분에게 모든 것은 하느님의 본질, 곧 하느님의 존재 또는 생명으로 창조되었다고 말했습니다. 그러므로 창조주는 창조되는 모든 것 안에, 형태의 세계에 있는 모든 것 안에 계십니다. 하느님은 바로 지금 이 순간 여러분과 함께 이곳에 계시며, 하느님은 어디에나 계십니다. 그러므로 하느님의 나라는 이곳에 여러분과 함께 합니다. 만약 여러분이 기꺼이 자신의 자아의식, 자신의 정체성에 대한 의식을 바꿀 수 있다면, 그렇게 함으로써 자신이 이미 천국에 있다는 사실을 받아들일 수 있습니다. 그렇지만 이렇게 해도 자아의 용기 안에 있는 내용물이 즉시 바뀌지는 않을 것입니다. 즉 이것이 이 세상에서 여러분이 자신의 불멸의 자아, 즉 신성한 개성을 즉시 표현할 수 있다는 것을 의미하지는 않습니다. 여러분은 여전히 인간적인 자아, 인간적인 개성을 가지고 있으며, 그것이 여러분의 신성한 개성을 덮어서 가리고 있습니다. 따라서, 여러분은 신성한 자아를 드러낼 수 있도록 여전히 여러분의 인간적 자아를 이루고 있는 이원성적인 거짓말들을 체계적으로 버리는 과정을 거쳐야 합니다.

내가 여기서 말하는 것은 이런 과정을 거치는 가운데 여러분이 계속해서 그 인간적 자아와 동일시할 필요가 없게 된다는 것입니다. 여러분은 자신이 인간적인 자아를 지니고 있다고 해서 하느님의 왕국에 있을 수 없거나 있을 가치가 없다고 생각할 필요가 없습니다. 여러분이 하늘나라 또는 에덴동산에서 추방되었다고 느낄 필요는 없습니다. 그리고 여러분이 인간적 자아로부터 완전히 자유롭게 될 때까지는 그 동산으로 들어갈 수가 없습니다. 예수가 하느님의 나라는 여러분 안에 있다고 말했을 때, 그는 정말로 하늘나라가 일종의 내면의 상

---

29) "예수께서 대답하시되, 진실로 진실로 네게 이르노니, 사람이 물과 성령으로 나지 아니하면 하느님 나라에 들어갈 수 없느니라."

태, 의식상태라고 말하고 있었습니다. 또한 그는 의식적으로 여러분이 스스로 하늘나라에 있다고 인식하면 그 하늘나라가 여러분의 삶 속에서 실현된다고 말하고 있었습니다. 그는 진실로 하느님의 나라는 의식적인 여러분이 자기가 하느님의 나라에 있다고 인식할 때 여러분의 삶에서 나타난다고 말하고 있었습니다. 그리고 그런 정체의식은 자아의 용기 안에 있는 내용물과는 별개입니다.

내가 말하는 요지는 여러분이 자신의 자아의식을 바꾸고, 하느님의 왕국에서 분리된 채 풍요로운 삶을 누리지 못하는 유한한 인간에서 벗어날 수 있다는 것입니다. 대신에, 여러분은 자신에 대한 인식을 바꿀 수 있고, 자신이 영적인 존재라는 것을 받아들일 수 있습니다. 그리고 이 세상의 그 어떤 것도 여러분의 진정한 정체성을 빼앗을 수 없습니다. 여러분은 바로 지금 자신이 하느님의 나라에 있다는 것을 받아들일 수 있습니다.

여러분은 영적인 추구자이고, 따라서 자신이 이미 육체적인 몸 이상의 존재라는 것을 알고 있습니다. 육신보다 더 큰 존재가 있는데, 그것을 대부분의 사람들이 영혼이라고 부르지만, 실제로는 (순수의식으로서의) 의식적인 여러분이며, 몸이 외투를 걸치는 것처럼 그것이 일시적으로 육체를 입은 것입니다. 내가 여기서 말하고 있는 것은 여러분이 창조한 인간적 자아는 육체에 비유될 수 있다는 것입니다. 몸이 진짜 당신이 아닌 것처럼 인간적 자아도 더 이상 당신이 아닙니다. 그것은 단지 진짜인 당신이 지금 입고 있는 외투에 불과합니다. 여러분이 그 인간적 자아를 즉시 없앨 수는 없는데, 왜냐하면 한 번에 한 가지씩만 풀어나가야 하기 때문이지요. 그럼에도 여러분은 자신이 그 인간적 자아에 한정돼 있고 그 속에 갇혀 있다는 자신에 대한 느낌을 즉시 멀리할 수 있습니다. 내가 마지막 열쇠에서 설명했듯이, 여러분은 언제라도 감옥 문 앞으로 가기로 결정하고 그 손잡이를 잡아당겨 볼 수 있습니다. 그리하여 비록 그 문에는 여러 개의 개별적인 잠금 장치가 달려있음에도 불구하고 실제로는 잠겨있지 않다는 것을 알게 될 것입니다. 따라서 여러분은 언제든지 그 문을 열 수 있으며, 감옥 밖에 있는 것처럼 새로운 정체감으로 다시 태어날 수 있습니다.

내가 여기서 무슨 말을 하고 있는지 아시겠습니까? 여러분의 인간적 자아라는 감옥 안에서 삶을 바라보는 것과 그 감옥 밖에서 삶을 바라보는 것 사이에는 엄청나고도 근본적인 차이가 있습니다. 감옥 안에서 삶을 바라볼 때, 여러분은 자신이 - 의식적인 여러분을 의미한다 - 감옥에 한정돼 있다고 생각합니다. 반대로 감옥 밖에서 삶을 바라보면 자신이 그 감옥보다 훨씬 거대한 존재라는 것을 알게 됩니다. 이 감옥을 벽돌로 지은 집 크기만한 상자, 철제문이 달린 상자에 비유할 수도 있습니다. 그 상자 안에 있을 때, 여러분은 세상이 곧 벽돌 상자라고 생각할 것입니다. 그러나 여러분이 그것의 밖에 있을 때, 자기 자아의 용기가 그 벽돌 상자보다 훨씬 더 크다는 것을 보게 됩니다. 그 상자는 여전히 여러분 자아의 용기 안에 존재하지만, 여러분은 그 상자 안에만 한정돼 있는 것이 아닙니다.

나의 사랑하는 이들이여, 나는 몇 가지 이유들 때문에 이것을 여러분에게 말하고 있습니다. 그 하나는 여러분이 보다 커다란 정체성을 받아들일 수 있고, 거대한 자아의식으로 다시 태어날 수 있다는 것입니다. 여러분은 즉시 신이라는 전체와 더 공고히 연결돼 있다는 것을 느끼기 시작할 것입니다. 이것이 여러분이 가는 길을 훨씬 더 즐겁고 평화롭게 만들 것입니다. 그것은 부채가 많아 쓸 돈이 없는 것과 은행에 충분한 돈이 있어 여유 있게 산다고 느끼는 것 간의 차이와 거의 비슷합니다.

하지만 나는 또한 매우 실제적인 이유에서 이것을 여러분에게 말하고 있습니다. 벽돌상자 안에 있게 되면, 여러분은 그것이 자신의 참된 자아이고 진정한 개성이라고 생각합니다. 내가 앞서 말했듯이, 여러분은 잠재의식적으로 자신이 개성을 표현함으로써 공동창조하기로 돼있는 자아의식적인 존재라는 것을 알고 있습니다. 그렇기에 아무런 개성도 없이 여러분 자신을 표현할 수는 없습니다. 따라서 만약 여러분이 인간적 자아를 자신의 유일한 개성이라고 생각한다면, 그 유한한 자아의 모든 측면에 대해 감정적으로 집착해 있음을 느낄 것입니다. 그런데 만약 어떤 영적 스승이 다가와 여러분에게 그 벽돌들 중에 하나를 멀리 던져버리라고 말한다면, 그렇게 하는 것을 꺼리거나 할 수 없게 될 것입니다. 왜냐하면 여러분은 자신의 인간적 자아의 일부를 포기하게 되면 자기 개성의 일부를 잃을 거라고 느낄 것이기 때문입니다. 여기서 그 미묘한 특성을 이해하시겠습니까? 여러분의 인간적 자아는 전적으로 적그리스도의 마음에서 비롯된 거짓말들에 바탕을 두고 있고, 그 위에 세워져 있습니다. 그리고 그런 각각의 거짓들이 여러분이 갇혀 있는 그 상자의 일부인 벽돌들입니다. 자아의 용기 안에 있는 그 상자를 없애기 위해서는 여러분이 체계적으로 벽돌 하나하나를 끌로 파내서 멀리 던져버려야 할 것입니다. 그리고 그렇게 함으로써 비로소 여러분은 나선형 계단을 한 단계 오르게 됩니다.

하지만 만약 여러분이 그 상자 안에서 삶을 바라본다면, 벽돌 하나하나가 자신의 참된 개성을 이루고 있는 대체 불가능한 일부라고 생각할 것입니다. 그리고 혹시라도 그 벽돌 모두를 잃을 경우, 자신이 무가치해질 것이고 빈껍데기가 되거나 아무 개성도 없는 블랙홀이 될 거라고 생각할 것입니다. 어떤 자아의식적인 존재가 가지고 있는 가장 큰 두려움은 자신의 정체감을 잃는 것입니다. 그러므로 여러분은 스스로 자신의 개성의 일부라고 여기는 이원성적인 거짓들을 놓아버리는 것을 두려워할 것입니다. 이것이 바로 영적인 길을 힘든 투쟁으로, 고난으로 바꾸어 놓는 것이며, 이런 상태에서 여러분의 외적인 마음은 자신의 잠재의식에게 상자 안의 벽돌들 중의 하나를 버리라고 강요하고자 합니다. 하지만 여러분의 잠재의식은 마치 그것이 생사(生死)의 문제라도 되는 것처럼 벽돌을 움켜쥐고 있으며, 그것이 여러분의 잠재의식이자 유한한 인간적 자아가 그렇다고 믿고 있는 것입니다

그래서 기독교와 기타 종교들 및 뉴에이지 운동에 참여하고 있는 사람들이

끊임없는 고투와 어려운 투쟁을 겪고 있는 것입니다. 그들은 자신의 의식적인 마음으로는 자기들의 삶을 변화시킬 필요가 있다고 깨닫습니다. 그리고 그들은 구원받기 위해서나 스스로 바라는 영적인 사람이 되기 위해 그 방법에 관한 어떤 외적인 영적 가르침을 이용합니다. 그들의 의식적인 마음은 그런 정신적 이미지를 자신의 잠재의식에다 부여하고자 노력하며, 그럼으로써 그 이미지가 그들의 현재 자아의식을 대체할 수 있습니다. 하지만 그들 마음의 잠재의식적인 부분들은 이것에 저항합니다. 그렇기에 그들의 존재 안에는 모래 위에 지어진 집처럼, 자체적으로 분열되게 만드는 지속적인 갈등과 투쟁이 있습니다. 그것이 바로 수많은 영적인 추구자들이 스스로 거의 진전을 이뤄내지 못하고 있다고 느끼는 이유이며, 또한 그들이 한 걸음 앞으로 내딛을 때마다 무엇인가가 그들을 뒤로 잡아당겨 한두 걸음 후퇴시킨다고 느끼는 이유입니다.

나의 사랑하는 이들이여, 여러분은 이것의 엄청난 중요성을 이해하시나요? 여러분은 자유의지가 있고, 그렇기에 자신의 여생 동안 투쟁과 갈등을 지속할 모든 권리를 갖고 있습니다. 그리고 여러분이 원한다면, 심지어 수많은 생들 동안 그렇게 살 수도 있습니다. 나는 여러분이 어떻게 자신만의 인생길을 좇아야 했는지를 말하고 싶지는 않습니다. 하지만 나는 여러분에게 풍요로운 삶에 이르는 영적인 길, 구원과 영원한 삶으로 가는 그 길은 투쟁이 되어야할 필요는 없다고 말하고자 합니다. 여러분이 인간적 자아의 상자 밖으로 걸어 나오는 것은 가능합니다. 그리고 밖으로 나서게 되면, 여러분은 자신이 그 유한한 자아 이상의 존재라는 것을 보고 알게 됩니다. 내가 말했듯이, 여러분은 여전히 자아라는 용기 안에 그 벽돌상자를 갖고 있지만, 자신이 그 상자 이상의 존재라는 것을 알기 때문에, 또 상자 바깥에서 세상을 보았기 때문에 더 이상 그 상자를 이루고 있는 개별적인 벽돌에 감정적인 집착을 갖지 않습니다. 여러분은 자신이 그 벽돌 하나를 멀리 던져버린다고 해서, 자신의 정체성에 대한 의식을 잃지는 않는다는 것을 압니다. 그러므로 벽돌 하나를 던져버리는 것은 더 이상 죽고 사는 문제가 아닙니다. 여러분은 그 벽돌들이 참으로 진정한 여러분의 일부를 이루는 것이 아님을 알기 때문에 더 이상 그것들을 지키기 위해 싸울 필요가 없습니다. 그리고 여러분이 이런 진리를 깨달을 때, 벽돌들을 버리는 것이 훨씬 더 쉬워지게 됩니다. 이제 여러분은 그것들을 그만큼 더 빠르게 버릴 수가 있고 그 만큼 고통과 고난을 덜게 됩니다. 벽돌 하나를 버릴 때마다 자신이 죽게 될 것처럼 느끼는 대신에, 이제 여러분은 모든 벽돌을 던질 때마다 좀 더 풍요롭게 살게 될 것이라고 느끼며, 그것들이 더 이상 여러분이 위로 오르는데 무거운 짐이 되지 않습니다.

사랑하는 이들이여, 이것이 여러분의 삶에 얼마나 큰 변화를 가져다줄지 알아차릴 수 있으십니까? 영적으로 다시 태어나는 한 걸음을 내딛는 것으로 인생의 모든 것을 바꾸는 것이 어떻게 가능한지 알고 있나요? 말 그대로, 감옥 문을 통해 걸어 나가 여러분의 인간적 자아 바깥으로 나서게 되면, 삶의 모든 것이 바뀔 것입니다. 모든 사물을 보는 방식도 달라질 것입니다. 삶에 대한 여러분의 전반적인 관점은 근본적으로 바뀔 것이고, 그 시야는 엄청나게 확장될 것입니다. 그리고 이러한 확장이 처음에는 큰 변화일지도 모르지만, 여러분은 곧 원래 가야할 방향으로 일이 되어가고 있다는 것을 느끼게 될 것입니다. 사랑하는 이들이여, 여러분의 천부적인 자아의식은 여러분 본래의 순수한 영적존재입니다. 여러분의 자아의식이 작은 벽돌 상자 안에 갇혀 있는 것은 자연스러운 일이 아니며, 그렇기에 여러분이 그 상자 밖으로 걸어 나오면, 말 그대로 집에 온 것처럼 느낄 것입니다. 그리고 여러분은 정말로 집으로 돌아왔습니다. 여러분은 아버지의 왕국으로 돌아왔고, 그것은 그분이 처음에 여러분을 위해 만들어주신 자아의식입니다.

***

나의 사랑하는 이들이여, 나는 내 말 속에 담겨진 진실을 여러분에게 납득시키기 위해 무엇을 더 말해야 할지 모르겠습니다. 내가 지난 2,000년 동안, 그리고 심지어 그 이상을 관찰해 왔듯이, 인류를 바라볼 때, 나는 지구상의 대부분의 사람들이 작은 벽돌 상자 안에 갇혀 있는 것을 봅니다. 개개인들은 그들의 유한한 인간적 자아를 이루고 있는 이 작은 벽돌상자에다 그들의 자아의식을 국한시켜 왔습니다. 그들 중 어떤 이들은 문이 있다는 것조차도 모르고 있습니다. 다른 사람들은 그 상자가 문을 가지고 있다는 것을 알고 있지만, 그것이 잠겨 있다고 믿고 있고 게다가 그들은 그것이 정말 사실인지를 시험할 엄두도 내지 못합니다. 그러므로 그들은 그 상자에서 탈출할 방법이 없다고 믿고 있습니다. 어떤 사람들은 심지어 자기들이 탈출할 필요가 없다고 생각하고 자신의 유한한 자아를 떠받들기까지 합니다. 그리고 어떤 경우에 그들은 이 세상의 지배자를 신전의 통치자처럼 숭배합니다. 물론 몇몇 사람들은 자신들이 자물쇠를 열고 결국 문을 열 수 있다는 가능성을 깨닫기는 했습니다. 하지만 그들은 여전히 마지막 자물쇠가 열릴 때까지는 자기들이 박스 안에 갇혀 있게 될 거라고 믿고 있습니다.

사랑하는 이들이여, 나는 하느님의 어머니 측면의 의식 및 존재와 하나로 결합했습니다. 예수가 "내가 진실로 너희에게 이르노니, 너희가 여기 내 형제 중에 지극히 작은 자 하나에게 한 것이 곧 내게 한 것이니라(마태복음 25:4)"라고 말했듯이, 하느님 어머니의 대행자로서의 나는 이 지구상의 개개인과 모든 사람들에게 똑같은 사랑을 느낍니다.

그러므로 나는 여러분 모두가 어둠 속에 계속 갇혀 있는 그 감옥에서 벗어나는 것을 보는 것 외에는 아무 것도 바라지 않습니다. 나는 단지 여러분이 감옥문을 열고 밝은 햇살 속으로 달려 나와 아이들이 화창한 봄날의 밝은 햇빛 속에서 꽃이 활짝 핀 초원으로 뛰어가듯이, 기쁨과 웃음으로 가득한 이 새로운 자유로움에 빠져드는 것을 보고 싶습니다.

모든 사람들이 그들의 정신적 감옥내지는 작은 벽돌 상자에서 벗어나는 모습

올 보는 것이 나의 가장 커다란 큰 소망입니다. 나는 사람들이 나선형 계단을 오르며 세인트 조지(Saint George)[30]가 용과 싸웠던 것처럼, 각 계단에서 그들의 유한한 자아라는 용과 싸우는 것을 보고 싶지는 않습니다. 나는 여러분이 여러분 자신 또는 의식적인 여러분을 유한한 인간적 자아와 분리하는 것을 보고 싶습니다. 그럼으로써 여러분은 자신이 놓아버린 것이 환영이라는 것을 아는 데서 오는 기쁨과 평화로움으로 나선형 계단을 오를 수 있습니다. 이는 여러분이 이원성적인 거짓말을 포기할 때마다 신성한 개성을 자유롭게 표출하는 것에 한 걸음 더 다가선다는 것을 앎으로써 생기는 기쁨입니다.

여러분이 이것을 알게 되면, 자신의 과거의 한계를 버리고 유한한 자아의식을 버리는 것이 손실에 대한 두려움으로 이어지지는 않을 것입니다. 오히려 그것은 기쁨을 얻는 일이 될 것입니다. 무엇인가를 잃어가고 있다고 느끼는 대신에, 여러분은 자신이 실제로 얻고 있고 과거의 자아의식이 더 크고 아름다운 자아의식으로 대체되고 있다는 것을 깨달을 것입니다. 사랑하는 이들이여, 과거의 그것은 갈등을 야기하는 투쟁의식이며, 투쟁의식은 여러분의 유한한 자아에 대한 감정적 집착에서 생겨납니다. 그리고 그러한 집착은 만약 자신의 유한한 자아의 일부를 잃는다면, 그것을 대신할 어떤 것도 없을 거라는 두려움에서 비롯됩니다. 하지만 여러분도 알다시피, 이것은 여러분이 자신의 인간적 자아라는 상자 안에서 삶을 바라볼 때만 존재하는 믿음입니다.

여러분이 감옥문을 열고 신아의 밝은 햇빛 속으로 들어서자마자, 여러분은 자신의 유한한 자아의 일부를 바꾸거나 놓아버리는 만큼 그 자아의 환영에 의해 가려져 있던 불멸의 자아의 일부가 드러나는 것을 보게 될 것입니다. 그러므로 여러분은 그 과정에서 아무것도 잃지 않고, 단지 훨씬 더 아름답고 가치 있는 것만 얻게 됩니다. 그리고 이것이 바로 풍요로운 삶의 진정한 의미입니다. 여러분은 세상의 모든 부를 가질 수 있지만 그 유한한 자아라는 상자에 갇혀 있는 한, 결코 풍요로운 삶을 누리지 못할 것이고, 결핍에 대한 두려움에서 벗어나지 못할 것입니다. 이것이 예수가 언급했던 "사람이 만일 온 천하를 얻고도 제 목숨을 잃으면 무엇이 유익하리오(마가복음 8:36)."라는 말의 참된 뜻입니다. 풍요로운 삶을 얻는 유일한 방법이 있으며, 그것은 여러분이 자신의 유한한 자아라는 틀에서 벗어나는 것입니다. 그리하여 하느님이 여러분에게 주시는 풍요로움을 발견하는 것입니다. 여러분에게 자신의 왕국을 물려주는 것은 그분의 큰 기쁨이니까요.

그러므로 여러분은 1달러의 유한한 자아를 포기하는 것은 그것이 곧 그 자리에서 100만 달러의 불멸의 자아를 받는 것이기 때문에 가치가 충분하다는 것을 깨달을 것입니다. 그리하여 여러분은 기꺼이, 더구나 열심히 유한한 자아의

---

30)성 조지는 기독교 성자전『황금전설』에 나오는 등장인물이다. 그는 악한 용을 창으로 찔러 죽여 용의 희생양이 될 뻔한 공주를 구출한 일화로 유명하며, 이 때문에 흔히 군인, 기사의 수호성인으로 여겨졌다고 한다. (역주)

이원성적인 거짓들을 밝히려고 할 것입니다. 여러분은 자발적으로 그리스도 마음의 진리에 이르게 되고 그것이 적그리스도 마음의 거짓말들을 대체할 것입니다. 여러분은 적그리스도의 환상을 들여다보는 두려움을 극복하게 됩니다. 여러분은 더 이상 그러한 거짓말들과 동일시하지 않기 때문에 이제는 유한한 자아의 이원성적인 거짓말들에 대해 폭로하는 것을 두려워하지 않습니다.

***

여러분은 이것이 자신의 삶에 가져다 줄 엄청난 변화를 이해할 수 있나요? 또한 여러분과 풍요로운 삶 사이에 놓여 있는 것이 인식의 다이얼(dial), 자아의 다이얼을 약간 전환하는 것임을 아십니까? 여러분은 자신의 자아의식을 전환하여 유한한 자아를 멀리하고 본래의 여러분인 더 위대한 대아(大我)를 받아들일 필요가 있습니다. 그리고 일단 그렇게 전환하면, 위쪽으로 올라가는 길이 쉬워지는데, 이는 여러분이 이제 예수가 "내 멍에는 쉽고 내 짐은 가벼우니라(마태복음 11:30)."라고 했던 말을 깨달았기 때문입니다. 그리고 그 때가 바로 대부분의 사람들이 예수가 말했던 다음과 같은 가장 중요한 구절들 중의 하나를 따르지 못하게 방해하는 두려움을 극복하는 때입니다. "누구든지 나를 따라오려거든, 자기를 부인하고 자기 십자가를 지고 나를 좇아야 할 것이니라(마태복음 16:24)" 많은 기독교인들이 그 구절을 읽었지만 그 의미를 이해하지 못했고, 따라서 그것을 무시했거나 이원성적인 관점에서 추측하여 동떨어지게 설명했습니다.

하지만 이제 여러분은 그 진정한 의미를 알 수 있습니다. 예수가 여러분 자신을 부인하라고 말했을 때, 그는 유한한 인간적 자아와 자신을 동일시하는 사람들에 대해 이야기하고 있었습니다. 그러므로 여러분이 그리스도를 따르기 위해 부인하는 여러분 자신은 진정한 여러분이 아닙니다. 즉 그것은 바로 유한한 자아입니다. 그리고 여러분은 그것이 실제의 여러분임을 부정함으로써, 그것이 여러분을 지배할 힘이 있다는 믿음을 부정함으로써, 또 그 유한한 자아가 여러분이 그리스도를 따르는 것을 방해할 수 있다는 환상을 부정함으로써 그것을 부인합니다. 이제 여러분은 자신의 유한한 자아 – 내부의 적이라고 부를 수 있다 – 도, 그리고 이 세상의 세력 – 외부의 적이라고 부를 수 있다 – 도 여러분이 그리스도를 따르는 것을 막을 수 없다는 사실을 깨닫고 받아들입니다. 여러분이 어떤 것과 자신을 동일시하거나 그것을 바라보는 것이 두려워서 스스로 자신의 앞길에 서 있도록 허용하는 것 외에는 그 무엇도 여러분을 멈추게 할 수 없습니다.

여러분은 이제 또한 여러분의 십자가를 지고 그리스도를 따르는 것이 진정 어떤 의미가 있는지를 알 수 있습니다. 십자가는 여러분이 받아들이게 된 많은 이원성적인 거짓말들로 이루어진 유한한 자아에 대한 상징입니다. 그것은 물질적인 세계 안에다 구조를 형성하고 의식적인 여러분은 십자가에 고정되어 못 박힙니다. 십자가는 4개의 큰 가지를 가지고 있습니다. 내가 나중에 설명하겠지만, 이것은 물질적 주파수대의 4가지 수준, 이른바 여러분의 4가지 하위체들을 상징적으로 나타냅니다. 이 몸들은 모두 이원성적인 거짓말들로 오염되어 있으며, 따라서 여러분의 십자가를 짊어진다는 것은 여러분이 적그리스도 마음에서 생겨난 이원성적인 거짓말들을 4가지 몸에서 정화해내는 체계적인 과정에 자진해서 착수한다는 것을 의미합니다. 그리고 그 거짓말들을 극복할 때, 죽음이라는 마지막 적마저 극복할 때 – 여러분은 십자가상에서 자신의 유한한 자아를 죽도록 허용했기 때문에 – 그리스도 의식의 영원한 생명으로 부활하게 될 것입니다. 그러므로 여러분은 더 이상 그리스도의 추종자가 아닙니다. 이제 여러분은 자신이 있는 곳에서 살아 있는 그리스도가 될 것입니다. 그리고 예수가 예증했듯이, 여러분이 바로 이곳 지구에서 살아 있는 그리스도가 되는 것이 가능합니다.

그런 의식상태에 도달하면, 여러분은 더 이상 자신의 개인적 성장을 위해 영적인 길을 따르지 않게 됩니다. 이제 여러분은 지구상에서 전체와 하나가 되고, 하느님의 몸과 하나가 되었다는 더 커다란 자각에 이르렀습니다. 지구상에 육화해 있는 살아 있는 그리스도가 됨으로써, 여러분은 그리스도의 빛을 인류의 집단의식 속으로 끌어들이는 열린 문으로 봉사할 수 있습니다. 그리하여 여러분은 집단의식의 4가지 하위체들을 정화하는 것을 도울 수 있고, 그럼으로써 다른 사람이 영적인 길을 발견하고 따르도록 더 쉽게 만들 수가 있습니다. 그 때에 여러분은 예수와 함께 "만약 내가 땅에서 들리면, 모든 사람을 내게로 이끌겠노라(요한복음 12:32)"라고 말할 수 있습니다.

사실, 바로 그것이 예수가 지구에 왔던 이유입니다. 그가 세상의 죄를 스스로 떠맡았지만, 세상의 죄는 무엇일까요? 세상의 죄는 인간이 받아들인 이원성적인 거짓말들로서, 그것이 이제는 집단의식의 일부가 되었습니다. 예수는 이런 이원성적인 거짓말들의 특정 측면을 스스로 떠맡았고, 예수가 짊어졌던 그것은 사람들이 맹목적으로 눈 먼 지도자들과 거짓 교사들을 따르는 성향이었습니다. 이 무리들이 하느님에게 반항했던 자들이며, 자기들이 창조주보다 더 낮게 안다는 것을 입증하기 위해 사람들을 속이고자 지구로 온 자들입니다. 이들은 아주 오랫동안 인류를 통제하고 조종하려 했던 뱀 같이 교활한 자들이고, 이들이 바로 적그리스도 세력입니다. 예수는 여러분이 자신의 삶과 인생행로에 대해 책임지지 않고 맹목적으로 지도자를 따르는 그런 경향을 스스로 떠맡았습니다. 그는 사람들이 그의 가르침을 이용해서 개인적인 분별력을 연마하여 그들의 개인적 신성을 실현했으면 하는 소망으로 2000년 동안 죄 – 이원성적인 의식상태 – 를 짊어져 왔습니다. 그렇게만 한다면 그들이 눈먼 지도자들에 의해 조장된 이런 거짓말들을 꿰뚫어볼 수 있었습니다.

하지만 눈먼 지도자들이 기독교로 침투했기 때문에, 대부분의 사람들은 그 분별없는 지도자들의 존재와 그들의 이원성적인 의식이 어떻게 지구상의 모든 삶에 영향을 미쳤는지에 대해 의식적으로 이해하지 못했습니다. 그리고 내가 말했듯이, 만약 여러분이 자신이 환상에 사로잡혀 있다는 것을 깨닫지 못한다면, 어떻게 그런 환상에서 스스로 벗어날 수 있을까요? 그럼에도 내가 말해야 하는 것은 예수의 사명 덕분에, 지구상의 수백만 명의 사람들이 이러한 이원성적인 환상에서 신속히 벗어나 자기들이 눈먼 지도자들의 맹목적인 추종자였다는 사실에 대해 깨달을 준비가 돼있다는 것입니다. 이 지구행성에는 수백만 명의 사람들이 삶의 영적인 면과 더 높은 의식상태에 이르는 진정한 길에 관해 새로운 자각에 도달하게 되는 대규모 각성이 일어날 가능성이 있습니다. 이것은 말 그대로 하룻밤 사이에 일어날 수 있고, 확실히 10년 안에 일어날 수도 있습니다.

만약 정말로 그러한 일이 일어난다면, 여러분은 이 행성이 엄청나게 변하는 것을 보게 될 것입니다. 지구가 물질적 정신적 자유와 커다란 풍요, 이 둘 다가 실현되는 황금시대로 들어가는 것을 볼 수 있을 것입니다. 이것이 현 시대의 진정한 잠재력입니다. 그것은 물리적인 현실이 되는 것은 매우 가까이 와 있는 하나의 가능성이지만, 임계수치의 인간들이 그것을 물리적인 현실로 받아들일 때까지는 실제로 실현될 수 없습니다. 그리고 하느님의 왕국을 지구상에서 명백한 현실로 받아들이기 위해서는 먼저 여러분 자신의 의식과 존재 속에서 그 하늘나라를 현실로 받아들여야 합니다. 따라서 이 책에 대한 나의 목표는 단순히 여러분이 스스로 풍요로운 삶에 이르도록 돕는 것이 아닙니다. 그것은 여러분이 최종적으로 이 행성에서 그 눈먼 지도자들을 쫓아냄으로써 - 그리고 그들의 분리의식과 결핍의식을 몰아냄으로써 - 모든 사람들에게 풍요가 주어지게 될 황금시대의 선구자가 되기 위해 이곳에 있다는 것을 알도록 돕기 위해서입니다.

***

나의 사랑하는 이들이여, 예수가 말하기를, "내가 심판하러 이 세상에 왔으니, 보지 못하는 자들은 보게 하고 보는 자들은 소경되게 하려 함이니라(요한복음 9:39)."라고 했다는 것을 깊이 생각해보기 바랍니다. 예수가 말했던 심판은 무엇일까요? 그 심판은 정말로 하나의 기회입니다. 그것에 의해 그 사람은 오늘날 누구를 섬길지를 택하는 선택과 마주하게 됩니다. 그리고 실제의 선택은 그 사람이 그리스도의 마음을 섬길 것이냐, 아니면 적그리스도의 마음을 섬길 것이냐 입니다. 내가 전에 말했던 것처럼, 이 지구행성에서의 모든 삶의 측면은 적그리스도의 마음에 의해 영향을 받아 왔습니다. 그리고 이것의 영향은 대부분의 사람들이 그리스도의 마음과 적그리스도의 마음 사이에서 선택할 기회를 갖지 못한다는 것입니다. 그 이유는 그들이 자라나며 믿어온 모든 것들이 적그리스도의 마음에 의해 영향을 받기 때문입니다. 그렇다면 어떻게 사람들에게 그들이 섬길 자를 선택할 기회가 주어질 수 있을까요? 그들은 자기들이 나타낸 것보다 더 높은 단계의 신성을 구현한 사람을 만나야만 그 선택의 기회를 얻을 수가 있습니다. 그리고 그런 사람을 만나면서, 그들은 갑자기 삶에는 더 나은 것이 있다는 것과 더 높은 의식상태가 있다는 것을 깨닫습니다. 그것이 바로 2,000년 전에 사람들이 예수를 만났을 때 일어난 일입니다.

사랑하는 이들이여, 당시 나는 예수와 함께 수많이 걸었었고, 사람들이 그를 만났을 때, 어떻게 반응하는지를 보았습니다. 물론 다양한 종류의 반응들이 있었지만, 내가 여러분에게 말할 수 있는 것은 극소수의 사람들만이 육신의 형태로 예수를 만나 냉담한 상태로 있을 수 있었다는 것입니다. 거의 모든 사람들이 예수에게 뭔가 특별한 것이 있다는 것을 느끼곤 했습니다. 그들이 감지한 것은 예수의 외모가 그렇게 특별한 것이 아니라 그가 그리스도 의식에 도달했다는 것이었습니다. 예수는 보편적인 그리스도의 빛이 이 세상으로 비쳐들어올 수 있게 하기 위한 열린 문이었습니다. 예수를 만나자마자, 사람들의 마음속 기억이 되살아났고, 그들은 이제 그 내면의 기억을 인식하고 귀향길을 걸어가기 시작할 수 있는 기회를 얻었습니다. 어떤 사람들은 그 기억을 부정하거나 그것을 모종의 이원성적인 추측으로 합리화하기로 결정했지만, 최소한 그들에게는 기회가 있었습니다.

더 커다란 빛이 예수를 통해 번쩍이는 것을 접했을 때, 사람들은 돌아서서 그 빛을 섬길 것인지, 아니면 적그리스도 마음의 어둠을 계속 섬길 것인지를 선택할 기회를 가졌습니다. 그들은 예수가 신성에 도달할 수 있었다면 어쩌면 자기들도 할 수 있을 거라는 것을 기꺼이 인정하려고 했을까요? 아니면 그리스도의 마음을 품어(빌립보서 2:5)[31] 그들도 역시 그리스도 될 수 있는 자신들의 그 잠재력을 부정했을까요? 사랑하는 이들이여, 이것이 사람들이 지금 시대에 마주해야만 하는 실제적인 선택입니다. 그들은 계속해서 적그리스도에 속한 거짓 지도자들을 따를까요? 아니면 그들은 마침내 이원성에서 자신들을 분리시키고 그리스도의 진리를 따를까요?

사랑하는 이들이여, 여러분은 이 선택을 어디까지나 개인적인 차원에서 마주해야만 합니다. 그리고 나는 여러분이 자신의 그리스도적인 잠재력을 받아들여 그리스도의 길로 나아가고, 또 여러분의 유한한 자아를 부정하고 자기의 십자가를 짊어진 채 예수의 본보기를 따르는 것을 쉽게 만들기 위해 내가 할 수 있는 모든 것을 다했습니다. 그리고 여러분이 그 길을 따라가면서 자신의 신성의 더 큰 부분을 얻는다면, 여러분은 정말로 다른 사람들에게 같은 선택을 하게 해주는 도구가 될 것입니다. 확실히, 모든 인간은 신으로부터 자유의지를 부여받았습니다. 그러므로 여러분과 다른 사람들은 신성에 이르는 길이나 그것을 따를 자신의 잠재력을 부인할 권리가 있습니다. 하지만 다른 사람들이 그들의 잠재력을 받아들일지 부정할지는 여러분이 관여할 일이 아닙니다. 여러분의 역할은 그들에게 선택할 기회를 제공하고, 그들이 그 선택에 따라 무엇을 할 것인지는 그들에게 맡겨두는 것입니다. 그럼에도 그들에게 선택할 기회를 주기

---

31) "너희 안에 이 마음을 품으라. 곧 그리스도 예수의 마음이니."

위해서는, 여러분이 스스로 그 길을 걸으면서 타인들이 여러분에게는 뭔가 다른 점이 있고 그들이 갖고 있지 못한 뭔가가 있다는 것을 느끼게 해줄 수 있을 정도로 신성을 구현해야 합니다. 그리고 여러분이 가지고 있는 것은 바로 하느님 아들의 빛, 즉 하느님이라는 태양의 거대한 빛입니다.

그들이 그 빛을 감지하면, 그것이 그들 안에서 작용하여 삶에는 더 나은 무언가가 존재한다는 내면적 기억을 다시 일깨울 것이고, 그들 중 많은 사람들이 그 기억을 사실로 인식할 것입니다. 그들은 여러분을 볼 것이고 이렇게 말할 것입니다. "이 사람도 내 자신과 별로 다르지 않네요. 이 사람이 하느님의 빛을 위한 열린 문이 될 수 있다면, 나 역시도 그렇게 할 수 있겠죠."

나의 사랑하는 이들이여, 여기서 그 중요성을 이해하시겠습니까? 예수는 개인적인 신성(그리스도)에 이르는 길을 예시로 보여 주기 위해 이 행성에 왔었습니다. 하지만 거짓된 교사들이 기독교에 침투하여 예수를 우상으로 만들었기 때문에, 이 지구행성에 사는 극소수의 사람들만이 예수를 본보기로 삼고 따랐습니다. 그리고 이것이 바로 지금 시대에 가짜 교사들에 의해 세워진 우상숭배를 기꺼이 꿰뚫어 보고 개인적인 신성의 길을 따르려는 사람들에게 그런 본보기가 필요한 이유입니다.

오직 수백만 명의 사람들이 이것을 할 때 비로소 집단의식의 각성이 이루어질 수 있습니다. 그리하여 사람들이 신성에 이르는 길을 받아들일 수 있는데, 왜냐하면 그들과 똑같은 처지에 있었던 사람들의 본보기를 통해 그것이 그들에게 증명되기 때문입니다. 많은 사람들이 자라나면서 예수를 자신들과는 매우 다른 특별한 존재로 보게끔 교육을 받아 왔기에, 그들은 자신을 예수와 동일시할 수 없었습니다. 그렇다면 그들이 어떻게 "나를 믿는 자는 내가 하는 일을 그들도 할 것이요, 또한 이보다 더 큰 것도 하리라(요한복음 14:12)."는 예수의 말을 받아들일 수 있었겠습니까? 그가 그렇게도 다르고, 동정녀로부터 태어났고, 처음부터 그가 하느님이었으며 이 온갖 기적들을 할 수 있었다면, 과연 어떻게 그들이 예수를 자기들이 따를 본보기로 볼 수 있을까요? 여러분은 그 사악한 음모를 이해하시겠습니까? 그리고 이 지구상의 거짓 교사들이 예수의 본보기를 없애고 그의 사명을 파괴하기 위해 자기들의 권력으로 모든 짓을 다 했다는 것을 아시겠습니까? 또한 여러분은 예수가 이러한 거짓 교사들로부터 인류를 자유롭게 해주기 위해, 그리고 사람들이 하늘나라로 들어가기 위해서는 그들 자신 외부로부터 무언가가 - 거짓된 교사들과 그들의 가르침들이 - 필요하다는 거짓말로부터 인류를 벗어나게 해주기 위해 왔었다는 것을 이해하시겠습니까? 그렇지 않다면 예수가 "(하늘나라는) 여기 있다 저기 있다고도 못하리니, 하느님의 나라는 너희 안에 있느니라.(누가복음 17:21)"라고 말할 까닭이 어디 있을까요?

오, 사랑하는 이들이여, 여러분은 이제 이 거짓된 교사들의 음모와 어떻게 그들이 예수의 사명을 무효로 만들어버리려 했는지 이해하시겠습니까? 여러분은 내가 이곳에 있으면서 이 책을 여러분에게 전해주려고 하는 것은 여러분을 사랑하고 예수를 사랑하기 때문이라는 것을 느끼기 시작하나요? 나는 예수의 사명이 이 행성에서 승리하는 것을 보고 싶습니다. 나는 예수에 대한 나의 무한한 사랑으로 인해 이것을 보고 싶지만, 내가 여러분을 사랑하는 것보다 예수를 얼마라도 더 사랑하지 않는다는 것을 받아들여 주십시오. 그러므로 나는 – 여러분에 대한 나의 사랑 때문에 – 여러분이 예수의 발자국을 따르고 적그리스도의 마음으로부터 스스로 벗어날 수 있도록 예수의 사명에 관한 진리를 발견하는 것을 보고 싶습니다. 아울러 나는 여러분이 외부의 적인 이 세상의 지배자와 내부의 적인 여러분의 유한한 자아, 양쪽으로부터 자유로워지는 것을 보았으면 합니다.

나의 사랑은 조건이 없습니다. 그리고 나는 이 유한한 자아 속에다 여러분을 갇히게 하는 어떤 조건도 받아들이지 않을 것입니다. 그렇기에 나는 이 책을 여러분에게 전해주기 위해 온 것입니다. 그리고 여기에는 여러분을 자유롭게 할 수 있고 또 여러분이 그것을 받아들여 효모가 되게만 한다면 인류의 전체의식을 높이게 될 진리가 담겨져 있습니다. 그리고 만약 여러분이 그 진리를 받아들인다면, 그 진리가 정말로 여러분을 적그리스도의 온갖 거짓들로부터 자유롭게 해 줄 것입니다. 이것은 내가 하는 단순한 약속이 아닙니다. 이것은 실제적인 현실입니다!

대부분의 사람들이 직면하고 있는 문제는 그들이 이원성적인 믿음으로 가득한 세상에서 성장했다는 것입니다. 우리는 그들이 인간 감옥 안에 살고 있고 감옥 밖의 어떤 것도 본 적이 없다고 말할 수 있습니다. 그들은 완전히 컴컴한 벽돌 감옥 안에서 살고 있으며 그 어둠이 전부라고 생각합니다. 하지만 여러분이 감옥 문을 열고 그곳을 통과해 밝은 태양빛이 비치는 곳으로 나오게 되면 오직 어둠만이 있다는 그 환상은 즉시 사라집니다.

어둠은 하느님 안에서는 아무런 실체가 없습니다. 불멸의 속성이 없는 것은 여러분을 지배할 아무 힘도 없는데, 여러분은 불멸의 영적존재이기 때문입니다. 그것은 단지 여러분이 그것을 진짜 현실이라고 생각하는 동안만 여러분에게 영향을 미칠 수 있습니다. 그러므로 그리스도의 빛이 여러분의 존재 속으로 들어와 이원성만이 전부라는 환상을 일소해버리는 순간, 여러분은 그러한 환상에서 자유롭게 될 것입니다. 이것은 그저 희망적인 생각의 문제가 아닙니다. 이것은 여러분이 어두운 방에 들어가서 전등 스위치를 켜봄으로써 증명할 수 있는 하나의 진실입니다.

***

여기서 그 미묘한 차이에 주목하십시오. 내가 말했듯이, 삶의 목적은 공(空)의 어둠 속으로 빛을 가져오는 것입니다. 여러분은 내가 원래 공은 그 안에 아무것도 없었고, 그렇기에 어둠뿐이었다고 말했던 것을 기억하나요? 그러나 어둠은 좋은 것도 나쁜 것도 아닙니다. 어둠은 단지 빛의 부재일뿐입니다. 인간들이 선악의 지식에 관한 열매로 실험을 해왔기 때문에, 그들은 두 가지 상대적인 양극성이 하느님의 빛과 공의 원래 어둠 그 양쪽 모두를 가리는 상황을 만들었습니다. 거짓된 교사들로 구성된 눈먼 장님 지도자들에 의해 이끌려온 인간들이 그들 자신의 상대적이고 이원성적인 선악의 이미지들을 창조하도록 기만당해 왔고, 거기서 악은 어둠으로 보이고 선은 빛으로 보이게 됩니다. 그것이 바로 바울이 "이것이 이상한 일이 아니라 사탄도 사기를 광명의 천사로 가장하나니(고린도후서 11:14)"라고 말했던 이유입니다. 그러나 이러한 상대적인 정반대의 것들은 그 어느 쪽도 하느님의 빛의 현실이나 공의 어둠을 상징하지 않습니다. 그것은 단지 적그리스도의 마음속에 갇혀 있는 자아의식적인 존재들에 의해 매터 빛에 투사된 일시적인 이미지로만 존재할 뿐이기 때문에 궁극적인 실체가 없습니다.

사람들이 속아왔고 악이 현실적인 실체를 갖고 있다고 믿게 되다보니, 그것이 하느님의 상대 또는 적수처럼 실제로 존재합니다. 대중들은 그들의 종교적 정치적 권위자들이 선(善)으로 규정한 것을 하느님의 진실에 따른 실제의 선인 것처럼 믿게 되었습니다. 그러나 이것은 일종의 연막에 지나지 않습니다. 이원성 의식에서 비롯된 선과 악은 둘 다 궁극적인 실체가 없습니다. 인간들이 악이라고 부르는 것은 단지 그리스도 빛이 결여되어 있는 환영에 불과합니다. 게다가 인간들이 선이라고 부르는 것 역시도 단지 상대적인 선이며, 그렇기에 그것 또한 그리스도 마음의 더 위대한 선, 절대적인 선이 결여된 하나의 환영입니다. 그러므로 나의 사랑하는 이들이여, 여러분이 보다시피, 인간들은 이 지구상에는 선악 간에 투쟁이 있다는 환영을 토대로 끝없는 게임에 빠져 있습니다. 하지만 그 투쟁은 단지 상대적인 선과 상대적인 악 사이의 투쟁일 뿐이며, 그런 세력들 양쪽 모두가 이원성 의식에 의해 규정 지어져 있습니다.

적그리스도 세력들은 자기들이 그리스도 마음을 가진 이들과 맞서고 있다고 믿지만, 그런 대항은 단지 그들 마음속에서만 존재합니다. 그리고 그것은 오직 그들이 전체로부터의 분리로 인해 생겨난 유한한 자아를 유지하고 있기 때문에 존재할 수가 있습니다. 그들 안에는 어떠한 진실도 생명도 없습니다. 그런 까닭에 그들이 이 지구상에 세워놓은 모든 것들이 바벨탑과 유사합니다. 그들은 힘에 의해 하늘에 이르는 바벨탑을 세움으로써 하늘을 탈취하고자 하지만, 그것은 모래 위에 세워진 집에 불과합니다. 그것은 반드시 무너져 내릴 것인데, 왜냐하면 어머니의 수축하는 힘이 하느님의 실체와 맞지 않는 모든 것을 해체시킴에 따라 붕괴될 것이기 때문이지요.

***

여러분은 이런 교활한 게임, 이원성적인 게임을 계속할 수 있습니다. 그리하여 여러분이 악이라고 믿는 세력에 맞서 싸움으로써 자신이 확실히 그리스도 편에서 싸우고 있는 영적이고 종교적인 사람이라고 생각할 수도 있습니다. 그러나 사실 여러분은 단지 그 어느 쪽도 그리스도의 절대적인 진리를 대표하고 있지 않은 적그리스도의 이원성적인 게임에 볼모로 잡혀 있는 것에 불과합니다. 사랑하는 이들이여, 나는 많은 사람들이 이런 가르침을 받아들이기가 어렵다고 느끼게 될 거라는 사실을 잘 압니다. 그들은 자기들이 선이라고 믿었던 것이 사실상 적그리스도의 마음에 기초한 환영을 일으킬 수도 있다는 사실을 인정하기 어렵다는 점을 발견할 것입니다. 많은 이들이 또한 영적인 한 사람으로서 여러분이 인간의 악과 맞서 싸워서는 안 된다는 것을 믿기 어렵다는 점도 알게 될 것입니다. 하지만 여러분은 왜 예수가 "너희에게 이르노니, 악한 자를 대적하지 말라. 누구든지 네 오른편 뺨을 치거든 왼편도 돌려 대라(마태복음 5:39)."고 말했다고 생각하나요? 여러분은 혹시 예수가 제자들에게 상대적인 선악의 이원성적인 게임을 넘어서라고 말하고 있었다는 것을 이해할 수 있습니까? 또한 여러분이 인간의 악과 싸움으로써, 단지 자신을 그 이원성적인 의식 상태에 더 확고히 갇히게 할뿐이라는 사실을 이해할 수 있나요?

나의 사랑하는 이들이여, 여러분은 이런 게임을 자신의 여생 동안, 그리고 수많은 생들 동안 계속할 수도 있지만, 만약 이 끝없는 투쟁에 지쳐있다면, 나는 거기에는 대안이 있음을 보여줄 것입니다. 여러분으로 하여금 그 어느 쪽도 하느님에게 속하지 않은 두 세력 간의 끊임없는 이원성적인 투쟁을 초월할 수 있게 해주는 길이 있습니다. 적대세력을 넘어서서 분리와 변함, 그림자, 굴곡도 없는 그리스도 마음의 일체성으로 인도해줌으로써 온갖 투쟁을 초월하게 해주는 하나의 길이 있습니다(야고보서 1:17). 왜냐하면 그리스도 마음에서는 모든 상대적인 선과 악이 하느님이라는 하나의 태양빛에 의해 대체되기 때문입니다.

나의 사랑하는 이들이여, 예수는 2,000년 전에 그 길을 인류에게 전해주기 위해 왔었습니다. 그리고 그가 "나는 세상 끝 날까지도 너희와 항상 함께 있으리라(마태 28:10)"라고 말했듯이, 그는 오늘날에도 이곳에서 여러분에게 그 길을 제시하고 있습니다. 세상의 마지막 날이라는 것은 수많은 기독교인들이 믿고 있는 것처럼, 지구가 존속하기를 멈춘다는 의미가 아닙니다. 세상의 마지막이라는 것은 임계수치의 인간들이 그리스도 의식으로 올라서는 시점을 뜻하며, 그리하여 그들은 지상에서 그리스도를 회복할 것입니다. 그럼으로써 하느님이 이 세상의 지배자들을 지구에서 몰아낼 수가 있습니다. 따라서 지구를 영원히 지배할 왕으로서 그리스도가 나타날 것인데, 왜냐하면 이제 지구는 하느님의 왕국이기 때문입니다.

사랑하는 이들이여, 여러분은 이런 사건을 위한 선구자일 수 있습니다. 하지만 여러분은 오직 스스로 기꺼이 자신의 십자가를 짊어지고 체계적으로 적그리스도의 거짓말들을 정화해냄으로써만이 그렇게 될 수가 있습니다. 만약 여러분이 자발적으로 이 참된 길을 따른다면, 나는 기꺼이 여러분의 손을 잡고 함께 그 길을 걸을 것입니다. 그리고 내가 여러분에게 보여주려고 노력했듯이, 이 길은 고난의 길이 아니며, 결코 끝나지 않는 투쟁이 아닙니다. 그리스도의 참된 길은 사랑의 길이고, 기쁨의 길이며, 자유의 길이자, 풍요로운 삶의 길입니다. 여러분은 자신의 정체성에 관한 의식을 이원성적인 투쟁으로부터 멀리 전환함으로써 그 투쟁의식에서 벗어날 수 있습니다.

일부 사람들은 이미 이런 전환을 이루기 위한 준비가 돼 있고, 그렇기에 그들은 즉시 그렇게 할 수가 있습니다. 그 모든 것을 좌우하는 것은 하나의 결정이며, 여러분은 과거나 미래에 결정을 할 수는 없습니다. 여러분은 오직 지금에만 결정할 수 있는데, 이는 여러분이 지금 당장 언제라도 그런 투쟁을 버리기로 결정할 수 있다는 것을 의미합니다. 그러므로 여러분은 삶이 일종의 투쟁이라는 이미지를 더 이상 받아들이지 않겠다고 스스로 결정할 때까지는 그런 투쟁에서 벗어나지 못할 것입니다. 그리고 여러분이 그것을 지금 즉시 하겠다고 결정할 때까지는 그런 결정을 할 수가 없습니다.

그럼에도 나는 사람들이 그런 결정을 할 수 있는 어떤 시점에 아직 이르지 않았다는 것을 잘 압니다. 그 이유는 그들이 여전히 자신을 유한한 자아와 지나치게 동일시하고 있기 때문입니다. 그것을 여러분에게 적용할 경우에 두려워하지 마십시오. 이 책의 나머지 부분에서 나는 여러분이 그 유한한 자아의 속박으로부터 자유로워지기 위해 필요한 도구들을 제공할 것입니다. 그럼으로써 여러분은 결코 잃어버린 적이 없었고 영원한 현재 – 참으로 지금이 존재하는 유일한 시간입니다 – 속에서 늘 여러분의 것이었던 그 자유를 받아들일 수가 있습니다.

열쇠 - 12

어떻게 내가 하늘에 있는 그 분노한 존재로부터 벗어날 수 있을까?

나의 사랑하는 이들이여, 앞서의 열쇠에서 내가 여러분에 말했던 것은 여러분이 아버지의 왕국으로 귀향하는 것을 절대적으로 방해하는 것은 아무 것도 없다는 것입니다. 여러분과 하느님의 나라 사이에 뭔가가 세워져 있다는 전반적인 개념은 일종의 환영입니다. 그것은 바로 여러분 내부의 적인 유한한 자아와 외부의 적인 이 세상의 지배자에 의해 만들어진 환상인 것입니다. 이 두 가지 적들은 여러분을 죽을 운명의 인간적 자아라는 그 정신적 감옥 안에다 계속 가두어두는 데 흥미를 느끼고 있습니다. 하지만 내가 말했듯이, 그 정신적 감옥에 있는 문은 잠겨있지 않으며, 그 문이 잠겨있다는 생각 역시 하나의 환영이고 착각입니다.

나는 많은 사람들이 그동안 자신들이 자라나면서 믿어온 것과 이것이 모순된다고 볼 수도 있음을 매우 잘 압니다. 그래서 사실 많은 이들이 언제든 그들이 하느님의 왕국으로 다시 들어갈 수 있다는 것을 믿기 어렵게 만드는 두 가지 생각을 가지고 성장했습니다. 이런 생각들 중의 하나는 하느님이 하늘 저 높은 옥좌에 앉아서 여러분의 거동 하나하나를 내려다보고 있는 분노하고 심판하는 신이라는 생각입니다. 이런 하느님은 여러분이 저지르는 모든 실수에 대해 심판하고 책망하며, 심지어는 인간이 그분의 율법을 여길 경우, 지옥에 보내기까지 합니다.

사랑하는 이들이여, 나는 하늘에 있는 이런 분노하는 신에 관한 개념이 이 지구상의 여러 종교들에 의해 강화되어 왔다는 것을 알고 있습니다. 불행하게도 수많은 기독교 교회들 역시도 하느님에 대한 이런 그릇되고 우상적인 이미지를 강화시켰습니다. 하지만 나는 여러분이 앞서의 내 가르침들을 충분히 내면화해서 수용했기를 바라는데, 다시 말하면 적어도 이런 분노하는 외적인 신의 이미지는 참으로 적그리스도 마음을 가진 자들에 의해 창조된 일종의 우상일 가능성이 있음을 기꺼이 숙고해보라는 것입니다. 그러면 내가 잠시 후에 왜 그것이 잘못된 이미지인지를 여러분에게 설명할 것입니다.

내가 앞서의 열쇠에서 말한 것을 받아들이기 어렵게 만들 수 있는 두 번째 이미지는 여러 종교들에 의해 강화된 개념인데, 즉 여러분이 구원받기 위해서는 자신의 외부에서 어떤 것이나 누군가가 필요하다는 생각입니다. 나는 기독교가 이런 개념을 조장한 주요 촉진자들 가운데 하나라는 것을 잘 압니다. 수많은 기독교 교회들이 예수 그리스도가 구원에 이르는 유일한 길이고 모든 비기독교인들은 지옥에 갈 것이라는 교리를 만들어내어 절대적으로 고수하고 있습니다. 나는 그들이 이런 교리를 예수의 일부 말들에다 토대를 두고 있다는 것을 알지만, 여러분에게 이의를 제기하고자 합니다. 즉 성서를 다시 읽고 예수가 외적인 사람인 자신이나 어떤 외부적인 종교가 구원에 이르는 유일한 길이라고 말한 구절을 찾아내보라는 것입니다.

사랑하는 이들이여, 나는 만약 여러분이 기독교적인 배경을 가진 사람이라면, 즉시 요한복음에 있는 "나는 길이요, 진리이며 생명이니 나로 말미암지 않고는 아버지에게 갈 자가 없느니라(요한복음 14:6)."라는 구절을 언급할 것임을 압니다. 하지만 내가 앞서의 열쇠들에서 여러분에게 말했듯이, 예수는 자신의 본보기를 통해 지구상의 인간들이 그리스도 의식을 회복함으로써 육화한 살아 있는 그리스도가 되는 것이 가능하다는 사실을 보여주기 위해 왔었습니다. 예수는 마지막까지 내내 그 모든 방식을 따름으로써 이것을 시범 보였으며, 이는 그가 자신의 사명을 완수하는 막바지 즈음에 보편적이고 우주적인 그리스도 마음과 완전히 하나로 일체화되어 있었음을 의미합니다. 그리고 이것은 그가 "나는(I AM)"이라는 말을 했을 때인데, 그는 이때 인간의 몸으로 있는 외적인 사람(자신)을 언급하고 있던 것이 아니었습니다. 즉 예수의 의식적인 자아는 그의 신아 및 창조주와 완전히 하나가 돼 있었던 것입니다. 그러므로 예수가 "나는"이라는 말을 했을 때, 그는 사실상 보편적인 그리스도 마음, 신아, 창조주, 개체화된 자재신(신성)을 언급하고 있었습니다.

그러므로 그가 "나는"이라고 말했을 때 그는 보편적인 그리스도 마음에 저장돼 있는 자신의 영적 청사진과 하나이고 자신의 불멸의 자아 및 자신의 창조주와 하나인 자아의식을 의미했습니다. 그러므로 예수가 진정으로 말하고 있었던 것은 그런 하나됨 또는 일체성에 기초한 자아의식이 길이요, 진리요, 생명이라는 것이었습니다. 참으로 그리스도의 마음에서 생겨나는 하느님과 일체가 되는 느낌이나 체험을 거치지 않고서는 어떤 인간도 창조주께 나아갈 수가 없습니다. 또한 하느님을 외적인 신으로, 하늘에 있는 분노한 존재로 보는 한은 하느님에게 다가갈 수 없습니다. 오직 여러분이 스스로 자신이 하느님의 한 개체화이자 하느님의 아들이거나 딸이라는 것을 깨달을 때만이 하느님에게 나아갈 수 있습니다. 여러분은 자신의 국소적인 자아의식을 통해 하느님 자체를 표현하고 있으며, 여러분 안에 있는 "신아"가 곧 하느님입니다.

나의 사랑하는 이들이여, 이런 내면의 일체감, 일체의식은 구원에 이르는 진정한 열쇠입니다. 그것은 항상 그러했으며, 또 앞으로도 항상 그럴 것입니다. 여러 시대에 걸쳐 인간들은 적그리스도의 이원성적인 마음을 이용하여 하느님과 그들 자신 및 구원의 길에 관한 수많은 우상들을 창조해냈습니다. 그러나 인간들이 창조한 그 어떤 것도 구원에 이르는 유일한 참된 길은 여러분의 창조주와의 하나됨이라는 기본적 사실을 바꾸어 놓지 못했습니다. 구원에 이르는 유일하고 진정한 길은 의식적인 여러분이 자신의 정체성에 관한 의식을 바꿔야 한다는 것입니다. 그럼으로써 여러분은 더 이상 자신을 유한한 인간적 자아와 동일시하지 않고, 더 이상 자신을 창조주와 분리돼 있는 별개의 존재로 생각하지 않습니다. 의식적인 여러분은 스스로를 창조주의 한 확장체 내지는 연장선으로 간주해야 하며, 그렇기에 자신을 창조주와 하나로 보아야 합니다.

사랑하는 이들이여, 이것이 진정으로 예수가 말했던 "하느님의 나라는 너희 안에 있느니라(누가복음 17:21)."는 말의 참뜻입니다. 이것을 요한복음의 그 인용구절에다 비교해 볼 때, 만약 하느님의 왕국이 참으로 여러분 안에 있다면, 그 하늘나라에 들어가기 위해서는 - 2,000년 전에 살았던 - 역사적인 한 인물을 통해서 가야만 한다는 것은 그 무엇이든 전혀 이치에 맞지 않습니다. 이 문제에 관련해, 여러분이 자신의 외부에 있는 존재로 파악하는 경향이 있는 승천한 한 존재를 통해 가야만 한다는 것은 말이 되지 않습니다. 이것은 여러분이 승천한 대사(Ascended Master)인 예수 그리스도를 통하지 않고는 하느님의 나라에 들어갈 수 없다고 말하는 것이 아닙니다. 오히려 이는 여러분이 예수와 하나라는 의식에 도달하여 그를 여러분의 형제로, 더 나아가 어쩌면 여러분의 더 커다란 영적가족이나 생명나무의 일부로, 그리고 더 거대한 여러분 자신의 일부로 보았을 때만이 그렇게 할 수 있다는 것을 말하고 있습니다. 나는 여기서 예수가 오늘날 이 지구행성의 구세주로서의 영적 직책을 맡고 있고 그의 임무가 모든 영적 추구자들을 하느님의 왕국에 들어가도록 돕는 것이란 사실을 부인하지는 않습니다. 그러나 다시 한 번 말하지만, 여러분은 오직 내면의 일체감 또는 하나됨의 의식을 통해서만이 그렇게 할 수 있으며, 그것이 구원에 이르는 진정한 열쇠인 것입니다.

***

사랑하는 이들이여, 여러분이 자신의 창조주와 하나라는 의식을 얻으려면, 신은 저 하늘에서 인간이 저지른 어떤 실수를 처벌할 준비가 돼있는 존재라는 이미지를 버릴 필요가 있음을 이해할 수 있나요? 나는 여러분이 하느님의 자녀라는 것을 말하려고 노력했습니다. 나는 하느님이 여러분을 공동창조자로 창조했으며 여러분에게 상상력과 자유의지를 주셨다고 말했습니다. 나는 여러분의 창조주는 여러분이 창조된 대로의 참모습이 될 수 있도록 원래의 신성한 청사진으로 돌아가는 것을 보는 것 외에는 다른 어떤 욕망도 갖고 있지 않다는 것을 보장할 수 있습니다. 그리고 여러분이 그 은총의 상태, 그 순수의 상태로 돌아갔을 때, 신성한 개성 위에다 (새로운 것을) 형성할 수 있고 원래 창조된 것보다 더 나은 존재가 될 수 있습니다. 나는 창조주란 존재는 진정으로 더 나아지고자 하는 절대자 하느님이 갖고 계신 소망의 한 표현이며, 따라서 공동창조자로서의 여러분은 더 나아지려는 창조주의 한 표현체라고 말했습니다. 여러분의 창조주는 오직 하나의 소망만 갖고 계시며, 그것은 더 나은 존재가 되는 것입니다. 그리고 그런 추진력의 한 가지 표현으로서 하느님은 형태의 세계를 창조하셨습니다. 게다가 더 나아지려는 그런 충동의 보다 커다란 표현으로서 하느님은 자아의식을 지닌 공동창조자들을 창조하셨으며, 그럼으로써 창조주가 여러분을 통해 더 진화할 수가 있습니다. 참으로, 여러분의 창조주는 여러분을 통해 더 나아지려는 것 외에는 다른 욕망이 없습니다. 그리고 하느님은 여러분이 자신을 초월하여 원래 창조된 상태보다 더 진화될 때만이 여러분을 통해 더 나은 존재가 될 수 있습니다.

여기서의 내 요점은 여러분이 자신을 자기의 신성한 청사진보다 못한 존재로 간주하는 한, 하느님은 여러분을 통해 더 나아지기가 어렵다는 것입니다. 이것은 예수가 달란트에 관한 비유에서 설명하려고 시도했듯이(마태복음 25:14), 하느님이 원하시는 바가 아닙니다. 하느님은 자신의 재능을 키우는 공동창조자들에게 진정으로 보상해주십니다. 그렇지만 예수의 비유조차도 완전히 정확하지는 않습니다. 이것은 예수의 잘못이 아니라, 예수가 당시 사람들의 의식수준에다 맞추는 방식으로 자신을 표현해야했기 때문에 발생했습니다. 이것은 예수가 많은 사람들에게 비유로 가르치고 제자들에게는 더 깊은 비밀들을 설명했다는 사실에 의해 분명하게 입증됩니다(마가복음 4:34).[32] 예수는 "내가 아직도 너희에게 이를 것이 많으나, 지금은 너희가 감당치 못하리라(요한복음 16:12)."고 말했습니다. 내가 말하는 요지는 2,000년 전에 인류는 여전히 두려움과 분리의식에 갇혀있다 보니 그들은 하느님을 일종의 외부적인 신으로 보았다는 것입니다. 그러므로 달란트에 관한 예수의 비유는 (신을) 자기의 달란트를 증식시킨 하인에게는 상을 주고 달란트를 땅(유한한 자아에 대한 상징)에 파묻은 하인은 처벌한 주인에다 비유해서 이야기하고 있는 것입니다.

내가 이 책에서 설명하려고 노력했듯이, 하느님은 여러분을 처벌하는 분이 아닙니다. 여러분은 하느님의 우주가 단순히 거울처럼 작용하기 때문에 자신을 스스로 벌하는 사람인 것입니다. 만약 여러분이 자신의 재능을 이원성 의식이라는 땅 속에다 묻어버리면, 삶은 곧 투쟁이라는 메시지를 외부로 내보내고 있으므로 우주거울이 삶이 투쟁이라는 여러분의 믿음을 확인시켜주는 상황을 여러분에게 반사해줍니다. 마찬가지로, 만약 여러분이 신은 인간의 잘못을 처벌할 분노하고 심판하는 존재라는 이미지를 스스로 받아들이면, 여러분은 그런 이미지를 우주 거울로 전송하고 있는 것입니다. 그러면 우주의 거울이 여러분에게 무엇을 반사해 되돌려 보낼지를 생각해보십시오.

***

오, 나의 사랑하는 이들이여, 내가 지금까지 여러분에게 말한 결론은 여러분

---

32) "비유가 아니면 말씀하지 아니하시고, 다만 혼자 계실 때에 그 제자들에게 모든 것을 해석하시더라."

이 유한한 자아 또는 이원성의식에 갇혀있으면, 여러분 자신이 스스로 성취하는 예언이 되고야 만다는 것입니다. 여러분이 외부로 내보내는 것은 우주 거울에 의해 다시 여러분에게 반사됩니다. 만약 여러분이 하느님의 풍요를 혜택 받지 못했다고 느낀다면, 우주는 여러분에게 하느님이 삶의 풍요를 고의적으로 허락하지 않는 불공정한 감독자라는 여러분의 믿음을 그대로 반영하는 외적상황을 보내줄 것입니다.

나의 사랑하는 이들이여, 이 엄청난 중요성을 이해하시겠습니까? 오랜 시대에 걸쳐 인간들은 분노하고 심판하는 존재인 외적 신의 이미지를 유지해 왔습니다. 그렇기에 사람들에게 나쁜 일이 생길 때, 그들은 이것을 자신의 죄에 대한 하느님의 벌이 틀림없다고 판단하는 경향이 있습니다. 사람들에게 일어나는 모든 나쁜 일은 단지 하느님이 분노하고 심판적이라는 이미지만 강화합니다. 그리고 많은 세대와 세기들을 거쳐 오면서 화를 내는 이런 신의 모습이 집단의 식 속에 깊이 뿌리박히게 되었습니다. 어떤 사람들은 그것을 수많은 생들 동안 받아들이다보니 이런 황금 송아지(우상)를 놓아 버리기가 너무나 어렵다는 것을 발견합니다.

그러나 내가 여러분에게 말했듯이, 창조주는 진실로 자신의 창조물을 넘어서 있는 분입니다. 이것은 이 형태의 세계에는 여러분의 창조주 전체를 정확하게 묘사할 수 있는 이미지가 존재하지 않는다는 것을 의미합니다. 창조주를 적절하게 묘사할 수 있는 언어가 없기 때문에, 결과적으로 종교경전은 여러분의 창조주에 대한 완전하고도 정확한 설명을 해줄 수가 없습니다. 그러므로 여러분이 하느님에 대한 어떤 형상을 세울 때, 자동적으로 우상을 창조하고 있는 것입니다. 그리하여 인간은 모세에게 주어진 처음의 두 계명을 어기고 있습니다 (출애굽기 20:3~4). 여러분의 우상은 그릇된 신이 되며 이제 여러분은 인간이 창조할 수 있는 어떤 이미지, 말로 창조될 수 있는 어떤 이미지도 초월해있는 진정한 하느님 대신에 그 신을 숭배하기 시작합니다.

사랑하는 이들이여, 모세에게 주어졌던 첫 두 계명의 참된 의미는 여러분이 적그리스도 마음의 이원성에 기초해 있는 신에 관한 어떤 형상을 창조할 경우, 그 형상은 필연적으로 우상, 즉 그릇된 이미지가 될 거라는 것입니다. 이 이원성적인 이미지는 진정한 하느님을 덮어 가릴 것이며, 그렇기에 여러분은 필연적으로 자신의 창조물인 거짓 신이나 또는 다른 누군가의 창조물을 숭배하기 시작할 것입니다. 아마도 그 누군가는 양의 탈을 쓰고 다가온 가짜 교사들일 것입니다. 여러분은 여전히 멈춰 서있는 하느님을 숭배합니다. 반면에 진정한 하느님은 항상 흐르고 있는 생명의 강(River of Life)이며, 항상 스스로를 초월해가고 있습니다.

나의 사랑하는 이들이여, 나는 여러분의 종교적 신앙이나 어떤 특정종교를 파괴하기 위해 여기에 있는 것이 아닙니다. 그러나 만약 여러분이 진정한 영적 추구자나 구도자(求道者)라면, 그리고 하느님 아버지의 왕국으로 귀향하는 것에 관심이 있다면, 반드시 어린 시절부터 제시된 설대자의 형상에 기꺼이 의문을 갖는 단계에 이르러야 합니다. 또한 어쩌면 여러분의 종교에 의해 조장된 그 신의 이미지가 적그리스도의 마음에 의해 영향을 받았을 것임을 기꺼이 고려해야합니다. 그리고 분명히, 만약 여러분이 분노하고 심판하는 신의 이미지를 믿도록 자라났다면, 나는 이 이미지가 적그리스도의 마음에 의해 영향을 받았을 뿐만 아니라 실제로 그런 마음에서 생겨났다는 것을 보증할 수 있습니다.

사랑하는 이들이여, 이것은 두 가지 간단한 사실을 인식하면 쉽게 알 수 있습니다. 나는 일찍부터 모든 것은 하느님의 본질, 하느님의 존재(생명)로부터 창조되었다고 말했습니다. 그러므로 여러분이 하느님의 존재로 창조되었다는 것은 인간이 하느님이라는 존재의 일부라는 것을 의미합니다. 여러분은 하느님과 분리되어 있지 않습니다. 즉 여러분은 참으로 하느님의 한 확장체입니다. 그렇기에 만약 하느님이 여러분을 처벌하기로 결정하셨다면, 그분은 자신을 벌하시게 될 것이며, 과연 이게 올바른 생각을 가진 사람들에게 어떤 느낌을 주게 될까요? 여러분이 알아야 할 또 다른 사실은 적그리스도의 마음은 신으로부터의 분리감, 그리고 창조주나 공동창조자에 의해 창조된 어떤 것이 그 원천으로부터 분리될 수 있다는 착각에 근거한다는 것입니다. 나의 사랑하는 이들이여, 일단 한 의식적인 존재가 분리의 환상을 받아들이면, 이 존재가 현재 자신의 바깥에 있는 것처럼 보이는 신에 관한 우상을 창조할 수 있게 된다는 것을 이해하시겠습니까?

나는 에덴동산에 관해 여러분에게 말했고, 그 동산에서는 모든 자아의식적인 존재들이 스스로 자신이 자기보다 더 거대한 어떤 것의 일부라는 내면적인 의식이나 느낌을 가지고 있었기 때문에 순수했습니다. 그들은 자신들이 하느님 몸의 일부임을 알았고 더 커다란 존재, 즉 신아와 연결돼 있음을 알고 있었습니다. 그러므로 하느님에 대한 그들의 개념은 하느님이 하늘에 있는 외적 존재라는 것이 아니었습니다. 바꿔 말하면, 공동창조자들이 아직 에덴동산에 있는 동안, 그들은 하느님의 왕국이 내면에 있다는 영원한 진리를 알고 있었습니다. 그들이 자신의 근원인 신과 분리돼 있다는 환영에 사로잡히게 된 것은 단지 선악과를 따먹기로 결정한 이후였습니다. 그리고 그들이 그런 분리의 환영을 받아들이기 시작했을 때, 그들은 더 이상 자신을 하느님과 내면적으로 연결돼 있는 존재로 볼 수가 없었습니다. 이런 내적인 일체감, 이 순수의 상태가 상실되어 버렸고, 그 대신에 그들은 외부의 신이라는 우상을 만들어 세웠습니다. 그리고 외부의 신에 관한 이런 관념적 이미지에서 하늘에 있는 분노하고 처벌하는 신의 개념, 또는 인간의 자유를 제한하거나 자신의 뜻을 인간들에게 강요하려하는 신의 개념이 생겨났습니다.

사랑하는 이들이여, 인간을 풍요로운 삶과 아버지의 왕국으로부터 분리시키는 그 환영을 여러분이 극복하도록 돕고 싶은 것이 참으로 나의 소망입니다. 그리고 여러분이 이런 환영을 극복하게 돕기 위해서는 이 환영이 어떻게 시작되었는지를 설명할 필요가 있습니다. 여러분은 우선 이런 환상이 신과 자신을 분리돼 있는 것으로 보고 또 신에 관한 우상을 창조하기 위해 상대적인 선악의 이원성을 이용하는 적그리스도의 의식으로부터 생겨났다는 것을 이해해야 합니다. 내가 말했듯이, 여러분은 하느님의 존재 또는 생명으로 창조되었습니다. 그리고 하느님은 여러분이 원래 창조된 상태보다 더 나아지고, 그리하여 풍요로운 삶을 누리는 모습을 보고 싶은 것 이상의 다른 욕망이 없습니다. 이것은 끊임없는 자기초월을 통해서만 성취할 수 있습니다. 하느님은 결코 여러분이 두려움과 분열과 결핍 속에서 길을 잃고 방황하는 것을 바라지 않으셨습니다. 하느님은 결코 여러분이 고통이나 고난, 태초에 그분이 여러분을 위해 구상했던 풍요보다 못한 그 어떤 것도 경험하길 원하지 않으셨습니다. 그러므로 나는 이원성 의식을 넘어서서 창조주와 재결합한 존재의 절대적인 확신으로 말할 수 있습니다. 하느님은 여러분이 이원성 의식을 초월해서 자신의 신성한 개성을 자유롭게 표현하는 것을 보는 것 외에는 결코 다른 욕망이 없으십니다. 또한 하느님은 어떤 것도 여러분을 처벌하시거나, 잠시라도 인간을 제한된 상태내지는 이원성 의식에다 묶어두려는 생각이 없으십니다.

하느님은 여러분이 지금 당장 이원성 의식에서 자유롭게 되는 것을 기쁘게 바라보실 것입니다. 하지만 그분은 여러분의 자유의지를 존중하시기 때문에, 여러분이 자신의 과거 선택들인 적그리스도의 이원성에 기초한 선택들을 그리스도의 반석에 기초한 선택으로 대체함으로써만이 왕국으로 돌아가야 한다는 것을 알고 계십니다. 하느님은 그 과정을 건너뛰게 하려는 생각은 없으시지만 여러분이 그 과정을 가능한 한 빨리 완료하길 바라십니다. 그러므로 나는 하느님이 절대로 여러분의 길에 어떤 장애물도 두지 않으실 것이고, 절대로 여러분을 방해하지 않으실 거라는 것을 확신할 수 있습니다. 그리고 하느님은 여러분이 자신의 실수에 대해 죄책감을 느끼기를 원하지 않으십니다. 다만 그분은 여러분이 그 실수를 인식하고 그것이 적그리스도의 의식에 기반을 두고 있다는 것을 깨달은 다음, 더 나은 결정을 내릴 수 있도록 그것을 그리스도의 진리로 바꾸기를 바라십니다. 하느님은 여러분이 특정의 교훈을 배우고 더 나은 결정을 내리자마자 그 과거의 실수로부터 영구적으로 자유롭다고 여기십니다. 그리고 진정으로 하느님은 여러분이 신성한 청사진으로 돌아가서 창조된 본래의 아름다운 불멸의 존재가 될 수 있도록 자유로워지기를 바랍니다. 그분은 더 이상 여러분의 죄를 기억하기를 원치 않으시며(히브리서 10:17)[33], 여러분도 더 이상 자신의 죄를 더 이상 기억하지 않기를 바라십니다.

사랑하는 이들이여, 여러분을 향한 하느님의 사랑은 무조건적이고, 그분은 풍요로운 삶과 조건 없는 사랑으로부터 여러분을 분리시키는 그 어떤 조건도 만들지 않으셨다는 것을 이해할 수 있나요? 하느님에게는 조건이 없고, 변함도

---

33) "또 저희 죄와 저희 불법을 내가 다시 기억하지 아니하리라 하셨으니"

없고, 그림자도 선회도 없습니다(야고보서 1:17).[34] 만약 하느님 안에 조건이 없다면, 어디에 그 조건이 있을까요? 자, 그것들은 오직 한 곳, 즉 이원성의 세계 속에만 존재할 수 있습니다. 그것은 하느님의 무조건적인 사랑으로부터 자신이 분리된 것으로 보이는 마음속에만 존재할 수 있습니다. 풍요로운 삶 및 하느님의 나라와 여러분을 계속 분리시키고 있는 것처럼 보이는 조건들은 하느님의 의식과 그리스도의 마음속에서는 어떤 실체도 없습니다. 그것들은 환영일 뿐이며 오직 적그리스도의 의식 속에만 존재합니다. 그것들은 분리의 의식에서 생겨나고, 그것은 현실이 아닌 조건을 창조합니다.

***

나의 사랑하는 이들이여, 여러분은 창조주라는 존재의 한 확장체라는 사실을 숙고할 필요가 있습니다. 하느님은 여러분을 통해, 즉 여러분의 국소적인 자아의식을 통해 더 많은 경험을 하기 바라셨기 때문에 여러분을 창조하셨습니다. 하느님은 형태의 세계 내부에서 그 세계의 창조를 완성하고자하십니다. 그리고 하느님은 창조물 자체 내부에서 그 창조의 아름다움을 경험하기를 원하십니다. 그러므로 여러분은 창조주와 분리돼 있지 않습니다. 여러분은 창조주의 확장체이자 연장체이며, 형태의 세계 내부에서 형태의 세계를 바라보며 안에서 공동 창조를 하고 있습니다. 결과적으로 하느님은 여러분에 대해 처음에 창조하신 것보다 못한 어떤 것을 바라지 않으십니다. 하느님은 여러분을 통해 더 나아지기를 원하십니다. 그러므로 하느님은 여러분이 유한한 자아의 감옥에서 탈출하는 것을 보고 싶어 하며 그 감옥에다 다시 붙들어두고 싶어 하지 않으십니다.

사랑하는 이들이여, 만약 여러분이 가슴속으로 들어가서 내가 지금 말한 것을 다른 맥락에서 여러 번 생각해 본다면, 여러분의 가슴은 그것이 진실임을 여러분에게 말할 것입니다. 그런 다음에 여러분은 유한한 자아의 감옥에다 여러분을 계속 가두려고 하는 자가 누구인가라는 논리적 질문을 고려할 수 있게 될 것입니다. 나는 이미 이 질문에 대한 답을 여러분에게 주었습니다. 다시 말하자면, 그것은 내부의 적과 외부의 적입니다. 그럼에도 나는 우리가 이 두 적들을 좀 더 면밀히 살펴보는 것이 유익할 것이라고 생각합니다.

이미 말했듯이, 여러분은 원래 의식을 가진 존재이자 자아라는 그릇으로, 그리고 불멸의 자아인 여러분의 신아로 창조되었습니다. 여러분의 자아의 용기 또는 자아의 영역은 하느님의 빛으로 완전히 채워져 있지 않았으며, 의식적인 여러분은 창조적인 노력을 통해 그것에다 추가할 수가 있었습니다. 여러분은 참으로 그렇게 하도록 예정돼 있었으며, 다시 말해 여러분은 자신의 달란트(재능)를 증식하기로 돼 있었습니다. 여러분이 선악에 관한 열매, 즉 이원성 의식을 실험하기로 결정했을 때, 여러분은 자아의 용기에다 이원성 의식에 기초해

---

34) "각양 좋은 은사와 온전한 선물이 다 위로부터 빛들의 아버지께로서 내려오나니, 그는 변함도 없으시고 회전하는 그림자도 없으시니라"

있던 내용물을 추가하기 시작했습니다. 이 내용물들은 여러분의 불멸의 자아의 수준에 도달할 만큼의 순수하고 높은 진동이 아니었고 여러분의 보물처럼 하늘에 저장되었습니다. 하지만 결과적으로 그것들은 여러분의 달란트를 증식시키는 것이 아니라 오히려 땅에 묻는 결과를 초래했습니다. 따라서 이러한 낮은 진동 및 유한한 요소들은 이제 여러분의 자아라는 용기의 하단 부분에 저장되었고, 존재의 총량을 원래 창조된 것보다, 신성한 청사진보다 작게 만들어버리고 있습니다.

여러분이 이 과정을 계속함에 따라, 이런 이원성의 요소들이 축적되었으며 질량을 얻게 되었습니다. 여러분이 물질세계를 통해 알다시피, 충분한 질량이 특정 장소에 축적되면, 그것은 자체의 경계를 넘어서서 중력(重力)을 발휘하기 시작합니다. 행성 지구는 주위에 중력장(重力場)을 가지고 있으며, 우주에 존재하는 먼지나 입자, 심지어는 달과 같은 커다란 입자도 끌어당깁니다. 그러므로 여러분의 이원성적인 결정과 믿음의 먼지들이 지속적으로 자아의 용기 속에 쌓임에 따라, 결국 그것은 임계질량에 이르게 되었고 중력을 가하기 시작했습니다. 이 힘이 여러분을 끌어당기고 있었으며, 그리고 여러분의 관심은 점점 더 그 자아 용기 속의 유한한 요소들을 향해 쏠렸습니다. 이것은 어떻게 어떤 사건들이나 사고(思考) 습관이 여러분의 주의가 물질세계의 특정한 상황, 사람, 장소 혹은 다른 징후에 이끌리게끔 할 수 있는지를 숙고해보면, 이해하기 어렵지 않습니다.

나의 사랑하는 이들이여, 나는 이제 여러분에게 미묘한 요점을 설명할 것이고, 다시 한 번 여러분의 외적인 마음은 그것이 이해하기 어렵다고 느낄 것이지만, 여러분의 가슴은 그 내면적 의미를 파악할 수 있을 것입니다. 나는 모든 것이 절대자인 신이라는 존재로부터 창조되었다고 말했으며, 그것은 사실상 의식(意識)이라고 할 수 있습니다. 그러므로 모든 삼라만상이 그 안에 의식을 가지고 있습니다. 심지어 인간이 무생물이라고 부르는 것조차도 어느 정도 기초적인 의식상태를 지니고 있습니다. 그리고 확실히, 적그리스도의 마음에도 의식이 있다는 것을 필히 이해할 수 있어야 합니다. 그것은 적외선 빛이 자외선 빛보다 낮은 주파수에서 진동하는 것처럼, 그리스도 의식보다 낮은 주파수에서 진동하는 단순한 의식입니다. 따라서 여러분이 적그리스도의 의식에 기초한 결정을 하고 유한한 요소들을 자아의 용기에다 추가할 때, 실제로 여러분은 적그리스도의 의식이 그 자아의 영역에 접근하도록 허용하고 있는 것입니다.

초기에는, 이 이원성의 요소들이 단순히 기계적으로 여러분의 주의를 끄는 중력을 형성합니다. 그러나 그 의식이 질량을 얻게 될 때, 그것은 결국 임계질량에 이르게 될 것이며, 더 이상 결정과 에너지로 이루어진 단순한 집합이 아닙니다. 대신에, 이 하나하나의 결정들과 에너지의 집합체는 이제 분리된 자아로서 갑자기 다른 의식(意識)을 지니게 된 통일체가 됩니다. 그 순간 여러분은 유한한 자아를 창조하게 되며, 그것이 자아의 용기 안에 존재하는 분리된 자아의식입니다.

나의 사랑하는 이들이여, 이것의 엄청난 중요성을 이해하시겠습니까? 여러분은 본래 완전하고 모순된 힘이 없도록 창조되었으며, 이것은 여러분이 그리스도 마음의 완전함보다 못한 그 어떤 것도 포함하지 않았다는 것을 의미합니다. 하지만 여러분은 적그리스도의 요소들이 자신의 존재 속으로 유입되도록 허용함에 따라, 자아의 영역을 오염시켰습니다. 그리고 유한한 자아가 생겨났을 때, 여러분은 자아의 영역 안에 이질적인 것의 형성을 허용했습니다. 이것이 내분이 일어난 집안 같은 내면상태는 그리스도 진리의 빛 가운데 설 수 없다는 예수의 가르침의 진정한 의미입니다. 여러분의 유한한 자아는 자신의 집과 자아의 영역을 분열시키는 것이며, 신성한 청사진의 완전함에서 멀어지도록 끌어냅니다. 이것이 여러분을 원래 창조된 것보다 더 나아지는 대신에 더 퇴보하게 만듭니다. 그리고 여러분으로부터 풍요로운 삶을 박탈하게 되는 것이 바로 이 문제입니다.

여러분의 자아 용기에는 원래 의식적인 여러분과 신아만이 포함돼 있었습니다. 이것이 원래의 설계도였습니다. 그리고 여러분이 자신의 창조력을 발휘함에 따라, 빛이 자아의 전체 영역을 채울 때까지 그 빛을 확대할 수 있었고, 여러분은 위(천상)에서처럼 아래(지상)에서도 그렇게 될 것이었습니다. 본래 여러분의 자아영역은 절대로 그 신성한 청사진에다 이질적인 것이나 정반대적인 것을 포함해서는 안 되는 것이었습니다. 내 요점을 이해하시나요? 여러분의 유한한 자아가 생겨났을 때, 그것은 불멸의 자아의식에 대립되는 것을 형성했고, 여러분의 신성한 청사진에 이질적인 자아를 형성했습니다. 여러분의 유한한 자아는 하느님의 법칙 및 여러분의 신성한 개성과 조화되지 않는 결정에 기초해 있습니다. 그러므로 이러한 결정은 여러분의 불멸의 자아인 신아를 가리는 이원성적인 이미지, 즉 우상을 창조하게 됩니다. 여러분의 유한한 자아가 힘을 얻어가는 만큼 그 중력의 끌어당기는 힘이 더욱 강해졌고, 그러므로 여러분의 주의는 그 유한한 자아에다 점점 더 초점을 맞추게 되었습니다.

어느 시점에 유한한 자아가 너무 강해져서 여러분은 그것과 자신을 동일시하기 시작했습니다. 이것이 유한한 자아의 힘을 더 가속화시켰는데, 즉 그것이 여러분에게 자기가 곧 유한한 자아라는 것을 확신시킬 때까지 말입니다. 이것은 유한한 자아가 더 이상 수동적인 힘이 아니었기 때문에 발생했습니다. 하지만 유한한 자아는 자아영역의 원래 통치자, 즉 의식적인 여러분을 통제함으로써 그 영역을 지배하고자했던 일종의 침입자였습니다. 결국 유한한 자아는 심지어 여러분이 불멸의 자아에 관한 기억을 잃어버리게 할 수도 있었습니다. 이제 여러분은 유한한 자아와 적그리스도 의식의 바깥 어둠에 갇혀있는 지점까지 계단을 내려 왔습니다.

사랑하는 이들이여, 여러분은 에덴동산에 있는 뱀이 이브를 하느님의 대행자에게 거역하도록 유혹하고 있었다는 것에 주목해볼 수 있습니다. 그러므로 우리는 그 동산에서 참으로 그 뱀이 낯선 침입자, 이질적인 침략자라고 말할 수 있습니다. 마찬가지로, 유한한 자아는 사실상 여러분의 개인적인 에덴동산인 자아의 영역에서 일종의 낯선 침입자라고 말하는 것이 적절할 것입니다. 자유의지 때문에, 의식적인 여러분은 이원성 의식에 관여하기로 결정할 수 있는 가능성이 있었습니다. 요점은 하느님이 뱀을 동산에다 두지 않으셨다는 것입니다. 적그리스도 의식의 존재는 여러분에게 자유의지를 수신데 따른 결과입니다만, 하느님은 여러분을 그 뱀 같은 마음이 발견되지 않은 보호범위 안에다 두셨습니다. 그 범위의 바깥에는 이원성 의식이 존재했고, 오직 의식적인 여러분만이 그것을 자신의 영역 안으로 불러들일 수 있었습니다. 여러분이 이것을 할 필요가 없었는데, 즉 이것은 어디까지나 여러분이 했던 선택이었습니다. 그러므로 여러분은 외부의 적이 자신의 영역에 침입하여 의심이라는 독을 퍼뜨릴 수 있는 통로를 만들었고, 결과적으로 여러분의 유한한 자아가 내부의 적으로 성장하게 되었습니다. 이 유한한 인간적 자아는 여러분의 불멸의 자아가 창조주의 확장체인 것처럼, 외부에 있는 적의 확장체입니다.

내가 여기서 여러분에게 말한 것은 유한한 자아는 당신이라는 존재의 목적에 비추어 볼 때, 참으로 별개의 존재, 즉 이질적인 존재라는 것입니다. 그것은 여러분의 자아영역을 침범한 존재이고, 그것은 여러분이 창조된 원래의 목적에 반대되는 것입니다. 그러므로 여러분이 아버지의 왕국을 상속받지 못하게 방해하는 것은 이 유한한 자아입니다. 풍요로운 삶을 경험하지 못하게 막는 것 역시 여러분의 유한한 자아이며, 그렇기에 더 큰 풍요에 이르는 유일한 길은 여러분이 의식적인 자신과 그 유한한 자아를 서로 분리시켜야 한다는 것입니다. 여러분은 반드시 자신을 유한한 자아로부터 분리시키는 과정을 거쳐야하며, 그렇게 함으로써 여러분이 더 이상 그것과 동일시하지 않게 됩니다. 그리고 그 과정을 밟기 위해서는, 먼저 여러분이 그 유한한 자아라는 환영을 극복할 필요가 있습니다. 앞에서 설명한 것처럼, 의식적인 여러분은 자신을 그 어떤 것과도 동일시할 수 있는 능력이 있습니다. 그런데 의식적인 여러분이 자신을 유한한 자아와 동일시하고 있는 한, 어떻게 과연 자신을 유한한 자아로부터 분리시킬 수 있겠습니까? 여러분은 자신을 여러분 자신으로부터 분리할 수는 없으며, 여러분은 스스로 여러분이 자기라고 보는 것, 즉 여러분의 자아의식으로부터 여러분을 분리할 수가 없습니다. 그러므로 집으로 돌아가는 귀향여행의 첫 걸음은 유한한 자아가 여러분의 참된 존재의 일부가 아니라는 것을 깨닫는 것입니다. 유한한 자아는 결코 하느님의 원래 계획의 일부가 아니고 당신 존재의 일부가 될 수 없는 낯선 침입자라는 사실을 이해하고 받아들여 내면화하는 것이 필요합니다. 그리고 여러분이 이 사실을 완전히 깨달을 때, 여러분 자신으로부터 그 유한한 자아를 분리하는 것이 훨씬 쉬워집니다.

***

이 긴 강론을 통해 내가 여러분에게 하려는 핵심은 여러분의 유한한 자아가 분리된 의식, 별도의 의식을 가지고 있음을 알 수 있도록 돕는 것입니다. 유한한 자아는 여러분의 왕국에 침입해서 적법한 왕 - 의식적인 여러분 - 을 내쫓고 스스로 새로운 왕으로 등극한 낯선 지배자와 같다고 말할 수 있습니다. 그리고 권좌에 올라간 이래로, 그것은 여러분의 왕국인 자아의 영역을 철권으로 통치했습니다. 여러분은 만약 어떤 왕이 나라를 침공하여 오랜 기간 동안 다스렸다면, 그가 싸움도 없이 자신의 힘과 특권을 포기하지는 않을 것이라고 상상할 수 있습니다. 마찬가지로, 유한한 자아 역시 싸우지도 않고서 여러분에 대한 지배를 포기하지는 않을 것이며, 이것이 왜 그렇게 중요한지를 여러분이 이해하는 것은 필수적입니다.

자, 나의 사랑하는 이들이여, 알다시피 유한한 자아는 여러분에 의해 창조되었습니다. 그것은 이원성 의식을 가지고 했던 여러분의 실험에 의해 창조되었고, 그럼으로써 여러분은 하느님의 순수한 에너지 중 일부가 더 낮은 진동을 띠도록 만들었습니다. 그러므로 유한한 자아는 오직 여러분이 이원성 의식에 갇혀서 그 에너지를 지속적으로 공급하는 동안만 계속 존재할 수 있습니다. 사랑하는 이들이여, 여러분은 지구상에서 가장 원시적인 생명체들조차도 기본적인 생존본능을 가지고 있음을 잘 압니다. 마찬가지로, 여러분의 유한한 자아도 생존본능을 가지고 있습니다. 그것은 여러분이 이원성 의식에 관여했기 때문에 자신이 창조되었다는 것을 잘 알고 있습니다. 그러므로 그것은 만약 여러분이 그 의식으로부터 여러분 자신을 분리시킨다면, 자신의 생명도 끝난다는 것을 잘 압니다.

여러분은 앞서의 열쇠에서, 내가 모든 것이 에너지이며 형태의 세계 속에 있는 모든 것은 진동이 낮추어진 영적 에너지로 창조되었다는 사실에 대해 이야기했음을 기억하나요? 여러분은 자신의 신아가 하느님의 순수한 빛이 그것을 통해 여러분의 자아영역으로 흘러들어올 수 있는 열린 문을 형성하기 때문에 하느님과 공동창조자입니다. 그런 다음 여러분은 그 빛이 형태를 창조해 내도록 유도합니다. 만약 여러분이 자신을 신아와 동일시한다면, 그 불멸의 자아를 통해 스스로의 창조적 능력을 표현할 것입니다. 그러나 자신을 유한한 자아와 동일시한다면, 그 유한한 자아를 통해 자신의 창조력을 표현할 것입니다. 그리고 하느님의 빛이 이 유한한 자아를 통해 흐를 때, 이 에고는 그 빛의 일부를 자신을 지탱하기 위해 사용합니다. 달리 말하면, 유한한 자아는 오직 여러분이 하느님의 빛이 유한한 자아를 통해 흐르도록 허용하는 한은 계속 존재할 수 있습니다.

그런데 여러분이 유한한 자아로부터 자신을 분리하고 그것을 낯선 침입자로 보게 되면, 그 유한한 자아를 통해 흐르는 빛의 양이 즉시 감소하게 될 것입니다. 그럼에도 그것을 통해 흐르는 약간의 빛이 여전히 있을 것인데, 왜냐하면 여러분이 여전히 자아의 용기 안에 어떤 이원성적인 믿음들을 갖고 있기 때문입니다. 그러나 체계적으로 그런 믿음들을 제거해감에 따라, 결국은 유한한 자아를 통해 흐르는 모든 빛을 차단하게 됩니다. 그리고 여러분이 유한한 자아를 구성하는 모든 이원성적인 신념들을 제거하고 그것을 통한 빛의 흐름을 차단했을 때, 여러분의 유한한 자아는 사라질 것입니다. 그것은 말 그대로 죽을 것입니다. 그런데 여러분의 유한한 자아는 생존본능을 가지고 있기 때문에 죽고 싶어 하지 않습니다. 그것은 스스로 살아남기 위해 싸울 것이고, 그것이 자신의 생명을 유지할 수 있는 유일한 길은 여러분을 이떤 이원성적인 믿음 속에 갇혀 있게 하는 것입니다. 그러므로 여러분의 유한한 자아는 여러분이 어떤 이원성적인 믿음에 감정적으로 집착케 하거나 그런 믿음의 환상을 꿰뚫어보지 못하게 막기 위해, 그것이 생각할 수 있는 어떤 것을 여러분에게 투사할 것입니다.

여러분의 유한한 자아는 여러분이 나선형 계단 위로 올라서는 것을 막지 못하는 것은 사실상 자신에게 생사의 문제라는 점을 알고 있으며, 그렇기에 가능한 한 여러분이 그 계단을 밟고 올라가지 못하게 방해하고자할 것입니다. 사랑하는 이들이여, 내가 왜 여러분이 - 어느 순간에 - 자신의 유한한 자아의 감옥 문을 열고 밖으로 나올 수 있다고 말하는데다 그렇게 많은 시간을 보냈는지 아십니까? 그리고 여러분이 유한한 자아와 자신을 분리하지 않을 경우, 그 유한한 자아가 여러분을 이원성적인 믿음에 집착하도록 만들기가 매우 쉽다는 것을 이해할 수 있나요? 만약 여러분이 자신을 유한한 자아와 동일시한다면, 자기의 이원성적인 믿음들 중 하나를 포기할 경우 자신이 죽을 거라고 정말로 믿을 것입니다. 그러므로 분명히 여러분이 이런 믿음을 포기하는 것은 불가능해질 것입니다.

내 말의 요점은 아버지의 왕국으로 돌아가기 위해서는 여러분이 적그리스도의 환상들을 포기해야한다는 것입니다. 그리고 적그리스도의 환상을 포기하기 위해서는 먼저 여러분이 그 환상 속에 계속 갇혀있기를 바라는 유한한 자아로부터 여러분자신을 분리시켜야 합니다. 여러분은 적그리스도의 거짓말을 포기하는 것이 곧 여러분 개성의 죽음을 의미한다는 거대한 환상으로부터 스스로 벗어나야합니다. 그리고 여러분은 의식적인 여러분이 본래 유한한 자아가 아니라 그 인간적 자아보다 더 나은 존재이고, 참으로 불멸의 영적존재라는 것을 깨달을 때만이 이것을 할 수 있습니다.

***

유한한 자아로부터 여러분 자신을 분리시키는 단계를 완전히 밟기 위해서는, 유한한 자아가 어떻게 생겨났고 그것이 의식을 지닌 여러분을 어떻게 통제할 수 있었는지에 대해 좀 더 자세히 이해하는 것이 매우 도움이 될 것입니다. 앞서 설명했듯이, 여러분의 생명흐름(영혼)이 처음 생겨났을 때, 여러분은 자신의 창조주에 대한 완전한 인식을 지닌 채로 창조되지 않았고, 그리스도 안의 아기로 창조되었습니다. 여러분이 자신의 기원과 창조력을 완전히 알게 될 때까지, 또 여러분 자신을 하느님의 아들딸로, 창조주의 한 개체화로 받아들일 때까지, 여러분은 자아에 점차 눈을 떠가며 성장하도록 예정돼 있었습니다. 우리는 여러분이 낮은 수준의 빛을 가진 세계로 모험을 떠나 탐험하기 위해 설계되었다고 말할 수 있으며, 따라서 여러분의 자아영역의 하위 부분은 거기에 상응하여 낮은 수준의 빛을 가지고 있습니다. 여러분은 자신의 자아영역 내의 빛의 수준을 높임으로써 물질세계 내의 빛의 수준이 높아지게 돕도록 돼 있었습니다. 그러나 여러분 자신의 낮은 수준의 빛 때문에, 여러분 자아영역의 하위 부분은 상위 부분인 여러분의 신아를 반영하지 못했습니다. 여러분은 자신의 신아와 내면적으로 연결돼 있지만, 여러분의 외적인 마음에는 여러분이 하느님의 한 확장체라는 것이 분명하게 인식되지 않았습니다. 따라서 그때부터 여러분은 자신을 무한한 영적존재보다 훨씬 못한 존재로 인식할 수 있었습니다. 여러분이 몇 가지 일을 충실히 해내듯이, 자기 존재 안의 빛을 증대시키게 되면, 자아의 영역으로 더 많은 빛을 가져올 것이고 마침내 자신이 불멸의 영적존재의 한 확장체라는 것이 명백해질 것입니다. 그리고 여러분 자아의 하위 영역은 상위 영역을 그대로 반영하게 될 것입니다.

이 과정을 거치는 것을 돕기 위해, 여러분에게는 사랑어린 스승의 인도가 제공되었습니다. 그 스승은 바로 성서에서 에덴동산에 있던 신으로 언급되는 존재입니다. 어떤 시점에 여러분은 자신의 그 스승이 알려준 지시들 중 하나, 즉 상대적인 선악의 지식에 관한 열매를 먹지 말라는 것을 무시하기로 결정했습니다. 여러분이 이원성 의식을 가지고 실험하게 됨에 따라, 여러분은 나선형 계단을 계속 내려갔습니다. 그리고 어느 순간, 여러분은 진실의 순간을 경험했습니다. 이 진실의 순간은 여러분이 계단 꼭대기에 있는 문을 통해 더 이상 위를 볼 수 없는 계단까지 내려왔을 때, 즉 자신의 신아를 볼 수 없는 단계에 이르렀을 때 다가왔습니다. 그 순간에 여러분은 자신이 너무 멀리 이원성 의식 속으로 내려왔다는 것을 깨달았고, 신아와의 직접적인 연결을 잃어버렸다는 것을 깨달았습니다. 여러분은 또한 스승과도 헤어져서 여러분 자신이 저지른 일을 숨길 수 있는 방법이 없다는 것을 알게 되었습니다. 이것은 성서에서 아담과 이브가 갑자기 자기들이 벌거벗고 있음을 알아차렸다고 묘사하고 있는 것입니다(창세기 3:7). 그리고 그들이 벌거벗고 있다는 사실을 깨달았을 때, 그들은 부끄러움을 느꼈습니다.

나의 사랑하는 이들이여, 이 진실의 순간은 여러분의 영혼에게 매우 중요한 전환점을 나타냅니다. 내가 말했듯이, 에덴동산의 이야기는 선악에 관한 지식의 열매를 따먹은 공동창조자들에게 발생한 일의 상징입니다. 이 모든 존재들은 이원성 의식으로 내려갔고, 처음에는 그 내리막길이 너무 점진적이어서 그들은 일어난 일을 미처 알아차리지 못했습니다. 그러나 어떤 시점에 그들은 신아에 대한 시각을 잃어버렸고, 자신들이 덫에 걸렸다는 것을 깨달았으며, 쉽게 원래의 순수한 상태로 돌아갈 수 없었습니다. 그들은 또한 비록 자기들의 의식 상태를 지금까지 스스로 인식하지는 못했지만, 그들이 감추었던 그 어떤 것도 스승에게 숨길 수는 없다는 것을 깨달았습니다.

그 깨달음의 시점에 여러분은 중대한 결정, 즉 삶과 죽음의 결정에 직면했습니다. 처음에 여러분이 선악과를 따먹기로 결정한 순간이 바로 나선형 계단 아래로 내려가기 시작한 그 순간이었습니다. 그리고 이것이 사실이긴 하지만, 그 순간이 실제로 여러분이라는 존재에게 가장 중요한 순간은 아니었습니다. 하느님은 여러분에게 자유의지를 주셨으며, 그렇기에 그분은 선악과를 가지고 실험할 수 있는 권리를 여러분에게 주신 것입니다. 하느님이 특별히 여러분이 그렇게 하기를 원하신 것은 아니지만, 만약 그것이 여러분의 소망이었다면, 하느님은 인간들이 그렇게 하는 것을 멈추게 하지는 않았을 것입니다. 스승은 여러분이 과일을 먹을 수 없다고 말하지는 않았으며, 즉 그는 "만약 너희가 그것을 먹으면 죽을 것"이라고만 말했었습니다.

하느님이 일어나기를 바라지 않으셨던 것은 여러분이 이원성에 의식에 갇히게 되는 것이었는데, 왜냐하면 그것은 여러분의 불멸의 자아의식이 죽는다는 것을 의미하기 때문입니다. 스승은 일단 여러분이 나선형 계단을 내려가기 시작하면, 스스로 다시 돌아서는 것이 매우 어려울 것임을 잘 알고 있었습니다. 여러분이 밟고 내려간 계단마다 중력의 힘이 더 강해질 것이므로 위로 올라가기 시작하는 것이 더욱 어려워질 것입니다. 하지만 내가 설명하려고 노력했듯이, 여러분이 이원성 의식으로 행하는 그 어떤 것도 의식적인 여러분을 지배할 아무런 실질적인 힘도 없습니다. 그렇기에 하느님은 인간이 결코 영원히 돌이킬 수 없는 이원성 의식에 갇힐 수는 없다는 것을 아십니다. 여러분에게는 항상 다시 올라갈 수 있는 선택권이 있습니다. 문제는 그 선택권이 늘 여러분에게 열려 있지만, 여러분이 그것을 알 수 있어야한다는 것입니다. 여러분은 또한 그것을 사용하기 위해서는 기꺼이 그것을 선택해야만 합니다. 그리고 물론 이것이 실제적인 문제입니다.

내가 여기서 말하고 있는 것은 의식적인 여러분이 벌거벗고 있다는 것을 깨달았을 때, 여러분은 가장 중대한 결정에 직면하게 되었다는 것입니다. 그 결정은 여러분이 스승에게로 돌아가서 자신이 한 실수를 고백하고 나선형 계단을 올라가기 위한 도움을 요청할 것인지, 아니면 스승으로부터 숨을지를 정하는 것이었습니다. 사랑하는 이들이여, 아담과 이브의 이야기는 스승으로부터 숨기로 선택했던 공동창조자들에 관한 이야기입니다.

나는 여러분에게 이원성 의식을 가지고 실험하기로 결정했던 많은 공동창조자들이 있었다는 것을 보증할 수 있습니다. 하지만 그들 중 많은 이들이 스승에게 돌아가 나선형 계단을 다시 올라가기 위한 도움을 청했습니다. 도움을 요청한 사람들은 신이 각 공동창조자에게 품고 계셨던 절대적이고 순수하며 무조건적인 사랑의 도움을 받았습니다. 따라서 그들은 신속하게 다시 올라가 원래의 순수한 상태를 회복할 수 있었습니다. 이 공동창조자들은 실제로 물질세계로부터 상승하여 오늘날 더 높은 세계에서 살고 있는 불멸의 영적 존재들입니다.

그러므로 아담과 이브의 이야기는 스승에게 돌아가 사신들의 실수를 고백하지 않기로 결정한 공동창조자들에 관한 이야기입니다. 그들은 돌아가서 도움을 요청하려 하지 않았고, 대신에 그들은 스승으로부터 숨고자 했습니다. 사랑하는 이들이여, 왜 이것이 중요한 결정이었는지 이해하시겠습니까? 하느님은 여러분에게 자유의지를 주셨고, 하느님이나 하느님의 어떤 대행자도 그 자유의지를 침해하지 않을 것입니다. 따라서 여러분이 스승으로부터 숨기로 결정했을 때, 그 스승은 더 이상 도움을 줄 수 있는 선택의 여지가 없었습니다. 스승은 여러분에게 돌아와서 도움을 청하라고 강요할 수 없었으며, 자유의지의 법칙은 만약 여러분이 스승으로부터 숨어 있으면, 스승이 당신들을 뒤쫓아 가서 대면할 수 없다고 명하고 있습니다. 여러분이 스승으로부터 멀리 달아날 경우, 스승은 여러분이 돌아서서 도움을 청하기 전까지는 도울 수가 없습니다. 때문에 스승은 뒤에 서서 여러분이 나선형 계단을 내려가는 것을 지켜보아야만 했습니다.

***

이것은 여러분이 아버지의 왕국과 분리되어, 결과적으로 그 풍요를 누리지 못하고 있는 자신의 현재 처지를 알 수 있게 되는 핵심과정입니다. 나의 사랑하는 이들이여, 풍요로운 삶에서 이탈돼 있는 여러분의 현재 삶은 스스로 했던 선택의 결과임을 부디 이해하기 바랍니다. 또한 하느님이나 천상에 있는 그 어떤 존재도 여러분이 했던 그 선택을 책망하지 않는다는 것을 이해했으면 합니다. 그러므로 우리는 여러분이 그런 선택에 계속 갇힌 채로 있는 것을 보고 싶지가 않습니다. 우리는 오직 여러분이 신속히 나선형 계단을 올라가 다시 아버지의 왕국으로 돌아올 수 있도록 그런 과거의 선택에서 자유로워지는 모습을 보고 싶습니다. 참으로 하느님은 여러분이 단 1초라도 더 고난과 결핍의 상태에 머물러 있는 것을 바라지 않으십니다. 하느님은 여러분에게 풍요로운 삶을 주기를 원하시는데, 그분은 자신의 왕국을 여러분에게 물려주는 것이 커다란 기쁨이기 때문입니다. 그러므로 그분은 단지 여러분이 자신을 유한한 자아로부터 분리시키기를 바라십니다. 그리고 여러분이 그 인간 감옥의 문을 찾아 그 문이 잠겨있지 않다는 것을 깨닫기를 바라십니다. 또한 여러분이 그 문을 열고 나와 여러분의 신아인 밝은 태양빛 속으로 나서기를 원하십니다. 그럼으로써 여러분은 자기가 유한한 인간적 자아가 아니라는 것을 알고 받아들일 수가 있습니다.

사랑하는 이들이여, 내가 여기서 말하는 것을 진정으로 이해하시나요? 여러분이 자신의 과거 선택에 대해 부끄러움이나 거부감을 갖게 만들려고 하는 것은 하느님이 아닙니다. 과거의 실수 때문에 스승에게 돌아갈 수 없고 아버지의 왕국을 상속받을 수 없다고 믿게 함으로써 여러분을 그런 선택에 계속 갇혀 있게 하려는 것은 여러분의 유한한 자아와 이 세상의 지배자입니다.

인간감옥 밖으로 나갈 결심을 할 수 있기 전에 여러분은 과거에 왜 스승을 외면하고 떠나기로 결정했는지를 의식적으로 인식해야합니다. 그리고 나서 여러분이 오래 전에 했던 그 결정을 의식적으로 되돌려야합니다. 오직 그 결정을 취소했을 때만이 여러분은 유한한 자아로부터 완전히 벗어나게 될 것입니다. 자아의 용기, 자아의 영역 안에는 청소해내야 할 유한한 자아의 요소들이 여전히 남아있을 수 있습니다. 그럼에도 불구하고 여러분이 스승으로부터 멀어지게 된 원래의 결정을 취소하면, 그 순간 유한한 자아는 여러분을 지배할 힘을 잃을 것입니다. 그것은 왕위에 앉아 명령을 외치는 왕처럼 행세할지라도 주변에서 아무도 그에게 귀를 기울이지 않습니다.

사랑하는 이들이여, 내가 여기서 여러분에게 말한 것은 참으로 생명의 비밀로 간주될 수 있습니다. 여러분을 결핍과 고난의 상태에 빠져 있게 하는 것은 영적인 스승으로부터 떠나게 하고 창조주께 등을 돌리게 만든 그 원래의 결정입니다. 그 원래의 결정에서 이원성 의식에 의거한 무수히 많은 다른 결정들이 생겨났습니다. 그렇지만 그 결정은 욕조를 가득 채우는 더러운 물과 같습니다. 스승에게서 멀어지는 원래 결정은 욕조 속에 더러운 물을 계속 유지시키는 배수구 마개입니다. 그리고 일단 여러분이 그 마개를 당기면 모든 더러운 물이 배출되기 시작할 것입니다. 그러나 마개를 그대로 놔두면, 여러분은 한 번에 한 스푼씩 더러운 물을 퍼내야합니다. 나는 여러분이 이것을 할 수 없고 결국 그 배수구 마개를 빼낼 것이라고 말하는 것은 아닙니다. 하지만 여러분의 유한한 자아에 달려 있는 그 마개를 당기려고 노력하는 것이 그만큼 더 쉬운 일이 아니겠습니까?

다음 열쇠에서 나는 여러분이 그 원래의 결정을 발견하도록 도울 것입니다. 그리고 그것을 발견하는 데 약간의 시간이 걸릴지도 모르지만, 나는 이 책에서 여러분이 그 치명적인 결정, 즉 여러분의 영적 정체성의 죽음과 유한한 자아의 탄생을 의미했던 그 결정을 밝힐 수 있는 도구를 줄 것입니다. 그 결정은 또한 영적존재로서의 여러분 생명의 죽음과 인간으로서의 여러분 생명의 탄생을 의미했습니다.

이 결정은 참으로 여러분이 다시 태어나지 못하게 방해하는 결정이기 때문에 영적인 진퇴양난을 나타냅니다. 여러분이 유한한 자아가 십자가에서 죽게 하는 것을 방해하는 것은 바로 이 결정입니다. 그리고 여러분이 적그리스도의 마수에서 벗어나는 것을 막는 것도 이 결정입니다. 이 세상의 지배자에게 여러분을 통제할 수 있는 어떤 것을 제공하는 것 역시 바로 이 결정입니다. 그러므로 나는 여러분이 이 결정을 밝히는 것의 중요성을 알았으면 합니다. 그리고 나는 여러분이 이런 가르침을 받을 준비가 되는 단계로 여러분을 데려가는 데 대해 내가 느끼는 약간의 흥분감으로 다음 열쇠들을 읽었으면 합니다. 사랑하는 이들이여, 나는 여러분이 위로 향하는 길은 정말로 흥분으로 가득 차 있고 그렇기에 불편을 겪을만한 가치가 있다고 느끼도록 도와줄 수 있으면 좋겠습니다. 여러분은 나선형 계단에서 한 단계 더 높이 올라갈 때마다 중요한 승리를 얻습니다. 그러므로 여러분이 이 지점까지 이 책을 읽었다는 사실은 그 자체로서 승리인데, 내가 여러분에게 주는 열쇠는 여러분을 여러 단계 위로 데려가도록 설계돼 있기 때문입니다.

승리감에 가슴을 열고, 지금 여러분이 유한한 자아의 감옥 밖으로 나설 수 있는 현관계단에 서 있음을 깨닫지 않으시렵니까? 이제 여러분은 영원히 그 감옥 안에 갇혀 추락하는 것 외에는 아무데도 갈 데가 없다는 환영을 버릴 수가 있습니다. 내가 여러분과 함께 있을 때 느끼는 흥분과 기쁨을 여러분 스스로 느껴보세요. 그리고 천상에 있는 여러분의 모든 형제자매들은 여러분이 여러분과 우리를 분리시키고 있는 그 감옥 - 에너지 베일 - 을 나설 준비가 된 이 지점까지 스스로 오르기로 선택했다고 느낍니다.

우리는 여러분이 이미 존재하고 있는 모든 것에 충만해 있는 모습을 다시 한 번 볼 수 있기를 갈망합니다. 우리는 여러분을 위해 흠결 없는 생각을 간직하고 있습니다만, 여러분이 자신을 위해 그 순수한 생각을 간직하고 있는 모습을 몹시도 보고 싶습니다.

내가 내 자신에게 이야기할 때, 누가 답하고 있는 것일까?

이 열쇠에서 나는 여러분에게 하나의 실습에 참여하도록 요청함으로써 약간 다른 방향으로 가고자 합니다. 그 실습을 하기 전에, 보다 열린 진실한 답변을 주기 위해 나는 여러분에게 매우 적은 지침만을 제공할 것입니다. 여러분에 대한 유일한 물리적 요구 사항은 자신의 반응을 받아 적을 수 있도록 펜과 종이를 준비해달라는 것입니다.

여러분은 심리학자들이 "내면의 대화"라고 부르는 것에 대해 알 필요가 있습니다. 이것은 여러분이 자기 자신과 종종 머릿속에서, 때로는 소리 내어 이야기하는 대화입니다. 여러분은 이미 이 내면의 대화에 관해 잘 알고 있을지도 모릅니다. 그리고 만약 그렇다면, 나는 여러분에게 실습 중에 그것에다 주의를 기울이도록 요청하기만 하면 됩니다. 그러나 만약 여러분이 내면의 대화라는 개념에 익숙하지 않다면, 나는 과거에 여러분에게 큰 부담이 되었던 상황에 대해 생각해 보라고 요청합니다. 여러분은 상황이 발생한 후에, 일어난 그 일과 일어나지 말았어야 할 일에 대해 생각하기를 몇 번이고 반복하곤 했다는 것을 깨달을 수도 있습니다. 여러분은 또한 때때로 자신이 인생에서 실현되는 것을 보고 싶어 했던 꿈이 있다는 것을 생각할지도 모릅니다. 그리고 여러분은 일어날 수 있는 일을 희망하면서, 자신의 머리 속에서 그것을 거듭해서 검토할 수도 있습니다. 이렇게 여러분 자신과 하는 대화를 심리학자들이 "내면의 대화"라고 부르는 것이며, 그 실습을 하는 동안은 여러분이 그것에다 주의를 기울일 필요가 있습니다.

좀 더 일반적인 의미에서, 여러분과 여러분의 앞길 사이에 서있는 유한한 자아라는 장애물을 진정으로 밝히기 위해서는, 여러분이 자신과의 내면의 대화에 주의를 기울이기 시작해야 합니다. 많은 경우에 이 대화를 계속해나가는 것은 여러분의 유한한 자아일 것입니다. 그러므로 그 대화를 들음으로써 의식적인 여러분은 그 유한한 자아와 그것의 이원성적인 추론을 노출시킬 수 있습니다. 어떤 경우에는 내면의 대화가 의식적인 여러분과 유한한 자아 사이에서 이루어지게 됩니다. 그리고 그 경우에 여러분은 또한 유한한 자아로부터 오는 응답을

223

통해 배울 수 있습니다. 그러나 어떤 경우에는 여러분이 유한한 자아와 이런 대화를 하는 것을 의식적으로 철회할 필요가 있게 될 것입니다. 왜냐하면 그것이 무의미하고 별 가치도 없는 경우가 있기 때문이지요. 하지만 어떤 경우에는 여러분의 내면적 대화 전체 또는 적어도 그 중 일부가 나가야 할 올바른 방법에 관해 여러분에게 깨닫게 해주고자 하는 당신 존재의 더 높은 부분으로부터 올 수도 있습니다.

* * *

여러분에게 요청하건대, 다음과 같은 연습에 참여해 보십시오. 여러분이 아름다운 산 인근의 호숫가에 위치한 편안한 의자에 앉아있다고 상상해보기 바랍니다. 그 호수는 독특한 향기를 내뿜는 키가 큰 소나무들로 둘러싸여있어서 공기의 냄새가 순수하고 신선합니다. 새들은 높은 소나무 꼭대기에서 즐겁게 노래하고 있습니다. 여러분 앞에는 잔처럼 고요한 깊고도 푸른 산악 호수가 있습니다. 약간의 안개가 끼여 있지만 여러분은 호수의 반대편을 볼 수 있으며, 숲 뒤로 아름다운 산맥이 보입니다. 그 전체 장면은 평화롭게 평온한 분위기입니다.

나는 여러분이 부디 이런 상황을 상상하며 이 아름다운 호수의 고요함과 평화를 느껴보라고 요청합니다. 만약 원한다면, 몇 분 정도 눈을 감고 평상시에는 전혀 느끼지 못하는 완전한 평화를 느끼며 자신이 이 산속 호숫가에 앉아있다고 상상해보십시오.

이제는 여러분이 이렇게 호숫가에서 평화를 만끽하고 있을 때, 여러분 뒤에 서있는 어떤 존재가 느껴진다고 상상해 보세요. 그 존재는 여러분이 어떤 형태로 상상하든 간에 신(神)입니다. 나는 이제 여러분에게 내면의 대화를 생각해보고 여러분 마음속에서 신에 관해 떠오른 생각과 단어가 무엇인지를 인식하라고, 그리고 자신이 어떻게 신을 바라보는지를 알아차리라고 요청하고자 합니다. 이때 여러분에게 다가온 생각을 재빨리 적어보십시오. 그 생각을 분석하지는 마세요. 부디 어떤 기준에 따라 받아들일 수 있을지 여부를 평가하지 마십시오. 그냥 신에 관해 여러분에게 떠오르는 생각을 적어주십시오.

지금 여러분은 신과 그 현존에 대한 여러분의 생각을 기록했습니다. 이제는 신이 여러분에게 여러분이 그분으로부터 돌아섰던 먼 과거에 저지른 실수에 대해 용서를 구할 수 있는 기회를 주시기 위해 여기에 있다고 상상해보세요. 돌아서서 신을 마주보고 용서를 구하는 것이 어떨지 상상하면서, 다시 이 주제에 대한 여러분 내면의 대화에 주의를 기울이십시오. 그리고 어떤 식으로든 분석하지 말고 여러분에게 떠오르는 생각들을 재빨리 적어보십시오.

나는 이제 여러분이 자신 뒤에 서계신 신의 여러분에 대한 무조건적이고 무한한 사랑을 느낀다고 상상해보라고 요청합니다. 그러므로 만약 여러분이 기꺼이 일어나 돌아서서 그분을 대면하고 그분을 포옹한다면, 여러분에 대한 신의 사랑이 여러분의 신에 관한 온갖 부정적인 느낌과 불완전한 모든 자기 이미지들을 녹여버릴 것입니다. 나는 이제 여리분에게 내면의 대화에서 여러분이 신을 포용하고 그분의 조건 없는 사랑을 받아들일 가능성에 관해 뭐라고 말하는지를 숙고해보라고 요청합니다. 여러분의 내면의 대화는 여러분이 이렇게 하는 것을 방해하는 조건들에 대해 뭐라고 말하나요? 다시 말하지만, 분석하지 말고 신속하게 여러분을 생각을 적어보십시오.

나의 사랑하는 이들이여, 이 연습은 여러분이 유한한 자아의 깊은 층과 그 인간적 자아가 여러분으로 하여금 진정한 구원의 길에 착수하지 못하도록 막기 위해 이용했던 이원성적인 추론을 벗겨내는 데 사용할 수 있는 훈련입니다. 내가 이전의 열쇠에서 설명한 것처럼, 참된 구원의 길은 여러분이 하느님과 하나가 되는 것입니다. 그리고 그렇게 하는 열쇠는 열린 마음으로 연습을 실행하고 내면의 대화를 분석하지 않고 기록하는 것입니다. 만약 여러분이 이 연습을 반복하고 응답하는 데 있어서 자발적으로 더욱 더 노력한다면, 점차 여러분의 유한한 자아를 이루고 있는 이원성적인 믿음을 벗겨낼 수 있습니다. 그러면 그런 이원성적인 믿음들을 그리스도의 진리로 바꾸어놓을 수 있는 토대가 생겨날 것입니다.

앞에서 내가 말한 것을 다시 생각해보십시오. 즉 여러분의 정체성의 핵심인 의식적인 자아는 의식이 상승하거나 하강하는 그 열쇠입니다. 의식적인 여러분은 무엇이든 자신과 동일시할 수 있는 능력을 갖고 있으며, 성장의 열쇠는 여러분이 유한한 자아와의 온갖 동일시로부터 자유로워지는 것입니다. 그럼으로써 여러분은 자신을 본래의 영적존재로, 신의 개체화로 식별할 수 있으며, 자신의 신아에 닻을 내리고 있는 진정한 개성을 발견할 수 있습니다. 그러나 여러분이 유한한 자아로부터 스스로 벗어나기 위해서는 그 거짓된 자아가 수많은 개개의 벽돌로 지어진 감옥이라는 사실을 의식적으로 인식해야합니다. 각 벽돌은 여러분이 받아들이게 된 이원성적인 거짓말들을 상징합니다. 그리고 오직 이 거짓들을 의식적으로 이해하고, 여러분을 자유롭게 해줄 진리를 인식함으로써만이 그 유한한 자아의 감옥에서 벗어날 수 있습니다. 또한 유한한 자아의 요소들과 여러분을 중력의 힘으로 끌어내리는 적그리스도 의식의 요소들로부터 자아의 영역을 자유롭게 할 수가 있습니다.

∗∗∗

사랑하는 이들이여, 나는 여러분의 외부에 존재하는 거짓된 교사들에 관해 이야기했습니다. 나는 그들이 여러분을 이원성 의식의 함정에 빠뜨려서 그 의식 상태에 무한정 갇혀 있게 만들고자 한다고 설명했습니다. 또한 나는 여러분의 유한한 자아를 자아영역 안의 낯선 침입자로 언급했는데, 그것 역시 언제까지나 여러분을 적그리스도의 의식에 갇힌 채로 있게 하려고 시도하고 있습니다. 나는 내부의 적과 외부의 적이 여러분을 영적인 진퇴양난 속에다 밀어 넣으려 하고 있다고 말했으며, 그 과정에서 여러분은 과거에 실수를 저질렀고 지금도 그 실수에서 자유로울 수 없다고 믿게 되었습니다. 나의 사랑하는 이들이여, 이것이 내부의 적과 외부의 적의 음모라는 것을 아시겠습니까? 이것은 여러분을 자체적으로 분열시키려는 그들의 책략입니다. 그리하여 여러분은 본래의 순수한 상태, 즉 자신의 하느님과의 내면적인 일체감으로 결코 돌아올 수 없게 됩니다.

오래 전에, 외부의 적들은 여러분의 의식 속에다 의심의 요소를 삽입함으로써 이원성적인 거짓말로 여러분을 유혹했습니다. 여러분이 이런 이원성석인 거짓말을 점점 더 많이 받아들이기 시작함에 따라, 이러한 적그리스도의 요소들은 마침내 임계질량을 형성했으며, 그로 인해 여러분의 자아영역 안에 자아의식을 지닌 존재로서의 유한한 자아가 생겨나게 되었습니다. 여러분이 이제 자신의 신아와 분리됨으로써 스스로 순수성을 상실하고 길을 잃었다고 느꼈던 것은 바로 그때였습니다. 그럼에도 내가 설명하려고 노력했듯이, 거기에 실제적인 분리는 결코 없었습니다. 하지만 여러분의 마음에서는 그러한 분리의 상태, 멀리 떨어진 상태가 있다고 믿었습니다. 여러분의 유한한 자아가 생겨나기 직전에, 여러분은 자신이 신아와 분리되었음을, 즉 (에덴동산에서) 자신이 벌거벗고 있음을 깨달은 진실의 순간이 있었습니다. 바로 그 순간, 외부의 적이 여러분이 은총에서 벗어나 타락했으므로 결코 다시는 하느님과 하나가 될 수 없고, 과거에 실수를 했기 때문에 지금이나 미래에도 신에게 돌아갈 수 없다는 생각을 여러분의 의식 속에다 주입시켰습니다.

다시 말하면, 수많은 이원성적인 거짓말로 여러분을 유혹한 후에, 외부의 적이 이제는 여러분이 신으로부터 영구적이고도 돌이킬 수 없을 정도로 분리되어 아예 돌아갈 길이 없다는 궁극적인 거짓말로 여러분을 부추겼던 것입니다. 그러나 이 세상의 것들이나 어느 시점에 여러분이 행한 어떤 일이 여러분을 신에게 돌아가는 것을 막을 수 있다고 하는 말은 거짓말입니다. 사랑하는 이들이여, 여러분은 내가 이전에 열쇠에서 말했던 것을 상기하여 이 거짓말의 오류를 알 수 있습니까? 나는 이 세상의 모든 것이 진동이 낮추어진 어머니 빛으로 만들어져 있다고 여러분에게 말했습니다. 또한 나는 이 세상에 존재하는 모든 것이 영적세계의 에너지보다 더 낮은 진동으로 이루어져 있다고 말했습니다. 여러분이라는 존재의 핵심은 의식적인 자아이고, 자아의 영역이며, 여러분의 신아입니다. 인간 존재의 이 3가지 요소는 모두 하느님에 의해 창조되었고, 영적세계의 더 높은 에너지로 창조되었습니다. 그러므로 물질세계의 그 어떤 것보다도 더 높은 진동으로 이루어져 있습니다. 실제로 이 물질세계에는 여러분의 진정한 존재에게 영구적으로 영향을 줄 수 있는 것은 아무 것도 없습니다. 의식을 지닌 여러분은 하느님의 순수의식의 한 확장체입니다. 그것은 물질세계의 낮은 진동 속에서 여러분이 행한 어떤 것에 의해 영구적으로 바뀌거나 손상될 수가 없습니다. 이것은 여러분이나 다른 누군가에 의해 창조된 불완전한 창조물에 여러분이 영구적으로 갇히지 않게 하기 위해 창조주가 규정한 것으로서, 신의 창조물에 내장된 안전장치 중의 하나입니다.

226

의식적인 여러분은 자신을 저급한 진동의 존재로 여길 수 있지만, 이 성체감은 결코 영구적이거나 돌이킬 수 없는 것이 아닙니다. 그것은 환영이며, 오직 여러분이 그것을 실제로 받아들일 때만 존재할 수 있습니다. 그러므로 여러분이 그 환영을 놓아버리는 순간 그것은 더 이상 여러분을 지배할 힘이 없습니다. 사랑하는 이들이여, 내가 여기서 말하고 있는 것을 진정으로 이해하시겠습니까? 이 세계의 지배자와 여러분 자신의 내부의 적에 의해 조장된 거짓말은 여러분이 과거에 스스로 자유로워질 수 없는 실수를 저질렀다는 것입니다. 다시 한 번 말하지만, 여러분이 과거에 행한 어떤 것도 하느님의 빛인 어머니의 빛으로 이루어져 있습니다. 그러나 내가 설명했듯이, 여러분이 오직 그리스도 의식 속에 있을 때만 순수한 어머니 빛에 직접 작용할 수 있습니다. 여러분이 이원성 의식에 관여할 때는 순수한 어머니 빛에 영향을 줄 수는 없지만 단지 이미 물질 주파수대로 옮겨진 에너지에만 작용할 수 있습니다. 이 에너지들은 규정에 따라 영적세계의 에너지보다 낮은 진동으로 이루어져 있으므로 영속성을 가질 수 없습니다. 이 물질세계의 어떤 것도 영구적일 수 없습니다. 그러므로 여러분이 일찍이 저지른 어떤 실수가 영구적이거나 돌이킬 수 없다는 착각을 하지 마십시오. 어떤 실수라도 취소할 수 있습니다. 그리고 실수를 취소하기 위해서는, 다음과 같은 두 가지 간단한 작업을 수행할 필요가 있습니다.

● 여러분은 자신으로 하여금 어머니 빛을 오염시키게 만들었던 이원성적인 거짓말을 꿰뚫어 볼 필요가 있다. 여러분이 그 거짓말을 간파하게 되면, 그것을 거짓으로 인정하게 된다. 그리고 그 거짓말을 상쇄시키는 그리스도 진리를 받아들임으로써 그것을 대체하면 그 거짓말에서 자유로워질 수 있다.

● 여러분이 거짓말을 받아들여 그것이 자신의 자아영역에 남아있도록 허용하는 동안, 일부 어머니 빛이 그 거짓말의 필터를 통해 흐르므로 그 거짓말에 의해 묘사된 형태를 취하게 된다. 이 때 여러분은 하느님 빛의 일정한 부분이나 일정량을 잘못 사용했다고 말할 수 있다. 그러므로 물질세계에서 확실히 더 이상 불균형이 발생하지 않도록, 오염시킨 그 빛을 정화하는 것은 여러분의 책임이다. 과거 실수에서 자유로워지기 위해서는, 여러분이 이원성적인 거짓말을 믿는 동안 받은 저급한 진동과 불완전한 이미지를 통해 오염시킨 어머니 빛을 다시 정상상태로 되돌려놓을 필요가 있다.

일단 여러분이 거짓말을 꿰뚫어 본다면 이렇게 하는 것은 어렵지 않습니다. 여러분은 단지 하늘에다 영적인 빛을 기원하여 그것을 오염된 부적절한 에너지로 유도할 필요가 있으며, 그럼으로써 낮은 주파수 에너지의 진동을 높일 수가 있습니다. 이것은 지구상의 과학자들도 실험실에서 발견하고 입증한 완전히 자연스러운 과정입니다. 저주파 빛의 파동에다 고주파 빛의 파동을 보내면 그 저주파 에너지의 진동을 높일 수 있습니다. 사실, 이것은 매우 기계적인 과정이며, 나는 나중에 오염된 빛의 진동을 높이기 위한 강력한 기술을 여러분에게 가르쳐 줄 것입니다.

내가 여기서 여러분에게 설명하고 있는 것은 영구적이거나 돌이킬 수 없는 실수 같은 것은 없다는 것입니다. 취소하여 원상복구 할 수 없는 실수는 절대로 없습니다. 여러분을 영원히 갇혀있게 할 그런 실수는 존재하지 않습니다. 나의 사랑하는 이들이여, 만약 여러분이 내가 창조주에 관해 말한 것을 다시 생각해 본다면, 여러분의 창조주는 인간이 과거의 모든 실수에서 자유롭게 되는 것을 보는 것 외에는 다른 욕망이 없으시다는 것을 알게 될 것입니다. 분노하고 벌을 주는 하느님의 개념은 이원성의 의식, 즉 적그리스도의 의식으로부터 생겨난 개념입니다. 그것은 진실성이 전혀 없습니다. 창조주는 여러분이 실수를 했다고 해서 여러분에게 화를 내시지 않습니다. 여러분의 창조주는 여러분에게 자유의지를 주셨고 그 자유의지를 가지고 실험할 물질적인 우주를 주셨습니다. 내가 말했듯이 자유의지의 법칙은 홀로 존재하지 않습니다. 즉 그것은 인과법칙과 더불어 양극성으로 존재하기 때문에, 그 법칙이 여러분의 선택에 대해, 여러분이 하느님 에너지를 사용하는 것에 대해 책임을 지게 만듭니다.

이 법칙에는 두 가지 측면이 있습니다. 우선 그것은 여러분이 이원성적인 거짓말을 자아의 용기 안에 남아 있게 허용하는 한, 필연적으로 그 이원성적인 거짓과 여러분이 어머니 빛에다 투사한 잘못된 이미지들을 통해 하느님 에너지의 일부를 오염시킬 거라는 것입니다. 그리고 그 법칙의 두 번째 측면은 여러분이 오용한 그 에너지가 이원성적인 거짓말을 통해 여러분이 어머니 빛에다 투영한 잘못된 이미지를 구현하는 형태로 우주거울에 의해 여러분에게 돌려보내질 거라는 것입니다. 그러므로 여러분은 이원성 의식을 통해 스스로 창조한 것을 그대로 경험하게 될 것입니다. 이것이 사실상 예수가 남들에게 대접받고 싶은 대로 타인들에게 행하라고 사람들에게 말했던 이유입니다(마태복음 7:12). 그 더 깊은 의미는 여러분이 다른 사람들에게 행하는 것, 어머니 빛에게 행하는 것을 우주거울이 당신들에게 되돌려 줄 거라는 것입니다. 그러므로 여러분은 자신이 다른 사람들에게 행하는 것을 필연적으로 경험하게 될 것입니다.

여러분이 이원성적인 거짓말을 여러분의 자아용기 안에 더 오래 머물러 있게 하면 할수록, 감정적으로 더욱 더 그 거짓말에 집착하게 되며, 더 많은 에너지를 오염시키게 될 것입니다. 그런 에너지가 축적되는 만큼, 우주거울에 의해 여러분에게 다시 반사되는 에너지의 강도는 계속 높아집니다. 그리고 그런 이유 때문에 어떤 사람들은 하향나선 속에서 스스로 벗어날 수 없는 것처럼 보이는 것입니다. 다시 말하지만, 이것은 여러분을 벌하려는 하느님의 분노로 인한 결괴가 아닙니다. 그것은 창조주가 자유의시를 가지고 하는 여러분의 실험을 인도하기 위해 세워놓은 완전히 일반적이고 기계적인 법칙의 결과일 뿐입니다. 이 법칙들은 여러분을 처벌하기 위해 세워진 것이 아니며, 즉 그것은 여러분이 자기 자신이나 다른 공동창조자들, 또는 우주 전체를 파괴하지 않도록 보장하기 위해 만들어진 것입니다. 이 법칙들은 매우 단순한 방식으로 작용합니다. 여러분이 에너지를 오용할 때, 그 에너지는 우주거울에 의해 반사되어 여러분에게 되돌아가며, 따라서 여러분은 자신의 자유와 창조적 표현을 제한받는 상황에 직면하게 됩니다. 바꿔 말하면, 여러분이 에너지를 오용하면 할수록 여러분의 삶은 더욱더 어려워지며, 점점 더 창조력은 줄어들어 오염된 에너지만 더 많이 떠안게 됩니다. 즉 여러분은 자신이 오용한 과거의 에너지들에 의해 더욱더 무거운 짐을 짊어지게 되고, 이것이 결과적으로 여러분 자신과 타인들에게 피해를 주게 됩니다.

한 가지 시각적인 이미지로서, 여러분은 인생길을 걷고 있고 여러분이 오염시킨 에너지는 자신의 호주머니와 등짐 속에 넣은 모래와 같다고 말할 수 있습니다. 여러분이 지니고 있는 그 모래가 많아지면 많아질수록, 걷는 것이 더욱더 어려워집니다. 이것은 일종의 안전장치가 되는데, 결국에 여러분은 엄청난 양의 오염된 에너지를 생성함으로써 더 이상 움직일 수 없게 될 것이기 때문입니다. 그러므로 더 이상 여러분 자신과 다른 생명체들을 파괴하지 않을 수가 있습니다.

그러나 원인-결과의 법칙의 진정한 목적은 개인적으로 여러분을 향한 것이 아닙니다. 그것은 우주의 균형과 물질세계의 균형을 유지하는 데 그 목적을 두고 있습니다. 나는 이원성적인 의식상태가 두 가지 극단을 설정한다는 사실에 대해 앞서 여러분에게 말한 바가 있습니다. 이 양 극단은 아버지의 팽창하는 힘과 어머니의 수축하는 힘을 곡해합니다. 여러분은 팽창하는 힘과 수축하는 힘이 서로 상쇄된다는 의미에서 대립적인 것이 아니라고 말했던 것을 기억할 것입니다. 대신에 그것들은 양극성을 형성하며, 그 두 힘이 균형 잡힌 상호작용 속에서 함께 모일 때 서로를 보완하고 증대시켜주는데, 그것이 형태가 창조되는 방식입니다. 여러분이 이원성 의식으로 하락하면, 팽창력과 수축력 사이의 적절한 균형을 유지할 수 없으며, 균형은 오직 그리스도 의식에서 생겨납니다. 그러므로 서로를 무력화시키는 일련의 잘못된 정반대적인 속성을 창조함으로써 결과적으로 어떤 영속적인 형태들을 만들 수가 없습니다. 오히려, 그것들은 단지 매터 빛을 그 초기 상태로 되돌려 놓으려는 어머니의 수축하는 힘에 의해 붕괴될 유한한 형태들만을 창조합니다.

여러분이 이원성 의식에서 행동하면, 스스로 행하는 모든 것, 일으키는 모든 행위가 우주에 의해 정반대의 그 만큼 강력한 반작용의 형태로 방해받게 될 것이라고 말할 수 있습니다. 이것은 여러분의 과학자들에 의해 입증되었으며, 작용과 반작용의 법칙은 수세기 동안 알려져 있습니다. 그러나 소수의 사람들만이 이것을 자신의 개인적인 상황에다 적용했습니다. 극소수의 사람들은 균형이 깨져 불균형적이 되면 될 수록 균형을 회복하려는 그 정반대 힘이 더욱 더 강해질 것이라는 것을 이해했습니다. 그리고 이런 균형 잡히지 않은 의식상태에서 어떤 일을 하기 위해서는 우주로부터 오는 그 저항을 끊임없이 극복해야합니다. 게다가 불균형적인 창조를 유지하기 위해서는 불균형한 행위들을 계속하지 않으면 안 됩니다. 이것이 불가피하게 삶을 계속되는 투쟁으로 바꾸어 놓게 되고, 결국 많은 사람들에게 그것은 멈출 수없는 하향 나선으로 빠져드는 결과가 됩니다.

사람들이 수세기 동안 과학자들에게 알려진 이 간단한 원리를 이해하지 못했다는 것은 극히 불행한 일입니다. 겉으로 드러난 이면을 살펴보려하고 왜 어떤 것이 다시 자신에게 돌아오는 것처럼 보이는지 궁금해 하는 사람은 누구나 그 것을 관찰할 수 있습니다. 속담에서 말하는 것처럼, "뿌린 대로 거두고 준 대로 받습니다." 만약 사람들이 균형의 원리를 이해했다면, 그들은 이 세상에서 삶에 대한 완전히 다른 시각을 얻었을 것이고, 하나의 극단에서 다른 극단으로 왔다 갔다 하는 상태에서 스스로 벗어나는 데 도움이 되었을 것입니다. 그런데 그렇지 못하다 보니 사람들이 이원성 의식이라는 무의미한 게임에 빠져 있는 것이지요.

작용과 반작용 법칙의 배후에 있는 기본원리는 신은 물질우주를 공동창조자들이 자신의 법칙을 어기는 것이 가능한 세계로 설계하셨다는 것입니다. 그러나 신은 한 공동창조자가 전체 우주를 파괴하거나 다른 모든 공동창조자들을 노예로 삼는 것을 막기 위해 물질우주가 일정한 균형 상태를 유지해야한다는 법칙을 만드셨습니다. 그 실제적인 의미는 공동창조자가 불균형한 행위를 유발할 때마다, 우주 자체 또는 어머니 빛이 신의 법칙과 조화가 안 되고 우주의 평형을 방해하는 그 행동에 대해 균형을 맞추는 반작용을 자동으로 생성한다는 것입니다.

***

사랑하는 이들이여, 이 간단한 원리는 많은 중대한 함의(含意)를 담고 있으며, 나는 나중에 언급할 열쇠에서 그 중 일부를 밝힐 것입니다. 그러나 지금은 가장 중요한 함의 중 하나만을 지적하고자 합니다. 내가 앞에서 말했듯이, 내부의 적과 외부의 적의 핵심 책략은 여러분을 영적인 진퇴양난 상황 속에다 밀어 넣는 것입니다. 나는 에덴동산에 대한 이야기가 이원성 의식으로 추락한 모든 영혼들에게 발생한 일을 상징한다고 앞서 말한 바가 있습니다. 그리고 아담과 이브가 자기들이 벌거벗고 있다는 것을 깨닫게 된 상황은 그들이 진실의 순간을 가졌다는 사실을 나타내는 상징이라고 말했습니다. 그 순간은 그들이 자신의 신아와의 접촉을 상실했다는 것을 깨달았을 때였습니다. 여러분이 그 진실의 순간을 경험했을 때, 여러분은 혼자라고 느껴졌고, 길을 잃어버렸다고 느꼈으며, 온전하지 않다는 느낌이 들었습니다.

내가 전에 말했듯이, 여러분의 의식 속에 있는 가장 깊은 욕망은 자신의 온전함을 회복하는 것입니다. 그러나 여러분이 그 온전함을 되찾는 유일한 길 – 절대적으로 유일한 길 – 은 여러분의 근원인 신아와 하나라는 내면의 느낌을 회복하는 것입니다. 그 내적인 일체감은 오직 내면으로 들어감으로써만이 얻을 수 있으며, 그래서 참으로 예수가 하느님의 나라가 여러분 안에 있다고 말했던 것입니다(누가복음 17:21).

그러므로 사랑하는 이들이여, 여러분을 진퇴양난 속에 계속 빠져있게 하기 위해서, 내부의 적과 외부의 적은 여러분이 내면으로 들어가 신과의 일체감을 재건하는 것을 막아야만 합니다. 즉 그들은 여러분을 이원성 의식의 어떤 측면과 자신을 동일시하는 마음상태에다 계속 묶어두어야 합니다. 어떻게 해야 그들이 그렇게 할 수 있을까요? 그들은 적그리스도의 의식의 중심적인 특성, 즉 두 가지의 정반대 양 극단을 창조하는 성향이 내재된 이원성을 이용함으로써 이것을 합니다. 그 양자는 분리될 수 없는 신의 실체인 하나로부터 분리돼 있는 것입니다. 이 세상의 지배자는 사람에게는 옳은 것처럼 보이지만 그 끝은 죽음에 이르는 거짓된 길을 만들어 냈습니다. 그리고 이 길은 두 가지 극단으로 이루어져 있습니다.

자, 나의 사랑하는 이들이여, 가슴 속 깊은 곳에서 여러분은 자신이 온전하지 않고 전체가 아니라는 것을 알고 있으며, 그 온전함을 되찾기를 갈망하고 있습니다. 이 세상의 지배자가 직면한 문제는 여러분이 온전함에 갈망, 또는 물질세계가 제공할 수 있는 것보다 더 나은 어떤 것에 대한 동경을 완전히 잃을 수는 없다는 것입니다. 이 세계의 지배자는 이 세상에다 무수한 오락거리들을 조성해놓음으로써 이 문제를 처리하려고 시도해 왔습니다. 이것은 많은 사람들이 이 세상의 것들을 손에 넣고 세상적인 즐거움을 추구하는데 사로잡혀 온전함에 대한 그들의 욕구를 망각했다는 의미에서 한동안 효과가 있을 수 있습니다. 혹은 그들은 이 세상에서 재물이나 쾌락적인 경험을 얻음으로써 온전함에 대한 욕구를 채우려고 시도했습니다. 그럼에도 영혼이 더 이상 온전함에 대한 욕구를 무시할 수 없는 시점이 올 것입니다. 이 세상의 지배자와 내부의 적인 유한한 자아가 더 이상 여러분이 삶에는 이 세상에서 제공되는 것보다 더 나은 것이 있어야 한다고 생각하는 것을 막을 수 없는 시점이 올 것입니다. 삶에는 물질적 부를 통해 구입할 수 있는 것보다 더 심오한 온전함이 있어야만 합니다.

의식적인 여러분이 그 시점에 도달하면, 이 세상의 세력이 더 이상 당신들이 신에 관한 그 주제를 심사숙고하는 것을 막을 수 없습니다. 많은 영혼들이 신에 관한 주제를 무시하거나 신이 존재한다는 것을 부정합니다. 그러나 영혼이 영원히 그렇게 할 수는 없습니다. 그리하여 여러분의 진정한 내면의 갈망이 온전함에 대한 갈망이라는 것을 깨닫게 될 때가 올 것입니다. 그리고 온전한 전체가 되기 위해서는 여러분의 하느님과의 관계를 해결해야합니다. 그 때, 이 세상의 지배자는 극단적인 두 가지 그릇된 길 중에 하나에다 여러분을 끌어들이려고 시도할 것입니다.

하나의 극단적인 조치는 여러분을 하느님으로부터 도망가게하려는 시도입니다. 예를 들면, 그것은 여러분이 저열한 인간이기 때문에 하느님에게 접근하는 것이 불가능하다고 말하는 철학입니다. 또는 이 세상의 지배자는 하늘에서 인간의 모든 거동을 관찰하면서 온갖 실수에 대해 인간을 처벌하고자하는 분노한 존재의 이미지와 같은 신에 관한 잘못된 이미지 중 하나를 여러분이 믿게 만들려고 시도할 것입니다. 그 목적은 여러분이 전혀 하느님과 하나가 되는 상태로 돌아가고 싶지 않다고 느끼게 만드는 것입니다. 또는 이 세상의 세력은 여러분이 직면하는 모든 문제는 하느님이 인간을 창조하셨기 때문에 그분의 잘못이라고 믿게 하려고 시도할 것입니다. 즉 하느님이 여러분에게 자유의지를 주셨고 여러분이 현재 상황에 빠지게 만들었던 다른 불공정한 일을 했다는 것입니다. 이 극단적인 상태는 외부의 하느님으로부터 도망가는 경향을 나타낸다고 말할 수 있습니다. 분명히 말하지만, 여러분이 외부의 하느님으로부터 도망치는 한, 여러분의 순수성이나 내면의 하느님과의 일체감을 다시 회복할 가능성은 거의 없습니다.

나는 여러분이 이 책을 읽고 있다면, 이런 극단적 상태에 빠지지는 않을 것이라고 확신합니다. 여러분은 의식적으로 영적인 길을 걷고 있으며, 그렇기에 의도적으로 하느님과 더 가까워지려고 노력하고 있습니다. 내가 이런 설명을 하는 이유는 이렇게 함으로써 사람들이 신으로부터 도망치는 이 같은 극단적 상태에 갇히게 만드는 거짓말을 꿰뚫어 보는 것이 쉬워질 거라고 확신하기 때문입니다. 그리고 이런 거짓말을 직시함으로써, 나는 여러분이 사람들을 정반대의 극단적 상태에다 빠뜨리는 데 이용하는 거짓말을 보다 쉽게 간파할 수 있기를 바랍니다.

***

사랑하는 이들이여, 나는 많은 영적인 사람들과 종교인들이 내가 이제 여러분에게 말하게 될 것을 받아들이는 것이 어려울 수도 있음을 알고 있습니다. 그러나 나는 이 세상의 지배자가 계획한 정반대의 극단이 여러분으로 하여금 외부의 신을 향해 달려가게 만드는 종교의 한 형태라는 진실을 말해야만 합니다. 이것은 외적인 하느님의 이미지를 강화시키는 어떤 종교형태입니다. 참으로 어떤 종교가 외부적인 신을 어떻게 묘사하고 있느냐는 중요하지 않습니다. 즉 그분을 분노하고 벌을 주는 신으로 묘사하든, 아니면 자비로운 신으로 묘사하든 상관이 없습니다. 결정적인 요소는 하느님이 여러분 자신의 바깥에 있는 외적인 존재로 묘사되어 있는지, 또 여러분이 자신의 과거의 실수나 죄 등의 장벽으로 그분과 분리되어 있는지의 여부입니다.

나는 이 지구행성에 있는 많은 종교들이 이런 범주에 속한다고 말하지 않을 수 없습니다. 하지만 대부분의 종교는 원래 참된 종교로 출발했으며, 여러분은 이런 패턴을 기독교에서 아주 분명하게 볼 수 있습니다. 예수는 진정한 영적 스승이었습니다. 그리고 그는 사람들이 하느님의 나라가 그들 안에 있고 구원의 열쇠는 내면의 하느님과의 내적 일체감을 다시 회복하는 것이라는 잃어버린 진리를 되찾도록 돕기 위해 신에 의해 보내졌습니다. 그러나 시간이 지남에 따라 예수의 진실하고 내면적인 가르침이 왜곡되어 하느님을 하늘의 먼 존재로 묘사하는 외적인 교리로 변질되었습니다. 어떤 기독교 교회는 하느님이 여러분의 죄에 대해 여러분을 벌하실 것이지만, 어떤 율법을 따르고 어떤 교리를 믿음으로써 이런 궁지에서 벗어나는 방법이 있다고 말합니다. 다른 기독교 교회들은 여러분이 자신의 힘으로는 하느님과 올바른 관계를 회복할 수 없다고 말합니다. 그리고 그 회복은 오직 여러분 자신 밖에 있는 어떤 대상, 즉 외적인 구원자로 묘사된 예수를 통해서만 가능하다고 말하고 있습니다. 왜냐하면 그가 하느님의 유일한 독생자이고 여러분은 죽을 운명을 지닌 죄인이기 때문이라는 것이지요.

사랑하는 이들이여, 여러분은 많은 기독교 교회들이 외적인 신의 이미지와 구원의 열쇠는 외적인 신을 향해 달려가고 그 외적인 신의 반대편, 즉 악마로부터 도망치는 것이라는 이미지를 강화시키고 있음을 아십니까? 또한 여러분은 외적인 신으로부터 도망가느냐, 아니면 그 신을 향해 달려가느냐는 정말로 중요하지 않다는 것을 아시겠습니까? 이 두 경우 모두, 여러분은 구원의 유일한 열쇠인 내면의 하느님으로부터 도망치고 있는 것입니다.

나의 사랑하는 이들이여, 매주 일요일마다 많은 기독교인들이 자기들이 구원받게 될 유일한 사람들이라는 느낌으로 교회에 앉아있는 것은 슬픈 사실입니다. 그리고 나는 이것을 조롱하거나 무례한 방식으로 말하고 있는 것이 아닙니다. 나는 많은 기독교인들이 매우 진실하고 순수한 마음을 가지고 있음을 잘 알고 있으며, 그들은 전통적 교회에 의해 그들 앞에 제시된 길을 부지런히 추구하고 있습니다. 그들은 진정으로 최선의 의도를 갖고 있지만, 그러나 나는 그들의 노력이 원하는 결과를 가져올 수 없다고 말해야만 합니다. 사실, 이들 중 많은 사람들이 불가능한 목표를 추구하고 있습니다. 그들은 영원히 그들을 비켜가게 될 목표를 향해 달리고 있습니다.

여러분은 짐마차를 끌고 있는 당나귀의 그림을 보았을지도 모릅니다. 그 짐마차로부터 긴 막대기 하나가 뻗어 나와 있고 그 막대기 끝에는 끈에 매달려있는 당근이 있습니다. 당근은 당나귀 코앞에 매달려 있으며, 당나귀는 그것에 금방 닿아 먹을 수 있다고 생각하면서 계속 당근을 향해 달려갑니다. 그리고 그렇게 하는 가운데 당나귀가 짐마차를 끌고 있습니다. 사랑하는 이들이여, 이 지구상에 있는 많은 종교인들 — 기독교인들만은 아니지만 많은 기독교인들이 포함돼 있다 — 이 당연히 도달하지도 못할 당근을 향해 계속 달리고 있는 당나귀와 흡사하다는 것은 불행한 사실입니다. 그들은 자기들의 종교가 했던 약속을 따라 달리고 있지만, 결코 하늘나라의 풍요로운 삶에 이를 수는 없습니다. 그리고 그 이유는 그들이 거짓 이미지, 이원성적인 이미지, 신의 우상 이미지, 그리고 구원을 얻기 위해 해야 한다는 것을 받아들여 왔기 때문입니다. 그러므로 그들은 자신들이 구원을 향해 달리고 있다고 생각하지만, 그들이 향해 가고 있는 것은 외적인 신에 관한 우상입니다. 그들이 그 우상을 향해 달리는 한은 그들은 내면의 신으로부터 멀리 도망가고 있습니다. 그렇게 하는 가운데, 그들은 짐마차를 끌고 있으며, 이 세상의 지배자와 그들의 유한한 자아는 그 짐마차에 앉아서 마차타기를 즐기고 있습니다. 이 존재들은 사람들이 외부의 신이라는 당근을 향해 계속 달려가는 한, 운전석 안의 자신들의 위치가 보장될 것이며 운전석에서 완전한 통제 하에 있는 사람들을 확보하게 될 것임을 알고 있습니다.

나의 사랑하는 이들이여, 나는 기존 종교에 의해 그들 앞에 지정된 길을 추구하며 수십 년, 어쩌면 전 생애를 보낸 수많은 성실하고 경건한 사람들에게 이것은 충격적인 진리가 될 수 있다는 것을 압니다. 그러나 만약 여러분이 진실하고 헌신적인 종교인이었다면, 당신의 노력이 완전히 낭비되지는 않는다고 말할 수 있습니다. 여러분이 순수한 마음으로 행한 일이 그 무엇이든 간에 그것은 어느 정도 가치가 있습니다. 그럼에도 나는 그것이 여러분의 진정한 구원의 목표에 이르게 하기에는 충분하지 않을 것이라고 말해야 합니다. 그러므로 그 코스를 변경해야 할 필요가 있습니다. 다시 말해 여러분은 외부의 하느님이라는 당근을 쫓아 달리기를 중지해야합니다. 그리고 (우상을 세워놓은) 받침대에서 황금 송아지를 끌어내어 부숴버리고 왜 예수가 하느님의 나라가 여러분 안에 있다고 말했는지에 대한 그 절대적인 진리를 깨달을 필요가 있습니다. 오직 외부의 신이라는 우상을 부숴버리고 내면의 하느님을 찾기 시작할 때만이 여러분은 합당한 권리인 아버지의 왕국을 상속받을 수 있고 풍요로운 삶을 물려받을 수 있습니다. 그러나 여러분이 외부의 신을 향해 달려가는 한은 이런 목표에 결코 도달할 수가 없습니다.

사랑하는 이들이여, 나는 이 진리를 듣고 싶어 하지 않는 수많은 사람들이 이 지구행성에 있다는 것을 경험을 통해 잘 알고 있기에 매우 단도직입적이고 엄격합니다. 그리고 그 이유는 그들이 받아들인 이원성적인 거짓말에 여전히 매우 집착하고 있기 때문입니다. 이런 거짓말은 유한한 자아와 이 세상의 지배자에 의해 조장된 것입니다. 아울러 이것들은 외적인 종교규칙과 교리를 기계적으로 따르는 결과로서 사람들에게 자동구원이 보장된다는 거짓말들입니다.

그러므로 여러분이 이 진리에 관해 가질 수 있는 저항을 차단하기 위한 한 가지 시도로서 나는 매우 솔직하고 단호한 태도를 취할 필요가 있습니다. 부디 내가 여기서 말하고 있는 것에 주목해주십시오. 나는 자신의 종교를 따르려는 여러분의 과거 노력이 완전히 헛된 것이라고 말하고 있는 것은 아닙니다. 만약 여러분이 어떤 종교의 독실하고 경건한 신도이고, 그 종교를 최선을 다해서 따랐다면, 여러분은 풍요로운 삶에 더 가까이 다가 갈 수 있는 무엇인가를 했습니다. 이것은 특히 여러분이 행한 일이 불순한 동기가 없이 사랑과 가슴의 순수성으로 이루어졌을 경우, 그러합니다. 그러므로 내가 여기서 말하고 있는 것은 여러분이 과거에 해온 일이 낭비되지 않고 그 노력의 결실을 거두기 위해서는 내가 여러분에 전하고 있는 진리에다 자신을 다시 조정할 필요가 있다는 것입니다. 여러분은 초점을 바꾸고 종교에 대한 접근방식을 바꿔야합니다. 그럼으로써 여러분이 예수가 와서 사람들에게 준 접근법, 즉 종교에 대한 내면적 접근법을 받아들일 수가 있습니다.

만약 여러분이 이렇게 한다면, 종교생활에서 축적한 많은 통찰력을 신속하게 이용할 수 있고 단순히 의식 다이얼을 약간 돌리는 것만으로 신을 향한 내면의 길에다 자신을 재조정할 수 있다는 것을 알 것입니다. 즉 또 다시 처음부터 시작하지 않아도 된다는 것을 알 것이며, 여러분은 자신의 종교적 신념을 모두 버릴 필요가 없습니다. 그저 의식의 다이얼을 돌려서 그리스도의 실체에다 여러분의 믿음을 재조정하기만 하면 됩니다. 그러나 이것은 여러분에게 이 행성의 대부분의 종교들 속에 스며들어온 적그리스도의 허구 및 이원성적인 믿음들을 드러내기 위한 매우 단호한 노력을 요구할 수도 있습니다. 여러분은 어린 시절부터 그러한 믿음들을 주입받았을 수도 있고, 그런 이원성적인 믿음이 절대적이고 오류가 없는 진리라는 주장에 노출돼 왔을 수도 있습니다. 만약 여러분이 이런 주장을 수용했다면, 이 외적인 교리를 받아들이는 한은 반드시 자신이 구원받을 거라고 믿게 만드는 잘못된 안도감에 사로잡혀 있을 수도 있습니다.

사랑하는 이들이여, 이런 거짓된 안도감에 스스로 빠져 들어서 자기들의 구원이 확보되었다고 생각하는 수많은 사람들이 있습니다. 현대적 표현을 사용한다면, 그것은 "(구원을) 손에 넣었다."라고 말할 수 있을 것입니다. 하지만 불행하게도 이것은 그렇지가 않습니다. 그리고 나는 많은 영혼들이 육화하는 환생의 중간 기간에 육체를 떠나 지정된 장소로 가게 될 때 몹시 실망감을 느꼈다고 여러분에게 말할 수 있습니다. 실제로 과거 생에서 전통적 종교의 엄격한 신도들이었던 많은 사람들이 너무나 실망한 나머지 신에게 화를 내게 되었다고 할 수 있습니다. 따라서 오늘날의 기존 종교나 특정 종교에 대해 부정적인 태도를 보이는 사람들은 전생(前生)에 그 종교를 열심히 따랐었기 때문에 바로 이런 태도를 취하는 것입니다. 그리고 그 생 이후에, 그들은 자기들이 거짓된 약속을 추종했다는 것을 깨달았으며, 그들은 당근에 도달할 어떤 기회조차도 얻지 못한 채 그 뒤를 쫓아 달려가고 있었던 것입니다. 불행하게도, 이런 사람들은 이 세상의 지배자가 만들어놓은 반대편 극단으로 단순히 뛰어들었습니다. 그러므로 그들은 종교에 대한 두 가지 이원성적인 접근법을 넘어서서 내면의 하느님에 도달할 필요가 있습니다.

**

이 지구상의 대부분의 사람들이 신을 향해 분노 또는 불공정하다는 깊은 느낌을 가지고 있다는 것은 불행한 일입니다. 그리고 만약 여러분이 풍요로운 삶을 구현하는데 진지하다면, 그러한 감정을 밝혀내고 해결할 필요가 있습니다. 사랑하는 이들이여, 나는 사람들이 구원에 관한 거짓말을 들은 것에 대해 어떤 분노의 감정을 가지고 있을 경우 그것을 이해할 수 있습니다. 그럼에도 나는 여러분이 이런 분노에 빠지면, 앞서 설명한 것처럼 외부의 신으로부터 달아나는 반대편 극단으로 빠지게 될 것이라고 말해야합니다. 그러므로 이원성적인 두 가지 극단을 극복하는 유일하고 진정한 길은 예수의 조언대로 모든 사람을 용서하는 것입니다(마태복음 6:14, 18:21).[35] 사랑하는 이들이여, 여러분이 원한을 품고 분노하거나 상처를 입으면, 단지 내면의 이원성 의식에 갇히게 될 것입니다. 그러므로 영적인 자유에 이르는 핵심 열쇠는 하느님, 모든 인간, 온갖 인간제도나 기관 및 자신에 대해 완전하고도 절대적인 용서를 하는 것입니다. 풍요로운 삶을 실현하기 위해서는 당신에게 해를 끼친 모든 사람을 용서해야합니다. 여러분에게 주입돼 있을 수도 있는 신에 관한 어떤 거짓된 이미지에 대해서도 하느님을 용서할 필요가 있습니다. 여러분은 이 세상의 지배자가 행한 그의 거짓말과 기만과 조작에 대해서조차도 용서해야합니다. 또한 유한한 자아를 용서해야하며, 과거에 이원성적인 거짓말을 받아들인 데 대해 여러분 자신도 용서해야합니다.

실제로, 내가 설명하려고 노력한 것처럼, 하느님은 여러분이 저급한 의식상태에 갇혀있는 것을 보고 싶어 하지 않습니다. 하느님의 유일한 소망은 여러분이 모든 불완전함에서 벗어나 자신의 진정한 영적 정체성을 되찾고 그 토대 위에다 새로운 건축을 시작함으로써 그분이 여러분을 위해 구상한 것 이상이 되는 모습을 보는 것입니다. 사실상 여러분은 자신이 저지른 어떤 실수에 대해 하느님께 용서받을 필요가 없습니다. 나는 이것이 많은 종교인들에게 받아들여지기 어려울 또 하나의 말이 되리라는 것을 압니다. 그러나 그 진실은, 지금 내가 여러 번 설명했듯이, 하느님이 인간에게 자유의지를 주셨고, 그렇기에 그분은 여러분이 그것을 그분의 법칙에 어긋나게 사용했다는 사실 때문에 여러분에게 분노하지 않으신다는 것입니다. 하느님께서 여러분이 뿌린 것을 스스로 거둬들이게 될 것이라고 말하는 법칙을 만드셨다면, 왜 그분이 화를 내시겠습니까? 하느님은 여러분이 죄책감이나 수치심의 상태에 빠져있거나 자신이 죄인이라고 느끼는 것을 보고 싶어 하지 않으십니다. 하느님은 단지 여러분이 유한한 자아의 감옥에서 벗어나 그분의 왕국으로 귀향하기를 원하시며, 그럼으로써 여러분이 그분의 큰 기쁨인 풍요로운 삶을 받아 누릴 수 있기를 바라십니다.

그러므로 너무나 많은 기독교인들이 죄라고 부르는 과거의 실수에 대한 진실

---

35) "너희가 사람의 과실을 용서하면 너희 천부께서도 너희 과실을 용서하시려니와. 그 때에 베드로가 나아와 가로되, 주여! 형제가 내게 죄를 범하면 몇 번이나 용서하여 주리이까? 일곱 번까지 하오리이까? 예수께서 가라사대, 네게 이르노니 일곱 번 뿐 아니라 일흔 번씩 일곱 번이라도 할지니라."

은 여러분이 자신의 죄에 대해 하느님의 용서를 필요로 하지 않는다는 것입니다. 하느님은 오직 여러분이 자유로워지기를 원하시지만, 자유로워지기 위해서는 앞서 설명했듯이 다음과 같은 두 가지 조치를 취해야만 합니다.

- 여러분은 실수를 저지르게 만든 이원성적인 거짓말을 완전히 포기해야한다.
- 여러분은 자신의 이원성적인 믿음들을 통해 스스로 오용한 모든 에너지를 다시 원래상태로 돌려놓아야 한다. 그럼으로써 여러분은 우주의 균형을 회복시킬 수가 있다.

그렇게 했을 때 여러분은 - 하느님에 관한 한 - 과거의 실수에서 완전히 자유로워졌으므로 그분은 더 이상 여러분의 죄를 기억하지 않으실 것입니다(히브리서 8:12).[36] 문제는 여러분이 자신의 실수에서 완전히 자유로워졌다고 느낄 수 있기에 앞서, 그런 실수를 저지른 것에 대해 여러분 자신을 용서해야한다는 것입니다. 여러분은 더 이상 자신의 죄를 기억하지 말아야합니다. 그리고 여러분과 마찬가지로 똑같은 이원성적인 의식상태에 갇혀 있던 다른 모든 사람들을 용서해야만 합니다.

여기서 내 요점을 이해하시겠습니까? 여러분이 자신의 과거의 실수에서 벗어나기 위해 필요로 하는 용서는 하느님의 용서가 아닙니다. 여러분이 필요로 하는 용서는 여러분 자신에 대한 용서이며, 진정으로 자신을 용서하기 위해서는 다른 모든 사람들을 용서해야만 합니다. 예수가 "너희가 다른 사람들에게 대접받고 싶은 대로 그들에게 행하라."고 언급했듯이 말이지요.

사랑하는 이들이여, 예수는 매우 생각이 깊고 유능한 영적스승이었습니다. 예수는 자신의 말들 중 많은 부분이 곡해될 것이라는 것을 알고 있었기 때문에, 그는 그의 가장 심오한 말들의 다수 속에 숨겨진 메시지를 암호화하였습니다. 이것은 이원성 의식에 갇혀 있는 사람들은 이해할 수 없는 메시지입니다. 그리고 그런 사람들은 숨겨진 그 메시지를 이해할 수 없으므로 그것을 왜곡할 수가 없습니다. 이제, 여러분이 "너희가 다른 사람들에게 대접받고 싶은 대로 그들에게 행하라."는 말을 받아들인다면, 그 숨겨진 메시지는 이런 행위가 여러분에게 어떤 작용을 할 것인지에 대해 질문해봄으로써 발견될 수 있습니다. 그 감춰져 있는 의미는 여러분이 다른 사람들에게 행하는 것은 곧 이미 여러분 자신에게 행한 것이 된다는 것입니다. 만약 여러분이 타인에게 화를 낸다면, 분노에 관한 어떤 이원성적인 믿음을 받아들였기 때문입니다. 여러분은 이런 믿음을 자신의 자아 용기에다 받아들임으로써 분노의 마음, 분노의 의식이 자기의 존재 속으로 들어갈 수 있게 허용했습니다. 이것은 분노가 여러분 존재

---

36) "내가 저희 불의를 긍휼히 여기고 저희 죄를 다시 기억하지 아니 하리라 하셨느니라."

안에 있다는 것을 의미하며, 그것이 여러분 자신을 포함하여 여러분이 모든 것을 바라보는 방식을 물들입니다. 내 요점은 만약 어떤 사람이 다른 사람에게 화를 내면, 그때 그 사람은 - 잠재의식적으로 - 자기 자신과 하느님에게 화를 내고 있는 것이라는 겁니다.

많은 사람들이 이것을 인식하지 못합니다. 그들은 자기들이 다른 사람들에게 화를 내는 경향이 있음을 알지는 모르지만, 타인들에 내한 이 분노가 그들 자신을 향한 분노에서 생겨났다는 데까지는 생각이 미치지 못합니다. 사랑하는 이들이여, 내 요점을 이해하시나요? 만약 여러분이 다른 사람들을 용서하는 데 어려움이 있다면, 그것은 당신이 당신 자신을 용서하지 않았음을 보여줍니다. 그리고 내가 말했듯이, 여러분이 그런 실수를 저지른 것에 대해 자신을 용서할 때까지는 그 과거의 실수로부터 자유로워질 수가 없습니다. 그러므로 만약 다른 사람들을 용서하기가 어렵다면, 여러분은 거울을 들여다 볼 필요가 있습니다. 그리하여 자기의 눈 속에 있는 (대)들보를 찾아서 여러분이 용서에 대한 어떤 이원성적인 믿음이 의식 속에 남아 있도록 허용하고 있기 때문에 자신이 용서하지 못하는 문제가 있다는 것을 깨달을 필요가 있습니다. 이것은 누군가가 여러분에게 해를 끼쳤을 경우, 그 사람은 처벌받을만하다는 믿음일 수도 있습니다. 그렇기에 여러분은 그 사람이 정당한 처벌을 받았다고 생각할 때까지는 그 사람을 용서하지 않을 것입니다. 그러나 처벌하는 것은 여러분에게 달린 것이 아닙니다. 왜냐하면 하느님은 "복수는 나의 것이니, 내가 갚아줄 것이니라 (로마서 12:19)."라고 말씀하셨기 때문입니다. 이 말씀의 내적인 의미는 하느님은 모든 오염된 에너지를 원래 그것을 내보낸 사람에게 되돌려주는 일반적인 법칙을 만들어놓으셨다는 것입니다. 우주거울은 어떤 사람이 범하는 잘못된 행위에 대해 자동으로 "처벌"할 것입니다. 그러므로 다른 사람들을 처벌하는 것은 여러분이 해야 할 일이 아니며, 그것은 여러분이 관계할 문제가 아닙니다. 대신에 여러분은 자신을 잘못된 상황에서 자유롭게 하는 것에 관심을 가져야하며, 오직 타인들을 용서하고 자신을 용서해야만 그렇게 할 수 있습니다.

용서는 여러분에게 과거의 잘못된 상황과 그 상황에 대한 감정적인 집착 및 그 상황에 연루된 다른 사람들로부터의 벗어나는 진정한 자유를 줍니다. 나의 사랑하는 이들이여, 누군가가 여러분에게 해를 입혔을 경우, 그 사람에게 감정적으로 집착하려고, 그럼으로써 그 사람에게 여러분을 지배할 힘을 주는 것이 과연 합리적인 것일까요? 물론 이것은 의미가 없으며, 그 감정적인 속박을 끊을 수 있는 유일한 방법은 과거에 행해진 일에 대해 그 사람을 완전히 용서하는 것입니다. 마찬가지로, 과거에 여러분이 실수를 했다면, 그 상황에 감정적으로 계속 매달리려고 하는 것이 현명한 것일까요? 물론 이것은 무의미한 짓이지만, 그 과거의 속박에서 벗어날 수 있는 유일한 방법은 처음부터 그 실수를 저지른 것에 대해 자신을 완전히 용서하는 것입니다. 용서는 자유에 이르는 열쇠이며, 그 자유는 언제든지 신이 여러분에게 주려고 기다리고 계신 풍요로운 삶을 받아들일 수 있는 자유입니다. 여러분은 그 풍요로운 삶과 생명을 받아들일 필요가 있습니다. 하지만 그것을 기꺼이 받기 위해서는 여러분으로 하여금 과거에 풍요로운 삶을 거부하게 만들었던 실수들에 대해 스스로를 용서해야합니다. 그것이 여러분을 하향나선으로 빠져들게 만든 원인이 되어 점점 더 이원성 의식에 갇히게 함으로써 풍요로운 삶에서 멀어지게 되었던 것입니다.

나의 사랑하는 이들이여, 이렇게 이런 진퇴양난 상황이 여러분을 계속 하향나선에 빠지게 만들어 언제까지나 한 가지 이원성적인 극단에 남아있게 하거나, 아니면 한 극단에서 다른 극단으로 옮겨가게 할 수 있었는지 아시겠습니까? 내면의 하느님으로부터 멀리 도망가는 이런 저주를 깨뜨리는 열쇠는 여러분이 하느님에 대한 자신의 관계를 재평가해야한다는 것입니다. 사랑하는 이들이여, 현대 심리학자들은 인간의 정신과 그것이 어떻게 작용하는지 관한 많은 이론들을 생각해 냈습니다. 불행하게도, 이러한 주류 이론의 대부분은 인간 존재의 영적측면을 포함하지 않고 있으며, 따라서 결코 여러분 자신에 대한 완전한 이해를 제공해줄 수 없습니다. 한편 많은 전체론적 또는 대체 정신건강 전문의들은 인간 본성의 영적측면을 고려한 이론들을 제시했습니다. 그러나 내가 말해야 하는 것은 인간심리학의 핵심문제는 여러분 삶의 모든 것, 여러분 정신의 모든 것이 오직 한 가지를 둘러싸고 있으며, 그 유일한 한 가지는 바로 여러분의 하느님과의 관계라는 것입니다. 여러분의 삶에서 계속 진행되는 모든 일은 보다 깊은 원인으로 인한 결과이며, 그 원인은 여러분의 하느님에 대한 관계입니다.

만약 여러분이 자신의 정신 안에 지니고 있는 어떤 문제를 조사하여 그 궁극적인 뿌리를 추적해 올라간다면, 그것은 자신의 스승을 외면하고 떠나게 만든 결정에까지 멀리 거슬러 올라간다는 것을 알 수 있을 것입니다. 그 결정이 여러분의 모든 문제의 근본원인입니다. 그 원래의 결정이 많은 이원성적인 결정으로 곁가지를 내어 확대되었기 때문에 수많은 문제들이 층층이 쌓여있을 수 있습니다. 그러므로 여러분이 자신의 정신을 겉으로 살펴볼 때, 서로 관련이 없는 것처럼 보일 수도 있는 많은 분리된 문제들을 볼 수 있습니다. 그러나 여러분에게 말하지만, 만약 여러분이 정신의 더욱 더 깊은 층으로 들어간다면 – 나는 정신의 가장 밑바닥까지 내려가 보았다는 것을 여러분에게 보증할 수 있습니다 – 다른 온갖 문제들이 모두 같은 뿌리에서 자라났다는 것을 알게 될 것입니다. 그리고 그 뿌리는 여러분의 하느님과의 관계, 즉 여러분이 어떻게 하느님을 보고 있고 그 하느님과 어떻게 상호작용하느냐의 문제입니다. 확실히, 그 모든 것은 여러분을 하느님으로부터 돌아서게 함으로써 풍요로운 삶이라는 그분의 무료 선물을 거절하게 되었던 그 결정으로 귀결됩니다. 분명히 그 결정은 여러분이 하느님과 하나가 되는 상태로 돌아가지 못하게 붙들어두고 있는 것입니다. 그러므로 풍요로운 삶에 이르는 핵심 열쇠는 여러분이 다시 돌아가 신과 일체가 되는 것을 막고 있는 그 결정을 밝혀내는 것입니다. 그것이 바로 여러분이 자신의 순수성을 되찾아 하느님과의 일체감을 회복하는 것이 불가능하다거나 바람직하지 않은 것처럼 보이게 만들고 있습니다.

　나의 사랑하는 이들이여, 나는 내가 이 열쇠에서 여러분에게 말한 것이 여러분의 의식 속으로 완전히 흡수되기까지는 어느 정도 시간이 필요할 것으로 생각합니다. 나는 대부분의 사람들이 내가 말한 것을 즉시 받아들이거나 즉시 내면화할 수 있다고 기대하지 않습니다. 또한 나는 대부분의 사람들이 신으로부터 돌아서게 만들었던 그 원래의 결정을 즉시 발견해서 금방 스스로 자유로워질 수 있다고 기대하지 않습니다. 그러나 나는 만약 여러분이 이 책을 이 지점까지 읽었다면, 적어도 내가 말한 것을 기꺼이 깊이 생각해 볼 수 있을 것이라고 기대합니다. 여러분은 자발적으로 내면으로 들어가서 자신 안에서 해답을 구하게 될 것입니다. 그리고 나는 만약 여러분이 내가 말한 것의 타당성에 대해 열린 마음과 가슴으로 질문한다면, – 여러분의 외적인 마음이 의심할 수 없는 – 그 답을 받게 될 것이라고 보증할 수 있습니다. 그 해답은 지구상의 모든 사람들의 진정한 구세주인 여러분 자신의 근원으로부터 올 것입니다. 다음 열쇠에서 나는 그 내면의 구원자가 무엇인지, 그리고 예수가 "위안자(성령)"와 "지식의 열쇠"라고 불렀던 것을 어떻게 배워서 충분히 활용할 수 있는지를 설명하도록 하겠습니다. 부디 내가 이 내면의 스승을 여러분에게 밝혀줄 때 나와 함께 하기 바랍니다. 이 존재는 진실로 여러분이 적그리스도에 속한 그릇된 교사들의 모든 거짓말을 드러내도록 도와줄 수 있습니다.

내가 원하는 것을 스스로 모를 때, 어떻게 그것을 얻겠는가?

　나의 사랑하는 이들이여, 우리는 이제 내 가슴에서 여러분의 가슴으로 전하는 이 일련의 가르침들을 펼치는 데 있어서 중요한 지점에 도달했습니다. 이 지점은 매우 중요한데, 왜냐하면 여러분이 내가 전한 것을 완전히 흡수하여 받아들이지 않으면 풍요로운 삶을 누릴 수 있도록 돕는 나의 시도가 실패할 것이기 때문입니다. 그리고 여러분은 나를 따라 풍요로운 삶으로 들어가는 대신에, 거짓된 지도자들을 따라 - 또는 따르기를 계속하며 - 결핍되고 투쟁적인 삶으로 나갈 것입니다.

　나는 인간이 이원성 의식을 실험하기로 결정한 후에 신아와의 의식적인 연결을 상실하는 낮은 의식상태로 떨어질 때까지, 어떻게 점차 그런 마음의 상태에 더욱 더 휩싸이게 되었는지를 언급했습니다. 또한 나는 여러분이 그 접촉의 고리를 잃어버렸을 때, 여러분의 유한한 자아가 탄생했다고 말했습니다. 그리고 나는 이 유한한 인간적 자아가 외부의 적, 즉 적그리스도 세력과 협력하여 여러분을 이원성 의식에 계속 갇혀 있게끔 작용하는 내부의 적을 형성한다는 사실을 알려준 바 있습니다. 그들은 가능한 어떤 식으로든 이런 공작을 할 것입니다. 그리고 나는 이 세력들이 여러분을 덫에 걸리게 하기 위해 이용하는 몇 가지 책략들을 설명했습니다. 하지만 나는 이제 이 이원성 세력들이 여러분을 정신적 상자 속에다 계속 가두어두기 위해 사용하는 기본전략이자 핵심계략에 대해 이야기할 것입니다. 이 계략을 이해하고 그것을 어떻게 여러분에게 이용하는지를 이해하기 위해서는, 여러분의 유한한 자아가 갖고 있는 주요 특성을 이해할 필요가 있습니다.

　자, 나의 사랑하는 이들이여, 의식적인 여러분은 자유의지의 자리입니다. 즉 의사결정을 하는 것은 의식을 지닌 여러분입니다. 하느님의 뜻과 의지와 조화되어 있는 결정을 하거나 그것과 맞지 않는 결정을 내리는 능력을 가진 것은 의식적인 여러분입니다. 그러므로 여러분의 삶에 있는 모든 것은 의식적인 여러분과 스스로 내리는 결정을 중심으로 이루어집니다. 여러분이 이해할 필요가 있는 것은 의식적인 그 여러분은 언제나 자기 스스로 자신이라고 보는 존재가 바로 여러분이라는 것입니다. 그러므로 여러분은 현재 자신의 정체성의 느낌,

현재의 이해와 믿음체계를 바탕으로 결정을 내립니다. 의식적인 여러분은 하느님을 이루고 있는 순수의식의 한 확장체로 창조되었습니다. 그러므로 그것은 생명의 강의 일부가 되어 하느님의 창조물 전체와 함께 흘러가며 더 나은 상태로 진화하려는 욕구가 내장되어 있습니다. 의식적인 여러분은 항상 옳은 일을 하기를 원한다고 말할 수 있습니다. 의식적인 여러분은 자기의 현 정체성 및 자신과 우주 삼라만상과의 관계를 모두 이해하고 있으므로, 늘 자신의 생명과 신의 모든 창조물을 향상시킬 자신의 존재목적과 부합하는 선택을 하려고 노력합니다.

우리는 의식적인 여러분은 항상 자신과 전체에 대해 가장 좋다고 생각하는 사항을 선택한다고 말할 수 있습니다. 그러나 문제는 만약 의식적인 여러분이 이원성의 마음과 자신을 동일시하기 시작하면, 궁극적으로 무엇이 자신에게 가장 좋은 것이고 모든 사람에게 최선인지를 알 수 없다는 것입니다. 대신에 그것이 할 수 있는 유일한 선택권은 이원성의 의식에 기초한 선택뿐입니다. 그러므로 의식적인 여러분이 선택하는 사항에 상관없이, 그것은 이원성 의식 속에 더욱 휩싸이게 됩니다. 일단 그것이 신아와 접촉하는 고리를 잃게 되는 결정적인 지점을 넘게 되면, 이제 더 이상 미로처럼 보이는 길을 빠져 나갈 어떤 출구도 볼 수 없으며, 그런 상태에서 하는 모든 선택이 막다른 길로 이어지게 됩니다.

사랑하는 이들이여, 전 세계 곳곳에서 발견되는 미로들 중 하나가 높은 장벽으로 만들어져 있다고 상상해보십시오. 그리고 여러분이 그런 미로보다 높은 단상 위에 서 있고, 거기에 서서 미로에서 벗어나려고 애를 쓰고 있는 사람들을 내려다보고 있다고 상상해보세요. 위에서 그 미로를 바라보았을 때, 어떤 길이 막다른 길로 이어지고 어떤 길이 미로에서 벗어나게 되는지를 쉽게 볼 수 있습니다. 하지만 이제는 여러분이 관점을 바꿔서 자신이 아래 미로 속에 있고, 그래서 볼 수 있는 것은 온통 주변의 녹색 벽뿐이라고 상상해보십시오, 갑자기 어떤 길이 막다른 곳이나 출구로 연결되는지 알 수 없게 됩니다. 이것은 말 그대로 여러분의 신아의 연결돼 있는 그리스도 의식이라는 수단을 갖고 있는 것과 이원성 의식에 완전히 갇혀있는 것 사이의 차이입니다.

유한한 자아와 이 세상의 지배자는 의식적인 여러분이 어리석지 않고 옳은 일을 하고 싶어 한다는 것을 압니다. 그렇다면 어떻게 그들이 여러분을 이원성 의식에서 생겨난 무엇인가를 하게 함으로써 여러분 자신을 해치도록 유도할 수 있을까요? 그들은 오직 어떤 행위가 자신을 해칠 것이라는 진실을 알기 어렵게 만드는 상대적이고 이원성적인 신념체계로 여러분을 혼란시킴으로써만이 그렇게 할 수 있습니다. 이원성의 세계에서는 모든 것이 상대적인 것이므로 여러분의 유한한 자아는 언제나 자기가 하기 원하는 것을 정당화할 수 있습니다. 여러분이 이런 이원성의 여과기를 통해 삶을 바라보게 되면, 자신이 하는 어떤 것이든 - 그것이 좋은 것으로 보일지라도 - 단지 적그리스도의 의식 속에 더 단단히 속박될 뿐이라는 사실을 알 수가 없습니다.

**

자, 사랑하는 이들이여, 나는 여러분이 이원성 의식을 가지고 실험하기로 결정했을 때, 그렇게 할 수밖에 없었다고 말했습니다. 분명히, 그것은 그 이원성 의식의 존재에 의해 유혹당한 것이었습니다. 여러분은 아직 자신의 자아영역 안에 유한한 자아를 창조하지 않았지만, 그것은 외부의 적으로부터의 유혹에 취약하게 열려져 있었습니다. 이것은 여러분이 영적인 스승과 그의 가르침의 타당성을 의심하게 되다보니 스스로 했던 결정이었습니다. 여러분은 영적스승의 지시를 따르는 대신에 그런 가르침으로 이루어진 안전한 틀을 벗어나기로 결심한다면 어떤 일이 벌어질지 궁금해졌습니다. 왜 여러분이 이런 선택을 했을까요? 그것은 주로 더 나아지려는 욕망과 경험부족, 특히 이원성 의식에 대한 경험부족 때문에 그런 일이 벌어졌던 것입니다. 바꿔 말하면, 여러분은 "하느님 율법의 틀과 스승님의 가르침을 벗어나 봄으로써 더 나은 것을 경험할 수 있지 않을까? 만약 내가 이원성 의식을 가지고 실험한다면, 그것은 어떤 모습이고, 어떤 일이 발생할까? 혹시 내가 더 나아지고, 스승님의 지시를 따르면서 그 틀 안에 머물러 있음으로써 내가 얻지 못한 경험을 얻을 수 있지 않을까?"라고 생각하기 시작했던 것입니다.

그리고 참으로, 이원성 의식을 실험함으로써, 여러분은 (신과의) 일체성 속에 머물러있을 때 얻지 못했던 경험을 했습니다. 따라서 어떤 관점에서 볼 때, 하나됨 안에 있었던 것보다 그 밖에서 ─ 뭔가 다르다는 의미에서 ─ 더 나은 경험을 했다고 말할 수도 있습니다. 그럼에도 문제는 이원성 의식을 실험함으로써 여러분이 그 경험을 하기 전의 마음상태보다 더 나아지지 않았다는 것입니다. 반대로, 여러분은 원래 창조된 것보다 더 못해졌으며, 이원성을 실험하기 전보다 더 열등해졌습니다. 무한한 창조적 잠재력을 가진 불멸의 영적존재로 자신을 인식하는 대신에, 여러분은 이제 과거의 선택에 의해 덫에 걸린 유한한 존재로 자신을 보기 시작했고, 결국 수많은 한계들에 의해 일정한 틀에 갇히게 되었습니다. 그리고 이원성 의식으로 더 하락할수록 더 많은 한계들이 실제적이고 피할 수 없는 것으로 받아들여졌습니다. 여러분은 한계와 결핍과 고통에 점점 더 둘러싸이게 되었고, 신이 원래 창조했던 자유로운 불멸의 존재보다 훨씬 저급한 존재가 되고 말았습니다. 그리고 이것은 "지나친 것은 부족한 것보다 못하다."는 옛말에 새로운 의미를 부여해줄 수도 있습니다. 사실상, 만약 여러분이 하느님과의 일체상태 밖으로 뛰쳐나감으로써, 또 자신의 창조적 잠재력을 제한함으로써 더 나아지고자한다면, 결국 더 열등한 상태로 전락하고 말 것입니다.

나는 하느님이 인간에게 자유의지를 주셨다고 여러 번 언급했습니다. 여러분이 개인적으로 이원성 의식을 실험해야했던 것은 불가피한 것이 아니었습니다. 그러나 적어도 공동창조자들 중 일부가 그러한 의식상태를 실험하기로 선택한

243

것은 사실상 필연적입니다. 내가 말했듯이, 여러분의 영혼은 완선한 신의식(神意識)으로 창조된 것이 아니므로 여러분이 이원성 의식을 실험하기 시작했을 때 무슨 일이 일어날지에 대한 절대적인 지식이 없었습니다. 그것을 비교할만한 과거의 경험도 없었습니다. 그러므로 여러분이 할 수 있는 일은 스승의 지시를 따르는 것이 전부였습니다. 그러나 스승은 여러분 자신 밖에 있었습니다. 그러므로 문제가 되는 것은 "여러분이 진실로 외적인 스승의 지시가 여러분의 일부가 되고 왜 그런 지시들이 주어졌는지를 이해할 때까지 그것을 따르고 내면화할 수 있는가? 또는 스승의 지시를 어기고 그것이 어떠한지를 경험할 필요가 있는가?" 입니다. 그럼으로써 이제 여러분은 무엇이 일어날지를 알게 됩니다. 따라서 시험과 실수를 통해 결정을 할 수 있고 왜 스승의 지시가 주어졌는지를 이해하게 됩니다.

사랑하는 이들이여, 내 요점을 아시겠습니까? 내가 여기서 여러분에게 설명하려고하는 것은 성장할 수 있는 두 가지 방법이 있다는 것입니다. 하나는 스승의 가르침을 완전히 흡수하여 여러분이 스승과 완전히 하나가 됨으로써 그 가르침이 주어진 이유를 알 수 있도록 진정한 영적스승을 따르는 것입니다. 그러므로 여러분은 더 이상 그 스승을 외적인 존재로 보지 않으며 또한 그의 가르침도 더 이상 자신의 외부 출처에서 오는 것으로 보지 않습니다. 여러분은 그 스승과 융합되어 여러분의 자아의식을 확장시켰습니다. 여러분은 신이라는 전체와 하나가 되어가는 영적인 길에서 스승과 하나가 됩니다. 그러므로 여러분은 그를 자신의 더 커다란 존재의 일부로 보며, 그의 가르침을 여러분의 더 큰 자아의 내면에서 오는 것으로 봅니다.

나의 사랑하는 이들이여, 이전의 열쇠에서 여러분에게 말한 것을 기억하시나요? 다시 말하면, 구원에 이르는 참된 길은 여러분이 완전한 신의식(神意識)에 도달하여 창조주의 모든 것과 하나가 되는 상태에 이를 때까지, 신과의 일체감을 높여가는 길입니다. 창조주는 이 신과의 하나됨에 이르기 위한 일종의 디딤돌로서 여러분이 따라야 할 길을 마련해 놓으셨습니다. 그리고 그 길은 여러분에게 여러분 자신보다 경험이 많은 외부의 스승을 제공해주는 것입니다. 만약 여러분이 그 스승의 가르침을 따르고 하나됨의 정신으로 그것을 추구한다면, 결국 스승과 하나가 되는 상태에 이를 것입니다. 이것은 여러분이 자신의 창조주와 하나가 되기 위한 하나의 디딤돌입니다. 여러분의 영혼이 처음으로 물질우주로 모험을 떠났을 때, 어떤 망각증상이 발생하고 자신이 창조주와 하나이고 그 창조주의 한 확장체라는 직감을 잃어버렸다고 말할 수 있습니다. 여러분은 자신이 높은 세계에 있는 영적인 존재인 신아를 가지고 있음을 알고 있지만, 여러분의 신아가 창조주의 확장체라는 것을 완전히 이해하지는 못합니다. 여러분이 그 이해를 증진시킬 수 있도록, 창조주는 여러분이 내려와 있는 곳과 같은 진동수준에 존재하는 영적교사를 여러분에게 제공해주십니다. 여러분은 현재의 의식수준으로 그 외적인 스승을 보고 이해할 수 있으며, 그렇기에 그의 가르침을 들을 수 있습니다. 이것이 참으로 에덴동산이었습니다. 내가 말했듯이, 에덴동산은 영혼들이 처음으로 물질우주의 밀도가 짙은 에너지 속으로 내려갔을 때 그들이 가지고 있었던 의식상태의 상징입니다.

어떤 사람들이 생각하거나 어떤 종교들이 가르치는 것과는 반대로, 여러분은 아무런 원조나 영적세계와의 연결고리도 없이 이 세상으로 그냥 내던져지지 않았습니다. 여러분은 자신에게 가르침을 줄 수 있었던 자애로운 스승이 있는 안전한 환경을 제공받았습니다. 이런 환경의 가장 큰 잠재력은 여러분이 스승의 가르침을 단순히 따르지 않고 그 외적인 가르침의 이면을 이해하고 스승과의 일체감을 얻음으로써, 스승과 동일한 수준의 영적의식, 동일한 단계의 경지에 도달할 수 있다는 것이었습니다. 이것은 여러분이 신과 하나가 되는 데 있어서 더 이상 그 일체감을 잃을 수 없는 보다 높은 단계로 데려갈 것인데, 왜냐하면 이제 여러분은 자신의 신아와 영구적으로 한 몸이 되었기 때문입니다. 이때 여러분은 자신이 하느님의 한 확장체라는 사실을 완전히 내면화하여 받아들일 것입니다. 그리고 자신을 창조주의 모든 것, 하느님의 순수생명 전체와 하나로 여길 것입니다.

***

많은 영혼들이 실제로 외부의 스승과 하나가 됨으로써 결국 그들 자신의 더 커다란 존재와 하나가 되는 방식을 따랐습니다. 이것은 영적세계와의 연결을 유지하는 한, 삶의 풍요를 느낄 수 있기 때문에 우리는 이것을 풍요로운 삶의 길이라고 부를 수도 있습니다. 그렇지만 일부 영혼들은 하느님과 하나가 되는 디딤돌로서 외적인 스승과 하나됨의 상태에 도달할 수 있는 그 기회를 무시했습니다. 대신에 그들은 다른 외부의 교사를 따랐는데, 그는 하느님과의 하나됨과는 정반대로 하느님으로부터의 분리를 상징하는 거짓된 교사였습니다. 그 거짓된 교사는 하나됨보다는 맹목적인 순종을 원하며, 그것이 스스로 결정하기를 바라지 않는 상태에 갇히게 된 영혼들에게는 더 쉬워 보일 수 있습니다. 그것은 단순히 최소한의 수고를 들이는 길입니다.

사랑하는 이들이여, 이것은 성장에 이르는 두 번째 길입니다. 그러나 불행하게도 그것은 위험을 안고 있는 길입니다. 그 주요 위험은 영혼이 이원성 의식에 갇혀서 무한정으로 그곳에 머물게 될 수 있다는 것입니다. 내가 여기서 말하고 있는 것을 이해하시겠습니까? 이론상으로, 여러분은 어느 쪽 길을 통해서도 성장할 수 있습니다. 만약 어떤 영혼이 영적스승의 가르침을 거스른다면, 고투와 풍요의 결핍을 경험하기 시작할 것입니다. 그러므로 그 영혼은 - 직접적인 경험을 통해서 - 하나됨의 세계 안에 머물러있는 것이 최선의 이익이라는 것을 배울 수가 있습니다. 그리고 영혼은 이제 이해의 토대가 되는 실제적인 경험을 가지고 있습니다. 그러나 그 위험성은 영혼이 이원성 의식과 지나치게 동일시하게 됨으로써 영적스승을 망각하고 이원성적 투쟁에 대한 대안이 있다는 것을 잊어버릴 수 있다는 것입니다. 이런 건망증의 상태는 무한정 유지되거나, 적어도 할당된 시간이 다 끝나서 유한한 자아를 버려야 할 때까지는 지속됩니다. 따라서 이원성 의식을 실험하기로 선택하는 것은 언제나 위험한 학습 방법입니다. 그것은 참으로 어려운 고난의 학교입니다.

내가 말했듯이, 여러분의 영혼이 이런 선택을 한 것은 불가피한 것은 아니었지만, 일부 공동창조자들은 이 선택을 할 수밖에 없었습니다. 그들은 거짓된 교사들이 주장하는 것처럼, 하느님이 지정한 스승으로부터 자신을 분리시킴으로써 더 나아질 수 있는지를 보고 싶어 했습니다. 처음에 이것은 해가 없고 단순한 게임처럼 보였으며, 초기에는 별로 피해가 없었습니다. 의식적인 여러분이 신아와 어느 정도 연결돼있는 한, 이원성 의식에 의한 함정에 빠지지 않고 그것을 실험할 수 있습니다. 문제는 이원성 의식이 너무나 교묘하기 때문에, 많은 공동창조자들은 자기들이 이원성 의식과 동일시하기 시작했다는 것을 미처 깨닫지 못했다는 것입니다. 이것은 너무나 서서히 일어났으므로 그들은 무엇이 발생하고 있는지를 완전히 깨닫지 못했고, 이런 자각이 내가 설명했던 진실의 순간까지는 생겨나지 않았습니다. 그런데 진실의 순간이 일어난 후, 여러분은 그 상황에 대해 어떤 유형의 부정적인 감정으로 반응했습니다. 두려움, 분노 또는 비난과 같은 다양한 그런 감정들이 존재합니다. 여러분은 자신을 비난하고, 하느님을 비난하고, 거짓 교사를 비난하거나, 참된 스승을 비난했을 수도 있습니다. 아니면 다른 부정적인 감정을 가지고 있었을 수도 있습니다. 그럼에도 불구하고 이 모든 감정들 뒤에는 여러분이 자신의 순수성 - 신아와의 내면적인 일체감 - 을 잃었다는 인식, 자신이 은총으로부터 추락했다는 인식이 있었습니다. 발생한 일은 의식적인 여러분이 이원성의 필터를 통해 모든 것을 보았기 때문이었고, 그것은 또한 그 진실의 순간을 이원성적인 관점에서 바라보았습니다. 여러분이 분리의식을 통해 모든 것을 보았기에, 진실의 순간에도 부정적으로 반응했습니다. 그리고 그 순간을 스승에게로 돌아갈 기회로 활용하기보다는 스승으로부터 달아나고자 했습니다. 일단 여러분이 하느님으로부터 도망치기 시작했다면, 알 수 있는 유일한 선택은 계속 달아나는 것뿐이었습니다.

내가 말했듯이, 그 순간 거짓된 교사들은 여러분의 귀에다 여러분이 신으로부터 영원히 분리되었고 다시는 돌아갈 수 없다고 속삭였습니다. 이것은 중대한 순간이었습니다. 만약 어떤 영혼이 이 유혹을 무시하고 참된 스승에게 돌아가기로 결정했다면, 그 스승의 인도에 순종함으로써 이원성 의식을 빠르게 극복할 수 있습니다. 그러나 이 영혼이 이 치명적인 거짓말에 귀를 기울이기로 결정했다면, 이제 그 영혼은 자신이 하느님 또는 신아와 영원히 분리돼 있다는 환상에 대처해야했습니다. 이런 마음의 틀, 이 돌이킬 수 없는 상실감을 갖게 될 때, 그 영혼이나 의식적 자아는 종종 치명적인 결정을 합니다.

자, 나의 사랑하는 이들이여, 여러분은 스스로 그런 결정을 내렸기 때문에 자신이 타락했다는 것을 깨달았습니다. 그것은 오직 여러분이 자유의지를 갖고 있었기 때문에 이원성 의식을 실험하는 것이 가능했던 것이었습니다. 그래서 많은 영혼들이 만약 자기들이 자유의지를 갖고 있지만 않았다면, 단지 어떤 결정을 내리지만 않았더라면 타락하지 않았을 것이라는 결론에 이르렀습니다. 그러므로 그들은 문제가 자신들이 자유의지를 갖고 있는 것이었다고 추론했습니다. 바꿔 말하자면, 그들은 단지 자기들이 결정할 능력이 있었기 때문에 잘못된 결정을 내렸다는 것이었습니다.

다시 말해, 외부의 스승은 유혹과 함께 바로 거기에 있었으며, 즉 여러분이 결정하기를 멈추기만 하면, 더 이상 잘못된 결정을 내리지는 않았을 것이라는 논리입니다. 따라서 구제받았을 것이고, 그것에 대해 결정을 내릴 외적인 스승을 따라 감으로써 잃어버린 낙원으로 돌아갔을 거라는 겁니다. 그러나 이것은 미래에 잘못된 결정을 내리지 않음으로써 여러분이 과거의 잘못된 결정을 어떻게든 보상할 수 있다는 거짓말입니다. 그러면 잘못된 의사결정을 피하는 유일한 방법은 외부의 권위자가 어떻게 행동하고 무엇을 믿을지를 여러분에게 말해주도록 허용함으로써 어떤 결정을 내리지 않는 것이 됩니다.

사랑하는 이들이여, 어떤 영혼이 이런 거짓말을 받아들여 더 이상 결정하고 싶지 않다고 마음을 정할 때, 바로 그 순간에 유한한 자아가 탄생합니다. 내가 여기서 말하는 중요한 진실을 이해하시겠습니까? 지금까지 나는 여러분의 이원성적인 결정과 그것들에 의해 생성된 부적합한 에너지가 임계질량에 이를 때까지 점차 누적되었다고 말함으로써 유한한 자아의 출현을 설명했습니다. 그리고 이것이 사실이지만, 기본구조는 내가 여기서 여러분에게 설명하고 있는 그대로입니다. 즉 그 메커니즘은 의식적인 여러분이 더 이상 결정을 내리고 싶지 않다고 결심한 것입니다. 그리고 그 결심에서 여러분을 위해 결정을 내리는 능력과 자발성을 가진 자아의식적인 존재가 탄생했습니다. 그 자의식이 있는 존재가 바로 내가 유한한 자아라고 불렀던 것이고 많은 심리학자들이 "에고(ego)"라고 부르는 것입니다.

이러한 일련의 사건 변화가 가진 문제는 삶은 온통 결정하는 것으로 이루어져 있다는 사실입니다. 결정을 내리는 것을 피할 방법은 없습니다. 여러분이 의사결정을 하지 않고는 이 세상이든 영적세계든 절대로 존재할 수가 없습니다. 그러므로 만약 의식적인 여러분이 결정을 하지 않는다면, 누가 당신의 삶에서 결정을 내리게 될까요? 자, 나의 사랑하는 이들이여, 의식적인 여러분이 자신의 영혼에 대해 결정을 내리는 천부적인 권리와 특권행사를 거절한다면, 이제 여러분을 대신해 그 결정을 하는 것은 유한한 자아가 됩니다.

유한한 자아는 의식적인 여러분이 결정을 거부했기 때문에 생겨났습니다. 그러므로 유한한 자아는 여러분을 위해 결정을 내리는 지배적인 힘으로 설계돼 있다고 말할 수 있습니다. 달리 말하면, 유한한 자아는 자신이 결정을 하기 위해 창조되었고 의식적인 여러분보다 더 낮게 결정을 내린다고 믿습니다. 따라서 유한한 자아는 그 속성 자체가 공격적인 힘이며, 그것은 여러분의 삶을 운영하는 방법을 의식적인 여러분보다 더 잘 안다고 믿고 있습니다. 물론 이런 믿음은 그 유한한 자아를 이용하여 여러분의 삶을 움직이는 이 세상의 지배자인 외부세력에 의해 크게 강화되었습니다. 게다가 이 세력들은 자기들이 우주를 운영하는 방법을 하느님보다 더 잘 알고 있다고 믿습니다. 그렇기에 유한한 자아는 자신이 옳다는 것과 자신의 관점 및 욕망과 어긋나는 모든 것은 잘못된 것이라고 완전히 확신합니다. 물론 문제는 유한한 자아가 본질적으로 이원성 의식을 넘어선 그 어떤 것도 볼 수 없다는 것입니다. 유한한 자아는 오직 이원성의 세계에서만 생각하고 추론할 수 있으며, 그러므로 그것이 여러분을 위해 하는 어떤 결정도 여러분을 이원성 세계 속에다 더욱 단단히 얽매이게 할뿐입니다. 여러분이 그 (이원성이라는) 여과기를 통해 세상을 보게 되면, 삶은 탈출구가 없는 미로처럼 보일 수 있습니다.

내가 이전의 열쇠에서 설명했듯이, 유한한 자아는 이원성의 영역 안에 있기 때문에, 그것은 항상 자신이 원하는 것을 정당화하는 주장을 제기할 수 있습니다. 내 요점은 유한한 자아는 언제나 자신이 옳고 의식적인 여러분과 영적인 스승 또는 심지어 신을 포함한 다른 그 어떤 것이 잘못되었다고 확신할 거라는 것입니다. 사랑하는 이들이여, 여기서 미묘한 점을 이해하시겠습니까? 유한한 자아는 자신이 가능한 최상의 방법으로 여러분의 삶을 운영하고 있고 여러분을 구원에 이르는 유일한 길로 계속 가게하고 있다고 굳게 믿습니다. 그러나 내가 말했듯이, 그 길은 여러분이 결코 잘못된 결정을 하지 않음으로써 속죄 받을 수 있다는 거짓말에 기초한 길입니다. 그리고 유한한 자아는 이원성적인 추론을 이용하기 때문에 결코 잘못된 결정을 한 것이 아닌 것처럼 보이게 만드는 주장을 할 수 있습니다. 하지만 사실상, 그것의 모든 결정은 여러분을 풍요로운 삶으로 이끌지 않을 것이라는 의미에서 다 잘못돼 있습니다.

나의 사랑하는 이들이여, 이 지구행성을 한 번 살펴보고 어떻게 일부 사람들이 가장 잔학한 결정을 할 수 있고 여전히 자신들이 옳았다고 철저히 확신하는지를 보십시오. 보편적으로 알 수 있는 사례로서, 어떻게 과거 아돌프 히틀러(Adolph Hitler)같은 한 인간이 수백만 명을 죽음으로 몰아넣을 수 있었고 여전히 자기가 옳은 일을 했다고 확신했는지를 생각해 보세요. 이것은 심리학자들이 "부정(否定)"이라고 부르는 것이며, 여러분의 유한한 자아가 갖고 있는 한 가지 기본적인 작업방식에서 생겨나는 것인데, 즉 자신이 절대로 잘못할 수는 없다는 것입니다. 그리고 그것은 주어진 어떤 상황에서 무슨 일이 일어나느냐와 관계없이, 자기가 잘못하지 않았다는 점을 증명하기 위해 언제나 자신의 이원성적인 추론을 계속 이용할 것입니다.

사랑하는 이들이여, 나는 신의 관점에서 볼 때 여러분이 하는 실수는 큰 문제가 아니라는 것을 설명하기 위해 노력했습니다. 하느님은 여러분을 책망하지 않으시며, 그분은 단지 여러분이 그 실수에서 벗어나 옮겨가기를 바라십니다. 하지만 유한한 자아의 유혹에 빠져서 자신이 저지른 실수를 인정하는 것을 거부하게 되면, 여러분은 그 실수에서 자유로워질 수가 없습니다. 대신에 자신의 과거 실수에 기초한 결정을 계속함으로써 거의 무한정 지속될 수 있는 하향나선 속에서 실수에 실수를 거듭하게 될 것입니다. 실수를 하는 것은 그리 나쁜 결정은 아니라고 할 수 있지만, 실수를 인정하고 바로잡기를 거부하는 것은 정말로 나쁜 결정이라고 할 수 있습니다. 왜냐하면 그것은 덫에 걸리는 것이 불가피하기 때문입니다. 그리고 그 함정에서 탈출하는 유일한 길은 여러분이 유한한 지아의 이원성적인 추론을 사용함으로써 자신의 과거 행위를 정당화하려는 그 유혹에서 벗어나는 것입니다. 여러분은 공개적으로 자신이 나쁜 결정을 내렸음을 인정하고 그것을 더 나은 결정으로 대체해야합니다.

***

사랑하는 이들이여, 우리는 이제 내가 이 열쇠를 여러분에게 건네주고 싶은 중요한 단계에 이르렀습니다. 내 요점은 구원에 이르는 길, 불멸의 삶에 이르는 길은 오직 하나의 참된 길만이 있다는 것입니다. 그것은 의식적인 여러분이 자신이 누구인가에 대한 진실, 신에게 자유의지를 부여받은 진실에 대해 다시 각성하는 길입니다. 그리고 그렇게 깨달은 이후에, 여러분은 자신의 삶에서 결정을 내리는 힘을 되찾겠다고 결심해야합니다. 사랑하는 이들이여, 구원에 이르는 다른 길은 없습니다.

사람에게 옳은 것처럼 보이는 길이 있으며, 그 길이 옳은 듯이 보이는 것은 그것이 그 사람의 유한한 자아에게 그렇게 보이기 때문입니다. 이것은 여러분이 결정을 내리기 위해 자신의 힘을 되찾을 필요가 없다고 말하는 길입니다. 즉 이것은 다른 누군가가 여러분을 대신해 결정을 내릴 수 있도록 계속 허용할 수 있다고 하는 길이며, 그 길을 계속 따라가면 결국 구원받을 거라고 말하는 길입니다.

사랑하는 이들이여, 여러분은 이것이 이 세상의 거짓된 교사들에 의해 세워진 길임을 이해할 수 있나요? 이 길에는 수많은 변종들이 있으며, 그것은 다양하게 위장해서 다가옵니다. 그 길들 중의 일부는 공공연한 종교적 길이며, 다른 것들은 여러분의 삶에 풍요를 창출하기 위한 자립기술 또는 친절한 방법인 것처럼 보입니다. 그러나 겉모습과는 관계없이 그것들은 모두 같은 약속을 하는데, 즉 여러분이 어떤 철학을 따르거나, 모종의 기법을 연습하거나 외부 단체에 소속됨으로써 그 규정된 목표가 무엇이든 마술처럼 도달하게 될 거라는 것입니다.

여러분은 내가 이전의 열쇠에서 말한 종교들, 즉 외부적인 신에 관한 우상을 강화시키는 종교들이 또한 이런 잘못된 구원의 길을 홍보하고 있다는 것을 아시겠습니까? 나의 사랑하는 이들이여, 성서에는 주류 기독교인들이 흔히 간과하는 구절이 하나 있습니다.

그것은 예수가 율법학자들과 바리새인들을 질책하고 나서 "너희의 의로움이 서기관들과 바리새인들의 의(義)보다 더 낫지 못하면 결단코 천국에 들어가지 못하리라(마태복음 5:20)"고 의심의 여지없이 말했던 상황입니다. 그런데 많은 기독교인들이 마치 이 구절이 서기관들과 바리새인들에게만 적용되는 것처럼 이 말을 무시하며, 자기들의 눈 속에 있는 들보를 전혀 보지 못합니다. 그들은 예수가 말하고 있던 것이 특정 집단의 사람들이 아니라는 것을 전혀 깨닫지 못합니다. 그는 내가 여기서 말하고 있는 그릇된 길, 즉 외적인 교리를 고수하고 외적 규칙을 따르거나 외적인 의식(儀式)이나 사역에 참여함으로써 여러분이 자동적이고 필연적으로 구원받을 것이라고 믿는 길에 대해 이야기하고 있었습니다. 사랑하는 이들이여, 기독교가 실제로 외부의 구세주로서의 예수가 여러분의 구원의 열쇠이며 그가 당신들을 위해 모든 일을 해줄 것이라고 말함으로써 이런 거짓된 길을 조장하고 있다는 것을 아십니까? 여러분의 구원에 대한 진정한 열쇠는 외부의 그리스도가 아니라 내부의 그리스도입니다. 여러분은 그것을 통해 자신을 순수한 상태와 은총의 상태로 회복시키는 하느님과의 내적인 일체감에 도달하게 되며, 또한 여러분 안에 있는 하느님의 왕국으로 되돌아가게 됩니다.

유대인 율법학자들과 바리새인들은 자기들이 의인(義人)이라고 생각하고 있었습니다. 그리고 그들은 그들 스스로 유일한 참된 종교로 규정했던 것에 자신들이 소속돼 있고 또 그 종교의 모든 외적 교리와 문자적인 해석을 엄격하게 믿었다는 사실을 근거로 이런 추측을 했습니다. 그들은 그 종교에 의해 규정된 외적인 규칙들, 다시 말해 말해야할 것, 먹어야할 것, 입어야할 것, 그리고 삶의 모든 면을 어떻게 집행해야하는지에 대한 온갖 규칙들을 따랐습니다. 또한 그들은 그 종교의식에 참여했으며, 자신들이 올바른 모든 것을 행하고 있으므로 신이 단순히 자기들을 구원해야한다고 생각했습니다. 다른 말로 표현하자면, 그들은 하느님이 외부의 존재이고 자신들이 어떻게든 그분과 흥정해서 타협할 수 있다는 생각에 기초한 구원의 이미지를 만들어냈습니다. 그럼으로써 단지 자기들이 외적인 모든 규칙들을 따르기만 하면, 신은 그 대가로 그들을 하늘나라로 들어가게 해줘야 한다는 것이지요.

사랑하는 이들이여, 나는 하늘나라는 하느님과 하나가 되는 일체감이기 때문에 진정한 천국은 여러분 안에 있다는 것을 설명하려고 노력했습니다. 그리고 오직 이런 일체상태만이 구원의 열쇠입니다. 그런데 어떻게 여러분이 기계적으로 외적인 규칙을 따르고 맹목적으로 외적인 교리를 믿음으로써 하느님과의 내면적 일체상태에 도달할 수 있겠습니까? 구원에 이르는 길은 여러분이 표를 구입해 안으로 들어가서 자리에 앉아 졸고 있기만 하면 기관사가 목적지까지 데려다 주는 열차가 아닙니다. 구원에 이르는 진정한 길은 여러분이 한걸음씩 걸어가야만 하는 길입니다. 그리고 나선형 계단을 오르는 매 걸음을 내딛을 때마다 여러분을 그 계단 아래로 내려가게 만들었던 이원성적인 결정을 뒤집을 결심을 해야 합니다.

여러분은 내가 여기서 말하고 있는 것을 이해하나요? 내가 하는 말들을 진정으로 이해하십니까? 완전히 의식적인 결정을 내리지 않고 여러분이 하느님의 왕국으로 돌아갈 방법은 없습니다. 또한 다른 누군가가 여러분을 위해 내신 결정을 내릴 수 있게 함으로써 신과의 내적 일체감으로 돌아갈 수 있는 방법은 절대적으로 존재하지 않습니다. 여러분의 유한한 자아는 단지 외부의 권위자가 할 수 있는 것처럼 여러분을 오히려 그런 일체상태에서 멀리 벗어나는 결정만을 내릴 수 있습니다.

참된 스승과 거짓된 스승의 차이점은 진정한 스승의 경우는 여러분이 할 수 있는 최상의 결정을 내리는 데 필요한 통찰력을 제공한다는 것입니다. 그렇다고 그 스승이 절대로 여러분을 대신해 결정을 내리지는 않을 것입니다. 참된 스승은 여러분이 필요로 하는 정보를 제공하고 나서 여러분 스스로 결정을 내리도록 놔둘 것입니다. 왜냐하면 진정한 스승은 오직 여러분이 스스로 결정을 할 때만이 성장한다는 것을 알기 때문입니다. 반면에 거짓된 스승은 필요한 모든 정보를 여러분에게 주지 않을 것입니다. 그는 의도적으로 정보를 보류하고 그 거짓 스승이 당신이 행했으면 하고 바라는 것을 선택하게끔 유도하는 지식을 제공합니다. 거짓된 스승은 또한 기꺼이 여러분을 위해 대신 결정을 내릴 것입니다. 그리고 그는 내가 설명한대로, 바로 처음부터 여러분을 위해 결정을 내리도록 설계돼 있는 유한한 자아(에고)를 통해 그렇게 합니다.

나의 사랑하는 이들이여, 내가 여기서 말하고 있는 것을 아시겠습니까? 인간에게는 옳은 것처럼 보이지만 그 끝은 결국 죽음에 이르는 길이 있습니다. 이 그릇된 길은 외부의 스승, 종교권위자, 자칭 영적지도자 또는 성공전문가인 다른 사람들이 여러분에게 무엇을 해야 하는지를 알려주게끔 하는 길입니다. 또한 그것은 유한한 자아가 여러분을 위해 부득이 이원성 의식에 기초한 결정을 계속하도록 허용하는 길인 것입니다.

참된 길은 오직 하나뿐입니다. 예수가 "생명으로 인도하는 문은 좁고 길이 협착하여 그것을 찾는 이가 적으니라(마태복음 7:14)."라고 언급했듯이 말이지요. 그것은 여러분이 결정을 내릴 수 있는 자신의 자유의지와 힘을 되찾아야하는 길입니다. 그리고 여러분은 나선형 계단을 다시 걸어 올라가 마침내 꼭대기 문을 통과해 여러분의 태양인 신아 속에 우뚝 설 때까지, 모든 계단에서 그런 결정을 해야만 합니다. 구원에 이르는 다른 길은 없습니다. 이것은 예수가 사람들에게 말했던 것이고, 부처님이 사람들에게 말했던 것이며, (고대 인도) 베다의 선각자가 사람들에게 말했던 것입니다. 그리고 이것은 장구한 세월에 걸쳐 이 지구 행성에 왔던 모든 참된 영적 스승들이 사람들에게 말했던 것입니다. 구원에 이르는 외부의 길은 없습니다. 그 길은 내면의 길이며, 그것에 의해 여러분은 자신이 결코 신과 실제로 분리되지 않았음을 받아들이는 단계에 보다 가까이 이를 수 있는 결정을 하게 됩니다.

***

나의 사랑하는 이들이여, 이로 인해 이제 우리는 인간 존재의 중심지점에 이르렀으며, 그것은 올바른 결정을 내리는 방법입니다. 만약 여러분이 이전의 열

251

쇠에서 내가 말한 것을 받아들인다면, 이런 결정들이 이원성적인 마음의 추론이나 적그리스도의 마음에 기초해 있을 경우 올바른 결정을 할 방법은 절대로 없다는 것을 알 수 있을 것입니다. 올바른 결정, 즉 여러분을 신과의 하나됨에 더 가까워지게 해주는 결정을 하는 유일한 길은 그리스도의 의식을 바탕으로 결정을 내리는 것입니다. 하지만 어떻게 이원성 의식으로 하락한 사람이 그리스도 의식에 기초한 결정을 내릴 수 있을까요? 하느님께서는 여러분을 쓸쓸하게 내버려 두지 않으시기 때문에 여러분은 그렇게 할 수 있습니다. 즉 예수가 "내가 아버지께 구하겠으니, 그가 또 다른 보혜사를 너희에게 주시어, 영원토록 너희와 함께 있게 하시리니(요한복음 14:16)."라고 말한 것처럼 말입니다.

사랑하는 이들이여, 나는 균형의 법칙에 대해 언급한 바 있고, 이 법칙은 여러분에게 대단히 유리하게 작용합니다. 여러분의 자아영역은 외부의 어떤 낯선 영향을 받아들이게 예정돼 있지 않았습니다. 그것은 원래 의식적인 여러분이 독점적으로 차지하도록 되어 있었고, 그 어떤 어둠의 여지도 없어질 때까지 점차 빛으로 채워졌을 것입니다. 바꿔 말하면, 거짓된 교사나 진정한 스승조차도 자아의 영역에 침입할 어떤 권리가 없으며, 여러분의 동의가 없이는 그렇게 할 수가 없습니다. 그러나 유한한 자아를 창조했을 때, 여러분은 이질적인 물체, 낯선 존재가 여러분의 자아영역으로 들어가게 허용했습니다. 이것이 적그리스도의 의식에 적합한 초점이 되었습니다. 균형의 법칙에 따르면, 여러분의 자아영역에 적그리스도 세력을 위한 초점을 내포하고 있으면서 그 균형을 상쇄할 수 있는 요소가 없다면, 여러분은 절대로 존재할 수 없습니다. 그러므로 균형을 유지하기 위해, 그 법칙은 여러분이 적그리스도 의식이 자아영역에 들어갈 초점을 허용할 경우, 빛의 세력과 참된 영적 스승들도 역시 그리스도의 의식을 위한 초점을 삽입함으로써 평형을 제공할 권한을 가질 것을 요구합니다.

나의 사랑하는 이들이여, 여러분이 내면에서 자신의 신아 및 그리스도를 상징하는 외적인 스승과 직접적인 관계를 갖고 있는 한, 자아영역 안에 이런 초점이 필요하지 않습니다. 하지만 여러분이 이원성 의식으로 추락하여 유한한 자아와 동일시하기 시작했을 때, 여러분은 신아에 대한 직접적인 연결고리와 외부 스승에 대한 인식을 상실했습니다. 그러므로 이제 여러분의 영적 스승들이 여러분에게 영적세계와의 접촉을 회복할 수 있는 무엇인가를 주는 것이 필요해졌습니다. 그것은 예수가 바로 '보혜사 성령(聖靈)'이라고 불렀던 것이며, 여러분은 예수가 언급했던 "보혜사, 곧 아버지께서 내 이름으로 보내실 성령, 그가 너희에게 모든 것을 가르치고 내가 너희에게 말한 모든 것을 생각나게 하시리라(요한복음 14:26)."는 말을 기억할지도 모릅니다. 예수가 당시 정말로 설명하고 있었던 것은 내가 여러분의 '그리스도 자아(Christ self)'라고 부르고 싶은 이 성령이 여러분에게 그리스도의 진리를 가르쳐 줄 수 있는 내면의 진정한 스승이라는 것입니다. 그리고 여러분이 이 내면의 스승이자 구세주에 주목할 때, 불안정한 이원성 의식의 모래가 아닌 그리스도의 반석, 그리스도의 진리에 기초한 결정을 하기 위해 필요한 통찰력을 언제나 얻을 수 있습니다.

달리 말하면, 여러분이 자신의 유한한 자아와 자기 바깥의 거짓된 교사들의 말에 귀를 기울임으로써 올바른 결정을 내릴 방법은 없습니다. 하지만 하느님은 비록 여러분이 하느님이 보내신 영원한 스승을 외면하더라도, 또 여러분이 불멸의 자아와의 연결을 잃었음에도 불구하고 여러분을 위안도 없이 쓸쓸하게 방치해 두지 않으셨습니다. 그렇습니다. 하느님은 그리스도 자아의 형태로 여러분에게 위안자(성령)를 보내셨으며, 이 자아는 여러분의 자아영역 안에 머물러 있습니다. 그리스도 자아는 여러분에게 모든 것을 가르쳐 줄 수 있고, 온갖 것들을 기억나게 해줄 수도 있는 여러분의 내면적 스승입니다. 그래서 여러분은 올바른 결정을 할 수 있는 가장 좋은 토대를 가지고 있으며, 그런 결정들이 여러분이 나선형 계단을 올라가 신과의 하나됨이라는 궁극적인 목표에 좀 더 가까이 다가갈 수 있도록 해줄 것입니다.

이것은 또한 예수가 "지식의 열쇠"라고 불렀던 것이기도 합니다. 어쩌면 여러분은 예수가 지식의 열쇠를 빼앗아 갔던 율법학자들을 질책했던 것을 기억할지도 모릅니다. 대부분의 기독교인들은 이 구절과 그 중요성을 이해하지 못합니다. 그 의미는 간단합니다. 지식의 열쇠는 여러분이 자신 안에 진리를 아는 능력과 올바른 결정을 내릴 수 있게 해 주는 그리스도의 통찰력을 갖고 있다는 것입니다. 여러분은 자신의 그리스도 자아의 지시에 귀를 기울이고 따름으로써 이렇게 합니다. 그러나 적그리스도의 교사들에 의해 제시된 길인 외부의 길을 따르는 사람들은 이 지식의 열쇠를 무시했습니다.

나의 사랑하는 이들이여, 율법학자들은 그들 자신의 결정을 내리는 그 내면의 길을 따르고 싶지 않다고 결심했습니다. 즉 그들은 자동구원을 꿈꾸는 외부의 길을 따르기로 결정했던 것입니다. 그리고 그들은 자기들의 생각이 옳다는 그 믿음을 강화하기 위해서, 다른 모든 사람들이 그 내면의 길을 발견하고 따르는 것을 막으려고 시도하고 있었습니다. 그들은 모든 이들이 그 외부의 길을 따라 가기를 원했습니다. 왜냐하면 그들은 만약 모두가 같은 행동을 한다면 자기들이 옳을 수밖에 없으며 신이 그들을 받아들여야 한다고 생각했기 때문입니다. 물론, 그 진실은 모든 사람들이 똑같은 행위를 하고 있을 수는 있지만, 그들이 이원성 의식에 사로잡혀 있다면 여전히 틀렸다는 것입니다. 이것이 예수가 율법학자들에게 도전했을 때 지적했던 것입니다.

사랑하는 이들이여, 내가 말하는 것의 중요성을 이해하시겠습니까? 인간 존재에 있어서 가장 중요한 문제는 여러분이 결정을 내려야 한다는 것입니다. 그리고 그 가장 중심적인 문제는 어떻게 하면 올바른 결정을 내릴 수 있느냐는 것입니다. 하지만 현실적으로 만약 여러분이 필요한 정보를 갖고 있다면, 또 진실되고 정확한 이해를 갖고 있다면, 어떤 상황에서든 올바른 결정을 할 수가 있습니다. 그 올바른 결정은 언제나 여러분을 이원성 의식에서 멀어지게 하고 신과의 하나됨에 더 가까이 데려다주는 결정입니다. 특정 상황의 실제 결과가 무엇인지는 정말로 중요하지 않습니다. 진정한 중요성은 그 상황이 여러분이 신과의 하나됨에 더 가까이 갈 수 있도록 도와주고 스스로 이원성의 거짓말로부터 벗어날 수 있도록 도와준다는 것입니다. 만약 여러분이 이원성의 거짓말에서 스스로 벗어난다면, 어떤 상황에서든 승리하여 하나됨의 그 목표에 더 근접할 수 있습니다. 그러므로 여러분을 그런 목표에 더 가까이 이르게 해주는 어떤 결정도 올바른 결정입니다. 그리고 사실, 세상적인 기준에서 볼 때 잘못된 것으로 보이는 결정을 특정한 상황에서 내릴 수도 있습니다. 왜냐하면 그 결과가 세상이나 여러분의 유한한 자아가 원하는 것이 아니기 때문입니다. 그러나 그 결정은 여전히 여러분을 신과의 일체상태로 이끌어 주기 때문에, 이는 하느님의 관점에서 보면 옳은 결정입니다.

　내가 여기서 말하고 있는 것은 여러분은 언제나 올바른 결정을 하기 위해 필요한 토대를 갖고 있다는 것입니다. 여러분은 절대로 쓸쓸히 방치되어 있지 않습니다. 그럼에도 안타깝게도, 의식적인 여러분이 위안자인 그 성령을 무시하거나 심지어 그 존재 자체에 대해 잊어버리는 것이 가능합니다. 내가 말했듯이, 여러분은 스스로 자신이라고 생각하는 것이 곧 여러분이며, 그렇기에 만약 여러분이 자신을 신과 단절되어 올바른 판단을 할 수 없는 유한한 인간 죄인이라고 생각한다면, 그것이 임시적으로 여러분의 "현실"이 될 것입니다. 그러나 진짜 현실은 여러분이 하느님으로부터 단절되거나 분리된 적이 없고 위안이나 안내도 없이 방치된 적이 없다는 것입니다. 또한 여러분은 예수가 외쳤던 "구하라. 그러면 너희에게 주실 것이요, 찾으라. 그러면 찾을 것이요, 문을 두드리라. 그러면 너희에게 열릴 것이니(마태복음 7:7)."라는 가르침을 언제나 따를 가능성이 있다는 것입니다.

　나의 사랑하는 이들이여, 여러분은 예수가 여기서 공허한 약속을 하고 있었다고 생각하나요? 그가 아무런 현실적 근거도 없이 그냥 이런 말을 하고 있었다고 생각하세요? 대부분의 기독교인들은 이 가르침의 중요성을 이해하지 못하지만, 여러분은 정말로 단지 두 가지 선택권밖에는 없습니다. 즉 예수가 가짜 스승이었거나, 아니면 그의 말 뒤에 더 깊은 의미가 숨겨져 있다는 것입니다. 그리고 만약 기꺼이 더 깊은 의미를 찾고자 한다면, 여러분이 어떤 높은 차원의 인도로부터 완전히 단절되어 있는 상황은 결코 없다는 사실을 알 것입니다. 어떤 상황이냐와는 관계없이, 여러분은 도움을 청할 수 있는 선택권이 있습니다. 그리고 여러분이 질문한다면, 그 답변을 받을 것입니다. 다시 한 번 말하지만, "만약 여러분이 자신의 그리스도 자아에게 인도를 요청한다면, 언제나 그 요청에 대한 응답을 받게 될 것입니다."

　나는 이것이 많은 사람들에게 받아들여지기 어려울 거라는 것을 알지만, 사실 그 답은 항상 있습니다. 문제는 여러분의 의식적인 마음이 기꺼이 그 답을 인식하고, 주의를 기울이고, 그것에 따라 행동할 수 있느냐는 것입니다. 사랑하는 이들이여, 나는 여러분이 "첫 인상은 언제나 정확하다"는 속담을 깊이 생각해보았으면 합니다. 여러분이 누군가를 처음 만났는데, 그 사람을 신뢰할 수 없다는 인상을 받았던 상황에 대해서 생각해 보기 바랍니다. 그러면 즉시, 여러분의 외적인 마음은 종종 그의 외적인 신조나 사회에서의 위치를 언급함으로써 왜 이 사람이 믿을 수 있는 사람인지에 대해 추론하기 시작합니다. 그래서 여러분의 외적인 마음은 그 첫인상을 설득하여 물리쳐버립니다.

사랑하는 이들이여, 여러분은 그런 상황에 맞닥뜨리고 나서 자신의 첫 인상이 완전히 정확했다는 것을 알게 된 적이 있나요? 아니면 그런 첫인상을 받은 비슷한 상황이 있었으나, 여러분의 외적인 마음이 교묘한 추론을 통해 그것을 무시함으로써 단지 나중에야 자신의 첫인상이 정확하다는 것을 알게 되었나요? 자, 나의 사랑하는 이들이여, 이런 상황들은 내가 말하고 있는 것에 관한 사례들입니다. 즉, 여러분이 언제나 응답을 받기는 하지만, 여러분의 외적인 마음이 종종 그 답을 인정하거나 주목하지 않는다는 것입니다. 아니면 여러분의 외적인 마음은 이원성적인 추론을 이용하여 그 답을 교묘히 설명하여 제쳐놓게 합니다. 내가 여러 번 말했듯이, 이원성적인 의식은 절대로 틀렸다고 증명될 수 없기 때문에 언제나 이런 상황이 가능합니다.

사랑하는 이들이여, 나는 "구하라. 그러면 얻을 것이다."라는 구절을 명확하게 하기 위해 그 말을 고쳐서 다음과 같이 표현하겠습니다. "열린 가슴과 편견 없는 마음으로 요청하라. 그러면 항상 그 응답을 받을 것이다." 내 말의 요지는 진정으로 여러분의 그리스도 자아로부터 응답을 받기 위해서는 두 가지 조건을 충족시키기 위해 노력해야 한다는 것입니다. 그 첫 번째는 여러분이 자진해서 진리를 정말로 알고자 해야 합니다. 달리 말하면, 여러분은 유한한 자아가 믿고 싶어 하는 것을 확인해 주는 답을 원하기보다는 지금 갖고 있는 것보다 더 높은 수준의 이해를 알고 싶다고 결정해야 하는 것입니다.

사랑하는 이들이여, 이것은 겉으로 보이는 것만큼 그렇게 간단하지 않습니다. 확실히 말하지만, 나는 매우 열렬하고 진지하게 내게 기도하면서 도움을 청하고 자신들의 삶을 위해 기원하는 많은 기독교 신자들의 호소를 계속 듣고 있습니다. 이런 수많은 사람들은 내가 마치 호리병 속에 있는 요정처럼 갑자기 나타나 그들을 위해 자기들의 모든 문제를 해결해달라고 기도합니다. 나는 기쁜 마음으로 사람들이 그런 문제들을 해결하도록 도울 것이지만, 중요한 것은 내가 그들이 올바른 결정을 내리기 위해 필요한 통찰력을 제공함으로써 그들 자신의 문제를 해결하도록 돕고 싶다는 것입니다. 하지만 이런 기독교인들 중 많은 사람들은 그리스도 같은 현명한 결정을 내리는 데 필요한 더 높은 수준의 이해나 진리에 열려 있지 않습니다. 그들은 단지 자기들의 기존 기독교적인 믿음들을 확인해주고 그들의 교리를 벗어나지 않는 대답만을 나에게 듣고 싶어 합니다. 내가 이 사람들을 도울 수 있는 방법에는 매우 엄격한 한계가 있는데, 왜냐하면 그들의 외적인 마음이 내가 그들에게 주는 대답을 절대로 듣지 못할 것이기 때문입니다. 그러므로 (도움을 받기 위한) 그 첫 번째 조건은 여러분이 자신의 현재 이해를 넘어선 어떤 것을 배우려는 열린 마음과 자발성으로 요청하는 것입니다. 여러분은 자신이 듣고자 하는 답을 신이 여러분에게 주실 수 있도록 자발적인 자세가 될 필요가 있으며, 그 답은 여러분의 유한한 자아와 이 세상의 지배자가 여러분이 듣기 바라는 답이 아닙니다. 그러므로 여러분은 자신이 이원성 의식 너머를 볼 수 있게 돕게 될 답변에 대해 마음이 열려 있을 필요가 있습니다.

두 번째 조건은 여러분이 유한한 자아의 가면을 벗기고 자신이 받는 모든 답을 분석하여 이원성적인 신념체계의 틀에 맞추려는 그 유한한 자아 자체의 성향을 무력화시키고자 노력해야 한다는 것입니다. 그리고 그 답이 이 정신적 틀에 들어맞지 않는 경우 - 물론 그리스도의 마음으로부터 오는 어떤 응답도 이원성적인 믿음 체계에 맞지 않을 것임 - 여러분의 유한한 자아는 영리한 이원성적 추론을 사용하여 왜 그 답이 옳을 수가 없고 왜 당신이 그것을 진지하게 받아들여서는 안 되는지를 논할 것입니다. 바꿔 말하면, 여러분의 유한한 자아는 항상 모든 새로운 생각을 판단하고, 만약 어떤 것이 자체의 정신적 틀에 들어맞지 않으면 그것을 자동으로 거부합니다. 내가 여기서 말하고 있는 것은 여러분은 항상 그리스도 진리에 접근하지만 그 그리스도 진리를 진정으로 받아들여 인정하기 위해서는 유한한 자아와 그 자체에 의해 창조된 정신적 틀, 정신적 감옥을 기꺼이 넘어설 필요가 있다는 것입니다.

만약 여러분이 그 너머에 도달하고자한다면 항상 응답을 받게 될 것입니다. 물론 이런 답을 받는 자신의 능력을 증진시키기 위해 여러분이 할 수 있는 것들은 많습니다. 예를 들면 그것은 보편적인 그리스도 마음의 초점인 그리스도의 자아와 더 커다란 그리스도의 마음에 대한 여러분의 인식과 연결을 증대시키는 것입니다. 나는 나중에 이 목표를 달성하기 위한 도구를 여러분에게 제공할 것입니다.

***

우리는 여러분이 자신을 유한한 자아와 동일시하기 시작하면서, 이원성적인 교사인 거짓된 교사들에게 귀를 기울이기 시작했다고 말할 수 있습니다. 그리고 이것은 과거의 수많은 생들 동안 진행되어온 일종의 습관적 패턴이라고 할 수 있습니다. 이러한 하향적인 추세를 뒤집으려면, 무엇을 해야 하는지를 여러분에게 말해주는 그 외적인 거짓 교사들과의 상호의존성을 깨뜨리기 위한 의식적인 노력이 필요합니다. 대신에 여러분은 그리스도 자아라는 내면의 스승과 승천한 대사들로 이루어진 참된 스승들에 대한 연결을 재발견하고 강화해야합니다. 이런 존재들이 무엇을 해야 할지를 여러분에게 알려주지는 않을 것이지만, 옳은 결정을 내릴 수 있게끔 정보를 줄 것입니다. 물론, 이 길을 시작하려면, 우선 여러분이 자발적으로 다시 스스로 결정하겠다고 결심하는 단계에 이르러야 합니다. 그리고 그 단계에 도달하기 위해서는 영적인 길에 놓인 가장 큰 장애물 중 하나를 극복해야 하는데, 그것은 실수를 하는 것에 대한 두려움입니다.

나는 이미 이 두려움에 대해 언급한 바 있습니다. 다시 말하면 그것은 (에덴 동산 이야기에서) 여러분이 진실의 순간을 가졌었고 자신이 잘못된 결정을 했다는 것을 깨달은 이후에 의사결정을 두려워하게 되었다고 말한 것입니다. 이것은 잘못된 결정을 내리는 것이 그처럼 끔찍한 것이므로 아예 어떤 결정도 하지 않는 것이 낫다고 하는 두려움입니다. 사랑하는 이들이여, 나는 이런 방식의 논리는 참으로 교활한 마음의 산물이라는 것을 여러분이 알았으면 합니다. 그것은 완전히 비논리적입니다. 그것은 여러분이 어떤 결정도 내리지 않으면, 그때 당신은 잘못된 결정을 내릴 수 없다고 말하지만, 이것은 전적으로 환상이며, 완전한 거짓말입니다.

사랑하는 이들이여, 하느님은 여러분에게 자유의지를 주셨습니다. 여러분은 그 자유의지로 자신이 원하는 것을 무엇이든 할 수 있는 권리가 있지만, 여러분이 결정하는 것에서 도망칠 수는 없습니다. 여러분은 선택을 할 수 있는 자신의 능력을 포기할 수 없으며, 선택하는 자신의 책임을 저버릴 수는 없습니다. 실제로, 여러분이 그것을 다른 누군가에게 주려는 시도를 할 수 있고, 다른 누군가가 여러분을 대신해 결정하도록 시도할 수는 있지만, 그렇게 하기 위해서는 역시 여러분이 결정을 내려야합니다. 사랑하는 이들이여, 내 요점을 이해하시겠습니까? 만약 여러분이 자신의 유한한 자아나 거짓된 교사가 여러분을 위해 결정하도록 허용한다면, 여러분은 여전히 그렇게 하기로 결정하고 있는 것입니다. 그리고 매 순간마다 여러분은 그들에게 자신을 대신해 결정을 내릴 수 있도록 허용하고 있으며, 이런 상태를 계속하기로 결정하고 있습니다. 그러므로 결정하는 것에서 달아날 길은 없습니다. 여러분은 인생의 모든 순간 결정을 내리고 있는 것이며, 그것을 피할 수 있는 방법은 없습니다.

그럼에도 왜 여러분은 결정하는 것에서 도망치고자 하는 것일까요? 결정을 내리는 것, 자유의지를 갖고 있는 것은 신으로부터 주어진 가장 큰 기회이며, 스스로를 초월하여 더 나은 존재가 됨으로써 풍요로운 삶을 공동창조할 수 있는 가장 큰 기회입니다. 잘못된 결정을 하면 바람직하지 않은 결과가 초래될 수 있는 것은 사실입니다. 하지만 지금 올바른 결정을 내림으로써 과거의 잘못된 결정을 모두 원래상태로 되돌릴 수 있는 것도 역시 사실입니다. 비록 이것은 거짓된 교사들이 여러분이 알기 원하지 않는 비밀이긴 합니다만 여러분이 솔직하게 자신의 그리스도 자아로부터 답을 구한다면, 올바른 결정을 내릴 수 있는 토대를 항상 갖고 있습니다.

그러므로 나의 사랑하는 이들이여, 그것은 사실상 실수를 범하는 것이 이 세상의 세력들이 여러분이 믿기를 바라는 것만큼 그렇게 끔찍하지 않다는 것을 깨달음으로써 의식을 약간 전환하는 문제에 불과합니다. 마지막 열쇠로 돌아가 생각해보십시오. 어둠의 세력들의 기본 책략은 여러분이 결코 돌이킬 수 없는 그런 엄청난 실수를 저질렀다고 믿게 만드는 것입니다. 그러나 내가 여기서 말하고 있는 것은 여러분이 이제까지 저지른 어떤 실수도 그것은 이원성적인 마음의 잘못된 추론에 기초한 결정이라는 것입니다. 그리고 결정에 관련해 멋진 점은 다른 결정을 내림으로써 그 어떤 나쁜 결정도 즉시 좋은 결정으로 대체할 수 있다는 것입니다. 적그리스도의 의식인 이원성 의식에 기초한 어떤 결정도, 하나됨의 의식인 그리스도의 의식에 기초해서 결정함으로써 즉시 바꾸어 놓을 수 있습니다.

사랑하는 이들이여, 내가 여기서 말하고 있는 것의 엄청난 중요성을 아시겠습니까? 이것은 그렇게 중요하지 않은 것처럼 보일 수도 있고, 자명한 것처럼 보일 수도 있습니다. 그러나 그것은 자명하지 않습니다. 왜냐하면 만약 여러분이 내가 여기서 말하고 있는 그 진리를 이해하고 있었다면, 여러분은 지구상에 앉아 이 책을 읽고 있지 않았을 것이기 때문입니다. 여러분은 불멸의 영적존재로서 여기 천상에 앉아있을 것이고, 나는 여러분에게 나의 생각을 전할 책이 필요하지 않았을 것입니다. 그렇기에 여러분이 이 책을 읽으며 지상에 앉아 있다는 사실은 내가 여기서 여러분에게 전하고 있는 진리를 완전히 흡수하지 못했다는 것을 보여줍니다.

어떤 나쁜 결정은 그리스도의 진리에 기초해 있는 결정을 함으로써 대체될 수 있습니다. 만약 여러분이 공개적으로 그리스도의 진리를 솔직하게 요청하는데 마음을 쏟아 그것을 의식으로 흡수하고 그 진리를 내면화한 다음, 올바른 결정을 하기 위해 그것을 사용한다면, 매우 빠르게 인생을 호전시킬 수 있습니다. 여러분은 하향나선을 멈출 수 있고, 점차 여러분을 투쟁의식에서 멀리 벗어나 풍요로운 삶으로 인도할 긍정적인 상향나선을 시작할 수 있습니다.

* * *

나의 사랑하는 이들이여, 수많은 사람들이 풍요로움을 갈망하지만 풍요의 의미에 대해 완전히 결함 있는 이미지를 가지고 있습니다. 많은 사람들은 참된 풍요가 그것이 로또복권에 당첨되거나 거짓 교사들이 약속한 마법적인 속임수냐에 관계없이 어떤 외부의 원천을 통해 무제한의 돈을 공급받는 것이라고 생각합니다. 이것은 그릇된 교사들이 사람들에게 약속하는 성공인데, 즉 풍요를 생산해내는 어떤 마법적 시스템이 있으며, 일단 돈이 충분히 갖게 되면 모든 문제가 해결될 거라는 것입니다. 그러나 내가 이전 열쇠에서 설명하려고 노력했듯이, 어떤 분량의 돈을 가지고 있는 것과 풍요로운 삶을 누리는 것은 같지 않습니다. 풍요로운 삶은 돈보다 훨씬 나은 것이며, 그래서 여러분은 두 명의 주인을 섬길 수 없고, 하느님과 탐욕의 신을 함께 섬길 수는 없습니다(마태 6:24). 만약 여러분이 풍요로움에 이르는 열쇠가 돈을 소유하는 것이라고 생각한다면, 돈보다 훨씬 가치가 있는 하느님의 진정한 풍요에 결코 도달하지 못할 것입니다

진정한 풍요는 여러분이 하느님과 함께하고 있다는 것과 집으로 돌아가고 있다는 것, 그리고 여러분이 하는 모든 결정이 하느님과의 하나됨이라는 궁극적

인 목표에 더욱 가까이 다가가게 하고 있음을 아는 것입니다. 또한 참으로 풍요로운 삶은 여러분이 불멸의 영적존재이고, 자신의 신성한 개성을 표현하기 위해 여기 지상에 있다는 것을 아는 것입니다. 여러분은 매 순간마다 그 신성한 개성을 표현하고 있다고 느낍니다. 아울러 여러분은 자신이 단순히 스스로의 욕망을 충족하기 위해 이곳에 있는 것이 아니라 지구에다 천국을 공동창조하기 위해 신과 공동창조자가 되도록 설계되있다는 것을 압니다. 그리고 여러분은 자신이 하는 모든 결정들이 이 하늘나라를 이 지구상의 물리적인 현실로 나타나게끔 조금씩 구체화시키고 있다는 것을 압니다. 그러므로 여러분은 자신이 하느님의 생명의 강의 일부라는 것을 알고 있습니다. 또한 자신이 신에게 좀 더 가까이 다가가려고 노력하며 하늘나라를 지구상에다 실현시키고자 애쓰는 사람들의 보편적 운동의 일부임을 압니다.

나의 사랑하는 이들이여, 이것이 참된 풍요입니다. 즉 진정한 풍요는 여러분이 생명의 강이라는 그 계속 진행 중인 하느님의 장엄한 창조의 흐름의 일부임을 아는 기쁨인 것입니다. 이것은 대부분의 사람들이 구상하거나 상상할 수 있는 것을 넘어서 있으며, 이것은 벌 수 있는 돈의 액수를 초월한 어떤 것입니다. 이것은 오직 내면에서만 가져올 수 있는 것이며, 다시 말해 여러분이 투쟁의식이나 결핍의식으로부터 스스로 이탈하기로 결정할 때 얻을 수 있는 것입니다. 대신에, 여러분은 생명의 강, 하나됨의 의식으로 뛰어들어야하고, 이제 그 강과 함께 흐르고 있습니다. 여러분은 하느님의 풍요로운 흐름 속에 있으며, 하느님의 풍요는 여러분을 통해 흐르고 있습니다. 왜냐하면 여러분은 바로 자기 자신이 현시되고 있는 하느님의 풍요이자 신이라는 것을 깨닫기 때문이지요.

사랑하는 이들이여, 이것이 내가 여러분에게 주려고 온 진정한 풍요의 삶이며, 이는 일시적인 부에 이르는 지름길이 아닙니다. 나는 예수가 "너희는 먼저 그의 나라와 그의 의를 구하라. 그리하면 이 모든 것을 너희에게 더하시리라(마태복음 6:33)."고 말했던 것처럼, 영(靈)의 부를 여러분에게 주려고 왔습니다. 만약 여러분이 내가 윤곽을 그리고 있는 길을 따라 간다면, 돈이나 다른 형태의 물질적인 풍요 또한 받을 가능성이 높습니다. 하지만 그 돈을 받기 위해서는 먼저 여러분이 그리스도 의식의 참된 풍요를, 자신이 하느님과 함께하고 있다는 것을 아는 참된 의로움을 추구해야 합니다. 왜냐하면 여러분은 이제 자진해서 본래의 진정한 자신이 되기로, 즉 그리스도의 반석을 기초로 올바른 결정을 내림으로써 신의 왕국을 실현하기 위해 이곳에 있는 공동창조자가 되기로 했기 때문입니다. 진정한 여러분이 되고, 먼저 자신의 자아영역을 지배하고, 그런 다음 물질세계를 지배하기 위해 천부적인 여러분의 힘을 기꺼이 행사하는 것, 이것이 진정한 풍요를 위한 토대입니다.

오, 나의 사랑하는 이들이여, 혹시라도 돈보다 훨씬 더 풍요로운 삶이 있다는 것을 얼핏 엿보셨나요? 만약 그렇다면, 나로 하여금 왜 여러분이 정말로 지구에 왔는지, 또 무엇을 여러분이 자신의 녹특한 선물로 이 세상에 가져 오기 위해 여기에 있는 것인지를 펼쳐 보이게 허용하십시오. 이것은 유한한 세계에 다 무한한 선물을 줌으로써, 그 유한한 세계를 하느님의 무한한 왕국에 더 가깝게 만드는 진정한 풍요의 삶입니다.

여러분이 외부적인 안전에만 몰두해 있다면, 어떻게 내면의 평화를 누릴 수 있을 것인가?

사랑하는 이들이여, 나는 이제 여러분이 풍요로운 삶을 참으로 실현하기 전에 이해해야 할 중요한 열쇠를 줄 것입니다. 내가 인류역사와 여러분 자신을 포함한 개별적인 영혼들의 역사를 조사해보면, 사람들이 풍요로운 삶을 누리지 못하게 방해하는 한 가지를 보게 됩니다. 그것은 여러분이 행동하기 전에, 자신을 변화시키기 전에, 유한한 자아의 일부를 포기하기 전에 적절한 외부조건을 기다리려는 성향입니다. 이것은 바로 유한한 자아로부터 생겨난 문제이고, 그 자체에 내재된 궁극적인 안전상태를 확보하고자하는 성향입니다. 여러분이 유한한 자아는 그 자체 안에 내적갈등과 불가피한 모순을 가지고 있고 그것이 해결될 수 없다는 것을 이해하는 것은 필수적입니다. 여러분의 유한한 자아는 의식적인 여러분이 더 이상 결정을 내리지 않기로 결심했을 때 탄생했으며, 그래서 그것은 여러분을 대신해 결정을 내리고 싶어 합니다. 그런데 의식적인 여러분은 결코 온전함을 향한 추진력을 잃을 수 없기 때문에, 여러분의 유한한 자아는 이런 욕구를 충족시키고자 합니다. 그러나 유한한 자아는 참된 온전함이 무엇인지를 이해할 수 없으므로 여러분 삶의 모든 면을 통제함으로써 여러분에게 안도감을 주려고 합니다.

사랑하는 이들이여, 나는 여러분이 내가 이전 열쇠에서 말했던 내용을 활용하여 여기서의 중심문제를 알 수 있기를 바랍니다. 진정한 온전함의 궁극적이고 유일하게 원천은 의식적인 여러분이 신아와 자신을 동일시하고 생명의 강에 참여하여 스스로 그 속으로 뛰어드는 것입니다. 여러분은 진행 중에 있는 하느님의 지속적인 풍요의 흐름 - 즉 자기초월 또는 더 나아지는 것 - 속에 있을 때만이 진정으로 온전함을 느낄 수 있습니다. 하지만 유한한 인간적 자아는 그 생명의 흐름 속에 결코 있을 수 없습니다. 왜냐하면 예수가 말했던 것처럼 그것은 생명이 없기 때문입니다(요한복음 6:53).[37] 따라서 유한한 자아는 결코 여러분에게 온전한 느낌을 줄 수 없습니다. 그러므로 그것은 그 대용물로서 온전함에 대한 거짓된 느낌을 얻으려고 할 것인데, 이는 성서에서 평화를 부르짖

---

37) "예수께서 이르시되, 내가 진실로 진실로 너희에게 이르노니 인자의 살을 먹지 아니하고 인자의 피를 마시지 아니하면 너희 속에 생명이 없느니라."

기는 하지만 평화는 없다(예레미야서 6:14)라고 묘사하고 있는 것입니다

나는 여러분이 유한한 자아의 핵심적인 모순, 중심적인 이분법을 이해할 수 있었으면 합니다. 온전함에 이르는 진정한 열쇠는 끊임없는 자기초월인 생명의 강 속에 있는 것입니다. 이를 다른 말로 표현하자면, 진정으로 온전한 전체가 되기 위해서는 끊임없이 자신을 초월해야하며, 지금 이 순간보다 항상 더 나은 존재가 되어가고 있어야 합니다. 이것이 생명의 기쁨이고, 이것이 진정한 온전함입니다. 하지만 유한한 자아는 성장을 멈추고 자기초월을 멈춤으로써, 여러분이 더 나아지는 것을 방해함으로써 온전함에 관한 환상을 창조하려고 시도하고 있습니다. 유한한 자아는 온전함에 대해 "완전한" 상태에 있는 어떤 것 같은 이미지를 갖고 있는데, 이것은 모든 것이 가만히 정지해 있고 아무것도 변하지 않는다는 것을 의미합니다. 그것은 여러분과 다른 모든 이들을 통제하고 물질적인 세계도 통제함으로써 이런 완전한 상태에 도달할 수 있다고 믿습니다. 따라서 여러분의 유한한 자아와 이 세상의 지배자는 끊임없이 세상을 조종하여 그것을 자신의 정신적 이미지에다 맞추기 위해 시도하고 있습니다.

불행하게도, 가만히 정지해 있다는 이런 완전함에 관한 이미지는 매우 설득력이 있으며, 그리하여 많은 문화와 종교들 속으로 스며들게 되었습니다. 많은 종교들이 하느님이 완벽하다고 주장하면서 외적인 신의 이미지를 가르칩니다. 그들은 만약 어떤 것이 완전하다면, 그것은 절대로 변화할 수 없다고 생각합니다. 그러므로 사랑하는 이들이여, 여러분의 유한한 자아와 적그리스도의 세력들은 끊임없이 자기초월과 성장을 멈추게 하려고 시도하고 있고, 신이 여러분을 통해 더 진화해가고 있는 과정을 중단시키려고 애를 쓰고 있습니다. 또한 그들은 성장이 없는 인간의 왕국인 가짜 하느님 왕국을 만들려고 노력하고 있으며, 이 왕국에서는 이원성 의식을 기반으로 "완전한" 상태를 규정했습니다. 그리고 그들은 모든 사람들과 사회를 완전한 것에 대한 그 정신적 틀, 그 주형(鑄型)에다 맞추기 위해 조종하고 있습니다.

나의 사랑하는 이들이여, 이것은 환상입니다. 이것은 전적으로 불가능합니다. 이것은 절대로 할 수 없는 어떤 것을 시도하고 있는 것입니다. 앞서 내가 설명한 것처럼 물질우주에 내장된 안전장치 중 하나는 아무 것도 정지해 있을 수 없다는 것입니다. 그러나 여러분에게는 자유의지가 주어졌기 때문에 현재 전진하고 있는 생명의 강에서 스스로 멀어지도록 선택할 수는 있습니다. 말하자면, 생명의 강이 흐르고 있는 동안 강둑 위로 올라가서 강가에 멈춰서 있을 수 있습니다. 신은 인간에게 자유의지를 주셨으므로 그분은 여러분에게 이것을 할 수 있는 능력을 주신 것입니다. 또한 신은 여러분이 작은 세상 속에서 자신이 아직도 멈춰서있고 이제 완벽한 상태를 만들어 현상유지만 한다면 영원히 이 천국에 있게 될 거라는 환상을 지속할 수 있게끔 지연요소를 가진 물질우주를 세우셨습니다. 하지만 이 환상은 오직 여러분의 유한한 자아의 정신적 틀 속에서만 실제로 존재할 수 있으며, 유한한 자아의 다른 모든 측면들과 마찬가지로

단지 당분간만 존재할 수 있습니다. 어머니의 수축하는 힘이 결국에 이런 환상을 깨뜨리는 것은 필연적입니다. 그래서 오랜 역사과정에 걸쳐 수많은 문명들이 실제로 높은 수준에 도달했음에도 불구하고, 그 다음에는 어떤 이유에서인지 모르게 붕괴한 것을 볼 수 있습니다. 자, 사랑하는 이들이여, 이런 문명들은 자기들이 완전한 상태에 이르렀다고 생각했고, 그렇기에 스스로를 초월하기를 거부했기 때문에 붕괴되고 말았습니다. 불가피하게, 어머니의 수축하는 힘이 그들이 하늘에 닿아 있다고 생각하며 세웠던 바벨탑을 무너뜨렸던 것입니다.

나의 사랑하는 이들이여, 인류는 역사학자들과 과학자들에 의해 현재 인정된 것보다 훨씬 오래된 매우 장구한 세월 동안 이런 불가능한 추구를 해왔습니다. 이것이 여러분이 원하는 것이라면, 여러분은 주어진 시간을 다 써버릴 때까지 이런 추구를 계속할 수는 있습니다. 그러나 나는 내가 여러분에게 그렇게 하도록 권고하기 위해 여기에 있는 것은 아니라고 말해야합니다. 나는 여러분이 이 불가능한 추구에서 벗어나 진정한 온전함에 대한 유일한 열쇠이자 구원에 이르는 참된 열쇠는 생명의 강으로 다시 들어가서 끊임없이 자기초월을 해가는 것이라는 영원한 진리를 인식하도록 격려하기 위해 왔습니다.

***

우리는 이제 이 열쇠에서 이해할 필요가 있는 핵심 사항에 이르렀습니다. 여러분의 유한한 자아는 여러분이 자기초월하는 것을 막기 위해, 또 이원성적인 믿음들에 의해 규정된 정신적 틀을 뛰어 넘지 못하도록 할 수 있는 모든 것을 하게끔 프로그램되어 있습니다. 여러분의 유한한 자아는 완전함이라는 것은 가만히 정지해 있는 것을 의미한다는 거짓말을 여러분이 – 적어도 부분적으로 – 믿게 만듭니다. 그리고 안전이 필요하다고 믿는 의식을 갖도록 만들었습니다. 그리고 많은 경우에 그것은 외부세계에서의 불안감, 즉 이원성 의식에 의해 생겨난 혼란을 이용하여 여러분이 이런 안정감이나 안도감 및 편안함을 얻고자 애쓰도록 조종합니다. 여러분이 세상 사람들을 정직한 눈으로 바라본다면, 비록 많은 외적인 중독들이 있지만, 이런 모든 외적인 중독의 배후에는 안전에 대한 중독, 안락함에 대한 중독이 도사리고 있다는 것을 알게 될 것입니다. 수많은 사람들이 사실상 안전 중독자이며, 그 무엇보다도 안도감을 갖기 위해 애를 쓰고 있는 것입니다. 그렇게 함으로써 그들은 기꺼이 성장을 희생시키고, 생명의 원동력을 정지시키며, 삶의 기쁨을 죽이려합니다. 그들은 생명의 과정이 멈춰지기를 바라며, 만약 아무런 변화가 없다면 어떤 나쁜 일도 일어나지 않을 것이라는 생각을 토대로 안도감 얻고 그것을 유지할 수 있다고 봅니다.

사랑하는 이들이여, 안전에 대한 이런 욕구는 성장에 대한 두려움, 변화에 대한 두려움에 기반을 두고 있습니다. 내가 말했듯이, 삶의 본질은 자기초월을 의미하는 성장입니다. 그러나 여러분의 유한한 자아는 이것을 이해할 수 없기 때문에, 변화는 단지 더 나빠질 수밖에 없고 어떤 것의 상실을 의미할 수 있다는 추측에 근거하여 그 변화에 대한 두려움을 당신 존재 속으로 투사합니다.

나는 여러분이 자유의지를 갖고 있고 모든 것이 의식적인 여러분과 여러분이 내린 결정을 중심으로 돌아간다는 것을 거듭 반복해서 말했습니다. 만약 여러분이 유한한 자아가 여러분을 위해 결정을 내리도록 허용한다면, 불가피하게 끊임없이 변화하는 세상 속에서 안전과 안정에 대한 이런 불가능한 추구로 내모는 그 억압적 힘에서 결코 벗어날 수 없을 것입니다. 왜 변화가 불가피할까요? 하느님의 법칙은 여러분이 유한한 상태의 덫에 걸리지 않도록 막기 위해서 만들어졌습니다. 따라서 그 법칙은 여러분이 더 나아지려는 욕구를 따름으로써 변화하거나, 모습을 바꿀 것을 요구합니다. 왜냐하면 어머니의 수축하는 힘이 여러분의 고정된 모습을 무너뜨릴 것이고, 여러분이 변함없이 계속 유지하려고 시도하는 것들을 모두 붕괴시킬 것이기 때문입니다. 여러분은 자기초월 또는 자기축소를 통해 변화해야만 합니다. 여러분이 고정된 모습을 스스로 받아들여 고수하려 한다면, 어머니의 수축하는 힘이 여러분을 자유롭게 하기 위해 그 이미지에 맞설 정반대의 힘을 생성할 것입니다.

이 세상에서 얻을 수 없는 안전에 대한 이 불가능한 추구는 여러분의 삶을 계속적인 투쟁으로 바꾸어 놓는 본질입니다. 여기서 무슨 일이 일어나고 있는지 아십니까? 여러분의 유한한 자아는 변화가 없는 이런 궁극적인 안도감에 도달할 수만 있다면, 그때 자신의 고투는 끝날 것이라고 믿습니다. 그리고 여러분이 자기 자신을 초월하려는 모든 시도를 멈춘다면, 영원히 이런 낙원의 상태에 머물 것이라고 생각합니다. 그러나 그것은 안정에 대한 추구이고, 변화가 없는 추구이며, 그것이 투쟁을 유발합니다. 왜냐하면 그것이 여러분 자신을 생명의 본성 자체와 충돌하도록 만들 것이고 생명은 자기초월의 형태로 끊임없이 변화하고 있기 때문입니다. 그러므로 여러분이 이 투쟁과 갈등의 느낌에서 벗어나기 시작할 수 있는 유일한 방법은 여러분의 유한한 자아가 불가능한 추구를 하고 있다는 점을 깨닫는 것입니다. 여러분은 내가 말한 것을 충분히 이해해야하는데, 다시 말하면 안전과 온전함에 대한 궁극적인 열쇠는 생명의 강의 흐름 속에 있는 것이라는 사실입니다. 그렇게 함으로써 여러분은 똑같이 머물러 있으려하기보다는 끊임없이 성장하고 더 나은 상태로 성장하게 됩니다.

내가 전에 말했듯이, 성장은 손실을 의미하지 않습니다. 어떻게 여러분이 성장하고 있고 더 나아지고 있을 때, 과연 무엇인가를 잃을 수 있겠습니까? 자, 나의 사랑하는 이들이여, 의식적인 여러분은 성장함으로써 결코 손해를 볼 수 없습니다. 그러나 유한한 자아와 이 세상의 세력들은 여러분이 성장하여 그들이 여러분을 묶어 놓기 위해 시도했던 한계들을 초월할 때 참으로 손실을 겪을 수 있습니다. 그런 까닭에 그들이 성장에 대한 두려움을 당신 존재 속으로 투사한 것이며, 그리고 그들은 그것을 손실의 두려움에다 연결시켰던 것입니다. 그들은 손실의 두려움을 가진 자들이지만, 그들은 여러분마저 스스로 그 손실의 두려움과 부분적으로나 전체적으로 동일시하도록 만들었습니다. 그래서 이 행성에 있는 많은 사람들이 변화를 원하지 않으며 변화는 오직 악화될 수 있다고 두려워합니다. 얼마나 많은 사람들이 변화는 단지 더 악화되었다면서 모든 것이 더 나았던 "좋은 옛 시절"에 관해 이야기하는지를 생각해보십시오. 하지만 사실상, 세상에서 일어나고 있는 많은 변화들은 분명히 더 나은 것이며, 더 많은 사람들에게 더 많은 풍요를 가져다주고 있습니다.

사랑하는 이들이여, 여러분이 풍요로운 삶을 실현하고자 한다면 그런 삶을 얻기 위해 무엇이 필요할까요? 간단히 현실을 점검해 보도록 합시다. 현실은 여러분이 현재 풍요로운 삶을 누리지 못하고 있다는 것입니다. 만약 풍요로운 삶을 살았다면, 왜 여러분이 이 책을 읽게 되었겠습니까? 그러므로 만약 현재 이런 풍요로운 삶을 살지 못하고 있다면, 그 풍요를 얻기 위해 무엇이 필요할까요? 아주 간단합니다. 여러분이 풍요로운 삶을 얻기 위해서는 무엇인가 변화해야만 합니다. 만약 현재 갖고 있지 않은 어떤 것을 가지려고 한다면, 뭔가 바뀌어야 합니다. 그런데 바꾸기를 꺼려하거나 두려워한다면, 어떻게 과연 소유하고자 하는 것을 얻을 수 있을까요? 그 간단한 방정식을 이해하시겠습니까? 이것은 아주 단순한 추론과정처럼 보일 수도 있고, 고지식하고 소박하거나, 자명한 것처럼 보일 수도 있습니다. 그러나 사랑하는 이들이여, 만약 여러분이 그 단순한 원리를 진정으로 이해하고 있었다면, 이 책을 읽고 있지는 않을 것이며, 당신은 이미 풍요로운 삶을 즐기고 있을 것입니다.

내가 하는 말을 이해하시나요? 여러분이 현재 갖고 있지 않은 어떤 것을 얻기 위해 무엇인가 바뀌어야 한다면, 그 바뀌야하는 것은 무엇일까요? 내가 이전의 열쇠에서 설명하려고 노력했듯이, 변화해야 할 것은 바로 여러분, 즉 의식을 지닌 당신입니다. 한 마디로 여러분은 삶에 대한 접근방식을 바꾸어야합니다. 만약 현재의 접근방식이 풍요로운 삶을 만들어 내지 못했다면, 풍요를 실현하는 유일한 현실적 가능성은 삶에 대한 접근법을 바꾸는 것입니다. 지금까지 해온 것이 바람직한 결과를 얻어내지 못했다면, 그 접근방식을 변경해야합니다. 다시 앨버트 아인슈타인의 광기에 대한 정의, 즉 광기란 똑같은 짓을 계속하면서 다른 결과를 기대할 때라는 말을 깊이 생각해보십시오. 사랑하는 이들이여, 이것은 유한한 자아에 내장된 광기입니다. 여러분의 유한한 자아는 똑같은 일을 거듭 반복해서 수행하도록 프로그램돼 있는 컴퓨터와 같습니다. 그것은 자신이 똑같은 행위를 계속하고 있으면, 예컨대 시계를 멈추게 하려고 시도하거나 자기초월을 멈추게 하려고 애를 쓰면, 언젠가는 아무 것도 바뀌지 않는 궁극적인 안전상태가 생겨날 것이라고 믿고 있습니다.

사랑하는 이들이여, 여러분의 유한한 자아는 컴퓨터가 여러분이 어떤 다른 것을 하라고 입력할 때까지는 동일한 작업을 계속 수행하듯이, 이것을 무한정 계속할 것입니다. 여러분의 유한한 자아는 그 기본적인 접근법을 바꿀 수 없으며, 컴퓨터가 그 자체의 프로그래밍을 바꿀 능력이 없는 것처럼, 그 자체의 속성을 변화시킬 능력이 없습니다.

그러므로, 여러분의 삶에서 일어나고 있는 것을 바꿀 수 있는 유일한 사람은 의식적인 여러분뿐입니다. 여러분은 반드시 스스로 자기초월을 하겠다는 결정을 내려야 합니다. 비록 덧없는 안도감을 얻기 위해 유한한 자아의 그 이원성적인 믿음들을 이용했을지도 모르지만, 반드시 첫 번째 단계를 밟고 그러한 믿음들을 포기해야 합니다. 이것은 풍요를 실현하기 위한 핵심적인 원리이며, 대부분의 사람들, 심지어는 오랫동안 풍요를 연구해온 많은 성공 전문가들조차도 간과해온 원리입니다. 여러분의 인생이 바뀌려면, 여러분이 변해야만 합니다. 또 여러분의 세상을 바꾸고자 한다면, 여러분 자신을 바꾸는 것에서부터 시작해야 합니다. 만약 여러분의 삶의 경험을 바꾸고자 한다면, 여러분의 의식을 바꿈으로써, 삶에 대한 접근방식을 바꿈으로써 그 첫 번째 단계를 밟아야 합니다. 그러나 변화의 기본토대는 여러분이 최소한 일부라도 자신의 현재 정체감을 기꺼이 포기하는 것입니다. 여러분은 유한한 자아의 이원성적인 믿음과 여러분을 한계의 감옥 및 결핍의식에다 가두어놓고 있는 믿음의 일부를 자진해서 버려야 합니다. 달리 말하면, 성장의 기본원리는 여러분이 새롭고 좀 더 확장된 정체성으로 다시 태어날 수 있도록 기꺼이 현재의 정체감이 죽게 해야 한다는 것입니다. 하지만 여기서 중요한 문제는 여러분이 새로운 정체성으로 옮겨갈 수 없다는 것인데, 어쩌면 여러분이 낡은 정체감을 기꺼이 죽게 할 때까지는 이 새로운 정체성을 명확히 볼 수 없을지도 모릅니다. 또한 여러분은 자신의 한계들을 자발적으로 버리기 전에는 풍요를 받을 수가 없습니다. 그리고 나는 이 부분을 내가 할 수 있는 만큼 최대한 크게 말하겠습니다. **"받으려면 먼저 주어야 합니다!!!"**

***

사랑하는 이들이여, 이것은 다른 어떤 방법이 있을 수가 없습니다. 그리고 나는 이미 우주가 거울이라고 말함으로써 그 이유를 설명했습니다. 예수는 그의 책들 중 하나에서[38] 이 원리에 관해 멋진 예를 들어 설명해주었는데, 나는 여기서 그것을 이용할 것입니다. 여러분이 거울 앞에 앉아서 자신의 모습을 보고 있다고 상상해 보세요. 이제 여러분은 거울 속의 자신의 얼굴이 여러분을 향해 미소 짓기를 원한다고 결정합니다. 어떻게 이것이 과연 이루어질 수 있을까요? 자, 그것은 오직 한 가지 방법으로만 가능할 수 있습니다. 여러분이 거울을 보고 미소를 지어야 하는 것입니다. 거울은 단지 거기에 투사된 동일한 이미지를 그대로 비출 수만 있기 때문에, 거울 속의 모습을 웃게 하고 싶다면 당연히 여러분이 먼저 거울에다 미소를 지어야 합니다. 이것은 모두가 이해하고 있는 명백한 사실입니다. 하지만 모든 사람들이 그것을 자신의 인생이라는 더 커다란 그림에다 옮겨서 이해할 수 있는 것은 아닙니다. 물질우주는 일종의 우주거울(cosmic mirror)입니다. 그것은 단지 여러분이 거기에다 투영하는 것을 그대로 비추어 여러분에게 다시 반사할 수 있을 뿐입니다. 그러므로 만약

---

38) 〈여러분 자신을 구원하라(Save Yourself)〉를 말한다. (저자 주)

여러분이 자신의 삶에 풍요가 나타나기를 원한다면, 먼저 풍요로운 의식(意識)을 가져야 하며, 그 (구체화된) 의식을 통해서 우주거울에다 풍요를 투사해야 합니다. 이렇게 하면, 우주의 거울은 필연적으로 여러분에게 풍요를 반사하게 될 것입니다.

하지만, 이것이 어떻게 작동하는지를 이해하기 위해서는 물질우주에 내장된 지연 요소가 있다는 것을 알 필요가 있습니다. 그러므로 그 반사작용이 여러분에게 다시 돌아오게 되기까지는 어느 정도 시간이 걸릴 것입니다. 이것이 바로 많은 성실한 영적인 추구자들을 혼란스럽게 하고 낙담시키는 것입니다. 나중에 이것에 대해 더 이야기하겠지만, 지금은 그 요점만 말하도록 하겠습니다. 대부분의 사람들은 정말로 우주거울 앞에 앉아 세상이 그들을 향해 미소 짓기를 원하고 있지만, 그들은 자신이 세상을 향해 기꺼이 먼저 미소 짓고 싶어 하지 않습니다. 그들은 사실상 "세상이 나에게 미소를 지을 때, 나도 미소를 지을 것이다. 세상이 내가 원하는 것을 나에게 준다면, 나는 행복해질 것이다."라고 말하고 있습니다.

사랑하는 이들이여, 결국 내가 이전의 열쇠들에서 말했듯이, 이것은 후진적인 접근방식이고, 그것은 결코 효과가 있을 수 없다는 것을 이해하시겠습니까? 우주거울은 여러분이 이미 자신의 의식 속에서 구현하고 있지 않은 것을 여러분에게 다시 반사할 수는 없습니다. 이것은 여러분이 거울에다 미소를 짓기도 전에 그 거울 속의 자신의 모습이 여러분에게 미소 짓는 것을 기대하는 것과 똑같을 것입니다. 그것은 결코 일어날 수 없습니다. 여러분의 유한한 자아는 끊임없이 이런 일이 일어나게 하기 위해 시도하고 있으며, 이것이 일어날 수 있다고 여러분에게 믿게 하려고 계속 애를 쓰고 있습니다. 그것은 단지 여러분이 그 유한한 자아와 세상의 지배자의 충고를 충분히 따르기만 한다면, 결국 우주가 당신이 먼저 미소 짓지 않고도 우주가 당신에게 미소 지을 것이라고 말하고 있습니다.

인류에게 사용한 가장 큰 속임수 중 하나는 여러분의 행복이 전적으로 외부 조건에 달려있다는 믿음입니다. 그러나 행복은 여러분의 자아영역 안에서 일어나는 느낌입니다. 그리고 내가 이전의 열쇠들에서 설명하려고 노력했듯이, 여러분은 자신의 자아영역을 지배할 잠재력이 있습니다. 그러므로 여러분은 자아영역 안에서 행복을 만들어낼 수 있으며, 사실상 스스로 행복을 창조해야 합니다. 여러분은 행복이 자신의 자아영역 외부의 어떤 것에 달려있다는 이원성적 환상에 동의하는 한, 결코 완전히 행복해지지 않을 것입니다.

나의 사랑하는 이들이여, 나는 이것이 교묘한 거짓말이며 수많은 사람들이 그것을 믿는다는 것을 알고 있습니다. 하지만 왜 그들이 그것을 믿을까요? 그들의 의식적인 자아가 스스로 결정을 내리고 싶지 않다고 결심했기 때문입니다. 그러므로 그들은 유한한 자아가 취한 접근법이 타당하다고 계속 믿고 싶어 합니다. 그들은 단지 유한한 자아가 자기들을 대신해 계속 결정을 내릴 수 있게 허용만 한다면, 약속된 낙원을 경험하게 될 거라고 자꾸 믿으려합니다. 이런 욕망의 이유는 간단합니다. 만약 여러분이 유한한 자아의 접근법이 효과가 없다는 것을 인정할 경우, 그것은 그들이 다시 결정을 내리지 않으면 안 된다는 것을 의미합니다. 그렇기에 만약 그들이 그것을 원하지 않는다면, 유한한 자아의 환상을 계속 믿을 필요가 있는 것이지요. 그들은 이 환상을 지지하는 것 외에는 다른 선택권이 없습니다. 그리고 유한한 자아의 추론이 이원성적이고 상대적인 것이기 때문에, 그들은 항상 유한한 자아의 거짓과 환상을 지지하는 주장들을 어디서나 발견할 수 있습니다.

사랑하는 이들이여, 이제 한 걸음 더 앞으로 나가겠습니다. 유한한 자아가 삶에 대해 취하는 접근법은 적그리스도 마음의 이원성적인 추론에 의해서 뒷받침될 뿐만 아니라, 그것은 또한 여러분의 인생경험에 의해서도 지지됩니다. 내가 말했듯이, 우주는 여러분이 외부로 내보내는 것을 그대로 비추어 다시 여러분에게 반사하는 거울입니다. 여러분이 결핍돼 있다는 느낌을 내보내면, 우주거울은 물질적으로 부족한 상태를 여러분에게 다시 반사할 것입니다. 그렇기에, 여러분이 한정된 풍요를 지닌 세상에서 살고 있고 오직 다른 사람들로부터 탈취함으로써만이 풍요를 얻을 수 있다는 이원성적인 믿음은 삶 그 자체에 의해 강화될 것입니다. 어떻게 유한한 자아와 이 세상의 지배자가 이용한 논증이 삶 자체에 의해 뒷받침될 때 과연 틀릴 수 있었을까요? 그리고 이것은 그리스도 마음의 높은 진리에 도달하는 것 외에는 탈출구가 없는 일종의 폐쇄회로, 순환논법, 진퇴양난의 상황이 됩니다.

내가 여기서 말하고 있는 것을 이해하시는지요? 우주는 거울이기 때문에, 여러분의 믿음들은 자기실현적인 예언이 될 것입니다. 만약 여러분이 (물질이) 부족한 세상에 살고 있다고 생각한다면, 그것을 여러분은 경험하게 될 것입니다. 그러므로 결핍된 세상에서 벗어날 수 있는 유일한 방법은 이런 경험을 유발하는 그 의식상태를 초월하는 것입니다. 여러분이 풍요로운 세계에서 살 수 있기에 앞서, 우선 풍요로움에 기초한 의식상태로 들어가야만 합니다. 미국의 헨리 포드(Henry Ford)는 "당신이 스스로 할 수 있다고 믿든, 할 수 없다고 믿든, 당신은 옳다!"라는 유명한 말을 했습니다.

그러나 결핍된 세상을 벗어날 수 있기에 앞서, 여러분은 - 의식적인 여러분을 의미함 - 유한한 자아와 그 이원성적인 믿음들과 동일시하는 상태를 해체시켜야합니다. 여러분은 이런 동일시를 통해 여러분이 만든 - 없어질 운명의 - 유한한 자아가 죽도록 허용해야 합니다. 그리고 여러분이 오직 그것을 죽게 내버려 둔 후에만이 더 높은 정체성으로 다시 태어날 것입니다. 그러므로 여러분은 현재 가지고 있는 것보다 더 나은 것을 가질 수 있기 전에, 우선 지금 가지고 있는 것을 당장 포기해야한다는 사실을 인식해야합니다. 그리고 이렇게 하기 위해서는 현재 가진 것을 포기하지 못하게 방해하는 안전에 대한 중독성을 단절해야 합니다. 이런 장애물을 치워냄으로써 비로소 여러분은 아직 물리적으로

268

실현되지 않은 어떤 것을 장차 받게 될 것입니다. 여러분은 이런 안전에 대한 중독을 믿음과 이해를 넘어서 있는 내면의 앎으로 대체해야 합니다. 또한 하느님의 법칙이 실제로 작용하고 있고 하느님의 나라와 그리스도 의식의 의(義)를 먼저 구하면, 다른 모든 것들이 진실로 여러분에게 더해질 것(마태복음 6:33)이라는 믿음으로 바꾸어 놓아야 합니다.

***

나의 사랑하는 이들이여, 이 세상의 세력에 의해 조장된 거짓말은 여러분이 스스로를 초월할 필요가 없다는 것입니다. 하지만 만약 여러분이 자신의 인생에서 어떤 것을 바꿔야한다면, 또한 더 나은 어떤 변화를 보고자 한다면, 마음을 정해 이것이 거짓말임을 받아들여야합니다. 아울러 여러분은 편안함에 안주하여 안전하다고 느끼기 위해 더 이상이 유혹에 빠지지 않겠다고 결정해야합니다. 그리고 여러분이 이 거짓말을 받아들이지 않기로 결정했다면, 그 다음의 논리적인 단계를 밟아야 합니다. 먼저 여러분은 두 번째 거짓말을 극복해야 하는데, 그것은 여러분이 자기초월을 위해 지금 필요한 것들을 갖고 있지 못하다는 것입니다. 이 거짓말은 여러분이 앞으로 나갈 수 있기 전에 어떤 외적인 여건들을 기다릴 필요가 있다고 믿게 만들기 위한 것입니다.

나는 의식적인 여러분을 통제하고자 하는 내부의 적과 외부의 적이 있음을 말한 바가 있습니다. 그렇다면 어떻게 그들이 이것을 실행할까요? 그들은 여러분으로 하여금 필요한 것이 여러분 자신 안에 없고 아무래도 불완전하거나 불충분하다는 거짓말을 믿게 만듦으로써 그렇게 합니다. 그리고 그들은 그런 사례를 입증하기 위한 시도로 여러분의 현재의 한계와 과거의 실수들을 이용합니다.

사랑하는 이들이여, 왜 여러분이 이런 거짓말에 취약한지 아시겠습니까? 그것은 두 가지 이유로 취약합니다. 첫 번째 이유는 여러분이 불완전하고 엉성하다고 느낀다는 것이며, 그렇기에 의식적인 여러분은 온전해지고자 하는 욕구를 가지고 있습니다. 확실히 여러분은 자신이 온전하다고 느끼지 않는데, 왜냐하면 현재 뭔가 빠져 있기 때문입니다. 이로 인해 여러분은 자신이 온전하지 않고 현재 없는 것이 필요하므로 뭔가 결여돼 있고 불완전하다는 추측을 하게 됩니다. 이것이 이 세상의 세력에 의해 여러분에게 투사된 두 번째 거짓말, 즉 여러분이 온전함(전체성)이라는 잃어버린 낙원으로 돌아가려면 여러분 자신 외부의 어떤 것이 필요하다는 거짓말에 취약하게 만듭니다. 이 거짓말은 여러분이 온전해지기 위해 필요한 것을 절대로 갖고 있지 않기 때문에 반드시 여러분 자신의 바깥에서 무엇인가나 누군가가 필요하다고 말합니다. 물론, 그 누군가는 여러분의 유한한 자아와 이 세상의 지배자이며, 그들은 여러분이 단지 자기들을 맹목적으로 따르기만 하면, 여러분을 그들이 낙원으로 규정한 멋진 장소로 인도할 것이라고 약속합니다.

나의 사랑하는 이들이여, 여러분은 내가 이전의 열쇠들을 통해 여러분에게 주었던 것을 활용하여 이 거짓말을 꿰뚫어보고 그것이 무엇인지를 이해할 수 있나요? 여러분이 먼 과거에 가지고 있던 어떤 것을 잃어버렸기 때문에 불완전하다는 느낌을 갖게 된 것은 사실입니다. 또한 여러분이 온전함의 느낌을 회복하기 위해 자신의 외부에서 무엇인가가 필요하다는 것도 사실입니다. 그러나 이 무엇인가를 오직 여러분의 자아영역 밖에서만 찾을 수 있다는 것은 거짓말입니다. 온전함을 회복하기 위해 정말로 필요한 것은 여러분의 자아영역 안에서만 발견할 수 있습니다. 사실 온전해지기 위해서 필요한 것은 여러분이 실제로 누구인가를 재발견하는 것입니다. 다시 말하면, 내가 그것을 여러분의 "신아(神我)"라고 호칭하기는 했지만 여러분이 그 거대한 영적존재의 한 확장체라는 사실을 깨닫는 것입니다. 그것은 참으로 창조주에게까지 계속 거슬러 올라가는 영적 존재들의 계보(系譜)내지는 체계입니다. 오직 여러분이 자신의 창조주와의 일체감을 회복할 때만이, 또 모든 생명과의 하나됨을 회복할 때만이 온전함을 느끼게 될 것입니다. 그리고 그런 일체감은 오직 여러분이 자신의 자아영역 안으로 들어가 이미 그곳에 존재하는 것을 발견함으로써만이 확립될 수 있습니다. 그것은 거기에 항상 있었지만 여러분의 유한한 자아에 의해 창조된 환영의 베일로 덮여있었습니다.

사랑하는 이들이여, 여기서 가장 중요한 점을 이해하시겠습니까? 나는 여러분의 유한한 자아가 어떤 면에서는 컴퓨터와 유사하다고 말했지만, 이 세상의 지배자는 컴퓨터 이상입니다. 여러분의 두 적들은 여러분이 전체성을 회복하는데 필요한 것이 무엇인지를 아주 잘 압니다. 그들은 자신의 분리된 존재를 유지하기 위해, 또 여러분이 그들에게 부적절한 에너지를 계속 공급할 수 있도록 여러분으로 하여금 그 전체성을 회복하지 못하게 막아야 합니다. 그럼에도 그들은 여러분이 전체성 또는 온전함을 추구하는 것을 영원히 막을 수는 없습니다. 비록 그들이 이 세상에다 많은 오락거리를 만들어놓음으로써 그로 인해 여러분이 한동안 영적추구를 무시하게 될 수는 있지만, 이것은 영원히 작동하지는 않을 것입니다. 이 세상의 세력들은 어떤 영혼이 참된 영적 온전함을 추구하는 것을 영원히 가로막을 수는 없습니다. 그러므로 이 세상의 지배자가 행한 것은 거짓된 길, 즉 인간에게 옳은 것처럼 보이지만 결국에는 죽음에 이르는 길을 세워놓은 것입니다. 그리고 이 거짓된 길의 기본 전제는 여러분이 오직 여러분 자신의 바깥에서 온전함 또는 구원을 찾아야만 한다는 것입니다. 그들은 여러분이 현재 불완전하다는 사실 자체가 스스로 온전해지기 위해 필요한 것들을 - 여러분 자신 안에 - 갖고 있지 않음을 입증한다고 말함으로써 자기들의 거짓말을 뒷받침하려 합니다. 그러므로 여러분이 이 세상을 의미하는 자신의 바깥에서 필요한 것을 찾아야한다는 것입니다.

나의 사랑하는 이들이여, 내가 여러분에게 말한 것을 다시 한 번 상기해보십시오. 이 세상에 있는 모든 것은 영적세계의 빛보다 낮은 진동의 빛으로 이루어져 있습니다. 그러므로 이 물질세계의 그 어떤 것도 여러분에게 온전한 느낌을 줄 수가 없습니다. 여러분이 아무리 많은 돈을 모으더라도 돈으로 온전한 느낌을 살 수는 없습니다. 돈을 통해 또는 돈으로 살 수 있는 어떤 것을 통해 여러분이 자신의 온전한 느낌을 회복할 수 있는 방법은 절대적으로 없습니다. 사랑하는 이들이여, 이것은 결코 가능하지 않습니다. 만약 여러분이 세상에서 가장 부유한 사람들의 삶을 연구한다면, 아무리 많은 돈을 갖고 있더라도 그들이 행복과 마음의 평화를 살 수 없었다는 것을 알게 될 것입니다. 삼시 동안 그들은 온전함을 샀다고 생각할지도 모르지만, 그 환영은 결코 영원히 지속될 수 없습니다.

***

나의 사랑하는 이들이여, 이로 인해 우리는 현대사회의 많은 사람들이 불편해하게 될 주제, 즉 신앙에 관한 주제에 이르렀습니다. 여러분은 과학의 시대에 살고 있고, 과학은 물질적 생활의 여건을 발전시키기 위해 많은 노력을 기울였습니다. 과학은 또한 여러분이 살고 있는 우주를 인도하는 물질법칙에 대한 인류의 이해를 진전시키기 위해 많은 일을 했습니다. 하지만 불행하게도 과학은 또한 풍요를 추구하는 데 필수적인 자질 중 하나를 훼손시키기 위해서도 많은 일을 했습니다. 즉 그것은 육체적 감각이나 유한한 자아의 이원성적인 추측으로는 볼 수 없고 증명할 수 없는 것에 대한 믿음입니다. 자, 사랑하는 이들이여, 성서는 참으로 이렇게 말하고 있습니다. "믿음은 바라는 것들의 실상이요, 보지 못하는 것들의 증거이니(히브리서 11:1)."

과학의 가치 있는 공헌 중 하나는 사람들이 자연법칙의 개념을 이해하는 데 도움이 되었다는 것입니다. 다시 말하면, 과학은 삶의 어떤 비밀과 미신을 타파했고, 과거시대에 너무 많이 만연해 있었고 또 외부적인 신에 관한 잘못된 이미지를 조장했던 기존 종교들에 의해 부추겨진 삿된 신앙을 척결했습니다. 이것은 긍정적인 발전인 반면에, 과학은 또한 많은 사람들이 삶의 영적측면을 소홀히 하거나 무시하고 부정하게 만들었습니다. 그리고 내가 설명하려고 했듯이, 만약 여러분이 진정한 풍요와 참된 일체감을 실현하고자 한다면, 자신이 물질적인 존재 이상이라는 사실을 무시할 수가 없습니다. 여러분은 인간이 영적존재라는 진실을 인식해야만합니다. 왜냐하면 오직 그렇게 함으로써만이 여러분이 내면으로 들어가 이 세상에서 개발된 기계적 수단으로는 결코 이루어질 수 없는 자신의 온전함(전체성)을 발견할 수 있기 때문입니다.

여러분이 이해해야만하는 것은 물질우주가 기계적인 법칙에 의해 움직이고 있다고 말할 때, 그 법칙은 항상 똑같은 방식으로 작용하고 확실히 그렇게 움직이는 것은 사실이지만, 그 전부가 진실은 아니라는 것입니다. 물질우주는 특정 법칙들에 의해 인도되며, 이런 법칙은 작용할 때 일정합니다. 그것들은 마치 일종의 기계처럼 거의 기계적인 방식으로 작동합니다. 그러나 우리는 영적인 법칙이라고 부를 수 있는 더 높은 일련의 법칙들이 있음을 이해해야하며, 이는 예수가 와서 인류에게 시범을 보였던 법칙들입니다. 그리고 그는 사람들이 기적이라고 부르는 것을 행함으로써 부분적으로 그것을 보여주었습니다.

  사랑하는 이들이여, 어떤 과학자들은 예수에 의해 행해진 기적은 절대로 실제가 아닐 수 있다고 여러분에게 말할 것입니다. 여러분이 물 위를 걷거나, 물을 포도주로 바꾸거나, 죽은 자를 일으켜 세울 수는 없습니다. 오직 물질세계에 존재하는 법칙만을 사용한다면, 여러분이 그러한 일을 행하는 것은 불가능한 것이 사실입니다. 하지만 나는 물질세계는 단지 빙산의 일각일 뿐이며 더 거대한 전체의 일부에 불과하다고 말한 바가 있습니다. 물질세계는 영적인 세계가 확장된 것이며, 물질영역은 진동이 낮추어진 영적세계의 에너지로 창조되었습니다. 그렇기에 물질법칙의 근저에는 더 깊은 영적법칙이 있으며, 여기에는 근본적인 차이가 있습니다. 여러분이 이원성 의식에 갇히게 되면 오직 물질법칙만을 이용할 수 있습니다. 여러분이 자신을 유한한 인간으로 여기고 그렇게 동일시하기 시작하면, 더 높은 영적인 법칙을 사용하는 능력을 잃게 됩니다. 그러므로 이원성에 빠져 있는 사람은 결코 예수가 행한 일을 할 수가 없습니다. 그러나 예수는 "나를 믿는 자는 내가 하는 일을 너희도 하리라(요한복음 14:12)."라고 말했습니다. 그리고 그 내적인 의미는 예수를 믿을 자들 - 그의 본보기를 따르고 그리스도 의식을 추구하는 자들 - 은 더 높은 영적법칙을 사용할 수 있게 될 것이라는 뜻입니다. 여러분이 이런 영적법칙을 사용할 수 있을 때, 예수가 행했던 소위 기적을 실제로 행할 수 있습니다. 이러한 능력은 참으로 그것이 불가사의하고 오직 예수에 의해서만 수행될 수 있다는 의미에서의 기적이 아니었습니다. 그것들은 물질법칙을 무효화하여 대체할 수 있는 더 높은 영적법칙을 사용하던 그리스도 의식을 지닌 사람의 완전히 자연스러운 결과였습니다. 그러므로 물질을 지배하는 마음의 개념은 실제로 가능하지만, 물질에 대해 진정으로 통달한 능력을 주는 것은 오직 그리스도의 마음뿐입니다. 그리고 물질을 지배하는 이런 통달상태는 멀리 떨어진 개념이 아닙니다. 그것은 실제로 여러분을 위한 창조주의 계획이며, 이것이 바로 하느님이 공동창조자들에게 지구를 지배하라고 말씀하신 이유입니다. 물질세계에 대한 지배권을 얻는 궁극적인 방법은 물질을 지배하는 마음에 관해 통달하는 것입니다. 그럼으로써 어머니 빛이 지체하지 않고 여러분의 정신적인 이미지를 즉시 구현하게 됩니다.

  사랑하는 이들이여, 여기서 그 차이점을 이해할 수 있습니까? 내가 진정으로 제시하고 있는 것은 우주가 거울이라는 언급에 대한 새로운 선회입니다. 여러분은 원래 하느님과 공동창조자가 되도록 설계되었으며, 결코 공동창조하는 것을 멈출 수 없다고 말할 수 있습니다. 그렇기에 여러분이 자신을 어떤 존재로 보느냐와 관계없이, 여러분은 항상 공동창조하고 있습니다. 그러나 여러분이 공동창조하는 것은 여러분의 현재 의식상태의 표현이자, 여러분의 현 자아상(自我像)을 표현하는 것이 될 것입니다. 여러분이 물질적인 경험 속에서 공동창조하는 것은 자신의 의식상태를 표현하는 것이고, 여러분의 자기 이미지와 세계관을 표현하는 것입니다. 따라서 만약 여러분이 자신을 한정된 세상에서 살고 있는 유한한 인간으로 간주한다면, 당신이 공동창조하는 것은 그런 의식상태를 표출하여 구현하는 것이 될 것입니다. 이것은 여러분의 공동창조가 오직 물질 법칙과 물질 주파수대로 이미 진동이 하락된 에너지들만을 사용할 수 있다는 것을 의미합니다. 그래서 내가 전에 말했듯이, 여러분은 단지 물질 주파수대에서 볼 수 있는 에너지를 사용하고 이런 진동상태의 에너지를 유도하는 법칙을 사용함으로써 한정된 풍요만을 나타낼 수밖에 없습니다. 그리고 그것이 바로 여러분이 무진장한 우주의 공급으로부터 그것을 받는 대신에 타인들로부터 부를 취함으로써 축적할 수밖에 없는 이유입니다. 또한 그런 까닭에 여러분의 삶이 기쁨과 성장 및 자기초월의 영속적인 경험이 되기보다는 투쟁과 갈등이 되고 마는 것입니다.

나의 사랑하는 이들이여, 하느님은 여러분에게 적어도 한동안은 여러분이 바라는 어떤 경험도 창조할 권리를 주셨습니다. 만약 여러분이 자신의 삶이 투쟁이 되기를 바란다면, 여러분은 그 투쟁을 창조할 권리가 있으며, 스스로 원하는 동안만큼은 그것을 연장할 권리도 있습니다. 나는 당연히 여러분이 더 이상 그런 투쟁을 원하지 않고 뭔가 더 훌륭하고 더 나은 것을 원한다는 결론에 도달했다고 생각합니다. 그리고 그래서 내가 만약 여러분이 뭔가 더 나아지기를 원한다면, 인간적인 유한한 자아와 그 이원성적인 추론을 넘어서야 한다고 말하고 있는 것입니다. 여러분은 물질세계의 기계적인 법칙과 낮은 주파수의 에너지들을 초월하는 상태에 이르러야 합니다. 하지만 영적인 법칙을 활용하기 위해서는 여러분이 두 가지를 실행해야 합니다. 내가 이번 열쇠에서 앞서 설명했듯이, 여러분은 그 첫 단계를 밟아야 합니다. 그리고 여러분은 또한 그 올바른 단계들을 계속 밟아 나간다면, 결국 자신의 삶에서 변화가 일어나는 것을 보게 되리라는 믿음을 가져야 합니다.

우리가 지금 시대에 가질 수 있는 장점은 과학적 발견들을 이용할 수 있다는 것이며, ― 과거시대에는 영적 추구자들의 여건이 훨씬 더 어려웠다 ― 그럼으로써 맹목적인 믿음을 갖기보다는 과학적 이해를 토대로 한 믿음, 그리고 그리스도 이해라는 반석에 기초한 신앙을 가질 수 있다는 것입니다. 나의 사랑하는 이들이여, 여러분도 알다시피, 오랜 시대에 걸쳐서 수많은 종교인들과 영적 추구자들은 신앙을 갖기 위해서는 그저 무턱대고 여러분의 종교가 한 약속과 그 종교에 의해 규정된 교리를 믿어야 한다고 생각했습니다. 더군다나 여러분이 이런 약속의 배후에 놓인 율법과 그런 교리의 의미를 이해할 수 없었음에도 말입니다. 내가 앞서 여러분에게 말했듯이, 이것은 기존 종교가 지식의 열쇠를 빼앗아 갔다는 사실로 인해 생겨난 그릇된 신앙입니다. 그러므로 종교는 사람들이 외적인 교리에 맹목적으로 집착하기보다는 내면의 앎에 기초한 참된 신앙을 갖기 위해 필요한 이해를 줄 수가 없습니다. 이것이 기존의 전통적 종교에 의해 장려된 맹목적인 신앙과 예수와 모든 시대의 참된 영적 스승들에 의해 장려된 진정한 신앙과의 본질적인 차이점입니다. 예수는 사람들이 자신의 가르침을 맹목적으로 믿기를 원하지 않았습니다. 그는 사람들이 그들 자신의 내면으로 들어가 지식의 열쇠를 사용하여 자기들의 그리스도 자아로부터 지식을 얻음으로써 내면의 앎과 그의 가르침이 사실임을 알 수 있기를 원했습니다.

지금 시대에 우리가 해야 할 일은 과학에 의해 주어진 지식을 받아들여 물질우주 너머로 가져가는 것입니다. 과학이 종교와 완전히 거리를 두는 것은 불행한 발전입니다. 사랑하는 이들이여, 중세시대의 종교상황과 어떻게 교회가 최초의 과학자들이 발견한 것에 대해 박해를 가했는지를 감안할 때, 이것은 이해할 만한 것입니다. 그러나 장기적으로 과학과 종교가 서로 대립하면 어느 쪽도 진정한 잠재력을 발휘할 수 없기 때문에 그것은 바람직하지 않습니다. 그러므로 과학과 종교가 서로 대립하는 한, 오랫동안 인류는 황금시대로 나아갈 수가 없습니다. 과학과 종교 모두 자기초월의 기본법칙을 따라야하며, 그렇지 않으면 궁극적으로 그것들은 쓸모없게 될 것입니다. 보다 개인적인 수준에서, 만약 여러분이 과학적 세계관과 종교적 세계관 간의 갈등 - 어린 시절부터 노출되어 받아온 갈등 - 을 해결하지 못하면, 풍요로운 삶에 도달할 수 없습니다.

과학이 여러분에게 말했듯이, 세상이 어떤 기계적인 법칙에 따라 움직이고 있다는 것은 사실입니다. 그러나 현재 모습의 과학이 가진 단점은 물질적인 세계 너머를 바라보는 것을 거부한다는 것입니다. 여러분에게 필요한 중요한 인식은 물질법칙을 초월해 있는 일련의 영적법칙들이 존재한다는 것입니다. 이런 법칙들 역시 기계적으로 작용합니다. 만약 여러분이 투쟁의 이미지를 우주거울 속으로 투사한다면, 우주는 여러분의 투쟁의식을 구체화하는 상황을 다시 여러분에게 반사할 것입니다. 반대로 만약 여러분이 행복과 풍요의 이미지를 그 거울에다 투영한다면, 우주는 이것을 반사하여 당신에게 되돌려줄 것입니다. 그러나 영적법칙들은 현재 과학에 의해 알려진 물질법칙처럼 아주 단순하지가 않습니다. 내가 말했듯이, 물질우주는 어떤 지연 요소를 가지고 설계되었으므로 여러분이 즉시 자신을 살상하지 않고도 실수를 할 수 있게 허용합니다. 이 지연 요소는 기계적인 법칙에 따라 작용하지만, 과학은 현재 물질세계를 넘어서 있는 그 어떤 것도 인식하지 못하기 때문에 과학자들은 이러한 법칙이 어떻게 작용하는지 이해할 수가 없습니다. 결과적으로, 대부분의 사람들은 이런 법칙에 관한 지식을 갖고 있지 못합니다. 과학은 그들에게 이러한 지식을 줄 수 없습니다. 그리고 과거의 교리에 집착하고 점차 더 깊은 이해를 얻기 위해 지식의 열쇠를 활용하기를 거부하는 기존 종교도 마찬가지입니다.

향후 언급할 열쇠에서, 나는 에너지가 영적세계로부터 물질우주의 4가지 단계를 통과해 흘러들어가는 사이클에 대해 더 자세하게 설명할 것입니다. 그럼에도 내가 이 열쇠에서 여러분이 이해했으면 하는 것은 삶에 대한 여러분의 접근방식을 바꿔서 좀 더 영적인 접근을 하기로 결정하면, 우주거울에 의해 필연적으로 여러분에게 다시 반사되어 돌아오게 될 씨앗을 뿌리게 된다는 것입니다. 문제는 여러분이 행위를 통해 그렇게 뿌려놓은 씨앗(원인)이 즉각적으로 여러분에게 반사되어 돌아가지는 않을 것이며, 적어도 여러분이 완전한 그리스도 의식에 도달할 때까지는 그렇게 되지 않을 거라는 것입니다. 여러분이 행위로 뿌린 원인은 그것이 여러분 삶의 실제적이고 물리적인 상황으로 나타나기에 앞서 물질세계의 에너지 시스템을 통해 작용되어야 하며, 그렇기에 이것은 어느 정도 시간이 걸릴 것입니다. 더욱이 그 원인이 다시 여러분에게 순환되기 시작하면, 여러분 마음의 어떤 상태에 따라 그것이 방해를 받거나, 막히거나, 방향이 바뀔 수 있습니다.

내가 여기서 말하고 있는 것은 여러분의 삶을 더 낫게 변화시키려는 시도가 어떤 방해물을 만나게 될 거라는 것입니다. 그리고 여러분이 그 방해를 이해하지 못하고 그것에 저항할 무엇인가를 한다면, 그런 노력의 결과를 보지 못할 것입니다. 사랑하는 이들이여, 전 세계에는 날마다 나에게 기도하는 수백만 명의 사람들이 있습니다. 이 사람들 중 많은 사람들이 종종 자기들 삶의 변화를 위해 수년 또는 수십 년 동안 나에게 기도하고 있습니다. 하지만 그들의 기도는 응답되지 않았으며, 그들 중 대부분은 그 이유를 이해할 수 없습니다. 여러분이 삶을 바라보면, 수십억 명의 사람들이 그들이 아는 어떤 신에게든 기도하지만, 그들의 기도는 응답되지 않는다는 것을 알게 될 것입니다. 어떤 사람들은 자기들의 기도가 응답받지 못했다고 해서 신앙심을 잃고 모든 종교를 버리기도 합니다. 다른 사람들은 계속 기도하고 있고, 그들은 계속해서 똑같은 행위를 하면서 언젠가는 하느님이 그들에게 다른 응답을 주실 것이라고 기대합니다. 내가 여기서 말하고 있는 것은 여러분이 원하는 것을 실현하기 위해서는 여러분에게 필요한 것에 대한 이해를 높여야한다는 것입니다. 여러분이 취해야 할 조치는 자신의 삶을 지배하고, 여러분의 기도에 대한 응답을 방해하거나 하느님의 풍요를 받지 못하게 막고 있는 장애물을 적극적으로 제거해야만 합니다. 그 장애물들은 여러분에 의해, 즉 여러분의 유한한 자아와의 동일시를 통해 창조된 것이며, 그렇기에 오직 당신만이 그것을 없앨 수가 있습니다. 나는 그것을 할 수 없으며, 나는 여러분의 자아영역으로 들어가서 유한한 자아의 장애물을 제거할 어떠한 권한도 신으로부터 부여받지 못했습니다. 나는 여러분의 유한한 자아의 이원성적인 믿음들을 제거할 수 없으며, 또한 여러분이 자신의 자아영역에 축적되도록 허용한 부적절한 에너지를 없앨 수가 없습니다. 여러분이 이러한 상태를 조성하여 자아영역 안에다 허용한 당사자이기에, 바로 여러분 자신이 그것을 제거해야만 하는 장본인입니다. 내가 여러분을 위해 할 수 있는 일은 이것을 없애는 방법을 여러분에게 설명해주는 것입니다, 그리고 나는 다음 열쇠들에서 그렇게 할 것입니다.

***

사랑하는 이들이여, 내가 이번 열쇠에서 여러분에게 설명하려는 것은 다소 미묘하고 복잡한 개념입니다. 여러분의 삶에서 풍요를 실현하는 것은 여러분이 자신의 의식을 변화시킴으로써, 삶에 대한 접근방식을 바꿈으로써 시작하는 것이 필요합니다. 여러분이 의식을 바꾸기 시작할 때 필연적으로 행위의 씨앗을 뿌리게 되며, 그 원인(씨앗)은 하느님에 의해 규정된 더 높은 영적법칙을 따를 것입니다. 이 법칙들은 중력의 법칙만큼이나 기계적이고 피할 수 없는 법칙입니다. 만약 물체를 공중에다 던지면, 여러분은 그 물체가 다시 땅으로 떨어질 것이라는 사실을 압니다. 그러므로 만약 여러분이 의식을 진정으로 바꾼다면, 그것이 필연적으로 여러분의 물리적인 현실에서 나타난다는 것을 알아야합니다. 그러나 이 현상은 즉시 일어나지는 않을 것인데, 왜냐하면 여러분이 그 현상이 물질 주파수대에 도달하는 것을 막는 장애를 만들었을 수도 있기 때문입니다. 그리고 그 장애물을 제거하기 전까지는, 여러분 스스로 행위를 통해 뿌려놓은 원인은 아직은 물리적으로 나타날 수 없는 잠재력으로만 남아있을 것입니다. 그것은 나타나기를 바라지만 아직은 보이지 않는 상태 그대로 머물러 있을 것입니다.

여기서 내가 설명하려 노력하고 있는 미묘한 점을 이해하시겠습니까? 삶에 대한 여러분의 접근방식을 바꿨을 때 – 많은 성공 전문가들이 여러분에게 약속하는 것처럼 – 여러분이 즉시 그 결과를 볼 거라고 기대할 수는 없습니다. 여러분이 자신의 노력한 결과를 보기까지는 어느 정도 시간이 걸릴 수 있습니다. 그 걸리는 시간은 개인에 따라 다를 것이며, 그것은 여러분이 자신의 자아영역 안에다 얼마나 많은 장애물들을 만들었는지에 달려 있습니다. 그러므로 진정으로 여러분의 삶의 경험을 바꾸기 위해서는 일정한 양의 믿음을 가져야만 합니다. 여러분은 자신이 노력한 것의 즉각적인 결과를 보지 않고도 첫 걸음을 내딛어야하며, 자신이 올바른 길을 따라가고 있다는 직접적인 증거가 없이도 앞으로 나가야 합니다.

사랑하는 이들이여, 내가 하고 있는 말이 이해가 되나요? 내가 자기개선 시스템을 찾아낼 수 있었고 여러분이 나의 조언을 따르기만 하면 물질세계에서 즉각적인 결과를 보게 될 것이라고 상상해 봅시다. 그러한 시스템을 내가 갖고 있었다면, 여러분은 그 시스템이 작동한다는 것을 즉시 증명할 수 있습니다. 그러나 물질적인 우주는 그런 식으로 작동하지 않습니다. 내가 여러분에게 할 수 있는 것은 물질우주의 에너지 시스템이 어떻게 작용하는지, 그리고 여러분의 삶에서 물리적인 변화를 일으키는 데 필요한 것이 무엇인지를 설명하는 것입니다. 그러나 여러분이 그 노력에 대한 명백한 결과를 보기까지는 시간이 걸리기 때문에, 어떤 믿음을 가져야하며, 비록 노력의 결과를 즉시 보지 못하더라도 노력하고 계속 시도할 자발적 의지가 있어야합니다.

나의 사랑하는 이들이여, 이것을 다른 관점에서 설명해 보겠습니다. 수천 마일에 달하는 여행도 한 걸음으로 시작되며, 이것은 내가 설명하려는 것을 예증해줍니다. 여러분의 삶에다 풍요를 실현하는 과정은 하나의 여행처럼 다가가야 합니다. 그리고 그 여행을 완료하는 데는 시간이 걸릴 것입니다. 천 마일의 여행은 처음에 한 걸음으로 시작하지만, 단 한 걸음에 의해 그 여행이 완료될 수는 없습니다. 그것은 오직 여러분이 목적지에 도착할 때까지 한 번에 한 걸음씩 그 작은 걸음을 계속 걸음으로써만이 끝마칠 수 있습니다. 이는 여러분 인생을 개선하려는 노력과 똑같습니다. 여러분은 여행처럼 그것에 접근해야합니다. 자진해서 첫 걸음을 내딛을 수 있어야하며, 그럼으로써 그 여행이 시작되어 더 이상 움직이지 않는 상태에 고착돼 있지 않게 됩니다. 하지만 여러분이 첫 걸음을 내딛었다고 해서 자동으로 즉시 목적지로 이동하는 것을 기대할 수는 없습니다. 노력의 실제적인 결과를 볼 때까지, 여러분은 기꺼이 한 번에 한 걸음씩 계속 밟아나가야 하는 것입니다.

사랑하는 이들이여, 이것이 우리가 다시 한 번 문제를 접하게 되는 곳입니다. 그리고 그 문제는 과학과 이 세상의 지배자, 거짓된 지도자들에 의해 어느 정도 강화되었습니다. 과학은 사람들에게 즉각적인 결과와 즉흥적인 만족감을 주는 많은 기술을 만들어 냈습니다. 여러분은 어두운 방에 들어가 벽의 스위치를 올리면 빛이 즉시 켜질 것으로 기대합니다. 또 차에 타서 시동키를 돌리면 엔진이 즉시 작동하기 시작할 것으로 예상합니다. 기술은 사람들에게 그들이 예상했던 결과를 즉시 얻지 못한다면, 거기에 뭔가 잘못된 것이 있는 것처럼 가르쳐주었습니다. 나의 사랑하는 이들이여, 이 세상 지배자는 많은 사람들의 마음속에다 즉각적인 만족을 얻을 권리가 있다는 교묘한 믿음을 유발하기 위해 기술의 출현을 이용했습니다. 다시 이것은 여러분에게 즉각적인 결과를 약속한 많은 성공전문가들에 의해 이용된 거짓된 길이 되고 말았습니다. 그러나 이 약속을 받아들인 대부분의 사람들은 즉각적인 결과가 대개 즉시 나타나지 않는다는 것을 발견했습니다. 그 이유는 진정한 결과를 얻으려면 여러분이 의식을 바꾸어야하고, 스스로 노력한 것이 물리적인 결과로 나타나기에 앞서, 여러분의 의식이 여러 단계를 거치며 모두 정화되어야 하기 때문입니다.

사랑하는 이들이여, 나는 여러분에게 풍요로운 삶에 이르는 진정한 길을 알려주려고 왔습니다. 그러므로 나는 즉각적인 결과를 약속하지는 않을 것입니다. 사실, 나는 많은 성공전문가들이 여러분에게 말하는 것은 비즈니스 관점에서 자살행위라고 말할 것이지만, 그렇다고 내가 사업을 하고 있지는 않습니다. 나는 여러분에게 - 직접적이고 솔직하게 - 내가 이 책에서 전해줄 어떤 방법도 즉각적인 결과를 경험하지는 못할 거라고 말할 것입니다. 적어도 나는 여러분이 자신의 삶에서 막대한 부가 즉시 나타나는 것을 보지는 못할 거라고 약속할 수 있습니다. 하지만 여러분은 다른 유형의 결과를 경험할 수도 있는데, 즉 영적인 행복감이 커진다는 것입니다. 그리고 이것은 내가 그 윤곽을 설명하는 길을 따르는 결과로서 실제로 거의 즉시 일어날 수 있습니다.

내가 여러분을 위해 하게 될 것은 여러분에게 풍요를 실현하는 진정한 길을 보여주는 것입니다. 나는 물질세계의 여러 층들과 여러분 마음의 다른 층들에 대해 말할 것이며, 여러분의 의식적인 마음과 행위로 시작되는 원인이 어떻게 여러분의 삶 속에서 물리적인 상황으로 나타나기 전에 여러 다른 층들을 통과

하며 순환해야 하는지를 설명할 것입니다. 그리고 나는 풍요로운 삶에 관한 여러분의 상상이 물리적인 현실이 되는 것을 방해하는 여러분 마음의 여러 층들 속에 있는 장애들을 체계적으로 제거하는 방법을 보여줄 것입니다. 이것은 여러분에게 새로운 이해력을 줄 수 있는 접근법이며, 여러분은 그 이해를 토대로 새로운 형태의 믿음을 구축할 수 있습니다. 이것이 분별 있는 믿음입니다. 그것은 우주가 어떻게 작용하는지와 왜 풍요에 관한 여러분의 상상이 물리적인 현실이 되는 데 시간이 걸리는지에 대한 이해를 바탕으로 한 믿음입니다.

사랑하는 이들이여, 왜 내가 믿음을 가질 필요성을 여러분에게 설명하는 이 긴 과정을 거쳐 왔을까요? 또한 왜 나는 여러분에게 원하는 사물을 구현하는 방법을 간단하게 설명하지 못했을까요? 내가 그렇게 한 것은 믿음을 갖고 있지 않을 경우, 내가 여기서 말하고 있는 것의 진실이 입증될 수 없다는 점을 여러분이 이해하는 것이 중요하기 때문입니다. 나는 우주가 거울이라는 것을 여러분에게 여러 번 말했습니다. 나는 삶의 풍요를 실현하는 방법을 배우기 위해 책을 읽거나 세미나에 참석하는 사람들을 많이 보았으며, 그들은 주어진 방법을 충실히 적용해왔습니다. 나는 곳곳에 거짓 지도자들이 있다고 말했지만, 그들 모두가 거짓 지도자는 아닙니다. 번영과 성공분야의 전문가들 중 일부는 몇 가지 참된 원리를 알고 있으며, 실제로 적용할 경우, 결과를 만들어낼 수 있습니다. 그러나 문제는 사람들이 영적성장이나 번영을 얻는 기법을 응용하면서도 그 기법의 타당성이나 유효성에 대해 어떤 의심을 갖고 있다면, 그것은 절대로 작동하지 않는다는 것입니다. 여기에 내가 말하는 요점을 이해하시겠습니까? 우주는 일종의 거울입니다. 만약 여러분이 그 우주거울에다 의심을 투사한다면, 그 거울은 단지 여러분의 그런 의식상태만을 다시 그대로 반사할 수만 있습니다. 그러므로 여러분이 영적성장이나 풍요에 이르기 위해 효과적인 기법을 적용하더라도 여전히 우물쭈물하는 의심을 품고 있다면. 우주는 여러분의 의심을 확인시켜주는 상황을 되돌려 줄 것입니다. 달리 말하면, 기법의 효용성에 대한 여러분 의심은 그 기법의 효과를 손상시킬 것입니다. 만약 여러분이 어떤 기술이 실제로 작동하는지를 의심한다면, 그때 그 기법은 작동하지 않습니다. 그러나 같은 기법을 믿음으로 적용한다면, 우주는 그 믿음을 다시 여러분에게 반사할 것이고 기법은 실제로 작동할 것입니다.

나의 사랑하는 이들이여, 내가 여기서 설명하려 하고 있는 핵심적인 원리를 이해하시겠습니까? 오랜 세월 동안 많은 사람들이 예수가 전해준 가르침을 받아들여 삶에 적용하려고 노력해왔습니다. 그럼에도 그들은 어떤 의심을 갖고 있거나 그 가르침을 완전히 이해하지 못했기 때문에, 원하는 결과를 얻지 못했습니다. 그러므로 그들은 결국 예수에 의해 제시된 길이 별 효과가 없다고 생각했습니다. 결국 그들은 종교에 의해 행해진 약속은 그저 공허한 약속에 지나지 않는다고 결론 지었습니다. 그러나 나는 예수가 제시한 길은 정말로 효과가 있다는 것을 여러분에게 말하지 않을 수 없습니다. 그리고 다른 여러 참된 종교들에 의해 제시된 길 역시도 실제로 효과가 있습니다.

***

사랑하는 이들이여, 내가 여기서 이해시키고자 하는 핵심 요점은 여러분이 풍요로운 삶을 실현하고, 더 나아가 영적으로 성장하거나 궁극적인 구원을 얻기 위해 필요한 모든 것을 여러분은 - 자신의 자아영역 안에 - 실제로 가지고 있다는 것입니다. 이 세상 지배자의 거짓말은 여러분이 구원 받기 위해 필요로 하는 것들을 갖고 있지 못하다는 것이며, 그래서 여러분에게는 외부의 구원자가 필요하다는 것입니다. 또한 여러분이 온전함에 이르기 위해서는 여러분 자신 바깥의 다른 누군가나 뭔가가 필요하다는 것입니다. 그러나 이것은 여러분이 자신 안에 모든 것을 가지고 있기 때문에 거짓말입니다. 그럼에도 여러분이 가지고 있는 것을 사용하려면, 완전한 믿음, 즉 지식과 이해에 기반한 참된 믿음으로 자신이 갖고 있는 것을 활용할 수 있는 단계에 도달해야합니다. 오직 스스로 가지고 있는 것을 완전한 믿음으로 적용할 때만, 우주거울은 여러분이 믿고 있는 것, 이미 명백한 현실로 받아들인 것을 그대로 비추어 다시 반사할 것입니다. 그리고 단지 그때만이 여러분이 갈망하는 것에 대한 결과가 나타날 것입니다.

내 요점이 이해가 되십니까? 우주는 여러분이 마음속에 담고 있는 정신적 이미지를 구체화시키는 물리적 상황을 반사합니다. 만약 여러분의 정신적인 이미지가 의심이나 부정확한 가정에 기초해 있다면, 그때는 우주거울이 그것을 그대로 다시 반사할 것입니다. 그러나 여러분의 정신적 이미지가 유한한 자아의 이원성적인 이해를 넘어선 믿음에 기초해 있다면, 우주는 여러분에게 풍요로운 삶을 반사해 줄 것입니다. 오직 여러분이 진정으로 의식을 바꾸고 유한한 자아의 의심과 이원성적인 추론을 제쳐놓을 때만이, 아버지께서 여러분에게 나눠주기를 기뻐하시는 풍요로운 삶을 얻게 될 것입니다. 또한 하느님과 그 하느님의 실체에 대한 절대적인 신앙을 지니고 있을 때만이 여러분은 하느님의 풍요로운 삶을 받을 수 있고 기꺼이 받게 될 것입니다. 그리고 여러분이 진정으로 자신의 참모습을 수용할 때만이 여러분은 자신이 풍요로운 삶을 누릴 자격이 있다는 것과 스스로 내면에서 그것을 실현할 능력이 있음을 수용할 것입니다. 아울러 그런 완전한 내면적 수용을 이루었을 때만이 여러분은 절대적 신앙, 즉 이원성 의식이라는 가변적인 모래가 아닌 그리스도의 반석에 근거한 믿음을 가지게 될 것입니다. 그럼으로써 여러분이 하느님의 풍요를 받아들여 실제로 물질세계에다 구현할 수가 있습니다. 그런 까닭에 사실상 믿음이 곧 원하는 것들의 실질적 요체이며, 보이지 않는 것들의 증거인 것입니다. 여러분은 자신이 그리스도의 마음에 도달하여 하느님의 실체와 자신의 관계를 재조정할 때 그 현실이 자신의 삶에서 나타날 것이라는 믿음을 가져야합니다. 이것은 바라는 생각의 문제가 아니라, 하느님의 법칙이 어떻게 작용하는지를 배우고 그 법칙을 적용하여 여러분의 내면적 비전이 명백한 현실이 될 것임을 믿는 문제입니다. 예수가 여러 차례 시현해 보여주었듯이 말이지요.

부디 성서를 들고 예수가 행한 치료 행적에 대해 읽어보기 바랍니다. 여러분은 모든 경우에 있어서, 그 사람의 믿음이 병 치료에 필수적인 역할을 한다는 것을 알게 될 것입니다. 어떤 경우에 예수는 사람들에게 그가 치료할 능력이 있다고 진심으로 믿는지를 물었고, 오직 그들이 그런 믿음을 가지고 있을 때만 이 치료가 되고는 했었습니다(마태복음 9:28).[39] 또 다른 경우에 예수가 마을을 방문했으나, 사람들의 불신으로 인해 아무도 병 고침을 받지 못했습니다(마태복음 13:58).[40] 사랑하는 이들이여, 이것은 다시 우주가 일종의 거울이라는 사실로 인해 생겨난 결과입니다. 만약 여러분이 무언가 일어날 것이라는 절대적인 믿음을 갖고 있다면, 그것은 일어날 것입니다. 그러나 의심을 갖고 있다면, 그 일은 일어나지 않을 것이고, 대신에 여러분의 의심대로 나타날 것입니다. 그렇기에 내가 어떻게 여러분이 행위로 뿌려놓은 원인이 물질세계를 통해 순환하는지를 설명하기 전에, 먼저 그 과정 자체에서 여러분이 믿음을 가지는 중요성에 대해 설명할 필요가 있었던 것입니다.

***

사랑하는 이들이여, 풍요를 실현하는 데 핵심적인 열쇠는 여러분이 풍요를 발산하기 시작해야한다는 것입니다. 그리고 하느님의 풍요를 받아들이는 데 필수적인 열쇠는 먼저 여러분이 이 세상에서 갖고 있는 어떤 집착들을 버리는 것입니다. 나는 아주 오랫동안 사람들과 그들의 심리를 연구해 왔습니다. 또한 나는 보다 커다란 풍요를 추구하는 이들과 모종의 영적성장을 추구하는 사람들을 연구했습니다. 나는 사람들이 풍요를 실현하지 못하게 방해하는 한 가지 문제는 다른 무엇보다도 바로 그들의 믿음이 부족하다는 것임을 보증할 수 있습니다.

자, 나의 사랑하는 이들이여, 여러분이 이해해야할 뿌리 깊은 문제가 있습니다. 대부분의 사람들이 풍요를 얻기 위해 애를 쓸 때, 그것은 그들이 그것을 갖고 있지 않다고 느끼고, 자기들이 온전하지 않다고 느끼고, 불완전하고 가난하다고 느끼기 때문입니다. 그리고 여전히 어떤 사람이 이원성 의식에 갇혀있는 한, 그는 이원성적인 마음을 토대로 추측할 것입니다. 즉 그 사람은 자신이 풍요로움을 얻기 위해서는, 외부로부터 무엇인가를 받을 필요가 있다고 느낄 것입니다. 그러므로 사람들이 풍요를 추구할 때, 그들이 외부에서 받아야한다고 생각하는 마음의 상태에 있는 것은 거의 불가피합니다. 하지만 그들은 자기들이 원하는 것을 우주가 그들에게 줄 수 있게 하는 방법을 찾아야합니다. 그럼에도 우주는 일종의 거울이므로, 만약 여러분이 그 거울 속으로 투사하는 것이

---

39) "예수께서 집에 들어가시매, 소경들이 나아오거늘 예수께서 이르시되, 내가 능히 이 일 할 줄을 믿느냐? 대답하되, 주여! 그러하오이다 하니, 이에 예수께서 저희 눈을 만지시며 가라사대, 너희 믿음대로 되라 하신대, 그 눈들이 밝아진지라."

40) "저희의 믿지 않음으로 인하여 거기서 많은 능력을 행치 아니하시니라."

결핍이라면, 우주거울은 여러분에게 가난한 상태를 반사하여 되돌려 줄 것입니다. 그러나 여러분이 우주거울 속으로 투사하는 것이 풍요와 기꺼이 (남에게) 주는 상태라면, 우주는 그 상태 그대로를 다시 여러분에게 반사할 것이며, 우주와 타인들이 여러분에게 주게 되는 풍요로운 상황으로 나타날 것입니다. 이것은 예수가 "무릇 있는 자는 받아 더 넉넉하게 되지만, 무릇 없는 자는 그 있는 것도 빼앗기리라(마태복음 13:12)." 라고 말했을 때 설명되었던 것입니다.

사랑하는 이들이여, 여기서의 요점을 아시겠습니까? 여러분은 자신이 가난하다고 느끼게 만드는 의식 상태로 있는 한은 풍요를 실현할 수가 없습니다. 여러분이 결핍의 상태 속에 있는 한은 풍요로움을 누릴 수 없습니다. 만약 여러분이 빈털터리 상태를 우주거울에다 내보낼 경우, 우주거울이 더 심한 가난 외(外)에 무엇을 반사해줄 수 있을까요? 풍요로움을 얻는 유일한 방법은 풍요로움을 우주거울에다 투사하는 깃입니다. 그리고 그렇게 하기 위해서는 더 이상 결핍을 느끼지 않도록 자신의 마음상태를 바꾸어야 합니다. 여러분은 자신이 가지고 있는 것에 계속 붙들고 있으려는 경향을 극복해야하며, 얼마 안 되는 것을 자신이 가지고 있다고 느낀다고 해서 주는 것을 두려워하는 성향을 넘어서야 합니다. 대신에 여러분은 기꺼이 줄 수 있는 넉넉한 상태로 스스로 되지 않으면 안 됩니다. 이를 달리 말하면, 여러분이 받을 수 있기에 앞서, 기꺼이 줄 수 있게 되어야 한다는 것입니다. 여러분은 더 많은 것을 받을 수 있기 전에, 먼저 자신이 가진 것을 기꺼이 베풀 수 있어야 합니다. 이것이 예수가 "누구든지 제 목숨 - 여러분의 유한한 생명의식 - 을 구원코자 하면 잃을 것이요,(마태복음 16:25)." 라고 말했을 때 설명했던 원리입니다. 반면에 여러분이 그리스도 의식에 도달하기 위해 기꺼이 생명 - 유한한 생명의식에 대한 여러분의 집착 - 을 잃는다면, 불멸의 생명과 풍요로운 삶을 발견할 것입니다. 만약 여러분이 가진 것을 계속 움켜쥐고자 한다면, 우주거울에다 결핍의 상태를 투사할 것이고, 결국 우주가 그런 상태를 반사함으로써 그 가진 것을 잃을 것입니다. 이것을 바꾸는 유일한 방법은 여러분이 제한된 정체감을 포기해야한다는 것입니다. 하느님께서 여러분에게 더 많은 것을 주실 수 있기에 앞서, 지금 당장 자신이 가지고 있는 것에 대한 집착을 놓아버려야 합니다.

사랑하는 이들이여, 다른 관점에서 이 개념을 언급하도록 하겠습니다. 많은 사람들은 자신들이 원하는 것이 풍요라고 생각하며, 이 세상의 세력들은 대중들로 하여금 그것을 물질세계에서 얻어야한다고 생각하도록 프로그래밍 했습니다. 실제로 사람들이 원하는 것은 온전함이며, 그것은 오직 자아영역 안에서만 발견될 수 있습니다. 여러분이 먼저 내면으로 들어가 하느님의 나라와 그분의 의를 추구할 때(마태복음 6:33) - 여러분의 창조적 능력의 올바른 사용하는 것 - 여러분은 그 풍요를 하느님으로부터 직접 받게 될 것입니다. 그런 다음 여러분은 그 풍요의 의식을 방사할 것이며, 우주거울은 필연적으로 그것을 물질적 풍요의 형태로 다시 여러분에게 반사할 것입니다. 그것이 여러분이 진실로 원하는 것이라면 말이지요. 그러나 여러분이 자신이 외부에서 어떤 것이 필요하다고 믿는 한, 진정한 온전함에 도달할 수 없습니다. 그렇기에 우주거울은 단지 여러분에게 그런 결핍의식을 다시 반사할 수밖에 있습니다.

내가 주는 것에 관해 이야기할 때 부디 주목해 주기 바랍니다. 나는 반드시 여러분의 물질적인 소유물에 대해 이야기하는 것이 아닙니다. 나는 우선 여러분의 유한하고 제한된 정체감, 그리고 여러분이 하느님의 무한한 풍요의 흐름과 분리돼 있는 의식을 포기하는 것에 관해 이야기하고 있습니다. 여러분은 이 세상의 것들에 대한 감정적인 집착을 버릴 필요가 있는데, 왜냐하면 그런 집착이 여러분으로 하여금 세상적인 것들이 없이는 온전해질 수 없다는 느낌을 갖게 하기 때문입니다. 사랑하는 이들이여, 이것이 내가 전에 언급했던 성장의 원리입니다. 성장이란 바로 그 속성상, 자기초월의 과정입니다. 여러분이 성장할 때, 여러분은 더 나은 존재가 됩니다. 그러나 성장할 수 있기에 앞서, 기꺼이 현재 갖고 있는 정신적인 이미지들을 버려야합니다. 또한 여러분이 하느님의 풍요를 받을 수 있기 전에, 자발적으로 현재의 결핍상태를 놓아버려야 한다고 말할 수 있습니다. 그리고 그 결핍상태, 즉 현재 충분히 갖고 있지 못하다는 의식을 놓아버릴 수 있는 유일한 방법은 여러분이 가지고 있는 것을 기꺼이 포기해야만 하는 것입니다. 더 커다란 삶의 느낌을 얻는 유일한 길은 여러분의 제한된 삶의 느낌을 기꺼이 버리는 것입니다. 삶에 관한 더 커다란 의식을 받기 위해서는, 현재 가지고 있는 것에 대한 여러분의 집착을 극복하고, 기꺼이 그 제한된 삶의 느낌을 버리려 해야 합니다. 그러면 삶에 대한 그런 의식이나 느낌이 우주거울에다 더 나은 풍요의 이미지를 투사하게 될 것입니다.

내가 여기서 말하고 있는 것은 실제로 영적인 법칙이 존재한다는 것입니다. 그 법칙은 여러분이 - 마음의 힘을 통해 - 우주거울 속으로 투사하는 것이 무엇이든, 그것이 다시 여러분 삶의 물리적인 상황의 형태로 반사되어 돌아올 것이라고 말합니다. 만약 여러분이 자신의 마음을 결핍에다 초점을 맞추는 상태로부터 풍요에다 초점을 맞추는 것으로 바꾼다면, 우주는 그에 따라 반응할 것입니다. 하지만 그 법칙을 증명하기 위해서는 여러분이 현재의 빈곤한 의식을 기꺼이 버리고 풍요의 의식을 채택해야합니다. 그런 다음, 미래에는 우주가 여러분의 그 새로운 마음상태를 반영하는 상황을 여러분에게 되돌려 줄 것이라고 믿어야합니다. 또한 여러분은 자신이 곧 바로 보상을 받을 것이라는 확실성이나 물리적 증거가 없이도 기꺼이 주어야합니다. 그 이유는 보상이 여러분에게 돌아오기까지는 어느 정도의 시간이 걸릴 것이기 때문에, 여러분이 주는 순간에는 여러분 역시도 받게 되리라는 아무런 물리적 증거가 없을 수 있습니다. 그렇기에 여러분은 믿음으로 주어야하며, 그 보상이 물리적으로 나타날 때까지 그 믿음을 기꺼이 유지해야합니다. 다시 말하자면, 하느님의 법칙은 작용하며, 그 법칙은 한 치의 오차도 없다는 것입니다. 그러나 하느님의 법칙은 여러분이 내보내는 것이 무엇이든 여러분에게 되돌려줌으로써 작용합니다. 만약 여러분이 그 법칙에 대한 믿음을 가지고 있다면, - 주는 것은 무엇이든 배가되어 여러분에게로 다시 돌아올 것이라는 믿음이 있다면 - 여러분은 그 법칙을 증명하게 될 것입니다. 여러분은 결국 자신이 공정한 보상을 받을 것이라는 믿음을 유지함으로써 이것을 할 것입니다. 만약 여러분이 법칙을 의심하거나 물리적 결과가 나타날 때까지 믿음을 유지하지 못하더라도, 역시 법칙을 입증할 것입니다. 왜냐하면 여러분은 괴로운 발버둥은 그저 또 다른 고통스런 발버둥을 낳을 뿐이라는 것을 증명하게 될 것이니까요.

***

나의 사랑하는 이들이여, 나는 앞서 여러분은 신과 공동창조자가 되도록 설계되었고, 또한 여러분을 통해 흐르고 있는 하느님의 빛, 하느님의 풍요를 누리도록 설계되었다고 말한 바가 있습니다. 이것이 바로 예수가 "너희가 거저 받았으니, 거저 주어라(마태복음 10:8)"라고 말했을 때 설명한 원리입니다. 삶 속에다 풍요를 실현하기 위해, 여러분은 자신을 신의 무진장한 공급을 통해 풍요로운 영적인 빛을 끊임없이 방사하고 있는 태양으로 볼 수 있어야 합니다. 만약 여러분이 하느님의 빛이라는 무한한 공급원에 연결돼 있다는 것을 안다면, 왜 그 빛을 주는 것을 두려워하겠습니까? (다만 여러분의 그리스도 자아의 현명한 지도 하에 빛을 줌으로써 돼지에게 진주를 던져주는 실수를 범하지 않게 됩니다) 여러분은 자신이 신으로부터 무료로 빛을 받을 수 있고 또 그것을 타인들에게 무료로 줄 수 있다는 것을 알 수 있도록 여러분의 자각을 확대할 필요가 있습니다. 그리고 오직 여러분이 자신이 가진 것을 무료로 줄때만이 더 많은 것을 무료로 받을 수가 있습니다.

물론, 문제는 지금 당장 여러분이 신으로부터 영적인 빛을 받는 것을 경험하지 못하고 있다는 것입니다. 그 이유는 여러분이 자신을 유한한 자아와 동일시하게 되었고, 그 유한한 자아는 하느님의 풍요로운 흐름을 느낄 수가 없기 때문입니다. 이것이 가장 중요한 부분입니다. 유한한 자아는 하느님의 법칙이 작용한다는 것을 절대로 입증할 수 없습니다. 그러므로 그 법칙을 입증하기 위해서는 여러분이 자신을 유한한 자아로부터 분리하는 과정을 시작해야 합니다. 하지만 이 과정을 시작하기 위해서 여러분은 비록 자신의 실험이 효과가 있을 거라는 아무런 증거가 없더라도 기꺼이 실험해 보아야 합니다. 또한 설사 여러분이 받을 거라는 증거가 없을지라도 기꺼이 주어야만 합니다. 그리고 장차 어떤 일이 펼쳐질지 모르더라도 자진해서 다음 단계를 밟아야 합니다. 내가 말하는 요지를 이해하시나요? 여러분의 삶에다 풍요를 실현하기 위해서는 물리법칙을 넘어서 있는 더 높은 영적인 법칙들을 활용하는 법을 배워야 합니다. 여러분의 유한한 자아는 이런 법칙을 인식하더라도 활용할 수가 없습니다. 그렇기에 여러분은 유한한 자아를 초월하기 위해 자발적이 되어야합니다. 그리고 비록 여러분이 원하는 결과를 한동안 보지 못한다고 하더라도, 더 높은 그리스도 마음에 도달하기 위한 노력을 계속해나가야 합니다.

나의 사랑하는 이들이여, 수많은 사람들이 풍요를 얻거나 영적성장을 이루기 위한 기법을 사용하기 시작한 바 있습니다. 하지만 그들은 스스로 바라는 결과를 보기 직전에 그것을 중단하고 말았습니다. 그래서 물질우주의 4가지 수준과 어떻게 스스로 행위로 심어놓은 원인이 물리적인 결과로 나타나기에 앞서 그런 4가지 수준들을 통해 순환하는지를 이해하는 것은 매우 중요합니다. 이것이 내가 다음 열쇠에서 여러분에게 전해주려고 하는 지식입니다. 그리고 나는 그로 인해 여러분이 그리스도 마음의 이해에 토대를 둔 믿음을 가질 수 있게 되어서 유한한 자아의 이해를 넘어설 수 있었으면 합니다. 여러분이 이런 믿음을 가질 때, 자진해서 풍요로운 삶을 향해 첫 걸음을 내딛을 것입니다. 그리고 자신의 인생경험에서 풍요로운 삶을 실현할 때까지 한 번에 한 걸음씩 계속 나아갈 것입니다. 그러니 부디 내가 여러분에게 물질우주의 4가지 수준과 어떻게 물질세계의 모든 것이 더 높은 세계의 생각, 정신적 이미지로 시작되었는지에 관한 심오한 지식을 전해줄 때 나를 따르기 바랍니다.

만약 천상과 지상 사이에 더 많은 것들이 있다면, 그것이 나의 풍요로 이어질 수 있을까?

나의 사랑하는 이들이여, 나는 이 열쇠에서 내가 여러분에게 말하게 될 것을 위해 이미 토대를 놓은 바가 있습니다. 나는 모든 것이 어머니 빛(Ma-ter Light)으로 만들어졌다고 말했습니다. 또한 나는 여러분의 창조주가 그 매터 빛을 창조하셨고 이 빛이 신의 가장 높은 창조수준에서부터 물질우주에 이르기까지 계속 확장되는 천구(우주) 안의 천구들, 세계안의 세계들을 만드는데 사용되었다고 언급했습니다. 각각의 다음 우주가 만들어지면, 매터 빛의 진동이 다른 주파수대로 낮아졌습니다. 그러나 각 천구 안에는 여러 가지 주파수들이 있으며, 서로 다른 층들이 존재합니다.

나는 물질우주가 진동이 특정 주파수대로 낮아진 영적인 빛으로 만들어졌다는 것을 여러분에게 말했습니다. 그러나 물질적인 범주 내에서도 4가지의 다른 주파수나 진동 수준이 있습니다. 이것은 여러분이 학교에서 배운 것을 다시 돌이켜서 생각해 본다면, 즉 무지개의 색채가 다른 색깔의 빛으로 만들어졌다고 생각하면 이해하기가 어렵지 않습니다. 빛의 광선들은 다른 주파수에서 진동하기 때문에 그 색상이 서로 다릅니다. 그러므로 물질우주를 구성하는 4가지 수준의 주파수가 있다는 것을 알기란 별로 어려운 것이 아닙니다. 영적인 빛이 진동면에서 낮아짐에 따라, 처음에 그것은 물질세계의 가장 높은 주파수대로 들어가며, 거기서 어떤 형태를 취합니다. 그리고 그 빛이 흘러서 그 다음의 각 수준들을 통과할 때, 그것은 최종적으로 여러분의 육체적 감각에 의해 감지될 수 있는 형태인 가장 조밀한 형태가 될 때까지 더욱 더 조밀해지거나 구체적인 형태를 띠게 됩니다. 우리는 물질우주의 4가지 수준이 거기에 상응하는 4가지 영역 또는 몸들과 부합하며, 그것이 함께 전체 우주를 구성한다고 말할 수 있습니다. 물질로 만들어진 과학장비나 여러분의 감각으로 탐지할 수 있는 물리적 우주는 빙산의 일각에 불과합니다. 그것은 진동 측면에서 4가지의 세계들 중에 가장 낮은 것이며, 이는 물질세계에서 나타나는 것은 더 높은 세계에서 움직이는 원인의 산물이라는 것을 의미합니다. 영국의 문호(文豪) 셰익스피어 (Shakespeare)가 말했듯이 천국과 지구 사이에는 더 많은 것들이 있으며, 그것들은 물질우주를 이루고 있는 3가지 다른 수준의 세계들인 것입니다.

이 진리는 수천 년 동안 사람들에게 알려져 있었습니다. 그것은 고대 이집트 인들과 그리스인들에게 알려져 있었으며, 예수도 알고 있었습니다. 그리고 그는 그가 일반대중에게는 줄 수 없는 더 진보된 가르침을 제자들에게 알려줄 때 그 것을 그들에게 가르쳤습니다(마가복음 4:34).[41] 또한 그것은 나중에 중세의 연 금술사들과 전통적 교회의 감시 하에서 몰래 영적인 형태의 기독교를 실천했던 신비주의 기독교인들에게도 알려져 있었습니다. 불행하게도 현대과학은 불, 공 기, 물, 흙이라고 불리는 4가지 요소와 영적세계를 상징하는 에테르라는 다섯 번째 요소에 대해 이야기했던 과학 그 자체의 뿌리, 즉 연금술사들을 비웃었습 니다. 과학은 실제로 물질우주의 4가지 수준이 존재한다는 것을 뒷받침하는 많 은 발견을 이루었지만, 지금까지 아무도 그것들을 연계시키지 않았고, 물리학, 특히 양자물리학과 고대의 가르침 사이의 유사점을 보지 못했습니다. 그럼에도, 이로 인해 내가 이 열쇠에서 여러분에게 말하는 것을 여러분이 고려하지 못하 게 되어서는 안 됩니다.

나는 다시 한 번 여러분의 외적인 마음이 좋아할 만큼은 선형적이지 않은 현 실에 관한 선형적 이미지를 여러분에게 줄 것입니다. 그래서 요청하건대, 거기 에는 이해할 것이 많고 내가 여러분에게 주는 것은 다소 단순화된 이미지라는 것을 명심하기 바랍니다. 물질우주의 4가지 수준이 있다는 사실은 보편적인 측 면과 개인적인 측면이 있습니다. 우주 전체로서도 4가지 수준이 있으며, 여러 분 자신의 존재에도 4가지 수준이 있는데, 즉 이것은 여러분의 자아영역의 하 위 부분을 의미합니다. 여러분은 물질우주에서 자신의 창조성을 표현하도록 고 안된 4가지 몸들을 가지고 있다고 말할 수 있습니다. 그리고 여러분의 육체는 단지 그 빙산의 한 부분에 불과합니다. 시각적인 이미지로서, 여러분은 자신의 육체가 보이지 않는 에너지장에 의해 에워싸여 있는 것으로 상상해볼 수 있는 데, 이것은 자석(磁石)이 자기장(磁氣場)에 둘러싸여있는 것과 같습니다. 이 에 너지장에는 3가지 수준이 있으며, 이 3가지는 진동면에서 육체보다 높은 상태 에 있는 당신 존재의 3가지 수준에 상응하는 것입니다. 사랑하는 이들이여, 신 체 주위에 그런 에너지장이 존재한다는 것은 수천 년 동안 사람들에게 알려져 있었습니다. 고대 침술(鍼術) 의학은 그것에 기초를 두고 있고, 오늘날 어떤 디 지털 카메라는 실제로 컴퓨터 화면에서 그 에너지장을 볼 수 있게 만듭니다. 나는 미래에는 의학이 이 기술을 이용하여 육체에 병이 나타나기 전에 질병을 진단하고 예방하는 방법을 배울 것이라고 보증할 수 있습니다.

여러분의 육체가 이 에너지장을 만들어내지 않는다는 점을 이해하는 것이 중 요합니다. 오히려, 그 에너지장이 육체를 생성한다고 말하는 것이 더 정확할

---

[41] "비유가 아니면 말씀하지 아니하시고, 다만 혼자 계실 때에 그 제자들에게 모든 것을 해석 하 시더라."

것입니다. 몸은 단지 여러분의 전체 에너지장에서 빙산의 일부일 뿐입니다. 그것은 육체적 감각과 대부분의 과학적 장비에 의해 탐지될 수 있는 주파수 범위 내에서 진동하는 여러분의 하위 존재의 한 부분입니다. 따라서, 여러분의 육체는 3개의 상위체들 속에 담겨 있는 이미지가 – 물질을 구성하는 주파수대 안에서 – 구현된 것입니다.

우리가 영적인 세계의 하위수준에 있고, 이제 막 보이지 않는 장벽을 넘어 물질우주로 여행하게 된다고 상상해 봅시다. 그 장벽을 넘으면 우리는 이제 물질적 영역의 가장 높은 수준으로 진입하게 됩니다. 이것은 고대인들이 불(火)의 요소라고 불렀던 것입니다. 어떤 영적인 가르침은 그것을 에테르 수준 또는 에테르계라고 부르며, 일부는 그것을 기억체(memory body)라고도 부릅니다. 나는 이것을 정체성(자의식)의 수준 혹은 자의식계라고 부르고 싶습니다. 이 물질 우주의 수준에서 그 에너지들은 여전히 진동하고 있는데, 이것은 에너지가 매우 유동적이며 여러분이 육체적 감각으로 감지하는 것만큼 결코 밀도가 높지 않다는 것을 의미합니다. 이는 에너지가 더 유동적이면 유동적일수록 그 수준에서 볼 수 있는 이미지나 사념체들이 더 쉽게 변경될 수 있기 때문에 중요합니다. 달리 말하면, 진동이 더 높으면 높을수록 그것이 더 쉽게 바뀌어져 어머니 빛에 의해 형태를 취할 수 있습니다.

자의식체(自意識體)는 여러분의 개인적 정체성에 관한 의식이 저장되는 곳입니다. 또한 인류가 창조한 집단적 정체성이 저장되는 곳이기도 합니다. 그리고 이곳은 지구에 대한 하부 청사진과 지구에서 발견된 모든 조건들이 저장되는 곳입니다. 개인적인 측면에서, 여러분은 자의식체를 가지고 있으며, 그리고 그 몸은 여러분의 정체감, 즉 여러분 자신이 누구인지에 대한 느낌의 자리입니다. 그것은 또한 여러분의 기본적인 세계관이나 어떤 이들이 패러다임이라고 부르는 여러분이 거의 의문을 품지 않는 근본적인 믿음들도 저장하고 있습니다. 나의 사랑하는 이들이여, 이 자의식체는 여러분의 자아영역의 하위 부분인 8자 형태의 아래 부분에서 가장 높은 수준을 형성합니다. 우리는 4가지 하위 몸들이 여러분이 물질우주에서 자신을 표현할 수 있게 하기 위해 만들어진 탈것(vehicle)을 형성하며, 여러분의 자의식체가 이 탈것 중에서 가장 높은 수준에 해당된다고 말할 수 있습니다. 그러므로, 자의식체의 모든 측면은 물질우주에서 여러분의 창조적인 능력과 신성한 정체성을 용이하게 표현하도록 고안돼 있습니다. 여러분의 자의식체는 어떤 면에서 영적세계와 물질세계 사이의 통로나 다리로 설계되었다고 할 수 있습니다. 여러분이 자기 존재의 상위부분, 즉 여러분의 신아와의 연결을 유지할 수 있는 것은 오직 이 자의식체를 통해서뿐이며, 이 신아는 영적세계에 영구히 거주하고 물질우주의 조밀한 에너지 속으로는 내려갈 수가 없습니다.

왜 이것이 중요할까요? 비록 내가 이것을 여러분의 정체성에 관련된 자의식체라고 부르지만, 여러분의 정체성에는 그 자의식체에 저장된 이미지보다 더 많은 것이 있기 때문입니다. 다시 말하면, 여러분은 자신의 자의식체에 저장한 여러분 자신에 관한 이미지들보다 훨씬 더 나은 그 이상의 존재입니다. 의식적인 여러분은 자신의 자의식체에 갇혀 있지 않으며 참으로 그것을 넘어서서 신아와 자신을 동일시하는 단계에 이를 수가 있습니다. 의식적인 여러분은 단지 물질적인 세계에서 자신을 표현하기 위해 자의식체를 필요로 합니다. 따라서, 자의식체에 저장된 여러분 자신에 관한 이미지들은 사실상 어떻게 여러분이 물질세계에서 자신을 표현할 수 있느냐에 관련된 이미지들입니다. 달리 말해서, 여러분의 자의식체 안의 정체감은 물질우주에 관계되어 있는 것입니다.

만약 여러분이 완전히 순수한 정체감을 갖고 있다면, 여러분의 자의식체 안의 이미지들은 신아에 정착해 있는 여러분의 영적인 정체성을 반영하게 될 것입니다. 그때 여러분은 여러분 자신을 임시로 낮은 탈것(몸)을 통해 물질세계에서 자신을 표현하고 있는 불멸의 영적존재로 볼 것입니다. 또한 여러분은 자기 자신을 지구라고 불리는 특정 행성에서 육체와 그 주변에 초점이 맞춰져 있는 개체화되고 제한된 정체성을 통해 자신을 표현하고 있는 무한한 존재로 볼 것입니다. 그럼에도 여러분은 언제나 자신이 이런 정체성 이상의 존재라는 것을 알 것이고, 이것은 여러분이 물질우주, 행성지구 그리고 여러분의 육체와 관련된 낮은 정체감에 갇히는 것을 피하기 위해서 중요합니다. 내 말의 요지는 만약 여러분의 자의식체가 순수하다면, 여러분은 언제나 자신이 4가지의 하위체들 - 육체, 감정체, 사고체, 자의식체 - 이상의 존재라는 것을 알게 될 거라는 것입니다. 하지만 만약 여러분의 자의식체가 이원성적인 이미지들에 의해 오염된다면, 여러분의 유한한 자아의 부분이 여러분의 그 존재 수준을 점거할 것이고 여러분이 자신을 보는 방식에 영향을 미치기 시작할 것입니다. 그리고 자의식체는 여러분의 하위 존재 가운데 가장 높은 수준이기 때문에, 여러분의 정체감은 낮은 수준에서 일어나는 모든 것에 영향을 미칠 것입니다.

여러분은 그리스의 철학자인 플라톤이 이상적(理想的) 형태의 세계에 관해 이야기한 내용을 읽었을지도 모릅니다. 그것은 전체 우주를 이루는 기본적인 요소였던 순수한 기하학적 형태였습니다. 그가 말한 것은 가장 순수한 형태의 에테르계, 또는 자의식계에 관한 것이었습니다. 자의식계의 가장 높은 수준에서, 여러분은 보편적인 그리스도 마음으로 높은 영역 속에 설계된 순수한 기하학적 형태를 발견하게 됩니다. 이 기하학적 형태들은 기본 건축요소를 형성하도록 설계돼 있으며, 이 건축요소들이 바로 신의 공동창조자들이 물질세계에서 자유의지를 가지고 실험할 때 안전한 틀을 제공하게 됩니다. 달리 말해, 여러분이 순수한 기하학적 형태를 사용하여 창조하면, 그 창조는 항상 신의 법칙과 조화를 이룰 것이며, 따라서 자신의 창조력을 제한하지 않고 증대시키게 될 것입니다. 여러분은 이런 이상적인 형태를 사용하여 모든 것과 완전한 조화를 이루는 개인적인 표현을 만들어낼 수 있으므로, 여러분의 창조적 노력은 이 행성의 모든 생명들을 향상시키고 하느님의 왕국을 지구상에 이룩하는데 도움이 됩니다.

한편으로 사람들이 오직 더 이상 순수한 기하학적 형태를 볼 수 없고 대신에 이원성적인 마음에 의해 생성된 불완전한 형태를 볼 때에만, 그들은 고통을 만들고 삶을 투쟁으로 바꿔놓기 시작합니다.

나는 앞서 여러분에게 전구의 빛이 영사용 필름을 통해 비추고 그 필름의 이미지가 스크린에 투영되는 영화 영사기에 관한 내용을 전해준 바 있습니다. 사랑하는 이들이여, 여러분의 자의식체는 일종의 영사용 필름을 형성하며, 여러분이 자신의 자의식체 속에다 허용하는 어떤 이미지라도, 물질세계에서 여러분이 그것을 구현하게 되는 과정에서 첫 단계를 형성할 것입니다. 그것은 유일한 수준은 아니지만, 그것이 첫 번째 수준이며, 그것은 이후에 진행되는 모든 것을 위한 기초를 형성하게 됩니다.

***

자의식체 뒤에 이어지는 것은 무엇일까요? 다시 한 번, 우리가 영적세계의 가장 낮은 층에서 물질우주로 여행하고 있다고 상상해 봅시다. 우리는 먼저 경계선을 넘어 자의식계로 진입합니다. 그리고 우리가 이 영역을 통과해 계속 여행함에 따라, 우리는 또 다른 경계선에 도달하게 됩니다. 우리가 그것을 넘게 되면, 이제 다음 단계의 수준으로 들어가는데, 이것은 고대인이 공기(風)의 원소라고 불렀던 것입니다. 그것은 또한 생각의 세계이며, 그렇기에 나는 그것을 여러분의 사고체(思考體) 또는 사고계(멘탈계)라고 부릅니다.

이 단계에서 여러분은 자신이 무엇을 표현하고 실현하고자하는 지에 대한 특정계획을 공식화하게 됩니다. 여러분의 자의식체는 여러분이 구체화하여 실현할 수 있는 것을 결정짓는 매개변수, 또는 외적인 틀을 설정한다고 말할 수 있습니다. 그것은 집을 짓는 데 있어서의 기초와 거의 같습니다. 그리고 사고적 수준에서 여러분은 자의식체로부터 기본개념과 생각의 형태를 받아들여 모든 세부내용을 채워 넣음으로써 그것을 보다 구체적으로 만듭니다. 여러분은 특정의 정신적 이미지를 형성하고, 자의식체 안에 존재하는 일반계획보다 더 상세한 청사진을 형성하게 됩니다. 사고계 안의 에너지는 진동이 더 낮으며, 또한 그것은 자의식체의 에너지보다 더 조밀한 상태라고 말할 수 있습니다. 이는 그것이 별로 유동적이지 않다는 것을 의미하며, 그렇기에 자의식계 안의 사념체(思念體)들처럼 쉽게 바뀔 수는 없습니다. 그것은 좀 더 구조적이고 보다 명확한 형태를 취한 상태이기 때문에, 여러분의 생각을 바꾸는 것은 여러분의 정체감을 바꾸는 것보다 더 많은 노력이 필요합니다.

우리가 사고계에서 다음 세계로 이동함에 따라, 우리는 이제 고대인이 물(水) 원소라고 부르는 영역으로 진입하게 됩니다. 이것은 인간의 감정에 해당하는 세계이며, 그래서 나는 그것을 감정계 또는 감정체(感情體)라고 부르고자 합니다. 여러분의 감정적인 몸은 사고체(멘탈체)에서 형성된 청사진을 받아들이는 곳이며, 여러분은 그것에다 움직이기 위한 에너지를 부여합니다. 이것(감정)은 여러분의 정신적 계획이 가장 낮은 수준을 돌파하여 물리적인 모습으로 나타나는 데 필요한 움직임과 방향을 제공합니다. 그 움직임이 개시되지 않았으므로 여러분의 생각만으로는 육체적인 행위로 옮겨갈 수 없다고 말할 수 있습니다. 이것은 영사기 안에 필름이 있지만, 돌아가고 있지 않기 때문에 화면에는 정지된 장면만 나타난 것과 거의 비슷합니다.

어떤 사람들은 아이디어를 생각해내는데 능숙하지만, 그들은 앉아서 내내 생각만 하면서 아이디어를 행동에 옮기지 않고 생각만 떠올리는 경향이 있습니다. 그러한 사람들은 사고계에 초점을 맞추고 자신의 아이디어 중 일부를 감정계로 가져 오는 능력을 개발하지 않았기 때문입니다. 그러므로 그들은 이러한 생각들에다 물리적으로 발현하는 단계인 4번째 수준으로 가져오는데 필요한 에너지나 추진력을 부여할 수가 없습니다. 이 마지막 수준은 고대인들이 흙(地)의 원소라고 불렀던 것인데, 나는 이것을 물질계라고 부르고 싶습니다. 그 이유는 이 세계가 우리가 물질 또는 육체적인 에너지로 나타나게 된 에너지를 볼 수 있는 곳이기 때문이며, 이것은 감각으로 감지하거나 육체적인 작업을 하는 데 사용할 수 있는 에너지를 의미합니다. 그러한 물리적 에너지의 전형적인 예가 전기(電氣)입니다. 물질계는 또한 여러분이 자신의 생각을 선택하고 감정을 부여하여 그것을 육체적인 행동으로 옮겨가는 곳이기도 합니다.

우리는 이제 하위 영적세계로부터 물질우주의 네 가지 수준을 통해 흘러들어가는 에너지의 흐름을 마음으로 그려볼 수 있습니다. 우리는 이 지구상의 여러분의 개인적인 상태와 같은 물질계에서 나타나는 상황들이 난데없이 갑자기 나타난 것이 아니라는 사실을 알 수 있습니다. 물질계에서 볼 수 있는 모든 상황들은 단지 3가지 상위 수준에서 움직이는 원인의 결과라고 말할 수 있습니다. 모든 것은 자의식계에서 개략적인 생각으로 시작되어, 사고계에서 좀 더 구체화되고, 감정계에서 추진력을 얻어서, 마침내 물리적 형태를 취하거나 육체적 행동으로 옮겨지게 됩니다. 나는 우주가 여러분이 외부로 내보낸 것을 그대로 비추어 다시 반사하는 거울이라는 것을 여러분에게 말했습니다. 그런데 여러분이 외부로 내보내는 것은 4가지 하위체들의 내용물로 인한 소산입니다. 신의 빛이 여러분 마음의 네 가지 수준을 통해 흘러들어감에 따라, 그 빛은 자의식체 안에서 발견되는 이미지의 형태를 맨 처음으로 취한다고 말할 수 있습니다. 그런 다음 빛은 사고체로 흘러 들어가며, 여기서 그것은 여러분의 생각으로 표출된 보다 구체적인 이미지, 즉 이 레벨에서 여러분이 유지하는 정신적인 모양을 띠게 됩니다. 사고체가 그 빛이 통과하는 또 하나의 영사용 필름을 형성하고, 자의식계의 일반적이고 유동적인 이미지가 이제는 보다 구체적인 생각의 형태가 된다고 말할 수 있습니다. 그 후에, 빛은 감정체로 흘러들어가 또 다른 영사용 필름을 형성하며, 이 감정체 속에 저장된 욕구의 모습을 취하게 됩니다.

여러분의 감정체는 욕망의 중심이며, 따라서 그것은 또한 욕망의 몸이라고도 부릅니다. 여러분의 욕구들은 자신의 생각에다 절박감을 덧붙이게 되며, 종종 사람들로 하여금 "나는 이것을 가져야해!"라고 느끼게 만듭니다. 이러한 절박감은 자기들이 원하는 것을 얻기 위해서는 무엇이라도 기꺼이 할 수 있게 합니다. 그러므로 욕망이 여러분의 생각을 자진해서 물질계로 가져오도록 구체화시킨다고 말할 수 있습니다. 또한 여러분의 사고체는 너무나 많은 생각들을 담고 있어서 그것들이 모두 행동으로 옮겨질 수는 없다고 말할 수 있습니다. 어떤 생각이 행동으로 옮겨지도록 결정하는 것은 무엇일까요? 여러분의 감정체가 분노와 같은 강한 부정적인 감정을 갖고 있을 경우, 그것이 여러분에게 대담한 행동을 하도록 유발하게 됩니다. 만약 여러분이 자신의 감정을 통제할 수 없다면, 어떻게 자신의 행동을 통제하고 자신에게 불쾌한 결과를 만들어내는 것을 피하기를 바랄 수 있겠습니까? 이상적으로 말한다면, 어떤 상황에 대한 여러분의 감정적인 반응을 선택할 수 있어야만 하며, 그럼으로써 강렬한 부정적 감정으로 인해 자신의 장기적인 이익에 반하는 행동을 저지를 수 없게 됩니다. 만약 자신의 감정을 선택할 수 없다면, 여러분은 종종 로봇처럼 행동하고 자신의 감정적인 프로그래밍을 맹목적으로 따르게 됩니다.

사랑하는 이들이여, 나는 여러분이 이것에 관한 엄청난 중요성과 물질세계의 모든 것이 처음 생겨나서 가시적인 특정형태를 취하는 과정을 이해할 경우, 그것이 지구에 가져올 중대한 변화를 이해했으면 합니다. 갑자기, 사람들은 겉모습을 넘어서서 그들의 삶을 투쟁으로 만드는 결과 뒤에 놓인 보다 깊은 원인을 보기 시작할 수 있습니다. 그리고 그들이 자기 마음의 상위수준이 어떻게 자신의 물리적 환경에 영향을 미치는지 이해하기 시작하면서 그들은 자신이 통제를 벗어난 힘과 상황의 희생자라는 느낌을 극복할 수 있습니다. 삶에 압도당하거나 갇혀있다는 기분을 느끼는 대신에, 그들은 스스로 책임지기를 시작할 수 있고 의식적으로 자신의 삶을 더 낫게 바꿀 수 있습니다.

***

여러분이 알아야 할 필요가 있는 핵심적인 사실은 사물을 물리적으로 발현시키는 과정에는 두 가지 수준이 있다는 것입니다. 하나의 수준은 여러분이 취하는 행동으로 설명이 됩니다. 바꿔 말하면, 육체적인 행동은 어딘지도 모르는 곳에서 갑자기 나타나는 것이 아닙니다. 즉 그것은 육체나 뇌의 수준에서 비롯되지 않습니다. 하나의 행위는 자의식체에서 처음 시작하여 사고체, 감정체를 통과해 순환하며, 그리고 그때만이 그것은 여러분이 의식적인 마음으로 하는 선택에 따라 행동으로 옮겨집니다. 하지만 여러분이 의식적인 마음으로 알 수 있는 선택사항은 이 3가지 상위체들의 내용에 의해 결정됩니다. 예를 들어, 만약 여러분이 자신을 육체를 초월한 힘이 없는 유한한 인간으로 인식하면, 여러분의 생각은 어떻게 자신의 몸을 이용하여 부를 이룰 것인가에 집중될 것이고 여러분의 욕망은 몸의 욕구를 충족시키는 데 초점이 맞추어질 것입니다. 그렇기에 의식적인 마음으로 할 수 있는 선택사항은 물질세계에만 국한될 것이며, 여러분은 육체적 욕구 중심의 생활방식에 대한 대안을 찾기가 어렵다는 점을 발견할 것입니다. 다시 말해, 물질적인 부와 육체적인 쾌락보다 더 나은 풍요로운 삶은 아무 것도 없다고 생각할 것입니다.

이런 여러분의 개인적이고 신체적인 행위의 수준은 여러분의 육체와 그 몸에 의해 또는 그 몸을 통해 취해진 행동의 결과에 집중돼 있는 인간의 창조적 노력의 수준을 바로 나타낸다고 말할 수 있습니다. 그러나 또 다른 수준이 있는데, 대부분의 사람들은 이를 모르고 있습니다. 우리는 그것을 비개인적인 수준 또는 장기적인 수준으로 부를 수도 있는데, 왜냐하면 그것은 여러분의 현재의 몸을 넘어서 이번 생(生) 전체에까지도 미치기 때문입니다. 그것은 육체의 직접적인 행동으로 인한 결과는 아니며, 적어도 의식적인 행위는 아닙니다. 이것은 여러분의 마음이 우주거울 속으로 사념체들을 보냄으로써 끊임없이 어머니 빛에다 이미지를 부여하는 수준입니다. 그리고 이런 이미지들은 매터 빛에 의해 여러분이 삶 속에서 마주치게 되는 외적인 상황의 형태로 구현됩니다. 나는 지금까지 우주가 일종의 거울이고 여러분이 내보내는 것은 다시 여러분에게 반사되어 돌아오게 될 것이라고 말해왔습니다.

이제 우리는 이 과정을 다른 관점에서 바라볼 수 있고, 실제로 일어나고 있는 것은 물질우주의 주파수대에서 진동하는 빛인 매터 빛에 4가지 수준의 마음이 투사되는 것이라고 말할 수 있습니다. 여러분이 자신의 자의식체 안에 간직하고 있는 이미지들은 매터 빛에 의해 취해지는 형태들에 대해 외적인 매개변수를 형성합니다. 이러한 이미지들은 여러분의 마음에 의해 그 정체성(자의식) 주파수 범주 내에서 진동하는 에너지에 투사된 것입니다. 그리고 오직 이 에너지가 여러분의 자의식체 안에 있는 이미지들의 형태를 취한 후에만이 그것이 여러분의 생각에 의해 이용 가능해지게 됩니다. 달리 말하면, 그것은 정체성 이미지들이 진동이 낮아진 매터 빛에 투사되어 사고계로 진입했을 때입니다. 그러나 사고계로 들어갔으므로 그것은 이미 여러분의 정체성에 관한 관념에 기초해서 어떤 형태를 취한 상태이고, 여러분의 생각은 그 형태를 바꿀 수 없습니다. 여러분의 생각은 오직 상위수준에서 설정된 매개변수 내에서만 작용할 수 있습니다.

그 과정의 다음 단계로, 여러분이 사고체 안에 지니고 있는 이미지들은 자의식체로부터 온 일반적인 이미지를 구체화시키고 더 명확하게 만듭니다. 다시 말하면, 이것은 에너지에다 더 조밀한 형태를 부여함으로써 감정계로 진입할 수 있도록 진동을 낮추게 됩니다. 그러나 여러분의 감정은 오직 사고적 수준에서 창조된 것을 기반으로 형성될 수만 있으며 그 감정에는 생각을 변화시킬 수 있는 힘이 없습니다. 여러분이 감정체 속에 담고 있는 이미지와 욕망들은 정신적 이미지들에게 그것이 물질계로 이동할 수 있는 결정적인 방향 및 에너지를 부여해줍니다. 그것은 또한 여러분의 생각에게 절박감을 주고, 여러분으로 하여금 지금 그것을 해야 한다고 생각하게 만듭니다. 마지막으로, 물질계에 집중돼 있는 여러분 마음의 일부는 여러분의 정신적 이미지들이 삶에서 대면하는 외적인 상황으로 나타날 때까지, 그것을 더욱 더 구체적으로 만듭니다. 이 과정은 한 생에서 완결되지 않으며, 그렇기에 이번 생에서 마주하는 상황들은 단지 현생(現生)에서만 생성된 것이 아닙니다. 그것들은 여러분이 과거의 생에서 그때 자신의 4가지 하위체들 속에 저장돼 있던 정신적 심상들을 내보냄으로써 그 전생에 행위로 뿌려놓은 원인의 결과들입니다.

우리는 여러분의 자의식체가 여러분이 스스로 할 수 있다고 생각하는 것을 결정한다고 말할 수 있습니다. 예를 들어, 만약 여러분이 자신을 유한한 인간으로 인식하면, 여러분은 오직 풍요를 실현할 특정 방법만을 볼 것입니다. 여러분의 생각은 그 때 자신이 성취하기 원하는 것을 위해 이 구상을 좀 더 구체적인 선택사항으로 옮겨갑니다. 그 다음에 여러분의 감정은 상위수준들에 설정된 목표를 달성할 방법을 좀 구체화하고 그것이 행위로 이어집니다. 그래서 에너지가 외부의 의식적인 마음에 이르렀을 즈음에 그것은 이미 특정한 형태를 취한 상태이므로 여러분의 의식적인 마음은 상위수준에서 "확정된" 것을 변화시킬 선택권이 별로 없습니다. 그것이 바로 많은 사람들이 어떤 형태의 상황에서 오직 한 가지 방식으로 반응할 수 밖에 없다고 느끼는 이유입니다. 특정 상황들에 대한 그들의 반응 – 심지어 삶에 대한 그들의 전반적인 대응 – 은 마음의 상위수준에서 미리 결정돼 있습니다.

나의 사랑하는 이들이여, 이것의 중요성을 아시겠습니까? 얼마나 많은 사람들이 스스로 통제할 수 없는 상황에 갇혀 꼼짝도 못하고 있는 것처럼 느끼는지 생각해보십시오. 그들은 선택권이 제한되어 있고 갈 곳이 없다고 느낍니다. 여러분은 사람들이 "나는 다른 선택의 여지가 없어!"라고 말하는 소리를 얼마나 많이 들었습니까? 그렇지만 다른 선택의 여지가 없는 것처럼 느껴지는 이유는 무엇일까요? 진짜 이유는 여러분의 물리적 차원에서의 마음은 오직 상위수준에서 이미 행위로 설정된 것을 기반으로 형성될 수밖에 없다는 것입니다. 그래서 사람들은 그들의 선택권이 제한되어있는 것처럼 느낍니다. 그러나 사실 그들의 선택은 그들이 외적인 마음의 수준 너머를 보지 못하기 때문에 제한됩니다. 그들은 자기들의 외적인 마음에서 사용할 수 있는 선택권이 마음의 상위수준에서 일어난 것의 산물이라는 것을 알지 못합니다. 따라서 그들은 그들이 자신의 상위 마음속에다 가지고 있는 심상들을 바꿈으로써 외적인 마음에서 이용할 수 있는 선택사항을 바꿀 수 있습니다. 그들은 말 그대로 그들의 상위 차원의 마음에 담긴 내용을 바꿈에 의해 자기 삶의 어떤 면을 바꿀 수 있는 것입니다.

사랑하는 이들이여, 나는 이것이 많은 사람들에게 어느 정도 숙고할 필요가 있는 것임을 잘 압니다. 내부의 적과 외부의 적은 내가 여기서 말하고 있는 것을 여러분이 알고 이해하여 받아들이길 원하지 않습니다. 이 두 적들은 여러분 스스로 자신이 통제할 수 없는 상황의 희생자라고 믿게끔 여러분을 조종하려 했습니다. 그들은 여러분이 삶 속에서 마주하는 외부상황이 여러분 자신에 의해, 즉 여러분이 이번 생이나 또는 전생에서 했던 선택의 결과로 생겨난 것이 아니라고 믿기를 바랍니다. 그러므로 여러분은 자신의 외부상황을 통제할 수 없고, 스스로 어찌할 수 없는 힘의 무기력한 희생자이며, 지구상에서 당면한 상황에 영향을 미칠 힘이 없습니다. 그들은 여러분이 이런 그릇된 환영을 믿기를 원합니다. 그리고 그들은 여러분이 계속해서 이런 환영 속에 무한정으로 갇혀있기를 바랍니다. 그 이유는 여러분이 자신을 스스로 통제할 수 없는 힘의 희생자라고 믿는 한, 여러분 외부의 어떤 것이 여러분의 삶을 지배하기 때문입니다. 그리고 여러분 외부의 그 어떤 것은 물론 유한한 자아와 이 세상의 지배자입니다. 만약 여러분이 자신 밖의 무엇인가가 여러분의 상황을 통제할 수 있다고 믿는다면, 유한한 자아와 이 세상의 지배자는 여러분에게 침입하여 지배할 수가 있습니다.

나의 사랑하는 이들이여, 나는 많은 사람들의 경우 자신들이 통제할 수없는 힘이나 상황의 피해자라는 생각이 의식에 너무 뿌리 깊게 박혀 있고, 그것이 그들의 양육과정에서 강화됨에 따라 이런 관념을 돌파하기가 어렵다는 것을 충분히 이해합니다. 이것은 어느 정도 깊은 묵상이 필요할 수도 있으며, 약간의 조정이 필요할 수도 있습니다. 또한 내가 여기서 말하는 것을 완전히 내면화하고 받아들일 수 있기까지는 실제로 시간이 걸릴 수 있습니다. 그러나 나는 여러분이 내가 앞서 말한 것을 토대로, 그런 피해의식을 내가 여기서 여러분에게 알려준 개념으로 바꿀 수 있기를 바랍니다. 즉 여러분 인생의 모든 것은 물질 우주의 4가지 수준을 통해 흐르는 하느님 빛의 산물이라는 것입니다. 이를 바꾸어 말하면, 여러분이 경험하는 상황들은 여러분의 자의식체, 사고체, 감정체, 그리고 육체 속에 갖고 있는 심상의 형태를 그대로 취하는 하느님 빛의 산물인 것입니다. 물질세계에서 여러분이 경험하는 것은 삶이라는 화면에 투사된 영화와 같습니다. 그리고 그 영화의 실제 내용은 여러분 마음의 상위수준에 존재하는 심상인 영사용 필름에 의해 결정됩니다.

나는 여러분이 앞서 내가 알려준 것을 활용하여 자신의 외적 상황을 바꾸고 스스로 원하는 풍요를 실현하는 유일한 길은 여러분의 4가지 하위체들 속에 갖고 있는 심상들을 바꾸는 것뿐임을 깨달았으면 합니다. 여러분이 거울에 관한 나의 비유를 받아들인다면, 여러분이 그 거울 속으로 투사하는 것은 4가지 하위체들 속에 있는 정신적 이미지들이라고 말할 수 있습니다. 우주는 오직 여러분이 우주거울 속으로 투사하는 것을 다시 반사할 수만 있습니다. 그러므로 여러분에게 돌아오는 것을 바꾸는 유일한 방법은 여러분이 내보내는 것, 거울에다 투사하는 것을 바꾸는 것뿐입니다. 그리고 여러분이 내보내는 내용을 바꾸는 유일한 방법은 여러분 내면에 있는 것, 즉 여러분 마음의 4가지 수준에서 갖고 있는 심상들을 바꾸는 것입니다.

나는 또한 여러분이 이 책에서 내가 내내 해왔던 일이 내부의 적과 외부의 적에 의해 대부분의 사람들이 받아들이도록 조장되고 프로그램된 이원성적인 심상들에 대해 체계적으로 도전하는 것임을 알았으면 합니다. 그러므로 이 책을 읽음으로써 여러분은 자신의 4가지 수준의 마음에서 갖고 있는 그 이미지들에게 도전하는 과정을 이미 시작했습니다. 또한 여러분은 이미 그 4가지 단계의 마음을 정화하는 과정을 시작했습니다. 보증하지만, 나는 이 책의 나머지 부분에서는 여러분이 4가지 수준의 마음을 정화하는 체계적 과정을 시작할 수 있는 몇 가지 구체적인 도구를 제공할 것입니다. 그 도구들은 여러분이 유지해 온 불완전한 심상들에 의해 진동이 낮아진 빛의 결과로 4가지 하위체들[42] 속에 저장된 부적합한 에너지들뿐만이 아니라, 그런 불완전한 이미지들을 정화할 수 있습니다.

　사랑하는 이들이여, 지식은 곧 힘입니다. 여러분이 직면한 외부상황이 여러분 마음의 4가지 수준에서 유지되는 심상의 산물이라는 것을 알게 되면, 갑자기 여러분은 그 이미지를 바꿈으로써 자신의 인생을 바꿀 엄청난 힘을 얻게 됩니다. 여러분은 더 이상 사신이 혼자의 힘으로는 어찌 해볼 수 없는 환경의 무기력한 희생양이라고 느낄 필요가 없습니다. 대신에, 여러분은 자신이 운명의 주인이라고 느끼기 시작할 수 있습니다. 그러나 내가 전에 말했듯이, 이것은 많은 사람들에게 중요한 조정이 필요합니다. 수많은 사람들이 그들 자신을 희생자로 보도록 양육되었습니다. 또한 많은 사람들이 인생에서 자신이 처한 상황에 대해 부모를 비난하고, 사회를 비난하며, 불운을 탓하거나, 신을 원망합니다. 여러분이 삶 속에서 직면하는 모든 상황이 여러분 자신에 의해 생겨났거나 여러분 마음속 이미지의 결과로서 자신에게 끌어당겨진 것임을 받아들이도록 조정하는 것은 어려울 수 있습니다. 즉 갑자기 모든 책임이 여러분에게 주어집니다. 결국 여러분은 자기 운명의 창조자이자 완성자이며, 여러분 자신 외에는 비난할 사람이 아무도 없습니다.

＊＊＊

　사랑하는 이들이여, 오늘날 내가 지구를 바라볼 때, 자기 자신에 대해 전적으로 책임지는 것을 원하지 않는, 바로 이런 단계에 고착돼 있는 수십억 명의 사람들을 보게 됩니다. 그들은 자신의 삶의 모든 면, 자기가 처한 상황의 모든 측면을 그들 자신을 바꾸고 자신의 신념, 태도 및 삶에 대한 접근방식을 바꿈으로써 변화시킬 잠재력이 있음을 인정하고 싶어 하지 않습니다. 나는 심지어 이 수준에 머물러있는 많은 영적 구도자들도 보았으며, 그들은 충분한 최종적인 책임을 받아들이는 표준에도 미치지 못했습니다. 그들은 삶에는 영적인 측면이 있다는 것을 알고 있으며, 수십 년 동안 단체에 참여하고, 가르침을 공부하고, 영적성장을 가속화하기 위한 기법을 실천함으로써 적극적으로 영적성장

---

42)자의식체와 사고체, 감정체가 때로는 하위체들로 표현되고 또 때로는 상위체로 표현될 때가 있어서 약간 혼란을 줄 수도 있다. 그런데 그것은 기준을 어디에다 두느냐에 따라 표현이 달라질 수 있다. 원래 이런 몸들은 어디까지나 물질우주에서 우리의 의식적인 자아를 표현하기 위한 매개체 또는 탈것이므로 높은 영적세계를 기준으로 할 때는 하위체들에 해당된다. 그러나 육체 상태의 우리의 현재입장을 기준으로 할 때는 이 3가지 몸들이 육체보다는 진동이 높고 더 미세한 몸들이기에 상위체들에 해당되는 것이다. (감수자 주)

을 추구해왔습니다. 하지만 그들 가운데 많은 이들이 이 세상의 지배자가 설치한 올가미, 즉 내가 외직인 길, 거짓된 길, 인간에게 옳은 것처럼 보이지만 그 끝은 죽음의 길이라고 설명했던 올가미에 걸려 희생되고 말았습니다. 이것은 여러분 자신에 대해 스스로 전적이고 절대적인 책임을 질 필요가 없다고 말하는 길이며, 여러분이 자기 자신과 마음의 가장 깊은 수준에서 담고 있는 이미지들을 변화시킬 필요가 없다고 하는 길입니다. 여러분은 단지 특정 교리를 믿고, 특정한 외부 규칙을 따르고, 어떤 외적인 기법을 실행할 필요가 있으며, 그러면 자동으로 구원받을 것이고, 더 높은 의식상태를 자동으로 발현하게 될 거라는 것입니다. 사랑하는 이들이여, 이전의 열쇠에서 나는 이런 거짓말의 오류를 폭로하기 위해 내가 생각할 수 있는 모든 것을 다 했습니다. 그리고 나는 여러분이 마침내 그것이 허위임을 받아들이고 왜 그것이 착각인지 이해할 수 있게 되기를 바랍니다.

이것을 이해하는 열쇠는 여러분 마음의 4가지 수준에서 보유하고 있는 이미지들이 그곳에 출처도 없이 단순히 나타나는 것이 아님을 깨닫는 것입니다. 나는 이전에 여러분이 자아영역에 대한 지배권을 갖고 있다고 말했고, 그 의식적인 여러분은 자신의 자아영역을 장악하거나 통제하도록 돼 있습니다. 따라서 여러분은 자신의 4가지 하위체들을 지배하지 않으면 안 됩니다. 여러분의 의식적 동의가 없이는 아무 것도 그런 몸들 속으로 들어갈 수가 없습니다. 물론, 여러분이 결정을 내리는 자신의 힘을 포기하거나 유한한 자아가 여러분의 마음에 들어오는 것을 결정하도록 허용하지 않는 한은 그러합니다.

나는 여러분의 4가지 하위체들이 물질세계에서 표현하기 위한 매개체라는 것을 잘 알고 있으며, 이는 그 몸들이 물질우주의 주파수 범주 내에서 진동한다는 것을 의미합니다. 그리고 현재 물질계에는 우리가 영적세계에서 볼 수 있는 양만큼의 빛과 진리가 없습니다. 이것은 특히 지구 행성에서 그러하며, 우주적인 관점에서 볼 때 지구는 상당히 어두운 행성으로 보입니다. 여러분의 영혼이 지구상의 물질세계로 내려갔을 때, 여러분의 4가지 하위체들이 이 지구 행성에서의 표현을 위한 매개체로 창조되었습니다. 그런 몸들은 원래 물질적 영역에서 (영혼을 위한) 보호권을 형성했다고 말할 수 있습니다. 지구상의 현재 현실은 여러분이 끊임없이 여러분의 의식 속으로 침입해 들어오고자 하는 잘못된 이미지들과 부적당한 에너지들에 에워싸여 있다는 것입니다. 그러나 설사 이러한 에너지와 이미지들이 매우 공격적일지라도, 여러분은 원래 이 에너지와 관념들 중 어느 것도 자신의 4가지 하위체로 들어가는 것을 미리 막아준 보호벽을 갖추고 있었습니다. 인간이 육체적 면역체계를 가지고 있는 것처럼, 여러분은 영적 면역체계를 가지고 있다고 말할 수 있습니다. 여러분의 허락이 없이는, 4가지 하위체들로 들어갈 수 있는 것은 아무 것도 없습니다. 여러분이 그것을 들어올 수 있도록 허락해야했고, 그렇기에 4가지 하위체에 들어간 모든 것은 여러분이 했던 결정 때문에 그렇게 할 수 있었던 것입니다. 어쩌면 여러

296

분은 유한한 자아로 하여금 여러분 왕국의 문지기 노릇을 하도록 결정했는지도 모르지만, 그럼에도 그것은 여전히 여러분에 의해 내려진 결정이었습니다.

사랑하는 이들이여, 나는 이것이 여러분에게 모든 책임이 있다는 것임을 압니다. 하지만 그것은 또한 모든 힘이 여러분의 손에, 또는 여러분의 마음속에 주어져 있다는 놀라운 의미를 지니고 있습니다. 나의 사랑하는 이들이여, 자신의 삶에 대한 책임을 지는 것이 반드시 불길한 것은 아니라는 사실을 이해하십니까? 그것은 실제로 해방적인 것입니다. 왜냐하면 여러분이 자기의 삶에 책임을 질 때, 그 삶을 변화시키는 자신의 힘을 되찾기 때문입니다. 여러분이 스스로 동의하지 않고서는 아무것도 4가지 하위체들 속에 들어갈 수 없다는 것을 깨달으면, 여러분은 즉시 4개의 하위체들을 정화하는 힘을 되찾게 됩니다. 여러분의 동의가 없이는 아무 것도 그런 몸들 속에 머물 수 없다는 것 역시 동일한 진실입니다. 그러므로 만약 여러분이 이원성적인 생각인 적그리스도의 마음에서 생겨난 생각을 노출시키고, 그런 관념들이 여러분의 존재 속에 남아 있기를 원하지 않는다고 선택하면, 그것들은 추방됩니다. 그리고 여러분이 선택한 그리스도의 진리에 의해 적그리스도의 거짓말이 대체될 것입니다.

**

사랑하는 이들이여, 이전의 열쇠에서 나는 여러분이 실수에 대해 자신을 책망하는 온갖 성향과 모든 죄의식을 극복할 수 있게 도우려고 노력했습니다. 또한 나는 창조주는 여러분이 자신의 실수에 대해 죄책감을 갖기를 바라지 않으신다는 것을 설명하기 위해 내가 생각할 수 있는 모든 것을 했습니다. 내가 왜 그렇게 했겠습니까? 왜냐하면 나는 경험을 통해서 무엇보다도 사람들이 그들의 삶과 운명에 대한 책임을 지지 않게 하는 것이 바로 자신을 비난하고 실수에 대해 죄책감을 느끼는 이런 성향에 의한 것임을 알고 있기 때문입니다. 그래서 그 죄책감과 수치심의 고통을 피하기 위해, 대신에 그들은 자기들의 실수를 보고 인정하기를 거부합니다. 그리고 물론 그것이 그런 실수들에서 그들 스스로 벗어나지 못하게 방해합니다.

이런 비난은 내가 앞서 설명했듯이, 이 세상의 지배자로부터, 적그리스도의 마음으로부터 나온 일종의 투사(投射)입니다. 이 세력들은 우선 여러분을 오도하여 실수를 저지르게 속임으로써 영적인 진퇴양난의 상황 속에다 밀어 넣고 싶어 합니다. 그런 다음 그들은 여러분이 실수를 저지른데 대해 심한 죄책감을 느끼게 만들어서 신에게 돌아갈 수 없고, 결코 원래의 자신을 되찾을 수도 없으며, 과거에 한 결정에서 결코 벗어날 수 없다고 느끼게 하려합니다. 사랑하는 이들이여, 나는 여러분이 직면하는 모든 것, 자신이 처한 상황의 모든 면이 스스로 한 선택의 결과라는 것을 깨닫게 되면, 과거의 그 어떤 선택이라도 지금 더 나은 선택을 함으로써 즉시 대체할 수 있다는 것을 설명하려고 노력했습니다. 이것은 매우 간단합니다. 일단 여러분이 방법을 이해하고 자신이 그런 힘을 갖고 있다는 것을 받아들이기만 하면, 과거에 했던 어떤 결정도 바꿀 수 있습니다. 여러분은 별로 좋지 않은 결정을 더 나은 결정으로 바꿀 수 있는 힘을 항상 가지고 있습니다.

여러분의 유한한 자아(에고)도, 이 세상의 지배자도, 아무도 그 힘을 여러분에게서 빼앗을 수는 없습니다. 그럼에도 여러분의 유한한 자아와 이 세상의 지배자는 여러분으로 하여금 그들이 이 힘을 당신들에게서 빼앗을 수 있기나 실수로 잃어버릴 수 있다고 생각하게 만들려고 열심히 시도합니다. 그들은 여러분이 스스로 통제할 수 없는 힘의 희생자라는 느낌을 갖게 만듦으로써 이것을 행하며, 그러므로 마음을 바꾸는 것만으로 특정상황을 바꾸는 것은 불가능하다고 말합니다. 또한 그들은 여러분이 자신을 바꿈으로써 세상을 변화시킬 수 있는 가능성을 비웃으려 합니다. 그리고 오늘날의 유물론 사회 - 유물론이나 물질주의는 이 세상을 지배하는 자의 계획입니다 - 에서 그들은 사람들로 하여금 그들의 조롱이 담긴 상품을 사도록 만드는 데 매우 성공했습니다.

사랑하는 이들이여, 나는 여러 세기 동안 사람들이 이 주제에 관해 이야기하는 것을 들었습니다. 나는 어떻게 회의론자들이 온갖 종류의 반대론을 제기하고, 여러분의 마음을 바꾸어 외부상황을 바꿀 수 있다는 개념을 비웃고 조롱하는지를 들었습니다. 나는 그들의 주장을 알고 있고, 그들의 비웃음을 압니다. 또한 나는 그들이 내가 여러분에게 제시하고 있는 개념에 대해서 계속 웃고 있다는 말을 들었습니다. 하지만 속담에서도 말하듯이, "최후에 웃는 자가 진정한 승자"입니다. 그리고 나는 그리스도의 진리를 아는 사람이 마지막에 웃을 것이라는 사실을 여러분에게 보증할 수 있습니다. 일단 여러분이 영적세계로 상승하여 유한한 자아의 모든 한계를 벗어나면, 여러분은 진정으로 그 마지막에 웃을 수 있는 위치에 있게 됩니다.

어느 시대에나 마음의 힘을 발견한 사람들이 있었으며, 그들은 자신의 환경을 더 낫게 바꾸기 위해 그 힘을 이용했습니다. 그들 중 일부는 자기들의 욕구가 충족될 때까지 더 나은 물질적 생활형편을 실현하기 위해 그것을 사용했습니다. 그리고 그들 중 어떤 이들은 그것을 천국에다 보물을 쌓고 물질세계를 완전히 초월하기 위해 이용했으며, 그럼으로써 그들은 영적세계로 옮겨가서 영원한 삶을 얻을 수 있었습니다. 사랑하는 이들이여, 예수는 환생의 사이클, 고난과 투쟁의 사이클을 초월하기 위해 자기 마음의 힘을 이용한 사람의 대표적인 예입니다. 나 자신도 똑같이 그렇게 했으며, 영적세계에는 지구에서 승천한 수많은 존재들이 있습니다. 우리는 여기 위에 앉아서 자기들 마음의 힘을 부정하는 회의론자들을 내려다 볼 수 있고 웃을 수도 있었습니다. 그러나 우리는 아직 영적세계로 상승하지 못한 우리의 형제자매들을 비웃지 않는 쪽을 선택합니다. 대신에, 우리는 연민과 자비의 길을 택하며, 어떻게 우리의 형제자매들이 그들의 마음의 힘을 이용하여 외견상 끝없는 고난과 고통, 한계의 사이클처럼 보이는 것으로부터 벗어날 수 있는지를 깨닫게 해주고자 합니다.

나의 사랑하는 이들이여, 이 책의 서두에서부터 나는 여러분에게 왕국을 물려주는 것이 아버지의 기쁜 일이라고 말했습니다. 또한 나는 여러분이 자신의 삶 속에서 하느님의 풍요를 누리지 못하는 유일한 이유는 무엇인가가 그것을 막고 있기 때문이라고 언급한 바 있습니다. 그리고 하느님의 풍요를 막고 있는 것은 여러분이 자신의 4가지 하위체들 속에다 마음의 4가지 수준에서 장애물을 만들어 놓았다는 것입니다. 풍요로운 삶은 오직 한 곳으로부터만 올 수 있으며, 즉 그것은 여러분의 신아를 통해 영적세계에서 와야 합니다. 풍요로운 삶이 여러분 인생의 물리적 환경 속에서 구현되려면, 신아 속에 저장된 풍요로운 삶에 관한 순수한 구상이 물질계에 이르러 물리적 상황으로 바뀔 때까지 방해받거나 희석되지 않고 물질우주의 4가지 수준을 통해 흐를 수 있어야 합니다. 사랑하는 이들이여, 여러분이 하느님께서 여러분에게 주기 원하시는 풍요로운 삶을 누릴 수 있는 다른 길은 없습니다. 여러분이 풍성한 삶을 누리는 것이 하느님의 소망이기 때문에, 여러분이 그것을 얻지 못하도록 막을 수 있는 유일한 방법은 무엇인가 그것을 방해하게 하는 것입니다. 그리고 방해하고 있는 그것은 육체적 경험을 하는 물질계와 하느님의 비전이 있는 영적세계 사이에 어떤 장애가 있음이 틀림없다는 것입니다. 풍요로운 삶을 막고 있는 것은 하느님의 구상과 육체적 경험 사이에 생겨난 어떤 것입니다. 그리고 나는 지금 여러분의 육체적 물리적 경험과 하느님의 순수한 비전 사이에는 여러분 마음의 4가지 수준이 있다는 것을 설명했습니다. 그러므로 여러분이 4가지 하위체들에서 장애물을 제거하면, 풍요로운 삶에 대한 신의 비전이 여러분에게 물리적인 현실로 나타날 수가 있습니다. 여러분이 자신의 역할을 하기로 선택한다면 말이지요.

자, 나의 사랑하는 이들이여, 나는 여러분이 신과 더불어 공동창조자가 되도록 설계돼 있다고 말했습니다. 여러분은 자신의 신아의 수준에 도달하여 여러분을 위한 하느님의 완벽한 풍요에 관한 구상을 알도록 설계되어 있습니다. 그 비전을 이해함으로써, 여러분은 그것을 자신의 자의식체로 가져올 수 있고, 여러분의 온전한 정체감, 다시 말해 신의 풍요로운 삶에 대한 비전을 토대로 물질계에서 어떻게 자신을 표현하는 지와 관련된 정체성의 기초를 형성할 수 있습니다. 그런 다음 여러분은 이 비전을 여러분의 사고(思考) 수준으로 가져올 수 있고, 그것을 여러분이 여기 지구에서 마주하고 있는 상황들과 관련시킴으로써 훨씬 더 구체화하게 됩니다. 그 후에는, 그것을 여러분의 감정의 단계로 가져가서, 하느님의 진정한 소망으로 바꿔놓습니다. 하느님의 진정한 소망은 여러분의 창조력을 제한하려는 것이 아니라, 단지 그것을 증대시키려는 것입니다. 그런 다음 여러분은 - 여러분을 통해 신성을 펼치려는 - 그런 소망을 육체적 행위와 물리적 환경으로 바꾸는데 필요한 방향과 추진력을 자신의 생각에다 부여하기 위해 이용할 수 있습니다. 그렇기에 여러분은 바로 여기 지구에서 풍요로운 삶을 공동으로 창조할 수 있는 것입니다.

하지만 만약 여러분이 4가지 하위체들 속에 어떤 장애물을 갖고 있다면, 이 장애물들은 하느님의 순수한 비전인 풍요로운 삶이 실현되는 것을 왜곡시키거나, 완전히 가로막을 것입니다. 만약 여러분의 자의식체 안에 있는 그 영사용 필름이 왜곡되거나, 더러워져 있거나, 잘못된 이미지를 담고 있다면, 그러한 영상들은 여러분의 영적 정체성과 개성의 순수한 모습을 모호하게 하거나 왜곡시킬 것입니다. 마찬가지로, 여러분 마음의 하위 부분에 있는 필름도 그런 모습을 왜곡하거나 방해할 수 있습니다. 그리하여 하느님의 인간에 대한 원래 비전의 어떤 부분도 여러분의 의식적인 마음과 물질계 수준에 도달할 수 없는 상황으로 끝날 수도 있습니다. 따라서 여러분의 삶은 원래 계획된 대로 점점 더 풍요로워지는 상승나선을 타는 대신에 투쟁이 되고 맙니다. 그러나 내가 여기서 여러분에게 설명하려고 했듯이, 풍요로운 삶에 관한 하느님에 대한 순수한 비전은 여러분이 물질계에서 행하는 어떤 것에 의해서도 바뀌거나 파괴될 수 없습니다. 그 구상은 여전히 여러분의 신아 수준에서 존재하고, 그것은 보편적인 그리스도의 마음 속에 저장돼 있습니다. 그러므로 여러분이 해야 할 일은 여러분 자신을 통제할 수 없는 상황에 갇힌 유한한 인간으로 인식하는 대신에, 진정한 정체성으로 돌아갈 수 있도록 마음의 4가지 수준들에 놓인 장애들을 제거하는 것입니다. 그리고 여러분이 자신이 누구이고 왜 여기에 있는지를 알게 되면, 물질우주를 여행하는 동안, 여러분의 삶에 대한 신의 완벽한 비전을 실현할 수 있습니다.

***

사랑하는 이들이여, 이제 이 개념을 조금 다른 관점에서 설명하겠습니다. 나는 앞서 사람들이 서로 다른 의식수준에 있다는 사실에 대해 이야기했으며, 그리고 이제 이것을 내가 여러분에게 언급한 4가지 하위체들로 옮겨보도록 하겠습니다. 의식적인 여러분은 - 지금 여기, 이 시간과 공간속에서 - 스스로 자신이라고 생각하는 것, 다시 말해 여러분의 정체감은 여러분이 주의를 집중하는 이미지를 그대로 취한다는 것을 기억합시다. 예컨대 어떤 사람들은 완전히 물질세계와 그들의 육체적인 몸에다 집중합니다. 그리하여 이 사람들은 그들 자신을 오로지 물질세계 및 육체와 동일시하게 되었습니다. 이 사람들의 의식적인 자아는 그들이 진정한 모습에 대한 모든 의식, 즉 자신이 무한한 불멸의 영적 존재라는 사실을 망각했거나 상실했다고 말할 수 있습니다. 대신에, 이런 사람들의 의식적인 자아는 그들 자신을 지구라는 물질세계에 살고 있는 육신으로 인식합니다. 이 사람들은 말 그대로 자기들이 풍요로운 삶을 실현할 수 있는 유일한 방법은 그들의 몸을 통해서, 그리고 물질적인 것을 이용함으로써, 즉 그들이 육체 감각으로 보고 만질 수 있는 것을 통해서라고 믿습니다. 이 사람들은 내가 앞에서 영적 에너지라고 불렀던 더 높고 보다 순수한 에너지에 관해서는 알지도 못하고 사용할 능력도 없습니다.

그들 중 많은 사람들은 심지어 그들 자신의 감정과 접촉하여 화합하지도 않으며, 따라서 그들은 육체적 행위를 변화시키고 삶의 더 나은 방법을 찾기 위해 그들의 감정을 사용할 능력이 없습니다. 마찬가지로, 그들은 자신의 생각과 화합하지 않고 풍요를 실현하는 더 좋은 방법을 찾기 위해 상념의 힘을 이용할 수도 없습니다. 풍요에 대한 그들의 추구는 육체적 문제와 이미 물질우주, 물질세계의 가장 낮은 수준으로 유입된 에너지들에 한정돼 있습니다. 그들은 말 그대로 이마에 땀흘려가며 열심히 일해서 생계를 꾸려가야 할 사람들입니다. 여러분은 그들 중 많은 사람들이 가장 높은 가격을 제시한 이에게 자신의 노동력을 팔아 평생 동안 일한다는 것을 알 것입니다. 이들은 일정한 임금을 받으며 쌓을 수 있는 것보다 더 많은 풍요를 모을 수 있는 기회도 없이 일을 하는 사람들입니다. 나는 이것이 반드시 잘못되었다고 말하는 것이 아닙니다. 나는 단지 그렇게 해서는 절대로 그들이 살고 있는 노동시장에 의해 주어진 것보다 더 큰 풍요를 이루게 될 수 없다는 것입니다. 여러분은 이 사람들 중 많은 이들이 행운이 그들을 부자로 만들어 줄 거라고 요행수를 기대하면서 로또복권을 구입하는 것을 볼 것입니다. 하지만 그들은 더 커다란 풍요를 실현하기 위해서 자기들의 삶에 대한 접근방식을 기꺼이 바꾸려고 하지 않습니다.

고용되어 일해 가지고는 결코 엄청난 풍요를 실현할 수 없다는 것을 깨달은 다른 사람들이 있습니다. 그들 중 일부는 풍요를 누릴 수 있는 다른 방법을 찾으려고 시도했으며, 그것은 단지 물질세계 내에서의 에너지만을 이용하는 것이었습니다. 그리고 어떤 사람들은 이 방법으로 부자가 되는 데 성공했지만, 대부분은 그렇게 할 수 없습니다. 그리고 일부는 실제로 자신의 노동력을 팔아서 얻을 수 없는 것을 강제로 빼앗는 방식인 범죄로 돌아섰습니다. 이들은 물질세계의 가장 낮은 수준과 완전히 동일시한 사람들의 사례이며, 그들은 그 수준을 넘어설 수 있는 능력을 개발하지 못했습니다.

보다 높은 의식 수준에서, 여러분은 물질세계 내의 에너지보다 삶에 더 나은 것이 있음을 깨닫게 된 사람들을 보게 됩니다. 더 높은 에너지들이 있으며, 그 에너지를 사용함으로써 삶을 향상시키고 더 나은 풍요를 실현할 수 있습니다. 나는 앞서 물질세계를 넘어섰지만 하위의 영적세계에 속한 어떤 유형의 에너지로서 심령에너지에 대해 이야기한 바 있습니다. 우리는 이제 그 심령에너지가 3가지, 3수준으로 나누어질 수 있음을 알 수 있습니다. 즉 감정에너지, 사고에너지 및 자의식 에너지가 있습니다. 어떤 사람들은 감정적 범주 내에서 진동하는 심령에너지를 알게 되었고, 삶에서 그것을 사용하는 방법을 배웠습니다. 그들은 자신의 감정을 이용하여 이 작업을 수행하며, 종종 다른 사람들의 감정에 호소하거나 그것을 조종함으로써 풍요를 실현합니다. 여러분은 많은 예술가 또는 배우들에게서 이것을 볼 것입니다. 예를 들면, 가수는 사람들의 감정에 호소하는 노래나 음악을 공연함으로써 유명해지고 거대한 물질적 부를 축적할 수 있습니다. 마찬가지로 수많은 다른 사람들이 감정에다 호소하며, 그 또 다른 예는 특정 주장이니 대의(大義)에 관하여 사람들의 감정을 뒤흔들어놓음으로써 권력을 얻을 수 있는 정치인들입니다.

분명히, 그런 사람들은 첫 번째 부류의 사람들보다 순수하고 미세한 그 에너지에 대해 훨씬 더 잘 알고 있습니다. 그러므로 그들은 대개 유물주의적인 사람들을 지배하는 힘을 갖고 있습니다. 내가 말했듯이, 물질세계에 초점이 맞춰져 있는 사람들은 흔히 자신의 감정과 접촉하지 않으며 의식적으로 특정한 감정을 생성할 수 없습니다. 그러나 감정적 세계에 대해 숙달된 사람들은 실제로 다른 사람들이 특정한 감정을 불러일으키도록 돕고, 그 과정에서 돈을 받습니다. 확실히, 그들은 또한 사람들의 감정을 통해 그들을 지배하는 힘을 얻으며 사람들이 쉽게 특정 행동을 취하도록 선동할 수 있습니다.

앞서 내가 설명한 것처럼, 이것은 더 나은 인식수준을 나타내며, 풍요를 실현하기 위해 감정적인 에너지를 이용하는 것이 반드시 잘못된 것은 아닙니다. 그러나 만약 그 인식이 그리스도 마음의 수준에 이르지 못한다면, 사람들이 이기적인 목적을 위해 감정적 에너지를 이용할 수 있는 큰 위험성이 있습니다. 그들은 전체에 대한 인식이 결여돼 있으므로 단지 자기들이 원하는 것을 얻기 위해 사람들의 감정을 조종합니다. 그 전형적인 예는 비싼 상품을 사도록 고객을 조종하고 부추겨서 수수료를 챙길 수 있는 영업사원입니다. 아주 극단적인 사례는 아돌프 히틀러(Adolph Hitler)인데, 그는 사람들의 감정을 조작하는 데 있어서 달인이었습니다. 그러나 그는 그리스도 마음의 수준에서 그렇게 하지 않았습니다. 그는 실제로 자신의 목표를 성취하기 위해 적그리스도의 마음을 이용했고, 그로 인해 그러한 힘에 대한 저항력이 유발되었으며, 그것이 결국 그의 세계지배 야망을 분쇄시키고 말았습니다. 역사를 통틀어 가장 커다란 잔학 행위 중 일부는 실제로 감정에너지를 조종하는 법을 배우기는 했지만 오직 그리스도의 마음에서만 생겨나는 가슴의 지배력 얻지 못한 사람들에 의해 자행되었습니다.

다음 단계에서는 사고세계와 생각의 힘에 대해 커다란 인식에 도달한 사람들을 보게 됩니다. 여러분은 종종 이런 이들을 교육기관이나 뛰어난 지적능력을 가진 과학자들, 그리고 생각의 에너지를 사용하는 전문가들 사이에서 발견하게 될 것입니다. 이 사람들 중 상당수는 물질세계에 대한 학식이 깊고 매우 숙달된 인식을 가지고 있습니다. 여러분은 삶의 영적측면에 관해 훌륭한 지적 이해력을 지닌 많은 철학자들과 신학자들도 보았습니다. 그러나 다시 말하지만, 만약 그들이 그리스도 마음에 대해 인식하고 있지 못하다면, 거기에는 도사리고 있는 심각한 위험이 있습니다. 여러분은 그들 자신의 본성에 관한 영적측면을 포함하여 삶의 영적 측면을 부정하는 많은 과학자들을 볼 것입니다. 그렇다면 어떻게 이 사람들이 그런 정신적 수준 너머에 이를 수 있었을까요? 나의 사랑하는 이들이여, 그들은 그 수준을 넘어설 수 없으며, 그래서 여러분이 보다시피, 평생 동안 사람들이 지식인으로 남아 있고 그들은 궁극적인 것을 성취하지 못한 채로 머물러 있게 되는 것입니다. 나는 그들 대부분이 즉시 이 말을 부정할 것이라는 것을 알고 있으며, 그들은 자기들이 지적추구에 의해 완전히 성취했다고 말할 것입니다. 하지만 여러분이 이 사람들의 정신을 들여다보면, 어떤 것이 그들을 침식시키고 있고, 그들이 무엇인가를 삶에서 놓치고 있다는 사실을 알게 될 것입니다. 그들은 무엇인가 빠져 있다는 것을 알고 있지만 그것이 무엇인지는 알지 못하는데, 왜냐하면 기꺼이 그런 정신적 차원을 넘어서서 영적존재로서의 진정한 자신의 정체성을 인정하려하지 않기 때문입니다. 여기서의 문제는 그 지식인들이 그런 상태를 논쟁하고 다른 사람들을 설득하는 데 아주 능숙하다는 것입니다. 이로 인해 이 사람들은 자기들이 항상 옳고, 지적인 추론을 초월한 진리가 없다는 믿음에다 사람들을 끌어들일 수 있다고 의기양양해집니다. 하지만 그런 사람들이 그리스도의 분별력을 갖고 있지 않다면, 그들이 이원성적 추론의 한계를 깨닫도록 돕는 것은 불가능합니다.

나의 사랑하는 이들이여, 유대인 율법학자들과 바리새인들은 신학에 대해 지적으로 대단히 많이 이해하고 있었지만 그들은 자진해서 그리스도의 마음에 도달히려고 하지 않았습니다. 그렇기 때문에 살아있는 그리스도가 육체로 그들 앞에 나타났을 때, 그를 인식할 수 없었던 것입니다. 그들은 예수 안의 그리스도를 인정하는 대신에, 오히려 그를 박해하고 죽이려는 음모를 꾸몄습니다. 그들은 자기들이 모든 것을 통제하고 있고 세상을 조종하여 자신들의 정신적 틀에다 갖다 맞출 수 있다는 느낌을 예수로 인해 방해받고 싶어 하지 않았습니다. 인간은 천상이 무엇이고 지상이 무엇인지 모른 채로 생각의 수준에만 몰두해 있을 가능성이 얼마든지 있습니다. 그렇기에 앞에서 언급했듯이, 많은 지식인들이 자신의 감정을 다루는 데 숙달돼 있지 않다보니 생각을 행동으로 옮길 수 없는 모습을 보게 됩니다.

여러분이 사고의 수준을 넘어 서면, 자의식(정체성)의 수준에 이르게 됩니다. 이것은 물리적 영역에서는 가장 높은 수준이며, 지구상의 대부분의 사람들은 이 수준과 그 중요성을 전혀 알지 못한다고 장담할 수 있습니다. 그들은 왜 자의식계를 알지 못할까요? 그것은 매우 간단합니다. 여러분의 자의식체에 저장된 이미지들은 인간의 물질세계에서의 표현을 위한 바로 그 기초이며, 여러분이 자신과 인생을 어떻게 바라보느냐의 토대입니다. 만약 여러분이 자신을 단지 4가지 하위체들을 통해 스스로를 표현하고 있는 불멸의 영적존재로 본다면, 자신의 자의식체에 대해 인식할 수 있게 되는데, 왜냐하면 여러분은 본래 자기가 그 몸의 내용물 이상의 존재라는 것을 알기 때문입니다. 그때 여러분은 그리스도 마음의 완전한 비전에 따라 자의식체 안의 심상들을 바꿀 수 있는 힘이 있습니다. 그러나 만약 여러분이 영적존재로서의 자신의 진정한 정체성에 대한 기억을 상실했을 경우, 또 여러분 자신을 물질적인 존재로 인식할 경우, 절대로 자기의 자의식체를 알 수가 없고 물질우주를 초월한 어떤 것에 따라 자신의 정체감을 변화시킬 가능성이 없습니다. 여러분은 의식적으로 자신의 정체감을 변화시킬 수 있는 힘을 가질 수 없으며, 그 이유는 여러분이 자신을 유한한 존재로 볼 경우, 스스로 여러분의 그 정체성에 대해 의문을 제기할 수 없기 때문입니다. 여러분의 정체감은 자의식체 속에 저장된 이미지에만 국한될 것이며,

여러분은 그것을 당연시할 것입니다. 이렇게 되면, 여러분의 정체성은 여러분이 의문시할 수 없다고 생각하는 이미지와 믿음들을 기반으로 할 것이며, 그것이 절대적인 사실처럼 굳어버리기 때문에 여러분이 의문을 품거나 의문을 제기할 필요가 없게 됩니다. 바꿔 말하면, 여러분은 그것을 절대적인 진리로 받아들여 그것이 변함없고 의심의 여지가 없는 진실이라고 생각하게 됩니다. 그러므로 여러분은 유한한 자아와 이 세상의 지배자에 의해 여러분의 자의식체 속에 프로그램된 이미지 이상의 더 큰 깨달음이 있다고 믿지 않습니다. 그리하여 여러분은 자신이 한계가 있고 죽을 수밖에 없는 인간이라는 환영에 완전히 갇히게 되었습니다. 인간은 정체감이 없이는 살 수 없기 때문에, 그 정체감에 의문을 품으면 삶의 토대를 잃게 될 수 있다고 말할 수 있습니다. 그러므로 여러분이 자기 이미지(자아상)를 넘어선 것은 아무 것도 없다고 생각하는 한은 자신의 자의식체 안의 믿음들에 대해 의문을 제기할 수 없습니다. 이 교착상태를 해소하는 열쇠는 여러분의 정체성에는 자의식체 안에서 볼 수 있는 것보다 훨씬 많은 것들이 있음을 깨닫는 것입니다.

나의 사랑하는 이들이여, 이것의 중요성을 이해하시겠습니까? 오늘날에는 삶과 물질세계에 관해 깨달음을 얻은 많은 사람들이 있습니다. 이것은 심령에너지에 대한 더 나은 인식을 포함합니다. 그러나 내가 이전의 열쇠들에서 설명하려고 노력했듯이, 이런 커다란 인식에 도달하여 심령에너지를 사용할 수 있는 능력은 진정한 영적자유에 이르러 풍요로운 삶을 얻는 것과 반드시 동일하지는 않습니다. 사람들이 자기가 원하는 것을 얻기 위해, 또 심령에너지에 대한 지식을 토대로 힘으로 타인들로부터 그것을 취하고자 종종 이런 사람들의 생각이나 감정을 조종함으로써 이를 이용하는 것은 참으로 위험성이 있습니다. 이로써 그들은 거짓된 길에 머물러있게 되며, 그 길은 사람에게는 옳은 것처럼 보이지만 영적인 죽음에 이르게 되는 길입니다. 유한한 자아와 이 세상의 지배자가 파놓은 이런 함정에 빠지는 것을 피하는 유일한 방법은 물질세계를 넘어서서 적그리스도의 마음, 이원성적인 마음을 초월한 무엇인가가 있다는 사실을 깨닫는 것입니다.

이 세상의 세력들에 의해 만들어진 감옥에서 탈출하는 유일한 길은 그리스도 마음에 관한 더 높은 이해에 도달하는 것입니다. 그럼에도 물질세계를 넘어섬으로써만이 이런 높은 지식을 발견할 수 있으며, 그렇게 하기 위해서는 자의식체 안의 심상들, 즉 여러분이 유한한 인간 이상의 아무 것도 아니라고 말하는 그런 이미지들에 기꺼이 도전해야 합니다. 사랑하는 이들이여, 내가 여기서 말하고 있는 것을 아시겠습니까? 대부분의 사람들은 물질이나 감정, 또는 사고적 수준에 고착돼 있으며, 이제까지 본 것에 의심이 들 때까지는 절대로 자신의 수준을 넘어서려 하지 않습니다. 그들은 자신들이 지금까지 당연시했고, 또 의문을 품을 수도 없으며 품어서도 안 되는 절대적 진리로 보았던 바로 그 생각과 믿음에 자진해서 이의를 제기할 수 있을 때까지는 넘어서 나가려 하지 않을 것입니다. 오직 여러분이 자기가 유한한 존재라는, 또는 불행한 죄인이라는 그 믿음에 기꺼이 의문을 가질 때만이 그리스도의 마음과 접촉할 수 있게 되고 자신이 불멸의 영적존재이자 신과 공동창조자라는 사실을 받아들일 것입니다. 그리고 오직 그때만이 여러분은 죽어야할 운명이라는 덫에서 벗어날 수 있게 될 것이며, 실제로 성서에서는 죽음이 '최후의 적'이라고 말하고 있습니다(고린도 전서 15:26).43) 죽음은 잘못된 길을 따르는 데 놓인 함정이며, 그런 길은 신과 계속해서 공동창조하는 생명의 강의 흐름에 합류됨으로써 영원한 자기초월을 해나가는 길이 아니라 영적죽음에 이르게 되는 길입니다.

***

사랑하는 이들이여, 내가 여기서 여러분에게 말하고 있는 것은 생명의 본질이자, 풍요로운 삶을 실현하는 바로 그 핵심입니다. 나는 이 개념이 다소 추상적으로 보일 수 있음을 알고 있습니다. 하지만 이어지는 다음 열쇠들에서 나는 그것들을 훨씬 더 실제적으로 만들 것이고, 나는 여러분에게 4가지 하위체들을 깨끗이 정화하는 도구를 줄 것입니다. 내가 이번 열쇠에서 목표로 하는 것은 풍요로움을 실현하는 진정한 비밀은 4가지 하위체들에 대한 인식을 넓히는 것임을 이해할 수 있게 해주는 것입니다. 그러나 여러분이 이 세상의 성공전문가들이 종종 간과했던 한 가지 사실을 이해하는 것은 중요합니다.

나의 사랑하는 이들이여, 여러분의 4가지 하위체들을 정화하기 위해서, 바닥에서부터 시작할 거라고 생각할 수도 있습니다. 어쨌든 나는 지구의 진짜 문제가 사람들이 낮은 의식상태로 떨어진 것이라고 말했습니다. 이것은 사람들이 그들의 의식적인 자아가 자신을 완전히 육체 및 물질계와 동일시할 때까지, 점차 잘못된 이미지로 4개의 하위체들을 오염시켰기 때문에 발생했습니다. 달리 표현하면, 사람들의 정체감이 서서히 육체적 수준까지 낮아졌고, 그렇기에 여러분이 현재 있는 수준에서부터 시작하여 자신의 길을 높여가는 작업을 하는 것이라고 생각할 수 있습니다. 이를 다시 말하자면, 여러분이 오늘날의 세상에서 많은 사람들이 하고 있는 일을 할 거라는 것입니다. 여러분은 다양한 방법으로 자신의 육체를 정화하고 강화시키려고 노력할 것입니다. 세상에는 식이요법, 운동 또는 몸의 독소들을 정화하는 방법과 같이 몸으로 하는 많은 수단들이 있습니다. 그리고 실제로 많은 사람들이 그들의 육체를 깨끗하게 함으로써 어느 정도의 진전을 이뤘습니다. 그러므로 내가 여러분의 몸을 돌보지 말아야한다고 말하고 있는 것이 아닙니다. 다만 내가 여기서 말하고 있는 것은 사람들의 노력 뒤에 있는 그 동기와 목표가 아주 중요하다는 것입니다.

바꿔 말한다면, 여러분의 참된 정체감을 회복하기 위해서 육체를 정화하는 것에서부터 시작한다고 가정할 수 있습니다. 다음 단계로서 감정에 숙달하는 법을 배우고, 그 다음에는 생각의 숙달, 그리고 그 이후에만이 여러분은 자신

---

43) "맨 나중에 멸망 받을 원수는 사망이니라."

의 정체감을 바꾸기 시작할 것입니다. 사랑하는 이들이, 이것이 매우 논리적이고 이성적인 것처럼 보이기 때문에 사람에게 맞는 것으로 생각되는 방법입니다. 그러나 현실은 비록 이런 방식으로 약간의 진전을 이룰 수는 있지만, 진행 속도가 매우 느리고 일정 수준 이상에 도달하지 못한다는 것입니다. 내가 여기서 말하고 있는 것은 여러분의 육체와 감정, 생각을 정화하고 더 나아가 정체감에 대한 작업을 하는 것조차도, 자동적으로 여러분을 그리스도의 존재로 변화시키지는 않을 거라는 것입니다. 그것이 - 물질적인 부를 포함하여 - 어떤 현상을 일으킬 수 있는 매우 정교하고 강한 인간으로 여러분을 바꾸어놓을 수는 있지만, 그리스도 마음에 항복함으로써 이런 정체감을 포기할 아무런 이유가 없게 됩니다.

사랑하는 이들이여, 여러분은 이런 길을 택함으로써 궁극적인 발전을 이룰 수는 없습니다. 그 이유는 여러분의 의식적인 마음이 여러분의 느낌이나 감정을 변화시킬 수 없다는 것입니다. 그것은 단지 그것을 억압할 수만 있습니다. 마찬가지로, 여러분의 감정체는 여러분의 생각들을 바꿀 수 없습니다. 그것은 단지 자신의 욕망에 맞는 것만을 선택하고 그 나머지는 막으려고 합니다. 여러분의 사고체(멘탈체)는 여러분의 정체감을 바꿀 수 없으며, 그것은 오직 정신적인 이미지로 그것을 덮을 수만 있습니다. 그래서 여러분은 단순히 마음의 상위 수준 내의 프로그램을 압도할 수 있는 의식적 마음을 갖춘 컴퓨터 프로그램을 만들고자 할 것입니다. 하지만 이것은 단지 내면의 분열과 긴장을 증가시킬 것이며, 그렇기에 훨씬 더 좋은 접근법은 위에서부터 시작해서 여러분을 제한하는 프로그램을 제거해나가는 것입니다.

만약 여러분이 자신의 깊은 생각과 감정을 억압하고자한다면, 에고는 유한한 자신을 완벽하게 만들기 위한 맹목적인 길인 마지막 우회로를 택할 것입니다. 즉 그 인간적 자아가 이원성적인 마음에 기반을 둔 어떤 완벽함의 기준에 부응할 때 그것이 하느님의 눈에 용인될 수 있을 것이고 그러면 천국에 들어갈 수 있게 될 거라고 생각하면서 말입니다. 여러분은 이제 왜 내가 앞에서 정체성에 관한 유한한 의식이 사라지게 해야 한다는 것에 대해 그 많은 시간을 할애해서 이야기했는지 이해하나요? 그것은 여러분이 이원성적인 기준에 따라 정체감을 완벽하게 만들려고 하는 함정에 빠지지 않도록 돕기 위한 것이었습니다. 그런 이원성적인 기준은 그리스도의 마음에 기초해 있지 않기 때문에 하느님의 눈에 절대로 받아들여질 수 없습니다.

풍요로운 삶에 이르는 진정한 열쇠는 내가 여러분에게 말한 진실, 즉 여러분 삶의 중심은 의식을 지닌 여러분 자신이고, 또 스스로 내리는 결정이라는 사실을 깨닫는 것입니다. 그리고 의식적인 여러분은 자신을 이 세상의 그 어떤 것과 동일시하거나 같게 인식할 수 있는 능력을 가지고 있습니다. 그러므로 풍요로운 삶의 참된 열쇠는 의식적인 여러분 자신에 관해 점차 인식하고, 여러분은 곧 여러분이 자기라고 생각하는 것이 여러분 자신임을 깨닫는 것입니다. 그렇기에 4가지 하위체들을 통해 여러분의 길을 높여가려는 작업을 하는 대신에, 기꺼이 포기하지 않으려는 상태를 넘어선 수준에 잠재적으로 정착하게 된다면, 여러분은 즉시 자신의 정체감을 바꿀 수 있습니다. 여러분은 즉시 자신의 자의식체로 가서 적그리스도의 마음을 통해 그 속에 프로그램돼 있는 정체감에 의문을 갖고 도전을 시작할 수 있습니다. 또한 여러분은 자신의 그리스도 자아와 연결됨으로써 그리스도 마음의 더 높은 진리를 향해 나갈 수 있고 즉시 그 진리를 개인적 차원에서 받아들일 수 있습니다. 여러분이 자신의 내면에 있는 지식의 열쇠를 사용하면, 즉시 정체감을 바꾸는 작업을 시작할 수가 있습니다. 그리고 정체감을 변화시킬 때, 여러분은 필연적으로 자신의 생각을 바꾸기 시작할 것입니다. 이어서 여러분이 자신의 생각을 바꿈에 따라, 여러분의 느낌이나 감정이 변화하기 시작할 것이고, 그로 인해 여러분의 육체적인 행동이 적절하게 뒤따를 것입니다.

사랑하는 이들이여, 내가 말하는 요점을 이해하시겠습니까? 자기들의 삶을 개선하기 위해서는 행동을 바꿔야한다고 믿는 사람들이 많이 있습니다. 그래서 그들은 행동을 바꾸기 위해 자신의 의식적 의지 또는 어떤 외부 시스템을 이용하려고합니다. 그리하여 행동의 변화를 이루는 것은 가능하긴 하지만, 여러분이 행동을 바꾸기 위해 여전히 낮은 수준의 마음인 의식적인 마음을 사용하고 있기 때문에, 이러한 변화는 비용이 들게 됩니다. 여러분은 자신의 제한된 인식을 사용하여 외적인 행동을 변화시키려고 하지만, 여러분이 자신을 어떻게 보는지에 관한 내면의 현실을 진정으로 바꿀만한 일은 아무 것도 하지 않습니다. 여러분은 자기 행동의 몇 가지 측면을 바꿔서 외적인 결과를 얻을 수 있다고 생각합니다. 그리고 실제로, 어떤 결과가 성취될 수는 있지만, 절대로 그 수준 너머에는 도달하지 못할 것이며, 여러분의 삶은 자신의 행동을 통제하기 위해 끊임없이 애를 쓰는 힘든 투쟁이 되고 맙니다.

현실에서, 여러분은 이원성적인 마음을 사용하여 그 이원성의 마음을 개조하려고 하며, 문제를 만들어낸 동일한 의식수준에서 그 문제를 해결하려고합니다. 그러므로 갈등과 투쟁을 극복하는 대신에, 그것을 더 복잡하게 만들고 악화시키게 됩니다. 여러분은 여전히 자체적으로 분열돼 있으며, 따라서 여러분을 다른 방향으로 끌어당기는 자가당착(自家撞着)의 힘과 계속 싸우고 있습니다. 사실상, 여러분의 행동은 여러분 감정의 산물이고, 여러분의 감정은 여러분 생각의 산물이며, 여러분의 생각은 여러분 정체감(자의식)의 산물입니다. 만약 자신의 감정을 바꾸지 않고 행동을 바꾸려고 시도하면, 여러분은 오직 스스로 변화시키려는 행동을 여러분이 계속하게끔 유발하는 그 감정을 강제로 억누름으로써만이 그렇게 할 수가 있습니다. 이것이 바로 바울이 "내가 원하는 바 선은 행하지 아니하고, 도리어 원치 아니하는 바 악은 행하도다(로마서 7:19)"라고 말했을 때 그가 표현한 진퇴양난의 상태입니다. 이것은 인간이 외적인 마음을 가지고 어떻게 결정할 것인가에 관련된 영원한 딜레마인데, 즉 인간이 자신의 행동을 바꾸고 싶어 하지만, 감정체는 끊임없이 과거의 행동을 계속하도록 자극합니다. 그래서 그들은 최초의 그 행동패턴에 다시 빠져들고 마는 것이지요.

예를 들면, 여러분은 알코올 중독이나 과식 중독증을 가진 많은 사람들을 볼수 있습니다. 그들은 외적인 마음으로 음주나 과식을 그만두고 싶다고 결정합니다. 하지만 그들의 감정체는 먹고 싶고 마시고 싶다고 그들에게 끊임없이 요구하고 있기 때문에, 그들은 끊임없이 자기 자신과 싸워야합니다. 행동을 바꾸는 참된 접근법은 행동이 감정에서 시작된다는 것을 인식하는 것이며, 그렇기에 행동을 바꾸기 전에 먼저 감정을 바꾸어야 합니다. 그러나 여러분의 감정적인 몸은 원래 감정이 생각에서 생겨나기 때문에 존재의 최고 수준이 아닙니다. 따라서 감정을 바꾸기에 앞서 생각을 바꿔야하지만, 또한 그 생각은 여러분의 정체감에서 비롯된 것이므로 궁극적인 원인은 아닙니다. 그런 까닭에 정말로 여러분의 생각을 바꾸는 유일한 방법은 여러분의 정체감을 변화시키는 것입니다.

나의 사랑하는 이들이여, 내 요점은 여러분이 바닥에서 위로 올라가는 방식으로는 자신의 길을 효과적으로 높여갈 수 없다는 것입니다. 맨 위로 곧장 가서 여러분의 정체감에 대한 작업에 착수하는 것이 더 효과적이며, 그렇게 하면 마음의 모든 하위 수준들이 제자리를 잡기 시작할 것입니다. 간단한 사실은 여러분의 의식적인 마음은 자신의 감정체보다 낮은 수준에 있으며, 따라서 그 마음이 감정을 지배하는 힘이 제한되어 있다는 것입니다. 그렇기에 여러분의 감정을 바꾸는 효과적인 유일한 방법은 생각을 바꾸는 것입니다. 그리고 생각을 바꾸는 방법은 여러분의 정체감을 바꾸는 것입니다. 문제는 의식적인 마음 - 육체적인 두뇌에 의존하는 마음 - 은 여러분의 정체감을 변화시키는 데 있어 매우 제한된 힘밖에는 없다는 것입니다. 유일하게 효과적인 해결책은 여러분이 그 의식적인 마음에서 자신을 분리시키고 영적존재로서의 진정한 정체성을 재확립하는 것입니다. 영적존재로서의 여러분은 자신의 4가지 하위체들 안의 어떤 내용물도 초월해 있으므로 그런 내용들을 변화시킬 힘이 있습니다.

***

이에 관한 한 예로서, 영화관 안에 한 무리의 과학자들이 있다고 상상해 보세요. 그들은 영화 화면에 나타난 영상을 보고 나서 무엇이 이러한 영상을 만들어 내고 왜 그것이 그런 형태로 나타나게 되었는지에 대해 더 깊이 이해하고 싶다고 결정합니다. 하지만 그들은 유물주의적인 과학자들이기 때문에, 그들은 단지 영화 스크린만을 봅니다. 그들은 화면의 영상들이 그 스크린 자체의 수준에서 생겨난 것이 아니라 더 높은 수준의 실체인 어딘가 다른 곳으로부터 화면에 투영되었을 가능성에 대해서는 마음이 열려 있지 않습니다. 그러므로 그들은 영화화면 자체와 그 구조를 조사하고 영상의 이미지와 그것의 모양을 검사하여 이미지가 어떻게 변하는지 패턴을 찾으려고 합니다. 그들은 자기들이 그 이미지가 어떻게 변하는지 이해하기만 하면, 왜 그것이 특정한 형태를 취하는

지 알게 될 것이라고 생각합니다. 사랑하는 이들이여, 여러분은 영화 화면만 보고서 진정으로 그 화면상의 이미지를 이해할 수 있나요? 그리고 가장 중요한 것은, 여러분이 화면의 수준에서만 작업을 한다고 거기에 나타나는 이미지들을 조금이라도 바꿀 수 있을까요? 예, 물론 화면을 검은 색으로 칠함으로써 이미지를 변경할 수 있으며, 그러면 이미지가 더 이상 아주 밝게 보이지는 않을 겁니다. 하지만 이것은 정말로 영사기로부터 화면으로 투사되는 내용을 변화시키는 데는 아무런 도움이 되지 않습니다. 영화 화면에 나타나는 이미지를 정말로 변경하려면, 여러분이 영사실로 이동하여 영사기 안의 필름을 바꿔야만 하는 것입니다.

내가 말했듯이, 여러분의 존재 안에는 4가지 영사용 필름이 있으며, 그것은 육체, 감정체, 사고체, 그리고 자의식체입니다. 하지만 그것들은 연속해서 작용합니다. 육체적인 이미지는 감정적인 이미지의 산물이고, 감정적 이미지는 생각에 의한 사고적인 이미지의 산물입니다. 그 결과 여러분은 생각의 이미지에는 영향을 미치지 않고 영원히 감정적인 이미지만 바꾸려고 시도할 수 있습니다. 만약 여러분이 이제까지 많은 기독교인들이 길들여져 왔듯이, 자신을 원래부터 죄인으로 인식한다면, 결코 받아들이지 못할 중요한 생각들이 있습니다. 그리하여 여러분의 모든 생각은 자신의 그런 정체감의 틀 안에 갇혀 있게 될 것이며, 이것은 여러분이 자신을 그저 외부의 구원자를 필요로 하는 죄인으로 생각할 수밖에 없다는 것을 의미합니다. 이것은 불가피하게 여러분의 감정을 어떤 체제에 갇히게 할 것이고, 여러분은 항상 여러분을 구원하거나 무엇을 해야 할지를 말해줄 다른 누군가를 찾는 식으로 무기력하거나 마비된 경향이 있게 될 것입니다. 이것은 다시 여러분의 행동을 제한할 것이고, 여러분은 평균에서 벗어나서 행동하는 것을 꺼려하면서 무턱대고 교회나 외부의 지도자를 따르기 십상일 것입니다. 사랑하는 이들이여, 사람들은 평생을 그러한 속박 속에서 살 수 있고, 그들은 그렇게 함으로써 별 진전을 이루지 못합니다.

이것은 중요한 점이기 때문에, 한 가지 예를 더 들어 보겠습니다. 한 나라의 대통령이 다른 나라와 전쟁을 하기로 결정하는 상황을 상상해 봅시다. 내려진 이 결정은 이제 군사 전략가들의 수준으로 넘어가게 되고, 그들은 그 군사행동의 전반적인 시기와 장소를 결정합니다. 그리고 나서 이 종합적인 계획은 장군들의 수준으로 넘어가는데, 누가 언제, 어디서 공격해야 할지, 어떤 부대가 포함되어야 하는지, 그리고 그들이 어떤 장비를 가져와야 하는지를 결정합니다. 마지막으로, 하달된 그 명령은 각각의 개별적인 부대 수준에서 수행됩니다. 그리고 이제 우리는 커다란 전쟁터의 한가운데에 한 병사가 있는 모습을 보게 되었습니다. 그는 자신의 그런 상황이 마음에 들지 않을 수도 있고, 자신에게는 상황을 바꿀 수 있는 선택권이 없다고 생각할 수도 있습니다. 하지만 그 이유는 그 상황이 명령체계의 상위 수준에서 내려진 결정의 산물이기 때문입니다. 그러므로 그 병사의 상황은 병사 자신의 수준에서는 바꿀 수 없으며, 그것은 오직 더 높은 수준에서만 근본적으로 바뀔 수 있을 뿐입니다.

여기서 대통령은 여러분의 자의식체에 해당하며, 군 전략가는 여러분의 사고체, 장군들은 감정체, 그리고 개별적인 병사들은 여러분의 의식적인 마음에 해당됩니다. 이제 한 개인 병사가 죽고 싶지 않다고 결정하는 것을 상상해 봅시다. 확실히, 그는 적이 자신을 죽이기 전에 적군들을 먼저 죽일 수 있도록 전투기술을 향상시키는 것을 포함해서 다양한 행동을 취할 수 있습니다. 달리 말해서, 그는 다른 사람들을 죽임으로써 자신을 보호하기 위해 무력을 사용하는 것을 포함하여 그의 수준에서의 조치를 통해 어느 정도 결과를 얻을 수 있습니다. 그러나 그가 이 단계에서 무엇을 하든 간에, 장군들과 다음 전투에 대한 그들의 계획 또는 군 전략가들과 그들의 전반적인 군사행동에 관한 구상에는 아무런 영향도 미치지 못합니다. 그리고 그것은 처음에 전쟁을 시작하기로 한 대통령과 그의 결정에도 아무런 영향도 미치지 않습니다. 결국 그 군인은 곤경에 빠져 있고 자신의 운명을 실제로 지배할 아무런 방법이 없습니다.

과연 어떻게 그가 상황을 바꿀 수 있겠습니까? 이론적으로 그는 그 체계를 통해 방법을 찾아보려고 할 수 있습니다. 그는 장군들에게 전투에서 자신의 부대를 빼달라고 설득을 시도할 수는 있지만, 그들은 전체계획을 수행하는 데 책임이 있으므로 그의 부대가 전투에 필요할 경우 이것은 성공하지 못할 겁니다. 그는 전쟁계획을 수립한 전략가들에게 연락하여 전략을 바꾸게 하기 위해 노력할 수 있지만, 그것이 대통령의 결정을 방해한다면 다시 반대에 부딪힐 수 있습니다.

그 병사가 자신의 운명을 지배하고 살아남기 위한 궁극적인 방법은 대통령에게 직접 가서 그가 전쟁을 중단하게 하는 것입니다. 대통령이 결정을 내리자마자 군사 전략가들과 장군들은 복종할 것이고, 그 병사는 자유롭게 집으로 돌아갈 수 있을 것입니다. 사랑하는 이들이여, 이 시나리오는 여러분이 풍요로운 삶을 누리지 못하게 막는 것은 여러분 자신의 구성원들 간의 분란이기 때문에 적절합니다(로마서 7:23).[44] 병사가 전쟁터에서 벗어나서 대통령의 관저로 여행한다고 상상해보십시오. 그가 대통령의 사무실에 들어서자 아무도 거기에 없다는 것을 알게 됩니다. 즉 대통령 자리는 비어있습니다. 순간적으로, 그는 대통령은 없고 군 전략가들과 장군들은 전쟁을 멈출 사람이 아무도 없다는 단순한 이유 때문에 전쟁을 계속하고 있다는 것을 깨닫습니다. 그들은 명령에 따라 행동하고 있지만 여전히 그 명령을 뒷받침할 대통령이 있는지에 대해서는 누구도 의문을 품지 않습니다. 그들은 전쟁이 처음 시작된 이유에 대해 결코 명령체계에서 자기보다 위에 있는 이에게 감히 이의를 제기하거나 묻지 않았습니다.

---

44) "내 지체 속에서 한 다른 법이 내 마음의 법과 싸워 내 지체 속에 있는 죄의 법 아래로 나를 사로잡아 오는 것을 보는도다."

처음에는 병사가 이 사실에 충격을 받았지만 대통령의 의자에 작은 서신이 놓여있음을 알게 됩니다. 그는 가까이 걸어가서 그것을 읽어 봅니다. 거기에는 "만약 당신이 이 방에 들어왔다면 차기 대통령이 될 잠재력이 있습니다. 전쟁을 중단해야 한다면, 당신은 그렇게 할 수 있는 유일한 사람이지만 기꺼이 지휘권을 장악해야합니다."라고 적혀 있습니다. 내가 말하는 요점은 자체 내의 전쟁을 멈춰야 할 경우, 여러분이 기꺼이 위로 올라가서 자신의 4가지 하위체들을 지배하고 통솔해야 한다는 것입니다. 여러분은 대통령 자리를 접수하고 상황을 떠맡아야합니다. 그리고 여러분은 오직 하위체들에 대한 어떤 집착에서 스스로 분리되어, 자신을 그런 하위체들의 어떤 수준에다 한정시키거나 평범한 병사라고 생각하는 것을 멈출 때만이 그렇게 할 수 있습니다. 이처럼 여러분은 자신의 자의식체로 직접 가서 그리스도의 진리에 기초한 올바른 정체성을 확립하고 당신이라는 존재의 최고 사령관으로시 자리를 잡아야합니다. 그때만이 전쟁을 멈추고 병사들이 에덴동산으로 돌아갈 수 있습니다.

***

만약 여러분이 궁극적인 결과를 원한다면, 또는 최대의 성장을 원한다면, 자신이 유한하고 죽을 운명의 인간이라고 말하는 정체감에 도전해야합니다. 그리고 여러분이 비참한 죄인이며, 자신의 구원을 이루고 풍요로운 삶을 실현하기 위해 할 수 있는 일은 아무것도 없다는 것에 이의를 제기해야합니다. 여러분은 자신의 유한한 자아와 적그리스도의 마음, 가족, 교회와 국가에 의해 여러분 속에 프로그램된 모든 한계들에 도전할 필요가 있습니다. 그리고 여러분이 이런 이미지들에 도전하여 자신이 무한한 영적존재이고, 이곳에 그저 좋은 물질적 삶을 살기 위해서 온 것이 아니라 중요한 영적사명 때문에 와 있는 것이란 사실을 인식하기 시작할 때, 삶에 대한 여러분의 전체 전망이 바뀔 것입니다. 그리하여 여러분은 삶이 진정으로 자신의 창조적 능력을 표현하고 창조주에 의해 원래 설계된 더 나은 모습의 여러분이 될 수 있는 원대한 기회라는 더 깊은 목적의식과 보다 심오한 의미에 관해 깨달음을 얻게 될 것입니다.

이것은 여러분 삶의 모든 면을 극적이고 근본적으로 변화시킬 것인데, 그것이 여러분이 모든 것을 바라보는 방식을 바꿀 것이기 때문입니다. 그리고 여러분이 그 변화를 겪기 시작하면, 투쟁의 느낌이 완전히 사라질 때까지 점차 감소하기 시작할 것입니다. 인생을 여러분에게 강요되는 부담처럼 느끼는 대신에, 삶이란 참으로 여러분이 얻게 된 커다란 기회라고 느끼는 단계가 올 것입니다. 왜냐하면 여러분의 영혼 또는 의식적인 여러분은 물질세계로 들어가서 여러분의 완벽한 높은 비전을 이 세상으로 가져다 구현하려는 참된 욕구를 갖고 있었기 때문입니다. 여러분은 하느님의 왕국을 지구에다 이룩하려는 장엄한 계획의 일부가 되기를 원했기 때문에 이 물질우주의 영역에다 빛과 진리를 채우고 있는 것이며, 그럼으로써 어둠이 남아 있지 않고 모든 것이 오직 보편적인 그리스도 마음속에 담긴 완전함만을 반영하게 됩니다.

나의 사랑하는 이들이여, 만약 여러분이 물질적인 정체감을 넘어선 영적 정체성을 의미하는 당신 정체성의 바로 그 핵심에 이른다면, 이것이 참으로 당신이 여기에 있는 이유임을 발견할 것입니다. 여러분은 자신의 참모습을 사랑하고 신과 공동창조자로서의 자신을 공유하기를 원하기 때문에 여기에 있습니다. 인생은 짐이 아닙니다. 삶은 하늘에 있는 불공정한 신, 분노하는 존재에 의해 여러분에게 지워진 무거운 짐이 아니며, 여러분을 고통스럽게 함으로써 처벌하기를 원하는 어떤 것이 아닙니다. 삶은 하나의 기회이자, 일종의 선택입니다. 그리고 먼 과거의 어떤 시점에 여러분은 어둠 속으로 빛을 가져 오기 위해 이 물질적 영역으로 내려가고 싶다는 선택을 했습니다. 나는 시간과 공간 속에서 그 영원한 순간과 현재의 순간 사이를 알고 있으며, 여러분은 이곳에 온 이유를 잊어 버렸습니다.

사랑하는 이들이여, 그러나 내가 말하고 있는 것은 여러분이 자신의 제한된 정체감에 도전하려고 노력한다면, - 놀랄 만큼 짧은 기간 내에 - 여러분이 누구인지, 그리고 왜 여기에 왔는지에 대한 원래의 의식으로 다시 태어날 수 있다는 것입니다. 그리고 나면 괴로운 투쟁의 모든 느낌은 떠오르는 태양광선 앞의 이슬처럼 사라질 것입니다. 여러분은 갑자기 존재의 높은 태양, 즉 여러분의 신아라는 태양을 보게 될 것이고, 마음의 모든 수준을 통해 빛을 발할 것입니다. 그리고 그 태양이 4개의 하위체들을 통해 비추기 시작하면 어둠과 한계가 녹아버릴 것이며, 그리고 괴로운 투쟁의 느낌은 그것과 함께 사라질 것입니다. 그것은 결코 존재하지 않았던 것처럼 사라질 것이고, 여러분의 삶은 완전히 새로운 의미와 방향을 취할 것입니다.

갑자기, 여러분은 생명의 실체에 다시 연결될 것이며, 생명은 곧 기쁨입니다. 그 생명은 여러분 마음의 네 가지 하위 부분들 속에 담겨진 채 모든 겉모습 뒤에서 흐르는 하느님의 사랑, 하느님의 기쁨, 하느님의 행복의 연속적인 흐름입니다. 여러분은 그 생명의 흐름에 스스로 뛰어들음으로써 하느님의 전체성과 연결되어 그 장엄한 계획의 일부가 되는 기쁨을 느낄 수 있으며, 그 계획은 하느님의 창조섭리가 펼쳐지는 것입니다. 이것은 생명의 태피스트리(색색의 실로 수놓은 벽걸이나 실내장식용 비단)로서 너무나 웅장합니다. 그렇기에 아무도 이 장대한 디자인을 자신의 특별한 개별적 관점에서 그 전개 모습을 목격할 수 있다는 것에 대해 경외심과 감사한 마음이 없이는, 그것의 일부가 될 수 없습니다.

오, 나의 사랑하는 이들이여, 삶은 기쁨입니다. 이것이 이 지구 행성에서 벌어지는 모든 인간투쟁의 배후에 놓여 있는 진실입니다. 그리고 나는 이 지구상의 모든 인간들이 투쟁과 갈등의식을 넘어서서 상위 존재(신아)의 태양 광선을 통해 빛을 발하고 그런 의식을 일소할 수 있게끔 돕는 것 이상의 욕심이 없습니다. 그럼으로써 그들은 본래 그들 자신의 본질인 참된 기쁨에 다시 연결될 수 있습니다. 사랑하는 이들이여, 나는 이것이 여러분의 현재 마음 상태에서는 불가능하게 보일 수도 있다는 것을 압니다. 그러나 내가 여러분에게 말하지만,

그것은 단지 여러분의 신아의 태양 광선이 여러분 마음의 4가지 수준에 저장된 잘못된 이미지들과 부적합한 에너지들에 의해 막혀 있기 때문에 불가능한 듯이 보이는 것일 뿐입니다. 그리고 만약 여러분이 내가 여러분의 4가지 하위체들을 정화하는 도구를 건네줄 때 나를 따른다면, 나는 언젠가는 여러분이 자신이 의식을 통해 비추는 태양광선을 실제로 볼 것이고 모든 이들이 이 지구에서 경험하는 것보다 더 나은 삶이 있다는 명백한 증거를 얻게 될 것임을 보증할 수 있습니다. 그러하니 내가 여러분과 함께 태양을 향해 더 높이 나아갈 때, 나를 따르기 바랍니다.

나의 최고 잠재력은 무엇이며, 어떻게 내가 그것을 발연할 수 있는가?

사랑하는 이들이여, 앞의 열쇠에서 나는 물질세계에 있는 모든 것이 나타나게 된 과정을 여러분에게 설명한 바 있습니다. 나는 모든 것이 자의식계에서 일반적인 한 생각으로 시작되며, 그것이 사고계에서 좀 더 구체적인 심상으로 낮추어지고, 감정계에서 더욱 구체화되어 추진력과 방향을 제시받게 된 다음, 최종적으로 물질계에서 실제의 형태나 행위로 나타나게 된다고 말했습니다.

나는 이 가르침을 보다 실제적으로 만들겠다고 약속했습니다. 그렇기에 나는 이번 열쇠에서 어떻게 여러분이 자신과 이 지구상의 모든 생명을 위해 풍요로운 삶을 실현할 수 있는지에 대한 의문에다 그것을 적용함으로써 그렇게 할 것입니다. 이제 그 가르침을 좀 더 실제적으로 만들기 위해, 풍요로운 삶을 구현하는 데 있어서의 핵심적인 부분, 즉 여러분의 창조력, 사물을 발현시키는 그 실제적인 힘에 대해 이야기함으로써 시작하겠습니다. 만약 여러분이 이 지구상에서 볼 수 있는 성공과 번영에 관한 가르침을 공부해보았다면, 그것 가운데 많은 것들이 목표를 가지는 것과 자신이 성취하고자하는 그 목표에 대한 명확한 비전(미래상)을 갖는 것의 중요성을 강조한다는 사실을 알게 될 것입니다. 이것은 참으로 성서에서 "비전 없는 사람들은 망한다(잠언 29:18)."라고 말하듯이, 풍요로운 삶을 실현하기 위해서 매우 중요한 부분입니다. 만약 여러분이 자기가 실현하고 싶어 하는 것에 대한 구체적 생각이 없다면, 어쩌면 그것을 혹시라도 이룰 수 있겠습니까? 특히, 여러분이 모든 것이 어머니의 빛으로 만들어져 있고 만물은 의식적인 마음에 의해 그 매터 빛에 투사된 이미지로 인해 어떤 형태를 취하게 되었다는 내 가르침을 고려할 때 말입니다. 여러분은 보물지도를 만드는 개념에 대해 들어보았을 것입니다. 그것은 단순히 커다란 물질적 부, 살기 좋은 집 또는 다른 조건들과 같이 여러분이 삶에서 성취하고 싶은 것을 보여주는 그림들로 구성된 콜라주(collage)[45]입니다. 이것은 실제로 풍요로움에 이르기 위한 하나의 유효한 접근법이지만 어떤 한계를 갖고 있습니다. 여러분은 어떤 것을 실현할 수 있는 힘이 없어도 있음직한 최상의 비전을 가질

---

[45]콜라주: 인쇄물 오려낸 것·눌러 말린 꽃·헝겊 등을 화면(畫面)에 붙이는 추상 미술의 수법》; 그 작품. ② 《비유적》 갖가지 단편들의 모임. (역주)

수는 있습니다. 그 힘의 측면이 바로 내가 이번 열쇠에서 초점을 맞추게 될 부분입니다. 그런 다음 우리는 여러분의 비전을 정화하는 법과 여러분의 창조적인 잠재력을 위해 최고의 비전을 갖는 방법에 대해 이야기할 것입니다.

***

나는 풍요로운 삶을 실현하는 참된 열쇠는 하느님의 순수한 빛이 여러분의 4가지 몸을 통해 흐르도록 허용하는 것이라고 설명했습니다. 만약 그 빛이 방해받지 않거나 희석되지 않고 흐를 수 있다면, 여러분의 물리적인 상황 속에서 하느님의 풍요로운 삶이 나타날 것입니다. 내가 설명했듯이, 여러분의 4가지 하위체들이 정말로 순수하다면, 하느님의 빛은 그 과정에서 묽어지지 않고 그것들을 통해 원활하게 흐를 것입니다. 4개의 하위체들에다 이런 순수성을 유지했던 사람의 본보기로서 예수의 삶을 보십시오. 예수는 자기가 자신의 힘으로 행위하지 않는다는 것을 이는 수준에 도달해 있었습니다. 그는 오로지 자신의 육체를 사용함으로써 행위하고 있지 않았습니다. 그는 단지 자의식계, 사고계 또는 감정계로 옮겨진 심령에너지만을 사용하여 행위하지도 않았습니다. 예수는 실제로 일을 하시는 분은 그의 안에 있던 아버지였기 때문에 자기 자신은 아무 것도 할 수 없다는 것을 알고 있었습니다(요한복음 5:30).[46] 그의 안에 있던 그 아버지는 그의 신아였고 하느님의 빛이었습니다. 그는 하느님의 순수한 빛을 사용하지 않고서는 가치 있고 영원한 중요성을 지닌 것은 아무것도 성취할 수 없다는 것을 알고 있었습니다.

이것을 인식하게 됨으로써, 예수는 자신의 4가지 하위체들을 열어서 정화시켰고, 그것에 따라 하느님의 빛이 그 몸들을 통해 흐르며 그의 외적인 마음에 의해 유도될 수 있었습니다. 물론 그것은 그 생애에서의 그의 사명에 대한 신성한 계획과 완벽하게 일치해 있었습니다. 그러나 여러분은 예수가 사물을 발현시킬 때 실제로 그의 4가지 하위체들을 모두 사용했다는 것을 눈치 챘을 것입니다. 예수가 나사로(Lazarus)를 죽음 속에서 일으켜 세운 상황(요한복음 11:1)을 예로 들어봅시다. 여러분은 예수가 무덤으로 들어가지도 않았다는 사실을 알 것입니다. 그는 무덤 밖에서 머무르며 모든 정신을 모아 집중한 다음, "나사로야, 나오거라!"라고 외칩니다(요한복음 11:43). 내가 보증하지만, 예수가 그렇게 외쳤을 때, 그는 부드럽게 말하지 않았고, 기도문을 읊조리지도 않았으며, 간청하지도 않았습니다. 그는 실제로 자신의 4가지 하위체들을 지배하고 있었고, 자신의 온 존재의 전력을 다해서 명령을 내렸습니다. 이 명령은 그의 육체적 음성의 모든 힘과 강도를 지니고 있었습니다. 그리고 그의 목소리는 강렬한 감정과 나사로에 대한 조건 없는 사랑으로 가득 차 있었습니다. 그러나 그의 감정은 그가 자신의 사고체 안에 간직하고 있던 나사로가 깨어나 회복되고 있다는 순수한 비전의 완전한 표현이었습니다. 예수는 절대적인 확신으로

---

46) "내가 아무 것도 스스로 할 수 없노라."

하느님의 힘을 죽은 몸에다 생명으로 다시 불어넣을 수 있다는 것을 실제로 알고 있었습니다. 예수의 사고체는 그가 물질세계에다 풍요로운 생명을 구현하기 위해 이곳에 온 하느님의 아들이자 하느님과 공동창조자라는 것을 앎으로써 생겨난 정체감에 의해 힘을 얻었습니다. 예수는 이렇게 말했습니다. "내가 온 것은 그들이 생명을 얻게 하고 더 풍성히 얻게 하려는 것이니라(요한복음 10:10)."

예수의 4가지 하위체들은 오염되지 않고 순수했기 때문에 하느님의 힘이 그 몸들을 통해 흐르며 나사로 몸의 세포와 원자들을 깨울 수 있었으며, 질병에 관한 잘못된 사념체들을 정화하여 그의 영혼이 그의 몸으로 다시 들어갈 수 있게 만들었습니다. 그리하여 이제 그것이 모든 병약함으로 깨끗이 정화되었던 것입니다. 사랑하는 이들이여, 나는 지금 세상의 많은 사람들이, 심지어는 많은 기독교인들조차도 예수의 기적을 무시하거나 미신적인 것처럼 거부한다는 것을 알고 있습니다. 그러나 나는 여러분에게 그것이 상상의 산물도 아니고, 복음서를 기록한 필자들이 예수를 기적의 일꾼으로 추켜올리기 위해 첨가해 놓은 것이 아님을 보증할 수 있습니다. 그 기적들은 정말로 사실이었습니다. 그리고 그런 현상들은 예수가 자신의 4가지 하위체들을 순수하게 정화함으로써 하느님의 힘이 온전하고 충만한 상태로 그의 하위체들을 통해 흐를 수 있었기에 가능했습니다. 그러므로 하느님의 힘이 예수를 통해서 보통의 의식상태에 있는 사람들에게는 기적처럼 보였던 일들을 성취할 수 있었던 것입니다. 하지만 그것들은 기적이 아니었습니다. 내가 전에 설명했듯이, 그것은 단지 더 높은 영적인 법칙이 물질세계에 작용하여 물질적 법칙과 그 한계들을 무력화시키고 그것들을 대체했던 것입니다.

사랑하는 이들이여, 나는 여러분에게 예수가 시범 보였던 신성에 이르는 길을 걷을 누구에게나 그런 하느님의 능력이 가능하다는 확신을 주려 합니다. 다시 한 번, 예수가 말했던, "나를 믿는 자는 내가 하는 일을 저도 할 것이요, 또한 이보다 더 큰일도 하게 될 것이다(요한복음 14:12)."라는 말을 생각해보십시오. 여러분은 예수가 여기서 헛된 약속을 하고 있다고 생각하십니까? 사랑하는 이들이여, 많은 기독교인들이 이 말을 무시했습니다. 그러나 나는 여러분에게 이 말이 지구상에 있는 모든 인간들이 그리스도의 잠재력을 가지고 있다는 사실을 언급한다는 것을 보증할 수 있습니다. 만약 여러분이 예수가 보여준 길을 기꺼이 따라서 유한한 자아를 극복하고 에고라는 그 뱀을 죽인다면, 여러분도 예수가 했던 일들을 실제로 할 수 있습니다. 이를 좀 더 정확히 말하면, 하느님이 예수를 통해 하셨던 동일한 일들을 여러분을 통해서도 할 수 있는 것입니다. 하느님의 힘이 희석되지 않은 상태로 여러분의 하위체들을 통해 흐를 때, 하느님이 할 수 있는 것에는 어떠한 한계도 없습니다.

여기에서 내가 말하는 요점을 아시겠습니까? 나는 여러분의 근원인 여러분 자신의 더 높은 존재와 신과의 분리감에서 생겨나는 이원성적인 마음을 설명했습니다. 이런 분리로 인해, 여러분은 하느님이 여러분을 통해 일할 수 있다고 믿지 않으며, 그렇기에 자신을 통해 작용할 수 있는 하느님의 능력을 부정합니다. 여러분의 4가지 하위체들에 누적된 그 이원성적인 믿음들이 하느님의 빛의 흐름을 방해하므로 여러분의 창조력은 단지 원래의 진정한 잠재력의 일부에 불과할 정도로 감소되었습니다. 사실 여러분은 4개의 하위체들을 통해 흐르는 하느님의 힘을 지니도록 설계돼 있으며, 오염되지 않은 순수한 상태에서 그 몸들은 예수가 보여준 엄청난 힘을 유지할 수가 있습니다. 그러나 여러분이 분리의식과 이원성 의식으로 떨어지게 되면, 그 힘은 더 이상 흐를 수 없습니다. 그리하여 이제 여러분은 자기가 행위자이고 자신의 힘으로 행동하고 있으며, 또 자신이 신이나 신의 빛과는 별개로 행동할 수 있다고 믿기 시작합니다. 하지만 내가 설명하려고 노력했듯이, 모든 것이 어머니 빛으로 만들어져 있기 때문에 여러분은 하느님의 빛이 없이는 아무것도 할 수가 없습니다. 유일한 문제는 여러분이 하느님의 순수한 빛으로 행위하고 있느냐, 아니면 낮은 주파수대로 옮겨져 진동이 떨어진 빛으로 행위하고 있느냐의 여부입니다.

여러분은 대부분의 사람들, 심지어 많은 영적 지도자들조차도 간과해 왔던 미묘한 차이점을 여기서 이해하시나요? 여러분의 정체감이 육체 주변에 집중되면, 오직 물질 주파수 범주 내에서 진동하는 에너지를 사용해야만 행위할 수 있습니다. 여러분의 의식은 그 범위를 넘어서서 볼 수 없으므로 물질적인 에너지와 하느님 사이의 연관성을 알 수 없습니다. 여러분은 물질적인 고체도 진동이 낮아진 신의 빛으로 만들어져 있고 특정한 형태를 취하고 있는 것일 뿐이라는 사실을 알 수 없습니다. 그러므로 여러분은 하느님을 무수한 현상과 모습의 배후에 놓인 유일한 원인으로 보지 않습니다. 유한한 자아와 이 세상의 지배자가 여러분의 마음속에다 짜 넣은 이원성적인 거짓말로 인해, 여러분은 자신이 있는 곳에 하느님이 현존하고 계신다는 것을 부정합니다. 이런 부정은 하느님이 여러분을 통해 작용할 수 없도록 장애를 형성합니다. 왜냐하면 하느님은 절대로 자신의 자유의지의 법칙을 위반하지 않으시기 때문입니다. 하지만 여러분이 그리스도 마음이 여러분 안에 거할 수 있게 함으로써 분리의 환상을 극복하면, 자신이 - 외적인 마음과 유한한 자아를 의미한다 - 행위자가 아님을 깨닫습니다. 모든 것은 하느님의 에너지로 이루어지므로 하느님은 언제나 궁극적인 원인입니다. 물론, 여러분은 분리의 환상을 계속 유지할 수 있으며, 이로써 자신을 단지 자기의 창조적 잠재력의 일부분에다 국한시켜버릴 수 있습니다. 그러나 이렇게 하는 것은 일종의 선택이며, 성난 하느님이 여러분에게 만들어 놓은 조건이 아닙니다. 사실상, 그것은 분노한 신, 즉 이 세상의 지배자와 인류의 집단의식에 의해 창조된 하늘에 있는 거짓된 신에 의해 여러분에게 내려진 조건이라고 말할 수 있습니다. 하지만 그리스도의 진리를 이해하기 시작할 때, 여러분은 자신이 진정한 하느님과 함께 공동창조자가 되는 원래의 사명을 회복할 잠재력이 있다는 것을 알게 됩니다. 그 내면의 하느님은 그분이 여러분을 위해

구상하신 풍요로운 삶을 여러분이 구가하는 모습을 보게 되기를 고대하고 계십니다. 그러므로 예수는 모든 사람들을 유한한 자아의 한계와 신의 능력을 제한하고 신이 그들을 통해 역사하지 못하게 막는 이원성적인 추론으로부터 해방시켜 주기 위해 왔던 것입니다.

***

사랑하는 이들이여, 나는 모든 것이 진동이고, 모든 것이 에너지라고 여러분에게 말했습니다. 과학자들은 에너지 파동의 초당 사이클을 계산하여 에너지의 진동을 측정하며, 그것은 헤르츠(Hertz)라고 부르는 측정 단위로 옮겨집니다. 나는 여기서 여러분에게 알려주는 숫자가 반드시 실제 적용되는 숫자라고 말하는 것은 아닙니다. 나는 단순히 여러분에게 지구상의 대부분의 사람들에게 진정으로 가능한 현실과 현재의 현실 간의 비율과 차이점을 보여주는 예를 들려는 것입니다. 물질우주의 4가지 수준에 있는 모든 것은 어떤 주파수에서 진동하는 에너지로 만들어져 있습니다. 하느님의 순수한 빛이 물질 주파수대로 들어갈 때의 상황을 말해보겠습니다. 자의식계의 가장 높은 수준에서, 하느님의 빛은 100,000Hz의 주파수 또는 초당 사이클로 진동합니다. 여러분의 자의식체가 하느님의 유동적 에너지를 여러분이 물질세계에서 창조하고자하는 좀 더 명확한 모습으로 만드는 것은 자연스러운 작용입니다. 그렇게 함에 따라, 여러분의 자의식체가 그 에너지의 주파수를 낮추게 되며, 이상적인 시나리오로 볼 때 에너지의 진동이 75,000Hz의 주파수로 떨어진 후에 생각의 영역(사고계)인 정신적 주파수대로 흘러들어갑니다. 여러분의 사념들은 여러분의 자의식체 안에 생성된 전반적인 청사진을 가져다가 좀 더 구체적으로 만들게 되고, 따라서 그것은 다시 50,000Hz의 진동에 이를 때까지 낮추어집니다. 그 주파수에서, 이제 에너지는 감정계의 가장 높은 수준으로 흘러들어갑니다. 여러분의 감정은 생각의 계획을 훨씬 더 구체화시키고 명확한 방향을 제시해줍니다. 이것이 그 에너지를 25,000Hz의 주파수로 다시 낮춘 다음에, 그 후 그것은 최종적으로 물질계인 물질적 주파수대로 진입합니다.

여기서 내가 말하고 있는 것은 물질계 또는 물질 주파수대는 1에서 25,000Hz까지의 진동범위 안에 있다는 것입니다. 이것은 이상적인 시나리오에서 볼 때, 여러분의 의식적인 마음이 25,000Hz 또는 그보다 약간 낮은 주파수에서 진동하는 빛에다 지시를 함으로써 공동창조가 이루어지고 있다는 것을 의미합니다. 나는 물질세계에 있는 모든 것은 아버지의 창조적 힘에 의해 진동으로 움직여진 어머니 빛으로 만들어진다는 것을 여러분에게 설명했습니다. 예수가 나사로를 죽음에서 깨어나게 했을 때, 그 창조적인 힘이 예수를 통해 흐르고 있었습니다. 그의 4가지 하위체들을 통해 흐르고 있던 것은 바로 하느님의 창조력이었으며, 그렇기에 나사로 몸의 세포와 분자를 이루고 있던 어머니 빛에 작용했습니다. 그리고 그런 하느님의 힘이 희석되지 않고 흐를 수 있었기 때문에, 그것은 최대 25,000Hz의 진동주파수로 물질세계로 진입했고, 나사로 몸의 죽은 세포 속으로 빛을 다시 주입할 수 있는 힘을 지니고 있있습니다. 내가 여기서 말하고 있는 것은 인간이 25,000Hz의 주파수로 빛을 유도하는 힘을 갖는 것이 실제로 가능하다는 것입니다. 이것은 지구상 인간이 지닐 수 있는 가장 높은 창조적 잠재력입니다. 만약 여러분이 어머니 빛을 바다와 같다고 생각한다면, 물질우주에서 사물을 발현시키는 방법은 그 어머니 빛의 바다를 휘저어 움직이는 것입니다. 그리하여 여러분이 노력을 기울이는 힘이 커지면 커질수록, 창조할 수 있는 파도가 더욱 커지고, 따라서 여러분이 사물을 실현시킬 수 있는 힘도 더 강해지게 됩니다.

비교를 위해서, 사물을 발현시키는 예수의 능력은 그의 의식적인 마음이 실제로 25,000Hz의 주파수로 진동하는 빛을 유지하며 유도할 수 있었던 데서 생겨난 것이라고 말할 수 있습니다. 내가 앞서 말했듯이, 만약 여러분이 매우 낮은 주파수의 광파(光波)에다 매우 높은 주파수의 광파를 유도할 수 있다면, 그 저주파 빛의 진동을 높일 수 있기 때문에 이것은 중요합니다. 예수가 나사로를 깨어나게 했을 때, 그는 매우 높은 주파수의 빛의 파장을 나사로의 몸을 이루고 있던 빛의 파장 속으로 유도했습니다. 그리고 이 빛의 파장이 매우 낮은 진동, 즉 생기(生氣)가 결여된 물질의 진동으로 내려갔지만, 예수의 힘은 너무나 엄청났기에 그 낮은 주파수의 진동을 바꿔놓을 수 있었습니다. 그에 따라 그것은 다시 의식적인 생명을 뒷받침하는 차원에서 진동하기 시작했고, 이것이 나사로의 몸에 생명을 다시 주입시켰으며, 그의 영혼이 몸속으로 다시 들어가는 것을 가능하게 만들었습니다. 이와 마찬가지로, 만약 여러분이 그런 힘을 가지고 있다면, 여러분 역시도 현재의 재정 상황에다 생명을 다시 불어 넣을 수 있고 자신이 직면한 어떤 한계를 극복할 수 있습니다.

내가 말하는 요점은 예수의 창조력은 25,000Hz 수준이었고, 그것이 그의 의식레벨이었다는 것입니다. 그리고 그 수준은 그의 4가지 하위체들이 순수했던 까닭에 그 엄청난 양의 신의 힘이 흐르는 도관내지는 변압기 역할을 할 수 있었다는 사실에서 기인했다는 것입니다. 자, 나의 사랑하는 이들이여, 여러분에게 비교해서 보여주기 위해 말하지만, 지구상 평균적인 인간은 - 자신의 의식적인 마음으로 - 1,000Hz 이상의 주파수로 진동하는 빛을 유도할 수가 없습니다. 사실, 수많은 사람들이 500Hz 이상으로 진동하는 빛도 그들의 마음속에다 유지할 수 없습니다. 사랑하는 이들이여, 평범한 사람의 창조력과 예수의 창조력 사이의 엄청난 차이를 아시겠습니까? 다시 한 번 말하지만, 나는 예수를 높은 받침대 위에다 올려놓으려고 하는 것이 아닙니다. 오히려 나는 한 인간을 통해서 하느님의 능력을 행사하는 데는 한계가 없다는 본보기로 예수를 언급함으로써, 여러분이 자신의 진정한 잠재력을 받아들일 수 있게 돕고자 노력하고 있습니다. 어쩌면 여러분이 그 차이를 보고서 자신의 현재 의식수준과 예수의 수준 간의 격차를 해소할 수 없다고 생각할 수도 있습니다. 하지만 여러분의 4가지 하위체들은 내가 설명한 진동의 빛을 담을 수 있도록 설계돼 있기 때문에 이런 생각은 잘못된 환상입니다. 비록 여러분이 아직은 예수가 보여준 능력을 행사하는 것을 생각할 수 없다고 하더라도, 자신의 현재 힘의 수준을 두 배로 늘릴 경우, 어떤 일이 일어날지를 생각해보십시오. 그 목표는 모든 사람들이 달성할만한 것처럼 보일 것이며, 풍요로운 삶을 실현하기 위한 여러분의 노력에 분명히 커다란 도움이 될 것입니다. 그래서 나는 여러분에게 두 가지 목표를 제시하고 있습니다. 하나는 최고의 잠재력이고, 다른 하나는 중간 목표입니다. 여러분의 현재 힘을 두 배로 늘리기 위해 노력해보세요. 그리고 그것을 더 큰 성취를 위한 발판으로 이용하십시오.

사랑하는 이들이여, 여러분은 많은 과학자들이 현재 인간이 단지 뇌 용량의 5~10%만을 사용하고 있다고 말하는 것을 들은 적이 있을 겁니다. 왜 그런지 내가 설명하도록 하겠습니다. 여러분은 220V용으로 제작된 전기기구를 110V 콘센트에다 꽂을 경우, 그 기구가 작동하지 않으리라는 것을 잘 압니다. 이와 마찬가지로, 여러분의 뇌 속에는 더 높은 주파수의 에너지로 작동하도록 설계된 센터들이 있으며, 이것은 여러분의 물질적인 뇌가 25,000Hz까지의 에너지를 전달하기 위한 도관으로 설계되었음을 의미합니다. 그럼에도 여러분의 감정체로부터 그 뇌로 들어오는 그만한 주파수의 에너지가 없다면, 뇌의 센터들은 그것을 활성화시킬만한 충분한 힘이 없기 때문에 휴면상태에 놓이게 됩니다. 그러므로 대부분의 인간들에게 있어서 더 높은 뇌의 기능들은 단순히 잠들어 있습니다. 사랑하는 이들이여, 이제 우리는 여러분이 진정으로 풍요로운 삶을 실현하려면 4개의 하위체들을 깨끗하게 정화하여 본래의 자연상태로 돌아갈 수 있도록 해야 한다는 것을 알게 되었습니다. 즉 그런 순수한 상태에서만이 하느님의 힘이 희석되거나 진동이 하락되지 않은 채로 4가지 하위체들을 통해 원활하게 흐를 수 있는 것입니다. 여러분이 자신의 4가지 하위체들을 정화하는 만큼, 점점 더 많은 높은 주파수의 에너지가 여러분의 의식적인 마음에 도달할 것이고, 그에 따라 여러분의 창조력이 향상될 것입니다.

***

사랑하는 이들이여, 여러분의 의식적인 마음에 도달하는 힘의 양을 감소시키는 것은 무엇일까요? 자, 그 원인은 여러분 마음의 4가지 수준, 다시 말해 에테르체(자의식체), 사고체, 감정체, 그리고 일부 심리학자들이 잠재의식이라고 부르는 마음 안에 장애들을 갖고 있다는 것입니다. 이 장애물들은 빛이 그 몸들을 통해 흐르지 못하게 방해하거나 진동을 떨어뜨려서 그 자체의 힘을 약화시킵니다. 분명히, 낮은 마음의 모든 단계에서 장애들을 가질 수 있으며, 이것은 실제로 지구상의 대부분의 사람들에게 해당됩니다. 그러나 내가 말해야 하는 것은 대부분의 사람들에게 진짜 문제는 그들의 자의식체 안에 갖고 있는 장애들이라는 사실입니다. 만약 어떤 사람이 자기 자신을 육체의 힘에 한정돼 있는 유한한 인간이라고 진정으로 믿고 그 신념이 그 사람의 자의식체를 물들이게 되면, 그 사람의 자의식체를 통해 흘러나오는 하느님의 빛은 그 진동이

100,000Hz에서 75,000Hz까지의 자연스런 감소를 훨씬 넘어 대단히 떨어질 것입니다. 사실, 지구상에 있는 대부분의 사람들은 신의 빛의 진동을 100,000 Hz에서 2,000Hz 아래로 하락시키는 믿음들을 그들의 자의식체 안에 가지고 있습니다.

나의 사랑하는 이들이여, 나는 여러분이 이것의 엄청난 중요성을 알 수 있을 거라고 생각합니다. 여러분이 계속해서 살아있을 수 있는 이유, 또는 여러분의 4가지 하위체들이 계속 기능할 수 있는 이유는 그 몸들을 통해서 하느님의 빛이 흐르고 있기 때문입니다. 하느님의 순수한 빛은 100,000Hz의 진동 상태에서 여러분의 자의식체로 들어갑니다. 하지만 여러분의 자의식체는 그 진동을 2,000Hz로 떨어뜨립니다. 여러분의 창조적 힘이 바로 처음부터 극적으로 감소한 것입니다. 그 에너지가 여러분의 사고체로 들어가기도 전에, 그것이 매우 낮은 수준으로 감소되었으므로 여러분의 생각은 이미 능력 면에서 제한되어 있습니다. 여러분의 생각들은 그 빛의 진동을 더 떨어뜨릴 것이며, 그러므로 그것은 자연스러운 상태보다 훨씬 낮은 진동으로 감정체에 진입합니다. 분명히, 이런 진동상태는 여러분의 생각들의 계획에다 방향과 추진력을 부여하게 돼 있는 감정의 힘을 감소시키게 됩니다. 그리고 내가 나사로를 살려내는 예수의 사례에서 설명했듯이, 죽은 세포에다 빛을 주입하는 데는 일정한 주파수의 에너지가 필요합니다. 그렇기에 만약 그런 주파수를 여러분의 감정체와 의식적인 마음에다 사용할 수 없다면, 여러분이 원했던 목표가 실현되지 않는 것이 과연 이상한 것일까요? 또한 그런 문제 때문에, 여러분 육체의 세포들이 점차 생명력을 보유할 수 없게 되어 질병이 나타나고 늙게 되는 것이 놀라운 일입니까? 질병, 노화, 육체적 죽음은 인간 육체의 주파수대에 도달하는 빛의 힘이 감소됨으로써 부분적으로 발생합니다. 결국 육신은 결국 쇠퇴하고, 더 이상 제대로 기능하지 못하거나, 생존할 수도 없습니다.

나의 사랑하는 이들이여, 이 지구행성의 대부분의 사람들이 스스로의 창조력을 너무 약화시킨 나머지 그들의 4개의 하위체들을 통해 겨우 생명을 지속해나갈 만큼의 빛만이 흐르고 있다는 것은 슬픈 사실입니다. 그런 까닭에 많은 사람들이 마치 자신이 간신히 생존하고 있는 것처럼, 또는 사는 게 곧 발버둥이나 투쟁 같다고 느낍니다. 그 문제의 실상은 그들의 육체와 의식적인 마음을 겨우 유지할 양만큼의 빛만이 4가지 하위체를 통해 흐르고 있다 보니 그렇게 느낄 수밖에 없다는 것입니다. 그것은 간신히 작동만할 정도까지 전기 공급이 줄어든 전기기구와 같습니다. 세탁물을 처리하는 데 2일이나 걸릴 정도로 너무 천천히 돌아가는 세탁기를 상상해보십시오. 분명히, 여러분은 그 세탁기에 반드시 무엇인가가 잘못돼 있다고 말할 것입니다. 그러나 대부분의 사람들은 그들의 진정한 잠재력을 경험한 적이 없고 어떤 인간도 그것을 활용해 보지 못했기 때문에, 그들은 감소된 힘의 상태가 정상이라고 생각합니다. 또한 그들은 그것이 불가피한 것이라고 생각하며, 이것이 자신들의 실제 능력이라고 생각합니다.

하지만 사실 그것은 나 같은 영적스승이 때때로 절망감을 느낄 정도로 진짜 잠재력에 한참 미달된 수준에 불과합니다. 특히, 나는 사람들이 마치 그들의 투쟁의 상태가 정상적이고, 자연스럽고, 피할 수 없다거나, 심지어는 하느님이 의도하신 것처럼 이야기하는 것을 들었을 때 절망을 느낍니다.

사랑하는 이들이여, 이것은 거의 믿을 수가 없습니다. 그리고 이것은 사람들이 이원성 의식으로 떨어져서 그리스도 마음의 실체에 대한 모든 연결의식을 상실했을 때 발생할 수 있는 일을 보여줍니다. 실제의 그리스도 마음은 여러분이 25,000Hz에서 진동하는 빛으로 움직일 수 있는 능력을 가지고 있습니다. 그러나 여러분의 현재 창조력의 수준은 1,000Hz 이상의 빛으로는 움직일 수 없을 가능성이 많으며, 그것은 여러분이 가진 전체 잠재력의 단 4%에 불과합니다. 만약 여러분이 자신의 창조력을 예수가 보여준 것과 동일한 수준으로 높일 수 있다는 것을 알고 또 진정으로 믿는다면, 분명히 창조력을 키우기 위해 노력할 것입니다. 그러므로 사람들이 이런 창조력을 발휘할 자신의 잠재력을 부정한다면, 그것은 오직 그들이 이원성 의식에 너무 빠져서 모든 확신을 잃어버렸기 때문에 그럴 수 있습니다. 그들은 현재의 투쟁과 불행에 대한 대안이 있음을 보여주는 그리스도의 본보기를 잃어버렸습니다. 많은 기독교인들이 예수를 경외하면서도 그를 하느님의 유일한 독생자로 보다보니 그가 그런 창조력의 수준에 도달할 수 있던 유일한 사람이라고 믿는 아이러니(irony)를 생각해보십시오. 사실, 예수가 갖고 있던 사명의 주된 목적은 일반적이고 자연스러운 창조력의 수준을 모든 인간에게 시범적으로 보여주는 것이었습니다. 예수만이 그렇게 할 수 있다는 것은 예수의 사명 뒤에 있는 진정한 의도를 완전히 왜곡하는 것이고, 그리스도의 사명에 직접적으로 반하는 것입니다. 때문에 이런 주장은 오직 한 곳에서만, 즉 적그리스도의 마음에서만 올 수 있습니다. 오직 적그리스도의 마음만이 예수를 우상으로 바꾸고 그를 인간의 손이 닿지 않는 높은 받침대 위에 올려놓음으로써 예수의 본보기를 파괴할 수 있었습니다.

나의 사랑하는 이들이여, 여러분은 나의 연민과 이것에 대한 열정을 느낄 수 있습니까? 날마다 나에게 기도를 하고 묵주기도문을 행하는 사람들이 아주 많습니다. 그러나 그들은 마치 내가 병 속에 있는 요정인 것처럼 나에게 기도합니다. 그리고 그들이 묵주기도를 행하면 내가 병에서 튀어나와 그들을 위해서 자기들의 문제를 해결해주기를 기대합니다. 그러나 내가 이전의 열쇠들에서 설명했듯이, 하느님은 여러분에게 자유의지를 주셨으며, 나는 그것을 무시할 권한이 없고 또 그럴 생각도 없습니다. 나는 여러분이 창조해 놓은 것들을 없앨 수는 없는데, 왜냐하면 그렇게 해야 하는 것은 여러분의 몫이고, 그것이 여러분이 그 과거의 결정으로부터 교훈을 배우고 유한한 자기 이미지를 극복할 수 있는 유일한 방법이기 때문입니다. 내가 여러분의 모든 문제를 해결해준다면, 어떻게 여러분이 스스로 자립할 수 있는 영적존재가 될 수 있겠습니까? 내가 여러분을 위해 할 수 있는 것은 창조력을 키울 수 있는 방법을 보여주는 것입니다. 그럼으로써 여러분은 - 자신 안에 있는 하느님의 힘으로 - 갈등의식을 극복하고 모든 투쟁을 신이 여러분에게 주신 재능을 증식하는 데서 생겨나는 상향 나선으로 바꿀 수 있습니다. 이것이 내가 여러분을 위해 할 수 있는 일입니다. 하지만 그것은 여러분이 기도하고 나서 그저 내가 여러분을 위해 그것을 해주기를 수동적으로 기다리는 식의 수동적 접근법에서 벗어나는 것이 필요합니다. 대신에 여러분은 능동적인 접근방식을 취해야합니다.

여러분은 나에게 여러분의 문제를 해결해달라고 기도하기보다는, 다음과 같이 나한테 기도해야 합니다. "성모 마리아시여, 내가 내 안에 있는 하느님의 능력으로 이런 한계를 없앨 수 있도록 나의 창조력을 키울 수 있는 방법을 내게 보여주십시오."

만약 여러분이 내면적인 나의 인도와 여러분의 그리스도 자아의 인도에 여러분의 마음과 가슴을 열기만 한다면, 나는 그렇게 할 수 있고 또 그렇게 할 것입니다. 우리는 여러분이 다시 계단의 꼭대기에 올라서서 여러분의 4가지 하위체들을 통해 비추는 신아의 빛을 볼 수 있을 때까지, 원형계단으로 이어지는 다음 단계를 밟는 방법을 보여줄 준비가 돼 있습니다. 그로 인해, 그 빛은 여러분의 하위체들을 통해 흐르면서 물질세계에서 이원성적인 마음에는 기적처럼 보이는 일을 창조할 수 있습니다. 이것이 나의 소망이며, 나의 열정입니다.

**

사랑하는 이들이여, 어떻게 우리가 여러분의 4가지 하위체를 정화하는 이 과정을 시작하게 될까요? 여러분에게 4개의 하위체가 어떻게 빛을 물질적인 형태로 변형시키는 역할을 하는지에 대해 더 상세히 설명함으로써 시작하도록 하겠습니다. 그리고 그것을 여러분의 실제상황에다 연관시켜서 좀 더 실제적으로 만들어 봅시다. 이제는 여러분이 좀 더 풍요로운 삶을 실현하기를 원하며 적극적인 접근법을 취하겠다는 결론에 이르렀다고 가정해봅시다. 여러분은 자신의 마음의 힘을 사용하여 더 많은 풍요를 끌어들이는 방법에 관한 어떤 가르침을 공부했을지도 모릅니다. 여러분은 (그 가르침대로) 긍정적인 정신자세를 택하고, 명확한 미래상을 정하여 자신이 원하는 것에 관한 귀중품 지도를 만들었습니다. 이제 여러분은 날마다 자신이 성취하고 싶은 것에 대한 심상에다 주의를 집중하면서, 자신에게 나타날 것으로 기대되는 에너지의 파동을 창조하기 위해 확언이나 기도 문구를 이용하거나, 여러분이 마음으로 그리는 것을 끌어당기는 의식에 매일 열중합니다. 비록 그 특정단계가 여기서 내가 설명한 것과 다를 수도 있지만, 많은 사람들이 자신의 삶에 풍요를 가져오기 위해 이런 접근법을 취해 왔습니다.

나는 이것이 유효한 접근법이 아니라고 말하고 있는 것은 아닙니다. 나는 다만 이런 접근법이 제대로 작동하기 위해서는 무엇이 먼저 선행될 필요가 있는지를 여러분이 이해했으면 한다고 말하는 것입니다. 만약 여러분이 우주가 거울이라는 나의 이전의 가르침을 받아들인다면, 특정한 심상을 중심으로 구체화된 긍정적인 에너지 파장을 내보내면, 그 심상이 우주거울에 의해 물리적 상황으로 다시 여러분에게 반사되어야 한다고 말할 것입니다. 그리고 이것이 사실일지라도, 우리는 이제 그 과정에 대해 더 깊이 있는 이해를 얻을 수 있습니다. 우리는 에너지가 물리적인 상황으로 여러분에게 되돌아가기 전에 그것이 여러분의 하위체들을 포함하여 물질우주의 4가지 단계를 통과해야한나는 것을 알 수 있습니다. 그러므로 만약 – 4가지 단계들 중의 어느 곳에 – 여러분의 긍정적인 에너지를 중화시키거나 풍요로운 심상을 방해할 수 있는 것이 있다면, 그 노력의 힘이 약화되든지, 또는 완전히 차단될 수 있다는 것을 분명히 알 수 있습니다. 내 말의 요점은 여러분이 자체적으로 분열돼 있을 경우, 여러분은 의식적인 마음 안에 형성한 이미지를 방해하는 어떤 믿음이나 부적합한 에너지를 자신의 정체성(자의식), 생각, 감정 또는 잠재의식 안에 지니고 있다는 것입니다. 따라서 이러한 장애들을 제거하지 않으면, 여러분의 노력은 절대로 성공하지 못할 것입니다. 여러분은 의식적인 마음의 수준에서는 긍정적인 에너지를 계속해서 내보낼 수 있지만, 그것은 자신의 상위수준의 마음에서 모두 무력화됩니다. 그러므로 결코 그것이 다시 순환하여 여러분이 바라는 상황의 형태로 물질계까지 내려오지 않습니다.

사랑하는 이들이여, 나는 이제까지 4가지 하위체들에 관해 선형적인 모습으로 여러분에게 설명해주었습니다. 나는 하느님의 빛이 여러분의 자의식체로 먼저 흘러들어가서 진동이 점차 내려가고, 그 후에 그것은 사고체, 감정체로, 그리고 마침내 육체로 흘러간다고 말했습니다. 나는 이 가르침을 읽은 많은 사람들이 빛에 대해 이해하기를, 그것이 직선을 따라 흐르는 선과 같은 과정으로 받아들이게 될 것이라고 확신합니다. 이것은 여러분의 의식적인 마음과 자의식체 사이에는 간격이 있음을 의미합니다. 사실 삶은 선형적이 아니라 훨씬 구형적이고 상호의존적입니다. 그래서 여러분에게 다른 이미지를 제공하기 위해서 – 아직도 선형적 이미지이긴 하지만 – 나는 여러분에게 시계의 표면을 생각해보라고 요청하려 합니다. 12시 방향은 가장 높은 자의식체의 수준을 나타냅니다. 그러므로 빛은 먼저 12시 방향에서 4개의 하위체들로 흘러들어갑니다. 만약 여러분이 12시 부분에서 아래의 6시 부분으로 선을 내려 긋는 다면, 시계의 표면을 2개의 반쪽으로 나누게 됩니다. 또 다른 선을 3시에서 9시까지 가로로 그으면, 시계의 원이 4개의 사분면(四分面)으로 나누어집니다. 이제 원의 이 각각의 사분면들이 4개의 하위체들 중 하나를 나타낸다고 상상해보십시오. 그러므로 12시와 3시 사이의 첫 번째 사분면은 자의식체를 나타내며, 빛은 먼저 1시로 흐른 다음 3시 부분으로 옮겨갑니다. 그 다음에 여러분의 사고체에 들어가서 3시에서 6시로 흐르고, 이어서 감정체로 진입하여 9시 방향 너머의 육체로 흘러들어갑니다. 그렇다면 빛이 10시에서 11시로 흐르고 그 다음으로 넘어 가면 어떻게 될까요? 자, 여러분은 이제 한 바퀴의 순환을 마치고 다시 12시에 와 있는데, 이것은 여러분의 의식적인 마음이 어떤 간격이나 틈에 의해 자신의 자의식체와 분리돼 있지 않다는 것을 의미합니다. 여러분의 4가지 하위체들은 서로 연결되어 있습니다. 시계의 모습보다도 더 정확한 이미지로 묘사한다면, 자의식체가 하나의 둥근 구체라고 가정할 때, 여러분의 사고체는 더 커다란 자의식체의 둥그런 영역 안에 존재하는 작은 구체의 모습을 이루고 있다고 말할 수 있습니다. 이런 식으로 감정체나 육체 등도 마찬가지입니다. 그러므로 여러분의 의식적인 마음은 더 커다란 구체를 이루고 있는 다른 수준들의 마음 안에 존재하는 작은 구체인 것입니다.

여러분이 의식적인 마음의 수준에서 시작하여 자신의 삶에서 실현하고 싶은 풍요에 대한 미래상을 (마음으로) 그려낸다고 상상해보십시오. 그런 다음 그 심상에다 에너지를 불어넣기 위해 확언과 기도 문구를 사용합니다. 여러분이 내보내는 에너지가 스스로 상상한 물리적 상황으로 우주거울에 의해 여러분에게 반사되어 되돌아오기 위해서는, 그것이 먼저 물질우주의 네 가지 수준을 통과해 흘러야만 합니다. 그리고 그것이 통과해 흐르는 각 단계마다, 여러분의 심상은 여러분이 그 마음의 수준에서 갖고 있는 믿음의 여과기를 통과해야합니다. 그것은 잠재적으로 그런 신념에 의해 막히거나 왜곡될 수 있으며, 그 에너지의 힘이 상위수준의 마음 속에 저장된 불완전한 에너지로 인해 감소될 수 있습니다. 예를 들어, 여러분의 에테르체(자의식체)가 자신이 하느님의 풍요를 누릴 자격이 없는 가련한 죄인이라는 이미지를 가지고 있다면, 여러분의 의식적인 심상은 그것이 물리적인 실현 방향으로 내려가기도 전에 이런 믿음에 의해 완전히 무력화될 수 있습니다. 각 수준에 있는 그런 믿음들이 그 충격파(심상)가 다음 단계로 보내져야하는지의 여부를 결정하는 기준틀로 작용한다고 말할 수 있습니다. 또한 여러분이 의식적인 마음으로부터 어떤 상상이나 심상을 내보내면, 그것이 먼저 여러분의 자의식체를 통과한다고 말할 수 있습니다. 만약 여러분이 그 몸 안에 자신의 비전이 실현될 수 없다고 하는 믿음을 갖고 있다면, 그것은 분명히 더 이상 진전되지 않을 것입니다.

***

내가 말하고 있는 것은 여러분이 풍요에 관한 미래상을 창조할 때, 그것이 물리적 수준을 넘어서지 못하는 한은 실현되지 않을 거라는 것입니다. 이것은 이전에 내가 말한 것을 다시 생각해 보면 이해하기 쉽습니다. 만약 여러분의 정체감이 육체와 거기에 종속된 마음에만 완전히 국한되어 있다면, 여러분은 물질세계 안에 있는 에너지만 가지고 작업할 수 있습니다. 그러므로 성취하고 싶어 하는 여러분의 비전은 여러분이 육체와 외적인 마음으로 다룰 수 있는 에너지 수준을 넘어설 수가 없습니다. 그렇다면, 풍요를 시각화하려는 여러분의 노력이 어떻게 이미 자신의 육체로 할 수 있는 것을 뛰어넘어 뭔가를 성취할 수 있겠습니까?

여러분이 자신을 열어서 비전의 힘을 이용한다면, 육체를 넘어서 있는 에너지 충격파를 내보내고 있는 것입니다. 여러분은 이제 물질계보다 더 나은 삶이 틀림없이 있다고 믿고 있고, 몸으로 할 수 있는 것보다 풍요를 실현하는 더 고차원의 방법이 있을 거라고 생각하고 있습니다. 그리므로 여러분은 자신의 의식적인 마음으로부터 자의식체로 진입하는 에너지 충격파를 생성합니다. 만약 그 에너지 충격파가 막히거나 희석되지 않은 채로 여러분의 자의식체, 사고체, 감정체 및 육체적 마음을 통해 흐를 수 있다면, 달성하고 싶어 하는 여러분의 미래상은 물리적인 현실 속에서 즉시 나타나게 될 것입니다. 이것이 바로 여러분이 예수의 생애에서 목격한 것입니다. 예수는 실제로 물이 포도주로 바뀌도록 물리적인 명령을 내렸으며, 나사로가 예수가 명령했을 때 즉시 죽음에서 깨어났던 것처럼, 그것은 즉각 실현되었습니다.

사랑하는 이들이여, 내가 말하고 있는 것은 여러분이 풍요를 실현하기 위한 노력을 시작함에 따라, 자신의 자의식체로 흐르는 에너지 충격파를 생성하게 된다는 것입니다. 이때 여러분의 자의식체 안에서, 다음과 같은 두 가지 중 하나가 발생합니다. 우선 여러분의 자의식체가 순수하다면 – 그리고 여러분의 의식적인 비전이 여러분의 삶에 대한 그리스도 비전과 일치한다면 – 그 에너지 충격파가 현존하는 하느님의 희석되지 않은 힘의 강도로 여러분의 자의식체 속에 주입될 것입니다. 그리므로 그 에너지 충격파는 여러분이 의식적인 마음으로 생성할 수 있었던 것보다 훨씬 더 강해질 것입니다.

하지만 만약 여러분의 자의식체가 그릇된 자기 이미지에 의해 오염돼 있다면, 여러분의 에너지 충격파는 약해질 것입니다. 그것은 여러분이 풍요를 실현할 힘이 없는 유한한 인간이라는 생각, 혹은 여러분의 의식적인 마음이 원하는 것을 누릴 자격이 없는 비참한 죄인이라는 생각에 의해 완전히 막혀버릴 수가 있습니다. 사랑하는 이들이여, 내가 무슨 말을 하는지 아시겠습니까? 풍요를 실현하려는 여러분의 노력, 확언과 기도, 그리고 심상화의 힘을 사용하기 위한 여러분의 진심어린 좋은 노력들이 여러분의 자의식체 수준에서 차단되는 것은 전적으로 가능합니다. 하지만 또한 여러분이 의식적인 마음으로 만들어낸 에너지 중 일부가 여러분의 자의식체를 통과한 후에 사고체로 보내지는 것 역시 가능합니다. 그것이 묽어지거나, 강화되었을 수도 있지만, 자의식체를 통과해 생각의 영역으로 들어갑니다. 그런데 만약 여러분의 사고체 속에 잘못된 생각들을 가지고 있다면 어떤 일이 일어날까요? 자, 이러한 생각들 또한 에너지를 완전히 차단하거나 감소시킬 수 있고, 또는 여러분의 심상을 바꿔놓을 수도 있습니다. 마찬가지로, 만약 에너지가 여러분의 감정체로 원활하게 진입할 경우에도, 두려움, 죄책감, 수치심과 같은 불완전한 감정들이 그 에너지 충격파를 차단하거나 더 약화시킬 수 있습니다. 심지어 여러분의 육적인 마음, 즉 마음의 잠재의식적인 층들도 에너지를 차단하거나 왜곡시킬 수 있습니다. 만약 그 에너지의 일부가 여러분 마음의 이런 모든 단계들을 통과한다면, 그것은 마침내 물질세계로 들어갈 것이지만, 그것이 과연 여러분이 내보낸 것보다 더 강력한 충격파일까요?

나의 사랑하는 이들이여, 내가 여기서 무슨 말을 하고 있는지 이해하시나요? 세상에는 더 많은 풍요가 필요하고 그렇게 실현하고 싶다고 생각하면서 자신의 마음의 힘을 이용해 풍요를 가져올 수 있다는 결론에 이르게 된 많은 사람들이 있습니다. 이 사람들의 대부분은 다소 영적이어서, 그들은 보통 사람들보다 더 높은 수준의 인식을 갖고 있습니다. 어떤 사람이 의식적인 마음을 사용하여 2,000Hz의 수준에서 진동하는 에너지 충격파를 내보낼 수 있다고 가정해봅시다. 이것은 1,000Hz 이상으로는 좀처럼 넘어서지 않는 보통사람에 비교할 때, 아주 높은 수치입니다. 그 에너지 충격파는 이제 그 사람의 자의식체로 들어갑니다. 그리고 그 사람이 보다 영적인 까닭에 그 에너지의 강도는 예수가 달란트의 증식에 대한 비유적 설교에서 약속한 대로 두 배가 되었다고 가정합시다. 에너지의 주파수는 이제 4,000Hz에 이르고, 그 사람의 사고체 속으로 유입됩니다. 하지만 앞에서 설명한 것처럼, 원래의 자연스러운 상태에서는 에너지가 자의식체로부터 75,000Hz의 주파수로 사고체로 흘러들어갈 것이기 때문에 우리는 여전히 그 사람의 진정한 잠재력과 비교해 보았을 때, 상당한 차이가 있는 것입니다. 이제 그 사람이 사고체 안에 에너지 충격파의 진동을 감소시키는 어떤 잘못된 믿음들을 가지고 있다고 가정해봅시다. 그것은 차단되지는 않고 3,000Hz로 에너지 강도가 떨어진 후에 감정체로 들어갑니다. 감정체 안에는 그 에너지 충격파를 더 감소시키는 어떤 감정적 상처들이 있고, 게다가 잠재의식 마음속에는 풀리지 않은 몇 가지 문제가 있습니다. 그러므로 에너지 충격파가 물질계의 영역으로 다시 진입할 때쯤에는 다시 2,000Hz 수준으로 감소합니다. 다시 말해서, 그 사람은 에너지 충격파의 창조력을 증대시키지 못한 것이고, 따라서 그 사람은 말 그대로 제자리걸음을 하고 있는 것입니다.

***

사랑하는 이들이여, 나는 수백만 명의 진지한 사람들이 풍요를 가져오는 모종의 기법을 연구하는 것을 보았다고 말할 수 있습니다. 그들은 성공 전문가들이 그들에게 약속한 대로 풍요를 끌어오기 위해 시각화와 확언, 기도문을 이용하여 그 기법을 응용했습니다. 한동안 그들은 자신들이 원하는 풍요가 어느 순간에 나타날 것이라는 큰 희망을 가지고 아주 열심히 시각화와 확언을 실행했습니다. 하지만 그들 중 많은 사람들이 실망하게 되었습니다. 그리고 어떻게 그들의 열정이 어느 날 사라지는가를 보는 것은 내 가슴을 아프게 했고 결국 그들은 낙담하고 환멸을 느끼게 되었습니다. 그들은 종국에는 자신의 유한한 자아와 이 세상의 지배자가 그들에게 내내 말해 준 것을 받아들이게 되고 맙니다. 즉 그들은 무(無)에서 풍요를 실현할 힘이 없는 그저 평범한 인간이라는 것입니다.

이것은 내 가슴을 아프게 하는 것이고, 그것이 이 책을 발간하게 된 주된 동기 중 하나입니다. 내가 말할 수 있는 것은 만약 이 사람들이 그들의 하위체들을 정화하기 위해 단호한 노력을 한다면, 풍요를 실현하려는 그들의 노력이 더 이상 그들 자신의 마음에 의해 방해받지 않을 거라는 것입니다. 대신에, 그들은 자신의 **창조력**을 키울 것입니다. 그리고 비록 이렇게 하는 데 시간이 걸릴지도 모르지만, 그들은 마침내 이 과정의 실제 결과를 보기 시작할 것입니다.

사랑하는 이들이여, 나는 세상에는 현재 사정이 절박하기 때문에, 또는 막다른 골목에 처해 있기 때문에, 아니면 빚이나 이런 저런 위기에서 벗어나기 위해 뭔가 다른 조치가 필요하기 때문에 풍요를 실현하기 위한 과정을 시작하려는 많은 이들이 있다는 것을 알고 있습니다. 나는 여러분에게 여기서 작용하고 있는 심리에 대해 생각해 보라고 요청하고자 합니다. 대부분의 사람들은 (이제까지) 자기들의 현재 수준의 부가 그들이 누릴 자격이 있거나 가질 수 있는 전부라는 것을 받아들였습니다. 그러므로 그들은 자신들의 현 풍요나 그 결핍 상태에 관련해서 어느 정도 체념한 단계에 이른 것입니다. 따라서 그들은 자신들의 운명(몫)을 받아들이고 더 나은 것을 가질 수 없다고 생각합니다. 이 사람들은 풍요를 실현하기 위해서 아무것도 하지 않을 것이고, 명백히 그들은 자기들의 창조력을 증가시킬 기회가 없습니다. 그 다음에는 스스로 뭔가 다른 것을 해야 한다고 결정한 단계에 도달한 한 무리의 사람들이 있습니다. 하지만 만약 그들이 위기에 직면한 절박감 때문에 그런 결정을 하게 되었다면, 그들은 즉각적이고 즉흥적인 결과를 원할 것입니다. 그리고 즉시 만족을 얻지 못할 경우, 그들은 대개 낙담하게 됩니다.

필사적인 사람들은 인간의 감정체를 조종함으로써 자기들의 상품을 팔 수 있다는 것을 발견한 성공전문가들에 의해 이루어진 약속에 종종 속아 넘어갑니다. 어떤 전문가들은 사람들이 절박한 상황일 때, 그들이 재빨리 위기에서 빠져나가려고 한다는 것을 깨달았습니다. 그래서 가장 정교한 약속을 한 성공전문가는 가장 큰 절박함을 이용하여 사람들을 끌어들일 것입니다. 물론, 그 성공 전문가의 기법은 십중팔구 효과가 없을 것이고, 그래서 사람들의 절망은 증가할 가능성이 많습니다. 하지만 그 전문가는 최소한 자기의 몫을 챙겼고 돈지갑의 부피를 늘렸습니다. 그는 심지어 자신의 시스템이 효과가 있다는 그의 주장을 증명했는데, 왜냐하면 그것이 그 자신에게는 유효했으니까요.

여기서 내 요점은 이 책에서 여러분에게 임시변통의 해결책을 제공하는 것은 나의 의도가 아니라는 것입니다. 나는 여러분에게 즉효약을 줄 수는 없는데, 그런 약은 없기 때문입니다. 만약 여러분이 자신의 삶에서 진정한 풍요를 실현하고 싶다면, 그렇게 할 수는 있지만, 오직 한 가지 방법으로만 그것을 이룰 수가 있습니다. 그리고 그것은 여러분의 4가지 하위체들을 잘못된 믿음과 불순한 에너지로부터 체계적으로 정화함으로써 가능하며, 바로 그런 것들이 여러분 삶 속에서 신의 풍요의 흐름을 막고 있는 것입니다. 만약 여러분이 이런 과정을 기꺼이 거친다면, 나는 여러분을 도울 수 있고, 도울 것입니다. 나는 여러분에게 4가지 하위체들을 정화하기 위해 필요한 도구를 제공할 것입니다. 하지만 4개의 하위체를 정화하는 데는 시간이 걸릴 것이며, 그 이유는 이런 몸들 속에 존재하는 장애물들이 하룻밤 사이에 만들어진 것이 아니기 때문입니다. 그 중 일부는 어린 시절에 만들어졌고 여러분의 삶 전반에 걸쳐 강화되었습니다. 하지만 다른 것들은 전생(前生)에, 아마도 수많은 생들 이전에 만들어졌으며, 그렇기에 수세기에 걸쳐, 그리고 여러분이 지구에 머물렀던 수천 년에 걸쳐 강화되어 왔습니다. 내가 앞서의 열쇠에서 설명한 것처럼, 여러분의 장애물 중 일부는 이원성의식으로 하락하기 시작하는 순간에 만들어졌습니다. 그리고 어떤 장애물은 여러분의 유한한 자아가 창조된 순간부터 여러분과 함께해 왔습니다.

어떤 도구도 그것들을 한 순간에 다 소멸시켜 버릴 수는 없습니다. 그리고 비록 그러한 도구가 존재한다고 해도, 여러분의 그릇된 신념들을 순식간에 소멸시키는 것은 단지 여러분의 정체감을 무너뜨려서 여러분이 누군지 더 이상 알지 못하게 하는 정체성의 위기를 가져올 뿐입니다. 이것은 균형 잡히지 않은 수단에 의해 억지로 영적성장을 시도했던 사람들에게 실제로 발생한 직이 있습니다. 하지만 내가 여러분에게 전해줄 도구들은 매우 균형이 잡혀 있고, 따라서 매우 안전합니다. 나는 여러분의 4가지 하위체들 속에 수천 년 동안 있어왔던 장애물을 제거할 수 있는 매우 강력한 기법을 제공할 것입니다. 그리고 여러분은 몇 달 혹은 몇 년 안에 그렇게 할 수가 있습니다. 하지만 여러분을 즉시 완벽한 인간으로 만들어 줄 수 있을 만큼 강력한 기법은 지구상에 없습니다. 그래서 내가 여러분에게 영적인 길에 대해 이야기했던 것이고, 또한 풍요로운 삶에 관해 언급했던 것입니다. 아울러 그런 이유 때문에 내가 여러분이 내려갔던 깊은 이원성 의식이라는 나선형의 각 계단을 말했던 것이며, 반대 방향으로 한 계단씩 나아가 더 높이 올라서야한다고 강조했던 것입니다. 거기에 지름길은 없습니다. 왜냐하면 여러분의 잘못된 믿음에 의해 오염된 에너지는 여러분이 그것들로부터 벗어나기에 앞서, 그리고 하느님의 풍요를 가로막는 장애가 사라지기에 앞서, 반드시 원래의 순수한 상태로 되돌려 놓아야하기 때문입니다.

이것은 완전히 과학적인 것이고, 누구나 적절한 도구를 가짐으로써 끝마칠 수 있는 어느 정도 기계적인 과정이기도 합니다. 하지만 그것은 시간이 걸릴 것이고, 따라서 그것은 대부분의 사람들에게 즉각적인 결과를 만들어내지는 못할 것입니다. 그것은 헌신을 필요로 할 것이며, 대부분의 사람들에게는 평생의 노력이 필요할 것입니다. 그러나 나는 그 결과를 보는 데 여러분의 여생(餘生)이 걸릴 것이라고 말하는 것이 아닙니다. 많은 사람들이 실제로 몇 주나 몇 달 안에 결과를 경험할 것입니다. 내가 말하고 있는 것은 이 나선형 계단을 다시 올라가는 과정은 평생 동안 사랑의 노력으로 접근해야 한다는 것이며, 그리하여 여러분은 지구에서의 여생 동안 깨닫게 될 것이고, 한 번에 한 단계씩 계속 올라가게 될 것입니다.

지금, 여러분은 과거의 삶에서 이미 이 과정을 시작해서 여러분이 생각하는 것보다 훨씬 더 가까이 와 있을지도 모릅니다. 그러므로 여러분이 이 지구를 떠나기 전에 높은 단계의 그리스도 의식, 어쩌면 예수가 보여준 완전한 그리스도 의식을 구현하는 것이 가능할 수도 있습니다. 그리하여 진정한 영적자유 속에서 지상을 걸을 수도 있는데, 이것은 여러분의 4가지의 하위체들 안에 터 이상 장애물이 없다는 의미입니다. 그러나 여러분의 현재 마음 상태에서 자신이 나선형 계단의 꼭대기에 이르기까지 얼마나 가까이 와 있는지 알 수는 없기 때문에, 나는 여러분이 예수가 말했던 다음과 같은 가장 중요한 구절 가운데 하나에 주목했으면 합니다.

"너희의 인내로 너희 영혼을 얻으리라(누가복음 21:19)."

나는 영적인 길을 걷기 시작해서 커다란 열정과 희망을 갖고 영적인 기법을 사용하기 시작한 많은 사람들을 보았습니다. 하지만 그들은 자기들이 기대했던 즉각적인 만족을 얻지 못했을 때, 낙심하게 되었습니다. 어떤 사람들은 실망한 나머지 심지어 분노하거나 괴로워하기도 했습니다. 그리고 이것은 물론 그들의 영적성장을 전혀 가속하지 않았을 뿐만 아니라, 나선형 계단 아래로 더 내려가게 해서 깊은 이원성과 절망에 빠지게 만들었습니다. 나는 이 책을 읽는 누구도 이런 실망의 벽에 부딪치지 않기를 바라며, 그것은 이 세상의 지배자와 유한한 자아가 설치해 놓은 가장 강력한 함정들 중의 하나입니다. 그들은 우선 여러분이 영적인 길을 발견하거나 받아들이지 못하게 방해하려고합니다. 그러나 만약 여러분이 나선형 계단 위로 올라서는 첫 걸음을 막을 수 없다면, 그들은 - 여러분이 걷는 매 걸음마다 - 그것이 충분히 빨리 옮겨지지 않는다고 느끼게 하고, 그들이 여러분의 마음속에다 프로그램 해놓은 비현실적인 기대와 비교할 때 약속받은 결과를 얻지 못했다고 느끼게 만들 것입니다. 그들은 여러분으로 하여금 실망, 절망, 의심, 분노에 빠지게 만들고자 시도할 것이며, 그리하여 여러분은 위로 올라가기를 멈추고 계단을 내려가서 과거의 수준으로 다시 돌아갈 수도 있습니다. 이것이 그들의 계획이며, 구상입니다. 이런 함정에 빠지지 않고 이를 피할 수 있는 유일한 길은 여러분이 의도적이고 의식적으로 장기적인 과정에 참여하고 있다는 사실에다 자신을 마음을 단단히 붙잡아매는 것입니다.

여러분이 하게 되는 작업은 수천 년에 걸쳐 축적된 불순한 파편들로부터 4가지 하위체들을 청소하는 일이기 때문에 장기적인 과정입니다. 여러분은 이것이 시간이 걸리는 일이라는 것을 깨닫고, 자신의 노력을 기울일 필요가 있습니다. 그러나 여러분은 또한 자신이 이 작업을 수행하면 결과가 나타나리라는 것을 깨닫게 됩니다. 이것은 의욕에 찬 생각이나 희망, 백일몽의 문제가 아닙니다. 그것은 매우 과학적인 과정입니다. 불행히도, 대부분의 사람들은 에너지 충격파가 4단계 모두를 통과할 필요가 있다는 것을 이해하지 못하고 있으며, 이로 인해 많은 성실한 사람들이 그들의 에너지 충격파가 물질계로 내려가기 바로 직전에 포기하게 됩니다.

나의 사랑하는 이들이여, 여러분이 긴 잠에서 갑자기 깨어나 자신이 어두운 건물 안에 있다는 것을 알게 되었다고 상상해보십시오. 그 건물 안으로 들어오는 빛은 거의 없지만, 여러분은 천장에 채광창이 나 있음을 알아차리게 되었습니다. 좀 더 자세히 살펴보자 채광창이 먼지로 덮여있어서 빛이 거의 통과되지 않는다는 것을 깨달았습니다. 확실히, 이것에 대해 신비로운 것은 아무 것도 없습니다. 채광창의 유리는 빛이 완벽하게 통과할 수 있습니다. 즉 빛이 단지 유리 표면에 쌓인 먼지에 의해 차단돼 있는 것일 뿐입니다. 그러므로 여러분이 한쪽 구석에서부터 시작하여 먼지를 체계적으로 제거해 나간다면, 전체 채광창을 깨끗이 청소할 수 있습니다. 그러면 빛이 필연적으로 그 창을 통해 밀려들어오게 되어 여러분이 머물러 있는 방을 밝혀줄 것입니다. 이와 마찬가지로, 만약 여러분이 4가지 수준의 여러분 마음을 상징하는 창유리를 체계적으로 청소한다면, 하느님의 빛이 반드시 여러분의 마음을 통해 비출 것입니다. 이것이 여러분의 물질적인 경험 속에서 하느님의 풍요로 나타날 것입니다. 그리고 그것이 여러분 자신의 영적인 본성과 지구에 온 여러분의 진정한 목적을 포함하여 엄청나게 확장된 경험을 여러분에게 안겨줄 것입니다.

***

사랑하는 이들이여, 여러분의 4가지 하위체들을 정화하기 위해서 무엇이 필요할까요? 이 과업을 끝마치기 위해 여러분이 밟아야 할 실제적인 단계는 무엇일까요? 나는 앞서 빛이 여러분의 마음을 통해 흐르는 것을 방해하는 부분에 대해 암시한 바 있습니다. 나는 모든 것이 여러분의 자유의지와 선택을 중심으로 돌아가고 있다고 말했습니다. 여러분이 하는 모든 선택은 현재의 인식수준과 이해수준 및 지식에 기초해 있으며, 그것은 여러분 마음의 4가지 수준에서 갖고 있는 신념에 의해 결정됩니다. 그렇기에 자의식체 수준에서 여러분이 갖고 있는 모든 신념은 어떻게 여러분이 자기 자신을 보고, 세상을 보며, 그리고 어떻게 – 자기가 원하는 것을 실현할 – 자신의 잠재력을 보느냐에 따라 결정됩니다. 여러분의 자의식체 수준에서, 우리는 여러분이 받아들이게 되어 자신의 자아영역에 들어갈 수 있도록 허용한 어떤 신념들을 보게 됩니다. 만약 여러분이 자신의 자의식체 안에 여러분의 잠재력에 관련해서 그리스도의 순수한 비전에 비해 한정적인 신념을 갖고 있다면, 이런 믿음은 다음과 같은 몇 가지 영향을 미칠 것입니다:

● 그 믿음은 여러분의 신아로부터 자의식체로 빛을 가져오는 여러분의 능력을 제한할 것입니다. 예를 들어, 만약 여러분이 자신을 유한한 인간이라고 믿는다면, 과연 어떻게 자신의 영적자아로부터 무한한 빛의 흐름을 제대로 받을 수 있을까요? 여러분은 불가피하게 자신의 자의식체로 흘러 들어가는 빛의 양을 감소시키게 될 것입니다.

● 그 믿음은 일종의 여과기를 형성할 것입니다. 하느님의 빛이 그 여과기를 통

과할 때, 그 빛의 진동주파수는 여러분의 자의식체 안에서 일어난 자연적인 하락보다 훨씬 너 진동이 낮아질 것입니다. 내가 앞서 말했듯이, 많은 사람들이 빛을 100,000Hz에서 2,000Hz 이하의 주파수로 감소시키는 정체감을 가지고 있습니다. 이것이 여러분의 사고체로 흘러들어가는 빛의 양과 빛의 강도를 감소시킬 것이고, 그것에 따라 여러분의 생각의 힘도 감소하게 됩니다. 시고체로 흘러들어가는 빛의 강도가 여러분이 가진 생각의 잠재력을 결정합니다. 여러분의 생각들은 자신의 자의식체로부터 들어오는 빛의 세기보다 더 강해질 수 없습니다.

● 그 믿음은 여러분의 자의식체 안에 축적될 빛의 일정량을 오염시켜 부적합한 에너지로 만들 것입니다. 그것이 축적되면, 그것은 여러분의 자의식체를 막히게 할 장애물이 될 것입니다. 이런 수준의 마음은 마침내 불순한 잔해들로 가득 차서 높은 정체감이 들어설 여지가 없습니다. 또한 위로부터 오는 빛이 통과할 수 있는 공간이 거의 없고, 여러분의 의식적인 마음이 물질세계 너머를 보고 영적인 경험을 할 수 있는 통로가 없어지게 됩니다.

여러분은 이제 자신의 자의식체 안에 불완전한 신념들을 가질 때 나타나는 결과를 알게 되었습니다. 마찬가지로, 어떤 사람이 사고체 안에 어떤 잘못된 신념을 가질 수 있으며, 그것 역시 비슷한 영향을 미칠 것입니다. 물론 사고체와 감정체 사이의 유리창도 막힐 수 있으며, 감정체의 경우에도 마찬가지입니다. 빛이 여러분의 의식적인 마음에 도달할 때, 그것은 여러분이 그 빛을 의식적인 행위 속으로 유도하는 단계인데, 흘러들어 오는 빛은 매우 소량에 불과합니다. 이로 인한 영향은 두 가지입니다. 한 가지는 여러분이 물리적인 뇌와 육체 수준에서 지니고 있는 창조력을 감소시키게 됩니다. 또한 그것은 여러분이 물질세계를 초월해서 보는 통찰력과 능력을 저하시킵니다. 이것은 일반적으로 여러분이 4개의 하위체를 통해 봄으로써 더 나은 비전을 얻으려고 시도하다보니 발생하는데, 그러므로 만약 유리창이 더러워져 있을 경우, 여러분은 그것을 통해 바깥을 볼 수가 없습니다.

사랑하는 이들이여, 나는 여러분이 이제는 자신의 4가지 하위체들을 어떻게 하면 깨끗이 정화할 수 있을지를 이해했으면 합니다. 여러분은 두 가지 작업을 해야 할 것입니다. 우선 여러분은 스스로 의식적으로 자신의 마음 각 수준에서 받아들이게 된 잘못된 신념들을 찾아내야만 할 것입니다. 그런 다음 여러분은 그리스도의 진리에 기초한 결정을 함으로써, 이러한 잘못된 믿음들, 즉 이원성적인 신념들을 의식적으로 (새로운 신념으로) 대체해야만 할 것입니다. 여러분이 잘못된 믿음을 대체하게 되면, 하느님의 빛의 강도를 약화시키고 그 빛이 자유롭게 흐르지 못하게 막는 파편들(여과기)을 제거하게 됩니다. 하지만 여러분은 그런 방식으로 그런 잔해와 파편들을 제거하지 못했으며, 그것은 이미 여러분의 하위체들 속에 축적돼 있습니다. 그러므로 여러분이 두 번째로 달성해야 할 과제는 4개의 하위체들에서 잘못 사용된 불순한 에너지를 제거하는 것입니다. 그리고 물론, 이것은 대부분의 사람들이 전혀 모르는 과정인데, 전통적인 종교나 물질과학은 그들에게 이것을 할 필요성이나 하는 방법을 설명해 줄 수 없기 때문입니다. 하지만 지금까지 내가 언급한 내용들을 통해 여러분의 하위체에 축적된 오염된 에너지를 정화할 필요성에 대해 이해했기를 바랍니다. 그리고 나는 여러분이 이것을 어떻게 하는지도 이해할 수 있었으면 합니다. 이것은 매우 간단합니다. 여러분의 과학자들은 이미 그들의 실험실에서 이 과정을 발견했습니다.

여러분의 하위체들에 축적된 에너지는 매우 낮은 주파수로 진동하는 에너지 파장의 형태를 띠고 있습니다. 내가 앞서 설명했듯이, 그런 에너지를 제거하는 유일한 방법은 그 에너지의 주파수와 진동을 높여서 원래의 순수한 상태로 되돌리는 것입니다. 이것은 매우 간단합니다. 왜냐하면 여러분의 마음은 영적인 세계로부터 오는 높은 주파수의 빛이 통과해 흐르도록 하는 내재된 능력을 갖고 있기 때문입니다. 그러므로 여러분의 과제는 영적세계에다 높은 주파수의 빛을 기원하여 4개의 하위체로 끌어들임으로써 그 빛을 거기에 축적된 오염된 에너지에다 유도할 수 있는 체계적인 방법을 찾는 것입니다. 이 과정을 거치게 되면, 4가지 하위체들을 깨끗이 정화할 수 있고 정화하게 될 것입니다. 사랑하는 이들이여, 이것에 관해서는 신비로운 것이 아무 것도 없습니다. 사실, 나는 수천 년 동안 인간은 영적 에너지를 기원하는 방법을 알고 있었다고 말할 수 있습니다. 수많은 영적이고 종교적인 의식(儀式)들이 인간에게 주어졌고, 특히 그들의 4개의 하위체들에 축적돼 있는 오염된 에너지를 정화하기 위해 주어졌습니다. 나는 인류가 과거에 가지고 있던 낮은 인식 때문에, 이 사실이 일반적으로 설명되지 않았다는 것을 잘 알고 있습니다. 그리고 설명이 되었을 경우, 그 설명은 종종 기존의 전통적 교리에 의해 숨겨지거나 왜곡되었습니다.

사랑하는 이들이여, 여러분이 종교적인 행사나 의식에 참여했을 때 어떻게 나중에 고양된 분위기를 느끼게 되었는지를 생각해 보십시오. 그 상황에서 무슨 일이 일어났다고 생각하십니까? 무슨 일이 발생했느냐 하면, 그런 종교의식이 높은 주파수의 영적 에너지를 기원하여, 그 에너지가 4개의 하위체들에 유입되었고, 이러한 몸들에 축적된 불순한 일부 에너지를 정화시켰던 것입니다. 따라서 그것이 여러분이 지니고 있는 오염된 에너지의 부담을 줄여 주었으며, 그 결과 더 가벼워지고, 더 향상된 기분을 느꼈던 것입니다. 나의 사랑하는 이들이여, 사람들이 세상의 무게를 자신의 어깨에 짊어진 것처럼 느낀다고 말할 때, 사실 그들은 오염된 에너지를 지니고 있는 것이고, 그것이 그들을 내리누르는 육체적인 부담처럼 경험한다는 것입니다. 종교적 의식은 일시적으로 이 짐을 덜어줄 수 있지만, 만약 이것이 충분히 강력하지 않으면, 이런 경감효과는 오직 짧은 기간 동안만 지속될 것입니다. 근원적인 그 믿음이 제거되지 않으면, 여러분은 즉시 더 많은 에너지를 잘못 오염시키게 되고 결과적으로 이전보다 디 큰 부담을 느끼게 됩니다.

내가 이 책에서 여러분에게 전해주게 될 것은 일련의 의식들이며, 새로운 형태로 된 나의 로사리오(묵주기도문)입니다. 그것은 매우 강력해서 만약 여러분이 열심히 사용만한다면, 여러분에게 부담을 주는 오염된 에너지를 일시적으로 경감시키는 효과를 얻는 데 그치지 않을 것입니다. 대신에 그것은 엄청난 양의 에너지를 정화하는 동시에 여러분을 나락으로 추락시켰던 수많은 이원성적인 믿음들을 잠재적으로 해결함으로써, 여러분은 상향나선으로 진입하게 될 것입니다. 그때 자신의 삶이 전환되어 점차 상승의 나선을 타고 있다는 것을 알게 될 것이며, 계속해서 앞으로 나아가는 한, 지구상의 어떤 힘도 그것을 멈추게 하지 못합니다. 이 책에 대한 나의 진정한 목표는 여러분이 내가 여러분에게 줄 도구를 이용하도록 격려하고 영감을 불어넣어 주는 것이며, 그리하여 여러분은 내면의 앎을 얻게 되는 상향의 영적인 길에 매우 확고히 정착하게 됩니다. 그 내면의 앎은 단순 믿음을 넘어선 것이고, 이 지구상의 지배자나 여러분의 유한한 자아와 같은 그 어떤 힘도 여러분을 그 영적인 길에서 하차시킬 수 없습니다. 누구도 여러분이 위로 향한 자기초월의 길에 스스로 확실히 닻을 내리기 전에, 여러분을 그동안 견뎌온 투쟁과 고난의 의식으로 강제로 되돌릴 수 없습니다. 하지만 나는 내가 실질적인 도구를 주기에 앞서, 여러분의 하위체들을 정화하기 위해 필요한 것이 무엇인지 충분히 알 수 있도록 더 깊은 지식을 전해주고 싶습니다. 또한 나는 하느님의 풍요를 여러분의 삶 속에 발현시키기 위해서는 다른 주요한 장애물을 극복해야 한다는 것을 여러분이 알았으면 합니다. 다시 말하면, 과거에 여러분이 행위로 뿌려놓은 그 원인들은 필연적으로 물질우주의 4가지 수준을 통과하여 순환할 것이며, 따라서 우주거울에 의해 여러분에게 다시 반사될 것입니다.

사랑하는 이들이여, 나는 이 책이 매우 길다는 것을 알고 있습니다. 또한 여러분이 그것을 받아들이기에는 학교나 교회에서 배운 내용과 매우 동떨어져 있다는 것을 압니다. 그러나 만약 여러분이 이 지점까지 나와 함께 견뎌왔다면, 나는 여러분이 물질우주가 어떻게 작용하는지, 그리고 그런 지식을 이용하여 어떻게 여러분 마음의 내적장애뿐만 아니라 과거 행위로 인한 외적장애들을 제거할 수 있는지에 관해 충분한 이해를 더 얻고 싶어 할 거라고 확신합니다. 그런 장애들은 여러분이 전생에서 행위로 심어놓은 원인들이 현생에서 여러분이 경험하는 물리적 상황으로 나타난 것입니다. 그러므로 내가 여러분이 학교나 교회에서 배워야 했지만 기존 종교나 물질과학이 여러분에게 가르쳐주고 싶어 하지 않았던 것을 설명할 때, 나를 따르기 바랍니다. 그들은 여러분에게 이런 내용을 가르칠 수 없었는데, 왜냐하면 그들이 적그리스도 마음의 이원성적인 추론에 너무 물들어있다 보니 예수가 여러분이 배우기를 원했고 지금도 여전히 원하고 있는 그리스도의 참된 가르침을 더 이상 여러분에게 전달할 수 없었기 때문입니다. 이것이 바로 인류에게 봉사하는 예수와 내 자신, 그리고 다른 많은 영적스승들이 이 시대의 사람들에게 직접 이야기하고 진보된 계시를 내릴 필요가 있다고 판단하게 된 이유입니다. 즉 사람들이 더 높은 의식수준으로 향상됨에 따라, 이제는 그런 진보된 가르침들을 받을만한 자격을 갖추게 되었고, 그렇기에 그들은 과거에 질문할 수 있던 것보다 더 구체적인 질문을 할 수가 있습니다. 내가 전에 말했듯이, 여러분이 질문하면 답을 얻게 될 것입니다. 그리고 수많은 사람들이 삶의 보다 깊은 신비와 왜 그들의 상황이 그 모양인지를 진심으로 궁금해 했기 때문에 내가 여러분에게 그 답을 주기 위해 온 것입니다. 여러분은 자기 존재의 어떤 수준에서 그런 의문을 갖게 되었을 것이고 여러분 역시도 그런 질문들을 가지고 있었습니다.

뇌는 그 자체의 마음을 가지고 있는가?

나의 사랑하는 이들이여, 이전의 열쇠에서 여러분에게 주었던 가르침을 토대로 이야기를 시작하려 합니다. 먼저 나는 내가 지금까지 언급해 왔지만 제대로 설명하지 않았던 여러분 마음의 물리적인 부분에 대해 좀 더 말하고 싶습니다. 여러분은 의학자들이 뇌(腦)에 대한 이해를 높이고 그것의 더 높은 기능을 발견하려는 시도로 뇌에 대해 다양한 실험을 했다는 것을 알고 있을지도 모릅니다. 예를 들어, 그들은 특정 화학물질을 유도함으로써, 그것이 사람들이 영적경험이나 임사체험(臨死體驗)을 하는 동안 보고하는 것과 매우 유사한 경험을 일으킬 수 있다는 것을 발견했습니다. 이로 인해 일부 과학자들은 모든 영적경험과 모든 신앙이 뇌의 어떤 화학적 또는 전자기 과정으로부터 생겨난다는 결론을 내리게 되었습니다. 바꿔 말하면, 그들은 뇌외에는 아무것도 없고, 모든 종교는 뇌 안에서 만들어진다고 결론 지었습니다. 마찬가지로 일부 외과 의사들은 뇌를 여는 수술을 시행했고 뇌의 영역을 자극하여 특정 경험을 유발할 수 있음을 발견했습니다. 다시 말하자면, 이것은 결국 유물론적 과학자들이 모든 영적경험들이 뇌에 의해 생성되고 신(神)이라는 것은 뇌 안에 있는 신경들이 잘못 발화된 산물이라고 결론을 내리는 이유가 되었습니다.

사랑하는 이들이여, 물질세계 너머에는 아무것도 없다고 결정한 사람이 이런 결론에 이르게 되는 것은 이해할만한 것입니다. 그러나 내가 설명하려고 노력했듯이, 이런 결여된 시각은 그 사람이 자신의 마음을 물질세계에다 한정시키기로 선택한 데서 생겨난 것입니다. 그 사람의 의식적인 마음은 절대로 물질세계 너머를 볼 수가 없고, 더 깊은 설명이 있을 수 있다는 가능성을 받아들이지 않을 것입니다.

나의 사랑하는 이들이여, 이전의 열쇠에서 내가 대부분의 사람들이 뇌 용량의 5~10%만을 사용한다고 설명한 이유는 뇌의 고등한 센터가 활성화되기 위해서는 더 높은 형태의 에너지가 필요하기 때문입니다. 그리하여 뇌의 핵심 부분들이 특정 화학물질이나 외부 자극에 의해 인위적으로 활성화될 수 있습니다. 그러나 이것은 뇌의 그런 센터들에 대한 자극이 영적체험을 가져온다는 것을 의미하지는 않습니다. 그것은 단지 두뇌센터가 어떤 경험을 촉진하도록 설계돼 있다는 것을 의미하며, 그래서 여러분이 아직 육체로 있는 동안 의식적인 마음이 그런 경험을 이해할 수 있는 것입니다. 그 목적은 여러분이 물질적인 세상보다 더 나은 삶을 경험할 수 있게 하는 것이며, 어찌 보면 물질세계에 머물고 있는 동안, 여러분은 그 안에 갇혀 있다고 말할 수 있습니다.

이제 진정한 영적 체험이 어떻게 발생하는지 설명하겠습니다. 그러한 경험은 의식을 지닌 여러분이 육적인 마음47)과 육체로부터 분리되어 물질영역을 넘어서게 될 때 일어납니다. 의식적인 여러분은 자의식계에 도달하거나 심지어 그 너머의 영적세계로 진입하게 됩니다. 앞에서 설명한 것처럼 이것은 자연스러운 것이며, 의식적인 여러분은 자신을 어디서 어떤 것과도 동일시할 능력이 있습니다. 그러므로 여러분은 일시적으로 몸에서 스스로를 분리하여 여러분 정체성의 상위 부분인 영적존재로서의 진정한 자신에게 도달할 잠재력이 있습니다. 여러분이 그런 정체성에 다시 연결되면, 높은 주파수의 빛이 4개의 하위체들 통해 흐르면서 다양한 영적경험을 할 수가 있습니다.

의식을 지닌 여러분이 의식적인 마음에 걸러질 수 없는 영적경험을 갖는 것은 전적으로 가능합니다. 이런 여과현상이 여러분 마음의 상위수준에 있는 장애들로 인해 발생할 수 있지만, 또한 여러분이 육체로 있는 동안은 의식적으로 알 수 없는 어떤 영적 체험들의 등급이 있습니다. 그것이 인지되지 않는 단순한 이유는 인간의 두뇌에 그러한 경험을 촉진할 수 있는 중추(中樞)들이 없다는 것입니다. 내가 말하고 있는 것은 여러분이 의식적 인식에 스며드는 영적인 경험을 할 때는, 육체의 뇌가 그러한 경험을 촉진할 수 있기 때문이라는 것입니다. 달리 말하면, 여러분이 고등한 세계에 도달하여 그 경험을 걸러내는 아래의 육체적인 뇌에다 빛의 흐름을 방출하고 그 상위의 두뇌 센터들 중 하나를 활성화하게 되는 것입니다. 여러분에게 의식적인 경험을 제공하는 것은 이런 뇌 중추의 활성화 덕분입니다. 그러나 의식을 지닌 여러분이 두뇌에 의해 해석될 수 없는 영적체험을 하는 것은 얼마든지 가능하며, 따라서 의식적인 마음은 그것을 알 수가 없습니다. 사실, 수많은 영적인 사람들이 잠자고 있는 동안 자신을 몸에서 이탈시켜 영적세계로 여행하며, 그곳의 스승들로부터 지시나 가르침을 받습니다. 그래서 여러분이 때로는 선명한 새로운 느낌과 숙고해온 의문에 대한 답을 갖고 깨어나게 되는 것입니다. 이것은 또한 여러분이 깨어나기 직전에 아주 명확하고도 심오한 메시지를 전하는 것처럼 보이는 어떤 꿈을 꿀 수 있는 이유이기도 합니다. 때때로 이것은 문제에 대한 더 큰 통찰일 수도 있고 미래 사건에 관한 예고일 수도 있습니다. 또한 그것은 비행하는 듯한 느낌, 자유로워지는 느낌, 또는 육체보다 더 거대한 어떤 것의 일부가 되는 느낌일 수 있습니다. 아니면 자신의 육체를 벗어나 그것을 내려다보는 느낌일 수도 있습니다.

---

47) 이 육적인 마음이 무엇인가에 관해서는 킴 마이클즈의 다른 책인 〈빛을 향한 내면의 길〉, 232 페이지에 자세히 설명되어 있다. (감수자 주)

이러한 모든 경험은 실제의 경험이지만, 과학자들이 발견한 것처럼, 물리적인 뇌를 다양한 방법으로 자극함으로써 그러한 경험을 일으킬 수 있다는 것도 사실입니다. 그러나 이것은 뇌가 그 경험을 만들어낼 수 있다는 것을 의미하지는 않습니다. 이런 식으로 추론하는 것은 영화 스크린이 그 화면에 나타나는 장면을 생성한다는 추론과 같습니다. 그러나 뇌가 영적경험의 정확한 형태와 내용에 영향을 미칠 수 있다는 것은 사실이며, 그것이 두 사람이 서로 다른 경험을 할 수 있는 이유 중 하나입니다.

＊＊＊

육체적인 뇌의 이러한 특성을 설명했으므로 나는 계속 나아가 내가 여러분 마음의 육적인 부분이라고 불렀던 것에 대해 이야기하고 싶습니다. 나는 이전의 열쇠들에서 여러분이 불멸의 영적존재라고 설명한 바 있습니다. 여러분은 단지 한동안만 이 특정한 육체의 모습을 하고 있는 것이며, 과거에는 다른 상황에서 다른 몸으로 육화했었습니다. 이 사실은 참된 영적 구도자들에게 매우 중요합니다. 왜냐하면 그것이 삶에서 신의 풍요를 실현하기 위한 여러분의 노력을 방해하는 주요 장애들 중 하나를 설명할 수 있는 유일한 방법이기 때문입니다. 여러분이 이해할 필요가 있는 것은 4개의 하위체들에 나타나는 장애들을 두 가지 범주로 나눌 수 있다는 것입니다. 장기적인 장애와 단기적인 장애가 있습니다. 달리 말하면, 이번의 특정 생에서 생성된 여러분 마음의 4가지 수준의 어떤 장애들이 있고, 과거의 전생에서 생성된 다른 장애들이 있습니다.

이것이 중요한 이유는 여러분이 진정으로 4개의 하위체들을 깨끗이 정화하고 싶다면, 이번 생에서 경험한 것 너머로 나아갈 필요가 있기 때문입니다. 그리고 그렇게 하기 위해서는 마음에는 여러 수준이 있다는 것을 이해해야합니다. 사랑하는 이들이여, 내가 다음에 여러분에게 전해줄 것을 설명하는 데는 하나 이상 유효한 방법들이 있습니다. 간단히 말하자면, 나는 여러분의 마음을 두 가지 주요 구성요소가 있다고 묘사하는 한 가지 모델을 제시할 것입니다. 여러분의 4가지 하위체들의 구성요소에는 더 큰 것, 더 높은 것 또는 장기적인 것이 있다고 말할 수 있습니다. 이것은 여러분이 한 생에서 다른 생으로 계속 갖고 다니는 구성요소입니다. 여러분은 또한 이번 생의 이 특정한 육체에 붙어있는 구성요소를 가지고 있습니다. 하지만 이 구성요소는 또한 자의식 수준, 사고계, 감정계 및 그것이 연관돼 있는 마음을 갖고 있으며, 물리적인 뇌에 의해 생성된 어떤 단계에 놓여 있습니다. 그래서 여러분은 현재의 신체 이상으로 더 커다란 에너지장을 가지고 있다고 생각할 수 있습니다. 그리고 그 안에는 육체적인 몸을 중심으로 하고 그 몸과 뇌에 얽혀있는 더 작은 에너지장이 있다고 할 수 있습니다.

여기서의 내 요점은 여러분이 이번 생에서 자라남에 따라, 자신의 가족배경이라든가, 국적, 인종, 민족, 성별 및 신체상태의 다른 측면들과 같은 자신의 특정상황을 토대로 어떤 정체의식을 형성했다는 것입니다. 분명히, 이것은 자의식체의 단기간의 용기에 넣어지는 내용물들입니다. 이러한 정체감은 여러분의 유전과 환경에 의해 크게 영향을 받았지만, 심리학자들이 주장하듯이 오직 외부요인에 의해서만 형성된 것은 아닙니다. 여러분의 단기간의 정체감에 영향을 미치는 것은 이번 생의 외부적 상황에 대한 여러분의 반응이며, 그러한 반응은 주로 마음의 장기적 내용물들, 즉 이전의 생들 동안 형성된 마음에 의해 결정됩니다.

장기적인 자의식체는 이번 생에 관련된 일정한 특성의 영향을 받지 않습니다. 그것은 여러분 자신에 관한 신념에 기초해 있는 더 커다란 정체감을 저장합니다. 예를 들어, 그것은 여러분이 유한한 인간이거나 비참한 죄인이라는 믿음을 저장할 수 있습니다. 이런 믿음은 이번 생 동안 강화되어 왔을 수도 있지만, 과거의 여러 생 이전에 생겨났을 가능성이 높습니다. 그러므로 장기적인 자의식체는 보다 일반적인 신념을 저장하는 반면에, 단기적인 자의식체는 여러분의 현재 육화에 관련된 정체성을 저장합니다. 바꿔 말한다면, 대부분의 심리학자와 영적 스승들이 영혼이라고 부르는 당신 존재의 더 깊은 부분은 이 특정의 생을 넘어서 있는 것입니다. 따라서 영혼은 자신을 이름이나 성별, 국적, 인종 등을 가진 한 인간으로 보지 않습니다. 영혼은 간호사나 교사 또는 여러분이 갖고 있을 수 있는 직업이 무엇이든 그런 신분으로 자기 자신을 인식하지 않습니다.

여러분의 현생에 특정된 자의식체는 이 몸의 죽음 이후에 깨끗하게 소멸되며, 그래서 대부분의 사람들은 그들의 과거 전생을 기억하지 못합니다. 그런 생들의 기록은 다른 곳에 저장되어 있고, 그 기록들을 찾아낼 수 있지만, 요점은 그것이 여러분의 단기적인 자의식체 안에 저장돼 있지 않다는 것입니다. 이런 소멸은 사실상 은총이며, 여러분이 과거의 삶에서 저질렀을지도 모를 실수들을 기억하지 않고 다시 시작할 수 있는 기회를 제공한다는 점에서 의미가 있습니다. 단점은 많은 사람들이 (과거 생과) 연속되는 강한 느낌이 없이 태어난다는 것이며, 이것이 여러분의 육체가 죽으면 자신의 정체성이 상실될 것이라고 믿는 데서 생겨나는 죽음에 대한 두려움을 유발합니다. 앞서 언급했듯이, 여러분의 가장 소중한 소유물은 개성과 정체감이며, 그렇기에 가장 큰 두려움은 그것을 잃는 것입니다. 사랑하는 이들이여, 그래서 환생에 대한 이해가 없이 아이들을 키우는 것은 실제로 매우 잔인한 일입니다. 여러분의 장기적인 정체성은 육체의 죽음과 함께 죽지 않는다는 것을 알게 되면, 죽음에 대한 두려움에서 완전히 해방될 수 있습니다. 그런 두려움이 많은 사람들을 마비시키고 인생에 무의미하다는 느낌을 줍니다. 이번 생을 끝으로 모든 것이 사라진다면, 왜 자신을 향상시키고 더 나은 사람이 되기 위해 노력하겠습니까? 자, 여러분이 이루어내는 진보향상은 잃어버리는 것이 아니라 "하늘에 쌓여있는 보화(마태복음 6:20)"가 됩니다. 이것은 그것들이 여러분의 장기적 자의식체 안에 (그리고 영적세계에도) 저장되어 있음을 의미합니다. 그런 까닭에 그것은 다음 생에, 또한 지구라는 학교를 영구적으로 졸업한 후에 여러분이 형성할 수 있는 것의 토대로서의 역할을 할 것입니다.

여러분이 이번 생에 경험한 것과 그러한 경험을 바탕으로 한 결정이 장기적인 정체감에 영향을 미칠 수 있습니다. 그리고 물론, 여러분의 장기적인 정체감은 이번 생 동안 형성한 정체감에 깊은 영향을 미칩니다. 또한 여러분의 장기적인 사고체 및 감정체의 내용물은 여러분이 이번 생에서 접하는 상황에 대해 어떻게 반응하느냐에 큰 영향을 줍니다. 좋든 나쁘든 간에, 여러분은 전생에 쌓은 토대 위에다 세워가고 있는 것입니다. 그럼에도 여러분은 그 토대를 향상시킬 잠재력을 가지고 있으며, 물론 그것이 여러분이 과거로부터 자유로워지는 유일한 희망입니다.

한 가지 예로서, 여러분의 장기적인 자의식체가 여러분이 비참한 죄인이고, 행하는 모든 일이 죄라는 믿음을 담고 있다고 가정해 봅시다. 이것은 여러분의 현생으로 이어질 것이고 여러분에게 이 믿음을 강화시키는 종교쪽으로 끌리는 성향을 부여할 것입니다. 여러분은 그런 종교를 받아들이기가 쉽다는 것을 알게 될 것이며, 반대로 그 종교에서 벗어나기가 어렵다는 것을 알게 될 것입니다. 그것이 바로 많은 사람들이 자신이 성장해온 종교 너머를 절대로 보지 않는 이유입니다. 다시 말해, 여러분의 장기적인 마음의 내용물은 이번의 특정한 생에서 여러분이 삶에 어떻게 반응하는지에 관한 매개변수를 형성합니다. 그럼에도 불구하고 의식적인 여러분은 여전히 과거의 프로그래밍을 넘어서는 잠재력을 가지고 있습니다.

많은 경우에 의식적인 마음은 현생에서 그 사람의 장기적인 정체성과 다소 상반되는 정체감을 형성합니다. 이것은 중요한 사실입니다. 왜냐하면 그것이 여러분이 자체적으로 분열되게 만드는 내부 모순을 강화할 수 있는 가능성을 열어주기 때문입니다. 예를 들어, 많은 사람들은 자신들이 하느님의 풍요를 받을 가치가 없다는 믿음을 그들의 자의식체 안에 지니고 있습니다.

어떤 사람들은 풍요를 누릴 자격이 있는 존재로서의 단기적 정체감을 형성하기 위해 풍요에 대한 특정 가르침과 일련의 확언들을 이용합니다. 그러나 만약 그들이 내가 이전 열쇠에서 설명한 바를 충분히 이해하지 못했다면, 이 새로운 정체감은 단기적인 자의식체를 넘어서지 못합니다. 그러므로 더 강력하고 장기적인 정체의식과 충돌할 수 있으며, 장기적 정체성에 의해 쉽게 훼손될 수 있습니다. 그렇기에 진정한 기술을 사용하여 자신의 영적의식을 높이려는 그 사람의 시도는 도움이 되지 못합니다. 그것은 단지 더 큰 내적갈등을 만들어 내며, 이것은 여러분의 유한한 자아와 이 세상의 지배자가 여러분을 영적인 진퇴양난의 상황으로 끌어들이는 방법 중 하나입니다. 그들은 여러분이 이미 자신의 장기적인 마음속에 갖고 있는 믿음과 상충되는 믿음을 단기적인 마음에서 받아들이게 만들고자함으로써 이것을 실행합니다.

이 임시적인 신념은 여러분이 장기적인 마음속에서 가지고 있는 제한적인 믿음들을 해결하지 못하게 방해할 것입니다. 다시 말해, 만약 여러분이 이번 생에서 자기가 신의 풍요를 받기에 합당하다는 확고한 신념을 구축했다면, 보다 깊은 심리상태에 들어가서 자신이 받을 자격이 없다는 장기적인 믿음을 해결할 필요가 없다고 생각할 수도 있습니다. 분명히, 이것은 오랜 기간에 걸쳐 진전을 가로막을 수 있으며, 오직 장기적인 마음을 정화함으로써만이 해결될 수 있습니다. 말하자면, 여러분은 자신의 의식이라는 화면에 투사되는 임시 영화를 창조하고 있는 것입니다. 그리고 비록 그 영화가 여러분의 장기적인 마음에 의해 투사된 이미지들 중 일부를 가릴 수는 있지만, 그것이 장기적 마음 속의 그 영사용 필름을 실제로 깨끗이 청소하지는 않습니다. 그러므로 여러분이 진정한 자유를 원한다면, 확실히 단기적인 마음을 뛰어넘어 장기적인 마음을 정화할 필요가 있습니다.

이것을 거론하는 나의 요지는 여러분의 감정, 생각, 정체감을 정화하는 데 유효한 기술을 가진 전문가, 심리학자 및 전체론적 치료자가 있다는 것을 보여주기 위한 것입니다. 그러나 어떤 기법이 오직 단기적인 마음에서만 효과가 있다면, 그것은 여러분의 성장에 최대의 효과를 줄 수는 없습니다. 세상에는 또한 여러분의 단기적인 마음속의 장애를 해결하는 데 도움을 주지 않으려는 전문가들도 있습니다. 대신에 그들은 단기적인 마음속에다 새로운 프로그램을 만들어내는 기법을 여러분에게 제시하며, 이런 프로그램은 단지 기존의 프로그램을 무효화시킴으로써 추정상 커다란 풍요를 가져다 줄 거라고 합니다. 그러나 과거의 한계들을 해결하지 않고서는, 이것이 오히려 여러분의 단기적 마음과 장기적 마음속에 이미 존재하는 프로그램들을 충돌시키는 새로운 프로그램을 만들어냄으로써 필연적으로 내적갈등만 추가할 것입니다. 사랑하는 이들이여, 여러분은 아마도 컴퓨터에서 두 프로그램이 서로 충돌할 수 있으며, 그로 인해 컴퓨터가 아예 고장 날 수도 있음을 알고 있습니다. 여러분 마음의 잠재의식적인 부분은 어떤 면에서는 컴퓨터와 유사합니다. 그러므로 충돌하는 신념이나 패턴을 그 안에다 넣으면, 여러분은 정신적 또는 감정적 마비의 한 형태를 경험하게 될 것입니다.[48]

이것은 또한 여러 형태의 치료에도 적용되며, 특히 치료법은 대부분 유물론적인 패러다임을 기반으로 하는 주류 심리학을 발전시켰습니다. 여러분은 이번 생에서 어떤 정신적 상처를 입는 경험에 노출돼 있었을 수 있으며, 그것이 여러분에게 감정적 상처를 주어 단기적인 사고체 안에다 잘못된 신념을 형성케 하고 심지어는 그릇된 자아상을 형성하게 했을 것입니다. 여러분이 자신의 단기적인 마음속의 이런 장애들을 해결하기 위해 어떤 형태의 치료법을 이용하는 것은 가능하며, 실제로 이것이 유익한 효과를 가져 올 수는 있습니다. 그러나 그것에 대해 좀 더 깊이 생각한다면, 단기적인 마음을 넘어서지 않을 경우, 이

---

48) 좀 더 상세한 내용은 〈빛을 향한 내면의 길〉이란 책을 보기 바람 (저자 주)

번 생에서 사실상 진전을 이루지 못하고 있다는 것을 깨닫게 됩니다. 여러분은 단지 시계를 출발점으로 되돌려놓고 있는 것이며, 말하자면 그것은 여러분이 다시 출발점으로 되돌아가게 되는 것입니다.

진정으로 진보하기 위해서는 단기적인 마음을 뛰어 넘어야하며, 여러분은 이번 생에서의 자신의 경험을 이런 노력을 위한 도약판으로 활용할 수 있습니다. 이번 생에서 여러분이 상황에 반응하는 방식은 장기적인 마음속의 패턴에 의해 결정되므로, 여러분의 반응을 조사하면 더 깊은 패턴을 발견하고 해결할 수 있습니다. 그러나 이것은 여러분이 자신의 단기적인 마음 이상의 존재라는 더 큰 책임과 명확한 비전을 필요로 합니다. 사실, 완전히 자유로워지기 위해서는, 여러분이 신을 외면하고 자신의 영적인 스승을 외면하게 만들고 오히려 유한한 자아와 이 세상의 지배자만이 자신의 스승이라고 인정했던 믿음을 버릴 필요가 있습니다.

***

사랑하는 이들이여, 나는 여러분이 이제는 참으로 풍요로운 삶을 얻고 신의 풍요를 막는 한계들로부터 영원히 자유로워지기 위해서는 장기적인 관점을 취해야한다는 것을 이해할 수 있기 바랍니다. 여러분은 이번 생에서 자신이 직면하는 상황들이 매우 복잡한 그림의 산물임을 깨달을 필요가 있습니다. 즉 그것은 여러분이 과거의 생에서 받아들였고 여전히 4가지 하위체들 속에, 여러분 마음의 장기적인 부분 속에 남아있는 신념들입니다. 일단 여러분이 이런 긴 안목을 갖게 되면, 지금까지 내가 말한 것은 단지 인생이라는 동전의 한 면일 뿐이라는 것을 인식하기가 훨씬 쉬워질 것입니다.

내가 이제까지 설명한 것은 여러분 삶의 내부 구성요소, 다시 말해 여러분 자신의 심리상태 안에서나 4가지의 하위체들 안에서 일어나고 있는 것입니다. 그러나 인식해야 할 것은 여러분이 육화를 청산하기 위해 지불할 대가는 여러분의 육체를 통해서나 4개의 하위체들을 통해 신의 에너지로 행하는 일에 대해 자신이 궁극적인 책임을 지는 것이라는 사실입니다. 내가 지금까지 설명한 것은 여러분이 하는 것이 무엇이든 자신에게 직접적인 영향을 미친다는 것인데, 왜냐하면 그것이 여러분의 4가지 하위체들에다 신념을 부여하고 에너지를 부적절하게 만드는 여과기를 형성하기 때문입니다. 이런 에너지들은 여러분의 4가지 하위체들 속에 축적되어 여러분을 창조력을 감소시킵니다. 그것은 또한 당면한 상황과 물질세계 너머를 보는 여러분의 통찰력과 능력을 저하시킵니다. 그러므로 우리는 "당신은 단지 당신 자신을 해치고 있다."는 오래된 격언을 인용할 수 있습니다.

그러나 우리는 이제 한 걸음 더 나아가 여러분이 육체로 있는 동안 행하는 모든 일이 단지 여러분 자신만을 해치는 것은 아니라는 점을 인식해야합니다. 여러분은 자신이 신체적 행동을 취할 때 잠재적으로 다른 사람들에게 영향을 미친다는 사실을 인식할 필요가 있습니다. 그리고 자신의 에너지 사용에 대한 책임이 여러분에게 있기 때문에, 어떤 행위도 우주거울에 의해 여러분에게 다시 반사되어 되돌아가게 될 것입니다. 이런 여러분의 과거 행위의 귀환 작용은 이번 생에서 하느님의 풍요가 실현되는 것을 방해할 수 있습니다. 이로 인해 여러분은 자신의 과거 행위가 물리적인 상황으로 나타나기 전에 그 과거의 행위의 반작용을 해체시키는 방법을 알 필요가 있습니다.

사랑하는 이들이여, 다른 사람들에게 영향을 미치는 것은 여러분의 육체적인 행동만이 아니라는 것을 설명하겠습니다. 지구행성의 모든 것은 에너지로 이루어져 있습니다. 그리고 여러분의 육체를 둘러싼 에너지장이 있는 것처럼, 행성지구 전체를 에워싼 에너지장이 존재합니다. 이 행성 에너지장의 일부는 인류가 오랜 시대에 걸쳐 생성한 불완전한 에너지들을 위한 창고 역할을 합니다. 이것이 바로 심리학자 칼 융(Carl Jung)이 "집단적 무의식(集團的 無意識)"이라고 부른 것이며, 이것은 실제로 중요한 발견입니다. 그러므로 우리는 여러분이 육체 속으로 내려갈 때 여러분의 4가지 하위체들이 "인류의 집단무의식"이라는 더 거대한 에너지장 속에 존재한다고 말할 수 있습니다. 이것은 여러분이 집단무의식에 의해 영향을 받을 수 있다는 것을 의미하며, 또 반대로 여러분이 그 전체의 의식에 영향을 미친다는 것을 뜻합니다. 예를 들면, 많은 사람들이 집단의식의 에너지에 너무 압도된 나머지 그들은 개성이 거의 없습니다. 그들은 자기 스스로 생각하고 자신의 결정을 내리기가 어렵다는 것을 알게 됩니다. 그들은 사회가 그들을 대신해 생각하고 그들에게 무엇을 해야 할지를 말해주기를 원합니다. 최신 유행의 패션을 맹목적으로 따르거나 사회에서 인기가 있는 것은 무엇이든 추종하는 사람들에게서 이런 현상을 볼 수 있습니다.

그러나 만약 여러분이 이런 유형의 사람들에게 속해 있다면, 이 책을 읽고 있지는 않을 것입니다. 그리고 영적으로 어느 정도 알고 있는 대부분의 사람들은 더 강한 개성의식을 가지고 있다는 것은 사실입니다. 그들은 우리가 대중의식(大衆意識)이라고 부를 수 있는 것과는 어느 정도 분리되어 있습니다. 그럼에도 불구하고, 만약 여러분이 진정한 영적성장을 성취하고 싶다는 소망이 있다면, 대중의식으로부터 자신을 분리시켜야한다는 것을 인식하는 것은 중요합니다. 여러분은 대중의식의 에너지에 의해 자신의 개인적 에너지장이 침범당하지 않도록 보호할 필요가 있습니다.

또한 여러분의 4가지 하위체들의 내용물이 긍정적이든 부정적이든, 대중의식에다 모종의 기여를 하게 된다는 사실을 인식하는 것도 중요합니다. 그렇기에 여러분은 절대로 대중의식이 자신과는 별도로 창조된 것으로 보거나 자신은 거기에 아무런 책임이 없다고 할 수가 없습니다.

긍정적인 면은 여러분이 자신의 개인의식을 향상시킬 경우, 동시에 그 전체 의식을 끌어올리게 될 거라는 것입니다. 이것은 예수가 "내가 땅에서 들리면, 모든 사람을 내게로 이끌겠노라(요한복음 12:32)."라고 말했을 때 설명한 것입니다. 그 내적인 의미는 인류가 동굴거주인(원시인)의 수준을 넘어선 유일한 이유는 오랜 시대에 걸쳐 마음의 힘을 발견한 소수의 개인들이 그들의 개체의식을 높이기 위해 그 힘을 이용했다는 것입니다. 그것에 의해 그들은 다른 모든 사람들을 조금씩 끌어올렸고, 결과적으로 집단의식을 향상시킴으로써 알려진 역사에서 볼 수 있는 모든 진보의 길을 열어놓았다는 사실입니다. 여러분은 예수가 육화한 이후 인류가 엄청나게 발전했다는 것을 알아차릴 것입니다. 사실, 지난 2,000년은 지난 10,000년보다 더 많은 진전을 보였습니다. 이것이 모두 예수의 승리로 인한 것이 아니라 보다 많은 사람들이 높은 수준의 그리스도 의식에 도달함으로써 집단의식을 고양시켰기 때문입니다. 그럼에도 불구하고 예수는 이 진보의 마지막 주기를 개시한 선두주자로 인정받을만합니다.

부정적인 면은 여러분이 그릇된 신념과 부적절한 에너지가 4개의 하위체들 속에 남아 있도록 허용할 경우, 집단의식을 끌어내리는 데 기여하고 있다는 것입니다. 이것을 언급하는 목적은 여러분이 육체로 있는 동안 4가지 몸의 내용물이 이 지구 전체에서 볼 수 있는 상황에 영향을 주고 있음을 알게 해주기 위한 것입니다. 여러분은 상황을 악화시키거나 개선되도록 돕고 있는 중입니다. "당신이 해결책의 일부가 아니라면, 문제의 일부이다."라는 속담처럼 말입니다.

***

사랑하는 이들이여, 내 요점은 여러분의 생각과 감정이 지구 전체에 커다란 영향을 미치는 까닭에 여러분의 행위가 단지 다른 사람들에게만 영향을 미칠 수는 없다는 점을 보여주려는 것입니다. 그러나 여러분은 또한 자신의 생각 및 느낌과 육체적 행위 사이에는 약간 다른 점이 있음을 인식해야합니다. 달리 말하면, 여러분의 자의식체, 사고체 및 감정체의 내용은 집단의식에 영향을 미치지만, 여러분이 신체적 행동을 취할 때는 타인들에게보다 좀 더 직접적인 영향을 미치는 다른 종류의 에너지 충격파를 생성하게 된다는 것입니다.

내가 여기서 여러분이 이해했으면 하는 것은 하나의 미묘한 차이점입니다. 예수는 "누구든지 여자를 보고 음욕을 품는 자마다 마음에서 이미 간음했느니라(마태복음 5:28)"라고 말했을 때 아주 심오한 언급을 했습니다. 그 이유는 여러분의 생각과 감정이 매우 강력해서 다른 사람들의 마음에 들어가 그들의 생각과 감정에 영향을 미칠 수 있는 에너지 충격파를 내보낼 수 있기 때문이며, 그것이 그들로 하여금 특정 행동을 취하도록 유도할 수 있습니다. 그럼에도 불구하고, 여러분의 생각 및 감정과 육체적인 행위 사이를 서로 구별할 필요가 있습니다. 예를 들어, 여러분이 사회의 법을 살펴보고 범죄를 저지르는 것에 대해 마음속으로만 생각할 경우, 법에 의해 기소될 수 없다는 것을 알 수 있습니다. 그러나 당신이 신체적 행동을 취하는 순간, 법의 지배를 받을 것입니다. 그 이유는 육체적인 행위를 했을 때 여러분은 물질세계, 즉 당면한 세계의 가장 낮은 수준으로 자신의 생각과 감정을 옮겨왔기 때문입니다. 이 세계는 물질우주의 4단계 중 가장 밀도가 높으며, 곧 그것은 물질영역으로 가져온 것은 아직 단지 생각이나 감정으로서만 존재하는 것보다 바꾸기가 더 어렵다는 것을 의미합니다.

다시 말해서, 예컨대 여러분은 잘못된 생각을 갖고 있을지도 모릅니다. 그리고 여러분이 그 생각에다 강렬한 감정을 주입해서 법이 허용하지 않는 어떤 것을 소유하고 싶다는 욕망을 유발할 수도 있습니다. 그러나 육체적 행동을 취하지 않는 한, 여러분은 자신의 생각과 욕망을 취소할 수 있습니다. 사실, 인간의 감정은 매우 유동적이어서 쉽게 변경하거나 새로운 방향을 제시할 수 있습니다. 인간의 생각은 더욱 유동적이며 바꾸기가 더 쉽습니다. 그래서 생각의 수준에서, 여러분은 자신이 틀린 방향으로 가고 있다는 것을 깨닫게 해주는 높은 통찰력을 받음으로써 자신의 계획을 즉시 바꿀 수 있습니다. 즉 이 수준에서는 여러분이 돌이킬 수 없는 물리적인 결과를 초래하지 않고도 교훈을 얻을 수 있습니다. 내 요점은 비록 여러분의 생각과 감정이 다른 사람들에게 영향을 미치더라도, 그 생각과 감정을 바꾸는 것은 아주 쉽다는 것입니다. 그러나 여러분이 육체적 행동을 취한 순간, 그 행동을 취소할 수 있는 것은 아무 것도 없습니다. 일단 육체적 행동을 취한 후에는 이미 생각과 감정을 시간과 공간의 영역으로 가져왔고, "시계를 되돌릴 수는 없다."라는 속담처럼, 여러분은 신체적 행위 단계로 가져간 것을 되돌릴 수는 없습니다.

사랑하는 이들이여, 이것은 매우 중요한 부분입니다. 그러므로 여러분이 좀 더 깊은 이해를 할 수 있도록 하겠습니다. 물질우주에 4가지 수준이 존재하는 것은 사실상 이원성 의식에 갇혀있는 사람들이 그들 자신이나 서로를 즉시 파괴하지 않고 자유의지를 행사할 수 있게 하는 보호의 한 형태입니다. 육체적인 행동은 여러분의 자의식체에서 처음 시작되어, 사고체에서 더 뚜렷한 모양을 취하며, 감정체에서 방향과 추진력을 얻습니다. 그러나 그것이 물질계의 선을 넘지 않는 한, 여러분이 더 높은 이해력을 갖게 되면 여전히 취소될 수 있습니다. 달리 말해서, 물질우주가 단 하나의 수준만이 있었다면, 여러분이 가진 모든 충동은 즉각 육체적인 행동으로 빠져들게 될 것이고, 여러분은 그것을 멈출 기회가 없을 것입니다. 따라서 어떤 잘못된 생각일지라도 필연적으로 여러분이 헤어날 수 없는 물리적인 결과가 초래될 것입니다. 물질우주가 4가지 수준으로 되어있기 때문에, 여러분은 불완전한 생각과 감정을 가질 수 있음에도 그것이 육체적인 행위가 되도록 허용하지 않는 한, 물리적인 결과를 겪지 않을 것입니다. 여러분은 자신이 인생에서 몇 번이나 잘못된 생각과 감정을 가졌었는지, 그러나 행동을 취하지 않았기 때문에 그 불쾌한 결과를 피할 수 있었는지 알 수 있나요? 모든 불완전한 생각이 물리적인 결과로 귀착될 경우, 여러분의 삶이 얼마나 어려워질 수 있었는지 아시겠습니까?

4가지 하위체들에 대해 아는 것이 모든 잘못된 생각과 감정을 정화하여 자신의 삶을 지배할 수 있는 놀라운 기회를 제공한다는 것을 이제는 이해할 수 있나요? 여러분의 4가지 하위체들이 더 순수하면 순수할수록, 더욱 더 여러분은 삶의 시련에 대한 자신의 반응을 통제할 수 있습니다. 즉 주어진 상황에 대응할 수 있는 여러 방법 중 하나를 선택할 수 없거나 선택의 여지가 없는 것처럼 느끼는 대신에, 여러분은 장기적인 관점에서 자신에게 가장 적합한 방식으로 대응하도록 선택할 수 있습니다. 여러분은 예수의 충고에 따라 복수를 추구하는 대신 다른 뺨을 돌려댈 수가 있습니다(마태복음 5:39).

사랑하는 이들이여, 이전의 열쇠에서 나는 자유의지의 법칙에 대해 이야기했고, 그것이 우리가 여기서 말하는 것에 중요한 영향을 미칩니다. 여러분이 다른 사람이 뭔가 잘못했다고 생각하고 그것에 대해 매우 화가 났다고 가정해봅시다. 마음속으로, 여러분은 그 다른 사람의 행동을 몇 번이고 반복해서 곱씹게 되고. 그리하여 심령에너지의 강력한 충격파를 내보내고 있습니다. 그 에너지가 다른 사람의 마음 속으로 유입되면, 십중팔구 그 사람의 감정체를 자극하여 더 동요시키게 됩니다. 그러므로 여러분은 그 사람에게 영향을 미쳤고 그 다른 사람이 분노로 행동하기 쉽게 만들었습니다. 그러나 여러분이 내보내는 에너지는 아직은 사고적, 감정적 수준에 머물러 있으며, 이것은 그 사람이 (그 에너지에 반응하여) 어떻게 행동할지에 관한 선택권이 있음을 의미합니다. 다시 말하면, 여러분은 자신이 내보내는 에너지에 대해 책임이 있지만, 다른 사람이 그 에너지로 하는 것에 대한 책임은 없다는 것입니다. 그러나 그 사람은 자신이 취하는 행위에 대한 책임이 있습니다. 우리는 이 점에서 여러분이 다른 사람의 자유의지에 영향을 미쳤지만, 그 사람의 자유의지를 직접적으로 침해하지는 않았다고 말할 수 있습니다.

하지만 여러분이 복수를 추구하는 것 같은 육체적인 행동을 취하는 순간, 그 방정식은 근본적으로 바뀝니다. 다른 사람에게 폭력행위를 저지름으로써 여러분은 그 사람의 자유의지를 직접 침해하게 됩니다. 여러분은 심령영역에서 자신의 생각과 감정을 가져 왔고, 그것을 돌이킬 수 없는 물리적 단계로 옮겨놓았습니다. 여러분이 이렇게 하기 전에 그 다른 사람은 당신이 보낸 에너지 충격파를 무시했을 수도 있지만, 여러분이 행동을 취한 후에는 그 사람이 더 이상 여러분의 행위를 무시할 수 없습니다. 여러분은 여전히 다른 사람이 여러분의 행동에 어떻게 반응하는지에는 - 그 사람이 여러분의 반응에 대해 책임이 없듯이 - 책임이 없지만, 여러분은 이미 선을 넘었고 자신의 행동을 이제는 되돌릴 수 없습니다. 여러분의 생각과 감정은 유동적 수준과 실험의 수준을 넘어서서 돌이킬수없는 결과의 단계로 이동했습니다. 모든 행동에는 정반대의 작용이 있으며, 육체적 행동을 취하면 자신과 다른 사람들에게는 불가피한 결과를 초래하게 됩니다. 분명히, 이것이 여러분의 4가지 하위체들을 정화해야 하는 또 다른 이유입니다. 그런 다음 불완전한 생각과 욕망이 육체적 행위로 옮겨져 극복하기 훨씬 어려운 결과를 가져오기 전에 그것을 제거할 수 있습니다.

사랑하는 이들이여, 우리는 이제 많은 사람들이 (책임지기를) 거부하도록 프로그램돼 있다는 현실을 인식해야합니다. 그들은 기존 종교 또는 유물론적 과학에 의해 프로그래밍 되었을 수도 있지만, 이 외적인 신념체계 뒤에는 이 세상의 지배자가 있으며, 그는 여러분이 자신의 상황과 미래에 대해 궁극적인 책임을 지고 그것을 수용하는 것을 방해하고자 합니다. 그러므로 세상의 그 지배자는 여러분이 이번 생 이전에 다른 생을 살았다는 것을 부정함으로써 자신의 과거 행위에 대한 책임을 회피할 수 있다고 믿게 만들려고 시도하고 있습니다. 그러나 여러분이 과거 생에 살았다는 사실을 인정할 때, 그 전생이 있음을 부정한다고 해서 어떤 것에서도 벗어날 수 없다는 것을 깨닫게 됩니다. 진정으로 유일한 탈출구는 자기초월을 통해서입니다.

환생에 대한 가르침이 기독교에서 제거된 주요 이유 중 하나는 많은 사람들이 자기가 전생에서 했던 행위에 대한 책임을 기꺼이 받아들이려하지 않는 이원성의식에 너무 갇혀있기 때문이라고 말할 수 있습니다. 그리고 이원성적인 마음의 불합리한 논리로, 그들은 환생의 개념을 무시하거나 부정한다면 어떻게든 책임에서 벗어날 수 있을 것이라고 추측했습니다. 그러면 그들은 현재의 행위가 미래의 생에 자기들에게 다시 돌아올 수 없다는 환상 속에서 삶을 살 수 있을 것입니다. 그러나 성서는 "복수는 나의 것이다. 내가 갚아줄 것이다(로마서 12:19)." "하느님은 조롱받지 않으시니, 사람이 뿌리는 것이 무엇이든, 또한 뿌린 대로 거두리라(갈라디아서 6:7)."라고 말하고 있습니다.

이 간단한 구절은 성서조차도 환생의 진실에 대해 근본적으로 인식하고 있음을 보여줍니다. 참으로, 하느님의 율법은 여러분이 하느님의 에너지로 무엇을 하든지 여러분에게 그 책임이 있다고 말합니다. 이 에너지는 우주거울에 의해 여러분에게 다시 반사될 것이고, 그렇기에 여러분은 자신이 과거에 취한 행동으로 표출했던 조건을 필연적으로 경험하게 될 것입니다. 달리 말하자면, 여러분이 다른 사람들에게 행한 일이 무엇이든, 반드시 그것을 스스로 경험하게 될 것입니다. 하지만 만약 어떤 사람이 살인을 저지르고 나서 결코 사회에 의해 붙잡히지 않으면 어떻게 될까요? 외견상, 그 사람은 타인의 생명을 빼앗아 그 사람의 자유의지에 해를 끼친 행위에 대한 처벌을 피한 것으로 보입니다. 그럼에도 불구하고 하느님의 율법은 피할 수가 없습니다. 그러므로 육체적인 행동을 취할 때, 여러분은 행위로 에너지 충격파인 씨앗(원인)을 뿌리고 있는 것입니다. 이 충격파는 물질영역의 4단계를 거쳐 순환할 것이며, 결국 그것은 당신에게 물질적인 상황의 형태로 되돌아 갈 것입니다. 그러나 이것은 시간이 걸릴 것이며, 따라서 우주로부터의 반작용은 미래의 생에서 일어납니다.

성경이 3대와 4대에 이르기까지 아버지의 불공정함이 미칠 것이라고 말하고 있다는 사실을 주목하십시오(출애굽기 34:7). 이원성적인 마음에게는 이것이 하늘에서 화난 존재가 하는 말처럼 들리겠지만, 환생의 진실을 깨달을 때, 여러분은 더 깊은 이해를 얻을 수 있습니다. 세 번째와 네 번째 세대는 절대로 육체적인 자녀가 될 수는 없으나, 여러분의 영혼이 나중에 3-4개의 생을 환생할 수는 있습니다. 사랑하는 이들이여, 여러분은 성경에 언급된 3대 및 4대와 물질세계의 4가지 수준 사이에 있을 수 있는 연관성을 아시겠습니까? 이것이 우연의 일치라고 생각하나요? 아니면 혹시라도 더 깊은 의미가 내포되어 있을까요?

***

만약 여러분이 환생에 대해 이해할만한 환경 속에서 자라나지 않았다면, 나는 이것이 다소 불편하고 어쩌면 두려운 주제가 될 수 있다는 것을 알고 있습니다. 그러나 삶에서 하느님의 풍요를 실현되는 데 장애가 될 수 있는 것을 이해하기 위해 여러분에게 필요한 모든 것을 주는 것이 나의 목표입니다. 그리고 이것을 완전히 이해하기 위해서는, 전생에서 여러분이 행위로 뿌려놓은 원인이 지금 물리적인 상황으로 나타날 수 있다는 것을 인식해야합니다. 그리고 이러한 상황들이 여러분의 삶에서 하느님의 풍요가 실현되는 것을 막고 있습니다. 여러분이 이것을 받아들일 때, 여러분은 자신이 분노한 신에 의해 처벌 받고 있고 탈출구가 없다는 불길하고 두려운 믿음에서 벗어날 수 있습니다. 여러분은 하느님의 법칙이 사실상 당신에게 성장을 위한 최상의 기회를 제공하도록 설정되어 있음을 알 수 있게 될 것입니다.

이전의 열쇠에서 나는 물질우주는 내장된 지연요소를 가지고 있다고 말했습니다. 우주거울은 여러분이 다른 사람들에게 행하는 일을 즉시 여러분에게 반사하지는 않습니다. 나는 이것이 유예기간이라고 말했고, 지금 이것이 어떻게 작용하는지 설명하겠습니다. 이 세상에는 매우 어려운 어린 시절을 겪었거나 아주 어려운 삶을 사는 사람들이 많이 있습니다. 그들은 자신의 잠재력에 비해 매우 낮은 단기적 정체감을 거의 형성할 수밖에 없는 상황에서 자라났습니다. 그러므로 현재의 지구상의 잘못된 환경 때문에 많은 사람들은 자신을 한계에 가두고 다른 사람들에게 해를 끼칠 수 있는 행동을 저지르기가 쉽습니다. 사랑하는 이들이여, 만약 그런 행위들이 우주거울에 의해 즉시 반사되어 되돌아오게 된다면, 많은 사람들은 간단히 스스로 파멸될 것이고, 따라서 이번 육화에서 더 성장할 수 있는 기회를 잃어버리게 된다는 것을 아시겠습니까?

인류가 영적성장의 무대인 전체 지구행성을 파괴할 집단적 하향나선을 매우 짧은 기간 내에 창조하는 것은 전적으로 가능합니다. 그러한 시나리오를 피하기 위해, 하느님은 4가지 수준을 가진 물질우주를 세우셨습니다. 이것의 작용은 여러분이 육체적인 행위를 할 때, 물질세계로 내보내지는 에너지 충격파를 발생시키고 있다는 것입니다. 이 충격파는 물질영역의 4가지 단계를 거쳐 순환하며, 3가지 상위 수준들을 거친 후에만 실제적인 물리적 상황의 형태로 여러분에게 다시 돌아올 것입니다. 사랑하는 이들이여, 동양의 종교들이 '카르마(業)의 법칙'이라고 부르는 이 원인/결과 법칙의 외적작용은 정말로 매우 복잡합니다. 그래서 내가 여기서 여러분에게 언급하는 것은 단순화된 이미지입니다. 간단한 예로, 여러분이 다른 인간을 살해했다고 가정합시다. 이런 육체적 행위를 저지름으로써 여러분은 원인을 만들어 내게 되며, 그로 인한 결과는 여러분이 자연적인 수명으로 남아있던 여생 동안 그 사람의 성장할 기회를 빼앗게 된다는 것입니다. 분명히, 이것은 다른 사람의 자유의지에 대한 직접적인 침해입니다. 이것이 당신에게 어떤 영향을 미칠까요?

우리가 이것을 좀 더 논의하기에 앞서, 나는 여러분이 하느님의 법칙을 어긴다 할지라도 하느님은 여러분을 처벌하고자하는 욕망이 전혀 없음을 분명히 밝히고자 합니다. 내가 전에 말했듯이, 분노하고 벌을 주는 신에 대한 전반적 개념은 이원성적인 마음과 적그리스도 마음의 산물입니다. 상황의 진실은 여러분이 다른 인간을 죽이는 행위를 저지른다면, 여러분의 행위는 자신의 3가지 상위체들의 중대한 불균형 상태로 인해 발생하게 되었다는 것입니다. 여러분은 오직 심하게 불균형적인 감정이 있는 경우에만 누군가를 죽일 수 있습니다. 그리고 그런 감정은 일련의 자기중심적인 생각에서 파생되며, 다시 그런 생각은 왜곡된 정체감으로부터 생겨납니다. 신은 여러분에게 자유의지를 주셨지만, 그분은 여러분이 어떤 잘못된 정체감에서 자유로워지는 모습을 보고 싶어 하십니다. 그러므로 만약 여러분이 다른 인간을 죽일 경우, 신은 여러분을 처벌하려는 마음이 없지만, 그분은 여러분으로 하여금 그런 행동을 범하도록 만든 믿음으로부터 여러분 자신이 자유로워지는 것을 보고 싶은 소망이 있으십니다. 그렇다면 여러분이 어떻게 그런 이기적인 믿음에서 스스로 최대한 벗어날 수 있을까요? 여러분이 다른 사람들을 죽이려는 욕망에서 벗어나기 위한 궁극적인 방법은 여러분 자신이 죽음을 당하는 것입니다. 그럼으로써 여러분은 육화해 있는 기회를 잃는 것이 어떠한지를 경험하게 될 것입니다. 참으로, 세상에는 자신의 삶에서 비극을 겪어봄에 따라 비로소 잘못된 욕망과 믿음에서 벗어난 많은 사람들이 있습니다. 오직 그때만이 그들이 깨달아서 깊이 뿌리박힌 자신의 믿음의 일부를 반성하고 재고하게 됩니다. 그러므로 궁극적으로 여러분이 다른 사람을 살해하게 만든 잘못된 믿음에서 벗어날 수 있기에 앞서, 실제로 자신이 살해당하는 경험이 필요할 수도 있습니다.

그러나 하느님은 분노하는 신이 아니고 자비로운 신이시기 때문에, 여러분이 다른 사람을 죽일 때 즉시 여러분 자신이 죽음을 당하지는 않는 우주를 만들어 놓으셨습니다. 대신에, 여러분이 타인을 살해할 때 생성된 그 에너지 충격파는 물질세계의 네 가지 수준을 통과하며 순환합니다. 이것이 여러분에게 그 에너지 충격파 또는 카르마적 업보(業報)가 자신에게 돌아와 죽음을 당하는 물리적 상황으로 나타나기 전에, 이원성적인 잘못된 믿음을 해결할 수 있는 기회를 주게 됩니다. 우리는 우주가 여러분에게 교훈을 배우고 제한된 믿음을 넘어서 성장할 수 있는 최상의 기회를 제공하도록 준비돼 있다고 말할 수 있습니다. 여러분의 과거 행위로 인한 에너지가 다시 여러분에게 돌아갈 때, 그 에너지는 먼저 여러분의 자의식체로 들어갑니다. 그것은 여러분이 과거 생에서 다른 사람을 죽이게 만들었던 믿음을 활성화할 것이며, 이것이 당신에게 그 신념을 다시 되새김질해 볼 기회를 제공합니다. 예를 들어, 여러분은 죽이는 것이 왜 잘못된 것인가에 관해 생각할 수도 있습니다. 만약 여러분이 그 첫 번째 기회를 받아들이지 않으면, 에너지 충격파는 사고체와 감정체를 순환할 것이며, 그 과정에서 두세 번째로 자신의 생각과 감정들을 음미하고 해결할 수 있는 기회를 얻게 됩니다. 이런 기회를 여전히 무시한다면, 그 에너지는 물질계로 순환하면서 여러분이 무시할 수없는 상황으로 나타나게 될 것입니다. 그렇기에 여러분은 인생에서 자신의 교훈을 어떻게 배우고 싶은지를 스스로 선택할 수 있다고 말할 수 있습니다. 여러분은 - 자신의 모든 것을 얻고 이해를 얻으려는 마음으로 - 그 교훈을 쉬운 방법으로 배우고 싶습니까? 아니면 어려운 방법으로 배우고 싶습니까? 여러분은 영적 깨달음을 추구하는 내면의 학교에 참석하고 싶습니까? 아니면 고난의 학교에 다니고 싶습니까?

사랑하는 이들이여, 이것의 엄청난 중요성과 이것이 여러분에게 주는 커다란 기회를 이해하시겠습니까? 카르마의 하강에 관해 말하는 영적인 가르침들이 있습니다. 그 진실은 과거에 당신이 저지른 잘못된 행위가 물질적 영역의 4가지 단계를 거쳐 내려와 당신에게 돌아올 거라는 것입니다. 그리고 여러분의 4가지 하위체들이 물질세계의 일부이기 때문에, 그 과거의 행위가 4개의 하위체들을 통과해서 내려온다고 말할 수 있습니다. 그것은 물리적인 상황으로 나타나기 전에, 당신 마음의 4단계를 통과합니다. 이것의 효과는 여러분이 그 에너지 충격파를 사전에 소멸시킬 수 있다는 것입니다. 즉 여러분은 그 하강하는 카르마를 자의식계와 사고계 또는 감정계에서 없애버릴 수 있습니다. 그러므로 그것이 물리적 현실이 되는 것을 막을 수 있습니다.

나는 서구의 많은 사람들이 카르마와 환생의 개념을 거부하는 이유를 충분히 이해합니다. 왜냐하면 지난 1,500년 동안 기독교는 환생의 진실을 부정해왔기 때문입니다. 따라서 수많은 서구인들은 동양의 가르침을 통해 윤회환생의 개념을 소개받고 있습니다. 그리고 이러한 가르침 중 일부는 환생에 대한 매우 숙명론적인 견해를 제시합니다. 그러한 가르침은 현생에서 여러분에게 일어나는 모든 일은 여러분이 과거 전생에서 행위로 심어놓은 원인의 결과라고 말합니다. 따라서 여러분이 이러한 사건들을 피하기 위해 할 수 있는 일은 아무 것도 없습니다. 하지만 이것은 이 세상의 지배자에 의해 조장된 철저한 거짓말입니다. 이는 사람들로 하여금 그들의 운명과 미래를 바꾸기 위해 노력해보지도 않고 포기하게 만들려는 시도입니다. 사실 환생과 카르마는 여러분이 자신의 상황이나 과거를 바꿀 수 있는 최대한의 기회를 제공하기 위해, 또는 적어도 자신의 과거가 현재와 미래에 가져올 영향력을 여러분이 변화시킬 수 있는 기회를 주기 위해 마련돼 있다는 것입니다. 나는 여러분이 전생에서 저지른 행위를 바꿀 수는 없다는 것을 알고 있지만, 그 행위를 통해 심어놓은 에너지 충격파를 바꿀 수 있다는 것은 압니다. 여러분은 오염된 부적절한 에너지가 자의식계, 사고계, 감정계를 거쳐 내려갈 때, 그 에너지를 (정화하여) 다시 원래상태로 돌려놓을 수 있으며, 따라서 그것이 물리적 상황으로 나타나는 것을 방지할 수 있습니다.

　사랑하는 이들이여, 여러분은 과거 생에서 자신이 행위로 심어 놓은 카르마가 이번 생에서 여러분이 풍족한 삶을 누리지 못하게 할 가능성이 있음을 아시겠습니까? 만약 여러분이 그 업장(業障)을 변화시킬 수 없다면, 어떻게 여러분의 물리적인 상황을 조금이라도 바꿔놓을 수 있겠습니까? 여러분이 하루 종일 기도를 하거나 긍정적 확언을 행하겠다고 의식적인 마음으로 결심할 수는 있지만, 여러분의 노력이 내려오는 업보를 소멸시킬 만큼 강력하지 않을 경우, 말 그대로 자신의 물리적인 상황을 바꿀 방법은 없습니다. 그러므로 여러분이 풍요로운 삶을 실현하는 것에 관해 진지한 마음이 있다면, 전생의 카르마가 물리적으로 현실화되어 극복하기가 훨씬 더 어려워지기 전에 자신의 그 업장을 소멸시킬 수 있는 방법을 찾아야합니다. 내가 앞에서 말했듯이, 생각과 감정은 쉽게 바뀌어 질 수 있지만, 일단 선을 넘어 물질영역으로 진입하면 시계를 되돌릴 수 없습니다. 마찬가지로, 전생에서의 업장은 물질계에 도달하기 전에는 쉽게 소멸될 수 있지만, 일단 선을 넘어 밀도가 높은 물리적 형태를 취하게 되면, 여러분이 거기서 스스로 벗어나는 것은 훨씬 더 어렵습니다. 이것을 여러분에게 시각적 이미지로 보여주기 위해, 산허리 아래로 흘러내리는 용암을 뿜어내는 화산을 생각해 보도록 하겠습니다. 용암은 액체와 유동체이며, 코스를 변경하기가 쉽습니다. 용암은 마침내 바다로 흘러가 부딪치고 빨리 냉각됨으로써 즉시 응고됩니다. 이제 용암은 단단한 고체가 되었고, 제거하기가 매우 어렵습니다. 하지만 만약 여러분이 액체상태의 용암을 처리할 수 있는 도구가 있다면, 그것을 쉽게 제거할 수 있습니다. 그러나 딱딱하게 굳은 용암은 그것을 제거하기에 앞서, 먼저 작은 조각으로 잘게 분해되어야합니다. 이것은 아직 내려가고 있는 카르마와 물질계에 진입하여 물질화된 카르마 간의 차이에 비교될 수 있습니다.

***

　어떻게 여러분이 자신의 과거 행위가 바람직하지 않은 물리적 상황으로 나타나는 것을 방지할 수 있을까요? 내가 말했듯이, 하느님은 여러분을 처벌하려는 마음이 없으며, 단지 여러분이 자신의 잘못된 믿음에서 벗어나기를 바라십니다. 그러나 하느님은 인간에게 자유의지를 주셨기 때문에, 여러분은 자신의 선택을 통해서만 자유를 누릴 수 있습니다. 여러분의 카르마가 나타나지 않게 하는 궁극적인 방법은 4개의 하위체들을 정화하는 것입니다. 만약 여러분이 과거의 삶에서 살인을 저지르게 만들었던 잘못된 믿음과 에너지들을 마음의 모든 수준들에서 제거한다면, 그 행위로 인한 육체적 업보를 전혀 겪지 않게 될 것입니다. 당신이 배워야 할 교훈을 이미 배웠다면, 왜 그런 물리적인 상황을 경험할 필요가 있겠습니까? 그러므로 하느님이나 영적 스승들이 이런 카르마가 내려오는 것을 비켜가게 하는 것은 전적으로 가능합니다. 물론 과거에 생성된 탁하게 오염된 에너지들은 여전히 균형이 잡혀져야하며 그렇게 하는 것은 당신의 책임입니다. 그럼에도, 여러분은 그런 불완전한 에너지들의 진동을 높여서 다시 원상 태로 돌려놓는 영적인 빛을 기원함으로써 그렇게 할 수가 있습니다. 즉, 여러 분이 물리적인 결과를 경험하지 않고도 자신의 과거 행위로부터 자유로워질 수 가 있는 것입니다. 그러나 이것은 오직 여러분이 우주거울에 의해 반사되는 그 카르마가 물질계로 내려가기 전에 소멸시킬 경우에만 가능할 수 있습니다.

여러분이 4가지 하위체들을 깨끗이 정화하게 되면, 내려오는 카르마가 거의 자동으로 소멸될 것입니다. 이것에 관한 구조역학을 설명하기 위해, 여러분의 자의식체 안에 있는 잘못된 믿음의 이미지로 돌아가 보겠습니다. 예를 들어, 여러분이 타인과는 분리된 존재이며 자신에게 영향을 미치지 않고도 다른 사람 들을 해칠 수 있다는 신념을 숙고해 보십시오. 이런 믿음은 이 지구행성에서 매우 일반적이며 이원성 의식으로부터 생겨납니다. 이 믿음은 여러분의 자의식 체로 흘러드는 에너지의 양과 그 진동을 감소시키는 작용을 합니다. 여러분이 자신의 달란트를 증식하지 않고 있기 때문에 영적세계로부터 오는 에너지 흐름 이 감소된다고 말할 수도 있습니다. 달리 말한다면, (잘못된 믿음으로 인해) 여 러분의 자의식체로 흘러들어가는 매우 높은 주파수의 빛이 전혀 없는 것입니 다. 여러분의 자의식체 안의 잘못된 믿음은 결과적으로 이기적인 육체적 행위 를 초래했으며, 이 육체적인 행위는 에너지 충격파, 즉 당신의 업보를 창조했 습니다. 이 에너지 충격파가 당신의 자의식체를 통해 걸러질 때, 그 카르마의 진동을 높일만한 더 높은 진동의 빛이 없으며, 그 카르마를 소멸시키거나 더 아래로 내려오는 것을 막을 빛이 없습니다. 여러분의 자의식체 안의 부적합한 에너지는 축적된 에너지와 동일한 진동을 가지고 있기 때문에 그 카르마를 차 단하지 못합니다. 따라서 카르마는 방해받지 않고 여러분의 사고체 안으로 흘 러들어갈 수 있으며, 이제는 물리적인 상황으로 나타나기에 한 걸음 더 가까워 지고 있습니다.

이제는 여러분이 자신의 자의식체 안에 있는 잘못된 신념 및 부적합한 에너 지를 제거하면 어떻게 되는가를 생각해봅시다. 여러분의 자의식체는 이제 빛으 로 가득 차게 됩니다. 더욱이 이것은 예수가 보다 비전적인 설교를 했던 것들 중의 하나인데, 바로 그가 "눈은 몸의 등불이니, 그러므로 네 눈이 성하면 온 몸이 밝을 것이요(마태복음 6:22)."라고 말했을 때입니다. 이것의 한 가지 의 미는 만약 여러분의 자의식체가 "순수"하다면, 이원성적인 신념에 의해 자체적 으로 분열돼 있지 않기 때문에 여러분 자신을 하느님과 하나로 본다는 것입니 다. 그러므로 여러분의 자의식체는 빛으로 가득 차게 될 것입니다. 그리고 내 가 전에 말했듯이, 여러분의 자의식체 안에 담겨질 수 있는 빛은 매우 높은 진 동을 가지고 있으며, 이것은 다시 돌아오고 있는 카르마의 낮은 진동을 소멸시 킬 가능성이 있음을 의미합니다. 만약 여러분의 카르마가 800Hz의 진동을 가 지고 있고 여러분의 자의식체가 90,000Hz에서 진동하는 빛을 유지할 수 있다 면, 더 강력한 그 빛이 쉽게 카르마를 소멸시켜서 더 아래로 내려오는 것을 막을 수 있다는 사실은 명백해질 것입니다.

그러나 이미 사고계나 감정계로 내려간 카르마는 어떻게 해야 될까요? 여러분은 자신의 자의식체를 정화하는 것과 같은 방법으로 이 2개의 하위체들을 정화함으로써 카르마를 소멸시킬 수 있습니다. 여러분의 자의식체가 이미 정화돼 있는 경우, 이 2가지 몸들을 정화하는 것은 훨씬 쉬워집니다. 그렇다면 물질계로 넘어갈 준비가 되어있는 카르마는 어찌 해야 할까요? 그것이 나타나는 것을 막기 위해 여러분이 무엇을 할 수 있을까요? 이를 해결하는 방법은 적절한 기법을 통해 높은 주파수의 영적 에너지를 기원하여 그 에너지가 그 카르마를 소멸시키도록 유도하는 것입니다. 그러나 그렇게 효과적으로 하기 위해서는, 여러분이 상위체들을 정화하기 위한 과정에 성심성의껏 몰두해야합니다. 그리고 이것이 바로 공개하기로 계획돼 있는 나의 새로운 로사리오들입니다. 나는 이런 로사리오들을 머지않아 전해 줄 것입니다.

***

사랑하는 이들이여, 나는 내가 지금까지 여러분에게 말해준 것은 여러분이 기존종교나 유물론에서 배웠던 것보다 훨씬 더 복잡한 삶에 관한 묘사임을 압니다. 또한 나는 이것이 처음에는 어느 정도 압도적으로 보일 수 있다는 것을 충분히 인식하고 있습니다. 그러나 나는 여러분이 내가 준 정보를 소화해감에 따라, 삶 속에서 날마다 겪는 한계들에서 벗어날 수 있는 독특한 기회를 여러분에게 제공하고 있다는 것을 알 수 있을 거라고 믿습니다. 그래서 사실상 내가 여러분에게 던지고 싶은 질문은 다음과 같습니다. 당신들은 남아 있는 여생 동안 그런 한계들을 계속 경험하시렵니까? 아니면 그러한 한계들을 스스로 극복하기 위해 기꺼이 단호한 노력을 해나가시렵니까?

사랑하는 이들이여, 이 지구상에는 4가지 하위체들 안에 저장된 부적합한 에너지와 내려오는 업보(業報)에 의해 억눌려 있는 사람들이 많으며, 그들은 현재 가지고 있는 마음의 틀에서 스스로 빠져 나올 수가 없습니다. 또한 그들은 일상적 삶의 쳇바퀴에서 벗어나 그들을 영원히 자유롭게 해줄 다른 무엇인가를 할 수가 없습니다. 만약 당신이 그런 사람들 중 한 명이었다면, 당신은 이 책을 읽는 데 관심이나 열망이 없었을 것입니다. 그러므로 나는 이 책에서 내가 주는 가르침과 도구를 여러분이 실제로 활용할 수 있을 거라고 믿습니다. 여러분은 자신이 갇혀 있을 수도 있는 하향나선을 다시 역전시킬 수 있습니다. 갇혀 있는 대신에, 여러분은 현재의 삶에서 자기가 진정으로 원하는 삶으로, 즉 마음의 평화와 풍요의 흐름 속에 있는 삶으로 여러분을 점차 이끌어 줄 영구적인 상향나선을 창조할 수 있습니다. 나는 여러분이 단호한 노력을 함으로써 자신의 인생을 바꿀 수 있고, 그것을 상향나선으로 돌려놓을 수 있음을 알 수 있을 거라고 믿습니다. 내가 이전의 열쇠에서 말했듯이, 이것이 하룻밤 사이에 일어나지 않을 것이지만, 나는 천리(千里) 길도 한 걸음부터 시작된다는 말을 다시 한 번 여러분에게 상기시키고자 합니다. 여러분에게 추가적으로 필요한 것은 한 번에 한 걸음씩 열심히 걸어 나가는 것이며, 그 작은 발걸음을 계속해 나간다면, 필연적으로 목적지에 도착하게 될 것입니다.

다시 말하지만, 여러분이 하향나선을 깨뜨리는 참된 열쇠는 잘못된 믿음과 수많은 생들에 걸쳐 4가지 하위체들에 축적된 부적절한 에너지를 정화하는 효과적인 방법을 찾는 것입니다. 이것이 진정으로 내가 이 책에서 여러분에게 제시하는 것이며, 이 책은 4개의 하위체들을 정화하는 체계적인 접근법입니다. 전에 말했듯이, 이 책에서 여러분에게 전해준 모든 것은 여러분의 4가지 하위체들에 저장된 이원성적인 믿음의 일부에 이의를 제기하도록 고안되었습니다. 이 지점까지 읽음으로써 여러분은 이미 그런 믿음들을 노출시키는 과정에 있습니다. 우리가 아직 행하지 않은 것은 높은 주파수의 영적에너지를 발동하여 그것을 4개의 하위체들 속에 있는 장애물로 유도하는 실용적인 기술을 제공하는 것입니다. 이것은 우리가 다음 열쇠들에서 실행하게 될 것이지만, 먼저 나는 여러분이 주요 장애들 중 하나를 극복할 수 있도록 추가적인 가르침을 주어야 합니다. 이 장애 때문에 수많은 영적 사람들이 이원성 의식의 교묘한 측면에 기초해 있는 삶에 대한 현재 접근방식에 계속 고착돼 있습니다.

여러분의 유한한 자아와 이 세상의 지배자가 설치해놓은 함정들 중 하나를 내가 폭로하도록 허용해주기 바랍니다. 다시 말하자면, 그것은 수많은 위장된 형태로 있는 "교만"이라는 함정입니다. 이것은 여러분이 모든 것을 다 안다고 생각하는 함정이며, 그렇기에 유한한 자아와 이 세상의 권력자를 넘어선 어떤 권위적인 인물도 따라야 할 필요가 없다는 것입니다. 여러분은 "교만은 파멸의 징조"라는 옛말을 떠 올릴 수도 있습니다. 그리고 이것이 사실이지만, 더 큰 문제는 교만은 당신이 몰락한 이후에 일어서지도 못하게 한다는 것입니다. 여러분이 몰락한 것은 사실상 더 이상 중요하지 않은데, 그것을 돌이킬 수 없는 것이 사실이기 때문입니다. 여러분이 변화시킬 수 있는 것은 몰락한 이후에 다시 일어서는 것입니다. 즉, 이원성 의식에 머물러있는 대신에, 여러분은 적그리스도의 마음에서 여러분을 자유롭게 해주는 위로 향한 나선을 시작할 수 있습니다. 그리하여 여러분 자신의 높은 존재와 다시 합일될 때까지 나선형 계단을 오를 수 있습니다. 그러므로 여러분에게 요청컨대, 내가 교만이라는 교묘한 책략을 여러분에게 드러내도록 허락해 주십시오. 교만은 여러분을 탈출구가 없는 것처럼 보이는 영적인 진퇴양난에 계속 빠져있게끔 고안되어 있습니다. 그리고 거기에는 여러분을 자유롭게 해주기 위해 신이 보내신 진정한 스승을 따르는 것 외에는 탈출구가 없습니다.

열쇠 - 19

여러분의 에고가 정말로 모든 것을 알고 있다면, 왜 여러분의 삶은 여전히 투쟁인 것일까?

사랑하는 이들이여, 여러분의 4가지 하위체들을 정화하고 과거행위의 결과를 극복하여 풍요로운 삶을 성취하기 위해 필요한 전반적 시야를 제시하려 합니다. 이를 위해서 마지막 몇 가지 열쇠에서 논의한 것들을 종합하겠습니다. 먼저 4가지 하위체들을 정화하려는 여러분의 노력에 대한 저항에 관해 이야기하면서 시작해봅시다.

이번 생 동안 매우 상처가 되는 상황을 겪은 많은 사람들이 있으며, 그러한 상황은 커다란 감정적 고통과 관련돼 있을 수 있습니다. 그러므로 내가 여러분의 감정체 안의 장애들에서 벗어나기 위해서는 그 장애물 뒤에 있는 믿음을 살펴볼 필요가 있다고 말할 때, 나는 많은 사람들이 그렇게 하는 것에 즉시 저항하리라는 것을 알고 있습니다. 그들은 과거의 상황에 대해 생각하는 것이 자신을 감정적 고통과 불편함으로 몰아넣을 것이라는 사실을 압니다. 나는 그런 반응을 나타내는 사람들을 비난하려는 입장은 아닌데, 그들이 그런 감정적인 고통을 피하기를 원하는 것은 이해할만한 것이기 때문입니다. 그러나 여러분이 과거의 그 고통스러운 상황을 실제로 살펴보기 전에, 내가 감정적 고통의 강도를 줄일 수 있는 방법을 보여 준다면 어떨까요? 만약 그 고통의 강도가 감소된다면, 과거를 살펴보는 것은 일시적이고 견딜 수 있는 정도의 불편만이 될 것입니다. 이런 경우, 하루 24시간 내내 여러분에게 영향을 주는 잘못된 믿음에서 벗어나기 위해 일시적인 불편함을 감수하는 것은 겪을만한 가치가 있습니다. 나는 이것이 여러분의 돈을 두 배로 늘릴 수 있다면 주식을 매입하기 위한 좋은 투자가 되는 것처럼, 아주 좋은 투자가 될 것임을 여러분이 알 수 있을 거라고 확신합니다.

사람들이 그들의 4가지 하위체들을 정화하기 시작할 때 부딪히는 또 다른 방해의 형태는 우리가 습관의 힘이라고 부르는 것입니다. 하나의 시각적인 이미지로서 언덕 아래로 흐르는 물을 상상해보십시오. 물은 흘러내리며 언덕의 중턱에다 작은 홈을 새기는 경향이 있으며, 홈이 형성되기 시작하면 그리로 더 많은 물이 유입되어 통과하게 됩니다. 따라서 그 홈이 더 깊어져서 강을 포함한 작은 협곡이 될 때까지 더욱 더 깊어질 것입니다. 내 요점은 이것이 바로 여러분의 4가지 하위체들 속에 어떻게 습관이 형성되는지에 대한 시각적인 이 미지라는 것입니다. 빛이 흐르며 여러분의 4가지 하위체들을 통과할 때, 그것은 최소한의 저항의 길을 따릅니다. 다시 말해, 만약 여러분이 사고체 안에 그릇된 믿음을 갖고 있을 경우, 그 믿음과 그 믿음으로 인해 생성된 부적합한 에너지는 빛이 흐르기가 더 어렵게 만드는 장애물이 될 것입니다. 그래서 빛은 그 주변을 흐르려는 경향이 있으며, 그로 인해 여러분의 생각은 어떤 일정한 패턴으로 조종되어, 자신의 감정이 선례를 따르게 만듭니다. 이것은 여러분에게 볼 수 있는 선택권을 제한하는 영향을 미치며, 그에 따라 여러분의 창의적인 표현이 제한됩니다. 이 때문에 결과적으로 여러분은 사고적, 감정적 습관을 형성하게 되는데, 말하자면, 여러분이 어떤 상황에 대해 특정방식으로 반응하게 하는 정신적 틀이 만들어지게 되는 것입니다. 그 결과, 의식적인 마음의 수준에서 여러분은 특정 상황들에 대해 자신의 반응을 통제할 수 없게 됩니다. 여러분의 반응은 자신의 감정체, 사고체, 자의식체뿐만 아니라 육적인 마음 속에 존재하는 습관에 의해 미리 결정됩니다.

만약 여러분이 주변의 아는 사람들과 자신의 삶을 살펴본다면, 이것은 매우 일반적인 문제라는 것을 알게 될 것입니다. 수많은 사람들이 말 그대로 특정상황에 대해 자신의 반응을 선택할 수 있는 선택의 자유가 없습니다. 과거에 형성된 습관으로 인해, 그들은 어떤 상황들에 대해 필연적으로 분노로 반응하고는 합니다. 그들은 그렇게 하는 것을 절대로 자기 스스로 멈출 수가 없으며, 결과적으로 두 사람 사이의 관계가 파탄에 이르거나 덜거덕거리는 상태로 고정돼있는 경우가 종종 있습니다. 한 사람은 다른 사람이 싫어하는 어떤 것을 말합니다. 두 번째 사람은 거기에 대해 분노로 반응하고, 그때 첫 번째 사람도 분노로 반응합니다. 두 사람은 이제 서로에게 화를 냅니다. 그리고 그들 중의 누구도 분노에서 벗어날 능력이 없으며 그 상황에 대해 보다 애정 어린 반응을 선택할 수 있는 힘을 갖고 있지 않습니다.

습관의 극단적인 형태는 마약이나 술과 같은 물질에 대한 중독입니다. 그러나 더 많은 미묘한 습관들이 있으며, 실제로 어떤 육체적 행동패턴은 상위의 몸들인 사고체나 감정체의 습관에서 시작됩니다. 습관을 끊는 데 있어서의 주요 문제는 그렇게 하는 것에 대한 저항이 있다는 것입니다. 내가 말했듯이, (에너지) 통로는 여러분 마음의 여러 수준들에 새겨져있고, 에너지는 그 통로를 통해 흐를 것입니다. 그렇기에 마음의 상위수준에서 그 패턴을 바꾸기 위해서는 많은 노력이 필요합니다. 많은 사람들이 특정한 습관을 바꾸려고 시도했지만 성공하지 못했습니다. 그들은 잠시 동안 자기의 습관을 바꿀 수 있다는 것을 발견하지만 그렇게 하는 것은 힘든 전쟁입니다. 그들이 조금이라도 긴장을 풀자마자, 그들은 재빨리 낡은 과거 습성패턴으로 되돌아가고 맙니다. 어떤 사람들은 외적인 행동을 바꿀 수는 있지만, 과거의 행동패턴으로 돌아가지 않기 위해 아마도 남은 삶 동안 내내 진행될 전투를 치러야합니다.

분명히, 이것은 풍요로운 삶이 아닙니다. 여러분이 끊임없이 자신과 싸우는 투쟁에 몰두하고 있을 때 어떻게 삶을 즐길 수 있겠습니까? 하지만 나는 많은 사람들이 오래된 습관을 버리는 것이 매우 어렵다는 것을 경험을 통해 알고 있기 때문에 그들이 습관을 붙잡고 씨름하기 꺼려하는 것을 이해합니다. 그럼에도 내가 습관을 깨는 것에 대한 저항을 줄이고 여러분을 어떤 생각이나 감정 및 행동의 특정패턴으로 끌어당기는 자력(磁力)을 감소시키는 방법을 보여줄 수 있다면, 어떨까요?

＊＊＊

　사랑하는 이들이여, 여러분이 과거의 상처 입은 상황에 대해 생각할 때 자신이 느끼는 감정적인 고통을 유발하는 원인은 여러분의 상위체들, 특히 감정체 안에 축적된 에너지입니다. 습관을 깨뜨리기 너무 힘들게 만드는 것은 감정체, 사고체, 그리고 자의식체 안에 축적된 에너지들도 마찬가지입니다. 이 에너지는 말 그대로 자기장(磁氣場)과 거의 같은 효과를 내는 에너지장을 형성합니다. 여러분은 자석 주변의 에너지장이 그 범위 내에 있는 금속 물체를 끌어당길 것이라는 사실을 아주 잘 압니다. 그러므로 여러분이 자신의 4가지 하위체들 안에 이러한 자기장을 갖고 있다면, 그것이 여러분의 생각과 감정을 끌어당길 것입니다. 그것은 말 그대로 여러분의 생각과 감정을 특정패턴으로 끌어들이며, 그런 이유로 어떤 상황에 대한 여러분의 반응이 미리 결정되고 미리 프로그램되는 것입니다.

　여러분이 오염된 에너지를 정화하고 그에 따라 진동이 높아지는 강력한 기법을 사용하면 어떻게 될지 상상해보십시오. 갑자기, 과거의 상황과 관련된 감정적 고통의 강도가 감소합니다. 여러분은 이제 고통에 압도당하지 않고 이러한 상황에 관해 생각할 수 있습니다. 말하자면, 마치 여러분이 다른 사람을 상대하는 것처럼 그것을 객관적으로 볼 수 있습니다. 여러분은 자신이 다른 사람들의 문제를 해결하는 것은 항상 쉽다는 것을 압니다. 그 이유는 여러분이 (그 타인의 문제에) 감정적으로 관련되어 있지 않기 때문입니다. 그러므로 상황을 보다 객관적으로 바라보고 그 사람의 감정적인 에너지의 베일 뒤에 숨어있는 해결책을 볼 수가 있습니다.

　마찬가지로, 여러분이 어떤 행동패턴을 따르게 만드는 자력적인 힘을 줄이면, 통상적인 "금단증상" 없이 훨씬 쉽게 종종 습관을 끊을 수 있습니다. 사랑하는 이들이여, 이 사실에 관련된 엄청난 잠재력을 이해하시겠습니까? 단순히 에너지를 제거함으로써 과거의 고통스러운 상황을 스스로 재검토하기가 훨씬 쉬워집니다. 따라서 여러분이 그러한 상황 하에 있던 동안에 내린 결정을 밝혀낼 수 있습니다. 그리고 여러분은 의식적으로 자신이 지금 가지고 있는 명확한 비전에 기초하여 더 나은 결정을 함으로써 그 과거의 결정을 대체할 수 있습니다. 여러분이 낡은 습관의 자력적인 힘을 제거하면, 그 습관 뒤에 있는 결정을 밝혀내기가 훨씬 쉬워집니다. 그런 다음 결정을 바꾸고 잠재의식 속에다 새롭고 보다 생산적인 통로를 타개할 수 있습니다. 그런 다음 부정적이고 한계에 갇힌 것보다는 긍정적인 습관을 형성할 수 있습니다. 내가 여기서 보여주고자 하는 것은 여러분의 과거로부터 스스로 자유로워지는 데는 다음과 같은 3가지 주요 구성요소가 있다는 것입니다.

● 하나는 여러분의 자의식, 사고, 감정 및 육적인 마음에 저장된 잘못된 결정과 신념을 극복하는 데 관련된 내면적인 요소입니다. 여기에는 여러분이 여러 생들에 걸쳐 갖고 다니는 장기적인 마음속의 결정과 현재의 육체에 부속된 단기적인 마음 속에 있는 결정들이 포함됩니다.

● 두 번째 요소는 4개의 하위체들 안에 저장된 부적합한 에너지를 변형시켜야 한다는 것입니다. 이렇게 하면, 여러분이 유한한 습관을 깨뜨리는 것이 더 쉬워지고, 그로 인해 과거의 정신적 외상에서 비롯된 상처들을 더 쉽게 치료할 수 있을 것입니다.

● 세 번째 구성 요소는 과거의 행위에 따라 우주의 거울에 의해 반사되는 에너지 충격파인 카르마를 소멸시켜야한다는 것입니다.

나의 사랑하는 이들이여, 이 세 가지 목표를 성취하기 위한 강력한 기법을 찾아 이용하면, 여러분의 삶은 즉시 더 잘 돌아갈 것이며, 여러분은 빠르게 상승나선을 형성할 수 있다는 것을 아시겠습니까? 잠시 동안 결정적인 노력을 기울임으로써, 여러분은 이 나선형을 스스로 구축하여 강화시킬 수 있습니다
사람들이 그들 스스로 하향나선을 만드는 것이 얼마나 쉬운 지 생각해보십시오. 그들은 에너지를 부적절하게 오염시키는 수많은 부정적인 믿음들을 받아들였습니다. 이러한 신념과 부적절한 에너지는 그들의 생각과 감정을 최선의 이익이 아닌 행위로 인도하는 특정패턴으로 끌어당깁니다. 이러한 행위는 결과를 가져오며, 사람들이 부정적인 결과를 겪을 때 그들의 상위체들 안의 그런 패턴은 그들로 하여금 부정적인 생각과 감정으로 반응하게 만듭니다. 이것은 훨씬 더 많은 에너지를 오염시키고 부정적인 믿음들을 강화시키며, 사고적, 감정적인 패턴을 확고히 굳어지게 합니다. 이것은 물론, 더욱 많은 에너지를 부적합하게 만들고, 하향나선은 매우 신속히 형성될 수 있습니다. 이 나선형은 자체적으로 강화되고 영속화되어 말 그대로 사람들을 정신적으로나 감정적으로 마비된 상태로 데려갈 수 있습니다. 그들은 어디에도 갈 곳이 없고, 움직일 수도 없으며, 모든 면에서 박스 안에 갇혀 인생에서 별 다른 선택의 여지가 없는 것처럼 느낍니다. 이것은 실제로 선택권이 없기 때문이 아니라, 그들이 4가지 하위체들 안의 잘못된 신념과 오염된 에너지로 인해 제대로 보지 못하거나 비전에 따라 행동하지 못하기 때문입니다. 그들은 자신을 바꿀 수 없다고 생각하기

때문에, 외부 상황을 어떻게 바꿔야 하는지를 알 수가 없습니다. 사랑하는 이들이여, 이것은 물론 심리학자들이 '우울증'이라고 부르는 것이고, 더 심한 정신질환으로 쉽게 발전할 수도 있습니다.

이것을 거론하는 나의 요지는 이 지구상의 대부분의 사람들이 그런 하향나선을 창조할 수밖에 없는 상황에서 자라났음을 보여주기 위한 것입니다. 그리고 여러분은 그러한 나선을 끊는 것이 하룻밤 사이에, 또는 결의가 굳은 노력 없이 이루어질 것이라고 기대해서는 안 됩니다. 그러나 여러분이 결심해서 기꺼이 그런 노력을 기울인다면, 이 나선을 깨뜨릴 수 있고, 그 대신에 상향적이고 무제한 계속되는 나선을 창조할 수 있습니다. 일단 여러분이 방향을 바꾸어 상황을 호전시키게 되면, 여러분의 삶은 말 그대로 완전히 새로운 차원으로 나아갈 것입니다. 그런 다음에는 물질적 형태의 풍요뿐만 아니라 영적인 형태의 풍요로도 삶을 경험하게 될 것입니다. 영적인 풍요는 더 커다란 행복, 보다 증진된 마음의 평화, 삶의 기회와 목표의식 및 성취에 관해 확대된 비전을 의미하며, 그 모든 것이 내가 앞서 언급한 완전함에 이를 때까지 증가합니다. 그러므로 하향나선을 해체시키고 상향나선을 창조하려는 노력은 해볼 만한 충분한 가치가 있습니다.

나는 여러분이 이 과업을 어떻게 성취할 수 있는지에 관해서 설명해주었습니다. 나는 또한 내가 여러분이 정말로 그 일을 하겠다고 결정을 내리는 데 필요한 동기를 부여했기를 바랍니다. 그리고 전에 말했듯이, 나는 여러분에게 필요한 실질적인 도구를 나중에 줄 것입니다.

***

이 시점에서 나는 자립 분야의 많은 사람들, 심지어 영적성장에 몰두해 있는 사람들조차도 간과하는 경향이 있는 주제에 관해 이야기하고 싶습니다. 그리고 그들은 이 개념을 이해하지 못하기 때문에 자신의 개인적 성장을 필요 이상으로 어렵게 만듭니다.

사랑하는 이들이여, 이전의 열쇠에서 나는 여러분이 - 의식적인 여러분을 의미함 - 자신의 영적스승에게 등을 돌리기로 결정했을 때 이르게 된 모종의 단계가 있었다고 설명했습니다. 어떤 결정을 잘못했기 때문에 더 이상 결정을 내리고 싶지 않다고 여러분이 결심한 단계가 있었습니다. 이것이 여러분의 유한한 자아를 낳았으며, 그 이후로 유한한 자아는 여러분의 삶에서 수많은 결정을 내렸습니다. 실제로, 여러분이 유한한 자아에게 하향나선을 창조한 결정을 내리도록 허용한 것은 사실입니다. 그 이유는 여러분의 유한한 자아는 이원성에서 태어났으며 그렇기에 오직 이원성에 기초한 결정만을 할 수 있기 때문입니다. 그러한 결정들은 필연적으로 여러분의 창조적인 힘을 제한할 것이며, 우주거울에 의해 여러분에게 다시 반사될 불완전한 결과를 생성할 것입니다.

유한한 자아가 의식적인 여러분과 여러분의 자아영역에다 가하고 있는 압력을 없애기 위해서는 어떻게 해야 할까요? 자, 이런 일이 실제로 이루어질 수 있는 유일하게 참된 길이 하나 있습니다. 즉, 그것은 의식적인 여러분이 자신을 유한한 사아와 분리시키는 것입니다. 여러분은 분리되어 하느님의 "택하신 백성"이 되어야하며, 이는 여러분이 유한한 자아와 이 세상의 지배자가 제공한 이른바 이원성적 현실(우상) 대신에 그리스도의 더 높은 현실에 도달하기로 선택한다는 것을 의미합니다. 여러분은 말 그대로 유한한 자아, 즉 에고와 자신을 동일시하는 것을 멈추어야합니다.

그러나 이것이 일어나기 위해서는 여러분이 몇 가지 일을 해야 합니다. 여러분은 먼저 자신의 삶, 운명, 구원에 대한 모든 책임을 기꺼이 되찾겠다는 종합적인 결정을 내리지 않으면 안 됩니다. 이런 전반적인 결정을 내린 후에, 여러분은 자신으로 하여금 나선형 계단을 내려가게 만든 결정을 자진해서 한 번 살펴보겠다고 결심해야합니다. 또한 여러분은 자신의 창조력을 제한했던 것이 왜 이원성적인 결정들이었는지를 이해해야 합니다. 마지막으로, 여러분은 더 나은 결정을 내릴 수 있게 해주는 그리스도 마음의 높은 이해에 도달함으로써 그런 결정들을 대체시켜야합니다.

사랑하는 이들이여, 여기에 미묘한 차이점이 있다는 것을 설명하겠습니다. 나는 여러분이 결정을 내리지 않기로 결심한 후에, 유한한 자아가 삶에서 많은 결정을 내릴 수 있게 허용했다고 말했습니다. 또한 나는 여러분의 유한한 자아에 의해 내려지는 모든 결정들이 이원성적인 결정이라고 말했습니다. 하지만 나는 여러분이 자신이 육화했던 모든 생에서 유한한 자아가 했던 이원성적인 모든 결정들을 의식적으로 밝혀내고, 검토하고, 대체해야한다고 말하고 있는 것은 아닙니다. 내가 말하고자하는 것은 나선형 계단을 내려갈 때마다 여러분은 하느님으로부터 더욱 더 멀어지는 결정들을 내렸다는 것입니다. 누가 그런 결정을 내렸을까요? 바로 의식적인 여러분이 그렇게 했습니다! 그런 결정들은 항상 유한한 자아와 이 세상의 지배자가 제공한 한가지나 그 이상의 거짓말들에 의해 영향을 받았지만, 여러분은 자신이 이러한 거짓말의 영향을 받도록 스스로 허용했습니다. 왜냐하면 여러분은 미래에 대한 명확한 시각을 통해 진정으로 여러분 자신과 그런 결정이 가져올 결과에 대해 기꺼이 책임지려하지 않았기 때문입니다.

이것에 관한 시각적인 이미지를 여러분에게 주기 위해서인데, 자, 여러분이 수많은 층이 있는 건물 내의 계단을 걸어 내려가고 있다고 상상해보십시오. 여러분은 그 다음의 아래층에 도착할 때까지 첫 번째 계단을 걸어 내려가기로 결정합니다. 일단 여러분이 그 층에 도착하면, 그 층의 각 방들을 걸어서 둘러볼 수 있습니다. 그 층에서 여러분이 무엇을 하든지, 더 이상 내려가지는 않습니다. 아래로 더 내려가려면, 다시 그 계단으로 돌아가서 다음 계단으로 내려 가야합니다. 내 요점은 아래층으로 내려가려면, 의식적인 여러분이 결정을 내려야 한다는 것입니다. 이런 결정을 내림으로써, 여러분은 자신을 더 높은 층에 있던 원래의 신분이 아닌, 신과 더욱 분리된 낮은 존재로 여러분 자신을 표출하는 정체성을 받아들입니다. 일단 그 층으로 내려가면, 여러분의 유한한 자아가 모든 것을 접수하여, 여러분이 형성한 새로운 정체감을 토대로 수많은 결정을 내릴 것입니다. 그러나 그 결정들 중 어느 것도 여러분을 더 아래로 데려가지는 않을 것이지만, 그것이 여러분이 다시 올라가기 더 어렵게 하거나 아래로 내려가는 결정을 쉽게 하게 만드는 강한 습관을 형성할 것입니다.

내 요점은 여러분의 유한한 자아는 컴퓨터와 아주 흡사하다는 것입니다. 그것은 어떤 결정을 내리도록 프로그램돼 있지만, 자체적으로 그 프로그래밍을 변경할 수는 없습니다. 그것을 바꾸려면, 의식적인 여러분이 컴퓨터 프로그래밍을 변경하는 작업을 하기 위해 프로그래머(programmer)로서 관여해야합니다. 그러나 유한한 자아는 새로운 정체감을 스스로 받아들일 수 없는 반면에, 그것은 외적인 힘들, 예컨대 타인들이나 어떤 신념체계, 또는 이 세상의 지배자로부터 오는 직접적인 영향력에 의해 쉽게 영향 받을 수 있습니다. 그렇기에 여러분의 유한한 자아는 참으로 여러분에게 더 낮은 정체감을 받아들이라고 촉구할 수는 있지만, 다음 층으로 내려가기로 결정하는 것은 항상 여러분에게 달려 있습니다. 한 가지 예로, 어린 시절에 여러분이 그림을 그린 다음 그것을 어른에게 보여주었다고 생각해 보십시오. 그런데 여러분이 어른으로부터 부정적 반응을 얻게 될 경우, 그림 그리기에 흥미를 잃게 됩니다. 여기서 실제로 일어난 일은 불쾌한 반응으로 인해 여러분이 "나는 창조적인 재능이 없는 사람이야." 라는 결정을 내렸고, 미래의 불쾌감을 피하기 위해 다시는 자신의 창의력을 결코 표현하지 않기로 결정했다는 것입니다. 비록 이것이 비교적 사소한 결정인 것처럼 보일 수도 있지만, 그것은 여러분의 인생에 커다란 영향을 줄 수 있습니다. 즉 창조적인 표현이 필요한 직업을 가질 기회를 차단할 수도 있고, 그로 인해 여러분의 인생계획을 성취하지 못하고 창조적인 기쁨을 누리지 못할지도 모릅니다. 또한 여러분의 유한한 자아는 흥미를 느낄 수 없는 신념에 기초해서 어떤 직업을 추구할 것인지, 대학에서 무엇을 공부할 것인가 등과 같은 많은 결정을 내렸을 수도 있습니다. 그러나 여러분이 의식적으로 취소해야하는 한 가지 결정은 창의력이 없는 사람으로서의 정체감을 형성하게 만든 원래의 결정입니다. 사랑하는 이들이여, 이제는 자신이 유한한 인간이고 영적존재가 아니라는 생각과 같은 더욱 깊은 결정들도 숙고해보십시오. 또는 여러분이 다른 사람들보다 더 중요하기 때문에 자신이 원하는 무엇인가를 할 수 있는 분리된 한 개인이라는 생각도 말입니다. 수많은 생들 이전에 이루어진 그러한 결정들이 어떻게 여러분의 현재의 정체감의 모든 측면에 영향을 미칠 수 있었는지, 그리고 그것이 어떻게 신과 공동창조자로서의 여러분의 진정한 잠재력을 부정하게 만들고 있는지를 상상해보십시오.

그런데 좋은 소식은 유한한 자아가 했던 모든 결정을 여러분이 의식적으로 다 대체할 필요가 없다는 것입니다. 여러분은 단지 우주계단에서 다른 계단 또는 다른 층으로 내려가기로 했던 결정만을 취소하면 됩니다. 일단 이러한 결정

중 하나를 취소하면, 큰 결정에서 비롯된 모든 결정들이 쉽게 취소됩니다. 분명히, 여러분은 여전히 그러한 결정들로 인해 생성된 부적합한 에너지를 정화해야만하지만, 결정 자체는 사라집니다. 나쁜 소식은 여러분이 다른 계단을 내려가기로 한 각각의 결정을 의식적으로 취소해야하며, 그렇게 하기 위해서는 원래의 습관인 주된 습관을 극복해야만 한다는 것입니다.

***

여기에 작동하는 교묘한 장치가 있다는 것을 이해하는 것은 매우 중요합니다. 간단한 사실은 유한한 자아가 창조되어 여러분이 그것으로 하여금 여러분의 삶을 부분적으로 통제할 수 있게 허용했을 때, 여러분은 외견상 불쾌하거나 압도적인 듯한 상황 또는 결정으로부터 도망가는 패턴, 거부하는 패턴을 확립했다는 것입니다. 본질적으로, 여러분은 특정상황들을 경험하고 싶지 않다고 결정했는데, 우선 과거의 선택으로 인한 결과를 경험하기를 원하지 않았으며, 그 다음에는 과거의 잘못된 선택에 의해 이미 깊은 영향을 받은 상태에서 새로운 선택을 해야 하는 고뇌를 경험하고 싶어 하지 않았습니다. 그래서 여러분은 그런 상황에서 뒤로 물러났고 유한한 자아가 불쾌한 상황에 대처하는 결정을 내릴 수 있도록 허용했습니다. 내 요점은 이런 행동이 불쾌하거나 너무 어려운 것처럼 보이는 결정으로부터 도망치는 매우 뿌리가 깊고도 매우 교묘한 패턴을 확립했다는 것입니다. 이것은 어떤 것을 무시하거나 부인함으로써 그것을 경험하는 것을 회피할 수 있다고 생각하는 패턴입니다. 그러므로 내 요점은 만약 여러분이 유한한 자아를 구성하고 있고 그것을 계속 살아 있게 하는 이원성적인 선택을 취소하고자 한다면, 불쾌하거나 압도적인 것처럼 보이는 것에 등을 돌리고 도망가는 이런 습관, 이런 패턴을 깨야한다는 것입니다. 여러분은 의사결정에서 도망치는 짓을 멈춰야 합니다. 기꺼이 돌아서서 여러분이 지금까지 대면하지 않았던 것들을 용기 있게 직시해야합니다.

사랑하는 이들이여, 나는 특정종교나 영적철학 또는 스승을 발견함으로써 영적인 삶의 측면에 대해 깨어난 수많은 영적 구도자들을 관찰했습니다. 그들은 매우 열성적이 되며, 즉시 새로운 가르침을 연구하고 성장을 위한 기법을 실습하는 열렬한 시기에 몰두합니다. 이것이 실제로 그들로 하여금 새롭고 더 높은 이해에 마음을 열게 만들었고 그렇게 하는 가운데 어느 정도 진보를 이룹니다. 그러나 얼마 후 많은 사람들이 어려운 결정에서 도망가는 패턴을 중단하기 전에는 더 이상 발전하지 못하는 단계에 이르게 됩니다. 사랑하는 이들이여, 이것은 여러분의 영적 진로에서 매우 중요한 부분입니다. 나는 유한한 자아와 이 세상의 지배자는 무엇에 목숨이 걸려 있는지 정확히 안다고 보증할 수 있습니다. 만약 여러분이 도망치는 그 습성을 깨뜨릴 수 있다면, 그들은 여러분을 지배하는 힘을 잃을 것입니다. 그들은 잠시 동안 여러분에게 영향을 줄 수 있고 여러분의 진도를 늦출 수는 있습니다. 하지만 일단 여러분이 완전한 책임을 지는 중요한 단계를 통과하면 더 이상 여러분을 완전히 통제할 수 없게 됩니다.

그들이 여러분에 대한 모든 영향력을 상실하기까지는 단지 시간문제일 뿐입니다. 일단 여러분이 그 중요한 지점을 통과하면, 유한한 자아와 이 세상의 세력이 뒤엎을 수 없는 상향나선을 만들어낼 것입니다.

내 요점은 여러분의 유한한 자아와 이 세상의 지배자는 여러분이 도망가는 패턴을 단절하지 못하게 하기 위해 그들이 할 수 있는 모든 것을 다 할 거라는 것입니다. 그들은 거짓된 길, 즉 사람에게는 옳은 것처럼 보이지만 결국은 죽음에 이르게 되는 길을 설치함으로써 이 일을 할 것입니다. 그들이 말하는 것은 여러분이 실제로 불쾌한 것을 마주할 필요가 없고, 어려운 결정을 내릴 필요가 없다는 것입니다.

대신에, 여러분이 해야 할 일은 외부의 스승, 외부의 권위를 따르는 것입니다. 여러분은 특정종교의 교리를 믿을 필요가 있고, 그곳의 예배의식을 따라야 하며, 그들이 하라는 것은 하고, 하지 말라는 것은 피해야합니다. 여러분은 내면으로 들어가 에고의 이원성인 거짓말을 꿰뚫어보는 작업을 통해 그리스도 자아의 더 높은 이해에 도달하기보다는 외부의 지도자, 외부의 스승을 따라야합니다. 다시 말하면, 그들이 말하는 것은 설사 여러분이 영적인 가르침을 발견하고 영적수련을 시작했더라도 여전히 도망가는 습관을 유지할 수 있다는 것입니다. 이렇게 외적인 모든 일을 제대로만 행하면, 여러분이 실제로 과거의 결정을 취소하지 않고도, 또 자신과 인생에 대한 접근방식을 실제로 바꾸지 않고도 구원받을 수 있다는 것입니다.

사랑하는 이들이여, 내가 지난 서너 개의 열쇠에서 여러분에게 말했던 모든 것을 통해, 왜 이런 약속이 완전히 잘못된 약속인지 아시겠습니까? 여러분은 유한한 자아와 동일시하는 모든 것에서 스스로 해방될 때까지는 절대로 영원한 생명을 실현할 수 없습니다. 예수는 중요한 우화를 하나 들려주었는데, 거기서 그는 온갖 사람들이 초대 받은 결혼잔치에 대해 이야기합니다(마태복음 22:2). 그는 어떻게 한 사람이 결혼식 예복을 입지 않고 들어왔는지를 묘사하고 있습니다. 그리고 그 사람은 손발이 묶인 채로 어두운 바깥으로 내던져져서 거기서 눈물을 흘리며 이를 갈게 됩니다. 사랑하는 이들이여, 나는 이것이 이야기를 극적으로 전달하는 방식이라는 것을 알고 있지만, 그 이면의 진실은 여러분이 영적세계로 들어가기 위해서는 결혼식 예복을 입어야만 한다는 것입니다. 그리고 이것은 여러분이 4가지 하위체들 속의 모든 이원성적인 요소와 적그리스도적인 요소들을 정화해야만 한다는 것을 뜻합니다. 그리하여 여러분은 그리스도 의식이라는 결혼예복을 입어야만 합니다. 만약 여러분이 이렇게 높은 의식상태를 갖추지 않는다면, 여러분은 풍요로운 삶의 의식으로 들어가지 못할 것이고, 따라서 자신의 이원성적인 믿음에 의해 손발이 묶여 있을 것입니다. 여러분은 이원성적인 마음상태라는 바깥의 어둠 속에 머무르게 될 것이며, 그런 상태에서 삶은 지속적인 고난과 투쟁이 될 것입니다. 다시 말하지만, 이것은 분노한 신의 형벌이 아니고, 단지 여러분 자신의 선택으로 인한 결과입니다. 내 요점은 여러분이 불쾌한 것으로부터 도망가는 습관을 버리지 않는 한, 절대로 구원과 영원한 삶을 얻을 수 없고, 풍요로운 삶을 실현할 수 없다는 것입니다.

* * *

사랑하는 이들이여, 여러분이 그 습관을 고치려면 어떻게 해야 할까요? 여러분에게 도움이 될 만한 지식을 하나 알려주겠습니다. 나는 모든 것이 여러분의 자유의지에 종속돼 있다고 여러 번 언급했습니다. 그래서 여러분이 4개의 하위체들 중의 하나 속에 있는 잘못된 믿음에서 벗어나기 위해서는, 그 믿음을 던져버리겠다는 선택을 해야 합니다. 여러분은 그 믿음이 진실하다거나, 어느 정도 필요하다거나, 피할 수 없다는 환상을 극복해야 합니다. 여러분 스스로 기꺼이 그것을 놓아버릴 수 있도록 그것에 대한 어떤 감정적 애착도 넘어서야 합니다. 여러분은 말 그대로 자신의 유한한 자아의 측면이 기꺼이 죽게 해야만 합니다.

그런데 문제는 여러분이 소유하고 있지 않은 것을 결코 버릴 수는 없다는 것입니다. 이것은 여러분의 일상적인 경험에서 알 수 있는 논리적인 것입니다. 예컨대 만약 여러분이 장난감을 가지고 있지 않다면, 그 장난감을 아이에게 줄 수 없습니다. 만약 돈이 없다면, 여러분은 청구서를 갚기 위해서 그것들을 지불할 수가 없습니다. 그래서 잘못된 믿음을 버리기 전에, 먼저 여러분은 그 믿음을 소유하고 있다는 것과 그것이 여러분의 자아영역으로 들어갔다는 사실을 받아들여야 합니다. 그리고 여러분이 불쾌하거나 복잡한 것들로부터 도망치게 만드는 습관을 유지하는 한, 어떻게 어떤 믿음을 갖고 있다고 받아들일 수 있을까요? 이런 습관은 말 그대로 여러분이 자신의 과거 선택을 받아들여 거기에 대해 책임을 지는 것을 방해하며, 따라서 여러분이 그런 선택에서 자유로워지는 핵심열쇠인 한 가지를 하지 못하게 막습니다.

사랑하는 이들이여, 여러분이 도망치는 습관을 유지하는 한, 그리고 여러분의 하위체들에 저장된 믿음과 결정에 책임지려하지 않는 한, 여러분은 스스로 진퇴양난의 상자 속에 갇히게 될 것입니다. 여러분이 계속해서 달아나는 한은 말 그대로 이것으로부터 탈출할 수가 없습니다. 나는 이 세상의 지배자와 여러분의 유한한 자아가 제시한 그릇된 길은 탈출구가 있다는 주장에 토대를 두고 있다는 것을 알고 있습니다. 일부 종교들은 여러분이 계속해서 그 종교를 따르기만 한다면, 언젠가는 천국에서 눈을 뜨게 될 것이라고 주장합니다. 다른 이들은 예수와 같은 구세주가 여러분의 문제를 해결해 주고 언젠가는 천국에서 깨어날 거라고 주장합니다. 하지만 나는 여러분이 절대로 이것이 가능하지 않다는 것을 알 수 있기를 바랍니다. 어떻게 여러분이 자신이 있는 곳 외의 다른 곳에서 깨어날 수 있겠습니까? 그렇기에, 바로 지금, 여기서 기꺼이 깨어나서 일어나겠다고 결정하기 전까지는 여러분은 결코 깨어나지 못할 것입니다.

우리가 여기서 이야기하고 있는 것은 이 세상의 지배자에 의해 설치된 완벽한 덫입니다. 그는 여러분이 실수를 저지르게 만들기 위해서 먼저 여러분에게 거짓말을 합니다. 그런 다음 그는 여러분이 과거의 결정에서 도망치는 패턴을 확고히 굳히도록 속입니다. 마지막으로, 그는 여러분이 외부의 권위를 따르기만 하면 구원받을 수 있다고 말함으로써 도망치려는 경향을 정당화하는 잘못된 길을 여러분에게 제시합니다. 대체로 이것은 엎친 데 덮치는 격으로, 여러분이 말 그대로 배의 방향타와 나침반도 없이 바람과 흔들림으로 요동치는 배와도 같은 것(야고보서 1:6)입니다. 하지만 이 거짓말을 극복하기 위해서는, 진정한 구원은 오직 여러분의 근원과 하나가 되는 상태에 있다는 것을 알 필요가 있습니다. 그리고 여러분이 하느님으로부터 멀리 달아나는 한, 어떻게 자신의 근원과 일체인 상태로 돌아갈 수 있을까요? 다시 말해 여러분이 집에서 도망치고 있으면서 어떻게 집으로 돌아갈 수 있겠습니까?

사랑하는 이들이여, 내가 이전에 자세히 설명했던 것을 다시 생각해보십시오. 즉 여러분에게 왕국을 물려주는 것은 아버지의 큰 기쁨이지만, 여러분이 그것을 받으려면 신이 주시는 것을 자유롭게 받아들여야만합니다. 발생한 일은 풍성한 삶이라는 신의 선물을 인간이 자유롭게 받아들이는 것을 막기 위해, 이 세상 지배자가 완전히 거짓된 신의 형상을 면밀하게 우상으로 꾸며놓았고 여러분이 그것을 받아들이게 되었다는 것입니다. 이것을 이해하시겠습니까? 여러분은 유한한 자아에 의해 하느님을 여러분의 실수를 처벌하고자하는 분노한 신으로 보도록 프로그램되어 있습니다. 그리고 이것은 여러분이 하느님과 거래를 하여 구원을 살 수도 있다는 교묘한 믿음을 불러 일으켰습니다. 비록 종교지도자들과 추종자들 중 어느 누구도 무엇이 일어나고 있는지를 깨닫지는 못하지만, 많은 종교들이 이런 것에 기반을 두고 있습니다. 이런 믿음은 사람들에게 무한하고 전능하신 하느님이 마치 인간에게서 어떤 희생을 필요로 하신 것처럼, 또 자기들의 죄를 보상하기 위해 무엇인가를 해야 한다는 인상을 줍니다. 이것은 수많은 과거의 종교들이 자기들의 신을 기쁘게 하기 위해 피의 희생을 바치거나, 심지어는 인간을 희생양으로 삼는 원인이 되었습니다. 사랑하는 이들이여, 이것은 천국으로 들어가는 길을 매수하려고 하는 하나의 시도라는 것을 아시겠습니까?

이런 이원성적 생각은 하느님과의 분리감에서 생겨났습니다. 그것은 하느님이 멀리 있는 외적인 신이고 그분의 왕국이 어딘가 다른 곳에 있는 것으로 묘사합니다. 그러나 예수는 하느님의 나라는 여러분 안에 있다고 말했으며, 이는 여러분 마음의 내면적인 상태 외에는 아무것도 여러분이 그곳으로 들어가지 못하게 막을 수 없다는 것을 의미합니다. 여러분이 길을 걷고 있고 아름다운 옷으로 가득 찬 노점의 주인을 보았다고 상상해보십시오. 당신은 거기서 자신이 좋아하는 옷을 발견하고 "얼마에요?"라고 묻습니다. 그 사람은 "무료입니다. 그냥 가져갈 수 있습니다!"라고 말합니다. 그러나 당신은 이것을 믿지 않고 그에게 얼마간의 돈을 건넵니다. 한편, 그는 그 옷이 돈을 받을 가치가 없기 때문에 돈 받는 것을 거부합니다. 당신은 단지 더 끈기 있게 돈을 내밀고 그가 당신의 제의를 거절하고 있다고 생각합니다. 하지만 당신이 돈을 주겠다고 주장하면 할수록, 그는 고집을 부리며 그것을 계속 밀어 냅니다. 그 사람은 당신의 돈을 받는 것을 절대적으로 거부합니다. 그래서 당신이 그 옷을 가질 수 있는 유일한 방법은 그것을 그냥 선물로 받아들이는 것입니다. 이때 만약 당신이 그것에 대해 지불해야한다는 생각을 놓아버리지 않으면, 어떻게 그것을 받을 수 있겠습니까?

이제 어두운 동굴에서 평생을 보낸 사람이 있다고 상상해보십시오. 여러분은 그에게 태양의 멋진 특성에 관해 이야기하고 그에게 태양을 보기 위해 동굴 밖으로 나가도록 권고합니다. 그는 여러분을 따라갈 의향이 있지만 입구에서 "그렇게 하는 데 비용이 얼마나 듭니까?"라고 묻습니다. 당신은 이렇게 대답합니다. "비용이 전혀 들지 않고 태양을 보는 것은 무료입니다!" 그는 즉시 의심스러운 눈으로 보기 시작하고 무료라는 말을 믿기를 거부합니다. 그는 여러분이 말하는 것만큼 태양이 멋진 것이라면 그것을 보기 위해서는 지불해야 할 대가가 있어야만 한다고 생각합니다. 반면에, 여러분은 태양을 보는데 돈을 내야한다고 주장하는 사람이 얼마나 어리석은지를 알 수 있습니다. 사랑하는 이들이여, 인류는 바로 그 사람과 같습니다. 대부분의 사람들은 유한한 자아라는 동굴 속에서 평생을 살았고, 심지어는 수많은 생들을 그 동굴 속에서 보냈습니다. 그들은 자신의 더 높은 자아라는 태양을 본 적이 없습니다. 하느님은 그들에게 교사들과 사자(使者)들을 파견하여 동굴 밖의 태양에 대해 말해주지만, 그들이 스승을 따르려고 할 때 문을 지키는 자 - 위장한 이 세계의 지배자 - 는 그들이 동굴을 떠나기 전에 돈을 지불해야한다고 주장합니다. 그리고 걸어서 간단히 입구를 통과하는 대신에, 사람들은 광적으로 돈을 지불하려고 시도합니다. 따라서 그들은 동굴 안에 무기한으로 계속 머물러 있게 됩니다. 과연 필요하지도 않은 가격을 어떻게 그들이 지불할 수 있겠습니까?

나의 사랑하는 이들이여, 여기서 미묘한 차이점을 아시겠습니까? 여러분이 행한 선택과 여러분이 오염시킨 에너지에 대해서는 여러분에게 책임이 있기 때문에 거기에는 지불할 대가가 있습니다. 즉 여러분은 그런 선택을 취소하고 오염된 에너지의 진동을 끌어올려야 합니다. 그러나 이것은 여러분이 맹목적으로 외부의 지도자를 따라간다고 해서 자동으로 이루어지는 것이 아닙니다. 다시 말해 그것은 여러분이 과거로부터 도망간다고 해서 될 수 있는 것이 아니며, 자기 눈 속의 들보를 보지 않고는 이루어질 수가 없습니다. 그러므로 만약 여러분이 하느님을 기쁘게 하기 위한 외적인 일들을 행하기만 하면 천국에 들어갈 수 있다고 계속 생각한다면, 당신은 결코 결혼축하연에 입장하지 못할 것입니다. 천국으로 들어가는 입구가 여러분 자신의 마음속에 있고 여러분이 그것을 엉뚱하게 자신의 바깥에서 끊임없이 찾고 있다면, 어떻게 그곳으로 들어갈 수 있겠습니까? 여러분은 존재하지도 않는 외부의 입구를 통해 천국에 들어가려는 것이며, 입장권을 사려고 시도하고 있는 것입니다. 실제로, 천국으로 가는 입구는 여러분 자신 안에 있고, 여러분에게 필요한 모든 것은 그 입구를 볼 수 없게 방해하는 4가지 하위체들 속의 불순물을 제거하는 것입니다. 여러분은 자신을 세속적인 정체감에다 계속 속박시키고 결과적으로 유한한 생명의식을 버리지 못하게 막는 자기적(磁氣的)인 힘을 제거해야 합니다. 진실로, 여러분은 자신의 이원성적인 믿음들을 천국으로 가져갈 수가 없습니다. 사실상, 여러분이 천국에 들어갈 수 있게 해달라고 하느님께 강요하거나 호소하기 위해 이원성적인 마음으로 할 수 있는 일은 아무 것도 없습니다. 여러분의 유한한 자아와 이 세상의 지배자, 많은 종교 지도자들은 이 진리를 격렬하게 부인할 것입니다. 그러나 그들은 그들 자신의 이원성적인 믿음의 희생자들입니다. 그리고 그들은 적그리스도의 마음을 사용하여 스스로 적그리스도의 마음으로부터 자유로워지고자 하는 불가능한 추구에 매달려 있습니다. 그러므로 부자가 천국에 들어가는 것보다 낙타가 바늘귀를 통과하는 것이 더 쉽습니다(마태복음 19:24). 왜냐하면 부자인 그들은 자신이 구원에 이르는 길을 갖고 있다고 생각하고 천국에 들어가기 위해 자신의 "소유물"에 집착하고 있기 때문입니다.

아무도 여러분의 자유의지를 거슬러서 잘못된 믿음으로부터 여러분을 벗어나게 할 수는 없습니다. 여러분은 그 잘못된 믿음을 버릴 수 있는 선택을 해야 합니다. 그리고 여러분은 애초에 그런 믿음이 자신의 4가지 하위체들 속에 들어가도록 허용한 것에 대한 책임을 스스로 기꺼이 받아들일 때까지는 그렇게 할 수가 없습니다. 만약 여러분이 그 책임을 받아들이지 않는다면, 절대로 자신을 자유롭게 할 힘을 가질 수 없습니다. 그러므로 책임을 인정하지 않고 도망가는 습관을 유지함으로써, 여러분은 4가지 하위체들 속의 잘못된 신념에 의해 스스로를 계속 감금하게 됩니다. 사랑하는 이들이여, 이것은 아주 간단한 방정식입니다. 그리고 나는 그것이 여러분의 삶에 대해 지니고 있는 엄청난 영향력을 여러분이 이해할 수 있기를 바랍니다. 만약 여러분이 도망가는 습관을 버릴 수 있다면, 자신의 인생을 영구히 바꾸어 긍정적인 길로 올라설 수 있습니다. 그리고 내가 방금 설명했듯이, 불쾌한 것으로부터 도망치는 습관을 포함하여 어떤 습관을 끊기 어렵게 만드는 것은 여러분의 4가지 하위체들에 저장된 오염된 에너지들이며, 그것이 여러분에게 고통을 느끼게 하거나 어떤 패턴에 계속 고착돼 있게 만드는 것입니다. 그러므로 다시 한 번 말하지만, 그런 부적절한 에너지를 제거함으로써 여러분이 잘못된 믿음들을 놓아버리는 것이 훨씬 더 쉬워질 것입니다.

✼✼✼

사랑하는 이들이여, 이 개념들을 요약해보겠습니다. 우리가 직면하고 있는 문제는 여러분이 어려운 결정을 내리는 것에서 도망칠 수 있는 아주 뿌리 깊은 습관을 형성했다는 것입니다. 그러나 이런 습관의 핵심은 여러분이 최선의 결정이 무엇인지 알 수 없다는 것입니다. 그리고 이것은 여러분이 이원성 의식으로 하락했고 더 이상 그리스도 마음에 대한 통합된 시각을 갖고 있지 않기 때문입니다. 이원성 의식에는 항상 많은 선택권이 있고 각 선택사항들을 뒷받침하는 논쟁들이 있습니다. 그러므로 어느 것이 가장 적합한 것인지를 선택하기가 어려워집니다. 실제로, 여러분이 보는 모든 선택권은 이원성 의식에 의해 규정되며, 그것은 모두 불쾌한 결과에 이르게 될 것입니다. 여러분은 옛 격언에서 말하는 "당신이 해도 저주를 받고 안 해도 저주를 받는다."는 상황에 처해 있습니다. 일단 여러분이 하는 모든 선택이 불쾌한 결과를 가져오는 경험을 했다면, 더 이상 결정하기를 원하지 않는 것은 당연한 것이 아닐까요?

그렇다면 이 교착상태를 돌파하는 열쇠는 무엇일까요? 만약 모든 상황에서 최선의 선택이 무엇인지 알 수 있게 해주는 명확한 비전이 있다면, 갑자기 결정을 내리는 것이 그리 어렵지 않을 것입니다. 그렇지 않습니까? 그리고 비록 여러분이 이원성 의식의 혼란 속으로 내려가기로 선택했다 할지라도, 하느님은 여러분을 쓸쓸하게 내버려 두시지 않았습니다. 예수가 말했던 것처럼, 하느님은 그리스도 자아의 형태로 여러분에게 보혜사 성령을 보내셨습니다(요한복음 14:26). 이것은 여러분을 다시 나선형 계단 위로 오르도록 안내할 여러분 내면의 스승입니다. 여러분이 밟아야 할 각 단계마다, 여러분의 그리스도 자아는 최선의 결정을 내리는 데 필요한 지침을 제시해줄 수 있습니다. 그러나 여러분이 이 내면의 인도를 받기 위해서는, 반드시 올바른 마음으로 질문해야합니다.

이것의 진정한 의미는 여러분이 자신의 삶에 대해 전적인 책임을 져야한다는 것입니다. 또한 여러분은 기꺼이 자신을 변화시켜야하며, 이는 자신이 극복할 필요가 있는 이원성적인 믿음을 기꺼이 바라보아야한다는 것을 뜻합니다. 여러분은 그 참된 스승이 여러분이 갖고 있는 그릇된 모든 신념들을 노출시키도록 허용해야합니다. 사랑하는 이들이여, 나는 영적인 삶의 측면을 발견하고 더 높은 지침에 속한 그런 영적개념을 알게 된 많은 사람들을 보았습니다. 어떤 이들은 예수나 나에게 기도하고, 다른 사람들은 다른 영적스승들에게 기도하며, 어떤 사람들은 자신의 고등한 자아(Higher Self)에게 기도합니다. 그러나 사람들이 도망 다니는 습관 너머를 보지 않는 한, 그들은 결코 우리가 주는 응답을 받을 수 없거나 받지 못할 것입니다. 내가 전에 말했듯이, 여러분이 요청할 때 응답을 받게 되는 것은 하느님의 법칙입니다. 문제는 많은 사람들이 도움을 요청하지만, 정작 그들은 자기들을 도울 도움을 진정으로 원하지 않는다는 것입니다. 즉 그들은 올바른 결정을 내리는 데 도움이 될 지침을 원치 않으며, 아예 자기들이 결정을 내릴 필요가 없도록 마법 같은 해결책을 원합니다. 그들은 자신의 삶에 전적인 책임을 지는 자립적인 공동창조자가 되도록 도와주는 것을 원하지 않습니다. 그들은 단지 우리가 그들의 문제를 해결해줌으로써 자기들이 계속 도망갈 수 있기를 바랍니다.

사랑하는 이들이여, 절대적인 기준을 여러분에게 제시하겠습니다. 가짜 스승은 기꺼이 여러분이 자신의 결정을 내리는 것으로부터 도망치는 습관을 유지하도록 도와줍니다. 하지만 진정한 스승은 그런 습관을 강화하거나 하게 될 그 어떤 일도 결코 하지 않을 것이며, 실제로 여러분이 그 습관에서 벗어나게 하기 위해 가능한 모든 일을 할 것입니다. 그러므로 여러분이 여전히 결정하는 것으로부터 달아나는 마음상태에서 묻는다면, 진정한 스승의 답을 들을 수가 없습니다. 대신에, 여러분은 스스로 결정을 내리기보다는 자신을 따르기를 원하는 유한한 자아 또는 외부 전문가와 같은 거짓된 스승에게 들을 것입니다.

사랑하는 이들이여, 예수는 그가 "내 아버지께서 이제까지 일하시니 나도 일한다(요한복음 5:17)."라고 말했을 때, 하느님과 공동창조자로서의 여러분의 책임을 간략하게 설명했습니다. 하느님은 독특한 개성을 지닌 여러분을 창조하시고, 여러분에게 자유의지를 주셨으며, 여러분이 그 자유의지를 행사할 수 있는 전체우주를 창조함으로써 일을 하셨습니다. 여러분이 공동창조할 것에 관해 선택을 함으로써 그 기초 위에다 어떤 것을 세우느냐는 여러분의 책임입니다. 그러므로 여러분은 결코 선택하는 것으로부터 도망칠 수 없습니다. 즉 (달아날 수 있다는) 이런 생각은 여러분을 대신해 결정을 내리기를 원하는 유한한 자아에 의해 만들어지고 유지된, 절대로 불가능한 꿈입니다. 내 요점은 만약 여러분이 도망가는 실수를 알 수 있고 이런 습관을 깨기 위해 기꺼이 노력하겠다는 결정을 내릴 수만 있다면, 여러분의 내면적 인도가 훨씬 더 명확해지리라는 것을 알게 될 거라는 것입니다. 여러분이 이런 인도에 따라 능력을 최대한 발휘할 때, 내면에서 들리는 스승의 소리를 통해 자신을 능력을 향상시킬 수 있습니다. 그리하여 여러분은 이제는 자신이 성장을 제한하는 결과를 만들어내는 대신에 성장에 도움이 되는 결정을 내릴 수 있음을 점차 알게 될 것입니다. 그리고 이것이 바로 여러분이 진정한 스승의 참된 인도를 토대로 결정을 내림으로써 삶이 상향나선으로 전환될 수 있는 유일한 방법입니다. 하지만 여러분이 자신을 위해 결정을 내려줄 (외부의) 스승을 계속 찾는 한은, 하향나선 속에 그대로 남아있을 것이며 여러분의 삶은 계속되는 투쟁이 될 것입니다.

***

나는 여러분이 내가 이전 열쇠들에서 말한 것, 즉 하느님은 여러분의 과거 선택에 대해 책망하고 싶어 하지 않으신다는 것을 바탕으로 자신의 삶에 대해 스스로 책임지기를 더 쉽게 할 수 있다는 것을 알았으면 합니다. 나는 부끄러움, 죄의식 또는 낮은 자부심 등의 문제를 가진 사람들이 많다는 것을 충분히 알고 있습니다. 그들은 자신이 과거에 잘못된 선택을 했다는 사실을 인정할 경우, 자기들의 자존심이 손상될 수 있는 강한 죄책감이나 수치심에 빠지게 될 것이라고 느낍니다. 다시 한 번 말하지만, 어떤 감정의 강도는 여러분의 감정체 안에 축적되는 부적합한 에너지에 의해서 발생합니다. 그래서 그 에너지를 제거함으로써 그 강도를 감소시키게 됩니다.

그러나 여러분은 또한 하느님은 결코 인간에게 완전해질 것을 요구하지 않으신다는 마음가짐을 가짐으로써 많은 것을 할 수 있습니다. 하느님은 여러분에게 자유의지를 주셨고 그 자유의지를 시험할 권리도 주셨습니다. 하느님은 여러분이 어떤 선택을 하는 것을 비난하지 않는데, 다시 말해 그분은 단순히 여러분이 그 선택을 통해 배우고 그런 결정과 그 결과로부터 여러분 스스로 자유롭게 되기를 바라십니다. 그러므로 여러분은 과거의 실수에 대해 수치심이나 죄책감을 느끼지 않아도 됩니다. 그러한 감정들은 단지 여러분이 교훈을 배우고 그 실수로부터 자유로워지는 것을 방해할 수 있습니다. 여러분이 해야 할 일은 공개적으로 실수를 인정하고 나서, 거기서 배워야 할 필요가 있는 교훈을 배우고, 실수를 하게 만든 이원성적인 믿음을 버리는 것입니다.

사랑하는 이들이여, 여기에 또 다른 미묘한 차이점이 있습니다. 여러분이 저지른 모든 실수는 전적으로 이원성의식에 기초해 있거나, 적그리스도의 마음에 의해 영향을 받았습니다. 이런 의식은 여러분의 참된 존재의 일부가 아니며, 여러분의 자아영역에서 필수적인 부분이 아닙니다. 그러므로 어떤 의미에서 실제의 여러분, 즉 진정한 여러분인 불멸의 영적존재는 그러한 실수를 하지 않았다고 말할 수 있습니다. 그런 실수는 여러분이 이원성 의식을 토대로 일시적인 정체감을 형성하다보니 저질러진 것이었으며, 이 정체감은 궁극적으로는 실재하는 것이 아닙니다. 그러나 여러분이 이것을 극단적으로 받아들여 여러분에게 그러한 결정에 대한 책임이 없다고 말할 수는 없습니다. 만약 그렇게 한다면, 여러분은 그 과거로부터 여러분 스스로 자유로워질 힘이 없다고 말하고 있는 것입니다. 그러므로 그 상황의 진실은 의식적인 여러분이 결정을 내렸지만, 더 이상 자신을 하느님과 공동창조자로 인식하지 않았기 때문에 그렇게 했던 것입니다. 여러분은 이원성 의식에 영향을 받은 특정 세계관에 사로잡혀서 이런 실수를 했습니다. 이것은 열등한 정체감이라는 여과기를 통해 세상을 보고 있다고 말할 수도 있습니다. 하느님과의 분리를 기반으로 한 이 여과기, 이 정체감은 궁극적으로 허구이며, 여러분의 일부가 아닙니다. 그러므로 여러분은 자신의 불멸하는 정체성에 도달하여 다시 연결됨으로써 그 정체감으로부터 자신을 분리할 수 있습니다. 그러나 그렇게 하는 것은 의식적인 의지의 행위를 포함해야 합니다. 여러분은 결정하는 것에서 도망치는 행위를 자진해서 중단해야 하며, 기꺼이 그 유한한 정체감이 죽어 없어지도록 해야 합니다.

내가 앞서 언급했듯이, 여러분은 정체성이 없다는 생각을 할 수 없으므로 그 자리를 대신할 것이 아무 것도 없을 경우, 그 유한한 정체감을 죽게 할 수가 없습니다. 그래서 내가 여러분의 자의식체를 정화하는 것에서부터 시작하는 것이 중요하다고 강조한 것입니다. 단지 여러분의 가장 높은 정체감을 드러내는 것만으로도 여러분은 유한한 정체감을 대체할 무엇인가를 가지게 될 것입니다. 오직 여러분이 신과 공동창조자임을 스스로 알고 완전히 받아들일 때만이 유한한 정체감을 실제로 사라지게 할 수가 있습니다. 이것이 진정한 자부심, 다시 말해 ─ 여러분 자신이 누구인가를 아는 ─그리스도 반석 위에 세워진 참된 자부심을 얻는 유일한 방법입니다. 그리하여 여러분은 자신이 신과 공동창조자임을 알며, 창조주가 여러분에게 지구를 통치하고 그분의 왕국을 옮겨서 지상에다 천국을 이룩할 권리를 주셨음을 압니다.

나의 사랑하는 이들이여, 모든 인간은 삶이 어떠해야 한다는 어떤 기대를 가지고 자라났습니다. 모든 인간은 수많은 생에 걸쳐 어떤 기대를 형성했습니다. 그러나 만약 여러분이 인생이 어떤 모습이어야 한다는 기대를 바꿀 수 있다면, 말 그대로 자신을 위해 상황을 훨씬 용이하게 만들 수 있습니다. 그리고 가장 미묘한 기대 중 하나는 바로 하느님이 여러분에게 완벽함을 요구하신다는 생각입니다. 이것은 여러분이 하느님의 눈에 들기 위해서는 어떤 초세속적이고 초인적인 기준에 따라 살아야만 한다는 믿음입니다. 사랑하는 이들이여, 천국으로 오른 이들은 결코 실수하지 않은 사람들이 아닙니다. 영적세계에서 볼 수 있는 존재들, 행성지구에서 최종시험을 통과한 존재들은 그들이 지구를 걸어 다니는 동안 완벽했던 존재들이나 결코 실수하지 않았던 존재들이 아닙니다. 반대로, 나는 승천한 많은 존재들이 지구상에 있는 동안 수많은 실수를 했다는 것을 여러분에게 보증할 수 있습니다. 이것은 많은 기독교인들이 완전하다고 생각하는 예수의 경우에도 마찬가지입니다.

사실 승천한 존재들은 결코 실수하지 않은 이들이 아니라, 자신의 실수를 기꺼이 인정하고 그 실수를 통해 배운 다음 그것을 놓아버린 사람들입니다. 다른 무엇보다도 여러분을 천국에서 멀어지게 하고 풍요로운 삶에서 벗어나게 하는 한 가지는 자신의 과거를 붙들고 있다는 것입니다. 반대로 다른 무엇보다도 여러분을 풍성한 삶으로 끌어들이고 천국에 들어서게 하는 것은 모든 결함을 던져버리고 기꺼이 과거를 놓아버리는 것입니다. 내가 이전의 열쇠들에서 설명하려고 노력했듯이, 여러분의 유한한 자아와 이 세상의 지배자는 여러분이 과거로부터 결코 자유로울 수 없다고 믿기를 바랍니다. 이것은 교활한 거짓말이며, 진실은 여러분이 자신의 과거에서 행한 어떤 실수나 결함으로부터도 벗어날 수 있다는 것입니다. 그러나 그러한 불완전한 것들에서 자유로워지기 위해서는 기꺼이 그것들을 버려야합니다. 사랑하는 이들이여, 이 단순한 구절을 명심하십시오. "당신을 천국에 들어가게 해주는 것은 당신이 얼마나 많이 쥐고 있느냐가 아니라 얼마나 많이 버리는가이다." 이것이 바로 예수가 "제 목숨을 구하고자 하는 사람은 그것을 잃을 것이요, 목숨을 버리려고 하는 사람은 불멸의 생명을 얻을 것이다(마태복음 16:25)."라고 말했던 이유입니다.

***

사랑하는 이들이여, 나는 방금 많은 사람들이 과거를 붙들고 있는 원인 중 하나를 여러분에게 설명했습니다. 그것은 단순히 과거로부터 도망치는 회피의 패턴입니다. 이것은 고통에 대한 두려움입니다. 다시 말해서 사람들은 자기반성 또는 자기분석과 관련된 수치심, 죄책감, 후회의 고통을 두려워하기 때문에 과거의 잘못된 결정을 보지 않고 회피합니다. 그러나 나는 비록 어떤 사람들은 다른 이들보다 그런 것에 의해 더 많이 갇혀 있긴 하지만, 모든 인간들에게 영향을 미치는 또 다른 이유가 있음을 말해야합니다. 이것은 여러분이 변화할 필요가 없고, 과거의 것을 놓아버릴 필요가 없으며, 실수를 했다고 인정할 필요가 없다는 것, 그리고 그 실수를 한 이유를 이해할 필요가 없다는 의식입니다. 사랑하는 이들이여, 이런 상태는 한마디로 요약될 수 있으며, 그 단어는 "오만" 또는 "교만"입니다.

내가 이전 열쇠의 마지막에 말했듯이, 교만은 파멸을 예시해 주는 징조입니다. 그러나 내가 걱정하는 것은 여러분이 넘어진 후에 다시 일어나지 못하도록 방해하는 종류의 교만입니다. 그리고 이런 유형의 교만은 자신이 구원받기 위해 알아야 할 것을 이미 다 알고 있기 때문에 그리스도 마음의 더 높은 진리에 도달할 필요가 없다고 말하는 교만입니다. (이런 교만에 사로잡힌) 사람들은 이미 어떤 외부 교리에 의해, 또는 신앙체계에 의해 자신에게 주어진 진리를 가지고 있습니다. 그렇기에 그들은 자신을 겸손하게 낮추고 진정한 영적스승의 지도를 구할 필요가 없으며, 실제로 스승이 필요하지 않게 됩니다.

여러분이 지구행성을 숨김없이 바라본다면, 비록 그것이 교만임을 전혀 인식하지 못할지라도 수백만 명의 사람들이 이런 형태의 교만에 갇혀 있음을 알 수 있습니다. 그것은 단순히 자신이 유물론 과학이니 정통 기독교 같은 유일하게 참된 종교 또는 유일한 믿음체계에 속해있다는 지나친 확신입니다. 그리고 그들은 자신들의 신앙체계나 삶에 대한 전체 접근방식이 실제로는 - 적그리스도의 의식에 기반을 두고 있기 때문에 - 한계가 있거나, 불완전하거나, 잘못돼 있을 수도 있다고는 전혀 생각하지 않습니다. 물론 이것은 당연히 유한한 자아와 이 세상의 지배자가 그들이 생각하기를 바라는 것입니다. 악마는 자기가 사람들이 거짓말을 믿게 만들 수 있을 때를 가장 좋아합니다. 그리고 나서 그는 사람들로 하여금 - 그들이 의심하지 않는 한 - 천국에 들어가는 것이 보장된다는 첫 번째 거짓말이 절대적이고 오류가 없는 진리라는 두 번째 거짓말을 믿게 만듭니다.

이 세상의 세력은 사람들이 이미 모든 것을 알고, 모든 것을 이해하는 생명을 얻었다고 느끼기를 바랍니다. 그러므로 그들은 보편적 그리스도 마음의 대행자인 참된 스승을 구할 필요가 없습니다. 사랑하는 이들이여, 이전의 열쇠에서 내가 여러분이 나선형 계단을 내려가게 된 진짜 전환점은 이원성 의식으로 실험한 사실이 아니라고 설명했던 것을 기억하십니까? 실제의 문제는 여러분이 이원성 의식에 말려들게 된 이후에 보편적인 그리스도 마음의 개인적 대행자였던 여러분의 참된 스승에게 돌아가고 싶지 않다고 결정한 것이었습니다. 그때부터 여러분은 거짓된 교사인 여러분의 유한한 자아와 이 세상의 지배자, 적그리스도 마음을 가진 자들과 같은 다양한 대행자들을 따라왔던 것입니다. 이들은 이원성 의식에 갇혀있는 사람들이지만, 예수가 말한 것처럼 그런 자들은 종종 위장해서 나타납니다. 그들은 양의 옷을 입고 출현하는 늑대들입니다(마태 7:15). 그들은 심지어 빛의 천사로 변신한 악마로도 나타납니다(고린도 후서 11:14).[49] 또한 그들은 하느님을 대표하거나 그리스도를 대표한다고 주장하는 거짓 선지자로 나타납니다. 그러나 실제로 그들은 여러분을 적그리스도의 잘못된 길로 데려갈 것입니다. 그들은 사실상 눈먼 장님 인도자들이며, 여러분이 풍요로운 삶을 누리길 원한다면 눈을 똑바로 뜨고 그들을 따라가는 것을 멈춰야합니다(마태복음 15:14).

이 의식상태에 갇혀있는 사람들은 가장 중요한 한 가지 특징을 가지고 있습니다. 즉 그들은 자기들이 조금이라도 잘못될 가능성이 없다고 믿는다는 것입니다. 사랑하는 이들이여, 여러분은 어떻게 이것이 구원에 대한 책임에서 달아나려는 여러분의 성향과 관련되어 있는지 알고 계십니까? 여러분이 과거에 했던 잘못된 결정에서 벗어나고자 한다면, 그 결정이 잘못되었고 가능한 최선의 결정이 아니며 더 나은 결정에 의해 대체되어야 한다는 점을 인정해야 할 것입니다. 하지만 만약 교만에 사로잡혀 있다면, 여러분은 그렇게 시인하는 것을 마음 내켜하지 않을 것입니다. 여러분은 자신을 낮추고 겸손하게 다음과 같이 말하고 싶지 않을 것입니다.

"나는 최선의 결정을 내리는 데 필요한 이해력이 없습니다. 그렇지 않다면 나는 과거에 실수하지 않았을 것입니다. 그러므로 나는 그런 이해에 도달해야 합니다. 그리고 이해를 얻는 길은 그리스도 마음을 진정으로 대표하고 내가 볼 수 없는 것을 볼 수 있는 적합한 스승의 도움을 구하는 것입니다."

***

행성 지구에서 유일한 진짜 문제는 사람들이 진정한 스승에게 등을 돌리고 대신에 가짜 스승을 따라갔던 것이라고 말할 수 있습니다. 그러므로 유일한 그 해결책은 사람들이 이 오류를 인식하고 거짓 교사들과의 얽힘에서 스스로 벗어나 참된 스승의 사랑스러운 인도를 다시 받아들이는 것입니다. 사랑하는 이들이여, 예수가 언급했던 곡식 속의 가라지에 관한 비유를 생각해보십시오(마태복음 13:24). 한 가지로 예로, 지구상에 있는 많은 사람들이 적그리스도의 의식 및 그 의식을 구체화한 자들과 얽히도록 스스로 허용하다 보니 신이 알곡, 즉 진정한 영성에 대해 여전히 어느 정도 헌신하고 있는 일부 사람들을 건드리지 않고는 적그리스도의 대행자들을 제거할 수 없는 것이 사실입니다. 그렇기에 필요한 것은 여러분이 적그리스도의 의식과 이 의식의 특징인 교만으로부터 자신을 분리시켜야한다는 것입니다. 적그리스도의 의식은 말 그대로 하느님보다 자신이 우주를 운영하는 방법을 더 잘 알고 있다고 믿으며, 따라서 이런 마음 상태는 그 자신 이상의 어떤 권위를 인정하지 않습니다. 그것은 궁극적인 권위로서의 하느님을 받아들일 수 없습니다. 그리고 보편적인 그리스도 마음과 이 세상에서 신의 참된 대행자로서 그 마음을 구현한 이들을 받아들이지 않을 것입니다. 또한 그것은 보편적인 그리스도 마음의 대표자로서의 어떤 영적존재나 육화한 존재도 받아들이지 않을 것입니다. 그리고 그것이 바로 예수가 육체로

---

49) "이것이 이상한 일이 아니라, 사탄도 자기를 광명의 천사로 가장하나니"

이 지구 위를 걸어 다녔을 때 그를 완전히 거부했던 어떤 사람들이 실제로 있었던 이유입니다. 그러한 자들은 육화한 그리스도가 이 세상에서 떠나주기를 원했고, 그렇기에 그는 그 사람들을 그들의 감금상태에서 해방시킬 수 없었습니다.

이 사람들 중 일부는 자신이 매우 종교적이거나 영적이라고 주장합니다. 사실 그들은 종종 자기가 유일한 참된 종교의 대표자라고 주장합니다. 그러나 살아 있는 그리스도가 육체로 그들 앞에 서 있었을 때, 그들은 그를 거부하고, 그에 대한 음모를 꾸며서 결국 죽음에 이르게 했습니다. 이것은 적그리스도의 의식을 구현한 자들이 그리스도 진리가 지상에서 전파되는 것을 막기 위해 하는 짓을 여러분에게 잘 보여줍니다. 그들의 오만함, 그들의 교만은 너무나 깊어서 그들 스스로 그것으로부터 벗어날 기회가 거의 없습니다. 그러나 여러분이 기꺼이 그 교만이 무엇인지를 알고 그것이 어떻게 자신을 좁은 마음의 상자에다 가두는지를 깨닫기만 한다면, 신속히 그것으로부터 벗어날 수 있습니다.

어떻게 해야 여러분이 적그리스도의 교만에서 벗어날 수 있을까요? 자, 나의 사랑하는 이들이여, 문제를 만든 동일한 의식 상태로는 그 문제를 해결할 수 없다는 것이 보편적인 원리입니다. 다시 말한다면, 적그리스도 마음의 논리와 추론능력을 사용해가지고는 적그리스도의 의식에서 벗어날 수 없다는 것입니다. 이것이 이런 의식상태에 갇혀있는 사람들이 몰락한 원인입니다. 그들은 오만함에 빠져서 적그리스도의 의식이 그리스도 의식보다, 심지어는 신의 마음보다도 더 우월하다고 생각합니다. 또한 그들은 무엇이든 증명할 수 있는 자기들의 이원성적인 논리를 사용함으로써 이것을 증명했다고 생각합니다. 그러므로 그들은 적그리스도의 의식과 이원성적인 추론이 그리스도 마음의 궁극적인 진리를 절대로 헤아릴 수 없다는 사실에 눈에 멀어있습니다. 그들은 지성의 논리와 이성적인 논리를 이용함으로써 절대적으로 옳은 믿음체계를 창조할 수 있다고 생각합니다. 하지만 사실상, 이원성의 의식에서 창조된 어떤 신념체계도 절대적으로 거짓입니다.

앞에서 설명한 것처럼, 이원성적인 마음은 언제나 그것이 믿고 싶은 것을 외관상 입증하는 주장을 생각해낼 수 있습니다. 이런 식으로 적그리스도의 의식에 빠져있는 사람들은 언제나 자신이 옳다는 것을 스스로 확신시키는 논거를 규정할 수 있습니다. 그리고 만약 그들이 옳다면, 왜 그리스도 마음의 대행자가 필요하며, 왜 영적인 스승이 필요할까요? 특히 그 스승이 그들의 "절대적인" 믿음에 대해 이의를 제기한다면 말입니다. 게다가 그들이 이곳 물질세계에서 절대적인 진리를 가지고 있다면, 왜 그들이 더 높은 세계로 상승한 스승이 필요하겠습니까? 또한 그들이 다른 누구보다 모든 것을 더 잘 안다면 왜 그들 자신 위의 어떤 권위를 인정할 필요가 있을까요?

여기에서 내 요점은 여러분이 이원성 의식, 적그리스도의 의식에서 스스로 벗어나려면, 오직 한 가지 방법으로 그렇게 할 수 있다는 것입니다. 즉 여러분은 자신이 과거에 했던 결정에 대해서 기꺼이 스스로 책임을 져야만합니다. 그리고 그리스도 마음에 대한 분명한 비전과 이해력이 없기 때문에 그런 결정을 내렸다는 것을 깨달아야합니다. 여러분이 이제까지 했던 모든 잘못된 결정은 적그리스도 마음의 이원성적인 추론에 근거해 있습니다. 그러므로 그런 결정에서 자유로워지는 유일한 방법은 그리스도 마음의 일체성과 올바른 시각에 도달히는 것입니다. 하시만 여러분이 여전히 이원성 의식에 얽혀있는 한, 더 높은 진실을 스스로 볼 수 없습니다. 그래서 여러분은 그리스도 마음의 높은 관점에서 진리의 한 조각을 여러분에게 건네줄 수 있는 스승이 필요합니다.

여러분이 앞에서 내가 언급했던 미로 중 하나 속에서 성장해왔다고 상상해보십시오. 여러분의 세계는 녹색 문짝의 벽으로 이루어져 있어서 겉보기에는 아무 곳으로도 이어지지 않는 통로를 형성합니다. 여러분이 그런 미로에서 태어났다면 세상은 미로이고 그 외부에는 아무것도 없다고 생각할 것입니다. 이것은 대부분의 사람들이 물질세계 너머에는 아무 것도 없다고 생각하거나, 그들이 결코 오류가 없다고 알고 자라난 이원성적인 믿음 외에는 아무것도 확실하지 않다는 생각과 유사합니다. 하지만 여러분이 삶의 영적측면이 있다는 것, 더 높은 의식상태에 이르는 체계적인 경로가 있다는 것을 알게 해주는 깨달음을 경험한다면, 그 미로 밖에 뭔가가 있다는 것을 알게 됩니다. 이것은 미로에 탈출구가 있다는 생각을 불러일으키지만, 여러분이 아직 미로 속에 있기 때문에 그 길을 찾을 수 있는 것은 아닙니다. 여러분은 여전히 나무들 때문에 숲을 볼 수 없으며, 미로의 탈출구를 알 수 없습니다. 그러나 갑자기 여러분을 부르는 목소리가 들리고, 위를 바라보자, 미로 위에 떠있는 풍선기구의 바구니 속에 서있는 사람이 보입니다. 그 사람은 위에서 미로를 내려다보고 있고 유일한 출구를 기준으로 여러분의 현재 위치를 분명하게 볼 수 있습니다. 여러분은 여러분 스스로 그 출구를 찾을 수 있다는 이 사람의 조언이나 주장을 받아들이시렵니까?

물론, 여러분은 그 안내를 무시하고 언젠가는 혼자서 출구를 찾을 거라는 희망 속에서 그 미로 속을 계속 더듬거릴 수는 있습니다. 그러나 만약 미로가 정상적인 출구가 없는 속임수 형태의 미로라면 어떻게 될까요? 달리 말하면, 여러분이 열린 통로를 계속 따라갈 경우, 단지 출발한 곳으로만 결국 다시 돌아오게 됩니다. 밖으로 나가는 유일한 방법은 외벽 중 하나를 찾아서 그 벽을 힘차게 부수고 그곳을 통해 나오는 것입니다. 여러분이 이렇게 해보겠다는 생각을 해보았을까요? 앞에서 말했듯이, 이원성 의식에 갇혀있는 사람은 아무도 미로에서 벗어나기 위해서는 이원성 의식을 뛰어넘을 필요가 있다고 추론할 수 없습니다. 오직 그리스도 마음의 더 높은 시각만이 여러분에게 이런 생각을 줄 수 있습니다. 사랑하는 이들이여, 항상 여러분을 인도할 진정한 스승의 목소리에 귀를 기울여주십시오. 그리고 참된 스승은 항상 여러분을 현재의 정신적 틀에서 벗어나게 해주려고 노력하고 있다는 것을 알아주기 바랍니다. 그러므로 진정한 스승은 여러분이 들을 필요가 있는 것을 말할 것이고, 그것은 여러분의 유한한 자아가 여러분이 듣기 바라는 것은 아닙니다. 따라서, 여러분의 에고는 항상 참된 스승이 여러분에게 말하는 것에 반대할 것이며, 늘 그 스승의 지시를 무시하거나 거부하게 만들고자 시도할 것입니다.

***

나선형 계단을 오르는 과정을 다시 시작하는 유일한 길은 여러분에게는 필요한 이해력이 없다는 사실을 인식하는 것이고, 그렇기에 자신을 낮추고 영적스승에게 손을 내밀어 도움을 청해야합니다. 전에 말했듯이, 여러분이 구한다면, 얻게 될 것입니다. 나는 고차원의 세계에는 여러분의 요청을 기다리고 있는 영적 스승들이 있다고 언급했습니다. 그리고 나는 여러분에게 내가 여러분의 '그리스도 자아(Christ self)'라고 부르는, 여러분 자신의 개인적인 스승을 갖고 있다고 말했으며, 이 내면의 교사는 여러분을 다시 풍요로운 삶에 이르게 하는 길의 모든 단계에서 도울 준비가 돼있습니다. 사랑하는 이들이여, 나는 이미 여러분에게 그리스도 자아는 여러분의 유한한 자아에 맞서는 일종의 균형추(均衡錘)로서 창조되었다고 말했습니다. 여러분의 유한한 자아는 점차 여러분을 나선형 계단 아래로 데려가는 이원성적인 결정들이 축적됨으로써 형성되었습니다. 하지만 여러분의 그리스도 자아가 여러분이 계단 아래로 내려갈 때마다 여러분을 따라 갔고, 그렇기에 여러분의 이 내면의 스승은 여러분이 했던 모든 이원성적인 결정들과 받아들이게 된 이원성적인 믿음들을 다 알고 있습니다. 따라서 여러분의 그리스도 자아는 이러한 모든 결정들에 대한 해독제를 가지고 있습니다. 그리스도 자아는 여러분의 자아를 구성하는 이원성적인 거짓말들을 상쇄시킬 진리를 가지고 있습니다. 또한 여러분의 그리스도 자아는 여러분을 자유롭게 해줄 진리를 가지고 있습니다.

일단 여러분이 도움을 청한다면 그 도움을 받기 시작할 것입니다. 그리고 여러분은 그 스승이 나타나면, 스승에게 주의를 기울여 지시사항을 따라야 한다는 것을 명심할 필요가 있습니다. 진정한 스승이 나타날 경우, 그 스승은 여러분의 유한한 자아의 이원성적인 믿음을 넘어선 진리를 여러분에게 주기 위해 온다는 것을 인식해야합니다. 그러므로 여러분의 유한한 자아는 여러분이 그 진리를 거부하게 만들기 위해 매우 정교한 추론을 찾아낼 것입니다. 사랑하는 이들이여, 내 요점을 아시겠습니까? 여러분의 유한한 자아는 여러분이 바뀌는 것을 원하지 않으며, 진정한 영적스승이 제공한 높은 진리를 여러분이 받아들이길 바라지 않습니다. 그러나 진정한 스승은 여러분이 변화하기를 원하며, 과거로부터 자유롭게 되기를 바라고, 더 높아지길 원합니다. 여러분을 현재의 의식상태에 계속 갇혀 있게 하는 것은 여러분이 집착하고 있는 이원성적인 믿음들입니다. 그러므로 참된 스승이 여러분에게 오게 되면, 여러분의 이원성적인 믿음들 중 하나를 박살내는 진리를 여러분에게 줄 것이며, 때때로 그것은 여러분에게 충격적일 수 있습니다. 바꿔 말한다면, 스승이 여러분이 모든 것을 다

안다거나 또는 사신이 바뀔 필요가 없거나 바뀔 수 없다는 여러분의 태도와 교만과 오만함을 흔들어놓는 것은 진정한 스승의 자연스러운 본성입니다. 진실한 스승은 모든 것이 현재의 종교 또는 신념체계에 의해 설명될 수 있다는 여러분의 믿음에 도전할 것입니다. 예수가 보여주었듯이, 참된 스승은 여러분의 기존 믿음을 인정하지 않으며, 적그리스도 마음의 이원성적인 추론에 기초한 여러분의 기존신념의 특정 측면에 대해서도 이의를 제기하게 됩니다. 그러므로 참된 스승에게 외적 종교나 경전에 나오는 구절에 완벽하게 순종해야한다고 하는 여러분의 낡은 사고방식은 허용될 수 없습니다.

사랑하는 이들이여, 나는 이것이 일부 기독교인들에게 충격적일 것이라는 점을 알고 있습니다. 그러나 사실 만약 여러분이 참된 스승이 성서와 완벽하게 일치하는 것들만을, 또는 성서에 대한 여러분의 특정 해석만을 말할 거라고 기대한다면, 그로 인해 진정한 스승은 불가피하게 여러분을 돕지 못하게 될 것입니다. 여러분이 예수의 생애를 살펴보면, 그가 정통 유대인들과 그들의 토라(율법)에 대한 해석에 대해 도전하는 많은 언행을 했다는 것을 알 것입니다. 마찬가지로, 여러분이 진정한 영적스승의 도움을 구할 경우, 그 스승이 여러분의 수많은 기존 믿음에 대해 이의를 제기할 것이라고 예상해야합니다. 비록 그 진리가 여러분의 기존 신념을 부정하겠지만 여러분이 만약 스승이 제공한 진리를 기꺼이 인정하지 않는다면, 스승의 도움을 받을 수 없게 될 것입니다. 대신에, 여러분은 신의 절대적인 진리가 지구상의 어떤 경전이나 신앙체계에만 국한될 수 있다고 생각하게 만드는 오만과 교만에 고착된 채로 있게 될 것입니다. 본질적으로, 이 교묘한 오만함은 여러분 – 더 정확히 말하면 유한한 자아 – 으로 하여금 자신이 하느님보다 무엇이 진리이고 어떻게 구원받을 수 있는지를 더 잘 알고 있다고 믿게 만듭니다.

사랑하는 이들이여, 수많은 사람들이 독실한 종교인이라고 주장하지만, 그들은 영적인 교만이라는 교묘한 오만의 함정에 빠져 있습니다. 그들은 영적인 스승이 오늘날 그들에게 줄 수 있는 어떤 말씀보다도 오랜 과거의 경전에 대한 자기들의 특정 해석이 더 낫다고 생각합니다. 나는 이 교만의 형태가 여러 가지 교묘한 형태를 취한다는 것을 지적하고자 합니다. 예를 들어, 많은 사람들이 자존심이 낮다보니 자신을 비참한 죄인으로 보거나 어떤 옳은 일을 할 수 없다고 생각합니다. 나는 이것이 교만한 것처럼 보이지 않는다는 것을 알지만, 자기 자신을 자학하고 열등시하는 성향 뒤에는 여러분이 신보다 더 잘 알고 있다고 생각하는 교만이 있습니다. 사실 하느님은 여러분이 그분의 법칙을 따르는 한은 원하는 모든 일을 할 수 있는 독특하고도 유일무이한 멋진 개인으로 창조하셨습니다. 그런데 만약 여러분이 그 원래의 모습을 하느님이 창조하신 것보다 열등한 자아상으로 바꿔놓는다면, 여러분은 사실상 여러분이 누구인가에 대해 하느님보다 더 잘 안다고 말하고 있는 것입니다. 사랑하는 이들이여, 여러분은 자신이 하느님보다 더 잘 안다고 생각하는 것이 오직 유한한 자아의 교만에서 생겨날 수 있다는 것을 아시겠습니까?

***

나는 자신이 갇혀 있고 삶을 바꿔야한다는 결론에 이르게 된 수백만 명의 사람들을 압니다. 나는 많은 사람들이 도움을 요청하는 것을 보았으며, 종종 그들의 외침은 진지합니다. 그들은 진정으로 변화하기를 원하지만 두려움이나 교만에 고착된 채로 있습니다. 그들은 자기들의 기존 믿음체계와 어긋나거나 거기서 멀리 벗어난 것을 이해해보려고 고려하지 않습니다. 나는 어떤 사람이 나에게 도와달라고 울부짖어서 내가 그들에게 높은 지식을 주었으나, 그들은 그 지식을 거부하는 경험을 수백만 번은 겪었다고 여러분에게 보증할 수 있습니다. 나는 이 책을 읽기 시작할 사람들이 많다는 것을 알지만, 그들은 자신의 외적인 신앙체계와 모순되는 구절을 접하게 될 것이고 그것을 이용하여 책 전체를 거부하는 핑계로 삼을 것입니다.

이것은 참으로 영적인 스승으로서 우리가 맞닥뜨리게 되는 가장 큰 문제들 중 하나입니다. 우리는 사람들을 자유롭게 해주고 싶지만, 그들이 이원성적인 어떤 믿음에 너무 집착해 있기 때문에 그렇게 할 수가 없습니다. 기존의 믿음에 대해 이런 집착을 일으키는 주요 요인들 중 하나는 바로 사람들로 하여금 자기들이 이미 모든 것을 알고 있고 궁극적인 진리와 종교를 갖고 있다고 믿게 만드는 적그리스도 마음의 교만과 오만입니다. 그러므로 사람들이 도와달라고 외치는 경우에도, 그들은 자기들의 정신적 틀에 맞는 답변을 원합니다. 하지만 (지금의 문제를 유발한) 정신적 틀을 구성하는 믿음들에 맞춰서 답을 한다면, 어떻게 그 답변이 여러분을 현재의 정신적 감옥에서 벗어나게 해줄 수 있겠습니까? 사랑하는 이들이여, 이것은 절대로 불가능하며, 일종의 진퇴양난의 상황이라는 것을 아시겠습니까?

예수는 온유한 사람들이 땅(지구)을 물려받을 것이라고 말했습니다(마태복음 5: 5).[50] 그리고 그 온순한 사람들은 겸손하게 기꺼이 자신을 낮추고 현재의 한계들로부터 벗어나기 위해 필요한 모든 것을 자신이 알지 못한다는 것을 인식하는 사람들입니다. 온유한 자들은 천상에다 도움을 구하는 사람들이며, 자기들이 아는 것보다 더 많이 알고 또 이미 적그리스도 마음의 아래로 끌어당기는 힘에서 탈출한 존재인 스승에게 도움을 청하는 사람들입니다. 여러분은 이미 이원성을 넘어서서 그리스도 마음의 일체의 진리를 줄 수 있는 스승을 원합니다. 적그리스도의 마음에 매달려 있는 사람들은 필연적으로 자멸할 것이므로, 진정한 스승을 따르는 사람들이 결국 지구를 물려받을 것입니다. 그들은 더 이상 지구에 남아있을 수 없는 자신의 부정성과 교만에 의해 그렇게 소멸될 것이고, 더 낮은 세계로 내려가야만 합니다.

사랑하는 이들이여, 나는 이전에 어머니의 수축하는 힘에 관해 여러분에게

---

50) "온유한 자는 복이 있나니, 저희가 땅을 기업으로 받을 것임이요"

말한 바가 있습니다. 나는 인간이 이원성 의식에 빠지면, 이런 마음의 상태가 여러분을 두 가지 극단 중 하나로 향하도록 끌어당길 것이라고 설명했습니다. 여러분이 어떤 극단에 빠져들던 간에, 어머니의 수축하는 힘이 여러분을 다시 중도(中道)로 끌어당기려는 반대의 힘을 형성할 것입니다. 지구상의 많은 사람들이 삶을 거치면서 자기들이 모든 것을 안다고 생각하는 교묘한 교만에 사로잡힌다는 것은 슬픈 일입니다. 그러므로 그들은 기꺼이 더 높은 지혜를 구하려고 하지 않으며, 진정한 영적스승의 도움도 청하지 않습니다. 그런 사람들이 기꺼이 도움을 청하는 겸손의 단계로 데려올 수 있는 것은 무엇일까요? 많은 경우에 사람들을 그런 단계로 데려올 수 있는 유일한 것은 매우 치명적인 위기 상황에서입니다. 그런 압도적인 상황에서만 결국 이 사람들의 교만이 무너져 내려서 스스로 겸손해지고 도움을 청하게 됩니다. 확신하건대, 여러분이 솔직하게 자신이 아는 사람들을 살펴본다면, 이런 패턴이 작동한다는 것을 알게 될 것입니다. 여러분은 삶의 영적측면에 대해 별 관심도 없이 평생을 살았던 수많은 사람들을 보게 될 것입니다. 그러다가 그들은 갑자기 심각한 질병이나 사랑하는 사람의 상실 또는 다른 재난과 같은 위기들을 겪습니다. 그리고 이제 그들은 갑자기 신을 향해 돌아서서 도움을 요청합니다.

그럼에도 많은 경우에 이 사람들은 진정으로 그들 스스로 겸손해지지 않습니다. 그들은 단지 신을 호리병 속에서 튀어나와 자기들의 문제를 해결하고 고통을 없애줄 것으로 기대되는 요정처럼 봅니다. 그들은 여전히 참된 스승에게서 도망치는 패턴에 갇혀있으며, 따라서 그들은 자기 스스로 변화할 수 있는 지침을 자진해서 요청하지 않습니다. 그들은 자신들이 이원성적인 극단으로 나감으로써 실제적인 위기가 초래되었다는 것을 기꺼이 알려지 않으며, 그로 인해 결국 어머니의 빛의 반대되는 힘을 생성하게 됩니다. 그리고 그들이 그 힘을 밀어내려고 하면 할수록, 위기는 더 더욱 심화됩니다. 그들은 자기 스스로를 통제할 수 없는 상황의 희생자로 여기며, 그 상황 뒤에 메시지가 있다는 것, 즉 그들 자신을 변화시켜야 한다는 것을 기꺼이 인정하지 않습니다.

진심으로 나는 여러분이 다른 접근방식을 취하기를 바랍니다. 나는 진정으로 여러분이 어떤 위기를 기다리지 말고 돌아서서 참된 스승의 도움을 요청했으면 합니다. 또한 나는 여러분이 하느님의 가르침을 기꺼이 받아들이고, 가짜 스승에게 등을 돌려서 ― 아주 오래 전에 여러분이 버리고 떠났지만 그분은 결코 여러분을 버린 적이 없는 ― 참된 스승에게 향하기를 바랍니다.

나는 또한 여러분이 인류의 영적 스승들이 가진 좌우명 중 하나를 따랐으면 합니다. 그것은 다음과 같이 단순합니다. "만약 스승이 개미라면, 그를 유의하라!" 내가 말했듯이, 진정한 스승은 여러분의 기존 믿음에 맞춰주지 않을 것이며, 기대를 거부할 것입니다. 많은 경우에 참된 스승은 살아있는 불(火)의 편지처럼 여러분에게 진리를 전해주는 천상의 존재 형태로 나타나지 않을 것입니다. 진정한 스승은 여러분이 영적인 스승이 아니라거나 아마도 여러분 자신보다 낮은 신분이고 여러분에게 가르쳐줄 것이 아무것도 없다고 생각되는 누군가로서 허름하게 변장하여 나타나기 십상일 것입니다. 그러나 그 사람이나 그 책에는 실제로 여러분에게 필요한 메시지가 있을 수 있습니다. 그리고 만약 여러분이 그 진짜 스승이 이런 저런 형태로 결코 나타날 수는 없다고 생각하는 교만에 빠져 있다면, 그 메시지를 놓칠 것입니다. 왜 여러분은 예수가 변변찮은 환경에서 태어나고 종교단체에도 속해 있지 않았다고 생각하십니까? 또한 왜 그가 사람들의 기대를 매우 빈번하게 박살냈다고 생각하나요? 왜 성서는 "손님 대접하기를 잊지 말라. 이로써 부지중에 천사들을 대접한 이들이 있었느니라(히브리서 13:2)."라고 말하고 있을까요?

***

나의 사랑하는 이들이여, 나는 여러분이 누구이고 얼마나 알고 있는지에 관계없이, 항상 삶의 어떤 측면에 대한 더 높은 수준의 이해를 얻기 위해 기꺼이 추구하는 태도를 갖는 것이 좋다고 생각합니다. 나는 많은 사람들이 특정종교나 신앙체계가 절대적인 진리라고 생각하도록 어려서부터 양육돼 왔다는 것을 잘 알고 있습니다. 하지만 나는 여러분에게 사실상 적그리스도의 마음에서 생겨난 교만에 기초해 있는 이 거짓말을 꿰뚫어 볼 것을 권고합니다. 또한 나는 여러분이 하느님의 절대적 진리는 물질세계에서 언어로 표현될 수 있는 그 어떤 것도 초월해 있다는 것을 인식했으면 합니다. 물질세계는 현재 그 안에 너무나 많은 어둠이 남아있어서 신의 절대 진리를 특정종교나 신앙체계의 형태로 내놓을 수는 없습니다. 내 요점은 여러분이 진리를 알고 싶다면, 외부의 경전이나 신앙체계를 포함하여 물질세계에서 발견된 것들 너머에 기꺼이 도달해야 한다는 것입니다. 여러분은 이원성 의식을 넘어서야 하고, 비록 진리가 말로 표현될 수는 없지만 여러분에게 그리스도에 관한 진리를 줄 수 있는 참된 스승에게 손을 내밀어야 합니다. 진리를 원한다면, 여러분 자신 바깥에서 그것을 찾는 행위를 멈춰야합니다. 그리고 기꺼이 지식의 열쇠를 사용하여 자신 안에 있는 하느님의 왕국에서 진리를 발견해야합니다. 진리가 오직 여러분의 고등한 자아 안에서만 발견된다는 것은 아닙니다. 그것은 단지 여러분이 자신 안을 들여다봄으로써 진리를 찾을 수 있다는 것입니다.

사랑하는 이들이여, 나는 이 세상에서 볼 수 있는 종교가 완전히 거짓이거나 진리가 없다고 말하고 있는 것이 아닙니다. 여기에 미묘한 차이가 있음을 명심하십시오. 이 지구 행성에는 높은 단계의 진리를 가지고 있고 구원의 열쇠인 자기초월에 대해 올바른 길을 제시하는 여러 종교가 있습니다. 그러므로 여러분이 자신을 기독교인이거나 불교인 또는 힌두교인이라고 생각하는 것은 잘못이 아닙니다. 그러나 일단 여러분이 자신의 종교가 유일하게 참된 종교이고 그것이 삶에 관한 완전하고도 절대적으로 확실한 깨달음을 지니고 있다는 생각의 함정에 빠지면, 여러분은 진정한 스승으로부터 자신을 차단하고 있는 것입니다. 결과적으로 여러분은 참된 스승을 거부했으며, 자신의 진리탐구를 살아있는 진리에 손을 뻗치기보다는 오히려 특정한 외부 틀에다 국한시키겠다고 말한 것입니다.

사랑하는 이들이여, 나는 이전의 열쇠에서 신의 본질이 자기초월임을 여러분에게 설명하기 위해 많은 시간을 보냈습니다. 나는 하느님의 창조물이 항상 움직이고 있는 생명의 강(River of Life)이라는 것을 설명했습니다. 그러므로 하느님의 진리는 항상 자기초월적입니다. 만약 여러분이 진리에 대한 탐구를 고정된 외부 틀에다 한정시킨다면, 인위적인 교리나 신앙체계에 포착될 수 없는 살아있는 진리를 결코 발견할 수 없습니다. 그러한 인위적 체계는 사실상 참된 하느님, 살아 계신 신을 흐리게 하는 우스꽝스러운 이미지, 움직이지 않는 이미지가 될 것입니다. 그러므로 여러분은 거짓 신을 숭배하게 될 것이며, 여러분이 황금 송아지(우상) 주변에서 춤추자고 주장하는 한, 참된 스승은 여러분을 홀로 내버려둘 수밖에 없습니다. 가짜 스승들과는 대조적으로 진정한 스승들은 여러분의 자유의지를 존중합니다. 그들의 법은 "구하라. 그러면 얻을 것이다." 입니다. 그러므로 여러분이 요청하지 않거나, 현재의 믿음 너머를 기꺼이 보려는 열린 마음과 가슴으로 묻지 않는다면, 참된 스승은 여러분에게 아무 것도 가르쳐 줄 수가 없습니다.

사랑하는 이들이여, 나는 여기서 여러분에게 특정종교의 신도가 되어야한다고 말하지 않습니다. 또한 나는 여러분에게 일련의 외적인 믿음과 교리를 채택할 필요가 있다고 말하기 위해 여기 있는 것이 아닙니다. 나는 여러분이 지금 이 순간에 여러분이 믿는 것에 대해서는 별로 신경 쓰지 않습니다. 내 진정한 관심은 더 높은 이해를 추구함으로써 현재의 믿음을 초월하려는 여러분의 자발성입니다. 더 높은 시각을 추구하려는 자발적 의지를 유지하는 한, 여러분은 풍요로운 삶에 이르는 길을 걷고 있습니다. 그러나 여러분이 더 높은 이해에 대해 마음과 가슴을 닫는 순간, 생명의 강에서 스스로 빠져 나오게 되며, 그리하여 여러분은 풍요로운 삶이 여러분의 4가지 하위체들을 통해 내려가는 것을 봉쇄하게 됩니다.

여러분의 인생을 상향나선으로 전환하는 열쇠는 더 높은 무엇인가에 도달하는 것입니다. 여러분은 보편적 그리스도 마음에 닻을 내리고 있는 당신 존재의 높은 부분에 연결되어야 합니다. 오직 여러분이 이런 신아와 접촉할 수 있을 때만이 그것이 진정한 여러분이라는 것을 깨닫게 되며, 자신을 유한한 자아와의 얽힘에서 분리할 수 있게 될 것입니다. 내가 여러 번 말했듯이, 어떤 영혼도 정체감이 없이는 존재할 수 없습니다. 그러므로 여러분이 유한한 자아의 정체감을 대체할 무언가를 가질 때까지는, 그 정체감을 포기할 수가 없습니다. 여러분은 아무 것도 아니거나 누구도 아니라는 진공 상태에서는 자신이 존재하고 있다는 생각을 품을 수 없습니다. 그리고 여러분이 자신을 유한한 자아와 동일시하는 상태에서 완전히 벗어나기 위해서는 영적인 세계 및 여러분의 신아와의 연결을 회복해야합니다. 그럼으로써 여러분 자신이라는 존재에는 유한한 자아보다 더 크고 나은 실체가 있음을 알 수 있습니다.

　여러분은 그 유한한 자아를 넘어서고자 노력함으로써 시작해야합니다. 내가 말했듯이, 의식적인 여러분은 그렇게 할 수 있는 능력이 있는데, 왜냐하면 언제든지 자신의 정체감을 바꾸기로 결정하고, 어떤 세속적인 한계와 동일시하는 것을 멈추는 대신에 그리스도의 반석 위에 세워진 더 높은 정체감을 추구할 수 있기 때문입니다. 나는 여러분에게 새로운 정체성을 추구하여 형성하기 위해서는 어떻게 해야 하는지에 관한 보다 심오한 지식을 주고 싶습니다. 나는 이제 다음 장으로 옮겨가서 여러분이 신과 공동창조자로서의 진정한 정체성으로 다시 태어날 수 있게 힘을 실어줄 실제적 도구를 제공할 것입니다.

열쇠 - 20

당신의 정체성을 바꾸기 위해서는, 당신이 스스로 자신이라고 생각하는 그 자아관념을 바꿔라

　사랑하는 이들이여, 이번 열쇠에서 나는 여러분의 자의식체 안의 잘못된 믿음들을 정화하는 데 도움이 되도록 특별히 고안한 몇 가지 가르침을 줄 것입니다. 어떤 면에서, 내가 지금까지 언급한 모든 내용은 여러분의 자의식체를 정화하는 것과 관련돼 있지만, 아주 자세히 설명하지 않은 것들이 있습니다. 그 부분으로 들어가겠습니다. 자의식체를 정화하는 가장 중요한 측면은 그렇게 함으로써 여러분이 자신의 진정한 정체성을 밝히게 될 것이고, 창조주가 원래 자신의 한 확장체로 설계한 천부적으로 자유로운 존재로서의 참된 여러분의 모습을 발견할 수 있다는 것입니다. 나는 여러분의 자의식체 안의 내용물은 여러분이 특히 물질세계에 와서 행한 것과 관련이 있다고 말했습니다. 그러나 여러분이 여기에 와서 행한 것은 자신의 진정한 모습을 표현한 것이며, 그것은 영적 존재(신아)가 자신의 한 개체를 (물질세계로) 내려 보냈다는 것을 의미합니다.

　사랑하는 이들이여, 지구상에서 가장 흔한 오해 중 하나는 신의 뜻이 여러분 자신의 개인적 뜻과는 별개이고 심지어 그 개인적 뜻에 반(反)한다는 생각입니다. 이것은 매우 위험하고도 교활한 환상이며, 많은 영적 추구자들에게 영향을 미쳤습니다. 분명히 하느님의 뜻은 여러분의 유한한 자아의 뜻과 이 세상의 지배자의 뜻과는 항상 정반대입니다. 여러분의 세속적인 유한한 자아와 이 세상의 지배자는 완전히 이원성 의식에 빠져 있으며, 그런 의식은 신으로부터의 분리감에서 생겨납니다. 그렇기에 본래 그들은 자신을 신의 뜻과는 맞지 않고 그것에 맞서는 입장에 있는 것으로 봅니다. 그러므로 여러분의 에고의 뜻, 유한한 자아의 뜻은 항상 신의 뜻에 의해 제한을 받는다고 느낄 것이고, 따라서 여러분의 유한한 자아는 여러분으로 하여금 신의 뜻을 따르기 위해서는 여러분 자신의 뜻을 포기해야한다는 환상을 믿게 하려고 시도할 것입니다. 다시 말해 여러분은 신의 뜻 앞에 여러분의 의지를 포기해야하고 여러분을 통제하고자 하는 더 높은 권위자에게 스스로 복종해야 한다는 것입니다. 이로 인해 심지어는 인간이 자신의 의지를 얻은 것은 오직 에덴동산에서 하느님을 거역한데서 비롯되었다는 믿음에 이르게 되었습니다. 명백히, 이것은 적그리스도 마음의 이원성적인 논리를 사용함으로써 유한한 자아의 존재를 정당화하려는 궁극적인 시도입니다. 그것은 사실상 아담과 이브가 금단의 열매를 먹기 전에는 단순한 로봇이었다는 것을 익미합니다. 그러나 그들이 정말로 로봇이었다면, 어떻게 그들이 자기들에게 가해진 "프로그래밍"에 불순종할 수 있었겠습니까? 바꿔 말하면, 여러분은 처음부터 자유의지를 갖고 창조되었으나, 하느님의 뜻을 거역하는 가운데 자신만의 선택을 할 수 있는 자유를 얻지 못하게 되었습니다. 사실 여러분은 유한한 자아와 이 세상의 지배자에게 그 자유를 넘겨줌으로써 자유를 잃게 된 것입니다.

여기서의 문제를 이해하시겠습니까? 여러분의 가장 큰 소유물은 여러분의 개성이며, 여러분은 본질적으로 그 개성을 표현하기를 갈망합니다. 그러므로 만약 유한한 자아와 이 세상의 지배자가 여러분으로 하여금 개성을 표현하는 것이 신의 뜻에 따르는 것과 모순된다고 믿게 만들 수 있다면, 여러분은 자체적으로 분열될 것입니다. 여러분은 온전해지고자 하는 내재된 갈망이 있으며, 그것은 오직 하느님의 뜻을 따라야만 달성될 수 있습니다. 그리고 여러분은 자신의 개성을 표현하려는 갈망이 있습니다. 그렇기에 만약 여러분이 두 가지가 양립할 수 없다고 믿는다면, 결코 온전해지거나 목표를 성취하지 못할 것입니다. 그 유일한 해결책은 여러분의 개인적인 뜻과 신의 뜻 사이의 외견상 갈등은 단지 이원성적인 환상에 불과하다는 것을 깨닫는 것입니다.

사랑하는 이들이여, 여러분은 이런 환상이 여러 기존 종교들, 즉 신을 하늘에서 인간의 모든 행동을 주시하면서 그들의 온갖 실수에 대해 처벌할 준비가 된 분노한 존재로 묘사하는 종교들에 의해 심하게 강화돼 왔다는 것을 아시겠습니까? 분명히 말하지만, 수많은 성실한 영적인 사람들이 신의 뜻이 어쨌든 자기들의 뜻과 대립된다는 이 교묘한 믿음에 빠져있다는 것은 내 마음에 커다란 부담이었습니다. 이것은 많은 영적인 사람들에게 그들이 살아 있다는 사실 자체만으로 신에 대한 미묘한 분노를 느끼게 만듭니다. 그들은 신이 자기들에게 생명을 강요했다고 어떤 식으로든 느끼며, 그렇기에 신은 그들의 현재의 불행과 한계에 책임이 있다고 생각합니다. 그리고 그들은 자신의 운명을 통제할 수 없다고 느낍니다. 결국 신은 그들을 창조하셨고, 그들에게 자유의지를 주셨으며, 그들을 이 세상으로 보내셨습니다. 그리고 지금 신은 인간이 과거에 실수를 했기 때문에 그들을 버렸습니다. 사랑하는 이들이여, 이런 모든 믿음은 유한한 자아에게서 생겨납니다. 게다가 유한한 자아 자신조차도 그것을 믿지 않는다고 나는 보증할 수 있습니다. 하지만 유한한 자아는 그것을 여러분과 여러분의 더 높은 존재 사이를, 다시 말해 의식적인 여러분과 진정한 여러분인 위대한 영적존재로서 진짜 정체 사이를 분열시키는 도구로 이용하고 있습니다.

사랑하는 이들이여, 나는 왜 수많은 사람들이 이 거짓말을 믿는지를 진정으로 이해합니다. 여러분이 자의식체 안에 불완전하고 이원성적인 믿음을 갖고 있으면, 절대로 자신의 그 자의식체 수준 너머를 볼 수가 없습니다. 여러분은 물질세계를 넘어설 수 없고 여러분이 개체화되어 나온 더 거대한 영적존재를 발견할 수 없습니다. 그러므로 어떻게 여러분이 하느님의 뜻이 실제로 여러분의 뜻이라는 것을 받아들일 수 있겠습니까? 따라서 여러분의 자의식체를 정화하는 가장 큰 장점 중 하나는 여러분이 신의 뜻이 실제로 여러분의 뜻이고 여러분의 뜻이 곧 신의 뜻임을 인식하고 완전히 받아들이게 될 거라는 것입니다. 여러분이 이 외견상의 수수께끼를 해결하는 데 도움이 되도록 시간과 공간을 초월한 짧은 여정으로 어러분을 데려가겠습니다.

***

원래 영적세계에는 불멸의 한 영적존재가 거주하고 있었고, 그곳은 물질우주를 초월해 있었습니다. 창조주가 물질우주인 천구를 창조하신 후에, 이 존재는 창조의 과정을 계속하기 위해서는 누군가가 물질우주로 내려가 신의 빛을 그곳으로 가져가야 한다고 생각했습니다. 누군가는 공동창조자로서의 역할을 맡아야만 했고, 그럼으로써 물질우주가 점차 빛으로 채워져 하느님의 왕관을 장식하는 또 하나의 보석이 될 수 있었습니다. 이 영적존재는 실제로 그 창조과정의 일부가 되기로 결심하고, 물질우주에다 자신의 일부(분신)를 보내어 신의 빛을 방사하고 그 물질우주의 진동을 더 높게 끌어올림으로써 창조주께 봉사하기로 했습니다. 이 영적존재는 분명히 자기 자신을 형태의 세계를 창조하는 전체 과정을 시작한 창조주의 한 확장체내지는 개체화로 보았습니다. 그러므로 이 거대한 영적존재는 물질영역으로 자신의 일부를 보내기로 결정했습니다. 그러나 불멸의 영적존재는 물질세계로 자신 전체를 보낼 수는 없기에, 그 자신을 분화시킨 한 부분을 보냈으며, 그때 그것이 개별적인 영혼이 되었습니다. 하지만 이 개체적인 영혼은 자신의 영적 "부모"와 (근본적으로) 분리되거나 대립하지 않습니다. 따라서 비록 그것이 개성과 자유의지를 갖고 있을지라도, 그 원래의 뜻은 자신의 영적근원의 큰 뜻 및 창조주 자신의 더 거대한 뜻과 나눠져 있거나 대립되어 있지 않습니다.

사랑하는 이들이여, 여기서의 내 요점을 이해하시겠습니까? 여러분은 아무 것도 없는 진공 상태에서 창조되지 않았습니다. 여러분은 자신의 선택의 여지도 없이 여러분을 강제로 이 물질세계로 보내버린 외부의 먼 신에 의해 창조되지 않았습니다. 여러분은 거대한 영적존재의 한 확장체입니다. 그리고 여러분은 이 거대한 존재가 물질우주로 자신을 확장시켜서 빛과 천국을 가져다 (그 물질계의) 대지를 덮고 있는 어둠을 대체하고 싶어 한다는 사실의 표현체입니다. 여러분이 개체적인 영혼으로 창조된 이후에, 여러분은 실제로 물질우주로 내려갈 것인지, 아니면 영적세계에서 성장할 것인지에 관한 선택권이 있었습니다. 하지만 여러분은 자신이 창조된 목적을 분명히 알았기 때문에, 사랑의 마음으로, 본래의 여러분이기도 한 거대한 영적존재의 한 사자(使者)로 내려가기로 선택했습니다. 다시 말하면, 여러분은 여기에 오도록 강요받지 않았습니다. 여러분은 선택의 결과로 이곳에 왔고, 그 선택은 어떤 외부자나 멀리 떨어진 존재에 의해 이루어진 것이 아니었습니다. 그것은 자신을 더 커다란 존재의 한 확장체로 보고 있는 바로 여러분, 의식을 지닌 여러분에 의해 결정되어졌던 것입니다.

사랑하는 이들이여, 나는 이것이 여러분의 현재 자기인식 수준에서는 추상적으로 들릴 수도 있다는 것을 압니다. 그러나 나는 여러분이 자기인식 면에서 성장하고 여러분의 자의식체 안의 이원성적인 이미지를 정화함에 따라, 내가 여기서 말하고 있는 진실을 알고 받아들일 거라는 것을 보증할 수 있습니다. 여러분은 여기에 오기로 선택했기 때문에 여기에 있는 것이며, 그것을 사랑의 마음으로 선택했습니다. 여러분은 이곳에 있기를 원했기 때문에 여기에 있습니다. 나는 여러분이 이곳에 온 원래의 소망 및 목적과는 맞지 않는 여러분의 현재 상황에는 여러 측면이 있음을 알고 있습니다. 그러나 이러한 결함은 여러분이 이원성 의식의 영향을 받다보니 저지르게 된 선택의 결과들입니다. 그리고 일단 여러분이 그런 이원성적인 믿음과 의식적인 자신을 분리하면, 왜 여러분이 처음에 이곳으로 왔는지에 대한 분명한 인식이 다시 돌아올 것입니다.

오, 사랑하는 이들이여, 장담하건대, 일단 여러분이 이곳에 온 원래의 목적에 다시 연결만 된다면, 여러분의 인생은 완전히 새로운 차원으로 나아갈 것입니다. 여러분은 하느님의 창조 배후에 놓인 원래의 뜻, 원래의 목적에 실제로 연결되리라는 그 깊고도 기쁜 목적의식에 도달할 것입니다. 여러분은 자신이 누구이고, 왜 자신이 진정으로 이 지구에 왔는지를 알 것입니다. 또한 여러분은 자신이 하느님의 특정 속성을 구현하는 더 거대한 영적존재의 한 확장체임을 알게 될 것입니다. 아울러 여러분은 자신이 이 지구에다 신의 특성을 가져옴으로써, 이곳에다 하늘나라를 실현하는 신의 다이아몬드 마음의 일면으로 봉사한다는 것을 알게 될 것입니다. 그때 여러분은 하느님의 몸 전체에 다시 연결되어 자신이 더 높은 목적을 위해 이 지구에 왔던 위대한 존재들의 파동을 이루는 일부임을 알게 됩니다. 그리고 이것이 여러분에게 일종의 목적의식과 의미, 신성한 방향감각을 줄 것이며, 그것은 진정으로 모든 영적인 사람들이 갖고 있는 깊은 내면의 갈망을 궁극적으로 성취하는 길이 될 것입니다.

나의 사랑하는 이들이여, 지구상의 많은 사람들이 삶에 어떤 목적이나 깊은 의미가 있는지를 의심하고 있다는 것은 내 가슴에 커다란 고통입니다. 일단 여러분이 이원성 의식을 넘어서면, 그 답은 너무 명확하고 분명합니다. 하지만 나는 여러분이 그런 의식의 상태에 의해 만들어진 환영의 베일 뒤에 여전히 갇혀 있는 동안은 그 답이 혼미하고 불가능하게 보인다는 것을 압니다. 그래서 나는 여러분과 모든 영적인 사람들이 자신이 진정으로 누구이고, 왜 이 물질우주에 왔는지를 자유롭게 알기 위해 그 환영의 베일 – 에너지 베일 – 을 넘어서는 모습을 보고 싶다는 것 외에는 다른 소망이 없습니다. 그것이 바로 여러분의 독특한 개성을 표현하고 자신만의 독특한 재능을 이 행성에 가져오기 시작할 수 있는 때입니다. 그리고 사랑하는 이들이여, 이것은 참으로 풍요로운 삶을 경험하는 바로 그 토대입니다. 여러분은 풍요로운 삶이 돈이 전부라고 정말로 믿지는 않겠지요, 그렇지 않습니까? 나는 진실로 풍요로운 삶은 여러분이 누구이고 왜 이 지구행성에 왔는지를 아는 데서, 또한 하느님의 빛이 여러분의 4가지 하위체들을 통해 흐르고 있다는 느낌에서 생겨난다고 보증할 수 있습니다. 그것은 여러분의 하위 존재의 모든 측면이 여기에 온 여러분의 원래 목적과 일치한다는 것을 아는 데서 생겨납니다. 그러므로 여러분 삶의 모든 면은 그 목적을 표현하고 그 목적을 수행하는 역할을 합니다. 그리고 이것이 궁극적인 풍요의 상태입니다. 또한 그것은 여러분을 더욱 더 높은 수준으로 끌어올리는 가운데 지구행성 전체의 진동을 높이고 있는 생명의 강의 흐름, 즉 신의 영원한 자기초월의 강 속에 있다는 궁극적인 존재감입니다.

***

사랑하는 이들이여, 여러분의 자의식체를 정화하는 또 다른 중요한 측면에 대해 이야기하겠습니다. 지금까지 나는 단지 여러분의 자의식체가 여러분의 정체감의 자리라고 말했지만, 그것은 또한 의지력, 결정력, 방향의 힘, 목적의 힘에 초점을 맞추는 몸이기도 합니다. 여러분이 물질세계로 들어오게 된 배후의 기본적인 추진력은 결정이었습니다. 그러므로 여러분 생명의 전체 흐름은 의지의 작용으로부터 생겨납니다. 이 의지의 작용은 여러분의 창조주가 내린 원래의 결정이 확장된 것이며, 그 결정은 "나는 창조할 것이다!"입니다.

그러므로 여러분이 궁극적으로 풍요로운 삶을 성공적으로 실현하려면, 자기존재의 더 높은 의지, 즉 여러분의 4가지 하위체들에 담겨져 있을 수 있는 것 이상의 의지에 다시 연결되어야합니다. 여러분은 반드시 자신의 의식적인 마음의 의지보다 더 높은 의지에 접속되어야합니다. 사랑하는 이들이여, 이 세상의 얼마나 많은 사람들이 파괴적인 습관을 정복하거나 그들의 삶을 다른 방식으로 개선하기 위해 진지한 시도를 했었는지 생각해보십시오. 그러나 어느 정도 긴 시간이 지나거나 얼마 후에, 그들은 포기했거나 과거의 행동습성으로 되돌아갔습니다. 또한 얼마나 많은 사람들이, 특히 보다 영적인 마음을 가진 사람들이 지구상에 단순히 옳지 않은 것이나 개선해야 할 수많은 문제들이 있다는 것을 알 수 있는지를 생각해 보세요. 하지만 그들 중 많은 이들이 변화에 대한 저항, 개선에 대한 믿을 수 없는 반대가 존재한다는 사실을 발견하며, 종종 그들의 노력은 목표에 미치지 못하고 맙니다. 그들은 싸우고 싸우지만 점차 아무런 효과가 없는 것처럼 느낍니다. 그들이 나가려고 하는 모든 단계에는 항상 이런 반대가 있습니다. 사랑하는 이들이여, 이런 저항은 무엇일까요? 그것은 적그리스도의 마음에서 생겨난 저항입니다. 또한 이것은 이 행성에 있는 모든 인간의 유한한 자아들을 통해, 그 집단의식을 통해, 그리고 적그리스도의 의식에 빠져 있는 이 세상의 지배자와 - 육화했거나 육화하지 않은 - 모든 세력들을 통해 집중된 것입니다.

사랑하는 이들이여, 이 행성에는 하느님의 뜻과 지상천국이 이룩되는 것에 적극적으로 맞서고 있는 반의(反意)의 세력이 있습니다. 오직 어둠의 그늘 속에만 존재할 수 있는 이 세력은 여러분이나 다른 누군가가 이 지구 행성에다 하느님의 빛을 가져 오는 것을 원하지 않습니다. 하지만 그들은 이원성 의식의 그림자가 사라지면, 더 이상 숨어 있을 수가 없습니다. 그리고 그들이 더 이상 숨을 수 없을 때, 그들은 누군가를 속일 수 없습니다. 그러므로 그들은 계속해서 이 행성에 존재할 수가 없게 됩니다. 진지한 영적 탐구자로서의 여러분은 하느님에 대해 반의를 가진 이런 세력을 무시할 수 없습니다. 왜냐하면 만약 그렇게 할 경우, 여러분은 절대로 그 세력을 넘어설 수 없기 때문입니다.

나는 앞서 여러분의 창조력은 4가지 하위체들을 통해 흐를 수 있는 빛의 힘, 여러분의 의식적인 마음으로 이용할 수 있는 빛의 힘에 달려있다는 것을 보여 주기 위해 아주 상세히 설명했습니다. 자, 나의 사랑하는 이들이여, 물질세계 안에는 신에 뜻에 맞서려는 반역세력이 존재하고 있습니다. 이 세력은 오직 이미 물질세계로 옮겨진 에너지만을 가지고 작업할 수 있습니다. 그러므로 이 세력이 약 1,000Hz의 에너지로 일을 할 수 있다고 가정해 봅시다. 그런데 만약 여러분의 의식적인 마음이 500Hz에서 진동하는 빛을 유도할 수 있다면, 어떻게 1,000Hz의 힘을 가진 반역세력을 이겨낼 수 있을까요? 여러분이 그렇게 할 수 있는 방법이 전혀 없음을 아시겠습니까? 여러분은 이 세상에서 최선의 의도와 좋은 영적인 가르침을 가질 수 있고, 어쩌면 훌륭한 영적인 기법도 얻을 수 있습니다. 그러나 만약 여러분의 의식적인 마음으로 모을 수 있는 의지력과 결단력이 약하다면, 과연 어떻게 물질영역에 존재하는 반역세력의 힘을 극복하고 앞으로 나아갈 수 있을까요? 또한 여러분이 집단의식의 반대의지보다 강한 힘을 가져올 수 없다면, 어떻게 사회를 바꾸고 이 행성을 변화시키는 데 성공할 수 있겠습니까?

마찬가지로 감정계와 사고계, 자의식계 안에도 반의를 가진 반역 세력이 있습니다. 그리고 각 수준에서 이 세력은 일정한 힘을 뻗치고 있습니다. 만약 여러분이 개인적으로나 더 큰 규모로 반역세력을 극복하고자 한다면, 이들의 힘보다 더 강한 긍정적인 의지의 힘을 가져와야 합니다. 이것은 단순히 수학적 계산의 문제일 뿐이며, 숫자를 합산하는 데는 비범한 재능이 필요하지 않습니다. 만약 여러분이 2를 더하고 나서 4를 뺀다면, 결과는 어떻게 될까요? 자, 그 결과는 여전히 마이너스(-) 상태라는 것이며, 그렇다면 어떻게 여러분이 긍정적인 변화를 가질 수 있겠습니까?

사랑하는 이들이여, 나는 여러분에게 이것을 지적함으로써 어떤 식으로든 여러분을 낙담시키려고 하는 것이 아닙니다. 나는 여러분이 진실로 삶에서 진보를 이루고 풍요로운 삶을 실현하고자 한다면, 이 세상에서 볼 수 있는 것보다 강한 의지력의 원천을 찾아야 한다고 알려주고 싶습니다. 그리고 그 의지력의 원천은 여러분 본래의 참된 정체성, 즉 여러분이 분화돼 나온 더 거대한 영적 존재에 다시 연결되는 것입니다. 일단 여러분이 그 커다란 영적존재에 다시 연결되면, 자신이 여기에 온 본래의 목적을 회복할 수 있습니다. 그러므로 여러분은 창조주에게 귀환하는 여정 내내 그 전체적인 의지력에 접근할 수 있습니다. 사랑하는 이들이여, 여러분에게 보증하지만, 이 세상에는 절대로 하느님의 의지력에 저항할 수 있는 힘, 즉 여러분의 유한한 자아와 집단의식 또는 이 세상의 지배자에 의해 창조된 힘이 없습니다.

하느님의 의지력은 대부분의 인간이 경험해온 것을 훨씬 넘어서 있기에, 여러분이 처음으로 이 의지의 힘에 연결될 때는 거의 충격적일 수 있습니다. 하느님의 의지는 절대적이고 비타협적이며, 적그리스도 마음의 이원성적인 추론에 어떤 식으로든 영합하지 않습니다. 그래서 성서는 그분 안에는 아무런 변함이 없고 회전하는 그림자도 없다고 말합니다(야고보서 1:17). 하느님의 뜻은 진리를 타협하지 않으며 지상천국을 이룩하는데 반항하는 어떤 것도 받아들이지 않을 것입니다. 그러므로 여러분이 자신의 더 커다란 존재의 의지에 개인적으로 연결돼있다면, 이곳에 온 본래의 목적을 이루는데 방해가 되는 어떤 조건도 받아들이지 않을 것입니다. 그리고 이것이 바로 여러분이 유한한 자아와 주변 사람들, 집단의식, 그리고 세상의 지배자의 반대의지를 헤쳐 나가기 위해 필요한 힘입니다.

사랑하는 이들이여, 적그리스도 마음의 기본속성은 진리와 그리스도의 진실과의 타협입니다. 그러므로 이원성 의식에 의해 영향을 받는 모든 것은 일종의 타협입니다. 심지어 이 세상의 지배자의 주된 전략은 어떻게든 진리와 절충하도록 유혹을 하거나, 우롱하거나, 강요한다고 말할 수도 있습니다. 어떻게 여러분이 타협하려는 성향과 이원성적인 추론의 교묘한 유혹을 극복할 수 있을까요? 여러분은 오직 타협을 완전히 넘어서 있는 힘에 다시 연결됨으로써만이 그것을 극복할 수 있으며, 그 힘은 바로 하느님의 의지입니다. 하느님의 의지는 진리와 타협하지 않으므로 그 의지에 다시 연결되면, 여러분은 여기에 온 자신의 원래 목적을 적당히 타협하지 않을 것입니다.

사랑하는 이들이여, 나는 여러분의 영혼을 위해서 하느님의 의지에다 다시 연결하는 것은 약간의 조정이 필요하다는 것을 알고 있습니다. 그것이 하룻밤 사이에 이루어질 수는 없으며, 실제로 시간과 노력이 필요합니다. 여러분은 이 우주로 여러분을 데려온 원래의 뜻과는 분리된 별개의 의지를 구축하게 한 이원성적인 믿음을 버려야 합니다. 그럼에도, 여러분이 접근할 수 있는 하느님 의지의 힘을 여러분에게 일깨워주는 것이 여기서의 내 의도입니다. 그리고 여러분이 그 하느님의 의지에 다시 연결될 때, 그것이 여러분의 대아인 더 높은 자아의 의지이며, 여러분은 말 그대로 여러분의 창조적 표현에 대한 온갖 방해와 유한한 자아 및 이 세상의 지배자로부터의 오는 모든 방해를 일축하고 극복할 수 있습니다.

여러분의 4가지 하위체들은 계층적 구조를 형성합니다. 그리고 여러분의 의식적인 마음은 그 구조의 가장 낮은 층에 있습니다. 그러므로 여러분은 육체를 중심으로 하는 그 의식적 마음을 사용하여 반대의지를 가진 세력을 극복할 수는 없습니다. 그러나 여러분은 의식적인 마음에서 자신을 분리하고 진정한 정체성에 다시 연결할 수 있습니다. 따라서, 그것은 하느님의 의지에 관한 결정을 그 의식적인 마음의 수준까지 내릴 수 있습니다. 그리고 여러분이 그 결정을 할 때, 여러분은 자신의 정신 안팎이나 이곳 지구에 존재하는 자신의 목적을 달성하는 길에 어떤 방해물이 서 있도록 허용하지 않을 것입니다. 오직 여러분이 그런 결정을 할 때만이 자신의 신성한 계획에 대한 방해, 자신의 존재 이유에 대한 방해를 일소할 수 있을 것입니다.

***

여러분 자신의 더 높은 의지에 연결되는 또 다른 이점은 여러분이 이곳 지구 행성에 존재할 수 있고 그리스도 의식을 구현할 수 있는 천부적 권리가 있음을 알게 된다는 것입니다. 사랑하는 이들이여, 나는 신을 향한 큰 사랑을 가지고 있지만 어둡거나 악한 어떤 것을 인정하기를 꺼려하는 많은 성실한 영적 구도 자들을 봅니다. 이것은 단지 압도적으로 보이는 것으로부터 도피하려는 성향의 한 측면입니다. 그러나 일단 여러분이 하느님 의지의 힘에 다시 연결되면, 다시는 이 세상의 어떤 세력도 두려워하지 않을 것입니다. 여러분은 그들이 신의 힘에 맞설 수 없고 그 힘이 이 세상에 있는 어떤 세력으로부터도 여러분을 보호할 수 있다는 것을 알게 될 것입니다.

오직 이 어두운 세계에 빛을 가져 오기 위해 여러분이 신에 의해 이곳으로 보내졌다는 것을 내면적으로 인식했을 때만이 이 세상 지배자의 맹공을 견딜 수 있습니다. 그가 예수에게 싸움을 걸고 유혹했듯이 말입니다. 자, 나의 사랑하는 이들이여, 이 세상의 지배자는 자신이 물질세계 전체를 소유하고 있다고 생각하는 그런 궁극적인 오만과 영적무지에 사로잡혀 있습니다. 그는 지구상에 있는 모든 사람들이 자신에게 속해 있고 자기가 그들을 완전한 통제 하에 두고 있다고 생각합니다. 그래서 그가 원하는 마지막 것은 그리스도 의식에 도달하기 위해 육화해 있는 어떤 사람에 대한 것입니다. 그리스도 의식의 성취는 여러분을 이 세상 세력의 통제에서 벗어나게 할 수 있을 뿐만 아니라, 다른 사람들에게 하나의 모범이 될 것입니다. 이것이 예수가 담당했던 사명의 본래 목적이며, 이 세상의 지배자는 예수가 사명을 수행하는 것을 막기 위해 온갖 짓을 다했습니다. 하지만 그것이 효과가 없자, 그는 책략을 바꿔서 예수의 본보기를 파괴하고자 했으며, 그럼으로써 아무도 감히 예수의 약속을 따르지 않았고 그가 했던 일을 할 수 없었습니다(요한복음 14:12).[51]

내 요점은 이 세상의 지배자가 여러분으로 하여금 이 세상에서 신성을 성취할 권리가 없다고 믿게 만들려고 시도한다는 것입니다. 그리고 그는 특히 여러분이 이런 신성을 행사함으로써 진리의 빛을 다른 사람들과 사회에 가져오는 것을 방해하려고합니다. 이 세상의 지배자는 모든 사람들이 현재의 마음 상태

---

51) "내가 진실로 진실로 너희에게 이르노니, 나를 믿는 자는 나의 하는 일을 저도 할 것이요, 또한 이보다 큰 것도 하리니"

를 초월하는 어떤 것이 있음을 깨닫지 못한 채 이원성 의식에 계속 갇혀 있기를 바랍니다. 따라서 그는 온갖 종류의 영리한 아이디어를 사용하여 여러분이 자신의 능력이나 빛을 방사할 권리를 의심하게 만듭니다. 그러한 계략 중 하나가 여러분이 행동하는 그리스도가 됨으로써 다른 사람들의 자유의지를 간섭한다는 생각입니다. 결국, 이 지구상의 대부분의 사람들은 잠자고 있는 것에 만족하는 듯이 보이며, 영적현실에 대해 깨어나기를 원하지 않습니다. 그리고 이것이 진실처럼 보일 수도 있는 반면에 현실은 사람들이 행복하지 않다는 것입니다. 왜냐하면 그들의 깊은 내면에는 전체적인 온전함에 대한 갈망, 이원성 의식에 갇혀있는 한은 결코 성취될 수 없는 갈망이 있기 때문입니다. 그들은 단지 이원성적인 의식상태에 대한 대안이 있다는 것을 결코 본 적이 없고, 더 높은 의식상태에 도달할 실행가능한 길을 본적이 없기에 잠들어 있습니다.

실제로, 이 세상의 지배자는 사람들의 자유의지를 방해하고 있습니다. 간단한 사실은 사람들이 모든 선택권과 그 선택의 결과를 알지 못한다면, 자유로운 선택을 할 수 없다는 것입니다. 만약 사람들이 이원성 의식의 영적인 죽음에 대한 대안이 있다는 것을 모른다면, 어떻게 그리스도 의식의 삶을 선택할 수 있겠습니까? 하지만 여러분은 자신이 위험에 처해 있다는 것을 진정으로 이해한다면, 대부분의 사람들이 (죽음이 아닌) 삶을 선택할 것이라고 생각하지 않나요?

사랑하는 이들이여, 예수는 사람들을 영적인 잠, 영적인 죽음에서 깨우려는 특별한 목적으로 신에 의해 보내졌습니다. 하지만 많은 사람들이 습관의 힘과 이원성적인 믿음 때문에 깨어나지 않는 것이 사실입니다. 그래서 많은 이들이 예수를 거부하고 심지어 그에 대한 음모를 꾸미기도 했습니다. 이것은 또한 왜 예수가 때로는 사람들의 유한한 자아라는 감옥 벽을 부수기 위해 그렇게 직접적이고 과격하게 행동했는지를 설명해줍니다.

그러나 이것 역시 사람들의 자유의지를 침해한 것이 아닙니다. 하느님은 사람들이 영원히 잠들어있는 것을 원하시지 않으므로 그것은 실제로 그가 그렇게 하도록 위임받았던 것입니다. 그러므로 하느님은 인간들에게 본보기로서의 역할을 할 수 있는 영적인 스승들이 주어져야 한다고 명하셨습니다. 이 특별한 시대에, 하느님은 지구상에서 대규모적인 영적인 각성이 일어나는 것을 보고 싶어 하십니다. 이것은 오직 상당한 수의 사람들이 신성의 길로 나아가고 이 길이 어떻게 더 풍요로운 삶으로 이어지게 되는지 증명될 때만 이루어질 수 있습니다. 단지 사람들이 자기와 같은 배경 출신의 누군가가 풍요로운 삶을 실현하는 것을 보게 될 때에만, 그들은 자신의 잠재력에 자각하게 될 것입니다. 그리고 실제로, 천상의 모든 존재들은 지구상의 모든 사람들이 영적 죽음과 영적 삶 사이에서 진정으로 자유로운 선택을 할 수 있도록 깨어나는 것을 보고 싶어 합니다.

사랑하는 이들이여, 여러분의 영적성장에 저항할 수 있는 사람들은 여러분에게 가장 가까운 사람들입니다. 그래서 예수는 이렇게 말했습니다. "사람의 원수가 자기 집안의 식구일 것이니라(마태복음 10;36)." 그 의미는 여러분에게 가장 가까운 사람들이 여러분이 영적으로 성장하는 것을 꺼려한다는 것입니다. 그들은 여러분을 잃는 것을 두려워할지도 모르고, 시기할 수도 있으며, 여러분이 깨어나는 것을 원하지 않을 수도 있습니다. 어쨌든 여러분이 풍요로운 삶을 실현할 수 있다면, 그들도 또한 그렇게 할 수 있지만, 그렇게 하기 위해서는 그들이 여러분과 마찬가지로 기꺼이 자신을 변화시켜야 합니다. 그런데 만약 그들이 도망가는 습성과 자발적으로 마주하지 않는다면, 그들은 자기들이 무시할 수 없는 여러분의 진보를 방해하려고 할 것입니다.

나의 사랑하는 이들이여, 나는 다른 사람들을 적으로 볼 필요가 있다고 말하고 있는 것이 아닙니다. 나는 단지 여러분의 성장에는 자신의 에고와 타인들의 에고로부터 오는 방해가 있을 것이라는 사실을 알고 있어야한다고 말하고 있는 것입니다. 그리고 그런 방해를 극복할 수 있는 유일한 방법은 여러분 자신의 상위 존재가 갖고 있는 더 높은 의지에다 단단히 닻을 내리는 것입니다. 그 높은 의지는 여러분이 진정한 자신이 되는 것을 방해하는 지구상의 어떤 조건도 용납하지 않을 것이며, 성서의 다음과 같은 구절을 실천케 할 것입니다. "이같이 너희 빛을 사람 앞에 비추게 하여, 그들이 너희의 착한 행실을 보고 하늘에 계신 너희 아버지께 영광을 돌리게 하라(마태복음 5:16)."

사랑하는 이들이여, 여러분이 풍요로운 삶을 실현하기 위해 시도할 수 있는 두 가지 방법이 있음을 아시겠습니까? 하나는 바닥에서부터 시작하여 여러분의 의식적인 마음으로 얻을 수 있는 힘으로 방해를 돌파함으로써 자신의 길을 확대시켜나가고자 하는 것입니다. 그렇게 하는 가운데 여러분은 자신의 유한한 자아와 다른 사람들, 그리고 이 세상 지배자의 반대의지와 끊임없이 싸우게 될 것입니다. 그러므로 여러분은 계속적인 투쟁인 삶에 대해 자신을 책망하고 있습니다. 여러분은 약간 진보할 수도 있고, 얼마간의 여유 있는 삶을 형성할 수도 있지만, 그것은 하느님께서 여러분에게 주시려는 정말로 풍요로운 삶은 아닙니다. 그런 진정한 삶을 누리는 유일한 길은 바로 위로 올라가서 여러분의 진정한 정체성에 다시 연결됨으로써 4가지 하위체들을 여러분의 본래 목적과 일치시킬 수 있는 신의 힘을 끌어오는 것입니다.

그리하여, 여러분의 인생이 훨씬 더 쉽게 풀리게 될 것입니다. 일단 여러분의 보다 높은 목적에 관한 비전이 자의식체 안에 정착되면, 확고한 기초를 다질 것이고, 그리스도의 반석 위에 집을 짓게 될 것입니다(마태복음 7:24). 여러분의 생각은 거의 자동적으로 원래 목적과 일치하게 됩니다. 여러분의 생각이 자신의 진정한 목적과 일치할 때, 여러분의 감정은 저급한 이원성적인 욕망에 의해 여러 방향으로 분열되지 않을 것입니다. 그러므로 여러분은 더 이상 (성서에서 말하는) 내분이 일어난 집안이 아니며, 신의 빛이 희석되지 않고 4개의 하위체들을 통해 흐르는 상태가 될 것입니다. 이렇게 되면 여러분의 창조력이 높아져서 별로 힘들이지 않고도 쉽게 삶의 진정한 목표를 달성할 것입니다.

사랑하는 이들이여, 예수의 생애를 보십시오. 그가 물을 포도주로 변화시키는 것은 괴로운 투쟁이 아니었습니다. 그는 단순히 자신의 외적인 마음을 내면에다 집중했고 이루고자 하는 목적에다 그 자신을 완벽하게 일치시켰습니다. 그런 집중상내에서 그는 명령을 내렸으며, 즉시 물은 포도주로 바뀌었습니다. 마찬가지로, 그는 수많은 사람들에게 필요한 빵을 사거나 구워야하는 수고를 들이지 않고도, 5,000명의 사람들이 먹을 양의 빵과 물고기를 손쉽게 늘렸습니다. 이것이 여러분의 진정한 잠재력입니다. 그리고 나는 이것이 여러분의 현재 도달 범위를 훨씬 넘어서는 것처럼 보일 수도 있음을 압니다. 하지만 나는 여러분이 꼭대기로 곧장 올라가서 여기에 온 더 큰 목적과 함께 여러분의 정체성을 재조정하는 이점을 보여주기 위해 이런 설명을 하고 있습니다. 그리하여, 여러분의 더 높은 존재의 의지가 4가지 하위체들 각각에 대해 지배권을 가질 수 있게 됩니다.

사랑하는 이들이여, 나는 여러분이 필요한 것을 얻기 위해 고군분투하는 데 익숙하다는 것을 알고 있습니다. 하지만 나는 여러분에게 힘들이지 않고도 목표를 성취하는 개념에 대해 고려해보라고 요청합니다. 이 책의 서두에서 나는 여러분에게 왕국을 주는 것은 아버지의 기쁜 일이라고 말했습니다. 다시 말하면, 여러분이 풍요로운 삶을 누리는 것이 절대자인 신의 뜻입니다. 그리고 그 것을 얻기 위해서, 오직 여러분은 자신을 더 높은 뜻에다 일치시켜야만 하며, 그것이 참으로 여러분의 상위 존재의 뜻이자, 여러분 자신 안에 있는 하느님의 뜻인 것입니다. 여러분의 4가지 하위체들이 여러분의 존재 이유와 일치할 때, 하느님의 힘이 그것들을 통해 흘러서 여러분의 신성한 계획을 성취하기 위해 필요한 것들을 쉽게 발현시킬 것입니다.

***

나의 사랑하는 이들이여, 여러분 자신을 여러분의 상위 존재의 더 높은 뜻과 일치시키기 위해서는 무엇이 필요할까요? 일단 여러분은 자신의 4가지 하위체들로 진입하고자 하는 반대의지의 힘이 존재한다는 것을 기꺼이 인식해야 합니다. 이것은 내가 여러분의 유한한 자아라고 불렀던 것입니다. 그리고 유한한 자아는 그 자신의 의지를 가지고 있으며, 이 의지는 자신에게만 완전히 집중돼 있습니다. 그렇다면 그 저급한 의지의 감옥에서 벗어나기 위해서는 어떻게 해야 할까요? 우선 여러분 자신을 넘어서서 생각하기를 시작할 필요가 있으며, 여기서의 여러분이란 육체와 유한한 자아에만 집중된 자신을 의미합니다. 내가 말했듯이, 여러분은 거대한 영적존재의 연장선에 있는 한 확장체이며, 여러분은 더 커다란 목적, 영원한 목적을 위해 이곳에 왔습니다.

사랑하는 이들이여, 지구상의 얼마나 많은 사람들이 완전히 그들 자신에게만 집중해서 육체의 즐거움과 즉흥적인 욕구 중심으로 철저히 이기적인 욕망을 추구하며 일생을 보는지를 생각해보세요. 또한 얼마나 많은 이들이 그들의 영적 자유와 성장과 같은 자기 삶의 장기적인 결과에 관해 아무런 관심도 없는지를 생각해보십시오. 게다가 얼마나 많은 사람들이 자신의 행위가 타인들에게, 심지어는 자신의 사랑하는 사람들에게 영향을 미치는지조차도 전혀 신경 쓰지 않는지를 생각해보기 바랍니다. 그렇기에, 그들은 양심의 가책이나 후회의 느낌도 전혀 없이 가장 이기적인 행동을 예사로 저지릅니다. 그리고 얼마나 많은 인류가 현대인의 삶의 방식이 장기적으로 지구행성 및 지구의 생명 부양능력에 미치는 영향에 대해 거의 주의를 기울이지 않는지 숙고해보세요. 단지 최근 수십 년 전부터야 비로소 사람들이 환경오염의 영향을 고려하기 시작했습니다. 그리고 그들은 그것이 오직 자신에게 부정적인 결과를 초래할 수 있다는 것을 깨달았기 때문에 그렇게 했던 것입니다. 아주 소수의 사람들만이 자신의 인식을 넓혀 삶의 터전을 인간에게 제공해주는 지구에 대한 진정한 사랑을 갖게 되었습니다.

사랑하는 이들이여, 이런 자기중심성, 이런 철저한 이기성과 모든 생명을 한 몸으로 보는 그리스도 마음의 더 커다란 시각을 비교해 보십시오. 왜냐하면 그것은 모든 생명이 같은 근원에서 생겨났고 하느님이라는 존재의 한 표현임을 알기 때문입니다. 여러분을 자신의 한 분신(分身)으로 이곳에 보냈던 거대한 영적 존재는 이런 제한적이고 인간적이며 이기적인 시각을 갖고 있지 않았습니다. 이 존재는 창조주의 뜻과 구상에 완벽하게 일치해 있으며, 따라서 여러분을 물질세계로 보낸 것에 대해 큰 목적을 갖고 있었습니다. 그리고 그 목적은 창조물 전체와 지구 및 인류에 대한 하느님의 비전과 완벽하게 조화되어 있습니다. 만약 여러분이 궁극적인 행복, 궁극적인 성취, 궁극적인 목표의식 및 자부심을 얻으려면, 자신의 유한한 에고에 초점이 맞춰져 있는 이런 편협한 자아의식을 넘어서야 합니다. 여러분은 본래의 진정한 여러분인 더 커다란 자아의식에 다시 연결될 필요가 있습니다. 그런 다음에야 여러분은 육체와 관련된 자기본위의 이기적인 욕망을 추구해가지고는 절대로 궁극적인 성취에 이르지 못할 것임을 깨닫게 될 것입니다. 여러분은 오직 자신의 몸을 넘어서서 여러분 자신의 참된 존재를 줄 때에만 진정으로 성취하게 될 것입니다..

여러분이 내가 여기서 말하는 것에 대한 시각적 이미지를 원한다면, 태양을 생각해보십시오. 태양은 지구상의 모든 것에다 생명을 불어 넣는 빛을 방출하며, 무조건 그렇게 하도록 설계돼 있습니다. 태양은 지구에 있는 사람들을 내려다보고 그들이 올바른 마음으로 빛을 받고 있는지를 판단하지 않습니다. 즉 예수가 말하기를 "이같이 한즉 하늘에 계신 너희 아버지의 아들이 되리니, 이는 하느님이 그 해를 악인과 선인에게 비추게 하시며, 비를 의로운 자와 불의한 자에게 내리우심이니라(마태복음 5:45)."라고 했듯이 말입니다. 그러므로, 태양은 조건 없이 빛을 줍니다. 그것은 대가를 기대하지 않고 주며, 사람들이 자신의 선물을 어떻게 받아야한다는 조건을 달지 않고 줍니다. 태양은 빛을 발하는 데 있어서 그렇게 하는 것이 진정한 성취이고 진정한 기쁨이라는 것을 발견합니다. 이렇게 (외부로) 나가는 것이 성취의 원천이며, 들어오는 것은 성취가 아닙니다.

자, 그럼 만약 태양이 오늘날 대부분의 사람들이 갖고 있는 자기중심의 의식상태를 채택한다면, 어떻게 될까요? 태양은 자신의 빛을 주기 위한 조건을 내세우기 시작할 것입니다. 태양은 이렇게 말할 것입니다. "사람들이 내 광선을 적절한 방법으로 받지 않을 경우, 나는 더 이상 그런 사람들에게는 내 빛을 주지 않을 것이다." 이렇게 되면 태양은 특정지역을 차단하고 더 이상 그 지역에는 빛을 방사하지 않을 것입니다. 하지만 나의 사랑하는 이들이여, 이것은 태양의 성취감에 어떤 영향을 미치게 될까요? 내가 말했듯이, 태양은 빛을 방출함으로써 그 성취감을 얻습니다. 그러므로 태양이 빛을 방사하는 것을 멈추면 더 이상 만족감을 느끼지 못할 것이며 더 이상 행복하지 않게 될 것입니다. 내가 여기서 지적하고 있는 것은 여러분의 참된 존재인 신아와 의식적인 여러분은 지구행성에서 하느님의 빛을 방사하는 영적 태양으로 설계돼 있다는 것입니다. 여러분의 신아는 하느님의 빛을 낮춘 다음 그것을 여러분의 4가지 하위체들을 통해 보내며, 이때 이 빛은 지구에 온 원래 목적에 맞게 움직이는 의식적인 여러분에 의해 유도를 받게 됩니다.

여러분은 하느님의 빛이 흘러서 지구에다 방출할 수 있는 도관이 되도록 설계되었습니다. 이것이 물질세계에 신의 빛을 가져옴으로써 전체 우주의 진동을 높이고 그것을 빛으로 채워서 영적세계 안의 또 하나의 천구가 될 수 있는 방법입니다. 하느님의 비전과 계획도 그렇습니다. 바꿔서 말하면, 여러분은 지구상의 불완전한 상태를 초월하고 확대하고 가속화하기 위해 현재의 특정상황에다 신의 빛을 유도하도록 예정돼 있습니다. 여러분은 지구상의 모든 것이 더 나아질 수 있도록 돕기 위해 이곳에 왔으며, 그렇게 하는 가운데 더 나은 존재로 진화하게 됩니다. 여러분은 자신의 빛을 주기 위해 이곳에 왔고, 여러분이 궁극적인 성취를 이루게 되는 것은 빛을 줌으로써 입니다. 그런데 만약 여러분이 어떤 조건을 내세워 사람들이 당신을 어떤 방식으로 대우하지 않는다고 해서 빛을 주는 것을 중단한다면, 또는 당신이 바라는 대가를 지불하지 않을 경우 빛을 차단하겠다고 한다면 어떻게 되겠습니까? 자, 나의 사랑하는 이들이여, 여러분이 자신을 통해 흐르는 빛의 흐름을 차단하면, 여러분 또한 스스로의 성취감을 잃을 수 있습니다. 빛을 완전히 차단할 경우, 여러분은 결국 아무런 성취감이나 목적의식이 없어지고 삶은 계속적인 고투(苦闘)가 되고 맙니다.

풍요로운 삶이 무엇일까요? 그것은 신의 빛이 희석되거나 막힘없이 여러분의 4가지 하위체들을 통해 흐르면서 만나는 모든 것을 증대시키는 것입니다. 그럼으로써 여러분은 풍요에 의해 둘러싸이게 될 것입니다. 여러분은 이곳 아래에서 풍요를 받기 위해 수동적으로 기다리지 않고, 위에서 오는 빛이 여러분이 접하는 모든 것을 촉진케 함으로써 적극적으로 풍요를 만들어내게 될 것입니다. 여러분은 자신의 재능을 배가시킬 것이며, 빛이 자신을 통해 흐르는 것을 느낄 때, 궁극적인 성취감과 궁극적인 풍요 및 양육의 느낌을 얻을 것입니다. 그런데 여러분이 주는 조건을 규정하는 이원성적인 신념을 받아들임으로써 그 빛을 차단한다면, 성취감과 온전함의 느낌을 박탈당할 것입니다. 이렇게 되면 더 이상 행복과 풍요의 열쇠인 빛의 흐름을 느낄 수 없기 때문에 진정으로 여러분 자신을 곤궁하게 만들고 있는 것입니다.

사랑하는 이들이여, 나는 여러분이 나의 이전 가르침을 토대로 4가지 하위체들 통해 흐르는 하느님 빛의 흐름을 차단할 경우, 우주거울에다 풍요의 에너지 충격파를 보내지 못하게 될 것임을 깨달았으면 합니다. 그러므로 우주거울은 절대로 풍요로운 삶을 다시 반사하여 물질적인 상황의 형태로 여러분에게 돌려보낼 수가 없습니다. 물질적으로 풍요로운 삶을 실제로 실현하는 유일한 방법은 여러분이 갖기로 설계돼 있는 영적으로 풍요로운 삶을 먼저 회복하는 것입니다. 그리하여 여러분이 먼저 하느님의 나라와 그분의 의를 구하라는(마태복음 6:33)[52] – 하느님의 에너지를 바르게 사용하는 것을 의미함 – 예수의 충고에 따른다면, 물질우주는 풍요로운 삶을 여러분에게 보내는 것 외에는 다른 선택권이 없기 때문에 모든 것이 여러분에게 더해질 것입니다

***

사랑하는 이들이여, 나는 앞에서 하느님은 하나로 상호 연결된 전체 우주를 창조하셨다는 사실에 관해 이야기했습니다. 하느님의 원래 설계에서는 개별적인 각 생명체들과 전체 사이에 갈등이나 모순이 없었습니다. 그런데 지구상에서 일어났던 일은 이 행성을 고향이라고 부르는 대부분의 영혼들이 이원성 의식으로 추락했다는 것입니다. 이런 분리의식을 통해 그들은 개인 간, 집단 간, 국가 간에 무수히 많은 충돌을 일으켰으며, 심지어 인류와 어머니 지구 사이에서도 갈등을 유발했습니다. 그리고 이러한 모든 충돌과 갈등은 적그리스도 마음의 한 가지 주요 특징, 즉 이기심에서 비롯됩니다. 이기심은 개체적인 영혼들이 자신의 근원으로부터 스스로 분리되어 신에게 등을 돌린 사실로 인한 산물입니다. 만약 여러분이 의식적으로 자신의 근원과 연결돼있지 않다면, 여러분은 결코 자신의 영적인 형제자매들이 같은 근원에서 왔다는 것을 깨달을 수가 없습니다.

사랑하는 이들이여, 예수가 했던 다음과 같은 말을 생각해보십시오. "너희가 여기 내 형제 중에 지극히 작은 자 하나에게 한 것이 곧 내게 한 것이니라(마태복음 25:40)." 이것은 인간이 일종의 고립된 섬이 아니라는 것, 진공상태 속에 존재하지 않는다는 것, 육체적으로 유일하지 않다는 것을 알고 있는 존재의 말입니다. 이것은 자신의 근원에 연결되어 있고 자신이 하느님의 한 확장체임을 깨닫고 있는 존재의 말인 것입니다. 그리고 다른 인간들을 포함하여 모든 것들은 하느님의 확장체들입니다. 여러분이 이런 확장된 의식을 가지고 있을

---

52) "너희는 먼저 그의 나라와 그의 의를 구하라. 그리하면 이 모든 것을 너희에게 더하시리라"

때, 자신이 실제로 하느님 몸의 일부분임을 깨닫습니다. 그리고 자신의 근원과의 연결을 통해, 여러분은 하느님 몸의 다른 모든 부분들과 연결되어 있습니다. 그러므로 여러분이 다른 사람들에게 행하는 것은 사실상 여러분 자신에게 행하고 있는 것입니다.

사랑히는 이들이여, 나는 지금까지 우주가 여러분이 내보내는 것을 다시 여러분에게 반사하는 일종의 거울이라는 점을 상소했습니다. 또한 나는 우주는 여러분이 다른 사람들에게 행하는 것을 그대로 여러분에게 행할 것이라고 말했습니다. 그리고 이것이 실제로 정확하기는 하지만, 거기에 관련된 더 높은 이해가 있습니다. 그 더 높은 이해는 다른 사람들이 지구상의 하느님 몸의 한 부분이고 여러분도 그 몸의 일부이기 때문에, 그들이 여러분과 분리되어 있지 않다는 것입니다. 그러므로 우리는 우주가 여러분이 타인들에게 행하는 대로 여러분에게 행하게 될 것이라는 말을 넘어서서 여러분이 타인들에게 행하는 것이 곧 여러분 자신에게 행하고 있는 것이라고 말할 수 있습니다. 왜냐하면 다른 사람들은 여러분의 더 거대한 자아, 즉 하느님 몸의 일부이기 때문이지요. 그리고 여러분이 지구 어머니에게 행하는 것 역시 물질적인 지구 행성도 하느님 창조물의 일부이기에 그것은 곧 여러분 자신에게 행하는 것이 됩니다. 여러분의 일부가 이 지구행성에 초점이 맞춰져 있는 한, 그 전체(지구)에 일어나는 일은 바로 지금 여러분의 정체감의 중심인 개체적인 부분에 영향을 미칠 것입니다.

내가 말했듯이, 의식을 지닌 여러분은 스스로 인식할 수 있는 어떤 것과 자신을 동일시하는 능력을 가지고 있습니다. 즉 여러분은 자신을 유한한 자아로 인식함으로써 자기-중심적일 수 있으며, 또는 자신을 하느님이라는 전체와 하나인 영적존재로 인식함으로써 하느님-중심적일 수가 있습니다. 그러므로 자의식체를 정화하는 가장 큰 효과는 여러분이 유한한 자아의 이기성을 초월해서 볼 수 있게 된다는 것입니다. 여러분은 이 세상의 지배자로부터 유래한 분리의식 너머를 볼 수 있게 될 것입니다. 또한 한 개인으로서의 여러분 자신의 정체성도 넘어서 볼 수 있을 것입니다. 그리고 여러분은 자신의 개체적인 영혼보다 더 나은 여러분이 있다는 것을 알 수 있게 될 것인데, 왜냐하면 여러분의 개별적인 영혼은 더 거대한 전체, 즉 하느님 의식이라는 전체의 일부이기 때문입니다. 실제로 의식적인 여러분은 그 전체의 한 표현이며, 그렇기에 여러분이 엄청나게 거대한 우주 안의 아주 작은 행성에서 육체에다 여전히 초점을 맞추고 있는 동안에도 그 전체와 재결합할 수 있는 능력이 있습니다.

오, 사랑하는 이들이여, 수많은 기독교인들이 다음과 같은 예수의 말을 무시합니다. "너희는 신들(gods)이다(요한복음 10:34)." 참으로, 여러분은 의식을 지닌 당신들이 자신을 하느님인 전체와 동일시할 수 있는 능력을 가지고 있다는 의미에서 신들입니다. 그렇게 행하는 가운데, 여러분은 궁극적인 온전함, 기쁨, 행복을 경험하게 될 것입니다.

여러분은 자신이 누구인지 단지 아는 것이 아니라, 직접 여러분 자신인 그 존재가 될 것입니다. 그때 여러분은 옛 그리스인들이 "영지(靈知:gnosis)"라고 불렀던 것에 도달하게 되며, 이 단어의 의미는 아는 자와 알려지는 대상 사이에 더 이상 거리가 없고, 어떤 차이나 분리도 없다는 것입니다. 사랑하는 이들이여, 나는 많은 사람들에게 불쾌감을 줄 수도 있지만, 그럼에도 진리인 말을 하겠습니다. 그리고 여러분은 이 긴 책을 이 지점까지 읽음으로써 나와 함께 견뎌왔기 때문에 궁극적인 진리를 얻을만한 자격이 있습니다. 장구한 세월 동안 인간들은 신과 그 신의 본성에 대해 궁구하고 사색해 왔습니다. 수많은 영적이고 종교적인 사람들이 하느님을 아는 것을 삶의 목표로 세운 바가 있습니다.

하지만 나의 사랑하는 이들이여, 안다는 개념은 곧 거리를 의미합니다. 여러분이 경험하지 못한 어떤 것(신)을 알 수 있다는 개념은 당신은 여기에 있고 신은 어딘가 다른 곳에 있다는 것을 의미합니다. 여러분은 그 먼 신에게 연결되기 위해 시도하고 있고, 마음속으로 여러분은 그 먼 신의 모습이 어떠할지에 대한 이미지를 형성하지만, 여러분은 여전히 그 신으로부터 분리되어 있습니다. 적그리스도의 마음의 본질이 바로 하느님과의 분리라는 것을 기억할 것입니다. 따라서 이 세상의 지배자는 신을 알고자하는 진지한 열망조차 멀리 있는 신의 이미지를 강화하는 도구로 이용할 수도 있습니다. 내 요점은 진지한 영적 탐구자가 신을 알고자 하는 욕구조차 초월해야 할 때가 올 것이고, 여러분이 아닌 어떤 것을 안다는 개념도 넘어서야 한다는 것입니다.

여러분이 신으로부터 분리되어있는 한, 여러분은 진정으로 신을 알 수 없으며, 신이 어떤 존재인지, 또 신이 된다는 것이 어떤 것인지 알 수 없습니다. 그러므로 내가 여러분에게 깊이 생각해보라고 남기는 사색거리는 다음과 같습니다. "신을 아는 유일한 길은 신이 되는 것이다!"

***

사랑하는 이들이여, 이제 기어를 전환하여 좀 더 실용적인 가르침을 여러분에게 드리겠습니다. 여러분의 자의식체를 정화하는 것에 관해 이야기하는 것은 모두 좋은 것이지만, 나는 단지 이론적인 지식만을 전하기 위해 온 것은 아닙니다. 나는 참으로 여러분이 자신의 삶에 물리적으로 나타나는 것을 이해하기 위해 필요한 지식과 실제적인 도구를 주기 위해 여기에 있습니다. 그러므로 여러분을 유한한 자아와 삶의 투쟁으로부터 자유롭게 해주려는 나의 노력의 필수적인 부분으로서, 나는 4가지 로사리오를 여러분에게 줄 것입니다. 이 로사리오들 각각은 여러분의 하위체들 중의 하나를 정화하도록 특별히 고안돼 있습니다. 내가 여러분에게 줄 첫 번째 로사리오는 자의식체의 이원성적인 신념과 결함 있는 에너지들을 깨끗이 정화하기 위해 고안된 묵주기도문입니다. 이 로사리오는 〈성모 마리아의 하느님의 뜻에 관한 로사리오〉로 이름이 붙여져 있습니다(※514 페이지 참고). 그리고 이것은 여러분 자신을 여러분 영혼의 본래 목적에 맞게 다시 조정함으로써 여러분의 삶을 상향나선으로 전환시키는 매우 강력한 도구입니다.

사랑하는 이들이여, 나는 이 책의 많은 독자들이 로사리오를 낭송하여 수련하는 개념에 익숙하지 않을 수도 있음을 알고 있습니다. 그럼에도 불구하고 여러분은 로사리오를 두 가지 요소로 구성되어있는 긍정적인 확언(確言)으로 볼 수 있습니다. 한 가지 요소는 여러분 정체감과 신과의 관계에 관련된 특정의 이원성적인 거짓말과 환영을 다루는 일련의 확언들입니다. 이 긍정적인 확언들을 큰 소리로 읽음으로써, 여러분은 자신의 자의식체 안에다 그 확언이 단언하는 높은 진리를 확고히 정착시키고, 거기에 저장된 이원성적인 믿음들에 점차 중화하기 시작할 것입니다. 로사리오의 다른 한 가지 요소는 각각의 확언들마다 뒤에서 반복되는 기도문인 "헤일 마리아(Hail Mary: 경애하는 마리아시여!)"입니다. 이 반복의 요소는 로사리오에다 강력한 리듬(율동)을 부여합니다. 여러분이 자연을 살펴보면, 리듬이 하느님의 창조물을 구성하는 필수불가결한 부분임을 알게 될 것입니다. 리듬의 힘을 알고, 특별한 의식(儀式)을 되풀이하는 영적인 사람들이 많이 있습니다. 또한 여러분은 계절의 변화와 음악 속에서 리듬을 볼 수 있습니다. 그리고 하느님은 소리의 힘을 사용하여 "빛이 있으라!"라는 명령을 내렸다는 점을 주목할 필요가 있습니다. 기도문을 반복함으로써 여러분은 연이은 에너지 파동을 불러일으키게 됩니다. 그리고 그런 높은 주파수의 영적 에너지 파동을 불러내어 그것을 개인적인 확언을 통해 유도하면, 여러분은 자신의 자의식체 속으로 빛을 보내어 모든 부적절한 에너지를 소멸시키게 됩니다.

사랑하는 이들이여, 여러분은 이 긴 내용의 책을 이 지점까지 읽으려고 많은 노력을 기울였습니다. 나는 이제 여러분에게 정말 진실한 마음으로 여러분의 노력이 결실을 맺게 될 걸음을 내딛으라고 간청합니다. 나는 큰 헌신을 해보라고 요청하는데, 이런 확고한 결단을 통해 여러분은 그 결과를 보게 될 것입니다. 내가 여러분에게 요청하는 것은 하루에 한 번씩, 36일 동안 〈하느님의 뜻에 관한 로사리오〉를 실행하라는 것입니다. 바쁜 일상 가운데 따로 시간을 내어, 방해받지 않고 혼자 할 수 있는 방으로 들어가기 바랍니다. 이 책의 한 부분을 읽음으로써 시작하십시오. 여러분의 시간이 허락하는 한도 내에서 짧거나 길수도 있지만, 나는 그 기도를 시작할 때, 이 책의 바로 처음부터 읽으라고 요청합니다. 여러분을 위한 메시지가 있거나 여러분이 이해하지 못하지만 중요하다고 생각되는 부분을 접했다고 느껴지는 지점까지 읽어나가십시오. 그 지점에서 읽기를 멈추고, 온 마음을 다해서 로사리오를 소리 내어 열심히 낭송하기 시작하십시오.

나는 이것이 어느 정도 희생이 필요하다는 것과 많은 이들에게 있어서 전에는 한 번도 해보지 않은 것이라는 사실을 압니다. 그것이 처음에는 어색하다고 느낄 수도 있겠지만, 곧 자연스럽게 흘러나오기 시작하여 하루 가운데 점차 즐거운 시간이 될 것입니다. 만약 여러분이 이 책을 통해 모든 혜택을 얻고 싶다면, 이런 기도에 동참하는 것이 절대적으로 중요합니다. 여러 해에 걸쳐 나는 영성이나 풍요에 관한 가르침을 읽기 시작한 많은 영적인 사람들을 보았습니다. 그들은 그 모든 것을 마음속으로 가져다가 지적인 많은 이해를 얻었다고 느꼈지만 풍요로운 삶을 실현하기 위해 실제적인 단계를 밟는 것을 꺼려했습니다. 나는 이 사람들 각자가 그들이 원하는 결과를 얻지 못했다는 것을 확신할 수 있습니다. 만약 여러분이 단지 이 책을 읽는 것만으로 결과를 얻고자 한다면, 절대로 이 책을 읽어서는 안 됩니다. 여러분은 책에서 (지식적으로) 받아들이는 것만으로도 충분하다고 생각할 수 없습니다. 여러분은 또한 무엇인가를 실행해야하며, 그래서 나는 여러분이 현재 빠져있을 수도 있는 부정적인 나선에서 벗어나도록 돕기 위해 특별히 이 프로그램을 고안했습니다. 이 프로그램을 진행함으로써 여러분의 삶은 유한한 자아도 이 세상의 지배자도 뒤집을 수 없는 상향나선으로 진입하게 될 것입니다. 그러므로 나는 여러분에게 이 기도 수련에 참여하는 것을 진지하게 고려해 보라고 요청합니다. 여러분은 이 책 읽는 것을 끝낼 수 있지만, 다 읽고 나면, 로사리오를 시작하십시오!

종합기도는 하느님의 뜻에 관한 로사리오에서 가장 중요합니다. 내가 말했듯이, 나는 여러분의 4가지 각 하위체들을 정화할 수 있는 로사리오를 줄 것입니다. 종합기도는 36일 동안 하루에 한 번씩 각 로사리오를 행하는 것이 필요합니다. 여러분은 자의식체를 깨끗이 정화하는 〈하느님의 뜻에 관한 로사리오〉로 시작할 것입니다. 이 첫 번째 로사리오를 가지고 처음으로 36일 동안 한 후에, 여러분은 사고체를 정화하기 위해서 다음 로사리오를 행하게 될 것입니다. 그런 다음 감정체를 정화하기 위해서 세 번째 로사리오를 역시 36일 동안 하게 될 것이고, 최종적으로 여러분 마음의 물질적 부분과 육체, 그리고 외부 환경을 깨끗하게 정화하기 위해서 마지막 로사리오를 하게 될 것입니다. 사랑하는 이들이여, 나는 이것이 커다란 노력을 요구한다는 것을 알고 있지만, 만약 여러분이 이 수련을 완수한다면, 여러분의 삶은 결코 예전과 같지 않을 것이라는 점을 말하고 싶습니다. 여러분은 말 그대로 자신의 삶을 상승나선으로 변화시켰다는 것을 깨닫게 될 것이며, 이제 여러분은 그 나선형을 지속하고 가속화하는 데 필요한 이해력과 도구를 갖게 되었습니다. 그렇게 함으로써, 여러분은 영적인 풍요와 물질적인 풍요라는 양쪽의 형태로 진정한 모습의 풍요로운 삶을 실현할 것입니다. 그러므로 사랑하는 이들이여, 이 기도를 제대로 시작하기 위해 여러분이 어떻게 하루 일과를 조정할 수 있는지를 매우 진지하게 고려해 보기 바랍니다. 그리고 그렇게 함으로써, 내가 여러분의 4가지 몸들을 정화하는 가르침과 도구를 주기 위해 옮겨갈 때 나를 따르십시오.

나는 신성한 계획이 있다!

　사랑하는 이들이여, 이제는 여러분의 커다란 목적에 대한 전반적인 비전으로부터 여러분의 사고체 안에 정착된 좀 더 구체적인 계획으로 나아갈 시간입니다. 나는 신성한 계획에 관한 개념에 대해 간략하게 언급해 왔으나, 지금은 이 계획에 대해 좀 더 자세히 이야기할 때입니다. 이 계획은 참으로 여러분의 현생(現生)에 대한 청사진이지만, 이 청사진의 많은 부분은 여러분이 물질우주에 체류하는 전체적인 계획이 차지합니다.

　여러분은 이미 자신이 육체 이상의 존재라는 것을 잘 알고 있습니다. 그리고 나는 이제 본래의 여러분은 물질우주로 내려가도록 계획된 여러분의 일부 그 이상의 존재라는 것을 인식했으면 합니다. 다시 말하면, 나는 여러분이 이 생에서 다른 생으로 갖고 다니는 4가지 하위체들의 내용물 이상의 존재라는 것을 얼핏 보기라도 했으면 합니다. 지금 내가 여러분께 알려주고 싶은 것은 여러분의 영혼이 특정의 몸으로 내려갈 때 정확히 무슨 일이 일어나는지에 대한 이해입니다. 여러분이 이런 하강을 시작함에 따라, 그것은 우선 여러분의 장기적인 마음과 통합됩니다. 이것이 여러분이 여러 생에 걸쳐 간직하고 다니는 마음입니다. 그리고 여러분이 그 마음과 통합되기 시작하면, 그것을 통해 모든 것을 보는 안경을 쓰는 것이라고 말할 수 있습니다. 그리고 여러분이 마침내 육체로 내려오면, 다른 안경을 쓰는데, 이것은 여러분의 단기적인 마음을 나타내며, 이 마음은 현재의 육체 주변에 집중된 마음입니다

　내가 이 문제를 거론하는 목적은 여러분이 육체로 있을 때, 여러분은 - 여러분의 의식적인 마음을 뜻함 - 2개의 안경을 통해 세상을 바라보고 있다는 사실을 보여주려는 것입니다. 그 하나의 안경은 여러분의 장기적인 마음, 자의식체, 사고체, 감정체, 그리고 육체 안에 있는 것과 특별히 관련된 장기적인 마음의 일부입니다. 다른 안경은 단기적인 마음을 나타내는데, 이것 또한 4단계로 되어 있습니다. 그러나 이러한 단기적인 마음의 내용물은 이 특정 육화시에 그 마음속에 넣어진 것들입니다. 이 과정에서 일어나는 일은 여러분이 불멸의 영적 존재로서의 자신의 진정한 정체성을 쉽게 망각할 수 있다는 것입니다. 이제 여러분은 장기적이거나 단기적인 마음의 안경을 통해 모든 것을 보기 시작하는데, 즉 자기 자신을 장기적이고 단기적인 마음의 그 내용물로 인식하기 - 동일

시하기- 시작합니다. 결과적으로, 의식적인 여러분은 삶이 어떠해야 하고 어떤 모습이었으면 좋겠다는 모종의 기대와 소망을 형성하게 됩니다. 즉 대부분의 사람들은 현재의 삶에 대한 어떤 기대, 욕망, 포부를 받아들이도록 프로그램 되어 있는데, 예를 들면, 이는 자기들의 삶이 어떤 상태여야 하고 뭔가를 이뤄야만 한다거나, 어떤 것을 하고 싶고, 갖고 싶고, 경험하고 싶다는 등등의 것들 입니다. 이 프로그래밍은 그들의 가족과 사회에 의해 모든 사람들에게 제공된 것이고, 그것은 일련의 기대를 형성합니다. 이러한 기대들은 여러분의 장기적인 마음속에 저장돼 있는 기대들과 정반대일 수도 있고, 또는 그것들은 여러분의 진정한 잠재력이나 현실의 카르마적인 상황 둘 다와 맞지 않을 수도 있습니다. 물론 이것은 여러분 자신의 존재를 분열시키게 됩니다. 한 가지 중요한 고려 사항은 어떻게 여러분이 자기 안의 그러한 분열을 해결하여 방해받지 않고 스스로의 노력으로 삶을 변화시키고 더 많은 풍요를 실현할 수 있느냐는 것입니다.

이것을 설명하기 위해서는, 일단 여러분이 뒤로 물러서서 단기적이고 장기적인 마음 너머를 바라보는 것이 필요합니다. 나는 여러분이 그런 마음의 수준 너머가 훨씬 더 높은 수준이고 거기가 여러분의 신성한 계획을 발견하는 곳이라는 것을 깨닫기 바랍니다. 내가 말했듯이, 의식적인 여러분은 단기적인 마음과 장기적인 마음 이상입니다. 그것은 단지 여러분이 육체로 있으면서 자신을 그 육체와 동일시하는 동안 그 마음의 여과기를 통해 보고 있는 것에 불과합니다. 여러분의 육체가 사망한 후에, 의식적인 여러분은 그 몸에서 분리됩니다. 만약 여러분이 영적으로 알고 있는 사람이라면, 여러분은 장기적인 마음에서 스스로 벗어나서 일시적으로 영적세계로 올라갈 수 있습니다. 지구상의 영적인 사람들 대부분은 육화하는 중간에 낮은 영적세계에 위치한 교육 및 치유 센터에 참석할 것입니다. 달리 말하면, 여러분은 지상에 육체로 태어나는 중간 시기에 절대로 어딘가에서 잠자는 채로 누워있지 않다는 것입니다. 의식적인 여러분은 항상 배움의 과정, 자기초월의 과정을 밟고 있습니다. 지구상에는 지나치게 육체와 자신을 동일시하다보니 육화하는 중간 시기에 낮은 영적세계로 올라갈 수 없는 사람들이 많습니다. 그러므로 이 사람들은 더 낮은 세계에 갇히게 되고, 그들 중 일부는 영적 혼수상태와 거의 같은 일종의 잠에 빠지게 됩니다. 그러나 더 많은 영적인 사람들은 물질세계만을 전부로 아는 상태로부터 벗어나 영적교실로 올라갈 수 있는 능력을 가지고 있습니다. 이런 배움의 세계에서 여러분의 의식적인 자아는 자신의 그리스도 자아 및 여러분의 개인적인 인도자로 봉사하는 영적 스승들과 만날 것입니다. 다시 육화하여 지상으로 내려가기 전에, 여러분은 자신의 영적 스승들과 함께 여러 번의 협의모임을 가질 것이고, 거기서 여러분이 다음 생에서 성취하고자하는 것에 대한 매우 구체적인 계획을 정하게 될 것입니다.

내가 여기서 말하고 있는 것은 여러분이 이번 생에 태어나기 전에 자신의 영적 스승들을 만났으며, 배우고 싶고 경험하고 싶은 것과 청산할 필요가 있는 과거의 카르마(業) 부분에 대해 매우 상세한 계획을 세웠다는 것입니다. 내 요점은 실제로 여러분이 가족과 사회로부터의 프로그래밍에 기초해서 형성한 자신의 외적인 기대가 여러분의 신성한 계획과는 다소 일치하지 않게 될 수도 있다는 것입니다. 또한 여러분이 신성한 계획과 어긋나 있는 기대를 장기적인 마음속에 갖고 있을 수도 있습니다. 분명히 그러한 기대는 여러분을 자체적으로 내분이 일어난 집안처럼 만들 것입니다. 여러분의 사고체를 정화하는 가장 큰 이점은 자신이 현생에서 갖게 된 어떤 기대와 장기적인 마음속에 남아있는 그릇되고 이원성적인 기대를 초월해서 볼 수 있게 된다는 것입니다. 이런 불순물들을 제거하면, 여러분은 자신의 신성한 계획인 이번 생에 대한 장기계획과 구체적 계획에 대해 훨씬 더 명확한 비전을 얻을 수 있게 될 것입니다.

나의 사랑하는 이들이여, 여러분이 경험할 수 있는 가장 큰 기쁨은 자기가 신성한 계획을 이행하고 있고, 여러분 삶의 모든 면이 그 계획과 일치한다는 것을 아는 것입니다. 이것이 진정으로 풍요로운 삶입니다. 의식적인 여러분이 육체의 조밀한 에너지 속으로 내려갈 때, 자신의 신성한 계획을 망각하는 것은 거의 불가피하다고 말할 수 있습니다. 영적으로 가장 잘 깨닫고 있는 사람들조차도 대부분 신성한 계획을 잊어버립니다. 비록 이런 많은 이들이 어린아이였을 때, 자신이 이번 삶에서 하고 싶은 것에 대한 강한 직관적 느낌을 갖고 있기는 하지만 말입니다. 내 요점은 현재 지구행성의 에너지장을 지배하고 있는 매우 고밀도의 에너지들 때문에 여러분의 신성한 계획을 잊는 것이 정상이라는 것입니다. 그러므로 영적 탐구자나 구도자로서의 여러분은 마땅히 그 신성한 계획에 다시 연결되기 위해 노력할 필요가 있습니다. 말하자면, 이것은 그러한 고밀도 에너지를 가진 행성에서 일을 하는 데 치러야하는 대가입니다. 바꿔서 말하면, 자신의 신성한 계획을 망각했다는 사실에 대해 여러분 자신이나 신, 또는 누군가를 책망하지 말라는 것입니다. 단지 여러분은 자신이 누구이고 왜 여기에 있는지를 재발견하기 위해 노력하겠다고 결정하기만 하면 됩니다.

여러분의 신성한 계획에 다시 연결되는 것이 왜 중요할까요? 더 큰 마음의 평화와 깊은 의미를 얻는다는 목적 외에도, 그것은 또한 여러분에게 이번 생에 대한 구체적인 방향을 제시해 줄 것입니다. 이것은 올바른 직업, 결혼할 적합한 배우자, 살만한 좋은 장소 또는 교훈을 배우기 위해 - 영적인 가르침처럼 - 공부할 필요가 있는 것과 같은 지침일 수 있습니다. 여러분이 영적으로 좀 더 깨닫고 있는 사람이라면, 어쩌면 이미 자신의 신성한 계획에 관한 기본요소에 대해 어떤 직감을 갖고 있을 것입니다. 많은 영적인 사람들은 자신의 삶을 되돌아볼 수 있고 외적이고 합리적인 설명이 결여된 어떤 일들을 해왔다는 것을 알 수 있습니다. 그들은 단순히 그것이 자신이 해야만 했던 어떤 것임을 알고 있었습니다. 여러분은 심지어 자신의 삶을 돌아보고 어떤 불쾌한 경험을 했거나 실수로 보일 수도 있는 어떤 일들을 했다는 것을 압니다. 그러나 여러분이 신성한 계획에 다시 연결될 때, 이것이 자신이 해야만 했던 일이라는 깃을 발견할 것입니다. 그 이유는 여러분이 교훈을 배울 필요가 있었기 때문일 수 있습니다. 또한 여러분이 다른 사람들이 교훈을 얻도록 돕기 위해 노력했거나 전생에서 그 경험을 유발한 어떤 카르마를 갖고 있었기 때문일 수도 있습니다. 실제의 이유에 관계없이, 이것은 여러분의 신성한 계획의 필수적인 부분이었고, 이것을 이해할 때 그 경험에 대해 마음이 편해질 수 있습니다. 여러분은 슬픔과 후회로 여러분의 삶을 돌이켜보는 대신에, 숨겨진 교훈을 찾아서 불쾌한 경험조차도 영적성장을 위한 발판으로 이용할 수 있습니다.

***

여기에서 내 요지는 여러분의 신성한 계획에는 두 가지 측면이 있음을 보여주려는 것입니다. 이전의 열쇠에서 나는 물질세계로 들어온 여러분의 전반적인 목적, 즉 여러분이 하느님의 빛을 가져와 그분의 왕국을 이룩하기를 원했다는 것에 대해 이야기했습니다. 보다 구체적인 수준에서, 여러분은 물질우주에서 성취하고자하는 것에 대한 전체적이고 영원한 성스러운 계획을 가지고 있습니다. 그 계획은 여러분이 누구냐에 대해, 다시 말해 여러분이 거대한 영적존재에서 분화되어 개체화된 존재라는 것에 관련돼 있습니다.

여러분은 모세가 산에 올라가 신으로부터 십계명을 받을 때 그가 신을 살아있는 불로 보았다는 것을 기억할 것입니다. 그렇기 때문에 성서는 신이 타오르는 불이라고 말합니다(히브리서 12:29).[53] 우리는 실제로 영적세계에는 수많은 신의 화염들이 있으며, 각 화염은 하느님의 특정 속성을 상징한다고 말할 수 있습니다. 예를 들어, 하느님 뜻의 화염, 하느님 지혜의 화염, 하느님 사랑의 화염, 평화의 화염 등등이 있습니다. 인간에게 알려진 각각의 긍정적인 특성에 관련해, 그 특성에 초점이 맞춰진 특정한 신성 불꽃이 존재합니다. 여러분의 영혼은 그러한 하느님의 화염에서 탄생했습니다. 그리고 물질세계로 들어오는 인간영혼의 전반적인 목적은 지구의 어둠을 대체하기 위해 여러분의 신의 화염이 지닌 빛과 특성을 가져오는 것입니다. 창조주는 물질우주 바깥에서 그 화염을 보내지는 않으실 것입니다. 그런 신의 화염은 지구상에 육화해 있는 인간에 의해, 인간을 통해 내부로부터 와야만 합니다.

여러분의 하느님 화염은 두 가지 측면, 즉 아버지의 확장하는 요소와 어머니의 수축하는 요소, 알파 측면 및 오메가 측면을 갖고 있습니다. 이것은 성서에서 "주 하느님이 가라사대, 나는 알파와 오메가라. 시작과 끝이요, 이제도 있고, 전에도 있었으며, 장차 올 자요, 전능한 자라 하시더라(계시록 1:8)"라는 말로 묘사되어 있습니다. 여러분의 하느님 화염의 알파 측면, 남성적인 측면이 여러분이 생겨난 화염이며, 여성적인 측면은 여러분이 이곳 세상에다 가져다 줄 선물이라고 말할 수 있습니다. 그래서 여러분이 사랑의 하느님 화염에서 벗

---

53) "우리 하느님은 소멸하는 불이심이니라."

어나 있을 수도 있지만, 여러분은 진리를 가져 오기 위해 지구에 오기로 선택했습니다. 이것은 진리를 지구에 가져 오기 위해서는 여러분이 진리를 사랑하는 방식으로 가져와야 함을 의미합니다. 마찬가지로, 여러분은 평화의 화염에서 벗어났을지도 모르지만, (평화의) 방향을 제시하기 위해 여기에 있습니다. 그렇기에 여러분은 사람들이 평화를 얻고 평화의 속성을 표현하는 데 도움이 되는 방향을 제시해야합니다.

사고체와 자의식체를 정화함에 따라, 여러분은 특정 신의 화염에 대한 직관적인 느낌을 갖기 시작할 것이며, 그것은 내가 개요를 설명했던 종합기도를 수행할 때 여러분이 명상해볼 수도 있는 주제입니다. 사실, 많은 영적인 사람들이 비록 그 개념에 대해 들어 본 적이 없어도 이미 신의 화염에 대한 느낌을 가지고 있을 것입니다. 여러분이 자신의 삶에 대해 생각해 보면, 항상 자신에게 중요해 보이거나 마음에 소중했던 어떤 특성들이 있음을 알지도 모릅니다. 또 여러분은 종종 부딪쳤던 어떤 부정적 속성들이 있다는 것을 알 수도 있으며, 그 이유는 그것들이 여러분이 속한 신의 화염에 반대한다는 것입니다. 그러므로 여러분은 자신의 신의 화염으로 그것들을 소멸하기 위해 여기에 있으며, 이는 여러분이 자신의 더 거대한 존재의 불에 의해 그것들이 소멸될 수 있도록 그것을 자신에게 끌어당기는 것을 의미합니다. 그러므로 여러분이 그러한 상황이나 느낌에 감정적으로 말려들지 않고 단순히 그것들이 자기 내면의 존재의 불 속을 통과하게 하는 것이 중요합니다. 때문에 여러분은 무집착상태가 될 필요가 있으며, 그럼으로써 여러분은 자신의 감정체로 이 부정적인 속성들을 강화하지 않게 됩니다.

나는 이 개념이 많은 사람들에게 추상적으로 보일 거라는 점을 압니다. 하지만 여러분이 자신의 상위체들을 정화하기 시작함에 따라 신의 화염에 대해 더 나은 직관적인 인식을 갖게 될 것이기에, 그것을 설명하고 있습니다. 그리고 여러분이 마음의 배후에 있는 개념을 이해하는 것이 중요하며, 그리하여 자각이 높아질 때 여러분은 자신의 하느님 불꽃과 자신의 존재 이유를 의식적으로 조율할 수 있습니다.

여러분의 하느님 불꽃을 표현하는 것과 관련된 추상적이고 일반적인 수준을 넘어서는 것은 여러분의 신성한 계획의 보다 구체적인 단계입니다. 다시 말하지만, 여러분이 지구로 가져오기 위해 왔던 것에 관련된 신성한 계획의 일부가 있으며, 이 계획은 한 생에서 다른 생으로 이어질 것입니다. 예를 들어, 여러분은 어떤 활동 또는 특정 유형의 직업에 대해 친밀감을 느낄 수 있습니다. 그리고 지구상의 특정 문제에 대해 특별한 관심을 가질 수도 있고 그것을 해결하려는 욕구가 있을 수도 있습니다. 또한 여러분이 진정한 자신이 되기 위해 배울 필요가 있는 것들과 관련된 이 계획의 특정 요소들이 있을 수 있으며, 이것들 역시 장기적인 목표입니다. 이러한 장기적 목표들 또한 여러분의 현생 동안 특정목표로 구체화되며, 이러한 목표는 여러분이 가장 쉽게 발견할 수 있습니다.

그러나 여기서 우리는 다시 한 번 이전에 논의한 문제, 즉 여러분의 외석인 마음, 의식적인 마음 및 유한한 자아가 여러분의 신성한 계획에 반대하는 어떤 예상되는 작업을 할 수도 있다는 문제로 들어갑니다. 만약 여러분이 예상되는 이런 외적인 일들에 매우 집착한다면, 여러분의 의식적인 마음은 실제로 자신의 신성한 계획을 보는 것을 거부할 수도 있습니다. 그 이유는 여러분의 신성한 계획을 따르는 것이 때로는 여러분의 외적인 생활방식을 크게 바꾸지 않으면 안 될 상황을 초래할 것이고, 이때 여러분의 일부는 그러한 변화를 원하지 않기 때문입니다.

여러분의 유한한 자아는 여러분이 신성한 계획을 인정하는 것을 막기 위해 그것이 생각할 수 있는 모든 조치를 다 할 것입니다. 그것은 여러분이 이번 생 동안 형성한 기대에 매우 집착하게 만들려고 시도할 것입니다. 그런 기대들은 유한한 자아가 여러분의 마음속에다 프로그램해 놓은 것이며, 여러분은 절대로 그 너머를 바라보지 않을 것입니다. 여러분의 유한한 자아는 여러분이 일시적인 욕망과 쾌락에 깊이 빠져서 자신의 신성한 계획을 표현하는 것과 같은 여러분 영혼의 진정한 욕구를 무시하기를 바랍니다. 내 요점은 신성한 계획을 온전히 알기 위해서는, 종종 어떤 이원성적이거나 일시적인 기대와 이러한 욕망과 기대가 충족되는 것을 보고 싶다는 모든 감정적인 집착을 버려야 한다는 것입니다. 이것은 예수가 여러분이 두 주인을 섬길 수 없다고 말한(마태복음 6:24). 구절에 묘사되어 있습니다. 여러분은 하느님 – 여러분의 장기적인 영적 목표 – 을 섬기면서 동시에 재물 – 여러분의 단기적이고 유한한 욕망과 기대 – 을 섬길 수는 없습니다. 여러분이 자신을 두 가지의 반대 방향으로 끌려가게 허용한다면, 자신의 신성한 계획을 부정할 수도 있습니다. 여러분은 그것을 자신의 의지 밖의 멀리 있는 어떤 것으로 보거나 심지어는 스스로 통제할 수 있는 높은 권위자에 의해 자신에게 강요된 것으로 볼 것입니다. 내가 마지막 열쇠에서 설명했듯이, 이것은 유한한 자아에 의해 여러분에게 투사된 환상이며, 오직 의식 있는 여러분의 의지만이 그것을 극복할 수 있습니다. 여기서의 요점은 여러분이 그것을 자신의 의지에서 벗어난 것으로 보는 한, 신성한 계획을 수행할 수 없다는 것입니다. 그러므로 여러분은 자신의 신성한 계획을 제대로 이해할 필요가 있으며, 자신의 삶이 어떠해야한다는 유한한 욕망과 기대를 넘어섰을 때만이 그렇게 할 수 있습니다. 그리고 여러분이 이원성적인 기대에 대한 집착을 버리기 위해서는 기꺼이 자신의 삶을 놓아버리는 것이 필요합니다.

나는 또한 여러분이 자신의 신성한 계획 전체가 단 번에 드러나리라고 기대해서는 안 된다고 말하고 싶습니다. 그 길은 점진적인 과정이며, 처음에는 여러분이 오직 신성한 계획의 일부만 보게 될 것입니다. 그러나 여러분이 직관적인 계시에 충실함에 따라, 결국 자신의 계획을 아주 분명하게 인식할 때까지 더욱 더 많은 세부 사항을 파악할 가치가 있음을 스스로 입증할 것입니다. 하지만, 어떤 세부 사항들은 여러분의 의식적인 마음에 알려지지 않을 수도 있는

데, 만약 여러분이 자신이 마주하게 되는 시험의 목적을 안다면 어떻게 특정 교훈을 배울 수 있겠습니까? 달리 말하면, 여러분의 외적인 마음이 알지 못할 어떤 것들이 항상 있을 것이고, 여러분은 다 알지 못한 상태에서 결정을 내림으로써 성장합니다. 또한 여러분은 신성한 계획에 대한 많은 세부 사항들이 고징불변은 아니라는 것을 명심해야합니다. 사건들이 전개되고 모든 것이 미리 계획돼 있을 수 없으므로, 세부적인 것은 여러분에 의해 결정될 필요가 있습니다.

***

나의 사랑하는 이들이여, 여러분의 신성한 계획을 발견하기 위해서는 일시적인 욕망과 기대를 초월해서 보기 위해 노력해야한다는 것을 항상 명심하십시오. 여러분은 자신이 누구이고 어떻게 삶을 살아야 하는지를 말하는 세상적인 프로그래밍을 점차 해체시키는 과정을 거쳐야 할 것입니다. 오직 그렇게 함으로써만이 여러분이 신성한 계획을 보지 못하게 방해하는 이미지들을 놓아버릴 수 있으며, 그것은 기대의 베일 뒤에 숨겨져 있습니다.

이 지구행성에서는 삶의 거의 모든 면이 적그리스도의 이원성 의식에 의해 영향을 받았다는 사실을 인식하는 것이 유용합니다. 현대 사회에서 성장함에 따라, 여러분의 마음은 소란을 일으키지 않고 평범한 것을 넘어서지 않을 좋은 소비자, 좋은 사회구성원이라는 쳇바퀴에 계속 묶여 있도록 특별히 고안된 이미지, 욕망, 신념 및 기대 등으로 프로그램됩니다. 여러분은 권력자들이 사회의 "정상적"이고 "생산적인" 구성원으로 규정하는 틀에 맞게 프로그램되고 있습니다. 하지만 사랑하는 이들이여, 여러분이 용기를 내어 인류를 앞으로 인도한 사람들의 삶을 본다면, 그들이 사회의 기대에 맞춰 따르지 않았다는 것을 알게 될 것입니다. 이 사람들 중 일부는 천재라고 불렸지만, 나는 그들이 여러분보다 더 비범한 선천적 재능을 갖고 있지 않았다고 말하고자 합니다. 그들은 단지 자신의 신성한 계획과 그들이 지구에 온 이유에 관련된 커다란 목적에 파장을 맞추었습니다. 그러므로 그들은 자신의 신성한 계획의 내용을 끌어내리는 사회의 프로그래밍을 극복하고 그것을 삶 속에서 표현했습니다. 이것이 그들이 사회에 독특한 공헌을 한 방법입니다. 여러분이 생각하기에 그것이 여러분의 범위를 넘어선 공헌이라고 생각할 수도 있지만, 이것은 단지 여러분이 초월해서 진정한 모습이 되는 것을 원치 않는 프로그래밍의 또 다른 측면일 뿐입니다.

자, 나의 사랑하는 이들이여, 이 세상의 지배자는 여러분이 자신의 신성한 계획을 수행하기를 원하지 않으며, 여러분의 참된 존재, 참된 재능을 이 세상에서 표현하기를 원하지 않습니다. 이 세상의 지배자는 지구상의 모든 삶의 측면을 통제하려고 시도하는 불가능한 모험에 몰두하고 있습니다. 그리고 그 지배자는 여러분이 진정한 자신의 실체에 다시 연결되어 자기가 누구인지 표현하기 시작하고 신성한 계획을 실현하기 시작하면, 예수보다 더 통제할 수 없다는 것을 압니다. 그러므로 여러분의 유한한 자아와 이 세상의 지배자는 여러분이 자신의 신성한 계획에 다시 연결되기를 원하지 않습니다. 그들은 오직 여러분이 평지풍파를 일으키지 않고 평균을 넘어서지 않은 평범한 보통 인간으로서 삶을 살아가기를 바랍니다.

　나는 천재와 광기 사이에는 미세한 선이 있다고 말하는 많은 사람들이 있다는 것을 알고 있습니다. 여러분이 천재의 잠재력을 가진 사람들을 실제로 볼 수는 있지만, 그들은 다양한 형태의 정신병이나 망상으로 그 선을 넘어섰습니다. 그러나 나는 여러분이 그 이유가 이 사람들이 4개의 하위체들을 정화하지 않다보니 균형을 이루지 못했다는 점을 고려했으면 합니다. 그들은 사고체의 일정한 청정상태에 도달하여 자신이 평균적 수준보다 더 큰 잠재력과 목적을 가졌음을 알 수 있는 다소 위험한 위치에 놓여 있었습니다. 그러므로 그들은 자기들의 신성한 계획을 흘끗 보기는 했습니다. 하지만 그들은 다른 몸들을 정화하지 않았기 때문에 내면의 비전과 일상생활 간의 외견상 모순을 조화시킬 수 없었습니다.

　많은 경우에 있어서 문제는 그들이 자신의 신성한 계획을 잠시 보았을 때, 그들은 또한 스스로 집착하게 된 세속적인 어떤 기대를 가지고 있었다는 것이었습니다. 그래서 그들은 높은 비전과 저급한 기대감이라는 두 가지 다른 방향으로 이끌렸습니다. 그리고 그들은 삶에 대한 영적접근이 없었기 때문에 이원성적인 기대 이상으로 상승할 수 없었습니다. 그러므로 그들은 균형 잡힌 생활을 유지할 수 없을 정도로 분열되기 시작했습니다. 그 대신에, 그들은 모든 것을 두 가지 극단 중 하나를 취하는 이원성적인 마음에 의해 덫에 걸려들게 되었습니다. 이로 인해 수많은 재능 있는 사람들이 자신의 재능을 거부하거나 불균형한 방식으로 표현하게 되었고, 어느 식으로든 자신의 신성한 계획에서 벗어나게 되었습니다. 또한 사람들이 자신이 성취해야 할 것에 대한 명확한 비전을 가지고는 있지만, 특정 기대들에 집착하다보니 성취방법에 대해 비현실적인 생각을 가지고 있는 것이 일반적입니다. 특히 영적으로 관심을 기울이는 사람들 사이에서 더욱 그렇습니다. 즉 그들은 올바른 목표를 향해 노력하고는 있지만 부적절하거나 비효율적인 수단을 사용하고 있습니다. 언제나 그렇듯이, 열쇠는 그리스도의 마음의 균형 잡힌 시각, 중도(中道)에 도달하는 것이며, 이는 4가지 하위체들 전부를 정화하는 데서 가능해지는 것입니다.

　여기에서의 내 요점은 내가 고안한 여러분의 4가지 하위체들 모두를 정화하는 프로그램을 보여주는 것이며, 그럼으로써 여러분은 갈등하는 욕망과 기대들에 의해 서로 다른 방향으로 끌려가지 않게 될 것입니다. 하지만 이 프로그램이 궁극적으로 성공하기 위해서는, 여러분이 자신의 장기적인 마음과 단기적인 마음에 담고 있는 이원성적인 기대와 욕망을 기꺼이 놓아버릴 필요가 있습니다.

***

여러분이 이 지구행성의 종교 역사를 되돌아본다면, 많은 사람들의 종교 접근방식에는 항상 내재된 갈등이 있음을 알 수 있을 것입니다. 종교나 삶의 영적 측면에 끌린다고 느끼는 수많은 사람들이 있습니다. 그러나 그들은 또한 정상적 삶을 살고, 결혼하고, 자녀를 낳아 양육하고, 사회의 일원이 되고자 하는 현실과 균형을 이루어야합니다. 오늘날의 세상에서 이 모순을 균형 잡기 위해 고심하고 있는 사람들을 수십억은 아닐지라도 수백만 명은 보게 됩니다. 어떻게 여러분이 종교인이나 영적인 사람인 동시에 가족의 의무와 생계를 유지하면서 평범한 삶을 살아갈 수 있을까요?

일부 기독교인들의 경우, 그들은 이것이 하느님과 재물을 함께 섬길 수 없다는 예수의 말에 예시되어 있으며(마태복음 6:24), 그 구절이 일상생활의 유혹을 피해야한다는 뜻이라고 해석합니다. 어떤 사람들은 심지어 물질적인 세상 전체가 자신들의 영적성장의 적이라고 간주하여 많은 불필요한 긴장을 초래했습니다. 그러나 언제나처럼, 이 구절 뒤에는 더 깊은 의미가 있습니다. 부(富) 또는 탐욕의 신(mammon)은 우선 이원성 의식을 의미하며, 반드시 세속적인 활동을 의미하지는 않습니다. 다시 말하면, 예수는 여러분이 정상적인 보통의 삶에 참여할 수 없다고 말하는 것이 아닙니다. 그는 단지 여러분이 감정적인 집착과 기대들을 극복하여 그런 것들이 영적성장의 길에 걸림돌이 되지 않도록 하라고 말하고 있었습니다. 모든 영적인 사람들이 평범한 삶에서 물러나야한다고 말하는 것은 전혀 옳은 것이 아닙니다. 왜냐하면 이것은 전적으로 개인적인 문제이기 때문입니다. 어떤 사람들에게는 그렇게 물러나는 것이 - 어쩌면 한 번만 그러는 것이 - 옳을 수도 있는 반면에, 다른 사람들에게는 이것이 그들의 신성한 계획이 아닐 수도 있습니다. 그러므로 여러분은 내면의 스승으로부터 오는 인도에 마음을 열어 둘 필요가 있으며, 이런 열린 마음의 상태는 오직 여러분이 탐욕의 신을 섬기지 않고, 이원성적인 기대에 따라 삶을 살지 않을 때만이 유지될 수 있습니다.

영적인 것과 세속적인 욕구 및 의무 사이의 균형을 찾는 유일한 방법은 여러분의 이번 생에 관한 구체적인 목표를 알 수 있도록 신성한 계획에 다시 연결되는 것입니다. 사랑하는 이들이여, 모든 영적인 사람들은 그들의 신성한 계획의 기초적인 부분으로서 영적성장을 이룹니다. 하지만 많은 영적인 사람들은 그들이 가족을 거느리고 있고, 특정한 직업을 갖고 있으며, 사회에서 다양한 방식으로 적극적으로 참여하는 것 역시도 그들의 신성한 계획의 한 부분이라는 것을 깨닫지 못합니다. 자, 나의 사랑하는 이들이여, 영적인 사람들 사이에는 여러분이 이해할 필요가 있는 성향이 있으며, 그럼으로써 영적추구 과정에서 균형을 잃는 것을 피할 수가 있습니다.

다른 한편으로는, 여러분이 영적으로 성장하기 위해서는 많은 사람들이 빠져 있는 전형적인 삶의 방식을 넘어서야 한다는 것은 사실입니다. 더 높은 어떤 것에 이르러야 하지만, 그렇다고 이것이 반드시 여러분이 반대편 극단으로 가서 히말라야의 수도원이나 동굴에서 산다는 것을 의미하지는 않습니다. 이 시대에는 (세속에서) 활동적인 삶을 영위해야 하는 수많은 영적인 사람들이 있습니다. 그 이유는 인류가 영성을 일상생활과 통합해야하는 시대로 들어서고 있기 때문입니다. 또는 어쩌면 이제는 사람들이 일상생활을 영성화해야한다고 말할 수도 있습니다. 얼마나 많은 종교인이 그들의 삶을 부분으로 나누고 있는지를 보십시오. 그들은 일요일에 교회에 가고 일주일 중 나머지 시간에는 세상적인 삶을 살면서, 종종 그들의 영적신앙을 무시합니다. 이 시대에 인류는 단지 일요일에만 영적신앙을 벽장에서 꺼내지 않는 더 높은 단계로 올라갈 필요가 있습니다. 대신에 인간의 일상적 삶의 모든 면이 그들의 영적신앙으로 불어넣어져야 하며, 그리하여 삶 자체가 영적존재로서의 그들의 모습을 표현하는 것이 됩니다. 내가 보증하지만, 영성을 일상생활과 어떻게 통합하는가를 보여주기 위해 이 중요한 시기에 태어나기로 자원했던 영적인 사람들이 많습니다. 그러므로 부디 여러분이 이것에 대해 가질 수도 있는 어떤 갈등의식을 넘어서기 위해 노력해 보십시오. 그리고 여러분의 영성을 삶의 모든 면으로 가져오는 것이 실제로 여러분이 가진 신성한 계획의 일부분이라는 것을 깨닫기 바랍니다. 설사 그것이 여러분 가족의 기대와 인간사회의 규범에서 좀 벗어나 있더라도 말입니다. 세속적인 규범이나 영적이지 않은 사회는 변화해야하며, 그것은 오직 사람들이 일정한 틀에 맞추는 것을 거부할 때만이 그렇게 될 것입니다. 그리하여 이것은 이 세상에 살면서도 영적인 사람이 될 수 있다는 것을 보여주고 있는 것입니다. 여러분은 세속적인 활동에 적극적으로 참여하면서도 하느님을 섬길 수 있는데, 왜냐하면 탐욕의 의식, 즉 이원성 의식에 의해 물들지 않았기 때문입니다. 이때 여러분은 이 세상에 있지만 이 세상에 속해 있지는 않은 것입니다.

여러분이 뭔가 더 높은 것에 대한 갈망을 갖게 되는 것은 자신이 육체 이상의 존재라는 내면적인 앎 때문입니다. 여러분은 이번 생에서 형성한 외적인 인격 이상의 존재입니다. 여러분이 자의식체를 정화함으로써 "그 이상의 존재"에 다시 연결되면, 진정한 자신이 누구인지 알 수 있습니다. 그때 또한 왜 자신이 이 특별한 생에 태어났고, 왜 가족배경 및 기타 외부조건을 포함하여 자신의 특정상황을 선택했는지를 비로소 알게 될 것입니다. 자, 나의 사랑하는 이들이여, 여러분의 신성한 계획은 지구로 온 여러분의 장기적인 목표와 관련된 전체적인 측면이 있습니다. 하지만 여러분의 계획은 또한 여러분의 영혼이 이원성 의식에 빠졌다는 사실을 참작한다는 점에서 매우 현실적입니다.

이번 생에 태어나기 전에, 여러분은 영적 스승들과 만났습니다. 그리고 어떻게 자신이 이원성 의식과의 동일시와 전생에서 지은 카르마를 청산할 수 있는지에 대해 매우 구체적인 계획과 윤곽을 잡았습니다. 분명히, 여러분의 신성한 계획의 이 부분에 대한 목표는 카르마가 돌아와 물리적으로 구체화되기 전에 여러분이 그것을 극복하고 배워야 할 교훈을 배움으로써 이원성적인 믿음을 극복할 수 있도록 도와주는 것입니다. 달리 말하면, 그 목표는 여러분을 인간적인 한계들로부터 자유롭게 하는 것이지만, 어떤 한계점을 벗어나기 위해서는 그것들을 경험하고 나서 그 외적인 조건을 넘어서야합니다.

내 요점은 여러분의 신성한 계획은 여러분이 태어나기로 선택한 곳, 즉 당신의 나라와 당신의 가족, 그리고 당신의 신체적 특징도 선택했다는 점에서 매우 구체적입니다. 여러분은 실제로 자신의 부모 및 형제와 함께 과거 생에 지은 카르마를 갖고 있을 수 있습니다. 그리고 여러분이 이런 사람들과 상호작용하여 그 카르마를 극복할 수 있도록 희망을 갖고 좀 더 사랑스러운 관계로 발전시키는 것도 여러분의 신성한 계획의 일부입니다. 여러분의 배우자와 자녀들과도 역시 마찬가지입니다. 그 목적은 언제나 특정 카르마 집단 안의 모든 사람들이 전생에서 형성한 서로에 대한 태도와 의식상태를 넘어서는 것입니다. 그리고 사실상, 그 목표는 여러분이 부정적인 감정에 기초한 서로에 대한 접근을 극복하고 사랑을 기반으로 한 접근방식으로 대체하는 것입니다.

신성한 계획의 어떤 부분들은 여러분이 물질적인 풍요가 결여된 상황에 있어야할 필요가 있다고 명시할 수도 있습니다. 만약 여러분이 현재 풍요롭지 않다면 이것은 실제로 자신의 신성한 계획의 일부일 가능성도 있습니다. 하지만 여러분의 신성한 계획은 여러분이 평생 동안 가난하게 남아 있어야한다고 열거하지는 않습니다. 여러분이 현재 물질적으로 가난한 처지에 있다면, 그것은 대개 여러분의 거대한 상위존재가 여러분이 이런 상황에서 교훈을 배우길 원했기 때문입니다. 내 요점은 이런 경우 돈을 버는 데 여러분의 주의를 집중하는 대신에, 돈이 없는 상황에서 배워야할 교훈을 배우는 데 집중해야한다는 것입니다. 그리고 일단 여러분이 그 교훈을 배웠다면, 더 이상 그런 곤궁한 상황에 있을 필요가 없어지게 될 것입니다. 그러므로 여러분은 자신의 삶 속으로 하느님의 풍요가 내려오는 통로를 열 수가 있습니다.

***

사랑하는 이들이여, 내가 이 열쇠에서 전달하고자하는 전반적인 메시지는 여러분이 삶에 대한 인식, 삶에 대한 태도, 삶에 대한 접근방식을 전환할 필요가 있다는 것입니다. 사람들이 통제를 벗어난 환경의 희생자라는 느낌을 갖고 자라나는 것은 일반적입니다. 여러분은 삶이 자신을 어떤 상황들에다 몰아넣고 있다고 느끼며, 그것들이 어렵고도 압도적인 상황들이기 때문에 항상 거기에 대처하려고 애를 쓰고 있습니다. 그리고 항상 그런 상황이 너무나 많다보니, 삶이 여러분이 감당할 수 있는 것보다 더 많은 부담을 주고 있다고 느낍니다. 그러나 4개의 하위체들을 정화하기 시작하면, 이런 느낌은 점차 사라질 것입니다. 여러분은 (주변 상황에 의해) 압도당하는 느낌을 극복하게 될 것인데, 왜냐하면 이 느낌은 여러분이 부적절한 에너지의 짐을 너무 무겁게 운반하고 있다는 사실에서 생겨난 것이기 때문입니다. 압도감을 느끼게 만드는 것은 바로 이러한 에너지들이며, 그렇기에 일단 여러분이 그런 에너지를 변형시키기 위해 나의 로사리오를 이용하기 시작하면, 압도당하는 느낌이 사라질 것입니다.

그러면 더 자유롭게 숨을 쉬기 시작할 수 있으며, 이 시점에서 여러분이 해야 할 일은 자신이 통제를 벗어난 상황의 희생자라는 느낌에서 벗어나 삶에 대한 태도를 바꾸는 것입니다. 여러분은 자신의 삶에서 일어나는 모든 일이 성장의 기회라는 진실을 받아들일 필요가 있습니다. 여러분은 그러한 상황들이 자신의 이원성적인 믿음과 카르마를 극복할 수 있는 독특한 기회를 주기 때문에 선택했습니다. 어떤 상황을 만나느냐에 관계없이 여러분은 그것이 자신의 신성한 계획의 일부라고 당연히 생각해야합니다. 이 계획의 전반적인 목적은 여러분이 4개의 하위체들 중 하나 속의 이원성적인 믿음을 제거함으로써, 나선형 계단 위로 한 단계 더 높이 올라갈 가능성이 가장 높은 상황과 만나게 하는 것입니다. 달리 말하면, 여러분은 자신을 통제할 수 없는 상황의 희생자로 보는 대신에, 삶 속에서 지속적으로 교훈을 배우는 과정에 있는 사람으로 볼 필요가 있습니다. 그러므로 여러분이 마주치는 모든 상황들은 교훈을 배우고 나선형 계단을 밟아 위로 올라갈 수 있는 기회입니다. 이것이 인생의 전체 목적이며, 만약 여러분이 부딪치게 되는 모든 상황을 성장을 위한 디딤돌로 이용할 수 있다는 태도를 취하면, 삶을 훨씬 용이하게 만들게 될 것입니다. 그리하여 여러분은 삶이 평탄해야한다거나 인간이 만든 어떤 완벽한 기준에 맞춰 살아야한다는 매우 일반적인 기대를 극복할 수 있습니다. 그 대신에 삶이 성장의 기회이고 그 삶이 여러분이 극복해야 하는 어떤 한계들이 있는 상황 속에다 여러분을 밀어 넣을 것이라는 현실적인 기대를 가질 수 있습니다.

신성한 계획에 다시 연결될 때, 여러분은 평생 동안 겪은 모든 경험이 특정 교훈을 배우고 이원성적인 어떤 기대를 극복하여 풍요로운 삶을 향해 한걸음 더 나아갈 수 있는 독특한 기회를 제공한다는 것을 알게 될 것입니다. 여러분이 인생을 성장의 기회로 생각할 때, 특정상황에 감정적으로 말려드는 것에서 벗어나는 것이 훨씬 쉬워집니다. 이것은 상황을 기꺼이 직시하지 않고 도망가는 함정에 빠지는 대신에 그 외적상황 뒤에 있는 교훈을 배우게 도와달라고 그리스도 자아에게 요청하는 식으로 긍정적 접근방식을 취할 수 있음을 의미합니다. 여러분이 열린 마음과 가슴으로 묻는다면, 답을 얻게 될 것이고 배워야 할 것이 무엇인지 알게 될 것입니다. 일단 여러분이 그 교훈을 실제로 배우게 되면, 여러분의 상황이 바뀔 것이라고 보증할 수 있습니다. 어떤 경우에는 여러분이 특정한 외부상황에 더 이상 집착하지 않을 것입니다. 또 다른 경우에는 그 외적인 조건이 바뀌지 않을 수도 있지만, 그것에 관한 여러분의 경험은 근본적으로 바뀔 것입니다.

사랑하는 이들이여, 똑같은 문제에 말려들어 똑같은 위기를 거듭 반복하는 수많은 사람들의 삶을 보십시오. 예를 들어, 어떤 사람들은 다른 사람과의 관계에 한 번 실패합니다. 그러나 한 관계에서 벗어나 다른 곳으로 옮겨갈 때마다 그들은 단지 같은 종류의 사람을 끌어들이고 똑같은 종류의 문제를 겪습니다. 이 사람들 대부분이 왜 자기가 같은 상황을 반복해서 계속 끌어들이는지 이해하지 못합니다. 그러나 그들의 신성한 계획은 이번 생 동안 그들이 특정한 교훈을 배워야한다고 명시했기 때문에, 그들이 그렇게 하는 것은 명확하게 정해진 것은 아닙니다. 만약 그들이 한 가지 상황에서 교훈을 배우지 못하면, 우주거울은 그들의 이원성적인 믿음을 구체화시키는 또 다른 상황을 그들에게 줄 것이고, 그들은 그 믿음을 보고 버릴 수 있는 다른 기회를 얻게 될 것입니다. 내 요점은 일단 여러분이 그 교훈을 배우면, 더 이상 그런 종류의 상황을 경험할 필요가 없다는 것입니다. 갑자기, 여러분은 수십 년 동안 자신을 따라다녔을 수도 있는 문제들이 하룻밤 사이에 해결되는 것을 볼 것이고, 더 이상 그 문제와 마주치지 않게 될 것입니다.

내가 여기서 말하고 있는 것은 여러분이 늘 삶의 희생자인 것처럼 느끼기보다는, 자신이 통제할 수 없는 상황의 희생자가 아니라는 것을 깨닫는 완전히 긍정적인 접근방식을 취할 수 있다는 것입니다. 대신에, 여러분은 부딪치는 모든 상황을 자신의 신성한 계획의 일부로, 교훈을 배우는 기회를 보게 되며, 그리하여 이런 상황을 영원히 피할 수가 있습니다.

나의 전반적인 요점은 바로 지금 여러분은 자신의 삶을 수많은 이원성적이고 인간적인 기대라는 필터를 통해 바라보고, 그런 기대에 미치지 못한다고 생각할 수 있다는 것입니다. 이것은 여러분의 인생이 실패했다는 미묘하면서도 분명한 느낌을 줄 수 있는데, 왜냐하면 그것이 이러한 기대를 충족시키지 못했기 때문입니다. 그러나 여러분이 장기적이고 단기적인 마음의 여과기를 통해서 보지 않으면, 그것은 그런 비현실적인 기대에서 완전히 자유롭습니다. 그러므로 의식적인 여러분은 인간적인 기대에 따라 신성한 계획을 세우지 않았습니다. 그리고 그러한 기대에 따라 사는 것은 이번 생의 목적이 아닙니다. 세상적인 기대에는 실패한 것처럼 보이는 것이 여러분의 신성한 계획에는 부합하는 경우는 얼마든지 가능합니다. 또는 여러분이 했던 어떤 결정이 신성한 계획과 조화를 이루지는 못했지만, 그러한 결정을 통해 배움으로써 여전히 더 높이 올라서며, 그리하여 여러분의 신성한 계획을 따라 잡을 수도 있습니다. 사랑하는 이들이여, 내 요점을 이해하시겠습니까? 이 세상의 지배자와 유한한 자아는 여러분이 자신의 과거 결함을 결코 극복할 수 없다고 믿게 만들고 싶어 합니다. 내가 여기서 말하고 있는 것은 여러분의 삶이 아무리 불완전했을지라도, 어떤 실수든 여러분이 이원성적인 환상을 꿰뚫어보고 나선형 계단을 오를 수 있는 기회로 이용할 수 있다는 것입니다. 그리고 여러분이 영적으로 성장한다면, 자신이나 다른 사람들의 세속적인 기대가 무엇이든 상관없이, 여러분의 인생은 낭비되지 않았습니다.

***

사랑하는 이들이여, 이제 우리는 한 걸음 더 나아갈 필요가 있습니다. 우리는 4가지 하위체들에 저장되어있는 한계나 이원성적인 믿음을 극복할 수 있는 방법을 고려해야합니다. 여러분이 신성한 계획에 규정된 목표를 성취하기 위해서는 알아야 할 두 가지가 있습니다. 그 첫 번째는 특정 한계를 극복하기 위해 여러분이 현재 할 수 없다고 생각하는 일을 해야 한다는 것입니다. 그것이 바로 여러분이 이런 특정 한계에 의해 갇혀 있는 이유입니다. 그 한계의 배후에는 여러분이 할 수 없는 일이 있다고 생각하게 만드는 이원성적인 믿음이 존재합니다. 내가 앞서 들었던 예를 사용한다면, 여러분이 4개의 하위체 안에 (그림을) 그릴 수 없다고 하는 이원성적인 믿음이 있을 수 있습니다. 그래서 그 한계를 극복하기 위해서는 여러분이 그릴 수 없다는 믿음을 깨야만 합니다. 이런 신념이 사실이 아니라는 것을 스스로에게 증명해야하며, 그리하여 여러분은 하느님과 함께하면 모든 일이 가능하다는 것을 완전히 받아들일 수 있습니다.

여기에서 요점은 특정 한계를 극복하기 위해서나 어떤 교훈을 배우기 위해서는 여러분이 불가능한 것처럼 보이는 것을 해야 한다는 것입니다. 어떤 일이 불가능하다는 인식을 극복해야만 합니다. 여러분은 유한한 자아의 프로그래밍을 해체시켜야 하며, 그것은 여러분의 의식적인 마음에다 이런 특정 한계를 극복하는 것이 불가능하다고 계속 투사하고 있습니다.

여러분이 깨달을 필요가 있는 다른 것은 절대로 인간은 극복할 수 없는 한계에 직면한 상황 속에 있지 않다는 것입니다. 여러분의 신성한 계획은 영적스승들과 여러분 자신에 의해 설계되었습니다. 신성한 계획의 전체 목적은 여러분을 한계들로부터 자유롭게 해방시키는 것입니다. 여러분은 모든 이원성적인 믿음에서 완전히 벗어나기 전에 극복해야 할 많은 한계들을 지니고 있을 수 있습니다. 그리고 여러분의 현재 인식수준으로는 극복할 수 없는 몇 가지 한계가 있을 수 있습니다. 그러나 사랑하는 이들이여, 여러분은 현재의 인식수준으로 그 한계들과 마주할 필요가 없습니다. 여러분의 신성한 계획은 당신의 현재 영적 의식수준 및 자기인식의 현실적인 평가를 토대로 매우 조심스럽게 고안되었습니다. 그러므로 여러분은 극복할 수 없는 과제는 맡지 않아도 됩니다. 여러분은 자신이 배울 수 없는 교훈을 제시받지는 않을 것입니다.

이것을 말하는 내 목적은 직면하는 모든 상황에서 여러분은 실제로 교훈을 배우고 그것을 극복할 수 있는 잠재력이 있으므로 자신을 과거에다 얽매고 불쾌하거나 도전적인 상황에다 빠뜨리는 한계를 극복할 수 있음을 보여주기 위한 것입니다. 하지만 교훈을 배우기 위해서는, 또 한계를 극복하기 위해서는 여러분이 현재의 의식수준에서 불가능한 것처럼 보이는 것을 기꺼이 실행해야만 합니다. 달리 말하면, 어떤 것이 불가능하다고 인식하는 것이 진짜 문제라는 것을 깨달아야합니다.

예를 들어, 여러분이 어려운 인간관계라는 과제와 마주하고 있다면, 여러분의 의식적인 마음은 종종 그 관계의 외부 환경에다 초점을 맞출 것입니다. 다른 사람에게 초점을 두어 그것이 다른 사람의 잘못이라고 생각하는 것은 매우 쉽습니다. 그리고 단지 그 다른 사람만 변하면 문제는 해결될 거라고 생각합니

414

다. 하지만 사실상, 여러분의 개인적인 상황을 개선하기 위한 핵심은 여러분이 변해야한다는 것입니다. 여러분은 내면으로 들어가서 그 특정상황에서 배우지 않으면 안 될 교훈을 발견해야합니다. 그리고 여러분이 그 교훈을 배울 때 외부 상황이 마술처럼 바뀔 것입니다. 설사 다른 사람이 변하지 않더라도, 그 사람에 대한 여러분의 태도가 바뀌었다는 사실이 그 관계에서 여러분의 경험을 향상시킬 것입니다.

내가 여기서 말하고 있는 것은 여러분이 진정으로 교훈을 배우고 특정유형의 과제로부터 자유로워지고 싶다면, 외적상황을 초월해서 보아야한다는 것입니다. 여러분은 숨겨진 교훈을 찾아야하며, 배워야 할 그 교훈은 믿음과 관련이 있다는 것을 깨달을 필요가 있습니다. 이러한 믿음의 일부는 어떤 한계를 극복하는 것이 불가능하다고 생각한다는 것입니다. 예를 들어, 여러분이 긍정적인 관계를 가질 수 있는 상대를 찾는 것이 불가능하다고 생각할 수 있습니다. 이것이 불가능하게 생각되는 이유는 거기에 배우지 못한 교훈이 있기 때문입니다. 그러므로 여러분은 자신을 그 교훈과 마주하게끔 하는 사람들을 계속 자신에게 끌어들이고 있는 것입니다. 하지만 그 근원적인 믿음이 사람들로 하여금 변화하여 교훈을 배울 수 없다고 생각하게 만듭니다. 또한 어려운 상황에서 도망치는 습관 때문에 대부분의 사람들이 그 교훈을 바라보는 것을 거부하며, 그들은 거울 속(상황에 반영되는 것)을 들여다보지 않습니다. 그리하여 그들은 마주치고 싶지 않은 것을 자꾸 대면할 수밖에 없는 상황을 자신에게 계속 끌어들이게 되며, 이런 진퇴양난 속에 머물러 있게 됩니다.

사랑하는 이들이여, 이것은 정말로 고난의 학교입니다. 나는 이 책을 읽는 모든 사람들이 그런 배움의 방식을 넘어서는 것을 보고 싶습니다. 나는 사람들이 이번 생에 배워야 할 것을 알도록 돕는 '내면의 인도'라는 학교로 올라서는 것을 보았으면 합니다. 이것을 어떻게 할 수 있을까요? 그 핵심 열쇠는 예수의 다음과 같은 말을 깊이 생각해 보는 것입니다. "나 혼자서는 아무 것도 스스로 할 수 없노라(요한복음 5:30)." 그리고 "사람으로는 할 수 없으되, 하느님으로서는 다 할 수 있느니라(마태복음 19:26)." 이 세상에는 인간이 의식적으로 사용할 수 있는 힘으로는 할 수 없는 많은 것들이 있습니다. 그러나 만약 여러분이 하느님의 힘을 가졌다면, 모든 것이 가능해질 것입니다. 그렇다면 무엇이 과연 하느님의 힘이 희석되지 않은 채로 여러분의 4가지 하위체들을 통해 원활하게 흐르지 못하게 방해하는 것일까요? 자, 그것은 여러분으로 하여금 하느님 빛의 흐름을 차단케 하는 이원성적인 믿음들입니다. 그러므로 인간적인 한계를 벗어나는 진정한 열쇠는 하느님께서 여러분이 누리기 바라시는 풍요를 그분의 빛이 구현하지 못하도록 막고 있는 이원성적인 믿음을 극복하는 것입니다. 다시 말하지만, "우리는 두려움 그 자체 외에는 두려워할 것이 아무 것도 없다."라는 말을 숙고해보십시오. 여러분이 풍요로운 삶을 얻는 것을 방해하는 것은 오직 두려움에 기초한 여러분의 믿음들이며, 그것이 여러분으로 하여금 어떤 것이 불가능하다고 받아들이게 합니다. 앞에서 말했듯이, 두려움이 가진 문제는 그것이 여러분이 자신의 믿음을 성찰하는 것을 꺼려하게 만들고, 두려움 그 자체가 환영에 불과하다는 것을 알 수 없게 한다는 것입니다. 그렇기에 여러분은 작은 감방 속에 갇혀 있다고 느끼지만, 사실 문에 달린 그 어떤 것도 잠겨있지 않습니다. 여러분은 단지 헛된 환영에 사로잡힌 나머지 손잡이를 당기는 것을 두려워하고 있을 뿐입니다.

그러나 일단 여러분이 신성한 계획에 다시 연결되기 시작하면, 여러분의 삶에서 겉으로 보이는 혼돈 뒤에는 질서가 있음을 알게 될 것입니다. 만약 여러분의 인생이 혼란스러웠다면, 그것은 단지 자신이 배울 특별한 교훈이 있었기 때문에 그러했다는 것을 깨닫기 시작할 것입니다. 여러분은 자신의 마음 안에 있는 문제를 다루지 않을 수 없는 상황을 계속 끌어당기고 있습니다. 나는 많은 사람들이 비록 그런 문제에 반복적으로 빠져들지언정, 문제를 진정으로 다루지는 않는다는 것을 압니다. 그러나 내 요점은 여러분이 왜 자신의 삶의 역사가 거듭 반복되고 있는지를 알게 되면, 달아나는 성향에서 벗어날 수 있다는 것입니다. 여러분은 자신의 인생을 설계하고 있던 동안은 현재의 신념에서 벗어나 있었고, 따라서 실제로 자신이 어떤 교훈을 배울 수밖에 없도록 계획했음을 깨달을 수 있습니다. 여러분은 더 커다란 인식 속에서 자신이 올바르게 될 때까지 반복해서 특정한 한계와 마주하도록 계획했습니다.

여러분이 배울 교훈이 있음을 받아들이고 외적상황을 초월해서 보기 시작하면, 그 상황이 근본적으로 바뀌는 것을 보기 시작할 것입니다. 그리고 숨겨진 교훈을 발견하고 그 교훈을 배우게 되면, 갑자기 자신이 일정한 형태의 상황이나 특정유형의 사람들을 끌어들이지 않는다는 것을 발견할 것입니다. 그때 여러분은 나선형 계단을 한 단계 올라섰다는 것을 알게 될 것입니다. 그러나 이미 얻은 성공에 만족하지 않도록 주의하십시오. 여러분은 이제야 자신이 중요한 교훈을 배웠고 다음 단계를 밟을 수 있도록 또 다른 교훈을 찾아야 할 때임을 명심해야합니다.

나의 사랑하는 이들이여, 여러분의 신성한 계획은 이번 생에서 여러분이 성장할 수 있는 잠재력에 대한 현실적인 평가를 토대로 하고 있습니다. 그것은 성취할 수 있는 어떤 범위가 있습니다. 즉 가장 낮은 잠재력이 있고 가장 높은 잠재력이 있습니다. 만약 여러분이 올바른 태도를 진정으로 채택한다면, 가장 낮은 잠재력 대신에 자신의 신성한 계획에 대해 가장 높은 잠재력을 성취할 수 있습니다. 이 지구상에는 나선형 계단의 특정수준에 고착돼 있는 사람들이 많습니다. 왜냐하면 그들에게는 스스로 배우기를 거부하는 특정한 교훈이 남아 있기 때문입니다. 때때로 어떤 사람이 너무나 많은 고난을 겪고 나서 마침내 "더 나은 방법이 있어야해. 내가 이해하지 못했던 어떤 것이 반드시 있을 거야!"라고 말하기까지 여러 생이 소요되기도 합니다. 내 요점은 여러분이 이번 생에서 배워야할 교훈을 진심으로 찾고자 한다면, 그 과정을 단축할 수 있다는 것입니다. 그러면 단 한 생만으로 교훈을 배울 수 있을 것이며, 그렇지 않을 경우는 그 교훈을 배우는 데 10생~20생이 걸릴 수도 있습니다. 신속히 교훈습득을 마치는 이것이 참으로 내가 여러분에게 보고 싶은 모습입니다. 그렇게 함으로써 여러분은 한계들에서 자유로워지고 풍요로운 삶을 실현할 수가 있습니다.

＊＊＊

사랑하는 이들이여, 여러분의 신성한 계획에는 내가 여러분에게 이해시켜주고 싶은 한 가지 이상의 측면이 있습니다. 이 지구상에는 과거 생에 이미 이기적이고 자기중심적인 의식상태를 넘어선 영적인 사람들이 다수 존재합니다. 그들은 자신들이 인류의 집단의식을 향상시켜서 신의 풍요로운 삶이 지구행성의 현실이 될 수 있게 하는 더 큰 목적을 위해 여기에 있다는 것을 인식하고 있습니다. 이로 인해 많은 영적인 사람들이 그들 자신의 의식수준뿐만 아니라 집단의식을 고양시키는 것을 목표로 어떤 짐을 떠맡기로 자원했습니다. 이것은 오직 여러분이 부적절한 에너지를 변형시키고 그 집단정신 내의 장애들을 해결함으로써만이 가능합니다. 이것은 여러분이 예수의 생애에서 목격했던 어떤 것이며, 실제로 예수는 인류에게 집행유예의 기회를 주기 위해 인류의 카르마를 의미하는 세상의 죄를 어느 정도 짊어져야 했습니다. 그런 유예상태에서 인류는 과거에 지은 부정적 카르마의 에너지에 의해 지나치게 고통 받지 않고 더 높은 수준의 의식으로 올라설 수 있었습니다. 그러나 이 책 전체에 걸쳐 설명했듯이, 우주는 여러분이 배울 수 있도록 마련해 놓고 있습니다. 그러므로 만약 예수가 여러분의 카르마를 영원히 짊어짐으로써 여러분이 결코 그것을 다시 다루지 않아도 된다면, 어떻게 교훈을 배울 수 있겠습니까? 따라서 예수가 인간들이 과거에 저지른 죄뿐만 아니라 미래에 저질렀을 수도 있는 모든 죄를 짊어졌다는 기존의 개념은 절대로 옳지 않습니다. 만약 예수가 이렇게 했다면, 어떻게 사람들이 삶에서 그들의 교훈을 얻을 수 있을까요? 내가 전에 말했듯이, 우주는 여러분이 내보내는 것을 그대로 비추어 되돌려 보내는 거울처럼 작용합니다. 그리고 여러분이 배울 수 있는 기회를 얻는 것은 그 돌아오는 것을 경험하는 데서입니다. 말하자면, 여러분이 영적진로를 기꺼이 따르지 않을 때는 오직 경험을 통해서만 배워야하며, 또한 가급적 과거의 행위가 여러분에게 다시 (업보로) 돌아와 나타나기 전에 배워야 합니다.

지구는 현재 너무나 많은 오염된 에너지에 의해 부담을 받고 있기 때문에, 더욱 많은 영적인 사람들이 집단의식 내의 일정량의 에너지나 카르마를 떠맡기 위해 자원할 것입니다. 이것은 다른 사람들의 짐을 가볍게 하기 위해서 행해지므로, 그 사람들은 지금 당장 (카르마에 의해) 압도당하지 않고 현생에서 영적으로 진보할 수 있는 커다란 기회를 갖게 됩니다. 내 요지는 현생 동안만 제한적으로 상황이 나타날 수 있는 카르마를 짊어진 영적인 사람들이 꽤 있다는 것입니다. 예를 들어, 일부 사람들은 인류를 위해 그들이 짊어지고 있는 부적절한 에너지의 부담으로 인해 표출되는 질병을 몸에 지니고 있습니다. 또 다른 사람들은 인류의 에너지를 짊어진 결과로서 물질적 풍요가 결핍돼 있을 수도 있습니다. 그러나 이런 경우 여러분은 다른 사람들의 카르마를 갚아주는 일종의 희생으로서 이런 에너지나 운명을 지니지 않습니다. 여러분은 다른 사람들에게 여러분이 삶에 대해 보다 영적인 접근을 함으로써 이런 짐을 극복할 수 있음을 보여주기 위해 그것을 수행합니다. 내 요점은 여러분이 이런 짐을 영원히 짊어지는 것은 여러분의 임무가 아니라는 것입니다. 여러분은 이 짐을 짊어지고 나가도록 예정돼 있지는 않으며, 단지 모든 짐을 극복하는 방법을 보여주는 것이 여러분의 과업입니다.

불행히도 많은 사람들이 자발적으로 이러한 짐을 짊어지고 있다는 사실을 기억하지 못합니다. 그리고 이로 인해 사람들은 자신이 이러한 부담을 안고 있다는 사실에 대해 분노하거나 불공정하다고 느낄 수도 있습니다. 어떤 영적인 사람들은 그들이 가지고 있는 짐이 자신의 것이 아니라는 직관적인 느낌을 가지고 있기 때문에 자체적으로 분열되어 있습니다. 그러나 그들은 다른 사람들을 돕기 위해 자신이 이러한 조건을 받아들이기로 선택했다는 것을 자각할 만한 명확한 비전을 갖고 있지는 않습니다. 그들은 부당하다는 감정을 느끼는데, 신이 불공정하게 이것을 그들에게 떠안겼다고 생각하고 또 그런 믿음이 이들의 유한한 자아와 이 세상의 지배자에 의해 강화되었기 때문입니다. 사랑하는 이들이여, 여러분은 자신의 신성한 계획에 다시 연결됨으로써, 비록 어떤 외적인 한계와 짐을 경험하고 있음에도 불구하고 이런 부정적인 태도를 극복하고 완전히 평화롭게 지낼 수 있습니다. 여러분은 더 큰 목적을 위해 이러한 부담을 짊어졌음을 알 수 있습니다. 그리고 그 짐이 이번 생 동안 여러분에게 불편함을 주기는 하겠지만, 현재 삶이 영원한 생명의 강에서 극히 짧은 기간에 불과하다는 것을 깨달을 수 있습니다. 그러므로 여러분은 다른 사람들을 위해 이런 짐을 짊어짐으로써 실제로 하늘에다 자신의 보물을 쌓을 것입니다. 그리하여 여러분은 다음 생이나, 혹은 영적인 세계로 상승할 때 정당한 보상을 받을 것입니다.

그러나 나는 여러분이 현재의 짐을 떠맡기 위해 단순히 스스로 단념하거나 결코 그것을 극복하려고 해서는 안 된다고 말하고 있는 것이 아닙니다. 사실 나는 로사리오를 포함하여 내가 여러분에게 준 도구들을 이용하여 그런 부적절한 에너지를 소멸시키라고 권장하고 있으며, 그럼으로써 여러분은 더 이상 그런 신체적 부담을 받을 필요가 없습니다. 자, 나의 사랑하는 이들이여, 하느님은 아무에게도 벌을 내리고 싶어 하지 않으십니다. 그러나 오염된 모든 부적절한 에너지들을 다시 정화하여 그 원천으로 돌려보내야 한다는 것은 절대적인 법칙입니다. 부적절한 에너지의 균형을 잡는 방법에는 여러 가지가 있습니다. 하나는 그 에너지가 실제의 물리적 상황으로 나타나는 것을 받아들이는 것입니다. 그러나 이전에 설명했듯이, 만약 여러분이 그 에너지가 물질계로 내려오기 전에 소멸시킬 수 있다면, 물리적 짐을 감당할 필요가 없습니다. 여러분은 내 로사리오를 사용하여 그 에너지를 변형시킬 수 있으며, 그럼으로써 이런 물리적 부담을 계속 짊어지고 다닐 필요가 없게 됩니다.

* * *

사랑하는 이들이여, 거기에는 다른 측면이 있으며, 이것에 대해 숙고해 보는 것은 중요합니다. 내가 이 책을 통해 설명하려고 노력했듯이, 예수 사명의 배후에 있는 참된 목적은 인류를 위한 본보기로서의 역할을 하는 것이었습니다. 그리고 이 본보기는 비록 겉보기에 변변치 않은 상황에서 태어난 사람도 이러한 외적인 한계를 뛰어넘어 그리스도 의식을 성취함으로써 영원한 자유를 얻을 수 있다는 사실이었습니다. 지구상의 많은 영적인 사람들이 어떤 짐과 제한된 조건을 분담하겠다고 자원했으며, 이는 어떤 물리적인 조건을 극복하고 더 나은 영적인 형태의 삶을 실현할 수 있다는 모범을 다른 이들에게 보여 주기 위한 것입니다. 어쩌면 여러분도 정말로 이러한 한계를 넘어설 수 있다는 것을 주위 사람들에게 보여주기 위해 현 상황을 떠안겠다고 자원했을지도 모릅니다. 내가 앞서 말했듯이, 이 세상의 지배자는 예수의 본보기를 없애버리거나 망가뜨리기 위해 조종했고, 그렇다 보니 대부분의 사람들은 자신이 그와 같이 될 수 없거나 그의 선례를 따를 수 없다고 생각합니다. 그러므로 승천한 대사들로 구성된 집단의 현 계획은 인간적인 모든 한계를 뛰어넘게 하는 그리스도 마음의 구현방법을 보여주기 위해 많은 성숙한 영혼들을 이 지구로 보내는 것입니다. 그리고 수천, 수만 명의 사람들이 이것을 증명할 때, 이 세상의 지배자는 그들 모두의 본보기를 파괴할 수 없을 것입니다. 한 사람을 주춧대 위에다 세워놓고 특별하다고 말함으로써 그를 숭배하는 것은 쉽지만, 10,000명의 사람들의 본보기를 다 부정하고 예외로 만드는 것은 훨씬 더 어렵습니다.

여기서 내 요점은 여러분이 자신의 현재 삶을 바라본다면, 정말로 어떤 제한적인 조건들을 보게 될 수도 있다는 것입니다. 하지만 그러한 상황들이 반드시 영구적이라는 의미는 아니며, 그것들이 여러분의 남은 평생 동안 지속되도록 정해진 것은 아닙니다. 어쩌면 그런 상황을 극복하는 길을 보여주는 것이 여러분의 신성한 계획으로 설정돼 있을지도 모릅니다. 여러분은 신체적인 한계를 제거할 수 있다는 것을 증명하기로 예정돼 있을 수도 있으며, 또는 영적인 접근법을 택함으로써 진정한 자신을 되찾고 여러분이 여기에 와서 행하려 한 것을 계속하면서 그런 조건들과 더불어 살 수 있음을 보여주기 위한 것일 수도 있습니다. 두 경우 모두, 여러분은 그런 한계들이 더 이상 문제가 되지 않는 단계까지 초월합니다. 그리하여 그것들은 더 이상 여러분이 본래의 모습이 되어 자신의 빛을 세상에 비추는 것을 막지 못합니다.

여러분이 자신의 신성한 계획에 따르게 될 때, 비로소 스스로 직면하고 있는 한계를 극복할 수 있는 구체적인 방법에 점차 적응할 수 있습니다. 이전에 말했듯이, 하느님은 절대로 여러분이 극복할 수 없는 한계와 마주하라고 요구하지 않으십니다. 즉 여러분이 기꺼이 자신을 초월할 의지가 있다면, 그 한계를 초월하는 것을 불가능한 것처럼 보이게 만드는 이원성적인 믿음을 극복할 것입니다. 그러므로 이것은 여러분이 이런 이원성적인 믿음을 밝히고 해결하여 그 것을 넘어서려는 신성한 계획의 일부입니다.

사랑하는 이들이여, 나는 여러분에게 집단의식에 대해 언급한 바 있습니다. 그리고 여러분이 특정한 이원성적인 믿음을 극복하면, 여러분은 실제로 집단의 식의 정글을 돌파하는 길을 열게 될 것입니다. 여러분이 길을 열어 놓으면, 다른 사람들이 그 길을 따라가는 것이 가능해질 것입니다. 점점 더 많은 사람들이 당신이 개척한 길을 따르게 되면서 그것은 더욱 넓어지게 될 것이고, 다른 사람들이 따라 하기는 훨씬 더 쉬워질 것입니다. 그러므로 여러분은 다른 사람들에게 어떻게 한계를 극복하는지를 보여주는 선구자가 되기 위해 어떤 한계에 도전하고자 자원했을지도 모릅니다. 예를 들어, 많은 사람들이 믿게 된 것처럼 암이 불치의 병이 아니라는 것을 증명하기 위해 그 질병을 떠안기로 자원한 사람들이 실제로 많이 있습니다. 하지만 이것을 완벽하게 입증하기 위해서는, 여러분이 암이나 어떤 다른 한계를 생겨나게 한 이원성적인 신념들을 밝혀낼 필요가 있습니다. 그리고 나는 이것이 정말로 지구에 관한 더 거대한 신의 계획의 일부라고 확신합니다. 여러분은 지금 인류의 영적인 스승들인 승천한 대사들의 집단이 어떻게 인간이 그들의 한계를 극복할 수 있는지에 대한 수많은 새로운 발견들과 계시를 전해주길 갈망하는 시대에 살고 있습니다. 그리고 여러분은 그 전체 계획의 일부가 되기를 원했기 때문에 어떤 한계를 떠맡기로 자원했을 수도 있습니다. 따라서 여러분의 사고체를 정화하고 신성한 계획에 다시 연결됨으로써, 여러분은 또한 지구행성에 관한 거대한 계획에도 다시 연결될 수 있을 것입니다. 그러면 자신이 어떻게 개인적인 역할을 할 수 있는지 알게 될 것이고, 이것이 여러분의 현재 한계 뒤에 숨어 있는 원인인 이원성적인 믿음을 극복하는데 필요한 통찰력을 얻게 해 줄 것입니다.

***

사랑하는 이들이여, 내가 여기서 여러분에게 전하고 싶은 말은 삶은 변칙적인 우연의 게임이나 분노한 신의 형벌이 아니라는 것입니다. 인생은 어떤 의미나 방향도 없어 보이는 혼란스러운 과정이 아닙니다. 이 지구상에서 벌어지는 현상의 너머를 본다면, 여러분은 그 겉모습 배후에 생명의 강이 있다는 것을 알게 될 것이며, 이것이 멈출 수 없는 힘으로 인류를 전진시키고 있습니다. 사람들이 이 움직임을 늦출 수는 있지만 영원히 멈출 수는 없습니다. 지난 2,000년의 역사를 한 번 살펴보고, 비록 인류가 종종 그들이 변화하는 것을 막고자 하는 힘의 희생물이 되기도 했지만, 어떤 것도 멈출 수 없는 진보의 힘이 있다는 것을 보십시오. 인류의 집단의식도, 이 세상의 지배자도 인류를 더 높은 수준의 자각으로 이끄는 진보의 힘인 생명의 강의 흐름을 막을 수는 없습니다. 확실히, 오늘날 세상에는 2,000년 전에는 존재하지 않았던 많은 문제들이 있

420

고, 따라서 사람들은 세상이 예전보다 더 위험한 곳이라고 말할 수도 있을 것입니다. 그럼에도 불구하고 만약 이런 외적인 모습을 초월해서 본다면, 여러분은 인류가 실제로 훨씬 더 높은 수준의 의식과 더 나은 이해를 향해 나아갔다는 것을 알게 될 것입니다.

겉모습 뒤의 현실에 대한 이러한 이해는 실제로 여러분의 정신적인 가장 큰 잠재력입니다. 여러분의 사고체(思考體)는 신의 지혜에 집중하는 몸이고, 여러분은 성경에 나오는 "지혜가 제일이니 지혜를 얻으라. 네가 얻은 모든 것을 가지고 명철을 얻을지니라(잠언 4:7)."라는 구절을 상기할 수도 있습니다. 이것이 여러분의 사고체를 정화하는 가장 큰 목적이며, 즉 이는 인생의 진정한 목적과 여러분의 현재 삶의 목적을 이해하는 것입니다.

오, 나의 사랑하는 이들이여, 여러분은 자신이 전체와 단절되지 않았다는 것과 목적 없는 혼란스러운 세상에서 살도록 운명지어져 있지 않는다는 것을 아는 데서 오는 기쁨을 느낄 수 있나요? 그리고 자신의 신성한 계획을 발견하면, 그 목적과 의미에 대한 더 심오한 느낌을 발견하게 될 거라는 것을 감지할 수 있나요? 이것은 너무나 추상적이어서 여러분의 일상생활과는 단절돼 있는 의미의 느낌이 아닙니다. 반대로, 이런 의미감은 여러분의 일상생활의 가장 미세한 부분 속으로 전해집니다. 그것은 여러분으로 하여금 아무리 평범하게 보이는 조건이라도 교훈을 얻고 한계를 극복할 기회를 준다는 것을 깨닫게 해줍니다. 이에 따라, 여러분은 다른 사람들에게 인류가 더 높은 단계로 올라서서 지상천국 건설에 좀 더 가까이 다가가는 것이 가능하다는 것을 보여줄 수 있습니다.

사랑하는 이들이여, 이것은 인류가 이 시대에 배워야 할 전반적인 교훈이라고 말할 수도 있습니다. 다시 말해 한계의식, 이원성의식, 배금주의 의식을 넘어서서 인간의 일상생활 속으로 하느님의 나라 - 생명의 강의 흐름에 합류함으로써 생겨나는 환희감, 기쁨을 의미함 - 를 가져올 수 있다는 것입니다. 실제로, 여러분이 보는 외적인 한계들은 단지 이원성의식의 일시적인 투사에 불과합니다. 그것은 대부분의 인간이 마음속에 불완전한 필름을 가지고 있다는 사실로 인한 산물이고, 그들은 그 영사 슬라이드를 통해 우주거울에다 잘못된 이미지들을 투영하고 있습니다. 그래서 사람들이 의식을 높이고 이원성적인 믿음을 던져버리면, 그들은 진짜 필름 슬라이드인 그들의 더 높은 존재와 신성한 계획에 관한 원본 필름을 밝혀낼 것입니다. 그리고 나서야 비로소 그들은 우주거울에다 완벽한 이미지를 투사하기 시작할 것이고, 필연적으로 우주거울은 완벽한 물리적 상황의 형태로 그 이미지들을 다시 지상에다 반사할 것입니다. 그리하여, 지구는 원래의 순수함과 아름다움으로 돌아올 수 있는데, 이것은 현재의 불완전한 상태를 훨씬 넘어서 있어서 대부분의 인간은 그 높은 비전을 파악할 수 없습니다. 하지만 여러분의 사고체가 맑아지기 시작하면서, 여러분은 자신의 삶에 대한 진정한 잠재력과 지구에 대한 참된 잠재력을 납득하기 시작할 것입니다. 이것이 실제로 여러분에게 마음의 평화를 안겨다 줄 것이며, 그런 평화가 여러분의 사고체의 자연스러운 상태입니다.

여러분이 사고체는 신의 평화, 즉 인간의 지성과 이원성적 마음상태의 이해를 넘어선 평화의 초점이 됩니다. 사실, 여러분의 사고체는 이원성 의식에 의해 파악될 수 없는 더 높은 단계의 이해를 함으로써 신의 평화를 정착시킬 수 있습니다. 여러분이 더 높은 비전과 흠결 없는 개념을 볼 수 있을 때, 무엇이 진짜이고 무엇이 허구인지, 무엇이 신의 법칙과 일치하고 불일치하는지, 무엇이 여러분의 신성한 계획의 일부이고 아닌지를 알 수 있을 것입니다. 그런 분별력을 얻는 만큼 올바른 선택을 할 수 있고, 그에 따라 여러분의 생각을 자신의 신성한 계획과 참된 정체성에다 다시 맞출 수 있습니다. 이렇게 함으로써, 여러분은 신의 빛이 여러분의 감정체 속으로 흘러들어갈 때, 어떤 내적갈등이나 분열도 갖지 않게 됩니다. 그러므로 그것이 많은 사람들을 괴롭히고 그들이 신의 풍요를 실현하는 것을 가로막는 부정적 감정들을 일으키지 않을 것입니다.

나의 사랑하는 이들이여, 여러분의 사고체를 정화하기 위해 내가 주는 도구는 〈충만한 지혜의 로사리오〉인데(※529페이지에 있음), 이 지혜는 여러분이 자신이 누구이고 신성한 계획이 무엇인지 알지 못하게 방해하는 이원성적인 온갖 환영들을 간파할 것입니다. 여러분이 이 지혜를 얻게 되면, 삶의 모든 면이 더 큰 목적을 위해 봉사한다는 것, 그리고 어떤 것도 낭비되지 않는다는 것을 알게 될 것입니다. 또한 여러분이 무엇을 겪든 간에, 자신의 인생을 전환해서 과거의 경험을 영원한 승리를 향한 발판으로 삼을 수 있다는 것을 알게 될 것입니다.

내가 여러분을 승리를 향해 이끌 때 나를 따르기 바랍니다. 그리고 내가 여러분의 감정체에다 승리감을 불어넣는 방법에 대한 가르침을 전해줄 때 나를 따라오세요. 참으로, 감정체는 여러분의 유한한 자아와 이 세상의 지배자에 의해 만들어진 환영의 초점입니다. 여러분의 감정은 아주 쉽게 동요될 수 있고, 여러분이 이 세상의 지배자에 의해 제시되는 유혹들을 꿰뚫어 볼 수 있는 것은 오직 신의 지혜라는 명확한 분별력을 가질 때입니다. 여러분은 이 세상 지배자의 눈을 똑바로 바라보고, 자신의 더 높은 존재의 모든 힘으로 이렇게 말할 수 있습니다.

"악은 실제가 아니다. 그 허깨비는 나의 내면의식과 이 지구에서 아무런 힘이 없다."

열쇠 - 22

만약 당신이 자신의 감정을 선택할 수 없다면, 어떻게 기분이 나아질 수 있겠는가?

사랑하는 이들이여, 우리는 이제 감정체에 관해 이야기할 준비가 되었습니다. 그리고 나는 감정체가 이 세상의 지배자가 여러분이 그리스도 의식을 구현하여 그 의식을 통해 풍요로운 삶을 실현하는 것을 방해하기 위해 이용한 가장 커다란 무기라고 말할 수 있습니다. 감정은 강력한 힘입니다. 왜냐하면 감정이 없으면 여러분의 생각에다 추진력과 방향을 부여할 수 없고, 그렇기에 여러분의 생각이 육체적 행동과 표현으로 옮겨질 수 없기 때문입니다. 하지만 여러분의 이런 감정들은 쉽게 움직이기 때문에, 바다가 강한 바람에 쉽게 파도를 일으키듯이, 이 세상의 지배자와 유한한 자아가 여러분의 감정 방향을 약간 잘못된 쪽으로 바꾸는 것은 그리 어렵지 않습니다. 사랑하는 이들이여, 나는 앞서 많은 사람들이 자신의 인생에 대한 더 높은 비전을 보고나서 진심으로 삶을 바꾸고 싶어 하지만, 간단히 그것을 물리적으로 실현하지는 못한다고 말했습니다. 즉 그들은 이런 일이 일어나게 만들 수 없습니다. 물론 그들은 자의식체와 사고체 안에 어떤 순수성을 지니고 있었기에 삶에 대한 높은 비전을 볼 수 있었고, 자신의 삶이 현재보다 더 나아져야 한다는 것을 알 수 있었습니다. 하지만 그들은 감정체를 정화하지 않았고, 자신의 감정을 지배하지 못했기 때문에 그들의 감정은 종종 그들의 최선의 노력을 왜곡하거나 방해할 것입니다.

사랑하는 이들이여, 어떤 생각이 화살과 같은 것이라고 상상해 보십시오. 여러분은 활에다 화살을 대고 시위를 당긴 다음에 화살을 놓습니다. 이것이 사고체 안에서 일어나는 일입니다. 여러분이 어떤 생각을 포착하여 그것을 좀 더 구체적으로 만든 다음 감정체 속으로 날립니다. 하지만 지금 그 생각의 화살이 날아갈 때, 강한 바람이 불고 있다고 상상해 보세요. 처음에 화살이 과녁을 완벽하게 겨냥했을지는 모르지만, 오! 바람이 화살을 원래 방향에서 벗어나게 해서 빗맞게 하는 것이 얼마나 쉬운가요. 이런 일은 높은 비전을 갖고 최선의 의도로 삶을 바꾸려고 노력하는 수많은 영적인 사람들에게 발생하는 일들입니다. 하지만 그들은 감정체를 지배하지 못하기 때문에, 그들의 유한한 자아와 이 세상의 지배자가 그들의 생각이라는 화살에다 아주 쉽게 약간의 자극을 가해서

423

그것이 언제나 빗나가게 할 수 있습니다. 또는 어쩌면 - 감정적인 혼란이나 농요의 형대로 - 역풍이 불어 화살이 과녁에 미치지도 못하고 떨어질 수도 있습니다. 그것은 사람들의 감정체가 갈등하는 욕망에 의해 다른 방향으로 쏠리기 때문입니다. 그렇기에 그들의 최선의 노력은 그것이 물질계에 도달하기 전에 힘을 잃고 마는 것입니다. 그러므로 나의 사랑하는 이들이여, 여러분의 감정체를 지배하는 것은 풍요로운 삶을 실현하려는 여러분의 노력에 있어 참으로 중요한 요소입니다.

내가 "지배한다."라고 말할 때, 나는 참으로 좋은 부모가 아직 올바른 결정을 스스로 할 수 없는 자녀를 지배해서 결정을 내려야하는 것처럼, 의식적인 여러분이 반드시 감정체를 지배하여 결정해야한다는 것을 의미합니다. 자, 나의 사랑하는 이들이여, 여러분의 감정체는 아이에 비교될 수 있습니다. 아이의 경우와 마찬가지로, 여러분의 감정은 쉽게 흥분할 수 있으며, 그것은 장기적인 결과는 고려하지 않습니다. 그 아이는 자기가 하고 싶은 것을 하고 순간적으로 매력적으로 보이는 것을 합니다. 그러므로 여러분의 감정은 장기적으로 자신에게 무엇이 가장 좋은 것인지, 또는 신의 법칙과 여러분의 신성한 계획과 같은 더 높은 기준에 따라 무엇이 올바른 것인지를 고려할 수 없습니다. 여러분의 감정체의 좌우명은 "좋게 느껴지면, 할 수 있다."입니다. 그러므로 의식적인 여러분이 자신의 감정이라는 자녀를 인도할 수 있는 사랑이 깊지만 엄격한 어른의 역할을 하지 않는 한, 그 아이는 스스로를 해칠 가능성이 있으며, 불쾌한 장기적인 결과를 초래하기 십상입니다.

사랑하는 이들이여, 어떻게 해야 여러분이 감정을 지배할 수 있을까요? 나는 이미 여러분에게 핵심열쇠를 주었는데, 그것은 우선 여러분을 물질우주로 오게 했던 높은 의지에 도달하는 것입니다. 여러분이 그 의지를 갖게 되면, 그것이 생각에 스며들게 할 수 있습니다. 그리고 여러분의 모든 생각이 그 높은 의지와 일치할 때, 그 의지력을 감정체로 확대시킬 필요가 있고, 모든 감정을 여러분의 신성한 계획에 담긴 높은 뜻과 비전에 확실히 맞춰야합니다. 여러분은 자신을 감정적 동요에 의해 이리저리 끌려 다니는 되는 대로의 인간이 아니라 높은 목적을 가진 사람으로 보아야합니다. 여러분은 절대로 신성한 계획과 맞지 않는 감정을 허용하지 않고 지구로 온 자신의 목표를 향해 일한다는 확고한 의지를 가질 필요가 있습니다. 또한 자신이 감정체에서 어떤 감정이 일어나야하는지를 결정하는 당사자라는 결심에 이르러야합니다. 이것은 여러분이 유한한 자아나 다른 사람들, 사회제도, 언론 또는 이 세상의 지배자와 같은 다른 세력들이 여러분의 감정의 바다에 어떤 감정이 일어나도록 조종하는 것을 절대로 허용할 수 없음을 의미합니다. 그러므로 여기서 우리가 먼저 이야기해야 할 것이 있습니다.

***

내가 말했듯이, 감정은 심하게 변동하기 쉽기 때문에, 여러분의 유한한 자아와 이 세상의 지배자는 감정을 이용하는 것이 여러분의 행동을 조종하는 최선의 방법 중 하나라는 사실을 오래 전에 깨달았습니다. 기본적으로, 만약 사람들의 감정을 통제할 수 있다면, 행동이 감정에서 비롯되기 때문에 그들의 행동을 통제할 수 있습니다. 그러므로 사람들의 감정체에다 충분한 혼란을 일으킬 수 있다면, 높은 생각들이 물질계와 그들의 의식적인 마음에 도달하는 것도 막을 수 있습니다.

감정적인 통제는 여러분이 자신의 운명을 지배할 수 없고 일정한 범위 이상은 아무것도 할 수 없는 유한한 인간이라는 믿음과 함께 자의식체에서 시작됩니다. 이것을 믿을 경우, 여러분은 자신을 삶의 희생자로 간주합니다. 여러분은 자신이 설계하지 않았고 영향을 줄 수 없는 상황에 지속적으로 대응하도록 강요당하는 상태에 빠져 있다고 생각합니다. 그러므로 영국의 문호 셰익스피어(Shakespeare)가 말했듯이, 여러분은 "난폭한 운명의 화살과 돌팔매질"에 의해 끊임없이 자신이 공격당하고 원치 않는 방향으로 밀려간다고 느낍니다. 이것은 여러분을 마음의 반발기제에다 밀어 넣습니다. 여러분은 삶에 대해 지배권을 행사하는 대신 인생에 반항하는 방식이 됩니다. 물론 이것이 바로 여러분의 유한한 자아와 이 세상의 지배자가 여러분이 빠져 있기 원하는 상태입니다. 왜냐하면 이제 그들은 여러분이 반응해야한다고 느끼는 생각과 상황을 여러분에게 투입해서 여러분을 조종할 수 있기 때문입니다.

물론 자의식체의 통제에서 벗어나 있는 것은 유한한 자아에 의해 여러분의 마음속에 프로그램된 어떤 사고 패턴들입니다. 더 정확히 말하면, 그것은 여러분의 유한한 자아의 일부이며, 따라서 여러분의 사고과정에 영향을 미칠 수 있는 자아의 영역으로 들어갔다고 말할 수도 있습니다. 내가 앞서 말했듯이, 여기서의 문제는 여러분의 사고체가 삶이 어떤 모습이어야 한다는 모종의 심상을 담고 있을 수 있다는 것입니다. 이런 이미지를 기반으로, 여러분은 자신의 인생이 어떠해야하는지에 대한 일련의 기대치를 세웠으며, 즉 이는 여러분에게 어떤 일은 일어나야하고 어떤 일은 일어나지 말아야 한다는 식과 같은 것입니다. 여러분의 감정체 안에서 발생한 것은 여러분의 유한한 자아가 사고체 안의 그 정신적인 이미지와 기대들을 토대로 형성한 것입니다. 이로 인해 여러분의 기대가 충족되지 않을 경우, 어떤 부정적인 감정으로 반응하는 것이 필요하고 불가피할 뿐만 아니라 참으로 정당하다는 매우 미묘한 신념이 만들어졌습니다. 다시 말해서, 여러분의 유한한 자아는 일종의 잠재의식 컴퓨터를 설치하고, 여러분의 의식적인 마음의 스크린상의 어떤 버튼이 눌려지면, 그것은 특정한 감정, 특정한 반응을 자동적으로 방출하게 되는 것입니다.

예를 들어, 많은 사람들이 인생은 쉽고 평탄해야한다는 기대를 가지고 있습니다. 수많은 이들은 삶이 자기들에게 어떤 물질적인 것들과 육체적 즐거움을 주어야한다고 생각합니다. 그리고 그것을 얻지 못할 경우, 그들은 자기들이 박탈당했다고 느낍니다. 이것은 그들이 스스로 가질 자격이 있다고 생각하는 것을 얻지 못하게 막는다고 느끼는 신에 대한 분노, 부모 및 사회 또는 특징 타인들에 대한 분노를 포함하여 다양한 감정을 발생시킵니다. 이 분노는 사람들이 나쁘다고 알고 있고 장기적 이익에 부합하지 않는 어떤 행위들을 유한한 자아가 정당화하는 데 쉽게 이용될 수 있습니다. 하지만 일단 그들이 분노의 소용돌이에 사로잡히면, 그들은 자기들의 깊은 도덕적 신념이나 미래의 결과에 대한 고려를 묵살하고 쉽게 합리화시킬 수 있습니다. 그렇기에 보통 때는 회피했을 행동을 홧김에 저지르고 나서 나중에 후회하는 사람들이 많은 것입니다. 그러나 비록 사람들이 그러한 행동을 후회할지라도, 그들의 기대에 미치지 못하는 상황에 의해 촉발된 격렬한 또 다른 분노를 통해 같은 유형의 행동을 하도록 종종 조종될 수 있습니다.

마찬가지로, 많은 사람들이 탐욕이나 타인에 대한 시기심의 상태에서, 다른 사람들이 가진 것을 자기도 가지거나 타인들보다 더 많은 것을 갖고 있어야 한다고 생각합니다. 그래서 그들은 다른 사람들에게 시샘하는 삶을 살 수도 있습니다. 그리고 이것은 그들이 나쁘다고 알고 있는 어떤 행동을 하도록 압박할 수도 있습니다. 이것이 실제로 어떤 사람들로 하여금 자신이 소유해야한다고 생각하는 것을 훔치게 하지만, 그들은 그것을 정당하게 얻기 위한 자발적인 노력은 하지 않습니다. 또 다른 공통된 감정은 교만이며, 이로 인해 사람들은 자신이 다른 사람들보다 낫고, 언제나 옳으며, 그 누구보다 잘 안다는 것을 증명하기 위해 끊임없이 애를 쓰며 살아가게 됩니다. 이런 사람들은 말 그대로 스스로 통제할 수 없는 감정적 패턴에 갇혀 있으며, 이러한 패턴은 그들의 행복감, 성취감, 마음의 평화 등의 모든 정서를 빼앗아갑니다. 그러므로 그들은 풍요로운 삶을 살 수가 없습니다.

***

사랑하는 이들이여, 이 지구상의 대부분의 인간들은 감정적 반응에 관해서는 사실상 로봇입니다. 이 사람들은 잠재의식에 여러 개의 어떤 버튼들을 가지고 있다고 말할 수 있습니다. 누군가가 그 버튼 중 하나를 누르면, 그것이 자동으로 이 사람들의 생각, 느낌 및 행동을 통제할 수 없게 만드는 특정 감정을 방출시킵니다. 여러분은 이 지점까지 이 책을 읽었으므로 분명히 그런 기능장애적인 감정 패턴에 갇혀 있지는 않을 것입니다. 그러나 만약 여러분이 정직하게 자기진단을 한다면, 여러분 역시도 여전히 자신의 감정체 안에 어떤 버튼이 있음을 볼 수도 있습니다. 누군가가 그 버튼을 누르면, 여러분은 쉽게 특정한 생각과 감정을 덥석 물게 될 것입니다.

사랑하는 이들이여, 나는 여러분이 자신에 대해 나쁘게 느끼게 만들기 위해 이런 말을 하는 것이 아닙니다. 왜냐하면 여러분의 마음속에 투사된 그런 감정적인 프로그램을 겪지 않으면서 지구상의 어디에선가 자라나는 것은 거의 불가능하기 때문입니다. 나는 이 말을 솔직하게 말하고 있는데, 여러분이 자신의 감정체를 지배하려면, 이러한 프로그램된 반응을 인식할 필요가 있기 때문이며,

그럼으로써 여러분은 그것을 극복할 수 있습니다. 그러면 구체적으로 어떻게 해야 여러분이 그것을 넘어설 수 있을까요? 여러분은 그것에 대해 인식하고 난 다음, 삶의 과제들에 대해 그런 로봇같은 기계적 반응에 말려들지 않겠다고 의식적인 결심을 함으로써 그렇게 할 수 있습니다.

자, 사랑하는 이들이여, 로봇처럼 행동하는 사람들은 여러분에게 자신이 분노나 죄책감 또는 그 감정이 무엇이든 기기에 사로잡혀 결정하지 않는다고 말할 것입니다. 그리고 어떤 의미에서 그들의 말은 옳습니다. 왜냐하면 그들은 오래 전에 이미 유한한 자아에게 자신의 마음을 지배하는 통제권을 내주었기 때문입니다. 그래서 이 사람들은 의식적으로 특정 감정에 관여하여 결정하지 않습니다. 하지만 내가 여러분에게 말하고 있는 것은 누구나 삶에 어떻게 반응할 것인가에 관해 의식적으로 결정하는 능력을 되찾는 것은 전적으로 가능하다는 것입니다. 사랑하는 이들이여, 여러분이 외부상황에 대한 자신의 반응을 통제하지 않으면, 어떻게 여러분의 삶을 스스로 지배할 수 있겠습니까?

이 지구행성을 현실적으로 한 번 바라보십시오. 지구 전체가 혼탁한 에너지로 인해 악영향을 받고 있다보니 상황이 매우 불안정합니다. 자연재해의 증가로 입증되는 바와 같이, 자연조차도 균형을 상실했습니다. 동시에 부정적인 감정으로 반응하도록 프로그램된 많은 사람들이 있으므로 인간들 사이에도 많은 갈등이 있을 것이라는 점을 충분히 예측할 수 있습니다. 모든 상황에 대해 긍정적인 정신적 자세로 접근하지 않으면 풍요로운 삶을 실현할 수 없다고 말하는 수많은 성공전문가들이 있습니다. 이런 전문가들의 말은 옳지만, 긍정적인 정신적 태도가 여러분의 행동에 영향을 미치기 위해서는 높은 의지와 생각의 힘을 이용하여 감정체를 지배하지 않으면 안 된다는 말이 덧붙여져야 합니다. 만약 여러분의 긍정적인 정신자세가 단지 생각의 수준에 머물러서 감정의 단계로 내려오지 않는다면, 어떻게 자신의 기대치를 충족시키지 못하는 상황에 가장 잘 대처할 수 있을까요? 나의 사랑하는 이들이여, 가장 성공적인 사람들은 자신의 외부 환경을 통제하는 사람이 아니라 자신의 내면적 상황을 통제할 수 있는 사람이며, 이때만이 어떤 상황에서도 가능한 가장 건설적인 방식으로 대응할 수 있습니다. 그러한 자제력이 없는 사람들은 종종 예기치 않은 상황에서 그 상황을 악화시켜 하향나선을 만들거나 강화시키는 방식으로 대응할 것입니다. 여러분은 도시를 정복하는 것보다 자신을 다스리는 것이 더 낫다는 옛 격언을 들어보았을 수도 있습니다. 이것은 바로 삶에 대한 여러분의 감정적 반응을 통제하는 것을 의미합니다. 기본적으로, 여러분이 자신을 통제할 수 있고, 4가지 하위체들을 지배할 수 있다면, 어떤 상황에 대해서도 자신의 반응을 선택할 수 있을 것입니다. 여러분은 장기적으로 자신에게 가장 적합한 반응을 선택할 수 있으며, 즉 이는 그것이 신의 법칙과 여러분의 신성한 계획과 조화를 이룬다는 것을 의미합니다. 부정적인 감정으로 반응하는 대신에, 여러분은 다른 뺨을 돌려대는 것을 선택할 수 있게 됩니다. 만약 어떤 상황에 대해 자신의 반응을 의식적으로 선택할 수 없다면, 다른 누군가가 (여러분을) 통제할 수 있음을 알 것입니다. 그리고 그 "누군가"는 여러분이 풍요로운 삶을 실현하고 신성한 계획을 수행하는 것을 못하게 막으려는 여러분의 유한한 자아와 이 세상의 지배자입니다.

여러분의 반응을 통제하는 방법은 마음 속에서 진행되는 그 과정에 대한 인식을 넓히는 것입니다. 이것을 설명하기 위해 가장 낮은 단계, 즉 육체적 행위의 수준에서부터 시작해 봅시다. 많은 사람들이 나중에 후회할 행동을 저지르며, 나중에 상황을 돌이켜 보고나서 그들은 "하지만 나는 다른 선택권이 없었어."라고 말할 것입니다. 그런데 사랑하는 이들이여, 만약 다른 선택권이 없었다면, 여러분은 아무런 선택도 하지 못했을 것입니다. 그렇지 않은가요? 여러분이 주어진 상황에 대응할 수 있는 선택사항이나 방식이 오직 유일하다면, 사실상 선택권이 없습니다. 그러나 선택을 못하거나 다른 선택의 여지가 없다는 생각은 항상 환상입니다. 이것은 여러분이 유한한 자아가 여러분을 오직 하나의 반응만 가능한 것처럼 보이는 상황에 처하게 조종하도록 허용했다는 사실에 근거합니다. 여러분은 자신의 유한한 자아에 의해 완전히 통제되고 있으며, 그 에고를 통해 이 세상 지배자에 의해서도 지배당하기 십상입니다. 그렇기에 주어진 상황에 반응할 수 있는 방법이 유일한 것처럼 보입니다. 그래서 여러분은 외견상 자신의 감정체에 프로그램된 것 외의 다른 반응을 선택할 수 없습니다.

사랑하는 이들이여, 나는 여러분이 자신의 상황에 대해 책임을 져야할 필요성과 결정하는 것에서 도피하는 습성을 멈출 필요에 관해 이야기했습니다. 사람들이 자신이 선택권이 없다고 생각하는 상황에 처하도록 조종당하게 허용하면, 그들은 자신의 삶에 대해 책임지기를 거부하고 스스로 결정내리는 것에서 도망치는 패턴에 갇히게 됩니다. 매우 좋은 사실은 여러분은 항상 하나 이상의 옵션을 갖고 있으며, 항상 상황에 반응할 수 있는 방법이 하나 이상 있다는 것입니다. 여러분을 통제하고자하는 자들에 의해 퍼뜨려진 거짓말은 어떤 상황에서는 여러분이 폭력이나 무력으로 대응해야한다는 것입니다. 이것은 매우 교활한 거짓말입니다. 하지만 실제로 이 지구상의 모든 종교는 여러분이 이 거짓말에 빠지지 않도록 도와줍니다. 예수는 사람들에게 일종의 행동규범으로서 황금률을 전해줌으로써 그렇게 했습니다. 그래서 그는 악에 대해 저항하거나 무력으로 반응하는 대신에 다른 뺨을 돌려대라고 사람들에게 이야기한 것입니다(마태복음 5:39).[53]

사랑하는 이들이여, 세상을 바라보고 사람들 사이에 얼마나 많은 갈등이 존재하는지를 보십시오. 이러한 갈등 중 일부는 수천 년 동안 계속되어 왔으며, 아무도 그것이 어떻게 시작되었는지 기억할 수 없습니다. 그러나 진정한 질문

---

53) "나는 너희에게 이르노니, 악한 자를 대적하지 말라. 누구든지 네 오른편 뺨을 치거든 왼편도 돌려 대라."

은 "왜 누구도 그 폭력의 나선을 멈추지 못했는가?" 입니다. 그 이유는 인간들이 누군가가 자신에게 폭력적일 경우 폭력으로 대응하는 것이 정당하다는 사고 패턴을 깨지 못했기 때문입니다. 사랑하는 이들이여, 누군가가 다른 뺨을 돌려대기로 결심하고 더 이상 폭력으로 반응하지 않을 때까지 그런 폭력의 나선은 결코 멈추지 않을 것입니다. 그러나 이런 폭력의 패턴을 깨기 위해서는 여러분이 감정체로 들어가서 다른 사람이 자신에게 무엇인가를 한다면 오직 분노로만 반응할 수 있다고 말하는 프로그래밍을 깨야합니다. 그리하여 부정적인 감정으로 반응하는 대신에 사랑으로 상황에 응답할 수 있도록 자신을 지배해야합니다. 그래야만 폭력의 나선을 뛰어넘을 것이며, 결코 끝나지 않는 무의미한 갈등 속에서 여러분의 삶을 낭비하는 대신 영적으로 풍요로운 삶을 자유로이 추구하게 될 것입니다.

***

사랑하는 이들이여, 어떻게 해야 여러분이 삶에 대해 비폭력적인 접근방식을 채택하고, 부정적 감정으로 반응하는 방식에서 벗어날 수 있을까요? 어떻게 여러분 자신을 매사에 사랑으로 반응하게 만들 수 있을까요? 그 첫 단계는 어떤 행동을 취하기 전에 여러분의 생각과 감정과 행동 사이에는 간격, 즉 일시적인 정지가 존재한다는 단순한 사실을 깨닫는 것입니다. 의식 있는 여러분이 자기 파괴적인 행동을 멈출 기회를 얻는 것은 바로 이 시간 간격입니다. 이 간격은 시간을 초월하며, 거기에는 항상 여러분이 그 행동을 멈추거나 개선할 수 있는 기회가 있는 극히 짧은 순간이 존재합니다. 내 요점은 그 상황에 대해 - 비폭력적이고 사랑에 기반한 - 보다 나은 대응을 선택할 기회가 있다는 것입니다. 달리 말하면, 여러분의 4가지 하위체들 안에서 무슨 일이 일어나고 있는지를 더 잘 알게 되도록 의식적인 마음을 훈련함으로써, 여러분은 어떤 행동이 물질계의 선을 넘어 피할 수 없는 결과가 초래되기 전에 멈출 능력을 개발할 수 있습니다.

우리는 이 다른 방법을 살펴보고 다음과 같이 말할 수 있습니다. 여러분이 행동을 취하기 전에, 누군가가 여러분의 생각과 감정을 물리적 행위로 옮기는 결정을 해야 합니다. 우선 여러분은 유한한 자아가 그 결정을 내릴 수 있도록 허용할 수 있으며, 그러면 그것은 항상 자신의 프로그래밍을 따를 것입니다. 이는 여러분의 행동이 장기적으로 불쾌한 결과를 초래할 것임을 의미합니다. 유일한 다른 선택은 의식적인 여러분이 적절한 역할을 수행하고 결정을 내리는 힘을 되찾는 것입니다. 오직 그렇게 함으로써만이 여러분이 진정한 여러분과 신성한 계획에 어긋나는 행위를 멈출 수 있습니다.

여러분은 가열된 상황에서 조치를 취하기 전에 숫자를 10까지 세야한다는 옛 조언을 들어보았을 것입니다. 이것이 좋은 충고이긴 하지만, 10까지 셀 필요조차 없습니다. 여러분이 해야 할 일은 가슴에다 집중하고 이 행동이 여러분의 내적존재, 영원한 영적존재로서의 자신의 진정한 정체성의 표현인지 아닌지를 스스로에게 묻는 것입니다. 그 행동을 깊이 생각하고 자신에게 이렇게 물어보십시오. "이런 나는 누구인가? 영적존재인 내가 참으로 이런 식으로 반응할 것인가?" 만약 여러분이 자의식체와 사고체, 감정체 안을 맑은 상태로 유지하고 있다면, 진정한 여러분과 신성한 계획에 일치하지 않는 행동을 즉각 중단할 수 있을 것입니다

사랑하는 이들이여, 내 요점을 아시겠습니까? 모든 사람들은 때때로 자신이 예상치 못한 혼란스러운 상황에 처해 있음을 알게 되며, 신속한 결정을 내려야 합니다. 이 세상의 지배자는 여러분이 아주 적은 선택권만을 가지고 있고 지금 당장 결정을 내려야 하는 것처럼 보이는 상황에다 몰아넣는 것을 좋아합니다. 여러분이 완전히 통제될 수 있는 것은 오직 장기적인 관점을 고려하지 않고 억지로 결정을 내릴 수밖에 없는 상황에서입니다. 그러한 통제를 피하는 방법은 모든 결정에 대해 안정적인 중심내지는 흔들리지 않는 참고기준을 마련하는 것입니다. 궁극적인 의미에서 이 기준은 그리스도 의식(Christ consciousness)이라는 반석입니다. 그러나 보다 가까운 목표는 여러분의 반응이 정말로 비폭력적인 것인지 아닌지를 고려하는 것입니다. 오직 비폭력적인 반응만이 여러분의 삶속으로 하느님의 풍요가 내려오게 할 수 있습니다. 결국, 여러분이 삶에 대해 폭력으로 반응해야한다고 생각한다면, 어떻게 하느님이 여러분에게 무료로 주시는 것을 받을 수 있겠습니까? 우리는 한걸음 더 나아가서 진정한 여러분인 영적존재는 모든 상황에 사랑으로 반응할 것이라고 말할 수 있습니다. 그러므로 만약 여러분이 어떤 상황에서 자신이 결코 사랑이 아닌 것으로 반응하는 모습을 발견한다면, 최상의 잠재력을 발휘하지 못한다는 것을 알 수 있습니다. 오직 유한한 자아만이 사랑이 결여된 어떤 것으로 응답할 것이고, 이것이 유한한 자아가 통제할 때 그것을 알아볼 수 있는 좋은 방법입니다.

대부분의 사람들이 폭력적인 행동을 취하도록 자극하는 것은 격렬한 감정입니다. 일단 어떤 감정이 방출되어 여러분의 감정체가 격앙되도록 허용하게 되면, 그것이 행동으로 이어지는 것을 막기가 더욱 어렵습니다. 막는 것이 전혀 불가능하다고 할 수는 없지만, 처음부터 그런 부정적인 감정이 발생하는 것을 예방하는 것이 낫지 않을까요? 이렇게 하려면, 여러분이 한 단계 더 나가서 모든 감정이 특정 생각에서 나왔다는 사실을 인식할 필요가 있습니다. 그러므로 부정적인 감정의 출현을 피하는 유일한 방법은 그것들을 촉발시키는 생각을 해결하는 것입니다. 생각은 (감정보다) 더 높은 수준에 있으며 더 유동적입니다. 그것은 더 변화하기 쉽지만 의식적인 마음으로 보기가 더 어렵습니다. 부정적인 감정을 불러일으키는 생각들은 여러분이 사고체와 감정체 안에 갖고 있는 잘못된 기대와 욕망들입니다. 그렇다면 잘못된 비현실적인 기대는 무엇일까요?

사랑하는 이들이여, 그것은 삶의 현실과는 일치하지 않는 기대입니다. 나는 이전에 만약 누군가 똑같은 행동을 계속하면서 다른 결과를 기대한다면, 그는 정신 나간 사람이라는 앨버트 아인슈타인(Albert Einstein)의 말을 언급한 바

있습니다. 그러나 대부분의 사람들은 똑같은 행위를 계속하다 보면, 언젠가 우주가 마술처럼 다른 외적상황을 반사해줄 거라고 믿게 만드는 프로그램된 기대를 자신의 사고체 안에 갖고 있습니다. 나는 여러분의 유한한 자아가 이 어리석은 추리 방식을 알 수 없다는 것, 그리고 그런 기대가 현실과는 전혀 맞지 않음을 이해할 수 없다는 것을 잘 압니다. 그러나 의식 있는 여러분은 이것을 간파할 수 있는 능력이 있어서 유한한 자아를 지배할 수 있습니다. 여러분은 유한한 자아의 비현실성으로부터 자신을 분리시킬 수 있고, 우주가 인간이 무엇을 내보내든 그것을 그대로 반사하는 거울이라는 진실을 완전히 흡수할 수 있습니다. 이 사실을 이해하면, 여러분 자신을 바꾸지 않고는 외부 상황을 바꿀 수 없다는 것을 알게 됩니다.

* * *

사랑하는 이들이여, 여기에 고려해야 할 더 깊은 수준이 있습니다. 내가 전에 말한 것처럼, 여러분의 많은 기대는 삶의 현실과 멀리 떨어져 있는 것으로 보이지 않습니다. 사실, 그것은 (스스로 기대하는 대로 되어버리는) 자기 달성적인 예언이 되는 경향이 있는 것 같습니다. 예를 들어, 만약 여러분이 인생이 하나의 투쟁이고 얻어야 할 모든 것을 위해 싸울 필요가 있다고 기대한다면, 우주는 여러분에게 모든 것을 위해 싸울 수밖에 없는 상황을 반사하여 돌려보낼 것입니다. 그러한 상황은 궁극적으로는 실제가 아닌데, 왜냐하면 그것은 여러분을 위한 신의 최고 비전과 일치하지 않기 때문입니다. 여러분의 기대는 일시적인 현실을 취하지만, 그것은 여러분이 이원성 의식에 빠져 있는 동안만 진짜처럼 보일 것입니다.

비현실적인 기대에는 두 가지 유형이 있다고 말할 수 있습니다. 결코 성취될 수 없는 기대가 있으며, 스스로 성취하는 예언이 되는 기대가 있습니다. 예를 들어, 많은 사람들은 (이전과) 똑같은 것을 계속하면서 다른 결과를 얻을 수 있고, 그들 자신이 바뀌지 않고도 외부 환경을 바꿀 수 있다는 기대를 가지고 있습니다. 이것은 우주가 당신이 내보내는 것을 그대로 다시 당신에게 반사할 것이기 때문에 완전히 비현실적인 기대입니다. 어떤 사람들은 타인들이 그들이 소유하고 있는 것을 빼앗아 갈 거라고 기대하며, 그러한 기대는 스스로 성취하는 예언이 될 것입니다. 그런 사람들은 자신 안에서 입수 가능한 풍요의 무한한 공급원으로부터 그것을 얻는 대신에 타인들로부터 빼앗으려는 유형의 사람들을 자신에게 끌어당기게 됩니다.

나의 사랑하는 이들이여, 여러분의 기대를 이해하는 것은 중요한데, 그것은 바로 여러분이 자신의 사고체 안에 갖고 있는 이원성적인 기대가 감정체 안에서 그릇된 욕망을 일으킬 것이라는 점을 깨닫는 것입니다. 그릇된 욕망은 무엇일까요? 그릇된 욕망에는 다음과 같은 두 가지 주요 특징이 있습니다.

• 그 첫 번째는 그것이 결핍을 기반으로 하고 있다는 것입니다. 즉 그것은 여

러분이 정말로 가져야만 하는 어떤 것을 박탈당하고 있다는 의식에 기초해 있습니다. 여러분은 자기가 인생에서 어떤 것을 가질 자격이 있다고 생각합니다. 여러분은 그것을 가지기를 원하고 그것을 소유하고 있지 않으면, 결핍감을 느끼며, 또 박탈감을 느낍니다. 결국 이것이 분노, 질투 또는 탐욕과 같은 부정적인 감정을 유발합니다.

• 그릇된 욕망의 다른 측면은 그것이 성취될 수 없다는 것, 또 결코 만족될 수 없다는 것입니다. 그릇된 욕망은 절대로 채워지지 않는 감정체 안의 블랙홀 (black hole)과 같으며, 밑이 빠진 독과 같습니다. 우주의 블랙홀에 대해 들어 본 적이 있다면, 여러분은 그것이 모든 것을 그 안으로 끌어들이는 강렬한 중력의 영역이며, 아무것도 빠져나오지 못한다는 사실을 알 것입니다. 자, 여러분이 블랙홀을 가득 채우지 않고는 에너지를 계속 들이 밀 수 밖에 없기 때문에 이는 그릇된 욕망에 대한 좋은 시각적 예입니다.

사랑하는 이들이여, 세상 사람들을 살펴보십시오. 그리고 얼마나 많은 이들이 더 많은 돈, 더 많은 권력, 더 많은 섹스, 더 많은 음식, 더 많은 쾌락에 대한 끝없는 추구에 빠져있는지를 보세요. 그러나 그들이 아무리 많은 돈을 벌어도 결코 충분하지 않습니다. 그들은 결코 만족하지 못하며 항상 더 많이 원합니다. 이것은 보답으로 아무 것도 그들에게 주지 않고 그들의 삶을 삼켜버리는 하향나선이 되고 마는데, 그들은 성취감, 행복 또는 마음의 평화상태에 결코 도달하지 못하기 때문입니다. 결코 만족할 수 없는 잘못된 욕구를 충족시키려는 이 끝없는 추구로 지구상의 많은 사람들이 평생을 소모하고 있습니다. 확실히, 보다 영적으로 기울어진 사람들은 이 패턴에 완전히 빠져 있지는 않습니다. 그러나 여러분은 자신의 삶을 살펴보고 내가 언급한 특성을 가진 어떤 욕망들을 스스로 인식할 수 있는지를 확인해 보아야 합니다. 그리고 만약 그것들을 확인한다면, 여러분은 자신에게 정직해져야하고 그것을 좀 더 면밀하게 조사해야합니다. 여러분은 스스로 이 욕망들을 통제하여 제거하지 않는다면, 그것이 자신의 감정을 끌어당기고 진정한 영적 삶을 실현하려는 여러분의 최선의 노력을 방해할 것임을 깨달을 필요가 있습니다.

여러분의 그릇된 욕망을 극복하는 열쇠는 무엇일까요? 누가 여러분이 끊임없이 잘못된 욕망을 충족시키려는 패턴에 계속 고착돼 있기 바라는지를 생각해봄으로써 시작해봅시다. 잔인한 사실은 그러한 욕망이 여러분의 유한한 자아와 이 세상의 지배자에 의해 만들어지고, 그들은 이것을 하는 데 대해 두 가지 목표가 있다는 것입니다. 한 가지 목표는 여러분이 세상적인 욕망을 추구하는 데 계속 매달려 있도록 하는 것이며, 그리하여 여러분은 신성을 구현하여 자신의 신성한 계획을 성취할 수 없습니다. 또 다른 목표는 항상 소유할 수 없는 어떤 것을 원하는 소용돌이 속에 계속 빠져있게 함으로써, 유한한 자아와 이 세상의 지배자가 그들의 생명유지에 필요한 어둠의 에너지를 지속적으로 생성하게 만드는 것입니다. 그들은 말 그대로 여러분을 에너지 젖을 짜낼 만큼 짜내고 난 다음 더 이상 젖을 생산하지 않을 때 버려지는 젖소로 봅니다.

이것이 여러분이 이런 통제를 벗어나기 위해 모든 잘못된 욕망을 억압하려고 힘들게 노력해야한다는 것을 의미할까요? 내가 이전에 설명하려고 노력했듯이, 이것은 올바른 접근법이 아닙니다. 즉 이것은 단지 하나의 극단에서 다른 극단으로 갈 뿐이지, 여전히 이원성 의식에 갇혀 있습니다. 그 진정한 열쇠는 그릇된 욕망이 실제로 진정한 욕망을 왜곡한다는 사실을 깨닫는 것입니다. 그렇다면 진정한 욕망은 무엇일까요? 진정한 욕망의 주된 특징 중 하나는 그것이 결핍에 기초해 있는 것이 아니라 풍요의 의식을 기반으로 한다는 것입니다. 이것은 여러분이 박탈당했다고 느끼지 않는다는 것을 의미합니다. 실제로, 여러분은 자신이 다른 사람들과 나누고 싶은 것을 아주 많이 가지고 있다고 느낍니다. 진정한 욕망의 또 다른 주요 특징은 여러분이 아무것도 얻으려고 하지 않는다는 것입니다. 즉 여러분은 그저 주고 싶어 합니다. 여러분이 성취감이나 충만감을 얻는 것은 주는 것을 통해서인데, 주는 행위가 그 자체의 감정적 보상을 지니고 있기 때문입니다.

나의 사랑하는 이들이여, 우리는 모든 욕망이 어떤 느낌내지는 감정을 만들어 내려는 시도에서 생겨난 것이라고 말할 수 있습니다. 궁극적으로, 그 감정은 내가 이전에 이야기했던 것, 즉 흠이 없는 온전한 느낌, 완전해지는 느낌, 충만한 느낌입니다. 그릇된 욕망은 유한한 자아로부터 생겨납니다. 그리고 이미 설명했듯이, 여러분의 유한한 자아는 무한한 신으로부터의 분리로 인해 생겨났습니다. 그러므로 결코 그것은 전체적인 온전한 느낌을 줄 수가 없습니다. 여러분의 유한한 자아는 절대자와의 분리를 극복할 수 없으며, 오직 여러분이 신과 하나가 되어 그 신의 빛이 여러분 자신의 존재를 통해 흐른다고 느낄 때만이 여러분은 온전하다는 것을 느끼게 됩니다. 여러분의 유한한 자아는 의식적인 여러분이 온전함을 원한다는 사실에 대한 기초적인 인식을 가지고는 있습니다. 그래서 그것은 여러분에게 온전한 느낌을 주려고 하지만, 단지 이원성적인 마음상태와 이 세상의 것들을 이용함으로써만이 그렇게 할 수 있습니다. 여러분의 에고는 온전함을 여러분이 이 세상에서 어떤 것을 충분히 소유하고 있고 입신출세해서 그 가진 것을 결코 잃을 수 없는 정적인 상태로 봅니다. 그래서 유한한 자아는 그릇된 욕망들을 규정하여 오직 여러분에게 충분한 돈, 물질적인 소유물, 권력 또는 쾌락이 있다면 온전하게 느낄 것이며 허전함이 채워질 거라고 믿게 만들려 합니다. 여러분의 유한한 자아는 여러분이 세상의 것들을 충분히 갖고만 있다면, 온전함을 느낄 것이라고 실제로 믿습니다. 그러나 이것은 이 세상의 어떤 것도 여러분에게 온전한 느낌을 줄 수 없기 때문에 명백히 환상입니다. 여러분은 오직 자신이 누구인지 알고 자신의 존재를 통해 흐르고 있는 신의 빛을 느낌으로써만이 온전한 전체가 될 수 있습니다.

의식적인 여러분이 유한한 자아의 불가능한 추구를 깨달을 때, 여러분은 그것으로부터 자신을 분리할 수 있습니다. 하지만 여러분이 그 대신에 뭔가를 넣을 때까지는 유한한 자아로부터 자신을 분리시킬 수 없습니다. 또한 여러분은 자신의 더 높은 존재의 진정한 욕망에 다시 연결될 때까지는 그릇된 욕망을 완전히 극복할 수 없습니다.

＊＊＊

사랑하는 이들이여, 내가 전에 말했듯이, 인류의 영적스승으로 봉사하는 영적 존재들로 구성된 커다란 집단이 있습니다. 그 존재들 중에는 예수나 부처님처럼, 새로운 영적 가르침을 전하기 위해 지구에 내려 왔던 이들이 있으며, 그런 가르침 가운데 하나가 오늘날에 불교로 알려진 종교입니다. 불교의 핵심 교리 중 하나는 삶이 고해(苦海)이고 인간의 그 괴로움은 그릇된 욕망에 의해 생겨난다는 것입니다.

불교에 관한 심층적인 가르침을 거론하는 방향으로 나가는 것은 이 책의 범위를 넘어선 것입니다. 그러나 내가 말할 수 있는 것은 많은 사람들이 그 핵심 개념을 오해하고 있다는 것입니다. 즉 그들은 부처님이 인간들에게 모든 욕망을 극복하고 어떠한 욕망도 버려야한다고 언급했다고 생각한다는 것입니다. 하지만 사실 부처님은 이 세상의 온갖 것들에 대한 모든 집착을 극복해야한다고 말하고 있었습니다. 바꿔 말하면, 그릇된 욕망은 여러분을 이 세상의 어떤 것에 집착하게 만드는 욕망이며, 그 욕망의 대상을 소유하지 않고서는 온전해질 수 없다고 생각하게 만드는 욕망입니다. 괴로움을 낳는 것은 바로 이 집착입니다.

나의 사랑하는 이들이여, 만약 여러분이 그 어떤 욕망도 없었다면, 과연 어떻게 성장할 수 있었으며 또 향후에 어떻게 오늘날의 여러분 모습보다 더 나아질 수 있겠습니까? 이 책의 서두에서 설명했듯이, 창조의 기본적인 힘은 더 나아지고 공(空)을 빛으로 채우려는 하느님의 욕망입니다. 그러므로 만약 여러분이 모든 욕망을 끊어 버리면, 여러분은 자신의 존재를 통해 흐르고 있는 생명의 강의 흐름을 차단하고 있는 것입니다. 이것은 여러분의 영적성장이라는 측면에서 볼 때, 에고의 그릇된 욕망을 충족하려고 몰두하는 데 완전히 넘어가는 것보다 더 건설적인 것이 아닙니다. 모든 욕망을 억눌러야 한다는 식으로 부처님의 가르침을 극단적으로 받아들인 사람들은 그분의 가르침 가운데 가장 핵심적인 측면을 망각했는데, 즉 그것은 바로 "중도(中道)"입니다. 중도는 여러분이 모든 욕망을 억압하는 것을 의미하는 것이 아니라 에고로부터 생겨나는 그릇된 욕망을 넘어서는 것, 여러분을 중도에서 멀어지게 하는 이원성 의식을 초월하는 것을 의미합니다. 그렇게 하는 가운데, 여러분은 자신의 더 높은 존재의 진정한 욕망에, 그리고 처음에 여러분을 지구로 오게 했던 욕망에 다시 연결될 것입니다. 그 욕망은 여러분 자신을 주는 것, 여러분이 가진 신의 화염을 주는 것과 관련이 있습니다. 그리고 그것은 여러분의 신성한 개성을 표현하고 이 지상에다 하느님의 나라를 이룩하는 것과 관련이 있습니다.

지구상의 특정 조건을 경험하고자하는 영혼의 소망에서 비롯된 몇 가지 욕망이 있습니다. 그리고 이것은 유한한 자아에 의해 가장 쉽게 오도되는 욕망들입니다. 이것들은 육체적인 쾌락과 관련된 세속적이거나 육적인 욕망이 될 수 있는 욕구들입니다. 그리고 그러한 욕망들이 육체적이고 자기중심적이 될 때, 결코 채워질 수 없는 밑 빠진 독이 되고 맙니다. 그러나 그런 저급한 욕망들에 대응하는 더 높은 고급 욕망들이 있습니다. 여기서 그 차이점은 고급 욕망은 궁극적인 의미에서 충족될 수 있다는 것이며, 결과적으로 여러분은 더 이상 물질세계에서 이런 특정한 상태를 경험하기를 원치 않게 됩니다. 여러분은 이제 더 나은 것을 원하며, 그렇기에 무한정 그곳에 머물러 있기보다는 물질적인 세계 위로 올라가기를 희망합니다. 여러분은 단순히 저급한 욕망에 만족하지 않으며 그것이 고급 욕망으로 대체됩니다. 즉 여러분은 강제적이고 의도적으로 욕망을 억압하지 않으며, 그것을 유한한 욕망으로 인식하게 되고 진정한 욕망을 발견하기 위해 그 너머를 보게 됩니다. 그리고 진정한 욕망은 자연스럽고 쉽게 그릇된 욕망을 대체합니다.

사랑하는 이들이여, 많은 영적인 사람들을 혼란스럽게 하는 욕망 중 하나인 성적인 결합에 대한 욕망에 대해 간단히 언급하겠습니다. 사실상 지구상의 대부분의 사람들은 유한한 자아로부터 생겨나는 그릇된 욕망에 기초해서 성행위를 합니다. 이것은 결코 채워질 수 없는 욕망입니다. 아무리 많은 성관계를 갖더라도 그들은 결코 만족하지 못할 것입니다. 그러나 육체적 쾌락에 대한 이러한 욕망의 배후에는, 정반대의 극성을 지닌 두 영혼이 진실한 영적인 결합으로 화해할 때 생겨나는 완전함(전체성)의 상태를 경험하고자하는 고급 욕망이 있습니다. 앞에서 설명한 것처럼 모든 것은 아버지의 확장하는 힘과 어머니의 수축하는 힘의 상호 작용에서 탄생합니다. 그 두 힘이 함께 할 때, 그들의 결합과 완전함을 통해 새로운 생명이 창조됩니다. 영혼이 물질세계에서 그러한 전체성을 경험하고 싶어 할 수 있습니다. 이것은 더 커다란 결합에 대한 진정한 욕망에서 생겨나며, 이 욕망은 성취될 수 있습니다. 여러분이 이런 육체적 형태의 결합을 충분히 경험했다고 느끼는 단계에 도달할 가능성이 있으며, 이제 여러분은 육체와 그 육체의 능력을 통해 얻을 수 있는 그 이상의 것을 원하게 됩니다. 여러분은 오직 자신의 존재 안에서 참된 양극성을 발견함으로써만이 이룰 수 있는 영적인 결합을 원하게 되는데, 즉 이는 – 여러분 존재의 진정한 아버지-어머니라는 양극성으로서의 – 의식적인 여러분과 여러분의 신아 간의 결합인 것입니다.

＊＊＊

사랑하는 이들이여, 내가 여기서 말하는 중요한 측면 중 하나를 이해할 수 있나요? 여러분은 정말로 선택의 자유가 있습니다. 하느님 또는 재물 중에 어느 쪽을 섬길지를 선택할 수 있습니다. 아울러 내가 의미하는 것은 여러분은 예수가 탐욕이라고 부른 잘못된 욕망을 채우기 위한 불가능한 추구를 하느라 여생을 소모할 것인지, 아니면 신이 주신 개성과 창조성을 표현함으로써 자신의 더 높은 존재의 참된 욕망을 섬기고 신성한 계획을 수행할 것인지 결정할 수 있습니다.

여기에서의 요점은 모든 그릇된 욕망들이 결핍감에서 비롯되며, 그런 욕망에서 벗어나는 유일한 길은 그 결핍감을 초월하는 것이라는 사실입니다. 그렇다면 어떻게 충분하게 갖고 있지 못하다는 느낌을 넘어설 수 있을까요? 여러분의 4가지 하위체들이 하느님의 빛으로 가득 채워질 수 있게 함으로써 그렇게 하게 되며, 이런 상태가 모든 결핍감을 소멸시키고 애정어린 궁극적인 양육의 느낌을 충만케 할 것입니다. 여러분은 내가 설명한 과정을 따라야하고, 자의식체에 이르러 자신의 진정한 정체성에 다시 연결되어야 합니다. 여러분이 스스로 자신이 정말로 누구인지 알게 되면, 즉 자신이 신의 빛으로 이루어진 무한한 풍요에 접근할 수 있는 영적존재라는 것을 알게 되면, 신으로부터의 분리감에서 생겨난 결핍감을 극복할 수 있습니다. 이것은 여러분이 하느님의 빛을 자신의 자의식체를 통해 사고체로 가져온 다음, 감정체로 가져올 수 있음을 의미합니다. 여러분이 감정체로 하느님의 빛을 가져오면, 자신이 사랑으로 양육받는 느낌을 갖게 될 것입니다. 이것은 온전한 전체라는 느낌을 불러일으키며, 내가 이전에 말했듯이, 온전함에 대한 열망은 그릇된 욕망과 진정한 욕망 뒤에 놓여 있습니다. 여러분이 그 온전함을 느낄 때, 더 이상 결핍감을 느끼지 않을 것이기 때문에 그릇된 욕망을 초월하게 될 것입니다. 여러분은 더 이상 박탈감을 느끼지 않을 것이며, 궁극적인 의미에서 공급받고 양육 받는다는 느낌을 갖게 됩니다. 그리하여 자신의 진정한 욕망을 성취하기 위해 외부에 있는 어떤 것이 필요 없다는 것을 깨닫게 될 것입니다.

사랑하는 이들이여, 그릇된 욕망의 본질은 여러분이 온전하지 않다고 느끼고, 온전함을 얻기 위해 자신의 바깥에서 어떤 것이 필요하다고 생각한다는 것입니다. 이것은 여러분이 유한한 자아, 다른 사람들, 또는 이 세상의 지배자에 의해 조종당하고 있다는 것을 보여줍니다. 그들은 여러분이 온전함에 도달하기 위해서, 또 충만감을 얻기 위해서 자신의 바깥에서 뭔가가 필요하다고 생각하기 때문에 여러분을 통제할 수 있습니다. 하지만 여러분이 자신의 진정한 정체성에 다시 연결되어 하느님의 빛이 자신을 통해 흐르도록 열게 되면, 온전해지기 위해 바깥에서 아무것도 필요 없다는 것을 깨닫습니다. 여러분에게 진정한 궁극의 온전함과 전체감을 주는 것은 여러분의 존재를 관통해 흐르는 하느님 빛의 흐름입니다. 이런 전체성의 상태가 여러분의 감정체를 지배할 때, 여러분은 더 이상 다른 사람들로부터 무엇인가를 받고 싶은 욕망을 갖지 않습니다. 대신에, 타인들에게 주고 싶고, 다른 사람들과 나누고 싶은 진정한 욕망을 갖게 됩니다.

이것은 모든 사람들이 예수의 가장 심오한 말 가운데 하나 뒤에 놓인 진리를 깨닫는 매우 아름다운 상황을 만들어 냅니다. "너희가 거저 받았으니, 거저 주어라(마태복음 10:8)." 여러분이 삶과 생명의 실체, 즉 신이 모든 선하고 완전한 것들의 원천이며 여러분에게 하늘나라를 주는 것이 아버지의 기쁨이라는 것을 이해하면, 내면에서 온전한 느낌을 갖게 될 것입니다. 이러한 온전한 충만감을 통해 여러분은 타인들에게 주는 것에 대한 두려움을 극복할 수 있습니다. 그리고 사회의 대부분의 사람들이 자신이 신으로부터 받은 것을 무료로 줄 때, 사람들의 연합된 노력은 그들 중 누군가 단독으로 생산할 수 있는 것보다 더 많은 풍요를 가져올 것입니다. 이것은 "전체는 그 부분들의 합보다 더 크다." 는 말로 묘사되어 있습니다. 그리고 이것이야말로 진정으로 풍요로운 지구상의 삶입니다. 지상의 풍요로운 삶은 사람들이 하늘에서 무료로 받는 것을 이곳 지상에서 무료로 주기 시작할 때 시작됩니다.

사랑하는 이들이여, 오늘날의 지구를 살펴보고 어떻게 사회 및 인간 상호작용의 거의 모든 면이 결핍감과 애정의 결여에 기초해 있는지 생각해보십시오. 이것은 사람들로 하여금 주는 것을 꺼려하고 그들이 소유하고 있는 것에 집착하게 만듭니다. 이로 인해 많은 사람들이 주는 것보다는 받는 것에만 관심을 집중하게 됩니다. 그러나 사랑하는 이들이여, 만약 아무도 주지 않는다면, 어떻게 누군가 받을 수 있겠습니까? 그릇된 욕망과 자기중심적이고 이기적인 욕망에 사로잡혀 있는 사람들은 이 명백한 진실을 볼 수 없습니다. 그래서 사회 전체, 실제로는 지구 전체가 부정적인 나선으로 내려갈 수 있으며, 이런 상태에서는 모두가 박탈감을 느끼고 모든 이들이 결핍에 기초한 욕망에 사로잡혀 주기보다는 받으려고만 하게 됩니다.

지구상에 천국이 실현되지 못하게 방해하는 주요 문제 중 하나는 많은 사람들이 지배 욕구에 갇혀 있다는 것입니다. 그들은 박탈감과 부족함을 느끼며, 다른 사람들이 자기가 갖고 있는 것을 빼앗아 갈 것이라고 생각합니다. 또한 그들은 단순히 힘으로 풍요를 취하기만 하면 그것을 얻을 수 있다고 생각합니다. 그래서 그들은 자신이 원하는 것을 얻고 자기가 갖고 있는 것을 잃지 않기 위해 타인들과 그들의 물리적 상황을 지배해야한다고 생각합니다. 사실, 지구상에서 가장 강력한 자들이 모두를 지배하려는 이런 욕구에 완전히 빠져있음을 알 수 있습니다. 인류역사 전체에 걸쳐 여러분은 매우 높은 단계의 권력을 얻었던 일부 인간들을 실제로 보았으며, 이런 권력은 다른 사람들을 통제하고 지배하는 데 토대를 둔 잘못된 힘을 의미합니다. 그러나 여러분이 그런 사람들의 삶을 살펴보면, 필연적으로 그들이 얻은 모든 지배력도 시간의 수레바퀴에 의해 먼지로 흩날리게 되었음을 알게 될 것입니다. 이 사람들 중 어느 누구도 자기의 운명을 지배할 수 없었습니다. 그리고 결국 그들이 통제와 지배를 통해 세운 바벨탑은 무너졌고, 본래의 먼지로 되돌아갔습니다. 진실로, 유한한 자아로부터 생겨나는 것은 지상의 먼지와도 같으며, 그것은 그리스도 의식의 불멸의 삶으로 부활하는 대신에 먼지로 돌아갈 것입니다.

사랑하는 이들이여, 이제 한 단계 위로 올라가 봅시다. 유한한 자아와 이 세상의 지배자가 사용하는 주요 무기 중 하나는 의심의 요소를 주입시켜 여러분의 감정의 변덕을 이용하는 것입니다. 나는 이전에 에덴동산에서 뱀이 이브를 어떻게 유혹했는지에 대해 언급했는데, 이것은 의심이란 요소를 주입함으로써 이루어졌습니다. 이것의 효과는 여러분이 하느님을 의심하게 된다는 것입니다. 여러분은 자신의 달란트를 배가할 경우, 하느님이 여러분에게 보상해주실 것을 의심합니다. 또한 여러분이 무료로 주면, 자신이 더 많은 것을 무상으로 받을 것을 의심합니다. 여러분은 여러분과 하느님 간의 관계의 본질, 즉 여러분이 작은 일에 충실할 경우, 하느님이 여러분에게 수많은 일을 관리하는 통치자로 만들어 주시리라는 것을 의심합니다. 더 나아가 여러분은 그분의 왕국을 여러분에게 주는 것이 아버지의 기쁜 일이라는 것도 의심합니다.

이것이 바로 여러분이 하느님의 풍요를 받지 못하게 막는 것의 본질입니다. 그것은 여러분이 하기로 돼 있는 공동창조자로서 행동하는 것을 방해합니다. 여러분이 하느님께서 아낌없이 여러분에게 풍요를 주시리라는 것, 또는 신의 법칙이 실제로 여러분이 주는 것을 배가시켜주는 작용을 하리라는 것을 의심하게 되면, 하느님의 풍요가 물질우주의 4가지 단계를 통해 내려오는 과정을 방해하게 됩니다. 그리하여 여러분은 생명의 강의 흐름으로부터 여러분 자신을 실제로 차단시켜버립니다. 더 많은 풍요를 물질세계로 끊임없이 가져오는 생명의 강의 흐름 속에 있는 대신에, 여러분은 이 흐름으로부터 스스로를 닫고 있습니다. 그리고 이것이 바로 여러분의 삶이 자기달성적인 예언이 되는 이유입니다. 하느님의 법칙과 그 나타남의 과정에서 여러분의 의심은 그대로 물질계에 표출될 것입니다. 즉 의심과 결핍에 관한 여러분의 의식은 우주거울에 의해 여러분에게 다시 반사될 것입니다. 그러므로 그런 환상 속에 머물러있는 한, 그리고 여러분이 이 세상의 지배자에 의해 주입된 의심에 지배되도록 스스로 허용하는 한, 우주의 거울은 신이 심지 않은 데서 거두는 부당한 주인(마태복음 25:24)[54]이라는 여러분의 믿음을 확증하는 듯한 상황을 여러분에게 되돌려 보낼 것입니다.

그러나 사랑하는 이들이여, 하느님은 무조건적인 사랑의 신이시니, 이것이 바로 그분이 여러분에게 자유의지를 주신 이유입니다. 그러므로 여러분은 스스로 생명의 강 또는 신의 자애로운 양육의 흐름 밖으로 나갈 수 있는 능력을 갖고 있습니다. 이럴 경우 하느님은 여러분이 이렇게 하는 것을 허용하십니다. 하지만 그분은 여러분이 처음에 하늘나라를 떠나게 만든 의심을 기꺼이 버리기만 한다면, 언제든지 여러분을 다시 받아들일 준비가 돼 있으십니다. 사랑하는

---

54) "한 달란트 받았던 자도 와서 가로되, 주여! 당신은 굳은 사람이라 심지 않은데서 거두고 헤치지 않은데서 모으는 줄을 내가 알았으므로"

이들이여, 어떻게 해야 여러분이 의심을 극복할까요? 오직 한 가지 방법 밖에는 없습니다. 그것은 여러분이 우선 자신의 진정한 정체성에 다시 연결되어야 합니다. 그럼으로써 여러분은 자신이 비참한 죄인이 아니며, 넘을 수 없는 어떤 간격에 의해 신과 동떨어져 있는 유한한 인간 이상이라는 절대적이고도 내면적인 앎에 이르게 됩니다. 어떻게 이것을 알 수 있겠습니까? 이것은 직접적인 경험을 통해서만 알 수 있습니다. 나의 사랑하는 이들이여, 나는 앞서 두 계명(誡命)에 대해 이야기했습니다. 즉 진정한 하느님 앞에서는 다른 신들을 섬겨서는 안 된다는 것과 어떤 우상을 따라서는 안 된다는 것입니다. 이제 한 걸음 더 앞으로 나가보겠습니다.

이원성 의식의 본질은 여러분이 자신을 하느님과 분리돼 있는 것으로 본다는 것입니다. 이것은 여러분이 더 이상 하느님의 현존을 직접적으로 경험하지 않는다는 것을 의미하며, 그렇기에 하느님의 실체를 경험하지 못합니다. 여러분이 직접적인 경험을 통해 어떤 것의 실상을 경험할 때, 어디에 의심할 여지가 있을까요? 하지만 직접적인 경험이 결여돼 있을 경우, 신은 이제 인간의 지성과 이원성의 마음에 의해 끊임없이 논쟁될 수 있는 이론적 개념이 됩니다. 물론, 이원성의 마음은 신의 실재에 관한 문제를 결코 해결할 수 없습니다. 신과의 분리로 인해 생겨난 그 마음이 어떻게 그 존재에 대한 직접적인 경험을 가질 수 있을까요?

사랑하는 이들이여, 여러분 자신이 집에 앉아 있고 누군가 여러분에게 남극(南極)과 그곳의 아래쪽이 어떤 모습인지 말해 준다고 상상해 보세요. 분명히, 여러분은 남극에 있지 않으므로 그곳이 어떤 곳인지 직접적으로 경험할 수 없을 것입니다. 하지만 여러분은 자신에게 주어진 설명이나 사진들을 이용해서 남극에 대한 정신적인 이미지를 만들어 낼 수 있습니다. 여러분의 정신적인 이미지는 매우 상세하고 정확할 수도 있지만, 결코 그것이 직접적인 경험일 수는 없고 또 직접경험을 대신할 수도 없을 것입니다. 여러분이 실제로 남극에 가서 온몸으로 그곳을 경험하고 난 후에야 비로소 남극이 어떤 곳인지를 알게 될 것입니다. 즉 오직 실제로 그곳에 있을 때만 여러분은 그 장소에 있는 것이 어떤 느낌인지 알 것입니다. 자, 나의 사랑하는 이들이여, 이원성 의식의 가장 중요한 본질은 여러분이 신의 존재에 관해 직접적으로 경험하는 상태로부터 떨어져 나왔다는 것입니다. 여러분은 더 이상 여러분의 자아영역 안에서 자신의 신아를 하느님의 현존으로서 경험하지 않습니다. 그리고 이것이 신이 먼 존재라는, 하늘에 있는 외부 존재라는 느낌을 불러일으키는 것입니다.

이제 여러분은 하느님과 분리돼 있다는 것을 알았습니다. 그리고 우리는 지구상의 더 많은 영적인 사람들이 하느님이 어떤 존재인지를 알았으면 하는 열망을 가지고 있습니다. 다시 한 번 말하지만, 인간은 그릇된 욕망과 진정한 욕망을 가지고 있습니다. 그릇된 욕망은 결핍에 토대를 둔 것인데, 그렇다면 결핍의 원인은 무엇일까요? 결핍의 본질은 두려움입니다. 여러분은 이렇게 생각할 것입니다.

"나는 이것저것이 없기 때문에, 내게 뭔가 나쁜 일이 생길 수 있다. 그리고 내가 필요하다고 생각하는 것을 얻지 못하면, 가장 나쁜 일이 일어날 것이다. 나는 신과 구원에 관해 내가 알아야 할 것을 알지 못하며, 내가 그런 지식을 얻지 못할 경우, 내 영혼은 구원받지 못하고 지옥에서 영원히 불에 태워질지도 모른다."

사랑하는 이들이여, 이것이 바로 지구상에서 볼 수 있는 두려움에 기초한 모든 종교를 생겨나게 한 것입니다. 내가 앞서 설명했듯이, 두려움을 바탕으로 한 종교는 인간에게 정말로 옳은 것처럼 보이는 길입니다. 하지만 그 종교의 말로는 죽음의 길입니다.

두려움에 기초해 있는 종교를 이끄는 그릇된 욕망은 무엇일까요? 낮은 수준에서의 그릇된 욕망은 여러분이 하느님과 거래를 할 수 있고, 천국으로 들어가는 길을 매수할 수 있다는 생각입니다. 말하자면 이것은 여러분이 올바른 일을 하면, 신을 기쁘게 하실 것이요, 이로 인해 그분께서 여러분을 천국으로 들여보내주실 것이라는 발상입니다. 나는 이것이 왜 불가능한 꿈인지 앞서 설명했기 때문에, 다시 그것을 거론하지는 않을 것입니다. 두려움에 기초한 욕망의 좀 더 높은 단계에서, 여러분은 신을 알고자 하는 욕망을 가지고 있습니다. 그러나 이것은 여전히 여러분이 신에 대해 알아야할 것을 모를 경우 자신에게 무슨 일이 일어날지도 모른다는 두려움에 바탕을 둔 자기중심적인 욕망입니다. 많은 진지한 종교인들이 신을 알고자 하는 욕망을 충족시키고 외적인 종교를 통해 신에 관해 모든 것을 알기 위해 평생을 보냅니다. 하지만 무엇인가를 안다는 것은 여러분과 여러분이 알고자 하는 것 사이에 거리가 있음을 의미합니다. 만약 그 대상이 바로 여기에 있다면, 여러분은 그것에 대해 "아는 것"이 없이도 단순히 경험할 수 있습니다.

여기서 중요한 점을 아시겠습니까? 직접 경험할 수 없다고 생각하는 것을 알고자 할 때, 여러분은 그것에 관한 정신적 이미지를 형성하고 있습니다. 그리고 만약 그 정신적 이미지가 이원성의 의식에 의해 영향을 받는다면, 그것은 잘못된 이미지, 즉 우상이 될 것입니다. 달리 말하자면, 여러분이 멀리 있는 신을 알고자 할 경우, 이원성적인 접근법에 이끌리게 되며, 이것은 신을 직접 경험하지 못하게 방해할 것입니다. 여러분은 - 과거의 바리새인들처럼 - 자신이 신에 관해 알아야 할 모든 것을 안다고 하는 정신적인 이미지를 구축할 수 있습니다. 그러나 신에 대한 여러분의 외적인 지식은 여러분이 신의 현존에 대한 직접적이고도 내면적인 경험을 갖지 못하게 방해합니다. 여러분이 가진 외적 지식은 여러분이 자신 안에 있는 하늘나라로 들어가는 것을 막을 수가 있습니다. 그래서 하느님은 당신들에게 새긴 이미지, 즉 우상을 만들지 말라고 하신 것입니다.

내 요점은 안다는 생각과 먼 신을 알고자하는 욕망이 실제로는 신과의 분리감을 강화시키는 함정이 될 수 있다는 것입니다. 사랑하는 이들이여, 여기에서의 미묘한 차이를 주의하기 바랍니다. 나는 사람들이 하느님을 알기 위해 노력하는 것이 잘못되었다고 말하고 있는 것이 아닙니다. 왜냐하면 영적인 길의 어떤 단계에서 하느님에 대한 여러분의 이해를 넓히려는 노력은 필요하기 때문입니다. 다만 내가 말하는 것은 신을 알고자하는 욕망이 오히려 쉽게 여러분의 진보를 막는 막다른 골목이 될 수 있다는 것입니다. 불행히도, 대부분의 사람들은 이것을 깨닫지 못하고 있고, 따라서 많은 종교인들이 영적인 교만이라는 아주 교묘한 함정에 빠져 있습니다. 그들은 자기들이 신과 특정한 종교에 관해 대단히 많이 알고 있다고 생각하며 자기네 종교에 의해 규정된 모든 외적인 행위를 다했다고 느끼고 있습니다. 그러므로 그들은 자신들이 다른 사람들보다 뛰어나고 신은 그저 그들을 천국으로 받아들여야 마땅하다고 생각합니다. 그러나 예수가 말했듯이, 하느님의 나라는 인간 안에 있으며, 그렇기에 여러분이 단순히 하느님이나 종교교리에 대해 아는 것만으로 그 왕국으로 들어가지 못할 것입니다. 아무리 많은 외적 지식도 여러분을 하느님의 왕국에 들어가게 해 줄 수는 없습니다. 여러분은 지식을 통해서는 하느님의 왕국에 들어갈 수 없으며, 오직 거기에 있을만한 의식상태가 됨으로써만이 들어갈 수 있습니다. 그리고 그러한 의식상태는 신이 멀리 있다는 지식을 넘어서서 여러분을 포함한 모든 것과 모든 안에서 실제로 신을 경험함으로써만이 얻어질 수 있습니다.

그 열쇠는 여러분이 영적인 길을 걷는 가운데 다음과 같은 사실이 절대적으로 필요한 일정한 단계에 이르게 된다는 점을 아는 것입니다. 그것은 멀리 있는 신을 알고자 하는 두려움에 기초한 여러분의 욕망을 내면의 신과 하나가 되려는 사랑에 기초한 욕망으로 변형시키는 것입니다. 그렇게 하지 않으면, 여러분은 인간에게 옳은 것처럼 보이는 (죽음의) 길에 고착될 것입니다. 이것이 바로 예수 그리스도를 알아보지 못했던 유대의 율법학자들과 바리새인들에게 일어났던 일입니다. 그리고 예수가 "너희의 의(義)가 서기관과 바리새인보다 더 낫지 못하면, 결단코 천국에 들어가지 못하리라(마태복음 5:20)."라고 말한 것처럼, 여러분도 역시 그렇게 될 것입니다. 하느님의 왕국에 들어가기 위해서는 여러분이 그 왕국 밖에 있다는 존재감을 극복해야한다는 것이 명백하지 않습니까? 그리고 이전 열쇠에서 말했듯이, 신을 알 수 있는 유일한 길은 곧 신이 되는 것입니다.

나는 이것을 여러분이 다른 모든 사람들보다 더 낫고 원하는 것은 무엇이든 할 수 있다고 생각하게 만드는 불경스럽고, 비상식적이고, 과장된 의미로 말하는 것이 아닙니다. 내 말은 진정한 의미에서 여러분이 자신이 하느님의 한 개체화이고 신이라는 그 거대한 존재, 그 현존에서 생겨났다는 사실을 깨닫게 된다는 것입니다. 그러므로 여러분은 하느님의 존재, 하느님의 현존을 체험할 수 있는 능력이 있습니다. 사랑하는 이들이여, 여기서 그 미묘한 점을 아시겠습니까? 의식을 지닌 여러분은 하느님의 존재와 자신을 동일시함으로써 그 무한한 신을 경험할 수 있습니다. 이것은 하느님이 어떤 모습인지에 대한 정신적 이미지에 기초한 이론적 지식이 아닙니다. 이것은 하느님의 존재에 대한 직접적인 경험입니다. 이 경험은 형태의 세계에서 정의될 수 있는 언어나 어떤 형상을 초월해 있습니다. 이것이 바로 외적인 종교가 이 경험을 도저히 설명할 수 없고 어떤 종교도 절대자에 대한 정확한 묘사나 이미지를 제공할 수 없는 이유입니다. 그러므로 높은 형태의 종교는 사람들이 신을 알 수 있도록 돕고자 애를 쓰지 않습니다. 진정한 형태의 종교, 내면의 보편적 종교는 사람들이 신의 현존을 경험하도록 돕고자 노력합니다. 그리고 여러분이 그 존재를 경험하면, 여러분은 자신이 누구인지를 알 수 있습니다. 또한 직접적인 경험을 통해, 여러분은 자신이 하느님의 한 확장체라는 것을 알게 되는데, 왜냐하면 여러분의 영혼과 하느님 사이의 직접적인 연결 관계를 체험하기 때문입니다.

나의 사랑하는 이들이여, 앞서 언급했던 남극 이미지로 돌아가 봅시다. 여러분은 눈을 감고 남극에 대해 매우 정신을 집중해서 상상할 수도 있습니다. 이것이 실제로 마치 남극에 와 있는 것 같은 인상을 여러분에게 줄 수도 있습니다. 그러나 이런 상상만으로 과연 여러분이 그 장소로 가 있게 될까요? 그것은 여러분에게 남극에 있는 듯한 환상을 줄지 모르지만, 실제로 거기로 여행할 때까지는 여전히 정신적인 이미지에 불과할 것입니다. 이처럼 신에 관해 아무리 많은 지식을 가지고 있더라도, 인간은 여전히 신을 멀리 있는 존재로 묘사하는 정신적 이미지에 갇혀 있습니다. 오직 여러분이 정신적인 이미지를 초월하고 신의 실재를 경험함으로써만이, 또 자신을 신의 한 확장체로 체험할 때만이, 여러분은 자신이 누구인지에 대한 진정한 내면의 지식을 갖게 될 것입니다. 사랑하는 이들이여, 여러분이 그런 지식을 가지고 있을 때, 그것이 여러분의 자의식체와 사고체, 감정체로 스며들 것입니다. 이것은 여러분 내면의 모든 의심을 뿌리째 뽑아버릴 것인데, 왜냐하면 이제 여러분은 - 직접적인 경험을 통해 - 알고 있고 에고와 이 세상의 지배자가 이원성적인 마음의 온갖 교묘한 궤변으로 조종할 수 있는 정신적 이미지를 더 이상 갖고 있지 않기 때문입니다. 사랑하는 이들이여, 이것이 의심을 완전히 극복할 수 있는 유일한 방법임을 이해하시겠습니까? 바로 이것이 궁극적으로 여러분의 4가지 하위체들을 지배할 수 있는 유일한 방법입니다. 그럼으로써 여러분의 정체감과 생각, 감정 및 행동이 진정한 여러분을 표현하게 되고 여러분의 영혼이 물질세계로 가져온 진정한 욕망을 표현할 수가 있습니다. 그리고 그 때문에 여러분의 4가지 하위체들이 창조된 것입니다.

사랑하는 이들이여, 여러분은 진정으로 누구인가요? 내가 전에 설명했듯이, 여러분은 신이라는 궁극적 실재의 한 확장체로 설계되었습니다. 그리고 여러분은 하느님의 빛의 진동을 단계적으로 낮추어 물질세계로 가져오는 변압기가 되도록 설계되었습니다. 아울러 여러분은 자신의 특별한 신의 불꽃을 발산하여 그 특성들을 여러분이 물질계에서 만나는 모든 것을 통해 구현하는 영적 태양으로 계획되었습니다. 이것이 바로 신이 여러분의 창조적인 달란트를 증식하고 개성과 빛을 증대시킨 다음 지구를 다스리라고 말씀하신 이유입니다. 나의 사랑하는 이들이여, 여러분은 삶이라는 드라마의 수동적인 관람자가 되기 위해 이곳에 있는 것이 아닙니다. 또한 여러분은 이 세계의 지배자에 의해 조종되고 지배당하는 이들이 권력과 통제를 추구하는 그들의 무의미하고 끝없는 게임을 계속해 나갈 때 그저 앉아서 보고만 있기 위해 여기에 있는 것이 아닙니다. 여러분은 이 행성이 결국 인류의 몰살과 어쩌면 지구 전체의 멸망으로 이어질 하향 나선으로 흘러가는 것을 지켜보려고 여기에 있지 않습니다. 사랑하는 이들이여, 여러분은 만나는 모든 것에다 영적인 빛을 불어넣기 위해 여기에 있습니다. 여러분은 자신의 삶의 모든 면을 영화(靈化)하기 위해 여기에 왔습니다. 여러분은 자신이 만나는 모든 것을 축복하고, 그럼으로써 그것의 잠재력을 최대한 끌어올리기 위해 이곳에 있습니다. 여러분은 지구상에 있는 사람들의 에고와 이 세상의 지배자를 통해 모든 불완전한 이미지들에 강제로 부여된 어머니 빛을 해방시키기 위해 여기에 있습니다. 그리하여 어머니의 빛이 신의 완전함을 자유롭게 표출하게 함으로써 풍요로운 삶이 지구에서 발현될 수 있게 하기 위해 이곳에 있는 것입니다.

어떻게 해야 여러분이 자신의 가장 높은 잠재력을 성취하게 될까요? 그것은 본래의 여러분이 됨으로써, 여러분이 현재의 자신과 진정한 자신 사이에 놓여 있는 간격을 극복함으로써 입니다. 단순히 신에 관한 이미지를 가지고 있는 것과 신의 실재를 경험하는 것 간의 차이점으로 돌아가 봅시다. 앞서 말했듯이, 무한한 신은 정지한 상태로 있지 않으며, 끊임없이 자신을 초월해 더 나은 상태로 되어가고 있는 생명의 강입니다. 만약 여러분이 신에 관한 정신적 이미지를 붙들고 그 이미지를 뛰어넘지 않는다면, 여러분은 변하지 않는 이미지, 즉 우상을 창조한 것입니다. 그러므로 여러분은 오직 생명의 강 속에 있으면서 항상 움직이고 있는 신의 풍요로운 흐름과 함께 흘러감으로써만이 신을 알 수 있습니다. 그리고 그 생명의 흐름과 더불어 흐르기 위해서는, 여러분으로 하여금 시계를 멈추고 싶고 자신이 소유하고 있다고 생각하는 것에 계속 매달리게 만드는 잘못된 욕망을 극복해야합니다. 여러분이 더 진화해가는 영원한 흐름인 불멸의 생명으로 머물기 위해서는 말 그대로 유한한 생명의식을 기꺼이 버려야만 합니다.

***

감정체에 대한 이야기를 끝마치게 됨에 따라, 나는 감정체를 지배하기 위한 핵심열쇠에 관해 여러분에게 이야기하고 싶습니다. 그 핵심열쇠는 여러분이 부딪치는 모든 상황을 자신의 참된 존재의 빛, 신성불꽃의 빛을 표현할 기회라는 정신자세를 가짐으로써 모든 조건을 확대하는 것입니다. 여러분은 자신이 마주하게 되는 모든 상황에다 빛을 불어넣기 위해 이곳에 있으며, 그럼으로써 상황이 아무리 안 좋거나 어둡게 보일지라도 그것이 당신이라는 존재에 의해 더 높은 수준으로 끌어올려질 것입니다. 그렇다면 나의 사랑하는 이들이여, 그 빛을 흐르게 하는 열쇠는 무엇일까요? 궁극적으로, 그 열쇠는 내가 위에서 설명한 것처럼, 여러분의 진정한 정체성을 되찾는 것입니다. 그러나 나는 이것이 여러분의 현재 상황에서 먼 목표처럼 보일수도 있다는 것을 압니다. 그러므로 나는 여러분을 통해 신의 빛이 흐르는 통로를 연다는 측면에서 놀라운 작용을 할 수 있는 중간 열쇠를 여러분에게 줄 것입니다. 그 열쇠는 한 단어로 요약될 수 있으며, 그 한 단어는 "감사"입니다.

신이 여러분을 창조하여 그분 자신의 한 확장체로 물질우주로 내려갈 기회를 주신 데 대해 여러분이 감사를 느끼면, 우선 온갖 의심에 빠지는 상태에서 보호될 수 있습니다. 사랑하는 이들이여, 나는 내가 여러분이 신의 한 확장체라는 내면의 경험을 얻는 것에 관해 이야기할 때 높은 목표를 규정했음을 알고 있습니다. 여러분은 이런 경험을 하기에는 아직 준비가 안 돼 있을 수도 있습니다. 그렇기에 나는 말하지만, 만약 여러분이 "감사의 태도"를 깊이 생각하고 갖추는 훈련부터 시작한다면, 모든 의심을 뿌리 뽑는 내면의 앎을 향해 매우 중요한 걸음을 내딛게 될 것입니다.

감사하는 마음은 비록 여러분이 아직 결핍감이나 의심을 갖고 있을지라도 실제로 배양할 수 있는 감정입니다. 사랑하는 이들이여, 우리는 다른 선택의 여지가 없는 사람들에 대해 이야기했습니다. 하지만 그들은 유한한 자아의 프로그래밍에 의해 눈이 멀었기 때문에 다른 선택의 여지가 없었습니다. 그래서 내가 여기서 말하고 있는 것은 여러분이 의식적인 자아와 그 프로그래밍을 분리해야한다는 것입니다. 그렇게 할 때, 여러분은 상황에 응답하는 데는 항상 하나 이상의 선택권이 있다는 것을 깨닫습니다. 인간이 어떤 상황에 처하더라도, 또 아무리 어려운 상황으로 보이더라도 거기에는 항상 감사할만한 것이 있습니다. 그리고 만약 여러분이 언제나 기꺼이 감사할 이유를 찾는 습관을 들인다면, 보다 풍요로운 삶의 실현을 향해 가장 중요한 단계를 밟게 될 것입니다.

감사는 무엇일까요? 감사는 내가 이번 열쇠에서 말한 내면의 앎의 낮은 측면입니다. 감사는 여러분이 무료로 줄 때 더 많은 것을 받을 거라는 아무런 외적 증거가 없더라도 그것을 믿는 자발적인 마음입니다. 또 감사는 여러분이 신에게 버림받지 않고 신이 이곳에 자신과 함께 계시다는 것과 자신이 현재 상황을 초월하여 나선형 계단의 다음 단계로 오르는 데 필요한 모든 것을 주셨다는 것을 아는 것입니다. 여러분이 원하는 모든 것을 가지지는 못했을 수도 있지만, 다음 단계를 밟기 위해 필요한 것은 가지고 있습니다. 그렇기 때문에 여러분은 감사해야 할 이유가 있는 것입니다. 감사는 당신이 더 높이 오르는 데 필요한 것을 가지고 있다는 감정입니다. 그리고 현재 가지고 있는 것을 최대한으로 활용한다면, 하느님은 반드시 당신에게 더 많은 것을 주실 것입니다. 이것은 예수가 달란트에 관한 그의 비유에서 약속했던 것이며, 그것은 진실한 약속입니다.

사랑하는 이들이여, 여러분은 내가 우주가 일종의 거울이라고 말한 모든 것에서 자신의 달란트를 땅에 묻어 두는 사람들이 실제로 신에게 이렇게 말하고 있다는 것을 이해하십니까?

"신이시여, 나는 당신의 풍요를 박탈당하고 있으며, 그렇기에 감사하게 느낄 이유가 없습니다. 당신이 만약 나의 감사할 줄 모르는 감정을 멈추기를 원하신다면, 나에게 당신의 풍요를 주십시오, 그러면 나는 자동적으로 감사하게 느낄 것입니다."

사랑하는 이들이여, 이런 접근법은 결코 작동할 수 없으며, 그것이 바로 이 세상의 지배자에 의한 프로그래밍의 결과라는 것을 아시겠습니까? 그것은 감정이 외부 조건의 결과라는 착각에 바탕을 두고 있습니다. 그러나 내가 여러 가지 방법으로 설명하려고 노력했듯이, 여러분의 감정은 오직 여러분의 정체감에 의해 지배되는 생각에 의해서만 통제되어야합니다. 그러므로 여러분이 자신의 삶에 대해 책임을 질 때, 여러분의 감정에 대한 책임이 자신에게 있다는 것과 외부상황을 자기의 불순한 감정을 허용하는 핑계로 삼을 수 없다는 것을 깨닫습니다.

그때 여러분은 모든 것이 물질우주의 4단계를 통해 흐름으로써 구체화된다는 사실을 깨닫게 될 것입니다. 감정계는 물질계 위에 있으며, 이는 물질적인 실현 이전에 감정 또는 느낌이 와야 한다는 것을 의미합니다. 다시 말하면, 만약 여러분이 감사를 느끼기 전에 하느님이 먼저 자신에게 풍요를 주시기를 기다리고 있다면, 당신은 그 풍요를 물질계로 가져올 수 없을 것입니다. 당신은 마치 거울에다 미소를 짓기도 전에 자신의 거울 속 이미지가 자신에게 미소 지을 것으로 기대하는 사람과 같습니다. **물질계로 풍요로움을 가져다주는 매개체는 -** 여러분에게 왕국을 주는 것이 아버지의 기쁨이라는 내면적 앎을 토대로 한 - **감사의 느낌입니다.**

그러므로 오직 여러분이 이미 가지고 있는 것에 대해 감사를 느낄 때만이 하느님께서 여러분에게 더 많은 것을 주실 수 있습니다. 사실, 여러분이 감사를 느끼기 전에 하느님이 자신에게 풍요를 주실 거라고 기대하는 것은 하느님이 자신의 자유의지의 법칙을 위반하게 하는 결과가 될 것입니다. 신은 모든 사람에게 자유의지를 주셨습니다. 그리고 어떤 사람들이 박탈감을 느끼고 감사할 줄 모르는 이유는 그들이 자유의지를 사용하여 그 자유의지를 포기하고 에고와 이 세상의 지배자에게 자기들의 삶을 통제하도록 허용했기 때문입니다. 사실상 그들은 자신들의 삶에 대한 통제권을 포기했기에 결핍감에 빠져들게 되었습니다. 그래서 그들이 지금 하느님에게 말하고 있는 것은 자신의 결핍감을 고착화시켜달라고 하는 것이며, 본질적으로 그들은 에고와 이 세상의 지배자보다는 신이 그들의 자유의지를 통제해주길 원한다고 말하고 있는 것입니다. 사랑하는 이들이여, 이것은 참으로 하느님에게 거짓된 이미지, 즉 이원성 의식에 기초한 이미지, 하느님이 이 세상의 지배자처럼 그들을 통제하기를 원한다는 이미지를 씌우고 있는 것입니다. 나는 하느님에 대한 그런 이원성적인 이미지는 진정한 의미에서 신성모독이라고 생각합니다.

이 세상에는 외적인 종교를 따라 옳은 일을 하고자하는 성실한 종교인들과 영적인 사람들이 많습니다. 그러나 이 사람들이 실제로 말하고 있는 것은 하느님이 이제 그들의 자유의지를 장악해 달라는 것입니다. 사랑하는 이들이여, 내가 이 책에서 여러분에게 말한 것을 통해 여러분은 이것이 처음에 신이 인간에게 자유의지를 주신 이유를 완전히 오해하고 있는 것임을 알 수 있나요? 하느님은 당신들을 로봇으로 만들고 싶지 않으셨습니다. 하느님은 여러분을 통제하기를 원치 않으셨습니다. 하느님은 여러분이 스스로 선택함으로써 성장하기를 원하시며, 그렇기에 여러분의 자유의지를 결코 통제하지 않으실 것입니다. 그분은 그 자유의지를 당신들에게서 절대로 빼앗지 않을 것입니다. 내 요점은 여러분의 상황이 개선되어야한다면, 여러분은 선택을 하기 위해 자신의 힘을 되찾아야한다는 것입니다. 여러분은 선택을 하는 상황에서 도망치지 말아야하며, 4가지 하위체들을 지배하지 않는 것에 대한 변명으로 외적인 종교를 이용하지 말아야 합니다. 여러분은 책임을 져야하고 오직 자신의 더 높은 의지를 사용할 때만 외부상황이 개선될 수 있다는 사실을 받아들여야 합니다. 또한 여러분의 신성한 계획에 관한 비전을 수용함으로써, 하느님의 풍요가 물질계로 흘러들게 만드는 매개체인 긍정적인 느낌을 생성해야 합니다.

이 과정을 시작하는 방법은 살아있다는 것에 대해 감사하고, 스스로를 인식하고 선택을 할 수 있는 기회가 있다는 것에 감사하는 것입니다. 여러분은 이런 선택을 모두 혼자서 해야 하는 것처럼 느끼는 대신에, 하느님이 여러분에게 보혜사(성령)를 보내셨다는 것을 깨달을 수 있습니다. 여러분에게는 내면의 스승인 그리스도 자아(Christ self)가 있습니다. 또한 여러분은 더 높은 세계에서 여러분의 개인적인 스승으로 봉사하는 영적 존재들을 가지고 있습니다. 그들은 여러분이 더 나은 선택을 할 수 있도록 언제든지 여러분을 인도할 준비가 돼 있지만, 그들이 여러분을 대신해 선택을 해주지는 않을 것입니다. 그래서 여러분은 기꺼이 스스로 제 발로 설 수 있어야합니다. 여러분은 자발적으로 자신의 결핍감, 두려움의 느낌, 박탈당하고 있다는 느낌, 불공평한 느낌, 은혜를 모르는 감정을 극복하고자 해야 합니다. 또한 의지력을 발휘하고 감사하는 마음을 갖기 위해 기꺼이 노력해야합니다. 그리고 여러분의 영적스승에게 내면의 인도를 요청함으로써 그 무엇인가를 구축해야합니다. 그럼으로써 여러분이 감사할 수 있는 것들을 더 많이 여러분에게 가져다 줄 수 있는 더 나은 선택을 할 수 있습니다.

사랑하는 이들이여, 옛 선지자가 "너희는 오늘 누구를 섬길지를 선택하라(여호수아 24:15)."라고 말했듯이, 생명 또는 죽음 가운데 어느 것을 섬길지를 선택하세요. 생명을 택하십시오. 스스로 직접 선택하세요. 여러분의 영적인 스승들인 우리는 여러분에 대해 무조건적인 사랑을 갖고 있으며, 여러분이 최선의 신택을 하도록 모든 노력을 다할 것입니다. 그러나 우리는 여러분을 대신해 선택해줄 수는 없으며 우리가 여러분의 감정체 안에다 어떤 감정을 생성해줄 수도 없습니다. 여러분은 운전석에 앉아서 감정이라는 제 멋대로 구는 아이를 통제해야 할 당사자입니다. 하지만 만약 여러분이 먼저 자신의 자의식체와 사고체를 깨끗이 정화한다면, 야성적인 감정이라는 그 짐승을 길들이고 다스리기 위해 필요한 의지력과 비전을 얻게 될 것입니다.

***

내가 여러분의 감정체를 정화하도록 돕기 위해 고안한 도구는 〈경이로운 양육의 로사리오〉입니다(※544페이지 참조). 이것은 여러분이 더 많이 받을 수 있도록 자유롭게 주는 것을 방해하는 두려움에 기초한 믿음을 뒤엎을 매우 강력한 로사리오입니다. 그것은 여러분이 자의식체 안에 있는 아버지의 뜻과 사고체에 안에 있는 아들의 비전을 결합시키고, 감정체 안의 어머니의 사랑이 생명의 강의 흐름이 되어 양육의 느낌을 생성하는 데 도움이 될 것입니다. 진정으로, 이 로사리오는 풍요로운 삶을 추구하는 사람들에게 가장 강력한 의식(儀式)이며, 대부분의 사람들이 깨달을 수 있는 것보다 훨씬 더 강력합니다. 처음에 두 번의 36일 동안의 주기를 마친 후에 사용하기 바랍니다.[55]

나의 사랑하는 이들이여, 이제는 우리가 마지막 단계를 밟아 행동의 수준에서 육적인 마음, 의식적인 마음의 수준에서 일어날 필요가 있는 것들을 논의할 수 있는 단계에 이르렀습니다. 참으로, 수천 년 동안 영적인 사람들은 세속적인 활동에서 스스로 벗어나 세상에서 물러나는 경향이 있었습니다. 그러나 내가 이전에 말했듯이, 이런 접근법을 뛰어넘어야할 때입니다. 지금은 영적인 사람들이 세상에서 물러날 것이 아니라 세상을 지배하고 모든 것을 영성화하기 위해 여기에 있다는 것을 깨달을 때입니다.

---

[55]자의식체와 사고체를 정화하는 로사리오를 먼저 각각 36일 동안 실행한 다음에 이 로사리오를 하라는 의미이다. (감수자 주)

오직 당신이 줄 때에만 받을 수 있다

사랑하는 이들이여, 우리는 먼 길을 여행했습니다. 이 책은 정말로 다양한 많은 주제를 다루는 여행이었습니다. 나는 그 내용의 대부분은 여러분이 종교계나 비종교계에 속한 여러분의 외적인 스승들로부터 들은 것을 멀리 벗어나 있었을 거라고 확신합니다. 나는 이 긴 여정에서 여러분이 나와 함께 기꺼이 견뎌왔음에 대해 감사드립니다. 우리는 이제 여러분의 삶에 풍요를 실현하기 위한 핵심열쇠에 관해 이야기할 수 있는 매우 다행스러운 단계에 이르렀습니다. 내가 이 책에서 말한 것은 여러분이 보다 높은 목적을 위해 이곳에 있는 영적존재로서의 자신의 참된 정체성을 되찾아야한다는 것입니다. 즉 그 높은 목적은 그리스도 마음과 신의 빛에 대한 완벽한 비전을 사용함으로써 지상천국을 이룩하는 것입니다. 여러분은 하느님의 빛이 4가지 하위체들 안의 그리스도 마음의 비전(필름)을 통해 흐르게 유도할 수 있으며, 그렇게 함으로써 전체 물질세계를 구성하는 어머니 빛 위에다 완벽한 이미지를 부여할 수 있습니다.

나는 여러분이 그런 상태를 회복하기 위해서는, 또 신성한 개성을 키우고 지구를 지배하기 위해서는 먼저 4가지 하위체들를 통해 흐르는 신의 빛의 흐름이 원활하도록 재건하는 것이 필요하다고 말했습니다. 여러분은 자신의 영혼과 잠재력, 신성한 계획을 위한 최고의 비전으로서의 그리스도 비전을 되찾아야합니다. 그런 다음 그것이 육적인 마음내지는 의식적인 마음의 수준에 이를 때까지 4개의 하위체를 통해 내려가게 할 필요가 있습니다. 그러나 사랑하는 이들이여, 그 비전과 빛을 물질세계로 가져오는 것만으로는 충분하지 않습니다. 풍요로운 삶을 실현하는 진정한 열쇠는 여러분이 그 빛과 그 비전을 가지고 실천하는 것입니다.

여러분이 이 지구상의 영적인 사람들을 살펴본다면, 나름대로 매우 진지하게 영적인 노력을 기울이는 많은 사람들을 보게 될 것입니다. 그들 중 일부는 다양한 형태의 연구와 명상 또는 영적수련으로 수십 년 동안 노력해 왔으며, 또 실제로 많은 진전을 이루었습니다. 그들은 처음 시작했을 때보다 훨씬 높게 자신의 의식을 향상시켰습니다. 그러나 사랑하는 이들이여, 만약 여러분이 이 사람들을 정직하게 바라볼 수 있다면, 다음과 같은 두 가지 경향을 발견할 것입니다.

● 어떤 사람들은 지구를 개선하고 이곳을 모든 이들을 위한 더 좋은 곳으로 만들기 위해 무엇이 일어나야하는지에 대한 매우 강한 비전을 가지고 있다. 그들은 그 비전을 잘 파악하고 있으며, 설명을 잘하고 있지만 그것이 그저 머리속에 머물러 있고 쉽게 행동으로 옮겨지지 않는다.

● 어떤 사람들은 하느님의 일정한 빛의 흐름을 확립했다. 그것은 매우 강력할 수 있으며, 그들은 매우 사랑이 충만하고 긍정적인 에너지로 방을 채울 수 있다. 이런 사람들은 대개 행동을 취하는 것에 능숙하지만 때로는 더 큰 시야가 부족하고 전체 숲을 보지 않고 나무에만 집중한다. 그들은 항상 자신의 에너지와 열정으로 무엇을 할 것인지에 대한 비전이 결여돼 있다 보니, 원하는 결과를 얻지 못하는 불균형한 행동을 취하고 있다. 이런 사람들은 흔히 모든 사람을 사랑하고 모든 것을 좋은 것으로 받아들이는 것만으로 충분하다고 생각한다.

내가 여기서 지적하고자하는 것은 오늘날 지구상에 일정한 영적성취를 이룬 사람들이 많이 있다는 것입니다. 그들은 행성적 규모로 상당한 영향을 미칠 수 있는 잠재력을 가지고 있습니다. 하지만 그들은 잠재성의 상태에서 벗어나 그 잠재력을 현실의 영역으로 가져오기 전에 넘어야 할 중요한 선을 아직 넘지 못했습니다.

사랑하는 이들이여, 그 선을 돌파하는 데 매우 근접해 있는 수많은 영적인 사람들이 있으며, 그들은 집단의식을 끌어올리고 사회를 황금시대로 이끌 거대한 긍정적 영향을 미칠 수 있습니다. 하지만 그들은 풍요로운 삶을 실현한다는 측면에서의 그들 자신의 삶뿐만이 아니라, 모든 이들의 삶의 질을 높여준다는 면에서의 사회적 수준에서도 결정적인 영향력을 만들어내지 못했습니다. 나는 사람들의 성실한 노력을 폄하하려는 것이 아닙니다. 다만 나는 돌파 직전에 있지만 아직 물질영역으로 끌어들여지지 않은 커다란 잠재력이 있음을 지적하고 있는 것입니다. 그렇다면 무엇이 빠져있으며, 결여돼 있는 그 열쇠는 무엇일까요? 그리고 사람들이 아직 발견하지 못했거나 내면화하지 못한 것은 무엇일까요? 자, 나의 사랑하는 이들이여, 가장 간단한 형태로 그 열쇠를 주기 위해, 나는 여러분에게 마음으로 숫자 8을 심상화해보라고 요청하겠습니다. 이것은 참으로 여러분이 풍요로운 삶을 이룩하기 위해 일어날 필요가 있는 것을 상징합니다.

***

8자 형상을 바라볼 때, 맨 위부터 시작할 수 있습니다. 맨 위는 창조주를 나타냅니다. 여러분은 빛이 창조주로부터 영적세계의 여러 수준들을 통과해 흘러내려가는 것을 상상할 수 있습니다. 8자의 위쪽 부분은 영적세계를 나타내며, 이윽고 그 빛은 8자 형상의 연결부에 도달합니다. 그리고 그 연결 부분은 여러분 자의식체의 가장 높은 지점을 상징합니다. 이것은 정신(영혼)과 물질 간의 교차점이며, 신의 빛이 통과해 흐르는 여러분의 상위존재와 이 세상에서 여러분이 행위하는 매개체인 하위존재(4가지 하위체들) 간의 교차점입니다. 이 마지막 몇 가지 열쇠에서 내가 여러분에게 가르친 것은 신의 빛의 흐름을 그 연결부분(교차점)에서부터 8자 형상의 맨 밑바닥으로 끌어내리는 방법이며, 그 지점이 여러분의 의식적인 마음, 외적인 마음, 그리고 육체입니다. 그러나 사랑하는 이들이여, 진정으로 여러분의 삶에서 하느님의 풍요를 실현하려면, 그 8자 형상의 흐름을 끝마치기 위해 순환 고리를 완성할 필요가 있습니다. 다시 말하면, 여러분이 단순히 빛이 여기에 정체된 상태로 아무것도 하지 못하게 하거나 그것을 자신의 이기적인 목적을 위해 사용할 수는 없습니다. 이렇게 하는 것은 여러분의 달란트를 땅에 묻어버리는 것입니다.

내가 전에 말했듯이 진짜 문제는 여러분이 그 빛을 끌어내린 후에 그것으로 무엇을 하느냐 입니다. 그리고 언제나처럼, 여러분은 인간에게 옳은 것처럼 보이는 길과 영원한 삶에 이르는 참된 길 중 하나를 선택할 수 있습니다. 인간에게 옳은 것처럼 보이는 길은 여러분이 빛을 내리기위한 노력을 했으니 자신의 만족을 위해 그것을 사용할 권리가 있다고 추론하는 것입니다. 그러므로 여러분이 영적성취를 이룬 많은 사람들을 실제로 보지만, 그들은 단지 그것을 자신의 이익이나 즐거움을 위해서만 사용하고 있습니다. 일부 사람들은 소위 초자연적인 능력이나 최고의 경험을 추구하면서 자신의 의식을 높이기 위해 끊임없이 탐구하고 있으나, 그들은 자신의 만족을 위해서만 이것을 하고 있습니다. 사랑하는 이들이여, 예수의 삶과 부처님의 생애를 보십시오. 만약 그들이 자기만족의 길을 선택했다면, 숲이나 광야에 계속 머물면서 자신의 의식을 높이기 위해서만 노력했을 것입니다. 그러나 대신에, 그들은 전환점에 이른 후에 세상으로 돌아왔고 다른 사람들을 돕기 위한 활동을 하면서 남은 인생을 보냈습니다.

나는 일을 구체화시켜 실행하지 않은 두 가지 유형의 사람들에 대해 이야기 했으며, 이것은 사실상 이 사람들이 빛으로 그들 자신을 넘어선 무엇인가를 하지 않았다는 데 원인이 있습니다. 나는 반드시 이 사람들이 가장 낮은 의미에서 이기적이고 자기중심적이라고 말하고 있는 것은 아닙니다. 그러나 내가 말하는 것은 이 지구상에는 그들 자신에게만 집중해서, 자기의 영적성장을 추구하는데 거의 완전히 몰두해 있는 수많은 영적인 사람들이 있다는 것입니다. 이 사람들은 자신의 행위가 다른 사람들에게 어떻게 영향을 미치는지 고려하지 않고 자기가 원하는 대로 행동한다는 의미에서의 공공연히 자기중심적인 것은 아닙니다. 그들 가운데 많은 이들이 실제로 영적인 원리에 따라 생활하며 다른 사람들이나 환경에 해를 끼치지 않습니다. 그리고 그들 중 다수는 뉴 에이지 공동체와 기독교 교회를 포함한 전통적 종교들에 속해 있습니다. 이 사람들은 겉으로 볼 때 좋은 삶을 살고 있으며, 신의 법칙, 또는 적어도 여러 종교적이거나 영적철학에서 말하는 어떤 외적인 법칙들을 위반하지 않고 있습니다. 그러나 내가 말했듯이, 그들은 한 단계 더 올라서서 지상에다 하느님의 나라를 이룩하기 위해 그들의 영적인 재능으로 할 수 있는 것을 고려하지 않으며, 그 거대하고 영원한 하늘의 과업에서 자신이 할 수 있는 역할을 찾으려고 하지 않습니다. 그리고 그들은 그들 자신을 넘어서지 못했기 때문에 그 빛의 순환을 완성시켜 빛을 다시 하느님에게 흘려보낼 수 없습니다.

이것은 예수가 달란트의 증식에 대한 그의 비유에서 설명한 것입니다. 여러분이 자신의 달란트를 선한 일에 쓸 때만 여러분은 그것을 증식하게 될 것입니다. 그리고 오직 달란트 또는 더 정확히 말해 여러분의 빛이 배가될 때만이 여러분은 8자 모양의 흐름을 완성할 수 있으며, 그럼으로써 신이 여러분이 아래(지상)에서 증식한 것을 위(천상)에서 증식하실 수가 있습니다. 그러므로 훨씬 더 많은 빛이 8자 형상을 따라 여러분의 의식적인 마음으로 흘러내려가게 될 것입니다. 사랑하는 이들이여, 내가 여기서 말하고 있는 것은 영구적으로 풍요로운 삶을 실현하는 열쇠는 여러분이 무료로 받은 것(빛)을 무료로 줌으로써 그 순환 고리를 완성하는 것입니다.

이것은 절대적으로 중요한 요점입니다. 여러분이 영적인 사람들을 있는 그대로 살펴본다면, 많은 사람들이 이 점을 충분히 이해하지 못하고 있다는 것을 알게 될 것입니다. 그들 가운데 많은 이들이 그것을 이해하는 데 근접해있긴 하지만, 완전하고 정확하게 이해하지는 못합니다. 그리고 만약 여러분이 이 점을 완전히 파악하지 못한다면, 실제로 풍요로운 삶을 실현할 수 있도록 여러분을 도우려는 나의 노력은 무용지물(無用之物)이 될 것입니다. 사실, 나름대로 영적진보를 이루었으면서도 인간에게 옳은 것처럼 보이는 잘못된 길로 접어들었다는 것을 깨닫지 못한 채, 그 영적성취를 하향나선으로 바꿔버린 사람들이 있습니다. 그들은 모든 생명이 같은 근원에서 나왔기에 자신이 모든 생명과 하나라는 더 큰 비전을 향해 올라가는 대신에, 자기중심적인 목적으로 빛을 사용했습니다. 그러므로 그들이 다른 사람들에게 행하는 것은 곧 그들 자신에게 행하는 것이 되는 것입니다. 사랑하는 이들이여, 냉엄한 사실은 그런 사람들이 종종 자기가 모든 것을 올바르게 행하고 있다고 생각하지만, 필연적으로 영적 사망으로 이어질 길, 즉 하느님 중심적이기보다는 점점 더 자기중심적이 되는 블랙홀을 따르고 있다는 것입니다.

내가 앞서 설명하려고 노력했던 것은 모든 생명이 하나라는 것입니다. 영적인 여정을 처음 시작함에 따라 여러분은 이원성 의식에 빠져들었고, 이 사실을 알 수가 없습니다. 여러분은 자신의 육체와 유한한 자아에 너무 집중한 나머지 큰 그림을 고려하거나 모든 것과의 일체감을 느끼지 못합니다. 그러므로 여러분은 자신이 현재 있는 곳에서 시작해서 자기의 의식을 높이려고 노력해야 합니다. 이 지구상의 집단의식, 대중의식은 매우 낮은 상태이기 때문에, 그 대중의식으로부터 자신을 떼어 놓는 것은 영적 구도자들에게 정말로 필요합니다.

그리고 대중의식이 아래로 끌어내리는 힘에서 벗어나기 위해서는, 여러분이 자신과 자신의 성장에 집중할 필요가 있습니다. 그렇기에 여러분 자신과 여러분의 성장에 집중하는 것은 정말로 타당합니다. 하지만 중요한 것은 이것이 단지 잠시 동안만 타당하다는 것입니다. 다시 말하지만, 우선 여러분이 자신의 더 높은 존재와 직접적이고 내면적인 관계를 회복하기 위해서는 여러분 자신에게 초점을 맞추어야 합니다. 그러나 일단 그 관계가 다시 회복되면, 다음 단계로 나아가야 하고, 여러분이 창조주의 한 확장체인 것처럼 다른 모든 인간들도 그렇다는 것을 깨달아야 합니다.

여러분이 신과 하나인 어떤 일체상태에 도달하면, 모든 생명과의 일체감을 계발할 필요가 있습니다. 이렇게 되면, 이제 여러분은 더 이상 단순히 자신의 의식을 높이려고 하는 것이 아니라, 다른 사람들의 의식과 집단의식을 높이고자 노력합니다. 오직 여러분이 자신의 빛을 주어서 다른 사람을 도울 때만이, 8자 형상이 흐름을 완성할 것이고, 그것이 바로 예수가 "내 아버지께서 이제까지 일하시니, 나도 일한다."라고 말했을 때 설명한 것입니다. 여러분은 이제 자신의 성취와 빛을 하느님의 거대한 계획을 완성시키는 일을 위해 사용하고 있는 것이며, 이는 곧 모든 사람을 그리스도의 의식으로 끌어올리는 것입니다.

사랑하는 이들이여, 이것이 매우 중요한 이유는 만약 여러분이 자기-중심적인 관점에서 하느님-중심적인 관점으로 전환하지 않는다면, 여러분은 유한한 자아의 그 자기중심성을 강화하기 위해 빛을 사용할 것이기 때문입니다. 그렇습니다. 사랑하는 이들이여, 이것이 많은 영적인 사람들에게 충격적인 것처럼 생각될 수도 있겠지만, 나는 수많은 성실한 사람들이 실제로 이런 자기중심적인 길을 가고 있다는 불편한 진실을 여러분에게 말해주어야만 합니다. 그들은 자기들이 모든 일을 옳게 하고 있다고 생각하고 있으나, 그들의 의로움은 기준에 미치지 못합니다. 다른 사람들을 도움으로써 자기들의 빛과 영적인 성취를 증대시키는 대신에, 그들은 빛을 단지 자신의 에고만을 강화하는 어둠으로 바꾸어 놓았습니다. 이것이 예수가 다음과 같은 구절에서 언급했던 것이며, 이는 잘못 이해되거나 무시되어 왔습니다. "눈은 몸의 등불이니, 그러므로 네 눈이 성하면 온 몸이 밝을 것이요, 눈이 나쁘면 온 몸이 어두울 것이니, 그러므로 네게 있는 빛이 어두우면, 그 어두움이 얼마나 하겠느뇨(마태복음 6:22~23)." 만약 여러분의 눈이 온전하다면, 여러분은 모든 생명의 일체성을 보게 될 것입니다. 그러나 만약 여러분의 눈이 나쁘다면, 이는 분열돼 있다는 뜻으로서 분리의식을 통해 모든 것을 보게 될 것입니다. 그리하여 여러분 자신의 이익이 전체에 반하거나 우선한다고 보게 됩니다. 영적으로 성장함에 따라, 여러분은 전환점에 도달할 것입니다. 그리고 만약 여러분이 자신의 영적인 성취나 재능을 전체를 끌어올리기 위해 사용하지 않는다면, 필연적으로 그것을 왜곡하게 되고 적그리스도 마음의 어둠으로 변질시키게 될 것입니다. 적그리스도 마음은 창조주 및 모든 생명과 하나라는 것을 부정합니다.

***

　사랑하는 이들이여, 이것을 좀 더 설명하기 위해 사람들의 행동의 이면에 숨어 있는 동기와 그들의 영성에 대한 접근법에 관해 이야기해 보겠습니다. 이 지구상에는 구원을 받고 선한 종교인이 되기 위해 신을 숭배하지 않으면 안 된다고 믿는 많은 종교인들이 있습니다. 그들 가운데 다수는 구원을 받으려면, 또 하늘나라에 들어가기 위해서는 하느님을 기쁘시게 하는 뭔가를 해야 한다고 믿습니다. 우선 그들은 하늘에 계신 이 존재가 제정해 놓은 엄격한 율법에 무조건 복종하지 않으면 안 된다고 생각합니다. 하지만 여러분이 이것에 대해 논리적으로 생각해 본다면, 내가 아까 언급했던 몇 가지 질문들을 자신에게 던질 수 있을 것입니다.

　절대자인 신이 이 우주 전체를 창조하셨다면, 과연 이 작은 행성에서 사는 인간에게 어떤 것을 필요로 할 가능성이 있을까요? 과연 여러분이 하느님께서 필요로 하는 것, 아직 갖고 계시지 않은 어떤 것을 그분에게 드릴 수 있을까요? 하느님이 모든 것이시며, 그렇기에 스스로 완전하시다면, 왜 누군가에게 숭배 받는 것이 필요할까요? 사실, 하느님은 태양이 끊임없이 자신의 빛을 비추어주듯이, 매우 완전하므로 계속해서 자신을 내어 주시고 있습니다. 사랑하는 이들이여, 외부의 신을 위해 뭔가를 해야 한다거나 어떤 것을 드릴 필요가 있다고 생각하는 사람들은 태양에게 빛을 주기 위해 거대한 탐조등을 만들어 태양에다 빛을 비춰야한다고 생각하는 사람들과 같습니다. 그러나 우선, 여러분은 태양에게 어떤 영향을 미치기에 충분히 큰 탐조등을 결코 만들 수 없습니다. 둘째로, 태양의 존재 이유가 햇빛을 지구에 공급하는 것이라면, 왜 여러분이 태양에게 빛을 보내줄 필요가 있을까요? 여러분은 이 사람들이 논리적으로 생각하지 않고 있고, 사실상 자기들의 구원을 매수하고 싶다는 의식 속에 갇혀있음을 아시겠습니까?

　즉 나는 여러분이 – 창조주의 형태로서의 – 신은 여러분한테 아무 것도 필요로 하는 것이 없다는 점을 분명히 알았으면 합니다. 하느님은 여러분이 그분을 숭배하기를 원하지 않습니다. 예수도 여러분이 그를 숭배하기를 원치 않으며, 이것이 바로 그가 "어찌하여 선한 일을 내게 묻느냐? 선한 이는 오직 하느님, 한 분이시니라(마태복음 19:17)."라고 말했던 이유입니다. 하느님은 여러분이 교회나 신전에 가서 그분에게 경배하거나, 향을 피우거나, 희생제물을 바치는 것이 필요 없습니다. 하느님은 인간이 공들여 대성당을 짓고 그것을 하느님의 성전이라고 부르는 것이 불필요합니다. 하느님은 아무 것도 필요로 하지 않으십니다. 그렇다면 하느님이 여러분에게 주신 그 빛으로 그분께서 여러분이 하기를 바라시는 것은 무엇일까요?

　다음 단계로 나아가, 이미 더 높이 올라선 많은 영적 추구자들과 종교인들을 살펴봅시다. 그들은 종교가 자신들의 경배가 필요치 않은 멀리 있는 신을 숭배하는 것이 아니라는 사실을 깨달았습니다. 종교는 영적인 믿음을 받아들이고 다른 사람들을 도움으로써 그것을 실천에 옮기는 것입니다. 예를 들어, 이 분야에서 커다란 성취를 이루고 예수의 이름으로 다른 사람들을 돕기 위해 목숨을 바친 많은 성실하고 경건한 기독교인들이 있습니다. 또한 다른 종교들 및 영적분야와 뉴 에이지 공동체 안에도 마찬가지로 여러 가지 다양한 의식(儀式)를 통해 긍정적인 에너지를 불러일으켜 지구 전체의 향상을 돕고자 하는 많은 사람들이 존재합니다. 이 사람들 중 일부는 참으로 순수한 가슴의 성심(誠心)을 가지고 있습니다. 그러나 아직 다른 사람들은 멀리 하늘에 있는 신을 위해서 일하는 것에다 집중하려는 경향을 넘어서지 못했습니다. 달리 말하면, 하느님을 기쁘게 해야 한다고 생각하기 때문에 타인들을 도우려고 하는 많은 사람들이 아직 있다는 것입니다. 그들은 그것을 해야만 한다고 느끼기 때문에 하고 있는데, 즉 자기들이 구원을 받는데 그런 행위가 필요할 것이라는 의무감에서 그런 행위를 하고 있습니다. 어떤 사람들은 심지어 자기가 다른 사람들보다 훨씬 많은 일을 했다는 것을 신에게 보여주고자 하는 교묘한 긍지나 자만심에서 그렇게 하기도 합니다. 이 사람들은 단지 보답으로 무엇인가를 얻기 위해 주고 있으며, 조건 없이 베푸는 사랑이나 생명의 흐름을 보려는 순수한 사랑 때문에 주고 있지 않습니다.

사랑하는 이들이여, 나는 가난을 유발하는 요인으로서의 두려움에 관해 언급한 바 있습니다. 나는 지상천국을 이룩하는 데 방해되는 요소를 제거하기 위해 의지력을 가질 필요성에 대해서도 이야기했습니다. 문제의 핵심은 여러분의 의지력이 두려움에 기초해 있을 경우, 대중의식과 이 세상의 지배자에 의해 창조된 방해요소를 척결할 만큼 충분히 강력하지 않을 거라는 것입니다. 두려움을 극복하여 실제로 두려움에서 행동하지 않는 사람들이 많이 있습니다. 그러나 그들은 여전히 의무감을 가지고 있으며, 이런 의식은 참으로 사심이 없는 헌신적인 상태가 아닙니다. 그것은 모든 방해요소를 극복할 수 있는 한 가지 사실에 기초해 있지 않습니다. 그리고 그 한 가지는 사랑의 힘입니다.

여러분이 풍요로운 삶의 실현에 방해가 되는 것들을 뚫고 나가려면, 사랑에 전적으로 바탕을 둔 의지력이 필요합니다. 사랑은 우주에서 가장 강력한 힘입니다. 그러나 두려움과 자기중심성을 넘어서기 위해서는 사랑이 무엇인지 이해해야하며, 이것이 많은 사람들, 심지어 영적 사람들에게도 문제가 됩니다. 내가 말했듯이, 커다란 영적진보를 이룬 사람들이 많이 있습니다. 그러나 만약 여러분이 그들을 솔직하게 살펴본다면, 그들 가운데 많은 이들이 더 이상 향상이 안 돼는 영적인 정체상태에 머물러 있다는 것을 알게 될 것입니다. 한동안 그들은 성장하고 있었고 커다란 진보를 이루고 있었습니다. 그러나 그들은 자신이 (진리를) 충분히 이해하고 있고 알만큼 알고 있으며, 충분히 행동했다고 느끼기 시작하는 단계에 이르게 되었습니다. 그들 가운데 많은 이들이 궁극적인 진리, 궁극적인 단체, 가르침 또는 스승을 찾았다고 느꼈습니다. 그리고 이제 그들이 해야 할 일은 그 가르침이나 그 조직에 머물며 그 지도자를 계속 따르는 것이었습니다. 그리하여 언젠가 그들은 상승하거나 구원받을 거라는 것입니다. 이것은 자동구원이라는 환상의 아주 교묘한 버전이며, 그들은 여전히 그들 자신에게 초점을 맞추고 있습니다. 사랑하는 이들이여, 모든 생명의 추진력은 바로 지금보다 더 나아지고자 하는 자아초월성입니다. 그러므로 만약 여러분이 스스로 충분히 알고 있고 충분히 행동했다고 생각한다면, 필연적으로 생명의 강 바깥에 머무르게 될 것이고, 따라서 여러분은 8자 형상의 흐름을 완결할 수 없습니다.

내가 말했듯이, 영적인 길을 가다보면 전환점이 올 것입니다. 여러분이 그 지점에 이르렀을 때 자신을 넘어서지 않고는 더 이상 앞으로 나갈 수 없을 것입니다. 또한 여러분이 가진 것과 배운 것을 나눠주기 시작할 때까지는 더 이상 진보를 이루지 못할 것입니다. 이제 여러분 자신의 영적성장에만 초점을 맞추는 대신에, 자신만의 성장을 넘어서서 지구 행성을 하나의 전체로 보아야합니다. 그리하여 다른 사람들의 의식을 높이기 위해 자신이 배운 것, 발견한 것, 내면화한 것을 어떻게 활용할 수 있는지를 고려해야합니다. 만약 여러분이 스스로 배운 것을 나눠주지 않는다면, 어떤 단계 이상으로 성장하지 못합니다. 여러분은 필연적으로 침체상태에 머물게 될 것입니다. 그러나 내가 말했듯이, 정체(停滯)는 허용될 수 없습니다. 그러므로 여러분은 자기초월을 통해 성장하거나, 아니면 자아도취 또는 열역학의 제2법칙에서 묘사된 중력을 통해 붕괴되고 있는 것입니다.

다시 한 번 말하지만, 나는 지구상의 많은 사람들이 스스로 매우 영적이라고 느끼고 옳은 일을 하고 있다고 생각하지만, 사실은 성장하지 못하고 있는 불행한 진실을 강조하지 않을 수 없습니다. 그들은 자기들이 이런 저런 특정단체에 소속되어 있기 때문에 자신이 의롭다고 생각하는 수준에 이르러 있습니다. 그들은 자신의 삶을 되돌아보고, 특정 단체나 지구행성의 의식을 높이기 위해 자신들이 얼마나 많은 일을 했는지를 봅니다. 하지만 많은 일을 했음에도 불구하고 그들은 스스로의 성장이 멈추도록 허용했습니다. 그들은 어떻게 자신이 그 외적인 단체나 외적인 가르침을 넘어설 수 있는지에 대해서는 진정으로 고려하고 있지 않습니다. 무엇보다도 그들은 어떻게 그들 자신과 삶에 대한 그들의 태도 및 접근방식을 초월할 수 있는지를 생각하지 않습니다. 그들은 자기들이 가지고 있는 지식에 만족하며, 더 높은 다음 단계로 나아갈 수 있는 더 높은 이해력을 추구하고 있지 않습니다. 그들은 인간이 여기 지구상에 육체로 있는 한, 항상 올라서야 할 다음 단계가 있다는 것을 이해하지 못합니다. 그리고 여러분은 항상 다음 단계에 도달하기 위해 자발적이 됨으로써만이 지구에서 영구적으로 상승하게 될 것입니다.

이 사람들은 예수가 "너희의 의가 서기관과 바리새인보다 더 낫지 못하면, 결단코 천국에 들어가지 못하리라(마태복음 5:20)."라고 말했을 때 비판했던 독선(獨善)에 빠져있습니다. 사랑하는 이들이여, 이것은 영적인 스승인 우리에게 매우 어려운 딜레마인데, 왜냐하면 이로 인해 종종 영적으로 상당한 성취를 이룬 사람을 잃게 되기 때문입니다. 이 딜레마는 간단합니다. 이 책의 가르침에 마음이 열려있는 많은 사람들은 이미 영적인 길에 열려 있고 그 길에서 중요한 진전을 이룬 사람들입니다. 그러나 문제는 이들 중 상당수가 자신이 이룬 진전에 대해 만족한다는 것입니다. 그들은 이 책을 호기심에서 읽을 것이고, 자신이 이미 믿는 것을 확인하게 됨에 따라 매우 좋다고 생각하는 개념들을 찾아낼 것입니다. 하지만 많은 이들이 이 책을 거울로 삼아 자신이 어떤 수준의 이해와 성취단계를 넘어서지 못했는지를 아는 것은 어려울 것입니다. 설사 많은 영적 진전을 이루었더라도 여전히 풍요로운 삶을 성취하기 위한 궁극적 단계에 진입하지 못했다는 사실을 인정하기 꺼릴 사람들이 많습니다. 그리고 내가 말했듯이, 그 궁극적인 단계는 여러분이 받은 것을 자유롭게 나눠주고, 그것을 이용하여 다른 사람들이 더 높이 올라서도록 고취함으로써 그들을 돕는 것입니다.

* * *

사랑하는 이들이여, 왜 그렇게 많은 사람들이 자기들이 필요한 모든 지식과 지혜를 가지고 있다면서도 그것을 어떻게든 실천으로 옮기지 못하는 이런 전환점에 멈춰서 있는 것일까요? 그들은 그것을 행동으로 옮겨서 영적으로 실제의 풍요로운 삶을 실현할 수가 없습니다. 그 이유는 그 많은 사람들이 사랑의 진정한 속성을 이해하지 못했기 때문입니다. 이것은 그들이 사랑에 대한 완전히 왜곡된 시각, 즉 이원성적인 사랑관 또는 적그리스도 의식에 기초한 사랑의 견해를 바탕으로 한 사회 속에서 성장했다는 사실에 기인합니다. 나의 사랑하는 이들이여, 인간의 사랑은 신의 사랑과는 아무 관련이 없습니다. 그렇다고 해서 인간의 사랑이 신성한 사랑에 반대되는 것은 아닙니다. 그것은 단순히 인간의 사랑이 신의 사랑과 연결돼 있지 않은 것입니다. 신성한 사랑은 하느님의 창조를 이끄는 바로 그 힘이며, 내가 앞서 말했듯이, 그것은 자기초월의 힘, 더 나아지고자 하는 힘입니다. 대조적으로, 인간의 사랑은 생명의 흐름을 막음으로써 어떤 것을 지배하려 하고, 소유하려 하고, 통제하려고 하며, 사물을 정지시키려고 합니다. 그리고 어떤 것을 소유하고 있을 때, 여러분은 그것을 계속 유지하고 싶어 합니다.

여러분은 본질적으로 어떤 것을 유한한 상태로 유지함으로써 더 나아지는 것을 막고자하는 정신이상의 형태에 사로잡혀 있습니다. 여러분은 자신이 가진 것이 소유할 수 있는 모든 것이라고 생각하기 때문에, 그것이 더 나아지고 풍부해지게 하는 것보다는 한정된 상태를 유지하는 것을 더 선호합니다. 여러분은 자신에게 무한한 풍요를 베풀고 있는 하느님에게 기본적으로 이렇게 말하고 있습니다.

"신이시여, 저를 혼자 내버려 두세요. 저는 제가 가진 것을 계속 간직하고 싶습니다. 저는 그것이 더 나아지거나 풍부해지는 것을 원하지 않습니다."

외견상 다정해 보이지만, 실제로는 타인들을 소유하거나 타인들로부터 얻은 것을 지배하려는 욕구를 기반으로 한 수많은 인간관계를 보게 됩니다. 겉으로 보기에는 사랑스러운 관계의 밑바닥에는 무엇인가를 통제하고자하는 욕망이 있으며, 그렇게 함으로써 그것이 그대로 남을 수 있으므로 여러분은 그것을 계속 소유할 수가 있다고 생각합니다.

그러니 사랑하는 이들이여, 인간이 궁극적으로 어떤 것을 소유할 수 없다는 것은 지구상의 모든 것들의 덧없는 속성을 봄으로써 너무나 명백해지지 않나요? 여러분이 계속 유지할 수 있는 것이 무엇입니까? 사람이 죽을 때는 물질적인 그 어떤 소유물도 가져갈 수 없다는 유명한 속담에 대해서 생각해 보세요. 자, 사랑하는 이들이여, 여러분이 가져갈 수 있는 것이 하나 있는데, 다시 말하자면 그것은 여러분이 내면화한 정신적인 성취입니다. 하지만 정신적인 성취를 이루기 위해서는 사랑의 본질을 이해해야 하며, 그것은 바로 사랑이 끊임없는 흐름, 즉 결코 가만히 정지해 있지 않은 생명의 강이라는 것입니다. 생명의 강은 결코 어떤 것을 지배하거나 소유하려고 하지 않습니다. 그것은 계속적으로 주고 있고, 끊임없이 흐르고 있으며, 변화하고 있고, 자신을 초월하여 더 나아지고 있습니다. 그것은 자신을 모든 선하고 완벽한 것들과 하나로 보기 때문에 어떤 것도 소유하려고 하지 않습니다. 그것은 모든 생명의 흐름과 하나가 되어 더 나은 상태로 진화하는 것만이 진정으로 무엇이든 소유할 수 있다는 것을 알고 있습니다. 그리고 여러분이 오직 어떤 것을 소유하거나 통제하려고 하지 않을 때만이 모든 것이 더 나은 상태가 되게 할 수 있습니다. 또한 오로지 자기 자신을 주고 희생함으로써만이 여러분은 자기의 달란트를 배가시켜 더 나아질 수 있습니다. 그리고 진정한 소유권을 얻는 것은 자기초월을 통해서인데, 왜냐하면 여러분이 오직 스스로를 초월할 때만이 생명의 강에 머무를 수 있기 때문입니다. 아울러 여러분이 그 강에 머물러 있을 때만이 계속해서 불어나고 점점 더 나아지는 진정한 풍요를 얻을 수 있습니다. 그렇기에 여러분은 사랑에 대한 이해를 높일 필요가 있고, 그리하여 진정한 사랑, 즉 신의 사랑은 결코 가만히 정지해 있지 않으며 어떤 것도 소유하거나 통제하지 않으려 한다는 것을 깨닫게 됩니다. 진정한 사랑은 언제나 자신을 주는 것이고, 더 나은 상태로 진화하는 것은 바로 자신의 것을 주는 행위를 통해서입니다.

사랑하는 이들이여, 이것이 풍요를 실현하는 중요한 열쇠입니다. 그리고 그것이 대부분의 영적인 추구자들이 완전히 이해하지 못하고, 내면화되지 못했거나 제대로 실행에 옮기지 못한 진리입니다. 내가 말했던 순환 고리, 즉 8자 형태의 흐름을 완료하는 것에 대해 다시 생각해 보세요. 8자 모양의 흐름을 지속하기 위해서는 여러분이 위로부터 받은 것을 이곳 아래에서 나눠주어야 합니다. 이것에 대해 잘 생각해 보십시오! 창조주는 여러분이 받은 것을 여러분이 자유롭게 주길 바라시지만, 그분은 어떤 것도 필요로 하지 않기 때문에 여러분이 그것을 그분에게 드리는 것은 원치 않으십니다. 만약 창조주가 여러분한테 어떤 것을 필요로 하신다면, 왜 그분이 자신의 빛을 계속해서 여러분에게 주시 겠습니까? 그러므로 하느님은 여러분이 하늘에 멀리 있는 존재를 숭배하거나 예배함으로써 보답하는 것이 필요 없으십니다. 또한 그 먼 신을 기쁘게 하기 위해 다른 행위를 하거나, 확실한 인상을 주기 위해 여러분 자신만의 의식을 높이는데 집중함으로써 돌려드릴 필요가 없습니다.

하느님이 여러분에게 바라시는 것은 여러분이 주위를 둘러보고 현재 지구에 서 볼 수 있는 상황을 숙고하는 것입니다. 하느님은 여러분이 현실적인 판단을 통해 이렇게 말해주기를 원하십니다.

"신에 관해 내가 아는 모든 것을 통해서, 나는 하느님은 끊임없이 자신을 주 고 계신 일체가 완비된 완전히 독립된 존재이시기에 그분의 사랑은 무조건적이 고 무한하다는 것을 깨달아야한다. 그러므로 하느님은 자신의 왕국이 지구상에 서 물리적으로 세워지는 것을 보는 것 외에는 다른 어떤 소망도 갖고 있지 않 으시다."

여러분은 모든 사람들에게 왕국을 주는 것이 진정으로 아버지의 기쁨이라는 것을 깨달을 필요가 있습니다. 그분은 인간들이 그 왕국을 받기 전에 죽어서 천국에 가는 것을 보고 싶어 하시는 것이 아니라, 바로 여기 지구상에서 그것 을 모든 사람들에게 주고 싶어 하십니다. 여러분이 이것을 알고 그것을 인정한 다면, 지구의 상황을 보고나서 현재의 지구상태가 하느님의 왕국과는 아주 멀 리 동떨어져 있음을 알 수 있을 것입니다. 지구상의 현재 현실은 거의 묘사하 기 어려울 정도로 그리스도 마음의 가장 높은 비전과는 아주 거리가 멉니다. 여러분이 이것을 깨달을 때, 내가 이 책 전체에서 설명했듯이, 매우 진지한 현 실점검을 거칠 필요가 있습니다. 그리하여 현 상황이 신의 비전과는 거리가 먼 이유는 바로 인간이 이원성의식에 빠져있기 때문임을 인식해야합니다. 그들은 하느님의 왕국을 공동창조하기보다는 오히려 자신의 창조력을 오용하여 고난의 삶을 공동창조하고 있습니다. 이런 현실을 인식한 다음, 여러분은 그 상황을 변화시키기 위해 어떤 조치가 필요할 것인지를 고려할 수 있습니다. 그리하여 여러분과 같이 높은 비전을 가진 사람들은 그 비전을 전파하고 다른 사람들을 깨우기 위해 자신의 힘으로 모든 것을 할 것입니다.

하느님은 여러분이 자신이 받은 것을 다른 이들에게 나누어주기를 바라신다 는 기본적인 사실을 알아야합니다. 그것이 바로 예수가 다음과 같이 말했던 참 된 이유입니다. "너희가 여기 내 형제 중에 지극히 작은 자 하나에게 한 것이 곧 내게 한 것이니라(마태복음 25:40)." 이 구절 뒤에 숨어있는 좀 더 깊은 의 미는 무엇일까요? 그리스도 의식의 하위 수준에서, 여러분은 자신이 하느님과 하나라는 것을 깨닫습니다. 그러나 여러분은 거기서 멈출 수는 없습니다. 여러 분은 더 높은 수준으로 올라서서 신이라는 존재는 창조된 모든 것 속에 스며들 어 있기 때문에 여러분이 신과 하나라는 것을 깨달을 필요가 있습니다. 내가 설명했듯이, 창조주는 자신의 존재로 모든 것을 창조하셨습니다. 그러므로 여러분이 다른 사람들이나 지구 어머니에게 자신을 준다면, 여러분은 사실상 하느님에게 드리고 있는 것입니다. 이럴 경우 여러분은 단지 멀리 하늘에 있는 존재로 인식하는 신에게만 드리는 것이 아니라, 모든 것 안에 거하고 있는 진정한 내면의 하느님께 드리고 있습니다.

여기서의 미묘한 차이점에 주의하기 바랍니다. 나는 고차원 세계에 신이 안 계신다고 말하고 있는 것이 아니네. 왜냐하면 이런 높은 세계들의 창조주로서 의식이 집중돼있는 존재가 실제로 있기 때문입니다. 창조주를 이루고 있는 존재의 일부는 이제까지 창조된 모든 것 속에 깃들어 있습니다. 그러므로 우리는 고차원의 영역 안에는 창조주 하느님의 비개체적인 측면이 있으며, 동시에 모든 피조물 안에는 하느님의 개체적인 측면이 있다고 말할 수 있습니다. 전체(만유)인 하느님이 계시고, 모든 것 안에 계신 하느님이 계신 것입니다. 그리고 전체이신 하느님께서 여러분이 하기 바라는 것은 모든 것 안에 있는 하느님에게 빛과 사랑을 조건 없이 베푸는 것입니다. 만물 안에 있는 신은 일시적으로 불완전한 물질적 육체적 모습의 위장 뒤에 숨어 계십니다. 하지만 창조주는 여러분이 그 (위장한) 신을 자유롭게 하고, 어머니 빛을 해방시켜 창조주에 의해 구상된 완전함을 구현하기를 바라십니다. 그리하여 모든 것 안에 있는 하느님은 전체인 하느님과 하나가 될 것입니다. 이렇게 되면 적그리스도의 의식에 의해 창조된 가공적인 분리의 환상은 더 이상 존재하지 않을 것입니다.

＊

나의 사랑하는 이들이여, 이 행성에서 결정적인 변화를 만들어내는 것은 보다 영적으로 진보된 사람들이 자기중심적인 모든 성향을 극복하고, 그 대신에 범세계적인 인식뿐만 아니라 보편적인 자각을 발전시키는 것입니다. 여러분이 알아야 할 것은 여러분은 그리스도 비전의 사자(使者)로, 하느님 빛의 사자로 여기에 와 있다는 것입니다. 여러분은 공동창조자가 되어 지구에다 하느님의 나라를 이룩하기 위해 여기에 있습니다. 그리고 여러분이 자신의 상위 존재가 이곳에 오기로 결정한 바로 그 이유를 인식할 때만이 풍요로운 삶을 경험하고 실현할 수 있게 될 것입니다. 풍요로운 삶의 8자 형태 흐름을 이루기 위한 열쇠는 여러분이 가지고 있는 것을 나누고, 받은 것을 주고, 내면화한 것, 성취한 것을 남들에게 알려주는 것입니다. 여러분은 자신의 신아라는 태양이 4가지 하위체들을 통해 빛나게 하여 의로운 자와 불의한 자 모두에게 빛을 비추도록 해야 합니다. 그리고 사랑하는 이들이여, 이렇게 하기 위해서는 여러분이 이 세상의 지배자가 퍼뜨린 사랑에 관한 거짓말을 극복할 필요가 있습니다.

나의 사랑하는 이들이여, 이 세상의 지배자에 의해 퍼뜨려진 모든 거짓말 중에서 가장 은밀한 거짓말은 여러분이 조건부로 사랑을 주어야 한다는 것입니다. 이 거짓말은 여러분이 자신을 통해 흐르는 신의 무조건적인 사랑의 흐름을 차단하는 불가피하고 합당한 어떤 상황이 있다고 믿게 만들려는 시도입니다. 여러분이 오늘날의 인간들을 바라볼 때, 지구상의 거의 모든 사람들이 자기들이 다른 인간에게 사랑을 주기 위해서는 특정조건에 맞춰야 한다는 생각에 갇혀 있음을 알게 될 것입니다.

이것은 교활한 거짓말에 지나지 않습니다. 왜냐하면 진정한 사랑은 하느님으로부터 오고, 하느님은 그것을 조건 없이 여러분에게 주시기 때문입니다. 그분은 자신의 빛을 악한 사람과 선한 사람 모두에게 비추시며(마태복음 5:45), 사랑 역시 그들 모두에게 내려주십니다. 그렇다면 타인들에게 뭔가를 주는 데에 조건을 세우는 여러분은 누구입니까? 이런 거짓말은 대규모로 하느님의 나라가 실현되는 것을 막을 뿐만 아니라, 삶에 대한 이런 접근법에 갇힌 모든 사람들에게 풍요로운 삶이 실현되는 것을 방해합니다. 사랑하는 이들이여, 나는 앞서 태양은 빛을 비추는 행위를 통해 기쁨을 얻는다는 것을 설명하려고 노력했습니다. 그러므로 태양이 만약 빛이 차단되는 상황을 만들어 놓는다면, 즐거움의 원천이 차단됨으로써 자신이 상처를 입게 될 것입니다. 마찬가지로 여러분이 자신의 마음속이나 바깥에서 신의 빛, 신의 사랑의 흐름을 막는 어떤 상태라도 허용한다면, 여러분은 자신의 기쁨의 원천, 풍요로운 삶의 원천을 차단하고 있는 것입니다. 그 상태라는 것은 참으로 내가 여러 번 설명하려고 했다시피, 의식(意識)의 상태입니다.

너무 많은 사람들이, 다른 누군가가 자기들이 세워놓은 일련의 조건에 부응할 경우에만 사랑을 주겠다고 생각합니다. 사랑하는 이들이여, 이 모든 조건들 – 나는 일부러 여기서 확실하게 말하고 있습니다 – 은 여러분의 유한한 자아와 이 세상의 지배자에 의해 만들어진 것입니다. 여러분을 통해 흐르는 하느님의 사랑의 흐름을 막게 하는 어떤 상황이나, – 그리고 다시 강조해서 말하지만, – 어떤 조건이든지, 그것은 적그리스도의 마음에서 직접적으로 생겨나며, 결과적으로 어둠의 세력에게 먹이를 주게 됩니다. 그것에 대해서는 토론이 필요 없으며, 이 규칙에는 예외가 전혀 없습니다. 사랑하는 이들이여, 우리는 사람들이 그리스도 마음에 관한 더 높은 이해 단계에 도달할 때까지는 많은 이들을 혼란에 빠뜨릴 교묘한 차이점에 다시 한 번 봉착하게 되었습니다.

나는 여러분에게 밖에 나가서 여러분이 소유하고 있는 모든 것을 무분별하게 나눠주거나 만나는 모든 사람들에게 그런 방식으로 거저 줄 필요가 있다고 말하는 것이 아닙니다. 조건부로 주는 것과 분별력을 가지고 주는 것 사이에는 근본적인 차이가 있습니다. 그 차이를 이해하기 위해서, 여러분은 사랑의 본성을 어떤 것도 유한한 상태에서 가만히 정지해 있지 못하게 하는 힘으로 다시 고려할 필요가 있습니다. 신의 사랑은 항상 모든 것이 지금보다 더 나아지기를, 그것의 현재 상태를 초월하기를 바랍니다. 여기서 중요한 점을 이해하시겠습니까? 나는 여러분이 만나는 모든 사람들을 무턱대고 똑같은 사랑이나 상냥한 친절로 대해야 한다고 말하고 있는 것이 아닙니다. 내가 말하고자 하는 것은 여러분이 접하는 모든 상황에서 하느님의 사랑이 여러분을 통해서 흐를 수 있게 해야 한다는 것입니다. 그리고 그 사랑이 여러분을 통해 할 수 있는 것과 없는 것을 따지지 말고 멈춤 없이 자유롭게 작용하도록 할 필요가 있다는 것입니다. 그렇다면 하느님의 사랑이 여러분을 통해 실행하고자 하는 것은 무엇일까요? 그것은 여러분이 만나는 모든 이들이 더 높이 올라갈 필요성, 자기초월의 필요성, 더 나아질 필요성에 대해 깨닫도록 도와줌으로써 그들을 변화시키고 싶어 합니다.

이것에 관한 예를 원한다면, 예수의 삶을 수많은 기독교 교회들에 의해 만들어진 거짓된 이미지를 넘어서서 새로운 인식으로 연구해 보세요. 이제까지 예수는 모든 사람들에게 친절하고 사랑스럽게 대하는 감정표현이 솔직한 영적 스승으로 묘사돼 있습니다. 그리고 내가 친절하고 사랑스럽게 라고 말할 때 그것은 인간적이고 동정적이라는 의미입니다. 많은 사람들이 사랑은 언제나 부드럽고 온화하다고 믿는 의식상태에 빠져 있습니다. 그래서 여러분이 애정을 나타낼 경우, 항상 사람들에게 부드럽게 말하고, 나쁜 상황이나 불편한 마음상태에서도 그들을 기분 좋게 만드는 것이라고 생각합니다. 하지만 사실 이것은 사랑의 본성에 대한 오해입니다. 그것이 인간적인 동정심으로 기울어져 사람들의 기분이 좋아지도록 도울 수는 있지만, 그들이 현재의 불행과 한계를 초월하도록 돕지는 못합니다. 여러분이 예수의 삶을 살펴보면, 그가 일반적 유형의 영적인 지도자가 아니었다는 사실을 알 수 있을 것입니다. 그는 항상 상냥하고 부드러운 말을 하지 않았습니다. 그는 종종 매우 단호하고 직선적이었습니다. 예수가 어떻게 유대 율법학자들과 바리새파 사람들에게 도전하고, 어떻게 성전에서 환전상들을 내쫓았는지를 보십시오. 또한 그가 자기 제자들을 얼마나 많이 질책하면서, 그들이 깨닫지 못하고 있거나 믿음이 너무 없다고 말했는지를 보세요. 그 이유는 예수가 진정한 신의 사랑을 가지고 있었기 때문입니다. 그래서 그는 - 자신이 접하는 모든 상황에서 - 만나는 누구나 모든 것이 더 나아지기를 원했던 것입니다.

예수는 어떤 상황이나 사람이 그가 처음 발견했을 때와 같은 상태에 있도록 내버려두고 싶어 하지 않았습니다. 그는 그들을 돕고 영감을 불어넣어주고 싶어 했고, 심지어는 그들을 꾸짖고 마구 몰아대어 그들이 자신을 초월하고 더 높아지고 더 나아지게 하려고 했습니다. 사랑하는 이들이여, 이것이 바로 참된 사랑입니다. 그것은 여러분을 어떤 것도 똑같은 상태에 내버려두지 않고, 지구상의 현 불행과 고난에 머물러 있지 않게 하려는 것입니다. 단순히 주변을 돌아다니며 사람들에게 동정심을 보인다고 해서 그것이 사랑이 아닙니다. 그들의 외적 갈등의 진짜 원인인 현 의식상태를 넘어서도록 돕기 위해 필요한 것이라면 무엇이든 하는 것, 이것이 진짜 사랑입니다.

자기중심적인 이기심과 자만에 빠져 있는 사람들이 그런 현 의식상태를 초월하도록 돕기 위해서는 때로는 매우 단호하고 직접적일 필요가 있습니다. 그리고 그들이 집착하게 된 이원성적인 믿음에 이의를 제기하고 그것을 노출시키는 것이 절대적으로 필요할 수도 있습니다. 또한 자기들이 모든 것을 알고 있다는 그 믿음을 흔들어 버리거나 그들이 자신을 바꾸지 않기 위해 이용하는 어떤 변명에도 맞설 필요가 있습니다. 어떤 사람들은 이것이 불친절하다고 생각하지만, 더 넓은 관점에서 보면, 이것은 불친절이 아닙니다. 그것은 궁극적인 친절입니다. 우주거울이 계속해서 필연적으로 그들에게 고통과 투쟁을 되돌려 주게 되는 의식상태에다 사람들을 방치해두는 것은 친절한 행위가 아닙니다. 그들이 그런 의식상태를 떨쳐 버릴 수 있도록 필요한 무엇이든 하고 자기들의 삶에 대해 책임을 지게 돕는 것은 친절입니다. 그리하여 그들은 좀 더 풍요로운 조건으로 돌아올 어떤 것을 우주 거울에다 투사할 수 있습니다. 이것이 진정한 영적인 친절이며, 이것은 지구상에서 드문 필수요소입니다. 하지만 만약 여러분이 사랑의 본성에 대한 자신의 이해를 높인다면, 이것이 좀 더 일반적이 되도록 도울 수 있습니다.

***

풍요로운 삶을 실현하는 주요 열쇠는 여러분이 자신을 지상에다 신의 왕국이 이룩되는 것을 돕기 위해 이곳에 있는 공동창조자라고 생각하는 것입니다. 여러분은 단순히 사람들의 현재 상황을 그대로 받아들이거나 그들이 지금의 제한된 삶에 대해 좋게 느끼도록 돕기 위해 여기에 있는 것이 아닙니다. 여러분은 그들이 더 높이 올라서도록 돕기 위해, 모든 생명이 더 높아지도록 돕기 위해 여기에 있습니다. 그렇다면 사랑하는 이들이여, 여러분이 그런 역할을 진정으로 해내기 위해서는 무엇을 해야 할까요? 그것은 여러분이 이 세상의 지배자에 의해 만들어진 또 다른 교묘한 환상을 극복할 수 있도록 인식을 전환하는 것입니다. 이 세상의 지배자가 여러분이 믿기 바라는 것은 지구상에서 볼 수 있는 현재의 한계와 결함이 궁극적으로 진짜라는 것입니다. 이 세상의 지배자는 신이 이 지구상에 존재하지 않기 때문에 현재의 불완전하고 갈등투성이의 상태가 불가피하다고 인간들이 믿기를 원합니다. 이것은 이 세상의 지배자에 의해 야기된 궁극적인 환영이며, 그는 물질세계의 현재 상태를 능숙하게 이용하여 이런 환상을 만들어 낼 수 있습니다.

만약 여러분이 이전 열쇠에서 내가 말한 것을 다시 돌이켜 본다면, 이런 환상에 대해 더 깊이 이해하게 될 것입니다. 나는 물질우주가 하느님이 창조하신 가장 최근의 영역이라고 언급한 바 있습니다. 하느님이 공(空) 속에다 새로운 천구를 창조하면, 그 천구는 단지 그것을 공과 구별하기에 충분한 정도의 빛만을 가지고 있을 뿐입니다. 그런 다음에 상위 천구에서 자아의식을 지닌 어떤 존재들이 그 새로운 천구로 내려가게 되는데, 이것은 그곳에다 신의 빛을 가져오고 그리스도 마음의 비전을 어머니 빛 위에다 투사하기 위해서입니다. 그리고 그 목적은 그 최신의 천구가 그리스도 비전을 구현하도록 만들기 위해서입니다. 하지만 내 요점은, 그 새로운 영역이 아직 임계질량의 빛으로 가득 채워져 있지 않은 한, 필연적으로 그 천구 안에는 신이 존재하지 않는 것처럼 보일 거라는 것입니다. 이것은 하느님의 빛이 육체의 보다 둔감한 감각에 확실하게 느껴질 정도로 상하게 존재하지 않기 때문에 그렇습니다. 바꿔 말하면, 그 물질적인 우주 안에는 아직도 육체적 감각이 외적인 모습들 뒤에 있는 빛을 파악할 수 있을 만큼 빛이 충분하지 않은 것입니다. 인간의 눈은 이 책과 같은 물질적인 물체가 일시적으로 형태를 취한 어머니 빛으로 만들어져 있다는 것을 알 수 없습니다. 사랑하는 이들이여, 지구 진화의 이 시점에서 인간의 육체적인 감각이 외부적인 현상 뒤에 있는 하느님의 빛을 볼 수 없는 것은 자연스러운 것입니다. 그러나 의식적인 여러분은 하느님의 빛을 완벽하게 볼 수 있습니다. 그럼에도 그것을 보기 위해서는 여러분이 이 세계의 지배자가 만든 환상의 베일에서 벗어나야합니다.

이 베일은 여러분이 육체적 감각으로 보는 것만이 실제이고 눈에 보이지 않는 신의 빛은 존재하지 않는다는 믿음을 바탕으로 하고 있습니다. 또한 이것은 이 세상의 지배자가 세상을 장악하여 신의 빛을 가져 오는 신의 공동창조자들이 그들의 사명을 수행하는 것을 막으려는 시도로 만들어낸 환상입니다. 이 세계의 지배자는 처음에 이런 자아의식적인 존재들이 그들의 참된 정체성을 잊어버리고 육체와 자신을 동일시하도록 조종했습니다. 그리고 그는 지금은 육체의 한계를 이용하여 사람들을 계속 이런 환상 속에 갇혀 있게 만들기 위해 시도하고 있습니다. 그는 신이 여기 계시지 않고, 현재의 불완전함이 실제이며, 피할 수 없고 영구적이라는 환상을 인간들이 믿기를 원합니다. 그는 여러분이 이런 환상을 믿음으로써 여러분 자신의 빛을 비추어 현재의 상황을 바꾸고 그리스도 마음의 완전한 비전에 따라 그것을 향상시키지 않기를 바랍니다.

사랑하는 이들이여, 내가 이 책에서 말했던 모든 것을 토대로, 마침내 여러분은 이것이 이 세상의 지배자와 여러분의 유한한 자아에 의해 자행된 책략임을 아시겠습니까? 그렇다면 어떻게 여러분이 이 지구상에 있는 사람들의 99% 이상을 함정에 빠뜨리고 있는 이 오랜 환상을 극복할 수 있을까요? 과연 어떻게 여러분이 그것으로부터 자유로워질 수 있겠습니까? 내가 말했듯이, 여러분은 자신의 4가지 하위체들을 정화함으로써 그렇게 할 수 있습니다. 이렇게 함으로써, 여러분은 신이 이 행성에 대해 갖고 계신 보다 높은 비전을 파악할 수 있게 될 것이며, 그 비전은 우리가 흠결 없는 구상, 또한 완벽한 구상이라고 부를 수 있는 것입니다. 흠결 없는 구상은 순수한 개념의 진정한 의미입니다.

여러분은 전통적인 기독교 교회가 순결한 개념(누가복음 1:35)[56]라고 부르는 것을 통해 내가 예수를 낳은 장본인이었다는 것을 기억할지도 모릅니다. 하지만 이것은 예수가 자연법칙에 반하거나 초자연적인 방식으로 잉태되었다는 것을 의미하지는 않습니다. 다만 그것은 내가 천사의 방문을 받고 극적인 변화를 받아들인 후에, 아이를 낳게 된 것이었음을 뜻합니다. 나는 예수와 그의 사명

---

56) "천사가 대답하여 가로되 성령이 네게 임하시고 지극히 높으신 이의 능력이 너를 덮으시리니 이러므로 태어나실 거룩한 자는 하느님의 아들이라 일컬으리라."

에 대한 흠결 없는 구상, 순수한 비전을 받았고 그것을 보았습니다. 나는 예수가 영적존재로서 누구인가에 관한 내면의 비전을 받았으며, 왜 그가 지구에 와야 하고 또 그 생애에서 예수가 성취하기로 예정된 것이 무엇인지에 대한 비전을 받았습니다. 그의 생애 동안, 그 흠결 없는 순수한 구상을 충실하게 유지하는 것이 나의 의무이자 과제였으며, 때로는 나의 고투이기도 했습니다. 나는 여러분에게 예수가 매우 어려운 아동기와 십대 시절이 있었고, 때때로 힘든 성인 시절도 있었다는 것을 말해야합니다. 그러나 그가 무엇을 했고 일어난 일이 무엇이든, 그가 자신의 완전한 신성을 구현하고 사명을 완수하리라는 순수한 비전에 충실해야하는 것이 나의 과제였습니다.

나의 사랑하는 이들이여, 어떻게 예수의 사명이 외부 상황에서 전개될 수 있느냐에 대한 여러 가지 다른 시나리오들이 있었습니다. 많은 사람들과 심지어 유대교의 종교 지도자들까지도 그를 메시아로 받아들이게 되는 것이 최상의 가능성이었습니다. 분명히 그것은 일어나지 않았고, 우리는 결과적으로 그것이 외부 사건의 측면에서 일어난 가장 낮은 잠재력과 가까운 것이었다고 말할 수도 있습니다. 하지만 더 높은 시각에서 볼 때, 예수의 사명은 완벽하게 성공적이었는데, 왜냐하면 그가 완전한 그리스도 의식을 성취하고 그것에 의해 신성에 이르는 길을 시범 보였기 때문입니다. 그 길의 본질은 여러분이 자신의 빛을 비추고 신의 사랑을 주기 전에 그저 앉아서 지구상의 이상적인 여건을 기다리는 것이 아닙니다. 반대로, 여러분이 직면하는 어떤 조건이든지 받아들여, 아무리 어렵더라도 하느님의 빛과 사랑으로 그런 상황들을 더 향상시키는 것입니다. 그렇기에 외부상황이 얼마나 미완성으로 보이는지에 상관없이, 높은 관점에서 볼 때, 예수의 사명은 성공적인 것이었습니다. 마찬가지로, 여러분의 임무 역시도 비록 외부상황이 인간적 기준에 미치지 못하더라도 성공할 수 있습니다. 그리고 그 열쇠는 여러분이 자신의 한계를 기꺼이 초월해야 한다는 것입니다.

외부적인 어려운 여건들을 넘어서서 항상 예수가 승리하는 것, 즉 그가 부활을 쟁취하는 모습을 보는 것이 나의 역할이었고, 나의 도전 과제였습니다. 그가 법정에 서서 재판받는 것을 지켜볼 때도, 그가 십자가를 지고 비틀거리며 예루살렘의 붐비는 거리를 통과하는 것을 볼 때도, 그가 십자가 위에 매달려 있을 때조차도, 이런 매우 고통스럽고 긴장되고 열악한 외적 상황을 넘어서서 보는 것이 나의 과제였습니다. 나는 흠결 없는 구상에 대한 나의 비전을 충실히 유지해야 했고, 예수가 모든 인간 한계를 뛰어넘어 부활을 통해 영원한 자유를 쟁취하리라는 확고한 비전을 간직하고 있어야만 했습니다.

사랑하는 이들이여, 또한 이것이 여러분이 자신의 개인적인 삶 속에서 직면하는 과제이고, 또한 인류가 이 시대에 행성적인 규모로 마주하고 있는 도전 과제입니다. 지구상 생명체의 가장 큰 과제는 절대로 어떤 조건이 여러분을 속여서 신의 빛과 사랑의 흐름이 여러분의 4가지 하위체들을 통해 흐르는 것을 차단하지 못하게 하는 것입니다. 여러분은 가장 높은 비전에 충실해야 하고, 결코 불완전한 것들을 실제이거나, 영구적이거나, 극복할 수 없는 것으로 받아들이지 말아야 합니다. 여러분은 모든 외부조건 뒤에는 순수한 어머니 빛이 있고, 그 빛은 자아의식적인 마음을 통해 그것에 투영된 어떤 이미지도 구현할 잠재력이 있다는 것을 깨달아야 합니다. 그러므로 어머니 빛은 그것이 지구상에서 볼 수 있는 현재의 불완전한 것들을 구현할 수 있는 것과 마찬가지로, 쉽게 신의 완전함을 구현해낼 수 있습니다.

나는 이 메신저(킴 마이클즈)를 통해 또 다른 책을 출판한 바 있는데, 그 책에서 이 시대에 행성적 규모로 일어날 필요가 있는 것에 관해 이야기했습니다.[57] 이제 나는 몇 가지 예언을 하며 말하지만, 가장 중요한 문제는 인류가 자연재난 및 인간충돌의 형태로 지구상에서 발생하는 사건들과 그들의 의식(意識)과의 상관관계에 대해 깨달아야 한다는 것입니다. 만약 사람들이 자발적으로 이 현실에 눈을 뜨지 않는다면, 우주거울이 인류가 내보낸 것을 다시 반사함으로써 유발되는 많은 재앙과 격변들을 보게 될 것입니다. 이것은 처벌하기 위한 것이 아니라, 사람들이 언젠가 자신의 행위로 인한 결과를 보고 깨어나기를 희망하며 이루어진 것입니다.

아마도, 그때 그들은 거기에 숨겨진 원인이 있는지, 그리고 이런 외적인 재앙을 피하기 위해 그들 자신을 변화시킬 필요가 있는지를 숙고하기 시작할 것입니다. 사람들이 고난의 학교를 거치지 않고 영적인 인도를 통해 깨어날 수 있었으면 하는 것이 나의 큰 소망입니다. 하지만, 현실적인 평가는 커다란 깨어남이 있기 전에 많은 재난들이 실제로 닥칠 거라는 것입니다. 그러므로 나는 인류의 깨어남이 임계질량에 도달하기 전에 많은 재난들이 일어날 가능성이 높다고 예언할 수밖에 없습니다. 이 행성에서 가장 영적으로 각성된 사람들에게 필요한 것은 아무리 이런 여건들이 나쁘게 보일지라도 인류와 행성 지구를 위한 완전한 구상을 확고하게 고수하는 것입니다. 그리고 지구가 계속해서 지상천국 실현을 향해 더 가까워지고 있다는 순수한 생각을 충실히 유지하는 것입니다.

사랑하는 이들이여, 여러분이 출산하는 여성을 바라보면, 얼마나 그녀가 고통에 몸부림치는지를 보게 되며, 여러분은 그녀가 예쁜 아기를 낳기 위해 일시적인 고통을 겪고 있다는 것을 망각할 정도로 혼란스러워질 수 있습니다. 나는 비록 지구 어머니가 인도양의 해일과 미국의 허리케인과 같은 다양한 고통과 재앙을 겪을지라도,[58] 이것을 단지 새롭고 더 나은 황금시대로 가는 길을 닦기 위한 산고(産苦)로 볼 사람들이 필요합니다. 나는 하느님이 그러한 재앙을 원하신다고 말하는 것이 아닙니다. 나는 단순히 인류가 그들 발아래의 지구가 흔들

---

57) 〈성모의 메시지: 너희의 행성을 구하라〉를 말한다. (저자 주)
58) 2004년 12월의 쓰나미 및 2005년 8월의 허리케인 카트리나. (저자 주)

린다는 것을 느끼지 않고는 자진해서 깨어나지 않을 것 같다고 말하고 있는 것입니다.

***

흠결 없는 구상에 충실하기 위해서는 기꺼이 외적인 결함들을 초월해서 보아야합니다. 그리고 이것을 일관되게 하기 위해서는 여러분이 매우 중요한 진실을 깨달아야합니다. 방에서 어둠을 제거할 수 없다는 유추를 통해 영감을 받은 다수의 영적인 사람들이 있습니다. 여러분이 완전히 컴컴한 방 안에 있다고 상상해보십시오. 어둠을 밖으로 옮기거나 내다버릴 수는 없습니다. 그 이유는 어둠에는 어떤 실체가 없고 실체가 없는 것은 제거되거나 파괴될 수 없기 때문입니다. 사랑하는 이들이여, 이것이 내가 이 책 전체를 통해 여러분에게 지적하려고 했던 것입니다. 적그리스도의 의식, 이원성 의식은 현실적으로 아무런 실체가 없습니다. 그것은 빛의 부재, 그리스도 진리의 결여에 지나지 않습니다. 내 요점을 이해하시겠습니까? 행성 지구에는 전체 물질세계가 그러하듯이 현재 빛이 없습니다. 그러나 이것은 점점 더 많은 사람들이 자신의 존재를 통해 신의 빛을 비출 수 있게 됨에 따라 급속히 극복될 수 있는 일시적인 상태를 의미합니다. 지구상에서 발생한 일은 이 세상의 지배자가 대부분의 사람들을 조종하여 이 빛의 부재가 영구적이고 불가피한 것이라는 거짓말을 믿게 만들었다는 것입니다. 신은 여기에 계시지 않고, 또 여기에 있기를 원하지 않으시며, 인간들에 대해 신경 쓰지도 않는다고 가르치면서 말입니다. 그리하여 어떤 이들은 심지어 그것이 신 자체가 아예 존재하지 않는다는 것을 보여준다고 믿기까지 합니다.

사랑하는 이들이여, 인류 역사 내내 여러분은 이 지구상에서 악과의 싸움에 휘말린 많은 사람들을 보았습니다. 그들은 악을 제거하기 위해서는 그것들을 파괴해야하고 지구상에서 그 징후들을 없애야 한다는 믿음에 사로잡혀 있었습니다. 대부분의 경우 그들은 특정 집단의 사람들을 악의 원인으로 간주했고, 그리하여 악마의 거짓말의 포로가 되었는데, 즉 그들은 다른 인종, 국적 또는 종교에 속한 모든 사람들을 죽이기만 하면, 이 지구상에서 악이 없어질 것이라고 믿었습니다. 그러나 선이 올 수 있도록 악을 행하는 것은 필요하고 정당화될 수 있다는 것은 거짓말입니다. 내가 말했듯이, 여러분은 실체가 없는 것은 제거할 수가 없기 때문에 이것은 참으로 악마의 거짓말입니다. 악을 제거하기 위해 악행을 저지른다면, 어둠에게 부적절한 에너지만을 보태줄 뿐이며, 그렇기에 악의 세력에게 먹이를 주는 결과가 됩니다.

사랑하는 이들이여, 또 다른 미묘한 차이점을 알려드리겠습니다. 본질적으로 어둠은 아무런 실체가 없습니다. 이원성의 의식은 실체나 현실성이 없으며, 그것은 오직 자아의식을 지닌 존재가 그것을 자신의 마음속이나 자아영역 안에 머무르게 허용하는 동안만 계속 존재할 수 있습니다. 그러나 지구상에서는 어둠의 세력에게 힘을 보태주는 현상이 있으며, 그 현상은 오랜 세월에 걸쳐 인류에 의해 생성된 부적절한 에너지들입니다. 이것은 적그리스도의 의식에 빠져 있는 자들이 인간에 대한 통제를 강화하는 데 사용할 수 있는 일시적인 재료가 됩니다. 나는 앞서 이것을 부적절한 심령에너지라고 불렀습니다. 허구의 적그리스도 의식을 의미하는 어둠은 아무런 실체가 없고 현실도 아니며, 참으로 그 자체로는 아무 것도 할 수가 없습니다. 그러나 자아의식을 지닌 존재들이 이원성 의식에 갇히게 되면, 그들은 다른 사람들보다 권력을 얻기 위해 부적절한 심령에너지를 사용할 수 있습니다.

이 부적절한 에너지는 물질적인 것이기 때문에, 이 에너지를 제거함으로써 어둠의 세력으로부터 힘을 빼앗는 것은 가능하다고 말할 수 있습니다. 그러나 여러분이 부적절한 에너지를 제거하거나 파괴함으로써 그 에너지를 극복할 수는 없습니다. 일단 에너지가 (영적세계로부터) 물질세계로 옮겨지면, 그것을 사라지게 할 수 없으며, 무(無)의 상태로 되돌릴 수가 없습니다. 오염된 부적합한 에너지를 극복하는 유일한 방법은 진동을 끌어올릴 수 있는 높은 주파수의 빛을 그 에너지에다 주입하여 그것을 원래의 순수한 상태로 변형시키는 것입니다. 그리고 그리스도 마음의 순수한 비전을 거기에다 부여하여 보다 완벽한 형태로 바꿔놓는 것입니다.

만약 여러분이 인간충돌에 휩쓸려서 신의 이름으로 타인들을 죽여야한다고 생각한다면, 단지 더 많은 에너지를 오염시키게 될 것이고, 어둠의 세력이 사용하는 부적절한 에너지의 총량을 늘려주게 됩니다. 내 요점은 여러분이 신의 사랑의 법칙에 어긋나는 부정적인 감정이나 행위를 통해 어둠과 싸울 수는 없다는 것입니다. 이렇게 할 경우 여러분은 단지 어둠에게 힘을 보태줄 것이고 그 안에 더 갇히게 됨에 따라, 지구상의 어둠의 세력에게 오히려 도움을 주게 될 것입니다. 그러나 부적절한 에너지는 궁극적으로 볼 때 비현실적인 것입니다. 그것은 영원히 존재할 수가 없는데, 하느님 어머니의 수축하는 힘이 결국 부적절한 에너지로 만들어진 모든 구조를 자체적으로 파괴되게 만들 것이기 때문입니다. 따라서 부적절한 에너지로 만들어진 불완전한 조건들 또한 비현실적입니다. 내가 설명하려고 하는 중요한 점은 여러분이 스스로 지구상의 불완전한 조건들을 제거할 수 없다는 것입니다. 여러분은 단순히 그것들을 잡아 블랙홀에 던져서 사라지게 할 수가 없습니다. 지구에서 어둠을 제거하는 진정한 열쇠는 거기에다 빛과 사랑을 주입하는 것이며, 그럼으로써 어둠이 그 현재의 한계 상태를 넘어 더 나아지도록 만드는 것입니다.

사랑하는 이들이여, 그 중요한 차이점을 아시겠습니까? 많은 사람들이 지구상의 온갖 문제들과 결함들을 보고 불안해합니다. 그들은 화가 나서 어둠과 싸우기 위해 자신들이 뭔가를 해야만 한다고 생각합니다. 그러나 두려움이나 분노로 동기부여가 되는 한, 여러분이 하는 일은 단지 더 많은 에너지를 오염시키게 될 것이며, 결국 어둠의 세력에게 힘을 보태주는 결과가 될 것입니다. 여러분이 두려움, 분노, 증오, 교만 또는 다른 부정적인 감정을 바탕으로 한 의식

상태에 있을 때, 그로 인해 신의 사랑이 여러분의 존재를 통해 흐르는 것을 차단시키게 됩니다.

나는 이것이 분노한 사람을 봄으로써 보다 분명해져야 한다고 생각합니다. 그 사람이 과연 어떤 사랑을 표현하고 있나요? 당연히 아닙니다! 그 사람은 누군가가 뭔가를 잘못했기 때문에 자신이 화를 내고 그 상황에 사랑으로 반응하지 않는 것이 정당하다고 말합니다. 달리 말하면, 사람들은 누군가가 그들에게 잘못을 저지르면, 사랑으로 반응하는 대신에 신의 사랑의 흐름을 차단하고 부정적인 감정으로 반응해야한다고 주장하고 있다는 것입니다. 그러나 사랑하는 이들이여, 예수는 여러분에게 원수를 사랑하고 다른 뺨을 돌려대라고 말하지 않았나요? 예수는 자신의 모든 가르침에서 하나의 단순한 메시지를 전하려고 노력했습니다. 예수가 전해준 중요한 메시지는 "무슨 일이 있어나든, 다른 사람들이 당신에게 어떻게 하든, 삶이 당신을 어떤 상황에다 빠뜨리든, 언제나 사랑으로 응답하라!"였습니다. 그러나 여러분이 응답해야하는 그 사랑은 불완전한 것들을 궁극적인 실제나 영구적인 것으로 받아들이지 않는 신성한 사랑입니다. 그러므로 여러분은 하느님의 사랑이 자신을 통해 흐르도록 허용함으로써 불완전한 것들에다 그 사랑을 주입하고 있는 것이며, 그리하여 그것들이 스스로를 초월하여 더 나은 상태가 될 것입니다.

사랑하는 이들이여, 여러분이 인류를 정직하게 살펴본다면, 대부분의 사람들이 일종의 반동패턴에 빠져있는 것을 알게 될 것입니다. 누군가가 그들에게 피해를 주고, 그러면 그들은 그에게 화를 내게 되며, 그리하여 그들은 이제 도피나 전투 대응에 의해 지배되는 행동방식으로 들어갑니다. 그들은 먼저 다른 사람으로부터 벗어나려고 하고, 그 문제로부터 도망치려고 합니다. 만약 그것이 여의치 않다면, 그들은 복수를 추구하거나 다른 사람이 처벌 받기를 원합니다. 사람들이 이런 의식의 상태에 빠져들었을 때 하는 일은 그들이 순수한 생각을 버린다는 것입니다. 대신에, 그들은 다른 사람의 잘못된 이미지, 불완전한 시각을 받아들입니다. 그들은 그 시각을 영구적인 것으로 받아들이고, 이 사람이 나쁜 사람이라고 말합니다. 이것은 다른 사람들의 부담을 가중시킬 뿐이며, 이 행성 주위에 먹구름으로 드리워져 있는 오염된 에너지에다 더 추가하고 있을 뿐입니다. 결함 있는 시각과 부정적인 감정 때문에 그들이 오염시킨 에너지로 인해, 그들은 잘못된 이미지를 강화시켜 다른 사람이 거기서 벗어나는 것을 훨씬 더 어렵게 만들고 있습니다. 이것이 바로 수많은 인간 갈등들을 아무도 멈출 수 없는 부정적이고 자기강화적인 나선으로 변하게 만든 원인입니다. 하지만 사람들이 그런 나선을 멈추게 할 힘이 없는 이유는 그들이 예수가 준 열쇠를 사용하지 않기 때문인데, 즉 그들은 다른 뺨을 돌려댐으로써 하향나선이 강화되는 것을 막을 수 있었던 것입니다. 오직 누군가 복수 대신 용서를 추구함으로써만이(마태복음 18:22)[59] 폭력과 보복, 재보복의 악순환이 깨질 수 있습니다.

사실, 신에 의해 창조된 자아의식적인 존재는 본래 나쁘거나 사악한 존재가 아닙니다. 누구나 흠결 없는 완벽한 구상으로 창조되었으며 고차원계로 돌아올 수 있는 잠재력을 가지고 있습니다. 사랑의 법칙을 어기는 모든 사람들은 단지 이원성 의식에 사로잡혀 있기 때문에 그렇게 하게 됩니다. 그러므로 만약 여러분이 그런 사람을 벌하거나 파괴하고자 한다면, 여러분은 실제로 그 사람이 여러분에게 했던 모든 것을 하게끔 유발한 바로 그 의식상태의 희생물이 되는 것입니다. 대신에 여러분이 해야 할 일은 상대방과 여러분 자신을 위해 순수한 생각을 유지하는 것입니다. 또한 이원성적인 방식으로 스스로 상황에 반응하지 않도록 최선을 다 해야 합니다. 그리고 여러분은 다른 사람들이 그들의 잘못된 믿음을 넘어서서 천부적인 영적존재로서의 참된 정체성을 다시 되찾을 거라는 생각을 가져야만 합니다. 사랑하는 이들이여, 나는 많은 사람들이 다른 이들의 손에 의한 잔학한 행위에 노출돼 있다는 것을 알고 있습니다. 또한 나는 그러한 경험에서 비롯된 부정적인 감정에서 스스로 벗어나기가 어려울 수 있음을 압니다. 하지만 더 높은 관점에서 생각해 보면, 여러분이 그런 부정적인 사건에서 벗어날 수 있는 유일한 방법은 "눈에는 눈, 이에는 이"라는 식의 이원성적인 의식 위로 여러분 자신을 끌어올리는 것입니다. 오직 여러분이 자신과 다른 사람들을 향상시키는데 모든 관심을 집중할 때만이, 여러분은 진정으로 스스로 자유로워지고 보다 풍요로운 삶을 실현할 수 있을 것입니다.

나의 사랑하는 이들이여, 예수는 2,000년 전에 지구에 와서 인류가 "눈에는 눈"으로 맞서야 한다는 의식을 넘어설 수 있도록 도왔습니다. 만약 그의 가르침이 모든 사람들에 의해 내면화되었다면, 하느님의 나라가 이미 이 지구상에서 이룩되었을 것입니다. 너무 늦은 것은 아니지만, 지상천국은 가장 영적으로 잘 아는 사람들이 스스로 이원성 의식에서 자유로워지려는 진심어린 노력을 기울이지 않는 한, 실현되지 않을 것입니다.

***

내가 여러분에게 요청하고 싶은 것은 여러분의 삶에 대한 관점과 접근방식을 근본적으로 바꿔야 한다는 것입니다. 나는 여러분이 흠결 없는 완전한 구상 또는 비전을 유지하는 것을 인생의 가장 중요한 우선순위로 삼아 주는 것이 필요합니다. 나는 이 시점에서 여러분이 자신의 신아와 보편적인 그리스도의 마음에 저장돼 있는 궁극적인 비전을 갖고 있지 못할 수도 있다는 것을 충분히 이해합니다. 하지만 이 책을 읽었기 때문에, 여러분은 이 세상의 대부분의 사람들보다 훨씬 더 높은 영적인 비전을 가지고 있습니다. 나는 여러분이 지금 갖고 있는 가장 높은 비전에 충실하기를 바라며, 요청컨대 여러분의 개인적인 삶이나 행성적인 규모로 무슨 일이 일어나든지, 항상 가능한 최상의 비전에 집중

---

59) "예수께서 가라사대, 네게 이르노니 일곱 번 뿐 아니라 일흔 번씩 일곱 번이라도 용서할지니라."

했으면 합니다. 여러분은 결코 그 비전 아래에 머물지 말고 어떤 불완전한 것들이 궁극적으로 실제이거나 불변이라고 받아들여서는 안 됩니다. 다시 말하자면, 나는 여러분이 지금 가지고 있는 가장 높은 비전에 충실하면서도 내면으로 들어감으로써 계속해서 더 높고 보다 명확한 비전을 얻으려고 노력하는 것이 필요합니다. 여러분은 그리스도 자아와 영적 스승들에게 여러분을 더 높은 비전으로 인도해 달라고 요청함으로써 그렇게 할 수 있습니다. 내가 말하고 있는 것은 여러분이 끊임없이 자신을 초월해가며 다른 사람들과 외부조건, 그리고 지구 전체가 현재 상태를 넘어서서 더 나아지는 것을 계속 시각화할 필요가 있다는 것입니다.

사랑하는 이들이여, 어떻게 해야 여러분이 어둠을 지구에서 제거하게 될까요? 여러분이 신성한 사랑으로 그것을 사랑함으로써 그것이 더 나아지고 스스로를 초월하여 신의 빛과 그리스도의 비전으로 바뀌게 되며, 결과적으로 그것을 제거하게 됩니다. 나는 여러분이 실제로 어둠을 사랑한다고 말하지는 않지만 여러분은 불완전한 모형에 갇혀 있는 어머니 빛을 사랑하고 있습니다. 여러분은 빛 자체를 사랑하며, 그런 힘으로 불완전한 형태에서 그것을 해방시켜 순수한 어머니 빛으로 돌려놓을 수가 있습니다. 나는 사탄에게도 빛의 천사 모습을 줄 수 있는 거짓된 빛에 대해 말하고 있는 것이 아닙니다(고린도후서 11:14).[60] 또한 나는 율법학자들과 바리새인들이 외적조건으로 인해 자기들이 다른 사람들보다 더 신성하다고 생각했던 위선에 대해 말하고 있는 것이 아닙니다. 나는 모든 물질적 조건과 이원성적인 전체 환상을 초월해서 보게 되는 진정한 빛에 대해 이야기하고 있습니다. 내가 이전의 열쇠에서 설명하려고 노력했듯이, 이원성의 의식은 상대적인 선과 상대적인 악이라는 두 극단을 설정합니다. 지구상에는 선으로 보일 수 있는 많은 조건들이 있지만, 그것들은 단지 상대적으로 선할 뿐입니다. 그것들은 그리스도의 마음의 절대적 선이 아닙니다. 여러분은 상대적인 선과 상대적인 악의 겉모습을 넘어서서 절대적인 악의 거짓말도 초월해서 볼 수 있도록 분별력을 연마해야합니다. 나는 여러분이 그리스도의 마음을 입음으로써 흠결 없는 완전한 생각에 충실하게 남아 더 높은 비전을 끊임없이 추구하길 바랍니다.

외적인 행동에 대한 일반적인 규칙으로서, 여러분은 신성한 사랑으로 모든 것을 사랑하라는 예수의 권고를 받아들일 수 있습니다. 마주치게 되는 어떤 상황이든지, 자신에게 이렇게 반문해 보십시오. "이 상황에 대한 나의 반응은 내가 현재 갖고 있는 사랑에 관한 가장 높은 비전에 기초해 있는가?" 여러분은 또한 다음과 같이 여러분 자신에게 물을 수 있습니다. "나는 이 상황이 보다 나아지는 데 도움이 되도록 이것을 개선하려 하고 있는가? 아니면 현재의 결함 있는 그 상태를 변함없이 확인하는 함정에 빠져 있는가?" 사랑하는 이들이여,

---

60) "이것이 이상한 일이 아니라. 사탄도 자기를 광명의 천사로 가장하나니"

만약 여러분이 다른 사람들과 외부상황을 다루는 방법에 대한 간단한 규칙을 알고 싶다면, 나는 아주 간단하게 지침을 줄 수 있는데, 즉 그것은 모든 것을 축복하는 것입니다. 생명의 힘 자체, 다시 말하면 - 많은 기독교인들이 성령이라고 부르는 - 신의 무조건적인 사랑이 당신의 존재를 통해 흐르게 함으로써 모든 것을 축복하십시오. 어떤 것을 축복한다는 것은 여러분이 그것을 더 좋게 만들고, 변형시키고, 그것이 더 나아지게 돕는 것이며, 또한 그것을 가속화하여 현재의 불완전함을 넘어서도록 돕는 것을 의미합니다. 모든 사람과 모든 것을 여러분이 가진 현재 비전의 최상의 능력으로 축복하십시오. 그리고 여러분의 비전을 향상시킬 수 있도록 여러분 자신을 끊임없이 축복하세요.

우리가 옮겨가기 전에, 방금 전에 언급한 내용을 앞서 이야기한 어떤 것과 결부시켜 논하도록 하겠습니다. 여기에서의 가장 중요한 원리는 여러분이 뭔가 나쁜 깃을 피괴히려고하는 것이 아니라 그것을 더 나은 것으로 변형시켜야 한다는 것입니다. 그러나 나는 이전에 여러분의 유한한 정체감을 소멸시킬 필요성에 대해 아주 자세히 이야기했습니다. 나는 이 가르침들이 모순된 것처럼 보일 수 있다는 것을 압니다. 그래서 모순된 듯이 보이게 하는 이원성적인 견해를 여러분이 넘어서도록 돕고자 합니다. 나는 방금 두 가지 형태의 어둠에 대해 언급했으며, 즉 그것은 실체가 있는 것과 실체가 없는 것입니다. 좀 더 정확하게 말한다면, 다음과 같은 세 가지 형태의 어둠이 있다고 말할 수 있습니다.

● 공(空) 속에 존재하는 원래의 어둠이 있습니다. 이것은 악이 아니고, 창조주의 빛에 반대되는 것이 아닙니다. 이것은 단순히 창조주의 빛이 부재한 것이며 그렇기에 기꺼이 빛으로 대체될 것입니다. 이 어둠은 지구상에 하느님의 왕국이 실현되는 것에 적극적으로 반대하지 않기 때문에 여러분에게 아무런 관심이 없습니다.

● 내가 이원성 의식, 적그리스도의 의식이라고 불렀던 어둠이 있습니다. 이 어둠은 의지의 행위, 보다 정확히 말한다면 창조주의 의지에 맞서 반항하는 반의(反意)의 행위에서 탄생했기 때문에 수동적이지 않습니다. 이 어둠은 궁극적으로 허구이며 그 실체가 없습니다. 내 말은 그것이 물리적인 실재를 갖고 있지 않다는 것을 의미합니다. 그것은 단지 자아의식적인 존재들의 마음속에만 존재하며, 이런 존재들이 그것을 실제적인 것으로 보기로 선택하는 동안만 계속 존재할 수 있습니다. 이것은 마음속에서 여러분의 성장을 방해하는 유형의 어둠이며, 심지어는 다른 사람들을 통해서나, 이원성적인 거짓과 환상을 통해 여러분의 마음을 점거하여 통제하려고 하는 어둠입니다.

그것은 여러분의 유한한 자아인 에고를 만든 어둠의 형태이며, 그것은 세상의 그릇된 이미지, 우상, 잘못된 인식을 창조했습니다. 그리고 이 그릇된 이미지가 세속적이고 한계가 있고 불완전한 존재로서의 여러분의 유한한 자아와 정체감을 낳은 것입니다. 만약 여러분이 이런 형태의 어둠에 직극적으로 대항하여 그것을 파괴하거나 근절하려고 시도한다면, 필연적으로 여러분은 그 이원성 의식에 더욱 휘말리게 될 것입니다. 그리하여, 여러분은 에너지를 부적절하게 오염시키고, 카르마를 짓고, 우주의 거울에다 잘못된 이미지를 투사하게 됩니다. 여러분은 절대로 이런 형태의 어둠을 파괴하거나 뿌리 뽑을 수 없으며, 그래서 예수가 여러분에게 악에 대적하지 말라(마태복음 5:39)고 말했던 것입니다

이런 형태의 어둠을 극복하는 유일한 방법은 그것을 초월하고, 그 위로 넘어서서 그것을 실제적인 것으로 받아들이기를 거부함으로써 단지 그것을 내버려두는 것입니다. 그리하여 여러분은 유한한 정체감이 죽게끔 허용해야합니다. 이 유한한 자아가 죽게 되면, 적그리스도의 의식의 소유자인 이 세상의 지배자는 여러분 안에서 아무 것도 취할 것이 없게 될 것입니다(요한복음 14:30). 그리하여 그는 여러분을 통제하거나, 강요하거나, 불완전한 상황에 대해 극단적으로 반응하게끔 유혹할 수 없습니다. 그러나 이것을 완전히 행하기 위해서는 여러분이 수많은 이원성적인 조건들이 그리스도 진리의 왜곡이라는 사실을 깨달을 필요가 있습니다. 그래서 이원성적인 정체감이 완전히 사라지게 하려면, 그것을 넘어서서 여러분의 진정한 정체성을 파악할 필요가 있습니다. 여러분이 진공상태에서는 존재할 수 없으므로 유한한 정체성을 버릴 수 있기 전에 자신의 참된 정체성을 반드시 알아야만 합니다. 이는 여러분이 거짓에 바탕을 둔 이런 형태의 악을 그리스도의 진리로 대체함으로써 극복한다고 말할 수 있습니다. 여러분은 유한한 정체감을 죽게 하고 참된 영적 정체성으로 다시 태어날 수 있습니다. 이런 형태의 어둠은 자아의식적인 존재들의 마음속에 존재하는 잘못된 이미지들이 담긴 필름과 같습니다. 그것을 극복하기 위한 유일한 방법은 흠결 없는 구상인 그리스도의 비전에 기초한 또 다른 필름으로 그 필름을 대체하는 것입니다.

● 세 번째 형태의 어둠은 내가 부적절한 에너지라고 부르는 것이며, 그것은 순수한 어머니 빛을 가져다가 그 진동을 하락시킴으로써, 또 그 빛 위에다 이원성적인 이미지를 부여하여 감지함으로써 만들어집니다. 이 어둠은 어머니 빛으로부터 만들어지기 때문에 실제적이고 물질적인 실체를 갖고 있습니다. 이원성의 의식은 자아의식을 지닌 공동창조자들의 마음속에만 존재한다고 말할 수 있습니다. 그렇기에 과학자들이 객관적인 존재라고 부르는, 즉 마음과는 별개의 존재라고 부를 수 있는 것을 갖고 있지 않습니다. 하지만 어머니 빛은 창조주에 의해 창조되었고, 일단 진동이 낮아지면 그것은 객관적인 실재가 되는데. 이것은 공동창조자의 마음과는 별도로 존재할 수 있음을 의미합니다.

여기에서 요점은 부적절한 어머니 빛은 무시한다고 해서 그것이 정화될 수는 없다는 것입니다. 여러분이 적그리스도의 환영을 초월한다고 해서 그것이 단순히 소멸되지는 않습니다. 그것은 오직 여러분이 그 잘못된 형태를 그리스도의 마음의 완전한 비전, 비이원성적인 비전으로 대체함으로써 변형될 때에만 정화될 것입니다. 이것은 내가 영적 연금술이라고 불렀던 것이고, 나의 로사리오들은 부적절한 에너지의 진동을 끌어올릴 높은 주파수의 에너지를 기원하여 발동하도록 고안돼 있습니다. 그것은 또한 여러분이 자신의 유한한 자아가 죽게 하는 것을 방해하는 이원성적인 믿음을 해결하도록 돕기 위해 고안되었습니다. 그러므로 그것은 두 가지 형태의 어둠을 극복하도록 도와주는 이중기능을 가지고 있습니다. 그 두 가지 형태의 어둠은 여러분이 이미 천상에 있는 모든 것을 지상에서 하지 못하게 방해합니다. 그래서 이런 형태의 어둠을 극복하기 위해서는 그것을 더 높은 어떤 것으로 변형시켜야만 합니다.

사랑하는 이들이여, 이것을 이기성의 문제에다 적용해볼까 합니다. 지구상의 유일한 문제는 이기주의라고 말할 수 있습니다, 즉 신의 공동창조자들이 자신들의 진정한 정체성을 잊어버리고 육체와 에고에만 초점이 맞추어지다보니, 마치 그것만이 유일하게 중요한 존재인 것처럼 행동하고 있는 것입니다. 하지만 어떻게 해야 여러분이 이기심을 피할 수 있을까요? 여러분을 생각, 감정 및 행동의 자기중심적인 패턴으로 끌어당기는 부적절한 에너지를 변형시킴으로써 그렇게 할 수 있습니다. 그리고 너무 편협하게 집중된 자아의식을 초월함으로써 그렇게 하게 됩니다. 또한 여러분이 오염된 에너지를 변형시키는 만큼, 자아의 시각을 확장할 수 있습니다.

우리는 실제로 신성한 형태의 이기심이 있다고 말할 수도 있지만, 그것을 결의(決意)라고 부르는 것이 더 나을 것입니다. 신성한 것에 해당하는 이기심은 어떤 것도 여러분의 신성한 계획을 수행하는데 방해가 되지 않도록 하는 단호한 결의입니다. 이것은 매우 필요한 자질입니다. 그리고 이것이 없이는 어떠한 진보도 이루어질 수 없는데, 왜냐하면 이원성 의식의 반의(反意)가 모든 변화에 대한 노력을 압도하여 모든 이들을 가장 낮은 공통분모로 끌어 내리기 때문입니다.

이기심을 극복하는 진짜 열쇠는 자아의식를 확장하고, 여러분의 자기애(自己愛)를 초월하는 것입니다. 여러분은 우선 자신의 상위 존재에 대한 개인적이고 내면적인 연결을 회복함으로써 시작합니다. 여러분은 자기 자신이 육신 이상의 존재라는 것, 그리고 유한한 자아와 4가지 하위체들보다도 더 큰 존재라는 것을 알게 됩니다. 그러면 다음 단계로 옮겨가서 여러분이 창조주의 한 확장체라는 것을 깨닫게 됩니다. 거기서 마지막 단계로 가서 모든 사람과 삼라만상 모든 것이 창조주의 존재 자체로 만들어져 있다는 것을 알게 됩니다. 그러므로 여러분의 궁극적인 자아의식은 모든 사람과 모든 것을 포함합니다. 그리고 여러분이 이 올바른 자아의식을 확립했을 때, 비로소 인간의 이원성적 형태의 이기심을 완전히 극복하게 될 것입니다. 여러분은 그것을 뿌리 뽑거나 파괴하지는 못할 것이며, 즉 그것을 신성한 형태의 것으로 변형시킬 셋입니다. 하지만 이렇게 하기 위해서는 여러분이 인간적인 이기성에 기초해있는 자아의식을 버리고 기꺼이 그런 자아가 죽게 해야 합니다.

***

사랑하는 이들이여, 이전의 열쇠에서 나는 물질우주의 모든 것이 "어머니 빛"으로 이루어져 있다고 설명했습니다. 나는 어머니의 빛이 자체적으로 형태를 갖출 수는 없고 오직 자아의식을 지닌 존재에 의해 작용을 받았을 때만 형태를 취할 수 있다고 말해왔습니다. 지구상의 모든 인간들은 그들이 신에게 부여받은 창조적 능력, 즉 그들의 자유의지와 상상력을 통해 어머니 빛에다 끊임없이 작용을 가하고 있습니다. 상상하는 힘을 통해, 그들은 그릇되고 이원성적인 이미지들을 마음속에서 그려내고 있습니다. 또한 의지의 힘을 통해, 그들은 그러한 심상들을 실제적이고 피할 수 없는 것으로 받아들이는 선택하고 있습니다. 그리고 비전의 힘을 통해, 그들은 그런 이미지들을 어머니 빛에다 투영하고 있습니다. 그것이 바로 지구가 현재 이해할 수 없을 정도로 수많은 잘못되고 결함투성이의 조건을 갖고 있는 이유입니다. 그렇다면 현재의 투쟁과 고통을 바꾸기 위해 무엇이 필요할까요? 필요한 것은 어머니 빛의 수호자 역할을 맡게 될 일단의 사람들입니다. 이 사람들은 모든 것이 "어머니 빛"으로 만들어졌다는 것을 인식할 것입니다. 그들은 이 행성에서의 모든 잘못된 상황들이 이원성적인 이미지가 어머니 빛이라는 화면에 투사되었기 때문에 생겨났다는 것을 알 것입니다. 그리고 그들은 오직 임계수치의 사람들이 그들의 창조력을 이용하여 어머니 빛에다 더 높고 신성한 이미지를 부여할 때만이 상황이 변할 것이라는 것을 이해합니다. 그리하여 이 문제 많은 행성이 참으로 하느님의 왕국으로 바뀌게 되는 것입니다. 이것이 바로 진정한 영적인 연금술의 힘입니다.

여러분은 연금술사들에 대해, 그리고 일반금속을 금(金)으로 바꾸려는 그들의 헛된 시도에 대해 들어보았을 것입니다. 연금술사들에 관한 어느 정도 냉소적인 견해를 들었을 수도 있지만, 실제로 많은 연금술사들이 엉터리 허풍쟁이들이었습니다. 그럼에도 불구하고, 연금술사들의 일반적으로 알려진 움직임 뒤에는 생명의 실체에 대한 심오한 이해가 있었습니다. 어떤 사람들은 일반 금속을 금으로 만들려는 것이 아니라 인간의 의식인 이원성 의식을 그리스도 의식이라는 정신적인 금으로 바꾸고자 하는 정신적 연금술이 있다는 것을 알고 있었습니다. 달리 말하자면, 여러분이 불완전하거나 어둡고 사악한 것을 없애려고 하는 것이 아니라, 그것을 그리스도 비전에 좀 더 가까운 어떤 것으로 변형시키고자 하는 것입니다. 즉 저급한 것을 가져다가 더 높은 것으로 바꾸는 것이지요. 이는 저급한 것을 파괴하기보다는 그것을 더 나은 것으로 만들기 위해 노력하고, 그것이 스스로를 초월하여 그리스도에 대한 완벽한 비전을 구현하도록 돕는 것입니다. 이것은 특히 다른 사람들에게 적용할 때 중요합니다. 여러분은 사람들이 단지 이원성 의식에 갇혀 있기 때문에 나쁜 짓을 한다는 것을 깨달아야 합니다. 그 외적인 모습의 이면에는 그 사람의 의식적인 자아가 있고, 그것은 신의 흠결 없는 구상에 의해 창조된 것이며, 의식적인 자아는 그 비전을 자유롭게 구현하고자 갈망하고 있습니다. 분명히, 여러분은 에고라는 외적인 모습을 좋아하지 않겠지만 그것을 파괴하려고 하지도 않습니다. 여러분은 그 과거를 보고, 의식적인 자아를 진정한 본래의 모습이 되도록 해방시키고자 합니다.

나의 사랑하는 이들이여, 완벽하지 않은 것을 파괴하려는 시도와 그 불완전함을 완벽함으로 변형시키려는 것 사이의 근본적인 차이점을 알고 있나요? 만일 여러분이 이 차이를 안다면, 여러분은 진실로 지상천국을 이룩하기 위해 지구에 온 영적인 존재들의 선봉대입니다. 그러므로 여러분은 "어머니 빛의 수호자"로서 여러분의 정당한 역할을 맡을 수 있는 독특한 위치에 있는 것입니다. 사랑하는 이들이여, 나는 예수와 더불어 "성 저메인(Saint Germain)"으로 알려진 인류의 또 다른 영적스승과 함께 〈어머니 빛의 수호자〉라고 불리는 외부단체가 창설되도록 영감을 주었습니다.[61] 그렇다고 해서 내가 꼭 이 책을 읽는 모든 사람들이 이 단체의 회원이 되기를 바란다고 말하는 것은 아닙니다. 만약 여러분이 외부조직에 참여하고 싶지 않다면, 나는 여러분의 선택을 존중합니다. 하지만 나는 여러분이 영적인 차원에서 어머니 빛의 수호자가 될 수 있도록 이 단체를 통해 나온 가르침을 공부해보라고 권고하고 있습니다.

정말로, 어머니 빛 자체는 지성을 가지고 있고, 의식을 가지고 있습니다. 어머니 빛 그 자체는 그것이 현재 신의 완전함을 표현하지 못하고 있다는 것을 매우 잘 알고 있습니다. 어머니 빛은 지구행성에 대한 가장 높은 비전과 최대의 잠재력을 볼 수 있으며, 오직 완전한 형태의 물리적 상태를 구현하고 싶은 것밖에는 없습니다. 하지만, 어머니 빛은 신에 의해 창조된 공동창조자들, 즉 자아의식적인 존재들이 어머니 빛으로 하고 싶은 것은 무엇이든 하게 허용하는 역할을 맡겠다고 사랑으로 맹세했습니다. 어머니 빛은 자아의식을 지닌 존재들이 투사하는 어떤 이미지든지 구현하여, 이 공동창조자들이 자신들의 선택의 결과가 물질로 표출되는 것을 봄으로써 배울 수 있는 기회를 얻게 하겠다고 맹세한 것입니다. 사랑하는 이들이여, 이것은 무조건적인 사랑의 행위인데, 왜냐하면 어머니의 빛이 지구의 가장 높은 잠재력을 알고 있음에도 인간들이 그 최상의 잠재력보다 훨씬 낮은 불완전한 상태를 창조하고 있는 것을 허용하고 있기 때문입니다. 만약 이것이 조건 없는 사랑이 아니라면, 무엇이 그런 사랑인지 나는 알지 못합니다. 내가 여기서 여러분에게 전하고자 하는 것은 어머니 빛 그 자체는 현재의 불완전한 이미지로부터 벗어나 그 위에 투사된 그리스도 마음의 완벽한 이미지를 갖고 싶다는 소망뿐이라는 것입니다. 어머니 빛은 지

---

61) www.marysdivinedirection.com.을 참고하기 바람. (저자 주)

구상에 하느님의 왕국이 실현되기를 원하며, 또한 아버지의 뜻과 아들의 비전에 순종하고 싶어 하십니다.

내가 앞서 여러분에게 말했듯이, 전체 물질우주는 두 가지 기본적인 요소, 곧 아버지의 팽창하는 힘과 어머니의 수축하는 힘에 의해 창조되었습니다. 아버지의 팽창하는 힘은 모든 것이 그 자체를 초월하기를 바라는 신의 무조건적인 사랑입니다. 그리고 수축하는 힘은 형태가 시간과 공간 속에 존재하는 것을 가능하게 만듭니다. 하지만 그 수축하는 힘은 또한 무조건적인 사랑에 의해서도 추진되는데, 그렇기에 그 힘은 자아의식적인 존재가 불완전한 정체감에 영원히 사로잡히는 것을 허용하지 않을 것입니다

여기서의 요점은 지속 가능한 창조가 일어나기 위해서는, 아버지의 확장하는 힘과 어머니의 수축하는 힘이 아들의 비전, 즉 보편적인 그리스도 마음 및 신의 공동창조자들의 개별화된 그리스도의 마음을 통해 균형을 이루어야한다는 것입니다. 그러므로 만약 지구가 지상천국을 실현한다면, 그것은 오직 그리스도의 마음속에 간직된 완벽한 비전이 어머니의 빛에 부여되었을 때만 이루어질 수 있습니다. 그리고 그러한 비전은 육화해 있는 임계수치의 사람들이 자기들의 진정한 정체성과 역할에 대해 깨닫는 경우에만 부여될 수 있습니다. 또한 이런 일은 오직 이 사람들이 지구상에서 그리스도화한 존재가 되어 그리스도 의식을 구현하기로 결정하고, 그 그리스도 의식을 통해 지구를 구성하는 어머니 빛에다 신의 왕국에 관한 완벽한 이미지를 투사할 때에만 일어날 수 있습니다.

사랑하는 이들이여, 이것이 하느님의 아들, 아버지의 독생자라는 말의 참된 뜻입니다. 그래서 예수는 여러분이 그를 믿는다면 – 기꺼이 그가 갔던 길을 따라 그리스도 의식을 구현하는 단계에 이른다면 – 자신이 했던 일보다 더 위대한 일도 할 수 있다고 말했던 것입니다. 여러분 역시도 하느님의 아들이나 딸이 되어, 이 지구에서 정당한 역할을 수행할 수 있습니다. 임계수치의 사람들이 어머니 빛을 수호하기 시작하면, 이 행성은 대부분의 사람들이 현재의 의식상태에서는 상상도 할 수 없는 평화와 번영의 황금시대를 실제로 실현하게 될 것입니다. 어쩌면 다수의 그 사람들은 그것을 한낱 환상처럼, 도저히 이룰 수 없는 유토피아(이상세계)처럼 즉시 거부할지도 모릅니다. 하지만 여러분에게 말하지만 그것은 실제로 실현될 수 있습니다. 그러나 그것은 오직 사람들이 그것을 받아들이기 시작할 때, 즉 그들이 그 비전을 매우 실제적인 잠재력으로 받아들일 때만 가능합니다. 그리고 참으로, 여러분은 그것을 하나의 가능성으로 받아들이는 단계를 넘어서서, 그것을 실제적인 현실로 확인하기 위해 여러분의 의지, 상상력, 비전의 힘을 사용하기 시작해야만 합니다.

내가 필요로 하는 것은 어머니 빛의 모든 수호자들이 눈을 하나가 되게 하기 위해 비전의 힘을 이용하는 것이고, 그럼으로써 여러분의 비전이 이 세상의 지배자에 의해 만들어진 이원성적인 어떤 이미지로 훼손되지 않게 됩니다. 여러

분은 눈을 오로지 그리스도의 비전이라는 단 하나의 목적에다 집중할 필요가 있고, 모든 외부 상황들에다 그 비전을 겹쳐놓고 볼 필요가 있습니다. 외부 상황들을 일시적이고 가공적으로 보고난 다음, 그것들이 그리스도의 비전에 의해 대체되는 모습을 보기 바랍니다. 나는 불완전한 결함들을 무시할 필요가 있다고 말하는 것은 아닙니다.

사랑하는 이들이여, 나는 여러분에게 책임에서 달아나지 말아야 할 필요성에 대해 설명하기 위해 많은 노력을 했습니다. 내가 말하는 것은 여러분이 현재 존재하는 결함들에 대해 인식하고 그것들이 이원성의식에서 생겨났다는 점을 이해할 필요가 있다는 것입니다. 하지만 여러분은 결코 그것들을 실제적인 것이나 영구적인 것으로, 또는 바꿀 수 없는 것으로 보지 말아야 합니다. 여러분은 그것들을 어머니 빛에 투영된 임시적이고 가공적인 신기루라고 볼 수 있습니다. 그런 다음 그 너머를 보게 됩니다. 여러분은 모든 외적인 현상 뒤에 숨어 있는 순수한 어머니 빛을 보며, 그리고 나서 그 빛 위에 투사된 어떤 이미지를 구현할 잠재력을 가진 그 절대적인 실체를 알게 됩니다. 그것은 영사용 필름을 통해 투영된 어떤 이미지를 그대로 비춰서 나타내는 영화 화면과 같습니다. 따라서 여러분은 어머니 빛이 불완전한 비전을 표출하는 것을 신속히 멈추고 더 완벽한 비전을 구현할 수 있다는 것을 알게 됩니다. 그때 여러분은 자신이 가진 비전의 힘을 사용하여 불완전한 상황이 더 완전한 상황으로 변형되도록 마음으로 시각화할 수 있습니다.

나의 사랑하는 이들이여, 불완전한 상태나 결함들로부터 달아남으로써 그런 문제들이 계속 존재하도록 하는 것과 그런 불완전한 것들을 일시적이고 허상적인 것으로 보는 것 사이의 근본적인 차이를 아시겠습니까? 이것은 자신이 영적이라고 생각하지만 그 영성을 물질세계에서 구현하지 못한 사람들과 진정으로 영적이면서 모든 것 배후에 있는 신을 보고 신의 완전한 비전이 삼라만상 속에 드러나 있음을 봄으로써 자신이 지구를 지배하기 위해 이곳에 와 있다는 것을 아는 사람들 간의 근본적인 차이입니다. 그러므로 여러분에게 제시하는 과제는 다음과 같습니다.

• 여러분이 현재 알 수 있는 가장 높은 비전에 항상 충실하라.
• 여러분이 오늘 볼 수 있는 것보다 더 높은 비전을 내일 파악할 수 있도록 여러분의 비전을 확장하려는 노력을 계속하라.
• 여러분이 스스로 가장 높은 가능성을 가진 비전이나 최상의 영적진리 및 이해를 가지고 있다고 생각하게 만드는 태도나 믿음체계에 절대로 빠지지 말라.
• 항상 여러분 자신과 하느님의 나라에 대한 여러분의 비전을 계속 초월해 가도록 하라.

사랑하는 이들이여, 여러분이 언제 여러분 자신과 비전을 초월하려는 것을 멈춰야 할까요? 그것은 매우 간난합니다. 즉, 외견상 아무리 불완전해 보일지라도, 모든 것 안에서 신을 보고, 신을 모든 외적인 현현(顯現) 배후에 있는 첫 번째 원인으로 볼 때, 그리고 여러분이 마주치는 모든 상황에서 하느님의 나라가 나타나는 것을 볼 때입니다. 어떤 의미에서 보면, 여러분은 자기 자신을 초월해가는 것을 결코 멈추지 않을 것인데, 왜냐하면 내가 앞서 설명한 대로, 신은 끊임없이 자신을 초월하고 있고 여러분의 창조주는 계속해서 자신을 넘어서서 더 나은 상태로 되어가고 있기 때문입니다. 여러분이 생명의 강 속에 있을 때, 계속해서 자신의 비전을 초월하고 있습니다. 이것이 진정으로 풍요로운 삶이자 생명이며, 다시 말해 여러분은 항상 더 나아지는 과정에 있는 것입니다. 풍요는 일정한 양의 돈이나 물질적 재산을 소유한 고정된 상태가 아닙니다. 풍요는 항상 살아 있고 더 나아지는 과정에 있는 동적인 상태입니다.

사랑하는 이들이여, 이것이 풍요로운 삶이며, 그것을 여러분에게 주는 것이 참으로 아버지의 기쁨인 것입니다. 여러분이 풍요로운 삶을 실현하는 데 필요한 열쇠가 담긴 이런 가르침을 여러분에게 전해주는 것 역시 정말로 나의 큰 기쁨이었습니다. 만약 여러분이 기꺼이 나의 가르침을 내면화하여 삶의 모든 면에 활용하고자 한다면, 나는 여러분이 필요로 하는 것을 주었으니, 이제 여러분의 남은 과제는 그것을 적용하는 것입니다. 이제 그 열쇠를 자물쇠에 넣고 "찰칵!"하는 소리가 들릴 때까지 돌려주시겠습니까? 그 소리는 진리가 여러분의 마음속에서 퍼뜩 이해되었다는 것을 의미합니다. 그러면 여러분은 멋진 전구가 마음속에서 켜지도록 할 것이며, 마침내 여러분의 유한한 자아라는 감옥문이 결코 잠겨있지 않았음을 알게 될 것입니다. 그리하여 그 문을 활짝 열고 감옥에서 걸어 나와 여러분의 신아라는 태양의 눈부신 햇살 속으로 들어갈 수 있습니다.

나의 사랑하는 이들이여, 여러분이 감옥에서 나올 때, 내가 여러분을 맞이하려고 거기에 서 있을 것입니다. 여러분의 그리스도 자아도, 또한 여러분의 개인적인 영적인 스승들도 여러분을 맞이하려고 거기에 있게 될 것입니다. 우리는 여러분을 팔로 얼싸안을 것이며, 여러분과 하나가 되는 순간을 공유할 것입니다. 서로와의 일체상태 속에서 우리는 모든 생명과 하나가 되고 우리의 창조주와도 하나가 될 것입니다. 그리고 그런 하나됨을 통해 우리는 지구상에서 볼 수 있는 어떤 것, 이원성 의식이나 언어로 표현되는 그 어떤 것도 넘어서는 풍요를 발견할 것입니다. 우리는 그리스도 마음을 통해서만 알 수 있는 참된 풍요로움을 알게 될 것입니다. 나는 여러분에게 다음과 같은 짤막한 표현의 말을 남깁니다. "여러분이 모든 생명을 하나로 볼 때, 비로소 승리를 얻게 될 것이다."

***

내가 여러분의 육적인 마음과 몸을 정화하도록 돕기 위해 고안한 도구는 '경이로운 독립의 로사리오' 입니다(※560페이지에 수록되어 있음). 이것은 본래의 여러분 자신이 되어 여러분의 빛을 비추기 위해서는 이 세상의 어떤 것이 필요하다는 환상을 극복하도록 돕는 강력한 로사리오입니다. 이 로사리오를 36일 동안 실행한 후에, 144일간의 종합기도를 끝마치게 될 것입니다. 만약 여러분이 열정적인 마음으로 이 기도수련을 행한다면, 나는 여러분이 변화를 발견할 것이고 자신의 인생이 상향나선으로 접어들었다는 것을 깨닫게 될 거라고 확신합니다.

144일 동안 하루에 한 번씩 묵주기도를 행하는 것이 수많은 생들에 걸쳐 만들어진 모든 결함들을 바꾸어놓을 것이라고 약속할 수는 없습니다. 하지만, 만약 여러분이 긍정적인 순환을 경험하고 있다면, 나는 여러분이 나의 로사리오를 계속해서 사용하도록 동기부여를 받을 거라고 생각합니다. 나는 각각 특정한 목적을 가진 다른 많은 로사리오들을 주었습니다. 여러분의 개인적인 상황과 내면적인 인도에 따라 그것들을 사용해 보십시오. 집단의식이 높아지는 것에 맞춰서 나는 계속해서 새로운 로사리오를 공개할 것이며, 여러분이 나의 로사리오를 사용하는 행성운동에 참여하는 가치를 이해했으면 합니다. 여러분이 일정한 기간 동안 전 세계 사람들과 함께 하루에 한 번씩 특정 로사리오를 실행할 때, 그 로사리오의 힘은 참가하는 사람들의 숫자와 더불어 기하급수적으로 증대될 것입니다. 이것은 세상을 변형시키는 매우 강력한 힘이 될 수 있으며, 세상을 위해 이렇게 무엇인가를 하는 것은 여러분의 영적성장을 크게 증진시킬 것입니다. 그러므로 로사리오를 행하는 것은 우주거울에다 더 풍요로운 삶의 형태로 필연적으로 여러분에게 다시 반사될 충격파를 보내는 강력한 방법입니다.

생명의 강과 함께 흐르기

사랑하는 이들이여, 우리는 이 책에서 내가 여러분에게 전해 줄 마지막 열쇠에 이르게 되었습니다. 여러분이 허용해준다면, 유한한 자아 또는 많은 사람들이 에고라고 부르는 것에 대해 한 번 더 설명하겠습니다. 유한한 자아에 대해 여러분이 이해할 수 있는 가장 중요한 점은 그것이 불가능한 추구에 매달려 있다는 것입니다. 그 추구는 불가능한데, 왜냐하면 유한한 자아는 이원성에서 태어났기 때문입니다. 따라서 유한한 자아는 결코 해결될 수 없는 내재된 갈등과 모순을 지니고 있습니다. 사랑하는 이들이여, 유한한 자아는 의식적인 여러분이 더 이상 결정을 내리지 않겠다고 결심했을 때 탄생했습니다. 이 결심의 진짜 문제는 의식적인 여러분이 자신의 참된 정체성과 본성을 부정했다는 것입니다. 여러분은 자신이 신과 공동창조자라는 것을 부정했고, 그러므로 여러분이 - 천부적으로 - 하느님의 눈에 들 만한 자격이 있다는 사실을 부인했습니다. 그리고 여러분은 신과 분리돼 있고 모종의 실수를 저질렀기 때문에 신에게 돌아갈 자격이 없다는 이원성적인 거짓말을 받아들이게 되었습니다. 사실, 여러분은 낮은 정체감을 받아들임으로써 신의 완전한 구상에서 일시적으로 벗어나 있지만, 언제나 그 순수한 비전으로 돌아올 수 있습니다.

여러분이 무가치하다는 느낌을 받아들이면, 의식적인 자아, 의식적인 여러분은 작은 우리로 움츠러들게 됩니다. 하지만 사랑하는 이들이여, 의식적인 자아는 결코 자각하는 능력을 완전히 잃지는 않습니다. 의식적인 여러분은 결정하는 것에서 물러날 수는 있지만, 의식적인 경험을 하지 않을 수는 없습니다. 또한 의식적인 자아는 결정하는 것을 멈출 수는 있지만, 그런 결심이나 그것의 부족함에 따른 결과를 경험하지 않겠다고 선택할 수는 없습니다. 자기인식은 의지보다 우선하기 때문에, 의식적인 여러분이 비록 스스로 거의 의식하지 않도록 마비시키는 시도를 할 수 있을지라도 인식하는 것을 멈추겠다고 선택할 수는 없습니다. 의식적인 여러분은 결코 온전함에 대한 갈망, 신의 왕국으로 돌아가고 싶다는 갈망, 그리고 다시 한 번 생명의 강에 돌아가서 풍요로운 삶을 경험하고 싶다는 갈망을 완전히 잃어버릴 수 없습니다. 이것은 결코 완전히 끌 수 없는 안전장치입니다. 의식적인 여러분이 무엇을 하든 관계없이, 그것은 언제나 온전함에 대한 갈망, 뭔가 더 나아지고자 하는 갈망을 가질 것입니다.

전에 설명했듯이, 유한한 자아가 태어났을 때 그것은 창조된 공허함을 채우려고 시도했는데, 왜냐하면 의식적인 여러분이 더 이상 신아에 관한 직접적인 경험을 하지 못했기 때문입니다. 어떤 면에서 유한한 자아는 보편적인 그리스도 마음 속에 여전히 저장돼있는 여러분의 참된 정체성인 신아를 대신할만한 존재로 자신을 세우고자 항상 몰두해 있습니다. 온전함을 추구하는 여러분의 내면적 추구는 여러분의 신아와의 하나됨을 통해서만 채워질 수 있으며, 그런 합일상태에서 신으로부터의 빛의 흐름이 여러분의 하위 존재를 통해 방출됩니다. 그리고 이 일체상태는 여러분이 신을 대면하여 신과 하나가 될 자격이 있다는 것을 받아들여 인정할 때에만 성취될 수 있습니다. 의식적인 여러분은 단순히 그런 자격이 있음을 잊어버렸습니다. 그리고 여러분은 신의 한 확장체로 창조되었고 본래부터 신과 하나가 될 자격이 있기 때문에 그 영원한 진리를 인식함으로써 그 자격을 되찾을 수 있습니다. 실제로, 여러분은 결코 하느님으로부터 분리돼 있지 않으며 또한 절대로 자격을 잃은 적이 없습니다.

　이와는 대조적으로, 유한한 자아는 신에 의해 창조된 것이 아니며, 그렇기에 그것은 결코 신의 눈에 합당하게 보인 적이 없고 결코 앞으로도 그렇지 못할 것입니다. 내가 여기서 말하고 있는 것은 의식적인 여러분은 보편적인 그리스도 마음속에 흠결 없는 생각을 갖고 있기 때문에 합당한 자격이 내재돼 있다는 것입니다. 그것은 물질계에서 어떤 일을 함으로써 자격을 얻는 문제가 아닙니다. 그것은 단지 여러분이 받아들이기만 하면 됩니다. 유한한 자아는 이러한 내재된 자격이 없으므로 절대로 그것을 얻을 수 없습니다. 보편적인 그리스도 마음은 유한한 자아에 대한 생각은 포함하고 있지 않기에, 이 에고는 아무런 실체도 없고 돌아갈 곳도 없습니다. 그럼에도 유한한 자아는 끊임없이 거짓된 가치감, 즉 온갖 외부 조건으로 인해 신의 눈에 들 만하다고 스스로 믿는 합당한 이미지를 구축하기 위해 계속 시도하고 있습니다. 에고는 신을 위해 외적인 일을 함으로써 신이 자신을 하늘나라로 받아들여야만 할 것이라고 생각합니다.

　유한한 자아는 분리의 환영으로부터 태어났다고 말할 수 있으며, 따라서 그것은 신과의 하나됨에 관한 환상을 창조하려는 시도로 분리의식을 이용합니다. 물론, 분리에서 태어난 것은 결코 하나의 상태가 될 수 없습니다. 그래서 유한한 자아는 신의 눈에 합당한 황금 송아지상을 만들려고 시도하고 있으며, 그것은 그런 이미지를 구축하기 위해 이 세상의 것들을 이용합니다. 에고는 이원성 의식을 바탕으로 만들어진 "것들"을 충분히 합치면, 그것은 합당한 가치가 있을 것이고, 하늘에까지 닿는 탑을 세울 수 있다고 말하려 하고 있습니다. 그러나 1에다 아무리 많은 0을 추가시켜 곱하더라도 아무 것도 늘어나지 않습니다. 사랑하는 이들이여, 이것을 주의 깊게 심사숙고하십시오. 왜냐하면 그것이 참으로 유한한 자아의 감옥에서 여러분 스스로를 해방시키기 위한 진정한 열쇠이기 때문입니다. 의식적인 여러분은 신과의 하나됨을 받아들임으로써 전체가 될 수 있다고 말할 수 있으며, 반면에 유한한 자아는 결코 이것을 할 수가 없습니다.

대신에, 그것은 자신이 만들고 있는 우상인 멀리 있는 신을 기쁘게 하려고 합니다. 의식적인 여러분은 단지 이 황금 송아지 주위에서 춤추는 것을 멈추고 자기초월의 산인 하느님의 산을 오를 필요가 있습니다.

***

유한한 자아를 구성하는 마음의 기본 틀은 그것이 끊임없이 위협받고 있다고 느낀다는 것입니다. 그렇다면 왜 유한한 자아는 항상 위험을 받는다고 느낄까요? 그것은 환상, 즉 자신에게 안도감을 주는 가치와 권위의 환상을 유지하려고 애를 쓰고 있기 때문에 위협 받는다고 느낍니다. 유한한 자아는 의식적인 여러분이 그 환상을 믿도록 설득할 수 있는 한, 통제될 것이며 자신이 살아남을 것이라고 생각합니다. 여러분의 유한한 자아는 만약 여러분이 그 환상으로부터 여러분 자신을 분리한다면, 자기에게 에너지를 공급하는 것이 멈추게 될 것이고 따라서 자신이 죽을 것이라는 것을 압니다. 그러므로 유한한 자아에게는 환상을 유지하는 것이 말 그대로 삶과 죽음의 문제입니다. 그런데 유한한 자아에게는 불행하게도 — 여러분에게는 다행히도 — 물질세계의 모든 것은 그런 환상과 잘못된 안도감을 끊임없이 붕괴시키려 하고 있습니다. 유한한 자아의 기본적인 딜레마를 이해하려면 다음과 같은 점들을 고려하십시오.

- 창조주는 끊임없이 자신을 초월한다. 신은 생명의 강이며, 끊임없이 더 나아지는 과정 속에 있다.
- 이원성 의식은 신과 분리되어 있으므로 그것은 생명의 강의 일부가 아니다.
- 이원성 의식과 유한한 자아는 신이 끊임없이 초월하고 있다는 것을 짐작할 수 없다. 그것은 신의 존재를 직접 체험할 수 없으므로 신에 대한 정신적 이미지를 창조함으로써만이 신을 알 수 있다.
- 유한한 자아는 절대자가 완전하다고 믿으며, 그것은 완전함을 변할 수 없고 변할 필요가 없는 것으로 해석한다. 따라서 그것은 신이 고정적이라고 믿고 있으며 변화가 없는 신의 형상을 창조하려고 한다. 이런 형상은 필연적으로 여러분을 신에 관한 제한된 시각에다 갇히게 하는 우상이 되고 만다.
- 신은 여러분에게 자유의지를 주셨고, 그래서 여러분은 신에 관한 우상을 채택할 권리가 있다. 그러나 그런 변화가 없는 형상은 자동적으로 여러분을 생명의 강 바깥에 있게 한다. 그리고 그 형상을 붙들고 있는 한, 여러분은 아버지의 왕국을 상속받을 수 없다. 여러분은 풍요로운 삶을 살 수 없다.
- 신은 여러분을 무조건 사랑하시므로 그분은 여러분이 자신의 풍요 바깥에 영원히 남아 있기를 원하지 않는다. 그렇기에 신은 물질우주를 여러분이 신과 분리돼 있다는 환영을 끊임없이 깨뜨리려고 하는 방식으로 설계했다. 즉 물질우주의 모든 면은 유한한 자아에 의해 창조된 이원성적 환상에 도전하도록 고안되어 있다.
- 이원성적인 세계관에 대한 주요 도전은 이원성 의식 그 자체로부터 온다. 이

런 의식 상태는 서로를 상쇄하려는 두 개의 상대적인 정반대의 것들에 기초해 있다. 따라서 만약 여러분의 유한한 자아가 상대적인 한 극단으로 너무 멀리 가는 경우, 그 세계관은 필연적으로 반대 극단에 의해 도전 받게 될 것이다.

나의 사랑하는 이들이여, 다시 한 번 나는 지성에 의해서는 파악될 수 없지만 가슴에 의해 이해될 수 있는 미묘한 차이점을 설명하겠습니다. 의식적인 여러분이 자신을 생명의 강과 하나로 볼 때, 여러분은 절대적인 확신으로 신이 모든 외적인 현상 배후에 있는 궁극적인 실재임을 압니다. 또한 여러분은 어머니 빛이 어떤 형상이든 취할 수 있지만, 흠결 없는 구상을 표현하는 형태들만이 궁극적으로 진짜라는 것을 알고 있습니다. 불완전한 형태는 단지 일시적으로 존재하기 때문에 여러분을 지배할 실제적인 힘은 없습니다. 그것들은 환영을 기반으로 하고 있습니다. 그리고 여러분이 이 환영의 현실을 받아들이지 않을 경우 그것은 여러분에게 영향을 줄 수 없습니다. 그러므로 이 세상의 지배자가 와서 여러분 안에서 가져갈 게 아무것도 없게 될 것입니다. 왜냐하면 여러분이 이 세상의 지배자는 진짜가 아니란 것을 알고 있기 때문입니다.

여러분이 하느님의 실체 속에 있을 때, 여러분은 정반대적인 것들이 없다는 것을 알며, 그 신의 실체에 맞설 수 있는 것은 아무 것도 없다는 것을 압니다. 오직 신만이 궁극적인 실체를 가지고 있으며, 신에게는 분열이나 모순이 없습니다. 그런데 여러분이 – 선과 악에 대한 지식에 해당하는 – 이원성 의식에 관여하게 되면, 하느님의 존재, 하느님의 실체에 대한 직접적인 경험을 잃어버리게 됩니다. 이제 여러분은 모든 것이 선과 악 같은 두 가지 상대적인 정반대의 것들에 의해 규정되는 세계로 진입합니다. 여러분의 유한한 자아는 생명의 강으로부터의 분리로 인해 태어나며, 그렇기에 본질적으로 그것은 상대적인 선과 악의 현실 속에서 맹목적인 믿음을 갖고 있습니다. 그것은 선과 악이 다 현실이고 하나는 다른 하나가 없이는 존재할 수 없다고 믿습니다.

사랑하는 이들이여, 이것의 불가피한 결과를 이해하시겠습니까? 만약 여러분이 상대적인 선이 실제로 있다고 믿는다면, 또한 상대적인 악도 진짜라고 믿을 것입니다. 인간이 신에 대한 우상적 이미지를 창조할 경우, 여러분은 필연적으로 그 상대적인 신의 정반대의 이미지, 즉 악마를 만들어야 할 것입니다. 이원성의 세계에서는 정반대의 것이 없다면 아무 것도 존재할 수가 없습니다. 그리고 여러분이 이처럼 상대적인 신의 이미지가 진짜라고 믿는 한은 또한 악마의 이미지도 진짜라고 믿을 것입니다. 다시 말하자면, 여러분은 악마가 하느님만큼이나 진짜라고 믿습니다. 어떤 의미에서 상대적인 악은 상대적인 선만큼 "실제적"인 것이지만, 여러분이 이원성 의식에서 벗어나면 오직 신만이 실제이고 신의 절대적인 선보다 못한 것들은 모두 허구라는 것을 알 수 있습니다. 그것은 객관적인 실체가 없지만 단지 이원성 의식에 빠져있는 자아의식적인 존재들의 마음속에만 존재합니다. 그러므로 그것은 여러분이 자신의 세계관 속에서 그런 것들에게 힘을 주고 그것들을 "현실"로 받아들일 경우에만 여러분을 지배할 수 있는 힘을 가집니다.

사랑하는 이들이여, 이 결과에 대해 생각해보십시오. 이원성의 세계로 들어서자마자, 여러분은 자신이 믿는 모든 것을 위협하는 것과 자동적으로 마주치게 됩니다. 모든 것이 정반대의 것을 가지고 있기 때문에 이것은 불가피합니다. 여러분은 그 정반대 것에 즉각적으로 방해받지 않을 생각, 신념체계를 규정할 수 없습니다. 여러분이 어떤 것을 선으로 규정한다면, 즉시 정반대의 것이 있게 될 것이며, 그러면 여러분은 그것을 악으로 간주합니다. 그리고 여러분은 그 정반대의 것들 모두가 진짜라고 믿기 때문에, 어떤 것이 여러분의 세계관을 대적하고 파괴할 수 있다고 생각합니다. 여러분은 악마가 진짜이며 여러분을 위협할 수 있는 힘을 가지고 있다고 믿습니다. 그러므로 여러분은 자신의 세계관에 반대하는 어떤 것에 의해서도 위협받는다고 느낄 것입니다. 이것이 유한한 자아가 끊임없이 위협받는다고 느끼는 이유이며, 많은 종교인들이 악마에게 위협을 느끼는 이유입니다.

사랑하는 이들이여, 많은 사람들이 악마를 두려워하고 악을 두려워하는 것은 내 마음에 커다란 부담입니다. 사람들이 이 위협에 얼마나 다양하게 대처하는지를 생각해보십시오. 수많은 기독교인들은 그들의 문자적인 성경해석을 넘어서 있는 개념에 대해서는 감히 고려하지도 못할 정도로 악마를 두려워합니다. 따라서 그들은 이 책이 악마에 속한다고 두려워하며 읽을 엄두도 내지 못할 것입니다. 많은 뉴 에이지 사람들은 새로운 개념에 개방적이지만 그들은 아예 악을 무시함으로써 악의 위협에 대처하려 합니다. 사랑하는 이들이여, 이 두 가지 유형의 사람들이 똑같이 그들의 안도감에 위협이 되는 듯한 어떤 것으로부터 도망가는 패턴에 빠져있다는 것을 아시겠습니까? 그들은 모두 악마를 두려워하며, 그 두려움 때문에 그것을 더 가까이서 보지 못합니다. 만약 그들이 기꺼이 두려움을 극복하고 면밀한 관찰을 한다면, 그들은 악이 오직 이원성의 영역에만 존재한다는 사실을 깨달을 것입니다. 그러므로 악을 극복하는 궁극적인 방법은 의식적인 여러분과 유한한 자아를 분리시키는 것입니다. 여러분이 이원성적인 믿음에 물든 4가지 하위체들을 맑게 정화하면, 이 세상의 지배자는 여러분에게서 아무것도 가져가지 못할 것이며, 따라서 여러분은 이 세상에서 어떤 것도 두려워할 필요가 없습니다.

분명히 예수와 부처님 및 다른 영적 지도자들은 내가 지금 말한 것을 내면화했기 때문에 그들은 악마에 대한 두려움이 없었습니다. 그들은 하느님과 정반대의 것은 없으며 그리스도 진리와 맞서는 것도 없다는 깨달음을 얻었습니다. 적그리스도의 마음은 그것이 그리스도의 진리와 반대되는 것이라고 생각하지만, 그것은 바깥에 멀리 떨어져 있으며 그리스도의 실체와는 전혀 관계가 없습니다. 적그리스도는 두 개의 상대적인 정반대의 것들에 의해 불가피하게 지배되는 자신의 세계에 갇혀 있습니다. 그러므로 사실 적그리스도는 그리스도와 맞서고 있는 것이 아니라, 자신이 만든 그리스도 진리의 상대적 버전에 대항하고 있습니다. 악은 하느님의 절대적인 선에 대립하고 있지 않습니다. 악은 상대적인 선에 반대하는 상대적인 힘일 뿐입니다. 하느님의 실체와 그리스도의 진리는 모든 상대적인 것들을 넘어서 있습니다. 그러므로 그리스도로 변화된 존재는 두 개의 상대적인 정반대의 것들 사이에서 계속되는 이원성적인 투쟁에 결코 말려들지 않습니다. 그리스도화한 존재는 절대로 인간의 권력투쟁을 두둔하지 않으며, 그것이 마귀가 예수를 유혹할 수 없었던 이유입니다. 이런 존재는 그리스도 마음의 하나의 비전, 올바른 비전에만 충실합니다. 그 또는 그녀는 상대적인 선이 상대적 악을 대체하거나 근절함으로써 하느님의 왕국이 나타나지 않을 것임을 깨닫습니다. 지상천국은 임계수치의 사람들이 모든 이원성적인 투쟁을 넘어설 때만이 실현될 것입니다.

***

나의 사랑하는 이들이여, 내 요점은 에고로부터 여러분이 스스로 자유롭게 되는 유일한 길은 오직 그 이원성적인 사고방식을 초월하는 것뿐이라는 것입니다. 이렇게 하기 위해서는, 유한한 자아가 결코 자신의 우상이나 기본 세계관을 환상이라고 보거나 인정하지 않을 것임을 깨닫는 것이 도움이 됩니다. 만약 그것의 믿음체계가 틀렸다는 것이 입증될 경우, 유한한 자아는 자신이 죽을 것이라고 믿는데, 그것은 사실입니다. 유한한 자아의 본질, 에고의 수법은 그것의 이원성적인 세계관, 그 기본 패러다임이 결코 나쁜 것으로 입증될 수 없다는 것입니다. 여러분은 절대로 유한한 자아가 거짓되게 살고 있다는 것을 확신하지 못할 것이며, 그것이 자신이 태어난 이원성 의식을 통해서 그 사실을 알게 만들지는 못할 것입니다. 유한한 자아는 영원히 자신의 이원성적인 믿음과 반대되는 것에 대해 대항함으로써 그 믿음의 확실성을 증명하려는 불가능한 추구에 매달릴 것입니다.

문제는 유한한 자아가 아무런 실체가 없다는 것입니다. 의식적인 여러분은 자신의 정체성, 즉 자아영역의 내용물을 넘어서 있는 실체를 가지고 있습니다. 의식적인 여러분은 이 세상에서 규정된 어떤 개념들과는 별개로 존재할 수 있습니다. 그러나 유한한 자아는 독립적인 실체를 갖고 있지 않습니다. 그것은 절대로 자신이 태어난 이원성적인 믿음과는 별도로 존재할 수가 없습니다. 만약 그러한 믿음들이 틀린 것으로 입증되면, 유한한 자아는 사라질 것입니다. 그러므로 유한한 자아가 자발적으로 자신의 생존을 지속하려는 시도를 포기할 거라고 기대하지 마십시오. 사실의 핵심은 의식을 지닌 여러분이 유한한 자아를 창조했다는 것이며, 따라서 여러분이 그 에고로부터 자신을 분리하고 그것이 죽게 함으로써 그 가아(假我)를 "소멸"시켜야한다는 것입니다.

유한한 자아의 기본전략은 보편적인 그리스도 마음에 저장된 완벽한 구상인 인간존재에 대한 흠결 없는 생각을 대신하는 대체물로 자신을 내세우려고 하는 것입니다. 이 청사진은 물질세계에서 여러분의 자유의지를 훈련하기 위한 천연

자석이 되기로, 또는 여러분이 신의 법칙에 맞는 결정을 내리게끔 확고한 기반을 제공하는 그리스도의 반석이 되기로 예정돼 있습니다. 유한한 자아는 적그리스도의 의식을 이용하여 자신을 궁극적인 권위자로, 신의 대행자로, 아버지의 유일한 독생자로, 그리스도로 세우려고 시도하고 있습니다. 또한 그것은 스스로를 그리스도 진리의 교체자로 세우려고 노력하고 있으며, 결국 그것은 이원성적인 마음을 통해 그리스도 진리를 왜곡시키는 그리스도의 사칭자(詐稱者)가 됩니다. 그것은 그리스도 진리를 받아들여 상대적인 것으로 만들어 버림으로써 그것을 생명의 의식(意識) 대신에 죽음의 의식으로 바꾸어 놓는 것입니다

여러분의 유한한 자아는 거짓된 권위로 자리 잡았고, 그것은 여러분의 삶을 운영하는 방법을 다른 누구보다 더 잘 알고 있다고 주장합니다. 그러므로 여러분은 그 에고가 여러분의 삶을 영위하도록 허용해야 하고 그렇게 하면 구원받는 것이 보장된다는 것입니다. 그리고 그렇게 하지 않을 경우에는 지옥에 갈 수 밖에 없다고 합니다. 하지만 유한한 자아가 주장하는 권위적인 지위는 모래 위에 지어진 집입니다. 결과적으로 그것은 오직 여러분이 그 권위에 대한 주장을 면밀히 살펴보는 것을 두려워하게 만드는 두려움을 이용함으로써만이 자신의 위치를 유지할 수 있습니다. 만약 여러분이 그리스도 자아의 인도를 요청하면서 그러한 조치를 취한다면, 에고의 주장을 꿰뚫어 볼 것입니다.

여러분은 에고가 스스로를 초월하고 더 나아지기보다는 자신이 만든 이원성적인 이미지, 우상에 매달려 있으려 하는 것을 보게 됩니다. 사랑하는 이들이여, 여러분은 우상이 그 자체의 속성에 의해 위협받고 있다는 것을 아시겠습니까? 왜냐하면 그것은 생명의 강과 단절돼 있기 때문입니다. 고정된 정지상태의 것은 아무 것도 살아남을 수 없으며, 즉 그것은 앞을 향해 계속 움직이고 있는 신의 창조의 강(river of creation)에 의해 끊임없이 위협받게 될 것입니다. 그렇지만 그 실제 위협이 어떻게 형성되는 것일까요? 이 책 전체에 걸쳐 설명했듯이, 이원성 의식은 두 개의 상반되는 상대적인 두 극단의 창조에 바탕을 두고 있습니다. 여러분은 그것을 선 또는 악, 흑 또는 백, 아니면 원하는 다른 무엇으로도 부를 수 있습니다. 명칭에 관계없이, 이 극성들은 서로 상반되지만, 둘 다 그리스도의 진리에서 벗어나 있습니다. 여기서 중요한 점은 여러분이 이원성에 갇혀있는 한, 이 마음의 틀 속에 만들어진 모순과 갈등을 피할 수 없다는 것입니다.

사랑하는 이들이여, 한 가지 예를 들어 드리겠습니다. 에고는 궁극적인 완전함에 대한 환영, 궁극적인 안전에 대한 환상을 창조하고자하는 열망을 가지고 있으며, 확실한 믿음체계를 규정함으로써 이것을 하려고 시도합니다. 여러분은 인류역사 내내 다양한 문명들이 종교적 정치적 신념체계를 규정하고 그것이 무오류의 절대적인 진리에 기초해 있는 궁극적인 제도라고 선언했다는 것을 알 수 있습니다. 그러나 이원성의 세계에서 규정된 어떤 개념도 정반대의 것을 가지고 있으며, 따라서 소위 모든 궁극적인 믿음체계는 그 자체의 속성상 상반된

486

개념에 의해 위협을 받게 됩니다. 그러한 믿음체계를 고수하는 사람들은 "(종교적 정치적) 열성 신자"가 아닌 사람들에게 위협을 느끼게 될 것입니다. 이것은 다른 사람들을 개종시키거나 억지로 자기들의 믿음을 받아들이도록 강요할 필요성을 유발합니다. 극단적으로 말해서, 인간은 그 믿음이 신 또는 자연의 힘과 같은 궁극적 권위에 의해 정당화되어 있는 것으로 보며, 그리하여 그 유일하게 진실한 믿음체계를 받아들이기를 거부하는 사람들을 모조리 죽이게 됩니다. 이때 분명히 다른 사람들은 살아남고자 할 것이며, 그렇기에 그들은 그 사람들의 믿음체계를 자기들의 확실한 종교로 대체함으로써 그런 개개인의 믿음체계를 없애려고 할 것입니다. 에고가 우상을 세우거나 방어하기 위해 이원성적인 한 극단으로 너무 멀리 옮겨갈 경우, 그 잘못된 이미지를 붕괴시키려는 정반대의 반작용을 자동적으로 일으킬 것이라고 말할 수 있습니다. 다시 말하면, 유한한 자아가 하는 모든 것은 그것의 환상을 위협하고 그 자아의 삶 자체를 헛된 투쟁으로 바꿔 놓을 힘을 생성할 것입니다.

　나의 사랑하는 이들이여, 유한한 자아는 이 괴로운 투쟁 자체가 그 자신에 의해 만들어졌다는 것을 결코 알지 못할 것입니다. 그 이유는 유한한 자아는 절대로 이원성 의식 너머를 볼 수 없기 때문입니다. 반대로, 유한한 자아는 자신의 그 이미지가 옳다고 완전히 확신하지만, 외부의 힘은 그것의 믿음체계를 파괴하려고 시도하고 있습니다. 자신의 이미지가 절대적으로 옳다는 이유로 다른 모든 것은 거짓이어야 합니다. 이런 잘못된 이미지를 믿는 세력은 다른 자아와 그 믿음을 파괴하려고합니다. 내가 여러 번 말했듯이, 우주는 거울입니다. 그래서 여러분이 위협받고 있다는 믿음을 내보내면, 우주거울은 여러분의 믿음체계를 위협하는 상황을 돌려보낼 것입니다. 이것의 목적은 여러분이 더 높은 이해에 도달함으로써 현재의 믿음을 초월하도록 돕기 위한 것입니다. 그것은 정말로 단순합니다. 만약 여러분이 이원성에 기초한 충격파를 내보내면, 우주거울은 그 이원성을 구현하는 조건을 반사할 것이며, 그것은 필연적으로 여러분의 인생을 투쟁이 되게 만들 것입니다. 내 메시지는 우주가 풍요로운 삶을 반사할 수 있도록 여러분이 이원성을 초월하고 그리스도 마음에 도달할 필요가 있다는 것입니다. 그러나 유한한 자아는 이 개념을 헤아릴 수 없습니다. 그렇기에 자신의 우상을 지키기 위해 가능한 모든 것을 다 하면서 단지 제 무덤을 스스로 팔 것입니다. 여러분의 에고가 우주의 거울로부터 오는 위협적인 반작용을 경험하면 할수록, 더욱 더 그것은 자신의 고착된 이미지를 방어해야한다고 생각합니다.

　여러분이 역사를 살펴보면, 두 집단의 사람들이 절대적인 믿음체계에 기초한 갈등이나 무조건적 전쟁에 몰두했던 많은 상황을 발견할 수 있습니다. 각 집단은 자신들의 신념에 대한 모든 반대를 근절할 수 있는 절대적인 믿음체계와 권한을 가지고 있다고 주장합니다. 대부분의 경우, 각 집단은 전 세계의 생존이 그 믿음체계의 생존에 달려 있다고 믿었습니다. 실제로 각 집단은 상대적인 이원성적인 믿음체계를 옹호하고 있었으며, 이는 그 집단들이 기꺼이 폭력을 행사하려했다는 사실에 의해 분명히 입증됩니다. 여러분이 사랑의 길에서 이탈하면, 생명의 강 바깥에 머물러 있게 되고, 따라서 여러분은 결코 하느님의 실체 또는 그리스도의 진리를 구현할 수 없습니다. 여러분이 악에 저항하면, 이원성의 영역으로 들어가게 되고, 따라서 여러분은 악의 일부가 됩니다. 여러분은 이제 해결책의 일부가 아니라 문제의 일부입니다.

나의 사랑하는 이들이여, 우주의 거울작용은 공동창조자들이 불완전한 현상을 봄으로써 잘못된 이미지를 넘어설 수 있기를 희망하면서 그들이 내보낸 것을 다시 반사시키기 위해 만들어졌습니다. 다시 말하면, 그 메시지는 단순하지만, 유한한 자아는 결코 그것을 헤아릴 수 없습니다. 만약 여러분 자신에게 돌아오는 것이 마음에 들지 않는다면, 내보내는 것을 바꿔야합니다. 또는 예수가 2,000년 전에 말했듯이, 여러분이 남들에게 대접받고 싶은 대로 그들에게 행하기 바랍니다. 우주거울은 여러분이 빠져있는 이원성적인 환상을 극복하도록 돕기 위해 설계되었습니다. 여러분이 자신의 마음을 이원성적인 신념체계에 국한시킬 때, 필연적으로 여러분은 자기의 신념에 반대하는 것들을 두려워하기 시작한다고 말할 수 있습니다. 그리고 여러분이 우주의 거울에다 두려움을 내보낼 때, 여러분은 스스로 두려워하는 것을 정확히 자신에게 끌어당깁니다. 이런 작용은 여러분에게 자신의 두려움과 마주하고 그것을 넘어설 수 있는 기회를 제공합니다. 그러나 만약 여러분이 에고로 하여금 여러분의 삶을 운영하게 한다면, 에고는 자신의 믿음을 위협하는 것을 파괴하려고 할 것입니다. 이것은 여러분을 이원성적인 속성에 의해 위협받는 환상을 지키기 위한 끊임없는 투쟁에다 몰아넣습니다. 진짜 문제는 유한한 자아가 제 스스로 우주거울 속으로 내보내는 이미지들에 의해 자신이 위협받고 있다는 것을 결코 깨닫지 못한다는 것입니다. 그것은 그 위협이 바로 자기 자신으로부터 온다는 것을 알 수 없습니다. 그것은 결코 스스로 만들어 낸 위협에 맞서 스스로를 방어하는 이 악순환을 피할 수 없습니다. 그리고 만일 여러분이 유한한 자아가 여러분의 삶을 운영하도록 허락한다면, 여러분의 삶은 기나긴 투쟁이 될 것입니다. 유일한 탈출구는 의식적인 여러분이 유한한 자아의 이원성적인 환상으로부터 스스로를 분리해서 결코 끝나지 않는 그 투쟁에 관여하기를 거부하는 것입니다.

***

핵심적인 요점은 유한한 자아가 자체적인 속성에 의해 자신의 세계관을 위협하는 상태를 조성한다는 것입니다. 그리고 나서, 반사작용이 우주의 거울로부터 되돌아 올 때, 유한한 자아는 그 상태를 처리하지 않으면 안 됩니다. 유한한 자아는 어떻게 자신의 믿음체계에 대한 위협에 대처할까요? 사랑하는 이들이여, 사람들이 우주거울로부터 불쾌한 반작용을 받았을 때, 그들이 스스로 내보내는 것을 바꿀 필요가 있다는 점을 깨달았으면 하는 것이 이 우주를 설계한 신의 희망이었습니다. 그렇게 하면 그들은 이원성적인 믿음을 뛰어 넘어 풍요로운 삶으로 돌아갈 수 있습니다. 그러나 불행히도, 이 시스템은 여러분이 결정하지 않고 어려운 상황에서 도망치려고 하면서 에고가 그 반응을 결정할 수 있게 한다면, 무너질 수 있습니다. 유한한 자아는 환상이 옳은 것처럼 보이도록 만드는 데만 완전히 집중돼 있으므로 자신의 믿음체계를 바꿀 필요가 있다고 생각하지도 못합니다. 대신에 그것은 위협을 피하고 우주로부터 오는 불쾌한 반작용을 피하는 데 중점을 둡니다. 그러므로 이를 피하기 위해 에고는 심리학자들이 "도피" 또는 "전투반응"이라고 부르는 것을 일으킵니다.

유한한 자아의 첫 번째 충동은 위협으로부터 달아나거나, 그것을 피하거나, 무시하거나, 또는 이원성적인 추론에 의해 그것을 부정하거나 교묘히 변명하여 발뺌하는 것입니다. 전에 말했듯이, 이원성 의식은 언제나 자신이 믿고 싶은 것을 뒷받침하는 주장을 내세울 수 있습니다. 그러므로 유한한 자아는 그것을 교묘히 변명하여 발뺌함으로써 어느 정도 위협에서 벗어나는 데 성공할 수 있습니다. 그러나 물질계에서 여러분이 항상 위협을 피할 수 있는 것은 아니며, 늘 물리적 환경에서 도망치거나 그 환경을 부정할 수는 없습니다. 그렇기에 유한한 자아가 위협으로부터 도망칠 수 없을 때, 그것은 전투반응으로 들어가고, 이제 그 위협을 파괴하려고합니다. 많은 경우에 그것은 위협을 주는 사람들을 해치는 것을 의미합니다. 이것은 실제로 이런 사람들을 죽이는 것과 같이 육체적으로 파괴할 수 있음을 뜻할 수 있습니다. 또는 육체적 혹은 정신적 폭력을 통해 그들을 침묵시키거나 강제로 복종시킴으로써 파괴할 수 있습니다.

많은 경우에 유한한 자아는 도피 또는 전투반응을 통해 위협을 회피하는 데 성공적일 수 있습니다. 그러나 이렇게 함으로써 유한한 자아가 다른 충격파를 내보내는 것은 불가피합니다. 그리고 이 충격파가 우주의 거울에 의해 반사되면, 그것은 유한한 자아의 환상에 훨씬 더 심각한 위협적 형태를 취할 것입니다. 이것은 여러분의 삶을 계속적인 투쟁으로 바꾸어 놓는 것이며, 이 투쟁을 가속화시키는 책임은 유한한 자아에게 있다는 점에 유의하십시오. 즉 유한한 자아가 사실상 우주거울로부터 오는 반작용을 유발하는 작용을 내보내고 있는 것이며, 작용이 강할수록 반작용은 더 강해집니다. 이것은 여러분의 인생 전체가 하나의 커다란 적자처럼 느껴질 때까지 가속화될 수 있으며, 여러분은 불을 끄거나 이런 저런 위기에 대처하기 위해 끊임없이 달려가야 합니다. 의식적인 여러분은 적어도 이런 고투와 갈등을 겪는 것에서 벗어날 수가 없습니다. 그러므로 여러분은 스스로의 삶에 대한 책임감을 되찾고 자신의 자아영역을 지배하기로 결정하기 전에 그런 상태를 얼마나 오래 동안 지속되게 할 것인지를 먼저 결정해야합니다.

사랑하는 이들이여, 유한한 자아의 불가능한 추구로 인해 자기의 삶을 완전히 허비한 사람들이 있습니다. 분명히, 만약 당신이 이런 사람들 중의 한 명이었다면, 당신은 이런 책을 찾아보려는 생각이나 욕구를 갖고 있지 않았을 것입니다. 또한 이 긴 책을 읽는 데다 기꺼이 시간을 쓰고 노력을 기울이지 않았을 것입니다. 그러나 내가 여러분에게 지적하고자하는 것은 유한한 자아는 결코 불가능한 추구를 포기하지 않을 거리는 깃입니나. 그것은 결코 전투반응에서 헤어날 수 없을 것입니다. 아울러 그것은 세상에 관한 자신의 관념이 옳다고 증명하려는 시도를 결코 멈출 수 없을 것입니다.

어느 정도 영적인식을 가진 사람들은 그들 자신을 유한한 자아로부터 약간 분리할 수 있습니다. 그러므로 그들은 유한한 자아에 의해 행해진 보다 명백한 게임들을 극복해 왔습니다. 예를 들어, 그들은 다른 종교의 신도들을 죽이려는 생각 같은 것은 절대로 하지 않습니다. 그러나 나는 유한한 자아에 의해 연출된 더 많은 교묘한 게임이 있다는 것을 말해야만 합니다. 여러분은 영적인 길이 부단히 그리스도의 진리에 대한 더 명확한 비전에 도달해야 하는 과정이라는 점을 고려하는 것이 좋을 것입니다. 오직 그렇게 함으로써만이 여러분은 에고와 이 세상의 지배자가 여러분을 환상의 베일 뒤에 계속 가둬 두는데 이용하는 이원성적인 믿음들을 꿰뚫고 보고, 초월할 수 있습니다. 아무리 여러분이 자신이 진보되었다고 생각할지라도 물질우주 속에 있는 한, 거울을 들여다보고 자신의 눈에서 또 다른 들보를 뽑아내야 할지를 숙고하는 것이 필요하다는 점을 명심하기 바랍니다. 내가 전에 말했듯이, 에고는 교묘한데, 그것에서 벗어나는 유일한 길은 그것을 초월하는 것이며, 초월하기를 결코 멈추지 않는 것입니다. 만약 여러분이 자신을 끊임없이 초월하지 않으면, 에고는 자신의 세계관을 여러분의 현재 지식과 믿음에다 적용할 수 있는 방법을 찾아내게 될 것입니다. 따라서 특정종교나 영적조직조차도 더 이상 올라갈 필요가 없고 현재수준을 초월하지 않아도 되는 이미지를 구축하기 위해 그러한 믿음을 이용할 것입니다. 이것이 바로 수많은 영적인 사람들을 막다른 골목으로 몰아넣어 그들이 더 이상의 발전을 이루지 못하게 하는 것입니다. 비록 그들이 난관을 돌파하여 그리스도의 의식 성취에 매우 근접해 있을지라도 말입니다.

사랑하는 이들이여, 유한한 자아의 쳇바퀴로부터의 유일한 탈출구는 의식적인 여러분을 그 에고와 완전히 분리시키는 것입니다. 그러나 이것을 이루기 위해서는 여러분이 신을 대면할 자격이 있고 하늘나라로 돌아갈 가치가 있다는 것을 받아들일 필요가 있으며, 그 나라는 바로 자신이 신과 하나라는 내면의 일체감입니다. 여러분은 자신의 창조주와 하나가 될 자격이 있고, 그래서 이 세상에서 공동창조자로 일할 합당한 자격이 있습니다. 여러분은 유한한 자아가 그 중심부에 블랙홀을 갖고 있다는 것을 알 필요가 있습니다. 여러분은 결코 그 블랙홀을 채울 수 없습니다. 그러나 유한한 자아는 자신의 블랙홀을 채우기 위해 세상의 것들을 이용하려고 시도합니다. 그리고 그것은 인간에게 옳은 것처럼 보이는 방식을 취하고 있습니다. 그것은 단지 여러분이 유일한 참된 종교에 속해있고, 유일하게 진실한 가르침을 믿으면, 또 유일무이한 참된 스승을 따르고 이런 저런 외적행위를 하면, 신의 눈에 들 것이라는 이미지를 구축하려 애를 씁니다. 이것은 많은 종교인들과 영적인 사람들에게, 특히 오랫동안 그런 길을 걸어온 사람들에게 교묘하고도 설득력 있는 위험입니다.

많은 사람들이 수십 년 동안 영적탐구에 몰두해 왔습니다. 그리고 그들이 자신의 삶을 되돌아 볼 때, 그들은 자신이 수많은 공부를 했고, 많은 것들을 이해했으며, 많은 외적인 것들을 행했다고 느낍니다. 그리고 그들은 자신이 10년, 20년 또는 그 이상의 오래 전보다는 훨씬 더 높은 단계로 올라섰다고 생각합니다. 그리하여 이제 에고가 그들의 귀에다 대고 이렇게 속삭입니다.

"당신은 충분히 했어. 이미 산 높은 곳에 올라섰잖아. 당신은 여기에 멈춰서서 이제는 전망을 즐길 수 있고, 정상에 이르기 위해 계속 올라갈 필요가 없다구."

사랑하는 이들이여, 이것은 매우 교묘한 유혹입니다. 그리고 불행하게도 이런 유혹이 난관을 돌파하고 그리스도 의식을 구현할 준비가 돼 있던 수많은 성실한 구도자들을 그 성취 직전에 중단시켰습니다. 그러므로 여러분은 그런 유혹을 꿰뚫어보고 그것을 넘어서기 위한 진지한 노력을 해야만 합니다.

여러분의 외적인 성취가 여러분을 신의 눈에 들게 만든다고 생각하는 우상적 사고를 초월하는 열쇠는 신이 여러분을 창조했다는 바로 그 사실만으로 여러분이 가치가 있다는 것을 깨닫는 것입니다. 여러분은 고귀하게 창조되었으며, 여러분의 존재 중심에는 블랙홀이 있는 것이 아니라 여러분의 신아라는 태양이 있습니다. 여러분은 현재 자신이 쓸모없다는 느낌이나 자신의 가치에 대해 의심을 가질 수도 있습니다. 하지만 그런 느낌은 신아의 빛이 없는 어둠 때문에 생겨납니다. 그렇기에 여러분이 그 빛을 비추게 하면, 빛이 어둠을 대체할 것이고 여러분은 자신이 가치 있는 존재라는 것을 알게 될 것입니다. 이에 따라 여러분의 삶은 변할 것이고, 그래서 에고의 블랙홀을 채우려는 헛된 노력은 풍요로운 삶으로 바뀌게 됩니다. 또한 적자가 흑자로 전환될 것입니다. 여러분이 자신의 존재를 통해 신의 무한한 빛이 흐르는 것을 느낄 때, 자진해서 여러분은 다른 사람들로부터 얻는 것보다는 다른 이들에게 주는 것에 집중할 것입니다.

***

나의 사랑하는 이들이여, 이원성적인 마음의 특성 때문에, 지구상의 많은 사람들에게 다가가기 어렵게 만드는 이분법이 항상 존재합니다. 이원성 의식이 영적 스승들에게는 색다른 과제를 제시한다는 것을 고려해 주길 부탁합니다. 우리가 여기서 이야기하고 있는 것과 관련하여 내가 직면하고 있는 어려움을 생각해 보기 바랍니다. 나는 여러분이 내면의 앎을 통해 자신이 누구인지를 알고 의식적인 여러분은 신의 눈으로 볼 때는 충분한 가치가 있다는 것을 인식했으면 합니다. 그러므로 나는 여러분이 자기가 무가치하는 환상을 극복하도록 돕기 위해서 여러분이 누구인가에 관한 진리를 제공해야 합니다. 또한 나는 하느님 산의 정상이 어떤 모습인지 여러분이 알 수 있도록 여러분의 가장 높은 잠재력을 설명해야 합니다.

만약 여러분이 자기가 어디로 가고 있는지 모른다면, 어떻게 그곳에 도착하기 전에 멈추는 것을 피할 수 있겠습니까? 여러분이 고려해야 할 것은 유한한 자아는 적어도 두 가지 방법으로 여러분이 나의 가르침을 받아들이지 못하게 방해할 수 있다는 것이며, 즉 그것은 바로 이원성적인 양극단입니다. 내가 말했듯이, 나는 여러분에게 가장 큰 목표를 제시해줘야 합니다. 하지만 현재 여러분의 의식수준에서는 이 목표가 여러분보다 훨씬 높은 곳에 있는 것처럼 보일 수도 있고, 여러분의 능력 밖에 있는 것처럼 보일 수도 있습니다. 만약 여러분이 스스로 무가치하다고 느끼거나 더 높이 올라가는 자신의 능력을 의심한다면, 에고는 여러분이 진지한 노력을 하지 못하게 방해하기 위해 나의 가르침을 이용하려고 할 것입니다. 에고는 여러분이 저지른 실수에 집중하게 만들고 그것을 이용하여 여러분이 영적인 길을 따를 자격이 없고, 진정한 영성인이 아니라고 말할 것입니다. 게다가 목표가 너무 멀리 떨어져 있다면, 왜 노력을 하겠습니까? 하지만 사랑하는 이들이여, 영적인 길은 자기초월이 가장 중요한 핵심입니다. 그리고 어떻게 여러분 자신을 초월할 가치가 없을 수 있을까요? 여러분이 아무리 나선형 계단의 낮은 곳에 위치해 있더라도, 여러분은 항상 한 단계 더 높이 올라갈 가치가 있습니다.

이원성 의식의 또 다른 측면은 자만심인데, 즉 이것은 이런 저런 외적 조건 때문에 여러분이 다른 사람보다 낮고, 더 높이 올라갈 필요가 없다는 의식입니다. 유한한 자아는 내 가르침을 이용하여 여러분이 과거에 많은 것을 이루었고 이미 수많은 내용을 이해하고 있으므로 에고의 환상을 극복하는 것에 대해 걱정할 필요가 없다고 생각하는 교만을 강화시킬 것입니다. 하지만 만약 여러분이 아직 지구상에 머물고 있다면, 여러분이 넘어서지 못한 어떤 것과 아직 밟아보지 못한 어떤 단계들이 분명히 있습니다. 그렇기에 여러분이 이 세상에 있는 한은 자진해서 다음 단계로 나아가는 것이 항상 필요합니다. 영적인 길은 모든 것이 자기초월에 관한 것인데, 여러분이 어떻게 자신을 초월할 수 없는 지점에 있을 수 있을까요? 여러분은 스스로 더 높이 올라가려고 하지 않는 길로 빠질 수도 있지만, 그 순간 여러분은 생명의 강에서 벗어나게 됩니다. 그러므로 여러분은 더 이상 진정한 영적인 사람이 아닙니다. 설사 여러분의 에고가 여러분이 과거에 온갖 일들을 이루었다는 이유로 진보된 영혼이라는 환상을 만들었다고 할지라도 말입니다. 과거에 했던 일들이 여러분이 다음 단계로 넘어가지 못하게 방해한다면, 그것은 아무런 쓸모가 없습니다.

그러므로 나의 사랑하는 이들이여, 여러분을 지배하는 이원성적인 환상을 강화하기 위한 시도로 유한한 자아에 의해 모든 것이 이용될 수 있다고 말할 수 있습니다. 만약 여러분이 자신의 에고로 하여금 나의 가르침을 이용하여 그 환상을 강화하도록 허용한다면, 여러분은 단지 그 환상에 더욱 더 갇히게 될 것입니다. 물론, 이것은 내가 보고 싶은 모습이 아닙니다. 그래서 여러분은 - 의식적인 자아를 뜻함 - 한 걸음 물러나서 에고의 추론을 넘어서는 데다 이 책의 가르침을 이용하는 것이 필요합니다. 나는 여러분이 그리스도 마음의 더 높은 진리와 올바른 비전에 도달하기를 바랍니다.

사랑하는 이들이여, 나는 적그리스도의 의식은 두 가지 극단을 규정한다고 말했고, 또한 나는 중도에 관해 이야기했습니다. 하지만, 그 양극단에서 벗어나기 위해서 여러분이 무턱대고 두 극단 사이의 중심 지점으로 가야 한다는 말은 아니며, 그것은 단지 양극단 사이의 타협이 될 뿐입니다. 그리고 이원성의 두 극단 사이의 타협은 여전히 이원성의 세계 안에 있는 것입니다. 만약 하나의 극단이 흰색이고 다른 하나의 극단이 검은색이라면, 그것들 사이의 중간은 회색이 될 것입니다. 하지만 사랑하는 이들이여, 여러분이 흑과 백을 섞어 놓으면, 그리스도의 진리를 보는 데 전혀 도움이 되지 않습니다. 여러분은 오직 흐릿한 상태를 볼 뿐입니다. 사진사들이 흑백 필름만을 사용했던 옛날을 상상해 보세요. 흑백 사진에 나타난 모든 것은 거기에 색깔이 없다는 사실을 제외하고는 완벽하게 정확합니다. 자연에 회색 꽃이 없다는 것 외에는 꽃이 세세하게 묘사되어 있습니다. 그런데 만약 사진을 과다하게 노출시키면, 그것은 모두 흰색으로 변할 것입니다. 그리고 그것을 부족하게 노출시키면, 그것은 모두 검은색이 될 것입니다. 중간 정도로 노출시키면, 밝고 어두운 영역이 정확하고 실물과 같게 분포되어 있지만 여전히 색은 나타나지 않습니다. 그러니까 내가 여기서 말하고 있는 것은 여러분이 그 이원성 의식의 흑백과 회색마저도 넘어서야 한다는 것입니다. 여러분의 마음이라는 카메라에다 컬러 필름을 넣어서 그리스도의 마음의 진짜 색깔을 볼 수 있게 하는 것이 필요합니다.

나는 이것이 여러분을 넘어선 것처럼 보일 수도 있고 여러분이 이미 외적인 가르침으로 그리스도 진리를 갖고 있는 것처럼 생각될 수도 있다는 것을 압니다. 그래서 나는 어느 극단에도 빠지지 말라고 요청하고 있는 것입니다. 낙담하지 말고, 더 깊은 이해를 찾을 필요성을 무시하지 마십시오. 나는 여러분이 있는 곳 – 자신이 어디에 있다고 생각하든 상관없이 – 에서 이해를 넓히기 위한 작은 걸음을 내딛기를 부탁합니다. 그리고 여러분이 궁극적인 목표에 도달하기 위해서는, 물질계에 있는 한은 작은 발걸음을 계속 밟아 나가야만 한다는 것과 현재의 의식수준을 계속 초월해가야 한다는 것을 명심하기 바랍니다.

여기서의 내 요점은, 두 가지 반응이 여러분의 발전을 막을 수 있다는 것입니다. 하나는 여러분이 많은 결점을 가지고 있고 이상(理想)보다 현재 훨씬 수준미달이기 때문에 자신이 가치가 없다는 믿음입니다. 만약 이것을 믿는다면, 여러분은 이원성 의식에서 벗어나려고 노력하지도 않을 것입니다. 또 다른 반응은 여러분이 이미 많은 외적인 것들을 이루었기 때문에 가치가 있다는 생각입니다. 이것을 믿는다면, 여러분은 자신이 이미 구원되었으므로 이원성의식에서 벗어나기 위해 어떤 것도 할 필요가 없다고 생각할 것입니다. 이 두 가지 반응 모두 똑같이 결함이 있습니다. 하지만 무가치하다는 느낌에서 벗어나는 것이 실제로 더 쉬운데, 그런 사람들은 자신들이 뭔가 부족하다는 것을 깨닫고 있기 때문입니다. 그리고 그들이 기꺼이 노력하는 한, 그들은 더 높이 올라갈 것입니다. 영적인 스승들에게 가장 어려운 도전 과제는 자신이 매우 가치 있다고 생각하는 사람들에게 다가가는 것인데, 왜냐하면 이들은 자기의 외적 행위가 자신을 가치 있게 만든다는 에고의 환상에 의해 그 희생물이 돼 있기 때문입니다. 그것은 예수가 율법학자들과 바리새인들에게 손을 내미는 것은 불가능했던 것처럼, 그런 사람들은 다가가는 것이 거의 어렵습니다. 공교로운 것은 이런 사람들 중 상당수가 어느 정도 높은 정신적 성취도를 갖고 있다는 것입니다. 하지만 그들은 그리스도의 의식에 도달하는 난관을 돌파하기 직전에 그들의 영적성장을 멈추도록 기만당했습니다. 이것은 내가 이 책의 모든 독자들이 피하기를 바라는 함정입니다.

***

나의 사랑하는 이들이여, 여러분의 진정한 가치를 받아들이기 위한 중간 단계로, 나는 여러분에게 에고가 블랙홀을 채우기 위한 불가능한 추구에 몰두해 있다는 것과 이 세상의 것들을 이용해 그렇게 하고 있다는 것에 대해 잘 생각해 보라고 요청합니다. 또한 나는 풍요로운 삶의 열쇠는 풍요를 실현하고 여러분의 온전함을 회복하기 위해 이 세상의 어떤 것이나 여러분의 고등한 자아 및 신아 바깥에서 뭔가가 필요하다는 생각을 멈추는 데 있음을 고려하기 바랍니다.

여러분이 자신을 신과 분리시켰기 때문에 온전함을 잃어 버렸고 그것에 따라 이원성 의식에 갇히게 된 것을 생각해보십시오. 이원성 의식으로 여러분을 가치 있게 만들고 온전함의 의식을 되찾기 위해 할 수 있는 일은 아무 것도 없습니다. 문제의 실상은 여러분은 결코 자신의 가치를 잃지 않았다는 것인데, 즉 여러분은 단지 그것을 상실했다는 환상을 믿었던 것입니다. 내가 전에 설명했듯이, 여러분의 진정한 정체성에 대한 청사진은 보편적인 그리스도 마음속에 저장되어 있습니다. 그렇기에 그것이 물질세계에서 일어나는 일로 결코 잃어버리거나 파괴될 수 없으며, 이원성 의식에 의해 절대로 손상될 수 없습니다.

사랑하는 이들이여, 여러분이 해가 지는 흑백사진을 찍는다면, 그 사진에서 아름다운 색상을 볼 수는 없지만, 그렇다고 그 실제의 일몰에서 색상이 없어지지는 않았습니다. 그러므로 여러분이 지금 자신의 정체감이나 가치감을 흑백의 이미지로 대체했다는 사실은 여러분의 진정한 정체성에 아무런 영향도 미치지 못합니다. 때문에 나는 여러분이 새삼스레 자신의 가치나 자격을 얻을 필요가 없다는 사실을 진지하게 생각해보라고 요청하는 것입니다. 여러분은 자신의 가치를 되찾기 위해 이 세상에서 어떤 것을 할 필요가 없습니다. 여러분은 자신의 가치를 잃지 않았다는 것을 깨닫고, 단순히 그것을 받아들이기만 하면 됩니다. 여러분 - 의식적인 여러분을 의미함 - 은 하느님의 눈에는 항상 가치가 있었고, 또 언제나 가치가 있을 것입니다. 여러분은 하느님을 대면할 자격이 있고, 하느님과 하나가 될 자격이 있으며, 이 세상에서 하느님의 한 확장체가 될 가

494

치가 있습니다. 또한 의식적인 여러분은 스스로 지각하고 믿을 수 있는 어떤 것, 스스로 실제라고 받아들일 수 있는 어떤 것과 자신을 동일시할 능력을 가지고 있습니다. 그러므로 여러분이 자신을 가치 있는 존재로 동일하게 간주하면, 여러분은 가치가 있는 것입니다.

사랑하는 이들이여, 풍요로움을 구현하는 참된 열쇠는 풍요를 얻기 위해서 이 세상의 어떤 것이 필요하다는 생각을 멈추는 데 있습니다. 우선 여러분은 예수가 "내 아버지께서 이제까지 일하시니 나도 일한다(요한복음 5:17)."라고 말했듯이, 하느님과 공동창조자가 되도록 설계되었다는 인식에 도달할 필요가 있습니다. 그리고 여러분이 그 말을 좀 더 깊이 음미한다면, 그것이 하느님과 여러분과의 관계의 본질을 설명한다는 것을 깨닫게 됩니다. 여러분은 하느님의 빛을 이 세상에 가져오고 그리스도의 비전을 어머니 빛 위에다 펼쳐놓기 위해 이곳에 있습니다. 어떤 면에서 여러분은 행동하는 신이 되고, 구현하는 신이 되기 위해 여기에 와 있는 것입니다. 이것이 바로 하느님께서 여러분이 하도록 설계해 놓으신 것이며, 그분은 여러분이 이 과업을 성취하기 위해 필요한 모든 것을 – 여러분 자신 안에 – 지니도록 설계하셨습니다. 여러분에게 왕국을 주는 것은 진정으로 아버지의 기쁜 일이며, 이것은 그분의 나라가 지상에서 이룩되길 원한다는 것을 의미합니다.

그러므로 여러분은 하느님께서 여러분이 풍요로운 삶을 실현하고 지상천국을 이룩하기 위해 필요한 모든 것을 주시리라는 사실을 확고히 받아들여야 합니다. 내 요점은 실제로 여러분이 풍요로운 삶을 이루고 여러분의 사명을 수행하기 위해 필요한 모든 것이 신에 의해 주어질 수 있고 또 주어질 거라는 것입니다. 여러분은 그리스도의 비전을 파악할 수 있는 능력을 가지고 하느님의 빛이 4가지 하위체들을 통해 흐르게 하도록 설계돼 있습니다. 그러므로 풍요로운 삶을 실현하기 위한 열쇠는 여러분이 자신을 에고와 분리하는 것이며, 또한 온전함과 가치감, 안도감을 형성하기 위해서는 이 세상의 무엇인가가 필요하다는 에고의 믿음에서 벗어나는 것입니다. 여러분은 내면으로 들어가서 오직 스스로 진정한 여러분이 됨으로써만이 온전함을 찾을 수 있다는 것을 깨달아야합니다. 그리고 여러분이 자기가 누구인지를 알 때, 하느님이 여러분에게 필요한 모든 것을 주시리라는 것을 신뢰하고 알게 될 것입니다.

사랑하는 이들이여, 유한한 자아와 이 세상의 지배자는 여러분이 영적사명을 수행하는 것을 막으려고 끊임없이 시도하고 있으며, 또한 하느님의 왕국이 지구행성에서 실현되는 것을 계속 방해하고 있습니다. 그리고 그들의 주요 무기는 여러분이 진정한 여러분이 되고 자신의 임무를 완수하기 위해서는 이 세상의 무엇인가가 필요하다는 그릇된 믿음입니다. 사실, 여러분이 풍요로운 삶을 실현하기 위해 참으로 필요한 것은 하느님의 빛이며 그리스도의 비전입니다. 그 두 가지는 이미 여러분의 자아영역 안에 있는 신아와 그리스도 자아로부터 여러분에게 주어질 수 있고, 주어질 것입니다. 필요한 세 번째 요소는 의식적인 여러분이 빛과 비전이 물질계에서 명백한 현실이 될 수 있도록 그것을 여러분의 하위체들을 통해 가져올 의지력을 가져야만 하는 것입니다. 하느님이 여러분에게 줄 수 없는 유일한 것은 이 의지력입니다. 하느님은 비전을 지원하는 빛과 보편적인 그리스도 마음을 공급해주십니다. 여러분이 공급해야 하는 것은 의지입니다. 그리고 그것이 바로 여러분의 에고와 이 세상의 지배자가 그들의 힘으로 여러분의 의지를 훼손하기 위해 전력을 다하는 이유입니다.

사랑하는 이들이여, 여기서 가장 중요한 깨달음은 여러분에게 필요한 모든 것을 주실 하느님은 저 멀리 하늘에 있는 외부의 신이 아니라는 것입니다. 이 세상에는 자기들에게 필요한 모든 것을 위해 하느님을 바라볼 필요가 있다고 인식하게 된 종교인들이 참으로 많습니다. 그러나 그들은 아직도 외부의 하느님을 바라보고 있으며, 이것은 불가능한 추구입니다. 그 진정한 열쇠는 여러분에게 필요한 모든 것을 줄 수 있고 줄 하느님은 내부의 신임을 인식하는 것입니다. 그러므로 하느님은 여러분을 위해 일을 하고 계신 것이 아니라 **여러분을 통해서** 일을 하고 계십니다. 만약 여러분이 하느님께서 여러분을 위해 일을 해주기를 수동적으로 기다린다면, 어떻게 하느님과 공동창조자로서 예정된 여러분의 역할을 해낼 수 있겠습니까?

이것은 여러분 인생관의 변화를 필요로 합니다. 예를 들어, 현대사회에서 인간이 생존하려면, 분명히 돈을 벌어야합니다. 따라서 많은 사람들은 풍요를 얻으려면 직장을 가질 필요가 있다고 생각하며, 그로 인해 생계를 위해 고용주에게 의존하게 된다고 믿습니다. 그러나 여러분이 이런 사고방식에서 물러선다면, 더 높은 시각을 개발할 수 있습니다. 여러분은 참으로 자신이 특정회사나 조직 또는 정부를 위해 일하지 않는다는 것을 이해하고 수용하는 단계에 이를 수 있습니다. 여러분은 실제로는 하느님을 위해 일하고 있습니다. 바로 지금 이 순간, 신은 특정 고용주를 통해 여러분의 물질적 필요물을 제공하고 있지만, 여러분의 고용주는 단지 중개자일 뿐입니다. 만약 여러분이 그 특정 고용주를 위해 더 이상 일하지 않는다면, 분명히 신은 여러분이 필요로 하는 물질적 공급을 실현해줄 다른 방법을 찾을 수 있습니다. 그러나 여러분이 올바른 생계를 찾거나 물리적 실현을 위해서는 분명히 여러분의 역할을 할 필요가 있습니다.

사랑하는 이들이여, 미묘한 차이점을 이해할 수 있습니까? 만약 여러분이 자신의 생계가 고용주나 이 세상의 어떤 것에 달려있다고 스스로 믿는다면, 여러분의 풍요에 대한 의식은 항상 취약할 것입니다. 물론, 여러분은 다양한 방식으로 일자리를 잃을 수 있습니다. 만약 여러분의 풍요가 일자리를 갖는 것에 달려 있다고 생각한다면, 실직할 경우 여러분의 풍요에 관한 느낌도 그렇게 됩니다. 하지만 만약 여러분이 진정으로 자신이 신을 위해 일하고 있다는 것을 받아들이면, 풍요의 원천이 이 세상 너머에 있고 결코 잃어버릴 수 없다는 것을 깨닫습니다. 그런데 만약 한 특정 고용주를 통해 여러분에게 풍요가 주어지지 않는다면, 분명히 신의 무한한 풍요의 원천은 여러분에게 필요한 것을 줄 수 있는 다른 방법을 찾을 수 있습니다. 그렇기에 여러분은 모든 것에 대해 신에게 의지할 수 있지만, 결코 신이 여러분을 위해 모든 일을 다해줄 것이라고 생각하게 만드는 공동의존(상호의존)식이 되어서는 안 됩니다. 공동의존과 공동창조 사이에는 근본적인 차이가 있습니다.

사랑하는 이들이여, 하느님이 여러분의 필요한 모든 것들을 채워주실 거라는 이런 의식을 깃는 것은 여러분의 자발적인 신뢰를 요구할 것입니다. 비록 여러분이 지금 처한 상황이나 미래에 일어날 일에 대한 어떤 확실한 증거가 없을지라도 말입니다. 예를 들어, 여러분이 지금 풍요로운 공급을 받고 있지 않다면, 이것에 대한 이유가 있다고 믿을 필요가 있습니다. 앞에서 언급했듯이, 이것은 과거의 업보, 교훈을 배울 필요성, 또는 신성한 계획의 일부 측면에 의해 발생할 수 있습니다. 그러므로 여러분이 공급이 부족하다고 해서 신이 여러분에게 필요한 모든 것을 주실 것이라는 믿음을 저버릴 수는 없습니다. 하지만 이러한 믿음을 발전시키기 위해서는, 신이 여러분의 에고가 필요하다고 생각하는 모든 것을 여러분에게 주지는 않을 거라는 점을 깨달을 필요가 있습니다. 신은 결코 채워질 수 없는 헛된 욕망을 채워주지는 않을 것입니다.

여러분의 유한한 자아는 이 세상의 것들을 이용함으로써 안도감을 구축하려고 시도하고 있고, 그래서 그것은 결코 물질적인 것이나 돈이 충분하다고 생각하지 않을 것입니다. 진실은 여러분이 자신의 현재 한계를 초월하여 나선형 계단의 다음 단계로 올라가는데 필요한 것들을 항상 갖고 있다는 것입니다. 그러므로 여러분은 자신의 신성한 계획을 이행하기 위해서는 일정한 양의 돈이 필요하다는 환상에서 벗어날 필요가 있습니다. 여러분이 신성한 계획을 이루기 위해 - 바로 지금 - 해야 할 일은 나선형 계단의 바로 다음 계단을 올라가는 것입니다. 그리고 여러분은 그 단계를 밟기 위해 필요한 것을 정확히 가지고 있고, 여러분의 현재 한계의식을 초월하기 위해 필요한 것들을 틀림없이 가지고 있습니다. 사실, 돈이 많지 않은 것이 여러분이 특정한 이원성을 극복하기 위해 정확히 필요한 것일 수도 있습니다. 그러므로 만약 여러분이 어떤 것을 가지고 있지 않다면, 보다 커다란 이유는 그것이 필요하지 않기 때문이라는 것을 신뢰할 필요가 있습니다. 여러분은 영적인 길의 다음 단계로 가기 위해 그것이 필요하지 않습니다. 그렇기에 여러분은 자신이 갖고 있지 못한 것에 대해 걱정하는 것을 멈추고 여러분이 가진 것을 최대한 활용할 수 있게 해 주는 더 높은 이해를 얻는 데 모든 주의를 집중하세요. 그리고 여러분이 현재 갖고 있는 몇 가지 것들에 대해 충실하다는 것을 증명한다면, 확실히 신은 여러분을 많은 것들을 관리하는 통치자로 만드실 것입니다.

***

사랑하는 이들이여, 여기서 중요한 메시지는 행하는 것과 존재하는 것 사이에는 근본적인 차이가 있다는 것입니다. 여러분의 유한한 자아는 천국으로 들어가는 자신의 방법을 실행하는 데 몰두해있습니다. 그것은 여러분이 신을 위해 무언가를 하기 위해 여기에 있다고 생각하고, 만약 충분히 올바른 일을 행한다면, 신이 유한한 자신을 받아들여야 할 것이라고 믿습니다. 만약 의식적인 여러분이 이 환상을 믿는다면, 천국으로 돌아가기 위해 자신의 방식을 추구하며 시도하는 것에 열중하게 될 것입니다. 사실, 여러분은 자신을 천국에 데려다 줄 어떤 것도 할 수가 없습니다. 여러분이 하늘나라를 물려받을 수 있는 유일한 방법이 하나 있습니다. 그것은 여러분이 단순히 진정한 여러분이 되는 것입니다. 즉 여러분은 자신의 참된 정체성을 하느님과 공동창조자로 받아들이는 단계에 이르러야 합니다. 여러분이 그러한 정체성을 완전히 받아들이면, 여러분은 천국에 있게 될 것입니다. 여러분은 천국에 들어가는 자신의 방식을 실행하지 않고 여러분이 있는 바로 그 곳, 바로 그 현재 순간에, 하늘에 있는 것입니다. 여러분은 자신이 하느님과 분리돼 있고 따라서 하느님의 나라 밖에 있다는 환상을 극복합니다. 내가 전에 말한 대로 모든 것은 창조주의 본질(생명)로 창조되었으며, 그렇기에 하느님은 창조된 모든 것 안에 계십니다. 그 의미는 여러분이 바로 지금 하느님의 나라 속에서 살고 있다는 것이고, 여러분은 단지 자신이 그 왕국에서 멀리 떨어져 있다는 환상을 극복할 필요가 있다는 것입니다. 그리고 오직 여러분이 그 환상을 극복할 때만이 하느님의 왕국 안에 있게 될 것입니다.

사랑하는 이들이여, 나는 여러분이 이원성적인 의식상태가 영적인 스승들에게 주는 문제들 중 하나를 다시 한 번 생각해 보기를 부탁합니다. 이 책 전체에 걸쳐 나는 여러분에게 나선형의 길 또는 계단의 개념에 관해 언급했습니다. 천국으로 돌아가기 위해서, 여러분은 그 나선형 계단을 한 번에 한 계단씩 오르고 있습니다. 이 이미지에는 아무 문제가 없고, 여러분의 영적인 길의 어떤 수준에서, 이것은 정말로 매우 유용한 이미지입니다. 하지만 이런 이미지가 더 이상 도움이 되지 않고 참으로 일종의 막다른 골목이 될 수 있는 시점이 올 것인데, 왜냐하면 길을 걷는다는 것이 곧 먼 거리를 암시하기 때문입니다. 즉 여러분은 "여기"에 있고, 여러분은 다른 어딘가로 가게 될 것이고, 그곳에 가기 위해, 여러분은 한 번에 한 걸음씩 밟아가야 합니다. 달리 말하자면, 길의 개념은 아직 도착하지 않았다는 것과 가는 도중에 있다는 것을 의미합니다. 여러분이 이렇게 다른 단계를 밟아야 하는 한, 궁극적인 목적지에 도착하지 못합니다.

언젠가 나선형 계단의 꼭대기에 도달하는 시점이 올 것이며, 그때 여러분은 여전히 여행할 거리가 있다는 생각을 포기해야만 할 것입니다. 여러분은 밟아야 할 더 많은 단계가 있다고 믿는 것을 멈춰야만 하고, 그렇기에 다음 단계를 밟는 것에 집중하는 것을 멈춰야만 합니다. 마지막 단계를 밟아야 하는 시점이 오는데, 이것은 더 이상의 단계는 없다는 것, 즉 자신이 도착했다는 것을 깨닫고 받아들이는 것입니다. 여기서의 내 요점은, 영적인 길의 어느 수준에서는 여러분이 하느님의 나라와 분리되어 있다는 것입니다. 그 분리는 여러분이 자신의 자아영역 안에다 허용한 여러 가지 이원성적인 환상으로 이루어져 있습니다. 의식적인 여러분은 이러한 환상에 너무 사로잡혀 있어서 그 모든 것으로부터 자신을 즉시 분리시킬 수가 없습니다. 만약 그렇게 한다면, 감각적인 혼란에 빠지게 될 것입니다. 따라서, 여러분은 한 번에 하나씩 환상을 버리고, 점차 천부적으로 자유로운 영적인 존재로서의 자신의 진정한 정체성을 되찾아 가게 됩니다. 하지만 마지막 환상을 넌져버려야 할 때가 있으며, 그 환상은 처음에 여러분을 신으로부터 분리시켰던 환상입니다. 여러분은 이제 하느님의 나라에 있으며, 더 이상 먼 목적지로 향한 길에 있는 것이 아니라 실제로 거기에 도착했다는 것을 받아들여야 합니다. 만약 여러분의 마음이 여전히 그 길의 이미지에 집중되어 있다면, 여러분은 한 번에 한 걸음씩 계속해서 나가야 한다고 생각할지도 모릅니다. 그러므로 여러분은 거리감을 유지할 것입니다. 여러분은 진짜 문제가 거리감이라는 것을 깨닫는 대신에 실제로 여행할 거리가 있다고 생각합니다. 그러나 이 거리감은 단지 여러분의 마음속에만 존재하는 환상입니다. 여러분은 자신이 어디에 있는지도 모른 채 줄곧 하느님의 나라 안에 있었던 것입니다.

그 나선형 계단의 마지막 단계는 그 계단에서 물러나서 여러분이 항상 하느님의 나라에 있었다는 것을 받아들이는 것입니다. 왜냐하면 다른 곳은 없기 때문입니다. 사실, 하느님의 나라는 여러분이 있는 곳입니다. 하느님의 나라에 가기 위해서는 길을 따라 여행해야 한다고 말할 수 있습니다. 그러나 여러분이 (궁극적으로는) 그 길을 버리고 하느님의 나라 안에 있다는 것을 받아들여야 비로소 그 나라에 들어갈 수 있을 것입니다. 지금 당장, 바로 여기서 말입니다.

하느님의 나라에 있다는 것이 자기초월을 멈춘다는 것을 의미하지는 않음에 주의하기 바랍니다. 하느님의 나라는 항상 더 나은 상태로 되어가는 과정에 있는 생명의 강입니다. 다시 한 번 이것은 유한한 자아가 헤아릴 수 없는 미묘한 특성입니다. 내 요점은 영적인 길을 걷는 목적이 모든 진보를 멈추는 궁극적인 목적지에 도착하는 것이 아니라는 것입니다. 여러분이 당면하고 있는 문제는 이원성 의식으로 하락해있다는 것이고, 이것은 여러분이 생명의 강으로부터 분리되어 있다는 것을 의미합니다. 여러분의 성장은 멈춰졌거나 저하되었지만, 생명의 강은 그 진행이 결코 멈추지 않기 때문에 여러분이 없이도 움직여왔습니다. 그러므로 영적인 길의 목적은 여러분을 다시 생명의 강으로 데려다 줄 계단들을 거슬러 올라가는 것입니다. 현재 여러분은 이원성 의식으로 하락하지 않았다면 있었을 생명의 강의 그 위치로 돌아가려고 노력하고 있다고 말할 수 있습니다. 그러므로 여러분이 영적인 길의 마지막 단계에 도달했을 때, 여러분은 생명의 강에 스스로 빠져들게 됩니다. 이제 여러분은 뒤에서 따라잡으려고 애쓰는 것이 아니라, 생명의 강 속에서 함께 움직입니다. 우리는 생명의 강이 뚜렷한 단계들이 없기 때문에 어떤 길이 아니라, 그것은 모든 생명이 나눠지지 않은 하나의 전체로서의 하느님의 존재가 막힘없이 영원히 흘러가는 흐름이라고 말할 수 있습니다.

＊

　내가 여기서 말하는 요점은 여러분이 아직 길을 따라 여행하고 있는 동안에는 이원성적인 환상을 드러내고 더 높이 오르기 위해 어떤 것들을 행하는 것이 필요하다는 것입니다. 하지만 행하는 것을 멈춰야할 때가 오며, 그때 그 여러분은 자신의 외부에서 무엇인가가 필요하고 이 세상에서 무엇인가를 해야 한다는 생각을 멈춰야 합니다. 여러분은 내면에 집중해서 하느님이 여러분에게 무료로 주시는 것을 받는데 초점을 맞춰야 합니다. 그렇다면 신이 여러분에게 무료로 주시는 것을 받는 열쇠는 무엇일까요? 나의 사랑하는 이들이여, 받기 위한 그 첫 번째 단계는 주는 것을 시작하는 것입니다. 여전히 이원성과 분리의식에 너무 갇혀 있다 보니 자신의 것을 희생하거나 남에게 줄 수 없는 사람들이 있을 것입니다. 하지만 영적인 길의 어느 정도 수준에 이르면, 여러분은 주는 것을 시작하기 전까지는 더 이상 어떤 진보도 이룰 수가 없습니다. 그리고 바로 이것이 많은 영적인 추구자들과 구도자들이 고착돼 있는 단계입니다. 유한한 자아의 외적인 동기와 이원성적인 동기로 주는 것은 충분하지 않습니다. 에고는 스스로 줄 수 있는 능력이 있지만, 오직 자신이 무엇인가를 얻게 될 때에만 그렇게 합니다. 그것은 자신만의 이원성적인 세계관에 기초한 제한된 비전으로 그렇게 하는 것에 불과합니다. 진정으로 주기 위해서는, 여러분이 의식적인 자아와 이런 에고의 비전을 분리할 필요가 있으며, 그럼으로써 모든 생명을 향상시킬 필요가 있다고 생각하는 그리스도 마음의 더 큰 비전을 통해 줄 수가 있습니다.

　여러분이 이런 식으로 줄 때, 이기심이 없이 주게 되는데, 이것은 여러분 자신이라는 한 부분만의 이익을 위해서 아니라 전체를 끌어올리기 위해 준다는 것을 의미합니다. 여러분은 특정한 보답이나 그 어떤 대가도 기대하지 않고 줍니다. 이것은 여러분의 달란트를 배가시키는 종류의 베풂이고, 그로 인해 필연적으로 우주거울이 더 풍요로운 삶을 여러분에게 반사하여 돌려주게 될 것입니다. 진정한 증여는 그 주는 행위가 그 어떤 보답에 대한 고려도 하지 않는다는 것을 뜻합니다. 여러분은 자신이 하느님의 빛을 방사하는 한줄기 불꽃이라는 것을 알기 때문에 주며, 또한 주고 빛을 방사하는 것이 여러분의 천성이라는 것을 알기 때문에 주는 것입니다. 여러분은 어떤 것을 받기 위해 주지 않습니다. 여러분은 있는 그대로 공유하는 것이 여러분의 천성이기 때문에 줍니다. 그러므로 순수한 기부는 그 자체의 보상이 수반됩니다. 여러분이 내면의 성취라는 보상을 느끼는 것은 주는 행위를 통해서입니다. 그리고 이것은 우리가 줄 수 있는 것보다 더 많이 가지고 있음을 아는 데서 오는 내면의 충만감이며, 그것이 진정으로 풍요로운 삶입니다.

　절대자인 신은 여러분에게서 아무 것도 바라지 않으시므로 여러분은 신으로부터 무료로 받습니다. 자유롭게 준다는 것은 보답을 기대하지 않고 준다는 것을 의미합니다. 여러분이 대가없이 자유롭게 주는 것을 방해하는 결핍감에서 벗어날 수 있는 열쇠는 무엇일까요? 그 열쇠는 여러분이 모든 것을 폭넓게 생각함으로써 하느님의 나라를 지구에 이룩하려고 여기에 있다는 것을 깨닫는 것이고, 그로 인해 여러분 주위의 결함들이 변형되어 더 나은 것으로 바뀌게 됩니다. 사랑하는 이들이여, 나는 유한한 자아의 도피나 전투반응에 대해 이야기했고, 어떻게 그 에고가 영적인 길의 상위단계에서 매우 교묘해질 수 있는지에 대해 언급했습니다.

수십 년 동안 영적인 길을 진지하게 걸어온 수많은 영적 추구자들이 여전히 매우 교묘한 형태의 도피나 전투반응에 고착돼 있습니다. 그들은 자기들에게 스스로를 초월할 것을 요구하는 어떤 것이나, 자신들의 안정감을 위협하는 듯이 보이는 것으로부터 달아나려고 합니다. 그리고 만약 달아날 수 없다면, 그들은 자기들의 마음을 어지럽히는 것을 막으려고 시도합니다. 이런 사람들이 다른 이들을 죽이려고 하는 것은 아니지만, 타인들이 자기들의 세계관을 흔들어놓지 못하게 하려고 합니다. 사랑하는 이들이여, 여러분이 이런 도피반응이나 전투반응에 갇히게 되면, 여러분은 필연적으로 자신을 통해 흐르는 신의 사랑의 흐름을 차단하게 될 것입니다. 그 이유는 간단합니다. 누군가 또는 어떤 것이 여러분의 안정감, 통제감, 안도감을 위협할 때, 여러분은 그것으로부터 도망치거나 싸우려고 하는 것입니다. 그리고 이것은 신의 빛과 사랑이 여러분이라는 존재를 통해 흐르는 것을 자동적으로 막아버리게 됩니다. 여러분은 이 세상의 지배자에 의해 유포된 거짓말을 받아들이고 있는데, 즉 결과적으로 이런 잘못된 상태가 신의 빛과 사랑에 의해 바뀔 수 없게 됩니다. 그러므로 여러분은 빛과 사랑이 자신을 통해 흐르게 함으로써 그 여건을 개선시켜 더 높은 상태로 변형시키는 것을 거부하고 있습니다. 그리하여 그 빛과 사랑이 여러분을 통해 흐르는 것을 거부하는 가운데 여러분은 삶의 흐름을 차단함으로써 자신의 기쁨과 풍요로운 마음을 스스로 잃고 있습니다. 여러분이 어떤 위협과 싸우려고 할 때도 똑같은 일이 일어납니다. 여러분은 또 다시 하느님의 빛의 흐름을 막게 되고 결함 있는 상태가 더 높은 어떤 상태로 바뀌는 것을 거부하고 있습니다. 여러분은 현재의 이원성적인 믿음에서 벗어나게 해줄 온전한 생각을 간직하기보다는 다른 사람들이 자신을 귀찮게 하는 것을 막으려하고 있습니다.

나의 사랑하는 이들이여, 풍요는 결핍의 정반대에 해당되는 것입니다. 만약 여러분이 풍요로운 상태에 있다면, 여러분 자신에게 필요한 것 이상을 가지고 있을 것이고, 그 자연스러운 반응은 자신의 풍요를 다른 사람들에게 나누어주는 것입니다. 그래서 하느님께서는 여러분에게 그분 자신을 주고 계신 것입니다. 그러므로 만약 여러분이 주는 것을 거부하면, 풍요로운 느낌을 잃고, 그에 따라 생명의 강에서 벗어나 그 바깥에 놓이게 됩니다. 여러분은 우주거울에다 결핍된 이미지를 투사할 것이며, 그러면 우주거울이 필연적으로 여러분에게 무엇을 반사하게 될지를 추측해보세요.

지구상에는 이런 낮은 형태의 도피반응이나 전투반응에 고착돼 있는 사람들이 있습니다. 그리고 여러분은 이것이 지구의 전역에서 진행되고 있는 전쟁이나 불화 속에서 압도적으로 나타난다는 것을 알 수 있습니다. 대부분의 영적인 사람들은 이런 명백한 에고 게임을 넘어서 있고, 복수를 하고자 다른 사람들을 살해하는 것을 절대로 고려하지 않습니다. 하지만 그들은 여전히 보다 교묘한 형태에 갇혀 있고, 그로 인해 그들은 지구상의 결함이나 타인들의 오류가 신의 빛과 사랑이 그들을 통해 흐르지 못하게 차단하는 것을 허용하고 있습니다. 만약 여러분이 풍요로운 삶을 살고 싶다면, 여러분을 통해 흐르는 빛의 흐름을 차단하려는 이 세상의 어떤 것을 방치해 두는 성향을 극복해야 합니다. 여러분은 항상 빛을 비추는 태양이 되어야 합니다. 그리고 여러분은 모든 불완전한 모습들을 그릇된 틀에 갇혀 있고 우상에 고착돼 있는 어떤 실제적인 것으로 보아야 합니다. 그것은 이원성 의식에 빠져 있는 타인들의 의식적인 자아들이거나, 잘못된 형태 안에 갇혀 있는 '어머니 빛'입니다. 그러므로 여러분의 목표는 다른 사람들과 어머니 빛을 모든 불완전한 것들로부터 자유롭게 해방시키는 것입니다. 여러분은 이것을 오직 한 가지 방법으로만 할 수 있는데, 즉 그들이 현재의 결함을 넘어서서 더 나아짐으로써 신의 온전한 개념에 좀 더 가까워지도록 돕는 것입니다.

***

내가 전에 말했듯이, 여러분은 선택을 해야 합니다. 여러분은 남은 평생 동안 계속해서 이런 도피나 전투반응에 고착돼 있을 수 있습니다. 아니면 그것을 극복하기 위해 매우 진지하고 단호한 노력을 할 수도 있습니다. 이 책에서 내가 여러분에게 전해준 모든 것은 에고의 이 끝없는 게임을 넘어설 수 있게 해주는 상승의 열쇠입니다. 여러분이 이러한 도구들을 응용할 때, 참으로 더 높이 올라설 수 있을 것입니다. 하지만 나는 여러분을 풍요에 이르는 길에다 정착시키는 매우 효과적인 매개체로서의 도구를 한 가지 더 제공할 것입니다.

이 도구는 여러분이 모든 것을 변형시키기 위해 여기에 있다는 인식에 기초해 있고, 그럼으로써 그것들은 더 완벽한 이미지를 구현할 것입니다. 그러므로 여러분은 잘못된 것들로부터 달아나거나 어떤 불완전한 형태를 파괴하기 위해 이곳에 온 것이 아닙니다. 즉 여러분은 불완전한 것들을 하늘나라의 완전한 것으로 변형시키기 위해 이곳에 있습니다. 나의 사랑하는 이들이여, 여러분이 지금 응용할 수 있는 핵심적인 도구는 마주하게 되는 모든 상황에서 모든 사람들을 축복하고 그 외부 상황을 축복하고자 연습하는 것입니다. 그 상황이 얼마나 난감하든, 또 타인들이 여러분에게 어떤 일을 하든 안하든 관계없이 항상 우호적인 자세로 축복하려고 하는 것이며, 그럼으로써 그들이 더 잘 알게 되고 더 나아질 수 있습니다.

여러분의 유한한 자아가 여러분을 도피나 전투반응에다 빠뜨리는 경향에 매우 주의하십시오. 여러분이 유한한 자아와 이 세상의 지배자로부터 오는 유혹

올 느낄 때는 가슴 속으로 들어가 신의 조건 없는 사랑이 그 상황으로 흐를 수 있게 집중하세요. 그리고 그 상황이 어떻게 변형될 수 있는지에 대해 순수한 생각을 시각화하십시오. 그런 다음 복수나 처벌에 대한 욕망 없이, 모든 것이 그리스도 마음의 완전한 비전에 더 가깝게 되는 것을 보고 싶다는 순수한 바람으로 모든 것과 모든 사람을 일부러 축복하세요. 여러분이 원할 경우, 자신만의 고유한 확언을 만들고 심상화를 할 수 있지만, 다음과 같은 몇 가지 기본사항들이 있습니다.

- 긍정적 확언: 나는 모든 것을 지금 그리고 영원히 순수한 생각으로 회복시키는 신의 무조건적인 사랑으로 이 상황을 축복한다.
- 긍정적 확언: 나는 이런 모습 뒤에 있는 어머니 빛을 축복하며, 그것이 지금 영원토록 그리스도의 완전한 비전을 구현하는 것을 본다.
- 다른 사람들과의 갈등 속에 있을 때를 위한 확언: 나는 당신을 신의 무조건적인 사랑으로 축복하며, 당신을 위해 신의 순수한 생각을 유지한다.
- 긍정적 확언: 스스로 자재하는 신성인 나는 여기서, 지금 그리고 영원히 지배권을 행사한다!
- 긍정적 확언: 나는 생명의 강이며, 조건 없는 사랑을 이 상황에다 흘려보내고 있다.
- 긍정적 확언: 나는 이 상황에서 행동하고 있는 그리스도이다.

- 시각화: 그 상황 위에 여러분이 선호하는 나 성모 마리아나 예수 또는 다른 영적인 마스터가 있는 모습을 마음으로 그립니다.
- 시각화: 어떤 사람이나 상황이 살아있는 불길, 즉 영적인 불꽃 속에 에워싸이는 모습을 상상합니다. 하얀 불꽃은 정화 기능을 가지고 있습니다. 파란 불꽃은 모든 것을 보호하고 신의 뜻에 맞게 재조정하는 기능을 합니다. 황금색 불꽃은 그리스도 마음의 지혜를 방출합니다. 분홍색 불꽃은 신의 무조건적인 사랑을 방사합니다. 선녹색 불꽃은 순수한 상념을 내보내어 모든 불균형을 치료합니다. 보랏빛이나 자주색 불꽃은 모든 불완전한 에너지를 변형시키고 어머니 빛이 더 완벽한 이미지를 자유롭게 구현하도록 설정합니다.
- 시각화: (당면한) 외적 상황이나 사람 또는 광경 너머를 보십시오. 그런 외적인 모습 뒤에서 찬란하게 빛나는 무한한 수의 번쩍이는 점들을 시각화하십시오. 그것은 진동하고 고동치면서 백색광을 방사하는 무한히 작은 빛의 입자와 거의 같습니다. 그 외적인 모습이 순수한 어머니 빛의 이 고동치는 백색입자의 바다 속으로 용해되는 것을 상상하십시오. 그런 다음 어떻게 그 입자들이 신성한 형상을 형성하는지를 보십시오. 이것은 나 자신, 예수, 다른 어떤 영적인 인물 또는 아름다운 일몰(日沒) 광경일 수도 있습니다. 이어서 그 신성한 이미지가 그 외적상황에 어떻게 겹쳐져서 그것을 순수한 상태로 변화시키

는지 보십시오. 만약 여러분이 그 실제 상황에 대해 더 높은 통찰력을 가질 수 없다면, 신성한 이미지가 불완전한 그 상황을 대체하도록 허용하고, 여러분의 상위존재가 그 상황의 완벽한 결과를 시각화할 것이라고 받아들입니다. 질병을 포함한 불완전한 상태에 대해 이 시각화 기법을 사용하십시오. 예를 들어, 병든 장기(臟器)나 신체 부위가 순수한 어머니 빛에 용해된 다음 더 완벽한 모습으로 바뀌어 대체되는 장면을 시각화할 수 있습니다. 또 여러분은 이 시각화를 하나 이상의 확언과 결합할 수도 있습니다.

여기서 중요한 점은 여러분에게 좀 더 깊은 의미가 있는 확언이나 시각화를 선택하는 것입니다. 여러분이 안 좋은 상황에 직면할 때마다 이원성적인 반응에 빠지지 않도록, 특히 그 상황을 변화시킬 수 없다고 생각하는 부정적 반응에 사로잡히지 않게끔 (조용히 또는 큰소리로) 확언이나 시각화 기법을 사용하세요. 만약 여러분이 이 책에서 한 가지를 가져간다면, 가져갈 수 있는 가장 중요한 것은 단지 다음과 같습니다.

- 여러분이 마주치는 모든 것과 모든 사람들에게 베풀고 축복하라.
- 모든 상황과 모든 조건, 모든 사람에게 은총이 있기를 기원하라. 그리고 여러분 자신에게도 축복하는 것을 잊지 말라.
- 어떠한 한계도 영구적이거나 바꿀 수 없는 것으로 받아들이지 말라.
- 항상 외적 상황 너머를 보고 그리스도의 마음의 더 높은 시각에 도달하라.
- 여러분이 어디에 있든지, 항상 그 다음 단계를 밟도록 하라.
- 여러분이 알고 있는 것이 무엇이든, 항상 더 높은 이해를 위해 손을 뻗어라.

나의 사랑하는 이들이여, 나는 여러분에게 우주는 거울이라고 여러 번 말했습니다. 만약 여러분이 마주치는 모든 사람들과 모든 것을 축복한다면 - 비록 여러분의 외적인 마음에서는 그들이 그것을 받을 자격이 없다고 생각할지라도 - 우주 거울이 여러분에게 어떤 영향을 돌려줄 것이라고 생각하나요? 그것이 여러분에게 은총을 주는 것 외에 다른 어떤 것을 줄 수 있을까요? 그러므로, 여러분이 다른 사람들에게 행하는 것을 우주는 확실히 여러분에게 행할 것입니다.

하느님은 결코 분노하는 신이 아니라는 것을 잊지 마십시오. 하느님은 누군가가 무슨 일을 저질렀다할지라도 그들을 벌하려고 하지 않으시며, 다만 그분은 인간들을 결함으로부터 해방시켜 주고 싶어 하십니다. 하느님은 자신이 완벽한 공동창조자들을 창조했고, 따라서 나쁜 공동창조자들이 없다는 것을 아십니다. 인간의 모든 실수와 결함들은 이원성 의식에서 비롯됩니다. 그러므로 유일한 해결책은 모든 것을 이원성 이상으로 끌어올리는 것입니다. 지구상에서 가장 일반적인 문제 중 하나는 누군가 여러분에게 무엇인가를 행할 때, 여러분이 부정적인 감정으로 반응한다는 것입니다. 여러분은 다른 사람들에 대해 부정적인 인상을 형성하고, 그것이 영구적이고 확실하다고 생각합니다. 즉 그 사람이 "나쁘다"고 생각해서 그가 한계를 갖고 있고 잘못된 상태에 있는 것에 대해 벌을 받아 마땅하다고 생각합니다. 여러분은 다른 사람들이 여러분을 통해 신의 사랑을 받을 자격이 없다고 추정하며, 그래서 자신의 존재를 통해 흐르는 빛의 흐름을 차단합니다. 하지만 하느님은 자신의 모든 아들과 딸들이 이원성에서 자유로워지고 더 나아져서 그분의 왕국으로 돌아오기를 바라십니다. 다시 말하자면, 하느님은 어느 누구도 한계상태 속에 갇혀 있는 것을 원하지 않으십니다. 여러분이 어떤 제한된 이미지, 어떤 어둡고 고정적인 이미지를 붙잡고 있거나 다른 사람들을 벌하려고 할 때, 여러분은 우주의 기본적인 힘, 생명의 강으로부터 여러분 자신을 따로 분리시키고 있는 것입니다. 하지만 만약 다른 사람들이 더 나아지도록 도와주려고 하지 않는다면, 어떻게 여러분이 더 나아질 수 있을까요? 그리고 만약 여러분이 타인들을 한계에 가두고 싶어 하는 욕망을 우주거울에나 보내어 비춘다면, 그 거울이 여러분에게 어떤 것을 반사시켜야 할까요? 그렇다면, 여러분이 다른 사람들을 자유롭게 해주고 싶은 순수한 욕구를 갖게 될 때까지 어떻게 진정으로 자유로울 수 있겠습니까? 그리고 나를 믿으세요. 의식적인 여러분은 이러한 욕구를 가지고 있지만, 반면에 유한한 자아는 그렇지 않습니다. 언제나 모든 사람들과 모든 것을 축복하기 바랍니다. 그리고 모든 결함들이 그 현재의 한계를 넘어서는 것을 보려는 순수한 욕망을 키우세요. 만약 이렇게 한다면, 어떻게 우주가 여러분이 모든 한계를 뛰어넘는 상황을 여러분에게 반사하지 않을 수 있겠습니까?

***

사랑하는 이들이여, 내가 여기서 여러분에게 확실히 이해시키고 싶은 점은 나는 여러분이 자신의 창조능력을 차단해야 한다고 말하려고 하는 것이 아니라는 것입니다. 여러분이 당면한 가장 큰 문제는 여러분이 더 이상 결정하고 싶어 하지 않기 때문에 이러한 능력을 차단했다는 사실입니다. 그러나 내가 설명했듯이, 여러분은 공동창조하는 것을 절대로 멈출 수가 없습니다. 만약 여러분이 결정을 내릴 수 있는 힘을 남에게 준다면, 그래도 여러분은 여전히 공동창조하고 있는 것입니다. 단지, 여러분은 이제는 유한한 자아에 의해 창조된 이원성적인 이미지를 통해 공동창조하고 있는 것일 뿐입니다. 나는 여러분이 이런 이미지들을 파괴해서 마음속에 어떤 이미지도 없어야 한다고 말하는 게 아닙니다. 여러분의 이원성적인 이미지들이 결함 있는 결과를 만들었기 때문에 마음속에 어떤 이미지도 없는 것이 안전하게 보일지 모르지만, 그것은 절대로 건설적인 것이 아닙니다. 여러분이 지구상에서 육체로 있는 한, 여러분의 마음 — 여러분의 4가지 하위체들을 의미한다 — 은 결코 실제로 텅 비어 있을 수 없으며, 따라서 여러분은 항상 공동창조하게 될 것입니다. 그러므로 여러분 마음속의 모든 심상들을 비우려고 하는 대신에, 이원성적인 이미지들을 비우고 그것을 그리스도 마음의 이미지들로 채우는 것이 훨씬 더 건설적입니다. 그 열쇠는 이원성적인 이미지들만이 잘못된 결과들을 만들어 낸다는 것을 깨닫는 것입니다. 그리고 만약 여러분이 그리스도 마음의 완벽한 이미지들을 통해 공동창조한다면, 여러분은 참으로 우주 거울로부터 반사된 풍요로운 삶을 누리게 될 것입니다.

사랑하는 이들이여, 여러분은 하느님의 왕국을 지구상에 실현하기 위해 이곳에 있습니다. 그 나라는 현재 실현되어 있지 않습니다. 따라서 그것을 실현하는 방법은 물질계에 아직 나타나지 않은 이미지를 마음으로 그리는 것입니다. 그리고 여러분이 그 이미지를 자신의 4가지 하위체들을 통해 가져옴에 따라, 여러분은 그것을 어머니 빛에다 겹쳐서 그 빛이 여러분의 심상을 구현하도록 만들고 있는 것입니다. 이것이 창조의 기본적인 과정이며, 하느님은 여러분이 자신의 창조능력을 차단하는 것을 바라지 않으십니다. 하느님은 이원성적인 비전을 통해 에고가 창조하는 대신에, 여러분이 그리스도 마음의 진정한 비전을 토대로 공동 창조함으로써 그 능력을 사용하길 원하십니다. 그러므로 그리스도 마음의 순수한 이미지에 집중할 수 있도록 여러분의 비전을 높이려고 노력하십시오. 이러한 창조능력은 여러분이 4가지 하위체들을 정화함에 따라 필연적으로 생겨날 것입니다. 그리고 만약 여러분이 내가 이 책에서 제공한 도구들을 사용한다면, 점차 그 목표를 향해 나아갈 것입니다.

사랑하는 이들이여, 내가 이 책에서 설명하려고 시도한 것은 여러분의 삶이 의식적인 여러분과 에고 및 이 세상의 지배자 간의 계속적인 게임, 끊임없는 경쟁 또는 심지어 투쟁으로 보일 수 있다는 것입니다. 그 내부의 적과 외부의 적은 여러분이 - 자신의 의식이나 물질세계 안의 결함들로 인해 - 자신을 통해 흐르는 신의 빛과 사랑을 차단할 수밖에 없다는 환영에다 여러분을 항상 가두려고 하고 있습니다. 그들은 여러분이 모든 잘못된 것을 변형시킬 수 있는 빛의 흐름을 차단시키는 상황을 수용하게 만들려고 시도합니다. 이것은 예수가 사람들에게 비판하지 말라고 말했던 이유들 중 하나입니다(마태복음 7:1). 여러분이 외적인 마음으로, 분석적인 마음으로 비판할 때, 여러분은 상황들을 규정하고 있습니다. 여러분은 사람들이나 어떤 상황이 당신의 조건, 당신의 기대에 부응하지 않는다면, 그들에게 사랑을 주지 않을 것이라는 접근법을 취하고 있습니다. 사랑하는 이들이여, 이원성 의식의 거짓된 신들 사이에서 벌어진 이 오래된 싸움에 말려들지 마십시오. 여러분의 유한한 자아와 다른 사람들 또는 이 세상의 지배자를 적이나 원수로 보지 않도록 하십시오. 악에 대항하지 말고(마태복음 5:39), 단순히 그것과 그 모든 이원성적인 게임을 초월하십시오.

만약 여러분이 뒤로 물러나 큰 그림을 보게 되면, 매우 오랜 시간 동안 지구상의 사람들이 선과 악 사이에 장엄한 전투가 있다고 믿도록 프로그래밍돼 있다는 사실을 알 것입니다. 이런 주제를 오래된 종교들 속에서 볼 수 있지만, 그런 종교들은 인류의 집단의식이 오늘날보다 낮은 수준에 있을 때 주어졌다는 것을 기억해야합니다. 여러분은 또한 그것을 신화와 현대 연예산업에서도 볼 수 있습니다. "악당들"의 집단이 무고한 사람들을 위협하기 시작한다는 것이 책과 영화들의 공통된 주제입니다. 처음에는 영웅이 대결을 피하려고 노력하지만, 결국 사태가 악화되어 그가 더 이상 악의 세력을 무시할 수 없게 됩니다. 그때 그는 악당들을 파괴하고 악을 정복하기 위해 폭력에 몰두합니다. 사랑하는 이들이여, 이것은 많은 자료들을 통해 사람들의 마음속에 프로그램돼 있는 매우 설득력 있는 이미지입니다. 그리고 그것이 그럴듯하게 생각될 수도 있지만, 나는 그것이 적그리스도의 의식으로부터 생겨났다는 것을 보증할 수 있습니다. 이 세상의 지배자는 이원성 의식이 두 가지 극단에 기초해 있다는 것을 알고 있으며, 그는 사람들을 통제하기 위해 이것을 능숙하게 이용하고 있습니다. 그 계략은 매우 간단하고 아주 효과적입니다. 이 세상의 지배자는 모든 사람들로 하여금 이 행성에는 선악 간의 투쟁이 있고, 정말로 악의 세력이 신과 맞서고 있으며, 그 세력이 실제의 힘을 갖고 있다고 믿게 하려 시도하고 있습니다. 그 목적은 모든 사람들을 그들이 악으로 인식하는 것에 대적하기 위한 전쟁에다 끌어들이려는 것입니다. 싸움에 몰두함에 따라 그들은 부정적인 감정으로 상황에 반응하게 되고, 결국 어둠의 세력에게 먹이를 주게 될 대량의 부적절한 에너지를 생성합니다.

사랑하는 이들이여, 심지어는 수많은 영적인 사람들까지도 이런 전쟁에 말려들어갔습니다. 그리고 그들은 집단의식을 높이거나 지상천국 실현을 위해 아무 것도 하지 못한 채 그들의 목숨만 전쟁 와중에 헛되이 잃고 말았습니다. 이것은 모든 종교적 갈등 뒤에 있는 주요 힘이며, 그러한 갈등은 믿을 수 없는 잔혹한 행위들을 만들어 냈습니다. 만약 여러분이 신과 공동창조자로서, 어머니 빛의 수호자로서 자신의 역할을 하려면, 이런 상대적 선과 상대적 악의 세력 간의 낡고 끊임없는 전쟁과는 거리를 두어야 합니다. 여러분이 이런 덫에 걸려들지 않으려면, "너희는 눈에는 눈으로, 이에는 이로 갚으라 하였다고 들었으나, 나는 너희에게 이르노니 악한 자를 대적치 말라. 누구든지 네 오른편 뺨을 치거든 왼편도 돌려대라(마태복음 5:38~39)."고 했던 예수의 말 뒤에 숨겨진 심오한 의미를 깊이 새길 필요가 있습니다. 사랑하는 이들이여, 우리가 이전에 논의했던 것을 토대로, 예수가 사람들에게 준 이 겉보기에 단순한 가르침이 이원성 의식에서 벗어나는 유일한 방법이라는 아시겠습니까?

이 세상 지배자의 전체 음모는 여러분을 상대적인 두 정반대의 것들 사이의 갈등에다 끌어들여서 삶에 대해 부정적인 감정으로 반응하게 만듦으로써, 여러분 자신을 그 이원성적인 투쟁에다 더 단단히 속박시켜 버리는 것입니다. 그리고 이런 하향나선, 이런 블랙홀에 말려들지 않는 유일한 방법은 모든 상황에 대해 신의 사랑으로 반응하는 것입니다. 이렇게 되면, 여러분은 신의 사랑이 여러분의 존재를 통해 흐르는 것을 그 어떤 것도 방해하게끔 결코 허용하지 않습니다. 대신에 여러분은 모든 것에 축복을 내림으로써 그것이 현재의 잘못된 상태를 넘어서 촉진되도록 노력합니다. 여러분은 사람들을 축복하여 그들이 다른 사람들을 공격하게 만드는 이원성 의식을 초월할 수 있게 하려고 합니다.

여러분은 또한 내가 이전에 말했던 것, 즉 악에는 궁극적인 실체가 없다는 것을 이해할 필요가 있습니다. 그러므로 그것은 하느님과 맞서고 있지 않습니다. 신과 악마 사이에는 참으로 아무런 전쟁이 없는데, 왜냐하면 신은 반대의 것을 알지 못하시니, 그분의 눈은 너무나 순수해서 악을 볼 수가 없고, 오직 순결한 생각만을 보시기 때문입니다. 선과 악 사이의 싸움은 오직 이원성의 영역에서만 존재할 수 있습니다. 그리고 그것은 사람들이 이원성 의식에 갇혀서 지속적으로 불속에다 탈만한 나무를 던져 넣는 동안만 존속할 수 있습니다. 궁극적이고 전 지구적인 그 해결책은 임계수치의 사람들이 그들의 의식적인 자아를 에고와 분리함으로써 이원성의 의식으로부터 그들 스스로를 분리시키는 것입니다. 임계수치의 사람들이 그리스도의 의식을 구현할 때, 여러분은 집단의식의 변화를 보게 될 것이고, 더 많은 사람들이 내가 여기서 말한 진리, 현재 대부분의 사람들의 수준을 넘어선 진리를 이해할 수 있게 될 것입니다.

이 지구행성의 변화에 개인적인 기여를 하기 위해, 여러분이 여기에 있는 모든 것을 축복하고 확장하려는 태도를 취함으로써 시작해보세요. 여러분은 사물을 있는 그대로 보존하거나 결함들을 강화하기 위해 이곳에 있는 것이 아니므로 그것들에게 자신의 빛을 분별없이 주지 않습니다. 여러분은 모든 것이 결함을 뛰어넘을 수 있도록 끌어올리기 위해 여기에 있습니다. 이것은 여러분이 하느님의 빛이 제한 없이 흐르게 함으로써 이것을 하게 되며, 그에 따라 빛이 더 높은 비전, 즉 어쩌면 여러분의 외부 마음으로는 파악할 수 없는 높은 비전에 따라 자체적인 작용을 할 수 있습니다. 여러분은 빛과 사랑이 무엇을 해야 하는지를 외부의 마음으로 판단할 필요가 없습니다. 그것들이 흐르는 대로 내버려 두고 그 자체적으로 일을 하도록 놔둬야 합니다. 어떤 경우에 그것은 사람들을 뒷받침할 것이고, 다른 경우에는 그것이 사람들의 환상에 도전할 것입니다. 그러나 모든 경우에 있어서 하느님의 사랑과 빛은 그리스도의 비전에 따라 그 상황을 확대시키고 더 높이 향상시킬 것입니다. 이 비전은 여러분의 에고와 이 세상의 지배자가 항상 여러분이 받아들이기를 바라는 이원성적인 비전과는 매우 다를 것입니다. 그러므로 여러분은 이 세상의 세력으로부터 벗어나 독립할 필요가 있고 타인들이 여러분을 막으려 할지라도 자신의 빛을 비추어야 합니다. 여러분은 세속적인 방식에 순응하려고 여기에 있는 것이 아니라, 어떤 시인이 "그대 자신에게 진실하라."고 말했듯이 본연의 자신에게 진실해짐으로써 세상의 방식을 바꾸려고 하는 것입니다.

***

사랑하는 이들이여, 행복에 이르는 진정한 열쇠, 마음의 평화에 이르는 참된 열쇠는 모든 것을 이원성적인 기준에 따라 판단하는 경향을 극복하는 것입니다. 여러분은 그리스도 마음의 진리와 일치하지 않기에 결코 성취될 수 없는 이원성적인 기대들에 부응하려고 끊임없이 억지로 애쓰는 함정을 피할 필요가

508

있습니다. 진정한 마음의 평화와 행복을 원한다면, 여러분의 그 이원성적인 기대가 하나씩 사라지도록 허용하십시오. 여러분은 태어나기 전에 이 세상에서 어떤 것을 여러분에게 보장하는 계약서에 서명한 기억이 있습니까? 이것을 묻는 이유는 비록 여러분의 유한한 자아가 그러한 계약이 있다고 믿을지라도 그런 것은 없기 때문입니다. 여러분이 신과 맺은 계약은 그분이 여러분에게 자유의지를 주셨고, 여러분은 자신이 선택한 결과에 대해 전적인 책임을 지겠다는 것이었습니다. 만약 우주에 의해 반사되어 현재 여러분에게 되돌아오는 결과가 마음에 들지 않는다면, 여러분은 단지 자신이 내보내는 것을 바꿀 필요가 있습니다. 그리고 그렇게 하기 위해서는 잘못된 이미지를 내보내게 만드는 이원성적인 기대들을 버려야합니다. 단순히 그것들을 버리고 그리스도 마음의 더 높은 비전을 향해 나아가도록 하십시오. 그렇게 할 때, 여러분은 이 세상의 어떤 것에 의해서 위협받을 수 있다는 느낌과 투쟁의식을 극복할 것입니다.

여러분이 자신이 실제로 누구인지 알고 물질세계로 온 커다란 목적을 알게 되면, 에고의 편협하고 자기중심적인 기대와 욕망은 하찮게 보이므로 자진해서 그것을 신의 사랑의 불길 속에다 던져버릴 것입니다. 여러분은 참으로 바울(Paul)과 더불어 이렇게 말할 것입니다. "내가 어렸을 때에는 말하는 것이 어린 아이와 같고, 깨닫는 것이 어린 아이와 같고, 생각하는 것이 어린 아이와 같다가, 장성한 사람이 되어서는 어린 아이의 일을 버렸노라(고린도전서 13:11)."

사랑하는 이들이여, 내가 여러분에게 말하고 있는 것은 여러분이 이 긴 책을 읽을 수 있었다면, 여러분은 더 이상 아이가 아니며, 영적으로 말하고 있는 어른이라는 것입니다. 그러므로 유한한 자아의 유치한 기대와 믿음을 버리고 이 중요한 시대에 지구상에 있는 이유에 대한 보다 높은 비전을 추구할 때입니다. 그리고 에고로부터 튀어나온 이원성적인 믿음과 이기심을 던져버릴 때입니다. 또한 자신을 넘어서서 지상천국을 이룩하는 것을 돕기 위해 이 시대에 자원해서 태어난 영적 존재들의 거대한 집단의 일원으로 여기에 있다는 것을 깨달을 때입니다.

여러분은 유한한 자아의 어떤 욕망보다 훨씬 더 장대한 목적을 위해 여기에 있습니다. 그리고 여러분은 오직 생명의 강으로 뛰어들 때만이, 또 지금 자신의 존재 이유를 이행하고 있다고 느낄 때만이 최고의 성취감, 궁극적인 풍요감을 발견할 것입니다. 사랑하는 이들이여, 영적인 길을 걷다 보면 아주 중대한 결정을 내리고 인생에 대해 완전히 다른 접근방식을 취할 시점이 오게 됩니다. 그 접근 방식은 작은 소아(小我)를 중심으로 하지 않고 본래의 큰 대아(大我)를 중심으로 한 방식입니다. 만약 여러분이 내가 말한 모든 것을 이 부분까지 읽었다면, 지금은 그 결정을 내려야할 때입니다. 또한 여러분이 인간이 아니라는 것을 받아들이고, 본래의 모습인 영적 존재처럼 살아가기 시작할 때입니다.

어떻게 이것을 할 수 있을까요? 여러분은 궁극적으로 오직 한 가지 방법으로, 즉 생명의 강 속에 무조건 뛰어들어 그 강이 여러분을 통해 흐르면서 여러분이 가야 할 필요가 있는 곳으로 데려가도록 허용함으로써 그렇게 할 수 있습니다. 여러분의 유한한 에고가 이원성적이고 자기중심적인 기대에 의해 어디로 가야한다고 주장하든 상관없이 말입니다. 사랑하는 이들이여, 이것은 진정으로 궁극적인 도전과제이며, 나는 여러분의 삶이 어떻게 전개되어야하는지에 대한 모든 기대를 버리는 것이 쉬운 일이 아니라는 것을 알고 있습니다.

심지어 예수도 자신의 재판 전날 겟세마네 동산에서 그가 고뇌한 데서 입증되었듯이, 이것이 어렵다는 것을 발견했습니다. 그는 인류 집단의식의 반대의지, 즉 만인에게 신성에 이르는 길을 보여 주는 그의 사명수행을 보고 싶어 하지 않는 그 전체적 반의(反意)와 싸우고 있었기 때문에 피땀을 흘리고 있었습니다. 하지만 그 집단적 반의에 대해 그를 취약하게 만들었던 것은 여전히 어느 정도 그를 지배하고 있던 에고의 의지였습니다. 이것을 1시간 동안 고뇌한 끝에 마침내 그는 유일한 탈출구는 전적이고도 무조건적인 내려놓음과 내맡김이라는 것을 깨달았습니다. 그것이 바로 그가 "이 잔을 내게서 지나가게 하옵소서. 그러나 나의 원대로 마옵시고, 아버지의 원대로 하옵소서(마태복음 26: 39)."라고 말했을 때입니다. 사랑하는 이들이여, 예수를 개인적이고 지구적 수준의 반의로부터 완전히 해방시킨 것은 높은 뜻에 대한 이러한 무조건적인 순종이었습니다. 여러분 역시도 순종할 필요가 있는 것은 어떤 외부 존재의 뜻이 아니라 하늘의 높은 뜻이라는 것을 깨달음으로써 그런 내맡김의 상태에 도달할 수 있습니다. 그것은 여러분 자신의 상위 존재의 뜻이며, 여러분의 신성한 계획을 만들었을 때 사용했던 의지입니다.

오직 여러분이 자신의 가장 높은 뜻에 완전히 순종하여 내맡길 때만이 여러분은 에고의 모든 우상들을 버릴 수 있습니다. 다시 한 번 말하지만, 우상이란 가만히 정지해 있는 이미지이며, 생명의 강과 함께 흐르지 않는 이미지입니다. 여기서 매우 미묘한 차이점에 유의하십시오. 여러분의 유한한 자아가 하느님과 세상 및 자신에 대해 올바른 이미지를 가질 수는 있습니다. 사실, 많은 종교인들이 기술적으로 옳지 않은 교리에 집착하고 있는데, 그렇다고 해서 그 교리가 꼭 적그리스도의 마음에서 비롯되었음을 의미하지는 않습니다. 하지만 일단 여러분이 그 교리가 절대로 오류가 없고, 절대로 변할 수 없으며, 더 높은 진리에 의해 대체될 수 없다고 믿는다면, 여러분은 영적 가르침을 우상으로 바꿔놓은 것입니다. 사랑하는 이들이여, 여러분이 강을 결코 본 적이 없고 누군가가 여러분에게 사납게 날뛰는 강물의 정지된 사진을 보여 준다고 상상해 보세요. 여러분은 그 강이 전혀 움직이지 않는 얼음으로 만들어졌다고 생각할 것입니다. 현실에서, 강은 끊임없이 이동하고 있고, 그래서 그런 정지된 사진은 결코 여러분에게 강에 대해 완전히 정확한 이미지를 줄 수가 없습니다. 그 사진은 그 사진이 찍힌 바로 그 순간에 그 강이 어떤 모습인지에 대한 정확한 묘사를 제공하기는 합니다. 하지만 이제 그 강은 흘러갔고 이미 그 이미지는 달라졌습니다. 강이 어떤 모습인지를 완벽하게 알기 위해서는 여러분이 그 영원한 움직임을 경험할 필요가 있습니다. 오직 여러분이 그 강물이 가만히 정지해 있지 않는다는 것을 깨닫고 나서야 비로소 그 강의 본질을 진정으로 알 수 있는 것입니다.

이와 마찬가지로, 가르침이 주어진 그 순간에 신이 어떤 존재였는지에 관해 정확한 이해를 제공하는 영적 가르침을 주는 것도 가능은 합니다. 그러나 오직 여러분이 스스로 초월해가는 생명의 강을 경험해야만, 하느님의 본질을 충분히 인식할 수 있습니다. 그리고 여러분이 생명의 강 속에 완전히 몸을 담고고 강물과 더불어 흐를 때만이 생명의 강을 체험할 수 있으며, 그리하여 에고는 절대로 이해할 수 없는 그런 아름다움과 기쁨의 우주적 율동 속에서 영원히 더 발전해가는 풍요로운 생명을 경험하는 것입니다. 그러므로 나의 사랑하는 이들이여, 유한한 자아라는 삭막한 사막을 떠나 생명의 강의 살아있는 물속으로 과감하게 뛰어 드십시오. 진정한 여러분이 신의 장엄한 창조물을 이루는 필수적한 부분으로의 참된 정체성으로 다시 태어날 수 있도록, 담대하게 에고가 소멸되게 하십시오. 우리가 하느님의 자기인식 – 그것이 참으로 여러분의 자기인식이 될 수도 있습니다 – 이라는 무한한 지평을 향해 나아갈 때 우리와 합류하세요. 신은 모든 것이며, 모든 것 안에 있습니다. 과감하게 에고 이상의 존재가 되십시오. 그러면 여러분도 모든 것이 될 수 있고 모든 것 안에 있을 수 있습니다. 여러분의 빛을 사람들 앞에 비추도록 하세요. 그리하면 그들이 여러분의 훌륭한 행위를 보고, 모든 생명 안에 계신 아버지를 찬미할 것입니다.

끝맺는 말

사랑하는 이들이여, 이 책의 목적은 여러분을 이원성의 어둠 속에서 그리스도의 의식의 빛 속으로 끌어올림으로써 의식을 변형시키기 위한 도구를 제공하려는 것입니다. 이것은 오직 여러분이 지식의 열쇠를 이해하고 응용할 때만 가능합니다. 그러므로 이 책은 여러분의 그리스도 자아와 영적인 스승들로부터오는 직관적인 통찰을 자극하는 외적 도구가 되기로 예정돼 있습니다. 이러한 통찰력은 여러분의 현 의식수준에 맞게 면밀하게 조절될 것이고, 따라서 여러분이 자신의 개인적인 길의 다음 단계를 밟도록 도와줄 수 있습니다. 이 책의 가르침은 여러분이 영적인 길의 어떤 단계에서 필요한 통찰력을 주도록 세심하게 고안돼 있습니다. 그러므로 이 책을 단 한 번만 읽고서 여러분이 얻을 수 있는 모든 것을 뽑아낼 수 있다고 생각하는 것은 순진한 일이 될 것입니다. 이 책은 영적인 길의 어느 단계에서 영감(靈感)으로서 역할을 할 수 있다는 면에서, 계속해서 주는 선물입니다. 여러분이 성장한다고 해서 결코 이 책에서 벗어날 수는 없는데, 왜냐하면 이 책은 참으로 의식의 아주 다양한 수준에 맞춰서 주어지는 가르침을 담고 있기 때문입니다. 나는 여러분에게 이 책에 대해 잊지 말고 거듭 반복해서 읽어보기를 권고합니다. 개인적 형편에 따라 로사리오를 행하기 전이나 잠자리에 들기 전에, 날마다 작은 분량을 읽어보기 바랍니다.

이 책에 대한 나의 목적은 인간존재의 기본적인 딜레마, 즉 인간이 이원성 의식에 갇히게 된 것에 대한 이해를 여러분에게 제공하기 위한 것입니다. 나는 유한한 인간적 자아의 기본적인 역학(力學)을 여러분께 밝혔지만, 어떤 책도 영적인 길을 걷기 위해 알아야 할 모든 것이나 에고의 모든 측면을 한 번에 설명할 수는 없습니다. 그러므로 나는 여러분이 내면으로부터 지시를 받았다고 느낄 때는 영성에 관한 다른 책들을 읽도록 권고하는 바입니다.

나선형 계단을 한 단계 올라서는 열쇠는 특정한 이원성적인 환상을 대체하는 직관적인 통찰력을 갖는 것임을 인식하세요. 그런 통찰은 지적인 이해를 넘어서 있습니다. 그것은 외부 경험에 의해 유발될 수 있지만, 어떤 참된 영적 가르침의 목적은 여러분이 과거 행위의 물리적 결과를 경험하지 않고도 교훈을 배울 수 있도록 언어를 통해 그러한 통찰을 촉발하는 것입니다. 하지만, 언어를 통해 직관적인 경험을 유발하는 것은 상당히 개별적인 과정입니다. 두 사람이 같은 이야기를 읽고도 한 사람은 지적으로 요점을 이해하는 반면에 다른 한 사람은 직관적인 경험을 할 수 있습니다. 그 이유는 사용된 이야기가 첫 번째 사람에게는 직관적인 경험을 유발하지 않았기 때문이지요. 내 요점은 동일한 주제에 대해 언급하는 다른 책들을 읽어 보라고 권하고 싶다는 것입니다. 어떻게 하나의 책에서 활용한 효과적인 이야기가 모든 사람들에게 똑같이 효과가 있을 수 있겠습니까? 비록 내가 다른 문맥으로 그리고 다른 이야기들을 사용하여 중요한 점들을 설명하려고 노력했지만, 이 책이 여러분에게 직관적인 경험을 반드시 유발할 것이라는 보장은 없습니다. 그리고 미래의 어느 시점에 여러분이 이 책을 다시 읽고 이전보다 더 깊게 내용을 이해하게 될 수도 있습니다.

나의 마지막 생각은 다시 한 번, 자기초월의 과정을 결코 멈추지 않는 것의 중요성을 지적하는 것입니다. 여러분이 생명의 강 속으로 다시 돌아와 있다는 것을 — 에고의 거짓된 안정감을 넘어선 내면의 앎으로 — 알게 될 때까지 계속해서 영적인 길을 한 걸음씩 밟아 나가세요. 그리하여 그 강이 여러분의 현재 의식 상태로 상상할 수 있는 것을 훨씬 뛰어넘은 곳으로 데려갈 때 강과 더불어 흘러가십시오. 참으로, 하느님의 풍요는 무한합니다. 그리고 그 생명의 강과 함께 흘러갈 때, 여러분은 이 세상에서 여러분의 마음속에 프로그램돼 있을 수도 있는 어떤 한계를 훨씬 뛰어넘을 것입니다. 생명의 태피스트리(tapestry)[62], 신의 창조물의 충만함은 밤하늘의 광대함을 훨씬 넘어서 있습니다. 나는 여러분이 신의 무한한 생명으로 이루어진 하늘의 영적인 별(star)로 스스로 자리매김할 때 여러분에게 인사하게 되기를 기대합니다.

---

62)색색의 실로 수놓은 벽걸이나 실내장식용 비단

성모 마리아의 강력하고도
신성한 로사리오들

성모 마리아의 로사리오들

1.성모 마리아의 하느님의 뜻에 관한 로사리오

※이 로사리오는 에고의 환영을 버리고 여러분의 고등한 자아(Higher Self)와 다시 합일되는 데 도움이 되도록 설계돼 있습니다. 또한 지구상에 하느님의 왕국을 실현하고 여러분의 에테르체 또는 자의식체를 정화하는 데 도움이 될 것입니다.

조건 없는 사랑이신 성부와 성자, 성령, 그리고 기적의 어머니의 이름으로. 아멘.

(개인적인 기원 문구는 이곳에 첨가한다.)

주기도문(Lord's Prayer)
　모든 생명의 내면에 존재하시는 우리의 하느님 아버지-어머니시여, 우리는 우리의 내면에 계시는 당신의 현존인 우리의 신아를 공경합니다. 우리는 당신의 왕국이 우리를 통해 이 지구에 실현됨을 받아들입니다. 당신의 뜻이 천상에서 이루어지듯이, 이 지상에다 당신의 뜻을 실현할 책임이 우리에게 있습니다.
　우리는 당신의 뜻은 곧 우리 영혼의 높은 뜻이기에, 당신의 뜻이 우리 자신의 뜻과 별개가 아님을 알고 받아들입니다. 그러므로 당신의 뜻이 우리의 뜻이고, 우리의 뜻이 곧 당신의 뜻입니다. 우리는 우리자신을 우리 모두 안에 있는 신적자아의 뜻에다 사랑으로 동조합니다.
　우리는 당신께서 우리가 이 세상에서 당신과 더불어 더 나아질 기회를 날마다 우리에게 제공해주고 계심을 받아들입니다. 우리가 서로를 용서하고, 우리의 의지를 우리의 내면에 존재하는 더 높은 의지에게 내맡길 때, 당신께서도 우리가 지닌 결함들을 용서해주신다고 믿습니다. 그러므로 우리는 우리가 내보낸 것을 우주는 우리에게 되돌려준다는 진리를 받아들입니다.
　우리의 삶과 우리의 지구행성에 대해서도 모든 책임이 우리에게 있습니다. 우리는 우리 에고의 반의(反意)를 넘어서겠다고 맹세하며, 그럼으로써 당신께서 모든 어둠의 힘들이 그런 반의를 통해 우리를 조종하는 것으로부터 우리 자신을 구해내실 수 있습니다. 우리는 날마다 당신과 더불어 더 나아지겠다고 맹세하며, 그럼으로써 지구가 매일 신의 왕국에 좀 더 가까워질 수 있습니다. 우리는 당신의 왕국과 권능, 영광이 지금, 그리고 영원히 이 지구에 실현된다고 확신합니다. 아멘.

나는 나를 하느님과 분리시키고 있는 모든 에고의 환영들을 버립니다

1.하느님의 뜻을 보존하고 있는 사랑하는 존재시여, 나는 내가 하느님과 분리되어 있고 내가 있는 곳에 하느님이 없다는 에고의 환영을 사랑으로 버립니다. 나는 나의 진아(眞我)가 곧 나의 신아라는 진리와 하나이며, 그것은 하느님이 개체화된 존재입니다. 그러므로 나는 나의 참된 정체성은 하느님의 아들/딸이라고 주장합니다. 나는 하느님의 의지가 나의 존재와 집단의식 안의 모든 반의를 대체한다는 것을 받아들입니다. 나는 개체화된 신성으로서 더욱 초월해가는 신이 될 것입니다!

하느님의 뜻을 보존하고 있는 경애하는 어머니시여,
하느님의 뜻을 보존하고 있는 어머니이신, 경애하는 성모 마리아시여,
나는 당신을 나의 영적 어머니로 받아들입니다.
당신의 존재와 하나인 상태에서,
나는 모든 반의와 에고를 버립니다.

하느님의 뜻과 하나이신 신성한 마리아님이시여,
나는 하느님의 뜻을 나의 높은 뜻으로 받아들입니다.
나의 신아와의 하나됨을 통해
나는 하느님의 왕국을 지상에다 실현합니다.

2.하느님의 뜻을 보존하고 있는 사랑하는 존재시여, 나는 하느님의 뜻이 나의 뜻과 별개라는 에고의 환영을 사랑으로 버립니다. 나는 하느님의 의지가 곧 내 신아의 의지라는 진리와 하나이며, 그러므로 그것은 나의 에고가 갖고 있는 이기적인 의지와는 별개입니다. 나는 하느님의 의지가 나의 존재와 집단의식 안의 모든 반의를 대체한다는 것을 받아들입니다. 나는 개체화된 신성으로서 더욱 초월해가는 신이 될 것입니다!

하느님의 뜻을 보존하고 있는 경애하는 어머니시여

3.하느님의 뜻을 보존하고 있는 사랑하는 존재시여, 나는 하느님이 자신의 뜻을 나에게 강요하려하고 하늘에서 분노하고 처벌하는 존재라는 에고의 환영을 사랑으로 버립니다. 나는 하느님이 조건 없는 사랑의 신이시고 내 신아의 높은 뜻을 따르는 것이 내 영혼의 가장 깊은 욕구라는 진리와 하나입니다. 나는 하느님의 의지가 나의 존재와 집단의식 안의 모든 반의를 대체한다는 것을 받아

들입니다. 나는 개체화된 신성으로서 더욱 초월해가는 신이 될 것입니다!

하느님의 뜻을 보존하고 있는 경애하는 어머니시여

4.하느님의 뜻을 보존하고 있는 사랑하는 존재시여, 나는 하느님은 불공정하고, 책임을 돌리시며, 나에게 자유의지를 주지 말았어야 한다는 에고의 환영을 사랑으로 버립니다. 나는 내 에고의 반의가 만들어진 데 대한 책임이 있고 그 에고를 버리는 것은 나에게 달려 있다는 진리와 하나입니다. 나는 하느님의 의지가 나의 존재와 집단의식 안의 모든 반의를 대체한다는 것을 받아들입니다. 나는 개체화된 신성으로서 더욱 초월해가는 신이 될 것입니다!

하느님의 뜻을 보존하고 있는 경애하는 어머니시여

5.하느님의 뜻을 보존하고 있는 사랑하는 존재시여, 나는 하느님이 내가 선택한 것에 대해 나를 책망하시고 내가 그분에게 돌아가지 않으면 나를 받아들이지 않으실 거라는 에고의 환영을 사랑으로 버립니다. 나는 하느님이 나를 조건 없이 사랑하신다는 것과 내가 내 에고의 반의와 환상을 버리면 즉각 용서받는다는 진리와 하나입니다. 나는 하느님의 의지가 나의 존재와 집단의식 안의 모든 반의를 대체한다는 것을 받아들입니다. 나는 개체화된 신성으로서 더욱 초월해가는 신이 될 것입니다!

하느님의 뜻을 보존하고 있는 경애하는 어머니시여

6.하느님의 뜻을 보존하고 있는 사랑하는 존재시여, 나는 자유로운 선택을 하는 유일한 방법은 하느님의 뜻을 거스르는 것이라는 에고의 환영을 사랑으로 버립니다. 나는 하느님의 의지가 나를 이원성으로부터 보호하고 신의 법칙 안에서 무한한 창조성을 나에게 준다는 진리와 하나입니다. 나는 하느님의 의지가 나의 존재와 집단의식 안의 모든 반의를 대체한다는 것을 받아들입니다. 나는 개체화된 신성으로서 더욱 초월해가는 신이 될 것입니다!

하느님의 뜻을 보존하고 있는 경애하는 어머니시여

7.하느님의 뜻을 보존하고 있는 사랑하는 존재시여, 나는 내가 통제할 수 없는 힘의 희생자이고 그렇기에 외부의 구원자가 필요하다는 에고의 환영을 사랑으로 버립니다. 나는 어떤 힘도 나의 자유의지를 유린할 수 없고 내가 언제든 에고의 환상을 버림으로써 신에게 더 가까이 다가가는 것을 선택할 수 있다는 진

리와 하나입니다. 나는 하느님의 의지가 나의 존재와 집단의식 안의 모든 반의를 대체한다는 것을 받아들입니다. 나는 개체화된 신성으로서 더욱 초월해가는 신이 될 것입니다!

하느님의 뜻을 보존하고 있는 경애하는 어머니시여

8.하느님의 뜻을 보존하고 있는 사랑하는 존재시여, 나는 뚫을 수 없는 장벽에 의해 내가 하느님과 분리돼 있다는 에고의 환영을 사랑으로 버립니다. 나는 오로지 에고에 의해 만들어진 환영의 베일에 의해서만 하느님과 분리돼 있다는 진리와 하나입니다. 그러므로 나는 이 세상에서 하느님과 하나가 될 수 있습니다. 나는 하느님의 의지가 나의 존재와 집단의식 안의 모든 반의를 대체한다는 것을 받아들입니다. 나는 개체화된 신성으로서 더욱 초월해가는 신이 될 것입니다!

하느님의 뜻을 보존하고 있는 경애하는 어머니시여

9.하느님의 뜻을 보존하고 있는 사랑하는 존재시여, 나는 하느님과의 하나됨은 개성의 상실을 의미한다는 에고의 환영을 사랑으로 버립니다. 나는 하느님과의 일체상태란 에고에 의해 속박돼 있던 나의 천부적인 개성이 해방되는 것을 의미한다는 진리와 하나입니다. 나는 하느님의 의지가 나의 존재와 집단의식 안의 모든 반의를 대체한다는 것을 받아들입니다. 나는 개체화된 신성으로서 더욱 초월해가는 신이 될 것입니다!

나는 내 에고의 환영들을 버립니다

사랑하는 성모 마리아님이시여, 나는 이제 나의 에고가 선악에 대한 지식의 열매인 이원성 의식을 실험하기로 내가 선택했을 때 탄생했다는 것을 이해합니다. 나는 내가 하느님과 분리돼 있고 그분과 하나가 될 자격이 없다고 믿게 된 것은 바로 이 이원성 때문이라는 것을 압니다. 이런 무가치한 의식으로 인해 나는 하느님에게 등을 돌리고 내가 하느님 왕국으로 돌아갈 수 없거나 돌아가고 싶지 않다고 생각하게 되었습니다. 또한 나로 하여금 하느님의 나라가 내 자신 바깥에 있다고 생각하게 만든 것 역시 바로 이 이원성이었습니다.

사랑하는 성모 마리아님이시여, 나는 당신을 영적인 어머니로 받아들이며, 내 손을 당신의 손과 마주잡습니다. 나는 당신이 나의 영혼을 인도하여 내가 나의 신아와의 일체상태에서 이탈했던 그 원래의 지점으로 되돌려 주시기를 기원합니다. 내가 에고의 두려움과 교만의 베일을 꿰뚫어 볼 수 있도록 도와주십시오. 그럼으로써 나는 그 원래의 결정을 직시할 용기를 얻을 수 있고, 왜 내가 나의 신아와 영적인 스승을 떠나기로 결정했는지를 이해할 수 있습니다.

사랑하는 성모 마리아님이시여, 내 자신을 하느님과 분리되게 만들었던 교활한 거짓말을 폭로할 수 있도록 도와주시고, 왜 내 영혼이 그 거짓말을 믿을 수밖에 없었는지 알 수 있도록 도와주소서. 아무런 두려움이나 수치심, 죄책감 없이, 또 나의 결정을 옹호하거나 그것이 내 잘못이 아닌 것처럼 보이게 하려는 욕망 없이 그 거짓말을 직시할 수 있도록 도와주소서. 내 에고가 오랫동안 내 영혼을 통제하는 데 이용했던 그 결정을 아무런 감정 없이 아주 명확하고도 단순하게 볼 수 있게 도와주소서. 내가 그 원래의 결정을 했다는 것을 받아들이게 도와주시고, 이 사실을 받아들임으로써 내가 즉시 힘을 얻어 더 나은 선택에 의해 그 결정을 취소할 수 있다는 것을 이해하도록 도와주소서.

사랑하는 성모 마리아님이시여, 내가 에고를 탄생시킨 교활한 거짓말을 대체하는 그리스도의 진리를 발견하고 내면화하도록 도와주소서. 그리고 내가 그 교활한 거짓말과 그것으로부터 생겨난 모든 환영들을 사랑으로 버릴 수 있도록 도와주십시오. 내가 돌아서서 내 신아의 빛나는 실체를 마주하고 내 영혼은 그 신아의 한 개체화이며 신아는 하느님의 한 개체화라는 사실을 받아들일 때 내 손을 잡아 주세요. 내가 하느님의 아들/딸이고 나는 내 신아와 하나가 됨으로써 하느님과 하나가 될 자격이 있다는 것을 받아들일 수 있게 도와주소서. 오, 성모 마리아님이시여, 내 영혼이 그리스도의 의식의 불멸의 생명을 얻을 수 있도록, 기꺼이 에고를 죽게 하는 완전하고도 최종적인 포기의 단계에 이르도록 도와주소서.

나는 그리스도를 부인하게 만드는 모든 에고의 환영들을 버립니다.
1.하느님의 뜻을 보존하고 있는 사랑하는 존재시여, 나는 내가 하느님의 뜻을 알 수 없다는 에고의 환영들을 사랑으로 버립니다. 나는 그리스도의 마음을 통해 하느님의 뜻을 알 수 있는 진리를 가진 존재입니다. 나는 에고의 환영을 드러내고 그 반대의지를 버림으로써 그리스도의 마음을 갖출 수 있습니다. 나는 하느님의 의지가 내 존재와 집단의식 안의 모든 반의를 대체한다는 것을 받아들입니다. 나는 지상에서 그리스도가 될 것입니다.

하느님의 뜻을 보존하고 있는 경애하는 어머니시여

2.하느님의 뜻을 보존하고 있는 사랑하는 존재시여, 나는 진리가 두 가지의 상대적인 정반대 것들에 의해 규정되기 때문에 하느님의 뜻을 이 지구상에서 알 수 없다는 에고의 환영을 사랑으로 버립니다. 나는 하느님의 뜻이 나의 신아

518

안에 기록되어 있다는 진리와 하나이며, 나는 내 이원성적인 환상을 포기함으로써 그것을 알 수 있습니다. 나는 하느님의 의지가 내 존재와 집단의식 안의 모든 반의를 대체한다는 것을 받아들입니다. 나는 지상에서 그리스도가 될 것입니다.

하느님의 뜻을 보존하고 있는 경애하는 어머니시여

3.하느님의 뜻을 보존하고 있는 사랑하는 존재시여, 나는 지구상에서 하느님의 뜻을 표현하고 실행할 권리가 없다는 에고의 환영을 사랑으로 버립니다. 나는 하느님이 나에게 내 자신을 나의 신아의 뜻과 일치시켜 하느님의 왕국을 지구상에 실현할 권리를 주셨다는 진리와 하나입니다. 나는 하느님의 의지가 내 존재와 집단의식 안의 모든 반의를 대체한다는 것을 받아들입니다. 나는 지상에서 그리스도가 될 것입니다.

하느님의 뜻을 보존하고 있는 경애하는 어머니시여

4.하느님의 뜻을 보존하고 있는 사랑하는 존재시여, 나는 하느님이 지구를 악마에게 주셨고, 그렇기에 나는 악마의 계획을 간섭할 권리가 없다는 에고의 환영을 사랑으로 버립니다. 나는 인간들이 에고의 환영에 의해 눈이 멀다보니 악마에게 지구를 준 것은 바로 인간 자신이라는 진리와 하나입니다. 그러므로 나는 이 환영에서 스스로 벗어나 하느님을 위해 지구를 되찾을 모든 권리가 있습니다. 나는 하느님의 의지가 내 존재와 집단의식 안의 모든 반의를 대체한다는 것을 받아들입니다. 나는 지상에서 그리스도가 될 것입니다.

하느님의 뜻을 보존하고 있는 경애하는 어머니시여

5.하느님의 뜻을 보존하고 있는 사랑하는 존재시여, 나는 만약 내가 나의 신성을 구현하고 표현하면, 다른 사람들의 자유의지를 간섭한다는 에고의 환영을 사랑으로 버립니다. 나는 모든 사람들이 지구상에 있는 하느님 몸의 일부라는 진리와 하나입니다. 그러므로 나는 진리를 위해 확고한 입장을 취하고 내가 그 일부를 이루고 있는 전체를 향상시킬 권리가 있습니다. 나는 하느님의 의지가 내 존재와 집단의식 안의 모든 반의를 대체한다는 것을 받아들입니다. 나는 지상에서 그리스도가 될 것입니다.

하느님의 뜻을 보존하고 있는 경애하는 어머니시여

6.하느님의 뜻을 보존하고 있는 사랑하는 존재시여, 나는 다른 사람들이 그들의 믿음에 의문을 품지 않고 삶을 살게 해야 한다는 에고의 환영을 사랑으로 버립니다. 나는 내가 지구상에서 그리스도가 될 권리가 있고, 그 그리스도화한 존재의 역할은 사람들을 에고의 환영에서 해방시켜줄 진실을 사람들에게 전하는 것이라는 진리와 하나입니다. 나는 하느님의 의지가 내 존재와 집단의식 안의 모든 반의를 대체한다는 것을 받아들입니다. 나는 지상에서 그리스도가 될 것입니다.

하느님의 뜻을 보존하고 있는 경애하는 어머니시여

7.하느님의 뜻을 보존하고 있는 사랑하는 존재시여, 나는 한 사람이 변화를 일으킬 수 없고 그렇기에 인류의 에고적 환상에 도전하려고 시도할 필요가 없다는 에고의 환영을 사랑으로 버립니다. 나는 내 안에 있는 하느님은 모든 생명 안에도 있다는 진리와 하나입니다. 그러므로 내가 하느님의 뜻과 하나가 되려고 선택할 때, 나는 승천한 대사들의 집단과 내 자신을 동조시켜 집단의식을 끌어올립니다. 나는 하느님의 의지가 내 존재와 집단의식 안의 모든 반의를 대체한다는 것을 받아들입니다. 나는 지상에서 그리스도가 될 것입니다.

하느님의 뜻을 보존하고 있는 경애하는 어머니시여

8.하느님의 뜻을 보존하고 있는 사랑하는 존재시여, 나는 어둠의 세력이 이 세상을 통제할만한 지배력을 갖고 있고 아무도 그들에게 도전할 수 없다는 에고의 환영을 사랑으로 버립니다. 나는 하느님과 함께라면 모든 일이 가능하다는 진리와 하나입니다. 그렇기에 나는 행위자가 아니며, 그 일을 하고 있는 것은 내 안에 있는 신아입니다. 나는 하느님의 의지가 내 존재와 집단의식 안의 모든 반의를 대체한다는 것을 받아들입니다. 나는 지상에서 그리스도가 될 것입니다.

하느님의 뜻을 보존하고 있는 경애하는 어머니시여

9.하느님의 뜻을 보존하고 있는 사랑하는 존재시여, 나는 악이 하느님의 적수라는 에고의 환영을 사랑으로 버립니다. 나는 악은 하느님 또는 하느님 계획의 일부가 아니라는 진리와 하나입니다. 나는 악이 아무런 영속성이 없고 인간들이 에고의 환영을 통해 그들에게 주는 것 외에는 아무 힘이 없다는 것을 압니다. 그리스도 마음과의 하나됨을 통해, 나는 악이 실제가 아니며 그 현상에는 아무런 힘이 없다고 단언합니다. 나는 하느님의 의지가 내 존재와 집단의식 안

의 모든 반의를 대체한다는 것을 받아들입니다. 나는 지상에서 그리스도가 될 것입니다.

하느님의 뜻을 보존하고 있는 경애하는 어머니시여

나는 죽음의 의식을 버립니다

사랑하는 예수님이시여, 나는 이제 이원성 의식이 내 영혼을 해체로 인도할 죽음의 의식이라는 것을 이해합니다. 나는 내가 탈출구가 없는 것처럼 보이는 에고의 환영이라는 그물에 사로잡혀 있었다는 것을 압니다. 그러나 나는 탈출구가 있다는 것을 받아들이며, 다시 말해 그것은 내가 나의 그리스도 자아의 손을 잡는 것입니다. 그럼으로써 나는 나의 에고의식(ego-consciousness)이라는 거친 물 위를 그리스도와 함께 걸을 수 있습니다.

사랑하는 예수님이시여, 이제 나는 당신을 우상으로 바꾸어 내가 닿을 수 없는 높은 받침대 위에 올려놓았던 것은 에고의 환영이라는 것을 압니다. 나는 이제 당신이 내가 따를 수 있는 본보기를 보여주기 위해서 오셨고, 그리하여 에고의 환영이라는 정글에서 탈출할 수 있다는 것을 압니다. 사랑하는 예수님이시여, 나는 이제 당신을 연상의 형 또는 오빠로 받아들입니다. 그리고 나는 당신께서 내가 지구상에서 행동하는 그리스도가 되는 것에 대한 모든 두려움에 맞서도록 도와주시기를 기원합니다.

사랑하는 예수님이시여, 내가 진리에 단호한 입장을 취함으로써 어둠의 세력과 맞서는 모든 두려움을 극복하도록 도와주소서. 악마는 단지 에고의 환영을 통해서만 나를 유혹하고 조종할 수 있다는 것을 내가 받아들일 수 있도록 도와주소서. 그러므로 내가 모든 환영을 던져버릴 때, 이 세상의 지배자가 와서 나에게 가져갈 것은 아무것도 없습니다.

사랑하는 예수님이시여, 타인들의 에고적인 환영에 이의를 제기한다고 해서 그 사람들의 자유의지에 간섭하는 것은 아니라는 진리를 내가 이해하고 내면화하도록 도와주소서. 오히려 나는 그들에게 그리스도 진리의 한 조각을 건네줌으로써 영적인 죽음에서 그들을 구하기 위해 신으로부터 파견된 존재입니다. 그리고 비록 그들이 당신을 위해서 나를 부당하게 비난하고 화나게 할지도 모르지만, 나는 어떤 영혼을 조건부 사랑의 환상 속에 갇혀있게 내버려두지 않을 신의 조건 없는 사랑의 사자(使者)입니다.

사랑하는 예수님이시여, 내가 이원성적인 논쟁에 빠지지 않고 항상 올바른 시각을 유지하는 무집착 상태에 있을 수 있도록 도와주소서. 절대로 내가 이원성적인 마음의 수준에 있는 사람들을 끌어들이지 않도록 도와주십시오. 또한 내가 모든 이원성을 넘어선 채로 그리스도 마음의 통합적인 시각을 모든 상황에다 응용할 수 있게 노와주소서. 사랑하는 예수님이시여, 우리가 사람들에게 그들을 자유롭게 해줄 진리를 전해줄 때, 나와 함께 동행해주십시오.

나는 모든 에고의 환영들로부터 내 자신을 분리시킵니다

1.사랑하는 성모 마리아님이시여, 나는 사람들로 하여금 그들 자신과 서로의 내면에 있는 신의 현존을 부정하게 함으로써 서로를 적으로 보게 만드는 에고의 환영들로부터 벗어나기로 선택합니다. 나는 하느님의 뜻은 모든 사람들이 지구상에서 하느님의 한 몸을 이루는 것임을 받아들입니다. 나는 대천사 미카엘과 그의 군단이 이 지구상의 적그리스도 세력을 소멸시킨다고 단언합니다. 하느님은 지구를 영광스러운 새로운 시대로 끌어올리고 계십니다.

하느님의 뜻을 보존하고 있는 경애하는 어머니시여

2.사랑하는 성모 마리아님이시여, 나는 사람들로 하여금 하느님의 왕국이 그들 안에 있음을 부인하게 하고 외부의 종교를 통해서만 구원받을 수 있다고 믿게 만드는 에고의 환영에서 벗어나기로 선택합니다. 나는 모든 사람들이 온갖 영적 폭압으로부터 벗어나 독립해야한다는 것이 하느님의 뜻임을 받아들입니다. 나는 대천사 미카엘과 그의 군단이 이 지구상의 적그리스도 세력을 소멸시킨다고 단언합니다. 하느님은 지구를 영광스러운 새로운 시대로 끌어올리고 계십니다.

하느님의 뜻을 보존하고 있는 경애하는 어머니시여

3.사랑하는 성모 마리아님이시여, 나는 사람들로 하여금 그들 자신 안의 그리스도를 부인하게 하고, 오직 하나의 참된 종교만이 있다는 이원성적인 거짓말을 믿게 만드는 에고의 환영에서 벗어나기로 선택합니다. 나는 하느님의 뜻은 모든 사람들이 그리스도의 마음을 통해 하나가 되는 것임을 받아들입니다. 나는 대천사 미카엘과 그의 군단이 이 지구상의 적그리스도 세력을 소멸시킨다고 단언합니다. 하느님은 지구를 영광스러운 새로운 시대로 끌어올리고 계십니다.

하느님의 뜻을 보존하고 있는 경애하는 어머니시여

4.사랑하는 성모 마리아님이시여, 나는 사람들로 하여금 악의 존재를 부정하게 하고 신이 지구상에서 악을 제거하지 못하게 방해하는 에고의 환영에서 벗어나기로 선택합니다. 나는 하느님의 뜻은 지구가 모든 어둠으로부터 자유롭게 해

방되는 것임을 받아들입니다. 나는 대천사 미카엘과 그의 군단이 이 지구상의 적그리스도 세력을 소멸시킨다고 단언합니다. 하느님은 지구를 영광스러운 새로운 시대로 끌어올리고 계십니다.

하느님의 뜻을 보존하고 있는 경애하는 어머니시여

5.사랑하는 성모 마리아님이시여, 나는 사람들로 하여금 그들의 영혼을 통제하고 파괴하려는 어둠의 세력을 무시하게 만드는 에고의 환영에서 벗어나기로 선택합니다. 나는 이제 하느님에게 이런 세력을 빛으로 대체시켜 달라고 요청합니다. 나는 하느님의 뜻은 그분의 빛이 우리의 에고를 포함한 모든 어둠의 세력을 대체하는 것임을 받아들입니다. 나는 대천사 미카엘과 그의 군단이 이 지구상의 적그리스도 세력을 소멸시킨다고 단언합니다. 하느님은 지구를 영광스러운 새로운 시대로 끌어올리고 계십니다.

하느님의 뜻을 보존하고 있는 경애하는 어머니시여

6.사랑하는 성모 마리아님이시여, 나는 사람들로 하여금 하느님의 뜻에 대해 확고한 입장을 취함으로써 어머니의 빛을 수호할 필요성을 부정하게 만드는 에고의 환영에서 벗어나기로 선택합니다. 나는 하느님의 뜻은 인간이 어둠을 넘어 빛을 선택해서 어머니 지구가 완전한 조화 속에 있게 되는 것임을 받아들입니다. 나는 대천사 미카엘과 그의 군단이 이 지구상의 적그리스도 세력을 소멸시킨다고 단언합니다. 하느님은 지구를 영광스러운 새로운 시대로 끌어올리고 계십니다.

하느님의 뜻을 보존하고 있는 경애하는 어머니시여

7.사랑하는 성모 마리아님이시여, 나는 사람들로 하여금 (어둠의 세력의) 분리 및 정복 책략의 희생물이 되게 만드는 에고의 환영에서 벗어나기로 선택합니다. 그들은 인류를 통제하기 위해 종교를 이용합니다. 나는 하느님의 뜻은 그분의 진리와 사랑이 모든 종교적 갈등을 대체하는 것임을 받아들입니다. 나는 대천사 미카엘과 그의 군단이 이 지구상의 적그리스도 세력을 소멸시킨다고 단언합니다. 하느님은 지구를 영광스러운 새로운 시대로 끌어올리고 계십니다.

하느님의 뜻을 보존하고 있는 경애하는 어머니시여

8.사랑하는 성모 마리아님이시여, 나는 사람들로 하여금 유물론적인 철학에 사

로잡히게 만들어 신의 존재를 부정하고 그들 자신의 영성을 부정케 하는 에고의 환영에서 벗어나기로 선택합니다. 나는 하느님의 뜻은 모든 사람들이 스스로 그분의 아들딸이라는 사실을 인정하는 것임을 받아들입니다. 나는 대천사 미카엘과 그의 군단이 이 지구상의 적그리스도 세력을 소멸시킨다고 단언합니다. 하느님은 지구를 영광스러운 새로운 시대로 끌어올리고 계십니다.

하느님의 뜻을 보존하고 있는 경애하는 어머니시여

9.사랑하는 성모 마리아님이시여, 나는 선한 사람들로 하여금 아무것도 하지 못하게 함으로써 악이 승리하게 허용하는 에고의 환영과 반의에서 벗어나기로 선택합니다. 나는 하느님의 뜻은 모든 사람들이 스스로 악으로부터 분리돼서 그것이 빛에 의해 대체될 수 있게 되는 것임을 받아들입니다. 나는 대천사 미카엘과 그의 군단이 이 지구상의 적그리스도 세력을 소멸시킨다고 단언합니다. 하느님은 지구를 영광스러운 새로운 시대로 끌어올리고 계십니다.

하느님의 뜻을 보존하고 있는 경애하는 어머니시여

나는 신성한 어머니와 그녀의 자녀들을 수호하겠다고 맹세합니다

사랑하는 성모 마리아님이시여, 나는 내가 육화한 그리스도가 되고 어머니 지구와 모든 생명을 어둠의 세력으로부터 보호할 잠재력이 있음을 받아들입니다. 이로써 나는 내 책임을 회피하지 않을 것이라고 선언합니다. 나는 참으로 나의 신아의 뜻과 하나가 됨으로써 진리에 대해 확고한 태도를 취합니다. 나는 내가 육화하기 전에 내 영혼이 세운 신성한 계획을 완수하겠다고 맹세합니다. 나는 하느님의 은총에 의한 나의 육화는 곧 빛의 승리임을 확신합니다.

사랑하는 예수님이시여, 내가 악에 맞서 싸워야한다고 생각하는 함정에 빠지지 않도록 도와주십시오. 나의 영혼과 에고를 의미하는 내 자신의 자아는 아무것도 할 수 없다는 진리를 내가 받아들이고 내면화하도록 도와주소서. 오직 그리스도만이 내 신아의 빛을 위한 열린 문이 될 수 있기 때문에 진정한 행위자는 내 안에 있는 그리스도입니다. 그리고 오직 내 신아의 빛만이 하느님의 뜻과 그분의 나라를 지구상에다 실현할 수 있습니다.

사랑하는 예수님이시여, 내가 "나와 내 신아는 하나이다."라는 사실을 완전히 받아들여 선언하는 진리단계에 도달할 때까지, 내 손을 잡고 내가 모든 에고의 환영을 인식하고 버릴 수 있도록 도와주소서. 내가 "나의 신아께서 이제까지 일하시니 나도 일한다."는 것을 인정하도록 도와주십시오, 그리하여 내 안에 계신 하느님이 적그리스도의 거짓말이 어디에서 발견되든 그것을 소멸시킬 수 있습니다.

사랑하는 예수님이시여, 우리가 사람들을 자유롭게 해줄 진리를 그들에게 전해줄 때 나와 함께 동행해주십시오. 그리고 그 사람들이 그들 내면의 하느님의 나라와 그들을 분리시키는 에고의 환영의 베일을 꿰뚫어보도록 도와주소서. 내가 당신의 살아있는 말씀을 사람들에게 전해 줌으로써, 사람들이 그리스도의 진리와 사랑을 내면화하여 그리스도 의식의 삶을 받아들일 수 있도록 도와주소서. 그리고 우리는 공동창조자이고 지구에다 하느님의 왕국을 이룩하기 위해 우리가 여기에 있음을 알게 해주소서.

나는 지구행성의 악의 힘에서 벗어납니다.

1.사랑하는 성모 마리아님이시여, 나는 생명의 가치를 존중하지 않은 채 인간들을 학대하고 파괴하고 죽이는 지구상의 세력을 사람들이 계속 용인하게 만드는 에고의 환영에서 벗어나기로 선택합니다. 나는 하느님의 뜻이 생명에 대한 무조건적인 존중에 기초한 사회로 실현되기를 촉구합니다. 나는 대천사 미카엘과 그의 군단이 이 지구상의 적그리스도 세력과 그들이 자행하는 어머니 빛의 오용을 소멸시킨다고 단언합니다. 하느님의 왕국은 이제 지구에서 실현됩니다.

하느님의 뜻을 보존하고 있는 경애하는 어머니시여

2.사랑하는 성모 마리아님이시여, 나는 경제를 조종하고 가난, 기아, 불평등을 조장하는 지구상의 세력을 사람들이 계속 용인하게 만드는 에고의 환영에서 벗어나기로 선택합니다. 나는 하느님의 뜻이 모든 사람들이 풍요로운 삶을 누리는 사회로 실현되기를 촉구합니다. 나는 대천사 미카엘과 그의 군단이 이 지구상의 적그리스도 세력과 그들이 자행하는 어머니 빛의 오용을 소멸시킨다고 단언합니다. 하느님의 왕국은 이제 지구에서 실현됩니다.

하느님의 뜻을 보존하고 있는 경애하는 어머니시여

3.사랑하는 성모 마리아님이시여, 나는 이익을 창출하고 권력을 얻기 위해 전쟁을 일으키는 지구상의 세력을 사람들이 계속 용인하게 만드는 에고의 환영에서 벗어나기로 선택합니다. 나는 하느님의 뜻이 모든 사람들이 영원한 평화 속에서 사는 사회로 실현되기를 촉구합니다. 나는 대천사 미카엘과 그의 군단이 이 지구상의 적그리스도 세력과 그들이 자행하는 어머니 빛의 오용을 소멸시킨다고 단언합니다. 하느님의 왕국은 이제 지구에서 실현됩니다.

하느님의 뜻을 보존하고 있는 경애하는 어머니시여

4.사랑하는 성모 마리아님이시여, 나는 지구상에 존재하는 전체주의 정부와 철학을 사람들이 계속 받아들이게 만드는 에고의 환영에서 벗어나기로 선택합니다. 나는 하느님의 뜻이 모든 사람들이 자신의 운명을 선택할 수 있는 자유를 가진 사회로 실현되기를 촉구합니다. 나는 대천사 미카엘과 그의 군단이 이 지구상의 적그리스도 세력과 그들이 자행하는 어머니 빛의 오용을 소멸시킨다고 단언합니다. 하느님의 왕국은 이제 지구에서 실현됩니다.

하느님의 뜻을 보존하고 있는 경애하는 어머니시여

5.사랑하는 성모 마리아님이시여, 나는 지구상의 권력 엘리트의 존재를 사람들이 계속 용인하게 만드는 에고의 환영에서 벗어나기로 선택합니다. 이 존재들은 인구를 통제하기 위해 어떤 형태로든 정부를 이용하고자 합니다. 나는 하느님의 뜻이 모든 사람들이 신적정부(God-government) 하에서 동등한 권리와 기회를 갖는 사회로 실현되기를 촉구합니다. 나는 대천사 미카엘과 그의 군단이 이 지구상의 적그리스도 세력과 그들이 자행하는 어머니 빛의 오용을 소멸시킨다고 단언합니다. 하느님의 왕국은 이제 지구에서 실현됩니다.

하느님의 뜻을 보존하고 있는 경애하는 어머니시여

6.사랑하는 성모 마리아님이시여, 나는 그릇된 역정보, 중독, 그리고 정신조종을 통해 사람들의 마음을 통제하고자 하는 지구상의 세력을 사람들이 계속 용인하게 만드는 에고의 환영에서 벗어나기로 선택합니다. 나는 하느님의 뜻이 모든 사람들이 그리스도의 진리를 깨닫는 자유로운 마음을 가진 사회로 실현되기를 촉구합니다. 나는 대천사 미카엘과 그의 군단이 이 지구상의 적그리스도 세력과 그들이 자행하는 어머니 빛의 오용을 소멸시킨다고 단언합니다. 하느님의 왕국은 이제 지구에서 실현됩니다.

하느님의 뜻을 보존하고 있는 경애하는 어머니시여

7.사랑하는 성모 마리아님이시여, 나는 지구의 부정적인 에너지 소용돌이를 사람들이 계속 받아들이게 만드는 에고의 환영에서 벗어나기로 선택합니다. 그 에너지 소용돌이는 사람들을 끌어내려 그들의 감정체를 통제합니다. 나는 하느님의 뜻이 모든 사람들이 그리스도의 평화를 알고 우울증과 감정적인 통제로부터 자유로운 사회로 실현되기를 촉구합니다. 나는 대천사 미카엘과 그의 군단

이 이 지구상의 적그리스도 세력과 그늘이 자행하는 어머니 빛의 오용을 소멸시킨다고 단언합니다. 하느님의 왕국은 이제 지구에서 실현됩니다.

하느님의 뜻을 보존하고 있는 경애하는 어머니시여

8.사랑하는 성모 마리아님이시여, 나는 기아, 영양실조, 그리고 질병을 이용하여 인구수를 조절하려는 지구상의 세력을 사람들이 계속 용인하게 만드는 에고의 환영에서 벗어나기로 선택합니다. 나는 하느님의 뜻이 모든 사람들이 완벽한 건강과 장수를 누리는 사회로 실현되기를 촉구합니다. 나는 대천사 미카엘과 그의 군단이 이 지구상의 적그리스도 세력과 그들이 자행하는 어머니 빛의 오용을 소멸시킨다고 단언합니다. 하느님의 왕국은 이제 지구에서 실현됩니다.

하느님의 뜻을 보존하고 있는 경애하는 어머니시여

9.사랑하는 성모 마리아님이시여, 나는 계속해서 어머니 지구의 자원을 약탈하고, 환경을 오염시키고, 자연재난이 일어나도록 불균형을 조장하는 지구상의 세력을 사람들이 계속 용인하게 만드는 에고의 환영에서 벗어나기로 선택합니다. 나는 하느님의 뜻이 사람들에게 영적성장을 위한 안정된 기반을 제공하는 완벽하게 균형 잡힌 행성으로 실현되기를 촉구합니다. 나는 대천사 미카엘과 그의 군단이 이 지구상의 적그리스도 세력과 그들이 자행하는 어머니 빛의 오용을 소멸시킨다고 단언합니다. 하느님의 왕국은 이제 지구에서 실현됩니다.

하느님의 뜻을 보존하고 있는 경애하는 어머니시여

나는 지상에서 하느님의 뜻을 외쳐 부릅니다

하느님의 뜻을 보존하고 있는 존재의 이름으로, 예수 그리스도의 이름으로, 성모 마리아의 이름으로, 나는 말합니다. "더 이상은 안 된다! 나는 반의와 모든 어둠으로부터 나 자신을 분리시킬 것이다. 그리고 나는 지구에서 하느님의 뜻을 실현할 것이다." 나는 하느님의 뜻이 실현되기를 요구하며, 그럼으로써 모든 사람들은 그리스도 또는 에고, 하느님 또는 악 가운데 어느 쪽을 섬길지에 관해 자유롭고 현명한 선택을 할 기회를 얻습니다.

나는 하느님은 모든 사람들이 사랑으로 더 높은 뜻을 선택하기를 원하시지만, 그들이 이원성적인 에고의 환영에 눈이 멀어있는 동안은 자유로운 선택을 할 수 없다는 것을 받아들입니다. 그러므로 나는 보편적인 그리스도의 마음과 개개인의 개별적인 그리스도 자아가 사람들을 모든 에고의 환영으로부터 벗어나게 해줄 아주 명백한 진리를 그들에게 주도록 촉구합니다. 나는 또한 모든 사람들을 부르며 이렇게 말합니다. "생명을 선택하십시오! 에고의 죽음을 넘어서서 그리스도의 생명을 선택하세요!" 그러므로 나는 지구의 전역에다 이렇게 외칩니다:

나는 그리스도의 생명을 선택한다! (4회)

하느님의 뜻을 보존하고 있는 존재의 이름으로, 나는 하느님의 뜻을 확고히 지지한다고 선언합니다. 내 가슴 속에 있는 그리스도 화염의 권한으로 나는 지구상에서 하느님의 왕국이 실현되기를 요구합니다. 나는 어둠의 세력이 이 행성과 나의 영적 형제자매들을 파괴하는 것을 보고만 있지는 않을 것입니다. 그러므로 나는 내 에고와 모든 사람들 및 어둠의 세력들의 반의를 소멸시키려는 하느님의 뜻을 위한 열린 문입니다. 나는 내 에고를 버립니다. 그리고 내가 높이 향상되었을 때, 나는 모든 사람들을 하느님에게 더 가까이 끌어당깁니다. 나는 대천사 미카엘과 그의 군단이 지구상의 모든 어둠을 소멸시키고, 지구를 각 영혼에 대한 하느님의 뜻이 이루어지는 영광스러운 새 시대로 끌어올리고 있다고 확언합니다. 지구에는 오직 빛만이 있습니다.

지구는 주님의 것이며, 그렇기에 지구에 충만해 계십니다.(3회) 아멘.
조건 없는 사랑이신 성부와 성자, 성령, 그리고 기적의 어머니의 이름으로 아멘.

로사리오 봉인하기

하느님의 뜻을 보존하고 있는 사랑하는 존재시여, 이제 계속 초월해가고자 하는 하느님의 소망 속에다 우리를 봉인하소서. 사랑하는 대천사 미카엘이시여, 당신의 푸른 화염으로 이루어진 뚫을 수 없는 보호막 안에다 우리를 봉인하소서. 사랑하는 예수님이시여, 우리를 그리스도 진리의 수정 같이 맑은 상태 속에다 봉인하소서. 사랑하는 성모 마리아님이시여, 하느님 어머니에 대한 무조건적인 사랑 속에다 우리를 봉인하소서.

성부와 성자, 성령과 하느님 어머니의 이름으로, 나는 내가 나의 신아와 하나이고 그 하나됨을 통해 내가 모든 에고의 환영들 및 그것들이 삶의 스크린에다 투사한 현상들로부터 봉인되었음을 받아들입니다. 나는 이제 그리스도 진리의 빛 속에서 악은 실제가 아니며 그것의 환영들에는 아무런 힘도 없다고 확언합니다. 그러므로 하느님의 왕국이 지금 그리고 영원히 지구에 실현됩니다. 아멘.

2.성모 마리아의 충만한 지혜의 로사리오

※이 로사리오는 여러분이 육화되기 전에 여러분의 영혼과 영적 스승들이 설계한 신성한 계획을 발견하도록 돕기 위해 고안된 것입니다. 또한 이 로사리오는 여러분의 사고체(Mental Body)를 정화해 줍니다.

조건 없는 사랑이신 성부와 성자, 성령, 그리고 기적의 어머니의 이름으로. 아멘.

(개인적인 기원 문구는 이곳에 첨가한다.)

주기도문(Lord's Prayer)

모든 생명의 내면에 존재하시는 우리의 하느님 아버지-어머니시여, 우리는 우리의 내면에 계시는 당신의 현존인 우리의 신아(神我)를 공경합니다. 우리는 당신의 왕국이 우리를 통해 이 지구에 실현됨을 받아들입니다. 당신의 뜻이 천상에서 이루어지듯이, 이 지상에다 당신의 뜻을 실현할 책임이 우리에게 있습니다. 우리는 당신의 충만한 지혜가 우리의 영혼을 관통하여 모든 무지를 깨뜨리고, 우리가 실제로 누구이며 왜 이곳 지구에 있는지를 각성시킨다는 것을 알고 수용합니다.

우리는 당신께서 우리가 이 세상에서 당신과 더불어 더 나아질 기회를 날마다 우리에게 제공해주고 계심을 받아들입니다. 우리가 서로를 용서하고, 우리의 의지를 우리의 내면에 존재하는 더 높은 의지에게 내맡길 때, 당신께서도 우리가 지닌 결함들을 용서해주신다고 믿습니다. 그러므로 우리는 우리가 내보낸 것을 우주는 우리에게 되돌려준다는 진리를 받아들입니다.

우리의 삶과 우리의 지구행성에 대해서도 모든 책임이 우리에게 있습니다. 우리는 우리 에고의 고의적인 무지와 영적인 장님상태를 넘어서겠다고 맹세하며, 그럼으로써 당신께서 모든 어둠의 힘들이 그런 무지를 통해 우리를 조종하는 것으로부터 구해내실 수 있습니다. 우리는 매일 신의 지혜와 더불어 더 나아지겠다고 맹세하며, 그럼으로써 지구가 날마다 좀 더 깨어날 수 있습니다. 우리는 당신의 왕국과 권능, 영광이 지금, 그리고 영원히 이 지구에 실현된다고 확신합니다. 아멘.

물질이 영(靈)이라는 사실에 대해 우리를 일깨워주소서

1.하느님의 지혜를 가진 사랑하는 존재시여, 물질우주는 영적세계의 연장이며

지구상에다 하느님의 왕국을 실현할 잠재력이 있다는 내면의 기억을 일깨워주소서. 나는 모든 허구를 버리고, 하느님의 충만한 지혜가 내 존재와 집단의식 속의 모든 무지를 대체한다고 단언합니다. 또한 나는 모든 사람들이 물질을 넘어서 있는 영(靈)의 실체에 대해 깨어나고 있다고 확언합니다!

경애하는 지혜의 어머니시여!
신의 지혜를 가진 어머니이신, 경애하는 마리아님이시여,
나는 당신을 나의 영적인 어머니로 받아들입니다.
당신 존재와의 하나됨 속에서,
나는 이 세상의 모든 무지를 버립니다.

신의 지혜와 하나이신 성모 마리아님이시여,
나는 하느님의 지혜를 최고의 비전으로 받아들입니다.
나는 내 신아와의 하나됨 속에서
모든 생명을 일깨우고 있는 하느님의 지혜입니다.

2.하느님의 지혜를 가진 사랑하는 존재시여, 우리가 육신 이상이며 우리는 천상에서 내려왔고 다시 천상으로 돌아갈 수 있는 영적존재라는 내면의 기억을 일깨워주소서. 나는 모든 허구를 버리고 하느님의 충만한 지혜가 내 존재와 집단의식 속의 모든 무지를 대체한다고 단언합니다. 또한 나는 모든 사람들이 물질을 넘어서 있는 영의 실체에 대해 깨어나고 있다고 확언합니다!

경애하는 지혜의 어머니시여

3.하느님의 지혜를 가진 사랑하는 존재시여, 행성 지구는 우리 영혼을 위한 학교이고, 우리는 하느님의 창조 전체와 조화를 이루어 우리의 개성을 표현하는 법을 배우기 위해 이곳에 있다는 내면의 기억을 일깨워주소서. 나는 모든 허구를 버리고 하느님의 충만한 지혜가 내 존재와 집단의식 속의 모든 무지를 대체한다고 단언합니다. 또한 나는 모든 사람들이 물질을 넘어서 있는 영의 실체에 대해 깨어나고 있다고 확언합니다!

경애하는 지혜의 어머니시여

4.하느님의 지혜를 가진 사랑하는 존재시여, 우리의 영혼은 이 지구행성에서 육화해온 오랜 역사가 있지만 과거의 모든 결함을 극복할 수 있다는 내면의 기억을 일깨워주소서. 나는 모든 허구를 버리고 하느님의 충만한 지혜가 내 존재

와 집단의식 속의 모든 무지를 대체한다고 단언합니다. 또한 나는 모든 사람들이 물질을 넘어서 있는 영의 실체에 대해 깨어나고 있다고 확언합니다!

경애하는 지혜의 어머니시여

5.하느님의 지혜를 가진 사랑하는 존재시여, 우리의 영혼이 그리스도의 마음을 구현함으로써 우리가 스스로 만든 에고와 외적인 인격을 초월할 수 있다는 내면의 기억을 일깨워주소서. 나는 모든 허구를 버리고 하느님의 충만한 지혜가 내 존재와 집단의식 속의 모든 무지를 대체한다고 단언합니다. 또한 나는 모든 사람들이 물질을 넘어서 있는 영의 실체에 대해 깨어나고 있다고 확언합니다!

경애하는 지혜의 어머니시여

6.하느님의 지혜를 가진 사랑하는 존재시여, 우리의 몸은 의식의 창조물이고 우리의 마음을 정화함으로써 모든 질환들이 정복될 수 있다는 내면의 기억을 일깨워주소서. 나는 모든 허구를 버리고 하느님의 충만한 지혜가 내 존재와 집단의식 속의 모든 무지를 대체한다고 단언합니다. 또한 나는 모든 사람들이 물질을 넘어서 있는 영의 실체에 대해 깨어나고 있다고 확언합니다!

경애하는 지혜의 어머니시여

7.하느님의 지혜를 가진 사랑하는 존재시여, 우리의 외적인 상황들은 의식의 창조물이고 모든 한계들은 그리스도의 마음을 통해 극복될 수 있다는 내면의 기억을 일깨워주소서. 나는 모든 허구를 버리고 하느님의 충만한 지혜가 내 존재와 집단의식 속의 모든 무지를 대체한다고 단언합니다. 또한 나는 모든 사람들이 물질을 넘어서 있는 영의 실체에 대해 깨어나고 있다고 확언합니다!

경애하는 지혜의 어머니시여

8.하느님의 지혜를 가진 사랑하는 존재시여, 물리적인 행성은 의식의 창조물이고 모든 자연재해와 불균형은 그리스도가 집단의식을 지배하게 함으로써 제거될 수 있다는 내면의 기억을 일깨워주소서. 나는 모든 허구를 버리고 하느님의 충만한 지혜가 내 존재와 집단의식 속의 모든 무지를 대체한다고 단언합니다. 또한 나는 모든 사람들이 물질을 넘어서 있는 영의 실체에 대해 깨어나고 있다고 확언합니다!

9.하느님의 지혜를 가진 사랑하는 존재시여, 사회의 모든 측면은 집단의식을 반영하고 그 모든 문제들이 우리 안에 있는 신의 능력을 통해 극복될 수 있다는 내면의 기억을 일깨워주소서. 나는 모든 허구를 버리고 하느님의 충만한 지혜가 내 존재와 집단의식 속의 모든 무지를 대체한다고 단언합니다. 또한 나는 모든 사람들이 물질을 넘어서 있는 영의 실체에 대해 깨어나고 있다고 확언합니다!

경애하는 지혜의 어머니시여

나는 기꺼이 진실을 알고자 합니다

모든 곳에 충만해 있는 사랑하는 지혜의 현존이시여, 예수님과 성모 마리아님이시여, 신아와 신성한 그리스도 자아시여, 이로써 나는 물질이 위장한 영(靈)이라는 사실을 기꺼이 알겠다고 선언합니다. 나는 대천사 미카엘이 물질과 영을 분리시키는 모든 무지와 허구, 거짓말을 차단시켜 나를 자유롭게 해주도록 합니다. 나는 미카엘 대천사에게 내 에고의 고의적인 무지를 결박하여 소멸시켜달라고 요청합니다. 나는 모든 무지를 극복하고 충만한 하느님의 지혜를 알 수 있도록 기꺼이 내 잘못을 깨닫고자 합니다. 나는 지혜가 가장 중요한 것임을 분명히 표명하며, 모든 것과 더불어 지혜를 갖춤으로써 나는 깨달음을 얻을 것입니다.

이로써 나는 최대한의 영적성장을 이루기 위해서는 내가 어떻게 내 육신과 외부 상황을 변화시킬 필요가 있는지를 기꺼이 알아보겠다고 선언합니다. 나는 내 영혼이 육화하기로 결정했던 대의(大義)를 위한 나의 봉사를 방해하는 것이 무엇인지 알고 싶습니다. 나는 지구에서 모든 불완전한 것들을 제거하려는 신의 계획 안에서의 내 역할을 찾는 방법을 알고자 합니다. 나는 지구상에 하느님의 왕국을 세우는 공동창조자로서의 나의 직분을 기꺼이 알아낼 것입니다.

삶에는 목적이 있다는 사실을 일깨워주소서

1.하느님의 지혜를 가진 사랑하는 존재시여, 인생에 우연한 사건이나 무분별한 진화과정의 산물은 없다는 내면의 기억을 일깨워주소서. 실제로 각 영혼은 육화하기 전에 신성한 계획을 세운 독특한 개체입니다. 나는 모든 무관심을 버리고 하느님의 충만한 지혜가 내 존재와 집단의식 속의 모든 무지를 대체한다고 단언합니다. 또한 나는 모든 사람들이 삶에는 영적인 목적이 있다는 진실에 대

해 깨어나고 있다고 확언합니다.

경애하는 지혜의 어머니시여

2.하느님의 지혜를 가진 사랑하는 존재시여, 우리의 에고는 끊임없이 우리의 영적목적을 망각케 하고 우리가 변화를 이루어낼 수 없는 것처럼 느끼게 만들려고 한다는 내면의 기억을 일깨워주소서. 실제로, 하느님과 함께라면 모든 것이 가능합니다. 나는 모든 무관심을 버리고 하느님의 충만한 지혜가 내 존재와 집단의식 속의 모든 무지를 대체한다고 단언합니다. 또한 나는 모든 사람들이 삶에는 영적인 목적이 있다는 진실에 대해 깨어나고 있다고 확언합니다.

경애하는 지혜의 어머니시여

3.하느님의 지혜를 가진 사랑하는 존재시여, 어둠의 세력은 어떤 새로운 무엇인가를 추구하는 것을 겁내게 만드는 두려움 속에 우리를 빠뜨리려고 끊임없이 시도하고 있다는 내면의 기억을 일깨워주소서. 실제로, 우리의 그리스도 자아의 완전한 사랑은 모든 두려움을 몰아낼 것입니다. 나는 모든 무관심을 버리고 하느님의 충만한 지혜가 내 존재와 집단의식 속의 모든 무지를 대체한다고 단언합니다. 또한 나는 모든 사람들이 삶에는 영적인 목적이 있다는 진실에 대해 깨어나고 있다고 확언합니다.

경애하는 지혜의 어머니시여

4.하느님의 지혜를 가진 사랑하는 존재시여, 어둠의 세력은 무지나 잘못된 정보를 통해, 또는 우리 에고의 고의적인 무지를 이용함으로써 우리가 자신의 목적을 잊어버리게 만들려고 계속 시도하고 있다는 내면의 기억을 일깨워주소서. 실제로, 우리의 영적인 목적을 성취하는 것이 우리의 가장 높은 뜻입니다. 나는 모든 무관심을 버리고 하느님의 충만한 지혜가 내 존재와 집단의식 속의 모든 무지를 대체한다고 단언합니다. 또한 나는 모든 사람들이 삶에는 영적인 목적이 있다는 진실에 대해 깨어나고 있다고 확언합니다.

경애하는 지혜의 어머니시여

5.하느님의 지혜를 가진 사랑하는 존재시여, 어둠의 세력은 우리를 분노, 증오 그리고 다른 이들과의 끊임없는 갈등에다 가둠으로써 우리가 자신의 목적을 잊게 만들려고 끊임없이 시도하고 있다는 내면의 기억을 일깨워주소서. 나는 모

533

든 분노를 버리고 하느님의 충만한 지혜가 내 존재와 집단의식 속의 모든 무지를 대체한다고 단언합니다. 또한 나는 모든 사람들이 삶에는 영적인 목적이 있다는 진실에 대해 깨어나고 있다고 확언합니다.

경애하는 지혜의 어머니시여

6.하느님의 지혜를 가진 사랑하는 존재시여, 어둠의 세력은 우리가 모든 것을 알고 있다는 교만이나 변화를 꺼리게 하는 오만에 사로잡히게 함으로써 우리가 자신의 목적을 잊게 만들려고 끊임없이 시도하고 있다는 내면의 기억을 일깨워주소서. 나는 모든 교만을 버리고 하느님의 충만한 지혜가 내 존재와 집단의식 속의 모든 무지를 대체한다고 단언합니다. 또한 나는 모든 사람들이 삶에는 영적인 목적이 있다는 진실에 대해 깨어나고 있다고 확언합니다.

경애하는 지혜의 어머니시여

7.하느님의 지혜를 가진 사랑하는 존재시여, 어둠의 세력은 우리를 욕망과 탐욕에 빠지게 함으로써, 그리고 우리의 삶을 결코 충족될 수 없는 끝없는 추구로 바꿔놓음으로써 우리가 자신의 목적을 잊게 만들려고 끊임없이 시도하고 있다는 내면의 기억을 일깨워주소서. 나는 모든 탐욕을 버리고 하느님의 충만한 지혜가 내 존재와 집단의식 속의 모든 무지를 대체한다고 단언합니다. 또한 나는 모든 사람들이 삶에는 영적인 목적이 있다는 진실에 대해 깨어나고 있다고 확언합니다.

경애하는 지혜의 어머니시여

8.하느님의 지혜를 가진 사랑하는 존재시여, 어둠의 세력은 우리를 시기와 질투에 빠지게 함으로써, 그리고 우리의 삶을 타인들과의 헛된 경쟁에서 승리하려는 결코 충족될 수 없는 끝없는 추구로 바꿔놓음으로써 우리가 자신의 목적을 잊게 만들려고 끊임없이 시도하고 있다는 내면의 기억을 일깨워주소서. 나는 모든 탐욕을 버리고 하느님의 충만한 지혜가 내 존재와 집단의식 속의 모든 무지를 대체한다고 단언합니다. 또한 나는 모든 사람들이 삶에는 영적인 목적이 있다는 진실에 대해 깨어나고 있다고 확언합니다.

경애하는 지혜의 어머니시여

9.하느님의 지혜를 가진 사랑하는 존재시여, 어둠의 세력은 우리가 지구에서

그리스도가 될 수 없다고 말하는 프로그래밍을 통해 우리가 자신의 목적을 잊게 만들려고 계속 시도하고 있다는 내면의 기억을 일깨워주소서. 나는 모든 탐욕을 버리고 하느님의 충만한 지혜가 내 존재와 집단의식 속의 모든 무지를 대체한다고 단언합니다. 또한 나는 모든 사람들이 삶에는 영적인 목적이 있다는 진실에 대해 깨어나고 있다고 확언합니다.

경애하는 지혜의 어머니시여

나는 기꺼이 나의 목적을 알고자 합니다

모든 곳에 충만해 있는 사랑하는 지혜의 현존이시여, 사랑하는 예수님과 성모 마리아님이시여, 신아와 신성한 그리스도 자아시여, 이로써 나는 내가 육체로 태어나 있는 목적을 기꺼이 알겠다고 선언힙니다. 나는 대천사 미카엘이 모든 절망과 자포자기, 삶이 무의미하다는 느낌을 차단시켜 나를 자유롭게 해주도록 합니다. 나는 내면의 그리스도의 힘을 통해 내 감정을 기꺼이 통제할 것입니다.

나는 미카엘 대천사에게 내 에고의 고의적인 무지를 결박하여 소멸시켜 달라고 요청합니다. 나는 모든 무지를 극복하고 충만한 하느님의 지혜를 알 수 있도록 기꺼이 내 잘못을 깨닫고자 합니다. 나는 지혜가 가장 중요한 것임을 분명히 표명하며, 모든 것과 더불어 지혜를 갖춤으로써 나는 깨달음을 얻을 것입니다.

이로써 나는 나의 존재 이유를 찾기 위해서는 내가 어떻게 내 심리상태, 태도, 삶에 대한 접근법을 바꿀 필요가 있는지를 기꺼이 알아보겠다고 선언합니다. 나는 나의 에고에 대한 찬미나 물질적인 소유, 권력 및 쾌락에 대한 끝없는 추구에 인생의 소중한 기회를 낭비하면서 목적 없이 인생을 표류하려는 모든 성향을 기꺼이 극복하려 합니다. 나는 나의 영혼이 육화하기로 결정했던 보다 큰 대의를 위한 나의 봉사를 방해하는 것이 무엇인지 알고 싶습니다. 나는 지구상의 모든 결함을 제거하기 위한 신의 계획 안에서의 나의 직분을 찾는 방법을 알고자 합니다. 또한 나는 지구에다 하느님의 왕국을 공동창조하는 자로서의 나의 본분을 어떻게 발견해야 하는지 알고 싶습니다.

우리의 신성한 계획에 관한 진실에 대해 우리를 일깨워주소서

1.하느님의 지혜를 가진 사랑하는 존재시여, 지구상의 모든 삶의 측면은 우리를 영적인 무지 속에 빠뜨리기 위해 고안된 교활한 거짓말이 스며들어 있고, 그렇기에 우리가 신성한 계획을 망각한다는 내면의 기억을 일깨워주소서. 나는 모든 영적인 장님상태를 버리고 하느님의 충만한 지혜가 내 존재와 집단의식

속의 모든 무지를 대체한다고 단언합니다. 또한 나는 모든 사람들이 삶에는 영적인 목적이 있다는 진실에 대해 깨어나고 있다고 확언합니다.

경애하는 지혜의 어머니시여

2.하느님의 지혜를 가진 사랑하는 존재시여, 우리가 태어나기 전에 신성한 계획의 모든 세부 사항을 설계하도록 도왔던 우리의 영적 스승들이 있다는 내면의 기억을 일깨워주소서. 나는 모든 영적인 장님상태를 버리고 하느님의 충만한 지혜가 내 존재와 집단의식 속의 모든 무지를 대체한다고 단언합니다. 또한 나는 모든 사람들이 삶에는 영적인 목적이 있다는 진실에 대해 깨어나고 있다고 확언합니다.

경애하는 지혜의 어머니시여

3.하느님의 지혜를 가진 사랑하는 존재시여, 각 영혼은 우리를 위로하고 우리의 신성한 계획을 기억할 수 있게 이끄는 그리스도 자아를 갖고 있다는 내면의 기억을 일깨워주소서. 나는 모든 영적인 장님상태를 버리고 하느님의 충만한 지혜가 내 존재와 집단의식 속의 모든 무지를 대체한다고 단언합니다. 또한 나는 모든 사람들이 삶에는 영적인 목적이 있다는 진실에 대해 깨어나고 있다고 확언합니다.

경애하는 지혜의 어머니시여

4.하느님의 지혜를 가진 사랑하는 존재시여, 우리의 에고는 항상 우리의 신성한 계획에 반대하며, 그렇기에 우리는 에고와 우리 자신을 분리시키는 선택을 해야 한다는 내면의 기억을 일깨워주소서. 나는 모든 영적인 장님상태를 버리고 하느님의 충만한 지혜가 내 존재와 집단의식 속의 모든 무지를 대체한다고 단언합니다. 또한 나는 모든 사람들이 삶에는 영적인 목적이 있다는 진실에 대해 깨어나고 있다고 확언합니다.

경애하는 지혜의 어머니시여

5.하느님의 지혜를 가진 사랑하는 존재시여, 세상의 프로그래밍은 신성한 계획의 실재를 의심하게 만들기 위해 고안돼 있지만, 그리스도의 자아와 영적스승의 완전한 사랑은 모든 의심과 두려움을 몰아낼 거라는 내면의 기억을 일깨워주소서. 나는 모든 영적인 장님상태를 버리고 하느님의 충만한 지혜가 내 존재

와 집단의식 속의 모든 무지를 대체한다고 단언합니다. 또한 나는 모든 사람들이 삶에는 영적인 목적이 있다는 진실에 대해 깨어나고 있다고 확언합니다.

경애하는 지혜의 어머니시여

6.하느님의 지혜를 가진 사랑하는 존재시여, 어둠의 세력은 우리가 신성한 계획을 수행할 수 있는 우리의 능력을 의심하게 만들 것이지만, 우리의 그리스도 자아는 신과 함께라면 모든 일이 가능하다는 것을 상기시켜 줄 거라는 내면의 기억을 일깨워주소서. 나는 모든 영적인 장님상태를 버리고 하느님의 충만한 지혜가 내 존재와 집단의식 속의 모든 무지를 대체한다고 단언합니다. 또한 나는 모든 사람들이 삶에는 영적인 목적이 있다는 진실에 대해 깨어나고 있다고 확언합니다.

경애하는 지혜의 어머니시여

7.하느님의 지혜를 가진 사랑하는 존재시여, 이 세상의 지배자와 우리의 에고는 우리를 교만으로 유혹할 것이지만, 우리의 그리스도의 자아가 우리는 행위자가 아니라 일을 하고 있는 것은 우리 안의 하느님임을 상기시켜 줄 거라는 내면의 기억을 일깨워주소서. 나는 모든 영적인 장님상태를 버리고 하느님의 충만한 지혜가 내 존재와 집단의식 속의 모든 무지를 대체한다고 단언합니다. 또한 나는 모든 사람들이 삶에는 영적인 목적이 있다는 진실에 대해 깨어나고 있다고 확언합니다.

경애하는 지혜의 어머니시여

8.하느님의 지혜를 가진 사랑하는 존재시여, 어둠의 세력이 지구상의 하느님의 몸을 향해 분할 및 정복 전략을 이용할 것이지만, 우리는 우리 각자 내면의 하느님 왕국으로 들어감으로써 화합을 찾을 수 있다는 내면의 기억을 일깨워주소서. 나는 모든 영적인 장님상태를 버리고 하느님의 충만한 지혜가 내 존재와 집단의식 속의 모든 무지를 대체한다고 단언합니다. 또한 나는 모든 사람들이 삶에는 영적인 목적이 있다는 진실에 대해 깨어나고 있다고 확언합니다.

경애하는 지혜의 어머니시여

9.하느님의 지혜를 가진 사랑하는 존재시여, 이 세상의 세력은 우리가 우리의 영적 스승들을 잊어버리게 만들 것이지만, 내면의 그리스도를 통해 우리는 지

상에서 승천한 대사 집단의 확장체가 될 수 있다는 내면의 기억을 일깨워주소서. 나는 모든 영적인 장님상태를 버리고 하느님의 충만한 지혜가 내 존재와 집단의식 속의 모든 무지를 대체한다고 단언합니다. 또한 나는 모든 사람들이 삶에는 영적인 목적이 있다는 진실에 대해 깨어나고 있다고 확언합니다.

경애하는 지혜의 어머니시여

나는 기꺼이 나의 신성한 계획을 알고자 합니다

모든 곳에 충만해 있는 지혜의 현존이시여, 사랑하는 예수님과 성모 마리아님이시여, 신아와 신성한 그리스도 자아시여, 이로써 나는 내 신성한 계획의 모든 측면을 기꺼이 알겠다고 선언합니다. 나는 기꺼이 대천사 미카엘이 내가 나의 존재이유를 성취하기 위해서는 내 자신과 삶을 변화시킬 필요가 있다는 인식을 방해하는 영적무지를 차단시켜 나를 자유롭게 해주도록 합니다. 나는 미카엘 대천사에게 내 에고의 고의적인 무지를 결박하여 소멸시켜 달라고 요청합니다. 나는 모든 무지를 극복하고 충만한 하느님의 지혜를 알 수 있도록 기꺼이 내 눈의 가리개를 걷어내고 현실에 눈을 뜨려고 합니다. 나는 지혜가 가장 중요한 것임을 분명히 표명하며, 모든 것과 더불어 지혜를 갖춤으로써 나는 깨달음을 얻을 것입니다.

이로써 나는 내 마음을 그리스도 마음의 성배로 만들기 위해서 내가 내 믿음을 정화하고 공부해야 할 것이 무엇인지 기꺼이 알겠다고 선언합니다. 나는 내 내면의 인도를 무시하는 성향을 기꺼이 극복하겠으며, 그리하여 영(靈)의 지혜를 구하는 대신 이 세상적인 일을 추구함으로써 나의 기회를 낭비하지 않습니다.

나는 나의 영혼이 육화하기로 결정했던 보다 큰 대의를 위한 나의 봉사를 방해하는 것이 무엇인지 기꺼이 알고자 합니다. 나는 지구상의 모든 불완전한 것들을 제거하기 위한 신의 계획 내에서의 나의 직분을 찾는 방법을 알아낼 것입니다. 또한 나는 지구에다 하느님의 왕국을 공동창조하는 자로서의 나의 본분을 어떻게 발견해야 하는지 기꺼이 알겠습니다.

우리의 영적 정체성의 실체에 대해 우리를 일깨워주소서

1. 하느님의 지혜를 가진 사랑하는 존재시여, 하느님이 없이는 기존의 그 어떤 것도 만들어지지 않았으며, 그렇기에 신은 우리 안에 있는 왕국에 거주하고 계시다는 내면의 기억을 일깨워주소서. 나는 모든 잘못된 정체성을 버리고 하느님의 충만한 지혜가 내 존재와 집단의식 속의 모든 무지를 대체한다고 단언합니다. 또한 나는 모든 사람들이 지구상의 하느님의 몸에 자신들을 어떻게 조화

시켜야 하는가에 대해 깨어나고 있다고 확언합니다.

경애하는 지혜의 어머니시여

2.하느님의 지혜를 가진 사랑하는 존재시여, 우리가 근원과의 일체감을 잃어버리고 우리의 에고를 만들어냈던 것은 단지 이원성 의식을 실험했기 때문이었다는 내면의 기억을 일깨워주소서. 나는 모든 잘못된 정체성을 버리고 하느님의 충만한 지혜가 내 존재와 집단의식 속의 모든 무지를 대체한다고 단언합니다. 또한 나는 모든 사람들이 지구상의 하느님의 몸에 자신들을 어떻게 조화시켜야 하는가에 대해 깨어나고 있다고 확언합니다.

경애하는 지혜의 어머니시여

3.하느님의 지혜를 가진 사랑하는 존재시여, 우리의 참된 정체성은 신아 속에 영구히 정착돼 있고 우리의 영혼이 지구에서 경험하는 어떤 것에 의해서도 손상될 수 없다는 내면의 기억을 일깨워주소서. 나는 모든 잘못된 정체성을 버리고 하느님의 충만한 지혜가 내 존재와 집단의식의 모든 무지를 대체한다고 단언합니다. 또한 나는 모든 사람들이 지구상의 하느님의 몸에 자신들을 어떻게 조화시켜야 하는가에 대해 깨어나고 있다고 확언합니다.

경애하는 지혜의 어머니시여

4.하느님의 지혜를 가진 사랑하는 존재시여, 우리는 본래의 더 나은 우리가 되고 더 나은 신이 되고 싶었기 때문에 지구상에 태어나기로 선택했다는 내면의 기억을 일깨워주소서. 나는 모든 잘못된 정체성을 버리고 하느님의 충만한 지혜가 내 존재와 집단의식 속의 모든 무지를 대체한다고 단언합니다. 또한 나는 모든 사람들이 지구상의 하느님의 몸에 자신들을 어떻게 조화시켜야 하는가에 대해 깨어나고 있다고 확언합니다.

경애하는 지혜의 어머니시여

5.하느님의 지혜를 가진 사랑하는 존재시여, 우리가 신성한 개성을 표현하고 우리의 특별한 선물을 지구에 가져오는 목적으로 이곳에 왔다는 내면의 기억을 일깨워주소서. 나는 모든 잘못된 정체성을 버리고 하느님의 충만한 지혜가 내 존재와 집단의식 속의 모든 무지를 대체한다고 단언합니다. 또한 나는 모든 사람들이 지구상의 하느님의 몸에 자신들을 어떻게 조화시켜야 하는가에 대해 깨

어나고 있다고 확언합니다.

경애하는 지혜의 어머니시여

6.하느님의 지혜를 가진 사랑하는 존재시여, 우리가 모든 에고의 환영을 극복하고 우리의 신아와 합일할 수 있는 잠재력을 갖고 있다는 내면의 기억을 일깨워주소서. 나는 모든 잘못된 정체성을 버리고 하느님의 충만한 지혜가 내 존재와 집단의식 속의 모든 무지를 대체한다고 단언합니다. 또한 나는 모든 사람들이 지구상의 하느님의 몸에 자신들을 어떻게 조화시켜야 하는가에 대해 깨어나고 있다고 확언합니다.

경애하는 지혜의 어머니시여

7.하느님의 지혜를 가진 사랑하는 존재시여, 우리가 참으로 하느님이 개체화된 존재이고 그렇기에 신에 대한 모든 부정적인 감정을 극복하고 우리의 신성한 잠재력을 받아들일 수 있다는 내면의 기억을 일깨워주소서. 나는 모든 잘못된 정체성을 버리고 하느님의 충만한 지혜가 내 존재와 집단의식 속의 모든 무지를 대체한다고 단언합니다. 또한 나는 모든 사람들이 지구상의 하느님의 몸에 자신들을 어떻게 조화시켜야 하는가에 대해 깨어나고 있다고 확언합니다.

경애하는 지혜의 어머니시여

8.하느님의 지혜를 가진 사랑하는 존재시여, 우리는 물질우주를 지배하는 신의 영적법칙을 활용하는 법을 배움으로써 우리의 창조력을 증대시키기 위해 이곳에 왔다는 내면의 기억을 일깨워주소서. 나는 모든 잘못된 정체성을 버리고 하느님의 충만한 지혜가 내 존재와 집단의식 속의 모든 무지를 대체한다고 단언합니다. 또한 나는 모든 사람들이 지구상의 하느님의 몸에 자신들을 어떻게 조화시켜야 하는가에 대해 깨어나고 있다고 확언합니다.

경애하는 지혜의 어머니시여

9.하느님의 지혜를 가진 사랑하는 존재시여, 우리는 하느님과 공동창조자이고 우리 존재의 가장 깊은 사랑만이 하느님의 왕국을 지구로 가져오기 때문에 우리가 이곳에 오기로 선택했다는 내면의 기억을 일깨워주소서. 나는 모든 잘못된 정체성을 버리고 하느님의 충만한 지혜가 내 존재와 집단의식 속의 모든 무지를 대체한다고 단언합니다. 또한 나는 모든 사람들이 지구상의 하느님의 몸

에 자신들을 어떻게 조회시켜야 하는가에 대해 깨어나고 있다고 확인합니다.

경애하는 지혜의 어머니시여

나는 기꺼이 나의 진정한 정체성을 알겠습니다

모든 곳에 충만해 있는 사랑하는 지혜의 현손이시여, 사랑하는 예수님과 성모 마리아님이시여, 신아와 신성한 그리스도 자아시여, 이로써 나는 하느님의 한 개체화로서의 참된 나의 정체성을 기꺼이 알겠다고 선언합니다. 나는 기꺼이 대천사 미카엘이 나의 신성한 개성을 부정하려는 모든 성향을 차단시켜 나를 자유롭게 해주도록 합니다. 나는 미카엘 대천사에게 내 에고의 잘못된 정체성을 결박하여 소멸시켜 달라고 요청합니다. 나는 모든 무지를 극복하고 충만한 하느님의 지혜를 알 수 있도록 내 눈의 가리개를 걷어내고 기꺼이 현실에 눈을 뜨겠습니다. 나는 지혜가 가장 중요한 것임을 분명히 표명하며, 모든 것과 더불어 지혜를 갖춤으로써 나는 깨달음을 얻을 것입니다.

이로써 나는 내가 누구이고, 어떻게 내가 "신아"로부터 내 자신을 분리시켰으며, 내 근원과의 일체상태로 돌아가려면 어떻게 해야 하는지를 기꺼이 알겠다고 선언합니다. 또한 나는 독특한 개체로서의 내가 지구에 대한 신의 가장 높은 비전과 지구상의 하느님의 몸이라는 거대한 전체에 어떻게 조화되어야 하는가에 대해 기꺼이 알고자 합니다. 나는 나를 통해 일하실 수 있는 신의 능력을 부정하는 성향을 기꺼이 극복하겠으며, 그리하여 나는 이 행성을 지상천국으로 전환시키는 열린 문이 될 수 있습니다.

나는 나의 영혼이 육화하기로 결정했던 보다 큰 대의를 위한 나의 봉사를 방해하는 것이 무엇인지 기꺼이 알고자 합니다. 나는 지구상의 모든 불완전한 것들을 제거하기 위한 신의 계획 안에서의 나의 직분을 찾는 방법을 알아낼 것입니다. 또한 나는 지구에다 하느님의 왕국을 공동창조하는 자로서의 나의 본분을 어떻게 발견해야 하는지 기꺼이 알겠습니다.

나는 대천사 미카엘과 그의 수십억의 푸른 화염의 천사들이 모든 사람들을 거짓된 영혼들과 무지의 에너지로부터 차단하여 자유롭게 하고 있다고 확언한다.

나는 대천사 미카엘과 그의 수십억의 푸른 화염의 천사들이 모든 사람들을 적그리스도의 마음에서 생겨난 교활한 거짓말로부터 차단하여 자유롭게 하고 있다고 확언한다.

나는 대천사 미카엘과 그의 수십억의 푸른 화염의 천사들이 모든 사람들을 영적인 장님상태와 적그리스도의 힘을 따르는 모든 성향으로부터 차단하여 자유롭게 하고 있다고 확언한다.

나는 대천사 미카엘과 그의 수십억의 푸른 화염의 천사들이 모든 사람들을 하느님의 몸에서 분리돼 있는 듯한 모든 느낌으로부터 차단하여 자유롭게 하고 있다고 확언한다.

나는 나의 하느님과 하나가 되는 것을 선택한다. 그렇기에 나는 곧 모든 사람들을 영적인 장님상태로부터 자유롭게 해방시키는 미카엘 대천사의 현존이며, 그렇기에 그들은 하느님 계획 안에서 자신들의 적절한 자리를 찾을 것이다.

나는 지구상의 모든 영혼들의 각성을 촉구합니다

모든 곳에 충만해 있는 지혜의 현존의 이름으로, 예수 그리스도의 이름으로, 성모 마리아의 이름으로 나는 이렇게 말합니다. "더 이상은 안 된다! 나는 지구가 신성합일을 방해하는 무지와 영적 장님상태에 빠져 있는 영혼들에 의해 어두워지는 것을 받아들이지 않을 것이다." 미카엘 대천사님이시여, 나 자신과 모든 영혼들을 에고와 어둠의 세력들의 무지로부터 차단해 주소서. 그럼으로써 우리는 우리가 누구이며, 왜 지구에 왔는지에 대한 진정한 비전에 다시 연결될 수 있습니다.

나는 내 그리스도 자아와 각 영혼들의 그리스도 자아에게, 우리가 신에 대해 갖고 있는 강렬한 사랑과 우리로 하여금 지상천국을 세우기 위해 지구로 오게 했던 불타는 사랑에 대해 우리를 일깨워 달라고 요청합니다. 이 세상에서 우리의 신성한 개성을 표현하려는 온 마음을 사로잡는 소망에다 우리를 다시 연결시켜 주소서. 또한 신성을 구현하고자 하는 우리의 소망이 그 어떤 세속적인 욕망이나 집착보다 훨씬 더 중요하다는 것을 우리에게 인식시켜 줄 사랑에다 우리를 다시 연결시켜 주소서. 우리의 유한한 정체성을 상실하는 것에 대한 온갖 두려움을 몰아낼 사랑에 대해 우리를 일깨워주시고, 그럼으로써 우리는 우리의 신성한 정체성인 불멸의 생명을 얻을 수 있습니다. 이 세상의 그 어떤 것도 우리의 신성한 계획을 성취하는 길에 방해가 되지 않도록 우리가 진정한 우선순위를 깨닫게 해주소서.

내 그리스도 자아의 권위에 의해, 나는 승천한 대사 집단의 충만한 힘이 지구상의 모든 무지와 영적 장님상태를 소멸시켜주기를 촉구합니다. 그리고 나는 지구상의 모든 영혼들에게 이렇게 외칩니다.

깨어나세요. 그리고 "당신들이 신(神)들임을!" 아십시오. (4회)

하느님의 지혜를 가진 존재의 이름으로, 나는 신의 진리를 대해 확고한 입장을 취한다고 선언합니다. 내 가슴 속에 있는 그리스도 불꽃의 권위에 의해, 나는 지구상에 하느님의 나라가 이룩되기를 요구합니다. 나는 이 행성과 나의 영적인 형제자매들을 파괴하는 어둠의 세력들을 가만히 보고만 있지는 않을 것입니다. 그러므로 나는 내 자신과 모든 사람들의 에고, 그리고 모든 어둠의 세력들의 에고가 갖고 있는 반의를 소멸시킬 신의 지혜를 가진 존재를 위한 열린 문입니다. 나는 내 에고를 버리고, 내가 높이 향상될 때 나는 모든 사람들을 하느님에게 더 가까이 끌어당깁니다. 나는 대천사 미카엘과 그의 군단이 지상의 모든 어둠을 소멸시키고, 모든 영혼에 대한 신의 최상의 비전이 구현되는 영광스러운 새 시대로 지구를 끌어올리고 있다고 확언합니다. 지구에는 오직 빛만이 존재합니다.

지구는 주님의 것이며 그렇기에 지구에 충만해 계십니다.(3회) 아멘.
조건 없는 사랑이신 성부와 성자, 성령, 그리고 기적의 어머니 이름으로,
아멘,

로사리오 봉인하기

모든 곳에 충만한 하느님의 지혜를 가진 사랑하는 존재시여, 이제 우리를 계속 초월해가고자 하는 하느님의 소망 속에다 봉인하소서. 사랑하는 대천사 미카엘이시여, 당신의 푸른 화염으로 이루어진 뚫을 수 없는 보호막 안에다 우리를 봉인하소서. 사랑하는 예수님이시여, 우리를 그리스도 진리의 수정 같이 맑은 상태 속에다 봉인하소서. 사랑하는 성모 마리아님이시여, 하느님 어머니의 무조건적인 사랑 속에다 우리를 봉인하소서.

성부와 성자, 성령, 그리고 하느님 어머니의 이름으로, 나는 내가 나의 신아와 하나이고 그 하나됨을 통해 내가 모든 에고의 환영들과 그것들이 삶의 스크린에다 투사한 현상들로부터 봉인되었음을 받아들입니다. 나는 이제 그리스도의 진리의 빛 속에서 악은 실제가 아니며 그것의 환영들에는 아무런 힘도 없다고 확언합니다. 그러므로 하느님의 왕국이 지금 그리고 영원히 지구에 실현됩니다. 아멘.

3.성모 마리아의 경이로운 양육의 로사리오

※이 로사리오는 여러분의 삶에서 하느님의 풍요를 기원하는 것이며, 여러분의 욕망을 신아의 뜻 및 영혼의 진정한 소망과 다시 일치시켜 줍니다. 또한 여러분의 감정체(emotional body)를 깨끗이 정화시킵니다.

조건 없는 사랑이신 성부와 성자, 성령, 그리고 기적의 어머니의 이름으로. 아멘.

(개인적인 기원 문구는 이곳에 첨가한다.)

나는 하느님을 아버지와 어머니로 존경합니다
"나는 알파와 오메가요, 처음과 마지막이요, 만군의 주이며, 지금도 있고, 전에도 있었으며, 장차 올 자요 전능한 자이니라.(계시록 22:13)"
　오, 하느님이시여, 나의 창조주시여, 나는 당신께서 아버지의 확장하는 힘과 어머니의 수축하는 힘으로 당신 자신을 드러내기로 선택했다는 것을 압니다. 또한 나는 내가 일부를 이루고 있는 우주가 이러한 당신의 영원한 존재의 두 측면 간의 균형 잡힌 상호작용을 통해 창조되었다는 것을 알고 있습니다.
"나는 알파와 오메가요, 처음과 마지막이라. 내가 생명수 샘물을 목마른 자에게 값없이 주리니(계시록 21:6)."
　오 하느님이시여, 나는 아버지의 요소를 성장하고 자기초월하려는 추진력, 더 나아지고자 하는 추진력으로 존중합니다. 그리고 나는 어머니의 요소는 모든 형태의 근원으로 존중하며, 이 세상에서 내가 양육된 것은 아버지의 창조력에 의해 움직여진 어머니 빛을 통해서라는 것을 압니다. 그러므로 나에게 왕국을 주는 것은 아버지의 기쁨이며, 그분은 어머니의 양육을 통해 그렇게 하십니다. 나는 어머니 빛이 아버지의 창조적인 비전과 조화를 이룰 때 양육됩니다. 또한 나는 내 존재의 팽창력과 수축력 사이에 균형이 있을 때 양육됩니다.
　"나는 알파와 오메가, 시작과 끝이요, 처음과 마지막이다." 오, 하느님이시여, 나는 나의 시작은 나에게 자기인식과 자유의지를 주신 아버지의 창조력이라는 것을 인정합니다. 하지만 나는 만약 내가 내 존재의 불균형을 받아들여 유지하기 위해 자유의지를 사용한다면, 내가 어머니 빛을 사용할 기회는 결국 끝날 것이라는 것을 이해합니다. 그러나 만약 내가 균형을 잡는 것을 선택한다면, 나는 계속해서 자기초월을 할 것이고, 이것은 내가 완전하게 양육되고 완벽한 사랑을 이루는 영원한 삶입니다.

나는 풍요로운 삶의 현실을 받아들입니다

1.나에게 왕국을 주는 것은 아버지의 큰 기쁨입니다. 하느님은 내게 생명의 샘물을 무료로 주십니다. 내가 풍요로운 삶을 누리는 것은 하느님의 뜻이며, 그렇기에 그것을 얻을 필요가 없습니다. 나는 단지 하느님이 내게 무료로 주시는 것을 마음껏 받아들이면 됩니다. 오, 성모 마리아님이시여, 나는 내 자신을 내 신아의 더 높은 뜻과 내 영혼의 높은 소망에다 내맡깁니다.

경애하는 양육의 어머니시여,
경애하는 마리아님이여, 나는 내 영혼 속에서
전체이고, 완전합니다.
나는 양육되었고, 자유로우며
영원한 신과 하나입니다.

신성한 마리아님이시여, 당신의 은총으로
나는 시간과 공간을 초월하고 있습니다.
나는 내 안에서 하느님의 완전한 빛을 보며,
내 신아가 그 태양이고, 나는 자유로운 삶을 사랑합니다.

2.한계와 고난, 그리고 애정어린 양육의 결핍은 하느님 아버지의 뜻에 반하는 것입니다. 나는 오직 신의 풍요로운 삶을 적극적으로 거부함으로써만이 한계와 양육결핍을 경험할 수 있습니다. 이미 나의 것인 풍요로운 삶을 받아들이기보다 거부하는 것은 더 많은 노력이 소요됩니다. 오, 성모 마리아님이시여, 나는 내 자신을 신아의 더 높은 뜻과 내 영혼의 높은 소망에다 내맡깁니다.

경애하는 양육의 어머니시여

3.내가 풍요로운 삶을 누리는 것은 아버지의 선의(善意)이며, 어머니 하느님은 물질세계에서 그 풍요로운 삶을 내게 주는 것을 기뻐하십니다. 이 세상의 모든 것은 어머니 빛으로 만들어졌고, 풍요는 내 존재, 내 영혼의 어머니 측면이 그 아버지 측면인 내 신아와 동조되는 자연스런 결과로 나타납니다. 오, 성모 마리아님이시여, 나는 내 자신을 신아의 더 높은 뜻과 내 영혼의 높은 소망에다 내맡깁니다.

경애하는 양육의 어머니시여

4.내가 한계와 양육의 결핍을 경험할 때, 그 있음직한 유일한 원인은 나의 영혼이 내 신아와 분리된 상태에 빠져 있기 때문입니다. 내 마음의 힘을 통해, 나는 그릇된 자기중심적인 욕망을 받아들이게 되었으며, 그것은 신의 풍요가 제한돼 있고 그것을 힘으로 탈취하려는 사람들만이 만연할 거라는 환영을 믿게 만듭니다. 오, 성모 마리아님이시여, 나는 내 자신을 신아의 더 높은 뜻과 내 영혼의 높은 소망에다 내맡깁니다.

경애하는 양육의 어머니시여

5.모든 그릇된 욕망의 본질은 내 에고가 하느님이 내게 무료로 주신 것을 움켜쥐고 있으려 애를 쓴다는 것입니다. 그러므로 나는 무료로 받은 것을 무료로 주는 것을 거부함으로써 내 자신을 생명의 강에서 벗어나게 만들었습니다. 내가 이 세상의 것들을 소유하고 있으려 할 때, 나는 하느님이 나에게 더 많이 주실 수 있도록 달란트를 증식시키는 대신에 그것을 땅에다 묻어 버리고 있습니다. 오, 성모 마리아님이시여, 나는 내 자신을 신아의 더 높은 뜻과 내 영혼의 더 높은 소망에다 내맡깁니다.

경애하는 양육의 어머니시여

6.내가 하느님의 풍요를 무료로 주는 대신에 그것을 움켜쥐고 있으려는 유혹에 빠지면, 나는 부정적인 나선형에 빠져 들어가서 결국 한계와 양육의 결핍을 경험하게 됩니다. 이때 나의 에고는 아버지의 확장하는 힘과 어머니의 수축하는 힘을 왜곡함으로써 이것을 보상하려고 합니다. 에고가 아버지의 확장하는 힘을 왜곡할 때, 그것은 힘으로 천국을 탈취하고자 합니다. 또한 그것은 그릇된 욕망을 충족하기 위해 타인들에게 자신의 저급한 뜻을 강요하는 것을 포함하여 불법적인 수단을 사용하려고 합니다. 오, 성모 마리아님이시여, 나는 내 자신을 신아의 더 높은 뜻과 내 영혼의 높은 소망에다 내맡깁니다.

경애하는 양육의 어머니시여

7.에고가 어머니의 수축하는 힘을 왜곡할 때, 그것은 모든 이들이 풍요로운 삶을 누리기 바라시는 하느님의 뜻에 반항합니다. 에고는 무료로 받은 것을 신이 배가시켜 주실 거라는 것을 의심하며, 따라서 그것은 자신이 가진 것을 무료로 자유롭게 주는 대신에 소유하고 통제하려고 합니다. 또한 그것은 자신의 자기중심적인 행위의 결과를 회피하기 위해 어머니 빛을 조종하고자 합니다. 그렇

게 함으로써 에고는 하느님의 풍요로운 흐름을 깨뜨리고 나를 생명의 강 바깥으로 밀려나가게 만듭니다. 그렇기에 나는 이원성 의식에 의해 창조된 결핍과 한계의 사막으로 위험을 무릅쓰고 나가게 되었습니다. 오, 성모 마리아님이시여, 나는 내 자신을 신아의 더 높은 뜻과 내 영혼의 높은 소망에다 내맡깁니다.

경애하는 양육의 어머니시여

8.모든 애정어린 양육의 결핍은 결과적으로 나의 근원으로부터의 분리감 때문이며, 그것이 내가 선하고 완전한 온갖 것들로 넘쳐흐르는 생명의 강에서 벗어나 있다고 느끼게 만듭니다. 이러한 분리는 신이 부당하게 어떤 것을 나에게 주지 않고 있다는 느낌을 유발하는 일종의 환상입니다. 그러나 나는 하느님의 무료 선물을 거절하고 있는 자이며, 그렇기에 오직 나만이 내 자신을 이원성 의식으로부터 분리하는 여정을 시작할 수 있습니다. 오, 성모 마리아님이시여, 나는 내 자신을 신아의 더 높은 뜻과 내 영혼의 더 높은 소망에다 내맡깁니다.

경애하는 양육의 어머니시여

9.나는 이제 생명의 강둑에 설 때까지 사막을 걷습니다. 그리고 나는 완전히 내맡기는 마지막 행동으로, 내 스스로 살아 있는 강물 속으로 뛰어들고 풍요로운 삶을 되찾습니다. 나는 신성한 아버지의 풍요로운 삶을 받아들이며, 신성한 어머니의 완벽한 양육을 받아들입니다. 그리하여, 나는 지금 그리고 영원히 온전한 전체가 되었습니다. 오, 성모 마리아님이시여, 나는 내 자신을 신아의 더 높은 뜻과 내 영혼의 높은 소망에다 내맡깁니다.

경애하는 양육의 어머니시여

절대자 하느님은 아버지와 어머니이십니다 (기도문)

하느님은 아버지이시고, 하느님은 어머니이시며, 다른 한 쪽이 없이는 결코 온전한 하나가 아닙니다.

당신들의 균형 잡힌 결합이 우리의 근원이며, 당신들의 사랑이 우리를 우리의 길로 인도할 것입니다. 당신들은 우리에게 풍요로운 삶을 베푸시며, 모든 투쟁의 느낌에서 우리를 자유롭게 해주십니다. 우리는 스스로 그 흐름 속으로 뛰어들었고, 이런 투쟁의 악몽에서 깨어나고 있습니다. 우리는 생명이 진정으로 하나라는 것을 알고 있으며, 그렇기에 승리는 우리의 것입니다. 우리는 성인(聖人)들이 밟은 길을 따라 우리의 하느님에게 돌아왔습니다. 우리는 지구에서 하느님의 몸을 형성하고, 우리의 행성이 다시 태어나 천상의 커다란 은총과 더불어 사랑의 황금시대로 들어가게 해줍니다. 우리는 모든 사람들이 그런 일체상태가 진리라는 것을 깨닫도록 그들을 자유롭게 해방시키며, 그런 하나됨 속에서 우리는 영원히 전체가 될 것입니다. 그리고 이제 지구는 실제로 치유되었고, 모든 생명이 하느님의 완전함 속에 봉인되었습니다.

하느님은 아버지이시고 어머니이시며, 우리는 서로의 안에서 신을 봅니다.

나는 모든 그릇된 욕망을 포기합니다

1.그릇된 욕망은 결핍에 바탕을 둔 욕망이며, 그것은 나에게 불만족스럽고, 미진하며, 배려받지 못한다는 느낌을 줍니다. 그릇된 욕망은 분리의 환영에 기초해 있고, 그것이 나로 하여금 욕망의 대상을 소유할 때까지는 내가 온전하지 못하다고 생각하게 만듭니다. 사랑하는 예수님이시여, 나는 그릇된 욕망의 그물을 던져버리고, 우리의 아버지 왕국에서 당신과 함께 거할 것입니다.

경애하는 양육의 어머니시여

2.그릇된 욕망을 추구하는 가운데, 나는 밑 빠진 독에 물붓기를 하고 있으며, 따라서 그 욕망은 영원히 충족되지 않은 채로 남아 있을 것입니다. 그릇된 욕망은 절대로 진정한 성취감을 줄 수 없으며, 그렇기에 내가 욕망의 목표를 손에 넣었을 때조차도, 나는 여전히 공허하고 만족스럽지 않을 것입니다. 욕망의 대상이 그 욕망을 채워줄 수 없기 때문에, 그릇된 욕망은 내 삶을 삼켜 버리고 나를 공허감에 사로잡히게 만드는 헛된 추구가 됩니다. 사랑하는 예수님이시여, 나는 그릇된 욕망의 그물을 던져버리고, 우리의 아버지 왕국에서 당신과 함께 거할 것입니다.

경애하는 양육의 어머니시여

3.참된 욕망은 생명의 근원과의 하나됨에 바탕을 두고 있으며, 그것은 나로 하여금 온전하고 만족스럽고 양육받고 있다고 느끼게 만듭니다. 참된 욕망은 신의 끊임없는 자기초월의 일부가 되려는 추진력에서 생겨납니다. 그러므로 공허함을 채우기 위해 받기를 추구하는 대신에, 참된 욕망은 신의 풍요를 나누고

더 나은 존재가 되고자 하는 욕구에서 시작됩니다. 이런 진정한 욕망은 절대로 내가 불만족을 느끼게 하지 않는데, 왜냐하면 나는 결핍감이 없고 단지 모든 것을 더 낮게 표현하기만을 기대하기 때문입니다. 사랑하는 예수님이시여, 나는 그릇된 욕망의 그물을 던져버리고, 우리의 아버지 왕국에서 당신과 함께 거할 것입니다.

경애하는 양육의 어머니시여

4. 참된 욕망을 추구하면서 나는 내 것이라고 주장하거나 소유하려고 하지 않습니다. 나는 주려고 하며, 그럼으로써 신으로부터 더 많이 받고 이 세상으로 끊임없이 더 많은 풍요를 가져오는 생명의 강이 될 수 있습니다. 그러므로 진정한 욕망은 더욱더 큰 성취와 완전한 양육의 느낌으로 인도하는 상향나선이 됩니다. 사랑하는 예수님이시여, 나는 그릇된 욕망의 그물을 던져버리고, 우리의 아버지 왕국에서 당신과 함께 거할 것입니다.

경애하는 양육의 어머니시여

5. 일단 내가 그릇된 욕망을 받아들이면, 그것은 내 영혼의 일부가 되고 내 욕망체의 일부가 됩니다. 따라서 나는 그 욕망이 채워질 때까지 온전하지 못하고 애정어린 양육을 받지 못한다고 느낄 것입니다. 그러나 그릇된 욕망을 채우는 것은 내가 욕망의 대상을 소유해야한다는 것을 의미하지 않습니다. 사실상, 모든 그릇된 욕망은 참된 욕망의 왜곡입니다. 그리고 참된 욕망은 신성한 개성을 표현하고 신의 창조물의 아름다움을 경험하려는 욕구에서 생겨납니다. 사랑하는 예수님이시여, 나는 그릇된 욕망의 그물을 던져버리고, 우리의 아버지 왕국에서 당신과 함께 거할 것입니다.

경애하는 양육의 어머니시여

6. 모든 참된 욕망의 이면에는 신의 더 나아지고자하는 추진력이 있으며, 그것은 내게 진정한 내면의 양육을 제공하는 더 나아지고 있다는 느낌입니다. 그러므로 나는 신성한 아버지의 완전한 뜻과 나를 동조시키는 참된 욕망으로 그릇된 욕망을 대체함으로써 욕망을 채울 수 있습니다. 나는 그때 그분의 풍요 및 모든 그릇된 욕망을 소멸시키는 신성한 어머니의 양육을 받을 수 있습니다. 사랑하는 예수님이시여, 나는 그릇된 욕망의 그물을 던져버리고, 우리의 아버지 왕국에서 당신과 함께 거할 것입니다.

경애하는 양육의 어머니시여

7.내 영혼의 어머니 요소가 내 신아의 아버지 요소와 완전한 조화를 이룰 때, 나는 욕망의 대상을 소유할 필요가 없이 그릇된 욕망을 초월할 것입니다. 나는 사물을 소유하거나 이 세상의 즐거움을 경험하지 않고도 욕망을 성취할 수 있습니다. 나는 생명의 강의 흐름이 됨으로써 욕망을 채울 수 있으며, 그로 인해 성령의 "사물"이 나를 상실될 수 없는 기쁨으로 채워주고 한계나 결핍을 알지 못하게 됩니다. 사랑하는 예수님이시여, 나는 그릇된 욕망의 그물을 던져버리고, 우리의 아버지 왕국에서 당신과 함께 거할 것입니다.

경애하는 양육의 어머니시여

8.나는 생명의 강과 하나라는 앎 속에서 온전하게 창조되었습니다. 나는 하느님으로부터 무료로 받을 수 있고 모든 생명에게 무료로 줄 수 있습니다. 그리고 무료로 주는 것을 통해서 나는 진정으로 양육됩니다. 왜냐하면 신성한 어머니가 사랑으로 받은 모든 것을 배가시켜 주실 것이기 때문입니다. 그러므로 내가 더 많이 줄수록 더 많이 받게 되고 모든 삶이 확대됩니다. 사랑하는 예수님이시여, 나는 그릇된 욕망의 그물을 던져버리고, 우리의 아버지 왕국에서 당신과 함께 거할 것입니다.

경애하는 양육의 어머니시여

9.나는 궁극적인 소유와 통제를 추구하는 적그리스도의 마음에서 벗어납니다. 나는 모든 욕망이 전체와의 분리로 인해 생겨나는 것인지, 또는 전체를 확대하기 위한 욕구인지를 알고자 검토합니다. 그리하여 나는 참된 욕망만을 받아들이며, 절대적인 소유라는 불가능한 꿈을 추구하는 대신에 끊임없이 흐르는 생명의 강으로 스스로 뛰어듭니다. 나는 전체이고 끊임없이 더 나은 신이 되어가고 있습니다. 사랑하는 예수님이시여, 나는 그릇된 욕망의 그물을 던져버리고, 우리의 아버지 왕국에서 당신과 함께 거할 것입니다.

경애하는 양육의 어머니시여

절대자 하느님은 아버지이시고 어머니이십니다. (※547~548 페이지에 있는 기도문 전체를 1회 낭송한다.)

나는 소유권이라는 환영을 버립니다

1.내가 이 세상에서 무엇인가를 통제하고 소유해야한다는 생각은 에고에 의해 만들어진 환영입니다. 이 환영은 전체로부터의 분리감에서 비롯되며, 그것은 에고로 하여금 모든 사람을 위한 풍요가 충분하지 않다고 생각하게 합니다. 그렇기에 그것은 자기가 바라는 것을 축적할 필요가 있습니다. 실제로, 하느님의 풍요는 무한하고, 이 세상의 풍요는 단지 우리의 받을 수 있는 능력과 나누고자하는 자발성 여부에 의해서만 제한됩니다. 사랑하는 알파님이시여, 나는 당신의 왕국을 받아들이며 이렇게 말합니다. "오, 주여! 당신 뜻대로 내게 이루어지게 하소서."

경애하는 양육의 어머니시여

2.내가 나의 근원과 하나일 때, 나는 생명의 강과 하나입니다. 그러므로 나는 이미 하느님 왕국의 일부인 모든 선하고 완벽한 것을 사용하기 때문에 어떤 것을 소유할 필요가 없습니다. 나는 내가 진정으로 받는 것은 내가 줄 때라는 것을 알며, 그렇기에 더 많이 받을 수 있도록 놓아버리는 것을 두려워하지 않습니다. 사랑하는 알파님이시여, 나는 당신의 왕국을 받아들이며 이렇게 말합니다. "오, 주여! 당신 뜻대로 내게 이루어지게 하소서."

경애하는 양육의 어머니시여

3.이 세상의 것들을 나누어 주면서 나는 하느님으로부터 더 많은 것을 얻으며, 그에 따라 더 많은 풍요를 물질세계로 가져옵니다. 이것은 모든 사람들을 더 나은 풍요에 이르게 하는 상향적이고 자기강화적인 나선운동이 되며, 이런 성장은 무한정 계속될 수 있습니다. 사랑하는 알파님이시여, 나는 당신의 왕국을 받아들이며 이렇게 말합니다. "오, 주여! 당신 뜻대로 내게 이루어지게 하소서."

경애하는 양육의 어머니시여

4.별개의 소유권이라는 환상은 전체와 하나가 되는 대신에 신의 창조물의 분리된 부분을 지배하고자하는 적그리스도의 마음에서 생겨납니다. 이 세상의 것들을 소유하려고 할 때, 나는 그것들을 무료로 하느님으로부터 받는 대신에 힘에 의해 탈취해야 합니다. 사랑하는 알파님이시여, 나는 당신의 왕국을 받아들이며 이렇게 말합니다. "오, 주여! 당신 뜻대로 내게 이루어지게 하소서."

경애하는 양육의 어머니시여

5.내가 어떤 것을 힘에 의해 가져가면, 어머니의 수축하는 요소는 내가 소유하고자하는 것을 나로부터 빼앗아갈 수 있는 정반대의 힘을 생성할 것입니다. 내가 내 달란트를 땅에 묻으려 하면 할수록 더욱 더 내가 소유하고 있다고 생각하는 것을 빼앗아가려는 힘이 강해집니다. 사랑하는 알파님이시여, 나는 당신의 왕국을 받아들이며 이렇게 말합니다. "오, 주여! 당신 뜻대로 내게 이루어지게 하소서."

경애하는 양육의 어머니시여

6.소유권이라는 환상은 내 마음의 함정이 되는데, 왜냐하면 나는 이 세상의 것들과 내 소유물을 빼앗아가려는 힘에 대해 그것들을 통제하고 방어하기 위한 불가능한 시도에다 모든 시간, 에너지 및 주의력을 허비하기 때문입니다. 사실상, 이런 힘은 내가 분리의 환영에 영원히 사로잡히지 않게 막아주는 일종의 은총입니다. 사랑하는 알파님이시여, 나는 당신의 왕국을 받아들이며 이렇게 말합니다. "오, 주여! 당신 뜻대로 내게 이루어지게 하소서."

경애하는 양육의 어머니시여

7.내가 소유하고 있다고 생각하는 것을 계속 움켜쥐고 있으려 할 때, 나는 다른 사람들과 물질세계도 통제해야만 합니다. 그러므로 내 삶은 신의 거대한 풍요 가운데 작은 부분을 지배하려는 끝없는 추구가 되며, 이로 인해 나는 하느님의 풍요 전체를 받아들이지 못하게 됩니다. 사랑하는 알파님이시여, 나는 당신의 왕국을 받아들이며 이렇게 말합니다. "오, 주여! 당신 뜻대로 내게 이루어지게 하소서."

경애하는 양육의 어머니시여

8.내가 전체를 받아들이기보다는 부분을 소유하려고할 때, 나는 상실의 두려움 속에서 끊임없이 살면서 애정어린 양육과 충족감을 느끼지 못하게 됩니다. 이런 두려움은 나를 생명의 강 바깥으로 밀려나게 하고 신이 나에게 무료로 주시는 것을 받아들이지 못하게 방해합니다. 그러므로 나는 내가 받을 것을 계속 밀어 내면서 얻지 못하고 있습니다. 사랑하는 알파님이시여, 나는 당신의 왕국을 받아들이며 이렇게 말합니다. "오, 주여! 당신 뜻대로 내게 이루어지게 하소

서.”

경애하는 양육의 어머니시여

9.나는 이로써 결핍과 소유에 대한 모든 환영을 버립니다. 그리하여 나는 신의 진체성과 재결합하며, 이런 하나됨의 상태에서 모든 선하고 완벽한 선물을 풍요롭게 누립니다. 내가 하느님의 그 전체성에 이를 때, 나는 어떤 한 가지를 별도로 소유할 필요가 없습니다. 그러므로 나는 생명의 강으로 뛰어들어 내 신성한 아버지의 무한한 풍요와 신성한 어머니의 조건 없는 양육을 받습니다. 사랑하는 알파님이시여, 나는 당신의 왕국을 받아들이며 이렇게 말합니다. “오, 주여! 당신 뜻대로 내게 이루어지게 하소서.”

경애하는 양육의 어머니시여

절대자 하느님은 아버지이시고 어머니이십니다.(※547~548 페이지에 있는 기도문 전체를 1회 낭송한다.)

나는 모든 사람들을 위해 풍요로운 삶을 받아들입니다
1.나는 모든 사람들에게 풍요로운 삶의 왕국을 주는 것이 아버지의 큰 기쁨이라는 것을 받아들입니다. 하느님의 계획은 모든 사람들이 아버지의 선물을 무료로 받고 어머니의 풍요를 무료로 나누는 것입니다. 모든 이들이 무료로 받고 무료로 주는 것은 물질세계에 더 많은 영적인 풍요를 가져오며, 그리하여 모든 사람이 온갖 선하고 완벽한 선물로 이루어진 풍요를 누리는 지상천국이 되게 합니다. 사랑하는 오메가님이시여, 나는 내 자신과 모든 생명을 위한 당신의 완벽한 양육을 받아들입니다.

경애하는 양육의 어머니시여

2.나는 이로써 내가 생명의 강의 흐름에서 분리돼 있고 한계와 결핍은 피할 수 없다는 모든 환상을 버립니다. 또한 나는 신의 영원한 풍요의 흐름과 하나가 되기보다는 몇 가지 것들을 소유하고 지배하는 것이 더 낫다는 에고의 환영도 버립니다. 그러므로 나의 참된 소망은 하느님의 풍요를 모든 생명에게 가져다 주는 것입니다. 사랑하는 오메가님이시여, 나는 내 자신과 모든 생명을 위한 당신의 완벽한 양육을 받아들입니다.

경애하는 양육의 어머니시여

3.나는 지구상에 그런 불평등이 존재한다는 것을 더 이상 수용할 수 없다고 선언합니다. 나는 더 이상 부자와 가난한 사람들, 또는 부유한 국가와 가난한 국가들 사이의 차별을 받아들이지 않습니다. 또한 나는 소수 엘리트들이 이 지구상의 대부분의 부(富)를 지배하면서 수많은 사람들을 굶주림으로 죽게 하거나 그 사람들이 자신을 상황을 초월하여 더 나은 존재가 될 기회를 박탈하는 것을 더 이상 받아들이지 않습니다. 사랑하는 오메가님이시여, 나는 내 자신과 모든 생명을 위한 당신의 완벽한 양육을 받아들입니다.

경애하는 양육의 어머니시여

4.내 가슴 속의 그리스도 화염의 권한으로, 나는 하느님과 승천한 대사 집단의 모든 멤버들에게 지구를 지배해달라고 요청합니다. 또한 나는 자신의 에고를 기꺼이 초월하여 더 나아지고자 하는 모든 사람들에게 풍요로운 삶이 실현되기를 촉구합니다. 사랑하는 오메가님이시여, 나는 내 자신과 모든 생명을 위한 당신의 완벽한 양육을 받아들입니다.

경애하는 양육의 어머니시여

5.나는 권력 엘리트인 그릇된 적그리스도의 집단을 뒤집어엎을 것을 요구합니다. 그들은 신이 정해놓은 생명의 흐름을 방해하고 더 나아지려는 추진력을 왜곡시켰습니다. 그리고 그들은 일반 주민을 희생시킨 대가로 이 왜곡된 추진력을 이용하여 부를 축적하고 권력과 지배권을 장악했습니다. 사랑하는 오메가님이시여, 나는 내 자신과 모든 생명을 위한 당신의 완벽한 양육을 받아들입니다.

경애하는 양육의 어머니시여

6.나는 신이 정해 놓은 성장할 수 있는 동등한 기회를 모든 사람들에게 다시 부여해 달라고 요구합니다. 그런 선택의 기회가 사람들로 하여금 자기초월의 흐름 속에 있게 하여 생명의 강의 일부가 되게 만듭니다. 이 흐름은 풍요로운 삶 속에서 신의 더 나은 상태로 끊임없이 이끌어가는 영원한 흐름입니다. 사랑하는 오메가님이시여, 나는 내 자신과 모든 생명을 위한 당신의 완벽한 양육을 받아들입니다.

경애하는 양육의 어머니시여

7.나는 분리, 한계, 결핍에 대한 의식과 사람들에게 풍요로운 삶을 거부하게 만드는 마음상태를 유발한 이원성적인 모든 거짓말을 폭로할 것을 요구합니다. 그리고 나는 하느님 아버지에게 지구상의 풍요로운 삶의 비전에 대해 영적이고 물질적인 양육의 형태로 사람들을 일깨워 주시기를 요청합니다. 또한 나는 아버지께서 모든 사람들에게 왕국을 주는 것은 아버지의 큰 기쁨이라는 것을 어머니 빛이 다시 한 번 나타내 주시기를 요구합니다. 사랑하는 오메가님이시여, 나는 내 자신과 모든 생명을 위한 당신의 완벽한 양육을 받아들입니다.

경애하는 양육의 어머니시여

8.나는 하느님 어머니에게 수축하는 힘으로 자기중심적인 욕망과 결핍 및 소유의 환상에 사로잡힌 자들에 의해 세워진 바벨탑을 소멸시켜달라고 요청합니다. 또한 나는 그 신성한 어머니에게, 사람들이 이 세상의 것들과 불가능한 추구에다 삶을 허비해가지고는 결코 성취하지 못함을 깨닫지 못하게 막는 환영을 없애달라고 촉구합니다. 사랑하는 오메가님이시여, 나는 내 자신과 모든 생명을 위한 당신의 완벽한 양육을 받아들입니다.

경애하는 양육의 어머니시여

9.사랑하는 신성한 어머니시여, 우리의 에고가 하느님의 풍요를 거부하고 있고, 그렇기에 우리는 고통의 증가와 양육의 결핍에 이르는 하향나선을 창조했다는 진실을 모든 이들에게 일깨워 주소서. 또한 우리가 생명의 강으로 다시 들어가서 우리 자신을 그 전체의 한 부분으로 볼 때, 우리는 하느님의 풍요가 무한하다는 것을 알게 될 거라는 진실을 사람들에게 일깨워주소서. 그러므로 우리가 이곳 지상에서 더 많이 주면 줄수록, 우리는 천상에서 더욱더 많이 받습니다. 나는 지구상에서 모든 사람들에게 풍요를 안겨다주는 상향나선을 불러일으킵니다. 사랑하는 오메가님이시여, 나는 내 자신과 모든 생명을 위한 당신의 완벽한 양육을 받아들입니다.

경애하는 양육의 어머니시여

절대자 하느님은 아버지이시고 어머니이십니다.(※547~548 페이지에 있는 기도문 전체를 1회 낭송한다.)

나는 항상 빛나는 태양입니다

1.나는 이제 분리와 결핍감으로부터 생겨난 적그리스도 의식에서 의식적으로 내 자신을 분리해냅니다. 나는 내 스스로 완전해질 수 없고 온전해지기 위해서는 이 세상에서 무엇인가 필요하다는 환영을 완전히 버립니다. 나는 알파와 오메가, 시작과 끝이며, 지금도 있고, 전에도 있었으며, 장차 올 전능한 자입니다.

경애하는 양육의 어머니시여

2.나는 나의 신성한 아버지의 모습과 닮은 형상으로 창조되었습니다. 그렇기에 나는 내 안에 있는 하느님의 풍요를 누릴 자격이 있습니다. 나는 본래의 내가 되고 완전해지고 온전해지기 위해, 내 자신의 외부와 이 세상에서 아무 것도 필요가 없습니다. 나는 이 세상에서 받기 위해서가 아니라 이 세상에다 신의 풍요를 주기 위해 설계돼 있습니다. 주는 것이 궁극적인 성취의 열쇠입니다. 나는 알파와 오메가, 시작과 끝이며, 지금도 있고, 전에도 있었으며, 장차 올 전능한 자입니다.

경애하는 양육의 어머니시여

3.나는 나의 신성한 아버지의 모습과 닮은 형상으로 창조되었습니다. 그리고 나의 하느님은 완전하고 일체가 완비된 존재이십니다. 나의 하느님은 항상 빛을 비추는 태양과 같아서, 그 빛을 만들어 내기 위해 외부에서 아무 것도 필요하지 않으십니다. 나는 내 안의 그 왕국에 있는 하느님의 영원한 빛에 접근할 수 있습니다. 나는 알파와 오메가, 시작과 끝이며, 지금도 있고, 전에도 있었으며, 장차 올 전능한 자입니다.

경애하는 양육의 어머니시여

4.나는 모든 그릇된 욕망과 분리의식을 버립니다. 나는 개체화된 태양이고 내 자신의 내면으로부터 하느님의 빛을 비춥니다. 나는 그 빛을 비추기 위해 내 자신 바깥에서 아무 것도 필요가 없는데, 왜냐하면 하느님은 이미 나에게 자신의 모형(模型), 영원한 태양의 모형을 주셨기 때문입니다. 나는 알파와 오메가, 시작과 끝이며, 지금도 있고, 전에도 있었으며, 장차 올 전능한 자입니다.

경애하는 양육의 어머니시여

5.나는 이제 내 영혼에 대한 하느님의 원래 비전에다 내 자신을 완전히 내맡깁니다. 나는 잘못된 욕망과 모든 결핍감을 버립니다. 나는 의식적으로 이 세상의 것들에 대한 모든 집착과 이 세상에서 온전해지기 위해서는 이 세상의 어떤 것이 필요하다는 모든 생각을 버립니다. 나는 우선 나의 모든 에너지와 관심을 하느님의 나라와 그분의 의를 구하고 그리스도의 의식을 성취하는 데 집중합니다. 이 목표에 비하면 이 세상의 모든 것은 부차적인 것입니다. 나는 알파와 오메가, 시작과 끝이며, 지금도 있고, 전에도 있었으며, 장차 올 전능한 자입니다.

경애하는 양육의 어머니시여

6.내가 내 신아의 높은 의지와 내 영혼의 더 큰 소망에 완전히 순종할 때, 이 세상의 지배자는 내 안에서 아무것도 가져갈 수가 없습니다. 왜냐하면 내 안에는 내가 온전해지기 위해 이 세상에서 뭔가가 필요하다는 환영이 전혀 없기 때문입니다. 나는 이 세상에서 아무것도 받으려고 하지 않으며, 그렇기에 이 세상의 어떤 세력도 내 존재를 통제할 수 없습니다. 나는 오직 이 세상에다 하느님의 풍요를 주기위해 노력하며, 최종적으로 주는 것은 궁극적인 자유입니다. 나는 알파와 오메가, 시작과 끝이며, 지금도 있고, 전에도 있었으며, 장차 올 전능한 자입니다.

경애하는 양육의 어머니시여

7.나는 나의 신성한 계획이 결핍감이나 불완전한 의식을 통해 고안된 것이 아니라는 사실을 알고 있습니다. 그것은 풍요로운 의식과 모든 생명체에게 주고자 하는 소망에서 설계되었습니다. 하지만 한계와 결핍은 내 신성한 계획의 일부일지도 모르는데, 왜냐하면 나는 사람들에게 신의 빛이 우리의 존재를 통해 빛나게 함으로써 우리가 모든 한계를 넘어설 수 있다는 것을 보여주고 싶었기 때문입니다. 그러므로 나는 모든 결핍감을 버리고 하느님의 빛이 모든 한계들을 소멸시키게 합니다. 나는 알파와 오메가, 시작과 끝이며, 지금도 있고, 전에도 있었으며, 장차 올 전능한 자입니다.

경애하는 양육의 어머니시여

8.나는 내 신아의 진정한 뜻과 신성한 계획에 의식적으로 다시 연결하고 있습니다. 나는 나의 신성한 빛을 모든 생명에게 비추는 태양이 되기 위해 이 세상

으로 왔으며, 그래서 신의 창조물 전체를 확장시키고 있습니다. 나는 오직 내가 나의 신성한 계획을 이행하고 있을 때만이 비로소 애정 깊은 양육을 발견할 것임을 알고 있으며, 그렇기에 나는 내 신성한 계획을 뒷받침하지 않는 모든 욕망을 버립니다. 완전히 포기하는 가운데, 나는 전 우주가 나의 신성한 계획을 내가 성취하도록 돕는 것을 기뻐하리라는 것을 압니다. 그러므로 나는 이것이 존재의 영원한 순환주기 속에서 실현되도록 만들어져 있다는 것을 알고 있습니다. 나는 알파와 오메가, 시작과 끝이며, 지금도 있고, 전에도 있었으며, 장차 올 전능한 자입니다.

경애하는 양육의 어머니시여

9.나는 두 명의 주인을 섬길 수 없고 재물에 앞서 신을 섬기는 것을 선택합니다. 그러므로 나는 먼저 하느님의 나라를 추구하고자 하며, 그리하면 온갖 좋은 것들과 완벽한 것들이 나에게 더해지게 됩니다. 나는 태양이 되어, 하느님의 빛을 사람들 앞에 비춥니다. 나는 이제 어머니 빛이 나의 참된 욕구를 채워주고 있으므로 지금 온전하고도 완전하게 양육받고 있음을 느낍니다. 나는 나의 신성한 아버지와 하나이고, 신성한 어머니의 흐름과 하나입니다. 나는 알파와 오메가, 시작과 끝이며, 지금도 있고, 전에도 있었으며, 장차 올 전능한 자입니다.

경애하는 양육의 어머니시여

절대자 하느님은 아버지이시고 어머니이십니다.(※547~548 페이지에 있는 기도문 전체를 1회 낭송한다.)

지구는 주님의 것이며 그렇기에 지구에 충만해 계십니다.(3회) 아멘.
조건 없는 사랑이신 성부와 성자, 성령, 그리고 기적의 어머니 이름으로, 아멘.

로사리오 봉인하기
　사랑하는 아버지-어머니 하느님이시여, 사랑하는 알파와 오메가님이시여, 이제 우리가 아낌없이 무료로 주고받는 생명의 강과 하나가 되어 모든 생명을 확대하고자하는 소망 속에다 우리를 봉인하소서. 사랑하는 대천사 미카엘이시여, 우리의 욕망체들을 모든 그릇된 욕망들로부터 정화하시고 당신의 푸른 화염으로 이루어진 뚫을 수없는 보호막 안에다 우리에게 봉인하소서. 사랑하는 예수님이시여, 우리가 모든 그릇된 욕망들을 꿰뚫어보고 버릴 수 있도록 우리를 그리스도 진리의 수정 같이 맑은 상태 속에다 봉인하소서. 사랑하는 성모 마리아님이시여, 우리가 아버지의 풍요로운 삶과 어머니의 완전한 양육을 받아들일 수 있도록 하느님 어머니의 조건 없는 사랑 속에다 우리를 봉인하소서.

성부와 성자, 성령, 그리고 하느님 어머니의 이름으로, 나는 내가 나의 신아와 하나이고 그 하나됨을 통해서 온전하지 못하다고 느끼게 만드는 모든 그릇된 욕망들로부터 봉인되었음을 받아들입니다. 나는 이제 그리스도 진리의 빛 속에서, 내가 생명의 강과 하나이고 모든 선하고 완벽한 선물로 이루어진 풍요를 누리게 되었음을 확언합니다. 그리므로 니는 윈벽힌 양육 속에시 온진하며, 하느님의 왕국이 지구에서 지금 그리고 영원히 실현되는 것을 봅니다. 아멘.

4.성모 마리아의 경이로운 독립의 로사리오

※이 로사리오는 여러분의 진정한 영적인 독립을 기원하며 여러분을 에고와 투쟁의 식에다 묶어두는 수많은 미묘한 믿음들을 극복하게 해줍니다. 또한 이것은 여러분의 육체를 깨끗이 정화하여, 더 높은 비전을 실현시키는데 도움을 줍니다.

조건 없는 사랑이신 성부와 성자, 성령, 그리고 기적의 어머니의 이름으로. 아멘.

(개인적인 기원 문구는 이곳에 첨가한다.)

나는 독립의 어머니를 존경합니다

　사랑하는 성모 마리아님이시여, 사랑하는 독립의 어머니시여, 사랑하는 자유의 어머니시여, 나는 진정으로 독립하고, 자유로워질 것입니다. 나는 진정한 자유는 오직 나를 자유롭게 해방시켜 줄 진리를 앎으로써만이 얻을 수 있음을 인식합니다. 그러므로 나는 내 에고와 이 세상의 세력이 어떻게 나의 영혼을 노예로 삼았는지에 관한 진실을 기꺼이 알겠다고 당신에게 외치며 선언합니다. 나는 자진해서 내 에고의 모든 측면을 폭로할 것인데, 왜냐하면 나는 내 에고가 나의 참된 정체성이 아니라는 것을 알기 때문입니다. 나는 내 에고를 버리는 것이 내 정체성의 상실을 의미하지 않는다는 것을 압니다. 그것은 오히려 나를 내 진아(眞我) 외부의 모든 것에서 벗어나 홀로 서게 만드는 영적 정체성의 회복을 의미할 것입니다. 나는 이제 오직 내 안에 있는 하느님의 왕국에서만 내가 독립을 되찾을 수 있음을 압니다.

　만약 내 에고가 노출되는 것이 어느 정도 나에게 고통을 준다면, 나는 그것을 기꺼이 받아들일 것입니다. 나는 이 세상의 세력과 에고로부터 독립적이고 자유로운 영적존재로 삶을 걷는 대자유를 얻기 위해 이 일시적인 불편함을 견뎌냅니다. 그러므로 나는 당신과 나의 그리스도 자아에게 내 에고를 노출시켜 달라고 요청합니다. 그럼으로써 나는 그것이 무엇인지를 알 수 있고, 그에 따라 내 자신을 그것으로부터 분리해서 자유를 얻을 수 있습니다. 나는 내 신아와 완전히 하나가 됨으로써 먼저 하느님의 나라를 추구하겠다고 맹세합니다. 또한 나는 이 세상의 지배자가 내 안에서 아무것도 취하지 못하도록 모든 에고의 환영들을 버리겠다고 맹세합니다. 나는 내 에고가 현실에다 투사하는 정신적인 이미지를 정당화하거나 확증하려는 짓을 멈출 것입니다. 대신에 나는 그리스도 진리를 추구하여 기꺼이 자유로워지겠습니다.

에고를 극복하면서, 나는 기꺼이 하느님의 나라를 지구에다 실현하기 위해 이 세상으로 보내진 신과 공동창조자로서의 내 올바른 역할을 완수하고자 합니다. 나는 하느님이 나에게 주신 달란트를 자발적으로 배가시켜서 이 땅을 지배하겠습니다. 나는 또한 주 하느님의 영인 내 자신의 신아가 나에게 임하시어 기름을 붓게 함으로써, 온화한 사람들에게 복음을 전하도록 하겠습니다. 그 복음은 비탄에 빠진 사람들을 위로하고, 포로들에게는 자유를 선포하며, 속박된 사람들을 해방시켜 줍니다.

나는 기꺼이 모든 신의 자녀들을 속박에서 해방시켜 주는 도구가 됨으로써 어머니의 불꽃을 영예롭게 합니다. 또한 나는 기꺼이 어머니 빛을 모든 불완전한 형상으로부터 자유롭게 하고 그것을 하느님 왕국의 순수한 상태로 되돌리는 도구가 됨으로써 어머니께 경의를 표합니다.

나는 영적으로 독립할 내 권리를 요구합니다

1.나는 하느님이 나의 근원임을 앎에 따라 나의 영적인 독립을 주장합니다. 하느님이 없이는 기존의 그 어떤 것도 만들어지지 않았습니다. 모든 것은 하느님의 존재, 하느님의 본질, 하느님의 빛으로 만들어집니다. 나도 역시 하느님의 빛으로 이루어져 있으며, 그렇기에 나는 영의 불꽃이요, 하느님 화염의 한 개체화입니다. 나는 내 신아가 나의 정체성 안에서 작용할 수 있는 유일한 힘이라고 확언합니다.

경애하는 독립의 어머니시여
경애하는 마리아, 독립의 어머니시여.
나는 내 신아의 한 확장체입니다.
나는 존재의 영원한 태양이며,
내 가슴과 마음과 영혼을 통해
빛을 비추고 있습니다.

신성한 마리아님이시여, 어머니 빛 안에 있는
내 생명은 대령(大靈) 속 내 생명의 표현입니다.
나는 이곳 지상에서, 천상의 내 신아의 모든 것을 표현하는 열린 문이며,
그렇기에 나는 지구를 지배하는 통치권을 행사합니다.

2.나는 나의 핵심적인 정체성이 내 신아이고 그것은 특정 하느님 화염의 한 개체화라는 것을 앎에 따라 나의 영적인 독립을 주장합니다. 나는 나의 하느님

불꽃인 내 신아에 닻을 내린 신성한 개성과 지구에서의 나의 여정에 대한 신성한 계획을 완전히 의식적으로 자각하게 해달라고 촉구합니다. 나는 내 신아가 나의 정체성 안에서 작용할 수 있는 유일한 힘이라고 확언합니다.

경애하는 독립의 어머니시여

3.하느님이 "빛이 있으라!"라고 말씀하셨을 때, 그분은 영원한 존재의 태양을 창조하셨고, 그것이 나의 근원이요, 나의 후원자이며, 나의 구원자이십니다. 나의 하느님은 자신과 다른 모든 것을 태워버리는 타오르고 있는 화염입니다. 나는 그 하느님의 불이 나를 어떤 한계들에서도 구해내실 수 있다는 것을 압니다. 나의 영적이고 물질적인 독립의 열쇠는 신의 불이 내 존재 안의 허구적인 모든 것을 소멸시키게 하는 것입니다. 나는 내 신아가 나의 정체성 안에서 작용할 수 있는 유일한 힘이라고 확언합니다.

경애하는 독립의 어머니시여

4.나는 내가 진정한 본래의 내가 되는 길에 걸림돌이 되는 모든 정체감을 버림에 따라 나의 영적인 독립을 주장합니다. 나는 먼저 하느님의 나라를 추구할 것이며, 그것은 내가 내 신아와 일체가 되는 것입니다. 하느님의 화염은 허구적인 것만을 태워버리며, 실제적인 것은 증대시킵니다. 나는 하느님의 불을 두려워하지 않고, 나의 하느님을 기꺼이 볼 것이며, 더 이상 인간으로 살지 않을 것입니다. 나는 진정한 나의 모습인 영적인 존재로서 기꺼이 살 것입니다. 나는 내 신아가 나의 정체성 안에서 작용할 수 있는 유일한 힘이라고 확언합니다.

경애하는 독립의 어머니시여

5.나는 나의 하느님이 사랑의 하느님이고, 하느님의 사랑은 사랑에 반대되는 모든 것, 나를 잘못된 정체감에 빠지게 하는 모든 것을 소멸시킨다는 것을 앎에 따라 나의 영적인 독립을 주장합니다. 하느님의 늘 타오르는 사랑은 내가 진정한 내 모습이 되도록 나를 자유롭게 해방시킵니다. 나는 자유로워질 것이고, 나는 애정을 기울여 이렇게 말합니다.

"오, 주여! 오 내 안에 위대한 신아시여! 당신의 높은 뜻과 비전대로 내게 이루어지게 하소서." 나는 내 하느님의 화염이 내 자의식체 안에 있는 이질적인 모든 것들을 소멸시켜달라고 요청합니다. 나는 내 신아가 나의 정체성 안에서 작용할 수 있는 유일한 힘이라고 확언합니다.

경애하는 독립의 어머니시여

6.나는 내 진정한 정체성의 핵심이 나의 하느님 화염이라는 것을 앎에 따라 나의 영적인 독립을 주장합니다. 나의 하느님 화염은 알파 측면이 있는데, 이것은 나의 개별적인 영의 불꽃을 점화시켜준 화염입니다. 또한 나의 하느님 화염은 오메가 측면이 있으며, 이것은 내가 이 세상에 선물로 가져온 신의 화염입니다. 내가 사람들 앞에다 내 하느님 화염의 빛을 비출 때, 나는 세상의 빛입니다. 나는 세상으로 들어오는 모든 영혼을 비추는 그 빛과 기꺼이 하나가 됩니다. 그리고 나는 내 하느님 화염에 대한 모든 지식을 촉구합니다. 나는 내 신아가 나의 정체성 안에서 작용할 수 있는 유일한 힘이라고 확언합니다.

경애하는 독립의 어머니시여

7.나는 내가 이 세상에 온 목적 중의 일부는 인간의 한계를 넘어서는 것을 보여주기 위한 것임을 앎에 따라 나의 영적인 독립을 주장합니다. 나는 내 인생을 나의 에고나 다른 사람들의 기대에 맞춰 살아야 한다는 생각을 버립니다. 나는 모든 상황을 내 신아와의 하나됨과 에고 및 외적인 한계들을 극복하려는 나의 자발성을 보여줄 기회로 봅니다. 나는 모든 집착과 기대를 놓아버리고, 내 신아와 일체가 되는 불멸의 생명을 얻기 위해 유한한 생명을 기꺼이 버립니다. 나는 내 인생을 자기초월을 할 수 있는 멋진 기회라고 생각합니다. 나는 내 신아가 나의 정체성 안에서 작용할 수 있는 유일한 힘이라고 확언합니다.

경애하는 독립의 어머니시여

8.나는 하느님은 조롱받지 않으시며 어떤 사람의 에고도 편 드시는 분이 아니라는 것을 앎에 따라 나의 영적인 독립을 주장합니다. 그러므로 하느님의 실체와 하느님의 법칙은 사람들의 에고가 현실에다 투사하려고 하는 정신적인 이미지에 의해 바뀌지 않습니다. 나는 에고의 이원성에서 내 자신을 분리하기로 선택하고, 내 눈을 그리스도의 마음을 통해 한결같게 만듭니다. 나는 하느님의 실체를 알고 싶고 하느님의 법칙과 조화를 이루고 싶습니다. 나는 하느님이 그분의 율법들을 나의 내면에다 넣어 주었다는 것을 알고 있고, 나는 나의 신아가 나를 그릇된 자아상과 내 에고의 잘못된 세계관에서 벗어나게 해 줄 것이라고 기대합니다. 나는 내 신아가 나의 정체성 안에서 작용할 수 있는 유일한 힘

이라고 확언합니다.

경애하는 독립의 어머니시여

9.나는 내가 지구상에 육화하여 내 신성한 계획의 모든 면을 완수할 천부적인 권리가 있다는 것을 앎에 따라 나의 영적인 독립을 주장합니다. 나는 내 하느님 화염의 빛을 특정 상황으로 유도하기 위해 이곳에 있습니다. 나는 내 빛을 비치게 하여 그 빛이 이질적인 모든 것을 소멸시키게 할 수 있는 천부적인 권리를 갖고 있습니다. 나는 태양이며, 내 신아의 빛이 나의 모든 활동을 통해 빛나고 있습니다. 내가 행하는 모든 것은 신의 영원한 존재의 태양이 나의 개체화된 태양을 통해 빛나게 함으로써 신을 확장하기 위한 것입니다. 나는 내 신아가 나의 정체성 안에서 작용할 수 있는 유일한 힘이라고 확언합니다.

경애하는 독립의 어머니시여

나는 우주의 흐름 속에 있습니다 (디크리)
1.나는 하느님의 신성한 화염에게
나를 늘 더 높이 데려가 달라고 기원합니다.
나는 내가 순수해질 때까지
하느님의 불을 견딜 것입니다.
나의 신성한 모습으로,
나는 영원할 것입니다.

신아시여, 흐르게 해주소서.
신아시여, 내가 성장할 수 있게 도와주소서.
신아시여, 내 영혼을 채워주소서.
신아시여, 나를 온전하게 만들어주소서.
나는 자유롭게 신의 현존 속에 머물 수 있습니다.

2.내 생각이 높이 고양되고 있으니,
나는 하느님 가까이 다가갈 것입니다.
내 마음은 순수하기에,
나는 진리를 확실히 알고 있습니다.
그러므로 나는 온전하고,

내 영혼 속에는 분열이 없습니다.

신아시여, 흐르게 해주소서.
신아시여, 내가 성장할 수 있게 도와주소서.
신아시여, 내 영혼을 채워주소서.
신아시여, 나를 온전하게 만들어주소서.
나는 자유롭게 신의 현존 속에 머물 수 있습니다.

3.내 감정은 평화롭고,
모든 투쟁은 이제 끝날 것입니다.
나의 신적자아가 지휘하시고,
그리스도의 반석 위에 나는 서 있습니다.
신의 완전한 사랑이 여기에 있으며,
모든 두려움을 몰아내고 있습니다.

신아시여, 흐르게 해주소서.
신아시여, 내가 성장할 수 있게 도와주소서.
신아시여, 내 영혼을 채워주소서.
신아시여, 나를 온전하게 만들어주소서.
나는 자유롭게 신의 현존 속에 머물 수 있습니다.

4.나의 세계는 내가 보는
완벽함을 내게 반영합니다.
나는 신의 빛을 증대시키고
어두운 밤을 몰아냅니다.
나의 신아가 나의 가슴과 머리,
손을 지배합니다.

신아시여, 흐르게 해주소서.
신아시여, 내가 성장할 수 있게 도와주소서.
신아시여, 내 영혼을 채워주소서.
신아시여, 나를 온전하게 만들어주소서.
나는 자유롭게 신의 현존 속에 머물 수 있습니다.

5.내 몸들은 조정되어 있고,

나의 신성한 서약은 서명되어 있습니다.
하느님의 강이 나를 통해 흐르니
하나됨 속에서 나는 자유롭습니다.
나는 우주 교향곡과 완벽한 조화 속에
있습니다.

신아시여, 흐르게 해주소서.
신아시여, 내가 성장할 수 있게 도와주소서.
신아시여, 내 영혼을 채워주소서.
신아시여, 나를 온전하게 만들어주소서.
나는 자유롭게 신의 현존 속에 머물 수 있습니다.

나는 나의 정신적인 독립을 주장합니다

1.나는 내 하느님 화염의 불길이 사고체로 밀려들어와 그리스도 마음의 완전함에 미달되는 모든 생각들을 태워버리도록 불러일으킴으로써 나의 정신적 독립을 주장합니다. 나는 기꺼이 내 에고나 어떤 외부 세력으로부터 오는 모든 생각들을 인식하고 버립니다. 나는 오직 나의 신아로부터 생겨나는 생각만을 원합니다. 그리스도 자아를 통해 나는 나의 영적인 자아로부터 오는 신성한 생각과 나의 에고로부터 오는 이기적인 생각 사이의 차이점을 알 수 있습니다. 나는 내 신아가 나의 생각 속에서 작용할 수 있는 유일한 힘이라고 확언합니다.

경애하는 독립의 어머니시여

2.나는 에고를 완벽하게 하거나 그것을 신의 눈에 들게 만들 수도 있다는 환영을 내 그리스도 자아가 드러내어 소멸시킨다는 것을 앎에 따라 나의 정신적인 독립을 주장합니다. 나는 분리에서 생겨난 어떤 것이 완벽해질 수 있다는 이원성적인 환영에서 벗어나며, 더 이상 내 에고를 정당화하려고 하지 않을 것입니다. 대신에, 나는 내 그리스도 자아가 나를 도와 내 자신을 에고와 완전히 분리시킬 수 있도록 합니다. 그런 다음 나는 내 하느님의 화염이 내 에고에 묶여있는 모든 에너지를 정화할 수 있게 허용합니다. 나는 내 신아가 나의 생각 속에서 작용할 수 있는 유일한 힘이라고 확언합니다.

경애하는 독립의 어머니시여

3.나는 내가 신의 빛을 사용하지 않고도 행위할 수 있다는 에고의 환영을 내 그리스도 자아가 드러내어 소멸시킨다는 것을 앎에 따라 나의 정신적 독립을 주장합니다. 나는 이원성적인 환영에서 자유롭고, 모든 것이 하느님의 빛으로 만들어져 있다는 것을 받아들입니다. 그러므로 나는 오직 내 신아의 빛이 나의 의식을 통해 흐르게 함으로써만이 행위할 수 있습니다. 나는 예수님과 함께 이렇게 말합니다. "내 자신의 에고는 아무 것도 할 수 없다. 일을 하시는 분은 내 안에 계신 아버지, 신아이다." 나는 내 신아가 나의 생각 속에서 작용할 수 있는 유일한 힘이라고 확언합니다.

경애하는 독립의 어머니시여

4.나는 우리 인간이 신의 다른 창조물과 분리돼 있는 어떤 것을 창조할 수 있다는 에고의 환영을 내 그리스도 자아가 드러내어 소멸시킨다는 것을 앎에 따라 나의 정신적 독립을 주장합니다. 나는 인류가 하느님이 존재하지 않는 세계를 창조했다는 이원성적인 환영에서 자유롭습니다. 나는 하느님이 기초를 창조하시고 내 신아의 빛이 하느님의 일을 확대하고자 나를 이 세상으로 보내셨다는 것을 압니다. 그러므로 나는 예수님과 함께 이렇게 말합니다. "나의 아버지인 신아가 이제까지 일하시니, 나도 일한다." 나는 내 신아가 나의 생각 속에서 작용할 수 있는 유일한 힘이라고 확언합니다.

경애하는 독립의 어머니시여

5.나는 내가 과거에 실수를 저질렀기 때문에 하느님의 나라에 들어갈 자격이 없다는 에고의 환영을 그리스도 자아가 드러내어 소멸시킨다는 것을 앎에 따라 나의 정신적 독립을 주장합니다. 나는 이런 이원성적인 환영에서 자유롭습니다. 그리고 나는 내 실수에서 배우고 집착들을 버림으로써 내가 과거를 극복할 거라는 것을 압니다. 내 그리스도 자아의 지혜를 통해, 나는 나의 과거를 승리를 위한 디딤돌로 바꾸어놓습니다. 그러므로 나는 하느님과 공동창조자로서의 나의 정당한 신분을 받아들입니다. 나는 내 빛을 증대시키고 나의 신아가 지구를 지배하도록 하기 위해 여기에 있습니다. 나는 내 신아가 나의 생각 속에서 작용할 수 있는 유일한 힘이라고 확언합니다.

경애하는 독립의 어머니시여

6.나는 이 세상에서 신을 섬기기 위해서는 내가 완벽해야한다는 에고의 환영을

그리스도 자아가 드러내어 소멸시킨다는 것을 앎에 따라 나의 정신적 녹립을 주장합니다. 나는 이런 이원성적인 환영에서 자유롭습니다. 그리고 나는 하느님이 인간의 완벽함을 보지 않으시고 내 가슴의 순수성을 본다는 진리를 받아들입니다. 사랑하는 그리스도 자아시여, 나는 내 가슴 속에 있는 모든 불순물을 버리고 그 가슴의 순수를 통해 하느님을 볼 것이라는 사실을 압니다. 나는 내 신아가 나의 생각 속에서 작용할 수 있는 유일한 힘이라고 확언합니다.

경애하는 독립의 어머니시여

7.나는 결핍, 고난, 한계가 불가피하다는 에고의 환영을 내 그리스도 자아가 드러내어 소멸시킨다는 것을 앎에 따라 나의 정신적 독립을 주장합니다. 나는 이런 이원성적인 환영에서 자유롭습니다. 그리고 나는 결핍이 내 에고의 분리감으로 인한 산물이라는 것을 압니다. 싸움을 일으키는 것은 투쟁의식입니다. 사랑하는 그리스도 자아시여, 나는 하느님의 왕국이 지구에서 실현될 수 없다는 환영을 버립니다. 나는 하느님과 함께라면 모든 일이 가능하며 신아를 통해 내가 모든 한계를 초월할 수 있다고 인정합니다. 나는 내 신아가 나의 생각 속에서 작용할 수 있는 유일한 힘이라고 확언합니다.

경애하는 독립의 어머니시여

8.나는 내가 그리스도가 되어 내 빛을 지구상에 비출 권리가 없다는 에고의 환영을 내 그리스도 자아가 드러내어 소멸시킨다는 것을 앎에 따라 나의 정신적 독립을 주장합니다. 나는 이런 이원성적인 환영에서 자유롭습니다. 그리고 나는 내 신아로 하여금 사람들에게 내 빛을 비추게 할 것이라고 선언합니다. 그러므로 나는 예수님과 함께 이렇게 말합니다. "내가 세상에 있는 한, 내 안에 있는 신아는 세상의 빛이다." 나는 내 신아가 나의 생각 속에서 작용할 수 있는 유일한 힘이라고 확언합니다.

경애하는 독립의 어머니시여

9.나는 오직 내 신아의 높은 뜻과 비전에 대한 반대를 통해서만 자유로운 선택을 할 수 있다는 에고의 환영을 내 그리스도 자아가 드러내어 소멸시킨다는 것을 앎에 따라 나의 정신적 독립을 주장합니다. 나는 이런 이원성적인 환영에서 자유롭습니다. 그리고 나는 내 자신을 자체적으로 분열시키는 모든 믿음을 버립니다. 나는 내가 에고가 아니며, 에고 이상의 존재라는 것을 압니다. 나는 지

구상에서 활동하는 내 신아의 대행자이며, 나는 오직 내 영혼이 신아라는 태양을 도는 행성일 때만 진정으로 독립적입니다. 나는 내 신아가 나의 생각 속에서 작용할 수 있는 유일한 힘이라고 확언합니다.

경애하는 독립의 어머니시여

나는 우주의 흐름 속에 있습니다.

['나는 우주의 흐름 속에 있습니다' 디크리를 1회 낭송한다.(※564~566페이지에 있다)]

나는 내 감정의 독립을 주장합니다

1.나는 내가 에고와 대중의식 또는 외부세력의 이기적인 뜻의 노예가 되려는 어떤 욕망도 더 이상 없다는 것을 앎에 따라 감정적인 독립을 주장합니다. 나는 나의 진정한 뜻은 내 신아의 뜻이며 나의 참된 소망은 신성한 계획의 모든 면을 완수하는 것임을 압니다. 그러므로 나는 나를 저급한 뜻에다 속박시키는 모든 감정들을 의식적으로 버립니다. 그리고 나는 성모 마리아님과 함께 이렇게 말합니다. "오, 주여! 나의 신아시여, 당신의 뜻대로 내게 이루어지게 하소서." 나는 내 신아가 나의 감정 속에서 작용할 수 있는 유일한 힘이라고 확언합니다.

경애하는 독립의 어머니시여

2.나는 내 하느님 화염의 불길이 나의 감정체로 밀려들어와 감정을 통제하지 못한다는 모든 느낌들을 태워버리도록 불러일으킴으로써 나의 감정적인 독립을 주장합니다. 나는 내 삶에 대해 전적인 책임을 집니다. 그리고 나는 바깥세상에서 내게 어떤 일이 일어나더라도 내가 내 마음의 내면세계를 지배할 수 있다는 사실을 압니다. 나는 내 신아가 내 마음을 지배하면, 나의 외부 상황이 내 내면의 평화를 반영할거라는 것을 받아들입니다. 나는 내 신아가 나의 감정 속에서 작용할 수 있는 유일한 힘이라고 확언합니다.

경애하는 독립의 어머니시여

3.나는 내 하느님 화염의 불길이 나의 감정체로 밀려들어와 신에 의해 버려졌다거나 적대적인 세상에 혼자 있다는 모든 감정들을 태워버리도록 불러일으킴

으로써 나의 감정적인 독립을 주장합니다. 나는 내 삶에 대해 전적인 책임을 집니다. 그리고 나는 내가 하느님을 외면하고 멀어지기로 선택했다는 사실을 압니다. 나는 이제 모든 자포자기의 감정을 버리기로 선택하며, 모든 두려움을 몰아내는 신의 완전한 사랑으로 가득 차 있습니다. 나는 내 신아가 나의 감정 속에서 작용할 수 있는 유일한 힘이라고 확언합니다.

경애하는 독립의 어머니시여

4.나는 내 하느님 화염의 불길이 나의 감정체로 밀려들어와 신을 향한 모든 분노의 감정이나 살아있는 것에 대한 적개심을 태워버리도록 불러일으킴으로써 나의 감정적인 독립을 주장합니다. 나는 내 삶에 대해 전적인 책임을 집니다. 나는 내가 과거에 뿌린 것들을 지금 거두고 있다는 사실을 압니다. 나는 우주가 내가 내보내는 것을 다시 반사하는 거울이라는 것을 인정합니다. 나는 내가 나의 외부현실을 바꿀 수 있는 유일한 방법은 내 내면의 현실을 바꾸는 것임을 압니다. 나는 배은망덕한 모든 감정을 버리기로 선택하며, 지구상에 하느님의 왕국을 공동창조할 수 있는 기회에 대한 압도적인 감사로 가득 차 있습니다. 나는 내 신아가 나의 감정 속에서 작용할 수 있는 유일한 힘이라고 확언합니다.

경애하는 독립의 어머니시여

5.나는 내 하느님 화염의 불길이 나의 감정체로 밀려들어와 하느님의 왕국으로 돌아갈 자격이 없다는 모든 감정들을 태워버리도록 불러일으킴으로써 나의 감정적인 독립을 주장합니다. 나는 내 삶에 대해 전적인 책임을 집니다. 그리고 나는 어둠의 세력에 의해 주어진 무가치감을 내가 받아들였다는 사실을 압니다. 나는 열등감에 관한 모든 감정을 버리기로 선택하며, 나는 내가 하느님의 귀중한 자녀라는 앎으로 가득 차 있습니다. 그러므로 나는 하느님이 나를 사랑하시듯이, 진정으로 내 자신을 사랑합니다. 나는 내 신아가 나의 감정 속에서 작용할 수 있는 유일한 힘이라고 확언합니다.

경애하는 독립의 어머니시여

6.나는 내 하느님 화염의 불길이 나의 감정체로 밀려들어와 교만과 이기주의에 관한 모든 감정들을 태워버리도록 불러일으킴으로써 나의 감정적인 독립을 주장합니다. 나는 내 삶에 대해 전적인 책임을 집니다. 그리고 나는 내가 지구상

에서 하느님 몸의 일부를 이루고 있다는 사실을 압니다. 나는 다른 사람들을 향한 질투 또는 분노의 모든 감정들을 버리기로 선택합니다. 나는 하느님이 모든 생명에 대해 갖고 계신 사랑으로 가득 차 있습니다. 그러므로 나는 나의 이웃을 내 자신처럼 사랑합니다. 나는 내 신아가 나의 감정 속에서 작용할 수 있는 유일한 힘이라고 확언합니다.

경애하는 독립의 어머니시여

7.나는 내 하느님 화염의 불길이 나의 감정체로 밀려들어와 신이 아무런 의미가 없다거나 불공평하다고 느끼게 만드는 모든 감정들을 태워버리도록 불러일으킴으로써 나의 감정적인 독립을 주장합니다. 나는 내 삶에 대해 전적인 책임을 집니다. 그리고 나는 나의 에고가 신이나 신의 법칙을 결코 이해하지 못할 것이라는 사실을 압니다. 나는 불공평에 관한 모든 감정들을 버리기로 선택하며, 내 그리스도의 자아가 모든 나의 질문에 답할 것이라는 내면의 앎으로 가득 차 있습니다. 나는 내 신아가 나의 감정 속에서 작용할 수 있는 유일한 힘이라고 확언합니다.

경애하는 독립의 어머니시여

8.나는 내 하느님 화염의 불길이 나의 감정체로 밀려들어와 인생이 헛되다거나 내가 아무런 변화를 만들어내지 못할 거라는 느낌들을 태워버리도록 불러일으킴으로써 나의 감정적인 독립을 주장합니다. 나는 내 삶에 대해 전적인 책임을 집니다. 그리고 나는 하느님과 함께라면 모든 일이 가능하다는 사실을 알고 있습니다. 나는 모든 감정적인 무기력 상태를 버리기로 선택하며, 나는 신성한 계획에 대한 모든 방해를 일축하는 신성한 열정으로 가득 차있습니다. 나는 내 신아가 나의 감정 속에서 작용할 수 있는 유일한 힘이라고 확언합니다.

경애하는 독립의 어머니시여

9.나는 내 하느님 화염의 불길이 나의 감정체로 밀려들어와 기계적인 구원이나 최종적인 해결에 관한 환상을 태워버리도록 불러일으킴으로써 나의 감정적인 독립을 주장합니다. 나는 내 삶에 대해 전적인 책임을 집니다. 그리고 나는 삶이 진행 중인 자기초월의 과정이라는 것을 인정합니다. 나는 내가 변화할 필요가 없는 안정상태에 이르겠다는 모든 환상을 버리기로 선택합니다. 나는 끊임없이 흐르는 생명의 강으로 스스로 뛰어들어 초월해가고 있는 신의 웅장한 흐

름의 일부가 되는 무한한 기쁨을 느낍니다. 나는 내 신아가 나의 감정 속에서 작용할 수 있는 유일한 힘이라고 확언합니다.

경애하는 독립의 어머니시여

나는 우주의 흐름 속에 있습니다.

['나는 우주의 흐름 속에 있다' 디크리를 1회 낭송한다.(※564~566페이지에 있다)]

나는 나의 물질적인 독립을 주장합니다

1.나는 내 하느님 화염의 불길이 나의 신성한 계획의 성취가 내가 현재 갖고 있지 않은 어떤 것에 달려있다는 사고방식을 태워버리도록 불러일으킴으로써 나의 물질적 독립을 주장합니다. 나는 항상 내가 내 자신을 초월하고 신에게 더 가까이 나아갈 필요가 있다는 사실을 받아들입니다. 나는 현재 내가 가지고 있는 것을 증식합니다. 그리고 나는 내가 몇 가지 작은 일들을 충실히 해냄으로써 나의 신아가 나를 수많은 일들을 다루는 통치자로 만들 것이라는 사실을 압니다. 그러므로 내 달란트를 키우는 것이 내 삶을 지배하는 열쇠입니다. 나는 내 신아가 지구상의 나의 삶에서 작용할 수 있는 유일한 힘이라고 확언합니다.

경애하는 독립의 어머니시여

2.나는 내 하느님 화염의 불길이 나의 4가지 하위체들로 밀려들어와 알파와 오메가 간의, 영과 물질 간의 완벽한 에너지 흐름을 확립하도록 불러일으킴으로써 나의 물질적 독립을 주장합니다. 나의 신아가 내 4가지 하위체들을 지배합니다. 그리고 나는 내 존재의 모든 측면은 나의 신성한 계획의 성취를 위한 완벽한 수단이라고 확실히 인정합니다. 나는 내 신아가 지구상의 나의 삶에서 작용할 수 있는 유일한 힘이라고 확언합니다.

경애하는 독립의 어머니시여

3.나는 내 하느님 화염의 불길이 4가지 하위체들로 밀려들어와 나의 신성한 계획의 성취는 내 육체 및 그 몸의 어떤 한계에 달려있다는 사고방식을 태워버리도록 불러일으킴으로써 나의 물질적 독립을 주장합니다. 나의 신아는 완벽한 건강의 참된 원천입니다. 그리고 나는 내 몸이 나의 신성한 계획의 성취를 위

한 완벽한 수단이라고 확실히 인정합니다. 나는 내 신아가 지구상의 나의 삶에서 작용할 수 있는 유일한 힘이라고 확언합니다.

경애하는 독립의 어머니시여

4.나는 내 하느님 화염의 불길이 신성한 계획의 성취가 외부상황이나 내 신아의 통제를 벗어난 어떤 것에 달려 있다는 사고방식을 태워버리도록 불러일으킴으로써 나의 물질적 독립을 주장합니다. 나는 모든 상황을 내가 배우고 이 세상에 대한 모든 집착을 버리는 기회로 여깁니다. 그럼으로써 나는 내 신아와 일체가 되는 상태에 더 가까워질 수 있습니다. 나는 내 상황의 모든 면이 나의 신성한 계획의 성취를 위한 완벽한 수단이라고 확실히 인정합니다. 나는 내 신아가 지구상의 나의 삶에서 작용할 수 있는 유일한 힘이라고 확언합니다.

경애하는 독립의 어머니시여

5.나는 내 하느님 화염의 불길이 신성한 계획의 성취가 다른 사람들에게 달려 있다는 사고방식을 태워버리도록 불러일으킴으로써 나의 물질적 독립을 주장합니다. 내가 내 자신의 진아(眞我)이자 대아(大我)인 신아에 충실할 때, 나의 관계는 두려움 대신 사랑에 토대를 두게 될 것입니다. 나는 나와 다른 사람들과의 상호작용의 모든 측면이 신성한 내 계획의 성취를 위한 완벽한 수단이라고 확실히 인정합니다. 나는 내 신아가 지구상의 나의 삶에서 작용할 수 있는 유일한 힘이라고 확언합니다.

경애하는 독립의 어머니시여

6.나는 내 하느님 화염의 불길이 나의 신성한 계획의 성취가 돈에 달려 있다는 사고방식을 태워버리도록 불러일으킴으로써 나의 물질적 독립을 주장합니다. 나의 신아는 풍요의 진정한 원천입니다. 그리고 나는 내 생계의 모든 측면이 나의 신성한 계획의 성취를 위한 완벽한 수단이라고 확실히 인정합니다. 나는 내가 어떤 것을 가지고 있지 않을 경우 그것이 불필요하다고 생각하며, 내가 갖고 있지 않은 것에 대해 걱정하는 대신에 나는 내가 가진 것을 증식합니다. 나는 내 신아가 지구상의 나의 삶에서 작용할 수 있는 유일한 힘이라고 확언합니다.

경애하는 독립의 어머니시여

7.나는 내 하느님 화염의 불길이 나의 신성한 계획의 성취가 정부 또는 지구의 권력 엘리트들에게 달려있다는 사고방식을 태워버리도록 불러일으킴으로써 나의 물질적 독립을 주장합니다. 나의 신아는 신적정부(God-government)의 진정한 원천입니다. 그리고 나는 내 나라와 세상의 모든 면이 나의 신성한 계획의 성취를 위한 완벽한 수단이라고 확실히 인정합니다. 나는 내 신아가 지구상의 나의 삶에서 작용할 수 있는 유일한 힘이라고 확언합니다.

경애하는 독립의 어머니시여

8.나는 내 하느님 화염의 불길이 나의 신성한 계획의 성취가 시공(時空)의 세계 속에 있는 어떤 것에 달려있다는 사고방식을 태워버리도록 불러일으킴으로써 나의 물질적 독립을 주장합니다. 나는 내 신아가 내가 필요로 하는 모든 것을 얻을 수 있는 진정한 원천이라는 사실을 받아들입니다. 나는 내 신아가 나에게 필요한 것을 다른 사람들이나 물질적 환경을 통해 종종 내게 준다는 것을 알지만, 나는 항상 외적인 현상 배후에 놓여있는 그 첫 번째 원인을 봅니다. 그러므로 나는 내 자신이 신아 바깥의 어떤 것에 의존하는 것을 결코 허용하지 않습니다. 나는 먼저 하느님의 나라를 추구하며, 그러면 그 밖의 모든 것이 내 신아에 의해 나에게 주어진다는 것을 압니다. 나는 내 신아가 지구상의 나의 삶에서 작용할 수 있는 유일한 힘이라고 확언합니다.

경애하는 독립의 어머니시여

9.나는 내 하느님 화염의 불길이 지구상의 불완전한 것들이 바뀔 수 없다는 사고방식을 태워버리도록 불러일으킴으로써 나의 물질적 독립을 주장합니다. 지구상에서 발견되는 조건들은 일시적인 신기루이며, 순수한 어머니 빛을 위장하고 있습니다. 나의 신아는 어머니 빛을 지배하며, 그 빛은 지구상에서 하느님의 몸 전체에 대한 신성한 계획을 구현하기 위해 자유롭게 해방되는 것을 기뻐합니다. 나는 내 신아가 지구상의 나의 삶에서 작용할 수 있는 유일한 힘이라고 확언합니다.

경애하는 독립의 어머니시여

나는 우주의 흐름 속에 있습니다.
[이 로사리오를 봉인하기 전에 '나는 우주의 흐름 속에 있습니다' 디크리를 당신이 하고 싶은 만큼 여러 번 낭송한다] (※564~566페이지에 있음)

지구는 주님의 것이며 그렇기에 지구에 충만해 계십니다.(3회) 아멘.
조건 없는 사랑이신 성부와 성자, 성령, 그리고 기적의 어머니 이름으로, 아멘,

로사리오 봉인하기

사랑하는 아버지-어머니 하느님이시여, 사랑하는 알파와 오메가님이시여, 이제 우리가 당신의 빛을 증대시키고 지구를 지배할 천부적 권리가 있다는 절대적 인식 속에다 우리를 봉인해주소서. 사랑하는 대천사 미카엘이시여, 우리의 존재를 모든 무의지와 비존재로부터 정화하시고, 당신의 푸른 화염으로 이루어진 뚫을 수없는 보호막 안에다 우리를 봉인하소서. 사랑하는 예수님이시여, 우리가 우리들 각자 안에 있는 신아와 일체라고 주장할 수 있도록 우리를 그리스도 진리의 수정 같이 맑은 상태 속에다 봉인하소서. 사랑하는 성모 마리아님이시여, 우리를 독립의 어머니의 조건 없는 사랑 속에다 봉인하소서. 그리하여 우리는 천상에서 우리가 그러하듯이, 이곳 지상에서 존재의 진정한 독립을 받아들일 수 있습니다.

성부와 성자, 성령 그리고 독립의 어머니의 이름으로, 나는 내가 나의 신아와 하나이고 그런 하나됨을 통해서 내가 진정으로 자유롭고 독립적이라고 받아들입니다. 나는 내가 생명의 강과 하나이며, 내 신아로부터 내 영혼과 배후로 흐르는 8자 형상의 빛의 흐름이 있다고 확언합니다. 나는 하느님의 빛을 오직 사랑으로만 받을 자격이 있고, 그 빛이 다시 흘러 올라가 천국에 쌓인 보물이 됩니다. 나는 나의 신아로부터 무료로 받고 모든 생명에게 무료로 줍니다. 이런 끝없는 존재의 흐름을 통해 하느님의 왕국이 지상에 지금 그리고 영원히 실현됩니다. 아멘.

◇역자 약력

*우은수: 대학에서 경영학을 전공했다. 10대 시절부터 인간의 영성과 자연생태계, 종교, 영적 문제에 관심을 가지고 탐구해 왔다. 현재 생업에 충실히 종사하며 틈나는 대로 번역을 하고 있다. 역서로는 <관세음보살, 모든 질문에 답하다> <여러분 자신을 구원하라>가 있다.

풍요로운 삶에 이르는 핵심 열쇠
....

초판 1쇄 발행 / 2018년 7월 23일
저자 / 킴 마이클즈
옮긴이 / 우은수
발행인 / 朴燦鎬
발행처 / 도서출판 은하문명
등록 / 2002년 7월 30일 (제22-723호)
주소 / 서울특별시 종로구 수송동 58번지, 332호
전화 / (02)737-8436
팩스 / (02)6209-7238
인터넷 홈페이지(www.ufogalaxy.co.kr)

파본은 서점에서 교환해 드립니다.
가격 25,000원

ISBN: 978-89-94287-18-8 (03230)